三都水族自治县志

（1978—2013）

三都水族自治县史志编纂委员会 编

方志出版社
Publishing House of Local Records

图书在版编目（C I P）数据

三都水族自治县志：1978—2013 / 三都水族自治县史志编纂委员会编. —北京 ：方志出版社, 2016.10
ISBN 978-7-5144-1883-5

Ⅰ.①三… Ⅱ.①三… Ⅲ.①三都水族自治县—地方志—1978~2013 Ⅳ.①K297.34

中国版本图书馆 CIP 数据核字(2015)第 306954 号

三都水族自治县志（1978—2013）

编　　者：三都水族自治县史志编纂委员会
责任编辑：黄　彦

出 版 人：冀祥德
出 版 者：方志出版社
地址　北京市朝阳区潘家园东里 9 号（国家方志馆 4 层）
邮编　100021
网址　http:// www.fzph.org
发　　行：方志出版社发行中心
电话（010）67110500
经　　销：各地新华书店
设计制作：四川省天隆文化传播有限公司
印　　刷：成都市天金浩印务有限公司

开　　本：889×1194　1/16
印　　张：55
字　　数：1688 千字
版　　次：2016 年 10 月第 1 版　2016 年 10 月第 1 次印刷
印　　数：0001~3000 册

ISBN 978-7-5144-1883-5　定价：468.00 元

序

当前，在以习近平同志为核心的党中央的坚强领导下，全国各族人民正在全面建成小康社会的决胜阶段奋勇向前、阔步迈进。全面建成小康社会，最艰巨最繁重的任务是在革命老区、民族地区、边疆地区、贫困地区。消除贫困、改善民生、实现共同富裕，是中国特色社会主义的本质要求，是中国共产党的重要使命。为了全面实现小康，党中央高度重视扶贫开发工作，全力推进脱贫攻坚工程，实施精准扶贫、精准脱贫。习近平总书记明确提出，全面实现小康，一个民族也不能少，不能落下一个贫困家庭，丢下一个贫困群众。扶贫开发是个系统工程，发展是第一要务，只有发展，因地制宜找准路子，才能最终实现精准扶贫、精准脱贫。“治贫”必先“治愚”，在加强经济和基础设施建设、提高教育水平等方面的同时，扶贫开发还要注重文化扶贫，特别是通过挖掘革命老区、民族地区、边疆地区、贫困地区的文化内涵、历史底蕴、地情资源，让广大干部群众了解地情、了解历史、了解本地区的优势和劣势，在思想上脱贫，尤为关键。

赓续不断地编修地方志是我国独有的优秀文化传统，绵延千年而不断。党中央、国务院高度重视地方志工作，近几年来，习近平总书记、李克强总理、刘延东副总理作出了一系列的重要指示。2015 年 8 月，国务院办公厅印发《全国地方志事业发展规划纲要（2015—2020 年）》（以下简称《规划纲要》），明确要求到 2020 年必须全面完成第二轮修志规划任务，这是全国地方志工作在全面建成小康社会进程中的硬性任务，也是全国地方志系统为全面建成小康社会的献礼。届时，将同步实现省省有省志、市市有市志、县县有县志，这不仅在中国文化发展史上是绝无仅有的，在世界文化发展史上也是罕见的。从目前来看，要实现这一目标任务，还存在不少困难和问题，特别是民族地区与贫困地区，面临着缺乏人才、资金等诸多困难。实现到 2020 年必须全面完成第二轮修志规划任务，一个省、一个市、一个县都不能少。自 2015 年 8 月，经中国地方志指导小组批准，中国地方志指导小组办公室启动民族地区与贫困地区志书出版资助工程（以下简称“资助工程”），对经国务院扶贫开发领导小组办公室认定的国家级贫困县（区、旗、县级市），中西部地区、少数民族边疆地区、经济欠发达地区存在出版经费困难的省市县三级综合志书进行出版资助。截至目前，已经确定资助两批 20 多部志书。2016 年 4 月，该工程成功入选国家新闻出版广电总局实施的“十三五”国家重点图书、音像、电子出版物出版规划项目。当前正处于全面推进扶贫开发工程的攻坚阶段，深入推进资助工程，是全国地方志系统配合推进精准扶贫、精准脱贫的重要工作，必须引起高度重视。

资助工程是地方志系统的政治工程。革命老区、民族地区、边疆地区、贫困地区蕴含着极为丰富的文化内容，编纂出版志书，对于继承和发扬优秀传统文化、民族文化、革命文化，加强民族团结、促进当地经济社会建设意义重大。革命老区、民族地区、边疆地区、贫困地区的志书是充分展示在中国共产党领导下这些地区经济社会建设取得的巨大成就、各族人民生活幸福安定的历史依据。特别是边疆地区的志书，是历代王朝、社会主义新中国对该地区行使主权的文化宣示，是真实记录边疆地区与祖国一脉相承、荣辱与共的重要载体。《规划纲要》明确要求到2020年全面完成第二轮修志规划任务，是党中央、国务院对各级政府和地方志工作机构的政治要求，必须不打折扣坚决完成，革命老区、民族地区、边疆地区、贫困地区也不能例外。资助工程既是全国地方志系统的文化扶贫工程，又是确保到2020年全面完成第二轮修志规划任务的推进工程，具有重要的政治意义。

资助工程是促进民族地区与贫困地区文化建设的基础工程。地方志书是全面系统地记述本行政区域自然、政治、经济、文化和社会的历史与现状的资料性文献，记述内容包罗万象，记述对象丰富多彩，是对一个地方的文化普查和历史资料的全面梳理。一个地方的经济社会建设，离不开文化支持。发展是硬道理，只有真正实现全面、协调、可持续发展，才能最终实现小康。与此同时，发展也必须是有序的而不是盲目的，必须是实事求是的而不是凭空设想的，必须是因地制宜的而不是照搬照抄的。实践证明，脱离当地的自然条件、历史基础、文化传承、人文习俗等搞所谓的建设，要么是盲人摸象、坐井观天，要么是揠苗助长、掩耳盗铃，要么是削足适履、画蛇添足，最终会落得个水土不服、无疾而终。对于民族地区与贫困地区来说，立足本地的资源、市场、人文旅游等优势，因地制宜找准发展路子，是确保科学发展的首要任务。民族地区与贫困地区，尤其是那些自古以来还没有编修过志书的地区，开展志书编纂既是对当地自然、政治、经济、文化、社会、生态等方面的发展历史、发展脉络、发展规律的全面摸底和调查，又是总结历史经验、汲取历史教训、挖掘历史智慧的全面梳理和探求。通过学习、利用地方志书，让各级领导干部、广大人民群众了解当地的历史、了解实实在在的地情，从历史中汲取营养和智慧为现实提供借鉴和服务，是确保民族地区与贫困地区发展不走弯路、不走冤枉路的有效手段。

资助工程是全国地方志事业协调发展的促进工程。第五届中国地方志指导小组成立以来，一直把走基层、探实情作为一项重要任务，截至目前，已经到30个省（自治区、直辖市）开展了调研。通过座谈、实地考察等多种形式，充分了解了当前全国地方志事业发展面临的主要困难和问题。其中，区域发展不平衡，中西部地区特别是边疆少数民族地区地方志工作与东部地区相比还存在不少差距，是制约全国地方志事业实现全面、协调、可持续发展的瓶颈所在。有的地方甚至出现了花费了大量的人力、物力，经过十余年的艰辛努力编纂出志书，因为缺乏出版经费迟迟未能出版的状况。正是基于以上了解到的情况，中国地方志指导小组及其办公室才下定决心启动资助工程。到2020年全面建成小康社会时，地方志事业区域发展不平衡问题必须得到妥善解决，这也是深入贯彻《规划纲要》的应有之义。而作为主业的修志编鉴，到2020年全面完成第二轮修志规划任务、实现综合年鉴编纂全覆盖的“两全目标”，是中西部地区特别是边疆少数民族地区地方志工作发展的重中之重。从现实意义来说，资助工程对于实现全国地方志事业全面、协调、可持续发展具有重要的促进作用。

在党中央、国务院的高度重视下，全国地方志事业发展迎来重大战略机遇。越是发展的关键时期，越要有大局观，越要从全国一盘棋的角度考虑问题。《规划纲要》作为顶层设计，确定的各项目标任务都要落到实处，而作为“两全目标”之一的到2020年全面完成第二轮修志规划任务，实现省、市、县一个都不能少的目标，是关键中的关键。希望借助资助工程的深入推进，进一步引起全国地方志系统对实现“两全目标”的重视，确保按期保质完成，用志书客观而忠实地记述中国共产党人带领全国各族人民全面建成小康社会的光荣与曲折历程，为全面建成小康社会贡献“志”礼。

是为序。

中国社会科学院院长、党组书记
中国地方志指导小组组长　王伟光

2016年10月于北京

民族地区与贫困地区志书出版资助工程领导小组

组　　　长：王伟光　中国社会科学院院长、中国地方志指导小组组长

常务副组长：李培林　中国社会科学院副院长、中国地方志指导小组常务副组长

副　组　长：冀祥德　中国地方志指导小组办公室主任

成　　　员：刘玉宏　中国地方志指导小组办公室副主任

邱新立　中国地方志指导小组办公室副主任

民族地区与贫困地区志书出版资助工程领导小组办公室

主　任：冀祥德　中国地方志指导小组办公室主任

副主任：邱新立　中国地方志指导小组办公室副主任

成　员：于伟平　国家方志馆馆藏部主任、方志出版社常务副社长

陈　旭　中国地方志指导小组办公室方志处处长

李　沛　方志出版社首席编辑、省志编辑部主任

徐　宏　方志出版社地方史编辑部副主任

王丹林　中国地方志指导小组办公室方志处副处长

三都水族自治县民族分布图

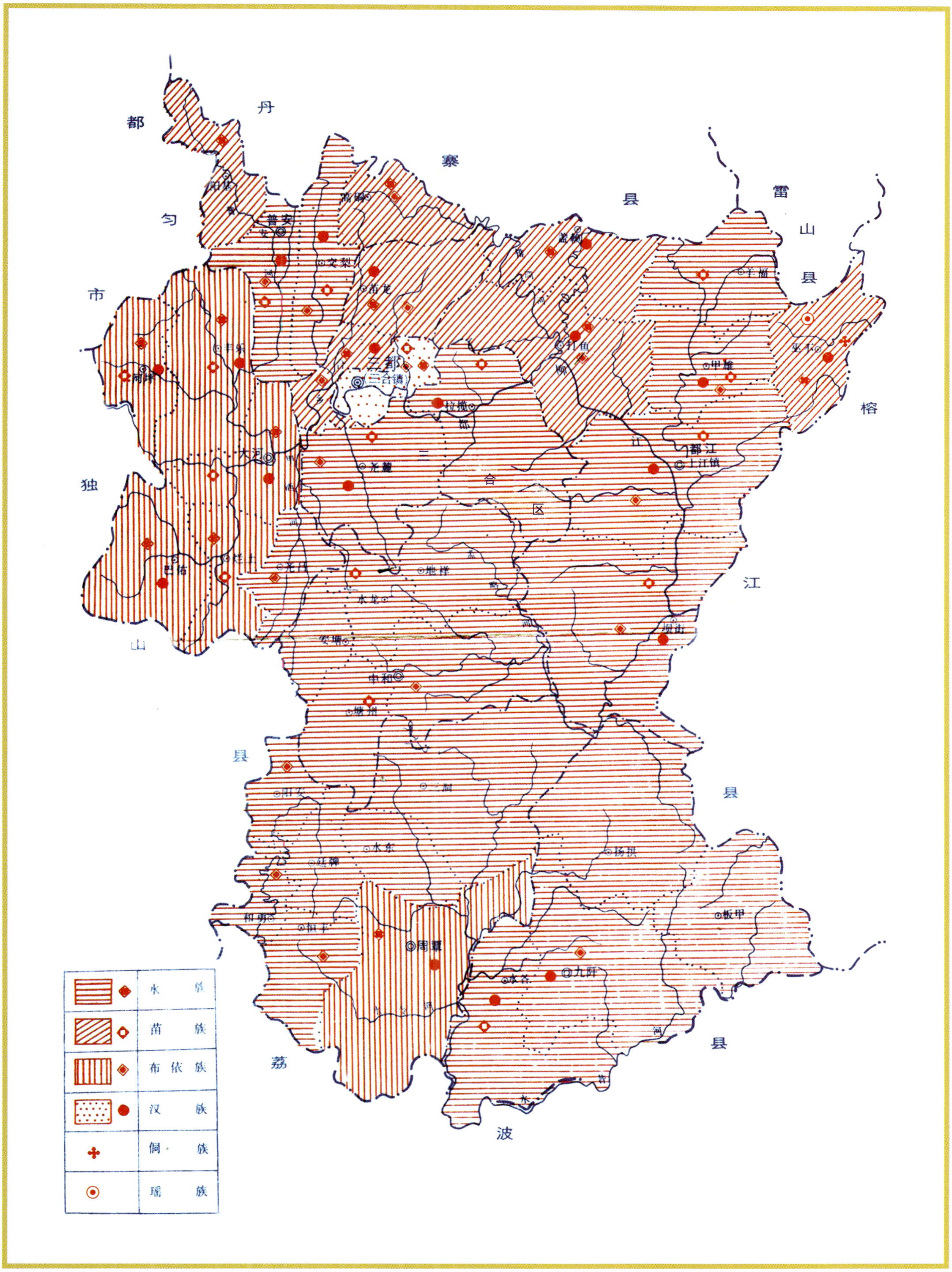

1978年县城全景

2013年县城全景

2008年建成的县行政中心（2009年摄）

2008年前的县委办公楼（2006年摄）

县人民大会堂（2013年摄）

县建行大楼（2012年摄）

三都民族中学校门（2013年摄）

20世纪80年代县城一角

2013年县城一角

四星级酒店——福丰假日酒店（2012年摄）

体育馆（2005年摄）

水族风情街（2013年摄）

二中塑胶球场（2013年摄）

沙井湾廉租房（2013年摄）

污水处理厂（2011年摄）

都柳江河道治理（2012年摄）

县城防护堤（2006年摄）

农村电网改造（2007年摄）

人饮工程（2000年摄）

芒勇水库（1992年摄）

农林牧》

山地水晶葡萄产业园（2013年摄）

老王山茶园（2012年摄）

全州“185工程”参观团到三都参观早熟蔬菜（2010年摄）

皱皮线椒（2006年摄）

农业适用技术培训（2012年摄）

九阡李（2008年摄）

脐橙（2006年摄）

500岁红豆杉（2012年摄）

楠竹（2007年摄）

侏罗纪恐龙时代古生物——桫椤（2007年摄）

九阡酒（2011年摄）

三都酸（2007年摄）

水族佳肴——鱼包韭菜（2011年摄）

三都角角鱼（2012年摄）

三都铁板烧（2012年摄）

文 教 卫

奥运会跳水冠军田亮为打鱼乡岩捞小学学生讲授奥运知识（2006年摄）

北京中关村三小教师到鹏城学校进行教学交流（2008年摄）

化学实验课（2008年摄）

课外科技活动（2008年摄）

深圳书香门第援建县龙角小学回访合影（2010年摄）

现代远程教育工程覆盖全县各中小学（2005年摄）

鹏城学校老师教授马尾绣技艺（2010年摄）

“两基”复查验收（2008年摄）

中小学校长公推直选动员部署大会（2006年摄）

全国著名“村官”到鹏城学校调研（2011年摄）

省人民医院医疗专家义诊服务团到交梨乡高硐村开展“卫生下乡”活动（2006年摄）

2008年北京奥运会奥运火炬传递手陆永康

鹏城学校足球队在瑞典哥德堡绿茵场上与友队合影（2011年摄）

大型原生态水族歌舞史诗画卷《远古走来的贵族》演出场景（2011年摄）

鹏城学校岛黛瓦艺术团在北京演出场景（2005年摄）

水族霞节敬霞（2010年摄）

苗族打手毽（2007年摄）

水族婚礼背新娘（2012年摄）

苗族芦笙斗角舞（2000年摄）

苗族丧葬出殡（2012年摄）

布依族扎染（2007年摄）

布依族捶布（2007年摄）

苗族布线（2012年摄）

苗族大花衣（2007年摄）

苗族蜡染（2010年摄）

水族马尾绣技艺传承（2012年摄）

水族纺织（2010年摄）

水族剪纸艺术（2006年摄）

马尾绣工艺商品（2012年摄）

水族全家福（2007年摄）

三都水族自治县成立50周年庆祝活动（2007年摄）

黔南州第三届旅游发展大会上，龙永图（左图中）被聘为三都发展顾问，倪萍（中图）、刘晓庆（右图右三）被聘为水族文化代言人（2010年摄）

苗族牯藏节踩塘仪式（2013年摄）

风流草（2005年摄）

中央电视台《焦点访谈》节目主持人敬一丹（左三）等与三都水族群众共庆端节（2006年摄）

水族妇女敲铜鼓庆佳节（2006年摄）

神奇的石蛋（2005年摄）

尧人山一线天瀑布（2006年摄）

1979年1月，三都大桥通车典礼合影

苗族染布（2011年摄）

20世纪80—90年代县城都柳江边“汤锅”行

20世纪90年代县城街景

20世纪80年代农村人畜饮水

20世纪80年代三郎大曲酒度检测

打鱼乡独特的农家粮仓（2008年摄）

水车（1999年摄）

水动力碾米房（2005年摄）

清咸丰五年（1855），水族农民潘新简起义军战斗遗址（2007年7月摄）

水族农民韦家贵的家庭博物馆（2012年摄）

中央民族歌舞团“乌兰牧骑”演出队到三都慰问演出（1979年摄）

20世纪80年代三都民族师范学校校门

20世纪80年代三都民族中学校门

三都水族自治县成立30周年庆祝大会现场（1987年摄）

抢险救灾》

2007年三都“7·26”洪灾冲垮打鱼大桥，武警官兵和机关干部为受灾群众运送救灾物资

2008年冰雪灾害，成都军区洛阳英雄连支援三都抗灾

武警、公安民警扫雪一景（2008年摄）

武警官兵清除滑坡现场泥石流（2006年摄）

务劳水库除险现场（2008年摄）

三都水族自治县史志编纂委员会组成人员

（三党通〔2003〕28 号）

名誉主任：李文智　潘廷旺　莫善余

主　　任：韦绍凯

常务副主任：李翠云

副 主 任：陈稠彪　杨德勇　王新义　韦成念　周德芬

委　　员：覃克信　钟　平　罗光全　刘世洪　蒙新奇　潘显陆　李海仙　王东旭　周锡金　韦家永　王厚信　江民主　龚正栋

（三党通〔2004〕16 号）

名誉主任：刘长江　韦绍凯　潘廷旺　莫善余

主　　任：王新义

常务副主任：李翠云

副 主 任：韦成念　周德芬　周光顺

委　　员：刘世洪　蒙新奇　潘显陆　李海仙　潘家庆　周锡金　韦家永　王厚信　陈木林　刘玉忠　陆仁慧　潘巨汤　任一江　覃新仁　江民主　龚正栋

（三党办通〔2012〕67 号）

特邀顾问：彭　钢　伍启林　陆兴和　陆春凡　杨胜勇　王素琴

顾　　问：王小红　韦其贤　韦成念

主　　任：张加春

常务副主任：高　宏

副 主 任：简远敏　李翠云　李海仙

委　　员：宋　刚　吴龙永　潘利报　唐合光　杨昌云　潘廷军　包晓闽　席胜高　陆仁慧　邱清明　潘子堂　潘代族　贾桂平　黄　洪　蒋志国　韦国祥　王耀武　潘显陆　龙毓科　莫履鹏　杨秀标　杨光录　梁家源　周泽亮　石幸本　杨胜超　龚正栋　韦锦诗

（三党办通〔2014〕54 号）

顾　问：王小红　韦其贤　韦成念

主　任：张加春

副主任：简远敏　李翠云　韦族琼　李海仙

委　员：宋　刚　吴龙永　潘利报　唐合光　杨昌云　潘廷军
包晓闽　席胜高　杨通明　潘子堂　龚正栋　潘代族
潘仕辉　黄　洪　蒋志国　韦国祥　张如何　刘世洪
莫履鹏　杨秀标　杨光录　梁家源　周泽亮　潘仕林
杨胜超

（三党办发〔2015〕65 号）

顾　问：梁嘉庚　韦其贤　韦成念

主　任：潘仕进

副主任：陈木林　覃友寿　严　军　韦族琼　犹永全　莫善亮
李海仙　宋　刚　潘代族

《三都水族自治县志（1978—2013）》编纂人员

编　审：周泽亮　潘中西

主　编：龚正栋　韦锦诗

副主编：王厚虎　平立豪　潘德虎　李永金

总　纂：龚正栋

分　纂：韦锦诗　王厚虎　平立豪

编　辑：龚正栋　韦锦诗　王厚虎　平立豪　潘德虎　李永金　潘毅娟
莫晓曦　吴向珊　李仁俊　赵建华（特邀）

校　对：龚正栋　韦锦诗　王厚虎

编　务：王厚信　莫家莲　陈金洲　韦绍武　杜茂蓉　韦君婷　李明惠
张春霞　谢姝杰　楼　红　潘　睿

《三都水族自治县志（1978—2013）》审稿人员

县级初审人员

王小红	张加春	韦其贤	韦成念	简远敏	雷　波	李翠云
韦族琼	李海仙	宋　刚	吴龙永	包晓闽	潘利报	韦祝光
潘朝喜	刘世洪	张如何	杨昌云	韦族言	杨秀标	潘廷军
周泽亮	梁家源	唐合光	莫履鹏	潘仕辉	席胜高	龚正栋
黄　洪	蒋志国	潘代族	潘子堂	韦国祥	韦锦诗	王厚虎
王金银	潘德虎	雷　婷	李玉刚	罗世斌	陈金辉	杨昌盛
莫光池	韦世方	潘毅娟	李永金	平立豪	莫晓曦	李仁俊
吴向珊	李明慧					

州级复审人员

韦武昌　州史志办主任
张慧玲　州史志办副主任
喻昌富　州史志办副主任
王素琴　州史志办方志科科长
杨红萍　州史志办党史科科长
张永淑　州史志办年鉴科副科长
白映泉　州史志办副编审
杨胜才　福泉市档案史志局原局长

省级终审人员

王传福　省档案局局长、省地方志办主任
曾　健　省档案局副局长、省地方志办副主任
归　然　省档案局副局长、省地方志办副主任
黄劲松　省档案局、省地方志办专职纪检监察员
伍启林　省九三学社综合处处长（省档案局、省地方志办业务四处原处长）
钟　莉　省档案局、省地方志办业务四处处长
陆　震　省档案局、省地方志办业务四处副处长
车秀琴　省档案局、省地方志办业务四处副主任科员

《三都水族自治县志（1978—2013）》于2014年9月26日通过县级初审

《三都水族自治县志（1978—2013）》于2014年11月27日通过州级复审

《三都水族自治县志（1978—2013）》于2015年4月21日通过省级终审

序

国有史、地有志、家有谱，我国素有重视编史修志的优良传统。地方志，就是按照一定体例全面记载某一时期某一地域的自然、社会、政治、经济、文化等方面情况的书籍文献。作为百科全书式的地域综合性文献，地方志历来具有“资治、教化、存史”的功能。

三都之有县志，应当自民国29年（1940）出版的《三合县志略》开始。这是一部个人独立编纂的县志。编纂者胡羽高先生在自序中云：“盖方志之述，为国史之要删，积若干地方之志乘，即可判其时代之演进、政教之隆汙，察往追来，弥补史阙。”编纂者以深邃敏锐的历史眼光来审视，鲜明地提出了自己的方志观点。这部志书的出版，开启了我县史志编纂的先河，填补了三都历来无志的空白，胡羽高先生理所当然地为三都县志编纂立下了首功。

新中国成立以后，党和国家高度重视地方志事业，先后制定政策和法规，成立专门机构，配备专业人员，强力推进地方志编纂工作。《三都水族自治县志》就是在这样的大好环境下应运而生的。这是一部以全新的观点、方法和体例来编纂的志书，时间上溯唐贞观三年（629），下迄1987年，系统记述了1359年间三都的历史与现状，特别是新中国成立以来，在党的政策光辉照耀下，三都经济社会日新月异的发展变化和取得的骄人成绩。

时代的车轮不断前进，发展的诗篇不断刷新。本着对历史负责、对人民负责、对发展负责的态度，我县决定续修县志。2005年3月，三都水族自治县启动二轮地方志续修工作。经过全体县志编纂人员共同努力，历经十余载，数易其稿，续志终于付梓。前修未密，后出转精。较之前志，续志的编纂方法更加科学，体例更加完善，内容更加丰富，是一部综合反映改革开放后，三都经济社会发展的百科全书。

续修的《三都水族自治县志》全书约168万字，记述了1978年至2013年全县政治、经济、文化和社会各项事业的发展进程，实事求是地记录了这期间三都各项事业取得的辉煌成就，同时也对前志进行了补遗。它对于党政工作者来说，可以察古知今、知晓县情，是以史为鉴、科学决策的重要依据；对于广大人民群众来说，是一部社会主义教育、爱国主义教育、革命传统教育和热爱家乡教育的生动教材，是宣传三都的重要窗口，是认识三都的县情工具书，是发展三都的经验参考书。它的编纂出版，必将对三都的发展和历史产生深远影响。

“以古为镜，可以知兴替”。2014年10月13日，习近平总书记在中共中央政治局第十八次集体学习时强调，要牢记历史经验、历史教训、历史警示，为国家治理能力现代化提供有益借鉴。编修志书，事在继往而意在开来，旨在告慰前人，激励当代，启迪后世。当前，县委、县人民政府正在举全县之力，大力弘扬“开放包容敢争先，诚信务实追一流”的新时期三都精神，按照“1234567”总体发展思路，增强看齐、战斗、打赢“三个意识”，跳好集体、民族、现代、广场、交谊“五个舞”，善用世界、逆向、辩证、底线、系统“五个思维”，建好创新、协调、绿色、开放、共享“五个三都”，大力推进水都、酒都、商都“新三都”建设，坚决打赢脱贫攻坚这场输不起的攻坚战。在新的历史起点上，借助这部县志，让历史告诉未来，必将激发全县人民前赴后继、薪火相传，不忘历史的云烟，牢记发展的足迹，弘扬奋斗的精神，为全县发展尽心尽力，献计献策，为建设更加美好的新三都不懈努力，谱写出更加灿烂辉煌的篇章。

鉴古知今，造福桑梓！《三都水族自治县志（1978—2013）》必将惠及三都子孙，服务当代发展，垂鉴后世！

中共三都水族自治县委书记

三都水族自治县人民政府县长

2016年3月

凡　例

一、本志以马克思列宁主义、毛泽东思想、邓小平理论、“三个代表”重要思想和科学发展观为指导，坚持存真求实的原则，运用辩证唯物主义和历史唯物主义的立场、观点和方法，运用现代科学理论和方法，全面真实地记述三都自然与社会的历史与现状；坚持改革创新，树立精品意识，力求全面、系统、准确地反映县情，突出地方特色，做到思想性、科学性、资料性、权威性相统一。

二、本志为1992年版《三都水族自治县志》（以下简称前志）的续志。上限从1978年党的十一届三中全会开始，下限断至2013年。前志下限至1987年，本志上溯到1978年，目的是便于全面记载三都水族自治县改革开放的发展变化情况，展现事物发展的完整性与历史发展的连续性、阶段性。为承前启后，续志部分内容适当上溯或下延。

三、本志以述、记、志、传、图、表、录为主要表述形式，诸体并用，以志为主。志首设图照、序言、凡例、概述、专记、大事记，而后从社会分工和科学分类出发，依次设篇，篇末设附录、索引，大事记以编年体和纪事本末体相结合进行记述。

四、本志采用章节体，以篇、章、节、目为结构形式。各篇设章、节两层，节下之目视具体情况而设。

五、本志人物主要记述1978—2013年间三都各阶层、各行业有重要业绩和贡献的重点人物和著名人士，由人物传略、人物名录（包括党政军领导名录，获省级以上奖励、表彰者名录，知名人士名录等）组成。人物入志坚持“生不立传”原则，不分本籍、客籍，以正面人物、人民群众为主。对有突出贡献的在世者，收入人物名录。年限内前志收录过的革命烈士，本志不再收录。

六、本志采用现代语体文记述，行文力求准确、朴实、简明、规范。

七、本志使用数据，以统计部门数据为准。统计部门没有的数据，以行业主管部门的统计数据为准。数据凡有年份而未标明月份者，均为年末数。

八、本志纪年，中华人民共和国成立以前的历史纪年或民国纪年括注公元纪年；数字用法，执行《出版物上数字用法的规定》（GB/T 15835—2011）；计量单位，以国务院1984年2月27日发布的《关于在我国统一实行法定计量单位的命令》为准（为遵从地方习惯，个别计量单位采用市制单位，如“亩”“斤”等）；标点符号，严格遵循《标点符号用法》（GB/T 15834—2011）；地图以测绘部门审核的地图为准。

九、本志不单设补遗，以述事补前志之遗略。对于前志已入志的历史、名胜、风俗、方言、自然环境等，根据需要进行复载。

十、本志所记地名、机构、官职等名称，均以记事年代的称谓为准。古今地名有异的，括注今名。

十一、本志资料主要来源于历史档案、历史文献、政府统计资料、各种专著、年鉴、报刊文章和调查采访，以及本届修志期间县内各乡镇、县直机关和人民团体编印的专门志和书稿等，文内一般不注明出处。

目 录

概 述……………………………………………………………………………………（1）

专 记……………………………………………………………………………………（8）

大事记……………………………………………………………………………………（14）

第一篇 政 区

第一章 建置沿革……………………………………………………………………（46）

第一节 地理位置……………………………………………………………………（46）

第二节 历史沿革……………………………………………………………………（46）

第三节 行政区划……………………………………………………………………（48）

第二章 乡镇概况……………………………………………………………………（49）

第一节 西北片区乡镇………………………………………………………………（50）

第二节 东片区乡镇…………………………………………………………………（71）

第三节 南片区乡镇…………………………………………………………………（86）

第二篇 资源·环境·人口

第一章 自然环境与资源……………………………………………………………（111）

第一节 地 质………………………………………………………………………（111）

第二节 地 貌………………………………………………………………………（112）

第三节 气 候………………………………………………………………………（114）

第四节 土 地………………………………………………………………………（114）

第五节 矿产资源……………………………………………………………………（117）

第六节 水资源………………………………………………………………………（118）

第七节 生物资源……………………………………………………………………（122）

第八节 自然灾害……………………………………………………………………（123）

第二章 环境保护……………………………………………………………………（131）

第一节 环境质量……………………………………………………………………（132）

第二节 污染防治……………………………………………………………………（132）

第三节 环境管理…………（134）
第四节 生态环境保护与建设…………（135）
第三章 人 口…………（138）
第一节 人口变化与分布…………（138）
第二节 人口结构…………（141）
第三节 人口控制…………（144）

第三篇 民族与信仰

第一章 民族风情…………（152）
第一节 民族结构…………（152）
第二节 民族来源与分布…………（153）
第三节 水族风情…………（153）
第四节 布依族风情…………（163）
第五节 苗族风情…………（167）
第二章 民族文化…………（175）
第一节 水族文化…………（175）
第二节 布依族文化…………（184）
第三节 苗族文化…………（186）
第四节 其他民族文化…………（187）
第五节 民族文化的抢救工作…………（188）
第三章 社会风尚与民族信仰…………（191）
第一节 社会风尚…………（191）
第二节 民族信仰…………（192）
第三节 民族宗教事务管理机构…………（195）

第四篇 政党·群团

第一章 中共三都水族自治县委员会…………（197）
第一节 中共三都水族自治县代表大会…………（197）
第二节 中共三都水族自治县全委（扩大）会议…………（198）
第三节 县委常务委员会…………（201）
第四节 县委办事机构…………（207）
第二章 中共三都水族自治县纪律检查委员会…………（208）
第一节 党风廉政建设…………（208）
第二节 查处违纪违法案件…………（209）
第三节 纠正不正之风…………（210）

第四节 信访举报……（211）
第五节 执法监察工作……（211）
第三章 党 务……（213）
第一节 组织工作……（213）
第二节 宣传工作……（218）
第三节 统一战线工作……（226）
第四节 政法委工作……（229）
第五节 离退休干部工作……（231）
第六节 编制工作……（234）
第七节 其他党务工作……（238）
第四章 群众团体……（253）
第一节 县总工会……（253）
第二节 共青团……（258）
第三节 妇女联合会……（262）
第四节 工商业联合会……（266）
第五节 科学技术协会……（267）
第六节 文学艺术界联合会……（270）
第七节 残疾人联合会……（272）

第五篇 政权·政协

第一章 人民代表大会……（277）
第一节 三都水族自治县人民代表大会……（277）
第二节 县人大常委会……（284）
第三节 乡镇人大……（287）
第二章 三都水族自治县人民政府……（288）
第一节 机构设置……（292）
第二节 政府会议……（293）
第三节 惠民工程……（294）
第四节 依法行政……（300）
第五节 政务督查……（301）
第六节 信 访……（301）
第七节 驻外机构……（303）
第三章 政协三都水族自治县委员会……（304）
第一节 全体会议……（305）
第二节 常务委员会……（307）
第三节 政治协商、民主监督和参政议政……（309）

第四节　政协工作 …… (310)

第六篇　政法·武装

第一章　公　安 …… (314)
第一节　机构沿革 …… (314)
第二节　刑事案件侦查 …… (315)
第三节　专项斗争 …… (318)
第四节　治安管理 …… (321)
第五节　国内安全保卫 …… (325)
第六节　交通管理 …… (326)
第七节　监所管理 …… (329)
第八节　消防管理 …… (331)
第九节　禁毒工作 …… (332)
第十节　公共信息网络安全监察 …… (333)
第二章　检　察 …… (333)
第一节　刑事检察 …… (333)
第二节　反贪污贿赂 …… (338)
第三节　反渎职侵权 …… (340)
第四节　控告申诉检察 …… (340)
第五节　民事行政检察 …… (342)
第六节　监所检察与案件管理 …… (342)
第三章　法　院 …… (344)
第一节　刑事审判 …… (345)
第二节　民事审判 …… (346)
第三节　经济审判 …… (347)
第四节　行政审判 …… (348)
第五节　案件执行 …… (349)
第六节　审判监督 …… (349)
第七节　信访接待、告诉立案与申诉受理 …… (350)
第八节　案卷管理和利用 …… (351)
第四章　司法行政 …… (352)
第一节　法制宣传 …… (352)
第二节　司法基层管理 …… (353)
第三节　法律服务 …… (354)
第五章　武　装 …… (355)
第一节　县人民武装部 …… (355)

第二节 基层人民武装部……(357)
第三节 武警部队……(358)
第四节 兵 役……(358)
第五节 民 兵……(360)
第六节 拥政爱民……(361)
第七节 国防教育……(364)

第七篇 人力资源和社会事务管理

第一章 人 事……(366)
第一节 人事制度改革……(366)
第二节 干部吸收录用……(368)
第三节 干部培训……(372)
第四节 知识分子工作……(373)
第五节 人才交流……(375)
第六节 考试考核……(377)
第七节 职称评聘……(380)
第八节 落实政策……(383)
第九节 离退休工作……(384)
第十节 高校毕业生基层就业……(386)
第十一节 事业单位专业技术人员招聘……(387)
第十二节 农村乡土人才开发……(388)
第二章 劳 动……(389)
第一节 劳动制度改革……(389)
第二节 劳动就业……(390)
第三节 劳动服务……(395)
第四节 企业流动职工托管……(396)
第五节 工资与福利……(396)
第六节 劳动监察……(402)
第七节 劳动仲裁……(406)
第八节 劳务输出……(408)
第三章 社会保障……(409)
第一节 医疗保险……(409)
第二节 失业保险……(415)
第三节 养老保险……(417)
第四节 工伤保险……(421)
第五节 生育保险……(422)

第六节　社保稽核…………………………………………………………………………（423）
第四章　民　政…………………………………………………………………………（424）
第一节　救灾救济…………………………………………………………………………（424）
第二节　城乡居民最低生活保障…………………………………………………………（426）
第三节　社会福利…………………………………………………………………………（428）
第四节　优待安置…………………………………………………………………………（430）
第五节　社会行政管理……………………………………………………………………（438）

第八篇　基础设施与基本建设

第一章　水　利…………………………………………………………………………（444）
第一节　机构沿革…………………………………………………………………………（444）
第二节　农田水利灌溉……………………………………………………………………（446）
第三节　饮水工程…………………………………………………………………………（455）
第四节　河道治理…………………………………………………………………………（460）
第五节　防汛抗旱…………………………………………………………………………（462）
第六节　水土保持…………………………………………………………………………（463）
第七节　水电站……………………………………………………………………………（464）
第八节　县城污水处理……………………………………………………………………（465）
第二章　城乡建设…………………………………………………………………………（466）
第一节　机构沿革…………………………………………………………………………（467）
第二节　县城规划…………………………………………………………………………（467）
第三节　乡镇及村规划……………………………………………………………………（469）
第四节　规划管理…………………………………………………………………………（469）
第五节　县城建设…………………………………………………………………………（470）
第六节　乡镇及村建设……………………………………………………………………（474）
第七节　建筑工程管理……………………………………………………………………（477）
第八节　房地产……………………………………………………………………………（480）
第九节　公用事业管理……………………………………………………………………（483）
第三章　交通运输…………………………………………………………………………（486）
第一节　机构沿革…………………………………………………………………………（487）
第二节　基础设施建设……………………………………………………………………（490）
第三节　公路管理…………………………………………………………………………（506）
第四节　公路运输…………………………………………………………………………（508）
第五节　城市客运…………………………………………………………………………（512）
第六节　都柳江航运………………………………………………………………………（512）
第四章　电　力…………………………………………………………………………（513）

第一节 供电设施……（514）
第二节 营销情况……（514）
第三节 主网、配网工程……（515）
第五章 信息产业……（516）
第一节 邮 政……（516）
第二节 电 信……（520）
第三节 移动通信……（521）

第九篇 农 业

第一章 种植业……（524）
第一节 机构沿革……（524）
第二节 粮食作物种植……（525）
第三节 “两杂”良种繁育……（527）
第四节 经济作物种植……（527）
第五节 土肥技术推广……（529）
第六节 植物保护……（529）
第七节 耕作制度……（531）
第八节 无公害农产品开发……（531）
第九节 农村能源（沼气）建设……（532）
第十节 农民专业合作经济组织（协会）建设……（532）
第十一节 果树新品种试验成果……（533）
第十二节 蔬菜新品种试验成果……（533）
第二章 畜牧水产业……（534）
第一节 机构沿革……（534）
第二节 畜牧业……（534）
第三节 人工种植饲草……（537）
第四节 畜禽品种改良……（537）
第五节 水产渔政……（539）
第三章 农业机械 农业区划……（540）
第一节 机构沿革……（540）
第二节 农机推广……（540）
第三节 农机培训……（542）
第四节 农业区划成果及应用……（543）
第四章 林 业……（545）
第一节 机构沿革……（545）
第二节 森林资源……（546）

第三节　植树造林……（548）
第四节　林业科技……（551）
第五节　森林资源保护……（552）
第六节　林业产业……（555）
第七节　林业改革……（557）

第十篇　工业·商贸

第一章　工　业……（559）
第一节　发展概况……（559）
第二节　行　业……（560）
第三节　乡镇企业……（566）
第二章　商　贸……（567）
第一节　供销合作……（567）
第二节　对外贸易……（570）
第三节　医药流通市场……（571）
第四节　超　市……（571）
第五节　专控商品经营……（572）
第六节　服务业……（576）

第十一篇　财税·金融

第一章　财　政……（578）
第一节　机构沿革……（578）
第二节　财政管理体制改革……（578）
第三节　财政收入……（580）
第四节　财政支出……（582）
第五节　预算外资金管理……（584）
第六节　“一事一议”财政奖补项目建设……（585）
第七节　政府采购……（586）
第二章　税　务……（587）
第一节　机构设置……（587）
第二节　征收管理……（588）
第三节　地税主要税源……（591）
第四节　税务稽查……（593）
第五节　税收优惠……（593）
第三章　国有资产管理……（594）

第一节 国有资本营运管理……(594)
第二节 县直行政事业单位经营性国有资产清理登记移交……(597)
第四章 金 融……(597)
第一节 机构设置……(597)
第二节 金融业务……(602)

第十二篇 经济综合管理

第一章 经济综述……(620)
第一节 计划经济时代的三都经济……(620)
第二节 市场经济时代的三都经济……(621)
第二章 经济体制改革……(626)
第一节 农村经济体制改革……(626)
第二节 财税体制改革……(628)
第三节 粮油体制改革……(629)
第三章 计划管理……(631)
第一节 机构沿革……(631)
第二节 国民经济和社会发展计划（规划）编制及计划执行情况……(632)
第三节 投资管理及项目工程建设……(636)
第四章 物价管理……(640)
第一节 机构沿革……(640)
第二节 价格改革……(640)
第三节 物价监管……(641)
第四节 物价计量信得过活动……(642)
第五节 物价检查转轨变型……(643)
第六节 价格认证（鉴定、评估）……(643)
第七节 农产品成本调查……(644)
第五章 统计管理……(645)
第一节 机构沿革……(645)
第二节 统计调查……(645)
第三节 统计服务……(649)
第六章 质量技术监督与管理……(650)
第一节 机构沿革……(650)
第二节 标准化……(651)
第三节 计量管理……(652)
第四节 质量监管……(654)
第五节 特种设备安全监察……(656)

第六节　食品安全监管……（657）
第七节　执法打假……（660）
第七章　工商行政管理……（661）
第一节　机构沿革……（661）
第二节　注册登记管理……（662）
第三节　执法监督管理……（665）
第四节　消费者权益保护……（667）
第八章　审计监督……（668）
第一节　机构设置……（668）
第二节　审计监督成果……（669）
第三节　财政预算执行审计……（669）
第四节　专项资金审计……（670）
第五节　固定资产投资审计……（671）
第六节　经济责任审计……（672）
第七节　国有企业审计、金融审计和外资审计……（673）
第九章　国土资源管理……（674）
第一节　机构沿革……（674）
第二节　资源状况……（674）
第三节　土地开发利用……（676）
第四节　地籍管理……（677）
第五节　土地监察与执法……（679）
第六节　矿产资源管理……（680）
第十章　安全生产监督管理……（681）
第一节　机构沿革……（681）
第二节　安全生产综合监管……（682）
第三节　安全生产宣传教育培训……（684）
第四节　死亡事故统计……（685）
第十一章　招商引资……（686）
第一节　招商引资机构……（686）
第二节　招商引资政策……（687）
第三节　对外招商和宣传……（690）
第四节　招商引资成果……（692）
第十二章　扶贫开发……（693）
第一节　扶贫开发项目建设……（693）
第二节　扶贫项目资金管理……（694）
第三节　扶贫开发效益……（695）
第四节　以工代赈易地扶贫开发……（695）
第十三章　非公有制经济……（696）

第一节 非公有制经济在改革开放中崛起……(697)
第二节 政策优惠……(698)
第三节 非公组织的组建……(699)

第十三篇 科教·卫生

第一章 科 技……(700)
第一节 科技体制改革……(700)
第二节 科技机构设置……(701)
第三节 科技成果推广应用……(701)
第二章 教 育……(707)
第一节 教育体制改革……(707)
第二节 教育基础设施设备……(708)
第三节 教师队伍建设……(708)
第四节 教育结构……(709)
第五节 教育成果……(712)
第三章 卫 生……(723)
第一节 机构设置……(723)
第二节 卫生基础设施设备……(725)
第三节 疾病预防控制……(727)
第四节 妇幼保健……(730)
第五节 卫生监督……(732)
第六节 新型农村合作医疗……(734)
第七节 爱国卫生运动……(739)
第八节 药 政……(740)

第十四篇 文化·体育·旅游

第一章 文 化……(742)
第一节 机构设置……(742)
第二节 文学艺术……(743)
第三节 非物质文化遗产……(746)
第四节 新闻、影视、广播……(746)
第五节 图 书……(751)
第六节 档案管理与利用……(752)
第七节 地方志……(758)
第八节 文物古迹保护……(760)

第九节　文化市场管理……(761)
第二章　体　育……(762)
第一节　机构设置……(762)
第二节　民族传统体育……(762)
第三节　学校体育……(765)
第四节　竞技体育……(766)
第五节　体育设施……(768)
第三章　旅　游……(769)
第一节　旅游资源……(770)
第二节　旅游业……(775)
第三节　尧人山国家森林公园……(779)
第四节　都柳江风景名胜区……(782)

人　物

一、人物传略……(784)
二、人物名录……(790)

附　录

一、重要文件存目表……(801)
二、三都近现代文学概况……(805)
三、获省部级以上（含省部级）先进集体名录……(836)

索　引……(839)
《三都水族自治县志（1978—2013）》提供资料人员……(845)
缩略语与全称对照表……(846)
编后记……(848)

概 述

三都水族自治县位于贵州省黔南布依族苗族自治州东南部，地处都柳江、樟江上游的月亮山、雷公山腹地，地理坐标为北纬25°30′~26°10′、东经107°40′~108°14′。东与东北邻黔东南州榕江县、雷山县，南接荔波县，西和西北连独山县及都匀市，北壤黔东南州丹寨县。全县总面积2400平方千米，东西最宽56千米，南北最长78千米，辖10个镇11个乡，分别为：三合镇、大河镇、合江镇、丰乐镇、普安镇、都江镇、中和镇、廷牌镇、周覃镇、九阡镇、交梨乡、拉揽乡、打鱼乡、坝街乡、羊福乡、巫不乡、水龙乡、塘州乡、三洞乡、恒丰乡、扬拱乡，下辖270个村、4个居委会、2144个村民小组。县人民政府驻地三合镇距省城贵阳140千米，距州人民政府驻地都匀55千米。厦门—成都高速公路（G76，厦蓉高速）和贵阳—广州快速铁路穿越县境北部，是西南各省市南下出海的重要通道之一。

一

三都处于云贵高原东南缘向广西盆地下降的斜坡地段，即中国地形第二级阶梯向第三级阶梯的过渡地带，地质构造上处“江南古陆”边缘与“黔南凹陷”之间，地形复杂，地貌破碎，山重水复，风景壮丽。县境大部海拔在400~900米，平均海拔675米。最高点是县境西部海拔1665米的更顶山主峰，最低点是海拔303米的都柳江出境处，最大高差1362米。中山、低山丘陵约占全县土地总面积的90%以上。县境中部的尧人山，总面积350平方千米，主峰海拔1365米，山区植被繁茂，物种丰富，是县内最著名的大山。

三都的河流均属于珠江流域柳江水系，共有大小河流42条，总长925.6千米。主要有都柳江干流和重要支流巴佑河、打见河、马场河、甲晒河、打鱼河、排长河、坝街河，以及樟江上游支流水昔河、水便河等。都柳江为珠江一级支流柳江上游段，发源于县境西部更顶山区和独山县拉林附近的磨石湾，干流在县境内长83.5千米，流域面积占全县总面积的71%，是县内最大的河流，也是贵州南部的大河之一，流域内集中了全县大多数的人口和耕地。

境内年平均降雨量1349.5毫米，总降雨量33.1亿立方米，径流量16.5亿立方米，过境水量为11.98亿立方米，地下水为4.7亿立方米，全县年拥水量共计33.18亿立方米，在全省全州属于丰水县份。境内大小河流理论水能22万千瓦，可开发量16.6万千瓦。2013年，全县水电装机容量7.6万千瓦。较大水利水电工程有芒勇水库、白梓桥水电站、冷水沟水库等。芒勇水库跨三都、荔波、独山三县7个乡镇，是一个以灌溉为主，兼顾人畜饮水、发电、养殖、旅游等综合效益的中型水库。最大坝高33米，总库容2049万立方米，有效库容1080万立方米，灌溉面积4.47万亩，解决人畜饮水2.55万人、2.77万头。

三都夏长冬短，春秋分明，夏无酷暑，冬无严寒，属于中亚热带湿润季风气候类型。由于地形、地势、地貌、海拔的复杂影响，形成了气候在地域上的差异，全县分为温热（都柳江干支流河谷）、温暖（中山和南部地区）、温和（高山）三个气候区域，垂直气候特征显著。县境年平均气三洞善哄猫石形如巨猫，雄踞于田坝之中，惟妙惟肖，被群众视为田坝的保护神。简良九层崖矗立于合江镇岩江河右岸，海拔 1150 米，相对高度超过 500 米，为一弧形巨崖，崖分九层，形似坐佛，极其壮观，是攀岩运动不可多得的理想场所。河谷多巨型鹅卵石，堪称天然的地质公园。

奇花异草有月亮树和风流草。月亮树是一种阔叶乔木，其树叶在黑夜里会闪闪发光，尤其在有风的夜里最为奇妙。风流草高 60~80 厘米，是一种会闻歌起舞的草本植物，甚为神奇。

三都有 1400 年左右的文明史，在长期的历史进程中，水族、布依族、苗族、汉族等各民族共同创造了丰富多彩的古代文化。三都作为中国水族最主要的聚居区，水族文化积淀非常深厚，给三都的历史文化增添了独特的魅力。全县共有文物点 115 处，其中县级文物保护单位 4 处，省级文物保护单位 8 处，国家级文物保护单位 1 处。

以县城三合镇为中心，已初步形成东西两条旅游线路。东线主要以自然风光为主，配合人文景观，主要有百里林海风光、都柳江漂流、森林度假村、尧人山自然保护区、布仰摩崖石刻、都江古城遗址、都江万人坟、水族苗族歌舞、民族村寨等；南线主要以民族风情为主，主要有水族村寨、水族端节、卯节情歌、民族工艺品及水龙引朗石棺墓、塘州仙人桥、中和拉旦瀑布、三洞善哄猫石等一些奇石异景。西北部是传统的农业区，拥有优美的自然风光和田园风光，适宜发展生态观光农业。

三

三都是国家重点扶贫开发县，经济社会发展相对滞后。1949 年，全县生产总值只有 700 多万元，三十多年后的 1980 年亦仅为 2420 万元。

改革开放以后，三都经济社会面貌发生了深刻变化。尤其是邓小平视察南方重要讲话以后，在党和国家的亲切关怀以及深圳人民的大力扶持下，三都的发展步伐明显加快。进入 21 世纪后，三都通过大力实施“科教兴县、农业稳县、工业强县、城建旅游活县、民族文化塑县”五大战略，全县经济社会实现了持续、协调、快速发展，人民生活水平不断提高。1990 年，全县生产总值 11926 万元，2000 年为 41273 万元。到 2013 年，全县完成国内生产总值 33. 32 亿元，其中第一产业完成 7. 68 亿元、第二产业完成 5. 57 亿元、第三产业完成 20. 07 亿元，全年规模以上工业总产值完成 7. 1 亿元。全社会固定资产投资完成 60 亿元；财政总收入完成 3. 27 亿元，其中地方财政收入完成 2. 186 亿元；财政总支出 168836 万元；社会消费品零售总额完成 8. 94 亿元；全县年末各项存款余额 37. 4 亿元，各项贷款余额 24. 95 亿元。2013 年游客总人数 202. 78 万人次，其中国内游客人数 201. 96 万人次；旅游总收入 167300 万元，其中国内旅游收入 165822 万元。

2013 年，全县耕地总面积 369000 亩，其中水田 150195 亩、旱地 52440 亩，人均耕地 1. 06 亩。受环境、资源、气候等条件的影响，三都农业地理分为三个明显不同的区域：西北部河谷低地区水热条件较为优越，耕作历史悠久，发展水平较高，为县内主要农业区和主要的订单农业基地；东部山高谷深，森林茂密，耕地稀少，是县内主要林区；南部低山丘陵盆地土地资源丰富，热量略微不足，农牧业已具备相当规模和水平。

三都水热充沛，自然条件优越，盛产多种特色优质农产品，地方土特产品种繁多，主要有木材、九阡酒、九阡李、廷牌辣椒、交梨葡萄、西厢雪梨、沃屯蜜橘、大河脐橙、柚子、周覃土花布、拉揽竹沙发、巫不香猪、木耳、麻竹笋、香菇、茶叶、花生等，在省内外享有盛名。交梨乡是“中国水晶葡萄之乡”，水晶葡萄种植面积达 12 万亩，年产量万余吨。

在长期的生产生活实践中，三都各族人民创造了不少脍炙人口的特色饮食，三都人爱吃会吃远近闻名，三都菜在当代黔菜中也占有特殊的地位。

由于历史和地理的原因，元代以前三都一直处于漫长的渔猎经济时代，种植业为刀耕火种，规模很小。明代，境内西北部地区开始出现真正意义上的种植业，但由于封建生产关系尚未确立，农耕经济发展缓慢。清代改土归流以后，农业经济有了较大发展。直至解放前，三都不少地方的生产方式还停留在刀耕火种时代，农业生产十分落后。

新中国成立时，全县农林牧渔业总产值仅为1120万元，粮食总产量29100吨，平均亩产185.3千克。1951年下半年开始的土地改革运动，从根本上消灭了封建地主阶级的土地所有制，调动了农民的生产积极性，农村生产力得到充分解放和发展。1953年，全县粮食总产量达34000吨，比1951年净增5000吨，农民人均生产粮食由土改前的255千克增加到315千克。

落实农业生产责任制以后，广大农民的生产积极性空前高涨。随着农业基础设施的不断改善，农业科技水平的不断进步，三都的农业生产面貌发生了巨大改变，生产效率不断提高，产量连年增长。进入21世纪以后，通过产业结构调整及实施“185农业产业化工程”，三都农业走上了现代化、产业化的发展道路。至2013年，全县已实施完成“185工程”35.6万亩，其中万元田7.15万亩，八千元田10.23万亩，五千元田18.22万亩。订单农业规模不断扩大，观光休闲农业不断涌现，农民收入有了提高。

2013年，农业总产值完成12.19亿元，粮食总产量达9.16万吨，农民人均纯收入5751元。全县大牲畜存栏9.58万头、出栏1.648万头，生猪存栏13.38万头、出栏15.70万头，肉类总产量1.6万吨；蔬菜产量19.32万吨，产值2.59亿元；水产品产量21900吨，产值4156万元。

1978年以前，县内先后建立过不少工业企业，其中相当部分在历次运动中兴建。受极“左”路线和“文化大革命”影响，企业管理混乱，生产停滞不前。70年代末，全县有全民和集体所有制企业71个，产值仅300多万元。进入80年代后，经过调整改革，以及引进资金技术等，县内工业得到一定恢复和发展。1988年后，三都工业逐步发展壮大，工业体系逐渐形成。随着五坳坡、小脑两大锑矿山的发掘，出现了较大规模的锑矿采冶，并逐步形成了冶金、化工、煤炭、电力、森工、制药、食品、建材等工业体系。进入21世纪以后，在国家西部大开发战略的推动下，三都现代工业得到了跨越式发展。至2005年，全县有500万元以上的工业企业5户，非国有工业企业6户，50万元以上非国有工业企业52户，从业人员3300人，工业产值突破亿元大关。

2013年，全县有500万元以上规模工业企业16户，实现总产值7.13亿元，比“十五”期末（2005年）增长358.49%，年均增长20.97%；实现工业增加值2.532亿元，比“十五”期末增长321.75%，年均增长19.71%。

四

三都历史上的对外交通以水运为主。18世纪初叶，为推进改土归流和经略苗疆的需要，独山知州孙绍武疏浚都柳江航道，使之成为开发大西南的重要交通线。境内都柳江航道西起合江，东至坝街出境处，全长77千米，以三脚屯为中心枢纽港。每年来自两广的海盐、百货以及西南各省的粮食、山货等物资，大量经由都柳江航线进出贵州。民国16年（1927），贵州省第一辆汽车即由三合港运抵贵阳。抗战时期，都柳江航线的年运输量近2万吨，鼎盛一时。随着公路、铁路逐渐增多，都柳江航道的重要性逐渐下降。加上水位降低、航道失修、兴建水坝等，至20世纪90年代基本衰废。

三都的第一条公路——陆三公路（麻江陆家桥至三合）于民国29年（1940）建成，其中三都境内17千米。民国33年（1944）“黔南事变”时省政府下令毁路阻敌，解放后重新整修，1955年7月第一辆客运班车才驶进三都县城。此后县内公路里程逐渐增加。1980年达到239千米，1990年

404千米，2000年565千米。2013年，境内公路总里程达1430.659千米，全县基本实现乡乡通油路、村村通公路目标，其中102个村通油路（水泥路），通畅率达37.78%，基本形成四通八达的公路交通网络。厦蓉高速、贵广高铁开通后，三都的区位劣势和交通状况得到很大改变。

三都县城经3次建设总体规划修编，进行了控制性详细规划和分阶段建设规划设计，县城区内道路、桥梁、给排水、供电、环卫、绿化、通信、教育、卫生、金融、市场等设施得到不断改善。县城规划面积达到10.84平方千米，建成面积达到5.35平方千米，人口达到5万人，日流动人口6000人以上，形成了较为繁华的集市贸易，初具城市规模。城区道路建成了“三纵四横”主要道路交通网络，即建设路、河滨东路、河滨南路、环城东路、都江路、中山路、文化路等主要交通干道。此外，还先后建成了深圳路、团结路、振兴路、民族路、商贸路、解放路、中华路、凤凰大道、麻光大道等道路，道路总长达到18.7千米，道路硬化面积超过37万平方米，硬化率达99%以上。完成了人行道青石板的铺装建设，铺装面积总计达4万多平方米。各主大街两侧建设绿化带近1.5万平方米，对各条街道按一街一景、突出特色标准选植绿化树7000多株，县城区绿化覆盖率37%以上。安装道路路灯1000多盏，高杆照明灯457盏，各居住小区路灯620盏，各沿街单位及院落小区等大都安装彩灯或霓虹灯，灯光照明成了县城一道亮丽的风景线。都柳江两岸按百年一遇标准建设防洪堤8.37千米，不同规格的道路排水沟25千米，城内排水功能逐步完善，县城抵御洪水能力得到提高。

村村通广播电视工程覆盖21个乡镇。全县拥有固定电话用户38800户，乡镇程控电话率达100%。全县21个乡镇的274个村实现了移动电话村村通，通信覆盖率达100%。联合通信也实现了乡乡通，网络信号覆盖全县21个乡镇的152个村。

五

由于历史原因，三都的文教卫生事业长期处于全省全州下游，基础设施落后，人才缺乏。1995年起，在中央号召下，深圳人民大力帮扶三都的教育卫生事业，使三都的教育卫生面貌发生了翻天覆地的变化。教育“两基”工作于2006年通过省级验收。2013年，全县共有幼儿园26所，学前班120个，在园（班）幼儿8264人；小学校（点）176所，在校学生33683人；初级中学20所，在校学生17367人；高级中学2所，职高1所，普高在校学生6622人，中职在校生总数2327人。小学专任教师合格率98.28%，初中专任教师合格率99.11%，高中专任教师合格率93.33%。各中小学均配置了远程教育设备。

全县科技管理、农业、牧业、林业、水利、交通、供电、食品药品监督和医疗卫生等部门有专业科技人员811名，其中少数民族科技人员656名，占科技人员总数80.89%；在文化结构上，大学本科学历48名，专科275名，中专399名，高中及以下89名，获得专业技术职称的科技人员752名，其中副高职称5名、中级职称149名、初级职称598名。

全县设有国家医疗卫生机构45个，分别是21个乡镇卫生院、21个疾控基妇站和县鹏城民族医院、县疾病预防控制中心、县妇幼保健所。卫生系统在册职工495人，其中执业医师120人，平均每千人拥有卫生专业技术人员1.268人。拥有业务用房面积为24299平方米，开设床位256张，其中县直医疗卫生单位115张、乡镇卫生院141张，平均每千人拥有0.82张床位。全县开设村卫生室149个，占总行政村数55.2%，有村卫生员173人，村接生员270人。

全县体育设施不断完善，有体育场地224个。2005年在城西龙嘴角河沙坝建成占地106亩的民族体育运动中心，内有1个可容纳15000人的田径场（含1个赛马场）、1个可容观众1700人的室内体育馆、3个网球场、2个门球场、2个篮球场。该体育中心于2005年8月向国家工商行政管理总局商标局申报并成功注册“中国西部赛马城”。都柳江两岸看台龙舟赛道的条件为省内少见。体育设施的配套程度在全省各县市中处于领先水平，可以承接各种大型体育比赛活动。

三都，是一片古老的土地，美丽的土地，富饶的土地，也是一块充满无限生机和活力的土地。三都各族人民在这块土地上一代一代繁衍生息、顽强耕耘，在艰难磨砺中不断超越自我，跨越奋进。全县各族人民有理由相信，在中央、省、州的坚强领导下，有县委、县人民政府高瞻远瞩，立足县情，全面贯彻落实科学发展观，坚持“科教兴县、农业稳县、工业强县、城建旅游活县、民族文化塑县”五大战略不动摇，着力抓好财源建设、城镇建设、新农村建设、环境建设、和谐社会建设。立足水族“唯一性”和丰富的民族文化旅游资源，以“中国水族文化旅游发展创新区”为发展定位，大力实施民族文化旅游带动战略，把三都民族文化生态旅游产业培育成战略性支柱产业。突出“招商引资，民营经济”两大关键，加快调整经济结构，转变经济增长方式，增强自主创新能力，大力发展循环经济，努力建设节约型社会，把提高人民群众生活水平和质量作为根本出发点，努力建设民族团结、生产发达、生态良好、生活有序、生机无限的社会主义新三都。

专　记

一、胡锦涛在三都视察

1985年12月11日，中共贵州省委书记胡锦涛到三都水族自治县视察。视察期间，胡锦涛先后深入到国营拉揽林场、县民族中学进行考察调研，看望了三都的各族干部群众。在县委常委会议室与县几大班子领导进行了座谈。

1985年12月11日，省委书记胡锦涛（前排左三）与县领导合影

在座谈会上，胡锦涛书记作了重要讲话。

"三都的自然条件是好的，三都的同志要树立起把家乡建设好的信心。和发达地区相比，三都是落后的，不承认不行，我们是唯物主义者。但和解放前、解放初相比，变化是大的，许多老同志在这里干了几十年，做出了贡献。"

"三都各种优势不少，不过这些优势还是一种潜在的，还没有发挥作用，还要继续投资。要正确认识三都，既要看到优势、发展前景，又要总结三都建设几十年来的经验教训，走出一条新的路子来。要实事求是建设三都，根据三都的优势、三都的能力，能办多少就办多少，考虑财力可能。必须因地制宜，搞好产业的调整，18.75万亩的耕地要种好，但光靠这点还不行，还要搞其他东西。多抓投资少、见效快、周期短、技术要求低的生产项目，这是根据我们资金困难、技术水平低的情况来安排的。要确立一个尊重知识、尊重人才的思想，充分发挥他们（人才）的作用。县委、县人民政府领导要爱才，敢于用才，千方百计地引进人才，有过错误不要紧，要帮助，要教育。"

“要把教育搞好，这关系到子孙后代的问题。下决心抓乡土科技人才的培养。比如拉揽林场招几十名临时工，又劳动又学习，边干边学，出来后就成了县里的林业方面的人才了。”“各级班子一定要建设成心齐、团结、奋斗的班子。耀邦同志讲过四句话：‘讲团结、顾大局、重实效、比贡献。’不顺心的事是有的，但考虑到建设三都这个大局，什么事都可以谅解，气可以顺的。”

“另外，作风要正，现在不少事只是说了，没有落实下去，没有具体的措施。多年来养成的习惯，就是光布置，不检查。非搞责任制不可，非得一项一项地落实不可。”

“班子好，只要路子正，决心大，作风正，措施得力，没有什么事办不成的。”

在中午休息时，胡锦涛独自一人到三都民中调研，与张嘉树、曾红等老师进行了亲切交谈。胡锦涛走进学校办公室说：“老师，你们教室好像比较脏啊！”张嘉树老师给他解释：“我们是每天放学有值日生扫，每天一小扫，周末全校一大扫。”胡锦涛又说：“那你们平时的卫生保持得很不好啊。”然后他坐了下来，很仔细地问了张老师许多问题：学校的教学质量怎么样？师资情况怎么样？办学有什么困难？民族学生的学习与生活情况怎么样？等等。胡锦涛一直很认真地听着老师们的解答，并亲切地与老师们交谈着。当老师们讲到学校经费十分紧张时，胡锦涛笑着说：“经费紧张，但卫生还是要搞好啊！搞好卫生可不要多少钱，你们可以发动学生自己砍竹子砍藤条，自己编簸箕，自己扎扫把啊！”当胡锦涛了解到张老师的情况后，鼓励外地来的老师一定要安心工作，与当地的老师一起，把教学质量抓上去。在大约 15 分钟的谈话过程中，学校几位青年老师相继走进了办公室，默默地站在周围，这时已是中午 1 点钟了。此时，有一位军人走了进来，他大声说：“老师们，这是省委书记胡锦涛同志，是来看望大家的。”大家立即报以热烈的掌声。随后张嘉树和曾红两位老师一起送胡锦涛到学校的大坎子底下，临别时胡锦涛说：“你们下面办学条件困难，教学经费紧张，最近省里已经追加了几个亿的教学经费，希望你们以后能有所改善”。

二、深圳帮扶三都纪实

“帮扶三都就是帮扶一个民族，振兴三都就是振兴一个民族。”这是深圳对口帮扶三都水族自治县十多年来形成的共识。十多年的光辉历程，对于人类社会历史长河只是非常短暂的一瞬间，可对受助的三都人民却是一段十分珍贵、永远铭记的历史。

百年大计　教育为本

1995 年，中共深圳市委、市人民政府带领身处改革开放前沿的深圳人民，按照邓小平关于“两个大局”的伟大构想，积极响应“先富帮后富，最终现实共同富裕”的伟大号召，在全国率先开展“特区·山区心连心”活动。深圳市属企业工委根据中共深圳市委、市人民政府的安排，直接对口与边远山区少数民族地区——三都水族自治县开展了“手拉手·心连心”活动，从机关到企业，从国有到集体，从私营到外资，从领导到员工，从单位到个人，从老师到学生，无不积极向三都人民伸出援助之手。

1995 年 5 月 10 日，深圳市“特区·山区心连心”活动考察组组长、深圳市属企业工委副书记颜仲春，副组长刘凤义、梁乃权、高佐新一行 24 人奔赴三都水族自治县考察。在省委办公厅副秘书长邓洪泰，州委副书记、常务副州长胡品荣和县委书记李国庆、县长蒙秉武等领导的陪同下，先后两天共考察了 11 个乡镇 10 多所中小学校。通过实地考察，考察组本着“百年大计，教育为本”的原则，欣然表示捐款援建一批希望学校并长期开展“1+1”助学活动。同年 6 月 27 日至 7 月 7 日，县委书记李国庆率县人大常委会主任韦耀军、县委副书记卢治渊、县人民政府副县长岑吉芬等一行 8 人带着《帮扶规划草案》赴深圳，首次磋商深圳·三都“心连心”活动有关事宜。其间，

三都鹏城希望学校

在贵州省人民政府驻深圳办事处主任钟天生、副主任王志成、处长王晓的密切联系和精心安排下，先后得到了深圳市人民政府常务副市长李德成，深圳市属企业工委副书记颜仲春、叶漾以及赛格集团董事长王殿甫等相关领导的会见并走访了 20 家企业。经过双方对规划布局方案反复研究，三易其稿。最后连夜修改，本着点面结合、城乡兼顾、轻重缓急原则，决定首批援建三都水族自治县 21 所希望学校：县鹏城希望学校 400 万元、县民族中学 90 万元、第二中学 60 万元、城关小学 40 万元、坝街羊瓮小学 35 万元、廷牌小学 30 万元、塘州梅育小学 28 万元、三洞板劳信望小学 25 万元、交梨小学 25 万元、普安中学 25 万元、水龙民族小学 25 万元、都江中学 25 万元、拉揽小学 25 万元、恒丰民族小学 25 万元、中和小学 25 万元、九阡中学 25 万元、周覃播花小学 25 万元、烂土中学 25 万元、丰乐中学 25 万元、大河苗草小学 15 万元、交梨大坪小学 15 万元。

从深圳回来后，三都立即召开会议决定成立“深圳援助三都希望工程指挥部”，下设办公室、规划设计组、质量监督组、财务组、助学基金组。根据县委、县政府的统一部署，指挥部夜以继日，精心安排，全县 21 所希望学校中，有鹏城希望学校、羊瓮小学、苗草小学、大坪小学 4 所是完全新建，其中仅鹏城希望学校就征田 30 亩。其余 17 所希望学校都有不同程度的征田征地扩建，大部分学校扩大一倍以上。更令人难忘的是 7 月中旬，正是三都稻田谷穗飘香的时候。这边丰收在望，那边要加快发展。县委、县政府处于两难境地，“时间就是金钱，效率就是生命”，面对“深圳速度”的严峻拷问，晚一些时间就晚培养一代人，晚痛不如早痛。于是，大家思索再三，下定决心，割掉出穗稻子，平整校园，不到一个月时间，全县 21 所希望学校的规划设计、征地拆迁、奠基石、三通一平一切准备就绪。同年 7 月 28 日，中共黔南州委、州人民政府在都匀龙潭宾馆隆重举行深圳·三都“心连心”活动希望工程捐赠 1330 万元仪式暨“心连心”教育发展基金会成立大会。深圳市属企业工委 36 家企业代表，先后与三都水族自治县党政领导签订捐赠协议。参加会议的有深圳市人大常委会副主任梁俊华、深圳市政协副主席陈忠、深圳市属企业工委副书记叶漾、深圳市委党校副校长彭悦等，贵州省党政领导有龚贤永、徐屹峰、何崇远、万方亮、潘万洪，黔南布依族苗族自治州党政领导有兰天权、肖永安、吴嘉甫、潘茂修、梁登峰及中共三都水族自治县委书记李国庆、县长蒙秉武、县委副书记卢治渊、县人民政府副县长岑吉芬等。会上，三都水族自治县党政领导接受深圳市属企业工委捐赠的首批希望工程资金 1330 万元。当日下午 5 时，深圳市赴三都“心连心”活动代表团 51 人及贵州省、黔南州陪同团 31 人同时抵达三都，受到县城一万多名机关干部、各族群众及学校师生载歌载舞夹道欢迎，并举行深圳·三都“心连心”教育发展基金会揭牌仪式。

7 月 29 日，深圳赴三都“心连心”活动代表团成员和省、州陪同团成员及县四家班子领导、17 个乡镇党政主要领导和各科局主要负责人共一百多人，组成 21 个组，分别从州政府接待办、州电视台、独山县、荔波县及黔东南州丹寨县调用了部分车辆和摄像设备，于当天上午分赴全县 21 所希望学校分别举行奠基典礼。中心会场设在鹏城希望学校新校址，县长蒙秉武主持奠基仪式，县委书记李国庆致欢迎词，深圳市党政领导有梁俊华、陈忠、叶漾、彭悦，贵州省党政领导有龚贤永、万方亮，黔南布依族苗族自治州党政领导有兰天权、肖永安、吴嘉甫、潘茂修、梁登峰。县委书记李国庆及深圳市 15 家企业领导为援建的三都鹏城希望学校奠基仪式剪彩，并挥铲培土。“百年大计，质量第一”，同年 12 月 12 日，深圳市属企业工委派党办主任陈衍庆率教育、建筑、设计、财务、审计等专家一行 9 人，组成希望工程质量检查组对 21 所希望学校工程项目和“心连心”教育发展基金及“1+1”助学活动落实情况进行了为期 7 天的实地检查。

通过全县上下一年的共同努力，各希望学校工程按计划全部结束。1996 年 8 月 28 日，深圳市派“心连心”活动代表团赴三都，分 21 个组到 21 所希望学校进行单个希望工程项目竣工典礼。8 月 29 日，中共三都水族自治县委、县人民政府在县城隆重举行深圳市援建三都水族自治县希望工程 21 个项目学校竣工典礼仪式，一万多名师生、机关干部、乡镇领导和群众载歌载舞，聚集大会场（原民中大操场）。大会由州委书记李培书主持，县委书记李国庆致辞，深圳市人民政府副市长袁汝稳，深圳市属企业工委副书记、深圳市属企业“心连心”代表团团长曾石泉，贵州省人民政府省长助理章力建分别讲话。参加大会的领导还有贵州省教委常务副主任金正宇、省扶贫办副主任肖心田，州政协主席胡品荣，州委常委、常务副州长黎光武，州人大常委会副主任潘茂修，州政协副主席、州教育局副局长王圣强和三都水族自治县四大班子领导等。

十多年来，以原深圳市属企业工委、深圳市投资管理公司，现深圳市投资控股有限公司为主体的国有、集体、民营、外资企业等在三都援建了 45 所希望学校，有效解决了 13000 多名中小学生的就学难问题，通过“1+1”助学活动和教育基金先后救助了 10000 多名失辍学儿童入学问题，表彰了一大批优秀教师和学生。

此外，深圳市委党校、深圳大学、深圳市经理学院、北环中学、深圳机场实验学校、华富中学、燃气集团、福田医院、高速公路公司等院校和企事业单位先后为三都水族自治县培训了一大批县乡党政领导、干部职工、医务人员和师生，同时，深圳大学还为三都（贵州唯一招生点）免费委培 12 名大学本科生。这充分体现了深圳人民对三都人民“扶贫先扶智”的根本指导思想，实施了“教育要优先发展”的重要战略。

改善卫生条件　抑制因病返贫

“一人生病，全家返贫”，这是不用求证的实际例证。在边远的贫困山区，由于生产、生活、医疗、经济等因素，因病致贫、因病返贫是严重阻碍贫困山区经济发展的主要原因之一。深圳市投资管理公司的领导和员工，一直看在眼里记在心上，经过对三都教育条件的逐步改善之后，深圳对三都的帮扶工作又转向了对医疗卫生条件的改善和帮扶。

1997 年 9 月 22 日，深圳投资管理公司党委副书记考察团团长刘全伟、副团长邱国标一行 15 人，代表公司赴三都捐赠 780 万元，主要用于医疗卫生等基础设施，决定投资 390 万元新建“三都鹏城民族医院”，修建塘州、恒丰、水龙、烂土（合江）、三洞、拉揽、坝街、羊福、巫不等 9 个乡卫生院业务用房（共 100 万元），建立三都医疗卫生基金（30 万

三都鹏城民族医院

元），三都鹏城民族医院医务人员奖励基金（20 万元），其余用于人畜饮水、农村用电等基础设施改造。经过认真规划设计、精心策划和准备，鹏城民族医院和 9 个乡镇卫生院统一在 1998 年 2 月 28 日分别隆重举行奠基仪式。

经过全县的共同努力，1999 年 9 月 9 日上午 9 时 9 分，在深圳市投资管理公司援建的三都鹏城民族医院所在地隆重举行开业典礼。参加庆典仪式的有深圳投资管理公司监事会主席、党委书记刘全伟率特发集团公司、高速公路开发公司、西湖企业开发公司、运发实业总公司、鸿基集团公司、能源集团公司、赛格集团公司、国信证券公司盐田港集团、机场集团、福田人民医院等单位领导一行 15 人；省政府副秘书长杨通华，州人大常委会主任黎光武，州人大常委会副主任潘茂修、州政协副主席于根生、州委副秘书长王国太、州政府副秘书长施火燕和三都四大班子领导及县直机关各工作部门负责人。大会由县长韦绍凯主持，深圳市扶贫考察团团长刘全伟、省政府副秘书长杨通华、州人大常委会主任黎光武分别作了讲话。同时，深圳援建的 9 个乡镇卫生院项目也先后竣工验收并交付使用。

此外，深圳对三都鹏城民族医院及全县 9 个乡镇卫生院，先后给予医务人员培训和医疗设备的添置，并给鹏城民族医院赠送一辆救护车。在鹏城民族医院安装了三都有史以来的第一部电梯。为三都人民就医提供了优越的条件，极大地缓解了山区人民的就医难问题，群众因病致贫、因病返贫问题得到有效遏制，有力地推动了三都社会经济向前发展。

扶贫由“输血”转向“造血”

深圳·三都“心连心”活动开展十多年以来，深圳除了首先重点帮扶教育卫生之外，又着重解决工交、水电、旅游、新农村建设等项目，逐步走向全方位、多层次、多领域，由“输血”式扶贫向“造血”式扶贫过渡。

1995 年以来，深圳市投资控股有限公司（原深圳市投资管理公司）结合三都林业资源情况，以帮扶的形式有偿援助 1760 万元与三都合作创建年产 30000 立方米的三都中密度纤维板厂。深圳市对口扶持办、深圳市投资控股有限公司及 70 多家企事业单位先后捐资帮扶相关基础设施项目，涉及领域有水利建设方面的山塘水库、小水窖、渠道灌溉、人畜饮水等，有公路交通方面的通村公路、乡际公路、旅游景点公路、县城街道、桥梁等，有建设新农村方面的沼气池、茅草房改造、改圈改厕、农村活动用房、村寨道路硬化、救济救灾等，有电力通信方面的输变电线路改造、广播电视设备、程控电话扩容设备等；此外，还有劳务输出、画册出版、编辑刻印宣传光盘、电视剧拍摄、数码彩印冲洗设备、赠送大中巴车辆、旅游包装推介、城镇规划设计、旅游景区规划、水寨落户深圳锦绣中华民俗村，为三都五十周年县庆文艺晚会策划、编导等多层次、多领域、全方位的扶持帮助，逐步由“输血”式扶贫向“造血”式扶贫过渡。

深圳三都心连心　血浓于水树常青

1995 年以来，在中共深圳市委、市人民政府领导下，以深圳市对口扶持办、原深圳市属企业工委、原深圳市投资管理公司、深圳市投资控股有限公司为主体的国有、集体、民营、外资等 70 多家企事业单位，在资金、技术、项目、物资、人才培训等方面均给予三都大力帮扶。据不完全统计，1995 年至 2008 年，深圳无偿援助资金、物资折款和有偿协作帮扶资金总额达 9180 余万元。其中，无偿援助达 6040 万余元，有偿援助资金 721 万元，投资企业资金 1670 万元，捐赠物资折款 749 万余元。帮助成立了扶贫济困基金会、教育发展基金会，为三都培训培养各级各类干部 400 余人次。建有希望学校 45 所，解决了 13000 多名中小学生入学难问题，开展“1+1”活动和基金会救助失辍学贫困学生，重返校园 7000 多人。

与此同时，三都水族自治县党政领导、受援乡镇、机关单位、学校师生 800 多人次先后到深圳相关单位参观学习、培训、汇报帮扶工作。深圳市党政领导和70多家企事业单位领导和员工、师生、新闻媒体等单位员工1500多人次先后赴三都献计献策、共谋发展，深入乡村考察检查项目，听取情况汇报和座谈，促进了双方相互了解，增进了友谊，建立了“血浓于水”的深厚感情。在扶贫攻坚的艰难路上，深圳人民和三都人民形成了“帮扶三都就是帮扶一个民族，振兴三都就是振兴一个民族”的共识。

深圳人民的关心支持和无私援助，使三都水族自治县各方面的建设得到了极大的改善，特别是城乡教育、医疗卫生方面发生了历史性的变化。1997年招生以来的三都鹏城希望学校代表三都人民以优异的成绩回报深圳人民的关心和厚爱。该校建校以来连年中考成绩名列全县前茅，连续三年荣获全州中考成绩第一名。率先在全县成立“岛岱瓦”少儿艺术团和少年足球队。2004年“六一”儿童节，深圳市投资管理公司党委副书记、纪委书记谭壬辰，清债部部长蔡展生，贵州省青基会副秘书长邓守诚、三都县领导饶文霞等，率三都鹏城希望学校学生代表队52人代表贵州省赴北京参加全国希望学校“希望杯”运动会。经过努力拼搏，荣获全国37个代表队的团体总分第五名的优异成绩。2008年5月，在广西南宁举行的有28支代表队参加的中国西部希望学校运动会上，三都鹏城希望学校荣获总分第一名。8月，在黑龙江哈尔滨举行的有全国各省（区）31支代表队和美国、马来西亚共33支代表队参赛的全国希望学校运动会上，三都鹏城希望学校荣获总分第三名。

深黔携手扶贫攻坚，深圳投资控股公司对口帮扶，无不激励着三都人民奋发图强，努力开创未来。三都人民将让“饮水思源，富而思进”“吃水不忘挖井人”在深圳人民对三都人民的帮扶过程中得到最完美的诠释，并以此作为扶贫攻坚和深圳三都两地携手并进的伟大历史见证！

大事记

1978 年

2 月 28 日至 3 月 5 日 水族女代表陆琼英到北京出席第五届全国人大第一次会议。

5 月 打鱼寨公路桥竣工。桥高 20 米，长 94 米，于 1977 年 9 月动工，投资 19 万元。

是年 省人民政府批准三都中学为全省重点中学。

是年 知识青年上山下乡 109 名。其中本县知青 17 名到大河公社知青点落户；贵阳知青 92 名，其中 58 名到周覃公社水便省轮胎厂自办知青队落户，34 名在中和雪花洞省化工汽车队自办知青队落户。

1979 年

2 月 3 日至 8 日 县委召开三级干部会议（县、区、公社行政干部会议），贯彻中共十一届三中全会精神，到会 300 余人，会议决定把全县工作重点转移到社会主义建设上来。纠正了“三地”（自留地、饲料地、开荒地）代耕的错误做法，一些生产队开始推行包产到组、联产计酬、超产奖励等生产责任制。

2 月下旬 县委召开三级干部会，贯彻执行中共中央关于地主、富农分子摘帽问题的决定。随后，各公社分别召开会议。从 3 月初到 4 月底，境内原地主、富农、反革命分子、坏分子，凡是多年遵守政府法令、不做坏事者，一律摘掉帽子，给予农村人民公社社员待遇。全县共摘帽 2095 名。此外，对原来改造三类村、社教等运动中被错划成地主、富农、反革命分子和坏分子的 262 名也同时纠正。对 3798 名地、富子女，根据他们的职业重新订正成分。

3 月 三都大桥竣工通车。桥长 207.2 米，高 13.2 米，桥面宽 11 米（车道宽 7 米，两侧人行道各宽 2 米），投资 75.37 万元。

5 月 1 日 县委根据中共中央〔1978〕74 号和省委〔1979〕18 号文件精神，同意县知青办和劳资局“关于统筹解决三都水族自治县知青问题的意见”，从本年起，全县非农业户口的中学毕业生不再上山下乡，结束了连续 11 年知识青年上山下乡工作。自 1968 年以来，全县共有 1389 名城镇知识青年上山下乡。

9 月 24 日 县委对反右派、“反右倾”、面上四清、“文化大革命”四个时期处理党员、干部的案件进行全面复查。至 10 月底，应复查的案件（不包括非党员 2 人）385 件（人），已落实 338 件（人），其中维持原结论 134 件（人），全平反、纠正 172 件（人），部分平反、纠正 32 件（人），恢复党籍 16 人，收回安排工作 55 人，撤销四类分子帽子和刑事处分 68 人（其中 40 人收回安排工作，3 人恢复党籍），撤销原来处分的 65 人。

是年 县内颁发独生子女证，规定独生子女享受保健费待遇。干部、职工和城镇居民每月领取保健费 4 元，自领证之日起至小孩满 14 周岁，另发一次性奖励费 100 元；农村独生子女发给一次性奖励费 100 元，保健费改为对其包产指标降低 10%，享受 14 年；独生子女就医、入学、招工、招干、住宅等，在同等条件下给予优先照顾。

1980 年

1 月 31 日至 2 月 5 日 政协三都水族自治县委员会第四届一次会议在县城召开，选举蒙开江为政协三都水族自治县第四届委员会主席。

1 月 31 日至 2 月 6 日 三都水族自治县第七届人民代表大会第一次会议在县城召开。大会决定将三都水族自治县革命委员会改为三都水族自治县人民政府。大会选举陆道邦为第七届县人大常委会主任，蒙开江为县长。

3 月 19 日 县人民政府统一刻制颁发全县 7 个区公所、城关镇人民政府和 37 个公社管理委员会及县人民政府办公室公章，从 3 月 25 日起启用。

5 月 都江公路通车，全县实现区区通公路。

7 月 17 日至 24 日 县委召开三干会议，讨论落实放宽农业政策工作。明确土地联产承包责任到户后，田土是集体所有，不准买卖典当；不准各要各的土改田；不准打乱“四固定”；超生子女和不到结婚年龄结婚的不计算在土地承包责任制人数之内。要保护集体耕牛、机械、大型农具、集体财产，要落实林权，不准乱砍滥伐。会后，县、区共组织 70 多人的工作组，协助公社召开三干会，贯彻县三干会关于放宽农业政策精神，引导社队搞好土地联产承包责任制。

8 月 27 日 县人民政府发出通知，撤销水族人民统一过端的决议，水族人民可以按传统习惯分期分批分地区过“端节”。

12 月 19 日 三都水族自治县编制委员会成立。

是年 烂土二级电站建成投产，装机容量 200 千瓦。

是年 贵州省人民政府批准三都中学为民族中学。黔南州政府批准三都师范为民族师范。

1981 年

2 月 25 日至 3 月 2 日 中共三都水族自治县第四次代表大会在县城召开。选举陆道邦为县委书记。

3 月 19 日 县委、县人民政府发出认真搞好林业“三定”（定山林权、定社员自留山、定集体山林管理责任制）的通知，强调搞好林业“三定”是落实党中央关于国家、集体、个人三者之间林业一起发展的百年大计，是保证社员个人和社队集体的林木不受侵犯，是制止乱砍滥伐，加快林业发展的措施，要求各大队在落实生产责任制的同时，把林业“三定”工作一起落实好。

7 月 6 日 中和水电站正式投产，装机容量 200 千瓦。

9 月 9 日 县政府颁发首批县级文物保护单位布告。列入县级文物保护单位的有九阡太平天国末年水族农民潘新简起义战斗遗址；水龙清嘉庆年间的引朗石墓群；都柳江南岸的清雍正七年（1729）“山高水清”“无罣碍”摩崖；都江布仰的清雍正七年（1729）的“向来王化外、今入版图中”摩崖；都江甲雄的甲找石墓；都江羊福岩墓群；都江的清同治年间（1862—1874）的“万人坟”；都江的清乾隆年间（1736—1795）的都江城门。

12 月 15 日 县政府发出《关于加强矿山管理意见的通知》。

是年 三都水族自治县电视差转台（后改为三都水族自治县电视台）正式成立。

是年 周覃电站投产，有 2 台 200 千瓦发电机组、10 千伏输电线路 5 千米。

1982 年

1 月 17 日　县委、县政府联合发出《关于保护农村基本生产资料公有制的若干规定》的通知。

2 月 21 日至 28 日　中共三都水族自治县第四届三次全委（扩大）会议在县城召开，明确 1982 年的主要工作是一手抓物质文明建设，一手抓精神文明建设。

3 月 29 日　三都水族自治县恢复农林水办公室、财贸办公室，工交办公室改为经济委员会。

春季　普安交梨倒马坎电站投产，装机容量 100 千瓦。

5 月 1 日　县民委在县城举办民族传统运动赛马活动，从中选出 7 名水族骑手（男 5 名，女 2 名）参加省民族传统运动会。13 岁小骑手韦时康获全省 2000 米赛马第二名。水族女骑手王敏仙参加全国少数民族运动会。

7 月 1 日零时　全县按照全国统一时间进行第三次人口普查，共抽调干部 234 名，普查员 790 名，经普查，全县共有 46068 户 231836 人。

7 月 25 日至 30 日　政协三都水族自治县委员会第四届第三次全体会议在县城召开，增补于庭富为县政协副主席。

7 月 25 日至 30 日　三都水族自治县第七届人民代表大会第三次会议在县城召开。会议同意陆道邦辞去县人大常委会主任职务，张继登、赵凤翔、金文成辞去县人大常委会副主任职务，马仕慈辞去县人民检察院检察长职务，补选石明卿为县人大常委会主任。马仕慈、逯瑞华、蒙光磊任县人大常委会副主任，韦国鼎任县人民检察院检察长。

9 月 1 日至 12 日　韦秀英（女，水族）赴京出席中国共产党第十二次全国代表大会。

11 月 1 日　县政府决定，将三合中学改名为三都水族自治县第二中学。

12 月 3 日　县政府发布《关于不准在县城规划范围内公地上任意修建房屋的布告》。再次重申：东到沙井湾和沿都江公路至打粪塘、湾滩为界；南经大桥沿公路至交向寨；西到三郎酒厂至叫化洞为界；北至巫塘、五里关为界，均属县城规划范围，任何单位和个人，未经批准，一律不准在县城规划范围内的公地上修房造屋或其他建筑设施，也不准在县城内公路和人行道上设固定货棚。

是年　普安猪槽滩水库工程竣工，总投资 92.6 万元。

1983 年

1 月 27 日　县政府决定征用罗家坡一带公山荒地作兴建变电所用。占地范围北起县供销社土产公司仓库 5 米以远，南起老邮电局宿舍背后 15 米以远，东起三都至丹寨公路内侧（打米厂和种子公司宿舍背后）15 米以远，西起县人民医院太平间 5 米以远，总面积为 5360 平方米。

2 月 28 日　大河公社红星 10 队和三合公社晨光 1 队发生牲畜病毒恶性传染病——“五号病”。该病在境内系初次发现，传播迅速，对人畜危害大。红星 10 队 23 户，牲口发病的有 20 户，水牛 38 头发病 23 头，经及时抢救，死亡 2 头。

3 月 2 日　县政府发出通知，将“大跃进”时期命名的 47 个大队（村），恢复原地名，如大河公社红星大队改称大河大队。

6 月 6 日至 21 日　王秀养（女，水族）到北京出席第六届全国人民代表大会第一次会议。

8 月 6 日至 9 日　政协三都水族自治县委员会第四届四次会议在县城召开。

8 月 7 日至 10 日　三都水族自治县第七届人民代表大会第四次会议在县城召开。

9 月　中和、上江、九阡等 3 所小学试办少数民族女生教学班，共收女生 150 名，其生活费和学杂费均由政府供给，以鼓励少数民族女孩入学。

是年 县委、县政府贯彻中共中央〔1983〕1号文件，进一步落实联产承包责任制。当年全县粮食总产量为4762.5万千克，比1982年增长16.9%。农村人均农业产值由1982年的153元上升到187元。人均有粮由1982年的181.5千克上升到212千克。

1984年

2月24日 县委、县政府联合发出《关于做好政社分开建立乡人民政府的工作意见》。要求建立乡党委和乡人民政府应按党章、宪法的规定分别召开党代表大会（或党员大会）。人民代表大会选举产生领导班子，社改为乡，乡建立生产管理委员会，负责抓好生产和服务体系的组织协调工作，大队改为村，生产队改为村民组。改革工作到3月底基本结束，县直单位的股、公司、厂、场、站和区直属单位的领导班子调整也同时结束。

2月28日 县委、县政府发出《关于贯彻中共中央〔1984〕1号文件的意见》，宣布土地承包期延长到20年不变，让农民在责任地上投入资金、投入劳力，改良耕地，发展农业生产。

3月 全县建立乡（镇）人民政府，实行政社分开。

6月26日 民政部批准滕久寿为革命烈士，并发给亲属“革命烈士证书”。滕久寿烈士系都江镇人，曾任国民党十九路军吴淞要塞司令部参谋长。民国21年（1932）2月4日上午，在上海吴淞炮台抗击日本侵略军时壮烈牺牲。

8月16日 县政府颁布《关于县城环境卫生管理的暂行规定》。

10月5日 县政府根据贵州省人民政府〔1984〕黔府通213号文件通知，决定撤销普安乡、大河乡、上江乡、周覃乡，建立普安镇、大河镇、上江镇、周覃镇。原乡人民政府相应改为镇人民政府，属乡级政权。

11月19日至24日 政协三都水族自治县第五届委员会第一次全体会议在县城召开，选举蒙开江为县政协主席。

11月19日至24日 三都水族自治县第八届人民代表大会第一次会议在县城召开。大会选举石明卿为县人大常委会主任，潘世仁为县长。

12月 县建立智力支边联系小组，办公室设在县政协内。

1985年

1月9日 县政府颁发《三都水族自治县矿业管理暂行规定》。

1月22日至25日 中共三都水族自治县第五次代表大会在县城召开。选举王元为县委书记。

2月7日 县政府决定，凡夫妻双方转为正式教师和正式职工的，其直系亲属为农业人口又无力承包土地耕种的，本人有要求，可一并转为非农业人口。

3月6日 县政府决定修筑都江至巫不公路，州财政同意拨款75.9万元，黔南州交通局负责勘察设计，由三都水族自治县负责施工。

3月21日 衔接乌江电网的三都—丹寨35千伏送变电工程开始动工。

4月20日 县政府颁布《关于开放木材市场的布告》。

4月29日下午 离县城3千米的打粪塘大坡国有林失火。县工商银行驾驶员王志强、储蓄员韦健，县广播电视局干部蒙荣昭，在扑灭山火时不幸被严重烧伤，经抢救无效光荣牺牲。县委决定授予王志强、韦健模范共产党员称号。8月12日，省政府授予王志强、韦健、蒙荣昭三位同志革命烈士光荣称号，蒙荣昭被追认为中共正式党员。

8月1日 全县行政、事业和企业单位开始进行工资改革。国家机关、事业单位参加工改人数

3372 人；国营和集体企业参加工改人数 1082 人。

9 月 10 日 县委、县政府在县城召开首届教师节庆祝大会。

12 月 11 日 中共贵州省委书记胡锦涛到三都水族自治县视察工作，由县委领导王元等陪同，到三郎酒厂、三都民族中学、国营拉揽林场视察。在县委召开的座谈会议上，胡锦涛书记对如何把三都的工作搞上去发表了重要讲话。

是年 周覃至九阡 10 千伏线路通电，其中干线从周覃至九阡 11.75 千米，支线从九阡到板南 5.32 千米，总投资 12 万元。

是年 县外贸公司在周覃镇组织土花布生产，出口 28856 米到日本，创汇 2 万余美元。

1986 年

3 月 1 日 省委、省人民政府决定，三都被列为重点扶持的贫困县之一，拨给 100 万元资金作扶贫周转金。

3 月 烂土乡麻拱村水族妇女蒙治珍，是县内第一个由私人出资在县城创办育英托儿所，随后又将托儿所改名育英幼儿园。1988 年 8 月 27 日，蒙治珍作为全国第六次妇女大会代表，赴北京参加会议。

7 月 2 日 县城附近营上坡电视卫星地面接收站竣工投入使用，同时开播 1、6 两个米波频道，可全天转播中央电视台和贵州电视台节目。

8 月 周覃镇建成 15 米高的电视天线铁塔。

9 月 1 日 三都民族中学开设少数民族女子初中班，招收小学毕业女生 53 名，学生生活费和学杂费均由政府供给。

9 月 《三都水族自治县人民政府经济技术协作优惠办法》公布，对国内外单位或个人前来投资，开办种植、养殖、林业和电站等开发性企业（户），5 年内免征所得税和营业税。

11 月下旬 九阡区建成 16 米高电视天线铁塔，安装 10 千瓦电视差转机一台以及配套设备，年底投入使用。

12 月 丰乐乡交然公路桥动工修建。该项工程获省投资 27 万元，于 1988 年 9 月竣工。

1987 年

1 月 县物资公司与县人民政府签订承包合同，由物资公司经理率公司职工，承包公司范围内的经营业务。此后，有五交化公司、盐业公司、民贸公司、酱油厂等企业相继与主管部门签订承包合同。

3 月中旬 三都棉纺厂试产成功。该厂于 1985 年投资 31.5 万元，引进年产 70 吨棉纱的设备。

8 月 24 日至 30 日 政协三都水族自治县委员会第六届一次会议在县城召开，选举潘世仁为政协三都水族自治县第六届委员会主席。

8 月 24 日至 30 日 三都水族自治县第九届人民代表大会第一次会议在县城召开。大会选举马仕慈为县人大常委会主任，韦国鼎为县长。

8 月 都江区上江镇摆鸟村的《水族铜鼓操》参加在新疆乌鲁木齐举行的全国第三届少数民族运动会，获表演优秀奖。

10 月 九阡酒厂竣工投产，厂址位于九阡乡雅院寨对面，新建厂房 3 幢 1050 平方米，有固定资产 16.9 万元，职工 10 人，年生产能力为 120 吨糯米酒。

是月 三都选矿厂建成试车，其设计能力年选锑精矿 1154 吨，投资 170 万元，与乌勒矿山、锑冶炼厂配套。该厂于1986年7月动工修建，试车后，因原矿供应不上，尚未正式投产。后来联营公司解体，该厂转让承包。

11月 中和、尧麓、尧吕三乡发现伤寒病患者58人，死亡3人，住院治疗7人，其余在门诊治疗。县防疫站对发病村寨的水井、厕所进行消毒，控制病菌蔓延。

12月 上江镇排长河200千瓦电站投产。此工程共投资60万元，其中国家支援经济不发达地区的发展资金35万元，不足部分由县、区自筹。

是月 上江镇排长河提水站竣工供水，改变该镇数十年来人畜饮水严重短缺的面貌。提水站安装30千瓦电动机配25—50×4离心水泵两台，并联运行，净扬程211米，建有300立方米的蓄水池一座，共投资12.5万元。

1988年

1月1日 三都水族自治县邮寄信件在全县开始推行邮政编码，邮政编码是558100。

1月7日 都江区电视差转台建成并投入使用。

1月23日 县委、县人民政府召开首次科技人员对话会。会上，参会人员就如何进一步调动科技人员的积极性、发展科技文化教育事业、开发三都资源、发展三都经济等提出20多个问题，县党政领导分别作了回答。

2月1日 县委、县人民政府发布《关于允许部分党政干部和鼓励各类专业技术人员到企业工作和从事种、养殖业的暂行规定》，共10条。

2月9日至10日 县委、县人民政府召开全县教育体制改革三级干部会议，参会200余人。

4月6日至8日 县委、县人民政府召开区委书记、区长会议。传达贯彻州政府召开的县（市）长会议精神，明确各区实行“多收分成，少收分担”的财政包干和“新税源县、区如何分成”等问题。

4月20日 副省长龚贤永到三都视察工作，察看了丰乐乡马场防洪堤工程、锑冶炼厂、民族纺纱厂、民族中学等单位。

5月15日 大河区巴佑乡举行巴佑烈士陵园“革命烈士纪念塔”落成典礼仪式，县委书记王元、县长韦国鼎为烈士纪念塔落成剪彩。

7月1日至2日 县委召开县五届六次全委（扩大）会议，听取县委组织部部长韦耀军《关于中共三都水族自治县第六次代表大会筹备工作情况的汇报》；讨论县委五届工作报告（初稿），会议原则同意这个报告，并通过县五届六次全委（扩大）会议的决议。

7月11日 县委、县人民政府决定成立县公安林业治安队，共96人。下设国营林场公安林业治安分队，各区（镇）设公安林业治安小组，负责巡回护林、制止乱砍滥伐、检查各种运输车辆、管理木材市场等，治安队员统一着装。

8月24日 县委、县人民政府决定对教育工作实行分级管理，撤销各区（镇）教育视导站，建立区（镇）教育办公室；乡镇建立教育工作领导小组，行使对本地区教育工作的管理职能。

9月10日 县民族图书馆建成，投资13万元，建筑面积939平方米，设4个书库、8个阅览室，可供300人阅览图书和查阅资料。

10月31日 县人大常委会批准县检察院设置“国家工作人员职务犯罪举报中心”。

11月12日 黔南州水族曲艺研讨会在三都图书馆召开，省、州、曲艺界和文化部门领导、专家、学者40余人参加。一致认定水族双歌“旭早”是水族曲艺，为国内曲艺园地增添了一个新曲种。

12月5日至8日 中共三都水族自治县第六次代表大会在县城召开。

1989年

4月 县农业局在烂土乡奇江村实施千亩杂交水稻良种自制自供。

8月11日 经黔南州人民政府批准，同意建立三都水族自治县中等卫生职业学校，属科级事业单位。

9月8日 县委、县人民政府决定成立中国少年先锋队三都水族自治县工作委员会（简称少工委）。

10月12日至13日 贵州省水家学会成立大会暨首届学术讨论会在三都县城召开。黔南州副州长胡品荣（水族）主持开幕式。参会人员有来自省内外各地的水族干部、专家、学者和来宾200多人，西班牙爱国华侨石文宣（水族）也应邀专程参加会议。州政协原副主席陆庆美代表水家学会筹备组作筹备工作报告。会议选举陆庆美为首任会长。

10月21日 县长韦国鼎作为水族代表参加"全国少数民族参观团"活动。

12月21日 全国政协副主席、国家民委主任司马义·艾买提在省长王朝文、省民委主任李仁山的陪同下到三都视察工作。

12月 三都水族自治县创办老年大学，招生对象是居住在县城的离退休干部。

1990年

3月22日至4月10日 全县先后4次遭受冰雹和暴风雨袭击，各乡（镇）都遭受到不同程度的损失。受灾较严重的有10个乡（镇）95个村825个组7380户36160人。总计经济损失达289.64万元。

4月27日至5月3日 政协三都水族自治县委员会第七届一次会议在县城召开。会议选举潘世仁为政协三都水族自治县第七届委员会主席。

4月27日至5月3日 三都水族自治县第十届人民代表大会第一次会议在县城召开。大会选举韦有康为县人大常委会主任，韦国鼎为县长。

6月22日至23日 中共三都水族自治县第六届委员会第三次全委会议在县城召开，会议通过了《关于在治理整顿中进一步深化农村改革的决议》《关于在治理整顿中进一步深化企业改革的决议》《关于加强党的建设的决议》。

7月17日 根据中共贵州省委〔1990〕省通字12号文件精神，县委决定成立中共三都水族自治县党史领导小组，设县委党史研究室，为县委管理正科级事业单位。撤销县委原党史资料征集研究委员会和党史办公室。

是日 县人民政府成立扶贫经济开发办公室，与农经委分开，为县政府科级常设机构，单独挂牌办公，编制7人。

8月 丰乐乡沃屯村被中共贵州省委、省人民政府命名为省级文明村。

10月24日 县委、县人大常委会、县人民政府、县政协举行联席会议，决定建立县贯彻落实《中华人民共和国城市居民委员会组织法》领导小组。

1991年

1月29日至30日 贵州省水家学会在三都县城召开水族族称问题座谈会，参加会议的有云南、广西、黔东南、贵阳、福泉、独山、都匀等地嘉宾及县内各区（镇）、乡（镇）代表60余人。会上提出“水家族”“虽族”“水族”三种意见，未能统一，但保持“水族”族称的意见占大多数。

3月17日 中共三都水族自治县第六届委员会第四次全委会议在县城召开，会议通过《三都水族自治县国民经济和社会发展十年规划及“八五”计划纲要》，并作出《关于切实加强党的领导确保实现十年规划和“八五”计划的决议》。

3月25日至30日 县第十届人民代表大会第二次会议和政协县七届委员会第二次会议同时在县城召开。

6月21日至22日 县残疾人联合会首届代表大会第一次会议在县城召开。

8月16日 县民族文工队应“北京中华民俗风情百乐艺术节”组委会邀请，赴北京海淀区表演水族民族风情，中外观众达84万人次，创收1.6万元，受到全国人大常委会副委员长雷洁琼和国务院副总理邹家华的接见，并合影留念。

9月30日 全县建镇并乡撤区工作全面结束，原来的8个区（镇）、37个乡（镇），“建并撤”为21个乡镇。该项工作于1990年8月启动。

10月23日 为加强对全县农村社会主义思想教育工作的领导，县委决定成立县农村社会主义思想教育领导小组。

11月19日 县委、县人民政府决定建立县地方电力公司，负责对供电所、县属电站进行管理，公司隶属县水电局领导。

12月10日 县委、县人民政府召开林业部在三都扶贫座谈会，1987年至1991年，林业部每年都派干部到三都扶贫，共投入林业发展资金190余万元。

1992年

1月2日 县委、县人民政府召开三都水族自治县建立35周年座谈会。

1月11日至14日 中共三都水族自治县第七次代表大会在县城召开。大会听取和审议了潘茂修代表六届委员会作《以经济建设为中心，坚持社会主义道路，为实现三都“八五”计划和十年规划而努力奋斗》的工作报告；潘廷旺代表县纪委作《加强党的建设，为经济建设保驾护航》的工作报告，并作出和通过这两个报告相应的决议。大会采用差额选举的办法和无记名投票方式，选举产生了七届县委员会和纪律检查委员会，选出县委委员33人，候补委员4人，县纪委委员13人。同时，选出出席中共黔南州第六次代表大会代表16人。

2月13日 县委在试点工作取得经验的基础上，决定对全县农村开展社会主义思想教育，分两批进行。第一批是扬拱、交梨等11个乡镇，共154个行政村，2月下旬工作队入村至6月下旬结束。第二批是坝街、烂土等10个乡镇，共117个行政村，10月初工作队入村，1993年1月结束。

5月13日 根据中共十三届八中全会《决定》和省委《决议》的精神，为进一步稳定和完善全县农村家庭联产承包责任制，强化土地公有制观念，巩固和发展农村集体经济，逐步建立健全统分结合的双层经营体制。县委、县人民政府作出《关于进一步稳定和完善自治县家庭联产承包责任制的决定》。

5月15日 县人民政府发出通知，凡自实行家庭联产承包责任制以来出现的农转非户、死亡户、外迁户，其原承包的田土、山林全部收回集体；农转非人只收回其原承包的田土；大中专毕业生和退伍军人虽已参加工作，但其配偶在农村又是农业人口的可以不收。集体收回上述土地以后，可以集体经营，也可以作有偿承包，其收入归集体所有。

5月28日 县委、县人民政府以县发〔1992〕5号文件发出《贯彻落实州委、州政府关于加快改革开放步伐，加速经济发展若干问题的通知》，对加快重点城乡区域开发、提倡各级党政机关事业单位兴办经济实体、鼓励机关事业单位干部职工到企业任职、挂职和领办各类企业，实行“五保留”、鼓励科技人员从事有偿服务、加快人才开发、引进资金奖励等20条优惠政策。

6月16日凌晨2时 县境突降暴雨，阳基河水猛涨，普安、丰乐、大河遭受水灾（其中普安镇为重灾区），共计30个村225个村民组5250户25725人受灾。共计造成经济损失260万元。

6月20日 县委、县人民政府决定成立国防教育领导小组。

9月21日 三都被列为贵州省20个引进世界银行贷款发展教育的县份之一，获世界银行贷款（包括配套资金）1100万元。

9月23日 三都水族自治县农村信用合作联社在县城正式成立。

9月26日13时 恒丰乡留联村甘务组发生重大火灾事故，受灾31户108人，烧毁房屋93间，粮食3万多千克，生猪31头，直接经济损失20多万元。

10月20日 全县首家供应液化石油气的县物资公司供应站举行开业典礼，推广使用液化石油气。

12月15日 县民族博物馆建成验收并投入使用，该馆由国家民委、省、州民委拨款30多万元兴建，有效面积580平方米。

1993年

1月2日 《三都水族自治县自治条例》公布实施。

2月4日 羊福乡政府驻地达洛寨发生一起特大火灾事故，乡党委、乡政府及所属机关房屋25栋64间全被烧毁，受灾42人，其中农户12人，直接经济损失50多万元。

3月22日 县人民政府发布《三都水族自治县城镇住房制度改革实施方案的通知》，并附配套措施7项，即“公有住房提租和补贴实施细则”“公有住房出租租金暂行标准”“住房公积金实施细则”“出售公有住房实施细则”“住房建设债券实施细则”“集资建房实施细则”“关于违反住房改革的处罚办法”。

3月31日 全县21个乡镇先后于3月21日至31日召开人民代表大会，选举产生了新一届人大主席团和政府领导班子，选出乡镇人大主席团正、副主席23名，正、副乡镇长83名。

4月14日至19日 政协三都水族自治县委员会第八届一次会议在县城召开，会议选举潘世仁为政协三都水族自治县第八届委员会主席。

4月15日至20日 三都水族自治县第十一届人民代表大会第一次会议在县城召开。大会选举韦耀军为县人大常委会主任，蒙秉武为县长。

5月2日 共青团三都水族自治县委书记潘崇明赴北京出席共青团第十三次全国代表大会。

5月15日 县委、县人民政府受公安部、省公安厅的委托在政协会议室举行人民警察授衔仪式。

5月26日 法国国际文化协会中国旅游部主任高丽奥女士，在省、州旅游局领导陪同下，考察黔南风景旅游线，经荔波到县境中和镇板庙村考察。

5月28日凌晨1时 交梨乡排月村发生重大火灾，全村106户455人受灾，其中82户74栋房屋（204间）被烧毁，损失现金1054元，粮食2万多千克，总共造成经济损失120万元。

6月3日 县林业局在县城举行首次种幼林转让兑现新闻发布会，宣布三合镇排偷村223户农民5年营造的速生杉木幼林4000多亩，拍卖转让给县林工商公司，获得91.5万元的收入，平均每户纯收入3.9万元，其中农民何子超一户转让费收入11.2万元。

6月13日至14日 县委、县人民政府召开全县乡镇财政体制改革工作会议，学习贯彻县人民政府印发的《三都水族自治县乡镇财政包干管理办法》。

7月11日 县人民政府颁布《三都水族自治县国家、集体和个人非农业建设用地实行统一征地的暂行规定》共18条，从1993年7月1日起执行。

7月31日 县境内凌晨1至3时突降暴雨，交梨、普安、丰乐、大河、塘州、水龙、九阡等8个乡镇遭受水灾，受灾农户2800多户15500多人，直接经济损失442.76万元，其中重灾区交梨乡经济损失315万元，占全县受灾损失的71.14%。

8月19日至20日 水电部珠江水利委员会检查团，在省、州、县有关领导陪同下，到芒勇水库工程指挥部检查工作。

9月13日 中和镇松寨村妇代会主任、“三八红旗手”“双学双比”竞赛活动先进女能手陆仁琼（水族）出席中国妇女第七次全国代表大会。

12月28日 三都邮电局举行程控电话开通典礼仪式。

是日14时 恒丰乡板孔村六洛组发生特大火灾事故，受灾31户159人，烧毁房屋79间，死亡5人（其中高龄87岁，最小4岁），直接经济损失60余万元。

1994年

1月4日 交梨乡永兴村党支部书记陈胜利出席中共贵州省委召开的全省先进党支部“双代”（带头致富、带领群众共同致富）会议，该支部荣获全省先进党支部称号。

6月10日 全国人大常委会委员长乔石一行，在省委书记刘方仁、省长陈士能、省人大常委会主任王朝文、黔南州委书记李培书等领导陪同下，到三都视察工作，走访了中和镇庙良村水族农民陆光挺家。

6月23日 县委、县人民政府召开全县工资改革会议，传达黔南州工资改革工作会议精神，安排部署全县工资改革工作。

6月28日 县委、县人民政府研究决定，撤销县儿童少年工作协调委员会，成立县妇女儿童工作委员会。

7月20日 县委、县人民政府在县城东经济开发区举行奠基典礼仪式。

9月28日 县国家税务局和地方税务局正式成立，并举行了授牌仪式。

10月14日至16日 黔南州社会主义市场经济研讨会在三都县城召开，有全州12个县（市）的宣传部长、州委讲师团、州委党校、州文研室及论文作者70余人参加研讨会。

11月4日 县商会召开成立大会，县委副书记、县人大常委会主任韦耀军宣读县委《关于成立三都水族自治县商会的通知》；县政协副主席、统战部部长王秀斌宣布县商会组成人员名单，县委书记李国庆、县长蒙秉武向县商会授牌，选举首届县商会名誉会长李国庆，会长刘国祥。

12月22日 经省公安厅、省林业厅批准，同意三都水族自治县国营拉揽林场建立林业公安派出所，当天上午在林场大会议室举行了授牌仪式。

1995年

3月13日 县委、县人民政府以县发〔1995〕12号文件《关于拍卖非耕地使用权和中幼林经营权的暂行规定》30条，出台拍卖非耕地优惠政策，并决定于4月1日起施行。

3月23日 县委决定成立县委政策研究室，挂靠县委办公室，人员编制在县委办公室内部调剂解决。

4月18日 县委、县人民政府召开全县首次科技人才表彰大会，对为三都两个文明建设作出显著成绩和突出贡献的22名优秀科技人员和1993年以来受省委、省政府、州委、州政府表彰的17名优秀科技人员进行了表彰。

4月26日 县委、县人民政府作出建立“三都水族自治县教育发展基金”的决定。

4月下旬 境内发生严重风雹灾害，涉及8个乡镇35个村280个村民组，其中重灾4个乡镇14个村，经济损失达4500多万元。

4月28日 丰乐乡西厢村农民吴绍篪被评为省劳动模范，出席贵州省庆祝“五一”国际劳动节暨劳动模范、先进工作者表彰大会。

5月10日至12日 深圳市“特区与山区心连心”活动考察组组长、深圳市属企业工委副书记颜仲春等一行24人到三都，先后考察了11个乡镇的10所中小学校。通过考察，考察组表示愿意捐款援建一批希望学校和开展“1+1”助学活动。7月28日，州委、州政府在都匀龙潭宾馆举行深圳、三都“心连心”活动希望工程捐赠1330万元仪式暨“心连心”教育发展基金成立大会。当日下午5时，深圳市赴三都“心连心”活动代表团51人及省、州陪同团31人抵达三都，并举行揭牌仪式。29日，代表团成员分赴21所学校举行奠基典礼。12月31日，深圳市属企业工委援助三都300万元教育发展基金，每年从利息中抽出20万元作“1+1”助学经费。

6月9日 县委决定设立“企业政治工作部”，挂牌在县委组织部合署办公。

6月13日 县委决定将县关心下一代协会更名为县关心下一代工作委员会。

6月22日晚 县境大部地区普降暴雨，局部地区最大降雨为172.5毫米，造成丰乐、烂土、大河、塘州、周覃、廷牌等乡镇山洪暴发，水位猛涨，全县14个乡镇133个村870个村民组21510户99220人受灾，直接经济损失约100万元。

7月2日 三都首批50名副科级以上领导干部赴深圳市委党校参加为期10天的学习培训。

7月10日 县内首批女青年赴深圳打工，通过深圳机场集团公司副总裁、党委副书记肖日海牵线搭桥，与广东南海服装有限公司签订输出劳务工53人的协议，从大河、周覃、三合等乡镇招收17岁以上未婚女青年送往深圳并平安抵厂上班。

7月27日 省委、省人民政府、省军区作出《关于命名表彰拥军优属、拥政爱民先进单位的决定》，表彰拥军优属先进单位14个，其中县人民政府荣获拥军优属先进单位称号。

8月20日 省水家学会三都活动中心召开成立大会，活动中心挂靠县民族事务局。

8月26日 省委、省人民政府作出《关于表彰1992—1994年度省级文明单位及省精神文明建设红旗单位的决定》，三都国营拉揽林场、县人民法院荣获省级文明单位称号。

8月30日 县妇联主任陆仁慧参加联合国在北京怀柔召开的第四次世界妇女大会辅助性会议——’95北京非政府组织妇女论坛。

9月28日 大河镇128门程控电话正式开通，为县内第一个开通程控电话的乡镇。

10月9日 国家开发银行扶贫开发领导小组委托国家投资公司与三都、罗甸两县结成对口扶贫单位。

12月6日 三都解放纪念日。中国人民解放军第二野战军军政大学三都校史研究分会成立，选出分会理事长王相钦，副理事长陈道远、滕茂实，秘书长詹兴邦。

1996年

1月18日 水龙乡水龙村党支部荣获省委授予农村基层组织建设“五个好”示范村先进党支部称号。

1月21日 省人民政府对提前完成十年造林规划指标的24个县（市）、区和1995年度造林绿化先进单位22个县（市）、区进行表彰，三都分别获得以上两项表彰荣誉。

3月17日 贵州创日高科技实业开发公司与县科技局联合开发番木瓜资源及其系列产品签字仪式在县人民政府会议室举行。

3月27日 根据《中共中央、国务院、中央军委关于县（市、区）人民武装部收归军队建制的通知》中发〔1995〕12号文件精神，县人武部移交仪式于当日上午在人武部会议室举行。移交单位负责人县长蒙秉武，接收单位负责人都匀军分区副政委罗国荣，总经办人赵支龙，总监交人都匀军分区政治部主任王万杰。移交后的县人民武装部编制12人。

3月28日 县红十字会急救中心正式挂牌成立。

4月23日至28日 政协三都水族自治县委员会第八届四次会议在县城召开。会议补选莫善余为县政协主席。

4月24日至29日 三都水族自治县第十一届人民代表大会第四次会议在县城召开。大会补选周锡怀为县人大常委会副主任。

5月9日 州财政局与三都签订为期3年的扶持地方财政上台阶协议，即“以奖代补”责任制协议，要求分别完成2278万元、2747万元、3313万元，年均递增20.6%，其中地方财政收入分别完成1416万元、1713万元、2073万元，平均递增21%。

8月8日 代省长吴亦侠在常务副州长黎光武的陪同下，到三合镇中纳村七组调研。

8月27日 深圳市属企业“心连心”代表团团长、深圳市属企业工委副书记曾石泉一行，在黔南州委常委、州政协主席胡品荣和州人大常委会副主任潘茂修的陪同下，到三都参加深圳一年前捐赠1330万元援建的21所希望学校竣工典礼仪式。29日，县委、县人民政府在县城（原大操场）举行深圳市援建三都希望工程21个项目竣工典礼大会，数千名师生、机关干部和群众参加。

9月10日 贵州省金康制药有限公司中西药制剂生产线技改项目在三都实施。

10月20日至22日 中共三都水族自治县第八次代表大会在县城召开。大会听取和审议了李文智代表县七届委员会作《抓住机遇，加快发展，为实现“九五”计划和2010年远景规划目标而努力奋斗》的工作报告和卢玉光代表县纪委作的工作报告，并作出和通过了相应决议，大会采取差额选举办法和无记名投票方式，选举产生了第八届县委委员33人，候补委员4人，选出县纪律检查委员会委员15人。

11月 水龙乡人民政府和该乡地祥小学被国家教委表彰为“全国贫困地区女童教育项目工作先进单位”，水龙乡教育辅导站站长张仁钦被省教委表彰为该项目先进个人。

12月20日 县委、县人民政府编印的《团结奋进四十年》和三都民族风情及物产画册出版发行。

1997年

1月2日 三都水族自治县在县城举行自治县建立40周年庆祝活动。

3月17日至19日 县十一届人民代表大会第五次会议和政协县八届委员会第五次会议在县城同时召开。

3月18日 在黔南州第五个科技活动日暨表彰大会上，县农业局农艺师刘廷波、县民族中学中教高级教师白明祖获黔南州政府特殊津贴奖，奖金2000元；县民研所副所长石国义、县农业局农艺师兰秋明获黔南州优秀科技人才奖，奖金500元；县人民政府科技副县长李京民获黔南州推动科技进步先进个人奖，奖金600元。

3月30日 黔南州程控电话建成本地网，12个县市长途区号统一为0854，电话号码由六位升至七位，三都原号码首位“2”改为“39”。

5月6日 县委、县人民政府印发《关于党政机关事业单位群众团体中的工作人员违反工作纪律处理的暂行规定》，共12条。对上班迟到、早退、擅离工作岗位、旷工和上班打麻将、下棋、打牌、打康乐球以及无故不参加会议等违纪行为都作了明确的处理规定。

5 月 10 日 坝街第一座铁索桥建成并投入使用。桥高 11 米，宽 24 米，全长 98 米。

5 月 24 日 城东新区农贸综合市场修建竣工并交付使用。占地面积 3279 平方米，其中钢架玻瓦天棚及钢混门店 61 个，计 1850 平方米，露天市场及道路建设 1364 平方米，水冲式公厕一座 65 平方米。

5 月 29 日 深圳市赴黔企业代表团团长、深圳市投资管理公司董事、副总裁邱国标，副团长郑宏杰、黄皆平等一行 26 人，到三都参加鹏城希望学校竣工剪彩仪式。

6 月 9 日 县境内的三合、大河、普安、丰乐、都江等沿河乡镇于凌晨 1 至 3 时连降暴雨，其中三合镇苗龙片区、交梨乡高硐片区、大河镇甲排片区遭受 50 年一遇的特大暴雨袭击，雨量达到 250 毫米以上，顷刻间山洪暴发，造成特大洪涝灾害。农田被毁、房屋倾倒、桥路冲陷、山坡崩塌，交通、通信、供电中断，损失惨重。因抗洪救灾死亡 5 人，重伤 9 人，轻伤 150 人，造成经济损失 5173. 43 万元，其中直接经济损失 3976. 69 万元。

7 月 21 日 省人大常委会决定新一届县级人大代表名额和人大常委会组成人员名额。明确三都水族自治县人民代表 186 名，常委会成员 19 名。

8 月 1 日 县人民政府首次对贵州省冶金研究院到三都帮助扶贫攻坚的科技人员张允海、吴秀群等 6 人授予“三都经济建设特殊贡献者”荣誉称号，并各发给奖金 1 万元。

8 月 6 日 文化部在北京召开全国乌兰牧骑团（队）表彰大会，县民族文工队荣获全国乌兰牧骑先进团（队）称号，县文化局局长宋晓君赴北京领取获奖证书和铜牌。全国表彰 15 个团（队），贵州省仅三都民族文工队获此殊荣。

8 月 11 日 县人民政府决定建立驻深圳市办事处。

9 月 20 日 由广西横县强兴水泥实业公司独资兴办的三都董蒙水泥厂举行奠基典礼仪式。

9 月 22 日 县委、县人民政府在鹏城希望学校举行“县鹏城学校开学典礼暨深圳市投资管理公司帮扶捐款仪式”。由县委书记李文智和深圳市投资管理公司董事、副总裁邱国标签捐赠协议书，并接受 780 万元捐赠。县委、县政府向深圳市投资公司赠送牌匾。

12 月 10 日 国家股票售表收入经费无偿赠送三都“渴望工程”282 万元。安排饮水工程 28 个。

12 月 19 日 由林业部投资 30 万元援建的羊福林业希望小学在羊福乡奠基动工。

12 月 27 日 县委、县人民政府作出《关于组织在职人员到省外发达地区打工锻炼的暂行规定》11 条。要求年龄在 30 周岁以下的在职人员，统一由组织人事部门有计划地分期分批组织到省外发达地区进行打工锻炼，期限为一年以上。外出打工期间，保留其住房、户粮、行政关系不变，工资发放 60%。

12 月 28 日 县人民政府出台《关于建立医疗保险制度暂行规定》。

1998 年

1 月 23 日 县委办公大楼改造工程竣工验收。

2 月 24 日至 25 日 县委、县人民政府先后在羊福乡、塘州乡、廷牌乡举行羊福公路、塘廷公路竣工通车庆典活动。

2 月 28 日 县委、县人民政府在城东开发区举行三都鹏城医院和 9 个乡卫生院奠基典礼仪式。

3 月 1 日 九阡镇副镇长韦月彩（女，水族）当选第九届全国人大代表，参加省代表团赴北京出席会议。

3 月 7 日至 12 日 政协三都水族自治县委员会第九届一次会议在县城召开，会议选举莫善余为政协三都水族自治县第九届委员会主席。

3月8日至13日 三都水族自治县第十二届人民代表大会第一次会议在县城召开。大会选举韦耀军为县人大常委会主任，韦绍凯为县长。

3月16日 省委表彰1995—1997年农村基层组织建设“五个好”村党支部、优秀乡镇党委书记、先进包乡帮村部门、优秀驻村工作队员。周覃镇场坝村党支部、丰乐乡冗京村党支部荣获“五个好”村党支部；大河镇韦成念（水族）荣获优秀乡镇党委书记；县林业局荣获先进包乡帮村部门；县卫生局副局长周孝强荣获优秀驻村工作队员。

4月7日17时30分至次日8时30分 县境内的都江、三合、普安、大河、三洞等14个乡镇遭受了不同程度的大暴雨及较为罕见的冰雹袭击，都江镇、烂土乡为重灾区。直接经济损失1587.6万元，其中农业直接经济损失1418.5万元。

4月16日11时20分 县城发生轻微地震，房屋震动。据国家地震局测报，是日17时50分地震区又发生3.8级余震。

5月1日 《三都报》原名《三都县报》，创刊于1958年7月1日，1961年4月1日停刊。1998年5月1日复刊，2004年1月停刊，历时五年零八个月，复刊后发行924期320多万份。

5月30日 城关小学水族女学生韦启燕被共青团中央、全国少工委确定为贵州省赴京参加“各族少年手拉手，共同奔向新世纪”的“六一”大型活动的唯一水族少年。

6月18日 共青团三都水族自治县委书记杨海燕（女，水族）赴北京参加共青团第十四届全国代表大会。会上被选为团十四届中央委员会候补委员。

7月25日至26日 黔南州基本建设领导小组对三都1997年坡改梯工程进行验收。

7月28日 县委、县人民政府召开秋种暨延长土地承包期工作会议。

8月17日 县委书记李文智，县委副书记、县长韦绍凯（水族），三合镇党委书记韦国祥（水族）当选中共贵州省第八次代表大会代表并出席会议。县委副书记、县长韦绍凯（水族）当选省委第八届候补委员。

8月30日 县妇联副主席陈佩霞（女，水族）赴京出席中国妇女第八次全国代表大会。

9月6日 县水泥厂在董蒙沙坝举行奠基典礼仪式。

9月10日 深圳赛格集团工会副主席陈本英等一行3人到三都民族中学参加开学典礼。陈本英副主席代表赛格集团向县民中颁发了10769元的“赛格教育奖励基金”，民中有57名教师和105名学生获奖。同时，还向三都水族自治县捐赠100台收录机。

9月25日 黔南州邮电局党组书记熊传忠与副县长朱臣国为县电信局和县邮政局授印挂牌，两局正式分家运营。

10月5日 三都至深圳市的客运线路开通。该线路卧铺班车途经都匀、河池、贵港、广州、东莞等地，全程1300多千米，运行约36小时。

11月2日 全县延长土地承包期工作会议在县委会议室召开。

11月6日凌晨4时 廷牌乡甲约村甲下组发生火灾事故，23户91人受灾。烧死1人，直接经济损失30余万元。

12月21日 日本医疗调查组阿部邪典、原田、山根先生和津田一行4人，到三都进行医疗卫生基础设施考察。考察团表示要对黔南州资助51个医疗卫生点共9亿日元的医疗设备，并将三都列为其中之一。

12月26日 州委、州政府组成“三都面上越过温饱线达标验收组”，在州委常委、副州长徐晓宏带领下到三都验收脱贫越线工作。通过内业检查和外业重点抽查考核，全县1998年农民人均纯收入达1156元，人均粮食326千克。以1993年年末贫困人口18.1万人为基数计算，到1998年年末全县越过温饱线的人口14.5万人，越过温饱线人口占1993年年末贫困人口的80.1%，州验收组宣布全县面上已越过温饱线。

12 月 28 日 石龙过江水库蓄灌工程开工修建。

是年 全县共建成单机 100 千瓦以上电站 6 座，分 9 处装机，共 14 个机组，年发电量达 1000 万千瓦时左右。同时引入国家电网，建成董坪 110 千伏输变电站，终期容量 1 万千伏安，架通丹寨至三都输变电工程线路总长 33 千米。

1999 年

1 月 31 日 11 时 30 分 县总工会大楼发生火灾。火患是从二楼照相馆（安龙县王耀昌夫妇租赁）引起，延烧至三楼、四楼歌舞厅和总工会办公室，直接经济损失约 50 万元。

3 月 10 日 江泽民总书记在北京接见九阡镇副镇长韦月彩（水族）等出席第九届全国人民代表大会第二次会议的贵州省人大代表。

3 月 11 日 省委秘书长王晓东、省扶贫办主任陶性潜一行 5 人到县检查指导工作。先后考察了县木地板王厂、水泥厂、三合镇早熟蔬菜基地、中密度纤维板厂、鹏城学校、鹏城医院、拉揽林场楠竹基地、华银公司等企事业单位。

3 月 25 日 县委以县发〔1999〕6 号文件颁发《关于开展“三讲”教育的具体实施方案》。明确“三讲”（讲学习、讲政治、讲正气）教育的指导思想，“三讲”教育的范围、工作方法和步骤以及在学习过程中应注意的问题等。

4 月 8 日 新建的三都汽车站竣工验收。全站房 882 平方米，停车场 7550 平方米，共投资 268 万元。

4 月 10 日 水龙至塘州四级公路通过省、州验收，竣工通车。

7 月 20 日 县城及东、北部片区 12 个乡镇 85 个村 986 个村民组遭受暴雨袭击，导致山体滑坡，洪水猛涨，使 2.3 万亩稻田受灾，公路塌方 86 处，防洪堤被水冲毁 5 处，民房被毁 11 栋 87 间，死亡 7 人，重伤 1 人，受灾 4200 户 2 万多人，造成直接经济损失 120 万元。

9 月 9 日上午 9 时 9 分 由深圳投资管理公司援建的县鹏城民族医院举行开业典礼。

10 月 25 日至 26 日 贵州省水家学会第三次会员代表大会暨第五次学术研讨会在三都县城召开，来自北京、广西、云南、四川以及省内代表共 235 人出席会议，黔南州和县四家班子领导到会祝贺，还特邀美国留黔学生及汉族、苗族、布依族、彝族、侗族、瑶族、回族等兄弟民族学会代表参加会议。会上展开学术研讨，共收到水家学术论文 100 多篇。

11 月 24 日至 29 日 巫不、羊福两个最边远乡分别开通数字程控电话。至此，全县 21 个乡镇率先在全州实现乡乡通程控电话，完成省、州党委、政府当年“十件实事”中“乡通工程”的建设任务。全县交换机容量达 10016 门，本地中继光缆长度为 237.99 杆千米，35 个行政村用上程控电话，占村总数的 12.96%。

12 月 25 日 县政府在三洞乡梅山村召开纪念著名水族社会学者、诗人、方志学家潘一志先生诞辰 100 周年座谈会。

12 月 28 日 省公路管理局、省交通厅及黔南州和黔东南州公路管理局、交通局、交通设计院的领导、专家、技术员会聚三都，召开 321 国道三都段、丹寨段油路改造验收会议。该工程于 1996 年 11 月 1 日动工修建，总投资 400 万元。

2000 年

1 月 3 日 县委、县政府以县发〔2000〕1 号文件印发《关于发展三都水族自治县农业产业化经营的意见》，确定三都重点发展农业十大主导产业为竹业、水电、养殖、优质米、中药材、早熟芭蕉芋、油桐、花椒辣椒以及九阡李精品水果产业、用材原料林产业。

2月20日 由深圳石化集团及深圳各界捐资31万元援建的塘州乡深华教学综合楼（13万元）和深圳石化交向小学（18万元），分别于是日和22日破土动工。

4月14日 州委书记何永康到三都中密度纤维板厂、武警中队、县看守所、三都民族师范学校和麻竹基地进行实地考察。何永康强调“三都要打好四张牌（即民族牌、生态牌、旅游牌和特色牌），迎接西部大开发”。

5月2日至8日 中央电视台社教中心专题部编导刘志珍率《中华民族》栏目组到三都拍摄《水族芦笙文化》专题片。先后到交梨乡高硐村、三洞乡达便村、坝街乡羊瓮村、拉揽乡拉揽村等地拍摄芦笙制作、芦笙舞、铜鼓舞以及都柳江风光等。

5月13日至14日 以教育部督学金长泽为组长，省教委师范处处长王金秀、毕节师范学校校长张以训为副组长的省政府专家组一行9人，对三都民族师范学校办学水平和办学条件进行省级评估。

5月30日 县委、县政府召开全县领导干部会议，贯彻落实中央、省、州关于行政机关、事业单位社会养老保险和事业单位失业保险制度改革的有关精神，安排本县社会养老保险工作和当前财税征收等工作。会议宣布三都社会养老保险和失业保险工作从当年6月起开始实施。

6月7日至8日 县境内遭受暴雨雷电袭击，造成三合、周覃、恒丰、廷牌等17个乡镇126个村1286个村民组168000人受灾，农作物受灾面积14.85万亩，水毁耕地面积16500亩，毁坏房屋62间。直接经济损失2453万元。11日，省长钱运录到三都灾区了解灾情，并慰问受灾群众。

6月21日至22日 全县境内降特大暴雨，降雨量达135毫米，致使山洪暴发，河水猛涨，县城水位超出警戒线4.5米，每秒流量达3750立方米，县城2/3面积被淹，鹏城学校、鹏城医院、欣欣幼儿园等单位被水淹达2.5米。全县受灾52000户24万人（占全县总人口80%），淹没民房15000间，其中倒塌民房905间，1500多人无家可归，因灾死亡6人，受伤310人，冲走大牲畜200头（匹）。农作物受灾面积14.8万亩，受灾企业29家，受灾学校45所（其中中师1所、中学6所、小学35所、幼儿园3所），部分学校被淹、冲毁，桌椅、教学器材损坏。鹏城希望学校、都江里昔小学、柳迭小学等被迫停课。25日，州长蒙启良到有重大山体滑坡险情的都江镇察看灾情。

7月18日 省委“三讲”巡视组以杨正雄为组长一行11人，到三都指导“三讲”教育活动。19日，县委以县发〔2000〕8号文件，颁发《三都水族自治县党政领导班子、领导干部深入开展“三讲”教育实施方案》，明确“三讲”教育的主要对象是县委、人大、政府、政协领导班子中党员领导干部。县纪委、组织部、宣传部、检察院、法院、公安局班子以及班子中党员领导干部也纳入县“三讲”教育范围。县四大班子及县纪委等6个单位以外的副县级党员领导干部也要开展“三讲”教育。“三讲”教育分四个步骤进行。24日，县委召开“三讲”教育动员大会，参加会议的有县四家班子、纪委、组织部、宣传部、法院、检察院、公安局“三讲”教育的对象和县直机关正副科局长、乡镇党委正副书记、正副乡镇长、乡镇人大正副主席、乡镇纪委书记及担任过副县级领导职务以上离退休老同志共328人。10月15日，县委召开“三讲”教育工作总结大会。

8月23日至24日 县乡镇土地利用总体规划通过省、州验收。

8月24日 三都新汽车站荣获“省级文明站”称号，并举行了挂牌仪式。

12月24日至26日 省政府专家组到三都检查实施第一阶段“国家贫困地区义务教育工程”的28所项目学校。通过检查，这28所学校的教师合格率达100%，教学仪器设备100%达标，适龄儿童入学率达99.5%，学生平均校舍面积达4平方米以上。

2001 年

1 月 15 日 县委、县政府决定从 2001 年 1 月 1 日起，发放干部职工书报费、洗理费、交通费。

2 月 10 日 国家民委副主任牟本理到三都调研。主要了解国家实施西部大开发以后，贵州省少数民族地区的经济发展状况、存在的问题和急需中央帮助解决的困难等。

2 月 17 日 县委、县政府以三党发〔2001〕7 号文件印发《关于全县党风廉政和反腐败斗争工作有关制度的规定》。

3 月 20 日 县城城东水厂在交向碉堡坡正式开工兴建。

3 月 24 日至 26 日 全县 21 个乡镇分别召开“三个代表”重要思想学习教育活动动员大会。

4 月 2 日晚 县城及有关乡镇突降冰雹，持续 20 分钟，最大的直径约 40 毫米，最大密度每平方米 300 粒。暴雨持续 3 小时，降雨量县城为 128 毫米，丰乐为 123 毫米，普安为 147 毫米。全县受灾涉及三合、交梨、普安、丰乐、大河、烂土、拉揽等 7 个乡镇 91 个村 650 个村民组 12800 户，受灾人口 56200 人，直接经济损失 1695 万元，其中农业经济损失 1400 万元。

4 月 18 日至 19 日 省委书记钱运录在省委秘书长庹文升、省财政厅厅长李隆昌，省农办主任、扶贫办主任周培荣，省委副秘书长黎汝洪、州委书记何永康、州长蒙启良的陪同下到三都视察工作。到拉揽乡拉揽村调研，并在拉揽村一组召开有村、组长及部分村民参加的座谈会。同时到国营拉揽林场、鹏城学校、鹏城医院及中密度纤维板厂等进行视察。

6 月 17 日 县委召开乡镇“三个代表”重要思想、“学教”活动总结和县部门“学教”活动开展动员大会。

6 月 18 日至 20 日 中共三都水族自治县第九次代表大会在县城召开。大会听取和审查了李文智代表县八届委员会作题为《开拓进取、扎实苦干，为实现“十五”计划宏伟目标而努力奋斗》的工作报告和杨德勇代表县纪委作的工作报告，并作出和通过了两个报告相应的决议。大会采取差额选举的办法和无记名投票的方式，选举产生了第九届县委委员 33 人，候补委员 5 人。选出县纪律检查委员会委员 15 人。

7 月 14 日 三都举办水族窖酒大典庆祝北京申办奥运会成功。全县九乡十八寨的寨老和县四家班子领导李文智等及省水家学会会长陆道邦参加庆典活动。共埋窖 99 坛九阡糯米酒，待到 2008 年奥运会在北京开幕时，再开窖送往北京，作为水族人民向北京奥运会的献礼。

8 月 28 日至 29 日 全州生态竹业发展工作会议在三都县城召开。

9 月 14 日 县公安局侦破 2000 年 12 月 22 日县物资有限责任公司炸药库 6 万余发雷管被盗案。

9 月 21 日 县委、县政府分别举行三都民族中学新校奠基仪式和县宣传文化中心奠基仪式。

10 月 16 日 省人民政府批准建立合江镇（撤销烂土乡，更名合江镇）、丰乐镇（撤销丰乐乡）、廷牌镇（撤销廷牌乡）。

10 月 24 日 以世界银行官员、专家李果为团长，农业专家沈楠、教育专家安吉娜·陈、农村金融专家程恩江为成员组成的世界银行第四期扶贫项目第一次技术准备团到三都考察。同行的还有日本国际协力银行官员中川亚细子和英国国际发展部官员艾利斯泰尔、斯蒂芬、格雷姆，教育专家大卫、卫生专家张征忠。考察团此行的目的是对三都申请世界银行贷款第四期扶贫项目和英国国际发展部援助扶贫项目进行考察。

10 月 24 日至 28 日 深圳大学党委书记姜忠女士、深圳大学副校长兼深大师范学院院长章必功、深大师院党委书记潘海东率深圳大学有关教授、专家、学者一行 16 人到三都进行为期五天的考察。目的是深大师院与三都民师建立对接帮扶，将三都民族师范学校建成深大师院的教育实习基地，并举行授牌仪式。

12月14日 国家林业局同意建立“三都水族自治县尧人山国家森林公园”。公园建设单位为县国营拉揽林场，公园经营面积为4787公顷。

12月28日 县委、县政府召开庆祝三都水族自治县建立四十五周年大会。

12月 三都民族中学经贵州省人民政府批示同意，由深圳市电子设计有限公司设计规划，易址县城龙嘴角，开办寄宿制学校，于当月破土动工。总投资3000万元，有标准的400米8条跑道运动场，整个校区占地141.8亩，校舍建筑面积23270.55平方米。2004年2月实现整体搬迁。

2002年

2月 水书文本，经“中国档案文献遗产工程国家咨询委员会”评审，入选首批《中国档案文献遗产名录》。

3月1日 三都二桥——龙嘴角大桥破土动工。建设规模为钢筋混凝土空心板桥，全长175米，桥面净宽12米，计划投资300万元。同年10月底竣工交付使用。

3月4日至8日 政协三都水族自治县委员会第九届五次会议在县城召开。

3月5日至9日 三都水族自治县第十二届人民代表大会第五次会议在县城召开。会议通过县人民政府提请审议的《关于禁止在县城规划区域内燃放烟花爆竹的暂行规定》议案，补选潘廷旺为县人大常务委员会主任。

4月7日至10日 县境两次遭受大风暴雨冰雹袭击。冰雹直径最大达15厘米，县城降雨量75.2毫米，风力20米/秒。12个乡镇239个村1570个村民组22900户102800人受灾，农作物受灾面积43000亩，直接经济损失1811万元。

6月9日 国家计委投资司城建处邹再华、社会发展司常钱威和省计委组成国债项目检查组对三都国债项目进行检查。

7月24日 县委召开深入开展“三级联创”活动动员大会。

8月7日至9日 深圳市投资管理公司总裁庞大同、深圳市扶贫基金会主任赵力峰、深圳市投资管理公司副总裁曾石泉一行到三都就对口帮扶进行考察，再次向三都捐赠100万元，扶持发展三都民族教育事业。

9月4日至7日 县计划生育“村为主”通过省级验收。

12月13日 省长石秀诗到三都交梨乡、县鹏城民族医院、三都二中、疾控中心等开展调研，通过调研，石秀诗对三都经济社会发展、城镇建设和卫生状况予以充分肯定。

2003年

2月23日至27日 政协三都水族自治县委员会第十届一次会议在县城召开。会议选举莫善余为政协三都水族自治县第十届委员会主席。

2月24日至28日 三都水族自治县第十三届人民代表大会第一次会议在县城召开。大会选举潘廷旺为县人大常委会主任，韦绍凯为县长。

4月9日 州环保局、州教育局授予三都鹏城希望学校“黔南州绿色学校”称号。

4月10日晚 坝街、三合、中和、合江、塘州等9个乡镇遭到冰雹袭击，124个村951个组28500户119500人受灾，农作物受灾面积为4560公顷，成灾面积1368公顷，绝收面积410公顷，造成直接经济损失810万元。

6月5日 香港“苗圃行动”中国基础教育助学计划工作组组长杨坤先生、成员雷琳女士，到三都签订首批项目协议书，捐资48.8万余元，援建三合镇行赏、丰乐镇蕊抹、打鱼乡排怪三所学校的教学楼和部分附属设施。

7月25日 由香港著名实业家、慈善家吴仲敏先生捐赠30万元援建的小敏希望学校小敏教学楼在合江镇奠基开工建设。

8月28日 首批来自贵州大学、贵州师范大学、贵州民族学院、贵阳中医学院、贵州电大等五所高校的30名大学生志愿者抵达三都，分赴廷牌、丰乐、水龙、三洞、合江、普安、都江、九阡、塘州等9个乡镇中学开展支教活动。

8月 澳大利亚驻华代表刘力利女士在省外经贸厅主任蔡玉洁陪同下，到打鱼乡考察2002年4月澳大利亚政府无偿援助打鱼乡32.7811万元修建的人畜饮水项目工程。

9月11日至12日 州委书记林明达到县拉揽林场和都江、坝街、三合、大河、丰乐等地调研农业农村工作。

9月25日至29日 三都“两基”工作通过州人民政府验收。11月14日，通过省政府验收。

12月20日 由深圳市书香门第有限公司援助31.1万元建设的塘州乡龙角希望学校教学楼竣工并投入使用。

2004年

3月12日 香港著名爱国人士、实业家吴仲敏先生捐赠30万元援建的合江镇吴小敏希望小学综合楼落成启用。该教学楼建筑面积810多平方米，有9间教室和6间办公室，其落成启用将使该校招生范围扩展到7个村，辐射全镇。

4月19日 由广东省委副书记、深圳市委书记黄丽满，市委副书记李意珍，市委常委、秘书长戴北方，副市长梁道行及有关部门和企业负责人组成的党政考察团一行，到三都考察对口帮扶工作，并捐赠现金和物资共计450万元。

5月30日 三都鹏城希望学校代表队参加全国首届希望小学运动会。活动期间，该代表队共参加跳绳、赛跑、足球、舞蹈等24个项目的比赛和表演，荣获拔河比赛第一名，男子4×100米接力赛第三名，水族铜鼓舞表演组织奖和团体总分第五名，在24个比赛项目中，有15项获得了奖励。同时，该校足球队以4∶1战胜中国明星足球队，夺得了冠军。31日，中共中央总书记、国家主席胡锦涛在北京科技馆接见参加全国首届希望小学运动会的鹏城希望学校代表队队员，并与队员们亲切交谈。

5月 县九阡酒厂在北京召开的九阡酒进入北京的大型新闻发布会上，水族的水书、九阡酒、马尾绣第一次在首都北京同时亮相，引起了与会的政府部门、金融界、企业界、新闻媒体及演艺界人士的普遍关注。

8月6日至7日 中央电视台编导张雁飞率央视摄制组专程到县录制水族歌舞专题。编导张雁飞与县领导和艺术家审察了所有节目并交换意见后，决定选送具有水族风格的舞蹈《勒虽的吼声》《归雁奴》和《月亮湖畔牛鼓情》参加2004年贵州“花溪之夏”艺术节“西部民族舞蹈邀请赛”。

9月20日 中共三都水族自治县九届五次全委（扩大）会议召开。会议讨论并通过《县委、县政府关于加大力度实施西部大开发战略的实施意见决议（草案）》。

11月3日上午 由贵州省民宗委等省直有关部门和黔南州人民政府主办，中共三都水族自治县县委、县人民政府承办，黔南州有关部门协办的“中国·贵州三都水族端节”开幕。省委书记、省人大常委会主任钱运录，省军区司令员陈庆云少将，省人大常委会副主任杨序顺，省人民政府副省长顾庆金、吴嘉甫，省政协副主席何永康，州领导林明达、蒙启良、黎光武、胡品荣等出席了开幕式。来自美国、日本及深圳市、上海市有关部门、企业的客人，省直有关部门、州直有关部门、全州各县（市）领导、省内部分大专院校的领导应邀参加了此次活动。活动分别在三都县城和三洞乡进行。县城主要举行端节开幕式、民间文艺表演、水上活动、赛马、耍水龙、舞火龙等活动，并进行招商引资及旅游推介项目签约。三洞乡则以迎宾、端节祭祀、端坡大会的各项活动内容为主。

11 月 15 日 16 时 30 分 凯里汽车运输总公司一辆从凯里开往榕江的过境班车行至交梨乡杨勇关处时翻下悬崖，事故造成 11 人当场死亡，7 人重伤。

2005 年

1 月 25 日 三都召开全县保持共产党员先进性教育活动工作会议，认真贯彻落实中央、省委和州委保持共产党员先进性教育活动工作会议精神，结合县情，对在全县开展以实践“三个代表”重要思想为主要内容的保持共产党员先进性教育活动进行总动员和安排部署。

5 月 23 日 三都大河至独山基长油路改造工程破土动工。里程 38 千米，总投资为 1140 万元，路面设计四级油路，由黔南州交通局组织实施。

5 月 27 日 经贵州省第十届人民代表大会常务委员会第十五次会议批准，《三都水族自治县城镇管理条例》于当年 10 月 1 日起施行。

是日 经贵州省第十届人民代表大会常务委员会第十五次会议批准，《三都水族自治县乡村公路条例》于次年 1 月 1 日起施行。

9 月 三都体育馆竣工验收并交付使用。

10 月 6 日 三都水族自治县运动场竣工验收并交付使用。该运动场于 2003 年 12 月 26 日开工建设，总建筑面积 37488 平方米，总投资 747 万元（不含征地费），内设田径场、赛马场、足球场，可容纳观众 13000 人；附属设施有三个网球场、两个室外篮球场、两个门球场。21 日，该体育场成功获得中国工商总局商标注册分局注册，正式成为“中国西部赛马城”。

11 月 25 日 县疾控中心计量认证通过省级验收。

2006 年

1 月 4 日 全县 21 个乡镇完成集镇中心道路硬化和农贸市场建设。

1 月 7 日 三都水族端节、水族马尾绣、水书入选文化部公布的第一批非物质文化遗产民俗类名录。

1 月 20 日 县委、县政府出台《三都水族自治县在职干部职工留职离岗带薪创办农业产业项目暂行办法》，鼓励在职干部职工保留工作职级离岗带薪创办农业产业项目。

2 月 14 日至 16 日 政协三都水族自治县委员会第十届四次会议在县城召开。县政协副主席杨秀龙作常委会工作报告。

2 月 15 日至 17 日 三都水族自治县第十三届人民代表大会第四次会议在县城召开。会议批准了《三都水族自治县国民经济和社会发展第十一个五年规划纲要》及县长韦绍凯作的《关于三都水族自治县国民经济和社会发展第十一个五年规划纲要的报告》。审议并通过了修订的《三都水族自治县自治条例》。5 月 9 日，贵州省第十届人民代表大会常务委员会第二十次会议批准了该条例，由县人大常委会公布实施。

3 月 7 日 县政府组织国土资源、安监、工商、公安等部门与恒丰乡政府、廷牌镇政府对恒丰和廷牌境内的 16 个无证非法小煤窑进行全面炸封。

3 月 9 日 全县共实施退耕还林 160782 亩，其中退耕地造林 61902 亩，宜林荒山造林 91380 亩，封山育林 7500 亩。通过实施退耕还林工程，全县 6000 多亩坡耕地得到有效治理，退耕地造林直接惠及全县 21 个乡镇 209 个行政村的 22598 户农户。

3月10日 三都民师（县二中）创建“绿色学校”工作通过黔南州环境保护考核小组考核，荣获“黔南州绿色学校”称号。

3月22日 新华社、中央电视台、《光明日报》等主流媒体齐聚三都羊福乡，对被推举为中央电视台感动中国2005年度候选人的共产党员——水族残疾教师陆永康进行报道。

3月25日 三都水族自治县社会主义新农村建设专题会议召开，会议确定了首批社会主义新农村建设示范点为：三合镇的猴场村、大河镇的龙场村、周覃镇的板光村和都江镇的怎雷村。

3月28日 省疾病预防控制中心寄生虫病研究所所长王世海率专家组一行16人深入交梨乡高硐村开展为期2个月的土源性肠道寄生虫防治调查工作。

4月5日至6日 省委书记、省人大常委会主任石宗源一行19人到三都调研，并到羊福乡看望了陆永康老师。

4月6日 经县政协教卫文体委员会组织申报，都江镇塔石小学、合江镇拥寨小学和岩江小学获得美国燃灯基金会捐资建校费9万元。另有111名特困学生获得燃灯春季助学金55500元。

5月18日 深圳市投资控股有限公司向三都捐资200万元，分别在三洞乡达便村和水根村建设两个社会主义新农村示范村。

5月28日 省发改委、省卫生厅专家组对周覃、九阡等16个乡镇卫生院基础设施建设项目可行性研究报告进行论证并通过，该项目改扩建总面积9900平方米，总投资527万元。

5月30日 希望工程香港苗圃行动助学第六批援建项目在三都举行签约仪式，签约资金达95.4864万元。

5月 都江至羊福、水各新寨至扬拱油路改造工程动工建设。

6月4日至6日 中国教育电视台到三都拍摄《中华水书行》专题片。

6月6日 县委、县政府出台《三都水族自治县社会主义新农村建设工作方案》，明确实施30个试点村，其中省、州各实施1个，县四家班子各抓1个，21个乡镇分别实施1个，深圳帮扶实施3个。

6月25日 财政部国防司副司长梁子谦到三都调研植树造林和财源建设工作。

6月26日凌晨1时至上午11时 县境内普降特大暴雨，其中三合镇降雨量251.1毫米，为当年贵州省日最高降雨纪录，也是三都有气象记录以来的最高日降雨纪录。全县19个乡镇230个村1620个村民组5.2万户18.7万人遭受洪涝灾害。死亡4人，失踪3人，房屋倒塌917间，转移安置2.5万人，冲死大牲畜16头，直接经济损失达7359万元。

6月28日 庆祝中国共产党成立八十五周年暨保持共产党员先进性教育活动总结大会召开。会议总结了县保持共产党员先进性教育活动开展情况和取得的成果，并对有关人员进行了表彰。

是日 在“国酒茅台杯”2006多彩贵州旅游形象大使“民族姑娘”决赛上，三都选手覃燕获“贵州省水族姑娘”称号。

6月30日 加拿大、美国、日本等国际学术界专家，以及台湾地区专家和清华大学、桂林两江书画院、贵州省民族学院、贵州大学、黔南民族师范学院等水书专家，参加“中国三都·水书国际研讨会”。

7月1日 荣获“全国优秀共产党员”“全国师德标兵”“CCTV2006年度三农人物”等多项荣誉的陆永康老师赴京参加建党85周年暨保持共产党员先进性教育活动总结表彰大会，受到胡锦涛总书记、温家宝总理等党和国家领导人的亲切接见。

7月28日 根据县委7月5日第72次常委会议决定，九阡酒厂经黔南盛欣拍卖有限公司拍卖转让。

8月16日 由县委党史研究室编著，中共党史出版社出版的《中共三都水族自治县历史》（第一卷）出版发行，该书上限为1949年12月6日三都解放，下限1978年12月。

8月18日 《三都水族自治县概况》完成修编，该书共13章60节约21万字，上限沿袭1986

年版《三都水族自治县概况》，下限至2005年12月。

9月8日 在全省“开磷杯”多彩贵州能工巧匠设计大赛上，三都代表队韦桃花以总分第一荣获特等奖。

10月20日至22日 中共三都水族自治县委第十次代表大会在县城召开。大会选举刘长江为县委书记。

10月 周覃至打显油路改造工程全面完工，该路段全长30千米，总投资1300万元。2007年1月11日，验收合格，由都匀公路管理局移交黔南州交通局接管养护。

11月16日 中国第一座水族生态博物馆在三都怎雷村动工兴建，博物馆占地面积5328平方米，馆内设资料信息中心、陈列大楼、资料室、图书室、招待室等。计划总投资320万元。

12月18日 贵州省第一所由农民开办的畜牧技术培训学校——永超畜牧培训学校，在三合镇牛场村挂牌成立。

12月25日至28日 政协三都水族自治县第十一届委员会第一次会议在县城召开。会议选举韦成念为政协三都水族自治县第十一届委员会主席。

12月26日 中共中央政治局委员、国务院副总理回良玉在北京接见了陆龙辉（水族）等全国民委系统先进工作者代表。

12月26日至29日 三都水族自治县第十四届人民代表大会第一次会议在县城召开。会议选举潘廷旺为县人大常委会主任，韦绍凯为县长。

是年 全县小水电装机达11465千瓦，年发电量达3198万千瓦时，乡、村通电率为100%，户通电率为98.09%，供电可靠率为95.89%。全县人均用电量为404.55千瓦时，户均年生活用电量为488千瓦时，由农村水电提供的电量占全县乡镇以下农村用电量的117%。

2007年

1月6日 省委常委、秘书长张群山到九阡镇水各村对民族文化旅游发展及社会主义新农村建设进行调研。

1月12日 《中国水书》（国家“十一五”规划重点项目）首发式在北京黄家大酒店举行，来自出版界、文化界、学术界、民族学界的专家、学者及各大媒体的记者参加了首发式。

1月13日13时 恒丰乡和勇村古养组发生民房火灾，共烧毁民房15栋，为救火拆毁民房1栋，9栋民房受损，直接经济损失70万元。

1月22日 三都召开新型农村合作医疗工作会议，启动新型农村合作医疗工作。

1月 县建立住房公积金单位165个，占应建立住房公积金单位的96.49%，比2004年增长189.65%；累计归集住房公积金1163.03万元，公积金余额达1011.79万元，归集余额是2004年的3.6倍。

2月19日 三都水族自治县被授予“贵州省绿化模范县”荣誉称号。

3月20日 “水族文字输入系统”申报著作权获国家版权局登记。

4月19日 三都首个乡镇客运站——九阡客运站正式开业营运。

4月20日17时20分 打鱼乡排抱村四、五组发生民房火灾，24栋149间房屋被烧毁，直接损失29户，间接损失10户，经济损失104万元。

5月10日 县委书记刘长江率队赴广东参加贵州省政府组织在广州市举办的大型招商活动，并在会上签约了苗龙金矿综合开发项目、特色农产品基地建设及加工项目、林材种植及综合加工项目，签约引资1.5亿元。

5月26日 羊福乡至黔东南州雷山县达地水族乡的出境公路正式接通。

是日 州委书记吴廷述到丰乐、恒丰等乡镇检查农业生产和人口与计划生育工作。

5月29日 第五届“全国各族青年团结进步奖”表彰大会在北京举行，中共中央政治局委员、全国人大常委会副委员长王兆国会见了来自全国56个民族的150多名与会代表，并为三都水族自治县民研所所长潘中西（女，水族）等获奖代表颁奖。

6月21日至22日 省扶贫办外资项目管理中心领导到三都主持召开“中国西部农村发展政策的社会性别主流化探索”三都水族自治县羊楼村整村推进扶贫社会性别实验项目县级研讨会。

7月9日 县第二中学600名师生在综合楼旁建设工地上举行美国容光基金会捐资援建第二中学科教楼捐赠暨奠基仪式。仪式上容光基金会总裁林崇明先生代表容光基金会向学校捐赠40万元人民币援建科教楼工程。

7月20日 第三届“贵州·三都——中国水族卯文化风情之旅”在九阡镇水各村举行，来自全国各地的新闻媒体与国内外游客约3万人共同观看了古老神秘的水族婚俗、祭祖、千名妇女祭稻田、卯坡情歌对唱等活动。

7月26日16时10分 黔东南州丹寨县马颈坳水电站发生库区山体溃决，在其下游的三都打鱼乡、都江镇、坝街乡、拉揽乡遭受严重灾害，共有12个村1254户5643人受灾，5人死亡，1人失踪，G321线打鱼大桥和坝街乡铁索桥、厦蓉高速公路便道及施工设备等被冲毁，沿河学校和G321线多处垮塌，交通、电力、通信全部中断，直接经济损失达9223.87万元。灾后，由水利部、民政部、财政部、卫生部组成的国务院工作组，水利部部长陈雷、省长林树森，省民政厅、州委、州人民政府、县委、县人民政府有关领导先后到打鱼乡视察灾情，慰问灾区群众。水毁打鱼大桥通过117天的重建，于11月23日竣工，321国道恢复通车。

是日 参加高考结束不久的19岁女学生王厚兰（合江镇麻拱村人）于傍晚7时左右，从都江镇乘坐一辆开往坝街方向的面包车，当车行至都江镇境内一岔河口时，被洪水冲翻，卷入都柳江中。在王厚兰被冲走的11个小时170多千米的河段上，她先后被冲下了红岩水电站、永福水电站，榕江大桥等，直至27日清晨6时20分，榕江、从江两县救援人员在从江县城新大桥附近，用绳子拴住救生圈，将王厚兰救起，从而使她奇迹般地生还。王厚兰获救后，黔南州委书记吴廷述亲自到她家看望并慰问了她。在州委书记吴廷述、州委副书记刘朝容等领导和社会各界的关心下，黔南民族师范学院破格录取她为2007级新生。

8月17日 农村居民最低生活保障金首发仪式在恒丰乡举行。

9月6日 县信用联社申请央行票据兑付材料通过人总行、银监会审查，获得1000万元中央银行票据兑付金。

9月22日 三都召开自治县建立50周年先进人物表彰大会，对自治县建立50周年来为全县经济社会发展作出突出贡献的100名先进人物进行表彰。

9月28日 在县城西部赛马城举行自治县建立50周年庆祝大会。国家民委副司长蒋桂芳、副省长吴嘉甫、省民委主任郝桂华、州委书记吴廷述、州长李月成等领导及4000多名少数民族演员参加了庆典活动。县委书记刘长江主持开幕式，县委副书记、县长韦绍凯致欢迎辞。庆祝大会举行了盛大的入场仪式和原生态大型民族歌舞表演。庆祝活动期间，成功举办了“三都水族自治县建县50周年庆祝活动投资环境推介、经贸洽谈暨旅游招商项目签约仪式”专项活动，参加活动的客商主要来自浙江、福建、四川、广西、安徽、广东及贵州省内等地，共80多人，签约引资共5.55亿元。

9月29日 香港苗圃行动援建县二中宿舍楼和羊福乡里勇小学教学楼举行签约仪式。香港苗圃行动向县二中捐赠70万元援建学生宿舍楼，向里勇小学捐赠20万元援建教学楼。香港苗圃行动梁庆维先生分别与县教育局领导、县二中校长、羊福乡政府领导签订了协议书。

10月28日 电影《水凤凰》在三都开机拍摄。这是一部反映三十六年如一日“跪教”的陆永康老师真实感人事迹的电影。该片由北京艾美思特影视文化有限公司拍摄。2009年12月9日，在荔波举行首映。

10月29日 州政府复查验收团对三都“两基”“普实”工作进行复查验收。

11月1日 省民委“民族文化进校园”拍摄组到三都鹏城希望学校开展民族文化进校园拍摄工作。鹏城希望学校是全州唯一列入这次拍摄活动的学校。

12月4日凌晨2时50分 三洞乡板厘村采丛组发生民房火灾事故，共烧毁民房48栋163间，63户受灾，直接经济损失68万元。

12月6日 县“两基”和“普实”工作通过省人民政府复查验收。城关小学、鹏城学校、周覃小学、大河小学、都江中学被评为省级“普实”示范学校。

12月25日 都柳江源头遭受水体砷污染，沿河城镇及农村特别是县城饮用水遭到污染，受影响达10余万人。2008年1月2日，州委书记吴廷述率队到三都指导都柳江水体污染治理工作。

2008年

1月11日至14日 政协三都水族自治县第十一届委员会第二次会议在县城召开。

1月12日至15日 三都水族自治县第十四届人民代表大会第二次会议在三都县城召开。会议补选张加春为县长。

1月12日至2月初 县境遭受历史罕见的雪凝冰冻灾害。全县21个乡镇不同程度受灾，道路封闭，民房倒塌，供电、通信、供水全面中断。2月20日，国家粮食局拨给三都灾后修建资金25万元。

4月8日 县人民政府正式开通“12345县长专线”电话。

4月18日 三都水族自治县在县人民大会堂召开全县党政机关“治庸治懒”动员部署会议。

4月26日 鹏城希望学校学生安明明、蒋正东、莫超文赴北京参加中国青少年发展基金会举办的“复地·我有一个梦”暨“复地贵州三都鹏城希望学校足球队”冠名仪式。

4月28日 水书《六十龙备要》《万年经镜》《吉星》经专家评审和国务院批准，入选第一批国家珍贵古籍名录。

5月7日 鹏城希望学校14名运动健儿代表贵州省前往南宁参加“加油——2008中国西部希望工程快乐体育运动会”，荣获团体总分第一和8金4银1铜。

5月10日 丰乐镇老王山农民茶叶专业合作社在丰乐镇敖寨村举行揭牌仪式，是三都成立的第一个茶叶农民专业合作社。

5月24日至27日 北京大地风景旅游景观规划院专家组一行5人在副院长杨小兰、张改清的率领下，应邀到三都部分旅游景点、民族村寨、古文化遗址等地考察调研，为三都旅游制定总体规划。

5月30日 三都强降暴雨，最严重的普安镇达222毫米，三合镇达147.3毫米，交梨乡达129.5毫米。暴雨中，山洪突暴，普安、交梨、大河等乡镇66个村264个村民小组5870户23480人受灾，因灾死亡2人，直接经济损失约1593万元。

6月30日 县人大常委会在三都县城召开《三都水族自治县水书文化保护条例》发布会，该《条例》是贵州省第十一届人民代表大会常务委员会第二次会议于5月30日批准的，并于10月1日正式实施。

7月3日 “水族村寨”落户北京中华民族博物院。

7月4日至9日 三都水族自治县田径代表队（27人）代表黔南州参加在贵阳市白云区举行的全省首届农民运动会田径项目的比赛。荣获男子团体560千克级拔河银牌、男子个人60米麻袋跳搬运粮食赛跑铜牌。

7 月 22 日 鹏城希望学校岛黛瓦少年艺术团赴贵阳参加贵州省第八届艺术节，演唱和舞蹈分别获得三等奖。

7 月 25 日至 27 日 三都鹏城希望学校田径运动队和少年足球队在省青基会秘书长邓首成的率领下，代表贵州省参加在哈尔滨举行的“加油！2008——希望工程快乐体育运动会”。获 1 枚金牌、12 枚银牌、5 枚铜牌，团体总分第三名。

10 月 8 日 县知识产权局正式挂牌成立。

12 月 8 日 三都邀请省委办公厅、省政府办公厅、九三学社贵州省委、省有色地勘局、省农行、省农办、省农业厅、省畜牧局、省财政厅、省农发办、省发改委、贵州大学、州农业局、州畜牧局、州林业局、州科技局、州发改局等专家和领导在省委大会堂西楼第十一会议室召开会议，对由省农业工程学会承担编制的《三都水族自治县高效有机循环农业产业化发展规划》（2008—2020）进行终期评审。

12 月 19 日 三都召开全县行政机关事业单位国有经营性资产清理登记工作动员大会，启动全县行政机关事业单位国有经营性资产清理登记工作。

12 月 23 日 三都“荣誉县民”颁证仪式暨招商引资推介会活动在深圳市银湖旅游中心举行，99 位深圳人士被授予三都“荣誉县民”称号。

12 月 27 日 三都九阡酒业有限公司董事长钟吉刚荣获“2008 品牌中国年度人物酒行业品牌人物”。

是年 县行政中心大楼竣工投入使用，县四大办等 30 多家单位入驻办公。

2009 年

1 月 16 日至 17 日 中共三都水族自治县委十届七次全体（扩大）会暨全县经济工作会议召开。会议审议通过《中共三都水族自治县委关于加快农村改革发展的实施意见》。

3 月 10 日 三都召开深入学习实践科学发展观活动动员大会。

4 月 7 日 三都召开“两基”迎“国检”工作会议。会上，县政府与各乡镇签订了“两基”工作目标责任状。

4 月 14 日 2008 年实施的坝街渡口和坝辉渡口工程通过省、州验收。

5 月 1 日至 3 日 中国西部首届民族斗牛职业联赛在三都中国西部赛马城举行。云南、湖南、广西、贵州 4 省区的 30 头牛王和 68 头猛牛云集三都西部赛马城。

5 月 11 日 县长张加春代表三都与浙江安丽集团有限公司在县行政中心签订年产 100 万吨水泥生产项目合同书，项目总投资 3 亿元。

6 月 29 日 由中国旅游设计院设计的《中国水族·水各卯文化生态村寨旅游发展规划》在三都通过中期评审。

7 月 8 日 由深圳市投资控股有限公司、深圳市德缘投资管理公司等企业捐资 110 万元兴建的塘州深投希望小学落成，并在塘州梅育小学举行竣工剪彩庆典活动。

7 月 31 日 中国水族·水各卯文化生态旅游区控制性详细规划评审会在都匀召开。会议介绍了水各卯文化生态旅游区目标定位、功能定位、规划成果、规划原则以及各游览景点的规划目标、布局。专家组对中国水族·水各卯文化生态旅游区规划进行了认真评审，并对规划方案提出了建设性建议。

9 月 18 日 三都召开第二批深入学习实践科学发展观活动工作总结暨第三批学习实践活动动员大会。

是日 由国家一级编导周群生担任总策划的大型原生态水族歌舞史诗画卷《远古走来的贵族》首场汇报演出在县人民大会堂开演。

9月22日 县文体广电局举行有线电视数字化整体转换启动剪彩仪式，标志着三都数字化整体转换工程正式启动。

9月24日 《三都水族自治县群众参与社会治安综合治理活动奖励办法（试行）》公布实施。

9月24日至26日 由中国散文学会、中共三都水族自治县委、县人民政府主办，中国影响力传媒、县委宣传部承办的“中国著名作家三都行·水族文化大型采风活动”在三都举行。

9月25日 全州“185农业种植业产业化工程”推进暨秋冬生产现场会在丰乐镇鼠场村召开。

9月27日 三都精心打造的大型原生态水族歌舞史诗剧《远古走来的贵族》全体演员及水书先生等民间艺人167人组团赴上海参加“中国非物质文化遗产全国巡回展——上海游园汇”暨上海市奉贤区第二届文化艺术节活动推介演出。

10月10日 三都行政服务中心举行揭牌仪式，标志着行政服务中心正式启用。

10月25日19时 打鱼乡打略村一组（广东寨）都柳江河段发生一起沉船事故，造成2人死亡。

11月7日 上海市普陀区长风新村街道办事处与县人民政府签约仪式在上海长风社区文化活动中心举行。

11月20日 县人民政府发布《三都水族自治县集中式饮用水源地突发环境事件应急预案》。

11月23日 《水族百年》三都篇首发仪式在县政协常委会议室举行。

11月26日 中共三都水族自治县委召开十届九次全体（扩大）会议，会议主要审议：关于进一步加快非公有制经济发展的意见；农业产业化龙头企业扶持奖励暂行办法；农业产业化种养业贷款贴息暂行办法。

12月11日 “三都水族自治县水族风情街开发项目招商信息发布会”在贵阳紫林宾馆召开。

2010年

1月6日 九阡酒成为上海世博会国际信息发展网馆唯一指定黄酒。

3月2日 “神秘水族·魅力三都”中国水族文化旅游节启动仪式在上海大剧院举行。著名华人艺术家奥斯卡金像奖获得者谭盾担任“中国水族文化保护与传承全球宣传推广大使”，美籍华人歌唱家、联合国绿色歌唱使者尤燕子出任“中国水族文化旅游形象大使”。全国青年歌手唱响三都网络大赛、中国最浪漫最感人的爱情故事征文活动一并启动，引起百家媒体广泛关注。

4月2日 县委召开全县深入学习实践科学发展观活动总结大会。

5月10日 县委召开全县开展“忠实践行宗旨、勤政廉政为民”教育动员部署大会。会议主要任务是贯彻落实党的十七届四中全会和十七届中纪委五次全会精神，集中抓好学习实践活动中提出的党性党风党纪等方面整改任务的落实，进一步巩固和扩大深入学习实践科学发展观活动成果。

5月26日 国家民委主任杨晶，国家民委办公厅巡视员、副主任官兆强等一行在副省长刘晓凯，省民委党组书记、主任郝桂华，省民委常务副主任姚朝雄，黔南州委书记黄家培，州长李月成陪同下，到三都考察调研民族文化工作。

5月28日 三都邀请以贵州省农科院名誉院长、研究员李桂莲教授为组长，省园艺科学研究所党委书记、研究员王天文教授及黔南州林业局、州农产品质检中心、州蔬菜果树中心等相关专家为成员的鉴评组到三都，对九阡镇盛产的“三都九阡李”农产品地理标志产品感官品质进行鉴评。

6月1日 三都鹏城学校小学部六年级学生潘亚东代表水族儿童赴北京参加全国“体能科学，快乐成长”“六一”儿童节庆祝活动，与胡锦涛总书记合影留念。

6 月 11 日 《三都水族自治县生态县建设规划》通过贵州省环保厅组织的专家审查论证。

6 月 14 日至 16 日 作为“神秘水族·魅力三都”中国水族文化旅游节系列重要活动之一的“神秘水族·魅力三都”水族风情端午节在深圳锦绣中华民俗村举行。

6 月 22 日 深圳通产集团董事长刘明伟一行四人到三都举行三都纤维板有限责任公司股份转让签约，县委书记唐官莹、县长张加春出席了签约仪式。

7 月 15 日 中国作家协会《民族文学》三都水族自治县创作基地在三都行政中心挂牌成立。

7 月 16 日 由全国政协委员摄影联席会、中国政协杂志社、县委、县政府联合主办的“神秘水族·魅力三都”大型摄影采风活动开镜仪式在三都启动。

是日 深圳市投资控股有限公司党委副书记余刚一行 8 人到三都考察，在向三都捐资 100 万元用于新农村建设项目发展的同时，检查验收并参加塘州投控希望学校学生食堂、宿舍楼等援建项目竣工仪式。

7 月 19 日 《水族迁徙史》研讨会在三都县城召开。

7 月 20 日至 21 日 贵州省以工代赈工作现场会在三都召开，全省 9 个地州（市）83 个县（市）相关领导参加会议。

7 月 30 日 县举报中心和非公经济发展侵权投诉中心正式挂牌成立。

8 月 24 日 坝街大桥通过由省交通运输厅、省公路局、省发改委以及州交通运输局、州发改委组织的专家验收组的竣工验收。该桥全长 111 米，宽 9.0 米，桥面车行道 7 米，人行道 2×0.75 米。

9 月 25 日 三都消除疟疾行动计划暨全球基金疟疾项目正式启动。

10 月 27 日 黔南州第三届旅发大会暨中国水族文化旅游节在三都县城开幕。省人大常委会副主任陈华祥，副省长谢庆生，省政协副主席武鸿麟，黄家培、李月成、吴秀全、刘朝容等州四家班子领导，唐官莹、张加春、潘廷旺、韦成念等县四家班子主要领导、分管领导，以及省、州直相关部门领导和全州 13 县（市、区）领导、周边县（市）领导出席开幕式。中国入世谈判首席代表、原博鳌亚洲论坛秘书长、G20 论坛秘书长龙永图，著名电视主持人倪萍，著名影星刘晓庆等国内知名人士及经济界、文化界名人到会祝贺。大会开幕式由中共黔南州州委常委、常务副州长夏庆丰主持。

是日 中国水族原生态村落·世界之谜三都姑鲁产蛋崖国家 AAA 级旅游景区举行盛大开园仪式。

11 月 26 日 贵州省第二轮村级组织活动场所建设检查验收组到三都检查验收。

11 月 28 日 三都举行首批廉租住房摇号抽签分配仪式。当天公开摇号抽签分配廉租住房 168 套，总面积 8000 平方米，受益群众 600 余人。

12 月 21 日 三都冷水沟水库工程开工建设，工程总投资 2006 万元，总库容 1751 万立方米。

12 月 28 日 国家级非物质文化遗产“水族马尾绣技艺”传承基地揭牌仪式在中和镇姑引村举行。

2011 年

1 月 7 日 三都召开“环境建设年座谈会暨对首批重点保护企业授牌仪式”，三都环境建设年领导小组向润基水泥有限公司、长江矿业有限公司、福丰科技、健康茶科技有限公司、金鸟木业有限公司、金盈矿产品有限公司等境内 6 家龙头企业进行授牌，实施重点挂牌保护。

2 月 11 日至 14 日 政协三都水族自治县委员会第十一届五次会议在县城召开。

2 月 12 日至 15 日 三都水族自治县第十四届人民代表大会第五次会议在县城召开。大会审议通过了《三都水族自治县渔业条例》，补选韦其贤为县人大常委会主任。5 月 31 日，贵州省第十一届人民代表大会常务委员会第二十二次会议批准了《三都水族自治县都柳江渔业条例》，由三都水族自治县人民代表大会常务委员会公布施行。

2月 省委常委、秘书长张群山在省委办公厅、省直机关工委、省民政厅、省旅游局、省扶贫办相关负责人及黔南州委负责人的陪同下，到三都调研经济社会发展问题、察看交梨乡扶贫工作整乡推进项目实施情况，并走访慰问贫困群众。

是月 三都苗龙、交梨、普安三地规划建设首个“生态工业园区”。园区规划范围总用地为17平方千米（25500亩），其中建设用地为13平方千米（19500亩），工业用地占建设用地58%即7.5平方千米（11250亩）。

3月31日 厦蓉高速公路格都段正式通车营运。6月11日，三都收费站开通投入使用。

5月1日14时20分至14时50分 九阡镇遭受罕见冰雹袭击。冰雹最大直径达5厘米，冰雹累积厚度达10~15厘米，受灾乡镇无人员伤亡。据初步统计，该镇9个村121个村民小组2800余户17000余人受灾，受灾人口达80%。房屋倒塌18间，木房受损400余户，砖房受损1000余户；受损农作物共计12390亩，其中九阡李3500亩、西红柿20亩、秧苗820亩、食用菌50亩、玉米4000亩、油菜4000亩；各所学校门窗损坏2000余块，瓦房损坏25间，直接经济损失3000余万元。

6月18日至19日 由中国村社发展促进会主办，中共三都水族自治县委、县政府承办的全国“村长”论坛第七届执委会在三都召开，来自20多个省市的150余名村主任、大学生村干部和少数民族村寨代表参加会议。

6月30日 省委书记、省人大常委会主任栗战书，省委常委、组织部部长孙永春率省直相关部门负责人深入三都水族自治县交梨乡前进村、新联村走访调研当地山野水晶葡萄种植发展情况。

7月3日至12日 中央电视台科教频道《地理·中国》栏目摄制组走进三都中国水族原生态村落、世界之谜、国家AAA级旅游景区——姑鲁产蛋崖进行为期6天的实地考察和专题拍摄。

7月15日 县鹏城希望学校足球队作为中国希望工程唯一一支参赛代表队参加了在瑞典举办的“哥德堡杯”世界青少年足球锦标赛，来自全世界60多个国家和地区的1500多支代表队3万多名青少年参赛。

8月10日 全国人大常委会副委员长、民建中央主席陈昌智率全国人大常委会调研组到三都，就促进民族地区经济社会发展开展专题调研。

8月21日 总投资60亿元的凯迪生物质发电项目“三都凯迪循环经济产业园·贵州省青年创业工业园区”在三都塘州工业园举行开工奠基典礼。

8月24日 全县召开2011年高考中考表彰会，对在2011年高考中考中管理较好的17所学校、对成绩优异的183名教师和270名学生进行表彰。共发放奖金160余万元，三都民中学生王思越被清华大学录取，领到6万元奖金。

8月 贵州省申报2011年中央财政小型农田水利设施建设项目重点县竞争立项陈述会在贵阳市举办，三都被列为2011年中央财政小型农田水利设施建设项目重点县之一。

9月7日 “全国民族运动会·30个贵州最具魅力民族村寨”颁奖盛典在贵阳举行，九阡镇水各村荣获“贵州省最具魅力民族村寨”称号。

10月13日至14日 深圳市投资控股有限公司党委书记、董事长范鸣春一行5人到三都考察，并向塘州中学捐赠100万元，用于修建教师安居楼，解决塘州中学教师住房困难等问题。

11月8日 《中国共产党民族工作的伟大实践·贵州卷》编写联席会在三都召开。

11月25日 总投资1.8亿元的县城至苗龙城市主干道改造工程正式破土动工。

12月19日 荔波深黔山水旅行社有限责任公司三都分公司正式挂牌成立，这是三都水族自治县首家注册成立的旅行社。

12月19日至20日 香港善施慈善基金会主席黄玉送先生一行到三都水族自治县开展“冬日送暖”捐赠活动。捐赠活动覆盖三都水族自治县7个乡镇和2个县直学校的3000名贫困学生及残疾人士，捐赠医疗器械、急救车等各类物资共计40多万元。

12月28日 县城供水新水源点建设及管网扩建工程开工典礼在三合镇八麻施工段举行。

2012年

1月2日至5日 政协三都水族自治县第十二届委员会第一次会议在县城召开。会议选举韦成念为政协三都水族自治县第十二届委员会主席。

1月3日至6日 三都水族自治县第十五届人民代表大会第一次会议在县城召开。会议选举韦其贤为县人大常委会主任，张加春为县长。

2月20日至24日 县委书记王小红率队到深圳对口帮扶单位和企业考察学习。

2月 县公安局捣毁一非法制造枪支窝点。

3月 省环保厅环境监察总队和州环境监察支队到三都对县城污水处理厂新安装的进水口COD、氨氮两套在线监测系统开展检查验收。

是月 在省计生委科研指导所辛丽梅副所长等6名专家的帮助和指导下，三都首例腹腔镜女计生术在县计生站顺利实施。

是月 环保部调研组在省国土资源厅、州国土资源局有关人员的陪同下，到三都就汞矿开采情况进行调研。

4月27日上午 县第三中学正式开工建设。

5月24日上午 由香港客商张贞波先生出资修建的三都大塘旅游休闲度假区开发项目在三都举行项目签约仪式。

5月29日上午 黔南州水利局迅速行动力争国家扶持民族地区水利项目落户三都。

5月30日 省委副书记、省长赵克志率省政府调研组到三都考察调研。

6月20日 以色列国家农业公司总经理、国际贸易中心主任、著名农业专家欧慕然，黔南州工程咨询中心主任胡智如，以色列—黔桂甘塘特色生物园董事长张高一行，到三都考察山地高效农业工作。

7月12日至13日 由加拿大IRIS环境项目公司、加拿大和谐沃克公司、加拿大农业咨询公司、国家发展和改革委员会国际合作中心、商务部国际经贸关系司、省发展改革委利用外资和境外投资处等专家组成的中加合作项目专家组到三都水族自治县开展民族文化调研，重点考察三都少数民族文化和遗产保护工作。

7月28日 三都举行年产1.5万吨九阡酒建设工程奠基仪式。贵州省民族贸易企业贷款首发仪式同时举行。首发仪式上，县农村信用合作联社分别向秀梅马尾绣贸易有限公司、九阡酒有限责任公司发放30万元、500万元贷款。

7月31日 总投资3.5亿元打造的水族风情商业步行街举行开工仪式。

8月6日 县纪委监察局派驻县直纪工委监察分局正式成立，并举行了挂牌仪式。

8月31日至9月1日 深圳市投资控股有限公司党委副书记、总经理李真一行到三都考察帮扶项目，向三都捐赠100万元用于新农村建设，县委书记王小红等县领导陪同考察。

9月26日 三都水族自治县被列为省级扶贫开发工作试点县。

9月27日 县人民政府与上海捷圣生物科技有限公司举行农业创新改良及生物科技项目签约仪式，项目总投资1亿元。

9月28日 县委、县政府与贵州省瑞兴建筑工程有限公司签订了三都殡仪馆建设招商引资协议书。该项目总投资4800万元。

10月10日 贵州卫视摄制组到九阡镇水各村拍摄“贵州30个最具魅力民族村寨”专题片。

10月21日 省政府督查组深入县城污水处理厂、润基水泥厂等企业现场检查主要污染物总量减排工作。

10月21日至25日 坝街民族学校学生王治灿代表黔南州参加在贵阳举行的全省第四届残疾人运动会田径和游泳项目比赛，夺得了三金两银一铜的优异成绩。

10月26日 县腾龙世纪四星级宾馆和都柳江大桥等5个重点项目集中开工仪式在县城举行。县四家班子主要领导共同启动重点项目开工水晶球。项目总投资19亿元。

10月 县人民政府出台《三都水族自治县新型农村合作医疗暂行管理办法（2012年修订版）》，参加新农合的农民就医补偿标准再次提高。

11月5日 由中共黔南州委宣传部、贵州省水家学会主办，贵州翰韵文化传媒有限公司和北京中艺博悦文化传媒有限公司联合拍摄的电影《姑鲁之恋》在三都举行开机仪式。

11月6日 省水家学会第十次学术年会在三都召开。来自云南古敢水族乡、广西平果县及本省各地区的嘉宾、代表350余人出席大会开幕式。

11月8日 党的十八大代表、三都水族自治县副县长韦族琼携带一幅用水族文字书写、水族马尾绣绣制的“水族人民热烈祝贺党的十八大胜利召开”绣品到北京参加党的十八大。会议期间，韦族琼和部分十八大代表还受到习近平等党和国家领导人的接见并合影留念。

12月13日 西南“三省一市”农业植物检疫联席会议在三都召开。四川省、云南省、重庆市及贵州省各州、县（市）植保植检站站长共60余人参加会议。

12月27日 县委、县政府督查督办局举行成立授牌仪式。

2013年

1月4日 三都召开“十破十立”解放思想大讨论活动动员大会。

1月9日 县反腐倡廉教育基地正式揭牌，向社会正式开放。

2月25日 X901白三线大河至县城公路大修正式开工。

3月9日 由九州出版社和北京华文经典图书有限公司联合主办的中国首部旅游爱情小说——《黔上听香》新书签售会在上海书城举行。三都作为《黔上听香》故事发生地之一，独家走进新书发布会，向上海读者、导演、旅游投资人及嘉宾展示三都独特的水族文化。

3月15日 三都举行“贫困母亲两癌救助”中央专项彩票公益金发放仪式。

4月14日至15日 国家葡萄产业技术体系病虫防控研究室主任、病虫害综合防控岗位科学家、中国农学会葡萄分会常务理事王忠跃研究员，国家葡萄产业技术体系综合研究室抗逆与避雨栽培岗位科学家、中国农学会葡萄分会常务理事、果树专业委员会主任王世平博士在省、州相关领导的陪同下到三都进行葡萄产业调研并指导相关工作。

5月22日 三都水族自治县人民政府分别与贵州大学、贵州晶田食品产业公司、贵州西岭生态农林公司、贵州金大地肥业公司、云南伟伟农业科技公司签订了农业科技合作项目协议书，项目签约总投资2.1亿元。

5月 三都无公害番茄露地生产体系经州质量技术监督局组织的专家组评审通过。

是月 三都籍贵州民族大学学生谭诗雨获得2013国际旅游小姐中国总决赛冠军。

6月7日 全国人大常委会副委员长向巴平措到三都就《中华人民共和国民族区域自治法》贯彻实施情况进行专题调研。

6月27日 三都与贵州金大地生态农业发展有限公司签订了交梨山地葡萄产业园区生态葡萄谷

整体开发项目协议书，项目签约总投资达 2.5 亿元。

7 月 10 日 贵州省柳江（三都段）治理工程项目开工建设，项目总投资 1.24 亿元。

7 月 18 日 三都水族自治县在交梨工业园区台商产业园举行全县重点项目集中投产、集中开工仪式，集中投产、集中开工项目共有 15 个，总投资达 30.05 亿元。

是日 县人民政府和中铁成投投资发展有限公司签订了三都水族自治县新区开发暨城市综合体和旅游开发项目投资战略合作框架协议书，投资 80 亿元。

7 月 30 日 州长向红琼到三都猴场新区规划点、中国水族文化风情谷、水族风情街、白梓桥电站、交梨工业园区等进行调研。

8 月 1 日 县府西路棚户区改造项目正式动工。

8 月 5 日 由中国农学会葡萄分会、中共三都水族自治县委员会、三都水族自治县人民政府主办的“首届中国山地生态葡萄文化旅游节”在交梨乡开幕。在开幕式上，三都现场签约 4 个招商引资项目，其中包含三项资金投资项目共 2.3 亿元，一项智力支持合作项目。同时，中国农学会葡萄分会会长晁无疾代表中国农学会葡萄分会和中国果品协会葡萄分会授予三都水族自治县“中国水晶葡萄之乡”牌匾。

8 月 14 日 省委副书记、省长陈敏尔到三都调研民族工作。

8 月 23 日 三都党政代表团赴广州市海珠区对接对口帮扶工作，双方在海珠区举行对口帮扶座谈会，签订了《三都·海珠 2013—2020 年对口帮扶合作框架协议》。

9 月 18 日 贵州水族博物馆开工建设，馆址位于县城三郎新城区，占地面积 31426.8 平方米。

10 月 3 日 交梨山地生态葡萄产业示范园区项目集中开工建设，项目总投资达 4.6 亿元。

是日 县粮食储备库建设项目开工仪式在猴场新区晨光村举行，项目总投资 9000 万元。

10 月 12 日 贵州广播电视台文艺频道摄制组到三都打鱼乡盖赖村对原生态舞蹈《踩月亮》进行拍摄。该舞蹈在 11 月 11 日第九届中国舞蹈“荷花奖”民族民间舞蹈大赛上夺得银奖。

是日 深圳市燃气集团股份有限公司原董事长包德元、集团高级顾问李勇坚、投资公司陈炫等集团公司领导率往届支教队队员一行到三都开展助学捐赠活动。

10 月 16 日 近百名群众和学生齐聚丰乐镇新建烈士墓基地，为 6 名散葬的革命烈士举行集体重新安葬仪式。

11 月 3 日 台湾 28 位少数民族企业家组成的交流团，到三都参观考察少数民族文化风情，了解三都得天独厚的自然资源、人文景观及厚重的民族文化底蕴。

11 月 8 日 中共三都水族自治县第十一届委员会第五次全体（扩大）会议召开，会议审议通过了《三都水族自治县扶贫攻坚三年大会战行动计划》。

11 月 15 日 海峡两岸台湾·三都（台商产业园）台资企业经贸交流洽谈会在三都举行，会上，三都与台湾企业家达成投资签约项目 8 个，总投资 12.6 亿元。

11 月 20 日 姑鲁水族文化风情寨项目建设在姑鲁国家 AAA 级旅游景区举行开工仪式，项目总投资为 26853 万元。

11 月 21 日 三都殡仪馆项目正式开工建设。

11 月 26 日 《水家人》歌舞剧代表黔南州参加全省第五届少数民族文艺汇演荣获创作金奖、最佳人气奖、综合排名第四和优秀组织奖。

是日 武汉理工大学与三都民中签署“优质生源基地”协议并举行挂牌仪式。

12 月 2 日 总投资约 2.5 亿元的甲晒水库工程举行开工仪式。

12 月 12 日 省 100 个旅游景区考核组林坤、杨徐、李开发、催颖等专家组一行到三都对全省“5 个 100 工程”中国水族文化风情谷——尧人山生态旅游度假区的项目建设情况进行考核调研。

12 月 23 日 三都举行重点项目集中开工仪式，国道 321 线湾滩至大塘公路（环城路）改造工程、县职校移址新建工程、中国水族文化风情谷——万户水寨等三个项目一齐上马，总投资达10.8亿元。

12月26日 全国老龄委授予县农村信用联社建设西路分社首届全国“敬老文明号”荣誉称号。

第一篇 政 区

第一章 建置沿革

第一节 地理位置

三都水族自治县位于贵州省黔南布依族苗族自治州东南部，地处云贵高原苗岭山脉以南的都柳江上游和樟江支流流域的月亮山、雷公山腹地，地跨北纬25°30′50″~26°10′50″、东经107°40′47″~108°14′10″，地势自西北向东南倾斜，县境大部海拔在400~900米，最高为西北面的更顶山，海拔1665.5米；最低处是坝街附近的都柳江出境处，海拔303米。全县总面积2400平方千米，境内山岭连绵，溪流交错，其间夹着若干起伏的丘陵和平坝，在总面积中耕地占9.4%，林地占55.6%，草山占29.7%，水面占1.3%，有“九山半水半分田”之称。县境东面和东北面与榕江、雷山两县接壤，南面与荔波搭界，西面和西北面与独山县及都匀市为邻，北面与丹寨县毗连。东西最宽56千米，南北最长78千米，县人民政府驻地距省城贵阳140千米，距州人民政府驻地都匀55千米。

第二节 历史沿革

三都在夏朝属梁州东南裔；商朝属荆州西南裔；周代属越领牂牁国地；秦代属象郡且兰县地；汉代属牂牁郡毋敛县；晋至南朝宋，属牂牁郡东南、武陵郡西南等处交界地；南朝齐属牂牁郡东南、齐熙郡西北等处交界地，梁、陈属南牂牁郡；隋代属牂牁郡。

唐贞观三年（629），授东谢蛮首领谢元深为黔中道应州刺史，下辖都尚（原都江区一带）、婆览（今恒丰—合江一带）、应江（今榕江县）、罗恭（今雷山县）、陀隆（今台江县）诸县，治都尚县。为下州，开元中降为羁縻州。

宋代（960—1279）在都柳江上游设合江州，在龙江流域设抚水州，均为羁縻州。合江州，大致为今县城三合镇以上以大河为中心的都柳江流域，得名于大河一带天河、打见河、马场河三江汇合之形胜。抚水州的设置，标志着水族的民族概念初步形成，居住区域基本明确。

元至元二十六年（1289）六月，中下烂土等处洞长忽带等人，以三十洞、一百一十寨、三千余户归附朝廷，分设陈蒙洞（大致为今普安、丰乐一部及都匀基场、阳和等地）、合江洞（大致为今合江、大河及丰乐一部）。岁进马五十匹、雨毡五十被、刀五十握及丹砂、雄黄等物，二岁一上。

元至元二十八年（1291）十月，将洞蛮烂土建立定云府（在旧都匀县东150里），领陈蒙州（陈蒙洞改置）、合江州（合江洞改置）。因府州过小，次年并为陈蒙烂土军民安抚司。

明洪武二十四年（1391），授平南将军张均（湖广襄阳人）为烂土军民长官司长官。张均迅速统一了三都西、北部都柳江上游肥沃的河谷地带，使疆域扩大，人口增加（一部分来自移民）。辖境以今合江、大河、丰乐、普安为中心，包括三合、交梨、拉揽、打鱼、水龙、中和、塘州等乡镇及都匀套头、独山本寨、水岩等地，世称烂土司，隶都匀卫，为三都行政版图的雏形。明成化年间（1465—1487），张镛创办烂土长官司司学，为三都教育最早的记载。明弘治七年（1494），烂土司改隶都匀府独山州；同年，在今都江置来牛寨。

清顺治十五年（1658），第十一代烂土长官司长官张威远归顺，准予世袭。康熙十一年（1672），烂土土司家族内讧，六姓合约，十年内战，民不聊生。康熙二十一年（1682），朝廷将普安分置为土舍。雍正九年（1731），改土归流结束，在来牛寨置都江厅通判，隶都匀府。雍正十二年（1734），在烂土司地置三脚州同，直属独山州，主要管理都柳江水运事务。改土归流以后，烂土土司有爵无印，为贵州未被裁撤的六十个土司之一。

民国2年（1913），都江厅改称都江县，三脚州同改称三合县，均为三等甲级县。民国30年（1941）2月，贵州省政府将都江、三合两县合并，取名三都县，此为“三都”县名之始。三都县治设三合镇，都江改为区。初为三等县，民国31年（1942）升格为二等县。

1949年12月6日三都解放，1950年1月14日三都县人民政府成立，接管旧政府建制设置的城关区、水龙区、都江区，县政府驻三合，隶属独山专区。城关区辖三合镇、丰乐乡、烂土乡、普安乡、交梨乡、拉揽乡；水龙区辖尧麓乡、阜祥乡、庆阳乡、新东乡；都江区辖上江乡、坝街乡、甲雄乡、雅灰乡、达地乡、盘石乡。5月，将城关区划成第一区和第二区，第一区驻三合镇，辖三合镇、丰乐乡、烂土乡；第二区驻普屯，辖普安乡、交梨乡、落榔乡（原拉揽乡）、雅灰乡；第三区驻水龙，辖尧麓乡、阜祥乡、庆阳乡、新东乡；第四区驻上江，辖上江乡、坝街乡、甲雄乡、达地乡、盘石乡。

1952年12月，撤销第二区，建立普安苗族自治区，撤销普安乡，建立普安镇；将盘石乡拨给榕江县，将达地乡和雅灰乡的雅灰、瓮帮、杀一、上崇、夺弄、廷同、羊高、夺鸟、排路等村拨给丹寨县，余下雅灰半个乡仍属三都县，置打鱼乡；独山县将原属巴维乡的巴佑、五星、屯桥、一心、平荡、合一、茂光、三利、联江、中江、岩江等11个行政村拨给三都县，置巴佑乡和小河乡。同月，独山专区改称都匀专区，三都县自然隶属都匀专区。

1953年2月，为适应农业互助合作发展形势的需要，将大乡划为小乡，全县计4个区2个镇42个乡。大河区辖三合镇、三郎乡、大河乡、马场乡、鼠场乡、巴若乡、烂土乡、尧吕乡、巴佑乡、小河乡，普安区辖普安镇、排招乡、落榔乡、高谭乡、交梨乡、高硐乡、王简乡、甲昭乡、燕高乡、羊基乡、总奖乡，水龙区辖水龙乡、牛场乡、姑挂乡、行赏乡、中和乡、甲化乡、安塘乡、天星乡、梅花乡、阳乐乡、地祥乡、孟明乡、水潘乡，都江区辖上江乡、打鱼乡、拉揽乡、盖赖乡、巫不乡、甲雄乡、羊福乡、交平乡、坝街乡、坝灰乡。

1954年12月，独山县将定台乡相巴、敖巴两个行政村拨给三都县巴若乡。

1955年12月，又将小乡并为大乡，全县计4个区2个镇18个乡。大河区驻大河，辖三合镇、大河乡、烂土乡、巴佑乡、丰乐乡；普安区驻普安，辖普安镇、落榔乡、交梨乡、高硐乡、羊基乡；水龙区驻水龙，辖水龙乡、尧麓乡、地祥乡、中和乡、塘州乡、天堂乡；都江区驻上江，辖上江乡、打鱼乡、甲雄乡、坝街乡。

1957年1月2日，建立三都水族自治县，县政府驻地不变，隶属黔南布依族苗族自治州。行政区划以原三都县为基础，包括从荔波县划来的周覃、九阡两个主要水族聚居区，独山县划来的林桥乡、翁台乡，榕江县划来的兴华乡、水尾乡，都匀县划来的基场乡、潘洞乡、富河乡，三都水族自治县共辖6个区2个镇40个乡。三合镇直属县人民委员会；大河区驻大河，辖大河、烂土、巴佑、丰乐、基场、潘洞、富河、翁台8个乡；普安区驻普安，辖普安镇及落榔、交梨、高硐、羊鸡4个乡；水龙区驻水龙，辖水龙、尧麓、地祥、中和、塘州、天堂、林桥7个乡；都江区驻上江，辖上江、拉揽、甲雄、坝街、兴华5个乡；周覃区驻周覃，辖周覃、洞甲、恒丰、阳安、三洞、水东6个乡；九阡区驻九阡，辖板叶、水各、扬拱、板甲、岜鲜、拉威、水维、水碰、水庆、水尾10个乡。面积3759平方千米，人口18.4702万。

1958年，将原属荔波县的水庆乡拨回原县。9月，撤销区乡镇建制，建立政社合一的人民公社，全县共为23个人民公社。12月1日，按省、州指示改为一区一社，乡镇改为管理区，全县为7个人民公社（红旗、丰乐、普安、水龙、都江、周覃、九阡）、30个管理区、200个生产大队、1190个生产队。

1961年，原属都匀县的基场、潘洞、富河管理区；原属独山县的林桥、翁台管理区；原属荔波县的岜鲜、拉威、水维、水碰管理区，因离县城较远，交通运输和经济交往不便等原因，拨回原县。1961年7月，农村人民公社实行“三级所有，队为基础”。三都又将7个人民公社改为7个区，辖25个公社253个大队1687个生产队。城关区辖三合、牛场、苗龙3个公社，大河区辖丰乐、大河、烂土、尧吕4个公社，普安区辖普安、交梨、羊基3个公社，水龙区辖水龙、中和、塘州、安塘4个公社，都江区辖上江、甲雄、坝街、兴华、打鱼5个公社，周覃区辖周覃、三洞、恒丰、阳安4个公社，九阡区辖九阡、月星2个公社。

1963年，将兴华、水尾拨回榕江。又将各区的25个公社划为40个小公社257个生产大队1742个生产队。城关区辖三合、苗龙、拉揽、尧麓4个公社，大河区辖丰乐、和平、大河、烂土、尧吕、巴佑、小河7个公社，普安区辖普安、交梨、高硐、羊基4个公社，水龙区辖水龙、地祥、中和、尧贯、塘州、安塘6个公社，都江区辖打鱼、盖赖、羊福、巫不、上江、甲雄、坝街7个公社，周覃区辖周覃、水东、三洞、新阳、阳安、廷牌、恒丰、和勇8个公社，九阡区辖板叶、扬拱、水各、板甲4个公社。

1965年，将小河公社并入巴佑公社，将尧贯公社并入塘州公社，将新阳公社并入三洞公社，至此，全县为7个区37个公社。

1966年，从三合公社划出三合镇（仍归三合区管辖），全县为7个区、1个镇、37个公社、263个大队、2101个生产队。城关区驻三合，辖三合镇及三合、苗龙、拉揽、牛场公社；大河区驻大河，辖大河、烂土、巴佑、尧吕、丰乐、和平公社；普安区驻普安，辖普安、羊基、交梨、高硐公社；水龙区驻中和，辖中和、水龙、地祥、塘州、安塘公社；都江区驻上江，辖上江、打鱼、盖赖、甲雄、羊福、巫不、坝街公社；周覃区驻周覃，辖周覃、水东、三洞、廷牌、阳安、恒丰、和勇公社；九阡区驻九阡，辖九阡、水各、扬拱、板甲公社。

第三节　行政区划

1978年，全县共有城关、大河、普安、水龙、都江、周覃、九阡7个区，辖1个镇37个公社263个大队210个生产队。

1983年12月21日，城关区更名为三合区，水龙区更名为中和区，牛场公社更名为尧麓公社。和平公社更名为河坪公社。

1984年5月8日，经省人民政府批准，将三合镇升格为区级镇。

1984年6月，全县实行政社分开，建立乡人民政府。同年10月5日，经省人民政府批准，将大河、普安、上江、周覃4个乡改为乡级镇。全县共为7个区、1个区级镇、33个乡、4个乡级镇、

2 个居民委员会、268 个行政村、18 个居民小组、2108 个村民小组。三合镇辖 2 个居民委员会及 3 个行政村；三合区驻三合乡，辖三合、苗龙、尧麓、拉揽乡；大河区驻大河镇，辖大河镇及丰乐、河坪、烂土、巴佑、尧吕乡；普安区驻普安镇，辖普安镇及交梨、羊基、高硐乡；中和区驻中和乡，辖中和、地祥、水龙、塘州、安塘乡；都江区驻上江镇，辖上江镇及打鱼、盖赖、甲雄、羊福、巫不、坝街乡；周覃区驻周覃镇，辖周覃镇及三洞、水东、廷牌、阳安、恒丰、和勇乡；九阡区驻九阡乡，辖九阡、水各、扬拱、板甲乡。

1991 年 9 月，撤销三合区，将尧麓乡、苗龙乡并入三合镇；撤销大河区，将丰乐乡的民主、拉江两个村及尧吕乡的苗草村划归大河镇；撤销普安区，将羊基乡并入普安镇；撤销都江区，将甲雄乡并入都江镇；撤销中和区，将水龙乡的西洋村划归中和镇；撤销周覃区，将水东乡的板引、的查、板党、水蒙、新合村划归周覃镇；撤销九阡区，将九阡乡、板甲乡、水各乡合并为九阡镇；高硐乡并入交梨乡；河坪乡并入丰乐乡；巴佑乡及尧吕乡的尧吕、石奇、甲倒村并入烂土乡；地祥乡并入水龙乡；安塘乡并入塘州乡；水东乡的群力村并入三洞乡；阳安乡及和勇乡的羊楼村并入廷牌乡；和勇乡并入恒丰乡；盖赖乡并入打鱼乡；保持原辖区范围的有坝街乡、巫不乡、羊福乡、扬拱乡、拉揽乡。至此，全县 8 个区（镇）、37 个乡镇，“建并撤”为 7 个镇 14 个乡，分别为三合镇、大河镇、普安镇、都江镇、中和镇、周覃镇、九阡镇、烂土乡、丰乐乡、廷牌乡、交梨乡、拉揽乡、打鱼乡、坝街乡、羊福乡、巫不乡、水龙乡、三洞乡、塘州乡、恒丰乡、扬拱乡。

2001 年 10 月，省人民政府批准烂土乡、廷牌乡、丰乐乡撤乡建镇，烂土乡更名为合江镇。至 2013 年，三都水族自治县行政区划为 10 个镇 11 个乡，即三合镇、大河镇、合江镇、丰乐镇、普安镇、都江镇、中和镇、周覃镇、九阡镇、廷牌镇、交梨乡、拉揽乡、打鱼乡、坝街乡、羊福乡、巫不乡、水龙乡、三洞乡、塘州乡、恒丰乡、扬拱乡。下辖 270 个村、4 个居委会、2144 个村民小组。

第二章　乡镇概况

三都水族自治县共辖 10 镇 11 乡，即三合镇、大河镇、合江镇、丰乐镇、普安镇、都江镇、中和镇、周覃镇、九阡镇、廷牌镇、交梨乡、拉揽乡、打鱼乡、坝街乡、巫不乡、羊福乡、水龙乡、三洞乡、塘州乡、恒丰乡、扬拱乡。上述 21 个乡镇，分布于自然环境、经济人文方面明显不同的三个区域中，即西北片区、东片区、南片区，三大片区的差异构成三都县情的基本特征。

西北片区，即县域西北部地区，其前身为烂土司—三脚州同—三合县。三合县成立于民国 2 年（1913），为三都历史版图的雏形。有水族、布依族、苗族等，不少居民为 600 多年前的烂土司移民后裔。本区多水热条件较好的河谷坝子，耕作历史悠久，是三都主要的农业区。西北片区山水兼具，田园优美，有姑鲁产蛋崖、巴卯水寨、交梨葡萄走廊、更顶山、老王山、山勤河、岩江河以及冷水沟水库等景区，发展休闲旅游的条件优越。

东片区，即原都江区，其前身为都江厅—都江县。民国 30 年（1941）都江县与三合县合并成立三都县。为苗族、水族杂居地区，民族风情浓郁。本区山高谷深，耕地缺乏，人口稀少，传统上以林业为主，为三都最主要的林区。本区有尧人山国家森林公园、都柳江省级风景名胜区以及羊福崖墓、都江古城、黔南第一苗寨——排烧苗寨等景区景点，随着贵广高铁和厦蓉高速的建成通车，旅游业发展前景极其广阔。

南片区，指水龙坡以南的县境南部，为中国最大的水族聚居区，除周覃镇外，水族人口比例达

99%以上。其中，水龙、中和、塘州属原三合县即三都县，周覃、九阡、廷牌、三洞、恒丰、扬拱为1956年成立水族自治县时由荔波县划入。本区地貌具备云贵高原的特征，坝子和低山普遍分布，水热略显不足，耕地和草场资源丰富，适宜发展农牧业。南片区拥有得天独厚的水族历史文化，水族端节、卯节等民俗资源丰富，有芒勇水库、中和拉旦瀑布、水各卯文化风情园等一系列景区景点，旅游业发展潜力巨大。

本概况以农业地理区划为主、兼顾三都历史版图形成的先后，按西北片区、东片区、南片区三大片区顺序排列乡镇。水龙、中和、塘州为三合县原有，为兼顾水族聚居区需要，列入南片区；拉揽乡因林业经济突出，列入东片区。

第一节　西北片区乡镇

一、三合镇

（一）地理位置

三合镇位于三都中北部，地处北纬25°52′19″~26°05′00″、东经107°49′01″~107°57′31″，东邻拉揽乡、打鱼乡，南抵水龙乡，西与大河镇、交梨乡接壤，北靠黔东南州丹寨县。镇人民政府驻地距厦蓉高速公路三都站入口10千米，距贵广快速铁路三都客运站20千米，经由厦蓉高速和321国道北可达贵阳、成都，东、南可达桂林、厦门、广州，另有206省道、901县道连接荔波、独山、都匀等地，交通和地理区位条件优越，是全县的政治、经济和文化中心，也是中国水族地区的中心城镇。

（二）建置沿革和行政区划

三合旧名三脚、三脚屯，原为烂土司重要边地。清雍正十二年（1734），改土归流结束后，烂土司改置三脚屯州同，为设治之始。民国3年（1914），废三脚屯州同，改设三合县，三脚屯改称三合，为三合县一区合榕联保，同时为三合县治。民国30年（1941）6月，三合、都江两县合并为三都县，三合改称第一区三合镇，仍为三都县治。中华人民共和国成立后，三合镇仍为三都县城。1958年人民公社化，为红旗人民公社三合管理区。1961年撤销人民公社和管理区，改称城关区三合公社。1966年从三合公社分离恢复三合镇（乡级镇）。1984年从三合区划出改为区级镇。1991年，三合区、城关镇、苗龙乡、尧麓乡、三合乡共三乡一区一镇合并为新的三合镇，辖4个社区、22个行政村。

2010年巫孟村、落椿村合并为联合村，中街村、第一社区合并为小河社区，三合村与第二社区、第三社区、第四社区分别合并为都柳江社区、尧人山社区、凤凰社区等4个社区，三郎村、交杠村合并为同心村，原顺河村分别并入晨光村、行赏村，至此辖小河、都柳江、尧人山、凤凰等4个社区及牛场、姑挂、巫塘、同心、中纳、晨光、猴场、龙台、中乐、夭寨、行赏、上排正、下排正、苗龙、排招、排偷、联合17个行政村163个村民小组。

历史悠久的三合镇，在贵州近现代史上曾经写下了辉煌的一页。清代改土归流时云贵总督鄂尔泰疏通都柳江，使之成为西南的出海大通道。从18世纪中叶至抗战结束后的200年间，三合港作为三百里都柳江航道的起点口岸，常年泊船数百艘，商贾云集，会馆林立，有“黔南门户、桂北要津”之称。贵州省的第一辆汽车就是民国16年（1927）从香港经广州、梧州、柳州运至三合月亮码头起岸，然后人工搬运到贵阳。

（三）面积、人口和民族

全镇东西长14.5千米，南北宽23.3千米，辖区总面积157平方千米。2013年年底，全镇共有

11078户42296人（都柳江社区9775人、凤凰社区4680人、小河社区4288人、尧人山社区2244人），为全县第一位。人口密度为269人/平方千米。农业人口23149人，非农业人口18938人，男性人口21962人，女性人口20334人，共有劳动力23516人。2013年人口出生率13.04‰，自然增长率为7.2‰，符合政策生育率为92.16%。

境内居住着水族、布依族、苗族、侗族、瑶族等少数民族，少数民族占总人口的94%。水族占45%，主要聚居在都柳江以南的低山丘陵区；苗族占31%，主要聚居在都柳江以北山区；布依族占18%，主要聚居在县城以西的河谷地区。各民族皆通用汉语，水族、苗族群众普遍使用本民族语言。全镇共有张、吴、韦、王、蒙、莫、刘、罗、石、李、周、迪、龙、汪、陈、陆、白、何、潘、聂、廖、朱、许、胡、谭、杨、艾、游、岑、黄、田、谢、司、袁、史、卜、蒋、江、梅、熊、邹、董、郭、覃、欧、文、邓、曹、夏、平、龚、唐、包、郑、席、饶、安、毛、马、任、彭、肖、和、杜、宋、熊、逯、邵、姜等近百个姓氏。

（四）地理环境

三合镇地处都柳江上游，属云贵高原向广西盆地的过渡地带，境内地势西南高东北低，自东、北向西、南倾斜，多中低山与河谷盆地，平均海拔410米。东、北部山区峰峦重叠，海拔700~900米；西、南部为低山、河谷，海拔450~600米，县城以西的都柳江沿岸有一系列成片冲积坝子，耕地较为集中。土壤类型有红壤、黄壤、黄红壤等。境内最高海拔为东部排偷村党相坡，海拔1365米；最低海拔在三合村都柳江出口，海拔385米。

镇境属中亚热带湿润季风气候，受东南季风影响强烈，气候温和，雨量充沛。平均温度18.1℃，无霜期长达330天，年降雨量1380毫米，雨热同季，适宜种植粮食、蔬菜、水果等多种农经作物。

（五）资源

土地资源 全镇耕地总面积14879亩，其中水田10281亩，旱地4598亩，农业人均耕地0.64亩，耕地主要分为坝子田、槽谷田和梯田三种类型。坝子田主要分布在晨光村、猴场村、同心村（三郎坝区）周边等沿河村寨，槽谷田主要分布在中纳村、牛场村、姑挂村、中乐村、巫塘村及四个社区周边村寨低山丘陵地带，梯田主要分布在排偷、排招、联合、苗龙等高山村组。2001—2004年，坡耕地基本实现退耕还林。

森林资源 全镇林业用地面积182207亩，其中林地面积118678亩、宜林荒山面积63529亩、植被恢复工程造林4000亩、火烧迹地及荒山造林6800亩、退耕地补植5812亩，森林覆盖率达65%。有松科、杉科、柏科、罗汉松科、三尖杉科、樟科、杜仲科等常见树种，有红豆杉、紫楠、马尾树、桫椤、半枫荷、水蕨、猕猴、雪鸡等珍稀动植物。商品材面积达5000亩，蓄材50000立方米，出材在32200立方米以上。

水资源 三合镇地表水较为丰富，水资源总量为2.5亿立方米，可用量为1.8亿立方米。境内主要河流为都柳江干流及其支流甲晒河、猴场河、牛场河、打孟河等，均为典型的季风性河流。各河水量充沛，富灌溉和水利之利。2006年建成官塘水电站，装机容量2400千瓦，年发电360万千瓦时。2011年开工建设的白梓桥水电站，设计装机容量10000千瓦。

矿产资源 镇内有丰富的汞矿、铅锌矿、磷矿、重晶石、锑矿、黄金矿、铁矿、砖用页岩等资源。苗龙锑金矿是省内中型金锑矿，矿体含锑0.02%~1.82%，含金量为2.86~9.88克/吨；铅锌矿分布于牛场、中乐—旷家店、渣拉沟等地，共探明10多条矿脉，脉长约700~3000米，矿体品位铅0.5%~4.6%，锌1.25%~5.5%；磷矿主要分布在渣拉沟、里略，旷家店有黄铁矿。砖用页岩分布在巫塘村大塘子坡，探明储量为910.9万吨。已引进长江矿业开发苗龙黄金矿，引进鑫源矿业开发牛场铅锌矿。

土特产资源 土特产资源丰富，主要有山野水晶葡萄、杨梅、枇杷、木耳、香菇、灵芝、麻竹

笋、甜茶、番茄、茄子、辣椒、黄瓜、四季豆、豇豆、柳源香鸡、三元杂交猪等。其中甜茶远销东南亚各国和地区，成为全县唯一创外汇企业，茄子、莴笋等蔬菜直接销往深圳、香港、澳门等沿海城市。

旅游资源　三合镇旅游资源得天独厚，境内自然风景和人文景观交相辉映，县城城区跨都柳江两岸，依山傍水，环境优美，有中国西部赛马城、都柳江龙舟赛道等大型体育文化设施，发展旅游业条件优越。风景资源有天然植物宝库尧人山国家森林公园、地质奇观姑鲁产蛋崖，以及都柳江省级风景名胜区等，均为三都的重点热门景区。境内各族人民创造了丰富多彩的民族文化，以水族、苗族尤为突出，排招、排正等地的苗族山歌、铜鼓舞非常著名，巴茅村则保存了较完整的水族端节文化。

姑鲁产蛋崖景区坐落于风景秀美的姑鲁水寨，为国家AAA级旅游景区，距三都县城10千米。产蛋崖每隔30年就会掉落出一些与恐龙蛋相似的石蛋，为罕见的玄秘地质奇观。景区内原生态水寨依山而居，“人居楼、梯而上”的干栏式建筑，显现出百年民居的古朴与庄重。游客不仅能领略到产蛋崖的神奇，还能体验到原生态的水族文化。

（六）经济发展

改革开放以后，三合镇充分利用县域中心、交通便利、信息灵通的优势，全面挖掘本镇潜在的自然资源，工农业发展迈上了新台阶，人民生活水平得到了进一步提高。2010年，三合镇位居全州32个经济强镇第8位，跨进了全州先进乡镇的行列。2013年，全镇国内生产总值达到36998万元，比“十五”期末增长78%；农业生产总值达到8356万元，比“十五”期末增长27.2%；乡镇企业总产值达到50905万元，比“十五”期末增长112%；固定资产投资完成6824万元，比“十五”期末增长527%；招商引资到位资金18000万元，比“十五”期末增长241%；农民人均纯收入达到4851元，比“十五”期末增长95%。

种植业　主要农作物有水稻、玉米、小麦、油菜、大豆等，主要经济作物有甜茶、西瓜、水果、木耳、香菇、竹笋、花生、蔬菜等，养殖业有养猪、养牛、养鸡等。同时，加快发展特色农业，“菜—稻—菜”多熟制种植模式得到进一步推广，全镇种植早熟蔬菜面积达到7500多亩，产值5000多万元，比“十五”期末增长112%，年均增长20%以上。

畜牧业　2001年以前，主要是传统的养殖模式，畜牧养殖业发展缓慢，1998年后开始推行科学饲养，改进推广畜牧良种，养殖业得到快速发展，涌现出了牛场蒙永超、原中街村龙再梅、上排正村白明军和吴正康等养殖大户。按照“做强猪、突破禽、发展羊、稳定牛”的发展思路，大力发展以规模林下养鸡和规模养猪等为主的养殖产业。

乡镇企业　2013年，全镇乡镇企业47个，从业人员1500多人，年生产总值32493.5万元，较大企业有长江矿业公司、鑫源矿业公司、龙腾木业、瑞江木业、顺源林业、余林木材加工厂、富民食用菌厂、金江水泥厂、建新页岩砖厂、厦新砖厂、大塘石场等。涉及行业有矿产资源开挖与冶炼、竹木材加工、农产品加工、小五金生产等行业。

（七）基础设施

交通　2013年，三合镇共有公路里程351千米，其中国道、省道、县道过境35千米，通村公路155千米，通组公路161千米，全镇各行政村“三通率”达100%；巫塘、姑挂、巫孟、中纳、排招等10多个偏远村寨道路硬化工程10余万平方米。

水利　通过实施扶贫开发整村推进、新农村建设等项目，2006年以来修建了猴场、晨光、姑挂、上排正、夭寨、落椿、巫塘等10多个村人畜饮水工程，解决了8000多人和5000多头大牲畜的饮水困难的问题。修建水利沟渠20多千米，完成了甲晒灌溉水渠、晨光村防洪堤等较大型的水利工程，解决5000多亩农田灌溉。

电力通信　1986年年底，国家电网开始向三都县城供电，城区至此结束用电不稳的状况。截至

2013年年底共建有水电站2个，并与国家电网联网。全镇21个村（社区）163个村民小组全部通电。固定电话入户率达50%以上，移动、联通、电信通信实现全覆盖。互联网实现城区及各村学校全覆盖，正逐渐走向各村组。

城市建设　自2006年来，三合镇累计投入8亿元，用于新建和改善城区道路交通、供排水、污水处理、电力通信等基础设施，新建麻光开发新区银沙路、林海路，改造城北出口大道等一批城区骨干道路，全面完成河滨北路水族风情街456户拆迁工作任务，并启动水族风情街等一系列工程建设；完成麻光新区征地187.2亩，凤凰公园征地198亩，县城北出口主干道征地490.19亩，第三中学征地200亩。完成县城北出口的拆迁和水族迎宾大道的建设，城东主干道两侧建筑外立面民族特色改造、凤凰公园、赛马城休闲广场、同心桥民族风格包装等重要城建工程。

通过新一轮的建设经济强镇，城镇化建设得到前所未有的发展，城区面积达5.6平方千米，城镇常住人口在2万人以上，城镇化水平达46%，现代城镇的总体框架已基本形成。有街道8条共19.6千米，每日车流量达2000辆以上，日商品交易额达200万元以上。

（八）文化设施

2005年在城西龙嘴角新建成占地106亩的民族体育运动中心，有较为完备的体育设施，先后完成了50周年县庆、州第三届旅发大会暨中国水族文化旅游节等大型庆典活动任务。全镇拥有1个镇综合文化站、21个村级文化活动室、10支民间文化艺术队，群众文艺活动活跃，小河社区、尧人山社区晚间广场歌舞活动已成为社区群众文化生活的一部分。有线电视覆盖镇区附近村寨，“户户通”卫星电视实现全镇覆盖。

（九）教育事业

2013年年底，境内除三都民族中学、三都第二中学、三都鹏城学校、三都第一幼儿园、第二幼儿园属县教育部门直接管理外（其他幼儿园为个人出资创办），全镇有10所完小，分别为城关小学、苗龙小学、大塘小学、交向小学、牛场小学、行赏小学、中乐小学、姑挂小学、晨光小学、猴场小学，教学点3个，三郎特殊学校已经建成，第三中学建设已经启动。“两基”不断巩固提高，“普实”工作稳步推进，全镇适龄儿童入学率达100%，初中入学率达100%。小学在校学生5165人，小学专任教师226人，小学专任教师任职合格率98.5%以上。

（十）医疗卫生

除县鹏城民族医院、县疾病预防控制中心、县妇幼保健所为县卫生部门直接管理外，2010年建成的三合镇社区卫生服务中心拥有业务用房面积1000多平方米，同时还在四个社区设立相应的社区服务门诊部，有医护人员25人，群众就医就诊条件得到大大改善。开设村卫生室17个，占总行政村数的100%，有村卫生员17人、村接生员17人。

自2006年启动新型农村合作医疗工作以来，全镇年参合率均达到96%以上，同时启动6个村级定点医疗机构，缓解了农民群众“看病难、治病贵”的问题。2013年全镇门诊就诊人数达3万余人次，其中急诊100多人次，住院1000多人次，共报销新型农村合作医疗医药费200多万元。

（十一）重点村寨简介

巴茅水族文化村寨　坐落在三合镇牛场村，距县城7千米，是一座始建于清朝的水族自然村寨，共有78户人家。寨子依山而建，木楼鳞次栉比，一气连横，气势磅礴；寨前阡陌纵横，流水潺潺，风景优美，宛若世外桃源。巴茅古寨历史悠久，寨中保存有大量的水族古墓和上百年的水家木楼。这里的群众至今依然保持着说水话、写水书、着水衣的古老习俗，是水族文化的重要缩影。每年都有众多中外游客到这里观赏古老的水族端节、水歌迎宾、铜鼓舞、斗角舞、祭祖仪式和赛马等活动。

猴场村　位于距县城西北约3千米的都柳江畔，地势平坦，土壤肥沃，三都至都匀、三都至独山油路过境，交通便利。猴场为全县最大村寨之一，面积8平方千米，共辖8个村民小组438户

1843人，主要为水族、布依族，耕地面积2171.97亩，森林覆盖率92.3%，盛产水稻、早熟蔬菜、水果等，素有“鱼米之乡”的美誉。2013年人均占有粮食450千克，人均纯收入5044元。自2006年以来，猴场村新农村建设成就突出，累计投入资金200多万元对村寨道路进行硬化，拓宽村组公路，修建外坝引水沟渠，完成机耕道建设，打造了全县首个高效农业——早熟豇豆种植示范基地。猴场村田园秀美，楼房林立，一派富裕文明景象。

二、大河镇

（一）地理位置

大河镇位于三都西部，东临三合镇、水龙乡，南接合江镇，西与独山县翁台乡相连，北与丰乐镇、普安镇接壤，是三都西北部的中心乡镇。镇人民政府驻大河村，距县城15千米，距州府都匀73千米。

（二）建置沿革和行政区划

大河镇历史悠久。元代大河为合江州属地，明代为烂土司腹地，清代称巴开、巴开汛，民国始称大河。中华人民共和国成立后，大河作为县直区级建制的时间较长。1991年8月“建并撤”前，大河区下辖大河镇、丰乐乡、和平乡、烂土乡、巴佑乡、尧吕乡，大河镇隶属大河区（股级），辖大河、打锄、营寨、山勤、怀所、龙场、甲排等7个村，共61个村民组。1991年“建并撤”，原丰乐乡的民主村、拉江村和原尧吕乡的苗草村划归新的大河镇管辖。

2010年龙场村和甲排村合并为龙场村。至2013年，全镇辖9个村90个村民组。民主村：辖朵努、矮山、白家寨、杨家寨、羊六、半坡、巴晒、纳姐、纳料、塘坎、拉纳、胡家坟、余家脑、烟山、立岩；拉江村：辖拉怀、上拉江、下拉江；龙场村：辖交打、拉绕、井亚、拉抹、田坝、屯上、新寨、瓢寨、上甲排、下甲排、胡家仓、拢汝、拢鸟、甲崩；怀所村：辖巴才、蒙家院、怀所、拉界、巴外、丙燕、米英、国营农场；大河村辖大河街、狗场坝脚、拉角、交桥、董利、巴索、拉所、下巴堕、纳年；山勤村：辖打见河、石家院、窑上、山勤、董井、落架、大地、苦竹寨、老梁、八打、母坳、大石板；营寨村：辖营亚、上营、下营、河边寨、纳鸟、塘归；打锄村：辖打锄、上巴堕、中巴堕；苗草村：辖甲晒、下苗草、上苗草、交本。

（三）面积、人口和民族

大河镇辖区面积为72.98平方千米，2013年全镇总人口14937人，人口密度为每平方千米197人。农业人口14245人，非农业人口691人，男8014人，女6923人，劳动力资源9609人。少数民族人口14332人，占总人口的97%，其中水族6687人、布依族6233人、苗族1301人、壮族33人、彝族22人、侗族19人、瑶族11人、毛南族3人、其他民族23人。2013年全镇有百岁老人1人，80岁以上老人163人，占总人口的1.1%。除苗草村仍使用水语外，其他村寨民族语言大都失传，各民族通用汉语。大河镇居民以明清时代的移民后裔为主，境内共有张、吴、韦、王、蒙、莫、刘、罗、石、李、周、迪、龙、汪、陈、陆、白、何、潘、聂、廖、朱、许、胡、谭、杨、艾、游、岑、黄、田、谢、司、袁、史、卜、蒋、江、梅、熊、邹、董、郭、覃、欧、文、邓、曹等48个姓氏。

（四）地理环境

大河镇地处贵州高原向广西丘陵延伸的斜坡地带，都柳江上游，地势西高东低，起伏较大，最高海拔1234米，最低海拔420米，地貌以高原山地、低山丘陵、河谷坝子三种基本类型为主。西部山高谷深，地势崎岖，中部和东部为低山丘陵，间有较大河谷坝子分布。都柳江正源独山江（烂土河）及其支流打见河、马场河、甲晒河在镇驻地附近交汇，山环水绕，河网稠密，冲积带发育，利于农耕。

镇境属亚热带季风气候，年平均气温18.5℃，年总积温6545℃，年降雨量1373毫米，年日照时数1077~1096小时，年太阳辐射能量80~85千卡/平方厘米，极端最高温39.7℃，极端最低温-7.6℃，无霜期324天。农业气象灾害有倒春寒、冰雹、干旱、暴雨等。

大河镇镇域为县城饮用水源保护区，境内无大型工矿业，山清水秀，环境优美，气候宜人。

（五）资源

土地资源 土地总面积7394.85公顷，其中农用地面积5536.95公顷，占全镇土地面积的74.88%。建设用地141.75公顷，占全镇土地面积的1.92%，其他土地1716.15公顷，占全镇土地总面积23.21%。

土壤类型有红壤、黄壤、黄红壤等。耕地以水田为主，主要分为坝子田、槽谷田和梯田三种耕地类型。坝子田主要分布在龙场、怀所、大河、营寨等沿河村寨，槽谷田主要分布在拉江、甲排、打锄等村低山丘陵地带，梯田主要分布在民主、山勤、苗草等高山村组。

水资源 境内主要河流有4条，均属珠江流域都柳江水系，各河水量充沛，富灌溉和水利之利。

林业资源 2013年林业用地5291.71公顷，占土地总面积的78%，其中有林地4152.52公顷，无立木林地94.28公顷，宜林地290.87公顷。森林覆盖率为61.90%。在林业用地中，生态公益林地1587.53公顷，商品林地3576.93公顷，国有林地211.13公顷，集体林地66.2公顷，个人林地4887.13公顷。在有林地中，以马尾松、杉树、油桐为优势品种。

矿产资源 主要有铁、锡、铅锌等。

土特产资源 土特产品种繁多，主要有脐橙、柑橘、西瓜、杨梅、葡萄、番茄、辣椒、黄瓜、麻竹笋、茶叶、香菇、晚稻、绿壳鸭蛋、三元杂交猪等，以番茄为主的早熟无公害蔬菜远销两广地区。

旅游资源 境内有黄山天然林保护区，山高谷深，森林茂密，有野生猴群常年栖息，极具旅游开发价值。

（六）经济发展

大河镇是传统农业大镇，也是全县农业科技推广较早、农民科技意识较强的乡镇之一。1979年开始种植杂交水稻，在平坝村组进行再生稻示范栽培；1987年在高山村组开始推行水稻两段育秧。1991年“建并撤”后成立农业技术推广服务站，小麦高产栽培、油菜育苗移栽、玉米育苗移栽、水稻宽窄行拉绳栽秧、旱地分带轮作等农业科技进一步得到推广和普及。1991年起，大河镇不断改进畜牧良种，引进优质品种，引导农户改进饲养方式，推行科学饲养。全镇85%以上的农民基本掌握1~2门实用技术。2002年以后推广二元母猪养殖，所产的三元杂交仔猪畅销省内外。2013年，全镇国内生产总值实现1.37亿元，粮食总产量5620吨，农民人均纯收入7036元。各村寨基本消除茅草房，砖瓦房已相当普遍，小洋楼不断增多，部分富裕农户购置了小汽车，液晶电视机、自动洗衣机、太阳能热水器、电脑等高档消费品已进入寻常百姓家，一些农民还在城里买了商品房。

红星大坝育苗大棚 位于大河村红星大坝，占地33.5亩，可育苗面积为13700平方米，一次可培育种苗近300万株，为县内面积最大、功能最完备的育苗大棚，为大河和周边乡镇早熟蔬菜种植提供了种苗保障。

民主村茶叶基地 民主村位于老王山区，是大河镇海拔最高的一个村，土质条件好，气候温和，降水适中，山上常年云遮雾绕，非常适宜种植茶叶。2006年民主村开始种植茶叶，主要品种为云雾茶（又名小叶茶、绿茶等）和白茶（又名福云6号）。至2013年，种植面积已发展到1352亩，其中进入采摘期的有836亩、正在抚育的有516亩。建有茶叶加工点7个，茶叶采摘后一般可就地进行粗加工，年加工干茶20吨，产值200万元。

大河脐橙 大河镇坡地资源丰富，主要集中在海拔400~600米的河谷地带，以红黄壤为主，土层深厚，有机质含量高，土壤pH值大多在5.5~6.5，空气纯净无污染，气候、土壤尤其适宜种植。

20世纪80年代末大河镇开始发展脐橙种植，到21世纪初脐橙产业已初具规模，群众已基本掌握从育苗到栽培到保鲜的全套脐橙栽培管理技术。2006年，大河脐橙通过无公害农产品产地和产品认证，为三都农产品增添了一个响亮的品牌。2013年种植面积达到2500亩，平均亩产2000多千克（最高达4500多千克）。大河脐橙主栽品种为纽荷尔、清家，果大形正，表皮光滑，色泽鲜艳，光洁美观，果汁充沛，肉质脆嫩化渣，口感香甜，营养丰富，产品供不应求。

畜牧养殖业　2000年以后大河镇开始推行规模养殖，2002年开始发展二元母猪养殖，2010年对外引资到大河镇进行规模养殖场建设，对内进行养殖小区建设，培育出宏发牧业有限公司、大河农场鑫旺猪场、营寨村标准化生猪养殖小区、韦明红猪场等一批规模示范场（户）。到2013年全镇规模养猪场有12个，其中年出栏10000头以上的有1个、年出栏1000头以上的有1个、年出栏500头以上的有7个。林下养鸡场有18个，其中年出栏1000羽以上的有3个、500羽以上的有6个、200羽以上的有9个。清水鸭养殖基地1个，年出栏清水鸭10000羽以上。

（七）基础设施

交通　1978年前，大河镇只有从镇政府所在地通往县城的公路。1989年和1994年，三都经大河至都匀、三都经大河至独山两条过境公路相继建成通车，交通闭塞的大河镇成为县境西部交通枢纽。1995—2000年先后修通了山勤、营寨、拉江、甲排等村入村公路；2000年后先后兴修了苗草、民主等村入村公路，拓宽改造了山勤、营寨、甲排等村入村公路。到2013年，已实现村村通公路目标，全镇公路总里程83.1千米，其中大河到三都县城县道公路15千米，通村公路36千米，通组公路45千米。

电力设施　大河镇水能资源丰富。1969年建成大河电站，总装机容量750千瓦，日均发电量14000千瓦时。1999年，大河电站与贵州电网公司并网后实行厂网分开。2001—2002年实施农村电网改造工程，全镇10个村90个村民组全部通电。2004年，完成大河电站技改和大河35千伏变电站。2006年，通过招商引资建设的山勤电站并网发电，总装机容量2500千瓦，日均发电量46000千瓦时。

水利设施　国家实施西部大开发后，大河镇水利基础设施建设发展迅速。先后建成大河水厂及龙场、山勤、打锄人畜饮水工程，完成艾口、蒙家院、巴外拦河坝改造，兴修了“三村”水利、红星大坝水利、龙场大坝水利等中型引水灌溉工程和怀所村外屋沟、营寨村纳鸟沟、打锄村交应沟等“三面光”水利建设，恢复怀所提灌站。至2013年，全镇各村都已经用上自来水。

邮政电信　1978年前设有大河镇邮电所，1997年分别成立邮政所和电信所，2004年中国移动公司三都分公司在大河镇设营业网点，2006年中国联通公司在大河镇增设网点。2013年有邮政网点1个，投递路线单程总长15千米，申通、圆通、中通和韵达投递点各1个，乡村通邮率10%；全年投递国内函件2.2万件；国内汇票业务完成1.5万笔，国内异地特快专递信件完成1.8万件，征订报纸2万份，杂志0.6万册，业务收入8万元。电信服务网点1个，电话交换机总容量1000门，固定电话用户0.06万户，电话用户普及率达到13.5%；移动电话用户0.24万户，电话用户普及率达到62.2%，全年电信业务收入55万元。

（八）精神文明建设

镇境内民间文化丰富多彩，民族乐器有芦笙、唢呐、木叶等，民间舞蹈有芦笙舞、玩龙舞、狮子舞等，传统文艺活动有山歌对唱、酒歌对唱、花灯表演。随着经济文化和生活水平的提高，民间文艺表演队应运而生，2011年，大河镇共有民间文艺队9支，主要表演项目有花灯、民间歌舞、舞龙、舞狮等，业务范围覆盖全县，并经常被邀请出县出省进行表演。大河下街女子舞狮队曾被《中国民族报》报道。

1994年以前主要通过接收周边县市地面卫星差转信号收看贵州电视节目，1995年建立大河镇广播站，安装了8台卫星电视接收机，2004年开通闭路电视。2011年建成龙场村、大河村、甲排村图书室。2012 年，全镇 9 个行政村已全部完成“农家书屋”建设。2012 年，完成“村村通”工程建设 740 户，2013 年完成“户户通”工程建设 533 户，从根本上解决了农村家家、户户、人人听广播、看电视的问题。

（九）教育事业

1978 年大河镇有中学 2 所（大河中学、大桥中学），小学 8 所（完小 6 所，即甲排、龙场、怀所、大河、山勤、打锄小学）。大河中学设初中部和高中部，大桥中学设初中部，面向全区（大河区）招生。1983 年 9 月撤销大河高中，1995 年 9 月大桥中学并入大河中学。1982 年，小学完小由五年制改为六年制。1991 年“建并撤”后，小学共有 11 所，其中完小 8 所（民主、拉江、龙场、怀所、大河、山勤、打锄、苗草）、教学点 3 个（立岩、甲排、营寨）。

2004 年大河镇启动寄宿制教育，2007 年通过“两基”验收，教育投入力度逐年加大，各项基础设施逐步完善。2011 年大河镇中小学占地面积 66242 平方米，有多媒体教室，有计算机 94 台，多媒体座位数 258 座，图书 39605 册。固定资产 800 万元。

2013 年，全镇共有初级中学 1 所，12 个教学班，学生 578 人，教职工 41 人（大学本科 37 人，大学专科 3 人，中专 1 人），其中副高职称 2 人、中级职称 17 人、初级职称 22 人（含管理岗位 3 人）。2013—2014 年度应到学生 607 人，实到 583 人，未到 8 人，辍学率 1.89%。全镇完小共 7 所，教学点 4 所、幼儿园 1 所（民办）。2013—2014 学年度有教职工 69 人，其中专任教师 69 人，专任教师学历达标率为 100%，小学适龄儿童均已入学，辍学率为零，在校学生 1048 人。2013 届小学毕业生 206 人，全部升入初中就读，小升初整班移交率达 100%，学前幼儿入园率及“9+3”各项教育指标均达标。

（十）集镇建设

1978—1995 年，大河镇只有供销社和几家商铺。1995 年以后，市场开放，供销社改制，私营商铺越来越多，商品越来越丰富，商品流通加快。每逢十二生肖的猴、虎天为大河镇赶场天，日交易额在 50 万元以上。

大河集镇原为大河老街，范围在区公所至大河中学门口地段，面积较窄，街面为沙土路面，雨天泥滑路烂，晴天尘土飞扬，集镇设施十分落后。1998 年大河集镇被列入全省“双百”小城镇建设试点后，大河小城镇建设规模不断扩大，开通了程控电话、移动电话，修建了移动基站、联通基站和小灵通基站，建成邮政、工商、电信、供电、农技、计生、国土、汽车站、文化站等办公楼和集镇新区移民工程，鼓励群众到集镇新区购地建房，先后完成红星桥至狗场坝脚街道硬化、狗场坝脚至大河加油站集镇新区大道、35 千伏变电站建设和自来水管网改造及延伸工程、大河农贸市场、果蔬批发市场和大河集镇美化绿化等较大工程建设。至 2013 年，红星桥至大河加油站约 2 千米的公路两边楼房林立，商铺毗连，集镇功能逐步完善，大河集镇已成为三都水族自治县西北部农副产品集散地和商品交易中心。

（十一）重点村寨简介

龙场村位于大河镇东北面，都柳江上游两河结合部北端，距镇机关驻地 2 千米。龙场村地势平缓，交通便利，环境优美，土壤肥沃，适宜发展种养业。全村辖 8 个村民小组 340 户 1447 人，劳动力 820 人，外出务工 219 人，有土地面积 7038.8 亩，田面积 837 亩，人均 0.57 亩，林地面积 4310 亩。无公害早熟蔬菜、养殖和劳务输出是龙场村的主要经济来源。龙场村已有 70% 的平坝田实现了年收入超万元的目标，为全县“185”工程“万元田”核心示范基地，2011 年种植春季蔬菜 650 亩，种植夏季水稻 700 亩，种植秋冬蔬菜 600 亩，三季作物平均亩收入达 10400 元，人均占有粮食 439 千克，人均纯收入 7200 元。

三、合江镇

（一）地理位置

合江镇位于三都西北部，都柳江上游宽谷地带，地跨北纬 25°44′~26°31′、东经 108°37′~109°31′，东连塘州乡，北邻大河镇，西南与独山县本寨、水岩、甲定、翁台乡接壤。距县城 25 千米，距贵新高速公路 50 千米，距厦蓉高速公路 35 千米，三都至独山县道穿越镇境。合江扼都柳江航道起点，地势险要，腹地广阔，是古代独山、都匀、荔波、都江之间重要的物资集散地，14~18 世纪三都地区的政治经济中心。

（二）历史沿革和行政区划

合江原名烂土，因街埠地处独山江、巴佑河汇合，地势低平，多烂熟之土，故名烂土。广义的烂土，为三合县之前身；狭义的烂土指原烂土乡及今合江镇。据《平南传》载，明初武略将军张均第一次在烂土骑马过天河时，马尾爬满虾子，惊叹烂土的土肥水美。后张均功成身退，隐居烂土。烂土为千年古埠，历史悠久。唐贞观三年（629），在烂土、恒丰一代置婆览县，属应州。婆览县解体后，辖地分属滇、桂。南宋在都柳江上游地区设合江州，属夔州路，为羁縻州。元初分设合江洞（大致为今合江、大河）、陈蒙洞（大致为今丰乐、普安）。

7~13 世纪的 600 年间，烂土地方基本处于洞蛮时代，部族和领主争斗频繁，民生凋敝。元至元二十六年（1289）六月，中下烂土等处洞长忽带等人，以三十洞（《元史》误为三百洞）、一百一十寨、三千余户归附朝廷。至元二十八年（1291）将洞蛮烂土建定云府，领合江州（合江洞改置）、陈蒙州（陈蒙洞改置）。因府、州过小，次年改设为陈蒙烂土军民安抚司。

明洪武二十四年（1391），授平南大将张均为陈蒙烂土长官司长官，辖境相当于今合江、大河、丰乐、三合、普安、交梨、拉揽、水龙、中和、塘州及独山塘立等地，隶都匀卫。张氏在明朝世袭陈蒙烂土长官司长官十一代，清顺治十五年（1658），第十一代长官张威远归顺清朝，世袭十代至民国废止。

烂土司军民带来了湖广地区先进的农耕技术，使烂土的农业经济获得持续发展，境内形成烂土、平寨、普屯等集市。明弘治七年（1494），烂土司改隶都匀府独山州。清康熙十一年（1672），烂土土司家族内讧，十年内战，人民涂炭。清康熙二十一年（1682），朝廷将普安分置为土舍。清雍正十二年（1734），改土归流结束，烂土司改置三脚州同，三脚屯取代烂土街成为县治。

民国 2 年（1913），三脚州同改称三合县，烂土设为第三区。民国 30 年（1941），三合、都江两县合并为三都县，设烂土乡。

1950 年 1 月 14 日，三都县人民政府成立，设烂土乡；1957 年 1 月，三都水族自治县成立，设烂土公社；1984 年，烂土公社改名烂土乡，隶属大河区；1991 年“建并撤”，将巴佑乡、尧吕乡、烂土乡合并为新的烂土乡；2001 年 10 月撤乡建镇，烂土乡更名合江镇，进入了新的发展时期。

合江镇原有行政村 20 个，2010 年电塘村、茂阳村合并为小河村后，全镇辖 19 个行政村 157 个村民小组 117 个自然寨。

合江村：辖上街、猫坝新街、中街、下街、坡脚街、后街、油鱼井、开发街、水井湾、母牙坡；奇江村：辖巴才、黄秧、茂新、茂翁、拉奇、茂桃、懂陆寨；后山村：辖上巴干、下巴干、艾寨、新茂寨、拱照、岩上、拉纳；麻拱村：辖打鱼、拉炼、麻拱、高门寨；拥寨村：辖团鱼石、懂拱、懂显、棒寨、下拥、中拥、潘家湾、冷水沟；屯桥村：辖荣寨、屯桥、田坝、银石、磊火、见寨；甲照村：辖关脚、丙更、上甲照、中甲照、下甲照、甲照新寨；石奇村：辖丙奇、磨石；甲岛村：辖上甲岛、下甲岛、白家寨、甲良寨；尧吕村：辖白岩脚、尧吕、干沟、尧瓦、新寨、拉陆、牛田；五星村：辖拉懂、三桥、拉高、交明、纳陆、姐令、怀号、拉麻、者然；胜利村：辖巴佑、唐岗、拉山林、拉丙、大拉街、拉坝、播定、者龙寨；联江村：辖都江、小拉街、麻成、太阳山、坝瓦；中江村：辖下窑、上窑、把有、纳概、交拥；岩江村：辖曾家脑、纳盖、甲项、岩江；平荡村：辖杨梅树、和谐寨、漆木寨、杨家寨、拉亮、平荡、巴晒；一心村：辖八贡、细索、拉顶、董腊、交博、田湾、白家山、八角田、架桥；小河村：辖电塘、甲赖、坝卫、唐闷、上麻干、下麻干、上教林、下教林、拉抹；三利村：辖利珠、上利散、下利散、宋家湾、利贤、坝弄山。

（三）面积、人口和民族

合江镇辖区面积 130.7 平方千米，居民以布依族和水族为主。2013 年，全镇共 5517 户 21794 人，其中外来人口 297 人，劳动力 13811 人，农业人口 21141 人，占总人口的 97.03%；非农业人口 653 人，占总人口的 2.99%；少数民族人口 21141 人，占总人口的 97.03%。其中，布依族人口 12051 人，占总人口的 57.0%；水族人口 9090 人，占总人口的 42.99%。人口密度 159 人/平方千米。镇境内通用汉语，石奇、甲岛、尧吕、甲照等水族村寨普遍使用民族语言，其他村寨少数民族语言基本流失。

（四）地理环境

合江镇地处云贵高原东南部深切割河谷地区，地势由西北向东南倾斜。地貌主要为山地、河谷，河流冲积扇普遍发育，山高谷宽是合江镇主要的地貌特征。西部县境属云贵高原东南缘断面，有一系列陡峭的高山，为县内地势最高峻地带，更顶山海拔 1665.5 米，为三都最高峰；东部河谷地带，都柳江自西南向东北流经镇境约 10 千米，干支流形成一系列冲积坝子，主要有尧吕坝、五星坝、巴佑坝、董岭坝、猫田坝、奇江坝等，耕地集中分布，其中奇江坝为县内大坝之一。

镇境平均海拔 580 米，镇驻地合江村海拔 470 米。属亚热带湿润季风气候，夏长冬短，春秋分明，垂直气候特征明显。全年平均气温 18.5℃，日照数为 1077.3～1259.9 小时，无霜期 300～335 天，年平均降水量 1384 毫米。高山屏障作用显著，暴雨和冰雹较多，为三都的降雨中心之一。2000 年 6 月 20—21 日、2007 年 7 月 25—26 日两天的日降雨量均超过 200 毫米，境内大量农田被毁，经济损失高达数千万元，部分耕地从此无法恢复。

（五）资源

土地资源 全镇辖区面积近 20 万亩，耕地面积 12230.06 亩，其中田 10424.52 亩、土 1805.54 亩。人均 0.58 亩。水田大多集中于河谷坝子，旱地主要分布在中低山缓坡。

林业资源 全镇林业用地面积 13.7 万亩，其中林地面积 8.9 万亩、宜林荒山面积 1.2 万亩，森林覆盖率为 48.1%。分布有壳斗科、樟科、松科、杉科等常见树种，有红豆杉、半枫荷、水蕨、猕猴、雪鸡等珍稀动植物。

水资源 境内降雨充沛，河网稠密，水量充沛，水质清澈。主要河流有都柳江上游江寨河及其重要支流甲照河、巴佑河、都江河。1978 年建成狗爬岩梯级电站，装机容量 1090 千瓦，年发电 220 万千瓦时；2009 年建成甲照电站，装机容量 1200 千瓦，年发电 180 万千瓦时；2013 年开工建设岩江电站，装机容量 1320 千瓦，预计年均发电量 432 万千瓦时。

建设中的冷水沟水库位于合江镇拥寨村与独山县江寨村交界处河段，设计库容量 1751 万立方米，是一座集防洪、灌溉功能于一体的中型水库。

矿产资源 境内已发现矿产有赤铁、褐铁、硫铁、煤 4 种，主要分布在拥寨、屯桥、后山、石奇、甲岛等村，均未进行大规模开采。

旅游资源 合江山川壮丽，历史悠久，旅游业开发潜力巨大。旅游资源以自然风光最为突出，主要有更顶山、九层岩、仙人洞、将军崖、甲照仙人桥瀑布等。田园风光优美，以奇江、五星等村寨为代表。

更顶山位于三利村与独山县交界，主峰位于三都一侧，海拔 1665.5 米，为三都水族自治县最高峰，山顶可俯瞰合江镇 19 个村，以及独山县城、甲定、翁台、水岩、基长、麻万等乡镇，风光壮美。春末夏初时节，满山杜鹃花开，景色迷人。

九层崖位于岩江村，为一矗立于河岸的巨型断崖，海拔1150米，净高约500米，山形呈金字塔状层叠上升，共有九层，奇峻无比，是攀岩运动不可多得的场所。将军崖坐落于都柳江、都江河汇合处，俨如猛将守卫着对岸的烂土古镇，引人追思历史。

（六）经济发展

合江镇是农业大镇，在传统农业时代，由于种植结构比较单一，群众商品意识不高，经济收入较少，生活水平长期在温饱线上徘徊。改革开放以后，合江镇经济总量不断增长。2013年，全镇工农业总产值完成10238万元，其中农业总产值8762万元、工业总产值1476万元，农民人均纯收入6409元。粮食总产量为7726吨，农民人均占有粮365.45千克。

种植业　主要粮食作物有水稻、玉米、小麦，主要经济作物有油菜、甘蓝、马铃薯、黄瓜、苦瓜、四季豆、豇豆、番茄、辣椒，主要经果林有葡萄、茶叶、脐橙、板栗、杨梅、梨、柑橘。2013年，水稻种植8800亩，总产量3960吨；玉米种植4500亩，总产量1800吨；小麦种植2000亩，总产量680吨；油菜种植5600亩，总产量728吨；番茄种植1000亩，总产量4500吨；辣椒种植2000亩，总产量4000吨；甘蓝种植1000亩，总产量3500吨；马铃薯种植1000亩，总产量2000吨；茶叶种植5000亩，总产量280吨。

畜牧养殖业　主要的畜禽品种有牛、羊、马、猪、鸡、鸭、鹅等。2013年，合江镇有规模养猪场10个，其中年出栏生猪1000头以上1个、200头以上2个、50头以上7个；规模养鸡场5个，其中年出栏1万羽以上2个、1000羽以上3个；大牲畜存栏5831头，出栏1282头；生猪存栏11588头，出栏14230头；家禽存栏92761羽，出栏16.48万羽；肉类总产量1522吨。

乡镇企业　2013年，全镇乡镇企业12个，从业人员43人，年生产总值856万元。较大企业有兴隆砖厂、三榕正兴养猪场、光湖生态养殖场。

（七）基础设施

改革开放后尤其是进入21世纪以后，合江镇基础设施建设取得较大成效。截至2013年，通过“一事一议”财政奖补、扶贫开发、以工代赈等项目资金，先后实施通村公路、桥梁、道路硬化等项目13个。

交通方面　公路通车里程62.94千米，主要干线为三都至独山县道、合江至塘州公路、合江至巴佑公路。截至2013年，共完成通村公路硬化11.38千米，合江至胜利4.278千米，胜利至岩江6.205千米。合江至胜利公路、胜利至中江、岩江村级公路已实现硬化。境内大型桥梁较多，主要有烂土桥、潘家湾桥、联江桥、三江桥、高门桥，以烂土桥最为重要，为西岸约1.5万人口进入合江集镇的要道。

水利设施　较大水利项目完成奇江大坝和拉密大坝全长30.55千米的“人均半亩良田”水利沟工程，解决奇江村、后山村500多亩良田灌溉问题，以及完成合江水厂建设，成功为合江、奇江、麻拱村供水。完成三利、平荡、屯桥、中江、五星、甲岛、尧吕等8个村人畜安全饮水工程建设，解决1969户8019人的安全饮水问题。

电力通信　境内建有水电站3个，全镇19个村157个村民小组全部通电，有线电视覆盖镇区附近村寨，“户户通”卫星电视覆盖全镇。固定电话入户率达35%，移动通信实现全覆盖，联通、电信等通信实现部分覆盖。互联网逐渐进村入户，全镇有5个村联通电信网络，政府、中小学校、卫生院等部门全部接通互联网。

集镇建设　明洪武年间以后，随着移民的增加，合江境内农业经济持续发展，集市贸易形成。清嘉庆年间（约1796—1820），烂土出产的斜纹布“顺水斑”行销邻近各县，烂土集市进入繁荣时期，主要交易产品为桐油、山货、布匹、粮食等，烂土与平寨、普屯成为三脚屯三大乡场。改革开放后，合江率先涌现了一批百货经营个体户，经营范围遍及周边县市乡镇，对沟通地方物流发挥了不可替代的作用，合江商户以勤劳诚信在县内外赢得了良好声誉。合江集日为农历的巳日和亥日，隔五赶六，场天平均人流量达 1.5 万人，商品销售额达 100 万元以上，为三都农村三大贸易市场之一。2000 年以后，合江集镇服务功能不断提升，小城镇建设步伐不断加快。经过 13 年的努力，集镇建设总体规划完成，成功开发以猫田坝、油鱼井片区为代表的集镇新区，完成合江小学搬迁工程。依托冷水沟水库移民集中安置点建设，开发拉密坎片区建设。集镇面积达 3 平方千米，建成长 360 米宽 15 米的街道路面及下水道等配套工程，规划建房面积 8614 平方米。从新汽车站至猫坝新村，楼房林立，店铺毗连，市面繁荣，千年古埠又焕发了蓬勃生机。

（八）文化教育

合江镇民族民间文化艺术丰富多彩，根植于群众生产生活的布依山歌、水歌、酒歌、布依花灯、舞龙等艺术形式基础深厚，地方特色鲜明，竹木器、石雕、银饰制作工艺历史悠久。节庆活动以合江村舞龙最具特色，远近驰名。1999 年，合江镇被授予黔南州“花灯艺术之乡”。

合江镇共有中学 1 所，小学 12 所，幼儿园 1 所。2013 年在校中学生 2301 人，其中寄宿生 825 人，“两基”验收以后，入学率保持在 97%以上；小学一至六年级在校学生 1665 人，寄宿生 752 人，适龄儿童入学率达 98%。

合江中学始创于 1976 年，1984 年停办，1993 年 9 月恢复办学。学校占地 27 亩，建筑总面积 8743 平方米，开设 18 个教学班。在编教师 50 人，专任教师 50 人。

合江小学创办于 1919 年，是县内出现最早的学校之一。2013 年有中心小学 1 所（合江小学），片区完小 5 所（奇江、尧吕、五星、巴佑、小河），村教学点 7 个（石奇、关脚、拥寨、屯桥、中江、岩江、三利），共开办一至六年级教学班 56 个，学前班 13 个。在编教职工 79 人。

2013 年 8 月建成合江幼儿园，于 9 月正式招收幼儿学生，幼儿园教师 11 人，幼儿园学生 186 人。

（九）医疗卫生

合江镇卫生院由原卫生院与疾控站合并而成，正式在编职工 12 人，其中卫生技术人员 11 人，工勤人员 1 人，具有执业医师资格 2 人，初级职称 2 人。临聘医技人员 1 人，清洁工 1 人。全镇建有村级卫生室 13 个，配备卫生员 13 人。

新农合实施以后，人民群众就医条件逐步改善。全镇共有 17915 人参合，参合率 90.33%。2011 年门诊诊疗 11235 人次，平均日诊 30.78 人次，开放床位 8 张，住院 312 人次（其中住院分娩 7 人）。

（十）重点工程

冷水沟水库是贵州省重点建设的公益性水库之一，坝址位于合江镇拥寨村与独山县交界都柳江河段，是一座以防洪为主，兼顾灌溉、供水的综合水利工程，属中型水库。大坝长度 175 米，最大坝高 42 米，总库容 1751 万立方米，工程总投资 2.6 亿元。2010 年 12 月 21 日开工建设，工期 3 年。工程建成后，三都县城的防洪标准从 30 年一遇提高到 50 年一遇，同时可灌溉下游农田 3.1 万亩，解决饮水困难 8 万人。库区风景优美，具备成为高标准水产养殖基地、运动休闲及旅游观光胜地的条件。

四、丰乐镇

（一）地理位置

丰乐镇位于三都西北部，地处都柳江上游，处北纬 25°58′15″~26°4′、东经 107°41′45″~107°48′15″，距县城 26 千米，东连普安镇，南接大河镇，西界独山县翁台乡，北邻都匀市阳和乡和基场乡，距贵广快速铁路、厦蓉高速公路匝道口仅 16 千米，是三都西北部的经济重镇。

（二）建置沿革和行政区划

宋代，丰乐为合江州属地，元代先后为陈蒙洞、陈蒙州、陈蒙烂土军民安抚司属地，14 世纪末起为烂土军民长官司腹地。清康熙二十一年（1682）烂土司“六姓合约”之变后，丰乐一度被划归普安土舍。

中华人民共和国成立后，先后为丰乐乡、丰乐公社等，隶属大河区。1991年7月撤销大河区，把原丰乐乡的拉江村、民主村划归大河镇管辖，把和坪乡和丰乐乡合并为新的丰乐乡（驻平寨村）。2001年12月，丰乐乡举行撤乡并镇仪式，撤销丰乐乡，设立丰乐镇（驻平寨村），下辖高庄、高原、江叶、敖寨、轿山、相坪、苕寨、凉山、蕊抹、交然、尧基、新江、巴若、冗京、平寨、交同、沃屯、巴谢、马场、巴林、新立、鼠场22个行政村170个村民小组。2010年10月，新立村和鼠场村合并为新场村，至此丰乐镇辖21个行政村170个村民组。

（三）面积、人口和民族

丰乐镇辖区面积101.7平方千米，辖21个行政村170个村民组，2013年全镇总人口23252人，其中农业人口22755人，非农业人口497人，人口密度为每平方千米226人，2013年人口自然增长率4.2‰。少数民族人口22594人，占总人口的97.2%，其中布依族18216人、水族3752人、苗族601人、其他民族683人。

（四）地理环境

丰乐镇地处贵州高原向广西丘陵延伸的斜坡地带，地势西高东低，最高海拔老王山主峰1636米，最低海拔马场河出境处420米。地貌以高原山地、低山丘陵、河谷坝子三种基本类型为主。老王山为县内第二高山，丰乐坝为全县第一大坝。土壤以石英砂岩、砂页岩、低中山峡谷土壤，自然土壤为硅质红壤，黄壤及相应的粗骨土。

镇境为亚热带湿润季风气候，四季分明，夏长冬短，雨量充沛，年平均气温18.5℃，年降雨量1300~1500毫米，无霜期330天左右，有利于农、林、牧、渔业综合发展。

（五）资源状况

土地资源　全镇耕地面积10164亩，其中田8622亩、土1542亩，人均耕地面积0.45亩。主要分为坝子田、槽谷田和梯田三种耕地类型。坝子田主要分布在交同、沃屯、新立、鼠场等平坝地区村寨，槽谷田主要分布在冗京、巴谢等村低山丘陵地带，梯田主要分布在高原、高庄、轿山等高山村组。河谷坝区以自流水灌溉田为主，土较少；高山片区以望天水田和土为主，自流水灌溉田较少。

水资源　河流有都柳江上游的马场河，由三条支流汇聚而成。交然河由都匀市流入，十字路河由普安镇流入，红岩河由和平老王山流入。

林业资源　2013年林业用地为98756亩，公益林地42451亩，宜林地32557亩，商品林地31500亩，生态林地52500亩，集体林地27800亩，国有林地300亩，个人林地65623亩。森林覆盖率为67.5%。植物资源主要有杉、松、柏、桂花、桫椤、红豆杉等，野生动物有野猪、竹鼠、野鸡、竹鸡、穿山甲、娃娃鱼（狗鱼）等。

矿产资源　老王山有大型赤铁矿，铁矿含量为42%，储量2亿吨以上。

旅游资源　老王山顶花海，春夏之际，野茶花、山茶花、映山红等花草争奇斗艳，风光迷人。马场村观音溶洞，有大小10余个洞口，可互相通连，洞内有许多形态各异的钟乳石，具有较高的开发价值。

（六）经济发展

丰乐是传统的农业大镇，2001年撤乡建镇后，丰乐镇大力调整农业产业结构，平坝地区村寨由粮食生产为主变为以早熟蔬菜为主，高山地区以扩大种植茶叶、核桃、金银花和水果为主。茶叶主要分布在敖寨、相坪、苕寨、高原、轿山、高庄、凉山等高山片区村寨，脐橙、梨主要分布在巴若、冗京、交同等村寨，枇杷主要分布在高庄村，葡萄主要分布在蕊抹、马场、平寨等村寨，柑橘主要分布在沃屯、新场、马场等村寨。

进入21世纪后，全镇农业产业化结构调整稳步推进，工业经济发展有了起色，商贸流通等第三产业繁荣发展。2013年，全镇实现工农业总产值8908万元，其中农业总产值8265万元、工业总产值643万元。乡镇企业总产值2630万元。粮食总产量7800吨。农民人均纯收入6923元。

种植业　丰乐镇以打造“三个一”基地（一万亩蔬菜、一万亩水果、一万亩茶叶）为目标，初步形成了平坝地区以早熟蔬菜为主，中片区以水果为主，高山片区以茶叶为主的农业生产格局，成功推广“菜—稻—菜”多熟制模式，农业产业向规模化、标准化发展。粮食作物以水稻、玉米、小麦、洋芋为主，2013年，种植面积分别为8800亩、5010亩、3200亩、4290亩，产量分别为5284吨、3511吨、1441吨、8500吨；主要经济作物为蔬菜和油菜，2013年，全镇蔬菜种植达17653亩，产量达62100吨；油菜种植4010亩，产量达361吨；经果林以茶叶、脐橙、梨、柑橘、枇杷、葡萄为主。2013年，种植面积分别为8650亩、720亩、150亩、1100亩、90亩、1500亩，产量分别为2500吨、1806吨、450吨、5500吨、720吨、6500吨。

畜牧养殖业　2013年全镇有小型养殖场8家，以养母猪为主，全镇饲养4~20头母猪的农户达200户。生产的仔猪远销贵阳、榕江、从江、黎平等地。2013年，大牲畜存栏2542头，其中马1196匹，生猪7017头，羊101只，禽8011羽（其中：鸡7012羽、鸭744羽、鹅255羽）。外销牛900头，马132匹，猪8945头，羊90只，禽7864羽。肉类产量754.3吨。其中牛肉72吨、马肉9.5吨、羊肉1.2吨、猪肉612.1吨、禽类肉产品10.5吨、禽蛋产品1.5吨、鱼类水产品47.5吨。水产以养鱼为主，主要是稻田养鱼、池塘养鱼及坑洼养鱼，其中稻田养鱼4503亩、池塘养鱼532.2亩、坑洼养鱼50亩，推广鱼苗456万尾。

乡镇企业　1979年以后，个体私营企业逐渐兴起，主要有运输业、建筑业、商业、饮食业、服务业等。2000—2008年，丰乐镇涌现出了尧基砖厂、鼠场砖厂、新立石场、沃屯石场、平寨养殖场、新江养殖场、老王山茶叶加工厂、凉山茶叶专业合作社、丰乐信达金银花合作社及加工厂等一批有一定科技含量的企业。2013年，全镇有乡镇企业180个，从业人员755人，总产值5250万元。投资2000万元的交然电站已投入使用。

（七）基础设施

集镇建设　1992年建成平寨、交同新街，经过20年建设，形成平寨—交同集镇区，有临街住户723户5132人，内含两个共90户的移民工程（国家每户包干补助1.5万元）。2000年建成和平新街，有临街住户115户671人。

进入21世纪后，以道路、通信、电力为主的基础设施建设步伐加快。先后完成平寨村老市场的街道路面硬化、完成了交同新街大道建设，开通了程控电话、移动电话，修建了移动基站、联通基站和小灵通基站，建成镇政府、农技站、计生站、派出所、司法所、卫生院、畜牧站、国土站、汽车站、文化站、邮政所等办公楼及干部职工交流房建设。完成了交同龙洞井片区民族特色一条街、计生卫生公租房、人力资源和社会保障服务中心与农业服务中心办公房、交同农贸市场、牲畜交易市场、集镇公厕、集镇路灯安装和排污设施等建设。集镇功能逐步完善。

交通　2013年，丰乐镇公路里程达68千米，其中乡道8.5千米、村组道59.5千米。全镇21个行政村全部通公路，完成交同至敖寨等公路的硬化，99.9%以上的村民小组通路。三都经大河、丰乐至都匀、普安经丰乐至大河公路穿境而过。

水利电力设施　1987年省水电厅拨款250万元建成2.6千米的马场河防洪堤，上万亩耕地受益；2010年建成鼠场、巴艾防洪堤300米，沃屯村至新立村长4.9千米水渠，高原村2.5千米人畜饮水工程；2011年建成平寨村1400米、尧基村1200米水渠。新江村姬家沟水利工程，由深圳帮扶投资100万元兴建。总投资2000万元的交然电站建成并已投入使用。全镇21个村基本用上了自来水，170个村民小组全部通电。

（八）文化教育卫生

境内民族民间文化丰富多彩，有竹木雕刻、蜡染、木工、刺绣、银饰等民间传统工艺品，有芦笙、唢呐等民族乐器，有芦笙舞、耍龙、舞狮等民间舞蹈，有山歌对唱、酒歌对唱、花灯表演等娱乐活动，婚丧嫁娶有择日等传统习惯。随着文化生活水平的提高，民间文艺表演队应运而生。1994年以前，主要通过接收周边县市地面卫星差转信号收看贵州电视节目，1995年建立广播站，各村都安装了卫星电视接收机，2004年开通闭路电视。2011年建成敖寨村、巴若村、新江村、相坪村、高庄村、蕊抹村农家书屋。

2007年，丰乐镇通过“两基”和“普实”验收。2013年，全镇有普通中小学校14所，其中中学1所、小学12所（完小6所）、幼儿园1所（2013年9月正式招收幼儿学生179人）。在校中小学生2575人，其中初中923人、小学适龄儿童1644人、在校小学生1652人。全镇在职在编教职工166人，其中中学教师59人、小学教师107人、幼儿园教师13人。有多媒体教室5间，计算机75台，图书17691册。

全镇建有村级卫生室21个，卫生员21人，配有简单的医疗设备，负责为本村群众提供就医服务，协助镇卫生院处理突发卫生事件，基本形成镇、村医疗卫生服务网络。2013年，丰乐镇参合人数达20300人，参合资金101.5万元，参合率达93%。卫生院门诊就诊人数2.2万余人次，其中急诊100余人次、住院720余人次，共报销新型农村合作医疗医药费50余万元。

（九）集市贸易

丰乐镇人口众多，农产丰富，交易活跃，境内有平寨、和平、鼠场三个农村集市，是三都唯一一镇赶三场的集贸大镇。

丰乐集镇自古以来就是三都西北部农副产品集散地，也是都匀、三都、独山、丹寨四县边界大集市，有顶棚市场。每逢农历的鼠、马二日开市，上市人数在6000~15000人，场天交易额在30万~50万元，集市功能覆盖家禽、牲畜及其产品、电器、通信、交通、衣物、床上用品、建材、燃料、农产品、水干果、蔬菜、维修、美容美发、餐饮等行业。

和平集市是丰乐镇和坪片区8个村和独山翁台乡地区的交易市场，每逢农历的狗、龙二日开市，上市人数在600~1500人，场天交易额在3万~5万元，集市功能覆盖家禽、牲畜产品、电器、通信、交通、衣物、床上用品、建材、燃料、农产品、水干果、蔬菜、维修、美容美发、餐饮等行业。

鼠场集市是丰乐镇下片区村寨和大河镇地区的交易市场，每逢农历的狗、龙二日开市，上市人数在300~1000人左右，场天交易额在3万~5万元，集市功能覆盖家禽、牲畜产品、电器、通信、交通、衣物、床上用品、建材、燃料、农产品、水干果、蔬菜、维修、美容美发、餐饮等行业。

（十）重点村寨简介

新场村　新场村位于丰乐镇西南，2010年由丰乐镇新立村和鼠场村合并而成，距镇政府驻地6千米，距县城20千米，交通便利。地形地貌以中山低谷为主，坝子田总面积2000余亩，土地肥沃，气候温和，适宜发展种养业。全村辖11个村民小组532户2599人，全村劳动力1741人，外出务工480人，耕地面积1976亩，人均0.76亩。2011年，农民人均占有粮食439千克，人均纯收入4560元。无公害早熟蔬菜、养殖业和劳务输出是新场村的主要经济来源。主要种植白菜、番茄、黄瓜、青椒、四季豆、莴笋等早熟蔬菜，大部分以外运为主，供应都匀、凯里、丹寨、福泉、广西等地。2011年种植春季蔬菜850亩，种植夏季水稻1190亩，种植秋冬蔬菜820亩，三季种植平均每亩收入达10300元，是丰乐镇“185”工程的示范基地。

沃屯村　沃屯村位于丰乐镇南面，距镇政府驻地2千米。该村共有田560亩、土160亩，9个村民小组，308户1458人，该村党支部有党员28名。经济来源以种植业和养殖业为主，以柑橘种植和反季节蔬菜栽培为特色，是全县第一批订单农业先进典型村寨，曾被州级部门授予“小康村”称号，是丰乐镇社会主义新农村建设试点村，村内道路已全部硬化。2013年，全村实现农业总产值980万元，人均纯收入达到6721元，人均粮食达400千克，各项经济指标位列全镇首位。

（十一）老王山茶叶合作社

老王山茶叶合作社成立于2006年，最初由茶叶种植大户罗太璋、李世华等发起建立，社员为相坪、轿山、敖寨3个村茶叶种植户。随着茶叶种植面积的进一步扩大，社员扩展到和平片区相坪、轿山、苕寨、凉山、敖寨、巴谢、江叶、高原、高庄等9个村，覆盖人口近万人，拥有茶园8159亩，年产毛尖茶1223吨，产值4892万元。有茶叶加工企业5家，年加工毛尖茶418吨，产值2224万元，注册品牌为“老王山先锋毛尖茶”。

（十二）丰乐镇蔬菜协会

丰乐镇蔬菜协会成立于2003年，最初由蔬菜种植大村鼠场和新立的村两委发起并建立起来的，会员为鼠场和新立村蔬菜种植户。随着蔬菜种植面积的进一步扩大，尤其是“185”工程的实施，蔬菜种植得到了跨越式发展。会员已扩展到平坝片区鼠场、新立、巴林、沃屯、平寨、马场、交同、巴若、尧基、新江和交然等11个村，覆盖人口1万多人，拥有蔬菜种植面积1万多亩，年产值近亿元。

五、普安镇

（一）地理位置

普安镇位于北纬25°59′~26°、东经107°47′~107°49′，地处县境东北部，东与交梨乡，南与丰乐镇、大河镇毗邻，西与本州都匀市，北与黔东南州的丹寨县接壤，距三都县城19千米，距州府都匀市35千米。厦蓉高速、贵广快速铁路穿境而过，政府驻地距厦蓉高速羊甲匝道口5千米，贵广快速铁路三都火车站场建设于普安开发区内。交通十分便利，至贵阳仅1个多小时车程。

（二）建置沿革和行政区划

普安历史悠久。元代，普安先后为陈蒙洞、陈蒙州、陈蒙烂土军民安抚司属地，14世纪末起为烂土军民长官司属地。清康熙十一年（1672），烂土司兄弟内讧，十年内战，境内各寨受难。清康熙二十一年（1682）云贵总督奏请朝廷批准，将普安从烂土司分出，设普安土舍。改土归流后，普安属三脚屯州同，民国归三合县。

1952年12月成立普安苗族自治区；1953年至1956年设普安镇；1957年至1984年2月改为普安公社；1984年3月改为普安乡，并设普安区，辖高硐乡、交梨乡、普安乡、阳基乡；1991年10月“建并撤”，阳基乡并入普安乡，设普安镇。

2010年实行并村，将原岩寨、平和合并为群益村，原双江、小河合并为双江村，原崩寨、的刁合并为合心村，原羊吾、甲揽、巫昔合并为重阳村。此后普安镇下辖由原来的19个村减至14个村（星光村、燕高村、双江村、新华村、群益村、普屯村、燎原村、建华村、重阳村、展望村、合心村、鸡照村、光华村、总奖村）128个村民小组，共5903户23978人。

（三）面积、人口和民族

全镇辖区面积82.4平方千米，2013年年末辖区内总人口23978人，其中常住人口16892人。少数民族人口占总人口97.3%，有水族、布依族、苗族、汉族等民族，是典型的多民族聚居地，全镇通用汉语，水族、苗族普遍使用本民族语言，镇区和河谷地带大部分少数民族语言大都失传。

普安镇民风淳朴，民族文化多姿多彩。境内各民族既和谐相融，又保持相对独立性，素有“三里不同俗”之称。传统民间艺术主要有花灯、舞龙、舞狮、武术、芦笙制作、蜡染、刺绣、银器加工等。普安舞龙队多次代表三都外出表演，载誉而归。燎原、巫昔、崩寨、展望等部分水族村寨尚保留过端习俗，红白喜事活动使用独特的古文字——水书。

（四）地理环境

地形　镇境属云贵高原向广西丘陵过渡的中低山丘陵区，地势由北向南倾斜，层峦叠嶂，坡高谷深，多梯田。地形大致有三种类型：低山地貌丘陵河谷类型、深切割的中山地貌类型、岩溶地貌低山丘盆地类型。平均海拔在700米以下。

气候　属中亚热带温润气候类型，年平均气温14.8℃~17.2℃。最冷月为1月，平均最低气温为4.5℃，最热月为8月，平均气温为32.9℃，全年积温为4300℃~4600℃，雨量充沛，年降雨量在1350~1500毫米，无霜期长达270~300天，适宜于各类农作物和林木的生长。

（五）资源

土地资源　耕地面积为9740亩，其中田8465亩、土1275亩，人均耕地不足半亩。田主要分为坝子田和梯田类型。坝子田主要分布在沿普安河河谷两畔的新华、双江、普屯、燕高、星光等下半镇村寨，梯田主要分布在总奖、光华、展望等上半镇村寨。土壤类型有红壤、黄壤、黄红壤、砂壤等。

水资源　普安河、打扁河穿境而过，均属珠江流域都柳江水系。普安河发源于丹寨县龙泉山，经镇域总奖、光华、合心、重阳、鸡照、普屯、群益、双江等村与打扁河会合，流入马场河，全长32千米，平均流量每秒1.43立方米，进出口落差190米，水量较为丰富。两河均为典型的季节性河流，4—10月为汛期，河水径流量大；冬春两季降水少，河水径流量相对较小。1976年在打扁河上游建成猪槽滩水库，为乙型水库，是镇区主要的饮用和灌溉水源。

林业资源　林地面积61745亩，森林覆盖率65%。植被为常绿落叶阔叶混交林、灌木丛林、高乔木灌草丛等，主要树种有马尾松、杉木、柏木、青冈栎、枫香、樟树、板栗。草地面积8000多亩，连片草地4000多亩，80%的草地在海拔700米以下，发展种养业自然条件比较优越。

矿产资源　主要矿产资源有硫铁矿、重晶石。其中硫铁矿主要分布在燎原、重阳村，重晶石主要分布在星光村。

旅游资源　镇境内多民族和谐杂居，民族风情浓郁，旅游资源丰富，民族风情游、农业观光游亟待开发。重阳村的“九月九”节日，普屯村的舞龙，群益的花灯表演，燎原、展望、崩寨等村的端节，各具特色，有较高的开发价值。

土特产品　普安黑毛僵猪肉质绵香，不肥不腻；普安水晶葡萄晶莹透亮，汁多味甜；普安花生壳薄仁实，籽粒香脆；普安红薯酒口感纯正，醇香绵长。

（六）经济发展

2009年普安镇被规划为全县“185”农业产业化工程八个重点示范乡镇之一，2013年全镇葡萄种植面积达2万亩，核桃种植1460亩，枇杷种植1767亩，实施早菜和脱毒马铃薯种植分别达4500亩和2000亩。大力发展以生态黑毛猪为主的养殖业，普安黑毛猪品牌闻名省内外，先后与北京、贵阳多家酒店、超市签有订单，产量供不应求。积极培育农民专业合作社，注册成立尧吕黑猪、林下养鸡、兴普果蔬、普新果蔬4个农民专业合作社并发挥了很好的带动作用。组织选送普安黑毛猪、普安朵红果等农特产品参加“2013年中国·贵阳国际特色农产品交易会”取得良好效果，扩大了普安农特产品的外在知名度。2013年农民人均纯收入6028元。

种植业　粮食作物以水稻、玉米、小麦为主，2013年，生产粮食5858吨，人均244.31千克，其中水稻2979吨、小麦535吨。主要经济作物有油菜、花生等，油料作物种植面积335亩，产量657吨，其中花生295吨、油菜362吨。蔬菜种植面积683亩，产量12432吨，主要品种有大白菜、卷心菜、白萝卜、辣椒、番茄等，其中大白菜775吨、卷心菜782吨、白萝卜1200吨、辣椒3540吨、番茄750吨。

畜牧业　主要以养猪、牛、马和家禽为主，2013年全镇大牲畜饲养量为22570头，年末存栏9245头；羊饲养量1125只，年末存栏760只，收购山羊板皮221张；牛饲养量2846头，年末存栏2200头；家禽饲养量86120羽，上市家禽59420羽。2013年生产肉类211吨，其中猪肉135吨、牛肉40吨、羊肉11.5吨，禽蛋24.5吨，畜牧业总产值615.30万元。渔业以鲤鱼、草鱼为主，水产品总产量407吨，渔业总产值61.05万元，占农业总产值1%。

劳务输出　2013年外出务工人数为6370人，年劳务收入6000多万元。

乡镇企业 2013年普安有乡镇企业37家，除砂场外，全部是以家庭作坊为主，年总产值约2532万元。

（七）基础设施

交通 长期以来，普安镇是个交通死角，随着厦蓉高速的开通和贵广快铁三都站场（位于普安镇新城区）的建设，普安镇交通地位得到巨大提升，一跃成为全县的交通枢纽。2013年争取资金2600余万元，完成建华村水泥路和重阳村、合心村、新华村、总奖村、双江小河片区“一事一议”项目建设，建成新华村十组公路，展望村六、七组公路，总奖村六、七组公路，燎原村下寨公路，普屯村产业路，北坳至丰乐蕊抹公路，普安至阳基至鸡照烟萨水泥路和新华村8组及星光村六、七组公路桥，开工建设鸡照至丹寨塘中村公路。全镇通村公路实现全覆盖。

通信 全镇14个村128个村民小组全部通电，有线电视覆盖镇区附近村寨，“户户通”卫星电视实现覆盖全镇。固定电话入户率达40%，移动通信实现全覆盖，联通、电信等通信实现部分覆盖。互联网逐渐进村入户，全镇有6个村联通电信网络，政府、中小学校、卫生院等部门全部接通互联网。2013年村村通小天锅安装496口，户户通安装994口。

电力 2001—2002年实施农村电网改造工程，全镇14个村128个村民组全部通电。1975年拦截普安河马鞍段建成马鞍小水电站。

水利 普安有小（二）型水库（猪槽滩水库）一个，主要灌溉普屯、平和、燎原、新华四村农田，灌溉面积1200余亩，并为镇政府所在地3700多人提供生活用水。前易水沟全长2.5千米，主要灌溉崩寨、巫昔、羊吾、甲揽四个村1000余亩农田；新华十一组至小河村水利沟渠，全长2千米，主要灌溉新华村十一至十三组和小河村部分农田，灌溉面积200余亩。2013年完成群益平和、岩寨人饮，双江一至四组人饮工程建设，启动燕高、新华、重阳、双江小河片区人饮工程建设。维修建华村、新华村、星光村、燕高村、合心村农田灌溉沟渠7000米，改善农田灌溉面积3500余亩。

（八）教育事业

普安镇已全面普及九年制义务教育，正全面开展“普实”教育。2013年，有中学一所，教学班17个，在校学生820人，其中女生423人。在岗教职工50人，其中副高级教师1人、中级教师20人、党员教师23人、州县级骨干教师12人。有小学8所（完小7所、教学点1所），在校学生1475人，入学率100%。全镇小学在职教职工88人，其中，本科学历10人、大专学历65人、中师学历13人，学历达标率100%；中级职称65人、初级职称22人、未评职称1人；中共党员14人。学前班儿童392人，民办幼儿园2所，在园儿童数124人。

镇中学校园占地面积90余亩，生均占地70多平方米。2011年3月实现整体搬迁，拥有宽敞明亮的教学楼、设施先进的办公楼、美观实用的师生宿舍，还配备了多媒体教室、音乐舞蹈室、计算机教室、图书室、物理实验室、生物实验室、化学实验室。总建筑面积11000平方米。

（九）医疗卫生

普安卫生院总建筑面积1380平方米，2013年有床位20张，在岗医生13人，财会1人，药剂师2人，临聘卫生技术人员5人。13个村设立卫生室，配备卫生人员17人，乡村医生8人，床位29个。新型农村合作医疗参合率已达96%以上。

（十）集市贸易和小城镇建设

普安场形成于明代，清代改土归流后达到繁荣，为县内最古老的大集市之一。集镇有大型日用超市1家，大型家电门市6家，小商铺百余家，摊点200余个。商品齐全，交易活跃。每隔5天赶集，赶集日人数为2万人左右。2007年以后，普安镇抢抓“两快”过境建设机遇，加快小城镇建设速度，积极实施“城镇化带动”战略。

2013年建成新城区1平方千米，超出老城区面积1倍，新增城镇人口2000人，是老城区人口的1/3，完成204户1013人的2012年度生态移民工程项目；建成36套计生、卫生公租房；345户1553人的2013年度生态移民工程项目主体工程基本完工；无偿划拨土地2750平方米，总投资350万元的幼儿园项目全面动工；供电、信用社、养老院、邮政、移动、联通、电信等单位均已落实地址，并陆续动工建设。采用BT投资和垫资等方式，先后投入2000余万元完善新区配套基础设施，其中30米大道、20米主道和10米区间道纵横交错的集镇路网全部拉开。截至2013年11月底，完成新区道路建设36478平方米，其中道路硬化7400平方米、沥青路面6388平方米、毛坯路面22690平方米，完成排水沟建设1920米和834米的道牙安装，总计完成投资1168.1万元；全垫资长58米、宽15米的普安大桥工程全面动工，已完成工程总量的60%；投入980万元启动建设新行政办公区，成功引进上海吉图集团合作投资2亿元动工开发火车站广场片区（黔南土特产文化城）项目。2013年完成征地1425亩（移民安置区216.8亩、行政办公区115.4亩、火车站及30米大道片区427.8亩，涉及412户，总投资3166.42万元）。

三都火车站及黔南土特产文化城建设初具规模。计划投资2亿元的三都普安火车站（火车站广场和道路设施建设等），2013年8月30日正式动工建设，11月底完成火车站片区土石方开挖250万立方米，完成火车站片区场地平整84360平方米和11000平方米的毛坯路铺压等，2013年年底完成总工程量的30%左右，完成投资8000万元。

（十一）重点村寨简介

重阳村位于普安镇西北部，面积2277亩，总耕地面积2039.7亩，2010年由原甲揽、羊吾、巫昔3个村合并而成。2013年共有500户2272人，其中苗族占68%，水族占32%，是一个典型民族村寨，民族风情非常浓厚。主要经济产业有种养业、民族工艺品加工、民俗建筑、制酒等，户均种植葡萄超过1亩。重阳村有一支30多人的木匠队伍，常年在外地从事建筑、家具、装修等业务。重阳村的芦笙制作、银饰加工、蜡染、香纸独具特色。重阳村原生态红薯酒和“九月九”酒，酒香味醇，闻名遐迩。一年一度的“重阳九月九民族文化节”，吸引了来自周边县市的上万名游客。

六、交梨乡

（一）地理位置

交梨乡位于三都北部，地处北纬26°2′~26°7′、东经107°52′~107°55′。距县城12千米，距离州府所在地36千米。东与打鱼乡接壤，南与三合镇相连，西靠大河镇、普安镇，北与黔东南州丹寨县毗邻，321国道、厦蓉高速和贵广快铁穿乡境而过，厦蓉高速公路乌腰匝道口设在境内永合村，乡政府驻地距三都普安火车站5千米，距厦蓉高速公路羊甲匝道口6千米，素有三都“北大门”之称，具有得天独厚的交通优势。

（二）建置沿革

民国21年（1932），交梨乡属三合县第五区，民国36年（1947）三都县增设直辖区，分为三个区，交梨乡属直辖区。1950年将原来的3个区增设为4个区，交梨乡属第二区。1957年全县共辖区6个区，交梨乡属普安区。1991年建镇并乡撤区后，将原来的交梨、高硐两乡合并为新的交梨乡，辖15个行政村66个自然寨。2010年并村后，交梨乡共辖12个行政村66个自然寨，分为交梨片和高硐片，交梨片包括高戎、阳冬、前进、新联、王家寨、永兴和高屯等7个村，高硐片包括永合（羊送和排代合并）、高平（平冲和高硐合并）、望月（排月和望结合并）、梁家沟、野记等5个村。

（三）面积、人口和民族

全乡土地总面积为84.2平方千米。辖12个行政村（其中一类贫困村6个，二类贫困村2个、一般村4个）66个自然寨121个村民小组，总户数为5742户。2013年年末，总人口为20916人（农业总户数5608户，农业总人口20264人），劳动力11736人。是一个以苗族、水族、布依族等少数民族聚居为主的地区，其中苗族人口10123人，水族人口7953人，布依族人口2458人，其他民族382人，分别占全乡总人口的48.4%、38%、11.8%、1.8%。苗族人口数量和比例均居全县首位。人口密度每平方千米248人。人口出生率10.6‰、人口自然增长率3.48‰。

（四）地理环境

交梨乡境内多属中低山峡谷地貌，地形起伏较大，大部分海拔在420~1000米，平均海拔630米，极少形成坝子，耕地主要集中于狭长的交梨河谷地。稻田多呈现阶梯分布。

境内全年气候温和，年平均气温14.8℃~17.2℃。最冷为1月，平均气温为4.5℃，最热为8月，平均气温为32.9℃，全年积温为4300℃~4600℃。雨量充沛，年降雨量1300~1500毫米，无霜期长达270~300天，日照天数285天，土壤肥沃，酸碱适中，适宜各类农作物和林木的生长。

（五）资源

土地资源　耕地总面积为9971亩，其中稻田面积为8205亩、旱地面积为1766亩。水田主要分布在北面的高戎村至南面的永兴村沿河两岸，望天田主要分布在东面、西面部分和中东部地区。旱地主要分布在东面（即高硐片区）和西面25°以下坡度地区。

水资源　境内河流主要是交梨河，发源于丹寨县高要，经乌篩沟、营盘寨、莫家寨、交梨街、王家寨，在下巴锦与苗龙河汇合流入都柳江，全长22千米，平均流量为每秒0.79立方米，进出口落差80米。大多数人口居住在高山，水源不足，特别是高硐片区尤为严重。

林产资源　2013年，林地面积4200公顷，全乡森林覆盖率为56%。用材树种有马尾松、杉木、侧柏、山杨、泡桐等29种，珍稀硬木有楠木、红豆杉、倒鳞木、榉木等，经济树种有核桃、板栗、桃、杏、梨、杨梅、油桐、樱桃、花椒、枇杷等27种。灌木树种马桑、山枣等12种，经济藤木有葡萄、山葡萄、金银花、猕猴桃等4种。

矿产资源　交梨乡矿产资源丰富。硫铁矿分布于永合村、高屯村和梁家沟村，品位高，储量大；汞矿和鸡血石主要分布在高戎村沿河至王家寨村一带；金矿分布在高屯村；铅锌矿分布在新联村和前进村一带；铜矿分布在野记村；锑矿主要分布在高硐村。截至2013年有规模较小的采矿企业10多家。

旅游资源　交梨乡是多民族聚居地区，具有独特的民俗民风，旅游开发潜力较大。旅游资源主要有苗族“吃新节”活动、十公里葡萄长廊、岩寨岩洞。岩寨岩洞全长8千米，洞内岩溶景观奇特，有较高的开发价值。

交梨苗族“吃新节”又称“尝新”，是庆祝丰收、祭祀来年风调雨顺的重要节日，主要活动内容有斗牛、打毽子、芦笙舞、苗族情歌对唱、喝牛角酒、苗族服装秀等。

（六）经济状况

进入21世纪以来，交梨乡围绕省、州、县发展格局和战略部署，立足产业优势、区位优势和资源优势，按照“产业富乡、工业强乡、旅游新乡、特色名乡”的综合开发之路发展经济，产业结构调整取得初步成效。地方生产总值由2002年的1065万元，增加到2013年的1.86亿元，财政收入完成288万元。固定资产投资总额达5.1亿元，招商引资3.5亿元。2013年农民人均纯收入为7515元，比2002年增加5799元；2013年粮食总产量4696吨，人均占有粮食225千克。解决贫困人口温饱1120户4634人，农村贫困人口由2006年的13192人下降到2013年的8601人，2012年已顺利通过扶贫验收，被授予“减贫摘帽乡”。

种植业　以“185”工程为主抓手，大力推进农业产业结构调整，“果、禽、畜、菜”四大产业进一步扩大，形成了以山野水晶葡萄为龙头，多种种养业并举的农业产业格局，至2013年经果林种植面积40000余亩，其中水晶葡萄种植达3.7万亩，主要分布在阳冬、前进、新联、王家寨、高屯、永合、永兴和高平等村，挂果面积达2.8万亩，葡萄种植年产值高达1.2亿元，农民人均纯收入达到7515元。交梨乡山地生态高效葡萄产业园被省委、省政府列为贵州省“5个100”重点现代农业示范园区，交梨乡被中国葡萄协会授予“中国水晶葡萄之乡”。

养殖业　2013年，大牲畜出栏950头，生猪出栏8855头，家禽出栏35万羽。主要畜禽品种有：牛、猪、马、狗、鸡、鸭、鹅等，牛、猪、马、狗、鸡等全乡各村均有分布，鸭、鹅主要分布在高戎至永兴村沿河一带。

乡镇企业　至2013年，共引进三都县柳源鸡种扩繁场、三都县乡农肥业有限公司、黔南州朋彩矿业资源开发有限公司、铜仁市恒昌矿业公司、三都县瑞兴矿产资源有限公司、三都县强源矿业开发有限公司、三都县雄安建材有限公司以及阳东村水牛寨预制制造等。2012年全年招商引资共计2500多万元。2013年，农业园区引进5家企业进驻，招商引资到位资金5000万元，比2012年增加了2500万元。

（七）基础设施

交通　2008年以来，借助“两快”便道建设，阳冬、望月、高平、野记、高屯、永合、梁家沟7个村的通村公路得以进一步拓宽平整，为交梨乡农村发展奠定了良好的基础。全乡村级公路总长85千米，另有321国道过境6千米，厦蓉高速公路过境8千米及县城连接线4.5千米。2013年，12个行政村已基本实现组组通简易公路，全县第一条通村水泥路新联至永兴公路已建成通车。

电力　前进村杨勇关设有35千伏变电站一座，主变容量2000千伏安，电源由县城110千伏变电站输入。农网改造完成以后，全乡实现了村村通电，全乡用户通电率达100%。

水利　交梨乡属于地质性缺水地区。境内水利沟渠全长15千米，主要分布在高戎、阳冬、前进、新联、排代、野记、平冲等7个村，受益面积1420亩。2013年全乡共有小水窖（池）1230口，主要分布在高戎、阳冬、前进、新联、高屯、野记、高平、望月村等村和葡萄产业园区。2000年以后，人畜饮水状况不断改善。2008年重建高平、前进、王家寨等村人畜饮水工程，2010年实施了阳冬、野记、前进、王家寨、永兴、梁家沟、高平、永合、高屯9个村人畜饮水项目，共投入资金340万元。利用猪槽滩水库水源，在交梨街兴建水厂一座。2013年完成永合村人畜饮水工程和交梨河修筑堤坝工程。

（八）人民文化生活

2013年，光缆有线电视已通达新联村、王家寨村、前进村，惠及1000余户；全乡已安装村村通广播电视1400余个，户户通1047个，群众自行出资的小天锅约1947个，小天锅覆盖率100%，99.5%的村民能够收看CCTV1、贵州台1套的电视节目。远程教育接收点为农民群众提供了丰富的农业科技和信息。民间文艺得到繁荣和发展，望月、高平、永合村的苗族芦笙表演队，曾多次参加县级演出和迎宾接待表演，深受宾客赞赏；王家寨村花灯表演队、永兴村花灯表演队在脱贫致富宣传、计划生育宣传中起到了积极的作用，并多次参加县内举办的“花灯节”比赛并取得好名次。

（九）教育事业

2013年，交梨乡有中学1所、完小5所、初小2所、教学点2个。2013年小学在校生1648人，适龄儿童入学率99%。中学在校生979人，初中入学率97.6%。全乡学前教育330人，学前入学率达100%。共有小学教师96人（大专以上学历有61人），学率合格率100%；中学教师51人（本科学历41人、大专学历10人），学历合格率100%。

（十）医疗卫生

1991年“建并撤”后建立交梨乡卫生院，前身为1957年成立的交梨乡卫生所。2011年3月，交梨乡疾控基妇站、卫生院整合为交梨乡卫生院。整合后的交梨乡卫生院有在职人员14人，其中中级职称2人。卫生院主要承担免疫规划、疾病预防与控制、妇幼保健、基本医疗服务、健康教育、计划生育宣传、居民健康档案建立与管理及卫生监督等工作任务。

2013年交梨乡卫生院诊疗19294人次，其中门诊18720人次、住院574人次；门诊合医补偿242742元，住院合医补偿146227元。

（十一）重点村寨简介

前进村距乡政府驻地4.5千米，辖11个村民小组11个自然寨，共524户2758人，以水族、苗族、布依族等少数民族为主。总劳动力1247人，其中外出务工226人。全村耕地总面积1136.2亩，其中田面积951.2亩、土185亩，人均耕地面积0.55亩；林地总面积6558亩，其中无林地2179.5亩。村中心地处321国道两旁，交通条件相对优越。前进村人多地少，自20世纪90年代开始发展水晶葡萄种植，是交梨乡水晶葡萄种植的发源地。经过20余年的发展，截至2013年年底，全村水晶葡萄种植面积达6000多亩，挂果4000多亩，仅葡萄种植一项人均收入达20000元以上，成为全乡全县葡萄产业示范村和经济发展示范村，农村人均纯收入达3万元，排在全县274个行政村前列。

（十二）十公里葡萄长廊

交梨乡“十公里葡萄长廊”是三都和交梨乡重点建设的大型生态观光农业旅游区，位于前进—新联—王家寨村一线，总长11.5千米。该旅游线路依托交梨乡高度发展的葡萄产业，融民族风情、观光农业元素为一体，主要内容为葡萄评比品尝大会、民族歌舞表演等。

第二节 东片区乡镇

一、都江镇

（一）地理位置

都江镇位于三都东部，东接巫不乡，南抵坝街乡及榕江县兴华乡，西邻打鱼乡，北靠羊福乡。厦蓉高速公路、贵广高铁和321国道穿越镇区，距县城35千米，为三都东部地区的中心乡镇。

（二）历史沿革

都江地因河名。都柳江古称刚水、豚水（一说称牂牁江），明代称合江，清代称都江，民国始称都柳江。

都江有1300多年的文明史，建置久远，名称屡经演变。唐贞观三年（629），东谢部落首领谢元深到长安朝贡请降，唐王朝以其部落之地设应州，辖都尚（今都江）、婆览（今恒丰—合江一带）、应江（今榕江）、罗恭（今雷山）、陁隆（今台江）等五县，州治设在都尚县（今都江）。唐天宝年间降为羁縻州。历史上都江地区战事不断，民生凋敝，人口稀少。清雍正年间，云贵总督鄂尔泰用重兵荡平都江动乱，并于清雍正九年（1731）置都江厅，为当时贵州“新疆六厅”之一。

民国2年（1913）贵州省废都江厅，置都江县。民国30年（1941），都江县与三合县合并为三都县，都江改为区署。新中国成立后设都江区。1984年，都江区所辖7个公社改为乡，上江乡改为都江镇，股级。1991年8月“建并撤”，撤销都江区，甲雄乡与上江乡合并为都江镇（科级），辖23个机关单位，14个行政村（上江村、交德村、里基村、摆鸟村、大坝村、控抗村、甲找村、甲雄村、千秋村、塔石村、柳排村、小脑村、怎雷村、柳叠村）、2个林场（百家路林场、甲雄林场）、93个村民小组。

都江各族人民富于革命传统和反抗精神。清咸丰五年（1855）6月，都江农民罗光明率领斋教军在上江起义，连克都江、古州（榕江）、八寨（丹寨）、丙妹（从江）和都匀等厅县，沉重打击了清王朝在贵州的统治，在贵州近代史上写下了波澜壮阔的一页。都江历史积淀丰厚，英雄辈出。民国21年（1932）在淞沪抗战中为国捐躯的滕久寿将军，就是都江儿女的优秀代表。

（三）面积、人口和民族

都江镇辖区面积182.54平方千米，东西最长距离18千米，南北最长距离22千米。

2013年年末辖区总人口17678人，其中常住人口16494人，另有流动人口215人。少数民族占97%，其中水族64%、苗族28%。2013年人口出生率10.6‰，人口死亡率5.74‰，人口自然增长率4.86‰。人口密度为每平方千米96.8人。

（四）地理环境

地形　都江镇属中低山峡谷地貌，地势由西北向东南偏斜，群山连绵，河谷深切陡峭，素有“地无三尺平”之称。平均海拔600～1400米，最高海拔1562米（小脑摆棒山），最低海拔317米（都柳江出口处），镇驻地上江街海拔550米。山高林密、可耕地少是都江自然地理的基本特征。

气候　为亚热带湿润季风气候，垂直气候分布明显。平均气温在15℃～18℃，年降雨量800～1500毫米。无霜期280天左右。

河流　都江境内各河流均属柳江水系上游都柳江流域。都柳江干流流经都江境内8千米，主要支流有柳叠河、布仰河、拦牛河、排长河等，干支流水利丰富，已建成都江电站。

自然灾害　都江镇地处三都东部山区，山高坡陡，河谷深切，地质和自然灾害较为常见，先后遭遇了2000年“6·21”、2007年“7·26”特大洪涝灾害。2008年遭遇50年不遇雪凝冰灾灾害，造成农作物大面积损毁，800余户居民房屋不同程度受灾。

（五）资源

境内已发现的矿藏有锑、铜、铁、硫、铅锌、重晶石及砖用页岩等。已开采的有锑、铁、硫等。全镇有矿产地、矿区、矿点共11处。小脑村、控抗村一带有县内品位最高的锑矿床，锑矿开采历史悠久，在都江现代经济史上占据突出地位。

森林覆盖率68%，活立木蓄积量168万余立方米，是三都主要木材产地之一。

都江镇土特产丰富，野生动物有角角鱼、甲鱼、河鲤、竹鼠、山鸡，土鸡等，香猪饲养普遍。果蔬类有椪柑、布朗李、都江蜜橘、楠竹笋、麻竹笋、八月竹笋等。

都江山水秀丽，历史悠久，民风古朴，旅游资源丰富多彩，发展旅游业的潜力巨大。境内以水族为主的多民族文化和谐共存，民族文化内涵丰富。有象形文字“活化石”之称的水书，有刺绣“活化石”之称的水族马尾绣，有古老神奇的苗族蜡染，有粗犷奔放的斗角舞，有庆祝丰收的铜鼓舞。风景资源有甲找老虎洞、怎龙犀牛洞、怎雷冷暖洞、大坝风流苗王洞、塔石叶鼠洞、小脑摆棒山、大坝瓮庭山、控抗羊马山、里基观音山、上江莲花山、甲找排鸠山、千秋巫瓦山等。历史遗迹是都江具有突出优势的旅游资源，有都江古城垣、布仰摩崖、排劳水书摩崖、万人坟等多处文物保护单位。

布仰摩崖位于都江镇布仰渡口，摩崖楷书“向来王化外，今入版图中”十个大字，系清雍正八年（1730）独山州知州孙绍武平息都江暴乱、疏浚都江航道后题刻，属省级文物保护单位。

都江古城垣是贵州最悠久的古城之一，清雍正九年（1731）始建。清咸丰五年（1855）起，都江古城饱经兵火（主要为咸同之乱和抗日战争），古城建筑和文物受损严重，现尚存四大城门、通判署、南北校场、点将台，古城墙依稀可见。1981年9月被列为县级文物保护单位。

城乡义冢之坟墓，俗称万人坟，位于古城南门外。清咸丰五年（1855），都江苗民罗光明率斋教军攻破都江厅，城内军民死难无数，城废人空。直到清同治十二年（1873），新任都江通判文方凡、副将张梁才下令收拾城中枯骨数十担埋于南门外，名为“城乡义冢之坟墓”。

排劳水书摩崖位于大坝村排劳寨附近，摩崖刻字分布面积约3平方米，所刻25个字全为水书文字。石刻虽布满青苔和石斑，但字迹清晰可辨，字大小一般为6厘米×4厘米，最大的“卯”字为10厘米×8厘米。排劳水书摩崖是近年来水书古迹的又一重大发现，对研究水书文化、了解水族历史具有较高的参考价值。

（六）经济发展

都江镇传统经济以林、矿、集市贸易为主，农业发展水平滞后。随着市场经济的逐步深入，都江镇抓住西部大开发和“两快”过境机遇，立足自身优势，加大农业产业结构调整力度，突出特色种植产业，推动果业经济发展。引进先进技术发展种养业，大力扶持农民专业合作社，经果林基地逐年扩大，实现“185”上山，农业已成为都江镇农民增收的主导产业。2013年年末都江镇完成工农业总产值7615.22万元，年均增长3.7%；粮食产量达4972.5吨，人均占有粮278千克；农民人均纯收入达2690元，年均增长24.2%；劳务输出5000余人，实现劳务经济收入1000余万元。

耕地面积为8800亩（田6700亩、土2100亩），林地面积为20万亩。传统粮食作物以水稻、玉米为主。2013年水稻种植面积6500亩、小麦播种面积2300亩、油菜种植1800亩、蔬菜种植4300亩、绿肥3600亩、牧草500亩、优质水果5000亩。2013年生产粮食4930吨，人均278千克，其中水稻4258吨、玉米672吨。

都江镇是贵州省优质椪柑生产基地，以椪柑为主的水果生产正向规模化方向发展，成为都江镇经济的支柱产业。2013年，种植面积达到5000多亩，产量11080吨。都江椪柑已于2000年通过农业厅无公害水果认证，并注册“都江椪柑”商标。

2013年大牲畜存栏1876头，出栏543头；生猪存栏4210头，出栏4312头；家禽存栏1.56万羽，出栏3.97万羽。

林业基础条件较好，向为都江镇群众经济收入主要来源，年产量8000多立方米。

（七）教育文化卫生

2013年年末有幼儿园（所）1所，在园幼儿193人，专任教师2人；小学9所，在校生1662人，专任教师92人，小学适龄儿童入学率100%；初中1所，在校生642人，专任教师43人，初中适龄人口入学率99.1%，小升初升学率100%，九年义务教育覆盖率达99.54%。主要学校有都江中学、都江小学、里昔小学、控抗小学、甲找小学、甲雄小学、怎雷小学、小脑小学、交德小学、柳叠小学，其中完小有都江小学、里昔小学、小脑小学、怎雷小学、甲找小学、甲雄小学。

2006年以来村村广播电视覆盖率98%，实现村村通广播电视，城镇网络数字电视覆盖率100%。

2013年镇卫生院争取20万元中央新增项目，解决群众因医疗设备不齐而引起的看病难问题。农村参合人数和参合率逐年提高，2013年参合人数达14305人，参合率86.78%。

（八）基础设施

交通运输　321国道横穿都江境内，长期以来由于缺少村组公路，都江属于交通比较落后的乡镇。“两快”工程的建设使都江镇的村组公路得到了飞跃式发展，基本形成了网络式通道，都江镇的交通面貌得到极大的改观。2011年公路通车总里程77千米，其中国道9千米、乡村公路68千米。

邮政电信　邮政电信事业快速发展，2011年代理储蓄业务余额净增781万元，报刊发行12万元，代理保险保费92.25万元。电信致富星（mmDs）移动手机318部，安装宽带（ADSL）网145户。移动、联通普及率达80%以上（指成年人），不少农村妇女也用上了手机。

水利　都江镇水利资源丰富，沟渠灌溉率64%，人饮工程普及14个行政村，覆盖38%左右，自来水覆盖城镇和上江村100%。2013年年末建成镇区自来水厂1座，铺设干线水管600米，生产能力350吨/日，年工业用水3万吨、生活用水12.7万吨，居民自来水普及率100%，年人均生活用水36.5吨。

电力　2013年拥有35千伏及以上变电站1座，主变压器7台，总容量750兆伏安，高压输电线路3条，总长度72千米，供电可靠率100%。

城镇建设　2013年年末都江镇区道路总长900米，人均拥有道路长度0.05米；道路铺装面积27.38平方千米，人均拥有道路面积0.002平方千米。

（九）中国名村——怎雷村

怎雷村距三都县城41千米，与都江古城隔排长河相望，建寨已有300多年历史。有4个自然寨5个村民组共225户1000余人，居民以水族为主。“怎雷”，水语意为“岩脚下的寨子”。寨子建于缓坡，背负青山，前临深涧，层层梯田由山脚累级而上，气势恢弘。随着山势的起伏，巧妙地组成了一幅“入村不见山、进山不见寨”的山野村居图。

怎雷村历史悠久，风景优美，文化遗存丰富。有干栏式传统民居建筑200余栋，传统禾仓建筑100多栋，是水族农耕文化的代表性村寨之一。这里的水书、纺车、织布机、石雕、马尾绣、蜡染以及音乐舞蹈保存完好，是水族民间舞蹈铜鼓舞、斗牛舞、芦笙舞的发源地。2001年6月，怎雷村被省人民政府批准为全省唯一的水族文化保护村，是贵州省批准的21个民族保护村寨之一；2010年7月，怎雷村被住房和城乡建设部、国家文物局命名为“中国历史文化名镇名村”；2012年12月，被住房和城乡建设部、文化部、财政部三部门命名为“中国传统村落”。

（十）滕久寿将军

滕久寿，字祺之，清光绪二十五年（1899）生于贵州都江厅一武官之家，“少雄武，有节概”。民国8年（1919）毕业于贵州陆军讲武学堂炮兵科，民国15年（1926）离开黔军到广州投奔国民革命军，先后任中央军校潮州分校教官、国民革命军第十军二十九师参谋长等职，民国18年（1929）调任第十九路军吴淞要塞司令部参谋长。民国21年（1932）1月28日，侵华日军进攻上海，吴淞要塞司令临阵辞职，滕久寿临危受命率领全体炮兵奋勇还击，屡次击退日军的进攻。2月4日，敌舰13艘、飞机20架猛攻要塞炮台，战斗空前激烈。滕久寿坚守岗位指挥炮兵还击，左膀、左腋、胸腹连续中弹，壮烈捐躯，时年33岁。滕久寿牺牲后，安葬在上海霍必蓝路永安公墓，第十九路军军长蔡廷锴主持了他的葬礼，国民政府追授滕久寿少将军衔。1984年7月6日，中华人民共和国民政部为滕久寿将军正式颁发革命烈士证明书。

二、拉揽乡

（一）地理位置

拉揽乡位于三都县城以东的都柳江两岸，东与都江镇、打鱼乡、坝街乡毗邻，南接水龙乡，北与三合镇接壤，321国道横贯乡境。乡政府驻地距县城12千米，全乡坐落在尧人山国家森林公园和都柳江名胜风景区内，是有名的民族生态旅游之乡。

（二）建置沿革和行政区划

1953年设拉揽乡，属普安区管辖；后大乡化小乡，改属都江区管辖；1956年小乡并为大乡，属打鱼乡；1958年撤销区、乡镇建制，拉揽乡划归红旗公社；1961年红旗公社改设城关区，设拉揽公社；1984年拉揽公社改拉揽乡，属三合区；1991年建镇并乡撤区，设拉揽乡，下辖拉揽村、排烧村、高寨村、来楼村、懂术村等5个行政村29个村民小组。

拉揽村：辖一组（移民村、街上）、二组（大寨、新寨）、三组（大寨）、四组（大寨、平寨、石龙坡、麻对）、五组（下大坳、上大坳）、六组（大寨）、七组（大寨）；排烧村：辖一组（新寨、孝引、大寨）、二组（大寨）、三组（新寨、孝引、大寨）、四组（大寨）、五组（小寨）、六组（孝引）、七组（大寨）、八组（小寨）；高寨村：辖一组、二组（大寨）、三组（大寨）、四组（大寨）、五组（上交懂、下交懂）、六组（大寨）；来楼村：辖一组（排迪）、二组（来楼）、三组（朝寨）、四组（良寨）；懂术村：辖一组、二组、三组、四组（新寨、老寨）。

（三）面积、人口和民族

全乡土地面积114.5平方千米（其中国营拉揽林场23.9平方千米）。2013年全乡总人口5093人。其中，农业人口4788人，非农业人口305人；男性2763人，占54.3%，女性2330人，占45.7%。人口密度为全县最低，每平方千米约45人。在总人口中，少数民族人口4901人，占总人口的96.2%，其中水族2511人，苗族2273人，其他民族309人，是典型的少数民族聚居地。全乡通用汉语，各民族群众普遍使用本民族语言。2013年共出生36人，人口出生率为4‰，人口自然增长率5‰。境内有蒙、潘、杨、李、吴、石、韦、席、张、王、罗、平、白、唐、周、陆、查等17个姓氏。

（四）地理环境

拉揽乡地处“江南古陆”边缘，切割剧烈，沟深谷狭，为典型的峡谷地形。地势由西南向东北倾斜，山岭连绵、溪流交错。最高峰尧人山海拔1365.1米，最低磨石浪海拔369米，最大高差近1000米。境内的成土母岩以砂页岩为主，同时还有板岩及少量的石灰岩，土壤主要为黄壤、黄红壤，pH值为4.5~5.5，呈酸性或微酸性，质地疏松、土壤肥沃，土壤结构良好。

拉揽乡属中亚热带温暖湿润气候，年平均气温18.1℃，1月平均气温7.8℃，7月平均气温26.7℃，日照天数2148小时，日均温大于10℃，年积温5644.5℃。无霜期328天，年平均降雨量1349.5毫米，年平均相对湿度80%左右。拉揽乡气候温暖，雨量充沛，水热条件优越，非常适宜杉木、马尾松、竹林、硬软阔叶树种生长，但沟溪纵横、山高坡陡的地形又使得农业生产条件比较恶劣。

（五）资源

土地资源　全乡耕地面积2626亩，人均耕地面积0.5亩。耕地主要分布在各村寨小坝子上，类型有水田和旱地两类。

水资源　都柳江由西至东横贯拉揽乡，境内支流密布，溪涧纵横，水资源十分丰富。至2013年，乡内有纯净水厂一个，年生产纯净水100万吨。

林业资源　林地覆盖面积78.676平方千米，林地覆盖率78%。森林覆盖率68%，主要有松、杉等用材林，经济林有油桐、杨梅、楠竹、麻竹等，山间出产兰草和丰富的野生中药材以及多种国家一、二类珍稀动植物。

旅游资源　拉揽乡生态环境优越，自然风光和民族风情相得益彰，旅游资源极为丰富。尧人山国家森林公园、都柳江省级风景名胜区为三都重要的旅游景区。排烧大寨、高寨村是极具保护开发价值的民族文化旅游村寨。境内各民族群众擅长竹木工艺，竹木沙发、凉席、根雕是拉揽乡重要的特色旅游文化商品。

（六）基础设施

交通　清雍正年间，鄂尔泰疏通都江以后，拉揽渡口一直是都柳江航线的要站，是三合出都江、榕江、从江下两广的必经之路。但直至20世纪70年代，拉揽的陆上交通还处在肩挑背驮时代。1974年修通三都至都江公路，拉揽交通闭塞状况得以缓解。2004—2005年对321国道进行维修、扩建并建成柏油路，交通建设得到进一步改善。1995—2008年，先后兴修排烧、高寨、来楼、懂术村入村公路，改善了边远村寨的生产生活条件。到2010年，已实现村村通公路的目标，公路里程48.4千米，其中国道13千米、乡村道35.4千米。

电力　拉揽乡一直以自办小型水力发电为主。2001—2002年实施农村电网改造工程后，全乡5个行政村29个村民小组均已实现电力全覆盖。已建成的白梓桥电站，装机10000千瓦，规模居全县第一。

（七）经济状况

拉揽乡是传统的林业乡，林地多、耕地少，山高水凉，粮食产量低，种植结构比较单一，人民生活水平长期徘徊在温饱线上。21世纪以后，拉揽乡重点打造以尧人山为中心的生态旅游经济带，以尧人山国家森林公园为载体，大力开发挖掘民族生态旅游资源，提高全乡旅游接待水平，将排烧、高寨村列入民族村寨加以保护开发，以独特的民族风情和丰富的苗族文化底蕴为载体，采取“公司+农户”管理模式，大力开发竹木沙发及根雕、苗族工艺品、旅游纪念品等特色产品。2013年财政总收入完成763万元，全乡贫困人口下降到2148人，固定资产投资完成60万元，农民人均纯收入为5103元。全乡所辖5个村全部实现自来水村村通、通电、通邮、通公路。

种植业　拉揽乡主要粮食作物为水稻、玉米、小麦，2013 年全乡粮食总产量达到 2336 吨，比 2012 年增长 0.47%，实现人均占有粮达 463 千克。主要经济作物为油菜、辣椒。主要经果林为板栗、葡萄、杨梅，年产量分别为 10 吨、70 吨、30 吨。2013 年，发展水晶葡萄、杨梅等经果林 1000 余亩。

畜牧养殖业　2013 年全乡大牲畜存栏 517 头，出栏 223 头，家禽存栏 2310 羽，出栏 1210 羽，全乡肉类总产量 81 吨。全乡存栏能繁香猪母猪 1000 余头，林下养鸡 18000 余只。以来楼村为基地，发展散养香猪、林下养鸡、河边养鸭等特色养殖业。

乡镇企业　有 3 家木材加工厂、1 家纯净水厂和 1 家竹业工艺品加工厂。林木加工厂年加工木材 15560 立方米，纯净水厂年生产纯净水 1080 吨，竹木工艺品加工厂自 2007 年建成以来生产工艺品 3000 余件，产值 60 余万元。2010 年乡镇企业营业收入 667 万元，利润总额 54 万元。2013 年乡镇企业产值 130 万元，利润总额 53 万元，固定资产投资完成 160 万元。

（八）教育事业

全乡有完小 1 所，初小 1 个，教学点 3 个，在校学生 400 人，辍学率控制在 1%以内。有教师 27 人，其中大专以上学历 21 人，占教职工总数的 77.8%。

（九）医疗卫生

拉揽乡卫生院 2013 年实有人数 9 人，专业技术人员 8 人。其中，中级职称 2 人、初级职称 6 人，会计 1 人，大专文化 8 人、本科 1 人。卫生院设施有砖混结构房屋 2 栋 24 间，建设面积 575 平方米。医疗设备有电子显微镜、心电图机、产床产包、制氧机、手术刀包、血压计，消毒设备、冰箱、电脑等办公用品。

通过实施新农合医疗改革，群众看病难、看病贵的状况得到较大改善。2013 年度，全乡新农合参合率 90.19%。

（十）重点工程

白梓桥水电站位于拉揽乡境内的都柳江河段，距三都县城 8 千米，为引水式电站，大坝高程 386.5 米，最大坝高 30.5 米，水库正常蓄水位 384.4 米，校核洪水位 384.48 米，装机 10000 千瓦，水库总库容 992 万立方米。工程总投资 6896.26 万元。电站坐落在都柳江省级风景名胜区和尧人山国家级森林公园内，工程任务是以发电为主，兼顾旅游及通航等任务。

（十一）重点村寨简介

排烧村地处国家级森林公园尧人山腹地，海拔约 900 米，森林覆盖率 80%，终年林木葱郁，风景秀丽，气候宜人。全村由两个紧密毗邻的自然寨组成，共有 343 户 1507 人，占拉揽乡总人口的 1/3，苗族人口占全村人口近 90%，是黔南州第一大苗寨，主要有石、吴、罗、席、王等姓氏，其中吴姓已在此定居 20 代以上 500 多年。有耕地面积 1421 亩，其中田 614 亩。2013 年人均占有粮食 480 千克，牛存栏 700 余头，猪 600 多头，土鸡 2000 多只。人均纯收入 4811 元。

排烧村历史悠久，其独特的自然风光与厚重的民族文化组合世所罕见。

（十二）拉揽乡惊现稀世神木“黑宝剑”

2010 年 8 月 30 日，拉揽村村民在本村都柳江河段打捞起一棵巨大的乌木（又名阴沉木），长 14.5 米，直径约 1.2 米，重达 13 吨，是当时国内外罕见的大型乌木，引起震动。阴沉木是一种稀有的碳化木，原木需在极其独特的环境下经历数千甚至数万年的地质演变才能形成，非常珍贵。这棵阴沉木被挖掘出来以前，一直被埋在河沙下，只露出其中一小部分，因其坚硬无比，刀斧不入，村民称之为“黑宝剑”，尊为神木。后来一生意人准备私挖“黑宝剑”，被当地村民阻止。随后村民们雇来挖机吊车，将“黑宝剑”完全打捞出水，并上交国家，在三都县城附近姑鲁产蛋崖景区作保护性展览。

三、打鱼乡

（一）地理位置

打鱼乡位于三都东北部，东与羊福乡、都江镇接壤，南邻拉揽乡，西抵三合镇，北接丹寨县雅灰乡。乡政府驻地距县城20千米，距都江镇15千米，距都匀市106千米。

（二）历史沿革

打鱼乡因乡政府驻地打鱼寨而得名。打鱼寨位于打鱼河与都柳江汇流处，历史上村民多以打鱼为生，故称打鱼寨。清代打鱼为都江厅所辖，民国30年（1941）前为都江县所辖。1966年都江大公社改设都江区，打鱼管理区域设置打鱼公社和盖赖公社。1984年公社改建为乡。1991年9月撤区并乡后，将盖赖乡与打鱼乡合并为打鱼乡。下辖打鱼、来术、岩捞、巫捞、盖赖、河坝、排怪、排抱、打略、平甲等10个行政村76个村民小组125个自然寨。

（三）面积、人口和民族

全乡辖区面积143.8平方千米，其中乡政府驻地打鱼村17平方千米、来术村15平方千米、岩捞村14平方千米、巫捞村15平方千米、盖赖村16平方千米、河坝村14.5平方千米、排怪村18平方千米、排抱村15平方千米、打略村9.3平方千米、平甲村10平方千米。全乡共有2679户12350人，少数民族占96%，其中苗族占57%，水族占30%，布依族占9%。

（四）地理环境

打鱼境内属中低山峡谷地貌，地形起伏较大，极少形成成片坝子，耕地面积5070亩，其中田4284亩、土786亩，人均耕地面积0.43亩。耕地多呈阶梯状分布在海拔400~800米。最高峰为巫瓦山（又称四人轿）海拔1330米。境内属中亚热带温润气候，全年气候温和，年平均气温17.1℃。最冷月为1月，平均最低温度为4.5℃，最热月为8月，平均气温为32.9℃，全年积温为6690℃，雨量充沛，年降雨量在1300毫米以上，无霜天长达320天。适宜于各类农作物和林木的生长。境内河流主要有都柳江、打鱼河和盖赖河（巫虾河），均属西江水系柳江流域，“V”形河谷高度发育，层峦叠嶂，山高谷深。都柳江干流曾为重要出海航道，现只有丰水季节可通航。

（五）资源

矿产资源 矿产资源主要有硫铁矿和硅矿，主要分布在排怪村、打鱼村、排抱村及来术村。

森林资源 打鱼乡土地资源丰富，水热条件好，雨热同季，海拔相对高差较大，适宜于植物生长。全乡森林资源丰富，共有林地面积15万亩，其中用材林8万亩、竹林1万亩，森林覆盖率69.2%，位居全县前列，为三都的林业大乡。

土特产资源 有野生灵芝、斗鱼（三尾鱼）和风流草，其中斗鱼和风流草为打鱼特有。

风景资源 打鱼乡山高谷深，森林茂密，旅游资源丰富。主要风景点有打鱼河与都柳江汇合处的河口大拐弯、巫捞沟口的老虎跳、平甲瀑布、巫崩河的九拐十三弯、河坝的洞坎瀑布等。

（六）基础设施

交通设施 1978年打鱼大桥建成，打鱼乡境内才有第一条公路（321国道打鱼乡境段）。1998年修通盖赖公路，2003年修通排怪村公路，321国道改建油路，打鱼乡交通闭塞状况有了较大改变。2006年“两快”建设实施，有效拉动了打鱼乡村组公路建设，新建来术村公路，改扩建河坝、岩捞两村公路，新建来术、河坝、打鱼三个村六个组的通组公路和生产便道，打鱼乡交通建设有了进一步改善。2008年后，打鱼乡先后改扩建盖赖村公路、排怪村公路，先后新建平甲村公路及排抱村一组、打略村一组、打略村三组、巫捞村三组、巫捞村五组、巫捞村七组、巫捞村八组、巫捞村九组、排怪十组、排怪十一组、来术五组、来术六组、打鱼村6组公路，至2013年，基本实现村村通，全乡76个村民小组中73个村民组已通公路，组公路通达为96%。

电力设施 2001年至2002年，全乡实施农村电网改造工程，全乡10个村76个村民小组全部

2121亩，人均耕地0.43亩。

水资源　坝街地处都柳江出境地带，境内除都柳江干流和坝街河两条较大河流外，还有众多小河，水资源极其丰富，单位面积产水量居全县首位。都柳江横穿坝街乡流出县境，航运、发电潜力大。坝街河流经坝街三个村15个小组，坝辉小河流经两个村6个小组，对沿河地区群众的生产生活具有重要意义。

森林资源　坝街乡山林面积12万多亩，森林覆盖率达84%以上。经济树种有杨梅、板栗、李子、桐籽，土产资源有黑灵芝、木耳、香菇、松毛菌等。杉、松等商用材蓄积量巨大，年出材量可达上万立方米。经过多年来的水土保持和生态环境建设，坝街乡水土流失得到明显控制，植被覆盖度大幅度提高。

2001年开始，坝街乡积极实行退耕还林政策，大规模种植麻竹，以都柳江沿岸及321国道沿线最为集中，共种植麻竹面积7050亩，居全县首位，被誉为“麻竹之乡”。

矿产资源　坝街乡锑矿储量丰富，主要矿区为中明村排介组五坳坡矿山、光明村登沟矿山、高坪村西音矿山等。20世纪八九十年代，锑矿开采成为坝街经济的重要支柱，为坝街经济的起飞奠定了基础。

旅游资源　坝街乡生态环境优美，自然风光和民族风情兼具，旅游资源极为丰富。坝辉的五里江滩、千年古树、犀牛洞，羊瓮村的千年古榕，高坪、光明村的原始森林等，都极具旅游开发价值。坝辉、羊瓮等村寨民族风情氛围浓厚，保存有比较原始的水族芦笙舞、铜鼓舞、斗角舞，羊瓮村的芦笙斗角舞多次在省、州、县比赛中获奖。

（六）经济状况

2013年，坝街乡生产总值4796万元，其中农业总产值3912万元，粮食总产量3754吨，农民人均纯收入4376元。人民生活水平稳步提高，80%的农户购买了彩色电视机，30%以上的农户安装了电话，电饭锅、电磁炉、电冰箱、摩托车等在农村逐渐普及。

2009年全县实施“185”农业产业化工程以后，坝街乡大力推广科技兴农，搞好温室育秧、旱地育秧、宽窄行栽秧及玉米营养袋栽培，加大科技含量，群众科学种植自觉性不断提高。2013年推广良种7200千克，其中水稻4800千克、玉米2400千克，水稻种植4600亩，玉米种植1650亩，蔬菜种植4300亩，核桃种植400亩，葡萄种植200亩。粮食生产实现满栽满插。2013年年末大牲畜存栏数3718头，生猪4957头，家禽39428羽，年内出栏数大牲畜牛761头，生猪5419头，马47匹，家禽49257羽。肉类总产量556.90吨，蛋总产量6.8吨，水产品总产量37吨。

（七）基础设施

交通　依托都柳江航道，历史上坝街水运比较发达，陆上交通长期依靠人力。2001年三都至榕江公路（321国道）通车，改变了坝街乡世世代代依靠水路运输的状况。“十一五”规划以来，坝街大力发展基础设施建设，到2013年年底，坝街、光明、羊瓮、中明、高坪、坝辉村级公路陆续修通，境内公路里程达100多千米，交通面貌全面改善。2010年11月坝街新大桥建成使用，使中断数年之久的两岸交通得以恢复。

电力　以自办小型水力发电为主。2001年实施农村电网改造工程后，坝街乡电网覆盖率达100%，实现了家家户户通电。

水利　至2013年，坝街乡各村寨已解决了基本饮水问题，修复和新建农田灌溉水渠18条18000多米，灌溉面积1000多亩。

通信　2006年，坝街乡第一座移动基站建成；到2013年年底，移动、电信均在坝街建有基站，覆盖率达95%以上。

（八）文化教育

2013年，坝街乡共有中学1所、完小4所、教学点1个。坝街民校为九年义务教育一贯制学校，由坝街中学和坝街小学组成，在职教师 96 人，其中特岗教师 12 人，教师学历达标率 100%。初中在校学生 418 人，全乡小学在校学生人数共计 1590 人。

（九）医疗卫生

坝街乡卫生院前身是坝街乡卫生所，创办于 1975 年。2013 年年底卫生院有在职人员 10 人，病房 3 间共 11 个床位。2013 年全乡新农合参合人数为 10387 人，参合率为 96%，群众看病难、看病贵问题得到极大改善。

（十）集镇建设

坝街乡于 1995 年开始集镇搬迁，引进投资商开发 321 国道旁的荒地，占地 2000 亩。经过 10 多年的开发建设，坝街乡新驻地基本形成规模，乡属各所站搬迁到新办公楼办公。鼓励农户到集镇建房，2013 年年底入住群众达 460 户，小城镇建设发展迅速，集镇功能不断完善。

（十一）重点村寨简介

羊瓮村位于尧人山麓，毗邻尧人山国家森林公园，居都匀—三都—榕江旅游线路中段，距县城 40.7 千米，距乡政府驻地 7 千米，321 国道横穿境内。全村总面积 10.8 平方千米，共有 345 户 1725 人，水族人口 85%以上。森林覆盖率达 98%，生态环境尤其优越。都柳江羊瓮段河道宽阔，水流平缓，河中有黄鱼、白鲤、角角鱼、鲫鱼、油鱼棒、鲢鱼、杨柳条等珍稀优质鱼种。两岸竹林苍翠，古木参天，绿意葱茏，风景秀丽。

羊瓮村保存了古老的水族文化习俗，民族文化氛围浓郁。这里的水族干栏式建筑、马尾绣、铜鼓舞、水歌演唱、端节祭祖，苗族古瓢舞、芦笙舞都具有很强的代表性。羊瓮芦笙表演队曾代表三都县在都匀、贵阳、上海等地演出。

五、巫不乡

（一）地理位置

巫不乡位于三都东北部，地处北纬 25°57′~26°3′、东经 108°9′~108°13′的雷公山腹地，西抵羊福乡，南抵都江镇，东与榕江县三江乡接壤，北与雷山县达地乡毗邻，距县城三合镇 70 千米，距 321 国道 35 千米。

（二）建置沿革和行政区划

出土文物显示，自宋代起巫不就有人类居住。明清时期，境内形成较大的村落，有“七百尧排八百帅，九百门楼千家寨”之说。由于地处偏僻，山高路远，直至 1949 年，巫不的建制归属均比较模糊。1963 年成立巫不乡（股级），隶属都江区。1991 年“建并撤”，巫不乡升为科级乡，成为隶属三都水族自治县的 21 个乡镇之一，辖 4 个村 33 个村民小组。大脑村：辖大脑、怎东、上麻力、下麻力、寨翁、摆药、巫不、巫榜；高尧村：辖高尧一组、高尧二组、高尧三组、高尧四组、排榜、上寨、中寨、排内、九内；尧排村：辖尧排、尧帅、空乃、小寨、巫你、巫井、粟家、姚家、大岭；怎雅村：辖怎雅一组、怎雅二组、乔红、党干、摆松、摆章、田坝。

（三）地理环境

巫不乡属高山深谷地貌，海拔落差大，平均海拔 802 米，最高海拔 1560 米，最低海拔 578 米。全境为比较凉爽的亚热带山地湿润气候，立体气候特征显著。年平均气温 16℃，无霜期 310 天，年均降雨量 1450 毫米。由于森林覆盖率高，蒸发少，空气湿度大，境内海拔 800 米以上的地方常年云雾缭绕。

（四）面积、人口和民族

全乡总面积 60.5 平方千米，辖 4 个行政村 33 个村民小组 46 个自然寨，2013 年共 1185 户 5115 人，农业人口占 90%以上，人口密度为 85 人/平方千米。各村人口数量比较均衡，大脑村 1149 人，高尧村 1363 人，尧排村 1332 人，怎雅村 1276 人。2013 年全乡人口出生率为 10.47‰，人口自然增长率为6.98‰。境内少数民族人口占98%，有水族、苗族、瑶族、侗族、彝族、布依族、仡佬族、汉族等8个民族，其中以水族、苗族、瑶族三个少数民族人口最多，分布呈大杂居、小聚居的格局。

（五）资源

土地资源 全乡耕地面积2343.65亩，其中田2183.65亩、土160亩。人均耕地不足0.5亩。农田均为高山梯田。有天然草场近万亩，发展畜牧业条件优越。境内多数地方适宜种植高山茶叶。

水资源 巫不乡森林覆盖率高，蒸发少，水土保持情况良好，水资源较为充足。境内主要河流有巫不河、高尧河及其支流客中河、巫深沟、姚家沟等。各村寨均有水量较大的溪流，能满足人畜饮水和灌溉需要。2010年特大旱灾期间，巫不成为全县受旱灾影响最小的乡镇。

林业资源 全乡森林面积37.1平方千米，森林覆盖率高达73%，主要经济树种为杉木、楠竹。原始森林面积较大，绵延几十里，以大营坡、党益一带保护最为完好。原始森林中有野生动物近200种，有楠木、红豆杉等多种珍稀树木，以小叶红豆杉最为珍贵，主要分布在乔红、排榜、党干、九内等村寨的深山中。境内有野生八月竹、蕨菜近万亩，野杨梅、百花木近万株，天然绿色农产品极为丰富，可开发和利用的主要有八月笋、杨梅、楠竹笋、蕨菜、香猪、土鸡（以乌骨鸡为主）和稻田生态养鱼等，高尧、排榜一带野百合产量大，极具开发价值。

矿产资源 境内主要有锑矿、铁矿等矿藏。已经探明锑矿储量约120万吨，生铁矿储量约80万吨，主要分布在大脑村怎东组到高尧村党益片区一带，尚未开发利用。

旅游资源 巫不乡气候凉爽，山清水秀，风景优美。境内多高山沟谷、瀑布溪流，终年水声潺潺，空气清新，是典型的天然氧吧，有“三都凉都”之称。自然风光是巫不乡最具优势的旅游资源，有茂密的原始森林、迷人的万亩山花、苍茫的云海，还有南方罕见的雾凇奇观。巫不历史悠久，文化遗存丰富，出土文物以铜鼓较多。民间传统工艺品有织锦、蜡染、刺绣、银饰等，民族乐器有芦笙等，还有芦笙舞等民间舞蹈。

（六）经济状况

林业是巫不乡传统的主要经济支柱，农业基础薄弱，结构单一，经济发展缓慢。改革开放以后，巫不乡林业和香猪产业有了一定发展，巫不香猪已经具有一定的知名度。2013年，巫不乡国内生产总值4447万元，比1991年增长5.99倍，比1981年增长15.12倍；乡镇企业总产值470万元，比1991年增长5.53倍，比1981年增长12.2倍；农业总产值2002万元，比1991年增长3.32倍，比1981年增长6.94倍；粮食总产量2634吨，比1991年增长266%，比1981年增长318%；农民人均纯收入5037元，比1991年增长13.5倍，比1981年增长38.4倍。是贵州省100个一类贫困乡之一。

种植业 2013年完成水稻种植6300亩，产量1556吨；玉米播面1200亩，产量506吨；土豆种植1600亩，产量302吨；小麦2000亩，产量270吨。粮食总产量达2634吨。商品蔬菜620亩，产量230吨。油菜1900亩，产量168吨。

畜牧养殖业 2013年大牲畜存栏2295头，出栏539头；生猪存栏4657头（母猪1460头），出栏6315头，肉类总产量428吨。水产总产量66.8吨。其中，稻田养鱼1650亩，产量30吨；池塘养鱼9.8亩，产量22.6吨；河滩养鱼7亩，产量14吨。家禽饲养量达49235羽，年末出栏91435羽。

劳务输出 2013年巫不乡输送劳动力630人，其中自发输出450人，有组织输出180人。全年共实现劳务输出经济收入360万元。劳务输出已成为巫不乡农户增收致富的重要渠道之一。

（七）基础设施

交通 随着2008年“两快”的建设，巫不乡的公路网结构进一步得到优化，从根本上改善了巫不乡的交通条件。通往雷山县达地乡和榕江县三江乡的出境公路以及县内羊福乡公路已全部开

通，村通公路率达100%，组通公路率达100%，公路里程达158千米。

水利电力　人饮工程进一步完善，组通自来水率100%。全乡4个村33个村民小组46个自然寨均已通电，电力覆盖率达100%。巫不民校至移民新村桥之间，建有800米长防洪堤。

（八）教育事业

2013年，有九年制义务教育学校一所（巫不民校），设学前班、小学和初中部。村校四所：高尧小学、大脑小学、怎雅小学、尧排小学，均仅有小学一年级至二年级。2013年全乡学生数663人，教学班26个，其中中心校16个班、村校教学点共8个班。专任教师43人，师生比为1∶15。全乡小学适龄儿童442人，入学442人；中学221人，入学221人。

（九）医疗卫生

巫不乡卫生院建立于2000年3月，由原卫生院和疾控中心合并而成。2013年有正式在编职工8人，其中初级职称2人（具有执业医师资格）、医士1人、未定职2人、药剂专业2人、会计1人。2007年省卫生厅配套一台X射线照光机和一台B超机，2011年上级部门配送一辆救护车，医疗设备严重缺乏。2013年建立村级卫生室3个，分别为大脑村、怎雅村、尧排村，高尧村未建立。每年开展3次村级免疫例会培训，免疫巡回督导6次，疟疾巡回督导10次。2011—2013年卫生院年平均就诊人数3340人，逐渐改善了群众看病难的问题。2012年全乡参保4650人，参保率达96.76%。

（十）巫不香猪

巫不香猪为珍稀微型猪，具有皮薄肉细、肉质细嫩、脂肪洁白、多吃不腻等优点。该猪腿短肚子大，俗称冬瓜猪。生长缓慢，周岁龄在35千克左右，最大不到40千克。巫不香猪猪肉蛋白质、氨基酸、钙、磷含量高，脂肪含量及热量低，营养成分全面。由于肉质鲜美，烹调时不用添加任何佐料也香气扑鼻，素有“一家煮肉四邻香”之美誉。

（十一）500岁红豆杉

巫不乡怎雅村乔红寨有一株生机勃勃的巨型绿树，当地群众称之为老鼠杉，被视为神树而受到村民的崇敬和保护。这棵大树树龄500多年，高约25米，树冠面积500多平方米，胸围6.2米，最大胸径1.9米，需四人才能合抱。经林业部门鉴定，它就是被誉为“植物大熊猫”的国宝级珍稀树种——红豆杉，又名紫杉，为第四纪冰川孑遗植物，生长速度缓慢，再生能力差，是珍贵的观赏树种和高度珍稀的天然抗癌植物，为国家一级保护植物。

六、羊福乡

（一）地理位置

羊福乡位于三都东北角，地处雷公山腹地，北接丹寨县雅灰乡，东北连雷山县达地乡，东与巫不乡接壤，南面与都江镇交界，西面与打鱼乡毗邻。乡境东西宽10.8千米，南北长10.2千米，总面积56.4平方千米。距县城60千米。厦蓉高速和贵广高铁横穿羊福乡境内。

（二）建置沿革

1962年羊福乡公社成立，驻羊福组，1983年8月羊福公社改为羊福乡，辖都江区；1991年“建并撤”后，原羊福乡的行政区域未变，乡政府驻达荣村，辖6个村42个村民小组。

达荣村：辖羊福组、达荣组、上达洛组、下达洛组、羊告组、小寨组、同马组、岩寨组、王度组；排外村：辖上排外组、下排外组、高潮组、党卡组、洗洋组；羊甲村：辖昔东组、昔敌组、上羊甲组、下羊甲组、上甲度组、下甲度组、下从组、排摛组；孔荣村：辖孔荣组、排引组、高敌组、也吉组、党你组、老从木组、新从木组、石板组；小昔村：辖党虾组、上乌拉组、下乌拉组、老长沟组、新长沟组、上火烧组、下火烧组、小昔组；里勇村：辖一组、二组、三组、四组。

（三）面积、人口和民族

羊福乡土地面积为56.4平方千米。截至2013年年底，共有1845户7790人。在总人口中，水族占62%，苗族占36%，其他民族占2%。境内共有潘、韦、王、杨、李、龙、刘、吴、张、石、陆、白等12个姓氏。

（四）地理环境

地形地貌 羊福乡全境地势东高西低，东部海拔在1000~1400米，占总面积约2/5；西部海拔600~1000米，约占总面积3/5。最高点为东南角的乌扫坡主峰，海拔为1536.5米；最低点为猴子河出境处，海拔为580米。全乡平均海拔900米，乡政府驻地海拔780米，均为全县之冠。境内有三条河流，大致由北向南汇入猴子河后流入都柳江，河床狭窄，切割强烈，为典型的山地河谷地貌。

气候 羊福乡属比较凉爽的中亚热带湿润气候，气候温和，雨量充沛，水热同季。受海拔和地形影响，山地垂直气候特征显著，昼夜温差较大，年日照时数比都柳江河谷地区少14%左右，属全县最低值区。灾害性天气主要为倒春寒。

（五）资源

土地资源 全乡总土地面积8.4万亩，约80%的土地坡度在16~25度，约20%的土地坡度在25~30度。2013年有耕地面积3740亩，其中稻田2940亩、旱地800亩，人均耕地面积0.45亩。传统上以水稻种植为主，稻田多为梯田和“腰带田”，土壤为酸性的淹育型水稻土，田块小，土层浅，肥力低。由于山高坡陡，种植业生产条件差，光照不足，农作物产量低，至2013年仍有部分农民粮食不能自给。

水资源 羊福乡有三条较大的河流，主要靠降雨补给，水量比较充沛，但季节变差大。水资源总量大大超过生产生活用水需求量，但由于缺乏塘、库，除少数田间拦储外，绝大多数降雨迅速变为地表径流，水资源利用率低，2/3的稻田无保灌条件。

林业资源 2013年有林业用地77467亩，占土地总面积的71%，其中有林地54720亩、无立木林地1655亩、宜林地8441亩。在林业用地中，生态公益林地23813亩、商品林地53654亩、国有林地3167亩、集体林地993亩、个人林地73307亩。境内森林覆盖率54%，原始森林面积较大。主要树种为松、杉，珍稀物种有楠木、红豆杉、兰花草等；灌木林资源丰富，畜牧业资源条件较好，适宜大规模发展肉用山羊。

矿产资源 有铁、锡、铅、铜、锌等，尚未进行开采。

土特产资源 羊福乡拥有野生杨梅、楠竹、八月竹、蕨菜面积上万亩，土特产资源有香猪、野山羊、杨梅、葡萄、辣椒、花椒、黄瓜、麻竹、楠竹、土鸡等。以巫不香猪为主的山地绿色食品，远销省内外，供不应求。

旅游资源 羊福乡地处雷公山腹地，风景优美，生态和历史遗迹保护较好。风景资源主要有猴子河原始森林保护区、登荣瀑布景区。猴子河原始森林保护区河谷深切，古木参天，藤蔓缠绕，为县内最大的野生猕猴栖息地。

羊福崖墓为元、明时期“清江苗”（即炕骨苗）墓穴，位于羊福乡政府驻地附近。在河岸三四十米高的崖壁上共有200余座墓穴，以达洛寨西侧一带的40余座最集中、最完好，分布范围长约700米。棺木用柏木做成，全部以凹凸榫固定，不着一钉一铆。羊福崖墓是研究贵州少数民族历史的珍贵文物，1988年被列为省级文物保护单位。

羊福乡拥有独特的水苗杂居文化，民风淳朴。水族、苗族村寨大都依山傍水，吊脚木楼突显亭台楼阁，雕刻勾画工艺精美。传统民族节日有水族端节和苗族吃新节等，跳月、赛马、斗牛、斗鸟是最主要的节庆活动。民间艺术有铜鼓舞、芦笙舞等。

（六）经济发展

由于历史、地理、文化等诸多因素制约，羊福乡经济社会发展缓慢，在新阶段扶贫开发中被列为贵州省一类重点扶贫乡。全乡有一类重点扶贫村4个，二类扶贫村3个。进入21世纪以后，羊福乡得到了省、州、县的高度重视和大力帮扶，对羊福乡的基础设施、种养业及技术培训等项目共投入2132万元，人民群众的生产生活条件得到了极大改善。2013年全乡实现国内生产总值7332万元，其中农业总产值完成5300万元、工业总产值完成410万元，比2012年增长13.2%。农民人均年纯收入5047元。

种植业 2013年羊福乡完成农作物播面6300亩，其中水稻3000亩、玉米2000亩、小麦1200亩、油菜1500亩、蔬菜2500亩、其他1000亩。推广两杂良种达98%，水稻规范化栽插500亩。有近150亩旱田改种玉米、红薯、大豆。2013年粮食总产量2300吨，其中水稻2141吨、玉米453吨、小麦106吨；主要经济作物油菜、辣椒、大豆产量分别为85吨、18吨、14吨；主要经果林葡萄、板栗、翠冠梨产量分别为15吨、7吨、6吨。

畜牧养殖业 2013年全乡生猪存栏3342头，出栏3086头；牛存栏1923头；马存栏186匹；禽存栏1.5万羽，出栏2万羽；水产品存栏5吨；兔存栏180只。达荣村、孔荣村、羊甲村9个养羊示范户养殖山羊400只，里勇村和排外高潮组种草养鹅3000羽。

（七）基础设施

交通 1998年之前羊福乡没有公路，人民群众出行全靠步行。1998年，都江至羊福公路竣工通车；2006年10月，都江至羊福油路正式开工建设。到2013年年底，借助“两快”建设的机遇，完成全乡6条通村公路建设，以及排引、孔荣、王度、巫拉下从、党卡洗洋、岩寨、同马、排外上下组8条通组公路建设，建成羊福至达地、羊福孔荣至巫不乔红2条通乡公路，实现了村村通公路的目标，并完成5个村18组道路硬化8246平方米。公路里程超过74千米。

电力设施 2001—2002年实施农村电网改造工程，全乡6个村42个村民组全部通电。2007年通过招商引资建成猴子河电站，丰富的水能资源得到进一步开发。

水利设施 改革开放后，羊福乡水利基础设施建设发展迅速。修建羊甲村下从组、上甲度组、下甲度组和达荣村达荣、羊福组5个组的人饮工程，解决262户1074人2200头大牲畜饮水困难的问题。到2013年，除孔荣村两个小组外，6个村基本上用上了自来水；投资65万元修建羊甲村、里勇村和孔荣村三面光渠道各一条，修建达荣村、小昔村和排外村三面光渠道各两条。

（八）教育卫生

2013年，全乡共有学校及教学点4个，在校生936名，正式教职工53名，代课教师5名，适龄儿童入学率100%，初中入学率100%，全乡“普九”人口覆盖率100%。

羊福乡设有卫生院一个，村卫生室6个，村卫生员共6人。羊福乡卫生院建立于1962年，全院医务人员共10人，其中执业助理医师3人、医士7人。2009年10月建成卫生院综合大楼，面积328.6平方米，有200毫安X光机、高压消毒锅、心电图机、B超机等医疗设备。

（九）贵州山沟里的保尔·柯察金——陆永康

电影《火凤凰》的原型——羊福乡民族学校教师陆永康，羊福乡孔荣村人，出生9个月时因小儿麻痹症导致双腿膝盖以下肌肉萎缩，不能直立行走。20岁时他成为一名小学民办教师。在36年的教书生涯里，他日复一日跪着给学生上课，年复一年跪着走村串寨去家访。1985年6月，陆永康加入中国共产党。

2006年3月，中宣部决定将陆永康老师作为全国重大先进典型进行集中宣传报道，新华社、《人民日报》《光明日报》、中央电视台等国家级媒体相继报道了他的先进事迹，在全国各地引起了强烈反响。他先后多次得到省、州、县、乡的表彰，获得了2006年贵州省“五一劳动奖章”、2006年全国优秀共产党员、全国师德标兵称号，被推荐为CCTV感动中国2005年度人物候选人。电影《火凤凰》公演后，陆老师的事迹再次引起轰动，时任中共贵州省委书记石宗源称赞陆永康老师是贵州山沟里的“保尔·柯察金”。

2008年6月，陆永康被推选为奥运火炬手，参加了北京奥运火炬在贵阳市的传递活动。2009

年，61岁的陆永康老师被评为“全国自强模范”，并光荣退休。

第三节　南片区乡镇

一、中和镇

（一）地理位置

中和镇位于三都中南部，南接三洞乡，西与塘州乡相连，北抵水龙乡，省道206公路穿境而过。镇政府驻地中和村，坐落于姑鲁产蛋崖景区和水各卯文化风情园之间的旅游线上，海拔720米，距县城27千米。

（二）建置沿革

中和历史悠久，唐代为婆览县辖地，明代为烂土司边地，清代归三脚屯州同，民国先后属三合县、三都县。中华人民共和国成立后，先为水龙区（驻水龙乡），20世纪70年代初区公所搬迁到中和乡，改称中和区，下辖水龙乡、地祥乡、安塘乡、塘州乡、中和乡5个乡。1991年实行建镇并乡撤区后，中和乡（含原属水龙乡西洋村）撤并建为中和镇。

“中和”一名由中寨、和寨各取一字合成。解放初，中和乡驻地在中寨，“大跃进”时期公社所在地设于河寨，各取这两个寨子第一个字组成“中河”，后又因该村发生几次大水灾，遂改“河”为“和”，称“中和”。

2013年年末，中和镇共辖中和、务朝、姑劳、甲化、西洋、松寨、庙良、拉旦、庞寨、姑坡、姑引11个行政村11个村民委员会70个村民小组56个自然寨。

中和村：辖河寨、大寨、中寨、甲歹；姑引村：辖上辉、下辉、姑引、下新寨、上新寨、上八猫、下八猫、朋丁、林场、石鼓寨；庞寨村：辖板郎、庞大寨、抵刚、勇寨、板新；松寨村：辖松寨、棒寨、郎寨、姑勇、姑街、梅下、立场、雅青、明寨、雅界；拉旦村：辖拉旦、班来、小台、大台、水等、东摆；姑坡村：辖班狂、班懂、班靠；姑劳村：辖务丙、梅海、底归、班化、姑正；务朝村：辖高朝、的外、雅引、板鸭、甲两、务朝、竹毫、干成、姑良、姑其、姑要；庙良村：辖板庙、板良；甲化村：辖姑仲、务班、甲化、务九；西洋村：辖丘寨、的则、西洋、班剪、班言。

（三）面积、人口和民族

全镇总面积81.6平方千米，2013年总人口13752人。其中，农业人口13328人、非农业人口424人，男7279人、女6473人。人口密度为每平方千米169人。在总人口中，劳动力9413人。中和镇是三都水族自治县水族主要聚居地之一，水族占全镇总人口的99.9%。镇境内主要有石、杨、陆三大姓氏。

（四）地理环境

中和镇地势西高东低，海拔在460~780米，西面的高山区植被较少，以矮小灌木为主，间有松杉，土壤较为贫瘠；东部低山区以松杉木为主，土质较为肥沃。以酸性黄壤和富含钙质的石灰岩为主。年均降雨量在1350毫米，年均气温17.5℃，无霜期在270~300天。境内主要河流有从塘州乡流经水坪村—西洋—中和的中和河、三洞流经雪花洞—姑引—中和的中和河、水龙乡流经科寨—松寨—立场河、拉旦村的的森河等，最后均汇入坝街河。野生水产有蛇鱼、角角鱼、鲶鱼、鳝鱼、泥鳅、河蟹等。

（五）资源

耕地面积8512亩，其中田6012亩、土2500亩；粮食作物以水稻、玉米、小麦为主，经济作物以油菜为主。主要农特产品有香米、辣椒、花椒、木姜油。

2013 年年末全镇有林地面积为 4782. 18 公顷，森林覆盖率为 63. 37%。

矿产资源较为丰富，主要有中和村的钼矿、赤铁矿，拉旦村的重晶石、无烟煤、铅锌矿、赤铁矿，姑劳村的锑矿，姑坡村的铅锌矿，松寨村的煤矿、铅锌矿，西洋村的赤铁矿。

旅游资源丰富多彩，主要有拉旦村的的森河峡谷自然风光、石鼓寨民族村、中和瀑布、姑引村马尾绣工艺等。的森河峡谷位于中和镇拉旦村东南部，全长 10 千米，重峦叠嶂，水质清澈，植被保存完好，物种丰富。中和瀑布位于拉旦河上游山谷中，距镇政府驻地约 3 千米。属三级台阶式瀑布，每级间距离约 30 米，总高度 80 余米。河水奔泻而下如白帘飞挂，飞溅的水珠似云雾弥漫，两岸林木郁郁葱葱，瑰丽多姿，曾作《人民画报》封底风光照片。

中和镇是水族马尾绣艺术发源地之一，黔南州“水族马尾绣艺术之乡”。姑引村是省文化厅命名的“国家级非物质文化遗产——水族马尾绣技艺传承基地”。

（六）经济发展

中和镇是传统农业镇，由于历史、地理、文化等原因，农业发展相对滞后。2009 年以后，中和镇积极调整农业产业结构，大力实施“185”农业产业化工程，发展水晶葡萄种植、种草养鹅、林下养鸡、规模养猪等。2013 年全镇生产总值完成 6060 万元，比 1998 年增长 211. 1%；农民人均纯收入 3972 元，比 1998 增长 233. 5%；财政收入 58. 9 万元，比 1998 年增长 81%；粮食总产量 4612 吨，比 1998 年增长 26. 5%。

养殖畜牧业　2013 年，在中和村、姑引村和庙良村新增种植水晶葡萄 500 亩，全镇水晶葡萄种植达 800 余亩；在中和村、松寨村、务朝村和姑劳村共实施规模林下养鸡 7 户，年产值 126. 4 万元；建成“185”田 1000 亩，其中稻（鱼）—草（鹅）100 亩、稻—菜—菜 400 亩、油菜高产示范种植 500 亩。2013 年年末，中和镇有规模 10 头以上的养牛户 10 户，养猪规模 50 头以上的 4 户，200 头以上规模养猪场 1 户。年末大牲畜存栏 6032 头，大牲畜出栏 1201 头；生猪存栏 5490 头，出栏 2883 头；家禽出栏 6356 羽。肉类总产量达 340 吨（牛肉 37. 7 吨、猪肉 282. 9 吨、家禽 19. 4 吨），禽蛋总产量 3. 71 吨，水产产量为 91. 7 吨。畜牧业总产值 243. 36 万元，渔业总产值达 108 万元。

劳务输出　中和镇劳动力资源丰富，外出务工人员较多。2011 年，外出务工 2275 人，其中跨省就业 1366 人，外出前接受培训 120 人，劳动部门有组织输出 430 人。外出务工收入 1655 万元。外出务工收入占全镇人均纯收入的 17. 5%，成为农村经济收入的重要来源。

乡镇企业　中和镇工业项目有拉旦铅锌矿、姑劳锑矿、西洋铁厂、中和电站、雪花洞砖厂、木材加工厂等。

（七）基础设施

2013 年，实现村村通公路的目标，全镇公路总里程 74 千米，其中省道 4 千米、县道 1. 5 千米、村组公路 68. 5 千米。村民小组通车率达 95. 7%，寨内道路硬化率 78%，群众的生产生活条件得到较大改善。

电力　国家电网覆盖中和镇 11 个行政村 70 个村民小组，通电率 100%。

水利　中和镇因受地理、地势限制，工程性缺水比较严重。“十一五”期间，完成了西洋渠道和中和村远项、远丙水渠建设，完成镇政府驻地、姑劳、姑引村等 7 个村 31 个组的人畜饮水和灌溉沟渠工程。

2013 年年末，有邮政网点 1 个，投递路线单程总长 27 千米，投递点 1 个，乡村通邮率 100%；全年投递国内函件 1. 5 万件，征订报纸、杂志 0. 6 万册，业务收入 12 万元（含中和镇、水龙乡、塘州乡）。2013 年有线电话用户 1200 多户，互联网用户 130 户，手机信号覆盖各村。

（八）文化艺术

1983 年，中和镇只有 17 部黑白电视机，只能收看雷公山发射的 11 频道电视节目；到 1993 年，全镇拥有 725 部彩色电视机。进入 21 世纪以后的村村通，为人民群众精神文化生活多样化发展奠定了基础，尤其是2010年前后，全镇11个行政村都有地面卫星接收设备和远程教育设施，极大丰富了人民群众的文化生活。

民族文化遗产的保护传承。中和镇于2007年成立了“马尾绣艺术品协会”，会员由组建之初的67人发展到2013年的440人，会员中有高级工艺师10人、中级工艺师30人、初级工艺师155人。游客到中和，可参观民族风情、欣赏工艺表演、选购民族商品，民族文化遗产的保护开发逐步走上产业化、规模化道路。

（九）教育事业

中和中学前身是水龙农业中学，创建于1964年8月，面向全县招生。1978年升格为完全中学，1981年8月转为初级中学，1998年8月更名为“三都水族自治县中和中学”。2013年开设教学班11个，在校生648人，入学率100%，水族学生占98%以上。有教职工42人，专任教师42人，大专以上41人。高级技术职称1人，中级技术职称11人，初级技术职称30人。

2013年，中和镇有完小4所（中和、甲化、拉旦、松寨），教学点6个（姑引、庞寨、西洋、姑坡、姑劳、妙良），共44个教学班，在校学生1582人，在职教师73人。2013年，小学阶段入学率为100%，巩固率99.94%。

中和小学创建于1954年，学校占地面积6109平方米，建筑面积3203平方米，在校学生人数682人，其中女生333人，开设14个教学班。学校有小学高级教师17人，小学一级教师11人，小学二级教师6人。

（十）医疗卫生

中和镇卫生院即原中和区人民医院，创办于1970年，2013年有医护人员17人，病房3间、病床10张。主要设备有：新型X线照光机1台、心电图机1台、尿液分析仪1台、黑白超声机1台、洗胃机1台、产床1台。新型农村合作医疗参合率已达96%以上。

（十一）村镇建设

2003年后，中和镇先后实施三批以工代赈易地扶贫搬迁工程，共搬迁169户797人，总投资761.06万元，其中国家以工代赈资金377.84万元、省补助100万元、地方配套及群众自筹283.22万元。至2013年已完成工程量的98%，建成移民住房169栋，综合市场1座600平方米，道路硬化8628平方米，修建人行道3944平方米，安装输电线路1118米，输水管网2200米，排水沟2200米。

（十二）重点村寨简介

姑引村石鼓寨建于2002年，为异地移民搬迁建成的新村。新村环境优美，设计古雅，36栋房屋建筑均为水族干栏式木瓦结构，房屋建筑极具水族特色。村口建有高5.5米、宽8米的石寨门，寨内道路、房屋规划科学，设有群众活动场和民间文化活动中心，其中一个重达5吨的石鼓格外引人注目。

二、周覃镇

（一）地理位置

周覃镇位于三都南部，地处三都至荔波公路、三都至独山公路交会处，距三都县城49千米，距荔波县城35千米，距独山县城57千米，东邻九阡镇，南接荔波县，西连廷牌镇、恒丰乡，北界三洞乡。东西最宽14千米，南北最长28千米，是三都南片区中心乡镇。

（二）建置沿革和行政区划

周覃在清代改土归流之前属广西庆远府荔波县，清雍正十年（1732）荔波县改属贵州都匀府，周覃也随荔波县划归贵州省。1957年成立三都水族自治县，因荔波北部周覃区（含周覃、九阡、三洞、廷牌、恒丰四乡）水族人口较多，划归三都水族自治县管辖。1958年11月成立周覃公社，

1962年年底恢复周覃区建制。1984年10月撤销周覃乡，建立周覃镇；1991年9月，撤销周覃区，将水东乡的板引、的查、板党、水蒙、新各村划归周覃镇；2010年周覃镇将三院村和场坝村合并为新荣村，将和周村上和周组并入播花村，将和周村下和周组并入三江村。此后至2013年周覃镇下辖新荣村、水蒙村、板料村、板引村、的查村、板党村、洞览村、新各村、板光村、水便村、播花村、新合村、三江村、拉近村、水备村共15个行政村128个村民小组。

（三）人口和民族

至2013年，周覃镇共有18535人。镇境内居住有布依族、水族、汉族、壮族、苗族、彝族6个民族，布依族人口占54%，水族人口占45%，其他民族人口占1%。新荣村、播花村、水便村、三江村、洞览村、拉近村、新合村、板料村、板光村使用布依族语言，水蒙村、板引村、的查村、板党村、新各村、水备村使用水族语言。通用汉语。各村寨均保留浓厚的民风民俗。

镇境内有韦、覃、周、吴、陈、岑、潘、梁、何、谢、甘、杨、曹、龙、苏、钱、张、徐、刘、王、余、金、柏、唐、李、贲、陆、赵、蒙、白、胡、卢、谭、程、石、伍、沈36个姓氏。

（四）地理环境

地处三都至荔波古褶陷背斜处，地层受构造的影响而皱断裂，属于低山丘陵地貌类型，平均海拔720米。境内气候温和，雨量充沛，雨热同季，属亚热带湿润半湿润气候区，年平均气温17.4℃，≥10℃积温4755.3℃，年日照1210小时，无霜期220天，热量可满足农作物一年两熟，年降雨量1200毫米。

（五）资源

土地及水资源 周覃镇土地总面积153.8平方千米，耕地面积10041亩，其中稻田8571亩、旱地1470亩，农民人均占有耕地0.68亩，主要分为坝子田、槽谷田和梯田三种耕地类型。坝子田主要分布在威农坝区（3000余亩）的新荣、板光、拉近、播花等村寨，是黔南州最大水库——芒勇水库的主灌区，是全县主要产粮地之一；槽谷田主要分布在板料、水便、板党、的查等村寨；梯田主要分布在三江、洞览、板引等村寨。境内主要河流有水东河、水便河、水令河，均属樟江水系。

林业资源 林业用地为134151.9亩，其中有林地40050亩。在林业用地中，商品林地8000亩，国有林地3000亩，集体林地1000亩。在有林地中，以马尾松、杉树、板栗为优势品种。活立木龄组构成中，以中龄林为主，幼龄林次之，成熟林较少。

矿产资源 有赤铁、褐铁、汞、锑、铅、锌、锡、铜等矿种。水便村铁矿石、三江村木纹石已探明开采。动植物资源有野山羊、野猪、野兔、山鸡、桉树、油杉、红豆杉、倒鳞木、水楠木等近百种，药材有300多种。

土特产品 有周覃糯米酒、土花布、蜡染、香米、板栗、辣椒、水东花椒。周覃布依土花布是当地布依族妇女采用优质棉花，用原始的纺车和织布机，经九道工序纯手工制成，是三都久负盛名的原生态纺织品。周覃土花布床单，工艺精湛，质地优良，格子或条纹图案古朴典雅，具有较高的使用价值和收藏价值，1985年成为出口商品。

旅游资源 有三江瀑布风景区、三江犀牛潭、水备塘峡谷、拉比凉自然风光、布依族小年节、布依族风情刷把舞、水东端节、和周娘娘节、水便隐佛石、播花地主庄园等。

（六）经济发展

周覃镇是传统的农业大镇，进入21世纪以后，逐步进行农业产业结构调整，着力建设优势农产品产业带。根据各村资源优势，把全镇划分为三个区域：威农大坝区、梯田低山丘陵地区和高山地区。威农大坝区重点发展无公害蔬菜，梯田低山丘陵地区种植优质水稻，高山地区重点发展经济作物。2013年，周覃镇实现国内生产总值1.74亿元，同比增长15.6%，财政收入210万元，同比增长15.6%。粮食总产量9147吨，比2012年的8141吨增加12.3%，农民人均纯收入5910元，畜牧业总产值2840万元，乡镇企业、非公有制经济总产值完成6505万元。

畜牧业以猪、牛、马和家禽为主。进入21世纪后，在全镇范围内推广二元母猪养殖。至2013年，全镇共有养殖大户26户，其中养鸭1户、蛋鸡场1个、立体综合开发养殖3户、林下养鸡9户、养羊2户、养猪8户、养兔1户、养牛3户。新各村的种草养鹅项目起步早，规模大，在县内有一定影响。2013年全镇生猪饲养量8221头，年末存栏8020头；牛饲养量5346头，年末存栏1246头；家禽饲养量25864羽，上市家禽20125羽；马存栏1254匹。2013年生产肉类865吨，水产品产量95吨；畜牧业总产值2840万元，占农业总产值的29.1%。

周覃镇依托本地的石材、水能、农畜产品、木材等资源和交通区位优势，发展工业经济。进入21世纪以后，金鸟木业、瑞通石材厂、闽泉石材厂、贵覃木材厂、树森木业、绿源公司等企业纷纷落户周覃，取得较好的经济效益，既解决了农村富余劳动力的就业问题，又成为周覃镇财政税收的重要来源。

2013年，全镇劳动力11300人，富余劳动力4100人，在外务工4600人，其中跨省就业3500人，外出前接受培训350人，劳动部门有组织输出80人。外出务工收入5800万元，成为农村经济收入的重要来源。

（七）基础设施

交通　2006—2007年，三都至荔波油路和周覃至打显油路相继竣工，使周覃作为县境南部交通枢纽的地位更加突显。2010—2013年，通过“一事一议”财政奖补项目，共投资317.21万元完成板光、播花、拉近、水备村、水蒙村、三江村等村组公路硬化和板引、拉近村文体活动场所建设等；新建和维修了三江、播花、板光、拉近、新荣、水备、洞览、板料、水蒙、板引、的查、板党等村组道路，部分村组进行了寨内道路硬化，争取到项目资金202.5万元，完成了成岭至水东的水泥路，至2013年周覃镇所有村组均已通路。

电力　镇境内建有110千伏及35千伏变电站各1座，水电站2座（拉号电站、拉也电站，装机容量400+320千瓦，年发电量370万千瓦时）。

通信　移动、联通、电信网络信号覆盖全镇，调频广播覆盖全镇15个村。

水利　1999年，芒勇水库完工交付使用，周覃成为该水库的主灌区，灌溉水田面积达3500亩，建有日供水量为350立方米的自来水厂1座，基本解决了周覃镇的主要农田灌溉以及人畜饮水等问题。

集镇建设　周覃镇地处三都至荔波、三都至独山公路交会处，交通便利，是三都南片区中心乡镇。随着基础设施建设力度逐步增大，周覃集镇功能不断完善，逐步凸显示范小城镇特色。2012年被列入省100个示范小城镇。

（八）教育事业

周覃镇对教育投入的力度逐年加大，尤其是2004年启动寄宿制教育、2007年通过“两基”验收以后，教育各项基础设施逐步完善。至2013年，周覃镇初中共有18个教学班，学生数766人，住校生665人，毛入学率为100%。小学共有45个教学班，学生数1604人，适龄儿童入学率为100%。全镇有中学专任教师57人，其中本科学历46人，大专学历11人，学历合格率100%。小学教师86人，其中本科学历9人，大专学历61人，中师（中专）学历15人，学历合格率100%。

（九）医疗卫生

至2013年，周覃镇中心卫生院有职工24名，全部为专业技术人员，其中中级职称3人、初级职称21人，设有40张病床。2013年周覃镇参合人数达96%以上，三江、拉近、板引、板料、水备、水便、播花、新各、洞览、的查等10个村卫生室建成，镇村两级医疗网络逐步完善。

（十）重点村寨简介

板光村　板光村距镇政府所在地0.5千米，属三都、荔波、独山三县公路交会处的行政村之一，交通便利。板光村是周覃镇最大的布依族村寨之一，民族风情浓厚，自然环境优美，全村共

246户1157人，观光内容有布依人家、布依族服饰、布依族刷把舞等。全村有耕地面积519.5亩、荒山草坡3600亩、山林1200亩、经果林2000亩，种养业发达，年出栏生猪900头以上。2013年人均纯收入5640元。全村已修建沼气池45口，实现了水、电、路三通，板光大寨路面已全部硬化，入村大道安装有路灯。

拉近村 拉近村位于周覃镇南面，总面积11.3平方千米，辖8个村民小组，292户1258人，布依族占85%以上，劳动力人口910人，2013年人均纯收入5432元。该村地处威农大坝现代农业示范园区，传统农耕经济基础较好。主要支柱产业为种养业、手工纺织业，种植以经果林、蔬菜为龙头，养殖以养牛、养猪为亮点，户均养牛二头、母猪二头。布依族土花布、周覃米酒、三元仔猪是拉近村重要的特色产品。

三、九阡镇

（一）地理位置

九阡镇位于三都南部，地处北纬25°32′~25°44′、东经107°59′~108°90′的月亮山腹地，东与榕江县水尾乡相接，南以水昔河与荔波县为界，西抵周覃镇，北抵扬拱乡。镇政府所在地距离三都县城65千米，距荔波县城30千米。九阡镇是中国水族地区最具代表性的中心乡镇之一，是水族卯节的发源地，九阡酒和九阡李的故乡。

（二）历史沿革

九阡，水族语言译为“九仙”，即九个仙女居住之地的意思。传说曾有九个仙女到九阡游玩后分别居住于九阡坝四周，庇佑当地水族乡亲。

九阡古称九阡里，原属荔波县。九阡在秦代为象郡毋敛县地，唐贞观年间属婆览县，唐开元、天宝年间改属劳州、莪州，宋开宝三年（970）属羁縻荔波州。明洪武元年（1368），九阡随荔波并入广西思恩县；洪武十七年（1384）改属广西河池州；万历元年（1573）改属贵州都匀府。清顺治十六年（1659），改属广西庆远府；雍正十年（1732）随荔波改属贵州都匀府。民国时期，荔波县先后隶属贵州第十一、第八和第十二行政公署（驻独山）。

九阡山川秀丽，历史悠久，地灵人杰。在2000多年的历史长河中，九阡人民创造了丰富多彩的民族文化，谱写了可歌可泣的悲壮史诗。

清咸丰五年（1855）三月，在太平天国革命的影响下，九阡农民潘新简（梅采寨人）率众千人起义，提出“不缴粮、不纳税、打倒清朝享太平”的口号，建立了九阡岜丢山根据地，号称“辅德王”。义军很快发展到数万人，在太平军余诚义、黄金亮部等各路义军的配合下，转战于黔桂边区，控制了大半个荔波县，曾五占荔波县城，南窥思恩，北图都匀、独山，打死荔波守备耿玉麟、千总王代龙等。在广西、贵州清军合围下，同治八年（1869）九阡根据地失守，因叛徒出卖，潘新简被俘，牺牲于桂林。

潘新简领导的水族农民大起义，坚持斗争达十八年之久，沉重打击了清王朝的反动统治，是水族地区历史上规模最大、影响最深刻的农民革命。

1949年以前，九阡地区吏治腐败，土匪横行，民不聊生。1949年8—9月，潘文兴从贵州大学毕业后回到家乡不久，就与周覃的贵州大学校友覃杰、韦永培等有识之士建立荔波人民游击队，潘文兴任司令，覃杰任政委，韦永培任副政委，接受独山军分区的领导。1949年12月16日荔波县城解放后，荔波人民游击队又配合解放军152团、153团先后取得了荔波县城保卫战、周覃保卫战、九阡保卫战、合围陈与参匪部以及第二次解放荔波县城等几十次大小战斗的胜利。1951年2月，九阡地区解放。

1957年1月，三都水族自治县成立，九阡被划入三都，为九阡区，辖九阡公社、水各公社、板甲公社、扬拱公社。1984年改公社为乡，九阡区辖九阡、水各、板甲、扬拱4个乡17个行政村193

个村民小组。1991 年撤销九阡区，扬拱乡划出九阡区，九阡乡、水各乡、板甲乡并为九阡镇。2010 年 12 月白庙村、姑偿村合并为九阡村，九阡镇辖 11 个行政村 161 个村民小组。

九阡村：辖姑偿一组、姑偿二组、姑偿三组、板南一组、板南二组、板南三组、板南四组、板南五组、姑鸭上组、抗甲组、引抗组、的系组、与岜一组、与岜二组、姑鸭下组、红星一组、红星二组、红星三组、雅院一组、雅院二组、雅院三组、雅院四组、上水龙一组、上水龙二组、上水龙三组、下水龙一组、下水龙二组、下水龙三组、新对组、荣咬组、林场组 31 个村民小组。水各村：辖大寨一组、大寨二组、大寨三组、大寨四组、水又组、母见组、甲了上组、甲了下组、板拉组、母下下组、母下上组、水对上组、水对下组、新寨组、新村组、农场组 16 个村民小组。水条村：辖姑牙上组、姑牙下组、拉药上组、拉药下组、姑朗组、上水吼组、中水吼组、下水吼组、水太组、塘黄组、上水措一组、上水措二组、水措组 13 个村民小组。板高村：辖姑谭组、上板历组、下板历组、上板闷组、下板闷组、故弄组、务牛组、大寨一组、大寨二组、大寨三组、老寨组、干塘组、引头一组、引头二组、岜凡组、井麻组、梅红组、上板高组、下板高组、弄力组 20 个村民小组。水懂村：辖大寨一组、大寨二组、大寨三组、井满组、岜告组、甲小组、甲少组、甲害组、甲路组、基寨组、姑留组 11 个村民小组。水昔村：辖姑化组、母荣一组、母荣二组、务把组、利蒙一组、利蒙二组、拉朝一组、拉朝二组、拉写组、拉邪组、的育一组、的育二组 12 个村民小组。母改村：辖姑内组、母改上组、母改一组、母改二组、大水叶一组、大水叶二组、姑丙组、小水叶组、井丰组、上水迭组、下水迭组 11 个村民小组。水梅村：辖梅彩一组、梅彩二组、梅才上组、梅才下组、姑前组、梅以组、梅下组、梅玄组、定岜组、甲利组、昂吼组 11 个村民小组。石板村：辖门间组、姑灯组、姑的一组、姑的二组、上岜凯组、下岜凯组、姑用组、系内组、上水达一组、上水达二组、里满组、底伍组、水塘组、姑奇组、水颇组、下水达组 16 个村民小组。板甲村：辖上板甲组、下板甲组、上姑成组、下姑成组、水棒组、水泽组、水蒙组、水配组、水往组、夯合组、本庭组、水希组 12 个村民小组。甲才村：辖长寨组、上甲才组、下甲才组、梅高组、小姑成组、系吕组、姑夫组、姑又组 8 个村民小组。

（三）面积、人口和民族

九阡镇辖区面积为 323.4 平方千米，是三都水族自治县面积最大的乡镇。2013 年年末全镇总人口 25178 人。其中，水族 23124 人，占 91.8%，全镇各村都有分布；布依族 1686 人，占 6.6%，主要分布在九阡村；汉族 188 人，占 0.74%，主要分布在九阡村、水各村；苗族 169 人，占 0.67%，主要分布在水各村、水懂村；其他民族 11 人，占 0.04%。地方语言主要为水语、布依语，通用当地汉语。有潘、韦、吴、石、杨、周、覃、蒙、张、李、王、黄、余等 13 个姓氏。城镇居民 6136 人，占全镇人口总数的 24.3%。全镇共有劳动力 13658 人。

（四）地理环境

镇境地势东高西低，平均海拔 700 米，多坝子和低山，地形较为平缓。九阡是珠江一级支流柳江的发源地之一，主要河流为水各河、水昔河，均向南流入荔波水春河（樟江），经龙江注入柳江。镇域属亚热带湿润季风气候类型，年均气温 15℃～17℃，年均降雨量 1657 毫米，年日照时数1040～1100 小时，无霜期 310～340 天。气候比较温暖，适宜发展农牧林业。

（五）资源

土地资源　全镇耕地总面积 18800 亩，人均 0.75 亩，其中水田 13279 亩、旱地 5521 亩。水田以缓坡梯田为主，主要生产水稻、油菜等，地势较为平坦的九阡村、板高村、水各村、水条村、水梅村、水昔村，水田面积均超过 1000 亩。旱地分布较为普遍，以坡耕地为主，依靠天然降水，生产玉米、土豆、花生等。土壤类型有红壤、黄壤、黄红壤等。

水资源　镇域内降雨量丰沛，森林茂密，蓄水能力强，天然泉眼较多，溪流分布广泛。有水昔、水各两条较大的河流以及梅玄水库、小水叶水库、浪风水库等水利工程。

林业资源 九阡镇是三都县重点林区之一，2013年全镇林业用地面积32万亩，占辖区面积的74.7%，其中有林地面积21.5万亩，森林覆盖率50.9%。在有林地面积中，一般用材林10万亩、工业原料林8万亩、国家重点公益林2.5万亩、幼林5.5万亩、经果林3.2万亩。镇内有林业企业3家，年加工能力为0.6万立方米。

矿产资源 初步勘探出的矿产资源有：铅锌矿、锑矿、赤铁矿、硫铁矿、重晶石、钼矿、煤矿等。正在开发的有水昔村的育煤矿及板甲村铅锌矿、锑矿等。

旅游资源 九阡镇地处中国水族聚居区的地理中心，幅员辽阔，山川秀美，旅游资源得天独厚。风景资源有月亮山风光、水昔河风光、高山原始植被、甲才晴雨石等；历史人文资源有石板村抗日战斗旧址、水梅村潘新简反清起义遗址、水各卯文化民族风情园等；名优土特产品有九阡李、九阡酒。水族卯节、九阡酒、九阡李是九阡经济文化的三大支柱。

卯节是九阡水各等地水族群众的年节，也是最为隆重的传统节日，过节时期为水历十月（6月）的卯日，主要内容有祭祖、卯坡对歌等。人们选择在这个时候过卯节来祈求风调雨顺、庄稼茂盛、人寿年丰。节日的卯坡，人山人海，伞花簇簇，水族青年男女以歌会友，交流感情，甚至私订终身，因此卯节也被誉为东方情人节。

九阡酒是九阡地区群众采集120多种药材制成酒曲，选用优质糯米为原料酿制而成的糯米窖酒，色泽棕黄，酒性平和，余味悠长，富含营养。

九阡李具有皮薄、色艳、汁多、味甜、早熟等特点，富含多种维生素和氨基酸，是三都最著名的特产优质水果，1987年被省、州专家评定为罕见的优良品种。由于产地条件局限，产量不大，价格较高。

（六）经济发展

九阡镇地处九万大山支脉月亮山腹地，丛林茂密，交通闭塞，农耕文明出现较晚，直到中华人民共和国成立以前，很多村寨还停留在刀耕火种时代，经济文化水平极其落后。人民公社时期，九阡部分地区群众尚不能解决温饱。2013年，全镇国民生产总值完成15543万元，同比增长19%，全社会固定资产投资完成9855万元，同比增长35%；粮食总产量9013吨，农民人均纯收入达6782元，净增1209元，招商引资到位资金2536万元。

种植业 2000年后，九阡镇调整优化产业结构，开始引导群众种植油茶、桔梗、板蓝根等经济作物，大力发展特产九阡李种植。2006年引进双龙公司对九阡李苗进行科技培育，实施九阡李优质高产示范种植，种植面积每年以1500亩以上的速度增加，同时发展林下养鸡，成为群众增收的重要来源。2010年后引资在水梅村种植白茶，在甲才村种植核桃。2013年年底，九阡李种植面积21000亩、白茶种植面积13500亩、核桃种植8000亩。

畜牧养殖业 2001年以前，主要是传统的养殖方式，畜牧养殖业发展缓慢，2002年后开始推行科学饲养，改进推广畜牧良种，2013年大牲畜存栏11726头，出栏育肥猪8791头，牧业收入4263万元。

劳务输出 九阡镇人口众多，劳动力资源丰富。2013年，全镇富余劳动力5344人，外出务工2136人，外出务工收入4500万元。

乡镇企业 1987年九阡酒厂建厂，九阡镇才有第一家企业。21世纪以来，进驻九阡镇的企业日益增多。2010年以来，九阡镇成功招商引进浙江客商名贵农业发展有限公司进驻，投资发展安吉大白茶项目。该项目总规模5万亩，已实施13500亩，群众获利达1000多万元，已成为全州、全县农业重点招商引资项目。此外，还有4家木材加工企业，1家食用菌推广种植企业。

（七）基础设施

交通 直到20世纪末，九阡至三都、九阡至独山、九阡至荔波的干线公路都是土路，路况极差；通村公路只有水各、九阡、母改等村，交通非常闭塞，群众生产生活全靠肩挑背驮。2004年后，三都至荔波油路修通，九阡的交通条件有了很大改变。2007年九阡镇驻地到水各村三岔路的油路修通，至此九阡镇才真正通油路。到2013年年末，全镇通村公路里程为94千米，村通路率100%，组通路率96.6%。

电力　20世纪90年代前，九阡镇只有镇政府驻地靠柴油发电机发电供办公用，90年代初政府驻地部分村组使用周覃发电站发的电，供电量小，只能维持照明。到1997年以后连通电网，九阡村、水各村、板高村等村基本通电。2003年后其他村逐渐通电。到2013年，镇域内已经形成35千伏主线路，10千伏配电线路总长158千米的供电网，年供电量650万千瓦时，全镇村通电率100%，组通电率100%。

水利　镇域内有梅玄、小水叶、浪凤三大水库，大小山塘53座，成为九阡镇农业灌溉水源的重要来源。2006年以来，共投资476万元完成梅玄、小水叶、浪凤水库加固及维修渠道7000米，新增渠道8000米，农田水利灌溉能力得到增强；投入资金62万元在母改、水昔两村建成60立方米小水池88口，增强了农业生产抗旱能力；投资465万元建成九阡水厂与水各、九阡、石板、水梅、甲才、板甲、板高、母改等村自来水工程，新修饮水管16637米，解决18000人的饮水困难，农村饮水困难基本得到解决。

文化设施　20世纪80年代末，九阡镇安装了卫星接收机，九阡村开始看上电视，直到2004年才开通闭路电视。2011年，九阡镇在各村共安装了“村村通”卫星电视接收设备2000余套。2013年完成1430余户“户户通”卫星电视接收设备的发放工作，所有村寨群众都看上了电视。2008年九阡镇文化站综合楼、各村文化室、图书室相继投入使用。

（八）教育事业

1978年九阡镇有中学1所（九阡中学）、完小3所（九阡小学、水各小学和扬拱小学）、25个教学点。

实施“普六”“两基”后，九阡镇办学条件得到较大改善。2001年，九阡中学学生人数达到1200余人，其中寄宿生800多人，教师人数达60人，学校占地面积13000平方米。完小增加到6所（九阡小学、水各小学、红星小学、水昔小学、母改小学、板甲小学），教学点9个。学生人数达到2558人，男女生比例基本接近，适龄儿童入学率99.5%，教师人数达到100多人。2013年，全镇在校生3645人，教师166人，适龄儿童入学率99.8%，初中入学率100%。

（九）医疗卫生

九阡卫生院成立于1954年，1985年上级拨付资金12万元建成第一栋业务办公用房，占地298平方米。1991年撤销九阡区卫生院，并水各乡、板甲乡卫生院为九阡镇卫生院。2006年门诊达10000多人次，年收入50多万元。2007年新农合开展后，门诊达23000多人次，业务收入破百万元大关。2011年医、防合并后，九阡镇卫生院有职工19人，门诊达到2.4万人次，业务收入达140万余元。全镇农村合作医疗参合率91%，农村看病难问题得到有效解决。

2013年完成门诊31865人次，住院1643例，出院治愈好转率97.8%，危急重症抢救成功率93%，年医疗业务总收入达132万元。

（十）集市贸易

1978年至1991年期间，九阡集市上只有很少的商铺（大多是供销社的门面），市场交易商品主要为农业生产资料、生活用品、农产品等，商品种类少，满足不了人民群众日益增长的生产生活需求。

1991年后，集镇建设不断加强，开始对集市进行硬化，贸易市场逐渐扩大，城镇居民逐渐增多。1995年后供销社基本倒闭，私营商铺越来越多，商品也越来越丰富，集市贸易逐渐红火起来。农历巳日、亥日为九阡镇赶场天。1998年建成农贸市场，2001年建成综合市场，2005年九阡汽车站投入使用，2007年年底安装路灯，2008年安装街道视频监控设备，九阡镇的集市贸易市场功能逐渐完善起来。

（十一）重点村寨简介

水族卯文化风情园——水各大寨 水各村位于九阡镇西面，距镇政府驻地4千米。水各大寨是水各村最大的一个自然村寨，分为4个村民小组，全寨216户817人，全部为水族，民风民俗保存较好。有吉卯亭、同心台、石神台、情人谷、南方红豆杉、观光亭、表演场、龙凤井、对歌台、卯文化展示厅等20多个旅游景点。2005年举行了首届“贵州·三都——中国水族卯文化风情之旅”活动，此后全国各地不断有旅游团队到水各参观旅游，每年接待游客约20万人次。2013年成功举办“贵州·三都中国水族卯节浪漫之旅——模特之星相约东方情人节”活动，活动期间共接待游客8.56万人次，旅游总收入3685万元，创三都水族卯节游客接待新高。

爱国主义教育基地——石板大寨 石板村位于九阡镇东北部，距镇政府驻地8千米。石板大寨有141户607人，全部为水族。民国33年（1944）11月，一股日军窜至石板寨，水族村民自发组织抵抗。战斗进行了一天一夜，日寇受到严重打击后使用火炮攻击，村民被迫撤退。石板寨被攻陷后，日寇将寨子房屋、粮仓烧毁。战斗中，打死日寇8名，水族群众牺牲4人。至今保存的防御墙和被日军炮击的宅基等遗迹，是水族人民不畏强暴抗击侵略的见证。后石板大寨成为红色旅游景点、爱国主义教育基地。

四、廷牌镇

（一）地理位置

廷牌镇位于三都西南部，三都、独山两县结合部，距县城46千米。地处北纬25°40′~25°45′、东经107°47′~107°55′，东邻周覃镇板引、下板料村，北接塘州乡板良、阳乐村和独山县本寨乡群力村，南与恒丰乡留联、务条村接壤，西与独山县本寨乡甲点、甘龙、黎罗、联合村毗邻。镇境内有东西走向的X942柏油路与南北走向的X999柏油路交会，镇政府驻地区位优越，交通便捷，南距黔桂铁路、贵新高速公路独山匝道口51千米，距荔波县城49千米，北距厦蓉高速公路三都匝道口56千米，是从西南面出入三都境和通往塘州工业园区、周覃工业园区物流的咽喉要道。

（二）建置沿革和行政区划

1978年到2001年的23年间，廷牌镇区域的管理机构曾有过数次更易，从人民公社至设立乡，到廷牌、阳安两乡合并组成大乡，再到撤乡建镇，名称屡易。1991年8月，原廷牌乡和阳安乡合并为廷牌乡；2001年10月15日，经贵州省人民政府批准，撤销廷牌乡设立廷牌镇。2013年，廷牌镇下辖廷牌村、同心村、拉外村、甲乃村、甲约村、板料村、甲王村、引虽村、新仰村、羊楼村、廷新村、三愿村、心合村、高潮村、板奇村等15个村156个村民小组。

（三）面积、人口和民族

全镇辖区面积76.7平方千米，2013年年末全镇辖区有7154户，总人口25474人，其中农业人口24932人、非农业人口542人。少数民族人口25420人，占总人口的99.78%。其中，水族人口25316人，占总人口的99.4%，是全县水族人口最多的乡镇。人口密度为333人/平方千米，为全县之最。有劳动力16652人，其中富余劳动力9002人。人口出生率6‰、自然增长率4‰。境内有韦、杨、谢、莫、蒙、潘、黎、王等姓氏，通用水语和汉语。

（四）地理环境

廷牌镇地势总体自南向北倾斜，分为两大片区，南部廷牌片区属低山丘陵宽谷坝子地貌，北部阳安片区属低山丘陵峡谷地貌。境内三条主要山脉自南向北平行绵延。全镇平均海拔880米。

廷牌镇境内夏长冬短，春秋分明，冬无严寒，夏无酷暑，属中亚热带温润气候类型。年均降水量1349.5毫米，平均日照时数为1178.82小时，年均气温18℃，无霜期328天，气候十分有利于各种农作物生长，是三都重要的粮食、蔬菜生产基地。全镇林地覆盖率11.4%，草地占55.8%，水域占 0.8%。境内无大型工矿企业，气候宜人，是理想的人居环境。

（五）资源

土地资源　土地总面积 111091 亩，人均 4.36 亩。2001—2004 年，坡耕地全部实施退耕还林，此后耕地以水田为主，面积 12689 亩，农业人均耕地 0.51 亩，主要分为坝子田和槽谷田两种耕地类型。坝子田主要分布在新仰、心合、廷新、廷牌、板奇等村寨，槽谷田主要分布在同心、拉外、引虽、三愿、甲王、甲约、高潮等村低山丘陵地带。土壤类型有红壤、黄壤、黄红壤等。

水资源　境内主要河流有 4 条，均属珠江水系樟江流域。樟江上游三愿河、拉外河、同心河、廷牌河在镇内交汇。镇境内有板奇水库、高洪水库，芒勇水库部分库区也位于镇境内。

林业资源　2013 年林业用地为 55645 亩。其中，有林地 37838 亩（含新造林），占林业用地面积的 68%；灌木林地面积 15024 亩，占 27%；无林地面积 2783 亩，占 5%。全镇活立木蓄积量 5.21 万立方米，全镇森林覆盖率为 50.1%。在有林地中，以松树、杉树、油桐为优势品种。

矿产资源　廷牌镇境内蕴藏有页岩、煤、铁、锰和能制造 800 号水泥的石灰石等矿产资源。页岩分布在羊楼村，煤矿分布于心合、新仰等村，铁矿分布在板料、新仰等村，锰矿分布在拉外等村，石灰石分布在心合、廷牌、廷新、新仰等村。

土特产资源　土特产资源主要有香米、杨梅、葡萄、番茄、核桃、皱皮长角辣椒、三都酸、黄瓜、绿壳鸭蛋、三元杂交猪等，以番茄为主的早熟无公害蔬菜，远销两广、成渝地区。皱皮辣椒、香米，量大质优，是廷牌镇农业的拳头产品。野生水产有角角鱼、鲶鱼、鳝鱼、泥鳅、鲤鱼、河蟹等。

旅游资源　境内有全州第二大湖——芒勇湖，湖长 3.4 千米，面积 2400 亩，蓄水量达 2049 万立方米，湖区山清水秀，风光旖旎，冬暖夏凉，常有各地游客到芒勇湖观光、避暑、垂钓，络绎不绝。务莫响水洞位于政府驻地以东 1.5 千米的公路边，洞内石笋、石钟乳千奇百怪，潜流潺潺，滴水叮咚。

廷牌是三都水族人口最多的乡镇，民族文化旅游资源得天独厚。廷牌端节是水族五个端中的第三个，也是跨越地域最广、人数最多、场面最热烈的一个。廷牌镇有丰富多彩的民间艺术，石雕、竹木器、银器、刺绣工艺精湛。阳安一带的石刻工艺历史悠久，优秀工匠辈出，他们广泛外出务工，以长三角的常州最为集中。

（六）基础设施

交通　镇境有公路里程 76 千米，主要交通干线为东西走向的周覃至独山打显公路与南北走向的水龙经塘州至荔波尧棒公路。2001 年以后，改扩建了的鸭至同心、忙通至良桥村级公路，新修甲约、新仰、甲乃和化贤至石安入村公路，修通良桥满球、羊楼塘弄、同心的困、心合上水旧等入组公路。到 2011 年已实现村村通公路目标。但村组公路技术标准低，桥涵少，路况差，运输能力较弱。2012 年至 2013 年年末，良停至老阳安、芒勇至阳哄、良桥线至板老寨、良桥桥头至项桥四条通村道路硬化已全部完工。

电力　实施农网改造后，全镇 15 个村 155 个村民小组已全部通电，2010 年留联 35 千伏变电站投入使用，解决了廷牌镇供电不足、打雷下雨停电的现象。

水利　改革开放后，特别是国家实施西部大开发以来，廷牌镇水利基础设施建设发展迅速。兴修了芒勇、板奇、高洪等大型水库，建成廷牌水厂及同心、拉外、高潮、甲王等村人畜饮水工程，完成本托山塘、板料山塘等大坝改造，延伸板奇水库西干渠 1000 米，完成心合、新仰、板料等村“三面光”水利建设，修复甲留提灌站。

广播电视　1994 年安装卫星电视地面接收站，1998 年 6 月开通闭路电视，2006 年开通光纤网络电视，收视为 36 个台，覆盖集镇驻地及廷牌、板奇等集镇周边两个村，共 166 户。2011 年年末，有线电视用户有 187 户；2013 年年末，户户通 1696 户已全部开通投入使用。建成综合文化站 1 个，建成 20 个农家书屋，共收藏图书 5400 多册、报刊等出版物 15 种。

电信事业 1998年开通传呼，1999年开通传真通信，2001年开通移动电话，2004年8月开通联通电话。2011年年末，有程控电话365户，覆盖集镇及廷牌、板奇、新仰、廷新、心合等村；2013年年末，廷牌镇电信宽带用户达223户。

（七）经济状况

30多年来，廷牌镇镇域经济总量不断增长，经济运行质量和人民生活水平不断提高。2013年，全镇国内生产总值实现6716万元，财政收入105万元，粮食总产值5576吨，农民人均纯收入3077元。

种植业 2013年主要农产品产量：水稻5760吨、玉米952吨、小麦137吨、土豆1032吨、油菜312吨、番茄3560吨、辣椒1200吨、甘蓝1521吨、黄瓜521吨。油菜主要分布在心合、三愿、同心、高潮、羊楼等村，番茄主要分布在板料、廷新、新仰、甲乃等村公路沿线。

养殖业 畜禽品种主要有牛、羊、马、猪、鸡、鸭、鹅等。牛、马、猪、鸡遍及全镇各村寨，羊主要分布在新仰村，鸭、鹅主要分布在阳安片区村组。全镇有规模养猪场15个，其中年出栏100头以上4个、50头以上4个、20头以上7个。规模养禽场有13个，其中年出栏1000羽以上2个、500羽以上4个、200羽以上4个、100羽以上3个。水产养殖总面积2763亩，其中稻田养鱼2235亩、生态渔业153亩、池塘养鱼110亩、水库养鱼265亩。推广良种鱼苗10.2万尾，水产品总产量25.7吨。2013年出栏量分别为：牛1298头、羊69只、马168匹、猪9032头、鸡17665羽、鸭5978羽、鹅452羽。

工业经济 廷牌镇建材、煤炭资源丰富。建材主要有年产100万匹砖的渝都砖厂和羊楼页岩砖厂，煤炭有总投资100万元的山川煤矿。立足特色农产品资源，大力扶持和发展以肉制品、香米、辣椒、新鲜蔬菜、优质水果包装上市为重点的农副产品加工企业。个体私营企业逐渐兴起，主要有运输业、建筑业、商业、饮食业等。总投资1000万元的35千伏留联变电站，为廷牌镇工业发展提供了强大的电力保证。

（八）社会事业

教育事业 1996年，廷牌镇通过省人民政府普及初等义务教育评估验收，1999年通过省政府普及初等义务教育复查验收，2003年通过基本普及九年义务教育和基本扫除青壮年文盲“两基”评估验收。2013年年末，廷牌镇共有中学1所（廷牌中学）、中心小学2所（廷牌小学、阳安小学），村级完小5所（新仰小学、本托小学、板料小学、高潮小学、良桥小学）、初级小学2所（同心小学、金角小学）、教学点2个（甲且教学点、石安教学点）。廷牌中学教师56人，学生总人数1017人；小学在校生2265人，适龄儿童入学率100%，小学校专任教师105人。有幼儿园1所，教师8人，学生249人。

医疗卫生 2013年年末，廷牌镇卫生院有专业卫生人员11人，其中执业助理医师5人，注册护士2人，病床20张。内设科室为内科、外科、儿科、妇产科及门诊部、药房、化验室、住院部等。设有10个村级卫生室。2013年两级医疗机构完成诊疗1.96万人次，住院病人978人次，共报销农合医药费25万元。

集镇建设 1991年建并撤后，廷牌开始市场建设。1993年建成1260平方米的露天市场，1996年建成镇区人畜饮水工程，1998年建设村级门面一条街、教师一条街，2002年建成机关大道和村级街道路并实现硬化，2004年建成占地3780平方米的顶棚农贸市场、扩建廷牌桥，实施移民一条街建设，2005年建成占地2400平方米的精神文明活动中心休闲广场，截至2013年，移民街绿化及街道旁路灯安装已全部竣工。廷牌集镇建设已初具规模，集镇功能不断完善。2013年集镇人口达6020人。

（九）重点村寨简介

廷牌镇新农村建设试点村寨——新仰村新仰大寨，距镇政府驻地3.5千米，共136户696人

（其中外出务工人员223人），水族人口达99%以上。大寨地势平坦，房屋错落有序。耕地面积663亩，山林306亩，草坡230亩，荒坡120亩。进入21世纪以来，通过大力调整种养业结构，兴办企业，外出务工，农民生活水平有了很大提高。建有瓦厂3个，年产量在45万片左右。2011年新仰大寨农民人均纯收入达3367元，2013年达6212元，水、电、路实现三通，移动、联通、电信全覆盖。

五、水龙乡

（一）地理位置

水龙乡位于三都中南部。位于北纬25°55′~26°1′、东经107°51′~108°1′。东与坝街乡交界，西与塘州乡接壤，南接中和镇，北与三合镇、大河镇、拉揽乡毗邻。乡政府驻地距县城约19千米，距中和镇5千米。

（二）建置沿革和行政区划

水龙乡历史悠久，唐代为婆览县辖地，明代为烂土司边地，清代归三脚屯州同，民国先后属三合县、三都县。1957年1月2日，三都水族自治县成立，设水龙区，辖水龙公社、中和公社和塘州公社，1984年公社改建为乡，1991年撤区并乡后，将水龙乡、地祥乡与孟明乡一部分合并为水龙乡。2013年年末，水龙乡辖水龙村、地寨村、孟寨村、马联村、祥寨村、伟寨村、科寨村、拉佑村、独寨村9个行政村99个村民小组85个自然寨。

孟寨村：辖孟扣、上孟、下孟、班节。科寨村：辖一组、二组、上三、下三、班堂、其寨、四组、五组、六组。独寨村：辖一组、二组、三组、四组、五组、六组、七组、八组、九组、十组、十一组、十二组、十三组、十四组、十六组、十七组、十八组。地寨村：辖各冬、姑荣、姑某、姑塘、定诚、马安、姑早、姑六、姑任、巴丙、上合表、下合表、姑行、龙共、弄阳。伟寨村：辖系响、上双、下双、上伟、下伟、羊甲、台寨、板留、姑好、姑听、梅旦。祥寨村：辖龙务、勒寨、珍两、龙灯、白兰、六引、各卡、务要、姑干、平寨、冲寨、姑朋。拉佑村：辖上大寨、下大寨、上甲对、下甲对、马朋、永中、麻丙一、麻丙二、麻丙三、合规、上巴洋、下巴洋、谷树、鲁寨、马荣、姑动、马洋。马联村：辖一组、二组、三组、四组、五组。水龙村：辖一组、二组、三组、四组、五组、六组、七组、八组。

（三）面积、人口和民族

水龙乡辖区面积97.52平方千米，辖区东西最长距离14千米，南北最长距离6.5千米。2013年辖区总人口18198人，其中农业人口17659人、非农业人口539人，人口密度为每平方千米186人。集镇常住人口3500人，城镇化率19.4%；流动人口852人。总人口中，男性9899人，占48.1%；女性10680人，占51.9%；14岁以下5370人，占26.0%；15~64岁13938人，占67.7%；65岁以上1082人，占5.2%。在全乡的总人口中，水族为17820人，占98%，其他民族397人，占2%。2013年人口出生率10.3‰，人口死亡率8.66‰，人口自然增长率1.7‰。境内主要有张、王、杨、韦、莫、蒙等姓氏。

（四）地理环境

水龙乡属贵州南部喀斯特地形区，石灰岩出露普遍，多溶洞。地形以山地为主，平均海拔770米。地势群山环抱，峰峦起伏。属中亚热带温润季风气候，夏长冬短，春秋分明。年平均气温16.2℃，最冷月为1月，平均最低温度2.1℃；最热月为8月，平均气温为34.2℃。无霜期平均为328天。境内年降雨量在1500毫米以上，宜于各类农作物和林木的生长。

以三都至荔波公路为界，全乡大致划分为地貌差异较大的东西两大板块。东面伟寨、祥寨、地寨、科寨、孟寨5个村，为高山壑谷地形，山高谷深，土层深厚，土壤比较肥沃，气候温润，森林覆盖率较高，适宜发展茶叶、无公害经果林及畜牧业等；西面拉佑、独寨、马联、水龙4个村，为低山宽谷地带，坡度较缓，石灰岩裸露，土层较浅，植被稀少。

（五）资源

土地资源　全乡土地面积97.52平方千米。其中，陆地80平方千米，占94%；水域17.52平方千米，占6%。耕地面积占9236亩，其中田6802亩、土2434亩，人均耕地面积0.6亩。

生物资源　水龙乡有林地共9.35万亩，其中灌木林地及荒山草坡面积1000亩，天然林管护面积近2万亩，大都分布在东片区。天然生态林面积较大，植被茂盛，物种繁多，盛产八月笋。仅伟寨村就有乔灌木50多科，100多属，300多种。中草药材有板蓝根、绞股蓝、灵芝、金银花等，历来为水族民间中草药的重要采集地。较重要的地方传统特色林农产品有花椒、竹笋、核桃、板栗、蕨菜、茶叶等。

矿产资源　境内矿产资源丰富，有硫铁矿、铜矿、金矿和重晶石等，主要分布在拉佑、孟寨和祥寨三个村。祥寨村的重晶石储量大，埋藏浅，可露天开采。

旅游资源　水龙乡位于三都南部精品旅游线路上，旅游资源丰富。风景资源以勒寨沟最为集中。勒寨沟发源于拉揽乡来楼村，流经水龙乡祥寨村、伟寨村、孟寨村境约5千米，河道蜿蜒曲折，水流长年不断，清澈见底，两岸植被极其丰富，原始森林浓郁，古木高耸，风景优美，极具旅游开发价值。境内人文资源较为丰富，水龙村的引朗石板墓、拉佑村的石雕古墓群，是了解水族墓葬文化及社会历史的重要实物资料。

引朗石板墓系用整块青石打磨雕刻之后拼砌为长方形的石匣。共分三层，底层安葬亡人，上、中层露出地表，用以存放殉葬的衣物、首饰与五谷等。石壁上雕刻着丰富生动的浮雕图案，有骑马作战图、牧牛图、人物出行图、八仙图等，有狮、麒麟、象、牛、羊、凤凰、仙鹤、八哥、树木、花、草、葫芦等动植物图案，还有“福如东海、寿比南山”等文字。图案刻制精巧，比例得当，栩栩如生。1998年被列为省级文物保护单位。

祥寨村的水族弦鼓舞和斗角舞享有盛名，其中弦鼓舞被列入贵州省第三批非物质文化遗产予以保护。

（六）基础设施

交通　水龙乡第一条公路是1959年1月建成的三都至九阡过境公路。2000年，三都经水龙、塘州、廷牌、恒丰至荔波过境公路、水龙至科寨毛坯路、白家寨至地祥公路先后建成通车。2013年，全乡公路总里程83千米，其中省道7千米、县道3.5千米，村组公路72.5千米，已实现村村通公路目标，组通车率达96%。

电力　1983年7月水龙政府驻地通电，由中和乡电站供电。2000年先后完成科寨村和水龙村一、二组及拉佑村谷树组、鲁寨组的输电线路。2013年，国家电网覆盖水龙乡9个行政村99个村民小组85个自然寨，通电率100%。

水利　水龙乡受到自然条件的制约，工程性缺水比较严重。1955年，水龙区修建了县内第一座蓄水灌溉工程——中化水库。至2013年，乡境内已建有独寨村姑多水库、水龙村务劳水库、务阳水库、的规水库、拉佑村打脚水库、马联村各倒水库等多处水库。

通信　1996年建立水龙乡卫星电视地面接收站；2013年，闭路电视信号覆盖水龙村中心片，全乡实现广播电视“村村通”，移动通信、联通通信覆盖乡境。

（七）经济状况

水龙乡是以种植业为基础的农业乡，历史上农业结构单一，农业产业基础薄弱。从2007年开始，水龙乡进行了大规模的农业产业结构大调整，围绕“一区一特、一村一品”的农业结构调整战略，大力发展特色农业。东片区5个村田少、山高、土地肥沃，以种植葡萄等优质水果、茶叶、和药材为主导产业；西片区4个村坡度较缓，田、地较多，重点抓好夏季冷凉蔬菜、番茄、油菜、辣椒和葡萄种植为主产业。2013年年底，全乡生产总值达8444万元（比2012年年末增加578万元，增长率10%），其中农业总产值4680万元，增长5.2%；粮食总产量4580吨，增长7.2%；农民人均纯收入5463元，较2012年增长12.9%。

水龙乡的畜禽品种主要有牛、马、猪、羊、鸡、鸭、鹅等，2013年全乡猪存栏6523头，出栏5264头；牛存栏3365头，出栏763头；马存栏1621匹，出栏621匹；禽存栏33200羽（鸡25225羽、鸭7975羽），出栏65800羽；肉类总产量660吨，禽蛋产量2吨，水产品产量83吨。

（八）文化教育

文化事业 水龙乡原文化站为股级事业单位，2011年机构改革后更名为“水龙乡科技宣教文化信息中心”，同年利用上级专项资金建成综合办公楼一栋，建筑面积230平方米，配置的主要设备有民族乐器1套、电子琴1台、灯光1套、55英寸大屏幕电视1台以及音响设备等，共藏各类图书500余册。2010年全面开设各村的“农家书屋”，全乡共有农家书屋9个，共存各类图书3500余册。

教育事业 水龙民族小学创建于民国25年（1936），由石旺与打物两所短期小学合并建立。民国27年（1938）迁至水龙引朗村，为阜祥乡国民小学。民国31年（1942）迁至水龙现址，改名阜祥乡中心小学。1952年改名为水龙民族小学校，1958年取消民族学校待遇，1980年10月恢复民族学校待遇。2009年乡镇撤销教育辅导站后，由水龙民族小学履行教育辅导站职能，管理各村教学点。2013年有小学专任教师94人，在校生2013人，小学适龄儿童入学率99.6%，小升初升学率100%，九年义务教育覆盖率100%。全乡设有完小4所，分别是水龙民族小学、地祥小学、独寨小学和祥寨小学；设教学点7个，分别为马联小学、拉佑小学、把洋小学、科寨小学、孟寨小学、双寨小学和伟寨小学。

水龙中学前身是水龙农业中学，创建于1964年8月，校址设在甬寨。1978年升格为完全中学，1981年8月转为初级中学，1989年8月迁至中和区街上，但仍然使用水龙中学名称，1997年水龙乡重建水龙民族中学，原“水龙中学”于1998年8月更名为“中和中学”。2013年水龙中学有在校生835人，专任教师45人。

（九）医疗卫生

水龙乡卫生院建于1956年2月，前身是水龙区卫生院，2011年水龙乡疾控基妇站并入。2011年，水龙乡设有医疗卫生机构1所即水龙乡卫生院，村级卫生室8所（除乡政府驻地水龙村不设卫生室以外，其余均开设卫生室），卫生院有专业卫生人员11人，其中执业医师3人，执业助理医师1人，平均每千人拥有卫生技术人员1人，开设病床15张，每千人拥有医疗床位1张，固定资产总值16.8万元。2013年医疗机构完成诊疗27965人次，各种外科大小手术101台次，出院病人1005人次。新型农村合作医疗参保率77.75%。

六、三洞乡

（一）历史沿革

地理位置 三洞乡位于北纬25°39′51″~25°47′02″、东经107°52′40″~108°02′06″。地处三都东南部，东邻扬拱乡、坝街乡，南抵周覃镇、九阡镇，西与塘州乡接壤，北靠中和镇，西南与廷牌镇毗邻。镇政府驻三洞乡红星下街组，距三都县城36千米。

名称来历 元代，西南少数民族居住的地方称洞，后演变为一种不严密的基层政区，大者相当于州县，小者相当于乡、村寨。相传板告、华兴为一洞，韦姓；水根、达便、幸福为一洞，兴旺、杨柳为一洞，均属潘姓。三地合称地名为三洞，并一直沿用。因为洞是以血缘为基础的，所以本洞不能通婚。

政区沿革 1957年以前，三洞为荔波县管辖，先后归属广西、贵州。1957年成立水族自治县时，三洞随周覃一起划入三都。1958年成立三洞公社，归周覃区，属股级单位。1992年撤区建乡，

三洞公社原地理面积不变，改称三洞乡，属正科级单位。2013年年末辖板告、达便、水根、红星、幸福、兴旺、华兴、杨柳、群力、古城、岜炮11个村121个村民小组。

板告村：辖板告组、中寨组、的请组、下街组、姑勇组、板鸟一组、板鸟二组、夭塘组、雪花洞组。达便村：辖一、二、三、四、五、六、七、八、九组。水根村：辖一、二、三、四、五组。幸福村：辖定城一组、定城二组、梅山一组、梅山二组、水敢组、水各一组、水各二组、板领组、板以组、寨罗一组、寨罗二组、寨罗三组。红星村：辖上街组、干独一组、干独二组、下街组、龙场坡组、机关组、板闷一组、板闷二组、板闷三组、板闷四组、善哄一组、善哄二组、弄院组、彩留组、弯寨组。华兴村：辖乔村一组、乔村二组、已田组、上郎组、下郎组、板留组、上以组、下以组、板尧组、板了组、的牛组、良村一组、良村二组、良村三组、良村四组、良村五组。兴旺村：辖板劳组、板把组、总点组、上岜组、下岜组、板南一组、板南二组、板南三组、板南四组、板南五组、板南六组、板南七组、去留组、高档组、地良组、达线组、上水洋组、下水洋组。杨柳村：辖板龙一组、板龙二组、板龙三组、上合组、下合组、水贾组、板干组、板留组、古奇组、彩从一组、彩从二组、彩从三组、彩从四组、上领组、中领组、下领组、上厘组、下厘组、岜玉组。岜炮村：辖岜炮组、便省组、水外组、水刚组。古城村：辖安岜组、榜寨组、的远组、以局组、新寨组。群力村：辖老寨组、中一组、中二组、古文组、安一组、安二组、水雅组、岜险组、新桥组。

面积、人口、民族　三洞乡辖区面积121.6平方千米，2013年年末辖区总人口25409人，人口密度为每平方千米209人。城镇常住人口3792人，城镇化率4.33%。总人口中，男性12310人，占48.4%；女性13099人，占51.6%；水族占总人口97.9%。1988年三洞乡开始实行计划生育，2013年人口出生率9.9‰，人口死亡率4.7‰，人口自然增长率5.2‰。

境内有潘、韦、石、杨、张、李、马、金、黄、姚、钦、项、马、袁、莫、龙、邓、乔、蹇、田、梁、吴、周、何、刘、曾等26个姓氏，其中潘姓和韦姓占总人口的90%以上。

（二）自然环境

地形地貌　三洞乡地处中低山丘陵宽谷地带，地势东高南低。境内最高峰为幸福村古伞坡，海拔1089米；最低点为达便村九组的河东沟，海拔391米。

气候　中亚热带湿润季风气候，气候温和、雨量充沛、雨热同季。年平均气温在16.1℃～17.4℃，最冷月平均气温7.8℃，最热月平均气温26.7℃。大于或等于10℃的积温为4650℃～5000℃，无霜期320天。全年平均日照1219～1233小时，年日照率为28%。年降雨量1400～1500毫米。相对湿度略低于80%。主要自然灾害有冰雹、大风、干旱、暴雨等。2008年1月，三洞乡遭受历史罕见的冰冻灾害。

水文　境内主要河流有雪花洞河、水东河、岜炮河、水贾河，均属柳江水系，其中雪花洞河流域面积19.5平方千米，占10.47%；水东河流域面积109.53平方千米，占58.8%；岜炮河流域面积21.9平方千米，占11.8%；水贾河流域面积35.4平方千米，占19%。

自然资源　境内已探明地下矿藏有铁矿、重晶石矿、铀矿、铅锌矿、铜矿和硫铁矿等。森林覆盖率68.2%，活立木蓄积量22.47万立方米。

旅游资源　三洞旅游资源丰富多彩。风景资源有水乡夕照、帽合山、善哄猫石等。帽合山位于杨柳村彩丛组以南2000米，猫石位于红星村善哄组以南1000米的公路边。

三洞是水族文化中心地区之一，人文资源得天独厚，民族民间文化有端节、水书、马尾绣、铜鼓舞、芦笙舞、牛角雕刻等，其中马尾绣、水书、端节被列入国家级非物质文化遗产。“2004中国贵州·三都水族端节”在三洞乡举行。建有姑满马坡和板告村水族文化博物馆。

（三）经济状况

三洞乡是传统的农业大乡。改革开放前，农业种植结构比较单一，人民生活水平长期徘徊在温饱上。2000年后，三洞乡加快产业结构调整，逐渐由传统农业向产业化、特色化、规模化转变。2013年，三洞乡实现国民生产总值11252万元，增长34.9%。农业总产值4884万元，较2012年4643万元增长5.2%。

农业　农业耕地面积1.4万亩，人均0.56亩；可利用林地面积1.2万亩。主要农产品有稻谷、豆类、辣椒等。农业总产值从1949年的210万元增加到1978年的415万元，2013年达到4884万元。粮食作物以水稻、玉米为主，2013年，生产粮食9116吨，人均359千克。

畜牧业　以饲养猪、牛、马、家禽等为主，2013年畜牧业产值达2123万元，增长4.6%。

渔业　以稻田养鱼、水库养鱼、池塘养鱼为主，可用于水产养殖的水面面积5平方千米。2013年，鱼塘养殖面积2.1公顷，全年养鱼总产量51吨；稻田养鱼1200亩，产量30吨；水库养鱼80亩，产量16吨；池塘养鱼15亩，产量4吨。

商业　1979年后，三洞乡个体私营企业逐渐兴起，主要有运输业、建筑业、饮食业等。2013年年末共有商业网点106个，从业人员150人。

（四）社会发展

教育　2008年年末，三洞乡中小学通过国家“两基”验收。2013年年末有幼儿园1所，在园幼儿62人；小学11所，在校学生2280人，专任教师104人，小学适龄儿童入学率99.8%；初中1所，在校学生1008人，专任教师55人。初中适龄人口入学率100%，小升初升学率99.9%，九年义务教育覆盖率达100%。

医疗卫生　2013年年末，三洞乡有卫生院1所，专业卫生人员13人。新型农村合作医疗参保人数17007人，参保率72.7%。自实行新型农村合作医疗后，医疗条件有了很大改善，人民群众不再为没钱看病发愁，健康水平普遍提高。

广播电视　2009年7月开通有线数字电视，共接收57套节目，有线数字电视用户436户。建有广播电视村村通工程1444座，覆盖率69%。

（五）基础设施

交通运输　S206省道过境，境内长11千米。有村级公路11条，总长42千米，60%以上村级公路已建成水泥硬化路。全乡已形成公路交通运输网络，2013年客运总量46.5万人次。

电力设施　至2013年年末，拥有主变压器83台，总容量6050千伏安，供电可靠率100%，覆盖率100%。

水利设施　三洞乡水资源丰富，沟渠灌溉配套设施齐全，灌溉率69%以上，人饮工程普及11个行政村。至2013年年末有自来水厂1个，铺设水管干线13.5千米，居民自来水普及率100%。

（六）重点村寨简介

板告村距乡政府驻地4.5千米，面积约4平方千米，共8个自然寨9个村民小组，2013年年底总户数413户1941人，水族人口占95%以上。耕地面积1200亩。地势平坦，交通便利，山清水秀、环境优美，主要景点有雪花洞、仙人桥、雪花洞瀑布等。板告村是水族文化中心村寨之一，历史文化悠久，马尾绣、水书、银饰制作、牛角雕刻在水族地区具有特殊地位，贵州名匠韦桃花就出生于板告村。

板告村农民韦家贵利用自家房屋创办中国水族文化博物馆，馆内珍藏一万多件马尾绣背带、绣花鞋、水书、铜鼓、水族工艺品等。

七、塘州乡

（一）地理位置

塘州乡位于三都西南部，地处北纬25°43′~25°49′、东经107°50′~107°53′。东靠中和镇，南接廷牌镇，西与独山县本寨乡接壤，北与水龙乡、合江镇毗邻。乡政府驻地梅育村海拔820米，距县城 32 千米。X999 县道穿乡境而过，距邻县独山、荔波两县城车程均在 1.5 小时左右，交通较为便利。

（二）建置沿革和行政区划

唐贞观年间（627—649），塘州为婆览县境，明清为烂土司、三脚州同属地。解放后设塘州公社、塘州乡，安塘公社、安塘乡，先后隶属水龙区、中和区。1992 年撤区，塘州乡和安塘乡合并为新的塘州乡，共辖塘州、雄寨、拉海、中化、板良、石旺、高本、阳猛、阳乐、梅育、水平、拉下、梅花、安塘、灯光、下岳、塘赖、丁寨 18 个行政村 151 个村民小组 156 个自然寨。2010 年 12 月，梅花村并入塘州村，塘州乡辖 17 个行政村 151 个村民小组。

（三）面积、人口和民族

塘州乡辖区面积 74.2 平方千米。2013 年年末，全乡总户数 5200 户，总人口 24073 人，人口密度居全县前列。其中，农业户数 5056 户共 23388 人；常住人口 19725 人；水族人口占总人口 99%以上。人口出生率 9.3‰，人口自然增长率 8.9‰。境内主要姓氏有潘、王、韦、杨、吴等。

塘州乡的水族民俗文化古朴而独特，塘州端节是最为集中、热闹的水族端节之一，过节日期是午日而不是亥日，这一点与其他水族地区不同。据说水族先祖在商议过端时，塘州代表迟一天到达而又不愿意排在最后，遂决定在水龙、廷牌与中和、三洞端之间过端，于是选择午日。

（四）地理环境

塘州乡属典型的喀斯特地貌，多低山、丘陵、谷地，地势较为开阔平缓，平均海拔 820 米。境内土壤肥沃，雨量充沛，气候温和，适宜发展农林牧渔业。农业气象灾害有倒春寒、冰雹、干旱、暴雨等。

（五）资源

土地资源 塘州乡辖区面积 74.2 平方千米，耕地面积 15536 亩，其中田 9414 亩、土 6422 亩。人多地少，人均耕地面积仅 0.50 亩，田的类型主要分为坝子田、槽谷田和梯田三种。坝子田主要分布在安塘、雄寨、水平等村寨，是塘州乡主要产粮区，槽谷田主要分布在下岳、阳猛、阳乐、高本等村低山丘陵地带，梯田主要分布在塘赖、丁寨等高山村组。土壤类型有红壤、黄壤、黄红壤等。

水资源 塘州乡岩溶地形高度发育，地表水资源相对缺乏。境内主要水源为龙角天然水井、比寨水库、水平水库。长期以来，缺水制约着塘州乡经济的发展。

林业资源 由于海拔较高，水源不足，塘州乡的生态基础脆弱，森林覆盖率较低。2013 年有林业用地面积 10227 公顷，有林地面积 2830.75 公顷，乔木林地面积 3000 公顷，总活立木蓄积为 99245.94 立方米。

矿产资源 塘州乡矿产资源丰富，主要有煤矿、硫铁矿、锰矿、镁矿、重晶石等。煤矿多分布在灯光、丁寨、水平等村，其中灯光村矿区集中于云河山脚下，矿区面积达 0.24 平方千米；锰矿多分布在灯光、下岳等村。1995 年开始引进资金和技术开采水平村煤矿，年产原煤一万余吨。进入 21 世纪以后，全乡涌现出朋采、云河、比寨等煤矿企业，带动了全乡经济发展。硫铁矿、锰矿、镁矿、重晶石等资源有待进一步开发利用。

旅游资源 境内旅游资源丰富，有拔地而起、一石一景的安塘石林，气象万千、惟妙惟肖的灯光犀牛洞，鬼斧神工、浑然天成的雄寨仙人桥，还有板良龙角趵突泉，下岳、安塘的地下溶洞奇观等，皆尚未开发。

土特产资源 长线辣椒是塘州乡传统的特色农产品。2010 年后塘州乡成功引种佛手瓜，2013 年全乡种植面积减至 300 亩。塘州佛手瓜皮薄品优，畅销省内外，塘州也因此被誉为“佛手瓜之乡”。

（六）经济状况

1992 年，塘州乡工农业总产值仅 751 万元，其中农业总产值 693 万元、工业总产值 58 万元，粮食总产量4120吨。2004年，全乡国内生产总值完成3613.52万元，比改革前翻了三番，比解放前翻了六番，人均纯收入1483元。全年粮食产量5203吨，人均占有粮269千克。2013年，塘州乡工农业总产值20697万元，其中农业总产值16037万元、工业总产值3580万元，粮食总产量达8016吨，人均占有粮364千克，农民人均纯收入6000元。

工业发展　1979年后，运输业、建筑业、商业、饮食业、服务业等个体私营企业逐渐兴起。2000年以来，全乡涌现出祥运来砖厂、朋采煤矿、云河煤矿、比寨煤矿、坝贤坡石场等一批科技含量较高的企业。2013年全乡企业55家，从业人员450人，总产值3080万元。2010年8月，润基水泥厂在塘州乡正式点火投产。凭借润基水泥厂的工业基础优势，塘州被规划为三都三大工业园区之一，在全县工业发展中占有重要地位。

农业　2000年以前，塘州乡农业发展较为缓慢，大季种水稻，小季种油菜、小麦等作物，农业结构单一。2009年后，塘州乡大力推广“185”工程种植模式，推进农业结构调整，积极发展特色农业。以雄寨、塘州、板良、枚育、拉海等村为中心，实施1000亩佛手瓜种植基地；以石旺村为中心，实施1000亩韩国大萝卜种植基地；以石旺、安塘、拉海、丁寨、梅育、灯光等村为中心，实施1000亩水晶葡萄种植基地；在阳猛、下岳、丁寨、灯光、塘赖等村实施1200亩核桃示范种植。2013年，韩国大萝卜种植面积减至200亩，紫秋葡萄种植面积1200亩，核桃种植面积2100亩。

畜牧养殖业　塘州多山少水，历史上主要畜牧品种是牛和马，猪、鸡、鸭、鹅等相对较少。2000年后，塘州开始出现规模不大的养殖场和养殖大户，其中年出栏生猪20头以上2个、年出栏牛10头以上1个。至2013年，养殖场和养殖大户发展到8个，其中年出栏生猪40头以上2个、年出栏生猪20头以上2个、年出栏生猪10头以上4个、年出栏鸡500羽以上2个。2013年，牛存栏4988头，出栏1134头；马存栏1130匹，出栏300匹；猪存栏8911头，出栏7900头；家禽存栏31790羽，出栏83780羽。

（七）基础设施

交通设施　塘州乡交通基础设施建设起步较晚，1978年前仅有一条简易公路从乡政府所在地通往县城。1998—1999年，塘州至廷牌、水龙至塘州公路相继建成通车，塘州乡的交通闭塞状况得到根本改变。1995年后先后修通板良、安塘、石旺等村入村公路，打通灯光至下岳、拉海至塘赖、梅花至高本等村级公路。2005年后先后兴修、扩建塘赖、下岳、阳猛等村入村公路，扩建梅育至拉海，水平至中和、石旺等村入村公路。到2010年，已实现村村通公路的目标，个别村寨通了硬化路。2013年完成“一事一议”项目润基水泥厂至安塘村务雷寨（8、9、10组）通组路硬化、塘赖村2组至1组通组公路硬化、塘州村塘廷公路至梅必组通组路硬化、塘州村塘廷公路至务旦组路硬化、塘州村务旦组人行步道硬化等。随着合江至塘州公路的建成，以及塘州至中和、水龙至塘州等公路的改造，塘州乡交通基础设施得到升级，交通网络趋于完善。

电力设施　1997年9月，中和至塘州10千伏输电线路正式开通使用，塘州乡政府驻地及部分村才得以通电。1998年，塘州、雄寨、板良、阳猛、阳乐、梅花、高本、塘赖等8个村群众集资投劳，使塘州乡通电村增加到13个。2001—2002年实施农村电网改造工程，全乡17个村全部通电。

通信设施　1997年11月，县邮电局和塘州乡政府共同投资，在塘州乡安装64门程控电话，并于1998年1月底开通使用。2010年，塘州乡实现电信、移动、联通全方位立体覆盖，与外界联系愈加便捷。

水利设施　由于地理条件原因，塘州是三都水族自治县较为缺水的乡镇之一，境内各村群众生产生活均不同程度地受到缺水的影响。1997年投资61.04万元建设塘州片区人饮工程，水源取自板良村龙角天然地下水，供水区包括塘州乡政府驻地梅育、塘州、水平、中化等村，解决了相当一部分村寨的生活用水。2000年后建成阳猛、中化、拉海、安塘等村人畜饮水工程13处，共解决

16148人的饮水问题。

（八）教育事业

1983年9月撤销塘州附中，小学实行六年制。1996年，全乡共有14所学校，其中完小6所（梅育、安塘、龙角、塘州、中化、阳猛）、初小4所（塘赖、灯光、下岳、丁寨）、教学点4个（阳乐、雄寨、拉海、水平）。2000年秋季，塘州中学复办。2013年，初中共有17个教学班，学生数1011人，毛入学率98.8%；中学专任教师47人。小学共有65个教学班，学生数2461人，适龄儿童入学率99.9%；小学教师115人。

2002年10月，塘州乡“两基”工作通过省级验收；2005年10月，塘州乡“两基”工作通过国家级验收；2007年11月，塘州乡“两基”工作通过省级复查验收和“普实”验收；2008年9月塘州乡“两基”工作通过国家级复查验收。

（九）医疗卫生

塘州乡卫生院有正式在编职工12人。其中，卫生技术人员12人，具有中级职称1人，初级职称3人。年平均就诊达21701人次。全乡建有村级卫生室3个，配备卫生员15人。

2007年，塘州乡成为新型农村合作医疗试点，2013年全乡参合18740人，参合率达88%。新型农村合作医疗政策的实施，切实解决了广大农民群众因病致贫、返贫问题，人民群众看病难、看病贵逐渐成为历史。

（十）精神文明建设

民族民间文化　境内有马尾绣、蜡染、绣花、银饰等民族民间传统工艺品，有芦笙、铜鼓等民族乐器，有赛马、舞龙、芦笙舞、舞狮等民间体育活动，有山歌对唱、酒歌对唱等民间音乐活动。2013年全乡有新型民间文艺队3支，主要从事婚丧嫁娶、节假日等活动表演，业务范围覆盖全县及邻县。

文化基础设施　1999年10月21日，乡政府驻地及部分村寨开通闭路电视。2000年全乡实现村村通广播电视，2009年乡文化活动中心建成使用。先后建成雄寨、灯光等村农家书屋，政府驻地及部分村连接了网络、安装了数字电视。2013年全乡17个村农村书屋器材及配套书籍均已落实到位并对群众开放。

（十一）集市贸易

1978年以前，塘州乡赶集地点在尧贯。尧贯场地势开阔，建有粮食仓库、供销社，辐射约方圆30千米，成为当时三都南片区最大的集市之一。1980年集市搬迁到乡政府驻地梅育，与三洞乡同一天赶集。1985年后，改为每逢辰天、戌天赶场。市场开放后，街上的私营商铺越来越多，商品也越来越丰富。2000—2008年，先后硬化了新政府大门口经供销社、派出所至三岔路口、移民新街等路段，完成自来水管网改造及延伸工程，建成塘州综合市场、露天市场，完善排水设施，并于2009年8月安装路灯。此后，塘州乡牛马市场逐渐形成规模，吸引来自县内周边乡镇及独山、荔波等邻县的商贩，日交易量达上百头。

八、恒丰乡

（一）地理位置

恒丰乡位于三都西南部，东与周覃镇为邻，西与独山县本寨水族乡接壤，南面和西南面与荔波县水利乡、甲良镇交界，北面与廷牌镇相连。距三都县城49千米，距独山县城52千米，距荔波县城46千米，是荔波县城饮用水源保护区。三都至荔波二级油路横穿乡境。

（二）建置沿革和行政区划

恒丰旧称水婆、水婆里。清宣统三年（1911），以时任乡长韦子恒、乡绅韦云丰的名字命名恒丰乡，并沿用至今。

恒丰历史悠久。唐贞观三年（629），在恒丰、烂土一带设婆览县（治水婆），属应州；婆览县解体后，辖地分属滇、桂。宋代改属羁縻荔波州。清代改土归流前，属广西庆远府荔波县；雍正十年（1732）荔波县改属贵州都匀府，恒丰随荔波县划归贵州省。民国时期称恒丰乡，属荔波县周覃区。1957 年成立三都水族自治县，恒丰随周覃区划归三都，先后为恒丰公社、恒丰乡。1992 年撤区并乡时，和勇乡（除羊楼村并入廷牌乡外）并入恒丰乡。2011 年 5 月，务条、留联合并为芒勇湖村，恒丰乡辖 7 个村 77 个村民小组。

和勇村：辖大拉领、小拉领、吉勇、板先、古脚、板打、古养一、古养二、和气上、和气下、板尖；板孔村：辖忙马一组、忙马二组、板孔二组、板孔二组、板口、打兰、六乐；丰来村：辖打抗、打网、的押、的领、的排、东太来、丰光、丰明、务其、西太来、夭勇、夭豆、引哄、中朋；景奎村：辖板考、的出、丰景、古乔、古桥、景奎一、景奎二、朋压、雅都；板力村：辖八上、八下、岜从、把彩、打铙、二上、二下、三上、三下、更且、甲化；塘党村：辖打便、塘党一组、塘党二组、塘党三组、塘党四组、干水、拉威一组、拉威二组、上弄尧、下弄尧、塘滚、尧台；芒勇湖村：辖的衰、吉务、梅否、水各、务条一组、务条二组（务条片区）；甘务一组、甘务二组、甘务三组、甘务四组、留联上组、留联下组、中本（留联片区）。

（三）面积、人口和民族

恒丰乡辖区面积 68.4 平方千米，2013 年全乡共有 7 个村 77 个村民小组，总人口 11828 人。其中，农业人口 11618 人、非农业人口 210 人，男 5893 人、女 5935 人。人口密度为每平方千米 173 人。人口出生率 6.7‰，人口自然增长率-0.63‰。少数民族人口 11716 人，占总人口比重 99.1%。其中，水族 10328 人，占 87.3%；布依族 1371 人，占 11.6%。各民族通用汉语，日常交流使用水语或布依语较多。境内共有韦、吴、王、蒙、莫、罗、石、李、覃、岑、陆、白、何、潘、胡、杨、黄、谢、马、林、肖、张、平、玉、周、赵、陈、江、路、田、龙、梁、金、朱、贺、孟等 36 个姓氏。

（四）地理环境

恒丰乡地势由北向南逐渐倾斜，起伏不大，全境海拔 750~950 米，平均海拔 850 米。属贵州南部喀斯特地形区，石灰岩出露普遍，多溶洞、暗河。土壤类型以石灰土和红壤、黄壤、黄红壤等为主，适于各种作物生长，农业生产条件较好。属中亚热带湿润性季风气候类型，年平均气温 15.6℃，年总积温 5694℃，年降雨量 1400 毫米，年日照时数 1057~1076 小时，年太阳辐射能量 80~85 千卡/平方厘米，极端最高温 38.7℃，极端最低温-9.6℃，无霜期 318 天。农业气象灾害有倒春寒、冰雹、干旱、暴雨、山体滑坡、泥石流等。

（五）资源

土地资源　土地总面积 102600 亩，人均 9.3 亩。2001—2004 年，坡耕地基本实施退耕还林。全乡耕地总面积 10297 亩，其中水田 5985 亩，旱地 4312 亩，人均耕地 0.93 亩。水田主要分布在留联—丰来、板力两个小坝子，为主要的水稻产区。

水资源　境内主要河流有 4 条，均属柳江水系樟江流域。板力河、和勇河、板孔河、景奎河等河流水量丰富，富灌溉和水力之利。水利基础设施较好，建有三个水库——芒勇水库、夭扁水库和夭芒水库，淡水资源丰富。芒勇水库绝大部分库区位于恒丰乡境内，大坝地处和勇村，面积 2000 余亩，蓄水量 2049 万立方米。

林业资源　林业用地总面积 57991 亩，占全乡总面积的 56.5%。其中，林地 42684 亩，疏林地 463 亩，灌木地 9148 亩，未成林造林地 546 亩，宜林地 4165 亩，森林覆盖率 46.09%。马尾松、杉树为境内优势树种。

矿产资源　境内矿产资源主要有煤炭、石灰石、赤铁矿、重晶石等，均分布在留联村—丰来村—塘党村沿三都至荔波二级油路沿线，开采条件便利。恒丰煤炭探明储量居全县首位，恒丰石灰石

品位亦为全县之冠。赤铁矿储量大，埋藏浅，可露天开采。

土特产资源　土特产资源丰富多彩，有脐橙、柑橘、西瓜、杨梅、水上葡萄、番茄、辣椒、黄瓜、茶叶、香菇、柳源鸡、芒勇鱼、生姜、脱毒马铃薯、芒勇湖飞鹅、绿壳鸭蛋、三元杂交猪等，其中柳源鸡、芒勇湖飞鹅、水上葡萄和芒勇鱼，在县内外具有相当的知名度。

旅游资源　境内有芒勇水库2000余亩优质水面、2049万立方米优质淡水资源、4万多亩林地和近2万亩草地可以开发利用，休闲旅游开发潜力较大。

（六）基础设施

交通　1997年前，恒丰乡没有一条直通县城的公路。1997—2000年，三都经水龙、塘州、廷牌、恒丰至荔波过境公路先后建成通车，极大地改变了恒丰乡交通闭塞状况。2005年年底全乡各村组公路已经全部修通。2006—2011年，恒丰乡先后完成16条63千米通村组公路建设，以及12条38千米通村组公路维修改造，组通公路率达97.5%。2013年完成村级公路维修7千米，完成村级拓宽建设8千米，全乡各村组交通进一步完善。

水利　改革开放后，特别是国家实施西部大开发以后，恒丰乡水利基础设施建设发展迅速。继建成恒丰水厂及板孔、景奎、和勇等村人畜饮水工程后，2006—2011年又先后完成夭芒水库除险加固以及部分农灌渠道维修加固工程，完成了5个村28个自然寨人畜饮水工程建设，解决6500多人和2200多头大牲畜饮水困难。

通信　程控电话覆盖丰来村、板力村和塘党村等3个村，闭路电视信号覆盖1个村，“村村通”地面接收覆盖全乡，移动通信、联通通信覆盖乡境。

（七）经济发展

恒丰乡是传统的农业乡，种植业是恒丰乡的经济基础。2000年后，大部分群众摆脱了传统农业思想的束缚，农业开始向多元化发展。2007年，恒丰乡加快农业和农村经济结构调整步伐，围绕“一村一品、一村一特”模式，大力发展特色农业。在北面着力建设务条水面养殖、葡萄种植、三元仔猪基地，在中部建设留联、丰来蔬菜基地，在西面建设板孔生姜、和勇水面养殖基地，在东部发展板力优质米基地，在南部塘党实施药材、畜牧特色农产品开发，扩大优质米、优质水果、皱皮椒、生姜、脱毒马铃薯种植规模。2013年年底，全乡生产总值达5497.6万元，其中农业总产值4480万元、乡镇企业总产值1017.6万元，粮食总产量4900吨，农民人均纯收入5769元。

种植业　水稻、玉米、小麦为主要粮食作物，2013年产量分别为2988吨、1202吨、150吨；主要经济作物辣椒，2013年产量450吨；主要经果林有杨梅、葡萄等，2013年产量分别为5吨、35吨。

畜牧养殖业　2013年有规模养猪场2个，年出栏50头以上；规模养禽场2个，其中年出栏3000羽以上1个、200羽以上1个。畜禽品种主要有牛、马、猪、羊、鸡、鸭、鹅等。2013年，牛存栏2194头，出栏828头；马存栏708匹，出栏159匹；猪存栏4316头，出栏3772头；鸡存栏8849羽，出栏5002羽；鸭存栏905羽，出栏560羽；鹅存栏328羽，出栏295羽。

乡镇企业　2012年全乡有工业企业6家，从业人员555人，总产值4253万元。较大型企业有夭勇煤厂、腰月煤厂、福停红砖有限公司、甘务石灰厂、板力打铙石场等。煤炭产量占全县3/4以上，其中腰月煤厂年产量9万吨、夭勇煤厂年产量15万吨。

（八）文化教育

文化基础设施　1994年前，恒丰乡主要通过接收周边县市地面卫星差转信号收看贵州电视节目。1995年建立乡广播站，安装2台卫星电视接收机，2004年开通闭路电视。至2013年建成乡综合文化站1个和7个村农家书屋，建成恒丰端坡戏台和板力村农民体育健身工程。2012年全乡安装873套“村村通”工程广播电视地面接收设备，2013年安装820套“户户通”工程广播电视地面接收设备，电视覆盖率达到90%以上。

教育事业　至2013年，恒丰乡有中学1所（恒丰民校初中部）、小学7所（完小4所，即恒丰民校小学部、塘党小学、和勇小学、光荣小学；教学点3个，即景奎小学、板孔小学、务条小学）。恒丰民族学校初中部面向全乡招生。

2008年10月，恒丰乡“两基”工作通过省级验收。2011年中学共有9个教学班，专任教师36人，学生数473人，入学率100%。小学共有40个教学班，教师50人，学生人数1070人，适龄儿童入学率100%。

恒丰民族学校是全县为数不多的义务教育九年一贯制学校之一，也是一所负有盛名的百年老校，前身为创办于民国3年（1914）的恒丰小学。由时任国民政府荔波县方村区区长韦雨臣创办，贵州省教育厅命名为“贵州省立荔波民族两级小学”。新中国成立后，改为“省立荔波民族小学”，1957年恒丰乡划入三都水族自治县，学校易名为“恒丰民族小学”。2002年，恒丰民族小学增设初中部，易名为“恒丰民族学校”。

（九）医疗卫生

2013年，恒丰乡卫生院正式在编职工7人，其中卫生技术人员7人，具有执业医师资格1人，初级职称4人。主要医疗设备有：X光机1台、心电图机1台、B超机1台、血液分析仪1台、多功能高频电离子治疗仪1台、简易血糖仪4台、显微镜2台、红外线治疗仪2台。

全乡建有村级卫生室7个，卫生员7人，配有简单的医疗设备，负责为本村人民群众提供就医服务。2013年农村安全饮用水普及率100%，农村卫生厕所普及率65%，新型农村合作医疗参保人数9338人，参保率87.17%；5岁以下儿童死亡率1‰。

（十）集镇建设与集市贸易

2000年完成恒丰乡集镇建设总体规划，小城镇建设规模不断扩大。2007年相继完成集镇道路、供水、供电、垃圾处理以及综合市场、公厕和公益性篮球场等基础设施建设，完成52户327人易地移民供电、供水等工程安装，城镇化开始起步。恒丰新集贸市场占地4.67亩，总投资120.9万元，新市场设施齐全，功能齐备，对繁荣恒丰经济起到了积极推动作用。2013年易地扶贫搬迁工程总投资655.4万元，实现37户移民搬迁，新增城镇人口180人。

九、扬拱乡

（一）地理位置

扬拱乡地处三都东南部，东靠黔东南州榕江县水尾乡，南与九阡镇相连，西与三洞乡相接，北与坝街乡相邻。距三都县城75千米，属全县最边远乡。

（二）建置沿革和行政区划

1991年3月“建并撤”前，扬拱乡隶属九阡区。1978年3月扬拱公社改名为扬拱乡（股级乡），1991年“建并撤”后，扬拱乡改为局级乡。辖水昂、永阳、扬拱、兰懂、新阳5个村，共41个村民小组。

水昂村：辖水昂一组、水昂二组、水昂三组、水昂四组；永阳村：辖上中寨组、下中寨组、上水响组、下水响一组、下水响二组；扬拱村：辖子合组、鲁拉组、板卯组、大寨一组、大寨二组、板抗组、姑查组、姑罗组、姑样组、水造组、平报组；新阳村：辖龙场组、外高农一组、外高农二组、内高农组、韦寨一组、韦寨二组、水夜组、姑城组、水台组、系大一组、系大二组、的又组；兰懂村：辖岜了一组、岜了二组、上雅总组、下雅总组、雅盼组、雅加组、的案组、高王组、水碾组。

（三）面积、人口和民族

扬拱乡辖区面积107.3平方千米，2013年全乡总人口6735人，其中农业人口6630人，非农业人口105人，男3557人，女3178人。人口密度为每平方千米63人。在总人口中，少数民族人口

6668人，占总人口的99%，其中布依族5人、苗族3人、水族6660人。通用汉语，日常交流以水语为主。全乡共有杨、石、潘、韦、陆、王、蒙、覃、韩等9个姓氏。

（四）地理环境

扬拱乡地处贵州高原向广西丘陵延伸的斜坡地带，地势东、北高，西、南低，地形起伏较大，地貌以高原山地、低山丘陵、河谷坝子三种基本类型为主。东、北部山高谷深，地势崎岖；西、南部低山丘陵、河谷坝子相间分布。最高海拔1300米，最低海拔300米。扬拱乡为都柳江和樟江重要支流源头地带，境内主要有的王河、的虚河、系大河、水夜河等小型河流，河水流量小，枯水季节时常断流，工程性缺水比较严重。

扬拱乡属亚热带湿润季节气候，气候温和，雨量适中，年平均气温16.5℃，年总积温4600℃，年降雨量1520毫米，全年日照时数1050~1070小时，年太阳辐射能量75~80千卡/平方厘米，极端最高温38℃，极端最低温-5.6℃，无霜期290天。农业气象灾害有倒春寒、冰雹、干旱、暴雨等。

（五）资源状况

土地资源 2001—2004年，扬拱乡坡耕地基本实施退耕还林，至2013年有耕地面积5400亩，其中水田3600亩、旱地1800亩。水田分坝子田、槽谷田和梯田三种类型，坝子田主要分布在水昂、永阳、扬拱3个村，槽谷田和梯田主要分布在兰懂村、新阳村等高山村组。全乡人均耕地0.8亩。土壤有红壤、黄壤、黄红壤等。

林业资源 有林业用地155212.5亩，占土地总面积的88%，其中有林地139286.1亩，无立木林地523.95亩，宜林地1143.15亩。森林覆盖率79.39%。马尾松、杉树为扬拱乡的优势树种。传统的林产资源有野生木耳、野生灵芝、杨梅、香菇等。

矿产资源 扬拱乡主要有重晶石、铅锌、锑、煤、钼等矿藏，其中铅锌和重晶石储量丰富，主要分布在韦寨—姑罗—的案一带。重晶石已零星开采。由于地理条件差，交通不便，境内各种矿藏尚未大规模开采。

旅游资源 扬拱乡森林茂密，气候凉爽，风景优美，民风淳朴，旅游资源丰富多彩。主要景区景点有千年子合洞、兰懂猕猴自然风景区、平报原始森林保护区、扬拱大寨古墓等。

扬拱乡过水族地区所有节日——水族卯节、水族端节、汉族春节、苗族吃新节等。每逢节日，家家杀猪宰鱼，取出窖藏美酒款待客人；姑娘小伙对歌找朋友，老人们喝酒拉家常，村村寨寨铜鼓喧天，歌声阵阵，其乐融融，一派祥和景象。敬霞节是扬拱乡最为隆重的传统民族节日。

（六）经济状况

扬拱乡的传统经济为农、林业，以林业为主要收入来源，占扬拱乡经济的主导地位。根据全县“185”农业产业规划，扬拱乡划分为三个农业产业化区域，即扬拱村坝区、永阳村坝区和水昂村坝区。扬拱村坝区重点发展灵芝和黑木耳栽培，永阳村、扬拱村坝区重点发展畜禽产业和九阡李种植，水昂村坝区重点发展九阡李种植，初步形成灵芝、九阡李、核桃、林下养鸡四大支柱产业。2013年，扬拱乡国内生产总值2007.03万元，财政收入87.89万元，粮食总产量2500吨，农民人均纯收入2980元。

至2013年，有规模养猪场5个，其中年出栏100头以上1个、50头以上2个、10~30头10个；规模养禽场有8个，其中年出栏1000羽以上1个、500羽以上2个、200羽以上5个。2013年大牲畜存栏4474头，其中牛存栏1578头、马存栏922匹，生猪存栏1974头，禽存栏4899羽。

（七）基础设施

交通 扬拱乡地处偏远山区，1978年前仅有一条公路从老乡政府所在地（扬拱村）通往九阡镇，此后逐步修通各村公路。2000—2011年，扬拱乡发动群众，先后修通扬拱、新阳、兰懂村入村组公路。2006年九阡至扬拱柏油路建成，结束了扬拱无柏油路的历史。2013年修通扬拱至平报组

公路，打通扬拱乡与坝街乡的公路。

水利设施　扬拱乡的水利基础设施比较落后，境内有小（二）型水库一座（永立水库），集雨面积2平方千米，库容量48万立方米，设计灌溉面积1240亩。水昂坝子位于梅玄水库灌溉区内。系大山塘是扬拱乡新阳村的一座微型水库。

（八）教育事业

2013年前，全乡有小学校点4所，即系大小学、新阳小学、水昂小学、务母小学、兰懂小学，共有20个教学班，学生人数716人，适龄儿童入学率98.6%。小学教师35人，其中本科学历1人，大专学历15人，中师学历19人。2013年撤销村级小学，统并为扬拱中心小学，至此仅有中心小学及幼儿园一所学校，全乡小学适龄儿童应入学621人，实入学620人，适龄儿童入学率99%。小学教师32人，其中本科学历1人，大专学历15人，中师学历16人。

（九）医疗卫生

2013年，扬拱乡医院、扬拱乡疾控站合并为扬拱乡卫生院，正式在编职工6人，其中卫生技术人员5人，具有执业医师资格1人，初级职称3人，临聘人员1名。卫生院有病床5张。建有村级卫生室5个，卫生员4人，配有简单的医疗设备，负责为本村人民群众提供就医服务，协助乡卫生院处理突发性卫生事件。整体上，扬拱医疗设备不足，缺医少药现象不时存在，难以满足人民群众的就医需求。

（十）敬霞节

扬拱的敬霞节起源于杨氏宗族，是所有有血缘关系的同姓宗族村寨联合举行的祈雨活动。活动主要内容和仪式是：同姓有血缘关系的各支宗族以酒肉摆设于祭坛上，由水书先生念水书祭词祭天祈祷，最后各宗族的头目携带米酒到指定地点把象征水神的霞石浇淋，然后神秘地收藏起来，以祈祷当地风调雨顺，庄稼丰收。活动当日，家家户户都有客人来观礼，活动举办地热闹非凡，主人家当然也备有美酒佳肴用于待客。扬拱乡群众上一次过敬霞节是在1949年中华人民共和国刚成立的时候，后来由于各种原因，整整60年未再举办。2009年，是扬拱敬霞节最隆重的60年大祭，又适逢国庆六十周年大庆，扬拱乡经过半年筹划，扬拱地区千年敬霞节于7月7日在扬拱村霞坡隆重举行。此后，经水书先生推算，杨氏各支宗亲决定以7年（含当年）为周期举办一次敬霞节。

第二篇　资源·环境·人口

第一章　自然环境与资源

第一节　地　质

三都地质属扬子准地台中的江南台隆与上扬子台褶相接触地带，主要位于三都至荔波古陷褶断束的北端。出露地层较全，除缺上奥陶统、下至留统、上三叠统、侏罗系、白垩系及第三系外，从元古界上板溪群至第四系均有出露。地层由东向西从老到新分布。主要地层元古界（距今25亿年至5.75亿年）分布于东北部，面积约占一半。地层受构造运动的影响而褶皱断裂。最大的褶皱是周覃背斜；最大的断裂是三都逆斜断裂，北起三都，向南延至荔波附近，走向335度，倾向西，倾角50至70度，断切寒武、泥盆、石炭、二叠等系，水平错距800米，地层垂直断距达1000米以上。

地层由老到新，由下到上，有前震旦系、震旦系、寒武系、奥陶系、志留系、石炭系、二叠系、三叠系和第四系。

前震旦系上板溪群，为清水江组灰色至深灰色绢云母板岩、变余粉砂岩、凝灰岩，厚度大于2000米；龙里组为黄绿、灰绿色块状变余粉砂岩夹绢云母板岩，厚200至1239米。震旦系，下震旦统南沱组，底部灰绿色厚层变余粉砂岩与砂质绢云母板岩互层，厚79米。中部灰绿色薄层绢云母板岩、黑色炭质页岩及灰绿色紫色冰碛含砾泥岩，厚2230米。上部紫红色，灰绿色粉砂质绢云母板岩及冰碛泥岩，厚110至670米；上震旦统灯影组，顶底部灰色白云岩。中部黑色炭质页岩等，厚30至50米。寒武系，下寒武统渣拉沟组，为黑色的炭质页岩。底部有黑色薄层硅质岩夹层状或结核磷块岩，厚95至200米；中寒武统都柳江组，为石灰岩及黑色砂质页岩互层，厚350至450米；上寒武统三都组，为灰、黄绿色页岩，底部石灰岩及竹叶状石灰岩，厚1433米。奥陶系，下奥陶统锅塘组，为灰色薄层条带状石灰岩夹砾状石灰岩及页岩，厚300至490米；同高组，顶部石灰岩及硅质灰岩或硅质岩，中上部灰绿色页岩与砂质页岩、粉砂岩互层，下部黄绿色页岩，共厚756米；中奥陶统十字铺组，为黄绿色砂质页岩，底部有砾岩透镜体，厚20米。志留系，中上志留统翁项群，由砂质页岩、泥质砂岩及石灰岩组成，厚450米；下泥盆统帮寨群，为灰白色石英砂岩夹薄层粉砂岩、页岩，厚337米；中泥盆统利山组，上部深灰色石灰岩夹泥灰岩及含铁砂质白云岩；下部灰、浅灰色石英砂岩夹泥质砂岩、页岩及赤铁砂岩，底部含砾岩，厚116米；独山组，上部泥灰岩及页岩；下部石灰岩、白云质灰岩、泥灰岩、砂岩，厚132至580米；上泥盆统，望城坡组，为石灰岩夹泥灰岩、白云岩，周覃一带下部相变为泥质砂岩夹瘤状灰岩，厚131至450米；尧梭组，上部为石灰岩及白云质灰岩，中下部为白云岩，厚270至548米。石炭系，下石炭统岩关阶，为石灰岩夹少量泥质灰岩、页岩及粉砂岩，厚540米；大塘阶，为石灰岩、页岩、石英砂岩，偶夹赤铁矿及煤层，厚51至1208米，中石炭统黄龙群，上部石灰岩，下部白云岩，厚182至419米；马平群，灰白色薄层至中厚层石灰岩，底部瘤状石灰岩夹页岩，厚47至244米。二叠系，下二叠统梁山组，为石英砂岩及页岩，局部夹煤层，厚54米；栖霞组，为灰、深灰色含泥质有机石灰岩，含燧石结核及条带，下部夹黑色钙质岩，厚73至150米；茅口组，为灰色块状石灰岩，含少量燧石结核，中、下部夹白云质灰岩及白云岩，厚91至300米；上二叠统，长兴组与吴家坪组，为灰黄色页岩、夹深灰色含燧石灰岩及薄层硅质岩，底部夹煤层，厚411至1007米；大隆组，为薄层硅质岩夹页岩，厚64米。三叠系，下三叠统，分为飞仙关组及永宁组，由石灰岩、页岩及泥质灰岩组成，厚336至375米；中三叠统，为灰绿、紫红、灰黄色中厚层钙质粉砂岩与同色钙质黏土页岩互层，上部偶夹瘤状泥灰岩，厚359至527米。第四系，不发育，零星分布在河谷盆地、岩溶盆地及岩溶洞穴内。

第二节　地　貌

三都是个山地县，县境地处西南腹地，云贵高原东南端破碎地段，黔中山向广西丘陵过渡地带的中低山丘陵区。地势由北向南倾斜，主要山峰、河谷的走向与背斜、向斜轴一致，大体上呈南北展布。整个地势特点是县境北部为断裂上升的丹寨山地屏障，西北一线为更顶山和老王山雄踞，东北和东南为同马山、小脑坡、尧人山、月亮山的山群绵亘，山上有山，山高坡陡，河谷深切，地形破碎，无百亩平坝，一坡一谷的山地立体特征特别明显，是中山深谷山区，全县形成北、西、东北至东南地势高峻，西南地势渐缓、渐而开阔的地势特点。其现代地貌轮廓在东北至西北部为加里东运动期形成，其他地段主要为燕山运动期奠定的骨架。境内地貌形状大致有三种类型，即低山地貌丘陵河谷类型、深切割的中山地貌类型、岩溶地貌低山丘陵盆地类型。地貌总格局属于中山、低山地貌类型，中山、低山丘陵约占全县土地总面积90%以上，15度以上陡坡又占土地面积70%以上。山岭海拔多在800~1100米，最高海拔是1665.5米的更顶山主峰，最低海拔是303米的都柳江出境处，最大高差1362米，大部分地区海拔在400~900米，平均海拔675米。县境西部和西北部都柳江支流密布，汇合点多，干流和支流两岸有较好的平坝和阶梯土地；县境南部和西南部属低山丘陵地带，由北向南缓斜，间有周覃、九阡岩溶盆地。

低山地貌丘陵河谷类型，主要是西北大河镇、合江镇、丰乐镇、普安镇、交梨乡、三合镇。本区域内三合镇的海拔最低，为390米，丰乐镇境内有老王山，海拔1605米。此区域内都柳江支流密布，沿河两岸是河槽谷坝，有缓斜的阶梯土地，合江、大河、丰乐、三合有较宽较平的坝子。此区域共有土地面积613平方千米，耕地面积42.875平方千米，占土地面积的6.98%，平坝面积18.11平方千米，占耕地面积42.2%，是以产粮为主和发展畜牧业、林业的地区之一。深切割的中山地貌类型包括东、东北和东南部都江镇、打鱼乡、羊福乡、巫不乡、坝街乡、拉揽乡、扬拱乡、九阡镇的板甲村和甲才村、水龙乡和中和镇的东部。该区域中坝街乡海拔最低，为320米，九阡镇的板甲和都江镇的甲雄海拔最高，为800米，平均海拔593米。全县海拔1000米以上的山峰326座，其中有153座集中在上述地区。由于山高坡陡，河谷深切，坡与坡之间形成深切的“V”状。本区域土地面积共841平方千米，耕地面积仅21.676平方千米，占土地面积的2.57%。缺乏发育良好的阶地坝子，农业耕地面积少，是发展林木的有利地区。地势平缓开阔，岩溶地貌较为发育的低山丘陵盆地类型。包括南部和西南部水龙乡、中和镇、塘州乡、周覃镇、三洞乡、廷牌镇、恒丰乡、九阡镇和合江镇的尧吕片区（含尧吕村、甲岛村、石奇村及大河镇的苗草村）等，本区域土地面积960平方千米，耕地面积61.3平方千米，占土地面积的6.4%。区域内九阡镇水各村海拔最低，为570米；海拔最高是廷牌镇和恒丰乡，为880米，平均海拔694米，是县内较高的片区。除九阡、周覃为盆地坝子外，廷牌、三洞、水东、安塘、独寨、雄寨都有发育较好的岩溶坝子，其他地带台地、槽谷兼有。地下水源丰富，全县山塘水库，大多数都在上述地区，土地肥沃，也是县内产粮区之一。南部又以正谷坡走向为界，沿正腊坡、正田坡、正领坡、正赶坡一线，把南部低山丘陵地带分成东西两个不同的地形。东面有三洞大坝、水东河谷坝和周覃盆地相互毗连，是低山丘陵宽谷地形；西面塘州、阳安、廷牌、恒丰一带与独山县本寨乡岩溶地区相连，是发育比较典型的岩溶地貌，石灰岩秃山，坡立谷地，溶洞和地下水较为常见。

主要河流在北部有都柳江东西横穿，南部有樟江，支流均属珠江流域西江水系。

境内山脉，主要是从北面丹寨县、西北面都匀市、西面独山县、东北部雷山县延伸来的苗岭山脉。全县海拔1000米以上山峰计326座，海拔1500米以上的山峰5座，最高的西面更顶山，海拔1665.5米。

西北部，以海拔1500米以上的更顶山、老王山、仙人塘、冷风坳和羊基大坡等五座高山相连。北面，从丹寨县高原向南延伸来的支脉自羊甲而下，在普安镇内有普屯大坡（遐寿山），旷家岩，至大河龙场的鸡打架，一脉由杨勇关而下分左右两脉至城周围有茶子山、营上坡、沙井坡等诸山，岗峦重叠，盘亘于县城西、北东面。东部和东北部计有1510座高坡，全县海拔1000米以上的山峰326座，其中70%分布在该地区。山脉连绵，高峰林立，无名山坡甚多。海拔1400米以上的排怪坡、同马山（又名驼马山）、乌扫坡、小脑坡等巍峨耸峙在都江片区群山之中。南部和西南部，水龙大坡（谷正坡）向南伸延。在三洞、周覃、塘州、廷牌境内，有高出海拔1031.6米的轿扛坡与正腊坡、正田坡、正领坡、正赶坡连成一线，把南部低山丘陵地貌分成东西两片。东南部是生物保护区——尧人山国家级森林公园，位于水龙乡、拉揽乡、打鱼乡境内。扬拱乡公函甘大坡、九里坡和九阡板甲的扎哈坡、古龙坡，都是都柳江和樟江的分水岭，海拔在1000米以上，雄踞县境东南一角。

境内较著名的山峰有更顶山、老王山、同马山、尧人山4座。更顶山介于三都县与独山县之间，是苗岭山脉南延之地，位于三都水族自治县合江镇。山地面积38.1平方千米，东大部在三都县境内，约25平方千米。更顶山海拔1665.5米，是三都县第一高山，也是黔南名山之一，它与独山县大风坪（海拔1628米）、猴儿山（海拔1605米）雄踞两侧，形成一个三角对峙地形。更顶山有28峰，海拔1000米以上23座，其中1400~1500米7座，1500米以上3座。地势高峻，山顶风大，多雾，潮湿，森林资源丰富，是一个适宜发展林业的山地。老王山坐落在县境丰乐镇与都匀市阳和乡境内，主峰耸立在两县（市）界上，海拔1603米，是三都第二高山。它属苗岭山脉南延山地，位于都柳江上源。老王山总面积58.2平方千米，山体大都在三都县境内。地势由西北向东南倾斜。老王山有30座山峰，其中海拔1400米至1500米5座，1500米至1600米2座。坡顶上风大，冬春常有凌雪，多雾，多毛雨，半山以上八月竹成林，曾加工八月竹笋远销日本，半山腰山峦起伏，适于种茶。同马山，又名驼马山。主峰乌扫坡海拔1536.5米，属苗岭山脉东段山地，位于县境羊福乡与雷山县达地乡境内，总面积96.8平方千米，大部分在三都境内。同马山有33座山峰，海拔1000米以

尧人山风光

上22座，1400米以上5座，山顶面较缓，地势东高西低。尧人山是苗岭山脉南延山地，位于县境东部，主峰尧人峰海拔1365.9米，全部坐落在县境内，北连拉揽、打鱼、三合，西靠水龙，东临都江、坝街，南抵水龙、坝街的古水坡、古伞坡、左帮坡山地，土地总面积350平方千米，地势中部高，四面逐渐低缓。北、东为都柳江环绕，西面为三合镇牛场杀叶沟所隔，南与群山相望，山清水秀，气势宏伟，是县内著名大山。尧人山海拔1000米以上山峰63座，群峰绵延，竞相耸立于山地中部。在坡顶主峰南侧，有三座山峰三角对峙，中间有约250平方米的水凼称为三角塘，海拔1352米，过去终年有水，并有游鱼，1958年开塘放水，破坏了地层，从此难于蓄水。

第三节　气　候

三都的气候属于中亚热带湿润季风气候类型。由于地形、地势、地貌、海拔高度的复杂影响，形成了三都气候在地域上的差异，全县分为温热、温暖、温和三个气候区域。年平均气温18℃，1月份平均气温7.8℃，7月份平均气温26.7℃，极端最高气温39.8℃，极端最低气温-7.5℃，年总积温6603.1℃。全年无霜期326天，最短275天。作物一年两熟有余，三熟不足。但因境内相对高差大，气温的垂直变化十分明显，大体是海拔高度每增高100米，气温下降0.54℃，故高山地区的气温比平坝的气温低得多。

境内属中亚热带湿润气候区，气候温和，四季分明，雨量充沛，无霜期长，季风气候显著。春季气温回暖早，但不稳定，寒潮活动较频繁；夏季伏旱多，降雨集中，雨热同季，局部有洪涝；秋季多阴雨；冬季较温和，多雾寡照，湿度大。1981—2010年，年平均气温18.2℃，最冷月平均气温7.8℃，最热月平均气温26.6℃，历年极端最高气温39.8℃，极端最低气温-7.5℃。雨量充沛，分布不均，年平均降雨量1326.1毫米，其中4—10月降雨量1119.5毫米，占全年降雨量的84.4%。年平均相对湿度80%，最小相对湿度11%。无霜期长，年平均无霜期316天。由于三都全年阴雨日数多，山高谷深，走向零乱，遮蔽度大，属省内日照偏少的县份之一，年平均日照时数仅1131.4小时，占可照时数的21.9%。年平均风速1.0米/秒，最多风向为北风。年平均蒸发量为1229.8毫米。年雷暴日数53.9天。主要气象灾害有高温、干旱、低温阴雨、冰雹、大风、寒潮、雷暴等。

境内的四季划分，是以日平均温度10℃~20℃为春季和秋季，大于22℃为夏季，小于10℃为冬季。春季从2月13日开始至5月11日，计88天；夏季从5月12日开始至9月29日，计141天；秋季从9月30日开始至12月13日，计75天；冬季从12月14日开始至2月12日，计61天。夏季极端最高温度大于35℃的次数不是每旬都有出现；冬季旬平均温度小于5℃的只有18旬，仅占2.3%。

第四节　土　地

三都是典型的山地县，山地面积占94%。2009年第二次土地调查统计数据显示，全县土地总面积237620.16公顷。其中，耕地面积32893.8公顷，园地面积1977.74公顷，林地面积151802.79公顷，草地面积31288.03公顷，城镇村及工矿用地面积2802.41公顷，交通运输用地面积1273.32公顷，水域及水利设施用地面积2587.23公顷，其他土地面积12994.84公顷。

海拔1400米以上为山地黄棕壤或灌丛草甸土。海拔700~1400米为黄壤带。海拔450米以下为红壤。耕地从海拔1200米左右开始分布，从受控于区域地层岩性的水平分布来看，北、西和东半部为土被相连的黄壤、红黄壤及小面积山地黄棕壤和红壤，由此土壤开垦的农田多呈梯式分布，呈酸性和熟化程度很低的农田；旱地和零星分散的坡地均呈酸性。中部及西南部主要为黄壤和石灰土相间的土壤类型，由此土壤开垦来的农田多连片集中在该区域的岩溶坝子，峰丛槽谷、麻窝（即凹地）及河谷坝子，多呈中性至石灰性，熟化度较高；旱地坡度较缓，有的分布在坝子或凹地，土层较深厚，呈酸性和石灰性，大部分仍保留起源母土的质性，熟化度低。总体上呈酸性土壤和中性土壤交错分布，以酸性土壤为主。以酸性土壤为主的地带，原生林和次生林茂密；以中性土壤为主的地带，耕作业发达。

县境内土壤共分 10 个土类、17 个亚类、71 个土属、310 个土种，其中耕作土种 185 个。土壤总面积 3500571 亩。其中，红壤面积 1059442 亩，黄壤面积 6675 亩，石灰土面积 276300 亩，红色石灰土面积 134115 亩，紫色土面积 25850 亩，潮土面积 9510 亩，山地灌丛草甸土和沼泽土面积分别为 920 亩和 102 亩，水稻土面积 337974.5 亩。

主要土壤为自然土、水稻土和旱作土。自然土有红壤、黄壤、黄棕壤、红色石灰土、石灰土、紫色土、草甸土、沼泽土等类型。红壤是垂直地带性分布最低的酸性土壤，具有黏、酸、瘦及缺磷等特点，缺乏养分和水分，面积 1059443 亩，占自然土面积的 34.4%。其中，红壤亚类面积 46023 亩，占红壤土类的 4.3%；粗骨红壤亚类面积 211496 亩，占 20%；黄红壤亚类面积 801924 亩，占 75.7%。黄壤是垂直地带性分布较广的地带性酸类土类，有机质含量较高，普遍缺氮，严重缺磷，熟化度低，面积 1642030 亩，占自然土面积的 53.4%。其中，黄壤亚类面积 1440612 亩，占黄壤土类的 87.7%；粗骨黄壤亚类面积 201418 亩，占 12.3%。黄棕壤是垂直地带性分布最高的土类之一，有机质与氮、磷钾养分含量高，土质疏松，面积为 6675 亩，占自然土面积的 0.2%。其中，山地黄棕壤亚类面积 4942 亩，占黄棕壤土类的 74%；山地粗骨黄棕壤亚类面积 1733 亩，占 26%。红色石灰土是垂直地带性分布在海拔 700 米以下的石灰岩低山丘陵区的中性及微碱性土类，养分含量较红壤高，但土体薄，保水性能差，面积为 134115 亩，占自然土面积的 4.4%。石灰土是低热地区碳酸盐类岩石发育的一种中性及微碱性土类，含钙丰富，熟化度高。面积为 276300 亩，占自然土面积的 9%。其中，黄色石灰土亚类面积 247258 亩，占黄壤土类的 89.5%；黑色石灰土亚类面积 29042 亩，占 10.5%。紫色土是在紫色岩类发育的一种岩成土类，有机质含量低，矿物质含量较高，面积 25850 亩，占自然土面积的 0.8%。潮土是在河流冲积物上发育的一种幼年土，呈酸性至中性反应，有机质含量高，但易漏水漏肥，面积 9510 亩，占自然土面积的 0.3%。灌丛草甸土是垂直地带性分布最高的地带性酸性土类，有机质含量高，老土层呈黑褐色，富有弹性，土体较薄，面积 920 亩，占自然土面积的 0.03%。沼泽土是在积水和地下水浸渍及湿生植物作用下形成的土类。境内分布较少，面积仅 102 亩。水稻土有红、黄壤等各种地带性土壤，经过水耕熟化形成的一类土壤，分为 3 个亚类，30 个土属，121 个土种。

县境处于贵州高原黔南边缘过渡东段，生物气候及地层成土母质复杂，加之人为生产活动的影响，导致土壤产生类型及地理分布都较复杂。有水平地带分布、垂直地带分布和区域地带分布。

境内地势由北至西南向东南逐渐降低，从海拔 1000 米至 900 米降至 800 米至 500 米，最低河谷海拔仅有 300 米左右，大部分地区受东南季风影响。土壤水平地带分布，大致跨越在中亚热带的黔东高原红壤、黄红壤地带和黔中高原黄壤地带。中亚热带红壤、黄红壤地带范围较广，包括北、西、东、东南及南部边缘地区。由于这一地带同都柳江水系由西向东流，切割深，有利于东南季风带来的暖湿气团沿河伸进，河谷由东至西渐高，到西段折为西南至东南向，暖气团伸进逐渐减弱，加上高原气流下沉增湿作用，导致三合镇以东河谷地区形成了中亚热带常绿阔叶林间明显的南亚热带河谷季雨林的生物气候特征，发育的土壤为红壤。三合镇以西及其低热支流坡谷发育的则为黄红壤。红壤基带以上山地为山地黄壤。山地上的黄壤正好与黄壤地带相衔接。中亚热带黄壤地带，大致包括中部、西南低山宽谷盆地及北、西部边缘山地，与西侧的黔中高原黄壤地带相连，海拔一般在 700 米至 1000 米，气候温暖湿润，干湿季节不是很明显，植被为常绿阔叶林间少数落叶林，黄壤形成发育明显，分布广泛。

境内土壤垂直地带分布，因大部分地区地形起伏大，河流深切，相对高差悬殊，西部和东北部的部分高峰海拔达1400米至1665米，河谷海拔310米至500米，相对高差1100米至1200米，土壤垂直带谱较为复杂。东部的小脑坡，海拔1562米，与南坡的都柳江河谷相对高差1220米。由于受东南季风的影响较强，气温较高，山地黄壤与山地黄棕壤的分布下限以及黄红壤分布上限都较西部垂直山地稍高。其土壤垂直带谱结构，在海拔400米或450米以下为红壤，400米或450米至750米或800米为黄壤，750米或800米至1450米为山地黄壤，1450米以上为山地黄棕壤。西部的更顶山，海拔1665.5米，与东坡河谷相对高差1160米。由于受东南季风影响较东段稍弱，而受高原面的冷气团影响较强，气温偏低，雨量丰富，云雾多，湿度大，山地黄壤与山地黄棕壤的分布下限以及黄红壤分布上限都较东段垂直山地略低。其土壤垂直带谱结构，在海拔700米以下为黄红壤，700米至1300米为山地黄壤，1300米至1400米为山地灰化黄壤，1400米以上为山地黄棕壤。北部的老王山，海拔1604米，由于受山顶平缓的小地形影响，其土壤垂直带谱的土层结构与更顶山有所不同，海拔在1380米左右为表潜黄壤，1400米以上为山地黄棕壤。其中在平缓山顶分布有山地灌丛草甸土和山地腐泥沼泽土，仅在海拔1600米低中山顶部，分布有山地灌丛草甸土，并有腐泥沼泽土，这是省内少见的土壤结构类型。北部及东南山地，由于相对高差较小，一般只具有黄红壤和黄壤两个类型的简单垂直结构。中部及西南的黄壤地带山地，垂直分布带谱不具备或不明显。

三都的土壤区域分布大体分为3个区域，10种土壤组合类型。第一，东北至东南至南部边缘山地峡谷、宽谷区域，属中亚热带红壤和黄红壤地带，有三种土壤组合类型，即板岩低中山峡谷土壤，冰碛砾岩、砂页岩、黏土页岩、砂岩低山峡谷土壤，岩溶低山宽谷洼地土壤。板岩低中山峡谷土壤，分布在都江、羊福、巫不、打鱼、坝街、拉揽等乡镇及三合镇苗龙片区等东部低中山峡谷。自然土壤为硅铁质红壤或黄红壤、黄壤及相应粗骨土类型。耕作土壤，高塝田、远田多为渗育型水稻土，阴峡沟旁为零星的潴育型冷水田和潜育型水稻土。旱作土为零星小块的红泥土、砾质红泥土、黄红泥土、砾质黄红泥土、黄泥土、砾质黄泥土等土种。冰碛砾岩、砂页岩、黏土页岩、砂岩低山峡谷土壤，分布在交梨乡的高硐、水龙乡的地祥、九阡镇的板甲和甲才、扬拱乡大部、中和与三洞的中部。自然土壤为硅铁质黄红壤、黄壤及相应粗骨土类型。耕作土壤，水田主要有渗育、潴育红泥，渗育、潴育黄泥。旱地为砾质红泥土、砾质黄泥土、黄红砂泥土、黄红砂土、黄沙泥土等。岩溶低山宽谷洼地土壤，分布在周覃镇的新各、水蒙，三洞乡的群力，九阡镇的水各及周覃镇的三江、洞览等地。自然土壤为第四纪黏土黄红壤或硅铁质黄红壤。水田多为潴育大眼红泥，沟槽洼地为鸭屎泥、烂泥田。旱地为老黄红泥土、黄红泥土。第二，为西北至西部山地峡谷、槽谷、河谷盆地区域，属中亚热带黄红壤地带，有三种土壤组合类型，即石英砂岩、砂页岩低中山峡谷土壤，岩溶低山槽谷土壤，低山河谷盆地土壤。石英砂岩、砂页岩低中山峡谷土壤，分布在大河、合江、丰乐、普安等地。自然土壤为硅质黄红壤、黄壤及相应的粗骨土。水田为砂泥质渗育、潴育红泥及砂质渗育、潴育黄泥。旱地为零星黄红砂泥土、黄沙泥土。岩溶低山槽谷土壤，分布在交梨，三合镇牛场、巫塘、交杠，普安镇北至南部，合江镇的尧吕，大河镇的苗草等地。自然土壤为红色石灰土与硅铁质、硅铝质黄红壤及相应粗骨土。槽谷水田为潴育大眼红泥田，低洼水田为鸭屎泥或钙质中性烂泥田。两侧坡塝田为渗育红大泥田或渗育红大土泥田。旱地为黄红泥土、砾质黄红泥土、红大土、砾质红大土、大黄红泥土等。低山河谷盆地土壤，分布在合江镇、大河镇、三合镇的都柳江河谷盆地及丰乐镇的平寨河谷、马场河谷盆地。河漫滩为冲积土，超河滩为渗育潮砂田，一级阶地为渗育淡潮砂泥、潴育潮砂泥及零星的潜育青潮砂泥和侧渗白红泥，二级阶地为潴育潮泥、少数青潮泥和侧渗白潮泥，三、四级阶地为潴育红泥、侧渗白泥及老冲积物黄红泥土。河谷两侧山地土壤，巴佑与大河河谷山地为硅铝质、硅质黄红壤及相应的粗骨土和旱作土；丰乐河谷山地为硅质黄红壤、红色石灰石和相应的粗骨土及零星旱作土；三合河谷山地为硅铁质红壤、铁铝质红壤及对应的粗骨土与红色石灰土相同，旱坡地为砾质红泥土、砾质大红泥土、砾质红大土等。第三，中部至西南低山宽谷盆地土壤，属中亚热带黄壤地带，有四种组合类型，即岩溶低山宽谷盆地土壤、峰丛砂岩低山宽谷洼地土壤、峰丛溶丘宽谷盆地土壤、泥岩低山谷地土壤。岩溶低山宽谷盆地土壤，分布在中和镇的姑引、甲化、务朝等村，塘州乡的塘州、梅育、雄寨、高本村，三洞乡的雪花洞坝子及板告、良村、水根村，周覃镇的板党、板引、板料、水备村，九阡镇的白庙、板高村及水梅至母改一代散布的小谷坝，其水田在平缓处多为潴育大眼黄泥，低洼处为鸭屎泥与烂泥田。在残丘、台地及坝地边缘坡旁为渗育黄大泥与零星老黄泥土、黄泥土。坝地自然土为第四纪黏土黄壤或硅铁质黄壤。坝地周围山地为黄色石灰土、铁铝质黄壤、硅铝质黄壤及相应的粗骨土等。峰丛砂岩低山宽谷洼地土壤，分布在水龙乡的拉佑、马联村，塘州乡的中化、水平、安塘村，廷牌镇大部及恒丰乡的塘党、景奎村。耕作土壤在槽谷平缓地带为潴育中性黄沙泥田，沟槽为砂泥质鸭屎泥，坡旁及缺水源的干谷为渗育黄砂田、中性淡黄沙泥田，旱坡地为黄沙泥土和黄沙土，岩溶峰丛为岩旮旯黄色石灰土和岩旮旯砂质黄壤。峰丛溶丘宽谷盆地土壤，分布在水龙乡的独寨村，周覃镇的播花、新合村，恒丰乡的板力村，扬拱乡的水昂村，九阡镇的水各、母改、水梅村及石板村的大部宽谷盆地。排灌条件好的水田为潴育大眼泥、潴育大眼黄泥，排水条件差的沟槽田为烂泥田和鸭屎泥田。溶丘、台地的旱作土为砾质黄大土。自然土为黄大土、砾质黄大土、黄色石灰土或石旮旯黄色石灰土。泥岩低山谷地土壤，主要分布在廷牌镇阳安片区和恒丰乡和勇片区。耕作土壤，谷地为烂泥田或潜育黄泥田，低塝田为潴育、渗育黄泥，旱地为硅铁质黄壤和相应粗骨土。自然土壤绝大部分为硅铁质黄壤，少数为酸性紫色土。

第五节　矿产资源

三都矿产开发利用历史悠久，早在晚清时期就有调查和采掘记载，新中国成立后，开展了系统的、大规模的调查、勘察。县境内已发现的有用矿种有铜、铁、煤、汞、金、锑、硫、铅锌、磷、重晶石、稀土、钼、钒、雄黄、砖用页岩、水泥用石灰岩、铀、金刚石、砷等 19 种，发现矿床、矿点（矿化点）100 多处。已开采的有铜、铁、煤、汞、金、锑、硫、铅锌、重晶石、砖用页岩、水泥用石灰岩等。优势矿产有金、汞、铅锌、硫铁矿、锑矿等。

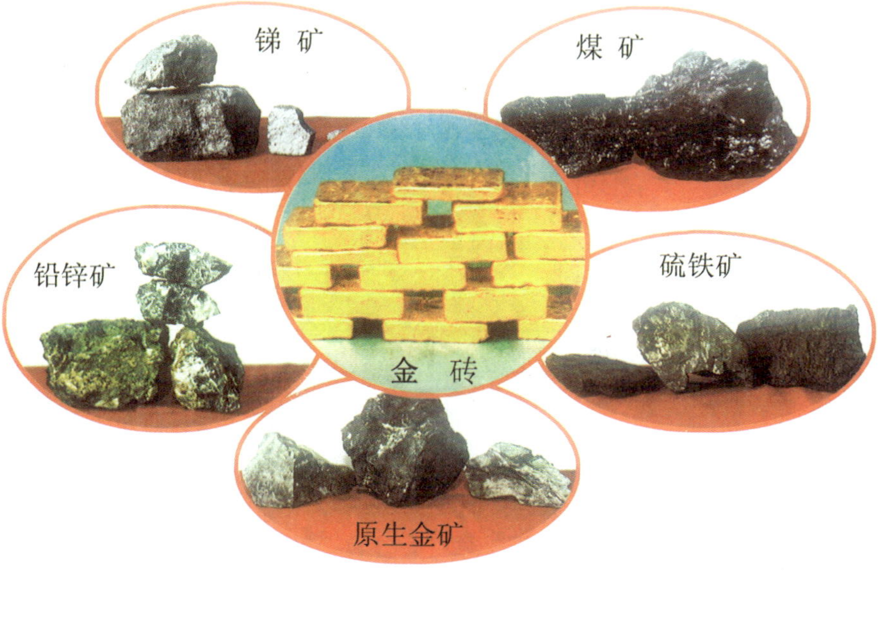

三都的矿产资源具有以下几个特点：

一是产出矿种较齐全，特别是金属矿产，但矿产地规模小，优势矿产不显著。二是分布相对集中、规模小、质量好。全县矿产产出地质条件优越，矿石质优易选易炼，大多埋藏浅，具有一定露天开采条件。大多矿产分布在交通干道通往处，交通便利，开发利用的外部条件好。三是主要矿产资源潜力较大，开发远景好。三都处于三丹成矿带上，资源较丰富，开发潜力大。四是资源丰歉不均，部分矿产短缺。三都矿产虽然种类较多，但由于成矿地质条件的原因，部分矿产短缺。

三都部分重要矿产资源探明储量情况表

表 2-1　　单位：万吨

矿种	储　量				合计
	122b	332	333	334	
煤	15. 64	472. 8	1870. 91	1437. 23	3796. 58
铅锌	36. 8262	67. 9564	272. 5258	476. 5556	853. 864
汞	—	0. 87	1. 30894	367. 49	369. 66894
重晶石	—	—	3. 4742	50. 482	53. 9562
铁	—	792. 32	1695. 7274	468. 5	2956. 5474
金	—	0. 18693924	2. 233108414	0. 0001425	2. 420190154
锑	—	—	3. 23653	121. 326018	124. 562548

第六节　水资源

一、水资源情况

降水量　1978 年至 2013 年，全县年均降水量 1349. 5 毫米，比全国年均降水量（629 毫米）多 720. 5 毫米；降水量年际变化较大，年份降水量最大为 2008 年 1865. 4 毫米，降水量最小为 2011 年 949. 3 毫米；降水量由西向东递增，年内降水分布不均，境内最高降水量为杨勇关站 1989 年达 2171. 6 毫米，最少为平寨站 1989 年仅 369. 0 毫米。丰水期（4—9 月）降水量占全年降水量 80% 左右。

1978—2013 年三都降水量统计表

表 2-2　　单位：毫米

年份	降水量	年份	降水量
1978	1350. 4	1988	1285. 2
1979	1737. 7	1989	1193. 7
1980	1552. 8	1990	1487. 2
1981	1124. 2	1991	1197. 5
1982	1655. 3	1992	1185. 3
1983	1484. 4	1993	1442. 7
1984	1127. 5	1994	1496. 4
1985	1191. 2	1995	1475. 5
1986	1043. 3	1996	1251. 7
1987	1262. 3	1997	1544. 4

续表2-2

年份	降水量	年份	降水量
1998	1088.7	2006	1387.4
1999	1197.6	2007	1187.0
2000	1682.5	2008	1865.4
2001	1087.7	2009	1127.9
2002	1665.6	2010	1325.8
2003	1135.2	2011	949.3
2004	1375.0	2012	1098.1
2005	1206.0	2013	1013.3

地表水资源　全县年均储水量16.641亿立方米，其中：都柳江区12.16亿立方米，樟江区4.481亿立方米，径流深697.9毫米，产水规模69.807万立方米/平方千米。

全县各水资源区水资源量计算成果统计表

表2-3

水资源区名称	集水面积（平方千米）	面雨量（毫米）	年径流量（亿立方米）	年径流量变差系数	不同保证率年径流量（亿立方米）			
					20%	50%	75%	95%
都柳江区	1690.0	1377.8	12.155	0.28	14.9	11.9	9.76	7.18
樟江区	693.7	1323.7	4.481	0.29	5.52	4.36	3.55	2.58
合计	2383.7	2701.5	16.636	—	20.42	16.26	13.31	9.76

地下水资源　全县地下水资源按山丘类型估算，即把河川基流地表水资源视为地下水资源量，地下水资源量是地表水资源的一部分，县境内地下水储量为5.006亿立方米。

全县各水资源区地下水资源计算成果统计表

表2-4

水资源区名称	地表水资源量（亿立方米）	地下水所占百分比（%）				不同保证率地下水资源量（亿立方米）			
		20%	50%	75%	95%	20%	50%	75%	95%
都柳江区	12.16	25.8	29.9	32.6	33.4	3.844	3.558	3.182	2.398
樟江区	4.481	29.3	33.2	34.9	35.2	1.617	1.448	1.239	0.908
合计	16.64	—	—	—	—	5.461	5.006	4.421	3.306

水资源质量　县境内河流水质pH值在7.5~7.7，极值在7.3~8.5。总硬度均值在56.8~129毫克/升，极值在44.6~149毫克/升。境内河流的矿化度，均为低矿水，均值小于300毫克/升。多年水质监测结果表明，各项指标达到地面水Ⅱ类标准，水质良好，基本符合农业、工业和生活用水要求。

水资源开发利用　2013年，全县年用水量1.69亿立方米；年均径流量16.64亿立方米，人均占有水量5388立方米/年·人，年用水量占年均径流量的10.1%，水利工程年均供水能力0.75亿立方米，占年均径流量的3.2%，占全县用水量的31.9%。

二、水系情况

三都水族自治县地处都柳江和樟江上游发源地，属珠江流域柳江水系。全县共有大小河流42条，总长925.6千米。河长在10~20千米21条，20千米以上16条。集雨面积在20~50平方千米17条，51~100平方千米13条，101平方千米以上10条。北半部的都柳江水系控制面积占总面积的71%，南半部樟江发源地，流域控制面积占总面积的29%。境内河流，多数河谷深切，河床较陡，落差较大。全县30年平均降雨量为1326.1毫米，地下水高水位年泄量6.79亿立方米，低水位年泄量2.05亿立方米，天然调节储存量4.74亿立方米。外县客水年均来水量11.98亿立方米，全县年拥水量共计33.18亿立方米，平水年水资源总量27.75亿立方米。两个流域42条中小河流理论储能22万千瓦，可开发量16.6万千瓦，水能资源拥有量列全州第七位。

全县水库库容在20万立方米以上18个，均分布在中部、西南部和东南部，其中库容20万~50万立方米11个、50万~300万立方米6个、300万立方米以上1个（芒勇水库总库容2049万立方米，有效库容1080万立方米）。县境北部、西北部和东部，地层岩溶不多，仅有少量泉眼出露于坡地和洼地，泄水量不大，仅供人畜饮用。西南部岩溶地下水比较发育，常见伏流、泉眼、落水洞。塘州安塘有一条暗流长达6.4千米，是县内最长的一条伏流。西南部蓄水条件较好，人工水库大部分集中于此，全县最大的芒勇水库就在这里。县境内河流密度大，地表水丰富，但由于大部分属排泄性河流，下切深，向两岸渗漏，补给地下水困难，用于灌溉需要一定的工程设施。由于降雨充沛，地形复杂，县境内各河蕴藏着丰富的水力资源，且大部分河流流域是变质岩区，河床深切，河面狭窄，多优良坝址，利于建设水力发电站。县境内河流均属夏季雨水补给性河流，大部分河流流经区域森林覆盖率低，吸水保水差，每年春夏河流水位暴涨，沿河两岸的农田、公路、房屋等常遭洪水袭击，秋冬季水源枯竭，水位下落，旱象严重时有的甚至干涸断流。

都柳江及其支流 都柳江为珠江一级支流柳江的上游段，发源于独山县麻万镇拉林村磨石湾，流经独山县新民、江寨等地于庸寨附近进入三都县境，横穿县内中北部向东流去，流经合江镇、大河镇、三合镇、拉揽乡、打鱼乡、都江镇、坝街乡，在坝街下游3.6千米处进入榕江县境。其干流在三都县境内长83.5千米，流域面积占全县总面积的71%，是县内最大的河流。都柳江在明代称合江，以烂土河（天河）、打见河、马场河三条河流汇合而得名，后因与四川省合江县同名，清代改称都江，后称都柳江。都柳江在独山县境段叫独山江。流入三都县境烂土段叫烂土河，打见河汇入之后称大河。流至阁脚与马场河汇合后称都柳江（上游）。大河、烂土河都习惯称为都柳江上游，由于受构造地层、岩性影响，都柳江至县城的泥岩、灰岩一段河面较宽，流速较缓，并且阶地发育较好，河床宽达百米，可通小木帆船。三合镇以下往东流入变质岩区，坡大山高，两岸山岭对峙，形成“V”形峡谷，河流深切，河面狭窄，河槽中常有局部岩石凸出，多形成急流险滩，河槽随山势曲折，深藏于两岸高山之中，直至20世纪50年代，滇黔的山货运出，粤桂的百货、海盐运入，大部分通过都柳江航运。此后，水源日渐枯竭，三合至都江段已不再通航。除都柳江之外的其余河流均属二、三、四级支流，多沿地层断裂发育。这些大小支流，受地层地势制约，以塘州—三洞—扬拱一线山地为分水岭，其大小支流呈扇状从北、西、东、中北四面山地汇入都柳江。分水岭以南支流均向南汇入荔波樟江流入广西龙江。都柳江支流大部分集中在

都柳江风光

县境西北部和北部河谷地带，以横贯西东部的都柳江为干流，南北两岸分别有 31 条支流汇入。

交洛河：交洛河发源于独山县境，流经下甲照手扒岩入都柳江，全长 17 千米，平均流量每秒 1.12 立方米，进出口落差 96 米。巴佑小河：巴佑小河发源于更顶山，经合一、巴佑入都江河，全长 8 千米，平均流量每秒 0.31 立方米，进出口落差 345 米。巴佑都江河：巴佑都江河发源于独山县戛加山，经栗木坪、岩江，与巴佑小河汇合，入都柳江，全长 22.5 千米，平均流量每秒 2.24 立方米，进出口落差 150 米。打见河：打见河发源于都匀市龙山坡，经巴蒿、山勤入都柳江，全长 21 千米，平均流量每秒 1.56 立方米，进出口落差 114 米。打便河：打便河发源于丹寨县金钟乡，经交规、马安寨、麻江寨入普安河，全长 18 千米，平均流量每秒 0.76 立方米，进出口落差 162 米。普安河：普安河发源于丹寨县龙泉山，经鸡照、甲揽、普屯、平寨、周家洞、四十寨与打便河汇合，流经燕高、杨能寨入马场河，全长 28 千米，平均流量每秒 1.43 立方米，进出口落差 190 米。马场河（交然河）：马场河发源于都匀市狼鸡坡，经潘洞、康寨、交然、尧基、平寨，在下巴林与普安河汇合，经巴外入都柳江，全长 39 千米，平均流量每秒 3.94 立方米，进出口落差 130 米。尧吕干河：尧吕干河发源于塘州乡上羊猛，经中岳、炳奇、甲倒入甲晒河，全长 17 千米，平均每秒 0.89 立方米，进出口落差 194 米。甲晒河：甲晒河发源于独山县罩子坡，经丙桃、甲良、甲晒入都柳江，全长 23 千米，平均流量每秒 0.93 立方米，进出口落差 270 米。行赏河：行赏河发源于水龙乡岩脚坡，经娘寨、麻勇入甲晒河，全长 11 千米，平均流量每秒 0.85 立方米，进出口落差 100 米。苗龙河：苗龙河发源于高硐排尧坡，经苗龙场、羊芒、下巴绵入交梨河，全长 13.5 千米。平均每秒 0.33 立方米，进出口落差 70 米。交梨河：交梨河发源于丹寨高要，经巫暇沟、营盘寨、莫家寨、交梨街、王家寨，在下巴绵与苗龙河汇合流入都柳江，全长 22 千米，平均流量每秒 0.79 立方米，进出口落差 80 米。杀叶河：杀叶河发源于怒胆，经姑挂、牛场、三郎入都柳江，全长 13 千米，平均流量每秒 0.58 立方米，进出口落差 70 米。打孟河：打孟河发源于苗龙排金曼，经巫孟、打孟寨入都柳江，全长 12 千米，平均流量每秒 0.45 立方米，进出口落差 52 米。巫检沟：巫检沟发源于拉揽乡尧人山，经来楼入都柳江，全长 7.5 千米，平均流量每秒 0.23 立方米，进出口落差 440 米。康细河：康细河发源于高硐无尖坡，经梁家沟、野足、黄泥田入打鱼河，全长 14 千米，平均流量每秒 0.31 立方米，进出口落差 176 米。盖赖河（巫虾河）：盖赖河发源于丹寨县雅灰才姚，经盖赖、巫崩入打鱼河，全长 30 千米，平均流量每秒 0.69 立方米，进出口落差 258 米。打鱼河：打鱼河发源于雷山县冷竹山，经丹寨县雅灰，由乌水河、排调河、康细河汇合入打鱼河，经打鱼寨入都柳江，全长 61 千米，平均每秒 15.89 立方米，进出口落差 30 米。懂术河（新桥河）：懂术河发源于拉揽乡兔老坡，经排高坡、懂术入都柳江，全长 8 千米，平均流量每秒 0.27 立方米，进出口落差 323 米。柳叠河：柳叠河发源于打鱼乡排怪坡，经柳叠上寨入都柳江，全长 10.5 千米，平均流量每秒 0.22 立方米，进出口落差 433 米。烂牛河：烂牛河发源于拉揽乡排高坡，经白高坡、里息、栏牛河入都柳江，全长 14 千米，平均流量每秒 0.53 立方米，进出口落差 318 米。排长河：排长河发源于雷山县牛角山，经丹寨县雅灰及三都县羊福乡、上江镇岔河口入都柳江，全长 57 千米，平均流量每秒 3.99 立方米，进出口落差 263 米。坝辉河：坝辉河发源于坝街古梅共坡，经后辉、坝辉入都柳江，全长 11 千米，平均流量每秒 0.32 立方米，进出口落差 306 米。拉旦河：拉旦河发源于水龙乡交把，经中和、拉旦入坝街河，全长 12 千米，平均流量每秒 0.47 立方米，进出口落差 300 米。立场河：立场河发源于水龙乡水龙大坡，经雅灰寨、科寨流入坝街河，全长 15 千米，平均流量每秒 0.33 立方米，进出口落差 170 米。孟略河：孟略河发源于水龙乡地祥引掌坡，经祥寨、伟寨入坝街河，全长 25 千米，平均流量每秒 0.9 立方米，进出口落差 330 米。姑正河：姑正河发源于扬拱乡姑正甘坡，经滚豆入坝街河，全长 19 千米，平均流量每秒 0.72 立方米，进出口落差 332 米。坝街河：坝街河由孟略河、拉旦河、立场河、姑正河汇合经安素、坝街入都柳江，全长 44 千米，平均流量每秒 4.85 立方米，进出口落差 157 米。巫不河：巫不河发源于巫不乡，经榕江县境入都柳江，全长 10 千米，平均流量每秒 0. 37 立方米，进出口落差 302 米。高尧河：高尧河发源于巫不乡，经榕江县境入都柳江，全长 8. 5 千米，平均流量每秒 0. 21 立方米，进出口落差 240 米。水配河：水配河发源于九阡板甲，经榕江县境，入都柳江，全长 7. 5 千米，平均流量每秒 0. 29 立方米，进出口落差 120 米。

樟江支流　有水便河、岜炮河、水东河、姑劳河、水碓河、水令河、芒勇河、地闷河、岜凡河、水昔河。水便河：水便河是三都的大河之一，由岜炮河、水东河、姑劳河、水碓河、水令河汇入，经水各入荔波县境樟江，全长 47 千米，平均流量每秒 7. 45 立方米，进出口落差 97 米。岜炮河：岜炮河发源于三洞乡将军坡，经姑九坡、板南入水便河，全长 26 千米，平均流量每秒 1. 02 立方米，进出口落差 122 米。水东河：水东河发源于塘州乡龙角、比寨水库，经石望、雄寨、雪花洞、群力入水便河，全长 21 千米，平均流量每秒 1. 23 立方米，进出口落差 261 米。姑劳河：姑劳河发源于扬拱乡，经周覃镇境内入水便河，全长 19 千米，平均流量每秒 0. 57 立方米，进出口落差 283 米。水碓河：水碓河发源于九阡，经水懂、母下入水便河，全长 15. 6 千米，平均流量每秒 0. 6 立方米，进出口落差 220 米。水令河：发源于荔波县水利乡大寨，经拉连、板帽入水便河，全长 15. 8 千米，平均流量每秒 1. 46 立方米，进出口落差 102 米。芒勇河：芒勇河发源于廷牌阳安，经阳安、芒勇、长寨、羊楼、和勇、板孔入荔波县境的方村河，全长 32 千米，平均流量每秒 1. 31 立方米，进出口落差 32 米。地闷河：地闷河发源于九阡镇的塘沙，经甲才、的后入水昔河，全长 11. 2 千米，平均流量每秒 0. 42 立方米，进出口落差 160 米。岜凡河：岜凡河发源于扬拱乡公函甘坡，经板甲、岜凡入水昔河，全长 18 千米，平均流量每秒 0. 46 立方米，进出口落差 270 米。水昔河：水昔河发源于月亮山，经三都与荔波县边界线，流入荔波县樟江，平均流量每秒 6. 01 立方米，进出口落差 38 米。

三都的地下河极少。县境北部、西北部和东部，地层岩溶不多，未出现起伏于地表的暗流，仅高坡和低洼地面有泉井，流量不大，仅供村寨人畜饮用。西南部和南部，与独山县岩溶地区相接壤的塘州、廷牌、恒丰、水龙、周覃一带，常有泉眼、落水河、溶洞水出现。塘州安塘有一条暗流，长达 6. 4 千米。全县最大的泉水是塘州乡龙角泉水。

第七节　生物资源

三都地形、气候复杂多样，生物资源种类繁多，野生物种较为丰富。野生动物有 5 纲 33 目 50 种，主要有豹、獐、狐、狸、狼、狗熊、野猪、山羊、穿山甲、灵猫、锦鸡、白屎鸟、草鸟等。20 世纪 50 年代初期，尚有华南虎出没，后已绝迹。鱼类约有 76 种，隶属 6 目 13 科 52 属，其中鲤科占多数。渔业资源以都柳江最为丰富，主要鱼类有 30 种，隶属 6 个科，其中鲤科 22 种、鳍科 4 种、鲶科 1 种、鲍科 1 种、鳅科 2 种。都柳江所产的角角鱼等优质淡水鱼类，在省内外享有盛名。

长期以来，经过当地人民的辛勤培育和自然选择，在农作物、水果、林木、畜禽等形成了一些优良的地方品种，巫不香猪和九阡李就是典型的代表。巫不香猪是水族、苗族、瑶族人民长期选育形成的一种体形微小、肉脂兼用型的地方猪种。它的特点是皮薄骨小，肉质细嫩，味道鲜香。香猪的主饲料是山野菜和杂嫩草，管理粗放，成本较低，早熟易肥（通常饲养 8 至 10 个月可屠宰，体重 50 千克左右），是适合贫困农户选喂的特色良种猪。香猪瘦肉率较高（一般为 45%，高者达 52%），脂肪少，肉质不含不良化学元素和添加剂，是纯天然的无公害绿色肉食品。

由于地形、地貌和气候复杂多样，县境内拥有丰富的森林资源，全县林区植物 500 多种，分属 108 科；草场植物 300 余种，分属 48 科。县境内有全蕨类植物 26 科 101 种，裸子植物 9 科 24 种，被子植物 121 科 736 种，主要树种有松、杉、油桐、油茶、麻栎、柏树、枫树、柏、木荷、椿、梓、檀、泡桐、樟、丝栗、白杨、榕树、银杏、楠木、桫椤、楠竹、漆树、杜仲等。其中杉、松、楠、香椿、银杏等树种自然生长较为普遍。树种分布，海拔千米以上地带为常绿落叶混交林，千米以下为常绿阔叶混交林。主要树种杉木一般分布在海拔400~1000米，松树分布的海拔高度极限为1200米，油桐分布在海拔800米以下。20世纪50年代以前，三都境内林木茂密，百鸟争鸣，野兽出没，森林覆盖率在70%以上。后来，随着人为的破坏和乱砍滥伐，三都的林木资源有所减少，但是，截至2013年，三都仍是全省十大林业县之一，都江、坝街、羊福、巫不、打鱼、拉揽、扬拱、九阡等乡镇仍有大面积原始森林和次生林，木材蓄积量726万立方米，森林覆盖率达61.4%。

在栽培作物中，粮食以水稻为主，占粮食全年总产量的2/3以上；其次为玉米、小麦。经济作物有油菜、辣椒、茄子、花生、葛薯、棉花、生姜、蓝靛、土烟、向日葵、西瓜、菜类等。果树有李、柑橘、脐橙、杨梅、桃、梨、葡萄、核桃、猕猴桃、枇杷、板栗等。其中九阡李颇负盛名，具有皮薄、汁多、味甜、香脆、早熟等特点，因而十分畅销，每年都供不应求。另外还盛产茶、棕、勾藤、茯苓、沟参、金银花、香菇、木耳、八月笋等土特产品。

第八节　自然灾害

县境内自然灾害多为气候灾害和农作物病虫害，危害较大的有干旱、暴雨、冰雹等。

一、干旱

干旱有春旱和夏旱，夏旱多比春旱严重。

1981年6月12日至7月20日发生大旱，持续39天，因灾不能栽种4755亩，开裂成灾93533亩，粮食产量比1980年减产32.2%；8月4日至8月25日又发生中旱，持续22天。1982年，发生大旱一次。6月22日至8月3日，持续43天。1987年入春以后，县境内持续干旱至5月中旬，全县400多口水井枯竭，100余条小溪断流，118个村人畜饮水困难，秧田严重脱水，县人民政府拨款115万元，派出165名干部下乡抗旱救灾，全县共动用600余台抽水机，机灌面积3.29万亩。1992年7月21日起至12月11日只下了2小时中到大雨，干旱持续了140多天，特别是7月21日至9月中旬，持续高温干旱天气导致地头农作物枯黄、干死，烤烟被逼成熟，稻田脱水开裂，水稻枯死，溪沟断流，人畜饮水困难。全县受旱21个乡镇270个村48万户23.7万人，其中重灾15个乡镇215个村3.8万户19.2万人。农作物受灾面积15.88万亩，成灾13.56万亩。其中，粮食作物受灾14.25万亩，成灾面积11.68万亩，绝收面积3.96万亩。1997年5月初至6月5日出现干旱，全县77000多亩田无水打田栽秧，栽秧后脱水23100多亩。涉及21个乡镇189个村1263个组25800多户116400人。1998年入秋至1999年5月旱灾，此阶段全县总降雨量仅297.4毫米，大部分溪河断流，几乎所有的水井、山塘、水库干涸。全县21个乡镇250个村6万户25万人饮水困难，因旱灾造成的直接经济损失达3100万元以上，特别是夏季粮油作物大幅度减产造成的损失最大。2002年6—7月大旱，全县的小山塘90%以上干枯，芒勇水库

干涸的稻田　　（2007年摄）

水位下降8米，70%的人畜饮水工程断流，4.7万人、2.8万头牲畜生活用水极端困难，干旱造成11.2万亩水稻脱水，占水稻播面的72.2%，6.4万亩稻田开裂，占水稻播面的41.3%，4.1万亩玉米严重受旱，果树、蔬菜、西瓜等作物也不同程度受灾。2003年7月份干旱少雨，受灾涉及21个乡镇270个村。稻田脱水11.48万亩，占播面的76%，开裂4.2万亩；受旱的其他作物2.4万亩。2007年9月份降水持续偏少，全县出现干旱天气。旱地缺水面积2266.67公顷，水田缺水面积6000公顷，农作物受灾面积500公顷；47735人、14310头大牲畜饮水困难，临时性缺水6万人左右。2008年3月4日至6日中午，受高压环流影响，相对湿度较低，三都国有拉揽林场发生低湿引发的森林火灾，持续2个昼夜。此次灾情造成过火森林面积7000余亩，其中火灾烧毁国有林2500亩、社会林约4500亩（3000余亩是荒山）。2009年8月至2010年5月，三都以少雨、高温天气为主，且2010年的雨季比常年偏晚，此次干旱等级达到特重级，造成9.2万人、5.3万头大牲畜饮水困难，农作物受灾19.91万亩，小麦减产73吨，油菜减产70万千克，蔬菜减产75万千克，水果减产3.6万千克，因灾造成农业直接经济损失6500万元。

二、暴雨

县境常有暴雨发生，年平均4.5次，主要集中在5月至9月，暴雨次数占全年总次数的81.6%，其中又以5月份居多、6月份居次。

1979年6月26日夜间，三都遭遇解放以来最大的一次洪灾，山洪暴发，河水猛涨，田园被毁，交通、通信中断，房屋倒塌，国家、集体、个人财产均遭受严重损失。灾害涉及普安、大河、三合、都江4个区13个公社和一个国有农场。洪水冲毁稻田8903亩，旱地被水打沙压4853亩，冲毁水沟803条、水坝72道、山塘15口、电灌站7座、水轮泵站22座、渡槽6处、护田堤45处。洪水推倒民房95间，压死1人，伤6人，死亡耕牛2头，家禽592只；冲走木材856立方米，木船95只。

1982年6月14日20时至次日20时，县境降水量达159.6毫米，山洪暴发，河水猛涨，泛滥成灾。灾情较严重的有城关区的三合、牛场、苗龙，大河区的大河、丰乐、和平、巴佑，普安区的普安、交梨、羊基、高硐和水龙区的水龙、地祥、安塘等公社。全县被冲坏稻田12332亩，其中重灾6343亩、颗粒无收336亩。倒塌房屋16间，洪水淹死1人，滑坡压死1人；九阡坝子被水淹没，打鱼乡杨柳寨下方滑坡，上方出现裂缝，20多户村民被迫搬迁，县建筑公司的钢筋混凝土公路被冲断。河水冲垮拦河坝7处，防洪堤13处（全长136米）。冲坏水沟146条，冲垮桥涵9处，其中桥梁3座，大涵洞6个，全县四条交通要道中县城—大河、县城—丹寨、县城—都江公路发生大塌方，交通中断。全县被洪水冲走房屋26间，死亡3人。搬迁13户84人。

1990年4月10日，三都遭受冰雹和暴雨的袭击，全县7个区（镇）24个乡168个村1361个村民小组3110户152550人受灾。油菜受灾面积27504亩（占播种面积46710亩的58.8%），减产油菜籽677800千克；小麦受灾面积43000亩，减产172万千克；被山洪冲刷苞谷地12800亩；倒塌民房34间，损坏民房11800间，乡政府和小学的房屋损坏188间；水打沙压田1800亩；冰雹打死1人，打伤145人，打死耕牛2头、猪2头，打伤牛222头、马1匹。直接经济损失约290万元。6月7日凌晨2点至3点，县东南部尧人山麓降暴雨，山洪暴发，泛滥成灾，严重受灾4个区6个乡25个村80个村民组1336户6627人。长期不能复耕72亩，两三年后才能复耕280亩。因滑坡压倒民房44间，损坏民房35间，冲毁大小桥梁9座。

1991年6月2日夜间11点至3日凌晨2点，原巴佑乡地带降暴雨，山洪暴发，泥石俱下，河流改道，泛滥成灾，致使巴佑、烂土两个乡的良田、公路、防洪堤、沟渠、民房等受到严重损失，并造成死亡3人、重伤2人的悲剧，受灾13个村97个村民组1700多户7500多人，良田受灾3027亩，其中年内不能复耕547亩、永久不能复耕100亩。洪水冲毁民房63间，冲坏民房114间，毁坏防洪堤1450米、水利沟渠1200米，冲毁公路500米。

1992年6月16日前后，普安镇西北（鸡照、总奖、的刁、巫者、光华等村）及丰乐乡、大河镇连续几天遭受大暴雨袭击。洪水所到之处，稻田被毁、房屋倒塌、通信中断。据60岁以上老人介绍，此次洪水来势之猛，水位之高，流量之大，泥石之多，受灾之重，是新中国成立以来所没有的。此次受灾42个村377个村民组6950户34025人，农田受灾17730亩，其中永久不能复耕面积为2337亩，当年减收粮食1860吨，洪水冲走死亡3人、伤2人，死亡大耕牛和肥猪各3头，冲走粮食12吨、桐籽96吨、桐油3.5吨、衣被1035件、主要农具家具900余件，冲毁房屋25户159间，损坏民房101户525间，冲毁办公设备16套，毁坏公路7千米、桥梁4座、防洪堤1340米、大小水利沟渠74条27千米、小型电站5座，毁坏通信设施9千米、高压输电线6千米、学校5所。直接经济损失达420万余元。

1993年7月31日凌晨1—3时，县境内部分地区遭受特大暴雨袭击，山洪暴发，造成严重损失，受灾8个乡镇（交梨、丰乐、烂土、塘州、普安、大河、中和、九阡）36个村258个村民组4776户23100人。良田塌方3553处，滑坡155处，被洪水冲走死亡3人，死亡耕牛2头、生猪14头，民房倒塌23户114间，损坏民房49户212间，洪水冲淹学校4所（教室46间、教师宿舍19间、冲裂学生宿舍2间、办公室及厕所10间、护堤及围墙45米、课桌210套以及在建校舍建筑材料等），防洪堤被洪水冲塌110米，毁坏水利引灌渠道1.5千米，人畜饮水工程毁坏11处，毁坏水管3500米，10千伏输电线路3千米，电站塌方300立方米，坡改道梯堤被冲毁1处10米。国道321线塌方500立方米（3千米），冲垮挡墙3处500立方米，冲毁路面300平方米（5千米），乡村公路路面被毁450平方米（5千米），毁坏通信电杆52根。农作物受灾面积10621亩，其中水稻4326亩、玉米1296亩、其他杂粮900亩、经济作物608亩。全县被水打沙压田土面积1195亩。其中，田875亩、土320亩，当年不能复耕面积650亩、永久性不能复耕面积360亩。直接经济损失443万元。

1994年5月23日晚10时至24日凌晨3时和25日晚10时左右，三都遭两次暴雨袭击，受灾12个乡镇116个村911个组22920户107746人，全县农作物受灾面积44777亩，其中田42305亩、土2472亩，成灾面积22420亩，水打沙压当年不能复耕2479亩。因灾倒塌民房6户20间，损坏民房98户784间，冲走、冲坏农具家具386件，因滑坡需搬迁12户144间。洪水冲垮冲坏大小拦河坝480米/116处，冲毁防洪堤95米/15处，冲坏大小水利灌渠25000米/3840处，冲毁电站引水渠180米/4处，冲坏高压电线杆8根，冲断通信电杆6根，县、乡、村公路塌方900立方米/246处，毁损公路面积53500平方米。直接经济损失499.3万元。

1995年6月23日和26日，三都两次遭暴雨袭击，局部地区最大降雨量172.5毫米，丰乐、烂土、大河、塘州、周覃、廷牌等乡镇山洪暴发，河流水位猛涨，受灾14个乡镇133个村870个组21510户99220人，水稻受灾69400亩，其中成灾20800亩，倒塌民房2间，损坏民房180间，直接经济损失近100万元。

1996年5月3日夜间10点至4日凌晨2点，全县受暴雨袭击，受灾5个乡镇28个村138个组，受灾3920户18500人，耕田受灾8200亩，成灾4900亩。倒塌房屋4户12间，受伤2人，道路、交通、水利设施有不同程度受损，直接经济损失52万余元。6月29日至7月30日，全县普降大雨或暴雨。农作物受灾9.6万亩，成灾4.5万亩，损坏民房1186间，受灾21个乡镇136个村798个组8852户，直接经济损失2848.6万元，水利、工商、交通、通信、学校等损失137.8万元，此次洪涝灾害造成经济损失2986.4万元。

1997年6月9日凌晨1—3时，县境内的三合、交梨、大河、普安、丰乐、坝街、拉揽、都江等沿河乡镇受大暴雨袭击，其中三合镇苗龙片区、交梨乡高硐片区、大河镇甲排片区遭受50年一遇的特大暴雨袭击，雨量达到250毫米以上，顷刻间山洪暴发，农田被毁、房屋倒塌、路桥冲陷、山坡崩塌，交通、通信、供电中断，损失惨重。因抗洪救灾死亡 5 人，重伤 10 人，轻伤 150 人，造成经济损失 5173.43 万元，其中直接经济损失 3976.69 万元。洪灾涉及 8 个乡镇 105 个村 821 个组 25122 户 11.5 万人，损坏民房 394 户 1575 间，其中倒塌、冲毁 186 间，冲走耕牛 12 头，生猪 47 头。农作物受灾 69335 亩。

1999 年 7 月 15 日 12 时至 16 日 12 时，三都遭受大暴雨（117.6 毫米），山洪暴发、河水泛滥、山体滑坡。三都经大河至都匀公路交通中断，三合镇牛场片区、普安镇阳基片区河水猛涨，农田被毁；南面周覃镇的洞览、拉近村，塘州乡的安塘、雄寨村，三洞乡的水根等村组水稻被洪水淹没 1~2天，给农业生产造成了较大的损失。灾害涉及 12 个乡镇 38 个村 124 个村民小组 4340 户 18662 人。全县农业受灾面积 1667 公顷，成灾面积 1067 公顷，重灾面积 800 公顷，其中水田 1400 公顷、旱地 267 公顷，绝收面积 33 公顷，当年不可恢复面积 13 公顷；毁坏民房 240 间，扬拱乡政府房屋 4 间，毁坏水利 550 米，山洪暴发冲死 2 人，因灾造成直接经济损失 234 万元，其中农业直接经济损失 222 万元。7 月 20 日 21 时—21 日 1 时，烂土、大河、丰乐、三合、都江、坝街、羊福、巫不、打鱼、拉揽、交梨、普安等 12 个乡镇 85 个村 986 个村民小组遭受大暴雨袭击，造成山体滑坡，泥石俱下，洪水猛涨，田土被水冲沙压，公路塌方，防洪堤被毁坏，民房被泥石流冲压。受灾人口 4200 户 2 万人。全县水稻受灾面积 2.3 万亩，其中成灾 1.1 万亩，被水冲沙压不能复耕 56 亩，县际公路塌方 86 处 1500 立方米，防洪堤被洪水冲毁 5 处 180 米；民房被冲毁、冲坏 11 栋 87 间，受灾 15 户 68 人，直接经济损失 120 万元。被山洪冲倒房屋，遇难者 7 人，重伤 1 人。此次灾害烂土乡受灾最为严重。7 月 21 日，烂土乡岩江村二组遭受滑坡泥石流袭击，滑坡面积 4000 平方米（长 200 米，宽 20 米），倒塌房屋 39 间，损坏房屋 48 间（33 万元），死亡 7 人，重伤 1 人，受灾 11 户 51 人；烂土乡中江村二组、四组，滑坡总面积 1500 平方米（长 250 米，宽 6 米），倒塌房屋 22 间，损坏房屋 68 间（20 万元），受灾 12 户 58 人。

2000 年 6 月 6 日下午至 7 日凌晨，县内普降暴雨，致使山洪暴发，洪水猛涨。全县受灾涉及 17 个乡镇 162 个村 1286 个村民组 38260 户 168000 人。农作物受灾面积达 14.85 万亩，其中成灾 7.3 万亩，被水打沙压良田 16500 亩，因灾损失民房 17 户 62 间，直接经济损失 2453 万元，农业直接经济损失 1950 万元。2000 年 6 月 21 日至 22 日，全县境内降特大暴雨，降雨量达 135 毫米，致使山洪暴发，河水猛涨，都柳江县城段洪峰最大流量达 3860 立方米/秒，超警戒水位 3.59 米，超危急水位 2.39 米，县城 2/3 面积被水淹没。鹏程学校、鹏程医院、欣欣幼儿园等单位被水淹没达 2.5 米。新城区 8 条街道、老城区 5 条街道及环城路被水淹没，交通完全中断，1500 多居民被洪水围困。水灾造成直接经济损失 2.4 亿元，其中农业损失 1.2 亿元，基础设施及工业等损失 1.2 亿元。全县 21 个乡镇 270 个村 2144 个村民小组全部受灾，尤以都柳江沿岸的烂土、大河、三合、拉揽、打鱼、都江、坝街以及南片区的水龙、恒丰等乡镇损失最为严重。全县受灾 52000 户 24 万人（占全县总人口的 80%），淹没损坏民房 15000 间（涉及 36000 人），其中倒塌民房 905 间，1500 多人无家可归；因灾死亡 6 人，受伤 310 人；冲走大牲畜 200 头（匹）。农作物受灾面积 14.8 万亩，占耕地面积的 79%，其中稻田 12.4 万亩、旱地 2.4 万亩，重灾面积 7.8 万亩，当年不能复耕的 3.2 万亩。洪灾造成公路被冲毁、塌方 12 处 8000 立方米。公共设施损坏，电杆倒塌，供电、交通、通信中断。受灾企业 29 家，部分厂房被淹没或冲毁，设备和原材料遭受损失，其中 6 家企业被迫停产。商业、供销、粮食、物资、烟草、医疗卫生等部门及私营企业经销门市财产、物资、药品、器械被淹没。全县受灾学校 45 所（中等师范 1 所、中学 6 所、小学 35 所、幼儿园 3 所），部分学校被淹甚至被冲毁，桌椅、教学器材损坏。鹏程希望学校、恒丰民族学校、都江里昔小学、都江柳迭小学等被迫停课。烂土、都江、坝街受灾较严重，都江镇政府驻地出现重大山体滑坡紧急险情，坝街乡铁索桥被冲断。因山体滑坡需要转移安置 553 户 2472 人，涉及 9 个乡镇 11 个点。据水文资料记载，这是三都有历史记载以来最大的一次洪灾，但由于新中国成立以来防洪抗灾能力已大大提高，洪灾损失不及民国34年（1945）惨重。

2001年4月19日23：50至20日凌晨2：30，三合、拉揽、打鱼、普安、交梨、丰乐、烂土等乡镇受到大风、暴雨、冰雹的袭击，县城降雨量128毫米，冰雹直径8~15厘米，风力9~10级，县城小河边人行桥被冲毁，1/5街道被淹，许多大树被大风吹断，部分房屋瓦片被打烂，秧苗损坏，公路塌方10多处900立方米。三都至大河、打鱼至都江公路中断，丰乐、都江、坝街等乡镇通信中断。全县农作物受灾面积38500亩，成灾面积30680亩，经果林损坏3600亩，房屋损坏625间，其中倒塌17间。直接经济损失达1695万元，其中农业经济损失1400万元。6月10日下午5时至11日凌晨，烂土乡石奇村、甲照村、屯桥村、五星村、电塘村5个村遭受暴雨袭击，大水冲毁房屋1栋2间，雷击死亡1人，重伤1人，洪水冲死2人。6月18日23时，交梨、普安、丰乐遭受洪涝灾害，交通、通信中断，普安猪槽滩2级电站被水淹没，照明电线及电杆多处倒断，毁损桥梁1座，公路塌方393处，交梨小学被水淹没1米多深，全县田地受灾面积933公顷，直接经济损失548万元，农业直接经济损失337万元。

2004年5月11日，都江镇遭受暴雨袭击，受灾697人，冲毁农田181亩，损坏房屋7间。是年6月24日，又有8个乡镇遭受暴雨袭击，受灾农田3825公顷，成灾2754公顷，直接经济损失25万元。

2005年6月5日下午至6日凌晨3时，三都遭受暴雨袭击，受灾14个乡镇87个村167个组17680户，农业直接经济损失224.5万元，其他经济损失60万元。死亡1人。6月18日5时20分，三都又遭暴雨袭击，受灾8个乡镇42个村51个组1229户5410人，农作物受灾2310亩，成灾1695亩，绝收270亩，房屋倒塌4间，公路塌方多处，直接经济损失27.5万元。6月26日22时至27日0~3时，三都再遭暴雨袭击，受灾7个乡镇48个村156个组，房屋倒塌12间、损坏36间，公路塌方13处，直接经济损失411.61万元。

2006年6月26日，三都遭受特大暴雨袭击，全县受灾乡镇19个，涉及230个村1620个村民组18.7万人，紧急转移280人，死亡4人，失踪2人，7.3万人饮水出现困难。水稻受灾面积6.38万亩，成灾面积2.5万亩，玉米成灾面积0.72万亩，蔬菜成灾面积0.28万亩，水果成灾面积0.23万亩，水库、山塘、沟渠、防洪堤等水利设施损毁近100处，房屋倒塌373间，损坏3658间，路基损毁3820立方米，挡墙21100立方米，塌方238565立方米，路面79300平方米，村级公路塌方111处，总长683米，有34处供电设施受到损坏，10所中小学校不同程度受灾，直接经济损失5267万元。

合江镇被洪水淹没的庄稼地（2007年7月26日摄）

2007年7月26日凌晨至中午12时，县境普降大到暴雨，都柳江上游的合江镇降雨量高达210毫米。11时20分，县城段水位高达397.94米，分别超过警戒水位和危急水位2.34米和0.94米。全县有11个乡镇（合江、大河、丰乐、普安、交梨、三合、拉揽、打鱼、都江、坝街、羊福）不同程度受灾，其中西北面的合江、大河、丰乐、普安、交梨等乡镇受灾最为严重。26日16时10分左右，黔东南苗族侗族自治州丹寨县马颈坳电站库坝溃堤，地处电站库区下游的三都水族自治县打鱼、都江、坝街、拉揽4个乡镇沿河村寨惨遭灾祸。全县11个乡镇68个村612个村民小组3.1万户14.2万人受灾，紧急转移安置群众6.45万人。因灾死亡5人，失踪1人，1人从都江镇被洪水冲到黔东南州从江县获救（王厚兰，女，合江镇麻拱村人，三都民族中学高中应届毕业生）。这次

洪灾后的打鱼乡（2007 年 7 月 28 日摄）

洪灾造成直接经济损失达 3.86 亿元。其中农（林）业方面 12764 万元。农作物受灾 10.3 万亩，绝收 1.2 万亩；损毁农田 4500 亩；损坏堤防 8 处 1.45 千米，护坝 35 处，渠道 18 千米；损坏水电站 2 座，机电泵站 3 座，11 个乡镇 20 个村 65 个组人饮工程被毁；损坏新造林地 3840 亩、苗圃地 466 亩、林木 1898 亩、公益林 12876 亩，冲走木材 1719 立方米，毁坏林区公路 201 千米。冲毁、倒塌房屋 13243 间，损坏房屋 7337 间，直接经济损失 11820 万元。县西北面沿河村寨和县城城东部分居民房屋不同程度进水，淹没、损坏家用电器等物资，东面沿河村寨因灾冲毁粮食、家具、衣物、家用电器、畜禽等民用物资，直接经济损失 3910 万元。国道 321 线三都至坝街段因灾断通，冲毁桥梁 1 座、路基 5 万立方米、路面 1.3 万平方米、挡墙 1.1 万立方米；县乡公路因灾冲毁公路桥梁 1 座、铁索桥 1 座、便民桥 11 座，冲毁路基 8.76 万立方米、路面 23.35 万平方米、挡墙 2.3 万立方米、涵洞 6 道，塌方 8.76 万立方米，公路断行 62 条 200 千米；厦蓉高速公路施工便道被冲毁 85 千米，冲走施工挖掘机 7 台、工程车 6 辆，直接经济损失 5570 万元。全县 20 所学校 3500 名学生 118 名教师受灾，倒塌校舍 3000 平方米，形成危房面积 4000 平方米，毁损围墙 1400 米，堡坎倒塌 7500 立方米，毁坏教仪设备 200 多种 80 万件、课桌凳 0.25 万套、图书 2.19 万册，直接经济损失 1756 万元。县鹏城医院被淹，打鱼卫生院、疾控站房屋损毁，医疗器械和药品被浸泡，直接损失 85 万元。35 千伏线路倒杆 4 基，10 千伏线路多处倒杆、断线，12 条主线路停电，断杆、倒杆 106 基，10 千伏受损线路 10.6 千米，400 伏及以下线路受损 13 千米，烧坏变压器 22 台，影响户数 2.3 万余户，直接经济损失 800 万元。6 个乡镇程控电话交换点通信中断，2 个致富星基站和 48 个小灵通基站退出服务，倒杆 83 根，损失用户皮线 8.1 千米、钢绞线 1650 千克，电缆被毁 23 千米，光缆被毁 35 千米，直接经济损失 705 万元。18 家企业和 39 家店铺受灾，直接经济损失 880 万元。因灾造成市政公用设施、景区设施直接经济损失 310 万元。丹寨县马颈坳电站库坝溃塌，在特大洪峰袭击下，三都水族自治县打鱼乡、都江镇、坝街乡、拉揽乡共 12 个村 1254 户 5643 人遭受严重灾害，损失惨重。5 人因灾死亡、1 人失踪，国道 321 线打鱼大桥和坝街乡铁索桥、厦蓉高速公路便道及施工设备等被冲毁，沿河学校和国道 321 线多处垮塌，交通、电力、通信全面中断，直接经济损失 9873.87 万元。农作物受灾 519.9 亩，成灾 338.18 亩，绝收 388.95 亩；农田被冲毁 162.73 亩，损坏 186.57 亩，其中可复耕 201.26 亩；林地损毁 2340 亩，育苗基地损毁 151 亩，木材损失 9459 立方米；灌溉渠道和人饮工程损毁多处，经济损失 1549.96 万元。房屋被冲走及倒塌 165 户 1361.5 间 20885 平方米，损坏 146 户 803 间 16451 平方米，屋基损毁 16660.8 平方米，直接经济损失 1921.43 万元，其他民用物资损失达 1006.36 万元。损毁公路 46 处，损毁长度达 31.4 千米，塌方 36000 立方米、损毁挡墙 18000 立方米、损毁路面 18000 平方米，损毁桥梁 5 座，经济损失 2870 万元（含冲毁的 7 台挖掘机和 6 台工程车）。6 所学校不同程度被冲毁、冲坏，冲毁图书 20504 册，教学仪器 8625 件，经济损失 1380.04 万元。冲毁医院房屋 100 平方米，冲坏房屋 513.5 平方米，医疗器械毁坏 3 件（套），经济损失 73.75 万元。电力、通信、广播等设施损失 243.38 万元。电力倒杆 54 基、断线 7.72 千米，设备毁坏多处，经济损失105.26万元；通信倒杆18基、断线4.1千米，其他设施损失80万元，经济损失110万元；文体广电设施损失28.12万元。多家店铺和私营企业被损毁，经济损失达511.95万元。打鱼、坝街等乡的街道设施受损，旅游景区设施损坏，损失317万元。

2008年5月30日，三都降水量145.7毫米，暴雨造成山洪暴发，都柳江水位高涨成灾。普安镇、三合镇、大河镇、合江镇、丰乐镇、交梨乡、坝街乡等受灾严重，涉及95个村615个组14784户58803人，因灾造成3人死亡、受伤4人，直接经济损失2437万元。

2009年6月8—9日，暴雨造成三都10个乡镇受灾，涉及70个村331个村民小组5786户25618人。1234名学生停课，紧急转移住校学生和教师651人。农作物被大水淹没339.5公顷，成灾272.3公顷，毁损耕地2.9公顷；民房倒塌3户10间，民房损坏68户174间；粮食损失7.9吨；公路塌方47处1134米，水利沟渠毁损765米，造成直接经济损失624.6万元，其中农业经济损失165.7万元、基础设施损失446.1万元、财产损失12.8万元。

县境水灾频繁，主要发生在都柳江流域一带。南部地区处在樟江流域上游，地势平缓，水灾威胁不大。

三、冰雹、大风

春季至夏初，是县境内冰雹多发时段。

1979年4月下旬，阳安乡遭受一次冰雹大风灾害，打坏小麦、油菜544亩，其中损坏50%以上252亩，颗粒无收108亩，打坏和吹倒民房56间。8月9日15时，九阡区水各公社水昔大队母荣生产队，遭受冰雹袭击，受灾51户235人，水稻受灾140亩，共减产2650千克。1981年4月10日晚10点过，县境内遭受解放以来未遇到的冰雹，三合、大河2个区7个公社24个大队115个生产队2153户13478人受灾。受灾小麦8914亩、油菜5022亩，倒塌房屋226间，死1人，伤2人，打死耕牛4头。1982年11月5日上午7时10分，牛场公社的中纳、牛场、顺河3个大队的6个生产队，遭受一次百年罕见的大风冰雹灾害。冰雹大如鸭蛋，历时15分钟。受灾18户95人，大风吹倒房屋39间，压死妇女儿童3人，重伤2人，轻伤若干人。县人武部三纳军械库高2.2米的砖围墙全部被吹倒（48平方米），三纳小学的半边瓦房被大风抬去40米远，刮倒水泥电杆5根、木电杆7根，打坏油菜苗300亩左右，小麦苗150亩左右，受灾程度达60%。1986年3月30日凌晨，中和、安塘、水龙等3个乡遭雹灾，2500余户农民受灾，其中6户房屋倒塌，农作物受灾面积5000多亩。安塘、水龙两乡90%的麦子、油菜被毁坏。4月19日晚9时，周覃、恒丰、和勇、廷牌、水东、三洞、九阡、水各等乡镇遭受严重雹灾，冰雹最大直径3厘米，降雹时间持续10多分钟，计36个村269个组4551户受灾，1139栋房屋倒塌，25人受伤，16073亩农作物被毁，直接经济损失160余万元。1990年9月7日15时25分，三合区的苗龙乡、普安区的高硐乡、交梨乡遭到大风和冰雹袭击，正待收割的水稻受到了严重损失。6个村17个村民组325户1560人受灾，水稻受灾面积482亩，其中成灾面积458亩，因灾损失粮食96460千克，大风吹坏民房14户68间，损失约4800万元。1991年2月12日13时30分，周覃、九阡、大河、中和等区遭风雹袭击，16个乡62个村受灾。受灾油菜13844亩、小麦11356亩，损坏民房33栋99间。1992年5月6—9日，恒丰乡、打鱼乡受到大风、冰雹袭击，造成较大灾害，受灾4个乡22个村189个村民组，受灾人口9360人（2035户），9710亩小麦和油菜籽受到损失。其中，小麦受灾面积4500亩，成灾面积3500亩；油菜籽受灾面积5210亩，成灾面积4600亩。11户29间民房受到损坏，造成经济损失23.72万元。1995年4月22日晚9时30分左右，三都部分乡镇遭受大风、冰雹袭击，全县受灾8个乡镇35个村280个组23920人。农作物成灾11522亩，倒塌民房98间，损坏民房5968间，损坏学校3所5间，压死耕牛1头，轻伤4人，直接经济损失404万元。1998年4月7日、11日分别降冰雹。7日特别严重，县境内的都江、坝街、巫不、羊福、打鱼、拉揽、三合、交梨、普安、大河、丰乐、烂土、塘州、三洞等 14 个乡镇遭受不同程度的大暴雨及较为罕见的冰雹袭击，都江镇、烂土乡为重灾区。冰雹大的有 0.5 千克，一般的 3 颗有 0.5 千克。造成房屋和农作物及林业严重损失。伤 1 人，死亡大牲畜 3 头。直接经济损失 1587.6 万元，其中农业直接经济损失 1418.5 万元。此次灾害强度大、持续时间长、范围广。2001 年 4 月 2 日，当晚县城及有关乡镇突降冰雹，持续 20 分钟，最大的雹块直径 4 厘米，最大密度每平方米 300 粒。暴雨持续 3 小时，降雨量县城为 128 毫米、丰乐为 123 毫米、普安为 147 毫米。全县受灾涉及三合、交梨、普安、丰乐、大河、烂土、拉揽等 7 个乡镇 91 个村 650 个村民小组 12800 户，受灾人口 56200 人，直接经济损失 1695 万元，其中农业直接经济损失 1400 万元。2002 年 4 月 8 日，三都遭受大风、冰雹、暴雨袭击，最大风力达 20 米/秒，最大冰雹直径 15 厘米。据调查，县境内受灾涉及 12 个乡镇，受灾农作物面积 27320 亩，绝收面积 9603 亩，损坏民房 438 间，倒塌民房 36 间，直接经济损失 1091 万元。4 月 9 日，三都又遭冰雹袭击，涉及丰乐、合江等 11 个乡镇。农作物受灾面积 15680 亩，绝收 5029 亩，房屋损失 154 间，直接经济损失 720 万元。2003 年 4 月 8 日、9 日，全县遭受大风暴雨、冰雹袭击。受灾 13 个乡镇 152 个村 1357 个村民组，受灾 21240 户 102800 人。农作物受灾 2866 公顷，成灾 1750 公顷，绝收 975 公顷。房屋损坏 592 间，其中倒塌 46 间，造成经济损失 250 万元。冰雹打伤 22 人，打死耕牛 3 头。2005 年 3 月 8 日晚 10 时，三都遭受严重的风雹灾，4 个乡镇 28 个村 61 个组 398 户 1952 人受灾。小麦 760 亩成灾，395 亩损失；油菜受灾 315 亩，成灾 164 亩，经济损失 28 万元。5 月 1—2 日遭受风雹灾害，受灾 4 个乡镇，受灾秧苗 250 亩、玉米 466 亩、小麦 768 亩，损坏房屋 193 间，直接经济损失 270 万元。2006 年 4 月 10 日，廷牌、普安、三洞、塘州、恒丰、九阡、水龙、大河、三合、交梨等乡镇遭受不同程度的大风、冰雹等灾害，直接经济损失 78 万元。11 月 19 日夜间，都江镇、塘州乡、水龙乡出现冰雹天气，最大直径达 3 厘米左右，每平方米约 20 粒。塘州乡的房屋盖瓦遭受不同程度的损坏，共有 6 个村民小组 25 户 101 人受灾，直接经济损失共计 1 万余元。水龙乡受灾 3 个村 14 个村民组 230 户 890 人，成灾人口 500 人，农作物受灾面积 15 公顷，成灾面积 9 公顷，绝收面积 4 公顷，直接经济损失 3.2 万元。都江镇受灾 137 户 476 人，房屋损坏 294 间，经果林、蔬菜、小麦、油菜等损失较大。2009 年 4 月 12 日 17 时左右，都江镇上江村、甲找村、千秋村、怎雷村遭遇冰雹袭击，受灾 85 户 325 人，农作物受灾面积 65 亩，经济损失 10 万元。

四、冰雪

2003 年 1 月份，三都遭受 2 次较大雪灾，损坏房屋 170 间，受灾 57 户，直接经济损失 451 万元。2008 年 1 月 13 日至 2 月 3 日，三都遭受 50 年不遇的雨雪冰冻天气，1 月 15 日起灾害逐步加重。1 月 23 日全县 14 个乡镇供电中断。25 日凌晨 2 时，全县供电、供水、交通全部中断，乡村通信基本中断。冰雪极少眷顾的三都县城也到处结出晶莹的冰花，乡村野外到处银装素裹，高压输电线变成如椽冰柱，几乎所有输电线路被摧毁，往日坚不可摧的输电铁塔被揉成一堆堆废铁，一片片林木被摧毁，林业遭到重创，国家和人民群众的财产遭受严重损失，人民生产生活受到严重的影响。全县 21 个乡镇 274 个村（居）33.29 万人受灾，直接经济损失 6.6 亿元。

2008 年冰雪灾害

五、雷暴

1991 年 7 月 20 日三都发生雷击致人死亡事故：拉揽乡 3 人，三合镇 1 人，周覃镇 2 人，都江镇 1 人。2007 年 8 月 21 日，羊福乡小昔村遭受强雷暴袭击，致 1 人死亡。

六、虫灾

1979 年 6 月 26 日三都遭遇新中国成立以来最大的一次洪灾，水灾以后，虫灾为害较重，发生面积达 55100 多亩。1982 年 7 月，继 6 月 14 日水灾后，虫灾开始暴发，据初步统计，全县虫灾面积达 42000 多亩。1985 年 6 月中旬至 8 月中旬，水稻大面积发生虫灾，主要是稻纵卷叶螟和稻飞虱，稻纵卷叶螟是历年同期的 4~5 倍，稻飞虱是历年同期的 31 倍。大季农作物成灾面积 118231 亩，粮食减产 2115.5 万千克，受灾 36084 户 171400 人。1990 年 6 月 10—26 日，三都发生稻纵卷叶螟和稻飞虱虫灾。受灾面积 13095 亩，其中不能恢复的田块 1169 亩，占受灾面积的 0.87%，秧叶发白 65499 亩，占受灾面积的 50%，成功防治 104273 亩，占受灾面积 79.6%。1992 年夏季，干旱持续了 140 多天（7 月 21 日起至 12 月 11 日），在严重旱象的同时，低洼有水的地区又受到稻瘟病、褐飞虱的袭击，殃及 10 个乡镇 161 个村 0.3 万户 1.37 万人，其中重灾 4 个乡镇 49 个村 950 户 4560 人，受灾面积 1.1 万亩，其中成灾面积 0.6 万亩，农业直接经济损失 2642.8 万元。1993 年三都发生穗颈瘟和白叶枯病害。穗颈稻瘟病：成灾乡镇有丰乐、普安、交梨、大河、烂土 5 个乡镇 32 个村，成灾面积达 3000 亩，重灾 2800 亩，其中无收 2500 亩。白叶枯病：廷牌、普安、恒丰、周覃、中和、塘州、水龙 7 个乡镇 28 个村，成灾面积为 6600 亩，重灾 3350 亩，其中无收 1200 亩，廷牌乡的阳安片区 6 个村最为严重，成灾面积达 3500 亩，重灾 2000 亩，其中无收 800 亩。重灾区丰乐乡涉及 22 个村 126 个组，成害面积 4728 亩，其中无收面积 2919 亩，占成灾面积的 61.73%。1995 年 5 月以后，降雨偏多，导致大量稻飞虱迁入危害，主峰期幼虫为 271749 头，是历年同期的 10.9 倍。当年，全县水稻虫灾危害面积达 13.6 万亩，占稻田面积的 87.8%。1999 年 5 月份后，全县 21 个乡镇 270 个村 2106 个村民组 42424 户 195150 人，不同程度遭受病虫害的袭击，涉及 28000 户 122945 人，绝收 11340 户 49840 人。水稻受灾面积 6907 公顷，成灾面积 3276 公顷，绝收面积 1829 公顷，因灾减产粮食 17000 吨，直接经济损失 3687 万元。2001 年 7 月以后，大季作物遭受了旱灾和病虫灾双重打击，特别是病虫灾，造成全年粮食严重减产。全县受灾面积 10915 公顷，成灾面积 5346 公顷，绝收 493 公顷，减产粮食 25573 吨，直接经济损失 5406 万元。2003 年 8 月 6 日至 8 月 20 日遭受 15 天持续不断多雨低温灾害性天气，水稻遭受“秋风”天气，造成粮食损失严重。全县 21 个乡镇 270 个村 55938 户 24.6 万人受灾，受灾面积 8200 公顷，成灾面积 4653 公顷，绝收 620 公顷，全县减产粮食 20330 吨。

第二章　环境保护

三都水族自治县环境保护局成立于 1999 年 3 月，内设综合业务股和法规监察股。环境监测监理站从县国土局归口县环保局，隶属县环保局股级事业单位。2002 年 1 月，核定县环境保护局行政编制 3 名，其中局长 1 名，副局长 1 名，主任科员或副主任科员 1 名。2003 年 9 月，“三都水族自治县环境监测监理站”更名为“三都水族自治县环境监察大队”，核定事业编制 3 名。2012 年 3 月，县环境监察大队升格为副科级，为县环境保护局管理的事业单位，核定事业编制 15 名，其中大队长1名，副大队长2名。2012年2月设立“三都水族自治县核与辐射安全监督站”。2012年机构改革，核定县环保局行政编制4名，设局长1名，副局长2名，纪检组长1名，机关工勤编制2名。内设办公室、自然生态保护股、环境总量控制股，保留三都水族自治县环境监察大队和三都水族自治县环境监测站两个事业单位。2013年4月，设立“三都水族自治县环境工程技术评估中心”，为县环境保护局管理的股级事业单位。

2013年，县环境保护局内设办公室、自然生态保护股、环境总量控制股、环境监察大队（副科级）、环境监测站、核与辐射安全监督站、环境工程技术评估中心7个。行政编制4名，事业编制34名（其中环境监察大队15名、环境监测站13名、核与辐射安全监督站3名、评估中心3名），机关工勤编制2名。人员编制由1999年成立时的6人增加到37人，领导职数一正二副、一位纪检组长。在职在编35人，其中环境监察大队13人，环境监测专业技术12人。

第一节　环境质量

三都地处珠江流域都柳江水系上游，属于国家重点水源保护区，都柳江贯穿三都县境，是县城集中式饮用水源和部分沿江乡镇的饮用水源。一直以来水质较好，历年监测结果显示，县境内都柳江省控断面两个采样点的地表水质均达到或优于所在功能区Ⅱ类标准、县城集中式饮用水源地表水质十项应监测指标均符合Ⅲ类功能区水质规定标准。但按国家生活饮用水标准要求，三都集中式饮用水源存在较大安全隐患，特别是20世纪90年代后，都柳江砷、汞、锑等重金属污染事故，引起了国家、省、州的高度关注，省、州环保部门要求每月对饮用水源水质监测两次。2008年，县委、县人民政府对饮用水源安全问题高度重视，采取应对措施，出资聘请上海环科院编制《都柳江水污染治理及矿山污染防治控制概念性方案》。

因地理、历史、交通等诸多因素影响，三都工业企业较少，城乡总体大气环境质量良好，无较大大气污染现象发生。根据州环境监测站和县疾控中心监测数据表明，2013年，县境内二氧化硫日均值范围为0.007~0.046毫克/立方米，二氧化氮日均值范围为0.004~0.013毫克/立方米，总悬浮物日均值范围为0.054~0.164毫克/立方米，空气污染综合指数P=0.525，空气质量为优（P<1）。截至2013年12月，三都集中式饮用水源水质达到国家饮用水二类标准，县城空气环境质量为优（Pi<1）。根据历年环境监测结果统计，县内道路交通噪声达到国家标准；区域环境噪声以县城三合镇最高，周覃镇次之，但均未超标；功能区中居民文教区、一类混合区、二类混合区、工业区昼夜间均未超标。

第二节　污染防治

20世纪90年代以后，三都和周边其他县市一样，环境问题迭出。

从全国第一次污染源普查结果看，县境污染源主要有生活源和工业源两类，仅2007年，全县工业废水排放量达15.82万吨，其中化学需氧量排放52.59吨。工业废气排放总量78021.76万标立方米，其中烟尘排放量225.16吨，二氧化硫排放量717.7吨，氮氧化物排放量43.15吨，工业粉尘排放量165.93吨。工业固体废物产生量83571.31吨，综合利用量5559.48吨，综合利用率6%。全县生活源污水排放量194.91万吨，其中化学需氧量排放量913.07吨，氨氮排放量121.55吨；总磷排放量12.67吨。生活源废气排放量8610.5万标立方米；烟尘排放量74.51吨；二氧化硫排放量371.33吨；氮氧化物排放量20.42吨；生活垃圾产生量6027.5吨，医疗固体废物产生量21.2吨；

城镇居民生活垃圾产生（清运）量0.65万吨。随着城镇化率的提高，城镇人口不断增加，生活污水和生活垃圾也在逐年增多，农村环境污染日益突出，成为影响人们小康生活的重要问题。

为实施污染物总量控制，有效遏制企业生产超标排放和有效治理城镇生活污水和垃圾污染，2011年建成污水处理厂和生活垃圾填埋场并正常运行，向县域内国、省控企业派驻厂监督员，对企业污染防治设施设备正常运营实施监督性管理，确保城镇生活垃圾和污水得到无害化处理。同时，根据州人民政府每年下达的污染物计划排放指标要求，为切实加强对减排工作的领导，保障节能减排工作的顺利开展，督促县内每个企业切实执行环保“三同时”制度和排污许可制度，将主要污染物总量减排任务分解到重点污染源企业和行业，全面完成上级下达的主要污染物总量减排目标。2008年，县政府专门成立以分管副县长为组长，相关职责部门负责人为成员的减排工作领导小组，每年将州政府下达的减排指标分解到县内相关企事业单位，并通过颁发排污许可证的方式对企业实施减排指标控制，同时要求企业建立减排台账，随时掌握污染物排放情况，确保减排任务的完成。按照国家排污申报制度要求，对重点污染源和一般污染源企业做到按季按时申报、按时审核与上报，定期深入企业核查，切实掌握企业的排污情况，有效预防污染事故的发生。2008年环境统计结果显示：全县二氧化硫排放量6965.69吨，排放强度0.0589718吨/万元，未超出总量控制指标7400吨；化学需氧排放量747.6吨，排放强度0.0063292吨/万元，未超出总量控制指标765吨。2009年，主要污染物减排目标考核获州政府三等奖。

为切实解决饮用水水源污染问题，保障全县饮用水安全，2007年6月初，三都编制出台了《三都水族自治县县城集中式饮用水源保护区划定方案（草案）》（三府呈〔2007〕75号）上报上一级人民政府审批，2007年6月30日，省人民政府作出《关于划定黔南自治州福泉等9县（市）集中式饮用水源保护区的批复》（黔府函〔2007〕117号），明确了三都集中式饮用水源保护区范围，设立一级、二级和准保护区。保障三都县城约23054人用水，每天用水量在3500吨左右。经历2008年12月独山砷污染造成三都县城停水13天和2009年独山锑污染致使三都县集中式饮用水水源地水体锑含量严重超标事件后，2009年4月9日，原贵州省环境保护局曾致函黔南州人民政府，建议三都县另辟县城集中式饮用水源地，以确保人民群众饮水安全。经多方比对论证，2011年，三都县城新集中式饮用水源（甲晒河）建设项目获得国家发改委批准建设，2013年2月建成投入使用。同年9月，委托贵州环境科学设计院编制的《三都水族自治县甲晒河水库饮用水源保护区划分技术报告》经省人民政府批准实施，划定了县城集中式饮用水水源一级、二级和准保护区。严格执行《中华人民共和国环境保护法》《中华人民共和国水污染防治法》《贵州省环境保护条例》《贵州省饮用水水源保护暂行办法》等法律法规，禁止在饮用水源保护区建设与供水无关的开发建设活动，对在生活饮用水地表水源二级保护区内新、扩、改建企业进行严格管理，按照饮用水源保护区的管理要求，严格执法，禁止一切污染水体的环境违法行为。对超标排放污染物造成影响和威胁饮用水安全的污染源企业下达环境违法改正通知书，限期治理，对完不成治理任务的企业实施停产整顿。积极开展饮用水源保护区环保专项行动，对饮用水源保护区内企业进行现场监察，关闭县城集中式饮用水源一级保护区内的6家农家乐。要求企业在生产和建设中严格执行国家环保法律、法规和政策，自查自纠，对未达标的项目及时治理，并接受环保部门的检查验收。

多年来，三都水族自治县以黔南州整治违法排污企业，保障群众健康环保专项行动为契机，切实对重点行业进行整治。一是对选址不科学，环保设施陈旧，设备工艺满足能力弱，污染物排放不达标的企业及时下达环境违法改正通知书，责令限时整改或关闭，2011年来关闭产能过剩企业三都县金江水泥厂、重污染企业三都县方圆硫化厂、两家洗选厂和一家冶炼厂。对全县挂牌督办企业需整改的内容，通过建立挂牌督办任务台账的形式，定期或不定期到企业单位进行检查，对整改完成的内容进行逐一消账。二是对已通过环保“三同时”验收，但仍存在污染问题的企业，及时追踪其整改落实情况，确保实现达标排放。三是加大污染隐患的排查和清理力度，预防污染事故发生。截至2013年年底，三都县未发生因监管不力导致的重大以上环境污染事故和生态破坏行为。

第三节　环境管理

三都水族自治县自开展环境保护工作以来，始终严把项目审批关，严格建设项目环境准入，认真执行建设项目环境影响评价制度，按照《中华人民共和国环境影响评价法》、国务院《建设项目环境保护管理条例》、贵州省《建设项目环境管理分类管理名录》等法律法规做好项目审批服务，坚持做到“四个不批”，从源头上有效控制和预防新污染源的产生。严格控制“两高一资”企业上马，从源头上控制污染源的产生，维护县域环境安全。在进行项目审批时，本着“在发展中保护、在保护中发展”的原则，对于一些能源消耗高、污染排放大或潜在污染严重的项目，坚决否定。如一投资商想在县城饮用水源保护区内的大河镇炳燕河滩边上建规模养殖场，经县环保部门实地选点后认为该项目选点在都柳江岸边，将对都柳江水体环境安全造成安全隐患，要求重新选点，村组农户退回了投资商已付的3万元租金。再如中密度纤维板厂复建问题，县环保部门从保护全县生态资源的角度提出不再复产的意见。但对于符合国家产业政策，污染小，带动地方经济快速发展和属于国家扩大内需项目、清洁生产项目、绿色产业及重点建设等项目，则主动帮助企业联系办理相关手续，争取早日投产，带动并促进地方经济快速发展。如在润基水泥有限责任公司（100万吨水泥厂）建设项目上，由于项目的特殊性，审批权归省环境保护厅，因此，三都主动到省厅、环评单位和环境监测机构办理有关手续，并在短时间内通过了省环境评估中心评审，获得了省环保厅批准，为企业缩短了审批时间并节约不少费用。

进入21世纪以后，三都加大力度执行环保“三同时”制度、排污费征收管理制度、排污申报制度、排污许可制度等，狠抓建设项目环境管理、污染物总量控制、污染源现场监察、饮用水源保护、环境监测、环保专项行动、生态环境监管等工作，2008年开展的国家生态环境监察试点工作2010年12月获得环保部全国通报表扬，2009年开始申报创建国家级生态县，2012年实施生物多样性保护与减贫示范，积极引导群众走绿色生态发展，不断探索符合三都实际的环境保护路径，使全县生态环境得到有效保护。

对小造纸作坊进行关闭处理

实施县长环境保护目标管理考核以后，经过全县各相关部门的密切协作，完成历年各项环境目标任务，主要包括：一是增加机构和编制，环保队伍能力建设得到加强；二是适时制订各阶段环保规划，将其纳入全县经济社会发展规划并认真组织实施，促进环境与经济协调发展；三是部门间密切协作，联合开展专项执法检查，严厉查处违法排污行为，保障环境安全；四是加大宣传，提高公众环保意识；五是为保障县长环境目标任务的顺利完成，县政府每年均划拨专项资金，环保工作经费得到保障；六是通过开展环保专项行动，实施环境综合治理项目，强化监管，污染综合整治成效明显；七是加大资金投入，生态环境建设不断推进；八是认真调查，各类环境污染纠纷得以妥善处理。2007 年，获州人民政府第四届县长环境保护工作目标考核二等奖。

为使社会公众理解、支持并参与保护环境，三都县组建了有学生、摩托车协会、老年人协会等组成的环保志愿者 350 余人，每年“6·5”期间，三都县委、县政府分管领导都在电视台发表重要讲话，积极倡导全社会齐心协力，为建设绿色美丽新三都出力献策。县环保局编制《三都水族自治县国家级生态县创建》《保护生存环境、建设生态家园》《生物多样性保护与减贫》等宣传读本，开展“保护都柳江，我们一起行动”“保护环境，珍爱健康”、环境保护知识竞赛、保护山川河流、保护喀斯特地貌“绿丝带”志愿服务、环保知识进企业入村等一系列宣传活动和“绿色学校”创建工作。通过电视台、三都党政网、《黔南日报》、省环保厅网站、手机短信等新闻媒介宣传三都环境保护工作，充分利用 LED 显示屏、公交车、出租车等流动灵活以及环保志愿者覆盖面广的特点，广泛宣传国家环境保护法律法规和三都环境保护工作情况。举办有县书法家协会、县文体广电旅游局、文联、美术家协会、民中、二中、鹏城希望学校等部门单位共同参与的为期 5 天的“保护环境，从我做起——纪念‘6·5’世界环境日书法展”和环保征文活动，共有 30 名书法爱好者 80 余幅作品参展，吸引了众多学生和社会公众参观。作品内容涉及生态保护、节能减排、生物多样性保护、环境执法、污染警示教育等。作品展出第一天，即在三都县城收到了较大反响，为进一步提高社会公众环境保护意识，增强环境危机感和责任感，全面落实科学发展观，加快推进生态文明建设进程营造了浓厚的社会氛围，把环保宣传不断向纵深深入。

按照“属地管理”原则，保障区域生态环境安全，三都县严格按照省、州环保工作要求，扎实开展整治违法排污企业保护群众健康专项行动、集中式饮用水源保护区环境监察执法检查、建设项目环境影响评价和“三同时”制度建设检查、危险废物检查等一系列生态环境监管活动，加强对尧人山国家森林公园监督检查和对洪源矿业开发有限公司五坳坡矿区进行执法检查，加大对矿山开采破坏生态环境的执法力度，严厉打击破坏生态环境违法行为。严厉查处贵州三都润基水泥有限责任公司、三都县三洞民达养殖场、三都县三合定点屠宰场、三都宏发牧业有限公司等 10 余家企业环境违法行为，共处罚款 105000 元，形成严厉查处和打击环境违法行为的高压态势，提高企业环境保护和承担社会责任意识，为推进三都生态文明建设提供生态环境安全保障。2012 年被省人民政府评为“贵州省环境保护工作先进集体”。

第四节　生态环境保护与建设

三都县历届党委政府都十分重视环境保护和生态建设。2008 年，县委、县人民政府从落实科学发展观高度，专门划拨 2500 平方米土地用作环境监测监察业务用房建设用地，并办理了土地规划许可等手续，在省州环保部门的大力支持下，多方筹措资金，2013 年年底，三都县环境监测监察业务用房建成投入使用，城市空气质量自动监测站也于 2013 年 11 月建成运行，为与全省同步小康建设环境质量水和空气两项核心考核指标统计监测提供必要的能力基础。20 世纪 90 年代以后，三都进一步加强生态环境保护，积极推进生态建设进程。

1. 加强林草植被建设与保护。1998 年以来，通过上级资金投入、银行贷款、群众自筹等方式，大力实施以都柳江和樟江为骨架林业重点工程建设和九万大山林业扶贫工程，充分利用九万大山地区非农土地资源抓好生态建设，以市场为导向，以速生林、竹林、经果林为区域主导产业重点扶持，累计完成营造林 13826. 67 公顷。

2. 实施退耕还林工程。2002 年实施退耕还林工程以来，累计完成营造林 13960 公顷，其中退耕造林 4126. 67 公顷，巩固退耕还林成果造林 5193. 33 公顷，退耕还林配套荒山造林 4640 公顷，项目覆盖全县2.11万户农户，退耕农户高产稳产基本口粮田面积从人均0.2亩提高到0.65亩。

3. 实施石漠化综合治理。2011年被列入全省石漠化综合治理重点县之后，及时组织编制《三都水族自治县2011—2013年石漠化综合治理工程实施方案》和《三都水族自治县2011—2013年度项目初步设计》。累计完成治理岩溶面积87平方千米、石漠化面积30平方千米，完成封山育林1970公顷、人工造林1016公顷、人工种草31公顷。通过项目实施，项目区森林覆盖率提高2个百分点。

4. 加强湿地保护。完成《三都水族自治县都柳江源生态环境保护示范项目等湿地保护规划》编制工作，向省林业厅上报《三都县芒勇水库湿地保护小区》《三都县水昔河湿地保护小区》相关材料，启动三都县都柳江国家湿地公园项目申报前期准备工作，实施都柳江城市湿地公园一期绿化照明工程。认真组织开展境内零星湿地调查，建立湿地资源数据库。

5. 强化生态保障体系建设。大力实施林木种苗工程，加大林木采种基地、良种繁育基地、种质资源保存的投入力度，强化“林以种为本、种以质为先”的理念，2013年，全县造林基地供种率达63%、良种使用率达51%、种苗合格率稳定在95%以上。种苗生产供应逐步实现生产区域化、供应基地化、质量标准化、品种多样化。加大森林防火投入，以重点火险区综合治理为核心，全面推进森林火灾预防、扑救、保障三大体系建设，努力提高森林防火装备水平、改善基础设施条件，增强预警、监测、应急处置和扑救能力。多年来无重特大森林火灾发生，年度森林火灾受害面积均控制在0.68‰的指标内。

6. 大力实施森林病虫害防治工程。先后完成森林病虫害监测预警体系、检疫御灾体系、防治减灾体系和重大危险性森林病虫害预防等工程项目建设，有效控制森林病虫害的发生。森林病虫害无公害防治率达到95%以上，林产品及苗木产地检疫率达到100%。

7. 推动生态建设领域改革。一是全面开展集体林权制度改革。全县已确权到户林地157133公顷，完成流转林地5440公顷，流转金额1966万元。指导利用林权抵押贷款，获得金融机构贷款1300万元作为发展林业生产资本金。二是积极推进生态补偿机制工作。制定出台国家公益林区划界定工作方案，及时开展公益林绩效核查。到2013年年底，全县区划界定公益林面积67380公顷，占全县林地面积36.9%，其中国家公益林36446.67公顷，地方公益林30933.33公顷。自2004年实施生态效益补偿以来，全县累计兑现国家级公益林生态效益补偿基金5380万元。三是健全自然资源资产产权制度和用途管理制度。县人民政府出台《三都水族自治县政策性森林保险工作实施方案》，推进政策性森林保险工作，已完成54.67万亩国家级公益林和3.99万亩地方公益林的投保。四是开展水务一体化管理体制改革。以都柳江流域等水生态文明建设示范区创建为契机，带动全县水生态文明建设全面提升。编制实施水生态文明建设示范区规划，根据水利部明确的水生态文明建设5项主要目标，重点从8个方面进行水生态文明建设。

8. 全面开展农村面源污染防治。为有效治理农村污染和解决县城饮用水源上游村寨垃圾和污水污染水源问题，紧紧抓住国家农村环境保护“以奖促治”和“以奖代补”政策，积极实施农村环境综合治理工程和加强农村面源污染防治，削减污染负荷，增强环境承载能力。抓住国家“以奖促治”政策，积极实施农村环境综合治理工程，推广可降解农膜，消除农村“白色污染”。控制农药、化肥使用，控制使用低残留、高效、低毒农药。2013年，全县有机、绿色和无公害商品蔬菜种植面积23万亩，无公害水果种植面积15.52万亩，无公害茶叶种植面积6.5万亩。全面推广测土配方施肥，化肥施用强度严格控制在720千克/公顷·年以下。加大畜禽养殖业污染整治工作，推进农村清洁能源建设。积极开展以养殖业为重点的农业面源污染防治工作，划分畜禽禁养区和限养区，合理调整养殖布局。规模化养殖场一律配套建设污染防治设施，确保污染物排放达标。先后建成65个规模养殖场和交梨园区能繁母猪900头年产仔猪10000头规模的香猪养殖基地。积极推广畜禽—沼气—种植生态循环模式，累计建成户用沼气池1.02万口、大中型沼气池21个、小型沼气池

13 个、乡村清洁工程 3 处。大力实施净岸行动，加强垃圾沿河倾倒监管，清理河道两侧垃圾和工业废弃物并实施无害化处置。建成日处理污水 6000 吨以上的县城污水处理厂和日处理垃圾 70 吨以上的县城垃圾填埋场，新建污水收集管网 24411 米。

9. 推动城乡绿化和绿色通道建设。全面开展国道、省道、旅游干线和旅游村寨的绿化和美化，对县城区和主干线道路沿线实施公共绿地建设，已完成绿色通道建设 232 千米。对城区道路及延伸连接线、公共绿地、居住区绿地、城市景观绿地等实行绿化建设与市政设施相结合，绿化建设与河道疏浚治理相结合，绿化建设与风景名胜区景点建设相结合，突出县城依山傍水的山水格局，积极开展义务植树和四旁植树活动。抓好县城周边绿化、尧人山国家级森林公园、姑鲁产蛋崖、凤凰公园等景区绿化美化工作。2013 年年底，县城区绿地面积 37 万平方米，人均 12.2 平方米，人居环境逐步得到优化 。

10. 加强水土保持工作。1998 年以来，全县建成中小型水库 20 座，水库除险加固 16 座，渠道防渗修复 125.6 千米，治理小山塘等各类小型水利工程 76 座，新建小山塘 20 个、小水窖 3000 余口、蓄引提工程 260 处、引水渠道 80 千米，治理小流域 4 条，治理水土流失面积 107 平方千米，在水土保持重点工程区全面实现封育保护。

11. 加大土地整治。以"田、水、路、林"综合整治为主要内容，完善农田基础设施，补充耕地，增加耕地面积，实现耕地占补平衡。2008 年以来，三都县建设占用耕地 106.66 公顷，通过实施土地整治，累计补充耕地 663.19 公顷，年增产粮食 350 万千克。大力推广以"农田向规模经营集中"为重点的土地整治，结合土地开发治理发展效益农业，大规模推进农业产业结构的调整和农用地经营权的流转。

12. 推进各类保护区建设。建立尧人山国家级森林公园，面积 47.87 平方千米。建立都柳江省级风景名胜保护区，面积 109.39 平方千米。相继建立姑鲁产蛋崖生态地质公园及怎雷、水各、板告、巴茅、姑鲁等生态民族文化保护村。全县各类保护区面积达 280 平方千米，占全县面积 10%以上。正在积极规划建设 100 平方千米月亮山国家级森林公园，并将陆续建立古桃山、冒合山、老王山、更顶山等 4 个县级自然保护区。

13. 增强防灾减灾能力。做好气象监测、防雷减灾、山洪地质灾害、人工影响天气（防雹增雨）、主要农作物产量预报与评价等预测防灾减灾工作，不断完善气象、地质灾害、中小河流域等自然灾害监测站建设，提高监测水平。到 2013 年年底，全县共建有 40 个气象监测点，其中包括 1 个七要素自动站、1 个土壤水分自动站、1 个实景水位自动站、2 个六要素自动站、20 个两要素自动站、15 个单雨量站。

14. 关闭淘汰高污染、高能耗企业。根据国家和省、州相关产业政策以及三都县生态环境承载能力，大力开展关闭淘汰高污染、高能耗企业，先后完成关闭三都县金江水泥厂等 11 家工业企业，每年减少 300 万吨固体废弃物、1000 万立方米污水和 100 万立方米废气排放。累计整合关闭 8 个小煤矿和 3 家页岩砖厂。积极整合小型木材加工企业，大批关闭淘汰不利于生态保护的木材企业，整合后的木材企业按规划统一入驻森工产业园区。

1999 年以来，全县各族人民加快宜林荒山绿化步伐，强化森林资源保护管理，通过实施世行造林、珠江防护林、退耕还林等林业工程建设项目，全县林业发展进度不断加快，生态资源优势不断显现，生态环境得到明显改善，水土流失得到有效遏制，生物多样性不断增加，生态环境优势得到巩固和扩大，环境竞争力得到有效提升，为构筑珠江上游生态屏障奠定了坚实基础。2013 年年底有林业用地面积 273.6 万亩，森林面积 234.43 万亩，活立木蓄积量 1237 万立方米，森林覆盖率 64.58%。

为巩固和强化三都丰富的生态环境资源，根据党的十七大关于加强生态文明建设的战略部署和省委提出保护青山绿水也是政绩的要求，三都县委提出"生态立县""文化塑县"和"旅游兴县"

的定位思考，进一步强化生态保护监管职责，2008 年开始积极开展国家级生态监察试点县建设和国家级生态示范区（县）创建工作，2008 年 6 月创建国家级生态示范区获省环保厅批准实施，9 月环保部将三都列入第二批国家级生态监察试点县，2010 年 12 月获环保部全国通报表扬。根据党中央、国务院加强生态建设的新要求和三都实际情况，省环保厅建议三都跨区直接申报创建国家级生态示范县。三都县按照国家和省上指导意见，2010 年委托贵州省环境科学设计研究院编制了《三都水族自治县国家级生态县建设规划（2010—2016 年）》，经省环保厅组织专家评审后，通过三都县人大常委会审议颁布实施，现各项工作正有序开展。进入 21 世纪以后，三都在农村大力推行“一池三改”（沼气池、改厨、改厕、改圈）技术，积极发展利用沼气，带动改厨、改厕、改圈，建设清洁、方便、实用的农村新型厨房，消灭露天厕所，实行人畜分离，努力实施村寨道路硬化工程，全面整治卫生环境。

第三章　人　口

第一节　人口变化与分布

一、人口变化

1975 年以后开始推行计划生育政策，人口增长速度有所减缓，1975 年至 1979 年 5 年间，年均人口自增率为 26. 92‰，比前 5 年下降了 3. 33 个千分点。此后人口逐年增长。

1982 年第三次人口普查数据，全县总户数 4. 68 万户，总人口 231842 人，其中男性 117663 人、女性 114179 人。1990 年第四次人口普查数据，全县总户数 5. 73 万户，总人口 263625 人，其中男性 135608 人、女性 128017 人。2000 年第五次人口普查数据，全县总户数 6. 81 万户，总人口 297442 人，其中男性 156395 人、女性 141047 人。2010 年第六次人口普查数据，全县总户数 9. 7 万户，总人口 346641 人，其中男性 179785 人、女性 166856 人。通过第三次人口普查与第四次人口普查数据对比，三都 8 年共增长人口数 31783 人，年平均增长人数 3973 人。第四次人口普查与第五次人口普查数据对比，10 年共增长人口数 33817 人，年平均增长人数 3382 人。第五次人口普查和第六次人口普查数据对比，10 年共增长人口数 49199 人，年平均增长人数 4920 人。

1978—2013 年三都户籍人口统计表

表 2-5

年份	年末总户数（万户）	年末总人口（万人）	1. 按农业非农业人口分		2. 按市镇、乡村分		3. 按性别分		少数民族人口（万人）	人口构成（%）							出生率（‰）	死亡率（‰）	自然增长率（‰）
			非农业（万人）	农业（万人）	市镇（万人）	乡村（万人）	男（万人）	女（万人）		非农业	农业	市镇	乡村	男	女	少数民族人口			
1978	4.33	21.46	1.01	20.45	0.75	20.71	10.75	10.71	19.40	4.71	95.29	3.49	96.51	50.09	49.91	90.40			
1979	4.42	21.99	1.02	20.97	0.77	21.22	11.00	10.99	20.08	4.64	95.36	3.50	96.50	50.02	49.98	91.31			
1980	4.47	22.59	1.03	21.56	0.79	21.80	11.24	11.35	20.41	4.56	95.44	3.50	96.50	49.76	50.24	90.35			
1981	4.67	23.06	1.04	22.02	0.81	22.25	11.54	11.52	21.09	4.51	95.49	3.51	96.49	50.04	49.96	91.46			
1982	4.68	23.55	1.07	22.48	0.82	22.73	11.87	11.68	21.40	4.54	95.46	3.48	96.52	50.40	49.60	90.87			
1983	4.73	23.74	1.09	22.65	0.85	22.89	12.00	11.74	21.64	4.59	95.41	3.58	96.42	50.55	49.45	91.15	19.7	8.5	11.2
1984	4.77	23.98	1.11	22.87	0.88	23.10	12.07	11.91	21.90	4.63	95.37	3.67	96.33	50.33	49.67	91.33	16.03	7.07	8.96
1985	4.85	24.22	1.13	23.09	1.05	23.17	12.27	11.95	22.61	4.67	95.33	4.34	95.66	50.66	49.34	93.35	16.82	7.56	9.26
1986	5.1	24.61	1.14	23.47	4.23	20.38	12.51	12.10	22.99	4.63	95.37	17.19	82.81	50.83	49.17	93.42	17.36	7.63	9.73
1987	5.2	24.99	1.17	23.82	4.30	20.69	12.68	12.31	23.35	4.68	95.32	17.21	82.79	50.74	49.26	93.44	17.81	6.65	11.16
1988	5.41	25.40	1.18	24.22	4.58	20.82	12.95	12.45	23.86	4.65	95.35	18.03	81.97	50.98	49.02	93.94	17.2	6.2	11
1989	5.56	25.68	1.22	24.46	4.66	21.02	13.13	12.55	24.08	4.75	95.25	18.15	81.85	51.13	48.87	93.77	15.9	6.2	9.7
1990	5.73	26.49	1.26	25.23	4.93	21.56	13.61	12.88	25.15	4.76	95.24	18.61	81.39	51.38	48.62	94.94	17.1	6.2	10.9
1991	5.87	26.65	1.26	25.39	10.90	15.75	13.67	12.98	25.35	4.73	95.27	40.90	59.10	51.29	48.71	95.12	14.95	5.5	9.45
1992	6.06	27.17	1.30	25.87	11.17	16.00	13.94	13.23	25.83	4.78	95.22	41.11	58.89	51.31	48.69	95.07	18.8	5.91	12.89
1993	6.21	27.55	1.33	26.22	11.31	16.24	14.15	13.40	26.35	4.83	95.17	41.05	58.95	51.36	48.64	95.64	20.46	6.39	14.07
1994	6.35	27.91	1.39	26.52	11.49	16.42	14.40	13.51	26.67	4.98	95.02	41.17	58.83	51.59	48.41	95.56	19.57	6.5	13.07
1995	6.49	28.31	1.41	26.90	11.63	16.68	14.59	13.72	27.02	4.98	95.02	41.08	58.92	51.54	48.46	95.44	20.5	6.82	13.68
1996	6.48	28.71	1.44	27.27	11.78	16.93	14.78	13.93	27.53	5.02	94.98	41.03	58.97	51.48	48.52	95.89	20.84	6.88	13.96
1997	6.56	29.15	1.47	27.68	11.95	17.20	15.00	14.15	28.04	5.04	94.96	40.99	59.01	51.46	48.54	96.19	20.01	6.52	13.49

续表2-5

年份	年末总户数（万户）	年末总人口（万人）	1. 按农业非农业人口分		2. 按市镇、乡村分		3. 按性别分		少数民族人口（万人）	人口构成（%）							出生率（‰）	死亡率（‰）	自然增长率（‰）
			非农业（万人）	农业（万人）	市镇（万人）	乡村（万人）	男（万人）	女（万人）		非农业	农业	市镇	乡村	男	女	少数民族人口			
1998	6.67	29.63	1.55	28.08	12.16	17.47	15.22	14.41	28.54	5.23	94.77	41.04	58.96	51.37	48.63	96.32	18.56	6.29	12.27
1999	6.68	30.01	1.56	28.45	12.31	17.70	15.41	14.60	28.93	5.20	94.80	41.02	58.98	51.35	48.65	96.40	17.46	5.51	11.95
2000	6.81	30.51	1.61	28.90	12.62	17.89	15.74	14.77	29.55	5.28	94.72	41.36	58.64	51.59	48.41	96.85	18.03	5.56	12.47
2001	6.91	30.88	1.66	29.22	12.78	18.10	15.94	14.94	29.89	5.38	94.62	41.39	58.61	51.62	48.38	96.79	17.11	5.35	11.76
2002	6.98	31.15	1.69	29.46	18.96	12.19	16.12	15.03	30.17	5.43	94.57	60.87	39.13	51.75	48.25	96.85	15.59	4.89	10.7
2003	7.13	31.47	1.76	29.71	19.15	12.32	16.29	15.18	30.47	5.59	94.41	60.85	39.15	51.76	48.24	96.82	15.27	6.08	9.19
2004	7.38	31.41	1.85	29.56	19.20	12.21	16.40	15.01	30.41	5.89	94.11	61.13	38.87	52.21	47.79	96.82	14.58	6.33	8.25
2005	7.58	31.71	1.85	29.86	19.38	12.33	16.58	15.13	30.73	5.83	94.17	61.12	38.88	52.29	47.71	96.91	11.6	6.83	4.77
2006	7.68	32.20	2.00	30.20	19.61	12.59	16.80	15.40	31.22	6.21	93.79	60.90	39.10	52.17	47.83	96.96	9.57	6.28	3.29
2007	7.98	32.82	2.09	30.73	19.94	12.88	17.17	15.65	31.81	6.37	93.63	60.76	39.24	52.32	47.68	96.92	9.49	5.46	4.03
2008	8.65	33.78	2.18	31.6	20.56	13.22	17.61	16.17	32.8	6.45	93.55	60.86	39.14	52.13	47.87	97.10	10.64	5.08	5.56
2009	9.18	34.21	2.27	31.94	20.83	13.38	17.84	16.37	33.09	6.64	93.36	60.89	39.11	52.15	47.85	96.73	12.88	5.15	7.73
2010	9.7	35.71	2.48	33.23	21.61	14.1	18.7	17.01	34.53	6.94	93.06	60.52	39.48	52.37	47.63	96.70	13.32	5.54	7.77
2011	9.83	36.04	2.56	33.48	21.76	14.28	18.83	17.21	34.93	7.10	92.90	60.38	39.62	52.25	47.75	96.92	11.68	5.17	6.51
2012	10.12	36.01	2.59	33.42	21.69	14.32	18.86	17.15	34.9	7.19	92.81	60.23	39.77	52.37	47.63	96.92	10.13	6.45	3.7
2013	10.25	35.97	2.58	33.39	21.6	14.37	19.06	16.91	34.9	7.17	92.83	60.05	39.95	52.99	47.01	97.03	3.71	2.93	5.64

二、人口分布

境内人口分布的特点是北部密度大，中、西部次之，南部再次，东部和东南部最少。2010 年第六次人口普查统计，全县总人口 346641 人。21 个乡镇人口数由少到多排列：拉揽乡 4801 人、巫不乡 4867 人、扬拱乡 6117 人、羊福乡 7184 人、恒丰乡 10763 人、坝街乡 11459 人、打鱼乡 11740 人、中和镇 12867 人、大河镇 14128 人、周覃镇 16742 人、都江镇 16956 人、水龙乡 17277 人、合江镇 20237 人、交梨乡 20447 人、塘州乡 21440 人、丰乐镇 21757 人、普安镇 21784 人、三洞乡 23446 人、九阡镇 23782 人、廷牌镇 24534 人、三合镇 34213 人。以人口密度计算，廷牌镇居首位，每平方千米 419 人，其次是塘州乡，每平方千米 284 人，再次是普安镇，每平方千米 266 人；人口密度最小的乡镇是拉揽乡，每平方千米 50 人，其次是坝街乡，每平方千米 71 人。

第二节 人口结构

年龄结构 据 2010 年第六次人口普查资料，在全县总人口中，0~14 岁人口为 79276 人，占总人口的 22.87%；15~64 岁人口为 232667 人，占总人口的 67.12%，65 岁以上人口为 34698 人，占 10.01%。

历次人口普查三都县总人口年龄结构对比统计表

表 2-6 单位：人、%

年份	总人口数	0~14 岁人口数	占总人口数比例	15~64 岁人口数	占总人口数比例	65 岁以上人口数	占总人口数比例
1978	214642	77314	36.02	123634	57.6	13694	6.38
1982	231842	80588	34.76	133054	57.39	18200	7.85
1990	263625	75054	28.47	164871	62.54	23700	8.99
2000	297442	72487	24.37	196842	66.18	28113	9.45
2010	346641	79276	22.87	232667	67.12	34698	10.01

性别构成 第六次人口普查三都县人口总数 346641 人。其中，男 179785 人，占总人口数的 51.86%；女 166856 人，占总人口数的 48.14%。

历次人口普查三都县总人口性别对比统计表

表 2-7 单位：人、%

年份	总人口数	男性人数	占总人口数比例	女性人数	占总人口数比例
1978	214642	109897	51.2	104745	48.8
1982	231842	117663	50.75	114179	49.25
1990	263625	135608	51.44	128017	48.56
2000	297442	156395	52.58	141047	47.42
2010	346641	179785	51.86	166856	48.14

民族构成 县境以水族为主体，间有布依族、苗族、侗族、瑶族、汉族等。第一次人口普查时有 6 个少数民族，全县总人口 88589 人，其中少数民族人口占 87.1%。水族 40157 人，占总人口的 45.3%；苗族 20990 人，占总人口的 23.7%；布依族 15819 人，占总人口的 17.9%；还有侗族 22

人、瑶族151人、壮族5人，共占总人口的0.2%。2010年第六次人口普查，全县少数民族19个，全县总人口346641人。其中，水族218004人，占总人口的62.89%；布依族53522人，占总人口的15.44%；苗族45482人，占总人口的13.12%；还有瑶族639人、侗族1333人、彝族84人、壮族223人、回族119人、土家族60人、仡佬族22人、满族21人、毛南族13人、黎族11人、畲族10人、蒙古族3人、傣族2人、高山族2人、藏族1人、拉祜族1人，共占总人口的0.73%。除水族、布依族、苗族、瑶族、侗族5个民族为长期居住之外，其余民族多系职业或家庭关系到三都落户的。

文化构成　据2010年第六次人口普查数据，全县6岁以上人口254725人，文盲和半文盲人口37985人，占14.9%，高于全州平均数10.7%的水平。其中，男9786人，占6岁以上男人口的7.52%；女28199人，占6岁以上女人口的22.6%。在6岁以上人口中，小学文化程度126663人，占49.72%，高于全州42.91%的比例；初中文化程度68756人，占26.99%，低于全州33.92%的比例；高中文化程度13694人，占5.38%，低于全州7.71%的比例；大专以上文化程度7627人，占2.99%，低于全州4.72%的比例。全县平均每千人拥有大学生22人，高中生40人，初中生198人，小学生365人。

历次人口普查三都县6岁以上人口受教育程度对比统计表

表2-8　　单位：人

受教育程度 / 年份	6岁及以上人数	文盲、半文盲人数	小学文化程度人数	初中文化程度人数	高中文化程度人数	大学专科以上人数
1978	143528	94370	39634	7938	1464	136
1982	162739	90532	51372	16066	4462	307
1990	214531	85941	88558	30593	8538	901
2000	262146	66061	148931	36999	10289	1866
2010	254725	37985	126663	68756	13694	7627

第六次人口普查三都县各乡镇6岁以上人口受教育程度分布情况

表2-9　　单位：人

受教育程度 / 乡镇	6岁及以上人数	未上过学人数	小学文化程度人数	初中文化程度人数	高中文化程度人数	大学专科以上人数
全县	254725	37985	126663	68756	13694	7627
三合镇	36275	3182	13772	9968	5570	3783
大河镇	9345	1116	4109	3485	420	215
合江镇	13144	1475	6567	4237	634	231
丰乐镇	16373	1500	8768	5341	570	194
普安镇	14406	2293	7086	4199	543	285
都江镇	13232	1916	7320	3443	351	202
中和镇	9137	1785	4430	2482	296	144
周覃镇	11767	1503	5378	3811	722	353
廷牌镇	14498	1925	8137	3644	522	270

续表2-9

受教育程度 / 乡镇	6岁及以上人数	未上过学人数	小学文化程度人数	初中文化程度人数	高中文化程度人数	大学专科以上人数
九阡镇	16424	3204	8047	4465	468	240
交梨乡	14700	2464	8404	3217	466	149
拉揽乡	3370	774	1833	659	65	39
打鱼乡	9371	1738	5391	1575	440	227
坝街乡	8856	1729	5333	1558	139	97
羊福乡	5246	1521	2553	900	130	142
巫不乡	3748	604	2026	968	75	75
水龙乡	12856	1809	6874	3718	350	105
塘州乡	15459	2469	8400	3830	557	203
三洞乡	16147	2293	7461	4996	957	440
恒丰乡	6411	1617	2966	1360	314	154
扬拱乡	3960	1068	1808	900	105	79

职业构成 县内人口历来以农业为主要职业。2010年统计从业人员，全县在业人员238281人。其中，农、林、牧、渔业劳动者197535人，占在业人口的82.9%；各类专业技术人员9841人，占在业人口的4.13%；商业工作人员2430人，占在业人口的1.02%；服务性工作人员2145人，占在业人口的0.9%；国家机关企事业工作人员6791人，占业人口的2.85%；工业交通工人和其他劳动者19539人，占在业人口的8.2%。

历次人口普查三都县总人口职业构成对比表

表2-10

单位：人、%

年份	总人口数	全县就业人口	其中					
			农、林、牧、渔劳动者	占就业人口总数比例	各类专业技术人员	占就业人口总数比例	商业工作人员	占就业人口总数比例
1978	214642	104316	101395	97.2	908	0.87	177	0.17
1982	231842	115210	108098	93.8	2268	2.2	681	0.6
1990	263625	184564	163948	88.83	5389	2.92	1569	0.85
2000	297442	204640	174149	85.1	7060	3.45	1883	0.92
2010	346641	238281	197535	82.9	9841	4.13	2430	1.02

年份	总人口数	全县就业人口	其中					
			服务性工作人员	占就业人口总数比例	国家机关企事业单位人员	占就业人口总数比例	工业交通工人和其他劳动者	占就业人口总数比例
1978	214642	104316	156	0.15	855	0.82	824	0.79
1982	231842	115210	408	0.4	1568	1.4	1787	1.6
1990	263625	184564	1070	0.58	3175	1.72	9007	4.88
2000	297442	204640	1514	0.74	4113	2.01	15921	7.78
2010	346641	238281	2145	0.9	6791	2.85	19539	8.2

第三节 人口控制

一、机构设置

20 世纪 70 年代中期，为加强人口管控，三都专门设立县计划生育办公室（简称“计划办”），设主任 1 名，副主任 2 名，办事员若干名，负责全县计划生育宣传、发动等工作，隶属县人民政府，为科级职能部门。1978 年 3 月，县计划生育办公室更名为县计划生育委员会，划归县委管辖。1982 年组建县计划生育服务站，隶属县计划生育委员会，为股级事业单位，负责指导和开展全县计划生育手术工作。1988 年，县计划生育委员会更名为县计划生育局，列为县政府职能部门，内设机构有办公室和综合业务股。2004 年 9 月，县计划生育局更名为县人口和计划生育局，内设机构有办公室和业务股，下属股级事业单位设有计划生育服务站、药具站、计划生育协会办公室、流动人口管理办公室。2012 年 4 月县属机构改革，县人口和计划生育局内设办公室（含财务室）、发展规划与信息股、政策法规宣传信访股、奖励扶助股 4 个机构，下属事业单位有县人口和计划生育执法督查大队（副科级）、县流动人口管理办公室、县人口和计划生育科学技术站、县综合治理出生人口性别比办公室、县人口和计划生育服务中心、县计划生育避孕药具管理站。县计划生育协会升格为县委管理的正科级群团组织，不再作为县人口和计划生育局下属股级事业单位。

二、宣传教育

三都在开展计划生育工作之初，没有专职的计生干部，公社干部人人都是宣传员，从公社干部到生产大队，再到生产小队，逢会必讲计划生育，大造声势，在群众的印象中好像是国家又开始实行某一轮新的政治运动，当时群众心里还是一片混沌。1976 年成立“计划办”后，人员逐渐向公社延伸，区公所、公社开始陆续配备 1~2 名计生工作员，按那时的说法叫做“计生宣传员”，负责协助做好中央、省、州、县关于计划生育工作政策的宣传等工作，群众思想工作的宣传发动主要靠各种会议贯彻落实来完成。

1980 年，中共中央发布《关于控制我国人口增长问题致全体共产党员、共青团员的公开信》后，三都计划生育工作才有实质性进展。1982 年 2 月，全面启动大型的计划生育宣传活动，州直部门派员负责城区的宣传，县直部门负责农村的宣传，共出动宣传车 5 辆，宣传形式有发宣传资料、发避孕药具、开展咨询服务等。1983 年 1 月，开展（全国）计划生育宣传月活动，县属宣传、卫生、工会、青年团、妇联等 14 个单位组织 260 余人的宣传队伍，到各区、公社宣传计划生育。同时，县委、县人民政府先后出台计划生育有关文件精神，明确相关的奖惩措施，此后，群众感觉到计划生育政策变得硬了。当时计生宣传有“一胎上环二胎结扎，三孩四孩又扎又罚”“普及一胎、控制二胎、消灭三胎”等标语口号。

计划生育工作主要经历了三个阶段。一是“降低生育水平，严格控制人口增长”阶段，这是 20 世纪 70 年代初到 90 年代中期，这段时间的宣传以行政手段为主，比较强硬，后来流传的不良标语大多是这个阶段出现的。二是“稳定低生育水平”阶段，20 世纪 90 年代中期到 2005 年约 10 年的时间，这个阶段宣传工作在逐渐转型，像“计划生育有法可依，违法必究”这样的口号，表明工作已逐步向法制化迈进。三是“稳定低生育水平，统筹解决人口问题，促进人的全面发展”阶段，从 2006 年开始，这个阶段的宣传工作以《中共中央国务院关于全面加强人口和计划生育工作统筹解决人口问题的决定》为标准，要求标语做到科学、准确、适度。比如“地球妈妈太累了，再也擎不起太多的孩子”等标语。

三都作为全国唯一的水族自治县，群众生育条件相对宽松，但是群众生育观念非常落后，“多子多福”的思想依然存在。对此，三都加大工作力度，投入大量的人力、物力、财力强化计划生育宣传教育工作。一是通过召开例会、婚前培训班、开展“婚育新风进万家”活动和“关爱女孩行动”、文艺会演、黑板报等各种形式，围绕生育、节育、不育开展有关的避孕节育、优生优育、生殖保健等知识的宣传。二是印制计划生育政策法律法规应知应会等宣传册、小册页发放给育龄群众。三是利用赶集日和节假日下乡开展计划生育“三下乡”宣传活动。四是利用三都电视台对计划生育工作相关政策和知识每晚进行滚动播出，同时在《黔南日报》《贵州人口报》《贵州民族报》《中国人口报》《人口视野》等报刊对三都人口计生工作进行宣传报道。五是在公路沿线及各村民小组墙上书写固定的宣传标语、制作图文并茂的宣传画。六是从2006年至2013年，每年投入30余万元制作巨幅宣传画和大型的人口计生广告宣传牌，对人口计生工作开展立体式宣传。截至2013年年底，全县随处可见计生题材的瓷砖墙画、人口漫画、墙标、杆标、巨幅宣传画、喷绘。“关爱女孩就是关注民族的未来”“优生优育优教，利国利民利家”等计划生育标语口号作为一种特殊的文体和广告文化，成为城乡一道别样的风景线。

同时在人口和计划生育工作宣传力度上做到“四个融入”。一是把宣传教育融入农村精神文明建设之中。通过开展建设文明村、星级文明户、文明家庭，评选“好婆婆”“好媳妇”等活动，引导群众逐步树立文明进步的婚育观念。二是把宣传教育融入生殖健康系列服务之中。通过广泛开展优生优育咨询、妇科病查治、孕期保健等系列服务，使广大群众既掌握了相关知识，又享受到优质的生殖健康服务。三是把宣传教育融入群众脱贫致富奔小康之中。通过开展以帮贫扶困为主题的“少生快富”活动，帮助群众解决生产生活中的实际困难和问题。四是把宣传教育融入社会保障和优先优惠政策的落实之中。通过兑现计划生育奖励优惠政策等，使实行计划生育的家庭真正感受到党和政府的温暖。

三、人口管理

常住人口管理　1975年至2013年，三都人口计生管理分为五个阶段。

1975年至1980年是计划生育工作起步阶段。1972年至1975年，贵州省有选择性局部性地开展计划生育试点。三都作为少数民族自治县，当时的生育政策还是相对宽松的，人口出生率高达40.8‰左右。面对人口快速增长的形势，贵州省委于1975年8月作出了《关于全面迅速开展计划生育的决定》。当年，三都设立计划生育行政管理机构，计划生育政策从实行“晚、稀、少”，发展到“提倡一对夫妇生育最好一个，最多两个”，计生专职干部配备从县以上延伸到人民公社，强调大造舆论，做好细节上的思想工作，保证手术质量，搞好妇幼保健工作等。

1981年至1990年是全面推行计划生育阶段。1980年，中共中央发布《关于控制我国人口增长问题致全体共产党员、共青团员的公开信》。1982年，修改后的《中华人民共和国宪法》把计划生育列为基本国策。在总结第一阶段计划生育取得成绩的基础上，三都针对一些区、公社开展计划生育工作存在的问题，尤其是针对当时领导挂帅不出征、宣传教育不到位、缺乏基层基础建设等方面问题，先后出台了《关于加强计划生育工作的意见》《关于计划生育工作意见的补充规定》等文件，提出“搞好计划生育，首先要做深入细致的思想政治工作，以提高广大干部和群众实行计划生育的自觉性为前提，同时也要有一定的经济政策和行政措施”。此后，对积极响应号召，实行计划生育的单位和个人，给予支持和照顾。凡做绝育手术的，都有营养补助费。干部、职工的营养补助费凭医疗单位证明由夫妻所在单位各发一半；一方无工作单位的，由有工作单位的一方所在单位全部发给；夫妇双方都没有工作单位的，由地方民族经费拨给县计划生育办公室发给。具体发放金额是：一胎结扎的50元，二胎结扎的40元，三胎结扎的30元。对作结扎手术的干部可给其配偶护理假7天，是农民的工分照记。对拒不执行计划生育和不实行晚婚晚育的干部职工、党团员要进行批评教育；单位职工计划外怀孕，扣发夫妻双方工资各30%，采取补救措施后退还给本人，情节严重的要记过、降级、降薪以及纪律处分，是居民户口的转为农业户口并下放到农村劳动；双方是农民的超生子女不分给责任田、不划给山林和自留地，划给了的要收回。1980年至1985年，全县少生6200多人，人口自增率由1980年的18.42‰下降到1985年的10‰；全县有15621对已婚育龄夫妇落实了各种计划生育手术，有203对夫妇办理独生子女证。

1991年至2000年是计划生育艰难阶段。这个阶段正值第三次人口生育高峰的上升期（20世纪60年代生的人已陆续进入婚育期），已婚育龄妇女比第二个历史阶段持续递增，尤其是多孩出生居高不下。为此，三都把“控制人口数量，提高人口素质”放在实施可持续发展战略的首位。1991年起，主要按照《中共贵州省委贵州省人民政府关于贯彻执行〈中共中央国务院关于加强计划生育工作严格控制人口增长的决定〉的通知》文件精神抓好计划生育工作。一是把党政一把手亲自抓、负总责的要求放在重要的位置，成立党政一把手为正副组长的人口与计划生育领导小组，层层落实目标管理责任制，制定考核、评估办法，强调“一票否决”，为人口控制提供强有力的组织保证。同时，逐级签订人口计划生育目标责任书。二是开展创建“合格村”活动。三是推行以扶贫开发与计划生育相结合为重点的“三结合”工作。四是充实计生行政管理队伍，技术服务队伍和计生协会会员等工作队伍。

2000年至2005年是计生工作的发展阶段。2000年，根据《中共中央关于加强人口与计划生育工作稳定低生育水平的决定》以及同年7月召开的省委八届五次全会专题研究人口计生工作作出的《中共贵州省委关于加强人口与计划生育工作严格控制人口过快增长的决定》精神。三都提出了“抓计划生育工作就是抓扶贫工作”的发展思路，并确立了“三年打基础、五年上台阶”的总体目标，以超常规措施推进后进转化。2001年，向银行贷款100万元新建和扩建全县21个乡镇计生服务站。2004年，全县铺开实施创建省级优质服务合格县工作。投入378万元为县乡计生服务站配备医疗器械和设备，并从卫生系统和大中专应届毕业生中招考录用35名相关技术人员充实到计生技术干部队伍之中。同年，建立养老奖励扶助机制，解决了计生养老扶助奖励基金，解决了农村独生子女户、二女结扎户的后顾之忧。当年，共奖励农村计生“两户”172户，兑现养老扶助资金11.9万元，养老扶助金按月兑现，夫妻双方凡年满60周岁，每月各领到60元的养老扶助金。2005年，是继续巩固创建省级优质服务合格县，三都没有跨进创建优质服务先进县行列。当年，按照创建优质服务合格县的标准，投入资金200万元，新建和改扩建乡镇计生站房，并按照“四优一满意”的标准，绿化、美化、装修全县各乡镇计生服务站，为创优工作顺利开展提供必要条件。同时，把推行村（居）民自治和严格依法行政作为工作重要内容，按照《中华人民共和国人口与计划生育法》《贵州省计划生育条例》等法律法规的有关规定，指导各村（居）在巩固“村为主”的基础上，进一步健全完善村（居）计划生育章程、公约、合同等，稳步推行计划生育村（居）民自治，全面推行计划生育合同制管理。2005年9月，全州新机制工作现场会在三都县城召开。

2006年以后是计划生育人口管理阶段。2006年，三都人口计生工作按照“抓人口计生工作就是抓扶贫开发、就是抓经济发展”的工作理念，以“四优先”（会议优先召开、人口计生工作困难优先解决、人员优先配备、人口计生干部优先提拔）为着力点，以争创优质服务合格县为目标，坚持改革创新，确立了追赶型和跨越式发展思路。采取的措施：一是投入经费，强化计生基础设施建设，2006年共投入县、乡、村计生服务站（室）业务用房和设备配置等基础设施建设资金1510.7万元，用在新建三合镇等11个乡镇和改、扩建都江镇等10个乡镇计生服务站业务用房以及村级服务室建设，全县计划生育服务站房面积由2350平方米增加到10770平方米，平均每个乡镇计生服务站业务用房建筑面积达512平方米，新、改、扩建村级服务室205个，占全县总村（居）数的74%，并挤出资金226万元，配齐各种急需的服务设备和手术器械。二是队伍建设，针对人口计生干部缺编状况，2006年从卫生部门选调35名业务骨干充实计生服务队伍，并整合计卫资源，聘用乡镇卫生院具有执业资格的医师17人到乡镇计生站协助工作，同时从大中专毕业生中通过竞争上岗择优录用等形式充实到计生技术队伍。三是技术人员的业务培训，选派县站2名技术人员到福泉参加省专家开办的不育不孕症和妇科病的诊疗技术培训，选派1名技术人员参加省计生委举办的出生缺陷干预技术培训，同时组织乡镇计生站人员轮流到县站进行跟班学习，通过学习培训，全县21个乡镇计生站都能独立开展“四术”。2006年1月13日，全县在大河镇举行农村放弃政策内二孩生育奖励首发仪式，对43户放弃政策内二孩生育家庭按独生子女是女孩的奖励4000元、独生子女是男孩的奖励2000元的标准进行奖励。2007年，人口统计数据显示，三都出生人口性别比失衡，当年上半年达130.1，比全州平均水平高出4.1，是全省重点治理的21个县（市）之一。同年，针对全县计生干部严重缺额和计生干部队伍现状，为激发计生干部干事创业工作激情，全县采取计生办负责人实行竞争上岗，产生了新一轮的计生办主任，有9个乡镇计生办主任在原乡镇任职，有5个乡镇计生办工作员进入计生办主任岗位，有1个计生办主任作了交流任用，有4个村主任助理提拔进入计生办主任岗位，当年计生干部人事变动较大。2008年是全州最后一个创建省级计划生育优质服务合格县之年，也是人口计划和其他专项工作夯实基础提升水平之年。面对人口计生工作基础不牢、技术人员缺编、设备老化等一系列问题，投入250多万元建成县计生服务站综合大楼。在当年的省级检查验收中得到省州领导、专家的高度认可，在州级考核检查验收中，创优指标分值排在全州12个县（市）前列。圆满完成州委、州政府下达的人口控制计划和计划生育各项任务，在全州年度综合目标考核中，党政线排位第6名，获一等奖，计生线排位第4名，获一等奖，扭转了三都长期以来在全州排位靠后挂末的局面。2009年至2010年，共投入资金370万元，新建九阡、廷牌、都江、合江、周覃和改扩建普安、中和、水龙等乡镇计生服务站，新、改扩建面积由原来的10770平方米增加到13860平方米，平均每乡镇计生站业务用房达660平方米以上。同时，给县站和部分中心站添置彩色B超、液基细胞学检查系统、全自动生化分析仪、血细胞分析仪及血凝仪等设备，更新了部分乡镇站B超。在创建优质服务合格县的基础上，当年全县创建省级优质服务先进县顺利通过验收。根据省、州要求，每年要不定期地开展一次人口和计划生育岗位大练兵比武活动。2010年3月4日，全县选出3名优秀选手参加州级科技大练兵比武活动，荣获一等奖，并于4月10日代表黔南州到贵阳参加省级科技大练兵比武活动，荣获三等奖。经过层层筛选，中和镇计生办干部阙森脱颖而出，代表贵州省到北京参加全国《流动人口计划生育工作条例》知识竞赛，贵州获得团体三等奖。2011年，省委、省政府出台《关于加强人口和计划生育工作确保“双降”目标的实施意见》后，改变了以往考核方式、考核指标，提出全省考核指标以出生率、自增率“双降”为主，由于三都是少数民族自治县，全县96%以上人口为少数民族，按照《贵州省人口与计划生育条例》规定，全县农村96%以上家庭均可生育二孩，在全省一刀切的考核方式下，三都人口出生率、自增率、一孩妇女比、多孩妇女比等指标均高于全省平均水平，在2011年全省考核排名处于靠后挂末位置，根据《贵州省人口和计划生育动态考核排位实施办法》，被省委、省政府列入人口和计划生育“黄牌警告”县。2012年，三都背着“黄牌警告”县的牌子，负重前行，进一步从思想认识、工作思路、工作措施等方面深刻反思，认真查找工作不足，举全县之力，扎实打好人口计生工作翻身仗。一是深化思想认识，高度重视人口计生工作。二是强化组织领导，严格问责奖惩。三是强化队伍建设，充实人员力量，除充实计生局班子成员为一正五副外，还从乡镇抽调65名骨干并选聘50名计生协管员充实乡镇人口计生队伍，基本实现每村有一名计生干部。四是强化全员培训，提高干部素质。五是强化计生投入，确保正常运转。六是强化利益导向，促进少生优生，进一步做好农村普惠政策与计生特惠政策的加法，除在奖励扶助、少生快富、特困救助等方面实行扩面提标外，还制定了计生节育奖励、农村“两户”子女助学奖励、安居工程补助、特大疾病风险救助等制度，调动广大群众计划生育的主动性、自觉性。七是强化依法行政，抓社会抚养费征收。八是强化宣传教育，营造宣传氛围。九是强化责任目标，严格统计口径。十是强化部门职责，抓好综合治理。通过这些措施，基本扭转被动局面，在2012年全省考核中，由2011年的84位上升到80位，摘掉“黄牌警告”县牌子。

2013年，尽管摘掉“黄牌警告”县牌子，但由于各项指标质量不高，仍被省列入“重点管理”县，工作任务十分艰巨繁杂。按照“两年打基础，三年见成效”的工作要求，进一步强化工作措施，强化过程管理，全面推进人口计生“双诚信双承诺”工作，对人口计生工作实行重点管理、分类指导，通过全县上下共同努力，在2013年度省级人口主体指标考核中取得较好成绩，顺利摘掉“重点管理”县的帽子。

流动人口管理　20世纪90年代初期，三都开始大量向沿海发达地区进行劳务输出，由于流动人口的生育信息流出流入地基本没有掌握，失去监管，计划外生育现象时有发生。从1990年年初至1995年年末全县有1.5万~2.5万外出流动人口，1996年年初至2000年年末全县有3万~4.5万外出流动人口。

三都于2003年9月成立县流动人口管理办公室，为县人口计生局股级事业单位，负责流动人口管理的日常工作。但在实际工作中，流入到三都境内的流动人口并不多，1990年年初至2000年年末流入县内的流动人口有100~200人，并且主要在县城内居住，基本上能够清理、掌握并为其提供免费计生服务。2006年年底，流入到县内的流动人口突破1000人，随着县内重点工程陆续开工，流入人口逐渐增多，2007年县内流动人口2848人，2008年3456人，2009年5262人，2010年6735人。流入人口的增多，给三都流入人口管理带来空前的困难和压力。截至2013年年底，三都流入到外地的人口数达10万人左右，占县内总人口近1/3。面对这一庞大且行踪不定的特殊人群，通过流动信息平台也不能全部了解和掌握相关信息。全国流动人口管理“一盘棋”的工作机制尚未形成，流动人口管理工作难度大。

为抓好流动人口管理服务工作，三都在源头管理上为其审验和办理婚育证明，并定期开展对流动人口的清理工作。但在开展执法过程中，还存在诸多问题。一是县直各部门间的管理配合不当，职能管辖分散。如人口管理工作涉及公安、教育、计生、房管、卫生、工商等众多部门，但在实际工作中相互之间既有“各管一段”互不衔接的问题，又有“共管一段”责任不清的问题，齐抓共管、综合执法的工作合力尚未形成。二是管理机制不健全，管理模式落后。例如掌握流动人口和出租房屋信息往往滞后于人口的实际流动，一些流动人口甚至处于脱漏失管状态。三是管理工作流于形式，法制宣传力度不够。四是对出租房屋的管理仍很薄弱。例如雇用流动人口的单位和个人不明确自身的法律责任，为了自己的经济利益，对“谁管理，谁负责；谁用人，谁负责；谁留宿，谁负责”的原则置若罔闻，不如实呈报外来务工人员的底数，贪图方便，随意留用“三无”人员。五是没有及时转变对流动人口的管理观念。例如某些地方只注重对流动人员的管理，而轻视提供主动服务，没有对外来人员坚持平等化、亲情化和人性化管理。

四、生育管理

1964年至1974年，三都的计划生育只在党政机关、企事业单位中宣传，提倡节制生育。1974年6月，贵州省革命委员会批转省计划生育委员会《关于1973年计划生育情况和1974年工作意见的报告》指出，贵州省的两个自治州、八个自治县不是人口稀少的民族地区，也要开展计划生育。1975年，三都在全县城乡全面开展计划生育工作，号召“晚、稀、少”，提倡和鼓励一对夫妇只生一个孩子，并提倡使用避孕药具和药物避孕，但考虑到三都是少数民族地区，适当放宽政策。自1979年起，提倡夫妻双方是汉族和夫妻一方是汉族的，规定只许生一个孩子，经批准可以生第二个孩子，不能生第三个孩子；夫妻双方均为少数民族的，提倡一对夫妇只生一个孩子，可以生第二个孩子，经批准可以生第三个孩子，不能生第四个孩子，但必须按规定的生育间隔期限（4年零8个月）。至1990年，一直贯彻执行上述生育政策，这期间主要是抓宣传晚婚晚育和避孕节育两个重要环节。

1975 年，全面开展计划生育工作后，人口出生率和自然增长率逐年下降，节制生育取得显著效果。1975 年至 1990 年，按 1974 年 40.78‰的人口出生率计算，应生人口为 209782 人，采取各种节育措施后，实际只生 114403 人，少生 95379 人；人口自然增长按 1974 年 32.91‰的自然增长率计算，应增长人口为 169245 人，实际增长为 82143 人，少增长 87102 人。1975 年到 1990 年计划生育工作主要是采取以“四术”（结扎、上环、引产、皮埋）为主的控制计划生育手段。

20 世纪 90 年代后，正值第三次人口生育高峰的上升期，人口增长速度过快。这一段时期，通过积极探索推进计划生育“村为主”和计划生育“村（居）民自治”，以实现计划生育工作重心下移到村级，虽然工作力度加大，但收效甚微，仍然以抓“四术”为主，人口过快增长的势头没有得到有效遏制。原因是《贵州省计划生育试行条例》第七条（三）项规定，夫妻双方均为少数民族的国家工作人员、企事业单位职工、城镇居民允许生育第二个孩子，因此，20 世纪 90 年代，全县非农业人口家庭普遍生育二孩，农业人口也普遍生育三孩、四孩甚至多孩。1998 年 7 月 24 日省第九届人民代表大会常务委员会第三次会议通过《贵州省计划生育条例》，取消此项规定，由于当时生育证发放制度是当年 4 月 1 日以后发放次年度的生育证，因此，1998 年度、1999 年度的生育证已基本发放结束。为此，在 1998 年 7 月 24 日前，已严格按照生育程序发放了二孩计划生育证，并在 1999 年 12 月内生育的，视为计划内二孩，自 1998 年 7 月 27 日以后一律停止发放和更换上述人员的二孩计划生育证。

1999 年 12 月 30 日，是人口和计划生育工作的一个分水岭。之前，夫妻双方均为少数民族的国家工作人员、企事业单位职工、城镇居民允许生育第二个孩子。之后，《条例》第三十九条（一）项规定：国家工作人员、企事业单位职工计划外生育的，予以开除，并征收计划外生育费。2000 年 1 月 1 日以后，就明确规定国家工作人员、企事业单位职工只能生育一个孩子，生育第二个孩子就视为计划外生育，除开除公职外，还要对其征收计划外生育费。据统计，在计划生育政策调整的 1999 年，全县年内新增 5000 多个新生人口，其中就有 1/10 的新生人口在实施剖宫产中提前降生。2000 年以后，计划生育工作严格按照黔府发〔1998〕36 号文件执行。这一期间，继续实行“一胎上环、二胎结扎、超怀补救”的政策，注重把结扎的起点放在二胎，推动计划生育工作的深入开展。但当时计划生育工作还存在很多问题，一是工作发展不平衡，后进面比较大，多胎率较高；二是动员二胎结扎的局面尚未完全打开；三是有的党员、团员、干部、职工，特别是领导干部超生，在群众中带来很坏影响；四是很多乡镇基础工作还很薄弱，计划生育工作松懈、放任现象还没有得到纠正；五是部分领导面对生育高峰的形势，思想认识和工作措施还跟不上，政策观念、人口计划观念、人均占有观念还很淡漠；六是一些农村早婚、早育、非婚生育现象比较普遍，严重影响人口计划的实现；七是流动人口的计划生育工作抓得不力。

1978 年至 2013 年，全县施行计划生育手术 87605 例，平均每年 2503 例。男性结扎 37142 例，平均每年 1061 例；女性结扎 43273 例，平均每年 1236 例；上环 84168 例，平均每年 2405 例。领取独生子女证的夫妇 2746 对，其中城镇 1263 对、农村 1483 对。自实行计划生育以后，全县人口自然增长率逐年下降，1975 年为 30.36‰，1982 年为 21.95‰，1990 年为 10.9‰，2000 年为 12.47‰，2010 年为 7.77‰，2013 年为 5.64‰。

五、技术服务

1982 年，组建县级计划生育服务站以后，全县计生技术服务人员严重缺乏缺编，各乡镇虽然设有计生服务站工作机构，但是基本上没有计生技术人员，有的大乡镇仅有 1~2 名技术人员，但没有一名技术人员能够独立开展计生绝育手术。1992 年，三都卫生学校开设计生医士班，要求每个乡镇推荐 1~2 名计生工作人员到该班进修学习，时间 3 年。1995 年，这批人员学习结束后充实到乡镇计生服务站作为技术人员使用，至此，各乡镇计生服务站才基本上有了工作人员。从三都卫校毕业的这批计生技术人员只能为广大育龄群众开展一些简单的手术服务，面对各种男、女扎术，对这批技术人员来说还是一个难题。为推动工作顺利开展，县站几名业务骨干人员只有实行包片蹲点，亲自到各乡镇开展计划生育男、女扎术，并对乡镇计生技术人员进行传、帮、带，面对简易的手术设备和黑暗、潮湿的手术室，各位技术人员不仅胆大心细地施术，而且一天实施十几台手术后，还要用柴火对一些手术器械及时进行消毒。当时计生办公设施十分拥挤和简陋，对于受术者来说更为糟糕，受术后，或在条件简陋的计生休息室，或在会议室打起地铺坐等康复。

技术队伍建设　1982 年，开始组建乡镇计生站时，乡镇计生站基本上都是 1 人站，县技术人员和具有执业资格的人员更少，不能满足计划生育工作需要。针对人口计生干部缺编状况，2006 年从卫生部门选调 35 名业务骨干充实计生服务队伍，并整合计卫资源，聘用乡镇卫生院具有执业资格的医师 17 名到乡镇计生站协助工作，同时从大中专毕业生中通过竞争上岗择优录用等形式，充实计生技术队伍。截至 2013 年，全县共有技术服务人员 124 名，其中主治医师 16 名、执业医师 23 名、助理执业医师 18 名、护师 4 名、护士 27 名、检验师 4 名、药剂师 1 名。

服务阵地建设　为改善拥挤的计生办公条件，2001 年，向银行贷款 100 万元新建和扩建全县 21 个乡镇计生服务站。此后，每年都增加资金投入，至 2013 年共投入资金 1510.7 万元用于新建三合镇等 11 个乡镇和改扩建都江镇等 10 个乡镇计生服务站业务用房以及村级服务室建设，全县计划生育服务站房面积由原来的 2350 平方米增加到 13860 平方米，平均每个乡镇计生服务站业务用房建筑面积达 660 平方米。新、改、扩建村级服务室 205 个，占全县总村（居）数的 74%，并全部按照“四优一满意”的标准，绿化、美化、装修各乡镇计生服务站。

手术器械配备　为创建省级优质服务“合格县”“先进县”，同时为创建“国优”打下基础，从 2008 年起，先后投入 1000 多万元购置彩色 B 超、液基细胞学检查系统、血细胞分析仪、血凝仪、化学发光免疫分析仪、全自动生化分析仪、五分类血细胞分析仪、三分类血细胞分析仪、尿液分析仪、光电一体数码阴道镜、利普刀、麻醉机、单孔腹腔镜配套器械及电脑等设备配置到县站和乡镇站，并对县服务站进行科室内部升级改造，对都江站、九阡站及廷牌站等 7 个中心服务站进行新建和扩建，对县站和 21 个乡镇站进行玛丽斯特普服务模式装修改建。

业务能力拓展　为提升全县人口和计划生育工作人员业务素质，并针对计生技术人员执医和执助人员偏少的情况，通过“请进来”和“走出去”的方式加强业务培训。“请进来”即是请省、州专家到三都进行相关技术和理论培训，“走出去”即是选派县站技术人员参加省专家开办的不育不孕症和妇科病的诊疗技术及出生缺陷干预等技术培训，同时组织乡镇计生站人员轮流到县站进行跟班学习，不定期地组织全县计生干部开展人口和计划生育岗位大练兵比武活动。通过多种学习培训，2006 年后，全县 21 个乡镇站已经独立开展“四术”业务。截至 2013 年，县站能够独立开展不育不孕症诊治、男女扎吻合术、腹腔镜女扎术、宫颈疾病筛查以及用 TCT 和光电一体阴道镜为已婚育龄妇女开展妇科病检查。

优质服务管理　各乡镇计生服务站按“四优一满意”标准，全面推行玛丽斯特普服务模式，把规范管理作为提升服务水平，提供优质服务的关键环节。一是按国家人口计划生育技术服务机构建设标准和形象规范要求，统一使用医疗文书、工作服等，按照玛丽斯特普服务模式开展工作，方便对象就诊，提高服务效率。二是对全县技术服务机构进行验证，对技术服务人员进行资格评审。截至 2013 年，全县 21 个人口计生技术服务机构均取得计划生育服务机构执业许可证，其中县站和三合、大河、普安、都江、中和、周覃、九阡 7 个中心乡镇站取得了医疗机构执业许可证，79 名技术服务人员取得了计划生育技术服务合格证。三是建立计划生育和医疗事故防范预案领导小组，县站建立了 ISO 质量管理体系，严格执行《计划生育医疗质量管理标准诊疗常规、护理常规》及《计划生育优质技术服务工作规范》，强化无菌管理，建立健全人员设施、服务过程、文书档案等质量管理制度。四是全面推进药具标准化建设工作，加强县乡人流量大的宾馆等场所增设避免药具自取点的管理，保证避孕药具的供应，药具宣传和发放得到进一步强化。五是加强县站检验室质控管理。在建立室内质控管理体系的同时，积极按照省级要求做好开展室间质控的相关工作准备。六是进一步完善县乡两级出生缺陷干预和国家免费孕前优生健康检查工作，对育龄群众，特别是新婚夫妇进行优生优育基础知识的宣传、咨询培训。

第三篇　民族与信仰

三都是全国唯一的水族自治县，全县世居的少数民族有水族、布依族、苗族、侗族、瑶族等。

境内水族和布依族、苗族等民族大多聚族而居，住房多以干栏式木质结构楼房为主，总体居住格局为：水族多居住在山脚，苗族多居住在山顶或半山腰，布依族多居住在平坝地带。县域内各少数民族都有自己的语言，有独特的服饰，有独特的婚姻、丧葬习俗，都敬仰祖先和多神崇拜。信仰多神，还处于祖先崇拜和万物有灵的原始信仰阶段，神权观念在人们的意识中占有相当重要的地位。虽心中有神，但都没有造型塑像以及建立庙宇等，宗教形态尚处于较原始的阶段。凡生死、疾病、灾荒、吉凶、祸福、求子、求财等都要敬神，请鬼师、巫婆占卜念经，杀牲祭鬼。鬼师和巫婆都是不脱产的农民，在社会上没有什么特权，但在群众中有较高的威信。清朝末年，天主教、基督教传入三都水族地区，曾在九阡、恒丰、牛场等地设立教堂，但信教的人很少。

第一章　民族风情

第一节　民族结构

三都是一个以水族为主体的多民族自治县，境内杂居布依族、苗族、汉族、侗族、瑶族、彝族、壮族、回族、拉祜族、土家族、仡佬族、满族、毛南族、黎族、畲族、蒙古族、傣族、高山族、藏族共20个民族。2013年，全县总人口35.97万人，其中少数民族人口34.9万人，占总人口的97.03%。在少数民族人口中，水族22.21万人，占总人口的61.75%；布依族6.04万人，占总人口的16.33%；苗族4.98万人，占总人口的13.47%；侗族、瑶族、彝族、壮族、回族、仡佬族、土家族、满族等民族3621人，约占总人口的1%。

水族　主要分布在三合、合江、都江、中和、九阡、廷牌、坝街、三洞、水龙、塘州、恒丰、扬拱等乡镇。全县所有乡镇都或多或少有水族聚居的村寨，其中中和、廷牌、三洞、水龙、塘州、扬拱等乡镇的水族人口占该乡镇总人口99%以上。水族多居丘陵和高山台地地带，主要从事农业，种植水稻、玉米等粮食作物和黄豆、棉花、辣椒等经济作物。

布依族　主要分布在三合、丰乐、周覃、合江、大河等乡镇。多居田地广阔的坝子，土层深厚，土壤肥沃，灌溉条件优越，是农业生产的重要基地。

苗族　主要分布在三合、普安、都江、交梨、拉揽、打鱼、羊福、巫不等乡镇。大多居住在高山深谷地带，具有发展农林牧的优厚条件。

侗族、瑶族　主要居住在与榕江县接壤的巫不乡，其中瑶族主要聚居在尧排村尧排组及尧帅组；侗族主要聚居在高尧村九内组、中寨组、排内组，主要从事农业生产。

汉族　主要居住在都柳江沿岸的三合镇和合江镇，也有少数散居在乡村附近。一般从事农业生产，也有少数从事手工业、经营商业。

其他在三都的少数民族均为婚姻、工作或特殊移民迁入，没有形成村落。

第二节　民族来源与分布

水族　水族的起源和迁徙没有确切的文献记载，长期以来，学术界一直争论不休，目前比较一致的看法是：水族发祥于中原睢水流域及豕韦一带。殷商灭亡后流徙南迁，经湖北、湖南到广西一带，融入古代百越族群中。秦统一六国后，发兵攻打岭南，水族先民举族溯流向北进行了历史上第二次大规模的迁徙。到龙江、都柳江上游的黔桂交界地之后，有相对稳定的社会环境。后从百越族群中的骆越一支发展而形成单一民族。水族自称“睢”（suī），属于睢水或“睢河”“睢溪”养育水族人民的共同体“睢”。《明史·河渠志上》记载：“使河流入汴，汴入睢，睢入泗，泗入淮达海。”历史上曾被统称为“百越”“苗”“蛮”等。唐朝建立后，在水族地区设置抚水州，到清代中叶过后才改称为“水家苗”“水家”。中华人民共和国成立后，国务院征求有关水族人士的意见，于 1956 年确定族称为“水族”。水族之“水”是汉语译音，与“水”的本义没有直接联系。水族主要分布在龙江（樟江）上游一带，在三都水族自治县的各个乡镇均有水族居民，特别是县境南部为连片聚居区。

布依族　布依族来源可上溯至古代殷商时期的古越人，在历史上由于居住地域以及文化方面的差异，形成种姓繁多的“百越”体系，布依族就是从百越族群中骆越一支发展形成的单一民族。是长期生息繁衍于本地的民族之一。布依族自称为“布依”，“布”是汉语译音，在族称里是“人”“族”或“民族”的意思，“依”也是汉语译音，是布依族对自己的称谓。过去对布依族的称谓译写紊乱，元、明、清至民国时称“仲家”“仲蛮”“布蛮”“夷蛮”“夷家”“夷族”，三都一带称“本地”。1953 年 11 月，中央人民政府根据民族识别及本民族的意愿，统称“布依族”。布依族大多分布在地势平坦的田坝和河谷地区，主要聚居在周覃、九阡、丰乐、合江、大河、普安、三合等乡镇。在民族融合中，民族习俗相互影响和吸收，三合、大河、丰乐、普安一带习俗已与汉族无异，周覃、九阡一带仍保留有布依族语言和风俗。

苗族　根据民间流传的古歌得知，三都的苗族是从江西大帽山、横峰、广丰一带迁徙过来的。为了躲避战争和免受统治者的迫害，大多居住于高山峡谷地带，主要聚居在普安、交梨、三合、拉揽、羊福、都江、打鱼、坝街等乡镇。三都苗族共有三大支系，一支由丹寨排调一带迁至交梨、阳东一带；一支定居于都江、羊福千家寨一带；一支定居于三合排正及高硐、羊查一带。各地苗族服饰颜色有差异，都江苗族衣尚青色，普安、三合地区及都江、盖赖的苗族妇女喜穿蜡染花衣。

第三节　水族风情

一、风俗习惯

水族村寨多坐落在低丘谷地或平坝边缘，依山傍水，周围竹树环绕，房屋纵横交错，道路迂回曲折，鱼塘触目皆是，多聚族而居，一个村寨十几户、几十户，多则百余户，而且同血缘村寨毗连，数姓杂居极少。

水族房屋多为三间或五间木质结构楼房，两头重檐倒水，为干栏式建筑样式。房屋的正面围有栏杆，屋顶作歇山式，二檐滴水，盖小青瓦。一般为4排3间或6排5间。楼房多为一楼一底或分有上中下3层，楼下为牲畜圈或农具间，楼上为日常生活场所。二楼堂屋中设有神龛、火塘，两头为卧室，顶楼设置粮仓及未婚儿女的卧室。楼梯设于房屋一端或正中，房子当阳一面搭晒台作晒谷物或休息用。水族因地制宜、顺山势而建的吊脚楼房，屋基大致分前后两级，前低后高，房屋靠山的一面是平屋，前半部柱长，伸至一级屋基，是为前半部的楼下一层，上铺楼板，成为半边楼，同后半部的地基一样高。楼上及后半部平房住人。后半部多作厨房和餐厅、磨坊、舂碓之用，前半部正间作客厅，两头为卧室。前面底楼作豢养牲畜和存放农具之用。有的在正房前两侧修建吊脚厢房，走廊相通。支承挑檐，高低参差，纵横相应，结构牢固，造型美观。也有盖木架砖墙、泥墙的三合院、四合院的平房或楼房。20世纪80年代后，水族村寨开始出现钢筋混凝土结构的楼房。

水族饮食以大米饭为主，清中叶以前以糯米为主食。此后，黏稻种植逐步推广，黏米逐渐成为主食，辅以苞谷、大麦、小麦、小米、红稗、高粱、荞子、饭豆、红薯等杂粮。蔬菜以青菜、白菜、韭菜、广菜、萝卜、胡萝卜、黄瓜、南瓜及豆类等最为普遍，山上野菜如蕨菜、椿芽、竹笋、眼泪菜、青刺尖、野蒿菜、刺脑包尖等也为人们所喜爱。辣椒、番茄、葱蒜为烹调的主要作料。肉食以猪、牛肉为主，鸡、鸭、鱼为节日或待客必备的佳肴，鲤鱼为祭典必不可少的供品。此外，多数人也喜爱吃狗肉，但逢婚丧盛典和节日不准狗肉入席。水族男子喜烟酒，亲友往来，必须烟酒招待，有“酒重于肉，烟重于菜”的习惯。过去，多吸自种的叶子烟，后来，吸机制卷烟较为普遍。喝茶以自产的苦丁茶和青茶为主。饮酒多是家酿酒，从制曲到酿酒工艺，几乎每个家庭主妇都能掌握。酒有白酒、甜酒两大类，其中以九阡地区所产的甜糯米酒为上品。九阡酒都要窖藏，窖的时间越长越佳。上等的九阡酒色泽棕黄，状若稀释的蜂蜜，晶莹透亮，清甜可口，适量饮用能助兴提神，舒筋活血，是远近闻名的传统特产。毛泽东主席喝九阡酒时曾说过：“好香、好甜、好酒！”

水族饮食喜酸、辣。酸有毛辣（西红柿、番茄）酸、辣糟酸、酸菜、酸肉等。毛辣酸一般用鲜番茄洗净入坛，加适量的盐或盐水，密封发酵变酸后取食。另外，有将番茄煮熟捣烂放入坛内，加上酒醋或米汤，待酸后取来煮菜吃。辣糟酸主要用鲜红辣椒做原料，剁（磨）碎后用甜酒姜泥食盐等拌和入坛腌制。还有用淘米水制作的坛酸（醋酸）。毛辣酸、辣糟酸、坛酸都被视为净酸（不含油），作为日常煮酸汤菜和在过端节或者是遇上丧事时吃素之用。此外，还有少部分水族群众喜欢制作和食用骨头酸（将猪或牛骨头煮熟后连汤带骨入坛腌制），这或许是受布依族群众的影响。吃酸汤时，必须配备用辣椒面或生辣椒切碎作的盐蘸，酸辣爽口，极好送饭。酸菜，又叫腌菜，多以青菜、嫩竹笋、鲜蕨菜做原料，用泡好的糯米或小米及适量米酒拌和装入坛内，密闭，数旬后即可取食，鲜酸可口。酸肉，又叫腌肉，宰猪、杀牛后将猪头、猪脚、牛筋炖熟，以及煮熟的大块猪肉或牛肉放进酸坛，注入酸水加盖密闭贮藏，随时取食。腌肉一般比较珍贵，往往要在端节、卯节或亲朋好友来访才拿来品尝。

鱼包韭菜是节日的特色菜，它的制作方法是：取半斤左右的鲤鱼或草鱼，沿鱼脊梁剖开，除去内脏，抹上好酒，并配以葱、蒜、姜泥及糟辣等作料，再将大叶韭菜、广菜填塞鱼腹，用糯米草将鱼紧紧绑扎起来，上甑清蒸或入锅炖煮10个小时左右。鱼腹内作料的香味均渗入鱼肉，蒸得鱼骨酥肉软，就成了水族一道美味特色的佳肴。绝佳的鱼包韭菜制作方法是将绑扎好的鱼和韭菜装入小瓮，加少许上等米酒，瓮口密封严实后上特制的大甑隔水蒸三天两夜（约48个小时）。这种鱼包韭菜因为耗时费力，成本极大，1949年以前大富人家经常制作，此后，这种方法制作的鱼包韭菜基本绝迹，制作方法也接近失传。

水族饮食平日较为简朴，实行联产承包责任制以前，以酸汤菜和大米饭为主，春荒和冬季掺以麦子、苞谷等杂粮；实行联产承包责任制以后，大多数时候都可以有大米饭吃，杂交水稻推广以后，家家户户不但有大米饭吃，而且部分农户已经小有余粮出售。造饭多用木甑蒸，少数地区仍沿用鼎罐焖饭，20 世纪 90 年代以后逐渐普及高压锅和电饭锅。切菜喜用剪刀。年节或客人来访，饭菜比较丰富，多用糯米饭、酒、豆腐、猪牛肉或鸡、鸭招待，杀小猪和席间开塘进活鱼是水族招待客人的最高礼仪。饮食用碗筷，世代沿袭。唯吃糯米饭，以手捏食为方便。故宴客时，一面备碗筷，一面备手巾，客人如入乡随俗，愿用手捏糯饭，则用手巾净手，以示卫生。进餐有吃火锅的习惯，不分寒暑，常年以吃火锅菜为主。客人来了，都在堂屋正中摆上满是菜肴的弯桌，宾主围着火塘吃火锅。本支族长老及兄弟子侄也来作陪，主客相间而坐。男主人陪男客人，女主人陪女客人。如果全是男客，桌边往往就没有女主人作陪（也有例外）；如果全是女客，桌边就不会有男主人作陪。不论男女，水族人入席喝酒，在未端杯前，听到主人说“开始吧”时，大家都自觉地用筷子将盅内的酒点到桌面上，表示用餐前先敬祭祖先，然后才端杯喝酒。其他客人到水族农村家庭做客时，也都遵从此俗。酒过几巡，待到大家都有几分酒意的时候，就开始喝团团酒。主客每人用右手端门杯送给下邻（下邻用左手接杯），又用左手接住上邻递过来的酒杯，互相拉成一个圆圈，然后主人用极其高雅的说辞请一号客人先喝，被请先喝者也要推辞再三，说辞也很高雅，有的还很风趣幽默，往往是说自己不如主人或是席间的某某德高望重等等，不应该先喝，这时候，相关人员相互推让，说词的“交锋”也很精彩激烈，这也是考验宾主口才的时候，待到大家都觉得差不多了，一号客人也就“恭敬不如从命”，顺势“无奈”地在大家整齐洪亮的“哟……”声中把接过来的酒不紧不慢地喝干；接着从先喝者下邻起按座位逆时针顺序各自在山响的“哟……哟……”声中把接过来的酒喝干。门杯归回原位后，主人给客人夹菜，宾主相互让菜。大家吃菜毕，门杯又被斟满，开始喝第二轮团团酒，程序跟上一轮一样，不同的是这一轮主人请二号客人先喝，此后以此类推。待席间所有客人都先喝了一轮以后，就由主人带头，其他陪同人员可以按主次也可以按座位逆时针顺序在一轮中先喝。在比较庄重的宴席上喝团团酒，席上有多少人就至少喝多少轮，如果“规定”的轮数满了，宾主还未尽兴，主人就会找出恰当的理由将团团酒又一轮轮地继续下去，直至客人醉酒谢席。有鱼塘的人家，在喝团团酒时随即捉来一条大活鱼，将鱼切块下火锅，称“席间进活鱼”，为酒宴助兴。

水族的服饰，男子式样与布依族、苗族、侗族、汉族等民族无大差异，女子服饰则独具水族特色。清代以前，年长妇女多绾发结于顶，用青方巾包头，上穿对襟无领阔袖银扣短上衣，下套百褶裙，并在前后系上两块长条腰巾。脚穿尖钩绣花鞋，有的还扎裹腿。中年妇女大多数把长发梳成一把盘绕于顶，外包青、白布长条头巾，盛装时常绕结于顶并插上各种银饰品，脚穿翘尖绣花鞋、元宝盖鞋。水族妇女在清代是穿裙的，民国以后才易裙为裤。水族妇女的服饰，以地域为特征，大致有以下几种类型。一是分布在中和、三洞、周覃、廷牌、恒丰地区的未婚姑娘，喜用浅蓝色、绿色或灰色布作便服，有领长衫常以翠绿色的绸缎作为面料，衣身衣袖比过去收缩，较为贴身，下装靛青色长裤，衣裤的边缘不作任何装饰。胸佩绣花长围腰，围腰上端用银链挂于颈部，中部两侧系着提花飘带拖于身后，脚穿元宝盖绣花鞋，头包白色长帕，并在左额头上斜插一把长梳作头饰，显得淡雅素洁，开朗明快。已婚女子的头饰与未婚姑娘无异，但衣裤有明显区别，她们多穿“绲衣”，上衣无领，衣服袖口、坎户至衽口及裤脚，都要镶上斜面青布大绲边，外缘又镶上两条绲条，绲条外缘装饰一道底色暗雅的丝蓝牙口和水浪形栏杆花边。中年妇女不再佩戴绣花围腰而改系长方形青色腰巾，上衣以马尾绣为主，仪态端庄典雅。这类服饰分布面广，一般被公认为现代水族妇女的服饰代表。二是九阡、扬拱地区的妇女，多以纱质细匀、染工深透的青布制作清一色的上下便装，衣裤边脚不作任何花边装饰。头包青紫色毛巾，头巾由前后交叉至两侧收扎。未婚姑娘胸佩不绣花的青围腰，围腰上首的银链和中部拴系的提花飘带比较讲究。已婚妇女不再佩戴围腰，改系长方形青紫色腰巾。三是都江、拉揽、打鱼、坝街、羊福、巫不地区的妇女，衣脚幅面窄小，岔高摆圆，坎户绲布由肩部向背部呈椭圆状。花边多喜用色差显著的大万字和月季花边。头饰包白色头巾，头巾收扎于脑后。靠近榕江、雷山边界的水族妇女发式仍保留绾结于顶的传统，外包方格黑白花巾。四是丰乐、和平与都匀接壤地区的妇女服饰，喜穿右衽短上衣，拴绣花围腰不饰银链，衣裤都饰绲边、绲条和栏杆花边，头包长巾外横扎一匹白毛巾。年长妇女衣身衣袖和裤脚较肥大，服饰别具一格。五是普安、交梨、牛场等水苗杂居区的水族妇女服饰，除用长帕包头保留水族传统特征外，大襟衣服已缩短至臀部，衣襟、袖口、裤脚不镶绲布与花边，衣裤款式与当地苗族妇女便装无异。

水族的银饰品有银梳、银篦、银钗、银花、银耳环、银耳坠、银手镯、银项圈、银压领、银蝴蝶、银针线筒、银吊牌、银角、银簪、银扣、银围腰链、银戒指、银片、银泡、银玲、银佛帽等等，造型华美、工艺精巧，颇具民族特色。这些银饰品主要在结婚大典或喜庆节日才盛装佩戴。妇女一套完整的银饰品，用银可达七八斤重。

水族各地的节日不尽相同，主要以宗族血缘关系划分。重大节日有端节、卯节、苏宁喜、春节等，一般节日有清明、端午等。

水族历法与中原古代历法对比表

表 3-1

历别 \ 月份 \ 节气		寒露霜降	立冬小雪	大雪冬至	小寒大寒	立春雨水	惊蛰春分	清明谷雨	立夏小满	芒种夏至	小暑大暑	立秋处暑	白露秋分
水历	古季节	冬						春					
	月份	1	2	3	4	5	6	7	8	9	10	11	12
秦历（颛顼历）		十二	正	二	三	四	五	六	七	八	九	十	十一
周历（黄帝历）		十一	十二	正	二	三	四	五	六	七	八	九	十
殷历		十	十一	十二	正	二	三	四	五	六	七	八	九
夏历（农历）		九	十	十一	十二	正	二	三	四	五	六	七	八
月建		戌	亥	子	丑	寅	卯	辰	巳	午	未	申	酉

端节又叫瓜节，水语称“借端”，是水族地区范围最广，人数最多且历时最长的隆重年节。水族有自己的历法，每年 12 个月，以农历八月为十二月，九月为正月。从每年水历十二月的第一个亥日开始过首端，至新年二月亥日为末端，前后相隔至少 49 天，分七批过完。端节日期相当于农历八月至十月，时值大季收割、小季播种的年终岁首阶段。因此，端节是辞旧迎新、庆祝丰收、祭祀祖先和预祝来年幸福的盛大节日。据传端节原来只过一批，后因人口发展散居各地亲族难以见面，所以实行按地域分期分批过节，以便相互走访祝贺。多数地区以亥日为初一，也有部分村寨以午、未、酉、戌日为初一。县境内过第一个亥日的有丰乐镇蒙、韦、胡等姓水族居住的村寨，以及普安镇羊基中寨、亚耶寨的吴姓村民，都匀市基场乡、阳和乡的大部分村寨也过第一批端。过第二个亥日的有水龙乡拉佑，大河镇苗草，周覃新各、板东、板孟，内水东及三洞乡群力、古城韦姓村民，为第二批。过第三个亥日的有廷牌镇、恒丰乡，三洞乡板告、良村、桥村以及合江镇甲倒等村寨的韦姓，都江、坝街、甲雄与中和镇的西洋、独寨，塘州乡的安塘、丁寨、阳猛和扬拱乡韦家寨等地的韦、张、王、杨、莫、韩等姓，巫不乡怎雅，打鱼乡平甲、排尧、大坝、盖赖、巫虾、排炮等水族村寨，为第三批（其间有羊福乡排外、党虾，羊甲的韦姓过酉日；羊福乡排引、孔荣、丛木、石板等寨的韦姓，坝街乡里高、西引、羊瓮的部分杨、潘、李姓过戌日）。过午日的有塘州乡、塘赖村的潘姓，九阡上水迭、甲才村系吕，上江镇摆鸟、水坳寨的潘、杨、石姓，普安镇羊基一带的各羊、弯寨的潘姓，为第四批。过第四个亥日的有三洞乡潘姓和兰领、古城、姑奇的石姓村寨，中和、地祥等地部分村寨，都江的水族村寨，三合镇的牛场巴卯等，九阡石板寨、岜凯，扬拱兰董等地的石、杨、王、陆、韦、蒙、潘等姓，为第五批。过未日的有三合镇的龙台、三纳、行赏等村

的陆、潘、刘、王等姓，为第六批。第五个亥日有九阡镇姑成、板甲，扬拱乡水昂、水碾等地的石姓，为第七批。

端节主要活动为祭祀祖先和赛马。除夕晚餐到初一的中餐，要忌荤设素（水生动物属于素菜）以祭祀祖先，年前要打扫环境卫生，清洗用具器皿，祭品以鱼包韭菜等清蒸、清炖鱼及炕鱼为主，辅以米酒、糯饭、瓜果。设祭时往往要将铜鼓、一大把的摘糯谷穗、衣物首饰及农具作陈列品，表示托远祖洪福过上好日子，往后依旧靠劳动再去获取更大幸福。除夕晚上，有铜鼓的人家将供祭的铜鼓淋上米酒，然后悬挂在堂屋之中敲击，彻夜不停，经旬不息，村寨之间，遥相呼应，水族山寨沉浸在节日欢乐气氛之中。亥日，即大年初一早上，家庭之间相互邀请，挨家逐户去吃祝贺性的新年饭，仍吃头天供祭的鱼和豆腐，并给孩童们散发炕鱼、花生、葵花、糖果等供品。早饭后，全村长幼身穿盛装，到端坡上参加或观看跑马活动。跑马前，要在马道口设一桌便席供祭，插竹标于马道中，由族中德高望重的长者主祭，并拔去竹标骑马开道引跑，之后众骑手便纵马扬鞭，奋蹄驰骋。如果当年跑马不设奖项，那就是十里八乡马匹和骑手们自我展示的表演赛；如果政府出资或是族中集资设奖，则按预定好的规则进行比赛，活动就会更加精彩热闹。端坡上人山人海，不仅是跑马的场所，也是男女青年歌唱交际的地方。端节歌有“男骑马去相姑娘，女梳妆去看新郎”的词句。在端坡唱歌、吹芦笙、跳舞等活动，主要盛行于九阡、都江、地祥、牛场等地。端坡赛马结束，回家接待宾客，席间还喝团团酒。客人从上家被邀到下家，从东家被拉到西家，不醉不休。水族端节还有预测来年气候变化的传统经验，据说都匀套头第一个亥日过端节有雨，来年没有撒秧水；水东第二个亥日过端节有雨，来年将有撒秧水；恒丰地区第三个亥日过端有雨，来年有插秧水，否则来年干旱；第四、第五个亥日有雨，来年将烂稻草、烂冬；塘州地区午日端节有雨，来年有病虫害。历年水族逢端节多是阴雨天气。

1964 年 3 月，县第四届人民代表大会第二次会议通过《县人民委员会关于水族“端节”情况调查和今后过端建议》，决定从 1964 年起，水族人民端节统一在每年农历十一月头个亥日过，节日活动时间为 3~5 天。从此，端节活动由公开分批过，转入地下分批过。1971 年 3 月 24 日，县革命委员会召开全委会，作出“水族过端统一为国庆节”的决定，分批过端仍不允许。1980 年 8 月 27 日，县人民政府发出通知，宣布撤销水族人民统一于国庆节过端节的决定，恢复中断 16 年之久的分批过端节的传统习惯，具体落实民族政策。2004 年 11 月，三都成功举办“中国·贵州三都水族端节”，把民族节日推向新的起点。

卯节，水语称“借卯”，是九阡、扬拱地区水族人民的年节。节日选择在插秧结束之后的水历九月或十月，即农历五月或六月之间的卯日，并以辛卯日为上吉日，避开丁卯属火的凶日不过。卯节也与端节一样，按地域分四批来过，前三批分别由荔波县的水利、水尧、水浦地区过，最后一批为九阡、扬拱过。九阡的卯节范围广，水族古歌有“九阡大，吃卯殿后”的歌词。卯节以寅日为大年除夕，家家户户打扫卫生，杀猪、打豆腐、蒸糯饭、开窖酒、备鲜鱼，以丰盛的酒肉菜肴设席供祭祖宗，祈祷来年吉祥如意，并邀亲约友，宴请宾客。各村寨都取出珍藏的铜鼓来敲击，以烘托节日气氛。卯日为年初一，是节日的高潮，青年男女穿着节日盛装，三五成群，结伴去赶卯坡。卯坡活动主要是男女对歌，从午后开始，先由族中长辈致辞，然后青年男女各选对手围成小圈对歌，观众站在外围听歌，卯坡上下自然形成若干圆圈，熙熙攘攘，人山人海。女歌手们多撑伞遮阳避羞，男歌手们则互挽手臂围住对歌。一般先唱“有幸初相识，慕名来拜访”之类的序歌，接着唱比知识、比智慧的古歌，最后唱互相爱慕交友的情歌。一些未婚青年互相爱慕定情，父母少有干涉，所以有“卯节是年轻人的节日，卯坡是年轻人的媒娘，歌声是年轻人交往的桥梁”之说，又被誉为“东方情人节”。卯节除了这些活动外，有的村寨还保留有古老的祭稻田习俗，多以鱼、螺丝或酒肉作供馔。

苏宁喜节主要是敬拜送子娘娘（水语称“尼杭”），是廷牌镇、恒丰乡一带水族村民在每年水历四月，即农历十二月初三之后十五之前逢到丑日时过的节日。据传这天是送子娘娘“牙花散”给人间送子的日子。节日期间家家户户杀猪、杀鸡、打豆腐、包三角粽、蒸彩色糯米饭、染红鸡蛋并在供桌墙上贴“腊化”（用纸剪成的小人图案和裹纸须的篾条等）供祭送子娘娘，同时设宴邀亲朋好友做客。倾寨的孩童提着特制的小竹篓，结队挨家逐户去讨要象征长寿幸福的彩色糯饭、红鸡蛋、肉块、豆腐干，家家都热情地接待寨里的儿童，让他们在节日里享受欢乐。节日中，对妇女也异常尊重，祭典必须由她们主持。各村寨还要敲击铜鼓、皮鼓娱乐助兴。其他地区水族人民，这天也供祭娘娘神，但没有像廷牌、恒丰一带村寨那样把它当做年节来过。苏宁喜亦有借年喜、儿童节、妇幼节、娘娘节等别称。

水族称春节为“借荐”，也叫“荐嘎”，其意为与汉族过年。廷牌镇阳安一带的蒙、杨、莫、谢、石氏宗族，以及塘州乡的阳乐、板良，九阡的板南和扬拱乡的部分水族人民，不过端节和卯节，而与汉族同过春节。其祭礼和节日习俗与汉族大同小异。

敬霞节水语称“敬霞”。“敬霞”是敬拜雨神，祈求天上雨神给人间降雨。敬霞节是以血缘家庭为单位，各村寨联合祈雨的原始宗教活动。过去水族的大多数地区都举行这一活动。活动时间，有十二地支子年轮过一次的，也有在地支子、午年六年轮一次的，或者在特大干旱之年祈雨过节。一般选择在插秧上坎之后的水历九月或十月，即农历五、六月的吉利酉日举行敬霞仪式。祭坛设在霞井或霞潭的一定方位上，竖立一根木杆，杆顶悬一雄鸡，以各宗族为单位，结队挑着猪肉、糯饭、米酒，一路敲打铜锣、铜鼓、皮鼓，有的携带象征戽水的工具，先后到祭坛供祭。先由水书先生念咒词祭天，祈祷下雨，念到木杆顶上雄鸡啼叫时为止。然后由各宗族的自然领袖携带米酒到指定地点去把象征水神的“石霞”浇淋偏倒，最后收藏起来。他们认为这样就能保证当地风调雨顺，庄稼丰收。1949 年以后，敬霞活动很少举办。

除上述节日外，还有清明、端午等节日。

二、婚恋与家庭

水族青年人恋爱的原则及条件有如下几条。（1）同宗不恋。在水族地区，单一姓氏的村寨非常普遍，是以父系血缘亲属关系聚族而居。由于血缘相近，同宗族之间相互开亲已经形成禁例，虽然像潘姓、韦姓等大姓已“破姓开亲”，是上十几代人的约定俗成，至今一直沿袭，因此同宗族之间的恋爱就无从谈起，如有谁在同宗族之间发生恋爱关系，就会受到整个家族的指责或习惯法的严惩。（2）仇家不恋。在水族地区，非同宗族的村寨之间，由于上一代曾经发生过争斗或近期内结下过深仇怨，也会影响两村寨原有亲戚的相互往来，这些村寨的男女也不能相互恋爱，如产生恋爱不但会受到整个家族的谴责，而且也会由于双方父母的反对而无果而终。（3）年龄相当，才貌相当。男女恋爱产生的前提是相互爱慕，即男女之间一方的才貌、人品等至少有一样被另一方所吸引，同时另一方也在某些方面被对方所倾慕，恋爱关系才能产生，否则“一个巴掌拍不响”。

水族社会里，同一村寨的成员多为有血缘关系的同一姓氏宗族关系，依习俗同姓不能通婚，但居住区域里多为同一姓氏，受到同姓不婚的制约，给男婚女嫁带来相当的困难。据说很久以前各大支宗族选派支系寨老议定同将一棵树苗倒栽在土里，如果倒栽的树苗能成活，表示祖先同意各支系之间可以破姓开亲。此后各支系就另立宗系，由此水族几大姓氏：潘、韦、王、张等姓逐步由同姓不婚过渡到破姓开亲。有的地区尽管已经破姓开亲，但仍然恪守“同宗不娶”的禁例，并且有明显的地域划分。

根据恋爱的场面或过程，水族的恋爱可以分为识交恋爱、对歌恋爱、介绍恋爱。过去水族的恋爱不那么自由，但在赶集、过节、婚嫁、丧葬及平常的走亲访友等社交活动中给求恋男女提供恋爱的机会。20 世纪 90 年代，随着人们观念的变化，水族婚恋得到自由。识交恋爱属于一见钟情的恋爱或逐渐生情的恋爱，它是求恋男女通过一段时间或长期交往后产生的恋爱。对歌恋爱是水族恋爱中的一种传统恋爱方式，通过男女双方对歌产生情感而恋爱。对歌是在公开场合进行的，一般不受外人的干涉。水族地区认为这种恋爱是一种文明的交往，得到地方习惯法的保护。介绍恋爱是男女双方通过第三者介绍，相互认识而产生的恋爱。介绍人先出面，约其中的一方到另一方村寨或其亲戚家做客或帮忙干活，让男女双方相互了解，双方觉得合意，再由介绍人约定男女双方在某一场合单独会面，男方主动向女方送点钱作为定情礼，女方接收定情礼表示愿意。钱通常是一张较大面值的纸币，其意也是拿点钱给女方买些针线。此后男方即利用赶场天或其他机会邀约女方到僻静的地方交谈。如果情况没有什么变化，男女双方不再通过媒人，可以直接约会恋爱，互诉衷肠，并互赠信物。如果分手，双方退回信物，并向介绍人说明理由，以避免产生误会。

传统的水族婚姻，基本上是一夫一妻制。1949 年以前也有讨小纳妾现象，但仅局限于富裕人家或无子嗣的男子。1949 年以前姑舅表婚习俗较盛行，姑母的女儿应嫁给舅父的儿子作回头亲，叫“填桩”或“替汉”，如果舅父无儿子或者看不上，才允许对外开亲，但是应自觉地付给舅父一份外甥女出嫁资财，叫甥女钱。此后，这种母系近亲婚配现象已极少出现，甥女钱已演变成一般的应酬礼物。寡妇有改嫁的权利，没有夫家兄弟转房的习俗。1949 年以前，寡妇改嫁受的约束不少：如改嫁就丧失夫家固定资产的所有权和继承权，不能嫁到夫家宗族的村寨，改嫁时要交一份改嫁金（水语叫“和海”，有的高达三四百银毫）。1949 年以后，寡妇享有充分的再婚自由权。

婚姻的缔结，基本上是依父母之命，媒妁之言。男女长到十五六岁就订婚，随后一两年即结婚。男女恋爱多利用赶场天、节庆日或走亲访友时传递爱的信息。经过多次接触了解之后才可单独见面交流，双方即使同意组建家庭，也必须禀告父母，通过媒妁途径婚娶，否则会被认为不合礼规而受到谴责和轻视。水族历史上不与外族通婚，即使改革开放以后多数地区仍保持本民族婚配的习惯。配偶选择讲究年龄、人品、才智相当，身体健康。年龄一般喜欢男大于女一两岁。改革开放后，水族青年男女与外族青年男女通婚的例子越来越多，不再受任何制约。同时，结婚年龄也在不断推迟，早婚现象已经很少见。水族的婚姻缔结，一般有问亲、提亲、定亲、迎亲等步骤。

过去男方到十六七岁，父母就请水书先生算八字，按属象和八字选择配偶。当物色到女方之后，先托人给对方父母传口信，这叫问亲，亦叫放口风，说某家要准备来说亲。带口信的人不带礼品，女家也不专门接待。女家得消息后，通过各种方法了解男家情况，考虑是否答应这门亲事。放口风后，男方家择吉日请媒人正式去提亲。媒人一般是男方家所信赖和女方较熟悉并善于言辞的中年人。媒人携带红糖两三千克、酒一壶，猪肉两三千克或糯米粑、粽子等。红糖是说亲正礼，酒肉或糯米粑、粽子是应酬礼。媒人到，女方家如果热情地以酒肉款待，说明婚事已有几分默许（口头上还是以女儿还小，还不能谈婚论嫁等借口说不同意），否则就有拒绝之意。数日后女方家如果象征性地退回红糖等提亲礼品，等七天或半个月后媒人再次（也有三次登门的情况）登门提亲时就会接受提亲礼品，并用所带来的酒肉款待媒人，这门亲事就可以定下来了；女方家如果很坚决地退回红糖等提亲礼品，并且明确地告知不同意这门亲事的时候，则表示提亲失败，媒人没有再次登门的必要了，如果还是执意登门的话，往往遭遇不欢迎，甚至闹得不愉快。女家允婚后，男方家再请媒人到女方家，送一支拴上红丝线的银项圈，红糖和酒肉比提亲时加倍或更多些。媒人返回时，女方家打发蓝土布一匹给男方家作信物，表示婚姻关系确立。提亲以后，男方家选择吉日，邀约家族长老四五人，携带大公鸡一只或小猪一头，叶子烟一千克或机制香烟两条，以及红糖、猪肉、糯米粑若干，到女方家开亲做客。女方家将对方送来的猪或公鸡宰杀煮熟，与所带礼品全部摆在正厅的供桌上祭供祖先。双方长辈到供桌前酌酒致词，互称亲家，然后摆宴饮酒，确立亲戚关系。吃过开亲酒后，准女婿经常到准岳父母家，既表示对岳父母的敬重，又可接近对象培养感情。数月或半年后，双方如无变化，男方家则请水书先生择吉利日子订亲。吃订亲酒仪式比较隆重，男家备足礼金、银首饰及肥猪一头、红糖 25 千克左右、酒一坛（20 千克左右）、米 40 千克，还有糯米粑等礼品，男方家父辈及本宗兄弟都去。女方家也邀约舅、姑、姨父母前来作陪，都带被面、布料或箱柜等物作陪嫁礼。女方家将对方送来的肥猪宰杀，取猪头煮熟，摆在正厅供桌上祭供祖先，并将送来的礼金、首饰、红糖、糯米粑都摆在供桌上，祭供毕，设酒宴款待双方亲戚。供桌为首席，另设若干桌为副席。首席围坐双方身份最高而且能说善饮的代表，也是下步迎亲双方的证婚人。仪式是由水族口头文学说理词《诘俄牙》叙古开始的。女方代表首先发问："远古代，我们同公；老祖宗，我们同姓；同了姓，怎么开亲?"男方代表起身回答："远古代，我们同蔸，到贵州，我们破例；破了例，儿娶姐女；破了例，你我开亲。"双方欢悦，举杯饮酒，宣布开席。接着，首席上男女双方代表四人对喝四大碗媒酒。喝前，女方代表向男方代表提出要求："姑娘到夫家受虐待，要靠你调解"，对方代表立即答应愿承担责任；男方代表也用同样方式提问："新娘出阁，不坐夫家，靠你劝说"，对方也爽快答应承担责任。于是将媒酒一饮而尽。这时准新娘持酒壶出来向男方证婚人敬酒，证婚人则送备好的红包给准新娘。于是准新娘向证婚人殷勤添酒，女方代表频频劝酒，男方证婚人豪爽畅饮，以示双方亲家感情深厚长久。副席上双方亲戚也用双歌对唱，互相祝贺，开怀畅饮。次日，女方近亲又联合办席，宴请宾客。阳安地方还兴男方客人临走时，举行"取八字"仪式：女家在供桌上摆四碗酒，其中一碗底下藏有新娘的生辰八字，男方代表去提碗取八字，提一碗，喝一碗，直至提到藏有八字的那碗酒为止。这时，订亲仪式宣告结束。迎亲就是正式结婚，婚期一般选择在秋收以后的吉利日子。男方家选定日子后通知对方，如女方没有异议，就算确定了婚期。迎亲的前一天，男方家杀猪办菜，准备宴请宾客，并选择两对父母双全的少年男女为接亲客，水语叫"裴祝"，前去女家迎亲。携带迎亲礼物比较简单，一只竹篮装两千克糯米饭，一两千克熟猪肉，几封糕点，一个尖底小酒坛装一两千克米酒，有的用肩挑，有的用手提。竹篮内还装有锯镰一把，竹篾穿的青冈藤叶一束，有的还附竹编罩鱼笼一个。鱼笼象征水族先民渔猎用具，青冈藤叶象征鱼，其寓意是：男婚女嫁，效古之法，嫁娶不忘古，子孙才发达。接亲客到女方家的当天晚上，寨上青年男子围着接亲女对歌，通宵达旦。次日，新娘穿上婚礼盛装：头插银花，颈戴银项圈，胸挂银压领，手戴银手镯，身穿绸缎新衣，脚穿精致绣花鞋，手持新手帕，在兄或弟撑的红色油纸伞下，由迎亲和送亲客人簇拥出阁。陪嫁东西有箱子、木柜、衣笼帐和被子、鞋袜等。随着时代的变迁，经济的发展，嫁妆也在不断增加。嫁妆厚薄，由男方家订亲时送的礼金多少而定。女方家送亲少则十几人，多则几十人，每人都送几把摘糯，以示吉祥如意。出阁途中，忌与同日出嫁姑娘相遇，能避则绕道而行，回避不开则两个新娘互换头上所插木梳。途中尤忌天上打雷，如遭雷鸣，到男家未进亲时，则先行解雷神仪式，否则预示夫妻不睦。新娘进新郎家时，主人和宾客全部退出屋外，掩上大门，门槛放置马鞍一副，并且遣一老年妇女手持青竹枝一束拂扫新娘，或者用一大把新鲜木叶撒到新娘身上，以示驱邪，同时预祝婆媳关系和睦。然后新娘跨越马鞍进门，主人和迎送宾客随后鱼贯而入。新娘进门不兴拜堂，不闹新房。当晚有女方家送亲陪伴新娘，新郎不能入新房。第三日新娘随送亲亲戚回门，男方家遣两个青年妇女陪送，有的当天随男方家陪送妇女返回，有的回门要三五天，由新郎亲自接回。回来当天，新娘脱去婚礼盛装，改穿便服新衣，正式见公婆，下厨操持家务，招待贺婚宾客，晚上夫妻同房。这些繁杂的婚姻缔结步骤，是水族明媒正娶的传统习俗。1949年以后尤其是改革开放以后，很多地方都合并和简化了。如尧麓、地祥、水龙等地区，多把订亲和迎亲连着办。即结婚前一天，男方家亲友带礼金，抬肥猪、糖、酒去吃媒酒，第二天就将新娘和嫁妆一起接来。都江地区更是免去吃媒酒的环节，即婚事说定后，确定婚期，由女方家近亲数人将新娘送到男方家，男方家办酒席招待，然后送礼金打发新娘回门，数日接回坐家，就算成婚。

水族的家庭是父系家长制，父亲是家长，有支配经济和决定全家事务的权力，有承担侍奉老人和抚育儿女的义务。家庭分工基本是"男耕女织"，男主外而女主内，也有母亲当家长的，但往往是在特殊情况下。母亲当家长，权力往往还从属于族中男性长辈，如变卖产业或处理婚丧等重大问题不能独断专行。家族中辈分较高、办事公道、德高望重的老人，往往被公认为族长，也是村寨中的自然领袖，一些家庭纠葛和民事纠纷都先找他调解，个别问题复杂、矛盾恶化的才诉诸政府解决。一般家庭多为三代同堂，也有四代同堂的。“树大分丫，子大分家”的习俗普遍。水族尊重长子，但溺爱幺子。分家后多与幺儿居住，房屋不够分配时，父母资助长子另盖新房，幺儿居住旧屋，较多地承担赡养父母义务；兄长也经常送钱送米给父母，亲戚来往也叫父母和兄弟作陪。尊敬老人、讲究礼节是水族人民的传统美德，走路让长辈先行，进屋给长辈让座，举行酒宴让长辈先端酒杯；在比较狭小的空间需要从长辈面前经过，要先示意；不在长辈面前跷二郎腿；夫妇不能在长辈面前窃窃私语，更不能在长辈面前打情骂俏；进家不随地吐痰，不打口哨，不跨火炕；公婆与儿媳之间、弟妹与兄嫂之间，都互相尊称，不直呼其名；男子与亲友对话都客气自称名字，待人谦恭有礼；如有客人来访，务必挽留住宿，并陪其在客房过夜，不让客人感到寂寞。

三、丧葬

水族的丧葬礼仪较为隆重，程序也很繁杂，大致分为报丧、入殓、择吉、安葬、立碑、除服六个阶段。丧家经济条件好又不犯凶日的可一次办完丧葬礼仪，否则先从俭浅葬，待数年后再补办。这些礼节是对老人逝世而言，对亡故的年轻人葬礼一律从简，不举行繁杂的丧葬礼仪。

报丧，水语称“报瓦”。老人逝世后，即派人向同宗五服以内的亲族，死者女婿、外家等近亲以及在外地的子侄报噩耗，使亲戚知道忌荤吃素，以表哀悼并共同协理丧事。忌荤，但鱼虾等水产动物的肉不在忌荤之列，并以鱼为主祭品。男丧，同族人都忌荤吃素，女丧则夫家和娘家两族人都忌荤，吃素时间直至安葬完毕。

入殓，水语称“和枚”，老人去世咽气后，由子女扶坐铜鼓之上，如无铜鼓，可坐于炕谷子的米篓之上，用温热水净身，男性剃光头，女性梳发盘髻，然后穿寿衣（水语叫“和堵囊”）。先在堂屋里铺好垫席，将寿衣一件件排好，寿衣要全新，忌红色，穿单数，三、五、七件不等，先穿裤子，后穿鞋袜，再穿上衣，最里面一件必须为白色，穿戴的衣物不能掉地上，否则认为亡灵收不到衣物。入殓时，将棺木抬至堂屋中，按规定时辰将遗体连寿单上盖一起搬入棺内，孝子以及亲友属相与死者相同者均要回避。移尸时朝左右摇三次，再放入棺材内。下面垫有各色相间的床单，数量为单数，最后在上面盖一被单，以绸缎为上品。如有多余的衣物，放入棺内死者的两侧，另外在其口中或手中塞入银币或其他银物，让死者在黄泉路上买水喝。最后由一长者交代剩余衣物、银钱等。事毕，由几人抬上棺盖，侧向连摇三次，旁边一人喊道：“公（或奶）一人上前去，请大家都往后退！”随即合上棺盖。正厅棂床须顺房梁停放，脚朝火塘方向，或者头朝神龛左侧。此时忌直呼生者的名字（以防生者灵魂被带走），不得大声喧哗，只能小声说话或打手势。棺木多用老杉树制成，以无疙瘩、上生漆者为珍贵，一般多用墨染，棺内缝隙要认真裱糊，以防停棺日久尸水外泄。同时由一老人将死者的床单、旧衣被等抬到寨脚去烧化，水语称“叨根”，意译为烧化老窝，让死者带走遗物，得以在阴间安息，不再牵挂阳间的人和事。需要留用的衣物，可在烧化的火堆上象征性地熏一下之后留存。有的还折纸船放上死者衣服布巾，拿到河沟边焚化，让低灰淌入河中归海，把亡灵带回老家。入殓就绪，将棺木移入正厅顺梁停放（阳安、阳乐等地停棺则与房梁成直角），棺前布设灵桌以供祭和吊唁。这时，由孝家嫡亲中属相五行水命的孝子先放第一轮铁炮，然后才托他人代放（在停棺守灵期间，每天早中晚各放一次铁炮，一次三响，直至开控，开控时次数不限）。嫡亲孝子按长幼次序跪在棂桌前焚香化纸，由族中长者先分别给孝子包孝帕，其他亲戚晚辈则随到随包。孝帕长短有规定，长子的孝帕与棺盖同长，次子以下与棺墙同长，媳妇的与棺底同长，其他族亲与亲戚孝帕长约一点六米。嫡亲子女、媳妇必须穿孝衣，孝男还穿白纸裹边的草鞋，以示区别。

入殓后，将棺木移入堂屋正中停放，叫停棺以便供祭和吊唁。停棺时间的长短依水书先生择日而定，绝大多数停棺 3 天或 5 天，如遇特殊情况，也有 7 天或 9 天乃至更长的。

择吉日，水语叫“来问”，意为选日子。遗体入殓安置毕，孝家即请水书先生来择日子，按死者属相生辰和死亡时间对照水书测算吉凶，如逢吉日虽犯凶能解者，葬礼仍然可照常一次进行，如犯凶日不能解的要推迟安葬时间，少则半载一年，多则几年甚至十几年，只能当晚偷偷浅葬。择定吉日后，孝家要在谷仓或楼上静室内举行“亚六铎”仪式，其意是邀请阴曹官员前来护佑丧事顺利。用簸箕或盖以白布的木板设一个祭案（下垫数把摘糯谷穗，上置6条熟鱼及酒、豆腐为祭品），新编6个草凳，请6位60岁以上的水书先生及寨老坐在祭案边念祝祷平安词，祭毕此房关闭，待安葬结束才能开启。

出殡的前一天要举行隆重的“开控”悼丧活动，其规模大小依孝家经济条件和意愿而定，可以分为小控、中控、控腊等，但都要杀猪宰牛敲马祭奠亡灵和招待宾客。男丧杀猪敲马，女丧杀猪宰牛，数量多寡和悼丧形式是衡量开控规模的标准。小控，仅扎一些纸伞、旗幡，请一队芦笙、唢呐吹奏一晚，杀一两头猪和打豆腐祭奠亡灵及待客，简单省力省钱，为多数群众所采用。中控规模稍大，除了杀猪还要杀一头牛或敲一匹马，纸伞旗幡质量较高，芦笙、唢呐队伍增至两三队，要搭帐篷设控堂，篷布用青、蓝、白布相间缝制而成，给芦笙、唢呐及歌手搭建平台。这种形式多为有一定经济实力的人家采用。大控规模超过中控若干倍，杀猪宰牛多达二三十头，敲马三五匹不等，亲戚送来的芦笙、唢呐多达十多队，还要加耍龙、舞狮队和花灯班，旗幡、伞盖若干，帐篷多达六七个，分设芦笙堂、唢呐堂、歌手堂、客祭堂和花灯台，参加悼丧人数数千上万，昼夜尽情吹奏表演。控腊人数多，场面隆重、特殊，要在灵堂内悬挂铜鼓，按死者属相推算确定铜鼓数，一般限定在三至九面之间。击鼓时不用木桶参与共鸣，敲打鼓点与节日不同。同时，派人上山连根挖约长10米的杉树和楠竹各一根，杉树竖立在靠屋檐的庭院正中，楠竹斜捆在杉树上，竹梢悬挂约长四米的青、蓝布幡，下端不能触及瓦面，然后举行放腊仪式。放腊队伍由五个出生年月特殊的人开道，手执旗帜，后随一人倒骑纸马，有20多位身穿绸缎长衫、头戴马尾帽的老者随其后，接着是一队手执彩旗的男青年，后跟二三十名妇女，最后才是旗幡、吊笼、伞盖、耍龙、舞狮和芦笙、唢呐队，以及抬鲜鱼、糯米、豆腐、米酒等祭奠礼品队伍，浩浩荡荡数百人，甚至上千人，前往控场候腊台前，绕台三转。当时控场之上，龙狮飞舞，锣鼓齐鸣，炮声震耳，黄烟蔽日，乐声歌声融为一体，人山人海，盛况空前。凡是参加开控和看控之人，都在丧家吃饭，丧家待客不分彼此，用打谷桶盛糯米饭，还备有酒、肉、鱼和豆腐、豆芽等菜肴。开控当天少则千人，多则万人，耗费钱粮颇巨。开大控和控腊为少数富有人家所采用。有的富贵人家在开控当晚，还依照汉俗礼仪举行家祭、典祖、宾祭等烦琐仪式。清咸丰末年，水龙地寨杨白死亡开控3天，杀水牛40头；民国时期，塘州阳乐寨一杨姓妇女死亡，开控3天，杀水牛50头。中华人民共和国成立后，一般只开小控、中控，但1980年以后，有少数经济富裕人家也开大控。开控杀牛杀马仪式比较讲究。启控时，由孝子在灵柩前焚香化纸，孝帕上覆盖着斗笠，颈子挂银项链或银项圈，前往厩房牵出牛或马，如杀马，将马拴在屋檐柱脚，配好鞍垫，马笼头戴白布孝花，马鞍上挂鸟枪、火药包和草鞋，另挂新布袋一只，内装雨伞、毛巾、历书和一套衣服，有的还挂一把摘糯谷穗、一把杆秤。祭奠后将马敲晕杀死。如杀牛，先在屋檐下钉一个交叉木桩，孝子牵牛捆在交叉木桩上，牛角挂一束摘糯谷穗，淋三盅酒后将牛左耳剪下少许，表示送给亡灵，然后才将牛砍杀。宰杀的这些牲畜肉称为“难得雨”，意为屋檐下的肉，禁止宗族内的人食用，只用待客和回礼之用。凡送米、豆腐、鲜鱼和其他礼品的亲友，孝家都要割一块重半千克左右连皮的牛、马肉作回敬之礼。开控悼丧活动结束，次日按照水书先生择定的时辰方位出殡。棺木用红毯子覆盖，上拴一只红公鸡为“站棺鸡”。由一成年男子在前面沿途撒纸钱引路，由一孝子手捧灵位跟随，其他孝男孝女及亲戚手执白帛纤绳，棺柩后面是芦笙、唢呐、旗幡、伞盖、龙、狮队伍，一路吹奏，直至坟山。出殡时，忌棺柩走回头路，忌孝子回头张望。

安葬的墓穴开挖前要焚香化纸敬土地神，然后按预先踩好的吉地开挖墓穴（也可以在头天晚上挖好）。墓穴挖好后，由水书先生在墓穴底撒朱砂或用大米画八卦，并念道语，按吉时下棺入穴，校正方位。由孝子先覆一抔土，然后亲友才帮忙一齐动手撮土。掩盖完棺柩时，鸣放鞭炮，再继续垒坟。安葬毕，众亲友返回孝家用餐，孝子还不能开荤吃肉，其他同宗子侄也只能吃猪肉，不能吃牛、马肉，直至安葬后的第三天，孝子才能吃荤。安葬分为便葬、急葬、浅葬、深葬四种形式。便葬即不举办“开控”的仪式就安埋。急葬是因条件所限来不及让棺木黏附泥土，有的在棺底垫两根横木，有的则在棺头贴放一块木板并留个通气孔等。有的浅葬纯属象征性的假葬，棺木停在家，即在棺上放置挖来的土饼，有的则用木板围住棺木于堂中，撮些泥土来盖棺。待择到吉日再出丧深葬，或抽去隔开的木条、木板均可。深葬则是永久性安葬。过去，每个由血缘关系组成的村寨都安排有公共墓地，并在其间植上枫香树及竹子。对于因刀伤、跌摔、车祸、恶疾、孕妇、产妇等非正常死亡者，必须火化之后才能入土安葬。火化通常用木材或木炭加黄豆作燃料。同时，对在外死亡不属寿终正寝者，不论是尸体、骨灰都不能运进寨子，只能在寨外搭灵棚摆放，等待择吉安埋。

安葬结束之后即着手打石碑（有的在生前或开始筹办丧事时就已经备办，下葬后当即立碑），根据家庭经济条件决定石碑的质量和款式。石碑种类有单面碑、五面碑、八字门、楼阁碑等。八字门和楼阁碑雕刻龙、凤、狮、人物、花草、铜鼓等图案，有的工艺精美，画面栩栩如生。历史上水族还盛行干栏或石棺墓葬，用宽大的石板砌成二层或三层四方石棺墓，尸体埋在土中一层。保存完好的有水龙乡拉佑村和引良村的石棺墓群，塘州乡、九阡镇的一些地方也遗留有石棺墓群。

死者安葬后第三年，孝家举行除服仪式，把供奉在堂中的香亭、牌位、祭幛等进行焚化，并将孝帕在烟火上熏一熏，以示戴孝结束。参加除服的亲友，要拿一只鸡、一壶酒、一把香纸前来祭奠，孝家留一只鸡腿、一团糯饭给亲友带回。整个丧事终告结束。

第四节 布依族风情

一、风俗习惯

布依族的村寨，大多坐落在宽大的坝子上，竹树环绕，聚族而居，也有数姓杂居一寨的。

布依族喜住楼房，到了21世纪，周覃、九阡一带布依族的旧房仍保留干栏式建筑。下层周围用麻条料石或规整片石浆砌作基础，高约2米，正面砌石台阶登大门。上部为两层木结构，也有三层的，顶部盖瓦，石围墙底层多作猪、牛圈和堆放农具杂物之用，兼防盗贼。中层住人，正中为堂屋，上供神龛，左右房间为寝室和客房。上层储藏粮食等，在房侧另搭小棚作厕所。近年新盖房屋，已改变底层砌石围墙的习惯，多为木结构或砖木结构楼房。大河、普安及城郊一带布依族汉化较早，住宅与汉族基本相同。多为木结构瓦房，也有砖木结构的，一般为一楼一底三开间，少数为五间、七间或三间加厢房。底层住人，大门正中为堂屋，供神龛，左右房间为寝室和客房；楼上储存粮食和堆放杂物，厢房多作厨房和猪、牛圈之用，也有作客房。此外，有的在三间正房左侧或两侧搭偏厦作厨房和猪、牛圈；还有在正房后面拖“马屁股”作厨房。厕所一般在后园或屋角搭小棚。

布依族自古以来以大米为主食，糯米是布依族逢年过节、娶亲嫁女必不可少的食品，多用糯米蒸糯饭、打粑粑、包粽粑、制米花、泡炒米和酿甜酒等。布依男子喜饮酒，节日和待客桌上必须有酒，“无酒不成席”已成习惯，家家都会酿酒。这些自酿米酒度数不高，味醇可口，尤以周覃的重阳酒为佳品。它以糯米为原料，蒸出酒后还要兑入适量经过炒黄的甜酒汁（制作工艺和九阡酒一样），其酒味醇正，色泽棕黄，香甜可口。布依族肉食以猪肉为主，兼食牛、马、狗、羊及家禽肉，妇女多数不喜食狗肉。过年食品以腌肉、香肠、血豆腐为上等菜，家家必备。平时喜酸食，清乾隆《独山州志》记载：仲家喜用牛马鸡犬皮骨以米掺和之，作腌酸为佳。到了21世纪，周覃一带仍保留有牛骨酸这一传统食品。大河、普安一带喜欢辣糟酸，少数用残汤剩菜装入坛内腌臭酸。还有鱼酸、虾酸、盐酸等。平常布依人家煮菜都喜欢放酸，因爽口开胃好送饭。平时用餐喜欢吃火锅，秋冬两季及早春时节，几乎每餐必用。各种菜肴及肉类洗净生切放在弯桌上，边烫边吃。吃火锅还必须备有一碗用辣椒面、盐巴、葱花、姜米、花椒面等调料制成的盐蘸。这种吃法，味道鲜美，历代相传，经久不衰。布依族男子还有吸烟、喝茶的嗜好。改革开放前，多数吸自产的叶子烟和喝苦丁茶，随着生活水平的提高，青壮年大都改吸机制香烟。

布依族的服饰，男性式样简单，其服装与汉族大致相同。过去，老年人穿大襟短衣或长袍，“发以青帕缠头及腰”，青壮年一般穿对襟衣、大口长裤，头包青帕或白帕。中华人民共和国成立后，一般都不包帕子，大都露发或戴帽，改穿制服、衬衣、汗衫。布料也大都由家织土布转换为机制料子布。布依族妇女服饰变化较大，清乾隆以前穿裙，以后开始易裙为裤，民国以后已与汉族妇女服饰基本相同。到21世纪，仅周覃一带布依族妇女尚保留上穿斜襟窄袖衣服、拴绣花围腰、齐项短发不包头、下穿不镶花边的小口长裤的衣着。

布依族妇女自古以来就勤于纺织，从植棉到纺纱、织布、染色、剪裁都是布依族姑娘必须掌握的技能。她们不仅会织白土布，而且能织黑、蓝、白三色相间的土花布。这些花布朴素大方，精致耐用，不易褪色，并且具有显著的民族特色。除本民族喜爱以外，也深受邻近的水族、汉族、苗族人民的欢迎，直到21世纪，还有很多人穿这种土花布制成的衣裤。1985年以后，经外贸公司扶持帮助，改窄幅为宽幅，增加花色品种，被列为出口商品，远销日本等国。

蜡染是布依族妇女世代相传的手工艺，很多布依族妇女从懂事开始就学习蜡染。制作蜡染时用蜡刀蘸黄蜡液在白布上绘画各种图案，然后放进蓝靛染缸里浸泡染色，取出晒干，又用热水溶洗黄蜡，即显现出各种白色花纹，蓝白相映，素净大方，多作床单、被面或妇女衣服、头巾之用。此外，有的也用豆浆染。

刺绣也是布依族妇女的一门必修课，她们从小就开始学绣花。她们拴的绣花围腰和卧室的绣花帐檐，都是巧手之作。

布依族的节日，城郊及大河、普安一带已与汉族无异，只有周覃、九阡一带尚保留一些特殊的节日。冬月年，又叫板料年，冬月初一过。传说覃氏祖先迁徙到周覃地区的第一个落脚点是板料村，为纪念祖先发源地，每年的年节由板料村的族人在冬月初一过，其他地区晚过一个月。冬月年与汉族春节一样隆重。板料村所辖范围较小，只有交孔、降纳、交盘、高坡、更保等五个小寨子。由于冬月年居于水族端节之后，周覃腊月年之前，布依族、水族人民历来团结友好，每逢年节都喜欢相互交往做客，一到过板料年，周围的水族、布依族亲戚朋友蜂拥而至，每户待客平均百人左右，耗费太大，一年收入所剩无几，造成来年生活困难。1963年板料村自愿取消冬月年，与周覃同过腊月年。腊月年又称本地年或小年，腊月初一过，周覃、九阡所有布依族村民都过这个年。节日期间，家家户户都缝制新衣，备办酒肉，打粑粑、做米花及炒米，放鞭炮、祭供祖先。周围的水族、汉族亲朋都来做客。三江、洞里等村寨于腊月初八至初十还盛行板腰（摔跤）活动，布依语为“别雅龟”。板腰堂选在村子里较宽敞的楼房，参赛者多为青壮年，老少围观助阵，胜者为荣，喧闹声持续三昼夜。过完小年以后，布依族也还过春节，但没有腊月年隆重，习惯称陪客家过年。四月八在周覃地区也叫黑饭节，农历四月初八日过，其隆重程度仅次于七月半。家家用枫树叶舂烂泡水取其水染糯米，蒸熟即成黑糯饭，清香可口。蒸熟后先取一团喂牛，然后用竹篾编的小花篓盛糯饭，每个小孩都换穿新衣服，一人一个黑糯饭篓，三五成群，上坡玩耍，天黑尽兴而归。七月半俗称鬼节，农历七月十三日过。这天，家家准备酒肉、打豆腐、杀鸡杀鸭，用新米或新谷穗蒸饭，户主给每个亡故祖先封纸钱包，下午在神龛祭供，烧香焚化纸钱和封包后，全家团聚用餐。晚上各家都在房前屋后插上一排排的“露水香”，门前还竖一根竹竿，在顶端用橙子或南瓜插满点燃的香，俗称香瓜，远观香火闪烁，如繁星点点，十分好看。深夜，女户主还在屋外泼水饭，祭奠野鬼孤魂。次日，周围亲友互相走访，节日气氛仅次于腊月年。八月十五即中秋节，农历八月十五日过，这是一个娱乐性节日，俗有“八月十五，样样捞”的说法。晚上寨上青年到地里去偷瓜、偷橙子、偷毛豆，被偷人家不能咒骂，有的将“偷”到的瓜送给久婚不育的人家，谓之“送瓜子女”，祝愿他们来年生育。

布依族善歌舞，周覃一带盛行铜鼓刷把舞，过年、四月八、七月半等节庆日多有表演。男女各半成双数，十人至二十人不等，手持五尺竹竿，足踏铜鼓节奏，男女对击竹竿，铜鼓声与击竹声交融，音韵和谐，舞姿优美，变化频繁，颇为吸引观众。普安、大河、合江以及三合镇周边布依族流行狮子舞、花灯剧。花灯剧由花灯班子演唱，一个花灯班子一般由十几个人组成，主要演员由丑角、旦角、生角、胡琴师、锣鼓手组成。一般在节日、喜庆、丧葬场所举行，花灯曲调悦耳悠扬，舞姿优美易学，剧情多为日常生活与民间传说。

二、婚恋与家庭

布依族青年男女的社交活动比较自由。谈情说爱多见于节日、赶集或走亲访友等场合，或在桥头、路边、田坎、树下等场合都可以相聚对歌，父母少有干预。男青年可以三五成群到女青年的寨旁去约会唱歌。

布依族的婚姻基本是一夫一妻制，婚姻的缔结，在古代是自由选择和凭媒说合两种习惯并存。民国以前，凭媒说合较为普遍，大多数靠“父母之命，媒妁之言”，自由择偶的占极少数。城郊与大河、普安一带婚俗已与汉族基本相同。周覃、九阡一带尚保持布依族婚俗，并严守不准与四邻的水、汉民族开亲，只许在周、覃两姓的小圈子内联姻的古训。新中国成立后，特别是在改革开放以后，这些习俗已经彻底被打破。婚姻的缔结一般必经说亲、订婚、结婚三个阶段。

说亲，由于历来盛行早婚和包办婚姻，择偶都由家长做主。因周覃一带联姻范围比较窄，“姑表亲”“姨表亲”较为普遍，但辈分不许错乱，还允许同姓不同宗开亲。男方家物色到“门当户对”的姑娘后，就请媒人带上一千克红糖或点心到女方家说亲，女方家长考虑了男方的家境及生辰八字后，不退糖果或点心就表示同意，否则表示不同意。说亲成功后由媒人陪同男方家委托的一两个中年妇女送去聘金，还请同寨几个男青年抬半边猪、一坛酒、20 多千克红糖，二三十块布料到女方家，女方家请本族长辈和近亲好友作陪，办几桌客，叫“吃小酒”；然后，女方家打发布料、鞋袜及一篮糯米饭作回礼，这样，就算订婚了。男女订婚后，一般经过三五年双方成年时才举行婚礼，也有少数未成年早婚的。结婚时间多选择在秋收之后的吉日良辰。结婚时，男方家聘请一位有名望，能说会道、酒量大的人当押礼公，偕同新郎的未婚小妹或堂妹一名，并视女方陪嫁的东西多少，邀请同寨男青年若干人，随媒人一起去接亲。要抬猪肉 50 多千克、酒一坛、比脸盆大的糯米粑粑 4 个、红糖或糕点 30 多千克及未付完的聘金。到女方家门外，不能贸然进门，要等到吉时才准领亲。迎亲客人在门外休息时，女方家分送每人一团糯米饭和一块白切肉给客人充饥。领亲时，新娘由亲哥背出门，同村姑娘一二十人送亲，步行到男方家。交通方便后，有的也用汽车接亲。新娘进男方家门时要进门礼金，数额由男方家定。女方家陪嫁有被子、蚊帐、床单、衣箱和柜子等嫁妆。新婚之夜新娘新郎不同房，有闹洞房的习俗，主角是女方送亲的姑娘们和男方寨子上的小伙们在一起欢闹，往往通宵达旦。三日后，新娘由新郎陪同送亲人回娘家就住下了，新郎单独回家。要等一两场以后再由嫂嫂去接新娘回来，住一两晚后又回娘家。经过三番五次往返才长期住家。这种风俗的历史由来较长，据清乾隆《独山州志》记载：“仲家婚嫁，新妇徒步以伞自覆，项圈一二条，簪花满髻，送亲幼妇成群，男女混杂，交饮为欢，歌声达旦。是夜，新妇不与新夫会合。明早携瓮出汲，登梯上楼，即随送亲群妇一路同归。此后遇插秧日、收禾日方往夫家，夜则与小姑同宿，不一二日即转，约三五年始相交合，生育后同室偕老。”周覃一带布依族婚俗虽还保留了一些旧传统，但改革开放以后传统被打破，很多习俗已经被改变。

布依族的家庭，是父系家长制，父亲是家长，有支配家中经济和成员的权力。父亲过世，家长权由长子继承，有“长兄如父，长嫂如母”的说法。生产分工，基本是“男耕女织”。社会和家庭分工，一般是男主外女主内。父母对子女有养育的义务，同样也有享受子女赡养的权利。儿子分居后，父母喜欢与幺子同住，兄嫂要送钱粮给老人，逢年过节或有客来都请老人坐上席。男长辈都受家族成员的尊敬，为人正直、德高望重者常被公认为族长或寨老，家族中一般的纠纷，他们都可以合理调解，不需诉诸政府。布依族的社会组织是由有地缘关系的一个或几个村寨组成的“榔”组织，公举“榔头”，议定维护社会秩序、保护庄稼和私有财产的“榔约”。布依族在明代以前多半没有姓氏，清初以后才普遍有汉姓。周覃、九阡一带仅周、覃、岑三姓，城郊与大河、普安一带姓氏较多，有张、王、韦、莫、陈、蒙、岑、罗、杨、陆、白、梅、刘、吴、龙、周、黄、胡、赵、李、石、梁、唐、王等二十几个姓。

三、丧葬

布依族有其独特的丧葬习俗，但随着社会的发展和受汉文化的影响，县城郊一带已融合汉俗礼仪，仅周覃、九阡一带尚保留本民族的一些传统习俗。青年人死亡不举行繁杂的丧葬仪式，40岁以上的成年人和老年人的丧事要经过停丧、入棺、祭奠、出殡、安葬等程序。

停丧　老人去世，丧家立即为死者净身，过去用铜鼓盛水洗，表示死者以洁净之身，乘铜鼓升天，后来多用木盆代替。男人剃光头，女人梳发髻盘于脑后，身穿三五套新衣裤，足穿新布袜新布鞋，口含银毫，用白布作寿单，红绫作上盖，白纸盖脸，停放在堂屋新安的“柳床”上，让亲友瞻仰。同时，派人将噩耗通知姑妈、舅爷、女婿及在外的家人等内亲前来奔丧。停丧时间视棺材准备情况而定，有现成的停丧时间短，当天即可结束；否则停丧时间延长一两天。停丧开始，丧家宗族即忌荤吃素。

入棺　棺材多用杉木制成，用烟灰或墨汁涂黑，少数富裕人家用生漆。入殓前，将棺材抬至堂屋。棺底铺一层草纸或白纸。将“柳床”上的尸身头朝内，脚向外移入棺内，空隙处用白纸裹木炭填塞。事毕，让孝男孝女和亲友再次瞻仰遗容，然后盖棺，移出屋外安放在新搭的帐篷内。丧家子女儿媳包孝帕、穿孝衣，接待亲友，户外竖立引魂幡，还用木枋搭台子，敲铜鼓，跳刷把舞，通宵达旦，直至出殡安葬才停止。过去谁家老人去世不敲铜鼓打刷把，即认为不孝，受人歧视。此种习俗，世代沿袭，在“以阶段斗争为纲”时期被中断，1978年以后恢复。

祭奠　从停丧开始，就设供桌，供奉灵牌，入棺后供桌随棺材移出户外，安放在棺材前。点长明灯，用土碗盛米作香钵插香。灵牌前放三杯酒、三双筷及素菜、素鱼、素豆腐，还有舅家一钵糯米饭。棺材下面点一盏菜油灯，不准熄。出殡前一天为祭奠高潮，各方亲友担米抬酒送祭幛前往吊孝，孝子在灵桌前跪接，近亲发孝帕裹头。女婿请鼓吹（唢呐），送香亭、祭幛、酒、米、小猪。出殡前孝子守孝节欲，不准与妻子同房，穿草鞋，不能穿布鞋、皮鞋。

出殡　选在吉日寅时或卯时举行，丧家宗族及亲友全部参加。出殡时，倒下引魂幡，用一根长木柱顺棺材一方捆牢，两头用两根短木横捆在木柱上，再前后各架两根木棒，由家族和亲友中八名青壮年同抬，棺木上用纸扎棺罩或用红毯覆盖。由一名孝子手捧灵牌为前导，其余孝男孝女身穿孝服，头包孝帕，孝男手拄夺丧棒，孝女躬身随其后，都有两名中年男女搀扶，全部走在棺材前面，一路痛哭致哀。沿途撒纸钱、吹唢呐、放鞭炮和铁炮，直至墓地。出殡时，请一老者挑着死人身前的旧衣、被盖到村外烧化（好的衣物仅剪角烧化）。

安葬　分深葬和浅葬两种。深葬即永久性安葬，是指吉日选择距离死亡时间近，丧家经济条件好的情况，多数用深葬。出殡的前一天安排人在地理先生踩好的墓地上“打井”（挖墓穴），棺材抬到墓地后，地理先生手执雄鸡念四言八句，把鸡甩在井坑内，称为“滚井”，然后把鸡取出，铺纸钱在坑内焚化，叫“暖井”，接着把棺材放入井坑。孝子用孝衣后摆兜土踩在棺上喊三声爹或妈，放下衣兜落土，走出坑外不回头，直接回家。周围亲友和帮忙的人就七手八脚撮土垒坟。经济条件好的预备刻好石碑同时立。坟上用棺罩覆盖，烧香、供祭、化纸钱后就算安葬结束。回家杀猪、宰牛宴宾客，孝男孝女均可开荤吃肉。三天后孝家再复山供祭。浅葬一般有两种情况。一是因丧家经济困难，无力筹办丧事，需延至经济宽裕时才办，有延至一年两载的；二是地理先生择日子当年不利，等待吉日，延期少则一年，多则两三年才能安葬。浅葬仪式简单，不约客、不收礼。只邀同寨家族兄弟帮忙，死者经过净身换穿新衣鞋袜入棺后，抬至村外地边浅埋，棺材底不沾泥用两根短原木垫底，上面覆盖一层薄土，等待吉日时，再取出棺木隆重办理丧事。浅葬当天，孝家只杀一头猪，招待帮忙弟兄吃一餐酒饭就算结束。对难产致死的妇女，或者因斗殴受刀枪伤、跌岩、自杀、车祸等非正常死亡的人，一般停在村外火化后安葬。

第五节　苗族风情

一、风俗习惯

苗族的村寨，多数坐落在高山峡谷或半山腰，也有部分在山顶或河谷沿岸居住。每个寨子少则二三十户，多则二三百户以上。

苗族喜欢住楼房，也有少数平房，多为瓦木结构。一般为三开间，二楼一底，也有四开或五开间，正中一间为堂屋，设有神龛祭供祖先，神龛背后拖宽屋檐作厨房，两端开间作卧室和客房。多以后门或侧间门进入到堂屋。都江部分苗族堂屋一般不设神龛。楼房中层住人，上层储藏粮食，底层关牲畜和堆放杂物，屋前搭晒台，用于晾晒粮食等，也供妇女纺纱、刺绣或夏日晚上乘凉之用。屋后屋侧另搭小棚作厕所。都江地区把粮仓与住房分开建筑，以防火灾。坐落在半山腰的村寨，多依山势而建，形成苗族独特的吊脚楼建筑风格。

普安、三合一带苗族历来以大米、苞谷、麦子、高粱、小米、红薯、红稗、饭豆为主食。都江苗族因历来多种耐寒的糯谷，素以糯米为主食，掺以苞谷、小米、红薯等杂粮，直到 20 世纪 50 年代后期才逐渐改变以黏米为主粮，但是糯米仍然是苗族节日和娶亲嫁女不可少的食品。苗族青壮年男子在农闲季节有从事渔猎的爱好，以捕获猎物弥补肉食之不足。苗族喜酸食，几乎家家都备辣糟酸，平时吃饭都以酸汤为主要菜肴。喜饮酒，多用红薯作酿酒原料，自酿自饮。男子还有吸烟的嗜好，壮年和老年多吸自产的叶子烟（青年喜吸机制香烟），改革开放以后多为集市购买的机制香烟。

苗族男性服饰式样简单，其服饰与布依族、水族大体相似，穿对襟衣大口长裤，头包青帕或白帕，脚裹绑脚，不穿袜子。老年人穿大襟短衣或长衫。1949 年以后，青壮年一般都不包帕子，露发或戴帽，改穿中山装、西装、衬衣、汗衫，亦改绑脚帕为袜子，布料也逐渐由家织土布转换为机制布，改革开放以后多为集市购买的现代成品服装。苗族妇女服饰讲究，式样繁冗，地区差异较大，大致可分两类。第一类是三合、普安、高硐、交梨、拉揽等乡镇及牛场一带的姑挂、姑鲁，打鱼乡的丁调、柳排、万响、排鸟、地瓮、盖赖、李家寨、党柳、同泥、龙田等村寨的苗族妇女，喜穿蜡染花衣，服饰分便装和盛装两种。幼女头蓄小辫，戴兔儿帽，上身着蓝色土布无领右开襟衣服，均无花纹。少女头梳小辫，衣裤与幼女相似。青年姑娘头包花头巾，上装内穿插白便服衬里，外穿插青、蓝布右开襟便服，下着长裤，胸前拴花围腰，用银链系挂颈项，花带拴系后腰。婚后妇女头饰稍异，头发挽髻盘于顶端，覆盖宽尺许、长二尺的青布巾，两端缀有彩色花带丝绦，交叉挽于头部，形如小小的金字塔。出嫁和节日盛装极为讲究，头饰由 8 个组成部分，即由 15 种图案组成的银尖假角、由 9 种图案组成的大银梭、由 7 种图案组成的小银梭、由 6 种图案组成的银插花、由 6 种图案组成的银辫梳、由 12 种图案组成的围发带、由 13 种图案组成的包头帕、由 4 种图案组成的银耳环。衣服图案花纹也十分别致，在无领青色花椒布料的服装上，拼镶着各种蜡染和刺绣花卉图案。背肩用蜡染成螺旋的白色花纹图案，边上则绣上套方格花纹，衣服正中则绣有蝴蝶、福禄寿喜和字花纹，均用红、绿、黄、蓝等五彩丝线精心刺绣。衣袖也由5种花卉图案蜡染组成。衣脚由12层（也有7层或5层）不同颜色布叠制而成。衣服向右开襟，用4根布带拴系代替扣子。领边镶绣宽约三指的5种图案花纹。裙子有面前花、包腿花、护臀花等。布鞋也绣有鞋前花、鞋后花。妇女穿着盛装时，头戴各种银饰，上着洁白衬衣衬底，外罩蜡染花衣；下着青布长裤，外套绸缎裙子或蜡染裙子；脚穿绣花鞋，颈挂三五只银项圈，手戴数只银手镯。从头到脚，装饰有不下百余种的传统图案花纹，银光闪烁，五彩缤纷，光彩夺目。改革开放以后，便装布料由土布逐渐被集市布料取代，少女或少妇平时大都穿集市成品衣裤。第二类是都江、坝街、羊福等乡镇及巫不乡的高尧，打鱼乡的排抱、排吊、排怪、平甲等村寨的苗族，喜穿青衣青裙。所穿布料均系自纺自织自染的青蓝布，以闪亮发红为佳品。无论长幼，妇女头饰均挽髻于前额上方，覆盖青蓝色土布头帕，缀有花边飘带拴系。妇女服饰一般分为节日盛装和平时便装。民族节日、婚庆、走亲访友时以穿花衣花裙为主。平日着青布对襟短衣、青布半桶式百褶裙。花衣比便衣要长，由四块拼凑而成，无领。两袖各刺绣一束花卉于袖口，袖口处有一圈小花，从肩到袖口中间，镶有四指宽刺绣花纹图案；两臂中间环圈一道三指宽刺绣花纹图案；两对襟有两条一寸五宽的花边从领至衣脚，衣脚镶有一寸五或两寸宽花边；衣服后背正中及衣脚，饰有手掌宽的刺绣花纹，图案有正方形或菱形万字。整件衣服皆由很多花边、花条刺绣好后镶嵌而成。花裙，又叫外裙或鸡毛裙（内裙是百褶裙，一般长二尺二寸）。花裙套在百褶裙之外，一般由十二块花条镶在裙腰上而成。每块花条上绣有花鸟鱼蝶等图案。裙脚用布折叠成三角形，然后将锦鸡或家鸡的白色羽毛装订在三角布上，再把它镶在裙脚上，每条裙脚系上三块订有鸡毛的三角布，故此得名“百鸟衣”。平时不着鸡毛裙，50岁以上的年老妇女也不穿鸡毛裙。这一带苗族妇女，下装穿齐膝短裙，内穿一条半桶青、蓝布裤，裤长至膝盖上，前拴三角形围腰，小腿肚至脚颈套青蓝色绣花裹腿，用黑白相间素色花边织带拴系，赤足或穿草鞋，1949年以后多穿解放鞋。妇女头饰十分讲究，发型挽髻如螺蛳形，顶部尖端处用一根小银花簪子斜插起来。发髻与头顶部间用一小木梳或银梳从后插发髻上，将头发锁起来。妇女的头发经常用茶油打亮、润色，使头发更加乌黑青亮。节日或出嫁以佩戴银饰品和新衣裙为盛装。头饰插有银梳、银簪、银角叉；颈戴扭丝银项圈，一般三五根，多至六七根，项圈一般用一至二斤银子加工制成；耳垂大银环；手戴银镯，一般两三对，多至四五对。

苗族姑娘从小就开始学绣花，她们穿的花衣、拴的围腰、背小孩的花背带等，都是她们巧手刺绣的工艺品。刺绣的材料是自织的土布、自纺的线以及从集市购买的丝线。刺绣的工艺有绣花、挑花、补花等，针法有平绣、打子、扎针绣等。图案有当地的各种花卉、山水田园、飞禽走兽等，如鸡毛裙、百褶裙、花帽、花背带、四方花围腰等就绣有兰花、百合、牵牛花、映山红等植物图案和孔雀、锦鸡等动物图案。

印染是苗族妇女世代相传的工艺，家家都有蓝靛染缸，将白土布放进染缸浸泡，捞出晒干，反复几次后再用碾布石碾压就成了青布或蓝布。都江苗族染的青布还加牛胶和薯粮浸泡晒干，再用猪血或牛血浸染晒干，经锤石锤打，最后成为青红发亮的布料。如需染出花样作为垫单、被面、头巾等，则用蜡染等工艺就可制成土花布料。

苗族妇女的银饰品，均为本民族工匠所制。有银尖假角、银花、银围腰链、银耳环、银手镯、银蝴蝶、银梳、银簪、银项圈等，工艺十分精致。

苗族的节日有“玩年节”“粽粑节”“吃鸭节”“乃尧节”“尝新节”“吃新节”“吃牯藏”（牯藏节）等，尤以“玩年节”“吃新节”和牯藏节为隆重。

玩年节　苗语称“农教”，因与汉族春节同时，也称“客家节”，主要流行于普安、三合、交梨、高硐一带的苗族村寨。年前家家户户要准备丰富的年料，缝制新衣服，打扫室内外清洁卫生。

大年三十晚，全家团聚，要杀鸡祭祖、守岁、开财门。初一不出门，初二出嫁的姑娘开始回娘家，初三至十五开展传统的娱乐活动，即吹芦笙、跳月、唱歌、打手毽，这是青年男女谈情说爱的主要社交活动。男女都穿节日盛装，穿梭活跃于跳月塘和打毽塘上。打手毽是青年男女最喜爱和最富有特色的活动，苗族称“玛哈”。手毽是用多彩的雄鸡尾羽和锦鸡尾羽扎制而成，男女对阵，互相抛打。男青年先奏芦笙进毽塘带引姑娘们跳月，边吹边跳边寻意中人，吹跳累了，姑娘便把手毽抛向意中人，男青年便拾起毽来相互对打，在对打中建立感情，开始用语言挑逗，以玩笑试探。然后唱歌询问对方是否另有情人，是否真心相爱，以作为双方建立爱情关系的开端。经过若干次毽塘交往，暗中了解，最后姑娘才把花毽送给对方作定情之物。在毽场上，抛毽对方不接的姑娘和无姑娘抛毽的男青年，只有转到其他村毽塘去寻找合意的对象。每个毽塘少则几十人，多则数百上千人，芦笙、击毽声、歌声、笑声汇集一堂，尽兴玩到夜幕降临方散，次日又团聚在一起。玩年活动，传统为正月初二开始到正月十五结束，有时延至正月底或到二月初旬才结束。

粽粑节　主要流行于拉揽、打鱼、都江、巫不、羊福等乡镇的苗族村寨。每年农历四月初，即栽秧之前，全寨择吉日（龙日为吉）过节。这天家家户户包粽粑、杀鸭、下河捕鱼虾来祭祀祖先，以怀念祖先、不忘祖先拓荒之苦。晚上拉古瓢琴、跳古瓢舞，忌吹芦笙，全村男女老少都参加，非常热闹。

吃鸭节　又称洗犁耙节，主要流行于拉揽、打鱼、都江、巫不、羊福等乡镇的苗族村寨。这是每年栽秧结束之后举行的节日。择吉卯日或戌日过节。这一天清晨，全寨各户男主人抬犁耙到河边洗净，插上草标扛回家放在大门口，妇女则在家包粽粑；然后，丈夫捉一只鸭来宰杀，煮熟后用鸭汤熬稀饭，将鸭的头、尾、脚砍掉，盛一碗鸭汤，放一些内杂，盛一碗土酒，摆放在火塘边祭神、祭祖。祭毕，全家和客人围桌喝酒吃饭。饭后，妇女穿着盛装去月塘跳古瓢舞；老年人则把粽粑叶和鸭毛送到自家田边，插在水口处，祈祝秋来丰收（田里的稻叶将来比粽粑叶还要大、米粒比粽粑还要壮）。

尝新节　也叫吃小新米节，每年农历七月间举行，以卯或巳为过节的吉日。表示当年的稻谷在田中已快成熟，今日开始尝新了，预示秋收即将开始，做好收成准备工作。过节这天，各家下田去把已快成熟泛黄的稻谷收割一点回家，加工成节日的新米饭，同时开田捉鱼、准备猪肉。将备好的新米饭，以及酒、肉、鱼等摆在桌上或神龛前，然后将少许饭菜置喂于地上，念上祭词，以表示祭祀祖先，再将少量新米掺和新米糠煮好喂牛，让辛劳耕作的牛先品尝劳动果实。此后，邀客人与全家老幼一起尝新米饭和田鱼，以预祝又一个丰收年的到来。晚饭后吹芦笙跳月、拉古瓢琴、跳古瓢舞，夜深方散。

乃尧节　是普安、交梨、高硐等地苗族青年男女夜间对歌的节日。苗语称“乃尧”，是稻花姑娘之意，选择在农历七月初至七月二十，稻谷抽穗扬花季节的晚上举行。地点在村边平日乘凉的地方，选择一位能歌善辩的姑娘当“乃尧”，身穿新衣，头插两线谷穗，脸蒙帕子，和本村姑娘对唱乃尧歌，招引外寨男青年前来对歌。青年们三五成群来到乃尧场，围着“乃尧”唱赞歌，先夸“乃尧”聪明美貌，未卜先知，无所不晓，善解人意，然后向“乃尧”祈问婚姻。如果问者真诚朴实，“乃尧”就向问者指点迷津；如已婚哄骗为未婚，则被“乃尧”唱歌讥讽和指责。同时，歌场青年男女互相中意就直接对歌，唱到深夜拂晓各自归家，次晚又相聚对唱。

吃新节　也叫吃大新米节，是苗族每年最隆重的节日。有吹芦笙、跳月、斗牛、歌手对唱古歌等娱乐活动，都江一带称为过苗年。吃新节选择在秋收后的农历九、十月间的蛇、兔、猪、马、龙等日子分别过节。主要以支系或地域划分。过蛇日有望结、平寨、中寨、落榔、打孟、交略、高寨、排烧、姑鲁等村寨，过兔日有盖赖、排炮、平坝、排怪、高尧、小脑、交梨、大塘等村寨，过猪日有达荣、达落、小昔、羊告、控抗、怎雷、甲雄、排月、野记等村寨，过马日有高硐、羊查、羊送、排代、上排正等村寨，过龙日有阳东、水牛寨等村寨。过节前，家家备酒、杀猪、打豆腐、

备新衣，邀亲友做客。第一天下午，各家亲友抬着一包糯饭、几条田鱼、一只鸭或鸡、一壶酒等礼品前来主家过节，普安一带还特送一块炖熟的水牛皮。晚饭后，都江一带邀客人去月塘跳月。普安一带则由芦笙队吹游全寨，哪家有水牯牛，就去哪家吹芦笙跳舞庆贺（贺牛），主人家备好酒菜摆在堂屋桌上，芦笙队吹奏贺喜调，边吹边喝边舞，吹完谢调后离开，接着又到另一家。贺牛结束后，各家就把自己的和客人送来的祭品摆在木鼓边祭祖宗，由一名鬼师或鼓师念祭词或唱鼓歌，念毕，把一口酒喷在木鼓上，并击木鼓三五下，然后主人把酒、肉、鱼、糯米饭分给在场的人吃，每个人都用赤手接来捧着吃。次日早饭后，男女老幼均着节日盛装，青年妇女银饰花衣尤为突出，齐集跳月塘和斗牛场。正午斗牛将节日推向高潮，围观者成千上万。牯藏头鸣锣开道，芦笙队边吹边跳，各家牵着牯牛齐聚斗牛场周围。牯藏头的牛先入场搦战，然后一对对上场对阵，救牛手们手挽长绳拉牛脚，定输赢后随即将牛拉开，避免过度打斗致伤，斗完一对拉走一对，直到斗完为止。斗牛场上，气氛热烈紧张。下晚客人随主人归家宴餐，饭后又通宵达旦吹芦笙跳月、拉古瓢琴、跳古瓢舞和对歌，直到第三天下午尽兴而散。

牯藏节　又叫吃牯藏，苗语叫“咙闹”。牯藏节是苗族盛大的节日，每十三年举行一次（忌讳龙、蛇年，如遇龙、蛇年，则提前或推后一两年），在这十三年里，家家户户都养有称心如意的水牯牛，有的农户还养几头（少则两头，多则六七头）。每轮到牯藏节的时候，寨子里选派一户或几户富裕的、子孙满堂的、德高望重的人家作牯藏头（苗语称“街挠”）。牯藏头家要宰二至三头水牯牛，除接待自家客人之外，还负责接待所有前来观礼的宾客（俗称到牯藏头家吃牯藏）。非牯藏头家只杀一头水牯牛就可以了，只负责接待自家客人。举行牯藏仪式，先由牯藏头号召并带头，经大家同意即办。办牯藏节前每家做好筹备工作，备好粮食、酒肉、祭牛，为儿女缝好新衣服，打好银饰；寨子备好芦笙用于贺牛、跳月。各家特邀其亲友来庆贺，杀牛祭祖。来的客人要送牯藏礼，即送大米约 40 千克、酒一壶、豆腐一箩、约 100 元的鞭炮。牯藏牛多由邀请来的客人宰杀，主人送牛颈子给“杀手”扛回去作谢屠礼。活动结束客人回去的时候，主人还打发几斤牛肉和一包糯饭。牯藏头家要开展活动十二天十二夜，也招待客人十二天十二夜。非牯藏头家三天就结束。牯藏头家开展活动，有一套组织程序，分由八组人来主持活动：一是“街挠”承担主角，叫做大牯藏头；二是“街挠右”承担丑角，叫做小牯藏头；三是“罗摆”负责内外总管，叫做辅佐；四是“仙相”负责念鼓经，是鼓师；五是“相举”主管芦笙队伍，叫芦笙师傅；六是跳舞掌管，叫舞师；七是“落摆”当助手；八是“化架”承担厨房饭菜，叫做炊事员。主角负责治安和总调度；丑角主要扮演趣味角色，嬉戏并逗人欢笑；鼓师是念牯藏经唱人类起源歌。三都境内普安地区、都江地区苗寨过牯藏节的程序也有差异，普安地区苗寨吃牯藏有一整套的活动程序。

第一天上午接鼓，苗语“下挠”把老木鼓抬到坡上藏起来，后发动人去找回。众人找到木鼓，抬到家，随路放鞭炮，到牯藏头家先拜三次鼓，烧香纸，向祖宗拜祭，祈求保佑，鼓师击鼓念祭词毕，从人可以随意击鼓，其余的人围成圆圈随着击鼓节奏跳鼓，节拍可分为三声步、四声步和六声步。男女老少都可以跳，击鼓声、脚步声、吆喝声一齐迸发，响彻云霄。苗家人认为祖先的灵魂聚在木鼓里，很庄重地把鼓接回家，就等于把祖先的灵魂接回家。如果牯藏头有变更，须举行接鼓仪式，杀猪、鸡、鸭、鹅供祭，把鼓接到新的牯藏头家。中午是“孝得阿显”，意思是活动开幕式，负责杀牛的亲戚把将要宰杀的牛都牵到斗牛塘去亮相，给观众观赏，亮相毕，牵回家时主人或客人要抓一把泥土抹在牛背上，苗语叫“阿显”，意思是牛背着钱财盐米回家。下午接客，各家亲友从四面八方赶来过节，每组亲友都送贺礼，客人进寨时，客人燃放自带的鞭炮，表示庆贺；客人进主人的家时，主人燃放鞭炮，隆重迎接客人进家就座，以美酒佳肴招待，当晚祭祖。

第二天清晨，将水牯牛砍杀。吃牯藏杀牛祭祖是苗家对祖先最隆重的祭祀，依照苗族的礼节，都是特别邀请内亲当屠手。杀牛时多数砍独桩，把牛拴在独桩上，牛可绕桩团团转，杀手持着大砍刀，随牛绕桩，乘牛不注意时，一刀砍下，一般要求三刀把牛砍倒。刀法好的一刀就可把牛砍倒，然后再补两刀表示三刀光吉，观众啧啧称赞："好刀法！好刀法！"新的屠手心理素质不好，没有经验，连连数刀都砍不倒，众人哈哈大笑，起哄声一浪高过一浪，杀手越砍越紧张，满脸通红，很不好意思，只好退出杀场，把刀交给其他杀手去完成。上午所有的客人都观看杀牛，并燃放鞭炮，这一场面最为热闹。下午是"把对征"和放牛斗角。"把对征"是芦笙舞开幕式。以牯藏头为首，带领所有班师，扛着木鼓敲敲打打，吹着喇叭、芦笙，放着鞭炮，男男女女迈着轻盈舞步，穿着艳丽服装，彩带飘扬，银饰叮当，结成大型队伍款步进入跳月塘。这天下午全是跳芦笙舞和木鼓舞。跳舞者围成一圈又一圈，最里层是少年儿童，第二层是少男少女，第三层是少妇，第四层是中年妇女，最外层是老年人。芦笙队伍至少六人一组，相互交替奏乐，不能中断，连跳三天。不管任何人，只要合意可以手牵着手跳，妻子和丈夫之间不干涉。放牛斗角和跳月同时进行。组织牛打角的，已编好配对，把体形大小、角的宽度等指标相当者编为一对，安排顺序出场。主人牵着牛鼻，后面的客人紧跟着放鞭炮、吹芒筒芦笙直奔斗牛场。斗牛最为精彩的场面是等牯斗碰牯。等牯先牵入斗塘，而碰牯只要是用芦笙到牛主人家庆贺，牛听到芦笙奏乐，主人只要把圈门打开，此时主人是掌不动碰牯的气势，碰牯直头直路奔扑斗塘，气势威猛，击斗等牯。有的等牯非常敏捷，转身一让开，碰牯就扑了个空。此后两牛相斗不休，救牛手用绳绑着牛后腿，指挥长一边叫拉，另一边叫放，直至两牛筋疲力尽才分开。苗家人不让牛打败，若是斗败了，意味着不吉祥。牛打角场面人山人海，热闹无比。

第五天的活动是棉桃会，苗语叫"索干所生"。以牯藏头为首，带领班师、群众扛着棉桃树（牯藏头家准备的一棵枝丫上结满糯米饭团的竹子，如棉花盛开的模样），伴着乐队跳舞，绕村寨一周，最后回到终点时众人抢着棉桃树上的"棉桃"，抢得者奖给一团糯饭，预祝来年棉花丰收。

第六天是背水会，苗语叫"奴欧"。这天愿意参加活动者，每人自备一根竹竿，从跳月塘出发，跟着牯藏头和班师，乐队奏乐，边舞边走，一直走到有水的田坝，选择两位温柔美貌的姑娘去背小水桶，由念鼓师唱咒词后，用银瓢舀几滴水在桶里，让姑娘背回家，其意是背金银液回家。然后，其他人用竹竿打水仗，撬烂泥。先是轻轻地点一点水，之后越打越厉害，最后发展到戏弄性的打水仗，小伙子和姑娘们自然成了打水仗的主角。

第七天是芦笙围屋会，苗语"万再举"。这天午饭后，班师及群众唱起歌、跳起舞，围着牯藏头房屋绕三圈，最后进家，吹芦笙跳月一昼夜，不准中断，姑娘们牵着小伙子的手，翩翩起舞，情意浓浓，天亮了，才撤掉芦笙队，姑娘和小伙子难分难舍，饭后牯藏头家打发姑娘和后生每人一团糯饭。

第八天是送鼓出门，苗语称"队挠信内"。把木鼓拿下来，用大绳拴在堂屋中间，有一部分人在屋内使劲拖，一部分人在大门外边使劲拉，少则几十人，多则上百人，像拔河一般热闹，最后把鼓拉出门外，即鼓已送去。

第九天是劈木会，即"砍桩"，苗语叫"抹告"。扛来四根大枫木，放在牯藏头家堂屋火塘的四个角上，枫木上端用绳绑在房屋拉枋上。参加砍桩的都是大力士，有三四个到五六个不等。砍桩的人手里持着大马刀，随鼓点节奏，边舞边砍，以逆时针走向转圈砍，直到把大枫木砍得粉碎为止。参加砍桩的人较多的话，就分成若干组来砍。木桩砍断了，再换上新的。参加砍桩的人必须会跳舞，随击鼓的节奏和脚步节奏砍。前面的砍了，就往前移动，后面的人接着砍。围观者评论砍桩手，看谁的动作潇洒、谁的力气大。最后一轮砍断最后一根枫木（意思是砍魔扫鬼，驱邪赶恶）的时候，所有在场的人一齐迸发出欢呼声："欧——邀——。"这项活动结束。传说，苗族的先祖在战场上被敌人活捉，用枫木作"桎梏"。苗族吃牯藏的劈木会，含义是把自己的先祖首领从桎梏中解救出来。普安地区苗家几千年来一直都是以此生动形象的方式来怀念自己的始祖。

第十天是砍刺封寨。这一天中午饭后，客人纷纷散去，主人打发每组客一包糯米饭、一斤半左右的肥肉、一个煮熟了的鸡腿，以表示主人孝老、爱幼，这些是苗家人送客的传统礼品。因按牯藏规矩，客人散后，要砍刺拦路，插上草标，封寨三天，在三天内，为了避除邪恶，外来人不准进寨，也不能出寨。留下来的客人与主人共餐、共舞，盘歌对唱三天三夜。

都江片区在吃牯藏的三年前，牯藏头就召集寨里各户主人来商议吃牯藏的筹备工作，该买牛的就买牛、养猪的养猪、酿酒的酿酒。经济实在困难的，至少也得有一头肥猪作准备。商量结束后，牯藏头杀鸡摆酒招待各支族首领，共聚一餐，以表示吃牯藏事宜敲定。距吃牯藏还有六七个月的时候，牯藏头择定某个龙日，号召大家去修整斗牛塘。修整后，牯藏头要举行踩塘仪式。踩塘时，牯藏头出猪头一副、酒一桶和糯饭数斤，参加修塘的人各自带酒一斤、糯饭一斤，家中有鸭者送鸭一只。到了吃牯藏的时间，由寨上巫师择吉日。所择吉日为狗天开始，历时三天。前两天主要是斗牛、跳月等娱乐活动。男的吹芦笙、拉古瓢琴、吹芒筒。女的穿节日盛装、系鸡毛裙，上着蜡染花衣，款步起舞，两手斜在胸前上下摆动，动作轻松神秘。前来观礼的客人很多，跳月塘被围得水泄不通。到了第三天，进入高潮，先是踩塘仪式，按寨上各支系在当天同一时辰举行。牯藏头走在最前面，牯藏牛须是其舅舅牵着，须有妇女抬着东西随后，之后是牯藏头家的芦笙队伍（10~17人），接着是寨上的芦笙队伍、古瓢队伍及拉牛的、放鞭炮的、抬衣物的、挑渔网的紧随其后，最后才是其他民众。各支系的踩塘队伍到牛塘走了三圈之后，用手取一把塘中泥土抹于牛背上，以表示踩塘万事如意。踩塘完毕，依次序返家休息就餐。中午开始放牛打角。此日，放有一至二对撞牯，斗牛的气势非凡，极为热闹。夜三更，举行杀牛仪式。杀牛前，各家请二位巫师到家唱读祭词，两人一问一答、一唱一和，表示给祖先送牛。与此同时，将主人上届吃牯藏保存下来的牛角拿到宰牛的木桩边停放片刻，以表示主人家诚心诚意将牛供奉给祖先，请祖先尽快来认领。祭词大意如下：

今天好日子，今天好良辰。此日来送牛，请祖先来牵。五旋牯子牛，膘肥又健壮。牯牛是五旋，奉给老祖先。祖先你合意，祖先你合心。送这条牯牛，老人来牵去。你得好牯牛，它有五个旋。送牛是诚心，送牛是真意。送牛要拉紧，又要拿得稳。老人放心牵，来牵你满意。这牛合你心，祖先多照应。白天要守好，夜晚则谨慎。保佑福全家，发子又发孙，富贵万年春。你得五旋牛，拉到阴间去，牵到孔明堂（传说牯藏是孔明叫吃的，在从江有个孔明堂，是苗族祖先灵魂归宿之地）。你则要牢记，心满意已足，天明就启程。

巫师在屋里唱读祭词时，每过一道门，必向主人索取干鱼二条，这些鱼归巫师所有。祭词唱读完毕，则开始宰牛祭祖。宰牛须由牯藏头家开始，牯藏头家杀牛时鸣火枪或放三响铁炮为号，全寨人听到枪声后，即把牛杀死。杀牛一定是内亲舅爷亲自动手，这是苗族“娘亲舅大”的礼数，舅爷杀牛表示向祖先献厚礼。牛宰好之后，全寨家家户户设宴请客，不论是陌生人还是亲朋好友，都予以接待。一般客人在三天活动结束则告辞，亲朋好友则可延续四天或四天以上才向主人告别。吃牯藏即将结束时，全寨举行一次驱逐鬼魔活动：请一位鬼师到居住在本寨位置高而显眼的人家里，在其屋内摆放三条鱼、三碗酒、一碗糯米饭等供品，在鬼师念咒词的同时，主人一边用五倍子树削皮制成的白色木棍戳地，一边发出“唧唧”的逐鬼声，此时各家各户敲门击鼓，从屋内至屋外，全寨一片驱魔逐鬼声响彻云霄。此后，牯藏头家的祭品及赶鬼使用过的木棍，都要放于木桶内封好，派人挑至悬崖深谷丢掉。这是因为在此活动期间，有一些无主鬼魂也同来看热闹，他们无地方享受祭品，只有去牯藏头家，由此，将其丢到悬崖深谷，以表示驱鬼出门。驱魔逐鬼之后，一切又恢复正常，吃牯藏活动宣告结束。

吃牯藏时舅舅、姑父以及一般亲友都前来参加，并送来糯谷穗十把（10~15千克），客人离去时，主人打发一块牛肉，约二斤。

牯藏头的推选条件：一是最早迁入本寨落户，二是家里富裕，三是夫妻双全，四是多子多孙。牯藏头实行世袭制，牯藏头死后，须是儿子继承；儿子死了，须由指定的孙子继承。只要牯藏头家后继有人，家业兴旺，子孙发达，即可永远当下去；若牯藏头家在某一代无男丁或家道中落无法担当，则由寨上协商从同族同姓的人中另选牯藏头。

二、婚恋与家庭

苗族的婚姻基本是一夫一妻制。婚姻的缔结，历史上多是自由自主，近代一般是自由选择和父母包办并存，但自由选择也要禀告父母请媒人去说合，才能完婚。一般要经过说亲、订婚、结婚三个程序。

青年男女一般成长到16~18岁时，通过各种社交场合开始物色对象。一旦男方找到自己所爱慕的姑娘，即禀告父母托媒人说亲，父母经过调查了解女方品行和家庭情况，认为“门当户对”，方可提亲。普安、三合一带苗族说亲，要择吉日，请媒人携带一两千克红糖和点心到女方家去试探说亲，女方家准备酒饭招待媒人吃“开口饭”，第一次说亲女方家一般不会爽快地答应，以示慎重。第二次再去提亲，如果女方家应允，接待媒人就很热情，不退回红糖和点心以表示说亲已成；如女方家态度冷淡，退回红糖和点心，则表示提亲不成。都江一带苗族提亲不带礼物，空手前往问话，允不允婚女家都要招待酒饭。

普安、三合、阳基、交梨、高硐、苗龙一带苗族订婚叫办开口酒，也叫订婚酒。女方家允婚后，男方家选择吉日由父母一人同媒人、族亲等带订婚礼品（一只银手镯、一提篮糯米饭、15千克红糖、糕点和米花若干、几十斤酒、几十斤肉或抬活肥猪一头）到女方家订婚。女方家还特邀家族老少及内亲作陪，将男方家送来的红糖、糕点和糯米饭分给家族及内亲，公认这门亲事。订婚酒吃毕，女方家打发几个“芒硐”（约2千克米的糯饭，用稻草包成团）、一段或几段土布、数双姑娘亲手做的布鞋，到家后糯饭分给家族，宣告婚事已成。各方得到的手镯、鞋、布即作为订婚物证。都江一带苗族订婚仪式带有原始宗教色彩。男方父母一人陪同媒人到女方家时不带礼品，只带一只发育正常的公鸡作为“认八家鸡”。女方家邀请本家族长辈到场，大家验看公鸡无异常现象后，媒人在火坑边念四言八句祝词并将鸡宰杀，褪毛剖腹洗净，下锅煮熟，捞出来验看鸡眼睛，左眼主男，右眼主女。如果双眼紧闭，就说明男女八字相符，婚姻关系就可确定下来，女方家在酒席间开始以亲家称呼；如果鸡眼左睁右闭或右睁左闭，就说八字不符，这门亲事告吹，饭后男方返家另外寻亲。

普安、三合、阳基、交梨、高硐、苗龙一带苗族在结婚吉日前两个月请媒人去女方家通知婚期和讲彩礼，协商同意后，双方着手筹备。到婚期吉日，男方家门窗张贴红对联，准备新房。头一天由媒人、男方家迎亲代表和迎亲姑娘各一人以及抬彩礼若干人前往女方家迎亲。所送彩礼一般有猪肉50~100千克、大米约50千克、酒约50千克、红糖糕点30~50千克、现金1000元不等、银手镯数支（视女方家嫡亲叔伯母、姨母、舅母人数多少而定，少则三五只，多则七八只）。女方家在大门口准备两桌酒招待迎亲客人，叫拦门酒，所有来迎亲客人喝两碗拦门酒方可进屋。在点交彩礼时，双方代表还要喝两碗过礼酒。这天是女方家办客请酒。次日新娘身穿盛装，头戴银饰，手撑新红纸伞，涕泪哭泣出门。女方家陪嫁有箱柜、被子、垫单、布匹等嫁妆，改革开放以后嫁妆增设有冰箱、彩电、音响、家用打米机、摩托车等。送亲队伍有送亲姑娘4人，打扮与新娘一样；还有送亲婆、送亲公、送亲舅、押礼公各一人。新娘与迎亲及送亲队伍走出村口后，女方家将一个碗扣在门外角，委托两个族人各扶一碗酒到村外路上，并折一根巴茅草挽草标插于路边，表示姑娘已经出嫁了，这时迎亲的一代表回过头来拔草标，但要喝完两大碗酒，女方代表才让对方拔取草标，整个出阁礼终告结束。迎亲途中新娘忌回头看，表示忘掉娘家，一心一意去夫家；忌与当日出嫁的其他新娘碰面，如果有这种可能的话就要绕道而行；忌过岔路口，如遇岔路口则要人背过去。新娘到新郎家时要举行两道仪式。一是进门跨火仪式，即迎亲前，男方家要选择一个有福气的本家妇女当迎亲婆，清晨在人们未担水前，先从井里装满一罐新鲜水，放在隐蔽的地方，并准备一把米草。迎亲时迎亲婆到寨外接替送亲婆，给新娘整理服饰和打伞，迎接进寨。新娘要进门时，迎亲婆把新鲜水罐递给新娘提，把米草点燃放在门槛外边，家里所有的人都走出门外，然后扶新娘提水迈左脚跨烟火进门，表示一路顺风，青云直上。新娘进门瞬间，有意把携带的两个煮熟染红的鸡蛋抖落门边。新娘进入堂屋背朝神龛坐下，送亲婆和迎亲婆陪坐左右，表示当日以新娘为贵，然后在新娘面前摆上煮熟的三条鲤鱼、一钵糯饭、三碗酒，让新娘滴酒、掐鱼及糯饭喂撒在地上以表示祭见先祖。接着大家入席饮酒，同时男女双方代表对唱婚礼歌，逐渐使婚礼达到高潮。然后鞭炮齐鸣，迎亲公与送亲公饮交杯酒，表示完成交接任务。男方家大宴宾客，唱祝酒歌，敬牛角酒，婚礼结束。晚上送亲姑娘陪伴新娘歇息，新娘不与新郎同房。次日新娘回门，公婆打发一只银手镯、一块银圆或现金作认媳礼；打发送亲者每人一只鸡，一包“芒硐”作谢脚步礼。此后新娘还要往返娘家几次，经过数月或一两年才坐家摸锅灶。都江一带苗族结婚仪式就比较简单，男方家择定吉日后，媒人提前去通知女方家并商定彩礼。接亲时只由本家哥哥和新郎两人带彩礼去女方家迎亲，有的新郎不去只由本家哥哥前去。女方家不陪嫁衣被等嫁妆，仅随身穿戴新衣裙和银首饰，由一小姑娘陪送出门，无任何忌讳，到了夫家新娘就下厨房做饭菜招待宾客，晚上不与新郎同房，次日或第三天回门，往返数次即可同房坐家。婚期双方只办几桌酒席宴请家族和亲戚。

苗族的家庭，父亲是家长，有支配家中经济等的权力。儿子结婚生育后即自立门户，家庭成员一般不超过三代。父母对子女有养育的义务，同样也享受子女赡养的权利。兄弟分居，一般是均分父母财产，均负赡养义务，均承担偿还债务等。姑娘不参加分财产，也不承担赡养父母义务。兄弟有共同抚养和陪嫁姐妹的责任。中年无男孩时，可在本族中收养，如本家族无合适男孩可收养，经本家族同意方可收养外族外姓男孩。抱养子女在家庭中的地位同亲生儿一样，得到平等待遇，有财产继承权。寡妇改嫁，不能带走或变卖前夫的固定资产，如子女幼小，男方愿意抚养，可随母前往，长大后仍回本家继承财产，没有赡养改嫁母亲及继父的义务，也无权继承继父的遗产。

苗族使用汉姓是清雍正年间在黔东南设置“新疆六厅”以后才出现的。境内苗族的姓氏有张、吴、李、平、莫、白、杨、罗、唐、左、耿、潘、顾、梁、汪、龙、向、刘、雷、胡、韦等二十几个姓。

三、丧葬

苗族都实行土葬。丧葬礼仪在普安、三合、都江一带有其独特的传统习惯。一般有停丧、吊丧、出殡、安葬等程序。

老人临终时，子女都要守候在侧，以尽孝道。如女丧在弥留之际，必须通知其娘家亲人赶来探视最后一面，并且从落气后到洗身更衣、选择棺木、确定安葬日子和踩坟地，都要尊重娘家的意见。死者落气后，要在家族中找一胆大之人做死者扶侍人，从剃头或梳发、沐浴更衣、焚香化纸、守尸供饭，到扛尸出门、打火引路、入殓装棺、整理尸体、盖棺入土都由此人办理，因此得到特别尊重。给死者穿新的寿衣裤，一般三五件，穿单不穿双，然后用数床新垫单包裹停放在顺门边的灵床上，灵床下放火盆焚香化纸，设灵桌供祭酒饭。孝子不包孝帕，不穿孝衣，只在头发上拴一绺麻丝，腰系一根麻绳，作为孝子标志。孝子不忌油荤。在入土安葬前不准洗脸洗脚。多数地方不在家入殓装棺，要在坟山上入殓，仅有巫不、高尧等地在家入殓装棺。停丧期间孝家每天早、中、晚要各放三响铁炮。

亲友客人前来吊丧，都要挑米担酒、送豆腐和香纸鞭炮。内亲要送一根银瓢给死者陪葬，送一挑大米（约 40 千克）、一坛酒、两板豆腐、一拨唢呐、一副铁炮（用完以后带回）、香纸鞭炮若干，姑娘女婿还加上一头串边猪（孝家宰杀后，吃半边留半边带回去）。亲友来时，进门要放三响铁炮和燃放鞭炮，叫入门炮，孝家立即放三响铁炮呼应，叫迎客炮。亲友进家后，女客要围尸大哭，死者扶侍人向死者报出亲友送来哪些礼物。经济条件好的孝家要杀一两头水牛，一般人家都要杀猪招待亲友。杀牛仪式也比较隆重，被杀的牛要披红戴花，用新竹绳一头系牛，一头捏在扶侍人手里，表示这是送给亡者的牛，然后由死者最亲的客人持斧砍牛头，牛头祭供死者后由杀牛客人带走，牛肉宴请亲友。

按照择定的吉日吉时，将尸体裹好，用一床新垫单兜起抬出门，由两个壮汉用一根木杠穿绑好抬上山。这时铁炮、鞭炮齐鸣，芦笙、唢呐齐奏。死者扶侍人手执火把在前引路，数人手持马刀开路护送，孝子随后。女子不随孝子送葬。巫不、高尧一带抬棺木出殡。

安葬前已将棺木抬到坟山，挖好墓坑后把棺材放入坑内，待出殡队伍将尸体送来时，由死者扶侍人移尸入殓，然后盖棺。孝子先覆泥土，众亲友再一齐撮土垒坟。回家后设席宴请宾客，客散时，孝家给每个亲友送一块肉回礼。客人回家时，寨上男女青年手蘸红、绿颜色向异性客人脸上“打花猫”，互相嬉闹，直把客人脸上弄得花花绿绿才放行。安葬结束后，孝家还要守孝 40 天。其间，家中不准断香火，孝子不准与妻子同房，不准更衣理发，不准走亲访友，不准说低级下流的话。守孝期满，要办一次小客，约主要亲友前来给死者“送小吃”，用一头猪、一坛酒、一篮糯饭、一钵鱼或炖好的水牛皮祭供亡灵。整个丧事方告结束。

第二章　民族文化

第一节　水族文化

一、水族语言

水族语言简称水语，是一种有声调的单音节语言，音节组成跟汉语、拉萨藏语、壮语、苗语基本一致，句子的格式也和汉语相仿，属汉藏语系壮侗语族侗水语支。水语与同语族中的毛南语、侗语、布依语、仫佬语和壮语有亲缘关系，尤其与毛南语及侗语的关系更为密切。分布在不同地区的水族，尽管在语音和词汇上稍有差异，但都可以用水语交谈，没有障碍，不存在方言差别，只有少量不同土语。大致有三个土语区，即三洞土语、阳安土语和潘洞土语。第一土语以三洞为代表，包括境内的三洞、中和、水龙、坝街、合江、廷牌、恒丰、周覃、九阡等地区及荔波、榕江、从江和广西融水等县的水语；第二土语以阳安为代表，包括境内的阳安、阳乐和独山县温泉、董渺一带的水语；第三土语以潘洞为代表，包括都匀市的潘洞及阳和、基场、奉合和独山县的翁台一带的水语。三个土语区的语音以三洞土语比较有代表性，因此对水族语言的语音、词汇、语法介绍，多以三洞土语为标准音。

水语结构中，语言方面较为复杂，是壮侗语族中声韵母较多的一个语种。水语中三洞水语声母有 72 个，再加上潘洞、阳安土语区差异部分的声母，水语声母达 80 多个。三洞土语区的韵母有 55 个，潘洞土语区的韵母有 77 个之多。水语的声母、韵母的数量相当于汉语拼音的 2 倍多。水语的三个土语区的声调都是 8 个。

水语中的基本词汇以单音节为主，特别是最常用的核心词汇，多数是单音节的，复音节两个或两个以上的词数量较少。复合方式组成的固有词、合成词相当丰富。水语的句子格局基本属于“主语—述语—宾语”类型。这种句子，词的顺序，水语跟汉语完全相同。只是表示修饰关系、领属关系时，水语和汉语的词序相反。水语语法，词序严格，一般都按音节的先后顺序组成词、词组和句子，名词的修饰语除数量词外，一般都放在名词之后。句子一般主语在前，谓语在后，宾语和补语在动词之后。除了部分名词之外，代名词能加词缀，形容词、动词之后能带双声、叠韵或叠音词。

由于水、汉两族人民长期交往，水语吸收了不少汉语借词。汉语借词来自不同的时代，因之有老借词和新借词之分。水语和汉语的同源词比较多，保留了中原大量的古语语音，现代的新借词日益增多。汉语中出现大批量词，水语受汉语影响，也出现了量词。较早的汉语借词，一般都是日常生活、生产劳动、社会习俗等方面的，有的已成为水语的基本词汇，并能不断派生新词。新的汉语借词主要是 1949 年以后吸收进来政治、经济、文化、科学、技术等方面的新词术语。在杂居地区和城镇或赶场的集市，社会交往越来越频繁，汉文化教育的普及和提高，水族青年外出、上学都接触汉族，学汉字说汉语，活动范围不断扩大，因此水族中能操汉语以及运用汉语的人越来越多，掌握语言词汇也越加丰富。

水族语言有两套音标方案：第一套是水语国际音标方案，是由语言专家张均如等人于 1979 年编写的《水语简志》整理出来的，与国际音标关系较为密切；第二套是水语拼音方案，1985 年三都水族自治县姚福祥等语言专家在第一套方案语音归类的基础上，运用汉语拼音字母重新整理出来。后来编写的《水族文化进校园读本》使用的是第二套水语拼音方案中的拼音。

水语国际音标方案（三洞土语区）

声母（72 个）

p ph mb ʔb f v m̥ m ʔm ʔw t th nd ʔd s z n̥ n ʔn ts tsh l ȶ ȶh ç ȵ̥ ȵ ʔȵ j ʔj k kh ɣ ʔɣ ŋ̊ ŋ ʔŋ q qh ʁ h ʔ tw ndw ʔdw tsw tshw kw khw sw lw ŋw ʔŋw pj phj mbj ʔbj m̥j mj fj vj tj thj ndj ʔdj n̥j nj ʔnj lj tsj tshj sj

韵母（55 个）

i iu im in iŋ ip it ik e eu em en eŋ ep et ek a aːi aːu aːm aːn aːŋ aːp aːt aːk ai au am an aŋ ap at ak o oi om on oŋ op ot ok u ui um un uŋ up ut uk ə ən əŋ ət ək ɿ

声 调

调类	舒声调						促声调			
	1	2	3	4	5	6	7		8	
							短	长	短	长
调 值	13	31	33	52	35	55	55	35	32	42
例 字	ʔna^{13} 厚	na^{31} 肥泥	ʔna^{33} 脸	ma^{52} 马	ta^{35} 中间	ta^{55} 经过	tak^{55} 折断	tsa：k^{35} 鞋	kak^{32} 层	la：k^{42} 儿

水语拼音方案（三洞土语区）

声母（71 个）

b by p py mb mby qb qby hm hmy m my qm f fy v vy qw d dy dw t ty nd ndy ndw qd qdy qdw hn hny n ny qn qny l ly lw z zy zw c cy cw s sy sw r j q hgn gn qgn x y qy g gw k kw hng ng ngw qng qngw xg qxg gg kh xgg h

韵母（55 个）

i iu im in ing ib id ig ee eeu eem een eeng eeb eed eeg a ai ao aam aan aang aab aad aag ei ou am an ang ab ad ag o oi om on ong ob od og u ui um un ung ub ud ug e en eng ed eg i

声调共有 8 个，第一调用调号 l，第二调用调号 Z，第三调用调号 C，第四调用调号 X，第五调用调号 S，第六调用调号 H，第七调、第八调属于促声调，不标注调号；调值与音标方案相同。

二、水族文字

水族有自己传统的文字符号，这种文字称为水文字或水字，是水族地区记载古代天文历法、各种民俗活动及宗教事项等文化典籍的古拙的文字符号。有象形字、图形符号和表意方块字，字形类似甲骨文和金文。用水字来记录的文化典籍，水语称为“泐睢”，汉译作水书，是水文字和书籍的通称。

水文字的书写由点、横、竖、撇、捺、钩、挑、折、弧线构成，字形复杂，笔画与古汉字相似。水文字构成以象形、指事、反书为主，也存在会意、假借、音义。如：象形字，“脸”写作“”，“虎”写作“”，“蜘蛛”写作“”，“人”写作“”等。指事字，“上”写作“”，“下”写作“”，“中”写作“（）”，“心”写作“”等。反书字，“丁”写作“”，“子”写作“”，“五”写作“（、）”，“九”写作“”等。会意字，“祭”写作“”，“坑”写作“”，“一、二、三、四”写作“（）、（）、（）、（、）”等。假借字，“地、第”均写作“”，“南、男”都用“”来表示等。音义字，“锯”写作“”等。

至 2013 年，三都水族自治县水族研究所已搜录到 500 多个水书单字，韦世方先生录选了常用文字 468 个，加上异体字共 1780 个，编写了《水书常用字典》（2007 年 9 月贵州民族出版社出版）。在搜录到 500 多个水书单字中发现，象形字和图画文字占 30%以上、会意文字约占 30%、指事字约占 20%、形声字不到 10%，独体字占 60%以上，复合字不到 40%。

三、民间文学

水族的民间文学，按文体可分为韵文体和散文体两大类，韵文体作品多为歌谣、歌诀、说唱类；散文体按内容和形式大致可分为神话、传说、故事、童话、寓言、熟语、谚语、谜语、歇后语等。按形式大体上可分为三种类型，一是散文形式的故事传说和神话寓言；二是诗歌形式的叙事歌、即兴歌和以念唱为主的调歌、古歌等；三是句型整齐并且押韵的格言、熟语、成语、民谚和反语等。

水族的故事传说分为神话、风物、爱情、民俗、善恶、抗暴起义、机智人物、动植物、寓言和新故事等类别。

神话内容多是有关民族的来源和对自然现象的解释，或对自然力的神化。它以特有的思想方式，形象地展现了水族先民所记忆和理解的人类童年时代的生活图景。如《人的起源》《洪水滔天》《兄妹结婚》《牙仙造人》《阿恒送火种》《九仙的故事》《人龙雷虎争天下》《泐虽的来历》《借书奔月》《化石娘》和《铜鼓的传说》等。

风物故事多取材于水族地区美丽多娇的景色和奇特的物产，加入传奇的神话色彩，寄托着他们的感情、愿望、理想和追求。如《都柳江的传说》《九阡李》《尧人山的故事》《仙人桥》《薅九线》《月亮山》等。

爱情故事反映了水族人民对自由婚姻和忠贞爱情的追求与赞美，同时对破坏人间幸福的种种恶势力进行抨击和反抗。如《叽啾桂》《鱼姑娘》《樵夫与龙女》《望郎榕》《韦光与石仙》等。这些故事大都代表邪恶或旧势力的对立面，在爱情上忠贞不屈的青年男女与之反复斗争，以悲剧结束或喜剧告终。

风俗故事的内容主要是水族人民在长期的生产斗争和社会实践中形成的一套完整而又别于其他民族的风俗习惯和禁忌。有反映本民族传统节日和迁徙的故事，如《端节的由来》《卯节的来历》《苏宁喜的来历》等，有关水族婚姻习俗的《倒栽杉》和《破姓开亲》，有关民族乐器的《芦笙是怎样吹进水族村寨的》《铜鼓的传说》等，有反映水族妇女服装和饰品的《耳环的来历》《花边》《木梳》《戴手镯的来历》《胸花围腰的来历》《水家布的由来》等，还有反映水族禁忌的《端节吃瓜》《鱼包韭菜》《唢呐为什么在内外套吹》等。

善恶故事内容多是揭露和抨击那些作恶者，歌颂人民勤劳、勇敢、善良的美德，表现了水族人民鲜明的爱恨感情和是非观，具有鼓舞作用和教育意义，洋溢着浓厚的浪漫主义色彩。如《石马宝》《宝珠龙》《两个媳妇》《山羊姑娘》《牛娃纳坤》等。

抗暴起义故事反映辛亥革命前后水族人民为了反抗残酷的封建剥削和压迫，举行了规模大小不同、斗争方式各异的抗暴起义斗争的史实，是水族人民近代革命斗争历史形象而生动的写照。如《简大王的故事》《海黑造反》《钮王剑》《捉贪官》等。

机智人物故事显示人民对黑暗势力和落后现象进行的坚决而巧妙的斗争，反映人民的智慧和力量、理想和愿望。有类似新疆阿凡提的《金贵》系列故事、《宝简》《潘公智断无头案》《巧媳妇斗县太爷》《审石头》《蒙阿华》等。故事刻画人物栩栩如生，而且描摹世态，穷形尽相，情节曲折，波澜迭起，语言辛辣，入木三分，具有一定的现实教育意义。

动植物故事则取材于某些动植物的典型特征，经过合理想象进行艺术加工而成。如《狗和猪》《水牛和老虎》《老虎为什么吃人》《拱屎虫》《马桑》《家鸡和野鸡》《公鸡骗公鸭》《八月笋》《香菌》等。这些故事带有寓言的内核，启示人们去辨真善美和假恶丑，劝导人们扶正祛邪。

水族的新故事主要有《邓恩铭的故事》《石门怒火》《龙团的覆灭》《月亮山下打日寇》《水寨歌声》《铁脚板成亲》《嫁妆》等，这些故事反映辛亥革命以后水族人民反压迫反侵略斗争的英勇业绩，以及中共十一届三中全会以后水族人民生活水平不断提高，水族地区经济社会发展变化的生动事实。

此外，水族的故事传说中还有不少的童话和寓言故事，短小精悍，富有一定的哲理性和强烈的爱憎情感，具有一定的教育意义。这些故事经过民间文学工作者的搜集、整理，已经印刷出版的有《月亮山》《石马宝》《水族民间故事集》等。

水族民歌是水族民间口头文学的重要组成部分，也是最能反映民族特色的一种文学形式，占据水族民间文学的主要地位。水族歌谣曲调变化不大，旋律较简单，但歌词因事、因人、因物而变化、发展、丰富。它也没有固定的句数，短的两三句或五六句为一首，长的几十句或数百句为一首。句子长短不一，有三言句、四言句、五言句和七言句，而以七言句居多，也有混合使用的。水族民歌注重押韵，靠韵来组合诗歌，因此有“无句不有韵，无韵不成歌”之说。押韵也十分特殊，有头韵、腹韵（腰韵）、尾韵（脚韵）三种，并且混合使用，同时转韵、变韵快，极难找到一韵到底的水歌，所以有人称这种押韵为流水押韵法。水族民歌常采用赋、比、兴和排比、叠句、复沓、拟人、设问等修辞手法，并且以借喻、暗喻和拟人使用最广泛。其内容有热情的赞扬和歌颂，也有辛辣的讽刺。

水歌按其形式，大致可分为双歌、单歌、蔸歌、调歌、诘歌等五大类，其中以单歌、双歌居多。按其内容分类有开天辟地歌、迁徙歌、生产歌、风物歌、风俗歌、礼仪歌、酒歌、苦歌、情歌、婚嫁歌、逃难歌、庆贺歌、丧葬歌等类别，各类歌中还可以分成若干个细目，如情歌可以分为见面歌、分别歌、青春歌、惜春歌、约会歌、想念歌、订婚歌、逃婚歌、离婚歌等。

水语称双歌为“旭早”，也有叫“旭凡”，即说故事的歌，也是水族的“曲艺”。双歌演唱多在庄重热烈的酒席间进行。双歌以组为单位，每组有二、四、六、八首不等。组成双歌的每一组歌，尽管内容有相对的独立性，但很少单独成篇，必须组合在一起，互相配搭联系，才能完全表述所要反映的主题。一般的双歌，没有说白，并且每组不限于偶数。而寓言性的双歌，则分为说白（讲故事）和吟唱两部分。说白相当于小引或序，有的是一句话，有的是一个短小的故事，用以介绍吟唱部分主要对象的主要活动。吟唱则是双歌的主体部分。

双歌演唱较为特殊，要有两个或几个人来打和声。这种和声是一种衬和，也叫作帮腔。往往重复末句的后半句加上“哈喂”衬词作为和声。三都九阡一带，在演唱前，常由演唱者和席间人齐唱起和声“腊咱业喂，腊乃育喂”或“流海业喂，流海育喂”和声。前者为女性和声，意为“你那边的姊妹们喂，我这边的姊妹们喂”；后者为男性和声，意为“所有你的亲戚朋友喂，所有我的亲戚朋友喂”。双歌的起歌和声，既提起周围听众的注意，又能使演唱者精神振奋；歌尾和声，除了烘托场面气氛之外，还让演唱者得到舒缓、回旋和思考的机会。双歌内容广泛，包罗万象，纵贯古今，表现艺术手法因题材而异，如表现社会历史、生产生活等内容的，常用素描、明喻兼适当夸张；属于寓言性内容的多用引喻、暗喻、借喻等，寓意并不直接表露，必须根据当时演唱者的气氛和出歌的内容去用心揣摸，才能领会其主题。所以寓言性的双歌幽默、风趣，深受群众的喜爱。

水语称单歌为“旭挤”，是和双歌相对而言。唱单歌不一定需要对手，可以一人唱，也可以对唱。唱单歌时往往以“哟啊”作为起声，如果是对歌，还可以在歌尾由歌手同伴齐声加上“哟嘻哟哟——哟，嘘哟哟”的和声，气氛就更为热烈。对歌时，每次只需唱一首，不像双歌那样要唱一组。单歌咏唱的题材更为广泛，演唱的场所不受限制，触景生情，即兴演唱，多用于情歌、生产歌、苦歌、逃难歌等。单歌也常常运用比兴手法，显得更自由灵活。

蔸歌，水语叫“旭虹”。取材广泛，比兴多样化，演唱时至少有两人，多则不限。有的是属于集体吟唱一件事，唱的歌凑成一大组，像成蔸丛生的庄稼，因此得名。蔸歌也有类似双歌的说白，用来说明吟唱的缘由，但是没有起歌或歌尾的帮腔和声。蔸歌长于表达复杂的情感，多用于爱情的聚会离别时的吟唱。

调歌的句型结构自由，长短不一，不如单歌、双歌的句型工整，通常由几首组成一组；每首句数也不很多，大致在五六句至二十句。类似汉文学的短词或小令。多在酒席间或调解场合中念唱，常加上“啦哈”或“嘹哈”在歌尾作结。它多取材于历史或日常生活中有寓趣的内容，由于语言幽默、形式活跃，常起到逗趣、调喻、戏谑、寓教于乐的作用。

诘歌之“诘”，意为辩理、论理之意。诘是一种讲古论今、带有哲理性和地方习惯法性质的文学体裁，以念唱为主，在篇末才吟唱几句作为概括，是水族民歌中最为古朴的歌种。诘的分类，大致可分为婚嫁诘、丧葬诘和评理断事诘三种。常常在以上几种场合的宴席上举行，由德高望重的长老或专操此技的人来念唱。诘歌通常由几十句甚至数百句组成，通常是两人对阵念唱。评理断事诘是过去水族地方的理老（水语称为“布诘”，即专门论理的长老）调解地方民间纠纷时常常用到。清代末年之后，评理断事诘逐步消失。但婚嫁诘、丧葬诘在隆重的婚葬庆典上至21世纪还在使用。

根据水族熟语的特征，大致可以分为格言、成语、歇后语三种，它常取材于一些人情事故、风俗习惯、自然现象、正义真理等，所含的寓意深刻、音韵也十分和谐。这些格言、成语、歇后语都为一般人所遵守，有的还起到不成文法的作用。

水语中的成语，多是从生活习惯用语中提取。如“鸟代耐彼”译意为静死动生，含义是懒惰的人没有出路，勤劳的人才有生路；“当坎万蒙”译意为抵崖砍虎，说明在形势逼人的情况下，不论是谁都会作出大胆的举动。只有少数从寓言或其他民间故事中提炼演化而来，如“满贵满”译意为猴子打猴子，即自己人打自己人，是从锤子与蚂蚱争夺地盘的寓言故事中提炼而来的；“拥金贵败商”译意为拥戴金贵上省城，即表明对正义事业的支持或协力对某人的支持拥戴，这是借用机智人物《金贵的故事》中平民百姓说的一句话。

格言在水语中大量存在，如“勤是摇钱树，懒是钻心虫”是说勤劳的人会生产、会创造财富，懒惰的人不但不会生产，而且还是消费者，像钻心虫一样光吃不做，肯定“勤”才是正确之路；“理倒三千，力倒一人”是指靠道理和智慧才能征服众多的人；“水软水钻山，石硬石成灰”则提示人们要辩证地看问题，办事要讲理、讲方法，如果一味地硬碰硬撞，其结果会适得其反。这些大多都取材于现实生活中常见的事例，言简意赅，很有教育意义。

水语歇后语和汉语歇后语基本相似，如“向前踩盆，退后踩碗”——进退维谷，“下马骑狗”——舍高就低，“手长衣袖短”——无能为力等，所表达的意思基本上一目了然，容易领会其所表达的含义。

反语在水语中有“说反话”之意，它跟汉语中的反语有相似也有区别。水语和汉语的反语在使用上多用于讥讽，但在语音结构上，则运用韵母反切。所说的语句如是二字词语，则真正要表达的词语的第一字的声母加第二字的韵母（含声调）作为反词的第一字，真正要表达的词语的第二字的声母加第一字的韵母（含声调）作为反词的第二字。用汉语语音解析的话，比如“讲理（jiang li）”，则说成“几两（ji liang）”。若要使用的反语是四个字，则把第二字、第四字看作是一个词语，用上述的办法对换声、韵母（含音调）再组合成新词，但新词所在位置不变。反语由于多半使用在表达一语双关的场合，一般的人一时不容易听懂，不少地区已经不再使用。

四、水书、历法与“布经”

水书是用水文字记载早期天文、历法及各种宗教事象的文化典籍，主要记录在水书卷本中。水书没有统一的刻版印本，是靠民间水书先生代代手抄口传心授传承下来的，现代留存的水书手抄本大多是明代以后多家水书先生传抄誊写的版本。它保存了大量的水族天文、历法、气象和宗教资料，与古代中原文化有渊源关系。水族人民事农、营建、出行、婚嫁、丧葬等仍依水书而行。水书的内容，按性质可以分为吉凶两类。吉祥类的水书称为“泐多”，意为白色干净无忌无戒的书，它有代旺、九高、九笨、龙定、龙派、金堂、木堂、四雄、天罡等40多个条目；凶祸类的水书水语称为“泐凶”，意为凶祸灾害的书，包括有梭项、歹耿、龙犬、大败、九火、不倒、花肖、十平、八平、堂华、尼排、引贯、念友、都居等近200个条目。这些条目名称都是水语音译。在吉凶两类水书中，又分为普通水书和秘密水书两种，普通使用的水书水语称为“泐敢”或“泐八”，意为直述无隐语的“白书”；秘密使用的水书水语称为“泐弄”，用词多隐语，汉译“黑书”。现存的水书多为“白书”。按形式划分，水书可分为朗读本、阅览本、遁掌本、时象本、方位本、星宿本等。朗读本称为“泐借喜”，是学习水书的基础读本，为民歌体，用词严谨、比喻夸张、易于诵读。阅览本称为“泐改”，是对水书读本的注释，主要用来编修水历，是水书的主体部分之一。水书遁掌卷本称为“泐点冻”，意为掐指遁掌的书，专门讲授计算星宿十二宫的方法，也用于编历书、预报气象等。时象本水语称为“泐万昔”，记载地支方位于逐年、逐月、逐日的吉凶兆象。水书的方位卷本水语称为“泐放”，是专门测算地理方位及某一地理方位在某一时刻的凶吉兆象。水书的星宿卷本水语称为“泐菊”，是记载二十八宿在一定年月日时内的吉凶兆象。由于水族文字较少，在水书中记载多起到提示作用，形成抄写文字少而诵读时音节多的现象。而且水书中有些条目后面还有一段歌诀，没有文字记载。它多为四言句或三四分节的七言句，对这个条目（多为鬼名）在某时、某方位等产生的作用、性质、结果等进行判断、总结、告白，多采用暗喻、隐语方式表达，语言独特精炼，是水书中的瑰宝。

水族人民在长期的生产劳动过程中，逐步掌握天时节令，创制了自己的历法，叫作水历。千百年来，在民间的各种民俗事象如民间传统节日、农事节令、婚丧嫁娶、宗教祭典及吉凶占卜等活动中承袭使用。早期水历属于自然历，按布谷鸟第一声啼叫或白鹤首次南北往来作为分界线，把一年分为“盛”“糯”两季，“盛”季相当于仲春、季春到夏季及孟秋，“糯”季相当于仲秋、季秋至冬季及孟春（最简单直接的区分就是天气热时为“盛”、冷时为“糯”）。后来水历吸收汉历，将一年分为“盛”（农历九、十、十一月）、“桠”（农历十二、正、二月）、“秀”（农历三、四、五月）、“冻”（农历六、七、八月）四季，与农历的春、夏、秋、冬四季名称相对应。元代以后，水历吸收了阴阳合历的概念，并增加了天干地支和五行，把一年分为四季，每季有三个月，十二个月为一年，与汉族农历有许多相似之处。但在月份的安排上，大月为 30 天，小月为 29 天，共 354 天，比回归年少 11 天，因而采用 19 年置 7 闰的方法弥补所少的天数，闰月一般置于水历九月之后（农历五月）十月之前。在纪年上，把六十甲子与水族二十八宿、日月、五行相配以纪元，每六十甲子为一元，共分为七元。第一元从虚宿开始算，到第七元，六十甲子与水族二十八宿、日月、五行相配完毕，共 420 年，完一个上元。中元从第 421 年的甲子虚日鼠开始再次相配，下元同样接下去，历完一个大元，共 1260 年。也有水书师算水书的纪元法时，将一个周期分成天、地、人三大元，每大元又分成上、中、下三元，每元又分成七小元，每小元包含六十甲子，即六十年。历完天、人、地三大元共 3780 年为一个周期，……如此循环，用来纪历。这两种纪元法历元周期较长，可以避免由于干支纪年周期循环频率过高而出现的混乱现象。水历有大建、小建划月法，建月于戌，与秦历建亥颇为相似，即以农历九月为岁首，戌月又称为“端月”，是水族传统年节——端节的起始之月。水书中的星宿本、时象本和遁掌本就是直接用水历来记载天文气象并计算星宿十二宫的。

水书先生在祭祀、驱鬼等活动中，运用口头诵读的“布经”，也是民族口头文学的一个重要组成部分，在水书中少有记载。“布经”语言精练凝重，类似水族民歌中的诘歌。“布经”句数不等，每句以三三字、三四字或四四字分节较多，内容多半为驱邪消灾，乞求平安幸福、六畜兴旺、子孙发达等。

五、民间乐器

水族的民间乐器主要有铜鼓、木鼓，其次是芦笙、唢呐、长号、莽筒、胡琴等，多在祭典、节庆和丧葬时用。

铜鼓是水族地区普遍流行的一种乐器，据不完全统计，至 2013 年三都境内还保存有 500 多面铜鼓。其造型有大小、雌雄之分，在村寨中多半为富裕或有威望的寨老家中藏有或为同一亲属关系家族所共有。因此，铜鼓也是权力和财富的象征。它平时当贵重物品保管，在家族观念中，如丢掉铜鼓就意味着丢掉祖先家业。只有在端节、卯节、婚嫁、祭祀、迎接贵宾以及丧葬等活动中方拿来演奏。演奏前把它悬挂起来，喷洒三杯米酒祭之，接着由两个人演奏，其中一人按照一定的鼓乐节奏一手执竹条或筷子击鼓腰，一手执鼓槌击鼓面，另一人根据击打节奏双手捧木桶伸缩于鼓腹中，借以控制气流、调节音响的共鸣与舒张，其音调铿锵激越，听者如身临战场。由于地域、场合不一样，演奏的调子也不一样，一般来说，喜庆活动演奏的调子欢快明朗，哀悼活动演奏的调子较沉重迟缓。水族人民历来都把铜鼓看作是一种神圣的宝物，是一种重器、神器、乐器或祭器。

木鼓是水族民间流行的一种乐器，其构造与皮鼓没有多大区别，但有鼓面窄、鼓身长、鼓皮厚的特点。有普通木鼓和角鼓之分，在端节及其他喜庆活动中，它常配合铜鼓一起演奏。木鼓的一头置于地面，另一头用木架支起，高至人的胸部，表演者双手握着鼓棒，随着铜鼓的鼓点进行演奏。两鼓合奏，其音激越铿锵，节奏多变。

芦笙是水族人民生活中不可缺少的一种乐器，有大、中、小几种型号，它的构造和苗族的芦笙基本一样，但吹奏方法与乐曲与之不同。一般三至五人合奏，曲调各式各样，有大开门调、小开门调、耕作调、纺纱调、敬酒调、问候调、哭灵调等 40 余种。调子有长有短，短的有八九分钟，长的达一二十分钟。每换新的调子就由小芦笙吹引，然后中、大各类型芦笙齐奏，清脆中有雄壮，激昂中蕴幽远。它与莽筒一起配合演奏，多用于节日及丧葬活动，仍然保持着远古的音乐特色，具有丰富而优美的旋律和内容。

唢呐、长号（也叫大号）的构造与演奏方法与其他民族的基本一样，多用于丧葬悼念活动。在喜庆活动时，唢呐用于敬神时进行演奏，长号用于迎宾活动时进行演奏。

六、民间舞蹈

水族舞蹈主要有铜鼓舞、斗角舞、芦笙舞、角鼓舞等。

铜鼓舞源于古代的祭典活动，相传已有几百年的历史，多在端节、卯节、重大婚嫁、重大祭祀、迎接贵宾以及丧葬等活动中表演。表演时在场地中间搭一个三角支架，将铜鼓悬挂起来，一人敲击铜鼓，一人持桶伸进或缩出于铜鼓腹中调音共鸣，另一人敲打木鼓伴奏。六至八名男青年身着舞蹈服饰，踏着鼓点，圈地而舞。随着鼓点的缓急交错，舞姿也在不断地变化，整个场面典雅古朴而又热烈壮观。表演内容有保族卫寨、插秧收割、庆贺丰收等。

斗角舞是水族居住区的一种舞蹈，水语称为“贵都刀”，多半在秧苗拔节抽穗之后的农闲季节，并且在祭祀、节庆和丧葬时演出。它取材于水牛斗角场面，表演时一般由五支芦笙和五支共鸣的莽筒作伴奏。小芦笙于前作导领舞，大中型芦笙和莽筒随后跟着，边奏边舞，五位头插雉尾、腰拴白鸡毛花裙子的姑娘作舞伴应节配舞。另由二人各戴“牛头”道具，作半蹲式，以“浪步”作为基调，糅进牛的左顾右盼、抖毛、打滚等动态和步伐。乐声一起，两条“牯牛”一跃而起，两角戛然相碰，或抵或拉，忽高忽低，又闪又转，斗得难解难分。斗牛道具上的“牛眼”及“牛角”闪烁发光，“牛”身前部搭着的鸡毛裙，后部披上的彩绸装饰在翻飞摇曳。

芦笙舞在水族地区广为流行，它有别于其他民族的芦笙舞。表演者多为三男六女，身着彩色舞衣，腰系白鸡毛彩裙，头缠红色或深灰色头帕，头帕上插银花和雉尾。表演时，男的吹芦笙前引跳跃，手执红帕，随着吹奏节律翩翩起舞。芦笙上系有红绸，插有雉翎，以吹小芦笙者前导，用变换调门来指挥，其动作也特别灵活，接着依次是中、大型芦笙跟着共鸣起舞。基本舞姿有开胯、蹲裆、挺胸、亮臂等动作，舞步有行船、划桨及波浪起伏姿态。整个舞蹈显得粗犷勇猛、灵活奔放，常在各种迎接宾客、庆祝表演和丧葬活动中展演。

角鼓舞水语称为“卤报”，起源于水族早期，历史悠久。跳角鼓舞时，弦鼓是演奏舞曲的主要乐器，是水族极为喜爱的民族民间古典音乐和舞蹈相结合的一种艺术形式，多出现在水族传统端节和接亲嫁女、立新房之时。在举行活动时，人们从方圆百十里的各个不同村寨赶来聚会，在寨老洒酒敬祖祭鼓之后，不分本寨或外寨亲友，男女老少都可以击鼓表演。该舞的基本动作为蹦、跳、跃、滚、跑、蹲，在复杂的组合动作中打出有节奏的鼓点，人们根据鼓手的节奏，转换动作。舞者心随意舞、情绪激昂，动作变化多端，有明显的即兴发挥和自娱性。舞蹈粗犷大方，给人以威严豪迈的感觉。

七、民间工艺

水族的民间工艺主要有刺绣、剪纸、印染、编织、石刻、木刻和银饰加工等。其中剪纸、刺绣、印染等手工艺已普及民间，大多数水族妇女都能掌握，其他则是专业手工艺人所掌握，都带有浓重的民族文化色彩。

水族的刺绣主要表现在背带、裙饰、围腰、鞋、儿童帽、荷包、腰带、袜垫等衣饰用品，其图案多为对称的花鸟鱼虫。马尾绣是三都水族民间工艺最具有特色的刺绣种类，以马尾缠绕各种颜色的丝线，然后绣到各种面料上，形成独特精美的装饰，马尾绣因而被誉为“民间刺绣的活化石”，2005 年 12 月 20 日被列入国家级非物质文化遗产名录。刺绣工艺有绣花、挑花、梭花。针法有平

泡花绣

绣、股绣、乱针绣。其工艺品主要是背小孩用的背带。背带可分为“歹结”“歹瓦巴”“歹格”和“歹腊亚”四种。“歹结”是最华贵的背带，其工艺繁杂精细，首先用白色马尾缠绕白丝线，再用缠好的马尾配以彩色丝线，在各种预制的几何图形部件绣上花、草、虫、鱼、鸟等各种精致图案，最后将各部件拼镶在背带的布样上缝成一个整体，一件“歹结”，花费一个妇女几个月乃至几年的时间。“歹瓦巴”背带，是用红、黄、绿彩色丝线按各种剪纸图案刺绣而成，其价值略次于“歹结”背带。“歹格”即“万字格”背带，是用彩色丝线绣成各种方格花，费工较少，朴实美观，使用普遍。“歹腊亚”背带较为简便，仅用青、蓝布剪成各种动植物图案，然后拼镶在背带布面上用纱线密密地编织而成，这种背带花工少，价廉物美，颇受欢迎。类似“歹结”背带工艺的还有妇女的翘头绣花鞋、童帽等。围腰胸牌多采用“歹瓦巴”背带工艺。另外，水族还有泡花绣，泡花绣是一种纯手工刺绣，绣出的花草虫鱼、走兽飞禽栩栩如生，富有立体感和层次感，精美绝伦，使人爱不释手。

水族的剪纸大多是作为刺绣的底样使用，因为刺绣的花样都是先剪出各种图案，再对图案进行刺绣；剪纸也可以作花灯装饰用的灯花。剪纸的图案花样繁多，多为吉祥神话动物龙、凤、麒麟、梅花鹿及花鸟虫鱼、水书等。制作方法是先用较厚的白皮纸描绘所需图案，然后按图案剪下而成。

印染是水族民间一项传统手工技艺。它的种类主要有蓝靛染、豆浆染和蜡染。常见的印染织品有床单、被面、背包、围腰、手巾等。水族印染工艺历史悠久，世代相传，妇女人人必学，个个必会。传统染料是自制的蓝靛。将家种马蓝原植物割洗干净，放进水池，掺石灰浸泡半个月左右，马蓝腐料沉淀即成。然后取出存放在木桶或瓦缸备用。染布时，将野蕨叶烧灰过滤倒进染缸内，再放进蓝靛，加上适量烧酒，用木棒搅拌调匀成染料水。妇女制作染料的日子，一般是自己的生日，忌用家中老人的祭日。如需染纯蓝、纯青布，将整匹白布放进染缸反复浸泡数次，用清水洗净晾干，然后把布折叠好放在碾布石上，来回碾压光滑，即可得所需的蓝布或青布；如需染蓝白相间的花布作被面或床单，则用豆浆染就可以出现蓝底白花图案，或者将白布用针密缝成所需花草、蝴蝶、飞鸟图案，放入染缸浸泡，洗净晒干也获蓝底白花的图案效果；还有用棉线染成蓝、青色与白纱线相织，可成蓝白或青白相间的花格布。染料除沿用土蓝靛外，还使用赭青、赭蓝等化工颜料，有的也用烧碱取代蕨叶灰水作添加剂。所谓豆浆染，就是用纸剪成所需的各种图案贴在白布上或将硬纸、薄木板等刻成图案模型压在白布上，再用制好的豆浆把花样图案中的空白处填满，放置五至七天豆浆干透并紧固在白布上之后，放到染料缸里染泡，半小时左右将布掏出滤干水，再将布又放入缸中，一天反复四五次，连续浸泡五天，然后将染好的布拿到河水里反复漂洗，用竹篾边洗边刮，将豆浆刮干净后晾干即成。豆浆染一般由妇女制作，染好一匹布所需时间约为一个月。布料色彩古旧，蓝底白花，色调自然和谐，具有朴素的美感。一般用于制作被面、床单、背包等生活用品。由于豆浆染工艺繁琐，工期长，很少有人制作，加上受现代市场商品的冲击，工艺面临失传。

水族编织有纺织、竹编、麻编和马尾编等。土纺土织是水族妇女必须具备的手艺，她们织出的土布纱质细匀，牢实耐用，尤以花椒布、斜纹布为上品。据《水族简史》记载：“清嘉庆时烂土出产的斜纹布，称为‘家布’‘顺水班’，行销远近各县。”九阡青布，纱质细致，染工深透，过去常为士绅馈赠亲友礼品。水族的围腰花带，水族姑娘几乎人人会编织。编织工艺粗加工有竹编提篮、草箩、粪筐、鱼篓、鸡笼、撮箕等，产竹村寨几乎人人都会。精加工如晒席、睡席、躺椅、座椅、筛子、簸箕、米箩、斗笠等则由专业传统艺人编制，尤以阳安地区著名，小件编织工艺品如马尾帽堪称珍品，由专业艺人用马尾编织成六角形细小网眼的夏帽，工艺精致，美观轻便，通风凉爽，深受中老年人喜爱。

水族的木刻主要用在屋宇檐口、窗户、桌椅、擂钵、卧床等木制家具上。窗芯的木刻多为花鸟浅浮雕，檐口饰以木刻图案，卧床床沿饰以浮雕，床架多为镂空花；桌椅的拼角及靠背多为镂空的木雕，水族民间熟悉木刻工艺的能工巧匠为数颇多。

水族的石刻工艺主要反映在墓碑、石桥的装饰上，其次为民间生活用品的石桌、石凳、石桥及碾布石、擂钵等。古墓又分为单面碑、三面碑、五面碑、六合碑、八字门及楼阁碑等，图案多表现有花草、人物、鱼、龙、蛇、狮、虎、马、羊、风、云、波浪等，纹样朴素，简洁大方。从存世的引朗、拉佑、荣咬等地干栏式石棺墓群的浮雕造型中逼真的花草、鱼、龙、蛇及人物图案可以看出，清乾隆时期就已有较高的技艺水平，特别是民国时期的墓碑仿亭台楼阁、龙凤狮子、鸣锣开道、八仙过海等图案雕刻，工艺精细，栩栩如生，墓碑字迹刚劲有力，有很高的艺术价值。反映的题材多为民间故事和传说。石刻艺人多分布在阳安、阳乐、三洞一带，工艺熟练全面的当数阳安引虽的莫姓石匠。

银饰是水族地区极具民族风格的传统工艺。水族村寨在节日时随处都可见到妇女佩戴银项圈、银手镯、银耳环、银别簪、银扣、银压领、银梳、银质围腰链以及儿童帽上装饰的银佛、银狮、银铃、银片等精湛的银饰工艺品。这些都是当地水族银匠制作的，他们采取锻、拉、钻、压、镂、刻、焊、铆等复杂工艺，仅项圈就可以制出纽丝、圆形、空心刻花形、扁形等品种，重量多至500克，少至100克。尤其银压领的制作工艺精致复杂，先将银子锻成长8寸、宽5寸的银皮，冲钻、压刻各种花鸟鱼虫的底版，再将银片、银丝精心制成的双龙戏珠或飞凤和鸣的立体银件焊接上去，然后在适当的部位吊上各种形状的银铃、银片、银花，最后配上悬挂于颈的银链而成，一般重300~400克，构图讲究饱满、对称、简练，在造型上夸张、朴素，又不失精美，极富装饰效果，同时也是水族的吉祥物。

第二节　布依族文化

一、布依族语言

布依族语言，俗称布依语，属于汉藏语系壮侗（侗泰、侗台）语族壮傣语支，它和同语族的壮语、傣语、侗语、水语、黎语、仫佬语、毛南语等有亲缘关系。布依语在布依族内部比较一致，没有方言的差别，只有土语的区分。共分三个土语区，即黔南土语区、黔中土语区、黔西土语区。三都属于黔南土语区的第一土区。但是至21世纪还保持用布依语为主要交际工具的地区较少，仅有周覃、恒丰、九阡一带的布依族，其余聚居县城附近和合江、丰乐、大河、普安等地的布依族普遍使用汉语，布依语已基本消失，只有一部分上年纪的老人尚能保持本民族语言。因此三都布依语的语言、语词、语法仅以周覃、恒丰和九阡片区为标准。

布依族历史上没有自己语言的文字。布依语中的早期借词涉及生活、文化的各方面（如生产工具、社会生活制度、日常生活用品等），布依语中的现代借词，其内容主要是现代社会政治、科学、技术、文化、教育等方面的新词术语。

二、民间文学

布依族人民在长期的生产生活过程中，创造了丰富多彩的民间文学，主要有神话、传说、歌谣、民间故事、童话、寓言、叙事诗、谚语、歇后语及说唱、戏曲等。

布依族神话从现实生活出发，对变幻莫测的大自然现象作了天真的富有趣味的解释，有散文体和韵文体两种。按所反映的社会内容来分，可以分为创世立业的神话，如《洪水朝天》《射太阳》

《混沌王》《盘果王》《力戛撑天》《人和动物是怎样产生的》《兄妹成亲》等，如《安王和祖王》就是反映社会斗争类神话的代表作。

民间传说是布依族人民创作的一种与历史人物、各种习俗来历、历史事件及地方古迹、自然风物有密切联系的口头故事。其作品有《三月三的来历》《桐油为什么不能敬神》《野狗和羊》《姑娘田》《查白场》《鸡儿寨》《竹王传说》《仙人起房搭桥》《龙王考试》等。

布依族没有文字，长期以来习惯记事于歌，以民歌为主的口头文学较为丰富。有小歌、大歌、联歌三种类型，小歌是大歌、联歌的基础。一人独唱叫小歌，两人合唱叫大歌，多首歌联唱叫联歌。大歌明朗而庄重，适合在公开、隆重的礼仪场合演唱，男女声相配合，歌声高亢激昂，充满感情。小歌声音细腻柔和、清脆婉转，适于独唱。城郊及大河、普安一带多用汉语演唱，为七言四句一首。周覃、恒丰、九阡一带多用布依族语演唱，为五言四句一首，均讲究押韵。大歌开头要加“喂！亲友喂”，结束句加“喂呐”。一首大歌要分三段来唱，后两段各要加两句新词。联歌句数不受限制，四句一段由内容需要决定，只要意思扣紧，可以不断唱下去，直至百句左右。布依族民歌形式多样，有山歌、情歌、酒歌、孝歌、古歌、叙事歌、赞美歌等；在内容上可分为生产劳动歌、习俗歌、苦歌、反抗歌、情歌、红军歌、新民歌等。

民间故事真实地反映了布依族人民在各个历史时期的社会生活、风土人情及思想风貌，大致可分为：机智人物故事，如《卜当的故事》《七花》《请客》《甲金的故事》《买橘子》等；劳动生活故事，如《阿三挖井种庄稼》《太阳瓜》《孤儿的斧头》《弟兄俩》《老伙计教出新孝子》等；爱情故事，如《古相与阿香》《罗招和彩莲》《找金子》《阿三和燕姑娘》《选女婿》等；农民起义斗争故事，如《十二楼台山》《杨元保的故事》《罗发先的故事》《王仙姑的故事》；红军故事，如《两根青线》《鱼水情深》《半块银圆》《当红军》《常青树》等。

民间叙事诗又称为故事歌，是布依族人民口头流传的以叙事为主的长篇韵文作品。它篇幅较长，短的几十句，长的千句以上。有歌颂农民起义的，如《王仙姑》《王刚》《罗发先》《石头寨》等；有叙述布依族习俗来历的，如《六月六》等；有描写爱情故事的，如《布卡和兰莎》《光铁芳》《古扎与春红》《吴凤姐》等；有反映和地主作斗争的，如《何东与何西》等。

民间说唱是布依族近现代兴起的一种文学样式，它是在布依族民间歌谣和布依族民间故事的基础上，受其他曲艺的影响而形成的。由于产生的历史不长，所以作品数量不多，有《广邑山》《娘荷斑》等。

布依族戏剧有布依戏、地戏、花灯剧等。三都境内布依族地区流行花灯剧，由花灯班子演唱。一个班有十多人，主要成员由丑、旦、生角和胡琴师、罗鼓手组成。演唱时间多集中在过年休闲时期。花灯曲调悦耳易懂，姿势优美易学，剧情多为日常生活和民间传说。

此外，还有童话、寓言、谜语、歇后语等在境内布依族地区广为流传。

三、民间乐器

布依族的民间乐器有铜鼓、木鼓、皮鼓、铜锣、铜钹、唢呐、笛子、二胡等，其中以铜鼓、唢呐为主，每逢节日和婚丧事都少不了这些乐器，以增添喜庆或哀悼气氛。

四、民间舞蹈

周覃一带盛行铜鼓刷把舞，在过小年、四月八、七月半等节庆日或办丧事时表演。届时，男女演员一二十人，每人手执五尺竹竿，足踏铜鼓节奏，男女对击竹竿，铜鼓声与击竹声交融，随着鼓点的变化，表演出不同的内容及形式的舞蹈。该舞蹈音韵和谐，舞姿优美，变化频繁，深受当地群众喜爱。

五、民间工艺

境内布依族的民间工艺以纺织、蜡染、刺绣见长，并带有浓重的地方色彩。

自古以来布依族妇女勤于纺织，从植棉到纺纱、织布、染色、裁缝都是布依族姑娘必须掌握的技能。她们不仅会织土布，而且还能织黑、蓝、白相间的土花布。这些花布朴素大方、精美耐用、不易褪色，并且具有显著的民族特色，深受附近各民族的欢迎，已被列为商品，远销日本等国。

蜡染是布依族妇女世代相传的手工艺。很多布依族妇女婚后就开始学习蜡染技艺。用蜡刀蘸着黄蜡液在白布上绘画各种图案，放进自备的蓝靛染缸里浸泡染色，取出晒干。又用热水溶洗黄蜡，即显出各种白色花纹，蓝白相映，素净大方，多作床单、被面或妇女衣服之用。还有的用黄豆浆涂画花纹，晾干后放进染缸浸泡印染，取出晒干也可获得同样效果。另有一种染布工艺叫扎染，先在白布上用手捏出各种花、鸟、虫、鱼图案，再用针线扎牢，放进染缸印染，取出晒干，拆去扎线，也能显现白色花纹图案。

刺绣是布依族妇女的必修课程，她们还是小姑娘时就开始学绣花。她们拴的绣花围腰和卧室挂的绣花帐檐，都是自己的巧手之作。

第三节　苗族文化

一、苗族语言

苗族语言，俗称苗语，苗语属于汉藏语系苗瑶语族苗语支。苗族方言、土语间的语音、词汇差异很大，境内普安、都江两地苗族同属一个方言语区，其语言、词汇虽稍有差异，但彼此间尚可通话。苗语中的早期借词涉及生活、文化的各方面（如生产工具、社会生活制度、日常生活用品等），苗语中的现代借词主要是现代社会政治、科学技术、文化教育等方面的新词术语。三都境内的三合、普安、都江、交梨、拉揽、打鱼、羊福、巫不等乡镇的苗语属一个土语区，相互能够对话。苗族没有自己的文字。

二、民间文学

苗族没有本民族文字，在新拼音文字出现之前，长期习惯记事于口头文学，有民间故事、民歌及各种格言、谚语等。

苗族的民间故事很多，多为反映不同历史时期苗族社会生产生活、风俗习惯、婚姻恋情、战争以及歌颂能工巧匠、民族英雄等内容。有《开天辟地》《铸造日月》《兄妹结婚》《苗王张老岩》《阿秀王》等，这些故事思想内容积极，充满浪漫主义色彩。

苗族以民歌为主的民间口头文学较为丰富，有生产劳动歌、苦歌、反歌、起义斗争歌、情歌等。其曲调、唱腔和唱法较为单一，变化不大，但是它的类型、形式和内容丰富多彩，极具魅力。一般有三种类型，即组歌、副歌、花花歌。组歌也称典故歌，包括人类起源、迁徙、历法、生产、酿造、铸币、纺织、刺绣、嫁娶、节日、丧葬、吃牯藏等传统民歌；副歌是组歌若干分支解说的分歌，如历法歌又分年月、干支、风向、云雨、霜露、冰雪、雷电等来由典故；花花歌也是即兴歌，触景生情、机动灵活，多见于宴客酒席和谈情说爱场合，如庆祝、赞美、敬酒、答谢、挽留、告别、爱情、讥讽、悲伤等。歌唱形式有独唱、对唱、合唱、轮唱和说唱。唱腔有低音、中音、高音和老声、轻声、和声。每个村寨都有歌师和歌手。优秀歌手必须唱腔、音色洪亮优雅，高低自如，熟悉典故，应变机敏灵活，技巧娴熟。

三、民间乐器

苗族的民间乐器主要有芦笙、莽筒、唢呐、铜鼓、木鼓、古瓢琴等，多在节日、婚庆、丧事中使用，以增强喜庆欢乐或悲伤的气氛。

四、民间舞蹈

主要有芦笙舞、木鼓舞、铜鼓舞和古瓢舞。前三种舞蹈与邻县苗族的大同小异，只有古瓢舞是都江苗族特有的传统舞蹈。古瓢舞是以古瓢琴作伴奏乐器的舞蹈，古瓢琴用松木雕成舀水瓢似的琴身，安上有音孔的一至四个板面，再安一根音柱插入共鸣箱内与底壳相接，装上两根粗细相同的牛筋弦，另用细竹制琴弓，互相配合就能拉出优美的琴声。跳舞时男性操琴为前导，多穿青色对襟上衣、青色大口长裤，头包青帕或青白帕；女性身着华丽盛装随后，两手弯曲放于腹前上下滑动，两膝盖稍弯曲弹动缓缓起舞，形成独特的风格。古瓢舞在黔南州历届州庆文艺演出以及三都水族自治县历届县庆文艺演出中，都以朴实雅致的动作、华丽的服饰、动人的音乐、优美的舞姿及独特的民族风格而受到普遍欢迎和重视。北京舞校和省、州歌舞团曾组织力量到都江苗寨进行调查、搜集、整理、提炼、升华。1980 年省歌舞团古瓢舞参加全国少数民族文艺会演节目，获得优秀奖，并搬上银幕。

五、民间工艺

纺织是苗族姑娘从懂事起就必须学会的基本技能。有植棉、纺纱、织布、染色、裁缝等全套技艺。织出的布匹有平布、花椒布、鱼刺布等，这些布精致耐用。20 世纪 90 年代，由传统的织布机通过排代村木匠师傅吴光章和下排正村木匠师傅白林超两人研究改进为半自动式的织布机，此后织布妇女每人每天可以织三丈土布。

苗族姑娘从小就开始学绣花，她们穿的花衣、拴的围腰，背小孩的花背带、花布鞋等都是她们巧手刺绣的工艺品。

印染是苗族妇女世代相传的民族工艺，家家都有蓝靛染缸，将白土布放进染缸浸泡，捞出晒干，反复几次后再用碾布石碾压就成了青布或蓝布。都江苗族染的青布还加牛胶和薯粮浸泡晒干，再用猪血浸染晒干，经捶布石捶打，最后成为青红发亮的布料。如需染花作为垫单、被面、头巾等，则先将白布捏成蝴蝶、花草，用棉线扎紧，放进染缸浸泡晒干洗净，就可以染成土花布料了。苗族蜡染工艺历史悠久。普安、交梨、三合、拉揽、打鱼、都江、坝街、羊福、巫不一带苗族妇女的花衣服饰，蜡染占重要组成部分，使用的垫单、被面也多是蜡染布料。

苗族妇女的银饰品，均是本地民族工匠所制。有银尖假角、银花、银围腰链、银耳环、银手镯、银蝴蝶、银梳、银簪、银项圈等，工艺十分精致。其他工艺有竹编细篾斗笠、竹针线篮、竹腰箩、熏白棕扇等。

第四节 其他民族文化

侗族过去称为“侗人”“侗家”，解放后统称为侗族。境内主要分布在巫不乡、三合镇、都江镇、普安镇等。侗族人民能歌善舞，民歌有“大歌”“小歌”“叙事歌”和“礼俗歌”。大歌为一领众和，分高低音的多声部合唱，气势磅礴，一般在隆重的节日举行。小歌是独唱或二人对唱，音调和谐，接近口语，以爱情为主要内容。叙事歌属于说唱型，用牛腿琴或琵琶自弹自唱，歌很长，有的要五六晚才能唱完一首。礼俗歌多在春节玩龙灯和举行婚礼时演唱。舞蹈有“哆耶”“芦笙舞”

发组织协会举行各种节日民族文化抢救保护和展示活动。

三都的民族技艺众多，有雕刻、刺绣、酿制、染织、服饰、医药等类别，目前已整理出47项。在国家政策和资金的扶持下，将其作为非物质文化遗产进行申报保护，加以抢救和保护。1995年3月，黔南州文化局将中和镇命名为“水族马尾绣艺术之乡”。2005年，成立县非物质文化遗产申报工作领导小组，重点抓县内非物质文化遗产的整理和申报工作。2006年11月，县人民政府将端节、卯节、水族婚礼、苗族古瓢舞、水族石刻等45个文化（习俗、技艺）项目列为三都水族自治县第一批县级非物质文化遗产代表名录。2007年2月，水族端节、水族马尾绣、水族卯节、水族婚礼、水族祭祖、水族服饰技艺、水药制作技艺等7个项目被黔南州人民政府列为第一批州级非物质文化遗产代表名录。6月，中和镇成立“水族马尾绣协会”，以民间组织形式抢救保护马尾绣技艺。10月，宋水仙、韦桃花被省文化厅授予“第一批省级非物质文化遗产传统美术（水族马尾绣）项目代表性传承人”称号。2008年6月，黔南州民族民间文化保护委员会授予王金花、韦引妹、宋水仙、韦桃花、石玉翠、潘水爱、潘勉、韦妹、潘小敏等为“黔南州非物质文化遗产首批水族马尾绣项目代表性传承人”称号。2009年7月，水族九阡酒酿制技艺、水族豆浆染、水族铜鼓舞、水族弦鼓舞、敬霞节5个项目被黔南州人民政府列为第二批州级非物质文化遗产代表名录。9月，水族铜鼓舞、水族弦鼓舞、水族（九阡酒）酿制技艺3个项目被省人民政府列为第三批省级非物质文化遗产代表名录。2010年10月，黔南州文化局将中和镇命名为“国家级非物质文化遗产——水族马尾绣传承基地”。12月，三洞乡成立“水族马尾绣协会”，以民间组织形式抢救保护马尾绣技艺。同月，县人民政府公布首批县级非物质文化遗产项目代表性传承人名单中，水族马尾绣项目56人，水族医药项目7人，水族（九阡酒）酿制技艺项目9人，水族服饰项目9人，水族双歌项目21人，水族铜鼓舞项目5人，水族弦鼓舞项目7人，水族豆浆染技艺项目2人，水族牛角雕项目5人，水族辣椒酸制作技艺项目3人。

2011年7月，中和镇被文化部命名为“中国民族文化艺术之乡”。2012年12月，省文化厅授予潘小艾“第三批省级非物质文化遗产（水族马尾绣）项目代表性传承人”称号。同月，文化部授予宋水仙、韦桃花“第四批国家级非物质文化遗产传统美术（水族马尾绣）项目代表性传承人”称号。

民族工艺抢救以水族马尾绣为代表，从2007年至2013年，每年都在中和、三洞、水龙、廷牌、塘州、三合、周覃等乡镇举行“水族马尾绣传承培训班”，共培训25000余人次，培训人数约5000人。在民族文化抢救大背景下，民间也重视对工艺品的收集与保护，如三洞乡板告村的韦家贵、宋水仙都建立了水族家庭博物馆，珍藏了马尾绣及民间各种文物和工艺品。

三、民族文化进校园和民族文化培训

进入21世纪后，三都加大了民族文化进校园力度。2007年县鹏城希望学校被列为省级民族文化进校园项目学校，2009年九阡中学被列为省级民族文化进校园项目学校，2010年水龙小学被列为州级民族文化进校园项目学校，2011年三洞中学被列为省级民族文化进校园项目学校。

2008年年初，县民宗局和县教育局组织开办全县骨干教师水语音标培训班，学习水族历史文化习俗和水语音标、拼音文字等，共培训6天，培训了50人。2009年11月，县人事劳动和社会保障局组织，对全县副科级公务员进行水族历史文化、语言文字、民歌等培训。2011年7月，县人事劳动和社会保障局组织事业单位新进人员初聘培训，其中安排有“三都民风民俗”文化课内容，共培训120人。11月，在县教育局举行都匀、独山、三都、荔波四县“十二五”双语教学教师培训，培训时间7天，内容有水语基础知识、水语音标及水族语言研究等，参加培训的县内教师共100人。2012年8月，贵州省民委授予三都“水汉双语和谐环境建设省级示范点”，推广双语教学工作，进一步挖掘民族文化内涵，保护民族文化。12月，县教育局组织编写地方教材《水书水语十课时》上册，2013 年 3 月又编写《水书水语十课时》下册。2013 年 9 月，在中国、加拿大合作的“少数民族文化与遗产保护项目”资助下，县教育局主编了双语教材《水语·汉语学习读本》。

第三章　社会风尚与民族信仰

第一节　社会风尚

在三都，水族民间有尊老习俗，凡遇老人生日，晚辈儿女要特意缝制自制白布长衫和白布头帕敬献老人，祝福老人健康长寿。

水族人民素有热情待客的优良传统，他们对于亲戚朋友，哪怕不熟之客，都以礼相待。贵客登门，主人一家皆立刻起身躬迎，并把客人引到火塘边，让以上座，继而敬烟、烹茶、问安。主客交谈时，家人不得大声喧哗、嬉闹和随意走动。此时，女主人则立即生火为客人做饭。水族村民常用猪肉、豆腐等食品待客，正餐则要杀鸡宰鸭。对远道而来的贵客，还要捕捞鲜鱼，甚至杀一头小猪款待，并且请宗族或邻里来陪客，甚至要请村寨长老来主持宴席，以示隆重。

俗话说“无酒不成礼”，水族待客必须有佳酿、村酒。不过，开宴前，由长老带头，每人都要用筷子蘸一滴酒洒在桌上，以示祭祀祖先。然后由长老致词欢迎贵客，主人则双手高高举杯，向客人敬酒。席间，宾主常常依照民族习惯，大家联臂举杯，共同吆喝喝团团酒，以表示宾主亲密无间和家族、村寨的团结友爱。

最具民族特色的酒宴是喝肝胆酒。水族民间认为猪胆汁有清肝明目、消炎利胆等功效，于是主人在杀猪时，便把附有猪胆的那一叶猪肝切了一块，用烧红的火筷烫烙猪胆的管口，封住胆管后再下锅煮熟。主客入席后，待酒过三巡，筵宴渐至高潮时，主人便叫家人取出这叶猪肝，对大家说：我们都来喝肝胆酒吧！宾客一见主人用水族最隆重的礼节来宴客，皆十分兴奋。于是，主人当众用剪刀剪开胆管口，将胆汁注入酒壶，并依次向每位宾客斟上胆汁酒。接着，由坐在首席的村寨长老和贵宾举杯先喝，再按辈分、年龄依顺序喝酒。最后，大家再斟上肝胆酒，联臂举杯，在一声声“哟”的祝酒声中，依序喝下这杯充满主人热情待客诚意，象征宾主肝胆相照、同甘共苦的肝胆酒，这时，酒宴达到了最高潮，宾主都倍感情深谊重。

有趣的是，对于乘龙快婿或远方贵客，水族还有“一家来客，全寨宴请”之俗。这时，新姑爷或贵客在主人的引导下，挨家挨户去串门赴宴，倘若有一家未去，则往往被认为瞧不起这家人。不过，有的村寨大，住户多，而客人因为时间仓促，急于告辞回去，这时也得依照水族礼俗去喝上一口酒，尝上两口菜，以示见了面，领了情。对此，水族称之为“见面席”。对于远道的宾客，主人要主动热忱留其住宿。水族人家，不论家境殷实或清贫，一般都在三楼或二楼设置了专门用来待客的客房和床铺被褥。而且，水族忌讳让客人孤身而眠，以免冷落客人。因此，来了男客则由男主人陪宿，女客则由女主人陪住。这样宾主既可彻夜叙谈，格外亲热，又便于晚间照顾客人。当客人要告辞时，主人要把留下来的猪头用来祭祖和饯行。祭祖时，先由客人对摆上来的猪头，掐一点猪耳朵，表示开祭。随后客人诵念祝词，敬祀祖先，祝福主人全家幸福。接着，主人也掐一点猪耳朵，同样祝福客人一路平安，家庭安康，希望双方今后更加情深谊重。宾主边念诵祝词，边用筷子蘸酒，祭祀祖宗。这种被称为“掐猪耳”的水族待客礼俗，既表示了对先祖的崇敬，对主人盛情款待的感激，又加深了宾主之间的友谊。

在水族的待客礼节中，还有送“扎包”的习俗。凡有女客到来，主人在杀小猪或宰鸡待客时，往往要把其中一只膀腿煮熟，留下备用。当客人要回去时，主人将这些猪膀、鸡腿拿来，和上糯米饭、糍粑或粽子，包扎妥当，让女客带着回去。还有，逢年过节，那些出阁的闺女常常归宁省亲。当她们回婆家去之前，宗族、村邻都要你送一包糍粑，我给一串粽子，决不让姑娘空手而归。“扎包”既是归途中的美味干粮，又是到家后给老人、孩子的见面礼物，让家人和邻里也从中分享一份亲友的温馨之情。

改革开放以后，县境内各族人民在劳动生产过程中，结下了深厚的民族友谊，少数民族之间或少数民族与汉族之间通过经济上的互相支持，文化上的彼此交流，亲如一家。如都江镇的怎雷村，水、苗共居，和睦相处，周覃镇的板料村及恒丰乡塘党村、板力村、和勇村、板孔村等也是水族、布依族杂居的典型村寨。每逢过节，如水族端节、卯节、苏宁喜节，苗族吃新节、牯藏节，布依族小年等，各族群众就会互相邀约，欢聚一堂，共同庆贺。

虽不是同一个民族，但他们也往往“认哥弟”或“打老庚”沟通情感，各族男女青年也不受民族成分的束缚，互相通婚。因此在三都很多家庭中，往往有两个或两个以上的民族成分，在多民族的家庭里彼此团结、互助、合作、共同进步，已蔚然成风。正如一首水歌中唱的：太阳出来照山寨，山山岭岭紧相挨；村连村呀寨连寨，木楼瓦房排对排；同饮一井水，同砍一山柴；淘井一路去，栽树一路来；清清泉水流不断，巍巍群山永不衰；水绕青山山映水，水布苗汉分不开。

第二节　民族信仰

三都境内的少数民族大多信奉多神。水族、苗族、布依族以及其他少数民族的信仰多属原始的自然崇拜和祖先崇拜，信奉万物有灵，同时受道教和佛教文化的影响，使多种信仰交融并存，形成了崇拜—祭祀—禁忌的信仰风格。每当村里或家里有违反常规的事情发生，则求神问鬼，举行祭祀活动；青年人谈婚论嫁，要先请算命先生算命合婚，择吉日良辰婚嫁；老人死了要请道公超度，选择风水宝地下葬等。

一、水族原始信仰

在历史长河中，水族原始信仰禁忌习俗至今仍保留有三大类，即崇拜自然、崇拜祖宗和崇拜神仙。

对自然的崇拜。水族人居住地大多都有山有水有森林，水族人民对自然崇拜主要体现在以下几方面。

拜石，凡小孩出生后，经水书先生推算后认为命上五行缺金者，则要拿鸡、肉、红鸡蛋、酒、红糯饭、水果、香、纸钱，由大人带着小孩到石头跟前，让小孩向石头作三个揖，并对石头叫“保爷”，求其保佑健康成长，并改名叫金某某，或取名中带有金字，并用小木板写上拜寄名附在石头边。

拜树，水族人民把寨子的大树视为保护神，每年都要用猪、鸡、鱼、肉等供品举行一次祭拜，愿它保佑全寨风调雨顺，五谷丰登，六畜兴旺，人民四季安康。如此一代传一代，自然形成人人自觉保护、爱惜、崇拜大树的习惯，久而久之大树就变成千年古树。此外，凡小孩出生后，经水书先生推算认为命上五行缺木者，则要拿鸡、肉、红鸡蛋、酒、红糯饭、水果、香、纸钱，由大人带着小孩到大树下，让小孩给大树作三个揖，并对大树叫“保爷”，求其保佑健康成长，并改名叫木某某，或取名中带有木字，并用小木板写上拜寄名附在大树脚。

拜井，凡小孩出生后，经水书先生推算后，认为命上五行缺水者，则要拿鸡、肉、红鸡蛋、酒、红糯饭、水果、香、纸钱，由大人带着小孩到水井边，让小孩对着水井作三个揖，并叫水井为“保爷”，求其保佑健康成长，并改名叫水某某，或取名中沾有水字，并用小木板写上拜寄名附在井旁。

崇拜龙脉，水族同胞居住的阳宅地和葬人用的坟地的选择，除了多用南北朝向外，非常崇拜“龙脉”（即山神）。他们认为，如果住房建造的地方，一旦“占”对了“龙脉”，则子孙后代繁衍众多，六畜兴旺，五谷丰登，出富出贵。如果择错龙脉或有损龙脉，则必然后代衰退，久婚不育，家业衰败。水族一般都聚族而居，一寨大都只有一个姓，或一个家族。因此水族对村寨的选址上也很重视龙脉。村寨上每个房屋的建造地点也不能影响到“龙脉”，如果破坏了龙脉，必须请水书先生念咒，杀牲以祭之，必要时还要杀牛祭之，免除灾星。

崇拜祖先，水族同胞十分重视对祖先的崇拜，尤其崇拜远古祖先陆铎公。因为他使水族人民从“遮不住雨，挡不住烈日”的树林草丛中解脱出来，指导人民择吉建造自己的家园。相传是他请来仙人射下古时十一个月亮和十一个太阳，使“天地景气宜人”。又教会人类建造房屋、开垦土地、种植庄稼，获得“五谷丰登”。教人们学会驯养六畜，使牛马成群。人类从此开始了定居，过上正常的生活。他还为水族人民创造了自己的文字——水书。他在水族的发展史上有着卓越的贡献，立下了不朽的功勋，水族人民非常崇敬他。因此，水族人民在敬神除鬼、起房盖屋、婚丧嫁娶等活动中，都需念咒祈请陆铎公到场，请其为人民祛恶除邪，灭鬼驱妖，保佑平安。

除以上供祭外，三都地区的供祖活动主要是在卯节、端节、苏宁喜节、春节、清明等节日中举行。

水族信神忌鬼内容较为丰富，据不完全统计有六十多个鬼神。信仰的诸多吉神，认为人的出生、结婚、死亡到财产、居住、出行都有吉神的保护。幻想借助超自然的外界力与各种灾害、病魔、鬼怪作斗争，扶正压邪，让人类有个平安的生存环境。水族在其民族形成与发展的历史长河中，对自然现象产生了敬畏之心，认为天地是万物之灵，天地可以操纵人间万象，于是就有了种种猜忌，久而久之就形成了民间禁忌。忌讳喂养的母猪一窝生下不足三个的猪仔，忌讳喂养的母狗生下独仔，即“古传猪不得生两头，狗不能生一只”。若出现上述忌避现象，预示家道不顺，主人家须请水书先生择日念咒将喂养的母猪或母狗杀掉，以免家中发生不幸之事。

忌讳猪和牛马爬楼进家。猪和牛马都是养在楼角圈内的，倘若它们违反常规爬楼进入人居住的二楼或三楼，这是极大的忌讳，认为这样会给人带来灾祸。免除灾祸的措施是将爬进来的牲畜宰杀祭祀，以扫晦气、驱邪魔。

家庭喂养公鸡忌在酉时叫。家传家喂公鸡在酉时啼叫，主人将家道不祥。公鸡在酉时叫时发现鸡冠是紫黑色的，立即将此鸡的头砍掉，并用树枝将鸡头挂在三岔路口，鸡身又丢到另一地（也有将鸡身吃掉的），以此除凶。

未满月的产妇忌进别人家。古说未满月的产妇会带来晦气，如产妇不慎误入他人家门，必须出资为他人扫家。产妇忌在夫家或医院之外的地方生产，否则要进行扫家或扫寨子，如不扫家扫寨子，日后发生的不吉利的事情都由该产妇负责。

别人家在请水书先生进行习俗活动时，忌不请自登门“踏吉”。如有不慎“踏吉”者，则负责赔偿主人家进行习俗活动的全部所需，以便主人家择日再进行习俗活动。

结婚当天忌打雷或死人，认为是凶兆。水族结婚一般是头一天由男方家抬酒肉等彩礼到女方家去，第二天再接亲。不管是第一天或是第二天打雷，或是遇到女方村寨或男方村寨死人，结婚女子则不再按第三天返回娘家的习惯返回，而是住夫家满月后，才能由丈夫陪着一起返回娘家。如果是在出嫁的路上遇上打雷，则立即摔破男方家带来接亲的油纸伞，以求平安。

二、布依族原始信仰

布依族人民在三都这块土地上辛勤劳动，生存繁衍。在漫长的历史长河中，对人类社会和自然界有种种幻想，遂产生了本民族独特的信仰和禁忌习俗。

崇拜“天地君亲师” 自古以来布依族是农耕民族，受儒家思想文化的影响，信仰“天地君亲师”。民国后，由于社会变革，更改为“天地国亲师”。改革开放以后大部分神龛仍然供奉着“天地国亲师”，意思是祭祀天地，热爱国家，祭祀祖先，尊敬老师。供奉“天地国亲师”，已深入布依族人心，反映了布依族人祭祀天地、热爱国家、怀念祖先、尊敬教师的传统习俗，体现了布依族人“忠教仁义礼智信廉耻”的价值观。

崇拜祖宗 在漫长的历史长河中，布依族人由于受多方面的影响，奉行多神崇拜。认为万事万物都有神灵主宰，各种鬼神各司其职。除供奉“天地国亲师”之外，主要以供奉祖先为主，祖先崇拜是布依族人的崇拜中心，每逢传统节日，烧香燃烛祭祖思源。每逢结婚嫁女、起房盖屋等重大活动亦要烧香燃烛供奉祖宗以乞求祖宗保佑。每逢清明节都要扫墓挂清祭祖，非常隆重，热闹非凡。

拜保爷 布依族人比较迷信“八字”。一般小孩出生后的第三天，就要请先生排八字，看是否与父母相生或相克，或者犯有什么关煞（如阎王关、落水关、千日关）等。待满月时要禳解关煞。如果有必要还要拜保爷。拜保爷有两种方式：一种是拜人，一种是拜物。无论是拜人或拜物都请先生（布摩），给小孩推算生辰八字，看适合拜人则拜人，适合拜物则拜物。拜人要先推算需要拜的方位、年龄、能否与小孩相生，能保小孩健康成长。找到合适的人选后找人去说合，然后择吉日去拜认。对方则杀鸡、鸭、杀猪备办简单酒席举办拜认仪式。保爷、保妈给拜寄子女重新取名，承认干子女，并给孩子送衣服、鞋、帽之物。从此两家亲切来往，孩子与保爷、保妈就如亲养子女一般。生父母与拜寄父母关系密切，俗称“干亲家”。另一种是拜物。这是根据孩子八字需要，一般拜庙、大石头、水井或大树。届时备办酒肉，带着小孩到庙、大石头、水井或大树旁杀猪、杀鸡、杀鸭，烧香烧纸，举行拜认仪式。此后就认其为“保爷”，往后每到过年都要杀鸡鸭供祭。

三、苗族原始信仰

苗族有自然崇拜、祭祖习俗，苗族原始宗教包括宇宙神灵观念、万物有灵观念、灵魂不灭观念、祖先崇拜、自然崇拜和人造物崇拜等内容。

崇拜自然物，如巨石、古木大树、大岩山和人造物，如搭桥、土地庙等。认为树有树神，林有林神，山有山神，石有石神，洞有洞神，水有水神。能给人们带来福音的阴灵称为“神”，给人们降祸的阴灵称为鬼或怪。水神就是雷神，是龙的化身，雷神会起风、涌云、喷雨，保佑风调雨顺、五谷丰登。鬼怪专给人间带来灾难。因此，人们对雷神敬奉虔诚。每年新春，在新雷响动之后，全寨集中在土地庙前杀鸡宰鸭，焚香化纸供奉雷神。在春雷初响的祭雷仪式上，“苗王”或祭师念祭雷经，其大意为：“送走春雨节，迎来惊蛰天；电母来指引，雷神醒冬眠；今天春雷响，撼动万物间；撵走凶煞鬼，留下好神仙；降下金玉水，洗净苗家园；祭你一日后，耕作不停歇；多洒及时雨，滋润五谷田；风调雨又顺，直到降霜雪；苗民安康了，祭你万万年。”一边念祭语一边将杯或碗中的酒倒一半于地上。苗民们认为只有敬奉雷神，才赢得风调雨顺、五谷丰登。只有敬奉雷神，天兵天将才助阵祖宗保佑苗寨；只有敬奉雷神，道神才来保佑苗人，一切凶煞恶鬼才远离苗人之身；只有敬奉雷神，苗家人畜才能兴旺。

苗族世居高山丛林，自古好称与白云做伴，恋奉高山为母。树能在悬崖峭壁上顶风傲雪，能在没有一粒泥土的巨石上长成参天大树。这些都给苗人以无穷的遐想：“树也有思想，有灵魂！”于是苗人世代相传，把古树、巨树、风景树、形状奇特怪异的树、雷火劈过的树都视为神灵，不轻易触摸，更不敢轻易采伐或伤害。凡小孩体弱多病者，夜间啼哭不安者，老人均牵携或背抱跪拜大树作保爷，然后给小孩更名为“木生”“木保”“树保”“树生”“树高”“木盛”等带木或带树的“吉名”。特别是井边、泉旁的大树，常被喻为神树而祭拜。苗族认为井泉边上的大树是天气与地气结合之物，五行相生，最有灵气。人们祭拜或过继井泉边上之树，会得到天气与地气的补充，人气才旺，精力才强，人才有精神，生命才能得以延续。

苗族人认为，牛是帮助祖先的神物，无所不能，又勤劳、善良、勇敢。苗族的很多节日都与牛有关，如牯藏节、吃新节等。

人造物崇拜也是苗族特有的习俗，对象有水井、桥、建筑物等。新年第一天挑水时，每个挑水的人都要给井神烧3炷香，烧3张纸钱，以祈其保佑一年平安。

第三节　民族宗教事务管理机构

1980年8月建立县民族事务委员会，主管民族事务工作。1991年成立民族陈列馆。1994年1月，实施县级机构改革，将民族事务委员会更名为民族事务局，下属事业机构有民族研究所、民族陈列馆。1995年12月，在民族事务局加挂宗教事务局牌子，实行两块牌子、一套人员。2001年3月，县民族事务局更名为县民族宗教事务局，负责管理民族宗教工作，其内设机构、人员编制不变，增加对宗教事务管理职能。下属民族研究所、民族陈列馆2个事业机构。2005年5月8日，县民族宗教事务局增设宗教股。设股长或副股长1名。增加事业编制2名，由财政全额预算管理。2009年12月31日，为纠正行政单位不得混用其他事业编制，已混用的必须核销的精神，宗教股原使用的事业编制予以核销，不再使用。2011年10月27日，设立县宗教事务执法大队，为民宗局管理的股级事业单位，2012年升格为副科级。核定事业编制4名，队长1名，列入财政全额预算管理。

水族研究所　1980年3月，县委批文建立三都水族自治县民族文史组，办公室设在县委统战部，属事业单位，专抓水族文化的抢救和研究工作。1980年8月，县委、县政府决定将三都水族自治县民族文史组划归县民族事务委员会管理。1990年正式更名为三都水族自治县民族研究所，编制仍为5人，属股级事业单位。2005年，县人民政府将民族研究所升格为副科级事业单位。2006年，县委、县政府为了体现水族文化的重要性和唯一性，将民族研究所升格为正科级事业单位，事业编制10人，并更名为“三都水族自治县水族研究所”（保留民族研究所牌子），归民族宗教事务局管理。

苗学会　1996年7月18日成立贵州省苗学研究会三都县工作委员会。2009年3月9日更名为三都水族自治县苗学会。

水家学会　2005年成立贵州省水家学会三都工作委员会。2009年9月成立三都水族自治县水家学会。

2002年年初，在全县范围内开展了一次宗教活动情况摸底调查。据调查，在县境内，自解放初期到1998年期间没有出现宗教团体及信教群众。1999年以后，部分外出务工人员在外地皈依佛教，返乡后三都才出现信教人员。据动态统计，全县佛教信徒最多的时候共有81人。其中，男24人、女57人，18岁至60岁19人、60岁以上62人，文盲17人、小学文化44人、初中文化15人、高中文化5人，农村55人、城镇26人。2003年以来有佛教临时性宗教活动场所2处，即周覃镇场坝村更浪坡学佛组、三合镇第三社区上街学佛组。全县天主教教友仅1人。

截至2013年年底，三都制定了一些措施，积极主动做好宗教事务管理和宣传工作。一是印制《宗教事务条例》等法律法规宣传资料，利用赶场天到乡镇开展宣传；二是到信教群众较集中的村组有针对性地开展宣传工作；三是到实地组织信教群众开展宗教法律法规及种养业知识培训活动；

四是开展以“凝聚人心、凝聚智慧、凝聚力量”为主题和以宣传《宗教事务条例》为目的的文艺汇演；五是制作通俗易懂的以“反对邪教、崇尚科学”为主题的水歌光碟分发县直各部门、各乡镇、各村组进行宣传；六是印制《民族宗教法律法规知识选编》《民族四项教育》宣传读本，分发县直各部门及各乡镇、村组进行学习和宣传；七是通过项目的实施，使信教群众从眼前实实在在的变化中，深切感受到党的民族政策的温暖；八是引导信教人员向农村贫困户、困难学生、敬老院老人等对象开展送衣物、食品、现金等扶贫济困、奉献爱心的慈善活动。

第四篇　政党·群团

第一章　中共三都水族自治县委员会

1978 年至 1981 年 2 月，由 1971 年 3 月召开的中共三都水族自治县第三次代表大会选举产生的委员会履行职责。1981 年 2 月至 2013 年，中共三都水族自治县代表大会共召开 8 次，即：中共三都水族自治县第四次代表大会至第十一次代表大会。

第一节　中共三都水族自治县代表大会

中共三都水族自治县代表大会代表，均由各选举单位根据县委分配的代表名额，召开党员大会选举产生，报县委审批。上级党代会代表，由基层组织层级推荐，分别由各级党委召开党员代表大会或党委全委会议选举产生。

第四次代表大会　1981 年 2 月 25 日至 3 月 3 日，中共三都水族自治县第四次代表大会在县城召开。出席会议代表 332 名，代表全县 4675 名党员。会议选举了由 45 人组成的大会主席团，听取和审议通过陆道邦代表第三届县委作《搞好经济调整，发展安定团结，为实现自治县经济建设稳步前进而奋斗》的工作报告，以及刘新阳代表县纪律检查委员会作《加强教育，搞好党风，努力把三都水族自治县纪律检查工作提高到新的水平》的报告。会议选出县委委员 28 名，候补委员 5 名。会议通过了《中共三都水族自治县第四届委员会关于进一步贯彻“准则”、搞好党风的决定》。1982 年 8 月，水族女副县长韦秀英被选为中国共产党第十二次代表大会代表。

第五次代表大会　1985 年 1 月 22 日至 26 日，中共三都水族自治县第五次代表大会在县城召开。出席会议代表 290 名，代表全县 5048 名党员。会议选举了由 37 人组成的大会主席团，听取和审议通过王元代表第四届县委作《继续抓好两个文明建设，为提前实现“三个根本好转”而奋斗》的工作报告及潘宇代表县纪律检查委员会作《切实搞好纪检工作，促进党风根本好转》的报告。会议选举出县委委员 29 名，候补委员 5 名。

第六次代表大会　1988 年 12 月 6 日至 8 日，中共三都水族自治县第六次代表大会在县城召开。出席大会代表 251 名，代表全县 5876 名党员。会议选举了由 39 人组成的大会主席团，听取和审议通过王元代表第五届县委作《进一步解放思想，大力发展生产力，沿着十三大指引的方向开拓前进》的工作报告及潘宇代表纪律检查委员会作的报告。会议选出县委委员 29 名，候补委员 4 名。

第七次代表大会　1992 年 1 月 10 日至 14 日，中共三都水族自治县第七次代表大会在县城召开。出席会议代表 236 名，代表全县 5783 名党员。会议选举了由 46 人组成的大会主席团，听取和审议通过潘茂修代表第六届县委作《以经济建设为中心，坚持社会主义，为实现三都“八五”计划和十年规划而努力奋斗》的工作报告和潘廷旺代表县纪律检查委员会作的《加强纪律建设，为经济建设保驾护航》的工作报告。选举县委委员33名，候补委员4名。

第八次代表大会　1996年10月20日至22日，中共三都水族自治县第八次代表大会在县城召开。出席代表229名，代表全县6958名党员。会议选举了由40人组成的大会主席团，大会听取和审议了李文智代表中共三都水族自治县第七届委员会作《抓住机遇，加快发展，为实现“九五”计划和2010年远景目标而努力奋斗》的工作报告和卢玉光代表中共三都水族自治县纪律检查委员会作《中国共产党三都水族自治县纪律检查委员会向中国共产党三都水族自治县第八次代表大会的工作报告》。选出县委委员33名，候补委员4名。

第九次代表大会　2001年6月18日至21日，中共三都水族自治县第九次代表大会在县城召开。出席大会代表234名，代表全县6938名党员。大会选举了由31人组成的大会主席团，并通过了秘书长、代表资格审查委员会名单。大会听取和审议了李文智代表中共三都水族自治县第八届委员会作《开拓进取，扎实苦干，为实现“十五”计划宏伟目标而努力奋斗》的报告和杨德勇代表中共三都水族自治县纪律检查委员会作《严肃党纪政纪，坚持标本兼治，有力推动党风廉政建设和反腐败斗争健康发展》的报告。大会选举出县委委员33人，县委候补委员5名。

第十次代表大会　2006年10月19日至22日，中共三都水族自治县第十届代表大会在县城召开。出席大会代表240名，代表全县7891名党员。大会选举产生了由31人组成的大会主席团，并通过了大会秘书长和代表资格审查委员会名单。大会听取和审议了刘长江代表中共三都水族自治县第九届委员会作的工作报告和李志民代表中共三都水族自治县纪律检查委员会作的工作报告。大会经过充分发扬民主，采取差额选举的办法，选举产生了中共三都水族自治县第十届委员会和纪律检查委员会委员。选出县委委员37人，候补委员8人。

第十一次代表大会　2011年10月27日至30日，中共三都水族自治县第十一次代表大会在县城召开。出席大会代表242名。大会听取和审议了王小红代表中共三都水族自治县第十一届委员会作《抢抓机遇，乘势而上，奋力实现三都经济社会发展历史性跨越》的报告和李志民代表中共三都水族自治县纪律检查委员会作《严明党的纪律，注重惩防并举，深入推进全县党风廉政建设和反腐败工作》的报告。大会选举产生了中共三都水族自治县第十一届委员会。选出县委委员37人，候补委员8名。2012年4月19日，中共贵州省第十一次代表大会第三次全体会议，选举水族女副县长韦族琼为中国共产党第十八次全国代表大会代表。

第二节　中共三都水族自治县全委（扩大）会议

党的十一届三中全会以后，中共三都水族自治县委第三届委员会围绕党的工作重点的转移，开始全面拨乱反正，纠正“文化大革命”及其以前的“左”倾错误。至1981年2月，没有召开全委会。

中共三都水族自治县第四届委员会召开2次全委（扩大）会议。1981年3月3日，召开中共三都水族自治县委第四届一次全委会议，选举韦有康、石明卿、刘新阳、张玉祥、陆道邦、岑儒卿、罗玉光、彭仕德、蒙开江、潘世仁为县委常务委员，陆道邦为县委书记，蒙开江、石明卿、刘新阳为县委副书记。1982年2月21日至28日，县委召开全委（扩大）会议，会议明确1982年的主要工作是一手抓物质文明，一手抓精神文明。

中共三都水族自治县第五届委员会召开3次全委（扩大）会议。1985年1月26日，中共三都水族自治县第五届一次全委会召开，选举王元、韦耀军、刘体正、张锦清、吴永华、岑吉芬、彭振奇、熊志彪、熊清文、潘世仁为县委常委，王元为县委书记，潘世仁、彭振奇、吴永华、熊志彪为县委副书记。全委会通过了《关于努力实现党风根本好转的决定》。1987 年 1 月 8 日，县委召开全委扩大会议，修改县委 1986 年工作总结和 1987 年工作要点，讨论制定 1987 年干部岗位责任制。1988 年 7 月 1 日至 2 日，县委召开全委（扩大）会议，讨论修改《第六次党代会报告》和大会有关问题。

中共三都水族自治县第六届委员会召开 4 次全委（扩大）会议。1988 年 12 月 8 日召开六届一次全委会议。选举潘茂修、韦国鼎、彭振奇、刘体正、韦耀军、卢玉光、莫善余为县委常务委员会委员，潘茂修为县委书记，韦国鼎、彭振奇为县委副书记。1990 年 6 月 22 日，县委召开全委（扩大）会议，审议《关于在治理整顿中进一步深化农村改革的决议（草案）》《关于在治理整顿中进一步深化企业改革的决议（草案）》《关于加强党的建设的决议》。1991 年 3 月 16 日至 17 日，县委召开全委扩大会议，讨论通过“三都水族自治县国民经济和社会发展十年规划”和“八五”计划纲要。1992 年 1 月 3 日，县委全委会议审议第六届委员会工作报告。

中共三都水族自治县第七届委员会举行 7 次全委（扩大）会议。1992 年 1 月 10 日至 14 日，召开七届一次全委会议，选举潘茂修、韦国鼎、蒙秉武、彭振奇、韦耀军、卢玉光、莫善余、潘廷旺、吴承君、卢治渊为县委常务委员。1992 年 12 月 18 日至 20 日，召开七届二次全委（扩大）会议，传达贯彻党的十四大精神和省、州委全委（扩大）会议精神。1993 年 9 月 2 日，召开七届三次全委扩大会。推选出席州党代会代表，研究当年的工作。1993 年 12 月 21 日至 23 日，召开七届四次全委扩大会，传达学习中央十四届三中全会《决定》和贯彻州委六届四次全会精神。1994 年 12 月 24 日，召开七届五次全委扩大会议。1996 年 3 月 20 日至 21 日，召开七届六次全委扩大会议，讨论通过《中共三都水族自治县关于制定三都水族自治县国民经济和社会发展“九五”计划和 2010 年远景目标的建议（草案）》。1996 年 10 月 12 日，召开七届七次全委扩大会议，讨论通过第八次党代表大会工作报告（草案）和纪律检查委员会工作报告（草案）以及两个报告的说明。

中共三都水族自治县第八届委员会举行 4 次全委会议、3 次全委扩大会议。1996 年 10 月 22 日召开八届一次全委会议。选举李文智、蒙秉武、韦耀军、卢治渊、潘廷旺、卢玉光、韦绍凯、潘德荣、陈光能、李翠云、覃克信为县委常务委员会委员，选出县委书记李文智，副书记蒙秉武、韦耀军、卢治渊、潘廷旺。1997 年 1 月 18 日，召开八届二次全委扩大会议，贯彻落实中央十四届六中全会和省委七届五次、州委六届七次全委会议精神，县委书记李文智作《努力开创三都水族自治县精神文明建设新局面》的讲话。1997 年 11 月 8 日至 9 日，召开八届四次全委扩大会议，传达贯彻省委七届七次全委会议精神和州委七届二次召开八届四次全委会议精神。1998 年 6 月 8 日，召开八届五次全委扩大会议，选举出席州党代会代表，推荐省第八次党代会代表候选人初步人选。

中共三都水族自治县第九届委员会举行 3 次全委会议、4 次全委扩大会议。2001 年 6 月 21 日，召开九届一次会议，选举李文智、韦绍凯、潘廷旺、潘德荣、陈稠彪、李翠云、覃克信、钟平、韦成念、罗光全、杨德勇为县委常务委员会委员，选出县委书记李文智，副书记韦绍凯、潘廷旺、潘德荣、陈稠彪。2002 年 3 月 2 日，召开九届二次全委会议，选举出席州党代会代表候选人初步人选。2003 年 1 月 10 日至 11 日，召开九届三次全委扩大会议，县委书记李文智作《以十六大精神为指导，努力开创富民兴县新局面》的讲话。2004 年 2 月 9 日至 10 日，召开九届四次全委会议，听取县委常委会工作报告，讨论通过有关决议，签订 2004 年工作目标责任状。2004 年 9 月 20 日至 21 日，贯彻落实省委九届五次和州委八届七次全委（扩大）会议精神，讨论并通过《县委、县人民政府关于加大力度实施西部大开发战略的意见》。2005 年 1 月 15 日至 16 日，召开九届六次全委扩大会议，学习贯彻中央、省、州经济工作会议精神，研究部署 2005 年全县经济工作。2005 年 8 月 23 日至 24 日，召开九届七次全委扩大会议，贯彻落实省委九届七次全会和州委八届九次全会精神。2005 年 12 月 15 日至 16 日，召开九届八次全委扩大会议，学习贯彻落实省委九届八次全会精神和州委八届十次全会精神，审议《中共三都水族自治县委关于制定三都水族自治县国民经济和社会发展第十一个五年规划的建议（讨论稿）》。2006 年 10 月 16 日，召开九届十次全委会议，审议中共三都水族自治县第十次代表大会工作报告；审议第十届县委委员、县委候补委员候选人名单；审议中共三都水族自治县第十次代表大会会议议程。

中共三都水族自治县第十届委员会举行 3 次全委会议、6 次全委扩大会议。2006 年 10 月 22 日，召开十届一次会议，选举刘长江、韦绍凯、覃克信、张加春、陆祖宏、黎方文、杨海燕、潘仕进、李志民、李宏为县委常务委员会委员，选出县委书记刘长江，副书记韦绍凯、覃克信。2007 年 9 月 4 日在县人民大会堂召开中共三都水族自治县委十届四次会议。2008 年 3 月 6 日，在县人民大会堂召开中共三都水族自治县十届五次全委（扩大）会议。2008 年 7 月 6 日，召开十届六次全委扩大会议，举行第三轮民主推荐三合镇、巫不乡党委书记和拉揽乡乡长人选。2009 年 1 月 16 日，召开县委十届七次全体（扩大）会议及全县经济工作会。2009 年 8 月 21 日，召开十届八次全体（扩大）会议，传达贯彻落实省委十届五次全体（扩大）会议和州委九届七次全体（扩大）会议精神，研究部署加快全县非公有制经济发展以及下半年工作。2009 年 11 月 26 日，在县行政中心八楼会议室召开中共三都水族自治县委十届九次全体（扩大）会议。2010 年 1 月 9 日，召开十届十次全体（扩大）会议暨全县经济工作会议，贯彻中央、省、州经济工作会议精神，回顾总结 2009 年工作，安排部署 2010 年工作。2011 年 1 月 16 日，召开县委十届十三次全体（扩大）会议暨全县经济工作会议，总结 2010 年工作，研究部署 2011 年工作；审议《中共三都水族自治县委关于制定三都水族自治县国民经济和社会发展第十二个五年规划的建议（讨论稿）》；对 2010 年综合目标考核等有关工作先进集体和先进个人进行表彰；签订 2011 年工作综合目标管理责任状。2011 年 9 月 19 日，召开县委十届十四次全委会议，贯彻党的十七大，十七届四中、五中全会、省委十届十一次全会、州委九届十四次全会精神，审议决定召开中国共产党三都水族自治县第十一次代表大会有关事宜。2011 年 10 月 24 日，召开县委十届十五次全委会议，讨论通过中共三都水族自治县第十届县委工作报告；讨论通过第十一届县委委员、县委候补委员候选人名单；讨论通过中共三都水族自治县第十一次代表大会会议议程；讨论通过中共三都水族自治县第十届纪律检查委员会工作报告。

至 2013 年 12 月，中共三都水族自治县第十一届委员会举行 5 次全委（扩大）会议。2011 年 10 月 30 日，召开十一届县委第一次全体会议，选举王小红、张加春、罗友军、韦成波、潘仕进、李志民、简远敏、周光元、何信、覃友寿为县委常委，王小红当选为县委书记；张加春、罗友军当选为县委副书记；李志民当选为县纪委书记。2012 年 5 月 21 日，召开县委十一届第三次全体（扩大）会，会议认真学习贯彻落实国发 2 号文件精神和第七届贵州省旅游产业发展大会精神，全面总结和分析全县旅游发展情况，讨论通过了《关于大力实施民族文化旅游带动战略打造中国水族文化旅游发展创新区的意见》，着力把三都建设成为中国民族文化生态旅游城市和国内外水族文化风情旅游胜地。2012 年 12 月 27 日，召开县委十一届第四次全体（扩大）会议暨全县经济工作会议。会议回顾总结了三都 2012 年经济工作，安排部署同步小康创建工作以及 2013 年经济工作。县委书记王小红代表十一届县委常委会向全会作 2012 年工作报告，并就创建小康社会活动作动员讲话；会议讨论通过了《中共三都水族自治县委员会关于开展同步全面建成小康社会创建活动的意见》和《中共三都水族自治县委员会关于进一步实施科教兴县战略大力加强人才队伍建设的实施意见》。2013 年 11 月 8 日，召开县委十一届第五次全体（扩大）会，会议安排部署扶贫攻坚三年大会战。县委书记王小红代表县委常委会向全会作工作报告，并作《凝聚“三都力量”，创造“三都速度”，为三年再造一个新三都而努力奋斗》的重要讲话；县委副书记、县长张加春全面总结 2013 年工作和三年大会战安排部署。会议讨论通过了《三都水族自治县扶贫攻坚三年大会战行动计划》。

第三节 县委常务委员会

中共三都水族自治县委常务委员会（简称县委常委会）是在每届县委第一次全委会上，由参会委员无记名投票选举产生的。常委会在党代会和全委会闭会期间，依据党章规定，领导全县党务及经济建设、社会事业工作。常委会不定期召开，每年20~30次，一般邀请县人大常委会主任、县政协主席和县委办公室主任列席。根据议题需要，邀请县政府分管领导或相关部门（单位）、乡镇负责人列席。邀请县人大、县政府、县政协班子成员参加时称为县委常委扩大会议。

每次常委会均按照中央、省委、州委的相关要求，传达学习和讨论贯彻党的路线、方针、政策、国家法律法规以及上级重要会议、文件精神与上级领导的重要批示；研究落实县党代会、全委会作出的决议、决定；审议以县委名义上报的重要文件，审议县委常委会向县党代会、全委会的工作报告；研究决定或审议全县经济建设与社会发展方面的重大问题、党的建设方面的重要事项和其他事项。常委会对重大事项实行表决制。讨论干部问题时，须2/3以上的常委到会方能举行。1995年后，有时还把中心组理论学习内容和常委会学习内容结合进行。

1978—2013年，共经历了第四届至第十一届常务委员会（2013年12月，第十一届常务委员会任期未满），共召开常委会议（含扩大会议）937次。主要议题有：学习贯彻中央十一大至十八大和各次全会精神，传达贯彻省、州党代会和各次全委会精神，学习贯彻中央纪律检查委员会各次全会精神和省、州纪委会精神。讨论落实《放宽农业政策工作，引导社队搞好土地联产承包责任制意见》《林业“三定”（定山林权、定社员自留山、定集体山林管理责任制）方案》《关于保护农村基本生产资料公有制的若干规定》《关于在治理整顿中进一步深化农村改革的决议》《关于在治理整顿中进一步深化企业改革的决议》《关于加强党的建设的决议》《建镇并乡撤区的具体方案》《关于进一步稳定和完善三都县家庭联乡承包责任制的决定》《关于一九九二年度以工代赈坡改梯实施意见》《关于加速畜牧业生产发展的意见》《关于县直机关包村扶贫的意见》《关于建立农村合作基金会的意见》《关于安排一九九八年乡镇和县直机关创办企业任务的意见》《关于组织实施“百里公路沿线农业科技示范带工程”的意见》《关于开展水书抢救征集工作的意见》《关于加大力度实施西部大开发战略的意见》《关于进一步加强新阶段小额信贷扶贫工作的实施意见》《关于三都水族自治县扶贫攻坚三年大会战行动计划》《县人民政府机构改革的实施意见》《关于鼓励在职干部留职离岗带薪创办农业产业化项目暂行办法和考核办法》《关于进一步实施科教兴县战略大力加强人才队伍建设的实施意见》《三都县贯彻中央政治局关于改进工作作风密切联系群众的八项规定的实施意见》《县乡镇行政区划调整后机构编制设置方案》《县派驻纪检监察机构统一管理工作实施方案》《关于认真落实科学发展观加快县域经济发展的意见》《关于开展同步全面建成小康社会创建活动的意见》等重大事项；研究通过并开展了“三讲”集中教育活动、“三个代表”重要思想学习教育活动、贵州·三都水族端节活动、建县五十周年庆祝活动、2006年贵州三都——中国水族卯文化之旅活动、深入学习实践科学发展观活动、首届民族斗牛职业联赛活动、黔南州第三届旅游产业发展大会暨中国水族文化旅游节活动、开展“三个建设年”暨“四帮四促”活动、全国“村长”论坛第七次执委会三都活动、建党90周年暨表彰大会、开展“三实三创、推动跨越”解放思想大讨论活动、开展“十破十立”解放思想大讨论活动、2013年贵州（三都）猛牛职业争霸赛活动、贵州·三都中国水族卯节浪漫之旅——模特之星相约东方情人节活动、首届中国山地原生态葡萄文化旅游节活动、首届中国山地生态葡萄产业发展研讨会、2013年贵州（三都）全国赛马邀请赛、中加少数民族文化与遗产保护项目总结会暨项目成果交流国际研讨会、开展党的群众路线教育实践活动等相关重大活动。

1978—2013 年中共三都水族自治县委书记、副书记、常委情况一览表

表 4-1

届 次	姓 名	职 务	任职时间
第三届	邱玉郎	第一书记	1978. 1—1980. 7
	陆道邦	书记	1978. 1—1981. 3
	王 元	副书记	1978. 1—1978. 10
	石明卿	副书记	1978. 1—1981. 3
	岑吉芬	副书记	1978. 1—1981. 3
	蒙开江	副书记	1978. 10—1981. 3
	刘新阳	副书记	1980. 6—1981. 3
	邱玉郎	常委	1978. 1—1980. 7
	姚荣居	常委	1978. 1—1980. 6
	白林森	常委	1978. 1—1978. 11
	蒙世花	常委	1978. 1—1979. 7
	于廷富	常委	1978. 1—1981. 3
	赵凤翔	常委	1978. 1—1981. 3
	潘世仁	常委	1978. 1—1981. 3
	王秀儒	常委	1978. 1—1981. 3
	陆琼英	常委	1978. 1—1981. 3
	张继登	常委	1978. 1—1981. 3
	张玉祥	常委	1978. 1—1981. 3
	刘新阳	常委	1978. 3—1981. 3
第四届	陆道邦	书记	1981. 3—1984. 12
	王 元	书记	1984. 12—1985. 1
	蒙开江	副书记	1981. 3—1983. 12
	石明卿	副书记	1981. 3—1983. 12
	刘新阳	副书记	1981. 3—1985. 1
	胡品荣	副书记	1983. 12—1985. 1
	吴永华	副书记	1983. 12—1985. 1
	韦有康	常委	1981. 3—1983. 12
	张玉祥	常委	1981. 3—1983. 7
	岑儒卿	常委	1981. 3—1983. 12
	罗玉光	常委	1981. 3—1985. 1
	彭仕德	常委	1981. 3—1985. 1
	潘世仁	常委	1981. 3—1983. 12
	熊清文	常委	1983. 7—1985. 1
	刘体正	常委	1983. 12—1985. 1

续表4-1

届　次	姓　名	职　务	任职时间
第五届	王　元	书记	1985. 1—1988. 12
	潘世仁	副书记	1985. 1—1988. 12
	彭振奇	副书记	1985. 1—1988. 12
	吴永华	副书记	1985. 1—1986. 6
	熊志彪	副书记	1985. 1—1988. 12
	潘茂修	副书记	1986. 8—1988. 12
	韦耀军	常委	1985. 1—1988. 12
	刘体正	常委	1985. 1—1988. 12
	张锦清	常委	1985. 1—1988. 12
	岑吉芬	常委	1985. 1—1988. 12
	卢玉光	常委	1986. 11—1988. 12
	陈文忠	常委	1988. 2—1988. 12
第六届	潘茂修	书记	1988. 12—1992. 1
	韦国鼎	副书记	1988. 12—1992. 1
	彭振奇	副书记	1988. 12—1992. 1
	项　护	副书记	1990. 3—1992. 1
	马仕慈	副书记	1990. 4—1992. 1
	蒙秉武	副书记	1991. 9—1992. 1
	刘体正	常委	1988. 12—1992. 1
	韦耀军	常委	1988. 12—1992. 1
	卢玉光	常委	1988. 12—1992. 1
	莫善余	常委	1988. 12—1992. 1
	王相钦	常委	1989. 4—1990. 12
	吴朝勇	常委	1990. 4—1992. 1
	郭俊明	常委	1990. 4—1991. 4
	潘廷旺	常委	1990. 12—1992. 1
第七届	潘茂修	书记	1992. 1—1993. 6
	李国庆	书记	1993. 6—1996. 9
	李文智	书记	1996. 9—1996. 10
	韦国鼎	副书记	1992. 1—1993. 3
	蒙秉武	副书记	1992. 1—1996. 10
	彭振奇	副书记	1992. 1—1993. 3
	韦耀军	副书记	1992. 1—1996. 10
	莫善余	副书记	1993. 3—1996. 10
	卢治渊	副书记	1993. 7—1996. 10
	潘廷旺	副书记	1993. 7—1996. 10
	孙义军	副书记（挂职）	1992. 1—1994. 4

续表4-1

届　次	姓　名	职　务	任职时间
第七届	杨庆雄	副书记（挂职）	1995. 5—1996. 1
	郭茂龙	副书记（挂职）	1995. 5—1996. 10
	姚彩全	副书记（挂职）	1996. 3—1996. 10
	韦武昌	副书记（挂职）	1996. 4—1996. 10
	崔　燕	副书记（挂职）	1996. 4—1996. 10
	卢玉光	常委	1992. 1—1996. 10
	莫善余	常委	1992. 1—1996. 10
	潘廷旺	常委	1992. 1—1996. 10
	吴承君	常委	1992. 1—1993. 5
	卢治渊	常委	1992. 1—1996. 10
	韦绍凯	常委	1993. 5—1996. 10
	潘德荣	常委	1993. 7—1996. 10
	周锡怀	常委	1993. 7—1996. 4
	饶文霞	常委	1993. 7—1996. 10
	陈光能	常委	1996. 5—1996. 10
	吉世印	常委（挂职）	1995. 4—1996. 10
	李东亚	常委（挂职）	1996. 3—1996. 10
第八届	李文智	书记	1996. 10—2001. 6
	蒙秉武	副书记	1996. 10—1997. 8
	韦耀军	副书记	1996. 10—2001. 6
	卢治渊	副书记	1996. 10—1998. 6
	潘廷旺	副书记	1996. 10—2001. 6
	蒙建明	副书记	1997. 12—2001. 6
	雷启成	副书记	1998. 2—2001. 6
	韦绍凯	副书记	1998. 6—2001. 6
	罗建平	副书记（挂职）	1997. 3—1998. 1
	何　娉	副书记（挂职）	1997. 3—1998. 1
	潘海耀	副书记（挂职）	1998. 3—1998. 12
	郭春光	副书记（挂职）	1998. 3—1998. 12
	杨政模	副书记（挂职）	1999. 3—2000. 3
	张德强	副书记（挂职）	1999. 3—2000. 3
	任光伟	副书记（挂职）	2000. 4—2001. 3
	陈良海	副书记（挂职）	2001. 3—2001. 6
	赵光福	副书记（挂职）	2001. 4—2001. 6
	卢玉光	常委	1996. 10—2001. 6
	韦绍凯	常委	1996. 10—2001. 6
	潘德荣	常委	1996. 10—2001. 6

续表4-1

届次	姓名	职务	任职时间
第八届	陈光能	常委	1996. 10—2001. 6
	李翠云	常委	1996. 10—2001. 6
	覃克信	常委	1996. 10—2001. 6
	李明国	常委（挂职）	1998. 3—1998. 12
第九届	李文智	书记	2001. 6—2004. 5
	刘长江	书记	2004. 5—2006. 10
	韦绍凯	副书记	2001. 6—2006. 10
	潘廷旺	副书记	2001. 6—2003. 4
	潘德荣	副书记	2001. 6—2003. 10
	陈稠彪	副书记	2001. 6—2005. 4
	杨德勇	副书记	2003. 1—2006. 9
	胡先明	副书记	2003. 10—2005. 4
	覃克信	副书记	2005. 4—2006. 10
	章　程	副书记（挂职）	2002. 3—2003. 3
	雷晓安	副书记（挂职）	2002. 3—2003. 3
	谢守鑫	副书记（挂职）	2002. 5—2002. 12
	宋健三	副书记（挂职）	2003. 3—2004. 3
	张洪贵	副书记（挂职）	2004. 2—2005. 2
	朱岚峰	副书记（挂职）	2005. 2—2006. 2
	郭　卫	副书记（挂职）	2005. 6—2006. 6
	闵应炳	副书记（挂职）	2006. 5—2006. 10
	杨明尚	副书记（挂职）	2006. 8—2006. 10
	李翠云	常委	2001. 6—2003. 2
	钟　平	常委	2001. 6—2006. 9
	韦成念	常委	2001. 6—2003. 2
	罗光全	常委	2001. 6—2004. 7
	王兴义	常委	2003. 2—2006. 8
	徐　彬	常委	2003. 10—2005. 7
	黎方文	常委	2004. 7—2006. 10
	韦天翼	常委	2004. 11—2006. 9
	杨海燕	常委	2004. 11—2006. 10
	潘仕进	常委	2006. 1—2006. 10
	张加春	常委	2006. 7—2006. 10
	李　宏	常委	2006. 9—2006. 10
	李志民	常委	2006. 9—2006. 10
	刘荣德	常委（挂职）	2002. 3—2003. 3
	管　立	常委（挂职）	2004. 2—2005. 2

续表4-1

届次	姓名	职务	任职时间
第九届	赵建华	常委（挂职）	2004. 2—2005. 2
	林　普	常委（挂职）	2004. 2—2005. 2
	余　文	常委（挂职）	2005. 6—2006. 6
	施建中	常委（挂职）	2005. 6—2006. 6
第十届	刘长江	书记	2006. 10—2007. 11
	唐官莹	书记	2007. 11—2011. 10
	韦绍凯	副书记	2006. 10—2008. 8
	覃克信	副书记	2006. 10—2009. 10
	张加春	副书记	2007. 6—2011. 10
	罗友军	副书记	2009. 10—2011. 10
	闵应炳	副书记（挂职）	2006. 10—2007. 5
	杨明尚	副书记（挂职）	2006. 10—2007. 2
	喻泰山	副书记（挂职）	2007. 3—2008. 1
	彭锦斌	副书记（挂职）	2007. 4—2008. 4
	宋诗发	副书记（挂职）	2008. 3—2009. 1
	姚　作	副书记（挂职）	2008. 3—2009. 3
	杨明尚	副书记（挂职）	2009. 3—2010. 2
	吴定伟	副书记（挂职）	2009. 3—2010. 2
	刘奇凡	副书记（挂职）	2010. 4—2011. 2
	秦雪飞	副书记（挂职）	2010. 4—2011. 2
	何志星	副书记（挂职）	2011. 3—2011. 10
	毛佐林	副书记（挂职）	2011. 3—2011. 10
	陆祖宏	常委	2006. 10—2011. 10
	黎方文	常委	2006. 10—2008. 3
	杨海燕	常委	2006. 10—2011. 10
	潘仕进	常委	2006. 10—2011. 10
	李志民	常委	2006. 10—2011. 10
	李　宏	常委	2006. 10—2009. 5
	刘　斌	常委	2007. 10—2009. 3
	韦成波	常委	2008. 7—2011. 10
	简远敏	常委	2009. 5—2011. 10
	李平章	常委	2009. 5—2009. 12
	周光元	常委	2009. 12—2011. 10
	何　信	常委	2011. 9—2011. 10
	赵　彬	常委（挂职）	2007. 4—2009. 4
	杨明昌	常委（挂职）	2010. 9—2011. 9
	彭　涛	常委（挂职）	2010. 9—2011. 9
	杨实践	常委（挂职）	2011. 3—2011. 10

续表4-1

届次	姓名	职务	任职时间
第十一届	王小红	书记	2011.10—2013.12
	张加春	副书记	2011.10—2013.12
	罗友军	副书记	2011.10—2013.12
	何志星	副书记（挂职）	2011.10—2012.2
	毛佐林	副书记（挂职）	2011.10—2012.2
	李其福	副书记（挂职）	2012.2—2013.2
	祝学邦	副书记（挂职）	2012.2—2013.2
	韦成波	常委	2011.10—2013.6
	潘仕进	常委	2011.10—2013.12
	李志民	常委	2011.10—2013.5
	简远敏	常委	2011.10—2013.12
	周光元	常委	2011.10—2012.6
	何　信	常委	2011.10—2013.12
	覃友寿	常委	2011.10—2013.12
	邱清明	常委	2012.6—2013.5
	雷　波	常委	2013.5—2013.12
	白林贤	常委	2013.5—2013.12
	刘会军	常委	2013.6—2013.12
	王藏敏	常委（挂职）	2012.4—2013.4
	姜惠良	常委（挂职）	2013.5—2013.12
	程志敏	常委（挂职）	2013.5—2013.12

第四节　县委办事机构

1978年，县委工作机构有县委办公室、县委组织部、县委宣传部。是年10月，恢复县委纪律检查委员会。1984年1月，根据机构改革精神和干部“四化”的要求，县委对其工作机构和领导班子作了调整、充实，调整后，县委工作部门共设置6个，即县委办公室、县委组织部（含老干工作）、县委宣传部、县委统战部、县委农村工作部（含城镇工作）、县委政法委员会，县委纪律检查委员会升格为副县级领导机构。到1987年12月，县委工作机构有：办公室、组织部、宣传部、统战部、党校、县政法委员会、农村工作部、直属机关委员会、县委保密委员会、县委机要室、县委党史办公室、县委老干部局、联合信访科。1994年县级机构改革后，县委工作部门为7个，即县委办公室（撤销农村工作部、机要局、保密局的独立建制，工作职能并入县委办公室，对外加挂机要局、保密委员会办公室和政府保密局的牌子。撤销联合信访办公室的独立建制，工作职能分别并入县委办公室、政府办公室）；县委组织部；县委离退休干部局（撤销老干部局、退休干部局，合并组建为离退休干部局）；县委宣传部（含精神文明建设指导和对外宣传工作，与人武部共同承担国防教育工作）；县委统战部（撤销对台办公室的独立建制，工作职能并入统战部，对外加挂县委台湾工作办公室和政府台湾事务办公室牌子）；县委政法委员会（社会治安综合治理委员会办公室与政法委员会合署办公）；县委直属机关党委。县委直属事业单位2个：县委党校和县委党史研究室。2001年10月，机构改革经调整、精简、合并后，县委机构共设置为8个：纪律检查委员会机关（监察局与其合署办公，实行一套工作机构、两个机关名称的体制）；县委办公室〔含政策研究工作，机要局（密码工作领导小组办公室）〕、保密委员会办公室（保密局）分别为副科级机构；组织部（保留离退休干部工作局，归口组织部管理）；宣传部（精神文明建设指导委员会办公室设在宣传部）；统一战线工作部（含对台工作）；政法委员会（社会治安综合治理委员会办公室与其合署办公，一个机构两块牌子；维护社会稳定领导小组办公室设在政法委，为正科级机构）；机构编制委员会办公室；直属机关党委。县委党校和县委党史研究室为县委直属事业单位。到2013年，县委工作部门有县委办公室、组织部、宣传部、统战部、政法委、直属机关工委、离退休干部工作局、编委办8个，直属事业单位有县委党校和县委党史研究室2个。

1978年至2013年，根据工作需要，县委还先后设置了落实干部政策办公室、整党办公室、知识分子工作领导小组办公室、社会主义办公室、建镇并乡撤区办公室、“三讲”活动领导小组办公室、“三个代表”重要思想教育活动领导小组办公室、科学发展观教育活动领导小组办公室、保持共产党先进性教育活动领导小组办公室等临时机构。

第二章　中共三都水族自治县纪律检查委员会

1978年10月，恢复建立中共三都水族自治县委纪律检查委员会。1985年2月，中共三都水族自治县委纪律检查委员会更名为中共三都水族自治县纪律检查委员会（副县级机构，简称县纪委），设书记1人、副书记2人，下设办公室、纪检科、审理科3个机构。1993年4月，县纪委、县监察局合署办公，两块牌子一套人员，由一名副书记兼任监察局局长。县纪委（监察局）下设工作机构6个，即办公室、执法室、信访室、纪检监察室、审理室、党风廉政建设教育研究室。2002年1月，县纪委（监察局）党风廉政教育研究室分设党风廉政室和教育研究室。同年，县纪委（监察局）设7个职能室，即办公室、教育研究室、党风廉政室、执法监察室（政府纠风办）、纪检监察室、案件审理室、信访室。2008年恢复县直部门派驻纪检监察机构，分别在17个县政府工作部门和法检两院设置派驻纪检组，进一步加强政府部门党风廉政建设。同年，县纪委（监察局）增设纪检监察综合室，2013年更名为干部室。2010年增设县举报中心（非公有制经济发展侵权投诉中心），为县纪委（监察局）内设副科级事业机构。2012年，县纪委（监察局）设置4个派驻县直纪工委监察分局。2013年，县纪委（监察局）共设8个职能室和1个举报中心，承担全县党风廉政、纪检信访、案件查办、执法监察、行政效能、纠风减负等反腐倡廉建设工作。

第一节　党风廉政建设

1978—2006年，通过制定《关于住宅电话公务费和移动电话传呼机的管理办法》《关于检查落实严禁用公款吃喝送礼等有关规定执行情况的通知》《关于严禁国家机关、企事业单位工作人员大操大办酒席的规定（试行）》《公务接待标准》等制度和规定，下发《关于重申保持艰苦奋斗、廉洁自律的规定》和《关于坚决刹住用公款大吃大喝歪风的紧急通知》等文件，与全县干部职工签订了拒赌责任书，认真贯彻中央“八个坚持、八个反对”的要求。二十多年间，清理干部职工违法、违章、违纪建私房问题，立案84件，涉及97人（户），收缴罚没款32333元，拆除房屋685平方米，收回空地2326平方米；清理归还公款9150元；清理利用公款开支学习驾驶费用39200元；清理全县行政事业单位用公款安装的住宅电话179部，过户172部，收回资金81371元，清理移动电话31部，退回企业15部，报停收缴6部，拍卖1部，收回资金12000元，清理传呼机181部，报停收缴3部。2001年，责令25个单位116人归还拖欠公款公物折合金额553040.72元。2004—2006年，领导干部主动上交无法拒收礼金共计33900元。2006年，下发《三都水族自治县加强农村党风廉政建设工作的实施意见》（三党办通〔2006〕74号），全县村级党风廉政建设试点工作正式启动，农村基层廉政建设工作进一步得到加强。2006—2011年，纪检监察机关着力解决干部作风存在的突出问题，对领导干部节假日期间廉洁自律情况进行专项检查，开展领导干部在公务活动中接受礼金和各种有价证券、支付凭证专项治理，领导干部拒收礼金4000元，上交无法拒收礼金2000元。举办各类学习培训8期，培训乡科级干部和村干部615人次；将近几年发生在本县的典型案例汇编成册，印发全县各乡镇各单位进行警示教育；向全县科级以上领导干部赠送廉政台历200余份、发送廉政短信616条；编印《农村基层干部廉洁履行职责若干规定（试行）》单行读本，发放给乡镇党政班子成员和村干部，方便农村基层党员干部对照学习，自觉遵守。2011年，开展全县党政机关公务用车专项治理工作，完成单位自查、登记核实、信息录入和违规认定等环节。

2012年，向全县副科级以上领导干部编发《三都纪检监察手机报》9期；组织30名新任乡镇和县直部门主要领导到都匀桐洲监狱开展现身说法警示教育活动；发放《农村基层干部廉洁履行职责若干规定》宣传挂图270余份，在全县村（居）干部培训期间，对484名村（居）干部进行了廉政知识教育培训；对225名新任科级领导干部进行了任前廉政谈话；向各乡镇及部门主要负责人发放廉政台历200余份；落实建设资金45万元，建成县反腐倡廉教育基地；创作水族曲艺说唱《公仆颂》节目，在黔南州反腐倡廉曲艺比赛中荣获二等奖。

2013年，组织61个单位2250名党员干部到县反腐倡廉教育基地参观并接受教育；组织全县乡镇和部门党政主要领导和部分新任副科级干部130余人到都匀监狱开展服刑人员现身说法警示教育活动；向全县副科级以上领导干部编发《纪检监察手机报》12期4944条；在全县各单位组织开展反腐倡廉警示教育“三个一”活动。全面推行党务公开、政务公开，提高权力运行透明度，接受社会和群众监督；积极推进科级及以下干部报告个人有关事项工作，全县共有3294人报告了个人有关事项，比2012年增加676人。会同县委组织部对25个单位（含乡镇）报告个人有关事项进行了抽查，涉及干部职工932人，对未按要求填报的单位和个人责令整改；认真落实民主生活会、诫勉谈话、新任领导干部廉政教育谈话、任期经济责任审计等制度，对领导干部苗头性、倾向性问题及早打招呼提醒。共对98名副科级及以上干部进行了任前廉政谈话，对领导干部廉洁自律情况函复148人次。

第二节　查处违纪违法案件

1978—1992年，全县共查处党员违纪案件277人，其中党内警告22人，党内严重警告50人，撤销党内职务13人，留党察看处分48人，开除党籍处分144人（以农村党员违反计划生育案件为主）。1978—1987年，全县共查处监察对象违纪案件33人，其中行政警告2人，行政记过1人，行政记大过4人，撤职12人，开除留用察看处分10人，开除公职4人。

1987年县监察局成立，1987年至1993年6月，县监察局共查处监察对象违纪案件66人，其中行政警告7人，行政记过7人，行政记大过11人，行政降级6人，撤职4人，开除留用察看处分

10人，开除公职21人。

1993年6月，县纪委与县监察局合署办公后，发挥全县反腐败协调小组作用，协调执纪执法机关，整合办案力量，联合查办大案要案。2006—2013年，立案158件，结案154件，涉及党员139件，监察对象72件；其中乡科级干部39件，一般干部47件，其他人员72件。共结案145件，涉及乡科级干部37件，一般干部38件，其他人员70件。共处分169人，乡科级干部43人，一般干部46人，其他人员80人；党纪处分131人，其中警告27人，严重警告26人，撤销党内职务2人，留党察看12人，开除党籍64人；政纪处分54人，其中警告21人，记过4人，记大过6人，撤职3人，开除20人。受党纪、政纪双重处分16人，移送司法机关5人，刑事处理36人，组织处理2人，责任追究6人。对4名被调查对象实施“两规”办案措施。执纪执法机关协调配合，联合查处县食品公司资产拍卖过程中竞买人恶意串通低价竞买国有资产案，县土产公司用在建商铺低价抵押借款损害企业利益案等重大经济案件，为国家和集体挽回经济损失868万元。

第三节 纠正不正之风

1996年5月14日，成立三都水族自治县纠正行业不正之风领导小组，组长由时任常务副县长韦绍凯担任，领导小组办公室设在县监察局。从1996年开始，全县开展治理公路“三乱”、教育乱收费、医药购销领域、拖欠农民工工资、农资市场管理等社会关注热点、难点问题，维护了群众利益，取得了良好效果。至2011年，清理中小学乱收费项目9个，清退18.54万元；开展对医药购销、医疗服务领域不正之风专项治理，收缴违规资金1.24万元，查处5个乡镇卫生院乱收费行为，相关责任人受到纪律处分；协调查处11起拖欠农民工工资案件，兑现工资216.58万元；开展“红盾护农保春耕”专项检查，会同农业、工商等部门对全县农资经营点进行检查，没收假种子1469千克，假农药12箱，假化肥17吨，打击哄抬价格、制售假劣农资坑农害农行为265次，涉及金额4.62万元；加强对录用公务员、事业人员、工勤人员考试的全程监督，严肃考风考纪。开展乡镇基层站（办）所民主行风评议工作，评议243个单位，进一步转变工作作风，提高干部服务群众的能力和水平。2011年7月，开展村级集体资金、资产、资源委托管理试点工作，确定三合等11个乡镇为首批试点单位，推进农村基层民主管理。

2012年，对全县城镇低保对象价格补贴供应券发放工作进行监督检查，普安镇28户36人逾期未能领取供应券，责任人员受到问责处理；会同县劳动监察大队对拖欠农民工工资情况进行监督检查，帮助追回农民工工资187万元，为498名农民工维护了合法权益；对国家各项强农惠民政策措施贯彻落实情况进行监督检查，重点对农村低保资金、新农合资金、学生“营养餐”补助金、救灾救济等各类保障性补助资金兑现情况进行检查；对东片区4个乡镇滞留农村低保金问题进行查处，12名责任人受到行政效能问责和纪律处分；对152名国家公职人员违规参加农村合作医疗问题进行清理，追缴违规报销医疗费补助2.83万元，18名责任人受到效能谈话、效能告诫和效能通报；对全县各乡镇党政办、国土所、农业服务中心、财政所开展民主评议工作。

2013年，对全县城镇低保对象价格补贴的发放工作进行了监督检查，会同相关部门对“两节”期间市场价格和价费公示落实情况、公路“三乱”、教育收费等涉及民生领域问题的监督检查，坚决纠正行业不正之风；会同县劳动监察大队对拖欠农民工工资情况进行监督检查，帮助追回农民工工资502万元，为607名农民工维护了合法权益；参与县事业单位面向社会公开招聘、行政事业单位遴选干部等考试的监督工作，维护公平竞争的考风考纪。强化涉农资金的监督检查。对20个县直单位和21个乡镇涉农专项资金使用情况开展监督，对存在的19个问题提出14个整改建议，督促相关单位和乡镇限时整改；开展涉农资金电子监管系统日常管理和二次培训，有效强化了全县涉农资金监管。对公职人员“占编制、不上班、吃空饷”进行专项监督检查。会同编委办、财政局、人社局组织开展政府部门公职人员“占编制、不上班、吃空饷”专项监督检查，共清理7人。

第四节 信访举报

1994年，县纪委监察局在信访室设立举报中心，设置举报箱和公布举报电话。1995年，县纪委监察局建立县、乡、村三级信访网络，畅通和拓宽了纪检监察信访渠道。2010年，成立三都水族自治县举报中心（非公有制经济发展侵权投诉中心），为县纪委监察局下设的副科级参公管理事业机构。至2011年，县纪委监察局共受理信访件2539件次，信访初查1082件，转立案186件。2006年10月以来，县纪委监察局向有关单位发出《信访通知书》27份，信访打招呼谈话58人次。2011年，开展纪检监察系统领导干部集中接访、走访、回访活动（简称“三访”活动），受理群众来访60件（含省、州转办6件），办结48件，落实县四家班子和纪委领导包案21件，解决群众反映强烈的困难和问题42个，化解矛盾17个，投入“三访”活动资金100万元。

2012年，县纪检监察机关接受群众来信来访举报80件次，其中：来信48件次，来访16件次，来电4件次，网络举报12件次；检举控告类67件次，业务范围外13件次；被纪检监察机关实施信访监督人员共9人，其中发信访通知书7人，信访谈话2人；澄清问题保护干部6人，批评教育、责令整改3人。

2013年，县纪检监察机关不断拓宽信访举报渠道，加强信访核查，共接到群众举报87件次，受理76件，初核64件，了结58件，转立案7件；为6名干部澄清了举报失实问题，有效激励和保护了全县党员干部干事创业的激情。

第五节 执法监察工作

1998—2005年，县纪委监察局严格执行《中华人民共和国建筑法》等有关法律法规，全县公开招投标或议标110次，涉及金额12841.41万元，节约资金23.8%。五年间，监督拍卖国有土地27973.5平方米，拍卖底价7198.88万元，拍卖成交价8830.09万元，提高金额1631.21万元；参加建设工程招投标监督160个，总预算价25226.63万元，中标价23476.89万元，节约工程建设资金1749.74万元；会同政府采购办对公用设备招标采购的监督，招标采购预算资金3724.7万元，实际采购金额3360.44万元，节约资金364.26万元。

2001—2002年，开展清理整顿行政单位银行账户检查，撤销银行账户145个，对漏报的58个账户予以冻结。2004年，开展整顿统一着装工作，清理未经国务院批准着装的部门29个，涉及540人，金额30.38万元，收回制式标志546套，收回制服546套。2005年，完成经济责任审计项目8个，查出各类违规资金713.6万元。2006年，开展“收支两条线”管理及清理整顿“小金库”工作，收缴、纠正挪用扶贫专项贷款29.2万元、超范围收取学生费用5.56万元、“坐收坐支”39.75万元；开展安全生产监督检查及安全生产事故的调查，炸封11个非法小煤窑，填平1个煤窑窝点，取缔关闭3宗无证矿山。2007年，对7名领导干部进行经济责任审计，审计查出违规和管理不规范资金471万元，为县财政增收节支2万元。2008年，加强干部使用的监督工作，采取“公推优选”方式，公开选拔2名乡镇党委书记、1名乡镇长、11所中小学校长，面向全省公开选拔8名县直部门副职，面向全县公开选拔50名副科级后备干部。联合安监、国土等部门炸封18个非法小煤窑；启动干部问责程序，对2起消防安全事故进行责任追究。

2009年，查处水龙乡拉佑村村干部克扣、截留农村低保金案件，及时清退农村低保金5万余元；督促发放拖欠农民工工资17万余元；查处和纠正各种形式的“小金库”，涉及金额233.6万元，对1名负有主要责任的单位主要负责人给予党政纪处分；对恒丰乡天勇煤矿“7·3”瓦斯爆炸事故责任追究案件进行调查，给予政纪处分2人。2010年，开展国有及国有控股企业“小金库”专项治理工作；制定《三都水族自治县2010年整治违法排污企业保障群众健康环保专项行动工作方案》，对厦蓉高速公路BT13合同段工地遗留较多环境污染物、污水沉淀池未及时清理等问题督促整改；加强农资市场的监督管理，查处违规经营16起，现场处罚3起，责令整改12起，收缴未经审定种子300千克。

2011年，开展“环境建设年”活动，共清理行政许可事项265项，保留261项；清理非行政许可审批事项52项，保留46项；检查煤矿8家，封闭井口5个，炸封非法小煤窑2个；检查非煤矿山和尾矿库企业42家，提出整改意见164条，关闭非煤矿山3个。发出整改通知书28份，责令限期整改。牵头组织城建、国土、财政等部门对房地产开发中违规变更规划、调整容积率问题以及土地出让、探矿权采矿权出让制度执行情况开展专项清理工作，排查房地产开发项目8个，清理200平方米以上国有土地出让44宗，采矿权招标拍卖、挂牌出让82宗，督促整改问题8个，追缴欠交土地出让金693.4万元，督促补交土地出让金21.4万元、采矿权出让金1.3万元，对违规企业处以4.82万元罚款。

2012年，研究出台《三都水族自治县行政效能责任追究办法（试行）》和《投资发展环境建设投诉举报奖励办法》，会同县教育局出台《三都水族自治县中小学校（园）长廉洁履行职责管理试行办法试点工作实施方案》。重点对国家保障性住房、小城镇建设、麻光新区建设、重点项目、“双百”工程等项目建设情况开展监督检查，对个别项目进度缓慢等问题作限期整改，部分乡镇和部门领导被现场约谈。继续开展工程建设领域治理和“三项清理”工作。制定全县重大工程项目台账，督促项目主管单位签订《工程廉政合同》20余份，开展履行合同检查5次。加强房地产开发中违规变更规划和调整容积率等问题排查，复查房地产开发项目13个，清理国有土地出让10宗，清理矿业权出让6宗，均为延续办证，追补出让金18万元。对冷水沟水库等重点水利工程建设情况进行检查，确保国家加快水利建设的政策措施落实到位。对征地拆迁政策落实情况进行监督。重点对河滨北路水族风情街、第三中学等项目征地拆迁工作开展监督检查，对反映县城北出口道路改造被征用地没有土地证给予拆迁补偿安置建房用地和国家工作人员非法购买土地等问题进行调查核实，纠正非法买卖土地1起。

2013年，对重点项目建设执行督办“亮灯”警示制度，共督查项目331个，其中210个工程推进正常亮“绿灯”、121个工程进度缓慢亮“黄灯”，9名科级领导干部因工作进展缓慢被“约谈”。开展工程建设领域治理和“三项清理”工作，加强工程建设项目信息公开，38个200万元以下项目在三都党政网公布招投标信息，5个项目在县电视台公布信息。深入企业对17个政府工作部门开展投资发展环境满意度测评2次，对反映问题较集中和满意率低的3家单位督促限期整改。制定《推进“效能革命”优化发展环境实施方案》，落实10项重点工作和7项常规工作。推进县政务服务中心搬迁扩建，清理行政审批事项220件、非行政审批事项78件、公共服务事项829件，公布行政审批事项目录。

第三章 党 务

第一节 组织工作

县委组织部于1950年建立，1979年恢复设立县委工作机构。是年，按照干部“四化”（革命化、年轻化、知识化、专业化）方针，改革管理制度，调整、配备各级领导班子，加强基层组织建设。1980年起，将在职领导干部、党群部门干部划入县委组织部管理，国家机关、企业、事业单位干部划入人事部门管理、调配，军队转业干部的安置、干部统计与奖惩、大中专毕业生分配、工资福利，由人事和组织部门共同负责。2002年，县委组织部内设办公室、组织股、干部股、干部监督办公室（副科级）、知识分子工作办公室（副科级）。2006年6月，县委组织部增设信息股为内部机构。2007年3月，增设公务员管理股为内设机构。2009年10月，县知识分子工作办公室更名为县人才工作协调小组办公室。2011年，县委组织部内设办公室、组织股、干部股、信息股、公务员管理股、干部监督办公室（副科级）、人才工作协调小组办公室（副科级）。

2005年5月，经县委研究批准，设立三都水族自治县农村党员干部现代远程教育办公室（简称县远程办），为副科级事业单位，隶属县委组织部管理。2010年6月，中共三都水族自治县党的建设工作领导小组办公室（简称县委党建办）为常设机构，组建中共三都水族自治县委党代会代表联络办公室（简称县委党代表联络办），将县委党建办和县委党代表联络办与县农村党员干部现代远程教育办公室（简称县远教办）合署办公，实行三块牌子、一套人员管理。2010年12月，县远程教育办公室（县委党建办、党代表联络办）内设农村党建股、综合党建股、党代表联络股共3个股。2012年，县委组织部内设组织股、干部股、公务员管理股，分别更名为组织科、干部科、信息科、公务员管理科；县远程教育办公室原内设机构农村党建股、综合党建股、党代表联络股，分别更名为农村党建科、综合党建科、党代表联络科。2013年，设立三都水族自治县党员服务中心，为县远程教育办公室管理的股级公益性事业单位。

一、基层组织建设

1978年，全县共有党支部387个，党总支3个，基层党委38个，党员总数4409人，其中女党员478人，少数民族党员3944人。1979年，全县共有党支部385个，党总支3个，基层党委38个，党员总数4461人，其中女党员483人，少数民族党员3970人。

1980年，全县共有党支部395个，党总支3个，基层党委38个，党员总数4675人，其中女党员505人，少数民族党员4144人。1981年，全县共有党支部415个，党总支2个，基层党委39个，党员总数4750人，其中女党员507人，少数民族党员4193人。1982年，全县共有党支部422个，党总支2个，基层党委39个，党员总数4779人，其中女党员510人，少数民族党员4209人。1983年，全县共有党支部427个，党总支1个，基层党委39个，党员总数4790人，其中女党员503人，少数民族党员4246人。1984年，全县共有党支部424个，党总支1个，基层党委38个，党员总数5048人，其中女党员555人，少数民族党员4423人。1985年，全县共有党支部441个，党总支1个，基层党委38个，党员总数5469人，其中女党员616人，少数民族党员4801人。1986

年，全县共有党支部453个，党总支4个，基层党委38个，党员总数5677人，其中女党员628人，少数民族党员4974人。1987年，全县共有党支部465个，党总支4个，基层党委38个，党员总数5800人，其中女党员651人，少数民族党员5073人。1988年，全县党支部550个，党总支3个，基层党委39个，党员5876人，其中女党员659人，少数民族党员5139人。1989年，全县共有党支部532个，党总支3个，基层党委39个，党员总数5832人，其中女党员665人，少数民族党员5119人。

1990年，全县共有党支部555个，党总支4个，基层党委39个，党员总数5773人，其中女党员649人，少数民族党员5063人。1991年，全县共有党支部512个，党总支3个，基层党委22个，党员总数5783人，其中女党员641人，少数民族党员5111人。1992年，全县共有党支部518个，党总支2个，基层党委23个，党员总数6028人，其中女党员691人，少数民族党员5527人。1993年，全县共有党支部477个，党总支1个，基层党委24个，党员总数6577人，其中女党员757人，少数民族党员5915人。1994年，全县共有党支部481个，党总支3个，基层党委24个，党员总数6639人，其中女党员767人，少数民族党员5986人。1995年，全县共有党支部484个，党总支3个，基层党委24个，党员总数6849人，其中女党员822人，少数民族党员6202人。1996年，全县共有党支部488个，党总支5个，基层党委23个，党员总数6958人，其中女党员964人，少数民族党员6322人。1997年，全县共有党支部487个，党总支3个，基层党委23个，党员总数7055人，其中女党员894人，少数民族党员6414人。1998年，全县共有党支部479个，党总支3个，基层党委24个，党员总数7035人。1999年，全县共有党支部408个，党总支3个，基层党委24个，党员总数7188人。

2000年，全县共有党支部480个，党总支4个，基层党委24个，党员总数7333人，其中女党员948人，少数民族党员6722人。2001年，全县共有党支部485个，党总支4个，基层党委23个，党员总数7351人，其中女党员1010人，少数民族党员6753人。2002年全县共有党支部494个，党总支4个，基层党委23个，党员总数7454人，其中女党员1026人，少数民族党员6847人。2008年全县基层党支部453个，党总支4个，基层党委23个，党员总数8562人，其中女党员1350人。2011年全县基层党支部424个，党总支4个，基层党委24个，党员总数9338人，其中女党员1607人。

2012年全县基层党支部418个，党总支7个，基层党委21个，党员总数9544人，其中女党员1683人，少数民族党员8857人，预备党员340人。2013年全县基层党支部472个，党总支4个，基层党委27个，党员总数9692人，其中女党员1749人，少数民族党员8992人，预备党员226人。

本着“从严治党”的原则，对不合格党员作出了“出党”处理。1989年通过党支部民主评议，上级党委审批，不合格党员（指正式党员，下同）99人，作开除党籍42人，劝退22人，除名35人，“出党”面占正式党员总数5651人的0.57%。1992年开展农村社会主义思想教育活动，对党员开展民主评议，定为不合格党员32人，作出“出党”处理，占0.62%；有67人犯有谎报错误，需调查落实，尚未定格，占1.28%。2006年全县共评出不合格党员24人，受到组织处理15人，其中开除党籍7人，除名、取消预备党员资格8名，同时对表现好，经组织考察，恢复党员党籍1名。2011年不合格党员（指正式党员，下同）10人，占正式党员总数的0.1%。2012年全县共出党15人，其中开除党籍9人，自行脱党除名2人，取消预备党员资格4人。2013年全县共出党20人，其中开除党籍11人，劝退和劝退不退除名6人，自行脱党除名3人。

二、农村党员干部现代远程教育工作

作为远程教育工作第一批试点地区，三都水族自治县农村党员干部现代远程教育工作从2003年下半年开始推开。

2004 年 7 月至 2005 年年底，新建了 319 个农村党员干部现代远程教育站点。其中县委党校 C 级站点 1 个、党员活动室站点 55 个、农村中小学站点 263 个。2005 年上半年，在三合排偷、周覃水便、九阡水各、大河镇大河村补建四个基本型站点，党员活动室站点增加到 59 个，全县站点总数增加到 323 个。2008—2011 年，根据党的十七大提出在全国农村开展党员干部现代远程教育的要求，通过省、州、县三级配套资金的方式，在 25 个行政村、4 个社区补建了 29 个远程教育站点，党员活动室增加到 90 个，全县站点总数达 333 个（其中部分站点因村小学合并而撤销），站点行政村覆盖率 100%。

2010 年，配备 21 名乡镇党委组织员，明确为乡镇远程教育专干，对有大学生村干部任职的村，明确作为站点操作管理员。在此基础上，采取“分级培训”“手把手教”的方式对全县“三支队伍”人员轮训一遍。

2011 年，按照省、州“集中学习教学计划”的要求，制定了《2011 年度三都水族自治县基层党员干部现代远程教育集中学习教学计划》，围绕中心工作任务和基层工作实际，督促指导各站点开展好每月 2 次以上集中学习培训活动。在县级辅助教学网站上开设相关学习宣传专栏，将有关教学、宣传课件资料发放到各站点，采取组织集中学习培训、分组讨论、交流发言、个性化自学相结合等多种形式，组织基层党员干部开展学习活动，全县共利用远程教育培训网络完成农村党员干部培训 1.63 万余人次，农民群众培训 10 万余人次，形成了 50 个“富民服务型党支部+示范终端站点”的示范村（社区），培养了 25 名优秀站点管理员和 120 余名“党员创业带富能手+远程教育学用标兵”。

2012 年，结合基层组织建设年活动开展，扎实推行远程教育“521”示范创建活动，充分利用远程教育网络，并依托省、州短期教育培训基地建设和省内外短期培训基地，以“311”为目标，组织开展有针对性、实效性的大规模培训，培训基层群众 35 万人次，培训农村党员干部 1 万人次，培训基层党组织负责人、大学生村干部和机关党务工作者等 1000 人次。

2013 年，按中央、省委、州委和县委工作的要求，围绕“十破十立”解放思想大讨论等开展党员学习教育活动，以“空中课堂”“网上党校”等形式，搭建党员教育和远程教育学习平台，推行发展党员、评先表彰等网上公示，增强党建工作的透明度和群众参与度；为 50 个站点办理宽带接入，解决经费 6 万元，解决 270 个站点运行经费（含维修经费），解决站点运行期间产生的电费、设备故障维修经费等共 26.9 万元。整合文化共享资源建设，解决站点设备更新经费开展文化宣传讲座等相关活动经费 9.64 万元。同时，对村级党员活动定站点设备更新 41 个，全县利用党员干部现代远程教育网络完成基层党员和群众培训达 10 万人次以上。

三、干部工作

中共三都水族自治县委遵照中共中央《党政领导干部选拔任用暂行条例》《贵州省乡（镇、街道）党政领导干部选拔任用工作办法》等有关规定，坚持干部队伍“四化”方针和德才兼备、任人唯贤的原则，按照干部管理权限选拔和任用干部，执行党政领导干部任职试用期制、任期制、任前理论考试制度、考察预告制度、差额考察制、考察责任制、用人失察失误责任追究制、任期经济责任审计结果运用办法等制度。1978 年全县干部队伍总数 2337 人，其中女干部 477 人，25 岁以下 314 人，汉族 970 人，大专以上文化 220 人，党员干部 730 人。1986 年全县干部总数 3337 人，其中女干部 870 人，25 岁以下 713 人，汉族 957 人，大专以上文化 328 人，党员干部 967 人。1987 年年底，全县各级党委成员和各级行政机关相当于科局级以上干部共 361 人，其中少数民族 285 人，占总数的 79%；妇女 17 人，占 4.7%；高中以上文化程度的 146 人，占 40%。35 岁以下的 93 人，占 25.8%；36 岁至 50 岁的 172 人，占 47.6%；51 岁以上的 96 人，占 26.6%。1992 年全县干部总数 3986 人，其中女干部 1109 人，25 岁以下 918 人，汉族 765 人，大专以上文化 643 人，党员干部

1203 人。1998 年全县干部总数 5035 人，其中女干部 1676 人，30 岁以下 1613 人，汉族 721 人，大专以上文化 969 人，党员干部 1229 人。2002 年全县干部总数 8375 人，其中女干部 3229 人，30 岁以下 3065 人，汉族 264 人，大专以上文化 1971 人，党员干部 1362 人。2013 年全县干部总数 6819 人，其中女干部 3229 人，30 岁以下 2498 人，汉族 604 人，大专以上文化 6134 人，党员干部 2310 人。

公开选拔领导干部　从 2001 年开始，三都水族自治县试行公开选拔副科级领导干部，经发布公告，统一笔试，组织考察、体检、任前公示、最后录用。2008 年面向全省公开选拔 8 名县直机关副科级干部，2009 年从优秀村干中公选副科级干部，2010 年公选 15 名党委组织员，2011 年公选 12 名副科级领导干部，其中 2 名在基层服务项目大学生中选拔，2012 年公选 22 名副科级领导干部，共选拔副科级后备干部 203 名。

民主推荐领导干部　在选拔任用干部过程中，突出考察推荐，把民意作为推荐干部的基础，把实绩作为评价干部的标准。在领导班子换届和二级班子配备中，按照《党政领导干部选拔任用工作条例》的规定，结合年度考核情况，在单位干部群众中开展民主推荐。通过召开全县科级领导干部大会，2007 年 12 月推荐副县级后备干部 16 名，2008 年推荐三合镇、巫不乡党委书记和拉揽乡乡长人选各 5 名。

少数民族干部培养选拔　县委重视少数民族干部的培养选拔工作，每年县委常委会都要专题听取组织人事部门对少数民族干部培养选拔工作的专题汇报，将少数民族干部培养选拔纳入《三都水族自治县自治条例》。2008 年以来，通过公开选拔的方式选拔 203 名（其中少数民族 181 名）优秀年轻后备干部。2009 年以来，三都水族自治县招考的 458 名事业单位人员中，少数民族 308 名，占 67.2%，其中水族 198 名，占 43.2%。2009 年，事业单位公开招聘中，专门拿出 50 多个职位限招少数民族，并选派 251 名少数民族干部赴东部发达省份及深圳沿海地区挂职学习。2011 年县乡换届，共提拔 4 名 35 岁以下水族干部任乡镇党委书记（最小年龄 27 岁），6 名 35 岁以下的水族干部任乡镇长，其中最小年龄 28 岁。

2013 年年底，全县党政机关事业单位干部中少数民族干部占 91.14%（少数民族人口占总人口的 97.03%），其中水族干部 64.58%（水族人口占总人口的 65.8%）。公务员队伍中少数民族占 90.32%，其中水族占 49.01%。乡科级领导干部中少数民族干部占 90.23%，其中水族占 50.12%。

四、人才队伍建设

2004 年，县财政划拨科技三项费 77.9 万元，占同级财政年度预算支出的 0.65%。当年，下发《关于填报高层知识分子岗位津贴的通知》，县财政划拨知识分子专项经费 5 万元，兑现首届县管拔尖人才每月享受 50 元的津贴补助。2005 年，县畜牧局刘朝华获得“黔南州政府特殊津贴”奖、韦斌被评为“黔南州优秀知识分子、科技人才”。当年，开始实施《三都水族自治县人才队伍建设“十一五”规划》，下发《三都水族自治县党政领导科技进步和人才工作目标责任书》《三都水族自治县党政领导科技进步和人才工作目标考核实施意见》《三都水族自治县“3525”人才培养工程实施意见》等相关文件，有序开展人才工作。

2006 年，全县共培训干部 5366 人次，培训乡土人才 10000 多人次，全县基层干部接受培训率达 100%，参加在职函授大专、本科、自学考试的干部共 1235 人。县制定下发《三都水族自治县优秀人才奖励暂行办法》（三党办发〔2006〕1 号），共设 4 个奖项奖励优秀人才。

2007 年，县制定县级领导干部联系优秀人才，乡镇、部门领导联系中级专业技术人才，专业技术人才联系优秀乡土人才制度，建立 2 个乡土人才联系点，构建人才三级服务网络和部门、乡镇联动机制。制定《关于进一步加强人才队伍建设的实施意见》《科技特派员实施意见》《乡土人才“332”工程实施意见》《人才队伍建设“十一五”规划纲要》等系列人才培养机制。当年，招聘

166名紧缺急需人才到县工作，落实“一村一名大学生工程”，选聘30名高校毕业生进入农村干部队伍。全年报考在职研究生9人，参加自学考试951人，参加函授、业余学习117人。

2008年，县电视台制作5期优秀人才专访节目，县财政拨款10万元对全县18名优秀人才和2个先进集体进行表彰和重奖。组织科技、文化、法律、卫生等部门组建“四下乡”活动工作组，以开展农技咨询、文艺表演、科普宣传等形式到12个乡镇开展送文化、科技、法律、卫生下乡活动12场，服务群众超过6万人。当年培训乡土人才6300余人次。

2010年，全县人才总量达10558人，其中党政人才1283人，专业技术人才4505人，企业经营管理人才96人，农村实用人才4674人。党政人才占全县人才总量的12.15%，专业技术人才占42.65%，其中，高级职称84人，中级职称1642人，初级职称2779人，分别占专业技术人才总量的1.86%、36.45%、61.19%，高、中级专业技术人才队伍有了较快发展。乡土人才占人才总量44.29%，企业经营管理人才占0.91%。

2011年，制定《三都水族自治县中长期人才发展规划纲要（2010—2020）》《三都水族自治县优秀人才引进办法》等系列人才政策。评选出黔南州政府津贴奖1名，首届黔南州优秀青年人才奖2名，黔南州推动科教进步先进集体单位1个。县农业局周从福荣获黔南州优秀科技人才奖，“农村沼气综合应用与推广”项目荣获黔南州科技进步三等奖。当年，执行《三都水族自治县专业技术人员继续教育培训方案》，完成专业技术人员培训1047人次。从省内各高校引进紧缺专业技术人才36人，县党政机关、事业、企业单位招聘各类人才229人。

2012年，制定《三都水族自治县优秀人才引进、培养、管理和使用暂行办法（试行）》等人才政策。评选出1名县管拔尖人才、24名县优秀人才和1个推动科技和人才进步先进集体，共发放奖金10.4万元。兑现92名高层次人才岗位补贴11.85万元。为贵州省高校毕业生到村任职和“一村一名大学生工程”选聘生共计39人办理保险，县级财政承担780元/年。共引进急需特殊人才5名，其中广播电视台1人，住建局1人，林业局1人，建设局1人。共完成专业技术人员培训4246人次，技能人员培训1100余人次。

2013，制定《中共三都水族自治县委员会关于进一步实施科教兴县战略大力加强人才队伍建设的实施意见》《〈中共三都水族自治县委员会关于进一步实施科教兴县战略大力加强人才队伍建设的实施意见〉任务分解落实方案》和《2013年度人才工作目标管理考核细则》。共向州委组织部推荐7名人选，经评选，2人获得黔南州优秀科教人才奖，1个单位获得黔南州推动科教进步先进集体。兑现129名高层次人才岗位补贴13.6万元。对全县人才资源进行统计监测，三都水族自治县人才总数为19909人，其中党政人才1378人，企业经营管理人才1010人，专业技术人才9025人，技能人才2615人，农村实用人才5881人。

五、干部监督管理

2002年，县委组织部设立干部监督办公室，进一步加强对干部的监督力度。2006年，执行党政领导干部任职试用期制、任期制、任前理论考试制度、考察预告制度、差额考察制、任期经济责任审计结果运用办法等制度，共受理来信或举报20件，核查处理20件，处理率达100%。委托县审计局对全县8个单位主要负责人进行任期经济责任审计。2008年，公示拟提拔干部任用对象102名，公示公开选拔副科级后备干部52名。全年共收到群众反映干部考察拟任人选情况12件，经查实4件影响任用，取消任用资格。对6个单位进行了领导干部任期经济责任审计，处理群众来电来访103次，并对反映的问题进行核查处理。2009年，对25名干部拟到重要岗位及提拔任职进行了任前公示。共接待群众来电来访26件次。2011年，县乡集中换届，采取“书记抓、抓书记，上级抓下级，支部抓党员”的方式，层层签订了严肃换届纪律承诺书，明确责任领导、责任目标、责任追究。全县近2万名干部和农村党员签订了严肃换届纪律承诺书。全县通过新闻媒体宣传报道严肃换届纪律16篇次，悬挂横幅标语206条、张贴公告850余幅，发放宣传单、小卡片3万余份，发送短信4.5万条次。开展逐级谈心谈话和对后备干部严肃换届纪律谈话共计6500人次。

2012年，采取多渠道广泛宣传选人用人工作纪律，深入开展专题谈心谈话活动，扎实开展承诺践诺活动等多种方式，深入开展新一轮严肃换届纪律教育宣传工作，共印发选人用人工作纪律宣传小册子4000份、卡片6000张，发送手机宣传短信2条，制作严肃换届纪律手机报1期，县委组织部领导班子成员与全县870名领导干部谈心谈话，各级领导班子开展谈心谈话3000余人次，全县56名党委（党组）书记、19名纪检监察机关干部、19名组织部门干部对严肃换届纪律和组织人事工作纪律进行了承诺。从重点单位、重点领域、重点项目中挑选出3名科级领导干部进行经济责任审计。对128名拟提拔任职的干部进行了任前公示。

2013年，扎实开展“四项监督制度”和“12380”举报受理渠道教育宣传工作，采取印制宣传手册、发放宣传卡片给全县干部职工，在电视台滚动播出、在凤羽水乡党建网原文刊载，组织全县干部职工开展知识竞赛、知识测评，并以电话暗访的方式对全县各单位集中学习宣传情况、干部职工知晓四项监督制度及“12380”举报受理渠道情况进行督促检查。严格执行“一报告两评议”制度，对2012年度新提拔任用的25名副科级以上领导干部进行民主评议。开展科级以下领导干部报告个人有关事项工作，全县共3294人对个人有关事项进行了报告。2013年，组织对蒙传、刘志圭、王耀武、蒙新权四名干部进行任期经济责任审计。对72名拟提拔任职和交流到重要岗位任职的干部进行任前公示。

第二节　宣传工作

一、宣传机构

县委宣传部成立于1951年8月，由一名分管的县委副书记或县委常委担任宣传部长。“文化大革命”初期处于瘫痪状态。1973年3月，恢复建立县委宣传部。1997年2月，增设县精神文明指导委员会办公室，其办公室设在县委宣传部。1998年8月，增设三都报社，2004年撤销三都报社。2002年1月18日，党政机构改革，县委宣传部设理论教育股和新闻宣传股。2004年5月26日，加挂“三都水族自治县对外宣传办公室”牌子。2006年10月11日，新闻宣传股更名为新闻中心；同日，建立县创建活动办公室。2010年6月17日，县委宣传部增设办公室；同年12月8日，将县新闻中心机构升格为副科级事业单位。2012年5月20日，县委宣传部将原内设机构新闻股、理论教育股分别更名为理论教育科、新闻宣传科，更名后内设机构有办公室、理论教育科、新闻宣传科。同年7月6日，增设县整脏治乱领导小组办公室，为县委宣传部管理的副科级事业单位。12月13日，增设县文化产业发展办公室，加挂县体制改革办公室牌子，隶属县委宣传部管理的股级事业单位。截至2013年，县委宣传部总编制35名，其中行政编制8名，所属事业单位编制27名。

二、宣传思想工作

1978年12月，党的十一届三中全会召开以后，宣传思想工作由“文化大革命”的完全瘫痪状态正式转入正确轨道。1978年，全县继续开展集中学习《毛泽东选集》第五卷理论教育活动。1979年，组织党员、干部开展“实践是检验真理的唯一标准”思想大讨论。1980年，三都水族自治县委贯彻《中共中央关于加快农业发展问题的若干决定》，广泛宣传放宽农业政策，宣扬“包产到户”和“包干到户”的社会主义性质，促使广大农村干部群众冲破当时“左”的思想禁锢，全面推行联产承包责任制。1980年，组织学习薛暮桥《中国社会主义经济问题研究》和《陈云文稿》，提高社会主义经济建设思想认识。其间，县直属机关举办两期读书班，参加第一期读书班的有237人，第二期有263人，共计500人。其中，县级干部21人，局级干部92人，股级干部212人，一般干部175人，读书班总人数中，党员干部占58.6%。1981年，学习中共中央《关于建国以来党的若干历史问题的决议》，县机关以系统为单位举办学习班，由理论教员分班辅导。1982年，组织党员干部学习党的十二大文件，全县参与党的十二大文件宣讲员、报告员281人，参加学习的人数有90409人次。其中，干部671人次，工人2320人次，农民82400人次，居民4234人次，高中学生784人次。1983年，以区、乡为单位再次组织农村党员学习党的十二大文件精神，集中学习10天。参加的农村党员共有3829人，占当时农村党员总数的94%。1983年到1984年，以区、乡为单位，组织学习《邓小平文选》，以党校为主要学习培训点轮流培训区、乡党员和干部。1985年，组织学习《中共中央关于经济体制改革的决定》，深入宣传"对内搞活，对外开放"的经济改革方针，大力推动县城国营企业和集体企业经济体制改革，有计划地推行企业租赁和承包责任制。1986年，组织学习马克思主义哲学基本理论，参加学习的县直属机关干部职工有894人，按照不同系统、单位，将学员组编为58个学习培训班。同年12月，参加第一次全省统考的学员有466人，考试及格有461人，荣获黔南州哲学统考第一名。1987年，组织学习商品经济理论，参加统考共有620人，成绩均为及格。1988年，县委宣传部组织安排全县党员、干部、职工学习党的十三届三中全会、邓小平视察南方重要讲话、党的十四大，十四届三中、四中、五中、六中全会以及党的十五大，十五届二中、三中、四中、五中全会精神，邓小平建设有中国特色社会主义理论、社会主义市场经济理论和农村党建工作理论及中央、省、州宣传工作会议精神，并结合实际进行解放思想大讨论。1995年，发挥县委中心学习组的模范带头作用，建立健全各级中心学习组进行学习，县机关各大系统、各乡镇都建中心学习组，各厂矿、学校建立学习小组。宣传部、直属机关党委、广播局利用有线电视播放建设有中国特色社会主义理论，党章学习辅导讲座，有近万人收看。当年，全县共有党员6512人参加学习，占党员总数的95%以上，全县共有干部职工3989人参加学习，占总数的98%以上。1997年，会同组织部、直属机关党委共同组织全县广大党员、干部职工参加全省"双学"知识竞赛活动，共发出竞赛试卷5800余份。组织县、乡机关党员参加省委宣传部的学习党的十五大文件知识竞赛共10553人次。1998年，为贯彻落实中央、省、州《关于学习邓小平理论知识的通知》精神，组织召开学习邓小平理论新高潮1000人动员大会，县直机关再次掀起学习理论热潮，共收到心得体会文章500篇。

2006年，组织人员参加全省"建设社会主义新农村""树立落实科学发展观"理论研讨会和征文活动，组织全县理论工作者撰写理论文章23篇，向州上报16篇，向省上报5篇。全年共举办各类干部理论教育培训班和各种形式的报告会38期，累计培训4231人次。2007年，宣传贯彻党的十七大精神，组建4个宣讲团分赴全县21个乡镇和县直部门进行宣讲，共开展党的十七大精神报告会25场次，参加听讲共4815人次，其中领导干部456人次，党员3617人次，少数民族2968人次，妇女559人次，基层干部2637人次。2008年，全县理论工作围绕学习贯彻党的十七大精神和科学发展观及改革开放三十周年，在全县广大干部职工中继续兴起理论学习新高潮。通过开展科技、卫生、文化"三下乡""公民道德建设实施宣传月"和"迎奥运、讲文明，整脏治乱树新风"等活动，推动新一轮干部群众思想的大解放。在"三下乡"活动中，共计发放各种科技宣传资料20000余份，书写春联近500副，赠送春联200余副，免费为群众看病500余人次，接待咨询群众万余人。2010年，创新、改进党委中心组学习形式，为中心学习组提供了《社会主义法治理念读本》《经济转变发展方式研究》《苦难辉煌》《如何提高与媒体打交道的能力》等理论读物，组织开展全县社会主义理论教育活动，全年为群众、党员干部共发放学习资料3500余册。

2011年，制定《关于迅速在全县掀起学习宣传胡锦涛同志重要讲话精神热潮的实施方案》，组织开展专项深入学习贯彻党的十七届六中全会精神、胡锦涛总书记在中国共产党建党90周年的重要讲话精神、刘云山在贵州调研的讲话精神以及省委书记栗战书在纪念建党 90 周年的讲话精神宣传教育活动。安排 5000 元专项经费为县委中心学习组征订《求是》《半月谈（内部版）》《当代贵州》《庆祝中国共产党成立 90 周年——胡锦涛同志“七一”重要讲话辅导读本》《“十二五”：中国发展大战略》等理论读本，为广大干部群众发放《从怎么看到怎么办》《三都宣传》等各种理论、宣传读物 5000 余册。抽调全县理论战线骨干组成宣讲队伍，深入乡镇、机关开展专项理论宣讲 36 场，全县组织开展各种形式的形势政策理论教育活动 200 场次。组织开展“唱红歌·颂党情”歌咏大赛、党史知识竞赛、演讲比赛等建党 90 周年庆祝系列活动，开展“为了谁”“依靠谁”“我是谁”大讨论主题教育活动，在三都党政网、三都党建网开设学习贯彻胡锦涛总书记重要讲话精神专栏，组织推荐优秀社科理论成果《布依语构词的几种方式》《水书历法对民众生活的影响》等参加省、州评选活动，组织推荐优秀理论文章《浅论加强和创新社会管理》《影响乡镇党委执政能力提升的因素分析和对策建议》等及理论骨干参加“庆祝中国共产党成立 90 周年理论研讨会”等，掀起学理论、促实践热潮。根据县委安排，组织调研完成《中共三都水族自治县委关于贯彻党的十七届六中全会和省委十届十二次全会精神，推动民族文化大发展大繁荣的意见》。

2012 年，宣传思想文化工作围绕“加速发展、加快转型、推动跨越”主基调，推进宣传思想文化各项工作，为全县经济社会发展“稳中求进、提速发展”提供思想保证、精神动力、舆论支持和文化条件。

抓好县委中心学习组服务工作，认真制订县委中心学习组学习计划，发放学习资料，做好学习记录，抓好全县干部职工理论学习。各级党委（党组）中心学习组学习党的十八大，十七届五中、六中全会，省委第十一次党代会精神，全县以“三实三创、解放思想大讨论活动”“七一”党建活动为载体，大力开展“学习型党组织建设征文活动”和“学习型党组织建设读书活动”，建立健全“自学、讲学、跟学、考学”的学习机制，为全县副科级以上领导干部专门编印了领导干部读书笔记本，发放《理论热点面对面》等学习资料共 6000 余册，在全县掀起了理论学习热潮，推动马克思主义中国化。民族文化理论研究不断深入。组织开展民族文化旅游发展调研，为县委出台《关于大力实施民族文化旅游带动战略打造中国水族文化旅游发展创新区的意见》提供了依据，水族文化研究成果刊登在 2012 年 7 月 6 日《中国社会科学报》等学术报刊，引起了广泛关注；县民研所《水书常用词注解》等民族文化学术专著出版发行，《大力实施“185”工程，促进山地农业发展》等调研文章在《贵州调研》《黔南日报》等报刊刊发。

抓好党的十八大和省第十一次党代会、州第十次党代会学习贯彻活动。结合“三实三创、解放思想大讨论活动”“学习背篼干部精神”等主题活动，深入开展社会主义核心价值体系理论宣传教育工作。组织大宣讲 6 次；县委宣讲团先后深入各乡镇、各部门宣讲 60 余场次，联乡、驻村干部纷纷入村开展座谈等形式宣讲活动多次，在全县上下形成了学习党的十八大、省代会精神和背篼干部精神的热潮。深入开展学习贯彻国发 2 号文件和省第十一次党代会、州第十次党代会精神征文活动，全年形成调研报告 100 余篇，并选取 12 篇理论文章上报到州委宣传部、州委讲师团，在全县掀起了理论调研的热潮。

2013 年，完成贵州省彩票公益金支持苗龙小学乡村学校少年宫建设的筹建工作；深入校园开展法治宣传与教育活动，加强未成年人法律意识。集中对网吧、书店（摊）、校园周边环境、娱乐场所等地进行整治，全县社会文化环境有了明显好转。开展“祖国好·家乡美”和“德润黔南·寻找家乡的美丽”系列活动。加强干部队伍建设，夯实基础。2013 年年初，宣传思想文化系统以遴选和特招的方式新进一批干部，充实宣传队伍力量。认真制定宣传文化干部培训计划，参加中宣部新任宣传部长、全省外宣办主任、舆情专报信息员和全州新闻通讯写作等业务，并选送一批宣传文化系统干部到省外培训学习，组织新闻记者到州参加业务培训 5 次。同时，发挥资源整合的作用，将县电视台和新闻中心整合为县委宣传部管理的正科级事业单位，进一步强化宣传文化干部队伍建设。

三、对外宣传工作

从1978年开始，县委、县政府加强新闻宣传队伍建设和新闻宣传硬件设施建设，利用县内外报刊、广播电台、电视等媒体，开始尝试向外宣传三都地域特色和经济社会发展。1979年以后，省内外一些报纸开始在三都发展通讯员，成立记者站和通讯组。1985年，黔南日报社驻三都记者站成立，《贵州经济信息时报》《西南信息报》也分别在三都成立通讯员联络站。同年，贵州人民广播电台、《贵州日报》在三都发展通讯员。1987年，《贵州民族报》在三都建立通讯组。1986年至1987年，县委、县政府分别在《贵州民族报》《贵州经济信息时报》《贵州科技报》《贵州经济报》《贵州日报》等报刊自己组稿开办专版专栏，同时在贵州人民广播电台举办专题节目，积极宣传三都。据不完全统计，1978—1988年，县内每年向省内外报刊、省电台等媒体投稿达450多篇，用稿量85篇，稿件也从单一的消息向通讯、特写、调查报告、散文、小说等多方面发展。

1994年，由宣传部、农工委、扶贫办等单位联合组织摄制的《三都水族自治县情》录像带送往中央、省、州有关单位及援助三都希望工程的深圳市属企业工委。1995年，完成州级以上稿件401篇，其中省级以上205篇，州级196篇。1996年，邀请《人民日报》、中央人民广播电台、中央电视台、《中国青年报》《贵州日报》、贵州电视台等国家、省级媒体到县内采访、宣传报道。《人民日报》《贵州日报》《黔南日报》等报纸也曾办过宣传三都专版。1995—1996年，被州以上新闻单位采用稿件754篇。1997年，被州级以上报、刊、台采用的稿件1729篇（条），其中国家级23篇（条），省级635篇（条）。

1997年至2000年，县委宣传部先后邀请新华社贵州分社、《人民日报》《贵州日报》《贵州政协报》《山东泰安日报》《深圳青年》杂志、《黔南日报》及各级广播电台等新闻单位的200多名记者到县内进行采访报道。中央电视台、浙江电视台联合到县拍摄专题片《老寨的月亮》和《难忘深圳情》，对三都进行宣传。由宣传部和贵州省写作学会共同组织编写的散文集《秀水三都》出版。

2004年，宣传部与黔南日报社合作开办地方专版，每周一期，同时与新华社贵州分社合作，在新华网贵州频道开设三都专页。当年，由宣传部组织编写的《走进神秘三都》出版。2005年7月，举办“中国贵州三都卯文化风情之旅”节庆活动。当年，开通新闻宣传及思想政治教育专题网站——新华三都网站，设有三都概况、三都新闻、党政在线、招商引资、黄金旅游等栏目。2006年，大型帮扶画册《情满水乡》出版，申报残疾老师陆永康获“2006年度CCTV三农人物”。2007年，举行建县50周年庆祝活动，编辑出版纪念画册《三都辉煌五十年》。

2008年7月，县委、县政府举行奥运揭酒大典，8月，将藏窖8年的99坛九阡酒敬献北京奥运会。2009年，开展“中国著名作家三都行大型水族文化采风活动”、水族原生态大型歌舞史诗画卷《远古走来的贵族》等宣传，邀请人民日报社、新华社贵州分社、贵州日报社、贵州电视台、《贵州都市报》、贵州摄影家协会、《西部开发报》《贵州民族报》《贵州商报》《贵阳晚报》《当代贵州》《黔南日报》、黔南电视台及省内各大网站等50余家媒体记者到三都进行宣传报道。“五一”期间的“西部斗牛职业联赛”“中国著名作家三都行”等活动，引起社会的强烈反响，《人民日报》《光明日报》、中央电视台等中央媒体均刊登和播发相关信息。

2010年3月2日，在上海大剧院召开“神秘水族·魅力三都”中国水族文化旅游节启动仪式暨水族九阡酒上海世博会国际信息发展网馆唯一指定黄酒新闻发布会。6月8日，在深圳锦绣中华民俗文化村召开“神秘水族·魅力三都”中国水族风情端节新闻发布会。7月15日至17日，举办“神秘水族·魅力三都”水族卯节大型系列文化旅游活动。10月18日，黔南州第三届旅游产业发展大会暨中国水族文化旅游节新闻发布会在贵阳冠洲宾馆召开。还开展全国青年歌手唱响三都网络大赛总决赛、姑鲁产蛋崖景区开园仪式、“神秘水族·魅力三都”摄影展、中国地质专家考察姑鲁产蛋崖座谈会等各项活动的宣传。黔南州第三届旅游发展大会在三都举办期间，邀请“多彩贵州踏春行”大型旅游文化采访团、“百家媒体聚焦三都”采风团等省级文化旅游摄影爱好者和相关新闻媒体到三都走访。当年，中国作家协会《民族文学》三都水族自治县创作基地授牌仪式、全国政协委员眼中的“神秘水族·魅力三都”大型摄影采风活动、中国最浪漫感人的爱情故事征文颁奖盛典等重要活动也在县内开展。据不完全统计，全年有300多家媒体对县内各项活动进行宣传报道，发稿达4000多篇（幅），其中，中央媒体46篇，境外媒体13篇，省级以下地方媒体1121篇，全国各网络媒体3000多篇。另有网上流传的视频宣传片等，总浏览量达100多万人次。

2011年，重点开展全国“村长”论坛走进“神秘水族·魅力三都”活动的宣传报道，其间组织邀请人民网、新华网、《贵州日报》等多家国内著名媒体到三都采访。邀请中央电视台、贵州电视台到县拍摄专题片《世界之谜——石头下蛋》。与深圳联合举办首届“神秘水族·魅力三都”全国摄影大赛。中央电视台、贵州电视台栏目组到县拍摄水族专题片《水族赛马》《古寨传奇》《多彩贵州·神奇之旅》。组织申报参加全国少数民族运动会“贵州最具魅力民族村寨”评选活动，怎雷村、水各村被列入100个民族村寨。全年新闻稿件发稿达2300多篇（幅），其中，中央媒体48篇，境外媒体13篇，省级以下地方媒体1700多篇，全国各网络媒体500多篇。电视新闻发稿中央电视台4条，制作专题15个，贵州电视台7条、州级发稿200余条，广播新闻全年播发200多条，黔南广播电台采用110条。

立足地域文化，强化外宣。一是制作《神秘水族·魅力三都》宣传画册。二是充分发挥黔南热线“神秘水族·魅力三都”网页、三都党政网、《黔南日报·三都聚焦》和三都电视台等县域对外窗口，以及新华社贵州分社三都网页及时将县里举办的重大活动向外发布，让外界关注三都，了解三都，更好地对外提升三都知名度。抢抓机遇，扩展外宣。一是抓住第八届深圳文博会和山东枣庄举办第二届中国非物质文化遗产博览会的机遇，借助水族马尾绣与香云纱第二次握手联姻之大好时机和非物质文化遗产博览会召开契机，在《深圳特区报》《深圳商报》以及《黔南日报》等重要媒体形成强大的宣传攻势。二是借助高端平台加大对外宣传工作力度。《走遍中国》《探索发现》《民族故事》和香港凤凰卫视以及“多彩贵州踏春行”和全国知名网络媒体、多家媒体对三都进行报道。围绕重点，突出特色。为配合三都提出的开发旅游资源，着力打造民族文化生态旅游发展创新区，大力宣传三都经济环境及水族民风民俗。做好重大活动的宣传报道。一是做好“全国赛马邀请赛”和“贵州省水家学会年会”等重大活动的宣传报道。安排部署元旦、春节、“五一”“十一”等国家法定假日和端节、卯节等民族节日的宣传报道，积极营造热烈、喜庆、欢乐、祥和的节日气氛。二是做好喜迎党的十八大和水族党代表韦族琼的宣传报道。在参会期间，韦族琼先后接受了中央电视台、新华网、大公网、贵州电视台、《人民日报》《光明日报》《贵州日报》《贵州都市报》《贵州民族报》等媒体的采访，引起了社会对水族同胞的关注，尤其对三都以及贵州发展的关注。同时，由三都电视台在党的十八大召开前夕拍摄的《马尾绣长卷献礼十八大》也在中央台播出。三是做好学习贯彻落实党的十八大精神的宣传报道，重点宣传了全县广大干部群众收听收看党的十八大开会盛况。加强网络舆情监管。加强与公安局网监大队的联系，注意收集网络舆情与加强对属地网站的监控管理，全年监测出三都教育、卫生、土地拆迁等负面信息数条，及时向上级和县委、县政府报告，并启动舆情应急处置方案，成功处理负面报道4起。

据不完全统计，三都在各大报刊、电视广播、网站上刊载了文字、图像及图片2800余篇（条、幅），其中：人民网、新华网、中国日报网、新民网、凤凰网、新华网贵州频道、大公网、搜狐、新浪等知名网站260篇（幅），金黔在线87篇（幅），《人民日报》《人民代表报》《贵州日报》《贵州民族报》《贵州都市报》等中央省级以上媒体274篇（幅），其中《大公报》《深圳日报》《深圳特区报》及《深圳晚报》等媒体报刊9篇（幅），中央电视台8条，浙江电视台1条、中国网络电视台2条，中央省级以上广播电台161条，贵州电视台7条，《红旗》杂志、《当代贵州》等其他杂志、网络等700余篇（幅），《黔南日报》1072篇（幅）、黔南电视台259条，州广播电台260余条等。

2013年，采取报纸、广播电视、网络、手机媒体协同作战，设立专题、专栏，多层次、大范围地推进“新起点、新征程、新跨越——学习贯彻党的十八大精神基层行”和“以十八大精神为动力，奋力后发赶超，同步实现小康”“5个20工程”“黔南骄傲——年度人物评选活动”等系列专题宣传，并抓好全国、全省和州“两会”精神，中央、省委和州委经济工作会议精神等主题宣传。组织邀请中央电视台4套、7套、10套等高端媒体到三都采风报道，由《乡土》栏目拍摄的五集专题系列片《发现三都之美》在中央电视台7套播出，全面展示三都的新形象和新风貌，反响强烈；在新华网贵州频道开设三都专栏、贵州电视台开设“强县风采”栏目；与《贵州日报》合办“黔南聚焦”版，省级平台发稿量取得突破。各大报刊、电视广播、网站上刊载文字、图像及图片3400余篇（条、幅），其中，中央媒体用稿180余条，省级媒体用稿400余条，州级媒2800条以上，专题专版8个，制作大型宣传户外广告牌15块。加强与上级媒体记者的联系。全年共接待媒体记者300余人次，报送外宣信息60期，为县内各单位提供照片500余张。组织大型采访活动7次，刊发专题报道30余篇，特别是超前策划了媒体体验卯节浪漫之旅、山地生态葡萄文化、《发现三都之美》《寻找最美乡村》、水族端节、水族赛马等大型采风体验活动，吸引了来自《国际日报》《中国日报》、中国新闻社、《贵州日报》、贵州电视台等省内外近百家媒体前来采访报道。在2013年进行的全州好新闻评比中，三都选送的电视新闻《神奇的牯藏节》获一等奖。经过大力宣传推介，一批先进典型脱颖而出，其中杨再清老师被推介为“黔南骄傲十大年度人物”候选人，韦学锦被推介为“最美农技员”候选人，以及黄德辉、张建华、王兴志、王治忠、艾灿富等一批优秀共产党员先进人物。

四、精神文明建设

1978年至1989年，精神文明建设工作处于恢复建设阶段。1990年，建立精神文明建设工作指导委员会，由分管的县委、县政府领导和县委宣传部主要领导担任主任和副主任，有关单位领导为成员。指导委员会下设办公室，办公室设在宣传部内，由宣传部领导兼任办公室主任。

精神文明创建活动 1992年至1995年，得到省、州人民政府表彰的文明单位各2个，州表彰的文明村1个，先进个人1人。中和镇被省命名为“水族马尾绣艺术之乡”。1997年，完成达标文明户1000户，文明村21个，文明镇2个，文明单位6个，并有拉揽乡高寨村、周覃镇场坝村、丰乐乡冗京村和县检察院、国税局、城关小学3个村3个单位荣获州级表彰。1998年至2001年，县委、县政府共命名授牌表彰文明乡镇4个、文明单位19个、文明村寨37个、文明户2955户、五星级文明户400户；同时，申报州委、州政府命名表彰文明单位9个、文明乡镇1个、文明村寨4个，省委、省政府命名表彰的文明单位2个，并获得2001年省级卫生城市（县城）称号。2004年，有11个单位荣获黔南州文明窗口称号，分别是三合镇供电所、打鱼乡财政所、县公安局户政科、大河镇财政所、合江镇财政所、县国税局计划征收股、县工商局注册登记股、县地税局三合办税服务厅、县电信局公众客户中心、县联通公司营业厅、县移动公司营业厅。2004年，县城被州文明委授予黔南州文明城市；周覃镇、大河镇、三合镇被授予黔南州文明乡镇；拉揽乡高寨村、三合镇猴场村被授予黔南州文明村；县政法委、县国税局、县工商局、县检察院、县发改局、县第二中学、县电信局、县移动公司、县联通公司、县财政局、县地税局、县气象局、县邮政局、县供电局、县民族中学、县拉揽林场被授予黔南州文明单位。2007年，创建州级文明单位3个（县建设局、县烟草局、县疾控中心），文明乡镇2个（拉揽乡、丰乐镇），文明村3个（周覃播花村、中和庙良村、塘州中化村），文明行业1个（县供电局），文明窗口6个（周覃财政所、丰乐财政所、都江供电所、九阡供电所、塘州乡社会事务办、县邮政局营储班）。当年，残疾老师陆永康荣获“全国优秀共产党员”并进京领奖，得到了党和国家领导人的亲切接见。在“多彩贵州”大赛中，韦桃花荣获“能工巧匠特等奖”，覃燕荣获“水族姑娘”称号。2008年，获省级文明单位1个（县财政局），获省级文明乡镇1个（大河镇），获全省创建文明村镇工作先进村镇1个（三合镇），获全省精神文明建设工作先进单位4个（县供电局、县地方税务局、县人民检察院、县电信局）。本年度“整脏治乱”工作获州级年度综合考核三等奖。2009年，三合镇被评为全省创建文明村镇工作先进村镇，财政局、检察院、电信局被评为全省文明单位，供电局、地税局被评为全省精神文明创建工作先进单位。2013年，为提高全县精神文明创建工作，在抓好原有文明村镇、文明单位工作的同时，做好全省精神文明创建推荐申报工作，申报“四在农家”示范点1个、报批“农民文化家园”4个；组织开展第三届全省道德模范和全州“道德之星”“黔南骄傲”评选推荐活动。组织举办了“贵州·三都中国水族卯文化浪漫之旅——模特之星相约东方情人节”大型文化活动；第二届“神秘水族·魅力三都”全国摄影大赛；举办了“贵州省音乐家协会芦笙研究会2013年芦笙研讨暨芦笙文化现场会”等。苗族民歌组合唱《打白走给》和水族民歌组合唱《港拱见》，分别获得多彩贵州黔南赛区原生态节目表演一等奖和三等奖。《打白走给》获得多彩贵州铜鼓奖，《跺月亮》在第九届中国舞蹈“荷花奖”民族民间舞蹈大赛中夺得银奖。大型水族歌舞剧《水家人》获贵州少数民族文艺汇演创作金奖、人气金奖。

精神文明设施建设　1997年至2001年，向州、省、中央文明办争取经费补助，在三合镇城区建1座提高型精神文明活动中心、3座普及型精神文明活动中心，并获得经费补助200万元。为打鱼乡、大河镇苗草村、拉揽乡高寨村各争取价值1万余元的“光明工程”1个，协调资金购“万村书库”270套分发全县270个村并实现村村建有图书室。2002年，推进文明村（镇）创建活动，投入18万元，建成合江镇精神文明活动中心，建设面积200平方米，内设办公室、多功能教室、图书阅览室、文体活动室等。投入23万元，建成坝街乡精神文明活动中心，建设面积476平方米，内设党建室、文化活动室、图书室等，主要为群众过端节开展联欢晚会、歌咏比赛等活动为主。2003年，三都水族自治县文化活动中心建成，建设面积2860平方米，中心共有文化馆、民族艺术团、图书馆、文馆所4个单位。开设少儿舞蹈班、少儿美术、书法班，组织专业人员赴社区、学校等进行业务辅导，长期为社会培训业余文艺骨干。同年，投入35.868万元，建成廷牌镇精神文明活动中心，中心设有值班室、办公室、多功能教室、党团活动室、图书阅览室、文体活动室等，中心多次开展农业农村工作培训及农民“绿证”培训会、党团组织等活动。2005年，在巫不乡投入18万元、在羊福乡投入22万元、在三合镇投入20万元修建乡镇精神文明活动中心，为培养农村科技文化人才、传播科学文化知识、科教兴农提供条件外，还为各种民族节假日群众组织开展活动提供了场所。2006年，在周覃镇投入55万元，建成周覃精神文明活动中心，在九阡镇水各村投入3万元建成村级“农民文化家园”。2007年，在中和庙良村、三合牛场村巴茅各投入3万元修建村级“农民文化家园”。2008年，在都江怎雷村、水龙村、中和姑引村、拉揽来楼村、普安平和村、三合镇第一社区各投入3万元，修建村级“农民文化家园”。2010年，完成中央扩大内需文化项目21个乡镇文化站的建设，广播电视“村村通”、文化信息资源共享等一批文化项目顺利实施，完成普安、中和、拉揽、水龙等4个乡镇的“农民文化家园”建设项目，基本完成凤凰公园主体建设、河滨路亮丽工程和县城主要干道民族风情改造。2013年，完成中国水族风情谷和中国·三都水族文化博物馆建设项目、姑鲁风情水寨工程和三都水族自治县水族文化风情谷生态移民工程项目建设和三都城市综合体建设等文化产业项目申报；公共图书馆、文化馆和乡镇综合文化站免费开放，安装电视户户通20264户。完成深圳第九届文博会参展工作。全县6家企业赴深圳参展，现场销售累计6.8万元。同时，《中国民俗摄影》——水族非遗专刊在文博会举行了首发仪式，展示三都国家级、省级、县级共计47项非物质文化遗产项目。

群众性文化活动　1995年，与经贸委、工会联合组织县机关干部职工参加由省举办的爱国教育

知识竞赛，有48个单位763人参赛，获二等奖1名，三等奖2名；为隆重纪念中国共产党成立74周年，宣传部与有关单位联合举办抗战名曲歌咏比赛，有17个单位参加，演员510人，观众达2000多人。1997年，与文化局、工会、妇联、团委等单位共同组织20余场文化下乡活动。与县文化局、工会、妇联、团委和机关党委等单位组织举办县机关干部职工“庆七一迎回归”演讲比赛、歌咏比赛、文艺联欢等系列活动。与县教育局、县直属机关党委、新华书店共同组织了有9000多人参加的“学法律讲道理”读书教育活动。是年，县文化局荣获文化部“乌兰牧骑先进团队”称号。1997年至2001年，由宣传、文化、卫生、科技等部门组织的“三下乡”工作队前往21个乡镇开展送文化、科技、卫生“三下乡”活动20余次。2004年起，县直10多个单位集中开展大型文化、科技、卫生“三下乡”活动，为乡村、社区群众演出文艺节目，开展咨询服务，慰问贫困户，为困难群众送医送药上门。2010年，开展全县“爱祖国、爱家乡”诗文大赛活动，并推荐参加州赛。组织开展“向国旗敬礼，做一个有道德的人”网上签名寄语等活动。组织第二届全国道德模范评选群众网上投票活动工作。组织开展推荐参加全州首届“道德之星”评选表彰活动，打鱼乡文忠英入围“孝老爱亲”类。由县文明办、县关工委、县法院、县司法局共同举办普法教育活动，到县民中和水龙等乡镇中小学开展普法教育。由县文明办牵头，县卫生、计生、政法、文化和涉农部门深入周覃、普安等8个乡镇开展“三下乡”活动，共发放各种宣传资料15000份。2011年，以春节“三下乡”、三月公民道德宣传月、五月精神文明创建宣传月为载体，积极组织开展市民礼仪、安全教育、法律咨询、志愿者服务等多种形式的公民道德宣传实践活动。组织开展各种演出活动27场，其中利用春节、端节等各种节日送文化下乡演出15场，各种广场演出12场。组织全县中小学校开展“红歌唱响校园”大赛、“我爱我家”绘画大赛和“革命诗词”书法大赛等“祖国好·家乡美”主题系列活动。组织“多彩贵州”歌唱大赛活动，在黔南赛区复赛中，1个节目荣获二等奖、2个节目荣获三等奖、3个节目荣获优秀奖。其中原生态节目《金秋端节》进入了全省决赛，并获得铜奖。11月1日，民间舞蹈《苗家团圆鼓》赴贵阳参加第八届中国舞蹈“荷花奖”民族民间舞决赛，获得民族民间舞展演“十佳作品”荣誉称号。选送原生态舞蹈《踩月亮》参加2012多彩贵州舞蹈大赛获得金黔奖；艺术团节目《弦鼓舞》《香绢情》参加多彩贵州舞蹈大赛黔南社区比赛，分别荣获二等奖。参加贵州省“群星奖”决赛暨十六届全国“群星奖”半决赛，《苗家团圆鼓》《金秋端节》《弦鼓舞》参加贵州省群星奖比赛，分别荣获二等奖和三等奖，其中节目《金秋端节》被选送到山东参加全国群星奖比赛。加强马尾绣培训，积极组织马尾绣参加对外文化交流，到深圳参加全国文博会、江苏海门参加马尾绣与沈绣研讨会，并组织推荐马尾绣传承人到上海、澳门、台湾、深圳等参加展销活动。组织水族服饰参加第二届中国·呼和浩特少数民族文化旅游艺术节全国少数民族地区民族服饰展演，组织参加全国非物质文化遗产会员会暨山东台儿庄“祖仙遗风”展演活动。举办“神秘水族·魅力三都”第二届摄影大赛，通过各种平台用摄影来展示三都、宣传三都，打好“神秘水族·魅力三都”这张对外名片。配合做好电影《姑鲁之恋》在三都拍摄的相关工作。组织马尾绣传承人完成党的十八大献礼马尾绣的刺绣工作，向党的十八大献礼。2013年，在春节、清明节、端午节等组织广大市民、学生，开展义务写春联、祭扫烈士墓、诗歌朗诵等活动，弘扬民族文化，倡导民族认同感。同时，在“三下乡”活动期间，给农民朋友送去各种家禽家畜养殖、果蔬高产栽培技术、卫生保健实用资料以及精彩的文艺表演。组织开展道德模范评选表彰、“最美三都人”和“身边好人”的评选推荐活动，推荐了巫不乡民警潘成鸿、供水公司聂山平等先进典型报州参选，在全社会形成争当道德模范的良好风尚。开展好“学雷锋作奉献、讲文明树新风”志愿服务活动，组织义务植树、清扫街道、义诊等。同时，与县委深化开展“结对帮扶”活动相结合，确保志愿者活动实效化与常态化。

贯彻公民道德建设实施纲要　2001年，贯彻落实《公民道德建设实施纲要》，举行千人签名宣誓仪式，并按照“爱国守法、明礼诚信、团结友善、勤俭自强、敬业奉献”20字基本道德规范，积极推进“社会公德、职业美德、家庭道德”建设。2005年，以学《公民道德建设实施纲要》、知《公民道德建设实施纲要》为契机，组织开展“公民道德建设实施纲要宣传月”活动，县文明委各成员单位制作了公民道德建设宣传标语悬挂于县城主街道，将公民道德建设宣传挂图发放全县城乡广为张贴，县文明办组织专家到全县各中小学校进行公民道德建设宣讲。2006年，县有线电视台开设以《公民道德建设实施纲要》为主要内容的相关专栏和知识讲座，对各乡镇、各单位贯彻落实《纲要》情况较好的经验和做法进行宣传推广，并推出公民道德建设公益广告，在县城的主要街道和办公楼前悬挂公民道德建设宣传标语。利用《公民道德建设实施纲要》宣传教育月、宣传日、赶场天，在县城和乡镇以设咨询台、图片展览、发放资料、张贴挂图、放映爱国主义教育影视等形式进行广泛宣传，在全县各类培训班上对领导干部和村干部进行公民道德教育培训。同时，加强未成年人思想道德宣传教育，以公民道德建设为主题，结合爱国守法、交通安全知识，组织中小学生进行演讲比赛、举办“我做合格小公民”作文竞赛等活动，并经常性地开展“争做合格文明小市民”的志愿者活动。2007年，举办第五个公民道德宣传日活动。以“三下乡”“公民道德建设实施纲要宣传月”等活动为载体，大力宣传公民基本道德规范。2009年，印制公民道德教育宣传材料进社区、进农村、进基层。全县上下利用党团生活、文艺宣传等形式，以20字《公民道德建设基本规范》为内容开展学习教育活动。2011年，将公民道德建设工程与“整脏治乱”专项活动相结合，改善城乡卫生环境；与开展关爱留守儿童、关爱空巢老人、关爱残疾人的“和谐三都·三关爱”绿丝带志愿服务行动相结合，开展帮助空巢老人、留守儿童、残疾人志愿服务活动，在全县培育和养成“老吾老以及人之老，幼吾幼以及人之幼”友爱互助的道德风尚，构建文明和谐社会环境。

第三节　统一战线工作

1951年年底，中共三都水族自治县委统战部建立，当时的工作主要是抓好民主人士和工商业者的思想政治工作，向历届县人民代表大会、州人民代表大会和县政府机构推荐非党人士代表、非党干部。1954年10月，统战部被撤销，统战工作由县委宣传部完成。1961年，中共三都水族自治县委统一战线工作部正式成立。1966年“文化大革命”开始，县委统战部工作全面瘫痪，被迫停止所有工作。1977年2月，中共三都水族自治县委统战部恢复成立。1994年，中共三都水族自治县委根据中共中央中发〔1993〕7号、中编〔1993〕4号和州复〔1994〕11号文件精神，作出了保留县委统战部，撤销对台办公室的独立建制的决定，将对台工作职能并入统战部，对外挂县委台湾工作办公室和县人民政府台湾事务办公室牌子。2000年5月25日，中共三都水族自治县委批复（县批〔2000〕10号），同意恢复乡镇统战委员，具体人员由组织部、统战部共同考察研究确定。尔后，中共三都水族自治县委统战部在非党知识分子较集中的单位及三合镇街道居委会明确统战联络员并明确其职责，形成各级抓统战的工作网络。2002年1月28日，根据中共三都水族自治县委办公室三党办发〔2002〕5号文件精神，县委统战部加挂“县委台湾事务办公室”“政府台湾事务办公室”的牌子。

一、政策落实工作

落实政策时期，统一战线工作的侧重点是在中共三都水族自治县委的领导下，会同县委组织部、县劳动人事管理部门就“三反”“五反”、反右、“社教”“文化大革命”等历次运动中，对受到极“左”思潮的影响和林彪、江青反革命集团的干扰和破坏而酿成的历史冤假错案进行全面复查，为冤案、假案平反昭雪，纠正错案，拨乱反正，并按中央及省、州、县的要求，予以妥善处理。这项工作自1978年始，至1987年结束，历时近10年。

落实原国民党起义、投诚人员政策　从1979年年初开始，遵照中央〔1979〕6号文件及中共贵州省委统战部〔1979〕65号文件精神，经调查核定，县内共有53名原国民党起义、投诚人员，其中尉级军官10人，士兵43人。经过复查，对被判刑人员予以改判无罪或免予刑事处分，恢复公民权利和政治荣誉6人，其中5人恢复工作，2人因生活困难得到民政部门的定期救济。给予53名人员予以享受起义、投诚人员待遇，并发给起义、投诚人员证书。

统战对象档案处理　1985年经过复查登记，县内符合清理对象共96人，其中已调离县内并将档案寄给12人，实际清理的有84人。在84人中，非党政协委员29人，错划右派41人，归侨1人，侨属5人、台属6人，原工商业者1人，起义人员1人。复查工作遵照实事求是的精神，对他们在失去自由或遭受胁迫的情况下违心交代或被他人诬陷的不实之词予以推翻，经审核批准，组织有关人员及其本人于1985年6月21日当面销毁，或退还其本人。

落实非党政协委员政策　全县共需落实的非党政协委员共13人，其中省政协委员1人，州政协委员3人，县政协委员9人。这13人中，在“文化大革命”中被抄家并没收财物有4人，“一打三反”时被错误处理2人，“四清”时被错误罚款1人，其他问题5人。在落实政策中，对被没收财物者，凡原物还在的就退还原物，若原物不在，即折价赔款偿还，其他问题被错误处理的，即予以纠正。

落实知识分子政策　县内落实属统战对象的非党知识分子2件，均系在“文化大革命”中被查抄的财物，经调查核实，县委统战部根据中共中央办公厅中办发〔1984〕32号文件转发《中央落实政策小组扩大会议纪要》的通知精神及贵州省办发〔1984〕45号文件转发省委整党办《关于认真解决“文化大革命”中查抄财物遗留问题的意见》精神，于1985年8月经报请中共三都水族自治县委批示，由县人民政府从落实政策的经费予以解决补偿问题。

落实对象政策　对县内被判刑的18名台属，经过复查，改判无罪4名。对在升学、招干、入党入团、社会福利等方面予以“一视同仁、不得歧视”的政策待遇，同时引导、鼓励台属与亲人通信、通汇。1985年，全县去台人员53人通信50户，通汇12户。对台属中的先进代表人物，被安排为州政协委员1人，县政协委员2人。

落实工商业者政策　根据中共中央中发〔1979〕84号文件精神，对县内原列为改造对象的26户原工商业者，经1980年报请县人民政府研究批准，把25户区分为劳动者。

落实特赦释放原国民党党政军特人员政策　对1975年12月地方人民法院特赦释放的全县共4名原国民党党政军县团级人员安排工作2人，由民政部门按月发给34元生活费2人。对被宽大释放的原国民党党政军特县团级以下人员7人都予以安置与亲人团聚，由县民政部门按每人每月10~12元生活费安置。

落实改正错划右派政策　根据中共中央〔1978〕11号、55号文件精神，成立了“摘掉右派分子帽子会领导小组”（三党办发〔1978〕19号），于庭富任组长，朱子斌、李树勋、张玉任副组长。时任统战部副部长的朱子斌兼任办公室主任，办公室设在统战部，具体抓落实工作。在1957年至1958年间，由于“反右倾”扩大化，全县有51名干部职工和教师先后被划为右派分子，并受到不公正的处理。1979年在落实政策时，对仍在本县（包括死亡）的右派分子逐一进行全面复查。经过复查核实材料，这些所谓的“右派分子”确系反右扩大化所酿成的，经报请县委批准撤销了原划右派时所作的处分，恢复政治名誉，安排工作，死亡的即做好善后处理。对因被错划右派而遭到扣发工资的3人共1762元，如数补发给其本人；造成家庭生活困难的有24人，补助金额共计2470元；被判刑后房产被错误处理的，按现价折款1万元赔还，并由县城建部门划拨地基建房；对长期未调工资的有1人，1987年已补调一级；在政治安排上，任政协副主席1人，县政协常委1人，县政协委员1人。改正错划右派的工作于1978年年初开始，1979年10月底全部结束。对株连家属而造成分居农村的有17人，于1978年按中央政策规定转为城镇居民户口。

落实地、富、反、坏摘帽工作　1979年中共三都水族自治县委认真贯彻执行中共中央《关于地主、富农分子摘帽问题的决定》，全县共摘帽人员2095人。此外，对原来三类村、“社教”等运动中被错划成地主、富农、反革命分子和坏分子的262人，也同时予以纠正。对3798名地主、富农子女，根据他们的职业予以重新印证成分。

纠正冤假错案　应交复查385件，落实338件（人），其中维持原结论的134件；予以平反、纠正共172件（人）；部分平反、纠正32件（人）；恢复党籍16人，收回安排工作55人，取消四类分子帽子和刑事处分68人（其中40人收回安排工作，3人恢复党籍，取消原处分65人）。

二、党外干部工作

1989年2月10日，中共三都水族自治县委以县发〔1989〕6号文件转发县委组织部、统战部《关于建立党外后备干部队伍做好党外人士安排使用工作的意见》，要求要把培养选拔党外干部工作列入议事日程，做好党外干部的培养和考察工作、实职安排，稳定党外干部队伍，搞好党与非党的合作共事。1990年12月，推荐5名党外领导干部参加州委统战部、组织部举办的全州党外领导干部培训班学习，至12月，全县有非党知识分子1512名，其中高级知识分子7名，中级非党知识分子281名。1991年，在乡镇“建并撤”中，安排并当选乡级党外干部9名（乡长2名，副乡长7名），安排副局级以上党外干部33名（其中副县级6名，正局级2名，副局级25名）。同年，全县获得初级职称以上的非党知识分子有1517人（其中高级职称7人，中级职称285人，初级职称1225人）。1994年，有6名非党人士担任副县级领导职务，6名非党人士担任正局级领导职务，36名非党人士担任副局级领导职务。

2000年5月21日，县委〔2000〕18号文件《关于进一步做好党外干部培养选拔工作的意见》下发，要求加强培养选拔党外干部和举荐党外人才工作，建立健全县领导同无党派人士、非党知识分子、非公有制经济代表人士联系制度。当年，推荐5名非党干部到黔南州党外干部培训班学习，县国土局局长潘启孝当选为全国青年委员，2名党外非公有制经济代表人士增补为九届政协委员。2001年10月，根据中办发〔1999〕22号文件和省州文件精神，统战部向县委推荐84名股级、6名副局级、2名正局级非党干部。2003年9月1日至4日，在县委党校举办非中共党员领导干部培训班，参加人员共39人，其中局级2人，副局级20人，股级17人，学习内容有“三个代表”重要思想纲要和党的十六大精神，政协的性质、地位与作用，统战理论方针政策，对台工作，精神文明与思想道德建设等。2003年，全县21个乡镇都配备了各1名党外副乡镇长。在县二级班子调整中，新进班子的非中共党员占14名，在县人大、县政协领导班子中的非中共党员3名。新一届人大代表中，非中共党员64名，占35%，县十届政协151名委员中，非中共党员92名，占60.93%。当年，输送副县级党外干部到外地培养4人，县委党校办班培训党外干部39人，建立党外后备干部队伍241人，党外代表人物11人。2004年9月1日至4日，三都水族自治县非党领导干部培训班在县委党校举行，参加人员共39人；其中局级2人，副局级20人，股级17人。9月23日至24日，党外干部培训在县人大会议室举行，全县机关乡镇共47位副局级以上党外领导干部参加。2004年，举办4期培训学习班，党外干部248人，其中党外局级、副局级干部67人，党外股级、副股级186人，推荐2名副县级领导干部参加省、州委统战部举办的党外领导干部培训班学习。2008年，选调3名党外人士参加省委统战部举办的培训班学习。2009年，举办一期党外干部培训班，并组织到遵义会议旧址、娄山关、息烽集中营参观，推荐3名副县级党外领导干部参加省、州委统战部举办的培训班学习。当年，成立党外知识分子联谊会，选举产生联谊会会长1名，副会长4名，理事35名，顾问4名。2010年，围绕2011年换届开展组织准备和人才储备工作，调整充实全县统一战线各领域党外人士名单，健全县级和科级正、副职党外后备干部名单。在县城举办一期党外、统战干部培训班，共有42人参加培训。理论培训结束后，组织学员到井冈山和韶山等革命老区进行参观学习。2011 年，完成县政协委员和工商联领导班子及乡镇政府班子换届党外干部的配备工作，当年选送 3 名党外副科级干部到省社会主义学院学习并赴四川考察。

第四节 政法委工作

1967 年 3 月因“文化大革命”，政法党组被迫停止工作。1980 年 5 月，为加强党对政法工作的领导，建立县委政法领导小组。1983 年 8 月，改为县委政法委员会，为县委工作机构。1991 年 6 月，成立三都水族自治县社会治安综合治理委员会，下设办公室（正科级单位）与县委政法委合署办公，实行一套人员两块牌子。2002 年 1 月，成立三都水族自治县维护社会稳定工作领导小组，下设维稳办，正科级机构，设在县委政法委。2002 年以后，机构一直延续。2013 年，县委政法委、县综治办、县维稳办合署办公，三块牌子一套人员。

一、监督协调工作

为保证政法系统各部门依法履行职责、公正廉洁执法，政法委加强对政法各部门公正廉洁执法的督促检查，统一思想和行动，制定了《县直政法各部门、乡镇政法委请示报告制度》《督促检查工作制度》《联合办公会议制度》等，大力支持和监督政法各部门依法行使职权，指导和协调政法各部门在依法相互制约的同时密切配合，督促大案要案的查处工作。1984 年到 2001 年，政法委召开多次联合办公会议，协调、督办重大疑难案件 20 余件，特别是组织开展 1984 年“严打”专项行动，严厉打击、惩治了一大批违法犯罪分子，促进社会治安根本好转。

2001 年 2 月后，专门成立了“打黑除恶”领导小组，持续开展严打专项整治斗争，始终保持严打高压态势，按照“有黑打黑、无黑除恶、无恶治乱”和“什么犯罪突出就重点打击什么犯罪、哪些问题突出就重点整治哪些问题”的总要求，多次组织“冬季严打”“百日会战”“清网行动”“缉枪治爆”等专项行动，从重从快依法打击刑事犯罪分子，摧毁犯罪团伙。2011 年 11 月 22 日在县城区发生的 2 起持刀砍杀他人、打砸游戏室的恶性案件，政法机关排除干扰，顶住压力，严格依法办案，成功打掉一个黑社会性质组织犯罪团伙和一个恶势力犯罪团伙，抓获犯罪嫌疑人 49 名。

二、维护社会稳定工作

2002 年，县委建立维护社会稳定工作领导小组，县委书记任组长，办公室设在县委政法委（简称县维稳办），负责维护稳定日常工作。自机构建立以来，县维稳办建立健全各项工作机制，督促、指导乡镇、部门落实各项维稳工作措施；收集、汇总、分析全县维稳和的情况，提出工作对策和建议；指导、协调乡镇、单位妥善处理各类群体性事件；负责对影响较大的重点个案和重大群体性事件进行协调、督办。

2002 年至 2011 年，共参与调处较大矛盾纠纷 169 件，化解 163 件，参与调处群体性事件 7 件，有效防止事态的扩大和升级。

三、防处邪教问题工作

2002 年，县委成立防处邪教问题工作领导小组，县委书记任组长，领导小组下设办公室在县委政法委，与县维稳办两块牌子、一套人员的管理方式，负责组织和协调全县防处邪教问题工作，清理、防范和处置邪教人员活动，宣传教育广大群众崇尚科学、反对邪教。是年，重点对邪教“法轮功”21 名原练习者进行挽救教育，当年底，这 21 名人员全部得到了解脱，至 2011 年，没有反弹，也未出现任何异常情况。根据上级部署，在农村开展反邪教警示教育活动，使全社会形成了崇尚科学、珍惜生命、关爱家庭、反对邪教的良好氛围。

四、社会治安综合治理

1984年，县委成立了三都水族自治县社会治安综合治理领导小组。1990年8月，设立三都社会治安综合治理办公室，定为局级单位。1991年6月，各乡镇相应成立了社会治安综合治理委员会及其办公室。是年正式启用“三都水族自治县社会治安综合治理委员会”和“三都水族自治县社会治安综合治理委员会办公室”两枚公章。2002年1月明确县委政法委、综治办合署办公，实行一个机构两块牌子，设立三都水族自治县维护稳定领导小组办公室（简称维稳办），设在政法委。

自1984年开始，县委、县人民政府认真贯彻执行中央、省、州社会治安综合治理的路线、纲领、方针、政策，动员全社会力量共同参与构建社会治安综合治理长效防范机制，坚持“严打”斗争不动摇，依法从重从快对严重危害社会的刑事犯罪分子，特别是对偷牛盗马犯罪予以最严厉的打击，把打击、防范、教育、管理、建设、改造紧密结合起来，加强矛盾纠纷排查调处，开展社会治安综合治理工作。进入21世纪，全县综治工作按照“三个五年”来加强综合治理，“一五”为2001—2005年，“二五”为2006—2010年，“三五”为2011—2015年。“一五”期间完成了组织机构的建立，“二五”期间开展平安工程，被省综治委授予“社会治安红旗县”称号。“三五”期间，制定了“三都水族自治县社会治安综合治理第三个五年规划”和各年度工作计划，落实目标管理责任制，建立健全综治领导责任制、领导责任查究制和一票否决制。把综治工作作为各级、各部门党政领导干部政绩考核的一项重要内容和干部提拔、任用、奖惩的必备条件。在实施“三五”规划中，2001年至2005年表彰了拉揽、羊福、三合等30个先进单位和张明华等30名先进个人；2001年县委、县人民政府对社会治安综合治理工作抓得不实的三洞乡给予黄牌警告，并对主要领导进行撤换。在开展为期两年（2001年4月—2003年7月）的“严打”整治斗争中，严厉打击和预防偷牛盗马犯罪，共破获偷牛盗马案87件，打掉犯罪团伙8个，抓获犯罪嫌疑人65名，追回被盗牛马112头（匹），重判了一批罪犯，使全县社会治安明显好转。2004年在全县开展严厉打击和预防偷牛盗马、缉枪治爆案件集中统一行动，使偷牛盗马发案率下降29.62%，破案率上升183%。2005年偷牛盗马发案率下降44.4%。“三五”期间共投入150.943万元，其中：2001年综治经费3.993万元；2002年6.4万元；2003年22.75万元；2004年51万元；2005年66.8万元。同时拨出108万元用于修建270个村级治安室，投入600多万元修建法院审判大楼和检察院技侦大楼。全县配备21个乡镇政法专职副书记、综治办主任、综治专职干部，建立健全单位、村（居）综治领导小组372个，治保委员会274个1041人，治保小组945个2314人，调解委员会277个1065人，帮教小组404个1114人，治安联防队169个1467人，护村护寨队804个2690人，护校队146个835人，守楼护院174个787人。综治委成员单位认真履行职责，积极工作，协调配合，形成全社会齐抓共管局面。“三五”期间，收缴非法枪支665支，管制刀具898把，对爆炸物品和易燃、有毒、有害等危险物品依照有关法规进行严格管理，成功告破公安部督办的“12·2”雷管案。县公安局共立刑事案件1409起，破获873起，破案率62%。县检察院共审查批捕案件483件704人，审结率100%。县人民法院共收刑事案件436件，结案率100%，判处案犯511人，判处率98.81%。基层调解各类矛盾纠纷4028件，调解成功3893件，成功率96.6%。评选出治安模范文明乡镇18个，文明单位52个，文明村寨23个，治安文明户860户。

从2010年起，县委、县人民政府印发了《关于进一步加强“平安三都”建设的意见》《三都水族自治县“平安三都”建设的实施方案》《关于进一步规范乡镇综治工作中心的实施意见》《三都水族自治县关于加强新时期人民调解工作的实施意见》《关于加强社会治安防控体系建设的实施意见》《三都水族自治县创建平安乡镇考核办法》《关于成立“平安三都”建设督查工作组的通知》《关于县四大班子领导联系“平安三都”建设示范点的通知》等“1+7”文件，全县各级各部门紧紧围绕“创平安三都、建和谐水乡”主题，以建强“三支队伍”（政法干部队伍、专职治安联防队伍、机关单位内保队伍）、织牢“三个网络”（边界联防网络、人防网络、技防网络）、夯实“三个平台”（综治工作平台、矛盾纠纷化解工作平台、宣传工作平台）、完善“三个机制”（严打机制、督查指导机制、奖惩机制）为重点和切入点，着力加强综治基层基础建设，全县再次掀起新一轮加强社会治安综合治理、创建“平安三都”高潮。至2011年年底，全县政法队伍建设进一步得到加强，专兼职治安联防队员达1571人，全县96个部门（单位）分别招聘至少1名以上的专职保安员。全县基本形成了县、乡镇、村三级边界联防网和公安民警、专职治安联防队、治安员、义务联防队四级人防网络。全县投入411.5万元建成覆盖县城区和10个重点镇驻地视频监控系统，安装823个视频探头；投入50万元在全县2万多户居民家中安装防盗报警器。全县建立21个乡镇综治工作中心、242个村（社区）综治工作站，同时积极推进综治工作点建设。命名19个平安乡镇，授牌“五星平安家庭”62268户，授牌“平安村寨”221个，授牌“平安社区”4个，授牌“平安小区”18个，授牌“平安单位”298个，授牌“平安学校”146个，授牌“平安医院”16个。2011年，三都水族自治县获“全州平安建设先进县”称号。

2012年投入120万元建成县城四个出入口卡口视频抓拍系统；2013年通过BT模式启动县城区“天网工程”建设，投入2辆流动警务车和2台敞篷巡逻车。修改完善了《三都水族自治县严重影响社会稳定突发事件应急处置预案》，调整充实了应急处突领导小组和总指挥部人员，组建成立150人应急处突中心，完成招录70人。抓好“三大群体”（困难弱势群体、特殊人员群体、利益诉求群体）、“五项工程”（阳光工程、回归工程、雨露工程、红丝带工程、安宁工程）实施，投入13万元解决困难弱势群体、特殊人员群体低保和临时生活救助，“阳光工程”累计集中安置97人，集中安置率50%以上，特殊群体服务管理工作进一步增强。

2013年组建成立县见义勇为工作协会，各乡镇设立见义勇为工作站；社会筹集和全县干部职工捐赠40余万元，县财政划拨10万元，共筹集见义勇为基金50余万元。在全县政法部门开展“忠诚、公正、为民、廉洁”政法干警核心价值观教育和“三实三创”“联乡驻村”“认门入户联亲”等活动，共联亲涉案涉诉等4类家庭333户，走访群众5000多人次，投入各类帮扶物资及资金24.3万元。

截至2013年年底，全县共排查矛盾纠纷2308起，调处成功2292起，调处成功率99.3%。组织开展“冬季严打”“春季严打”“雷霆行动”“破案会战”“社会治安整治”等专项行动，特别是对“12·22”案件的深挖查办，有力打击各类违法犯罪活动。

第五节 离退休干部工作

一、组织机构

1984年7月，在县委组织部设置老干部科。1987年10月，根据县委三党发〔1987〕16号文件精神，设置中共三都水族自治县委老干部局，为一级局，归口县委组织部。1990年，财务独立核算。1994年，机构改革，县委老干部局和县退休干部局合并，组建成立中共三都水族自治县委离退休干部工作局，挂靠县委组织部，增加对副县级以上退休干部的管理和服务职能，下设县老干部活动中心，为事业单位，2010年增设办公室内设机构。2004年，县委离退休干部工作局、县关工委、县老年大学及县老干部活动中心搬迁至凤凰小区二楼新址办公，是年，按照省州要求，县委离退休干部工作局局长，兼任县委组织部副部长。2013年，县委离退休干部工作局行政编制3名，领导职数设1正1副，有行政人员3人，驾驶员1人。下属事业单位离退休干部活动中心，事业编制4名，实有人员3人。县老年大学，实有工作人员4人。县关心下一代工作委员会机关有工作人员3人。

二、离退休干部队伍

离休干部队伍　1985年，全县离休干部共121人。其中民国26年（1937）7月6日前（红军时期）参加革命工作1人，民国26年（1937）7月7日至民国34年（1945）9月2日（抗日战争时期）参加革命工作23人，民国34年（1945）9月3日至1949年9月30日（解放战争时期）参加革命工作97人。2009年，按照中组部组通字〔2009〕43号文件精神，符合享受副地级医疗待遇9人。2013年12月，全县有县管离休干部25人（其中：行政机关15人，事业单位2人，企业单位8人）；享受正副县级政治、医疗、生活待遇14人（其中：享受副地级医疗待遇6人），科级以下待遇11人（其中：享受副地级医疗待遇1人）；抗日战争时期6人，解放战争时期19人。

退休干部队伍　2013年年末全县行政机关、企事业单位退休干部2442人，其中：新中国成立初期（1949年10月1日至1950年6月底参加工作）退休干部15人，正县级（含享受）干部5人，副县级（含享受）干部41人，科级以下干部1865人，高级技术职称39人，中级技术职称305人，初级技术职称172人。

三、离退休干部待遇落实

离休干部易地安置　老干部离休后，主要以就地安置为主，同时有部分通过签订离休干部管理协议，亦可回原籍和易地安置。1987年以前办理易地安置离休干部14人，主要分布在福建省、广东省、湖南省、河南省、上海、浙江省、江苏省、山东省以及省内铜仁市、安顺市、贵阳市、都匀市、荔波县等地，至2013年办理易地手续安置离休干部还健在的有10人。

离退休干部政治待遇的落实，具体包括：

1. 参加会议。每年县委、县人民政府向老干部进行两次通报全县政治、经济社会发展情况；县委、县人民政府重大会议及重大活动都邀请老干部参加。

2. 走访慰问。每年春节或重大节日享受走访慰问待遇。

3. 老干部学习、参观考察。每年请党校教师给老干部讲党课、时事政治课，并组织老干部到县内、县外等参观考察。

4. 报刊征订。每年县委、县政府为老干部活动中心阅览室订阅党报、党刊及有关报刊，县委组织部为离休党员干部和副县级以上退休党员干部订阅《党建研究》和《党建研究内参》人手一册，县委离退休干部工作局为离休干部和离退休干部党支部订阅《晚晴》和《晚霞》，人手一份。

5. 开展文体活动。每年组织县老年书画研究会参加黔南州老年书画联谊展活动，组织老干部参加“七一”“十一”等重大节日纪念比赛活动。

生活待遇落实　按照中央对老干部“基本政治待遇不变，生活待遇略为从优”的原则，生活待遇具体包括：

1. 落实探亲报销待遇。离休干部每年除按国家规定享受探亲待遇外，本人还可报销一次探父母、子女或回原籍的往返车船费。

2. 落实有关待遇并做好调整。一是离休干部每人每年享受健康疗养费150元；二是离休干部特需费自2002年1月起，从每人每年200元调至500元（其中200元发给个人，300元由管理部门掌握使用），在职人员调升工资时，离休人员相应增加离休费；三是离退休干部生活费做到按月足额发放；四是离退休干部遗孀、遗属生活补助按月发放；五是抗日战争时期参加革命工作的离休老干部，按本人离休费的基本工资标准，每人每年增发1~1.5个月基本工资作为生活补助标准，新中国成立初期参加革命工作退休干部从2004年10月起，每人每月享受生活补助费150元至200元。

3. 老干部医疗、住房等规定方面的经费。一是离休干部生活长期完全不能自理的，每月发给护理费，从2005年起，离休干部护理费调整为每人每年600元。二是离休干部医药费按政策规定实报实销，2009年，按中组通字〔2009〕43号文件规定，提高享受副地厅级医疗待遇9人，退休干部均列入医疗保险，按规定比例报销。三是每两年组织老干部体检一次，并建立体检情况档案。四是落实离休干部遗孀医疗补助费。离休干部无工作遗孀医疗补助费每年1500元，地厅级离休干部无工作遗孀医疗补助费每年2000元。五是落实新中国成立初期参加革命工作退休干部相关待遇。2005年，经审批新中国成立初期参加革命工作的退休干部有37人，从2004年10月起，每人每月享受生活补助费150元的有35人，每人每月享受生活补助费200元的有2人，根据省老干通〔2011〕13号文件，从2011年1月起，每人每月再增加110元，根据省老干通〔2013〕4号、5号文件，从2013年1月起每人每月又增加200元。截至2013年12月每人每月享受生活补助费460元的有1人，每人每月享受生活补助费510元的有14人，每人每月给予1000元门诊医疗补助的有15人。六是对易地安置和在县内建私房的离休干部发给安置建房费和建房补助费，共发放建房补助费近20万元。七是按中组通字〔2011〕29号文件规定，从2011年1月起，提高抗日战争以前参加革命工作的老干部生活补贴和扩大生活补贴发放范围到解放战争参加革命工作的老干部（红军时期每年增发3个月，抗日战争前期增发2.5个月，抗日战争后期每年增发2个月，解放战争时期每年增发1个月）。

四、离退休干部党支部建设

2013年，全县共建立了离退休干部党支部8个：其中：离退休干部党支部1个（三合镇）、退休干部党支部7个（县法院、县公安局、县司法局、三合镇城关小学、丰乐镇、都江镇、周覃镇）。2004年，县法院党支部获州“先进退休党支部”，离休干部党员1人、退休干部党员1人获州“先进个人”。2009年退休党员1人获得省、州“先进个人”；周覃镇党支部获州“先进退休党支部”。

五、老年教育工作

1989年12月29日召开三都水族自治县老年大学成立大会，县老年大学为正科级事业单位，内设办公室和教务处2个处（室），1990年3月开始办班招生，学员41人。2005年县老年大学办学经费正式列入县级财政预算，学校有固定的教室、舞蹈室和书画室，教办学条件达到省、州要求。课时安排上，每年分两学期教学，上课时间共32周，开设课程有音乐、舞蹈、器乐、书法、绘画、卫生保健、时事政治、摄影、水书等十多门课目，上课时数100多次。县老年大学始终坚持“增长知识，丰富生活，陶冶情操，促进健康”的办学宗旨，开展形式多样、内容丰富的第二课堂教学活动，满足老同志的学习活动需要。经过20多年的发展，至2013年，全县建立县、乡镇、村老年三级老年学校共19所（其中县级1所、乡镇级16所、村级2所），常年在校学员900多人，其中县老年大学学员312人，入学率为2.1%，乡镇建校率为81%。

六、关心下一代工作

1989年12月30日召开三都水族自治县关心下一代协会成立大会，1990年2月19日县编委三编字〔1990〕04号文件下文成立为常设机构，确定编制数。1995年6月19日更名为三都水族自治县关心下一代工作委员会。至2013年，全县各级关工委组织有306个。其中县级1个，乡镇21个，县直机关单位5个，村（社区）241个（村单设107个、村校合建130个、社区4个），学校38个（中学22个，小学16个）。

2007年将关工委经费每年3万元列入县财政预算。到2013年年底，全县有基层关工委组织361个。配合县妇联、司法局等单位建立家长学校31所，校外辅导员160人，法制副校长270人。开展890场次以上的各种教育活动。全县建立爱国主义教育基地5个，会员458人。开展“三无二有”

活动，由拉揽乡高寨村试点成功后向全县推广，达标验收的有70个。乡镇、村、社区关工委以“农家书屋”为青少年活动室，增配适合青少年阅读的书籍13000余册。开展法制宣传和对失足青少年帮教工作，配合教育部门和政法部门在青少年中进行“两法”“两条例”和“交通安全法”宣传教育。开展“五老”队伍建设工作，自2011年来，结合三都实际，按照“领导班子建设好、‘五老’作用发挥好、制度健全执行好、积极探索创新好、活动经常效果好”的“五好”要求，扎实开展“五好”基层关工委创建活动，至2013年，有134个基层关工委验收达到合格，合格率占总数的43.9%。全县长期关心下一代“五老”人员达15人。组建村一级关工委，完成274个村（社区）组建挂牌成立工作，全县“家庭、学校、社会”三位一体教育网络初步形成。

第六节　编制工作

“文化大革命”期间，党政机关瘫痪，编制工作失去控制，行政人员增加，1978年党的十一届三中全会后编制工作走向正轨。1979年，全县行政人员共有761人，其中：县革委332人，县委35人，人民团体14人，区（乡）干部380人。

1980年，恢复建立县编制委员会，1983年下达县机关行政编制598名，实有633人，其中：县委编制83名，实有67人；县政府系统编制332名，实有380人；政法系统编制172名，实有175人；县政协编制11名，实有11人。区乡未下达编制，实有干部475人。

1986年，县机关行政编制645名，实有828人。其中：县委编制86名，实有73人；政府系统编制319名，实有529人；政法系统编制207名，实有198人；政协编制13名，实有12人；人民团体编制20名，实有16人。区乡未下达编制，实有干部494人。

1990年，县党政群机关编制数654名，实有777人。其中：党委编制数106名，实有114人；政府部门编制数404名，实有525人；人大常委会编制数18名，实有21人；人民法院编制数59名，实有57人；人民检察院编制数30名，实有27人；政协机关编制数15名，实有12人；人民团体编制数22名，实有21人。农村区、镇、乡总编制数为485名，实有483人。其中：农区编制数131名，实有125人；区级镇编制数18名，实有14人；乡级镇编制数42名，实有43人；农村乡编制数294名，实有301人。全县事业编制数2967名，实有3182人（其合同制职工45人，两年以上顶岗的非正式职工112人）。

1991年，县党政群机关编制数456名，实有577人。其中：党委编制数106名，实有104人；人大常委会编制数18名，实有23人；政府机关编制数295名，实有415人；政协机关编制数15名，实有12人；人民团体编制数22名，实有23人。政法部门编制数227名，实有222人。其中：检察院编制数32名，实有28人；法院编制数61名，实有58人；司法部门编制数25名，实有23人；公安部门编制数109名，实有113人。全县事业单位编制人数2416名，实有3125人。1991年为了克服中转环节，辖地过碎，干部少力量分散，不利于加强基层政权建设和经济建设等弊端，对乡镇行政区划进行了调整，经贵州省人民政府1991年8月9日批准，结合本县实际进行乡镇机构改革，从1984年原划定的行政区域设置的7个区公所、1个区级镇人民政府和33个乡、4个乡级镇改为7镇14个乡，共21个乡镇。总编制数485名，实有475人。其中：乡镇党委实有121人；人大29人；纪委16人；政府267人；人民团体42人。

1992年党政群机关编制数454名，实有565人。其中：党委编制数106名，在职人数109人；人大常委会编制数18人，在职人数22人；政府编制数293人，在职人数393人；政协编制数15人，在职人数15人，人民团体编制数22名，在职人数26人。1992年全县21个乡镇（7个镇、14个乡）编制数485名，在职人数436人。政法部门编制数227名，在职人数222人，其中：检察院编制数 32 名，在职人数 28 人；法院编制数 61 名，在职人数 55 人；司法部门编制数 25 名，在职人数 26 人；公安部门编制数 109 名，在职人数 113 人。全县事业单位编制数 3571 名，实有人数 3801 人。

1993 年党政群机关编制数 454 名，实有在职人数 639 人。其中：党委编制数 106 名，在职人数 118 人；人大常委会编制数 18 名，实有在职人数 23 人；政府编制数 293 名，实有在职人数 456 人；政协编制数 15 名，实有在职人数 16 人；人民团体编制数 22 名，实有在职人数 26 人。1993 年县乡镇编制数为 485 名，实有在职人数 436 人，其中党委在职人数 103 人，纪委 11 人，人大 20 人，政府 264 人，政协 11 人，人民团体 27 人。政法部门编制数 227 名，实有在职人数 223 人。其中：检察院编制数 32 名，实有 32 人；法院编制数 61 名，实有在职人数 56 人；司法部门编制数 25 名，实有在职人数 22 人；公安部门编制数 109 名，实有在职人数 113 人。事业单位编制数 3571 名，实有人数 3510 人。

1994 年进行机构改革后，党政群机关在职人数 586 人。其中党委在职人数 69 人，人大常委会在职人数 23 人，政府在职人数 464 人，政协在职人数 12 人，人民团体在职人数 18 人。政法编制数 229 名，实有在职人数 221 人，其中：检察院编制数 32 名，在职人数 32 人；法院编制数 61 名，实有在职人数 57 人；司法编制数 25 名，实有在职人数 21 人；公安编制数 111 名，在职人数 111 人。全县事业单位编制数 3585 名，实有人数 3675 人。1994 年全县 21 个乡镇，编制数为 485 名，在职人数为 419 人。

1995 年党政群机关在职人数 521 人。其中党委在职人数 64 人，人大常委会在职人数 17 人，政府在职人数 408 人，政协在职人数 11 人，人民团体在职人数 21 人。乡镇编制数 485 名，在职人数 471 人。政法编制数 245 名，在职人数 260 人（其中检察院编制数 36 名，在职人数 31 人；法院编制数 67 名，在职人数 63 人；司法编制数 31 名，在职人数 24 人；公安编制数 111 名，在职人数 142 人）。全县事业单位机构数 538 个，编制数 3568 名，实有人数 3683 人。

1996 年党政机关行政编制数 390 名，实有在职人数 558 人（其中党委行政编制数 76 名，在职人数 73 人；人大行政编制数 18 名，实有在职人数 16 人；政府行政编制数 262 名，实有在职人数 430 人；政协行政编制数 15 名，在职人数 16 人；群团组织无内设机构，行政编制数 19 名，实有在职人数 23 人）。1996 年度全县 21 个乡镇，编制数 478 名，实有在职人数 460 人（其中：党委编制数为 139 名，实有在职人数 126 人；人大编制数 33 名，实有 32 人；纪委编制数 21 名，实有 13 人；政府编制数 253 名，实有在职人数 252 人；人民团体编制数 32 名，实有在职人数 37 人）。政法编制 246 名，实有在职人数 276 人（其中：人民检察院编制数 37 名，实有在职人数 35 人；人民法院编制数 67 名，实有 61 人；司法编制数 31 名，实有在职工人数 24 人；公安编制数 111 名，实有在职人数 156 人）。全县事业单位编制数 3565 名，实有人数 3811 人。

1997 年党政群行政编制 395 名，在职人数 503 人（其中：党委行政编制数 81 名，实有在职人数 68 人；人大常委会行政编制 18 名，实有在职人数 17 人；政府行政编制 262 名，实有在职人数 389 人；政协行政编制 15 名，实有在职人数 14 人；群团组织行政编制 19 名，实有 15 人）。全县乡镇编制数 478 名，实有在职人数 592 人（其中：党委编制数 139 名，实有 132 人；纪委编制数 21 名，实有 13 人；人大编制数 33 名，实有 28 人；政府编制数 253 名，实有 388 人；人民团体编制数 32 名，实有 31 人）。政法编制数 246 名，实有 265 人（其中：人民检察院编制数 37 名，实有 33 人；人民法院编制 67 名，实有 59 人；司法编制数 31 名，实有 23 人；公安编制数 111 名，实有 150 人）。全县事业单位编制数 3473 名，实有 3840 人。

1998 年党政群行政编制 458 名，在职人数 570 人（其中：党委行政编制数 95 名，实有在职人数 85 人；人大常委会行政编制 18 名，实有在职人数 18 人；政府行政编制 311 名，实有在职人数 429 人；政协行政编制 15 名，实有在职人数 20 人；群团组织行政编制 19 名，实有 18 人）。全县乡镇编制数544名，实有在职人数502人。政法编制数264名，实有260人（其中：人民检察院编制数37名，实有33人；人民法院编制67名，实有59人；司法编制数31名，实有23人；公安编制数129名，实有145人）。全县事业单位编制数3489名，实有4043人。

1999年党政群行政编制481名，在职人数572人（其中：党委行政编制数97名，实有在职人数98人；人大常委会行政编制18名，实有在职人数20人；政府行政编制333名，实有在职人数415人；政协行政编制15名，实有在职人数22人；群团组织行政编制18名，实有17人）。全县乡镇编制数512名，实有在职人数444人。政法编制数264名，实有265人（其中：人民检察院编制数37名，实有32人；人民法院编制67名，实有65人；司法编制数31名，实有23人；公安编制数129名，实有145人）。全县事业单位编制数3817名，实有4461人。

2000年，党委机构数12个，党委部门管理机构数2个，政府机构数32个，行政编制数449名，行政编制在职实有人数258人；政法编制数265名，政法在职人数264人；其他机关编制数135名，实有264人。2001年10月，“三都水族自治县编制委员会办公室”更名为“三都水族自治县机构编制委员会办公室”，其机构单独设置，列入县委工作部门，其领导班子成员不再实行兼职。

2002年党政群行政编制320名，在职人数448人（其中：党委行政编制数72名，实有在职人数77人；人大常委会行政编制18名，实有在职人18人；政府行政编制203名，实有在职人数312人；政协行政编制15名，实有在职人数18人；群团组织行政编制12名，实有23人）。全县乡镇编制数468名，实有在职人数410人。政法编制数249名，实有238人（其中：人民检察院编制数33名，实有27人；人民法院编制60名，实有56人；司法编制数35名，实有20人；公安编制121名，实有135人）。全县事业单位编制数2865名，实有4201人。

2003年党政群行政编制898名，在职人数989人（其中：党委行政编制数72名，实有在职人数73人；人大常委会行政编制18名，实有在职人25人；政府行政编制203名，实有在职人数351人；政协行政编制15名，实有在职人数18人；群团组织行政编制12名，实有22人）。全县乡镇编制数468名，实有在职人数409人。政法编制数249名，实有221人（其中：人民检察院编制数33名，实有26人；人民法院编制60名，实有52人；司法编制数35名，实有9人；公安编制数121名，实有134人）。全县事业单位编制数2965名，实有4201人。

2005年全县行政编制数1054名，实有1222人（县机关行政编制数579名，实有745人；乡镇行政编制数475名，实有477人），其中全党政群系统编制数795名，实有960人（县机关党群系统编制数320人，实有483人；乡镇党群系统编制数475名，实有477人），全县政法系统编制数259名，实有262人。

2006年全县行政编制数1044名，实有1208人（县机关行政编制数560名，实有722人；乡镇行政编制数476名，实有486人），其中全党政群系统编制数899名，实有1070人（县机关党群系统编制数396名，实有535人；乡镇党群系统编制数535名，实有503人），全县政法系统编制数267名，实有264人。党政群行政编制321名，在职人数607人（其中：党委行政编制数73名，实有在职人数101人；人大常委会行政编制18名，实有在职人数32人；政府内行政编制203名，实有在职人数421人；政协行政编制15名，实有在职人数26人；群团组织行政编制12名，实有27人）。全县乡镇编制数469名，实有在职人数486人。政法编制数320名，实有258人（其中：人民检察院编制数35名，实有29人；人民法院编制62名，实有55人；司法编制数35名，实有39人；公安编制数188名，实有135人）。全县事业单位编制数5547名，实有6480人。

2007年全县行政编制数1172名，实有1241人（县机关行政编制数696名，实有761人，乡镇行政编制数476名，实有480人），其中全党政群系统编制数1306名，实有1366人（县机关党群系统编制数437名，实有534人，乡镇党群系统编制数518名，实有528人），全县政法系统编制数351名，实有304人。2007年党政群行政编制341名，在职人数463人（其中：党委行政编制数83

名，实有在职人数82人；人大常委会行政编制16名，实有在职人23人；政府内行政编制215名，实有在职人数310人；政协行政编制14名，实有在职人数21人；群团组织行政编制13名，实有27人）。全县乡镇编制数469名，实有在职人数480人。政法编制数351名，实有298人（其中：人民检察院编制数37名，实有30人；人民法院编制67名，实有55人；司法编制数36名，实有29人；公安内编制数211名，实有184人）。全县事业单位编制数6413名，实有6563人。

2008年全县行政编制数1167名，实有1253人（其中：县机关行政编制数341名，实有477人，乡镇行政编制数475名，实有479人），全党政群系统编制数951名，实有1073人（县机关党群系统编制数434人，实有546人，乡镇党群系统编制数517名，实有527人），全县政法系统编制数351名，实有307人。党政群行政编制341名，在职人数477人（其中：党委行政编制数80名，实有在职人数80人；人大常委会行政编制16名，实有在职人27人；政府内行政编制219名，实有在职人数321人；政协行政编制13名，实有在职人数22人；群团组织行政编制13名，实有27人）。全县乡镇编制数475名，实有在职人数479人。政法编制数351名，实有300人（其中：人民检察院编制数37名，实有33人；人民法院编制67名，实有56人；司法编制数36名，实有26人；公安内编制数211名，实有185人）。全县事业单位编制数6524名，实有6682人。

2009年全县行政编制数1176人，实有1281人（其中县机关行政编制数701人，实有802人，乡镇行政编制数475人，实有479人），全党政群系统编制数955人，实有1073人（县机关党群系统编制数438人，实有546人，乡镇党群系统编制数517人，实有527人），全县政法系统编制数360人实有346人。

2010年党政群行政编制353名，在职人数414人（其中：党委行政编制数82名，实有在职人数73人；人大常委会行政编制16名，实有在职人22人；政府内行政编制228名，实有在职人数275人；政协行政编制14名，实有在职人数18人；群团组织行政编制13名，实有26人）。全县乡镇编制数475名，实有在职人数445人。政法编制数363名，实有338人（其中：人民检察院编制数37名，实有32人；人民法院编制67名，实有57人；司法编制数36名，实有31人；公安内编制数223名，实有218人）。2010年全县行政编数1188名，实有人数1197人（其中县机关行政编制数713人，实有752人，乡镇行政编制数475人，实有445人），全党政群系统编制数968人，实有982人（县机关党群系统编制数451人，实有489人，乡镇党群系统数517人，实有493人），全县政法系统编制数360人，实有354人。全县事业编制6631人，实有人员6295人。

2011年全县行政编制1198人，实有人员1262人（其中县机关行政编制数723人，实有859人；乡镇行政编制数为475人，实有403人）；全县党政系统制数971人，实有1084人（县机关党群系统编制数453人，实有613人，乡镇党群系统编制518人，实有471人）。全县政法系统编制数370人，实有342人。全县事业编制7089人，实有人员5796人。

2012年全县行政编制1220名，实有1295人（其中县机关行政编制数745名，实有869人；乡镇行政编制数为475名，实有426人）；全县党政系统总编制数1012名，实有1097人（其中县机关党群系统编制数494名，实有人数615人，乡镇党群系统编制518名，实有482人），全县政法系统编制数405名，实有364人。全县事业编制7645名，实有人员5517人。

2013年全县行政编制1286名，实有人员1234人（其中县机关行政编制数811名，实有816人；乡镇行政编制数为475名，实有人数418人）；全县党群政系统制数1145名，实有人数1040人（其中：县机关党群系统编制数564名，实有人数571人，乡镇党群系统编制581名，实有人员469人），全县政法系统编制数412名（政法专项编制399名，机关后勤事业编制13名），实有365人。全县事业编制7663名（含省下放工商质监事业编制18名），实有人员7193人。

第七节 其他党务工作

一、县委办公室工作

1979年，县委办公室与县革委办分开办公。县委办含机要局、保密局、国安办、政研室。县委办公室是县委的综合办事机构。主要职责是贯彻县委重要工作部署，组织协调全县重大活动，协助县委领导处理县委日常工作；起草、审核县委重要文件和县委领导的讲话、报告等文稿；收集、编发和向上级领导报送全县工作信息；督查基层党组织对县委重大决策和工作部署的执行情况以及后勤保障等相关工作。

机要局 1982年，成立"中共三都水族自治县办公室传真室"。1986年，成立县委机要室，直属于县委，为区级单位。1990年，成立县委机要局。1993年，成立县委密码工作领导小组。1994年1月，县级机构改革，撤销县委机要局改为县委机要室，归口县委办公室，对外挂县委机要局牌子。1994年12月，恢复县委机要局归口县委办公室。2001年，县委机要局在县级机构改革时归口县委办公室，为副科级单位。2004年6月，在县委机要局加挂"三都水族自治县国家密码管理委员会办公室"牌子（与县委密码工作领导小组办公室为同一机构），实行两块牌子一套人员管理方式。2005年5月，将在县委机要局加挂的"三都水族自治县国家密码管理委员会办公室"更名为"三都水族自治县国家密码管理局"，与机要局实行两块牌子一套人员管理方式。

保密局 1951年10月，建立中共三都水族自治县委保密委员会。1987年5月，县保密委员会由虚设机构调整为县委实设机构。1990年2月，为了上下对口，设立"三都水族自治县保密局"。县保密局与县委保密委员会合署办公，两块牌子，一套人马，列入县委序列，受县委、县政府领导。1994年县级机构改革，撤销保密局的独立建制，保密局工作职能并入县委办公室。2002年县级机构改革时，保密局工作职能仍并入县委办公室，保密局为副科级单位，设局长或副局长1名。保密局人员编制合并在县委办公室，未单列。

国安办 2009年9月成立，设在县委办，为正科级常设行政机构，归口县委办管理。

政研督查室 1997年5月成立县委督查室，为副科级机构，挂靠县委办公室；2001年以前设县委政研室，为正科级机构；2001年机构改革以后，设县委政研督查室（股级），并入县委办公室挂靠管理；2008年8月政研督查室升格为副科级，2011年6月升格为正科级。

秘书股、行政管理股、信息股 2002年2月经县编委办审核批准县委办公室职能配置、内设机构和人员编制方案。县委办公室原内设机构设3个职能股室（即秘书信息股、政研督查室、行政管理股），2011年9月将原来秘书信息股的职能分开，设秘书股、信息股。

综合股 县委办综合股于2011年9月8日成立。

政策研究室 1995年3月设立，为正科级机构，挂靠县委办公室。1998年5月，主任詹达调离后，政策研究工作由县委办负责。2012年12月恢复。

电子信息管理中心 2012年10月成立，是县委办管理的股级事业单位，由财政全额预算管理。核定编制13名，其中领导职数设中心主任（正股级）或副主任（副股级）1名。

保密技术检查中心 2013年3月成立，是县保密局管理的股级事业单位，由财政全额预算管理。核定编制3名，其中领导职数设中心主任（正股级）1名。

党政电子政务内网信息网络技术管理中心 2009年12月成立，是县委机要局管理的股级事业单位，由财政全额预算管理。核定编制3名，其中领导职数设中心主任（正股级）1名。

外事接待办公室 2013年2月成立，是由三都水族自治县机关服务中心更名为三都水族自治县外事接待办公室，属正科级事业机构，内设综合股和后勤财务股2个职能股，由财政全额预算管理。核定编制17名（其中管理人员编制14名，工勤人员编制3名），设主任（正科级）1名、副主任（副科级）2名，各股设股长（正股级）1名。

小康社会建设办公室　2013年1月成立，是三都水族自治县小康社会建设工作领导小组的日常办事机构，为县委政策研究室管理的副科级单位，由财政全额预算管理。核定编制4名，其中领导职数，设主任（副科级）1名、副主任（正股级）1名。

二、党校教育

县委党校是在中共三都水族自治县委直接领导下培养党员领导干部和理论干部的学校，是县委直属正科级事业单位。其职责是结合县委的中心工作，根据县委每年下达的干部培训计划负责举办各种培训班、轮训班和理论研讨班，围绕县情以及党建工作中出现的新情况、新问题，配合和协助县委、县政府组织力量进行理论调研，为县委、县政府提供决策和参考。党校实行校务委员会领导体制，校委会全面领导学校工作，由常务副校长主持党校的日常工作。

三都县委党校于1959年10月建立，1964年撤销，1975年3月恢复建立。1978年至2004年，党校没有内设机构。2004年，县编委同意党校内设三个股级机构，即办公室、教研室、电教室（三编办〔2004〕1号）。1989年，县编委核定党校编制20人（三编字〔1989〕8号）。2011年12月，县编委批复党校机构编制方案（三编〔2011〕33号），加挂“三都水族自治县行政学校”牌子，明确了党校（行政学校）五项主要职责，内设办公室、教务室、教研室、电教室、后勤股五个股级机构，核定党校（行政学校）事业编制23名，其中列入参照公务员管理事业编制7名，专业技术事业编制13名，工勤事业编制3名。领导职数设常务副校长1名、副校长2名。

2003年，党校开通中央党校远程教学C级站，2007年开通清华大学现代教育扶贫远程教学站。在“九五”“十五”“十一五”期间，县党校作为三都水族自治县委学习、研究、宣传“社教”“三讲”“三个代表”重要思想、保持共产党员先进性教育活动以及科学发展观学习教育活动的重要阵地和党性锻炼的熔炉，用集中培训、轮训方式对乡镇、县直机关科局级领导和农村基层组织支书（主任）以及一般干部进行了大量培训。至2013年，县委党校共办各种培训轮训班360多期，培训轮训人数26400多人次。

党员干部理论教育培训　1982年党的十二大召开前后，全党进行拨乱反正，党的工作重点主要转移到社会主义建设上来，不再搞阶级斗争为纲。这就要求全党干部，特别是各级领导干部，尽快从“左”的束缚中解放出来，在政治上、思想上同党中央保持一致。为适应这种需要，县委党校在全县范围内大规模轮训了干部。这段时间，党校干部培训班教学内容以中发〔1979〕4号、5号、31号、37号、38号文件为主，让学员们深刻领会党的十一届三中全会精神，提高对全党工作重点转移伟大意义的认识，深入批判之前推行的极“左”路线，解决发展农业的方针政策和坚持四项基本原则。其中，1981年举办一期乡镇新干班，75名学员，培训时间一年，是建校以来培训时间最长的一个班次。“六五”后期（1983—1985年），县委党校遵照中发〔1980〕12号批转全国党校工作座谈会纪要文件精神，加强培训各级领导干部的力度。1987—1997年，培训班主要学习中共中央十三届四中全会精神。针对农村基层干部工作辐射面广、工作庞杂零碎不系统弹性大、读书看报少和年龄知识结构以及整体素质的不同，培训期间聘请农业技术方面的专家或技术人员上课，有针对性、科学性地把培训涉及的内容和各个时期党对农村的主要方针、政策以及农业技术知识、基层组织建设进行学习。对乡镇一般干部采取轮训与培训相结合的方法，在每年的农闲或年底集中到党校学习，加强对党在农村的路线、方针、政策和国家法令、法规的理解，以及理解政策的方法，提高在农村创造性地贯彻执行党的方针政策的能力。对乡镇和直属机关领导干部的培训采取办长期班和短期班相结合，根据领导干部的岗位实际，提高政治、业务素质和工作能力。

“九五”末期，县委党校以提高全县财政、金融、企业管理干部的素质和乡镇组织、宣传、统战、妇联、团委、工会干部的理论水平为主要培训任务，教学内容主要是党的十五届四中全会的基本精神，加快国有企业改革的政策方针，产权制度改革与所有制结构调整、财政金融与企业的关系和现行经济法律法规以及经济管理等基本知识。1999 年年底还专门办一班县直科局级干部“解放思想、迎接西部大开发”理论研修班，以进一步认清县情，抢抓中央进行西部大开发的机遇，探索三都在新世纪里如何定位的发展思路。“十五”“十一五”期间，轮训培训各类干部教学中重点学习《邓小平文选》第二卷，以及党的十一届三中全会以来党和国家的重要文献。结合学习“三个代表”重要思想、科学发展观和保持共产党员先进性教育活动内容，会同组织部、宣传部抽调理论骨干组成宣讲团，在全县各乡镇巡回宣讲 85 场次，听讲人员 20000 多人次。

从开办至 2011 年，县委党校共开设领导干部理论教育培训、党员干部短期培训、村（社区）干部等各类培训班，为县域社会经济的发展提供了大量的人才支撑和智力支持。领导干部理论教育培训，共举办 99 期，培训理论干部 5888 人次。党员干部短期培训共举办 79 期，培训和培养各级党员和非党员领导干部 5449 人次。入党积极分子培训共举办 36 期，培训 2205 人。村、社区干部培训 79 期，培训 8209 人次。全县公务员应用能力培训 7 期，培训 1102 人次。职业技能鉴定和专业技术培训共举办 65 期 3630 人，其中，培训鉴定下岗再就业人数 1250 人，专业技术人才 2380 人。

函授教育和电大工作 县委党校的大专函授教育起步于 1998 年，实行不脱产、在教师指导下业余自学为主的教学形式。当年建立了中共贵州省委党校函授学院三都函授站，1999 春季开始招生，在省委党校、省行政学院的统一组织和管理下，通过考试录取的方式，共举办了 11 届省委党校在职大专学历班和本科学历班，培训并毕业学员 1345 人。其中：专科经济管理专业 581 人，专科公共管理专业 179 人，本科经济管理专业 119 人，本科法律专业 466 人；副县级以上干部 8 人，副科级以上干部 538 人，一般干部职工 799 人；妇女干部 337 人，少数民族干部 941 人。

2008 年，中央广播电视大学贵州分院黔南分校在党校建立工作站，负责电大远程开放教育的招生、日常教学管理、学员考核及学籍管理等工作。共招学员 312 人。其中本科 106 人，专科 206 人。涵盖教育、卫生、水利工程、电气工程、农村行政管理等 12 个专业。开放教育以远程教育教学方式和面授为主，由国内一流的著名专家学者授课。学员在任何时间和地点都可通过互联网学习，自主、灵活、分散的学习方式非常方便学员学习。2011 年 8 月，电大工作站合同期满自然撤销。

2013 年 9 月，县委决定党校迁址新建，党校搬迁到三合镇猴场新区规划建设，同时将接受省委对县委党校进行办学体制升格评审。

三、党史研究

三都党史研究工作机构于 1982 年 10 月 7 日成立，时称中共三都水族自治县委党史资料征集研究委员会。1984 年 3 月 17 日改名为三都水族自治县史志编纂委员会办公室。1985 年 5 月 20 日更名为中共三都水族自治县委党史资料征集研究委员会办公室，县编制委员会行文正式明确为局级事业常设机构，编制 4 人。1990 年 7 月 17 日更名为中共三都水族自治县委党史研究室。2012 年 2 月，根据三党发〔2012〕14 号《中共三都水族自治县委员会县人民政府关于三都水族自治县人民政府机构改革的实施意见》，将县档案局（档案馆）、史志办公室的职能整合划入县档案史志局，不再保留县档案局（档案馆）和史志办公室，组建档案史志局（含县委党史研究室），为政府直属事业单位。2012 年 6 月，根据《中共贵州省委、贵州省人民政府关于直属事业单位设置的通知》精神，结合三都工作实际需要，经 2012 年 6 月 21 日县机构编制委员会会议研究同意，并报经 2012 年 6 月 26 日县委常委会议审定，保留中共三都水族自治县委党史研究室，为县委直属正科级事业单位。2013 年，中共三都水族自治县委党史研究室有编制 6 人（含 1 名工勤人员）。

党史专题征编 2007—2013 年，共完成“三都的拨乱反正”“农村经济体制改革”“三都水族

自治县改革开放后的工业发展历程”“三都经贸改革”“三都非公有制经济”“三都民族教育”“三都水族自治县农村基层组织建设”“三都水族自治县党风廉政建设”“西部大开发在三都”“三都社会主义新农村建设”“三都扶贫开发”“三都财税改革”等党史专题的征编。

口述历史课题 2008年5月，成立口述历史课题调研领导小组，启动“建设社会主义新农村带头人口述历史”课题工作。2008年、2010年完成《龙场村的变迁》《靠发展蔬菜产业迈向小康的猴场村——三都水族自治县三合镇猴场村》的口述历史课题材料并制作音像材料。

党史正本编写 根据2002年省委办公厅《贵州省2001年至2005年党史工作规划》、2004年州史志编纂委员会《关于启动全州党史正本编写工作的通知》精神，2004年5月开始着手启动党史正本编写工作，12月，初稿《中共三都水族自治县历史》（第一卷）编写完成。2006年4月11日，中共三都水族自治县委召开《中共三都水族自治县历史》审稿会，2006年7月《中共三都水族自治县历史》（第一卷）正式出版。该书上限自1949年12月三都解放，下限至1978年12月，共6章43节，约210千字。

党史大事记编写 自1996年开始，开展党史大事记的收集编写，1997年12月23日召开党史大事记审稿会，到2001年形成《中共三都水族自治县历史大事记（1949.12—2001.12）》（送审稿）。2002年6月6日召开审稿会，2002年8月《中共三都水族自治县历史大事记（1949.12—2001.12）》内部资料正式出版发行。该书共有1902个条目，30万字。

组织史资料征编 从1985年冬开始，县、区、乡镇三级组织了180多人的征编队伍，先后查阅档案2100卷，收集资料400多万字；访问有关老同志100多人次，召开各种座谈会、审稿会700多人次，到1989年年底，由征编领导小组总纂成书。《中国共产党贵州省三都水族自治县组织史资料·贵州省三都水族自治县政军统群系统组织史资料（1949—1987）》，1992年1月出版发行。上限为1949年12月，下限为1987年12月。1993年和2013年分别完成了《中国共产党三都水族自治县组织史资料·三都水族自治县政军统群系统组织史资料》续编本一（1988—1992）和《中国共产党三都水族自治县组织史资料·三都水族自治县政军统群系统组织史资料》续编本二（1993—2012）的编辑出版。

革命遗址普查 2010年5月成立革命遗址普查工作领导小组，开展革命遗址普查工作。2010年10月底革命遗址普查工作全部结束，通过开展普查印证革命遗址有27个，其中，属重要历史事件和重要机构旧址有4个、属重要历史事件及人物活动纪念地有7个、革命领导人故居1个、烈士墓15个、属省级文物保护单位的有1个、县级文物保护单位的有3个、属省级爱国主义教育基地的有1个、县级爱国主义教育基地的有3个。

四、对台工作与侨务工作

（一）对台工作

1987年5月24日，三都水族自治县设立县人民政府台湾事务办公室，在县委对台办公室加挂三都水族自治县人民政府台湾事务办公室的牌子。县对台工作逐步做到有机构、有人员。工作中，贯彻“和平统一，一国两制”的基本方针和发展两岸关系、推进祖国和平统一进程的八项主张，宣传党的对台方针政策，宣传《中华人民共和国反分裂国家法》，加深理解，增进共识，坚决反对“台独”，开展去台人员及其亲属的普查登记工作。

台属普查登记 1987年11月至12月，县委统战部、台办组成两个普查小组，对全县7个区（镇）、11个乡镇、39个村寨进行普查，全县居住在农村台属有73户，已普查70户，占普查农村台属总户数95.89%，这70户台属共有人口434人。农村台属中自建新房的有20户，建新房21栋、1983平方米，占农村台属总数的28.6%。海外汇款38户，33559.68元，占农村台属总数的54.3%。台属贷款33户，共贷款79090元，占农村台属总数的47.1%。全县台属共115户，农村台属占总台属的63.5%。已脱贫有38户，占农村台属总数的54.2%；富裕户有15户，占农村台属总数的21.4%；还有17户仍然解决不了温饱问题，占农村台属总数的24.4%。1998年，全县有去台人员80人，其中省外籍10人，本省外县籍12人，三都籍58人，台属140户，980人。港胞7人，港属13户。有85%的台港属直接和间接通信，接待台胞探亲446人，72位台胞的三都探亲，其中本省的61人，外省11人，男68人，女4人，占台胞的90%。其中有1人探亲共10次。2003年5月，全县有台胞76人。其中：外省籍9人，本省籍11人，三都籍55人。去台人员主要集中在三合、大河、合江、丰乐、普安等乡镇。有台属155户，1023人（包括第二、三代）。台属分布于16个乡镇，主要集中于三合、大河、合江、丰乐、普安等乡镇。台胞到县内定居有5人。涉台婚姻共有10对。其中，有2对男方（台胞）已去世，他们的结婚时间分别为：1988年、1992年、1995年、2004年各1对，1998年、2003年、2005年各2对。

接待工作　在台属、侨属、侨眷和各界有影响的进步人士中培养了10多个重点工作对象，对这些对象始终贯彻“道义之交，君子之交，竭诚为友，求同存异，平等相待，寓理于情”的民族大义之精神。按照州委对台工作办公室拟订的《关于开展联络交友工作的意见》开展交友工作，帮助两岸转信30多封，寻找亲人70多人。

1987年11月2日后，三都水族自治县成立“三都水族自治县台湾同胞接待站”，县委统战部、对台办制定印刷了“关于接待台胞工作应注意的几个问题”几千份，分发给县四大班子领导，对台工作领导小组成员，有关单位干部职工及台属学习，作为接待台胞的参考。1988年，先后接待探亲、观光、旅游的台胞29户，63人次。其中，男50人次，女13人次，最高年龄85岁，最小23岁，他们多数是退役老兵，还有教职员，经商做生意和学生等。1989年，统战部对台办全年共接待台胞25人，其中：中将1人、校官3人、尉官8人、士官7人、眷属3人、其他3人。1991年，接待台胞探亲23人次。到2005年，全县共接待台胞100多人次。

2000年5月12日至14日，台湾长乐文化事业有限公司摄制组刘女士、赖先生、顾先生到县内拍摄水族生活习俗和民族风情系列片。2002年“台湾三立电视台”、2005年台湾大中国际多媒体股份有限公司（台湾“中视电视台”）一行3人先后到县内拍摄民族风情和旅游风光，采访水书先生等。2005年7月4日至7日，台湾大中国际多媒体股份有限公司（台湾“中视电视台”）摄制组一行3人对三都独特的民族风情和旅游风光进行采风。先后拍摄采访了2005贵州·三都——中国水族卯文化风情、风流草、产蛋崖、引朗石棺墓群、水书先生等。2006年，元旦、春节期间走访慰问三位定居台胞和部分困难台属，并送去慰问金和年画。2008年，接待来自台湾中学生夏令营一行80多人，组织他们参观水各民族文化村和观看水族舞蹈。2009年，与县红十字会倡议，向台湾灾区捐款7000多元，支援台湾灾区群众重建家园。2010年，共接待台胞探亲4人次。2011年，共接待台湾赴大陆交流考察团4批，135人。

（二）侨务工作

1984年县政府正式成立归侨、侨眷办公室，办公室设在县政府内，潘钦桃兼任办公室主任，政府办公室秘书李品国具体负责日常事务。2004年，争取州侨办帮扶资金6000元，解决都江镇柳排村3组侨属石英莲、摆鸟村侨属石英招两户养猪帮助款各3000元。2006年，协商推荐8位侨属代表参加全州第五次侨联代表大会。2009年，是根据州人大常委会《关于开展归侨侨眷“一法两办法”执法检查的通知》（黔南人常办〔2009〕26号）文件精神，明确专人对归侨侨眷“一法两办法”执法情况进行调研，并将调研情况及时上报。2010年，开展《贵州省侨属侨眷合法权益保护法》宣传，引导群众自觉和维护港澳台侨属合法权益，并推荐6名侨属出席黔南州第六次归侨侨眷代表大会。

五、党政机构改革

党的十一届三中全会以后至2013年，三都历经了1984年、1994年、2001年县乡党政机构改革、2004年、2010年县政府机构改革、2011年乡镇机构改革。

（一）县级党政机构改革

1984年县级党政机构改革　1984年县级党政机构改革的主要任务是做好县级领导班子的配备，机构设置和人员编制问题。将原有的县级党政机构进行精简，党委工作部门共设置6个，政府工作部门由原来的39个减到29个。县级党政机关人员编制总数按1982年年末实有447名压缩20%，为357名（不含公检法司行政机关的专项编制数）。机构改革后，县党委机构设置为：县委工作部门共设置6个，即县委办公室（含政策研究工作）、县委组织部（含老干工作）、县委宣传部、县委统战部、县委农村工作部（含城镇工作）、县委政法委员会。县人民政府工作部门设置为：保留的有19个：三都水族自治县计划委员会（含农业区划工作）、三都水族自治县科学技术委员会、三都水族自治县计划生育委员会、三都水族自治县民族事务委员会、三都水族自治县经济委员会、三都水族自治县公安局、三都水族自治县财政局、三都水族自治县民政局（含退伍军人和军队离休、退休干部安置工作）、三都水族自治县司法局、三都水族自治县统计局、三都水族自治县物价局、三都水族自治县林业局、三都水族自治县水利电力局、三都水族自治县税务局、三都水族自治县粮食局、三都水族自治县商业局、三都水族自治县工商行政管理局、三都水族自治县文化局、三都水族自治县人民政府办公室。合并或合署办公的有5个：三都水族自治县劳动工资局和人事局合并为三都水族自治县劳动人事局，保留编制委员会名称、三都水族自治县农业局和畜牧局合并为三都水族自治县农牧局、三都水族自治县档案局与档案馆合署办公（两块牌子，一套人员，属事业性质，受县委办公室和县政府办公室双重领导，以县委办公室领导为主）、三都水族自治县体育运动委员会与县教育局合并，称为三都水族自治县教育局，保留“三都水族自治县体育运动委员会”的牌子、三都水族自治县爱国卫生运动委员会办公室和县卫生局合并，称为三都水族自治县卫生局，保留“三都水族自治县爱国卫生运动委员会”的牌子。改变性质或名称的有7个，其为：三都水族自治县工交局改为三都水族自治县交通局，原工交局的工业部分合并到县经济委员会、三都水族自治县城乡建设环境保护委员会改为三都水族自治县城乡建设环境保护局、三都水族自治县广播事业局改为三都水族自治县广播电视局，与县广播站合署办公，一套人员，两块牌子，属事业性质、三都水族自治县物资局改为三都水族自治县物资供应公司，归县经委领导、三都水族自治县社队企业局改为三都水族自治县乡村工业公司，归经委领导、三都水族自治县农机局与农机站合并为三都水族自治县农机管理服务站（下辖农机研究所和农机公司）属事业性质，归经委领导、三都水族自治县供销合作社改为三都水族自治县供销合作联社，属企业性质。恢复和新建立的单位为2个，其为：恢复三都水族自治县手工业联社、三都水族自治县审计局。撤销的单位有4个，其为：三都水族自治县轻工局（其业务由县经济委员会承担）、新建三都水族自治县农林办公室、三都水族自治县财贸办公室、三都水族自治县教卫办公室。

1994年县级机构改革　1994年县级机构改革主要是按照政企分开和精简、统一、效能的原则及转变职能、理顺关系、精兵简政，提高效率的要求进行改革，重点是做好机构的“四定”工作，即定职能、定内设机构、定人员编制、定领导职数。县级机构设置为，县委工作部门：（1）县委办公室（撤销农村工作部、机要局、保密局的独立建制，工作职能并入县委办公室，对外加挂机要局、保密委员会办公室和政府保密局的牌子。撤销联合信访办公室的独立建制，工作职能分别并入县委办公室、政府办公室）。（2）县委组织部。（3）县委离退休干部局（撤销老干部局、退休干部局，合并组建为离退休干部局）。（4）县委宣传部（含精神文明建设指导和对外宣传工作，与人武部共同承担国防教育工作）。（5）县委统战部（撤销对台办公室的独立建制，工作职能并入统战部，对外加挂县委台湾工作办公室和政府台湾事务办公室牌子）。（6）县委政法委员会（社会治安综合治理委员会办公室与政法委员会合署办公）。（7）县纪律检查委员会。（8）县委直属机关党委，共8个机构。县人民政府工作部门为：（1）政府办公室〔撤销经济体制改革委员会、外事办、侨务办、旅游局（旅游局改为科级事业单位）的独立建制，工作职能并入政府办公室。法治工作仍由政府办承担〕。(2) 计划与经济贸易局（撤销计划委员会、经济委员会。经济作办公室的独立建制，合并组建为计划与经济贸易局。撤销商业局、物资局、轻工局的行政序列建制，其行政职能并入计划与经济贸易局，分别改建为企业公司。改建的公司，应加快向企业经济实体过渡的步伐）。(3) 粮食局（与粮油贸易总公司实行两块牌子、一套人员）。(4) 农业局（含扶贫开发工作）。撤销农村经济委员会、农业局、农田基本建设办公室，合并组建为农业局。撤销畜牧局、农机局的行政序列建制，分别改建为畜牧、农机技术开发服务中心，其行政职能并入农业局。改建的技术服务中心，必须以社会效益为主，并积极稳妥地逐步过渡为经费自理的事业实体。(5) 林业局（含绿化和护林防火工作）。(6) 水利局（含地方电力和防汛抗旱工作，将水利电力局更名为水利局）。(7) 教育与科学技术局（含成教、职教工作。撤销教育局、科学技术委员会的独立建制，合并组建为教育与科学技术局）。(8) 统计局。(9) 民政局（含军供支前工作）。(10) 审计局。(11) 财政局（含国有资产管理工作）。(12) 交通局（含战备支前运输工作）。(13) 卫生局（含爱国卫生工作）。(14) 公安局（含国家安全工作）。(15) 司法局。(16) 工商行政管理局（撤销工商行政管理局、物价局、技术监督局的独立建制，合并组建为工商行政管理局，对外加挂技术监督局牌子。(17) 国土资源管理局（含移民工作）撤销土地管理局，改建为国土资管理局，对外加挂环境保护局、矿产资源管理局的牌子。(18) 建设局（含房改、人防工作）撤销城乡建设环境保护局的独立建制，改建为建设局。(19) 计划生育局。将计划生育委员会更名为计划生育局。(20) 人事劳动局（含安全、科干工作）。将劳动人事局更名为人事劳动局。机构编制委员会办公室列入党委系列，为科级建制。(21) 文体广播电视局。撤销体育运动委员会、广播电视局、文化局的独立建制，合并组建文体广播电视局。(22) 民族事务局。将民族事务委员会更名为民族事务局。(23) 乡镇企业局。(24) 监察局（与纪委机关合署，实行一套工作机构，两个机关名称的体制，不占政府机构限额）。共 24 个机构。随后，因省州政策有变，县计划局与县经贸局单独分设，县教育局与县科技局单独分设。按照宪法和有关规定设置的组织机构有：(1) 人大常委会（根据中发〔1993〕7 号文件精神，人大常委会的机构改革，按照全国人大报经党中央批准的改革方案执行）。(2) 政协委员会（根据中发〔1993〕7 号文件精神，政协委员会机构改革，按照全国政协报经党中央批准的改革方案执行）。(3) 人民检察院。(4) 人民法院。(5) 人民武装部。群团组织机构设置，共有 7 个：(1) 总工会。(2) 团县委。(3) 妇女联合会。(4) 工商业联合会。(5) 科学技术协会。(6) 老龄委员会。(7) 残疾人联合会。

1994 年在中央和省机构编制委员会尚未核定下达县级机关人员编制总额之前，县级机构的行政编制暂按 450 名进行控制（不含公检法司、人民武装的编制）。县委机关、政府机关、其他机关之间的人员编制分配比例为 17：74：9。

2001 年党政机构改革　2001 年机构改革从 2001 年 10 月开始到 2002 年 1 月结束，历时 3 个月。这次机构改革经调整、精简、合并后，机构设置为：党委机构共设置 8 个：(1) 纪律检查委员会机关（监察局与其合署办公，实行一套工作机构、两个机关名称的体制）。(2) 县委办公室〔含政策研究工作，机要局（密码工作领导小组办公室）、保密委员会办公室（保密局）分别为副科级机构〕。(3) 组织部（保留离退休干部工作局，归口组织部管理）。(4) 宣传部（精神文明建设指导委员会办公室设在宣传部）。(5) 统一战线工作部（含对台工作）。(6) 政法委员会（社会治安综合治理委员会办公室与其合署办公，一个机构两块牌子；维护社会稳定领导小组办公室设在政法委，为正科级机构）。(7) 机构编制委员会办公室。(8) 直属机关党委。政府工作部门共设置 27 个：(1) 政府办公室（含外事、侨务、人防、信访和经济改革调研等工作；法制办公室设在政府办公室）。(2) 发展计划局（含招商引资和外协。挂招商引资局牌子）。(3) 经济贸易局（含非国有经济管理和安全生产管理）。(4) 教育局。(5) 科学技术局。(6) 民族宗教事务局。(7) 公安局

（含国家安全工作）。（8）监察局（与纪律机关合署办公）。（9）民政局（老龄工作委员会办公室设在民政局）。（10）司法局。（11）财政局（含国有资产管理工作）。（12）人事劳动和社会保障局。（13）国土资源局。（14）建设局。（15）交通局（含战备支前运输工作）。（16）水利局（含小水电建设和防汛抗旱工作）。（17）农业局（含农机工作）。（18）林业局。（19）环境保护局。（20）卫生局（含爱国卫生工作）。（21）计划生育局。（22）审计局。（23）统计局。（24）粮食局。（25）乡镇企业局（加挂煤炭工业管理局牌子）。（26）文体广播电视局。（27）物价局（物价所与其合署办公，一个机构两块牌子，不占政府机构限额）。政府议事协调机构的常设办事机构 2 个：（1）农业办公室。（2）扶贫开发办公室。受政府委托行使部分行政管理职能的事业单位 4 个：（1）畜牧事业管理局。（2）旅游事业管理局。（3）档案局（与档案馆实行局馆合一体制，一个机构两块牌子）。（4）供销合作社联合社。县人大机关、政协机关、法院、检察院和群团机关的机构改革：（1）人大机关机构设置 6 个：①办公室；②代表工作委员会；③科教文卫工作委员会；④民族宗教侨务委员会；⑤内务司法委员会；⑥农村经济工作委员会。（2）政协机关机构设置 6 个：①办公室；②提案法制委员会；③经济科技委员会；④教卫文体委员会；⑤学习文史委员会；⑥社会联谊委员会。县智力支边办公室挂靠县政协，为科级事业单位。（3）群团机关机构设置 7 个：①县工商业联合会（商会）；②县总工会；③团县委；④县妇女联合会；⑤县残疾人联合会；⑥县科学技术协会；⑦县文学艺术界联合会。（4）县人民法院内设科室为：①办公室（政研室）；②政工科（监察室）；③立案庭；④刑事审判庭；⑤民一庭；⑥民二庭；⑦行政审判庭；⑧审判监督庭（监察室）；⑨执行工作局（执行庭）；⑩书记官室；⑪法警大队；⑫人民法庭（设都江、普安、大河、中和、周覃 5 个基层人民法庭）。（5）县人民检察院内设科室有：①办公室；②政工科；③侦查监督科；④公诉科；⑤反贪污贿赂局；⑥渎职侵权检察科；⑦监所检察科；⑧民事行政检察科；⑨控告申诉检察科。

这次机构改革，县级党政机关行政编制从 1994 年 424 名，按 27% 比例精减，减为 310 名，减少 114 名。上划县药监局行政编制 2 名，党政机关精减和上划行政编制后实有行政编制 308 名。按规定核定机关工勤人员事业编制 49 名。结合有关部门的特殊性部分政府直属事业单位和部分群团组织，使用其他事业编制 55 名。公、检、法、司专项编制 250 名。县党政机关符合竞争上岗的有 39 个进行了竞争上岗，批准 220 人提前退休，批准改任非领导职务 9 人，并清退了部分机关临时聘用人员。

2004 年政府机构改革　2004 年政府机构改革仅限于县人民政府机构的改革，党委部门和乡镇不进行机构改革。改革时间从 2004 年 5 月开始到 8 月结束，历时 3 个月。

机构调整和职能整合：（1）保留县经济贸易局，仍为县政府工作部门。（2）县人民政府不单独设立国有资产监督管理机构。国有资产监督管理的相应职责仍由县财政局承担。（3）将县发展计划局改组为县发展和改革局。县发展和改革局为综合研究拟定经济和社会发展政策，指导宏观经济体制改革的政府工作部门。（4）在县安全生产委员会办公室的基础上，组建县安全生产监督管理局，为县人民政府委托行使安全生产监督管理职能的直属事业单位，正科级规格，其人员列入参照试行国家公务员制度范围。（5）将县计划生育局更名为县人口和计划生育局，仍为县政府工作部门。（6）县人民政府的其他机构维持不变。

经调整和完善，县人民政府工作部门共 27 个，议事协调机构的常设办事机构 2 个，受政府委托行使部分行政管理职能的直属事业单位 5 个。县人民政府工作部门：（1）县人民政府办公室（含国防教育、外事、侨务、人防、信访等工作；县法制办公室设在县政府办公室）。（2）县发展和改革局（含招商引资和外协工作，挂县招商引资局牌子）。（3）县经济贸易局（含非国有经济管理工作，挂经济发展促进局牌子）。（4）县教育局。（5）县科学技术局。（6）县民族宗教事务局。（7）县公安局（含国家安全工作）。（8）县监察局（与县纪委机关合署办公，不占政府机构限额）。

(9) 县民政局。(10) 县司法局。(11) 县财政局(含国有资产管理工作)。(12) 县人事劳动和社会保障局。(13) 县国土资源局。(14) 县建设局。(15) 县交通局(含战备支前运输工作)。(16) 县水利局(含小水电建设和防汛抗旱工作)。(17) 县农业局(含农机工作)。(18) 县林业局。(19) 县环境保护局。(20) 县卫生局(含爱国卫生工作)。(21) 县人口和计划生育局。(22) 县审计局。(23) 县统计局。(24) 县粮食局。(25) 县乡镇企业局(加挂县煤炭工业管理局牌子)。(26) 县文体广播电视局(挂县新闻出版、版权局牌子)。(27) 县物价局(县物价检查所与其合署办公,一个机构,两块牌子,不占政府机构限额)。议事协调机构的常设办事机构为2个:(1) 县农业办公室。(2) 县扶贫开发办公室(农业综合开发办公室)。受政府委托行使部分行政管理职能的事业单位为6个:(1) 县档案局(与档案馆实行局馆合一体制,一个机构,两块牌子)。(2) 县旅游事业管理局。(3) 县畜牧事业管理局。(4) 县供销合作社联合社。(5) 县安全生产监督管理局。随后,县招商引资局从县发展和改革局中分离出来单独设置,为县政府正科级直属事业单位,县政府直属事业单位由原来5个增加到6个。

这次机构改革,除了县安全生产监督局和招商引资局另外使用参照公务员管理事业编制外,政府工作部门原行政编制不变,仍维持2001年机构改革的行政编制。

2006年9月,按照“并一设一”原则,在机构总数不变的情况下,经请示州批准,将县乡镇企业局并入县经济贸易局(机构名称为县经济贸易局,加挂乡镇企业局牌子),组建县城镇公用事业管理局,为县人民政府工作部门,其职能从县建设局划转。

2010年政府机构改革 2010年政府机构改革仅限于县人民政府机构的改革,县级党群部门和乡镇不进行机构改革。政府机构改革从2009年开始,2012年4月印发县直政府各部门三定规定,正式组织实施。

调整的机构:(1) 组建县发展和改革局(含投资促进局)。将县科学技术局、物价局、招商引资局、粮食局行政管理职责整合划入县发展和改革局。不再保留县科学技术局、物价局、招商引资局、粮食局。(2) 组建县农村工作局(含县扶贫开发办)。将县农业局、农业办公室、畜牧事业管理局、农业机械技术服务中心、农业区划办公室的行政管理职责和县经济贸易局(乡镇企业局、煤炭工业管理局)中的农产品行政管理职责,整合划入县农村工作局。不再保留县农业局、农业办公室、畜牧事业管理局、农机中心、农业区划办公室。(3) 组建县文体广电旅游局,加挂县新闻出版局(版权局)牌子。将县文体广播电视局、旅游事业管理局的职责,整合划入县文体广电旅游局。不再保留县文体广播电视局、旅游事业管理局。(4) 组建县卫生和食品药品监督管理局。将卫生局、省以下垂直管理的县食品药品监督管理局的职责整合,划入县卫生和食品药品监督管理局。不再保留县卫生局、省以下垂直管理的县食品药品监督管理局。(5) 组建县交通运输局。将县交通局的职责与县城镇公用事业管理局中的指导和管理城市客运的职责,整合划入县交通运输局。不再保留县交通局。(6) 组建县住房和城乡建设局。将县建设局、城镇公用事业管理局(除指导和管理城镇客运职责以外)、住房制度改革领导小组办公室职责,整合划入县住房和城乡建设局。不再保留县建设局、城镇公用事业管理局、住房制度改革领导小组办公室。(7) 组建县安全生产监督管理局。将县安全生产监督管理局由政府直属机构调整为政府工作部门。(8) 组建县工业和信息化局。将县经济贸易局(乡镇企业局、煤炭工业管理局)职责(除农产品行政管理职责以外),整合划入县工业和信息局。不再保留县经济贸易局(乡镇企业局、煤炭工业管理局)。(9) 县农业综合开发办公室职能划转。将县农业综合开发办公室职能划入县财政局,不再保留县农业综合开发办公室。

清理归并承担行政职能的事业单位后,设立的县人民政府直属事业机构:(1) 组建县档案史志局(含县党史研究室),为政府直属事业单位。将县档案局(档案馆)、史志办公室的职能整合划入县档案史志局。不再保留档案局(档案馆)、史志办公室。(2) 组建县水利水电工程移民局,为政府直属事业单位。

保留县供销合作社联合社，为县人民政府管理的全县供销合作社的联合组织。

对原现有议事协调机构进行清理，县政府不在设议事协调机构的办事机构。

县政府机构改革经过调整后，设置政府工作部门为23个。其为：县政府办公室、县发展和改革局、县教育局、县工业和信息化局、县民族宗教事务局、县公安局、县监察局（与县纪委机关合署办公，不计入县人民政府机构个数）、县民政局（含县老龄委员会办公室）、县司法局、县财政局、县人力资源和社会保障局、县国土资源局、县环境保护局、县住房和城乡建设局、县交通运输局、县农村工作局（县扶贫开发办）、县水利局、县文体广电旅游局（加挂县新闻出版局、版权局牌子）、县卫生和食品药品监督管理局、县人口和计划生育局、县审计局、县林业局、县安全生产监督管理局、县统计局。

（二）乡镇机构改革

1991年乡镇“建并撤”工作　1991年，全县由1984年划定的行政区域设置的7个区公所、1个区级镇人民政府和33个乡、4个乡级镇改为7镇14个乡，共21个乡镇。撤销的区为：三合区、普安区、大河区、中和区、周覃区、九阡区、都江区。撤销的乡镇及合并为：（1）撤销三合乡、尧麓乡、苗龙乡、三合镇，合并建立三合镇（科局级）。三合镇人民政府驻地设在三合，辖原三合乡的4个村委会，原尧麓乡的8个村委会，原苗龙乡的8个村委会，原三合镇的4个居委会、3个村委会。（2）撤销普安镇、阳基乡，合并建立普安镇（科局级）。普安镇人民政府驻地设在普安，辖原普安镇的10个村委会，原阳基乡的9个村委会。（3）撤销大河镇、丰乐乡、尧吕乡，合并建立大河镇（科局级）。大河镇人民政府驻地设在大河，辖原大河镇的7个村委会，原丰乐乡拉江、民主2个村委会，原尧吕乡的苗草1个村委会。（4）撤销中和乡、水龙乡，合并建立中和镇（科局级）。中和镇人民政府驻地设在中和，辖原中和乡的10个村委员会，原水龙乡的西洋1个村委会。（5）撤销九阡乡、水各乡、板甲乡，合并建立九阡镇（科局级）。九阡镇人民政府驻地设在九阡，辖原九阡乡的7个村委会，原水各乡的3个村委会，原板甲乡的2个村委会。（6）撤销周覃镇、水各乡，合并建立周覃镇（科局级）。周覃镇人民政府驻地设在周覃，辖原周覃镇的12个村委会，原水东乡的新各、板引、板党、水蒙、的查5个村委会。（7）撤销甲雄乡、上江镇，合并建立都江镇（科局级）。都江镇人民政府驻地设在都江，辖原甲雄乡的4个村委会，原上江镇的10个村委会。（8）撤销交梨乡、高硐乡，合并建立交梨乡（科局级）。交梨乡人民政府驻地设在交梨，辖原交梨乡的7个村委会，原高硐乡的8个村委会。（9）撤销丰乐乡、河坪乡，合并建立丰乐乡（科局级）。丰乐乡人民政府驻地设在丰乐，辖原丰乐乡的交同、交然、巴若、巴线、沃屯、平寨、马场、新江、鼠场、巴村、尧基、蕊抹、冗京、新立14个村委会，原河坪乡的8个村委会。（10）撤销烂土乡、巴佑乡、尧吕乡，合并建立烂土乡（科局级）。烂土乡人民政府驻地设在烂土，辖原烂土乡的6个村委会，原巴佑乡的11个村委会，原尧吕乡的尧吕、甲倒、石奇3个村委会。（11）撤销水龙乡、地祥乡，合并建立水龙乡（科局级）。水龙乡人民政府驻地设在水龙，辖原水龙乡的拉佑、独寨、马联、水龙4个村委会，原地祥乡的5个村委会。（12）撤销塘州乡、安塘乡，合并建立塘州乡（科局级）。塘州乡人民政府驻地设在塘州，辖原塘州乡的13个村委会，原安塘乡的5个村委会。（13）撤销廷牌乡、阳安乡，合并建立廷牌乡（科局级）。廷牌乡人民政府驻地设在廷牌，辖原廷牌乡的11个村委会，原阳安乡的9个村委会。（14）撤销恒丰乡、和勇乡，合并建立恒丰乡（科局级）。恒丰乡人民政府驻地设在恒丰，辖原恒丰乡的4个村委会，原和勇乡的4个村委会。（15）撤销三洞乡、水东乡，合并建立三洞乡（科局级）。三洞乡人民政府驻地设在三洞，辖原三洞乡的16个村委会，原水龙乡的群力1个村委会。（16）撤销打鱼乡、盖赖乡，合并建立打鱼乡（科局级）。打鱼乡人民政府驻地设在打鱼，辖原打鱼乡的6个村委会，原盖赖乡的4个村委会。保留的乡为：坝街乡、羊福乡、拉揽乡、扬拱乡，规格升为科局级，其行政区域和乡人民政府驻地不变。此次建并撤后，总编数为485人，实有475人，全县21个乡镇不设内设行政机构，只配备专职人员，党委设有秘书、组织、宣传、青年、妇女、纪检、人大、武装专职人员；政府设有秘书、民政统计、司法和综治、乡企、炊事等专职人员，由各乡镇根据实际情况设定。21 个乡镇党委、政府共使用行政编制 485 名，具体如表 4-2。

三都水族自治县 1991 年乡镇机构编制一览表

表 4-2　　单位：名

序号	乡镇名	编制数	序号	乡镇名	编制数
1	三合镇	32	12	打鱼乡	22
2	大河镇	20	13	坝街乡	20
3	普安镇	27	14	羊福乡	16
4	都江镇	27	15	巫不乡	16
5	中和镇	20	16	塘州乡	25
6	周覃镇	26	17	水龙乡	21
7	九阡镇	29	18	廷牌乡	26
8	拉揽乡	16	19	三洞乡	25
9	丰乐乡	27	20	恒丰乡	20
10	烂土乡	27	21	扬拱乡	17
11	交梨乡	26		合计	485

建并撤后，分配延伸到乡镇的机构有：公安派出所、粮管所、牧医站、农经站、供销社、土管所、计生站、水利站、卫生院、财政所、税务所（征收组）、广播（电视）站、林业站、教育辅导站、文化站、乡企管理站，以及 10 个乡镇村镇建设管理所、16 个乡镇工商所和 14 个农机站。

1997 年乡镇机构改革　1997 年乡镇机构改革主要内容是围绕转变职能、理顺关系、划分类别、内设机构和人员编制。

在转变职能方面，乡镇党委要加强基层政权和基层组织建设，充分发挥党委核心领导作用；乡镇政府要适应社会主义市场经济体制要求为目标，按照“小政府、大社会”的管理体制和政企职责分开及精干高效的原则转变职能，不设“小而全”的行政管理机构。在理顺关系方面，设在乡镇的农技、畜牧、林业、水利、农机、乡企管理、文化广播电视、国土管理、司法、卫生、计划生育、地税、财政、村镇建设等事业机构和人员，由乡镇与县业务主管部门双重领导，原则上以乡镇管理为主；设在乡镇的公安派出所、工商所、教育辅导站等的机构和人员，由乡镇和县业务主管部门双重领导，原则上以业务主管部门管理为主；设在乡镇的农行营业所（信用社）、邮电所等垂直管理机构，要接受乡镇党委和政府的领导监督，其领导干部的任免、调动、奖惩等情况，要征求乡镇的意见，党的关系由乡镇党委统一管理。类别划分和内设机构，结合县乡镇实际情况，进行类别划分及机构设置，其类别划分如下：三合镇、大河镇、中和镇、普安镇、都江镇、周覃镇、九阡镇、丰乐乡、交梨乡、打鱼乡、塘州乡、廷牌乡、烂土乡、坝街乡、水龙乡、三洞乡为二类；巫不乡、扬拱乡、拉揽乡、羊福乡、恒丰乡为三类。二类乡镇机构设置：（1）党的工作机构设置：纪律检查委员会机关与监察室合署办公，一个机构两块牌子。其党委内设为：①党政办公室（既是党委的机构，又是政府的机构，承担经济、计划统计、村镇建设、文秘、档案、组织、宣传、统战、机关工会、人事劳动、信访等工作）；政府的有关财经工作也可委托财政所负责协调和管理，村镇建设工作，也可委托村镇建设管理所负责管理。②政法委与社会治安综合治理办公室合署办公，一个机构两块牌子。③人民武装部（不占机构限额）。（2）政府工作机构设置：①农村经济发展办公室（承担扶贫项目开发和实施乡镇企业、城镇建设、教育、科技、卫生、文化、体育、广播电视等工作）。

②民政福利股更名为民政办公室（承担民政、民族、宗教、老龄、残疾人等工作）。③计划生育股更名为计划生育办公室（承担计划生育和人口管理工作）。(3) 人大主席团。(4) 群团组织机构设置：①共青团。②妇女联合会。三类乡镇机构设置：(1) 党的工作机构 1 个（纪律检查委员会机关与监察室合署办公，一个机构两块牌子）。其党委工作机构内设置为：①党政办公室（既是党委的机构，又是政府的机构，承担经济、计划统计、村镇建设、文秘、档案、组织、宣传、统战、机关工会、人事劳动、信访等工作）；政府的有关财经工作，也可委托财政所负责协调和管理；村镇建设工作，也可委托村镇建设管理所负责管理。②政法委与社会治安综合治理办公室合署办公，一个机构两块牌子。③人民武装部（不占机构限额）。(2) 政府工作机构设置（不设机构，只配备专职民政、生产、科教文卫、计划生育等助理员）。(3) 人大主席团。(4) 群团组织机构设置为：①共青团。②妇女联合会。人员编制：行政编制的核定在州下达 565 名内按各乡镇行政区域内村委会的个数、人口数及面积综合考虑，核定编制如表 4-3。

三都水族自治县 1997 年乡镇机构编制一览表

表 4-3　　　　单位：名

序号	乡镇名	编制数	序号	乡镇名	编制数
1	三合镇	32	12	廷牌乡	28
2	普安镇	28	13	烂土乡	28
3	周覃镇	27	14	坝街乡	23
4	大河镇	23	15	水龙乡	23
5	都江镇	27	16	三洞乡	27
6	九阡镇	30	17	巫不乡	16
7	中和镇	22	18	扬拱乡	16
8	丰乐镇	27	19	拉揽乡	16
9	交梨乡	27	20	羊福乡	17
10	打鱼乡	25	21	恒丰乡	20
11	塘州乡	26		合计	508

以上行政编制，不包括公安派出所、法庭和工商所，税务所单列的编制。领导职数：(1) 二类乡镇党委设书记 1 人，副书记 2 人（其中 1 人兼乡镇长），政府设乡镇长 1 人（兼副书记），副乡镇长 2~3 人。三类乡镇党委设书记 1 人，副书记 2 人（其中 1 人兼乡镇长），政府设乡镇长 1 人（兼副书记），副乡镇长 1~2 人。(2) 二类乡镇党政部门设正副职各 1 人；三类乡镇党政部门设正职或副职 1 人（党政办公室增配副职 1 人）。

2001 年乡镇机构改革　2001 年乡镇机构改革主要围绕党委部门保持现有格局、转变职能、理顺关系、调整内设机构、精简机构和人员编制。

党委部门保持格局方面：重点精减人员编制。转变职能方面：乡镇机构改革重点是精简内设机构和人员编制，合并分工过细、职能交叉重复的机构，要按照政企、政事、政社分开的原则，切实把政府职能转向服务与协调，加强基层政权建设，把乡镇政府建设成为密切联系群众、全心全意为人民服务，有活力、有权威、高效率的基层政权组织，要进一步推动农业社会服务体系的发展与完善，为乡镇的发展创造条件，要加强农村社会主义民主政治建设和法治建设，依法行政、规范管理。理顺关系方面：进一步理顺党政部门之间的关系，划清职责范围，明确管理权限。进一步理顺县乡镇关系，县直部门应将适于乡镇的职责权限下放给乡镇，将设在乡镇的财政、农业、水产、畜牧、水利、乡镇企业管理、文化、广播电视、计划生育服务站等事业单位机构和人员交由乡镇领导，业务上接受县主管部门指导；公安、司法、土管、教育、卫生、林业等机构和人员由乡镇与县直主管部门双重领导，以县直主管部门管理为主。农机站等单位机构人员交由县农机服务中心统筹管理。通过理顺关系，加强基层政权建设和基础工作，完善乡镇政府功能。将乡镇农技站、农经站合并为农业技术推广服务站，畜牧兽医站、水产站合并为畜牧兽医防治服务站，文化站、广播站合并为文化广播服务站。不再保留乡镇企业管理站和村管所，其职能交给乡镇政府的经济发展办公室，不再保留科协、残联，其职能交给社会事务办公室。

精简和调整内设机构：将乡镇政府民政办公室更名为社会事务办公室，将农村经济发展办公室更名为经济发展办公室，保留计划生育办公室，在三合镇、周覃镇设立城镇管理办公室。党委办公室作为党委机构外，党的机构设置保持现有基本格局不变，政府机构一般只设 3 个，规模较大的乡镇可设 4 个。贫困边远较小的地方，机构设置要更少些，或只确定必要的助理员。调整和精简后党委政府机构设置为：(1) 党委：纪律检查委员会（监察室与其合署办公，实行一套工作机构、两个机关名称的体制）；党政办公室（承担文秘、档案、组织、宣传、统战、工会、人事劳动、信访、计划统计等工作）；政法委员会（与社会治安综合治理办公室合署办公，一个机构两块牌子）；人民武装部。(2) 政府：社会事务办公室（承担民政、文教、卫生、科技、体育、广播电视、民族、宗教、老龄、残联等工作）；计划生育办公室（承担计划生育与人口管理工作）；经济发展办公室（承担经济发展的协调服务和村镇建设等工作，乡镇不再设置村镇管理等事业所）；城镇管理办公室（三合镇、周覃镇设置）。(3) 乡镇所属部门：财政所、农业技术推广服务站、畜牧兽医防治服务站、水利管理站、国土所、林业站、文化广播服务中心、计划生育技术服务站、卫生院、教育辅导站。(4) 人大、政协和群团：按照中央、省的要求和州委的部署与党政机关机构改革同步进行，具体分别按照省委印发的《中共贵州省委关于全省各级人大机关、政协机关机构改革的实施意见》（黔党发〔2001〕13 号）、《中共贵州省委办公厅关于印发〈贵州省各级群众团体机关机构改革实施意见〉的通知》（黔党办发〔2001〕16 号）等文件组织实施。精简行政编制。根据全省县乡机构改革工作会议确定，乡镇机关按行政编制总数 16% 的比例精简，乡镇事业单位机构改革要压缩财政供养人员 20%，减轻财政负担。各乡镇行政编制为：三合镇 28 名、大河镇 23 名、普安镇 24 名、周覃镇 24 名、九阡镇 25 名、中和镇 22 名，丰乐镇 25 名、合江镇 24 名、都江镇 25 名、廷牌镇 25 名、交梨乡 23 名、打鱼乡 22 名、塘州乡 24 名、水龙乡 21 名、三洞乡 24 名、坝街乡 21 名、拉揽乡 17 名、扬拱乡 17 名、恒丰乡 20 名、羊福乡 17 名、巫不乡 17 名。领导班子和各部门的职数配备：乡镇党委设书记 1 名，副书记 2~3 名（其中 1 名兼乡镇长）；政府设乡镇长 1 名，副乡镇长 2~3 名。乡镇党政部门设正副职 1~2 名；党政办公室可增配副职 1 名。乡镇非班子领导职务职数及条件按照省发〔1998〕28 号文件执行。机构改革后，不再担任乡镇党委书记、副书记、乡镇长、副乡镇长的，可以改任主任科员或副主任科员职务。

同年 10 月和 11 月，烂土乡和丰乐乡升格为镇，并更名为合江镇和丰乐镇。全县乡镇机构从原来的 8 镇 13 乡变为 10 镇 11 乡。合江、丰乐升格为镇后，其所辖范围、下设机构和编制不变。

2006 年乡镇分类情况　2006 年机构改革主要是转变政府职能，整合事业站所，精简机构和人员，提高社会管理和机构改革中的人员定岗分流工作，对 21 个乡镇类别和领导职数重新进行审定。

乡镇类别分类：根据 21 个乡镇 2005 年度的人口、总户数、工农业总产值、土地面积、总指数，进行重新分类测算核定，一类乡镇 6 个：三合镇、九阡镇、合江镇、丰乐镇、都江镇、周覃镇。二类乡镇 14 个：普安镇、中和镇、大河镇、廷牌镇、交梨乡、打鱼乡、塘州乡、水龙乡、坝街乡、恒丰乡、拉揽乡、巫不乡、羊福乡、三洞乡。领导职数设置：一类乡镇设领导职数 9 名，其中：党委书记 1 名（同时担任乡镇人大主席），乡镇长 1 名，党委副书记 2 名（其中：1 名同时担任乡镇长，1 名同时担任纪委书记），副乡镇长 3 名，人民武装部部长 1 名，政法委书记 1 名，人大专职副主席 1 名。二类乡镇设领导职数 8 名，其中：党委书记 1 名（同时担任乡镇人大主席），乡镇长1名，党委副书记2名（其中：1名同时担任乡镇长，1名同时担任纪委书记），副乡镇长2名，人民武装部部长1名，政法委书记1名，人大专职副主席1名。

2011年乡镇机构改革　2011年乡镇机构改革以转变政府职能为核心，理顺权责关系，创新体制机制，优化机构和岗位设置，严格控制人员编制。

着力推进职能转变主要围绕以下四方面：一是促进经济发展，增加农民收入。二是强化公共服务，着力改善民生。三是加强社会管理，维护农村稳定。四是推进基层民主，促进农村和谐。

理顺县乡关系：按照加强基层政权建设的要求和权责一致的原则，理顺县乡权责关系。对经济发展快、人口吸纳能力强的小城镇，依法赋予相应行政管理权限，严格控制对乡镇党政的“一票否决”事项，坚决清理和规范各种评比达标表彰活动。

机构调整和设置：乡镇党委机构设置除三合镇设置6个以外，其他20个乡镇设为5个。三合镇设置为：党政办公室、社会事务办公室、经济发展办公室、人口和计划生育办公室、社会治安综合治理办公室、规划建设环保办公室。20个乡镇设置为：党政办公室、社会事务办公室、经济发展办公室（加挂规划建设环保办公室牌子）、人口和计划生育办公室、社会治安综合治理办公室。

乡镇人民代表大会、纪委（监察）、政法委、人民武装部、工会、共青团、妇联等组织按有关法律、章程和规定分别设置并挂牌子，不设专门的办事机构，上述组织除政法委日常工作由社会治安综合治理办公室承担外，其他组织日常工作职责都由党政办事机构承担。

21个乡镇的事业机构调整均设置为9个：（1）农业服务中心（农业技术综合服务中心、畜牧兽医站）。将农业技术服务中心、畜牧兽医（水产）站、农业技术推广站、农机服务站、扶贫工作站、乡镇企业站职责整合，划入乡镇农业服务中心。不再保留农业技术服务中心、畜牧兽医（水产）站、农业技术推广站、农机服务站、扶贫工作站、乡镇企业管理站。（2）人力资源和社会保障服务中心。新农村合作医疗管理办公室和劳动保障事务职责整合，划入人力资源和社会保障事务所机构。（3）村镇建设服务中心。将村镇建设管理所职责划入村镇建设服务中心，不再保留村镇建设管理所。（4）安全生产监督管理站。乡镇安全生产监督管理站的监督管理职责由人民政府授权履行。（5）科技宣教文化信息服务中心。将文化广电体育服务中心更名为科技宣教文化信息服务中心，不再保留文化广电体育服务中心。（6）人口和计划生育服务站。将计划生育服务站更名为人口和计划生育服务站，不再保留计划生育服务站。（7）水利站。（8）财政所。（9）林业站。

法律法规明确上级政府部门设在乡镇的机构：公安派出所；司法所；人民法庭（由县人民法院按有关规定确定）；工商行政管理所（按片区设置）；地方税务所（按片区设置）；国土资源管理所；中小学校（按有关规定设置）；卫生院，除三合镇疾控基妇站并入三合镇卫生院服务中心外，其他20个乡镇疾控基妇站并入乡镇卫生院，不再保留乡镇疾控基妇站机构。

人员编制和领导职数的设定：乡镇的行政编制和事业编制按照现有编制严格控制，同一层级，在规定的编制限额内，对乡镇编制实行动态管理，严格控制行政编制跨层调整，跨层级调整行政编制的严格按程序报批。全县乡镇党政领导职数根据黔组发〔2010〕2号文件精神共设189名。分三类设置：一类为三合、九阡、都江、周覃、合江、丰乐镇6个镇分别设置为10名。其为党委书记1名，人大主席1名，镇长（党委副书记）1名，党委副书记1名，纪委书记1名，政法委书记1名，副镇长4名（其中1名任人武部部长）。二类为大河、普安、交梨、打鱼、坝街、中和、三洞、廷牌、塘州9个乡镇，分别设置9名：党委书记1名，人大主席1名，乡镇长（党委副书记）1名，党委副书记1名，纪委书记1名，政法委书记1名，副乡镇长3名（其中1名任人武部部长）。三类为水龙、恒丰、扬拱、拉揽、羊福5个乡，分别设8名：党委书记1名，人大主席1名，乡长（党委副书记）1名，党委副书记1名，纪委书记1名，副乡长3名（其中1名任政法委书记，1名任人武部部长）。乡镇各办事机构领导职数党政办设主任1名、副主任1名。其他办事机构领导职数设主任或副主任1名。

三都水族自治县 2011 年乡镇机构编制一览表

表 4-4 单位：名

序号	乡镇名称	党政机关编制		乡镇管理的事业单位编制								县直部门设在乡镇的事业单位编制		事业编制合计
		行政	工勤	农业服务中心	水利站	科技宣教文化信息服务中心	人力资源和社会保障服务中心	人口和计生服务站	村镇建设服务中心	林业站	财政所	安全生产监督管理站	国土所	卫生院	
1	三合镇	29	3	25	3	6	7	8	5	7	7	4	5	25	102
2	普安镇	25	2	20	3	6	7	9	5	5	6	4	3	29	97
3	丰乐镇	25	2	22	3	5	7	9	4	5	6	4	4	22	91
4	大河镇	24	2	17	3	6	6	6	4	5	5	4	3	20	79
5	合江镇	24	2	20	3	5	7	6	4	5	6	4	4	20	84
6	中和镇	23	2	16	3	5	6	6	4	5	5	4	2	18	74
7	周覃镇	25	2	20	3	6	7	10	5	6	5	4	4	22	92
8	廷牌镇	25	2	21	3	5	7	9	4	5	6	4	3	25	92
9	九阡镇	26	2	21	3	6	7	7	4	6	6	4	4	30	98
10	都江镇	26	2	17	3	6	7	7	4	7	6	4	4	22	87
11	交梨乡	23	2	20	3	5	6	6	3	5	6	3	4	20	81
12	水龙乡	21	2	17	3	5	5	5	3	5	5	3	3	15	69
13	塘州乡	24	2	21	3	5	6	8	3	5	6	4	3	21	85
14	三洞乡	24	2	19	3	5	6	8	3	5	6	3	3	21	82
15	恒丰乡	20	2	17	3	5	5	6	3	5	5	4	3	15	71
16	坝街乡	21	2	13	3	5	5	5	3	5	5	4	2	15	65
17	巫不乡	17	2	13	3	5	5	5	3	5	5	3	2	15	64
18	羊福乡	17	2	14	3	5	5	5	3	5	5	3	2	15	65
19	打鱼乡	22	2	14	3	5	5	5	3	5	5	3	3	15	66
20	拉揽乡	17	2	13	3	5	5	5	3	5	5	3	2	15	64
21	扬拱乡	17	2	14	3	5	5	5	3	5	5	3	2	15	65
合计		475	43	374	63	111	126	140	76	111	116	76	65	415	1673

第四章　群众团体

1978—2013 年，三都水族自治县各群众团体组织在中共三都水族自治县委的直接领导下，在加强自身建设的同时，以经济建设为中心，认真贯彻党的路线、方针、政策，独立自主地开展各项活动，为推动三都经济社会的发展，发挥了积极的作用。

第一节　县总工会

三都水族自治县工会 1951 年 4 月开始建立，1978 年以前，三都水族自治县工会组织经历了创建、发展、撤销、恢复、消亡、再恢复重新整建等演变历程，直到 1978 年党的十一届三中全会以后，工会组织才基本稳定。1982 年全县工会发展到 106 个，共有职工 3996 人，会员 3206 人。1988 年，全县基层工会发展到 140 个，共有职工 4762 人，会员 4156 人。1990 年全县基层工会发展到 152 个，会员 4788 人，占职工总数的 84%。1991 年以后，不少私企逐渐和机关事业单位通过改革，新增了一些工会组织。2005 年 12 月基层工会发展到 156 个，职工 7558 人，会员 7306 人。2006 年，建立 15 个乡镇卫生院和 1 个农民工搬运行业的工会组织，发展会员 1090 人，当年全县有 172 个基层工会组织，会员 8396 人。2007 年，全县基层工会组织 198 个，会员 9308 人。2008 年，在 21 个乡镇都建立村级工会组织 52 个，并分别对 21 个乡镇补助 500 元作村级工会组织办公经费。2008 年年底，全县基层工会共有 230 个，职工 18980 人，会员 18980 人。截至 2013 年 12 月，全县共有基层工会 313 个，职工 11841 人，会员 11841 人。

一、工会代表大会

工会第四次代表大会　1982 年 9 月 1 日至 5 日，三都水族自治县总工会第四次代表大会在县城召开。出席代表 251 名，代表全县 106 个基层工会组织，3206 名工会会员。大会推选 23 人组成主席团，并通过了大会秘书长、代表资格审查委员会名单。大会听取和审议了县总工会第三届委员会作《工作报告》，通过了《关于县总工会第三届委员会工作报告的决议》。大会选举产生了三都水族自治县总工会第四届执行委员会，选出了执行委员 42 名。在四届一次全委会议上选出常务委员 11 人，主席 1 人，副主席 2 人。

工会第五次代表大会　1988 年 11 月 24 日至 26 日，三都水族自治县工会第五次代表大会在县城召开，出席代表 136 名，代表 140 个基层工会组织 4156 名工会会员。大会推选了由 21 人组成的大会主席团，并通过了大会秘书长和代表资格审查委员会名单。大会听取和审议了县工会第四届委员会作《团结全县广大职工群众，振奋精神、艰苦创业，为振兴三都经济而努力奋斗》的工作报告。大会采用无记名投票的方式和差额选举的办法，选举产生了三都水族自治县工会和五届委员会和经费审查委员会。选出工会委员 19 名，经费审查员 5 名。在五届全委一次会议上选出工会常委委员 7 人，主席 1 人，副主席 2 人。

工会第六次代表大会　1993 年 11 月 17 日至 18 日，三都水族自治县工会第六次代表大会在县城召开，出席代表 112 名，代表全县 109 个基层工会 4315 名会员。大会推选 19 人组成主席团，并通过大会秘书长和代表资格审查委员会名单。大会审议了县总工会五年来的工作报告。会议中通过民主选举，产生了县工会第六届委员会。选出委员 19 人，常务委员 7 人，经费审查委员 5 人，女职工委员会 21 名。

工会第七次代表大会　1999 年 9 月 16 日至 17 日，三都水族自治县工会第七次代表大会在县城召开。到会代表 122 人，代表 120 个基层工会组织，有会员 5106 人。大会选举产生主席团，并通过大会秘书长和代表资格审查委员会名单。审议通过县总工会作五年来的工会工作报告和财务工作报告。最后民主选举产生了三都水族自治县工会第七届委员会。选出委员 19 人，常务委员 7 人，经审委员 5 人，女职工委员会 15 名。

工会第八次代表大会　2005 年 9 月 14 日至 17 日，三都水族自治县工会第八次代表大会在县城召开。参会代表 120 人，代表 150 个基层工会组织，会员 7282 人，大会选举 19 名主席团，并通过大会秘书长和代表资格审查委员会名单。会议通过了第七届委员会的工作报告和财务报告、经审工作报告。同时选举产生了第八届委员会委员 15 名，常委 7 名，经费审查委员 3 名，女职工委员会 7 名，产生了新的工会领导班子。

工会第九次代表大会　2011 年 8 月 18 日，三都水族自治县工会第九次代表在县城召开，到会代表 120 人，代表 255 个基层工会组织，有会员 22959 人，大会选举了主席团并通过大会秘书长和代表资格审查委员会名单，审议通过了县总工会五年来的工作报告和财务工作报告，最后民主选举产生了三都水族自治县第九届委员会委员 17 名，常委 9 名，经审委员 5 人。

二、劳动竞赛

1978 年，全州各县（市）相互间开展了友谊竞赛活动。3 月 20 日，三都水族自治县总工会与荔波县总工会举行了签订友谊竞赛协议仪式，县内许多企业都以普及“大庆式企业”为目标，以优质、高产、低耗、安全为中心内容，开展“比、学、赶、帮、超”的社会主义劳动竞赛。1979 年，各基层工会继续开展以普及“大庆式企业”为目标，以提高经济效益为内容的社会主义劳动竞赛。年底，贵州省物资系统学大庆检查验收现场会在三都召开，三都水族自治县物资供应公司经验收合格，被授予“大庆式企业”称号。至 1981 年，全县 64 个企业，盈利 52 个，占企业总数的 81. 3%。从 1979 年到 1982 年三年中，在普及“大庆式企业”的群众运动中，涌现出先进单位 17 个，先进个人 80 名。1983 年以后，贯彻党的十二大路线和全国工会十大精神，开展“为四化立功”活动，各基层工会围绕着提高经济效益和建设文明单位，开展“创先进、学先进、赶先进”的社会主义劳动竞赛。1983 年至 1984 年，评选表彰了先进单位 25 个，先进个人 358 名。1985 年，开展“双增双节”（增产节约，增收节支）为主要内容的“创先进、学先进、赶先进”的社会主义劳动竞赛。各企业逐步推行企业租赁和企业承包责任制，实行“生产任务、经济效益、考勤、考绩与工资、奖金挂钩”的奖勤罚懒的办法，推动了“双增双节”为内容的社会主义劳动竞赛活动的开展。到 1986 年年底，经县评审小组验收，全县“双增双节”合格的企业有 30 个。1987 年至 1990 年，继续深入开展“双增双节”的竞赛活动。在竞赛中，各企业基层工会发动职工提合理化建议、技术革新、发明创造，促进企业生产、技术设备、新产品开发。四年间，评出先进单位 67 个次，先进个人 229 人次。1991 年至 1994 年，各基层工会主要开展以合理化建议、“双增双节”、技术革新为内容的劳动竞赛，评选出先进集体 18 个次，先进个人 65 人次。

1995 年至 1997 年，开展职业道德建设和争创“文明单位”活动，三年中，评选出先进集体 32 个次，先进个人 55 人次。1999 年，在开展劳动竞赛活动的同时又开展“双文明”建功立业活动。年底，共表彰了“以开展优质服务，奉献社会，促进企业增效，注意经济效益，双增双节，合理化建议”等竞赛活动中涌现出来的 4 个先进集体和 12 个先进个人。2000 年至 2004 年，在开展生产效益和社会效益的竞赛活动中，评出先进集体 154 个次，先进个人 119 人次。2012 年 4 月 24 日，县总工会、县公路管理段、县公路管理所联合开展安全生产、交通备战养护技能迎“五一”大比赛活动。

三、劳动保护和维权

1980年，县各基层工会开始建立劳动保护工作委员会，开展群众性的安全检查活动，协助和监督行政采取措施改善劳动条件。1983年，各基层工会督促和协助行政认真执行政府有关劳动保护的政策法令，坚持“安全第一、预防为主，群防群治、防治结合”的方针，加强劳动保护工作。1986年2月4日，根据黔南州人民政府有关“对工业卫生建档，职工健康建卡”的指示，县总工会配合县经委、县防疫站、县劳动监察站等单位，对全县8个含尘毒的厂矿企业进行尘毒检查。同时对这8个企业接触尘毒的244名职工，体检了234名，并建立了职工健康卡片，建卡率达到96%，达到州“双建”验收合格标准。1986年9月至1987年2月，县总工会配合县城建局和卫生防疫站等部门，对县城自来水站、植物油厂、饲料公司、三都酒厂、民族印刷厂等单位进行环境卫生污染调查，为有关主管部门采取措施，排除工业污染，保护职工安全和身体健康提供依据。1987年3月，有4个企业建立劳动保护监督检查委员会，32个车间劳动监督检查委员会和35个工会小组劳动保护检查员。1994年，县总工会加强《中华人民共和国工会法》和《中华人民共和国劳动法》的宣传教育，以会带训的方式培训了300余名职工。与人事劳动局配合，对企业进行劳动用工制度的检查，对部分企业存在的没有办理劳动合同签订手续和没有办理职工养老保险统筹基金问题的企业，提出限期办理的处理意见。

1996年5月24日，县内成立“三都水族自治县总工会劳动法律监督委员会”，对用人单位执行劳动法律、法规的情况进行监督，对违反劳动法律、法规的情况提出意见并要求改正。年底，各基层工会相应地建立了劳动法律检查小组，对本单位的劳动生产进行监督检查，本年度未发生重大事故。2004年至2006年年末，县总工会配合县安监局对煤矿、道路交通、非煤矿山、危险化学药品、民爆物品和烟花爆竹、建筑施工安全等重点行业和领域进行整顿，检查督促，有效地把安全事故降到最低点。2006年，县总工会与县人事劳动和社会保障局、县建设局、县公安局联合成立“农民工工资支付情况专项检查领导小组”，开展劳动用工大检查，加强依法行使行政职能力度。当年处理农民工投诉被拖欠劳动工资案件39起，为劳动者追回劳动工资46.8万元，涉及劳动者407人次。

2007年，县总工会、县人事劳动和社会保障局、县建设局、县水利局四家单位联合开展建筑行业劳动用工、缴纳务工人员工资保证金、民工工资支付和参加工伤保险等情况检查，对违法违规行为依法给予处理。协助人事劳动和社会保障局接待和处理农民工投诉被拖欠劳动工资33起，追回劳动工资39.76万元，涉及劳动者316人次；协助县安全监督管理局处理安全事故6起，参与劳动仲裁案件5起，为死者家属争取赔偿金80万元。11月8日至12日，县总工会、县纪委、县监察局联合组成厂务公开工作检查组，对全县30家国有企事业单位的厂务、院务、校务公开工作进行全面检查。在检查中，对发现的问题及时纠正，保障职工的知情权、参与权和监督权，发挥工会在维护职工合法权益和企业健康发展的积极作用。同年，县总工会同有关部门，利用赶场天进行《中华人民共和国工会法》《中华人民共和国劳动法》《贵州省工会条例》《工伤保险条例》《女职工劳动保护规定》《农民工维权手册》等法律法规的宣传活动，并将《农民工维权手册》发放到各乡镇工会联合会进行广泛宣传，全年共发放各类法律法规资料3000余份。2008年，县总工会与人事劳动和社会保障局、建设局、水利局深入建筑行业生产基地，开展对建筑行业劳动用工、劳动防护用品进行检查。对不合格的劳动用品予以没收，责令整改，对违反使用童工等情况，依法给予处理。全年共接待来信来访18人次，参与有关部门现场处理安全事故3件，为死者家属争取赔偿金30多万元；参加劳动仲裁案件4次。6月2—4日县总工会、县纪委、监察局联合组成厂务公开工作检查组，对全县32家国有企事业单位的厂务、院务、校务公开工作进行全面检查。在检查中，对发现问题及时进行整改，维护了职工的合法权益。当年，发放各种法律、法规宣传资料6000余份。

2009 年，协同县人事劳动和社会保障局仲裁办开展工伤事故调解工作。3 月 26 日，为厦蓉高速十二标段工地运输事故当事人刘喜定家属维权，收回丧葬补助金和一次性死亡补助金、供养亲属抚恤金 28 万元。6 月 4 日，为当事人——顺源木业有限责任公司工人杨秀林维权，收回伤残、医疗、就业补助金、一次性工伤医疗补助金和伤残就业补助金、务工费、住院伙食补助费、劳动能力鉴定费、交通费、住宿费等合计人民币 25000 元、工伤保险待遇赔偿金 25000 元。7 月上旬，为天勇煤矿“7·3”事故的 3 名遇难农民工和 7 名伤员维权，帮助他们获得 90 多万元的医药费和赔偿金。2012 年共参与贵州源通电力建设公司李治方死亡赔偿纠纷、厦蓉高速工人死亡纠纷、冷水沟小库施工吴桂霞意外死亡纠纷等调解处理，共为职工和农民工争取赔偿金 106 万元。2013 年投入 4 万元编印职工维权手册，分发到农民和职工手中。

四、扶贫帮困“送温暖”活动

党的十一届三中全会以后，县总工会每年从工会经费中抽出部分资金和上级工会及政府补助部分资金来照顾特殊困难群体。从 1981 年至 1990 年的 10 年中，全县共补助困难职工 1994 人次，金额 5.17 万元。

1991 年春节前，县总工会与省州工会领导及县委、县政府领导深入到三都酒厂、农机厂、硫铁矿厂、水各农场等单位慰问，帮助 17 户 70 多人的特困职工过好春节。1992 年春节，县总工会到硫铁矿厂、食品公司、百货公司、民贸公司、农机厂、教育系统等 14 个单位共慰问 180 名特困职工及遗孤，共发放慰问金 0.18 万元。1996 年 1 月，县总工会与县人劳局于春节前抽出部分资金与有关单位领导共同慰问了困难企业的特困职工 127 户，根据不同困难程度分别给予每户 50~300 元不等的补助，共补助 1.225 万元资金。1997 年，成立“送温暖工程基金会”，对 9 个特困企业的 164 户职工，发放帮困资金 0.96 万元。1998 年，对全县所有企业进行摸底调查，尤其糖酒公司 17 名职工和原硫铁矿厂 6 名退休职工联名反映他们退休费问题，通过县总工会、人劳局、经贸委联合向县委、县政府反映，后经县里研究，统一下文，号召全县职工每人捐款 10 元，暂时解决了 191 户困难职工家庭生活。1999 年春节期间，县总工会多方筹集 2.66 万元，会同有关部门的领导分别走访和慰问 26 个企业的 129 户困难职工。

2000 年，对困难企业的 191 户困难职工家庭进行摸底，其中 18 个企业的 181 户特困职工得到资助 5.37 万元。当年全县有下岗职工 464 人，进入“再就业中心”的有 113 人，进入社保的退休人员 665 人。2001 年 1 月 8 日，县总工会会同人劳局下基层走访 24 个困难企业的 80 户特困职工，送去 1.125 万元慰问金。2002 年 1 月 24 日至 2 月 7 日，州总工会和县四大班子领导分别到全县 21 个困难企业 152 户特困职工家庭中走访慰问，共发放慰问金 2.33 万元。2004 年，县总工会分三个等级建立困难职工档案，其中经贸系统 174 人，粮食系统 149 人，林场 80 人，供销系统 174 人，乡镇企业公司 14 人。当年州总工会下拨解困资金 2.3 万元，政府拨 5 万元，其他社会资助 1.69 万元，县总工会 0.3 万元，共计 9.29 万元配套。2005 年，全县共走访 13 个企业 115 户困难职工，发放慰问金 2.945 万元。2006 年 1 月 10 日，州总工会慰问组对三都水族自治县拉揽林场、植物油厂及 4 户困难户进行慰问，发放每个企业困难职工 1000 元。“两节”期间，全县共走访 24 个企业，165 户困难职工，发放慰问金 3.3 万元。8 月，开展“金秋助学”活动，对 9 名考上大学的特困职工子女进行慰问，共发放慰问金 6500 元。2007 年元旦、春节期间，走访慰问 22 个企业，159 户困难职工，发放慰问金 31800 元。对“7·26”洪灾中的受灾职工子女和考上大学的困难职工子女 23 人进行慰问，共发放慰问金 6500 元。2008 年，走访慰问拉揽林场、植物油厂 2 户困难企业，发放企业金 6000 元，走访慰问困难职工 295 户，发放慰问金 59600 元。9 月，慰问 15 名考上重点大学的特困职工子女，放发金秋助学款 12000 元。截至 2008 年 12 月 31 日，县总工会困难职工帮扶中心共慰问职工 171 户，发放慰问金 10 万元。2009 年 2 月 19 日，四家班子领导及有关部门领导组成两个慰问组，慰问职工 255 户，发放慰问金 76500 元。2 月 22 日，州总工会主席一行三人到县粮食购销公司、植物油厂 2 户困难企业进行慰问，共发放慰问金 8400 元。9 月，继续开展“金秋助学”活动，对 74 名特困生发放助学资金 3.04 万元。

2011 年开展“两节”送温暖活动共慰问 26 个企业，困难职工 189 户，发放慰问金 7.56 万元；金秋助学共资助 30 名特困职工子女上学共计 1.5 万元；走访慰问 25 名单亲困难女职工资金 0.5 万元。

2012 年开展“两节”送温暖活动共慰问 26 个企业，困难职工 189 户，发放慰问金 9.45 万元，“六一”节慰问留守儿童 10 名资金 1000 元，向 26 名特困生发放助学资金 2.6 万元，廷牌镇甲王村和三合镇姑挂村不幸发生民房火灾，65 栋房子被烧毁，72 户受灾，共发放慰问金 2.16 万元，走访党建扶贫村恒丰乡景奎村老党员，特困户、独生子女户、二女结扎户共 37 户，发放慰问金 1.85 万元，解决 0.5 万元用于恒丰乡景奎村人需饮水建设。

2013 年共慰问困难职工 268 人，共发放慰问金 13.55 万元，共帮助特困子女 24 名，发放助学金 4.65 万元。

五、文体活动

1980 年后，职工的文化体育活动归于正常，每年元旦、“三八”“五一”“五四”“七一”“八一”“十一”以及春节等重大节日，县总工会单独或配合其他部门开展职工群众喜闻乐见的文体活动。1980 年 8 月 25 日至月底，县总工会与县体委等有关部门联合发动职工参加黔南州职工“迎国庆”中长跑通讯赛，参加职工有 84 人，经参加全州评比，三都水族自治县荣获全州团体第一名，女子团体第二名。1983 年，县总工会和县体委联合举行“五一”职工运动会，开展中长跑和登山比赛。参加人数 107 人，其中男 62 人，女 45 人。1987 年“五一”“五四”期间，县总工会、妇联、团委三家联合举行篮球、门球、拔河、自行车团体个人慢速赛，4×100 米接力赛以及象棋、围棋、斗画眉鸟等 8 个项目，参赛有 109 个队（组）和 171 个单人共 1200 多人次。1989 年 5 月 4 日，为在女职工中推广迪斯科和健美操，县总工会、县妇联、县团委、县文化馆联合举办三都水族自治县首次“健美操、迪斯科”比赛，参赛 12 个队，300 余人。1989 年 5 月 5 日，工会、妇联、体委、文化馆又联合举办以中老年为主的迪斯科比赛，参赛队 15 个，370 人。通过这两次比赛，此项活动在职工中广泛流行。此期间还开展了以《没有共产党就没有新中国》为主题歌的职工歌咏比赛。参赛 68 个队，1200 多人登台演出。1990 年，县总工会和文化馆在县城举办两期国际标准舞培训班，培训骨干 160 多人。1991 年，在“五一”“五四”节日期间，县总工会与文化馆、妇联、团委联合举办全县“党在我心中”的演讲比赛。1994 年，县总工会配合有关单位在“五一”期间，开展拔河、自行车接力赛，并举行《咱们工人有力量》的歌咏比赛。在庆祝国庆 45 周年活动中，开展篮球、文艺演出、猜谜和游艺等活动。1997 年 6 月 27 日，举行“庆‘七一’，迎香港回归”歌咏广播体操比赛，有 12 个单位 240 人参加。6 月 30 日，全民健身指导委员会、县总工会、县体委联合举办首届大规模广播体操比赛。7 月 1—12 日，进行“回归杯”篮球锦标赛，参赛队 16 个，其中女队 6 个。7 月 5 日，由县钓鱼协会、篮球协会、总工会联合举办“迎回归”钓鱼比赛，70 名老、中、青钓鱼爱好者在三洞乡流彩水库展开钓鱼竞赛。1998 年，“三八”“五一”“五四”“十一”等重大节日，县总工会会同有关部门开展篮球、棋类、斗牛、赛马、文艺演出、知识竞赛、歌咏等活动。1999 年“五一”“五四”期间，县总工会、体委、妇联、团委等单位联合举办花灯、歌舞、文艺调演、拔河、篮球、乒乓球、棋类、田径、登山、环城跑等活动。参赛队 176 支，运动员 500 多人，观众达 1 万多人。

2000 年，“三八”“五一”“十一”、元旦和春节等重大节日，县总工会的歌舞厅都免费为职工服务。这期间配合团委、妇联、机关党委、体委等单位又开展运球、后抛球、击门球、足球、拔河、春游、联欢晚会、棋牌类等比赛活动。2001 年是全国健身年，为推动全民健身活动计划的落实，“五一”期间开展了 5×60 米接力赛、50 米自行车慢速赛、飞镖等比赛活动，共有 19 个单位 26 个队 200 多人参加。2002 年“五一”期间，县总工会配合《公民道德实施纲要》的宣传，开展了“爱我三都，美化三都”文艺演出比赛，有 13 个单位参加，共 15 个节目，还组队参加全州“五一”职工文艺汇演，一个节目获三等奖。2003 年，县总工会与团委、妇联、老干局、文体广播局等单位联合在县城举行丰富多彩的文体活动。项目有：三轮车计时赛、自行车慢行赛、丢圈、打锣、门球、踢球进门等活动。同时，在县总工会俱乐部进行棋类比赛，有 270 多人参加活动。2005 年 2 月 11 日，由县委、县政府主办，文体广播局、县总工会等单位协助在县体育活动中心（新体育场）举行赛马比赛，有 65 匹马匹参赛，赛程 2000 米。“五一”“五四”期间，由县保持共产党员先进性教育活动领导小组办公室、县总工会、团委联合举办“保持共产党员先进性教育活动知识竞赛”，共有 21 个队参加。“七一”期间，积极配合直属机关党委开展“七一”歌咏比赛，竞赛分为乡镇组和机关组。2006 年春节前夕，县总工会、县妇联、县团委联合组织广大职工群众在县总工会俱乐部举行象棋、跳棋、桥牌等群众性活动，参加人数达 1000 多人。“五一”“五四”期间，县总工会、县妇联、团县委、文化局共同配合，组织了“广场文艺汇演”“民间山歌对唱”和“民族服饰展”等民间文化活动。参加演出的单位有机关、企事业单位及乡镇等，演出人数近 1000 人，观众达 6000 多人。2007 年，县总工会分别在春节、“五一”“十一”开展了象棋、围棋、跳棋比赛和“迎奥运、庆五一”登山比赛活动。2008 年春节期间，县总工会牵头与县老干局和象棋协会联合举行围棋、象棋、跳棋比赛活动。“七一”期间县总工会与组织部、宣传部、直属机关党委、文体广播电视局、团县委共同举办党务知识、工会知识、奥运知识等知识竞赛活动。2009 年“三八”节，县总工会女工委组织各级女工委员会开展拔河比赛、运球比赛和“三八”维权周宣传咨询活动。

2011 年春节期间开展了围棋、象棋、跳棋等比赛活动，2013 年分别在春节、“五一”开展围棋、象棋、跳棋和庆“五一”登山比赛活动，举办第九届广播体操比赛和“劳动者之歌”歌咏比赛，共有 54 个企事业单位参加。

第二节　共青团

1950 年 8 月，县内建立中国新民主主义青年团（简称青年团）工作委员会，由人民政府县长高洪杰兼任书记，各区建立团支部，由区委书记兼任团支部书记。1955 年，三都召开第一次青年团员代表大会，正式成立中国新民主主义青年团三都水族自治县委员会。2002 年，根据三党办发〔2002〕11 号文件，团县委内设办公室，为正科级内设机构，团县委行政编制为 3 名，其中书记 1 名，副书记 1 名，主任科员或副主任科员 1 名。主要职责是领导全县共青团和少先队工作，对全县性青年社团组织进行指导和管理，参与制定全县青少年事业发展规划和青少年工作方针、政策，协助处理和协调与青少年利益相关事务，负责全县“希望工程”管理、受助方跟踪服务等工作。至 2013 年，全县基层团委共 24 个，团总支 12 个，团支部 489 个，均配备专兼职团干部。全县 14 周岁至 35 周岁青年 153906 人，其中团员 10618 人，少数民族团员 10576 人，女团员 3825 人。

一、共青团员代表大会

1955 年 5 月 1 日至 5 日，三都水族自治县召开第一次青年团员代表大会，正式成立中国新民主主义青年团三都水族自治县委员会。选举委员 13 人，常务委员 5 人。选举吴育规、白云祥、王有明、李贤能为出席青年团贵州省第一次代表大会代表。

1955 年至 1981 年共召开八次代表大会。

1981年7月23日至26日，共青团三都水族自治县第九次代表大会在县城召开，出席会议代表350人，列席代表30人，会议选举委员25人，候补委员4人，常务委员7人。选举出席共青团黔南州第四次代表大会代表28人。

1985年8月10日至13日，共青团三都水族自治县第十次代表大会在县城召开，出席代表327人，会议选举委员26人，常务委员7人。

1988年8月31日，共青团三都水族自治县第十一次代表大会召开，选举产生团县委常委7人。建并撤前，全县行政区域为七区一镇，37个乡镇有区级团干8人，乡级专职团干1人，农村团支部271个，农村团员2748名。

1992年6月17日至19日，共青团三都水族自治县第十二次代表大会召开，选举产生了共青团三都水族自治县第十二届委员会。团县委常委5人。

1997年12月29日至30日，召开共青团三都水族自治县第十三次代表大会，选举产生团县委常委7人。

2005年6月，召开共青团三都水族自治县第十四届代表大会，选举产生团县委常委7人。

2011年9月，召开共青团三都水族自治县第十五届代表大会，选举产生团县委常委6人。

二、希望工程

1992年开始，希望工程在县内实施。至2006年年底，希望工程工作共引进海内外团体及人士捐款498.88万元，其中建校款408.2万元，援建17所希望小学，建筑面积769平方米，解决了8500名学生的学习环境，助学款90.68万元，救助县内贫困小学生6886名，初中生1489名，高中生104名，大学生21名，圆了他们的上学梦。

2007年，共得到海内外捐赠资金406万元，援建中和镇松寨村、羊福乡里勇村、普安镇鸡照村、坝街乡光明村、廷牌镇良桥村、水龙乡地寨村6所希望学校，坝街乡中学、县二中2栋学生宿舍楼，资助贫困生1500名，培训老师10人。在“7·26”洪灾抢险救灾工作中，争取到香港援助资金16.6万元，为打鱼小学、来述小学、都江镇柳叠小学购买497套课桌、48套办公桌、4台电脑、2台打印机，资助670名贫困学生，捐赠价值3000元的体育器材。同时还争取到黔南州计算机学校捐款2000元，帮扶慰问打鱼乡打鱼村20户重灾户。由于工作出色，荣获2007年度全省希望工程先进集体称号。

2008年，全年争取到希望工程资金321.35万元，其中香港苗圃行动捐助249.27万元，省青基会71.58万元，零星捐款0.5万元。援建项目有中和松寨小学24.38万元，普安鸡照小学18.98万元，羊福里勇小学20万元，坝街抗寨小学36.91万元，“7·26”洪灾受灾学校即打鱼民校、打鱼岩捞、都江柳叠小学配套设施16.6万元，廷牌良桥小学18万元，县二中学生宿舍楼70万元，坝街民校学生宿舍楼38.08万元，水龙地祥小学50万元；助学捐款共28.4万元。

2009年，争取到香港苗圃行动、香港道德会、香港海洋国际投资有限公司、习酒公司、心心社、中国烟草总公司贵州分公司等社会各界的爱心支持，争取爱心资金及物资共计81万元，县民中、二中、都江镇里昔小学、水龙乡地祥小学、三洞乡施耐德希望小学、廷牌镇同心金叶希望小学等学校受赠或受援建。

2010年，向省、州申报圆梦大学助学资金，为10名家庭困难、成绩优秀的学子送去每人4000~5000元助学金。开展廷牌镇新仰国家电网爱心希望小学教学楼、坝街乡上燕苗圃希望小学教学楼、交梨乡高硐村教学楼援建申报和跟踪建设工作，加强廷牌镇良桥宝洁希望小学人饮工程建设和水龙乡欧特克希望小学学生床架购置、学生宿舍维修的监督工作。

2011年，得到“雨露计划·圆梦行动”受助考取大学生5人，每人送去4000余元，苗圃“助苗计划”受助学生24人，每人送去5000余元，苗圃“书轩计划”受助学校10余所，每校送去100

余册书籍。当年，各界企业及人士捐赠物资达到万余元，香港善施慈善基金会“送温暖活动”捐赠2500余件冬装、2500余顶帽子及1800余元。

2012年，坚持“助学”和“助贫”相结合，校舍方面争取得宝洁公司资助3.5万元援建廷牌镇良桥宝洁希望小学饮水工程；争取“苗圃行动”资助48万元援建坝街乡高坪村上燕小学；争取书香门第公司援建款10万元；争取广州白云区龙归镇园夏工业区日化电子厂资助1万元援建水龙乡把洋小学基础设施建设等。助学方面共争取49.785万元：一是“香港苗圃行动”春秋季助学款高中17.8万元，初中0.525万元，涉及全县4所中小学，共计300余人享受到助学捐助；二是争取海尔公司资助交梨乡高硐小学6名学生助学款共3000元和捐赠价值1.5万元爱心物资；三是开展香港苗圃助学计划，共资助准大学生20人，资助资金20万元；四是开展“习酒——我的大学梦”贵州习酒集团圆梦计划，资助准大学生3人，资助资金1.5万元；五是开展“国酒茅台”希望工程圆梦计划，资助准大学生15人，资助资金7.5万元；六是香港恩慈教育基金会到廷牌镇中心校开展2011学年度奖学金颁发活动，活动共奖励优秀学生33名，奖学金共计0.66万元。

2013年，基础设施建设方面：一是加强援建学校基础设施后续管理服务工作。二是服务好香港“苗圃行动”开展廷牌高潮小学、坝街上燕小学和都江光明小学等新项目考察，初步达成投资40万元建设都江镇光明天威苗圃希望小学校舍及附属工程。三是协助教育部门抓好边远贫困山区的学校调研，积极指导丰乐镇和平小学、廷牌镇中心小学、合江镇中心小学等学校做好贵州省山区希望工程项目申报工作。助学及关爱留守儿童方面：一是争取香港苗圃行动“大学生行动计划”20万元助学金连续资助20名准大学生，争取高中助学计划10万元助学金资助100名2013级高中生；二是争取“国酒茅台·国之栋梁”“习酒——我的大学梦”、康德基金会助学金等助学金共14.7万元助力34名准大学生；三是争取山东济南出版社捐赠100个书架和12000册图书，在县第三中学等10所中小学建设爱心图书室；四是争取潘玮柏威儿帮国际官方网为苗龙小学494名学生捐赠价值0.5万元的学习用品和爱心手套；五是联合黔南师院历史系团委争取都匀市爱心商家为王家寨小学238名学生和10名空巢老人捐赠价值5.5万元的棉被和服装；六是争取中国社会福利基金会为水龙乡拉佑小学和祥寨小学529名学生募捐价值1万余元的巴拉巴拉服装；七是争取深圳惠文通公司为20所小学、20所中学师生捐赠价值6万元的爱心物资；八是争取贵州省移动公司和亚信联创（中国）有限公司为排怪小学278名学生捐赠价值4.3万元爱心棉被及学习用品；九是争取民政局1500元临时救助金和爱心人士张玉伦捐赠5000元帮助县二中辍学生刘加建解决上学难题；十是对接黔南师院到合江镇石奇小学开展暑期社会实践活动，服务学校发展。

三、春晖行动

2004年共青团贵州省委组织发起“春晖行动”活动。至2006年，全县有100多人异乡反哺故乡亲人，帮助家乡建设，捐献建设资金达178万元，项目涉及教育、卫生、交通、水利等。当年，完善春晖人才库、项目库的建设，加大春晖使者的礼聘和推介项目力度，礼聘春晖使者150人，与县信用联社开展“春晖行动——温暖百名贫困母亲”活动，筹集资金1.2万元，为全县100名60岁以上贫困妇女购买生活用品。2006年，共青团三都水族自治县委荣获全省“春晖行动”工作先进集体。

2007年，以“春晖行动”为载体，通过“一封信”“一张明信片”“一次家乡发展座谈会”等活动，全县礼聘春晖使者160名。筹资90万元，实现九阡镇水各村“百灵春晖”教学楼动工建设，新建苗龙小学“清华楼”，资助高中、大学生60名。

2008年礼聘春晖旅游宣传使者共40人，募集资金7万元，资助大中小学生120余人。

2009年，加大春晖行动宣传，召开“春晖行动——我与家乡共发展”座谈会，利用网络电视等媒体，号召在外乡友为家乡新农村建设服务。利用组织健全的县、乡镇、村团组织对各村在外乡友、社会贤达知名人士进行统计造册，为每个乡镇、村搭建一个信息网络平台，同时为对家乡有扶助意愿的春晖使者进行注册登记，建立春晖家园计划项目库，整合“五位一体”的社会资金服务“三农”。

2010年，实施好春晖家园计划，申报三洞乡水根村、达便村、廷牌镇廷牌村春晖家园计划项目，完成丰乐镇新江村春晖家园项目建设。开展“旅游春晖宣传使者”礼聘活动，礼聘北京大学、黔南医专30名青年大学生为“旅游春晖宣传使者”。

2011年，完成廷牌镇廷牌春晖项目建设和青年就业创业培训任务并发放青年小额贷款269.5万元，发放人数93人，带动人数106人，数据网上录入100%。

2012年，春晖行动服务社会主义新农村建设。一是在年初，利用外出务工青年返乡之际，召开乡友座谈会，大力宣传春晖理念。二是利用节假日和民族节日，通过网络媒体和新闻媒体播放春晖行动宣传片。三是继续完善乡友信息库、春晖项目库建设，积极推介春晖项目，使更多的城市资源向三都发展领域注入。四是积极组建春晖使者社团、春晖使者协会、春晖使者联络处。充分发挥春晖兼职副主任作用，在三洞乡水根村组建春晖使者协会，加强春晖使者的联络。五是大力开展“旅游春晖宣传使者”礼聘活动，全年共礼聘“旅游春晖宣传使者”25人。

2013年，一是完善乡友信息库、春晖项目库建设，成功申报丰乐镇凉山村“春晖家园计划”项目，争取春晖家园计划专项资金5万元，加强凉山村通组公路建设。二是大力开展“旅游春晖宣传使者”礼聘活动，礼聘到三都志愿服务的“三支一扶”和“西部计划”服务期满的志愿者、省州到县同步小康驻村工作员共20人为“旅游春晖宣传使者”。

四、青年志愿者活动

2006年，通过完善系统培训、有序调配、多样服务、规范考核机制，形成了以团组织为核心，以青年为主体，中、青、少广泛参与的志愿服务队伍，志愿者队伍进一步发展壮大，全年注册志愿者2500人。当年向省指导中心争取到16名西部计划大学生志愿服务者，安排到部分乡镇计划生育服务站和部分中学服务。6月下旬，成立县义务消防青年志愿者活动中心，招募200名“119”义务消防青年志愿者。8月中旬招募42名青年志愿者卫生监督员，参与县“整脏治乱”工作。

2007年，向贵州省指导中心争取到5名西部计划志愿者，安排到乡镇农业技术服务中心及乡镇中学服务。招募志愿者参与“县庆”“整脏治乱”“旅游宣传”等活动，全年注册志愿者3500人。

2008年，全年注册青年志愿者共1200人，向省志愿者指导中心争取到15名“三支一扶”大学生志愿服务者，安排到乡镇中学、计划生育服务站服务。

2009年，出台就业相关优惠政策，促进大学生志愿者在三都就业。在三都服务期满考核合格的志愿者参加三都水族自治县人事招考的，笔试成绩总分加5分。2008年服务期满的志愿者中有3人进入三都事业单位岗位，4人期满返乡就业，5人自主创业，6人进入企业单位。

2010年，加强志愿者管理和服务，统筹安排青年志愿者生活补助发放工作，切实解决志愿者的后顾之忧。当年，开展了“爱家乡、我行动”志愿者服务、“三都水族自治县青年团员抗旱救灾签名暨捐赠仪式”“满意在贵州”群众满意度测评调查、“和谐三都·三关爱”绿丝带志愿服务行动、青年志愿者服务黔南州第三届旅游产业发展大会暨中国水族文化旅游节会务活动等公益志愿服务活动。

2011年，申请得到10位志愿者到三都服务。

2012年，加大“西部计划”“三支一扶”大学生志愿者管理和服务工作，17名在岗志愿者分别分配到基层开展服务工作。开展各类志愿服务主题活动。组织青年志愿者共发放计生宣传资料5000余份，播放计生宣传光碟10余场次；深入开展结对帮扶活动、“雷锋月”活动、义务植树活动、“和谐三都·三关爱”绿丝带活动、“志愿环保”系列活动等各类活动11次。建立志愿服务队，成立了5支志愿服务队伍，分别由钓鱼协会、摩托车协会、摄影协会、老年协会等组成。成立首个大学生联合会，由周覃镇大学生组成，有成员120人，已对周边乡镇开展支教、支农等公益志愿服务活动。组织志愿者关爱团队到三都鹏城学校、三洞小学等“微笑小屋”开展了关爱留守儿童活动，并为留守儿童送去了作业本、铅笔、尺子、削笔刀等学习用品，对留守儿童进行课业辅导、心理辅导等，课业辅导累计超过200小时，心理辅导累计80多小时，受益儿童200余人。

2013年，在鹏城希望学校和交向小学建立留守儿童自立自强中心，组织开展“携手关爱特殊群体、让爱心传承”和“微笑小屋”关爱留守儿童专题活动，以开展走访慰问、助学帮扶、心理辅导、学业辅导、自护教育的方式帮助5000余名青少年健康成长。组织志愿者定期开展“整脏治乱，青春在行动”、预防青少年违法犯罪、公民道德宣传、关爱留守儿童和空巢老人等志愿服务活动。成功争取武汉理工大学在三都新设研究生支教点和在民中建立优质生源地，指导协调武汉理工大学研究生支教团开展“武汉理工·滴滴GO爱心书架”“武汉理工·滴滴GO助学金”等品牌工作，申报20所小学为“腾爱”学校，争取社会资源开展关爱留守儿童活动。

第三节　妇女联合会

1978年12月，党的十一届三中全会后，县内恢复和健全了各级妇联组织。1982年12月，召开全县第四次妇女代表大会，选举产生了由27名执委会委员组成的三都水族自治县妇女联合会。全县7个区37个公社的263个大队恢复建立了妇联和妇代会组织。1991年撤区并乡建镇后，由原来的8个区（镇）、37个乡镇归并为7镇14个乡，各级妇女组织也相应地进行了调整。1995年年底，全县21乡镇建立健全了妇联组织，4个居委会和270个村委会建立健全了妇代会组织，2116个村民小组建立了妇女小组。

一、妇女代表大会

1982年12月20日至23日，第四次妇女代表大会召开，出席代表400人。会议选举产生执委会委员27名，并产生常务委员9名。会议还选举出席黔南州第四次妇女代表大会代表23人。

1989年6月28日至30日，第五次妇女代表大会召开，出席代表200人。会议选举产生妇女联合会执委会委员23名，常务委员7名。会议还选举出席黔南州第五次妇女代表大会代表22人。

1997年12月22日至24日，第六次妇女代表大会召开，出席代表131人。会议选举产生了妇女联合会执委会委员21名，常委7名。大会作出决议，要求全县广大妇女和妇联组织树立“四自”“四有”精神，积极参与“两个文明”建设，认真贯彻执行《中华人民共和国妇女权益保障法》和《妇女发展纲要》以及《中华人民共和国未成年人保护法》《九十年代三都水族自治县儿童发展规划纲要》，为富民兴县和妇女儿童事业的发展而努力奋斗。

2003年11月26日至28日，第七次妇女代表大会召开，出席代表145人，大会选举产生执委会委员21人，常务委员7人。

2009年12月29日至30日，第八次妇女代表大会召开。大会正式代表150名，特邀代表11名，列席代表42名。大会选举产生执委会委员21名，常委7名。

二、妇女干部

县内注重对妇女干部的培养，为少数民族妇女干部提供平等竞争、平等参与的机遇，在德才兼备的同等条件下，优先选拔使用少数民族妇女干部。1986年全县共有妇女干部868人，其中少数民族528人，占妇女干部总数的60.83%。1996年12月底，全县四大班子领导中均有女领导干部。全县21个乡镇有20个乡镇有女领导，其中担任正职2人，县直机关单位任正科局级的女领导有8人，任副科局长24人，主任科员8人，副主任科员56人。在270个行政村中有3名女村支部书记，各级人代会、党代会中的女代表都在20%以上。2000年，全县发展女党员比例有所提高，全年发展女党员占总人数的30%。全县有在职女干部1533人，占全县干部总数的30%，其中：县级女干部4人；科级女干部55名，占同级干部总数的15.9%；担任正科级职务的女干部11人，占正科级职务干部总数的10.5%；股级女干部110人。在县直党政群机关班子中，有21个单位配备了女领导干部，占机关单位数的35%，在20个乡镇班子全部配备了女干部，基本上实现乡镇党政班子都配备有女干部的工作目标。2003年，县内有妇女干部3560人，占全县干部总数的42.54%（其中少数民族妇女干部占91.36%），比解放初期的1952年增长20多倍。在县委、人大、政府、政协四大班子和县直机关的科局长及乡镇长的领导班子中，有女领导干部72名，占同级领导干部人数的17.14%，占妇女干部人数的1.02%，实现了妇女发展纲要关于培养选拔妇女干部的目标。2005年，全县共有女干部3387人，占干部总数的39.4%，各级各部门领导班子中女干部配备率达到目标值。2005年县处级女干部比2000年增加了66.6%，科级正职女干部增加了57.1%，村民委员会成员中女性比例达到20.23%，人大代表、政协委员中女性分别达到25.4%和19.33%。

2010年，县四大班子都配齐配强妇女领导干部，县人大常委会中女性比例占34.78%，县人大代表中女性代表占27.72%，县政协常务委员中女性比例占20.7%、县政协委员中女性占15.1%，县政府领导班子配备女干部占100%，乡镇班子中妇女干部配备为100%，县政府工作职能部门（科局）配备妇女干部占67.9%。县（处）级妇女干部占26.5%，公务员中的妇女干部占22.7%，村级领导班子中的妇女干部占14%。

2011年，在第八届村委会换届选举中，由原来的274个村（社区）合并为242个村（社区），共有183名妇代会主任进入村（居）委会、村党支部，全县村两委共有女委员237人。

2013年，在县第九届村级“两委”换届选举中，全县共选配了1768名村级“两委”班子干部。共有287名妇女进入村级“两委”领导班子，占16.23%。其中村（社区）党支部班子成员中有108名女干部，7人担任村（社区）党支部书记，3人担任村（社区）党支部副书记；村（居）民委员会班子成员中有226名女干部，5人担任村（居）民委员会主任，12人担任村（居）民委员会副主任。全县村（社区）合并后，第九届村级“两委”换届选举，农村妇女分别入选229个村（居）两委，实现妇女进村“两委”比例达94.6%，女性在村“两委”班子任正职、村妇代会主任进村“两委”比例大幅提高。

三、保护妇女儿童权益

1987年，县、乡镇妇联普遍建立妇女信访接待室，配合司法机关对妇女群众开展普及法律知识教育，保障妇女儿童的合法权益，严厉打击拐卖妇女儿童犯罪分子。当年解救出妇女21人，儿童21人，追缴赃款1200多元。1992年实施《中华人民共和国妇女权益保障法》后，全县共收到来信来访来电2690件，接待来访妇女415人次，处理率达95%以上。配合公安机关打击拐卖妇女儿童犯罪行为，共解救出被拐卖妇女100多人，儿童10多人，摧毁多个拐卖妇女儿童的犯罪团伙，抓获人犯近百人，查禁了一批卖淫嫖娼窝点，依法严惩了一批侵犯妇女儿童人身权利的犯罪分子。

2001年至2002年《妇女发展纲要》和《三都儿童发展纲要》开始颁布实施，妇女儿童的教育、社会设施、卫生保健等指标列入全县经济和社会发展的总体规划。2005年，随着九年义务教育的全面普及和“希望工程”“春蕾计划”的实施，小学适龄儿童入学率和初中阶段入学率均达98%以上，小学女童五年巩固率、残疾儿童入学率等重要指标均达到目标要求。青壮年女性识字率达到97.8%，比2000年提高4.8个百分点，妇女平均受教育年限达到6.32年，比2000年增加0.6年。孕产妇保健率和儿童保健覆盖率分别达到76.9%和43.36%，比2000年分别提高了21.4个和13.6

个百分点。5岁以下儿童死亡下降到30.74‰，比2000年降低20.26个千分点；儿童出生缺陷发生率2005年下降到7.26‰，比2000年下降3.4个千分点；消除新生儿破伤风目标基本实现；儿童四苗全程接种率达到目标要求。全社会就业人员中，女性占45%，比目标值高5个百分点。

2010年，在纳入全县妇女儿童发展规划纲要监测的71项定量指标中，妇女发展36项指标达标35项，达标率为97.2%；儿童发展35项指标达标33项，达标率为94.3%。

2011年，安排部署《三都妇女发展规划》《三都儿童发展规划》终期监测评估工作。评选表彰县级“平安家庭”1000户。处理群众来信来访咨询共计42件，涉及政治权益、婚姻家庭、劳动权益、人身权益、财产权益、计划生育等方面的问题，分别为：政治权益1件，占总数的2.4%；婚姻家庭类26件，占总数的61.9%；劳动权益类5件，占总数的11.9%；人身权益1件，占总数的2.4%；财产权益类6件，占总数的14.3%；计划生育3件，占总数的7.1%。来信来访咨询人数49人。

2012年，多次召开三都妇女儿童工作会议，总结过去十年《三都水族自治县妇女儿童发展规划（2001—2010）》的实施情况，制定出台了符合三都县情的《三都水族自治县妇女儿童发展规划（2011—2015）》，圆满完成“两个规划”的编制工作。于5月在城关小学建立一所农村留守儿童之家，制定相关制度。按照州妇联关于“妇女之家”创建工作要求，继续创建了合江镇麻拱乡、九阡镇九阡村、水龙乡水龙村、周覃镇板光村、打鱼乡打鱼村、拉揽乡高寨村、廷牌镇板料村、羊福乡排外村、恒丰乡板力村、扬拱乡水昴村10个优秀妇女之家示范点，为确保“妇女之家”示范村、社区创建活动的顺利开展，每个点保障了3000元的工作经费，并制定了10个示范点“妇女之家”各项制度上墙。设立维权热线电话“12338”，创建了县妇联、县综治办、县总工会、县司法局、三合镇派出所、三合镇柳江社区、三合镇尧人山社区、三合镇凤凰社区、中和镇、交梨乡等10个基层维权岗，并为10个创建单位、社区授牌。县妇联与县政法委联合在全县表彰2011年度1000户优秀“平安家庭”。

2013年，开展“春风行动”促进妇女就业，县妇儿工委与县就业局联合开展2013年“春风行动”，为全县提供外省和省内就业服务岗位6000多个，其中妇女1800多人，发放资料2000多份。推荐11名贫困农村初中、高中待业女青年到黔南州职院参加州妇儿工委与海南成美慈善基金会对贵州扶贫帮扶的“成美扶贫巾帼励志资助”中专班就读。为三合镇牛场小学、苗龙小学103名贫困学生向省妇儿工委争取了贵州省儿童基金会春蕾助学金，每名学生每年400元助学金补助，连续资助三年，共123600元。争取到“蒲公英助学金”，资助2013年考取一本、二本的贫困女大学生3人，每人一次性补助4000元，共计12000元。在春节、“三八”“七一”等节日开展送温暖送法律及慰问活动，县妇儿工委均组织开展各类维权、法律宣传及慰问活动。开展贫困母亲“两癌”救助活动，全县上报“两癌”妇女重病患者22名，争取得到救助15名，每人1万元，共计15万元。着力发展流动人口子女、农村留守儿童示范家长学校，深入推进家庭教育工作。分别在县城城关、鹏城两所学校举办2场家庭教育讲座，共有1500多名家长参加。配合县民政部门建立反家庭暴力庇护站一个，并挂牌，内设有住、吃设施，为受家庭暴力的妇女解决临时救助。县妇联、民政局、县法院联合组成“爱心妈妈团”到县福利院慰问看望13名孤儿，给他们送去慰问品及衣服。向省妇联争取到一所留守儿童家长示范学校（三合镇城关小学），上级有关部门给予体育器材帮扶，价值2万元左右。接待群众来信来访10件，其中来信1件，接待妇女群众35人，受理率达100%，调处率100%。建立维权热线电话“12338”。

四、妇女活动

1989年开始，组织农村妇女深入开展“双学双比”竞赛活动，组织城乡妇女开展“巾帼建功”活动，培育“四有”（有理想、有道德、有文化、有纪律）、“四自”（自尊、自信、自立、自强）

女性。全县各级妇联主动配合党委、政府开展“讲文明、树新风”活动，通过开展社会公德、职业道德、家庭美德、思想品德和创建“五好”文明家庭活动，发挥妇女在社会主义精神文明建设中的特殊作用。1999年，“幸福工程”启动，县计生局和计生协会及县妇联选择了苗族聚居的水龙村，布依族聚居的大河、怀所村作为试点，对80户351名少数民族贫困母亲开展“造血”式的扶贫救助。在高寨村办起了村级人口学校和广播站，为贫困母亲免费治疗妇科疾病。还开展科技培训，使他们掌握了2至4门农科技术。国家“幸福工程”组委会给县拨款4万元，帮助建立了板栗基地200亩、楠竹基地100亩。扶持161名贫困母亲科学养猪和种植经济作物，户年均增收2000余元。水龙村水族贫困母亲22户103人，发展特产辣椒68亩，亩均收入700~1000元，户均增收1000~2000元。大河镇大河、怀所两个村救助25户87人，发展早熟蔬菜110亩、饲养商品猪50头，种早菜户年均增收2500元，养猪户年均增收3000元。从2000年开始，实施“巾帼科技致富工程”，在全县农村举办项目和“绿色证书”产业科技培训班共421期，有10多万人次各族妇女受训，每户掌握3门以上的农业适用技术。同时制定优惠政策，对取得“绿色证书”的农村妇女，优先安排扶贫开发项目和小额信贷、各种实用技术培训、承包开发权、择优聘用，建立科技示范基地，为农村妇女学科学、用科学提供良好机遇和场所。当年，各族妇女种竹3.52万亩，种花椒4000多亩，种经果林27000多亩。2003年，“母亲健康快车”开始实施，6月26日成立了“三都水族自治县‘母亲健康快车’项目领导小组”，由分管副县长任组长，下设办公室在县妇联，妇保所为项目实施单位，组建由妇产科主治医师、主管检验师、护士和驾驶员组成“母亲健康快车”医务服务队。当年，县、乡镇两级举办宣传栏28期，深入乡村开展宣传、咨询服务21次，发放宣传资料15000多份，印发“母亲健康快车”手册5600多份，张贴大幅标语100多条。深入乡村开展义诊、咨询服务19次，为妇女儿童就诊2500余人次，免费发放药品30多个品种共10000余份。乡村级召开例会培训共120次，受训人员1420人次，同时对育龄妇女进行健康教育63942人。全县共救助贫困孕产妇178人，救助资金12100元，通过“母亲健康快车”共抢救孕产妇21人。

2011年，县妇联与县人事劳动和社会保障局举办“春风行动”促就业政策扶持保民生的现场招聘会，招聘单位提供就业服务岗位700个，前来咨询500多人，其中女性200多人，本次活动出宣传栏3幅，发放宣传资料1000多份。到扬拱乡兰懂村岜了组组织实施消防池工作，为岜了组建成25立方米的消防池一口。各级妇联配合农技部门开展实用技术培训19期，培训农村妇女1350人，发放宣传资料2万余份。抓好小额担保贷款工作，制定下发《三都水族自治县妇女小额担保财政贴息贷款实施方案》，成立了三都妇女小额担保财政贴息贷款工作领导小组，并明确了“妇女小贷”目标任务和相关单位工作职责、“小额放贷”流程等相关工作。县政府于2011年11月22日十四届县人民政府县长办公会上专题研究关于三都水族自治县妇联请求注入妇女小额贷款担保资金的请示，原则上同意注入100万元，但由于县财政资金困难，采取分期注入，11月25日已经注入50万元作为启动资金，于12月19日举行了首发仪式。首次发放了7户妇女贷款户，每人金额为5万元，贷款总额为35万元，贷款期限为2年。本年度在三合镇的小河社区、凤凰社区、尧人山社区、都柳江社区、猴场村、上排正村，大河镇的龙场村，交梨乡的前进村，都江镇的上江村，中和镇的姑引村等创建“妇女之家”示范点10个，县委、县政府于6月22日划拨“妇女之家”示范点经费共30000元，每个点保障了3000元的工作经费，确保了“妇女之家”示范村、社区创建活动的顺利开展。9月1日下午，县妇联在三合镇尧人山社区举行“三都巾帼志愿者启动仪式”，共有60余名妇女参加。此次活动创建巾帼志愿者队伍6支，类型有：巾帼科技惠民志愿者服务队、巾帼法律维权志愿者服务队、巾帼文明传播志愿者服务队、巾帼环保护绿者志愿者服务队、巾帼旅游宣传志愿者服务队、巾帼爱心助困志愿者服务队各一支。

2012年，全县共发放小额贷款440户，2663.70万元，其中：财政贴息贷款125户625万元，微型小企18户220万元，有息妇女贷款297户1818.70万元，更好地促进广大妇女在发展经济中的作用。为促进妇女的就业创业，县妇联与县人事劳动和社会保障局于1月27日（大年初五）举办了“春风行动”就业服务现场招聘会，提供就业服务岗位1500个，前来咨询的几百人中有女性200多人，本次活动出宣传栏3幅，发放宣传资料1000多份。抓好计生“三结合”工作。成功与计划生育协会举办了“5·29”民族、民歌唱计生大赛活动，促进了全县计生工作的开展。

2013年，发放妇女小额财政贴息贷款工作。州下达给全县妇女小额财政贴息贷款任务数1700万元，在县人事社保局、县人民银行、县信用联社的大力支持下，发放贷款267户1869万元。3月30—31日，县妇联在三合镇牛场村举办2期100名妇女种植养殖实用技术培训，并在培训结束后，给予100名妇女及计生“三结合”户每人一包肥料帮扶，折合人民币4500元。于9月28日与县农村工作局到三合镇牛场村举办一期共84人参加的种植、养殖技术培训班，此次授课的内容为辣椒栽培技术及病虫害防治；生猪快速育肥、生猪留种引种等科学养猪知识及技术，发放各种实用技术手册5000多份，投入培训资金1880元。

第四节　工商业联合会

1951年1月7日，三都水族自治县工商业联合会成立。当时，草拟了三都水族自治县工商业联合会章程，规定了会员入会条件和入会手续。会议选举了主任委员、副主任委员，通过了组织结构和委员会工作等事项。1952年8月，根据中央人民政府政务院施行《工商业联合会组织通则》，三都水族自治县工商业联合会在县委的领导下，履行职能，开展各项工作。1956年10月22日，组织广大工商业者学习社会主义教育方针政策，全县90%的手工业者参加了手工业合作组织，基本完成对手工业的社会主义改造，私营商业和小商贩走上合作化道路。县城的私营商业和小商小贩分别组织棉布、百货、烟酒、食盐和日杂4个定股定息的公私营商店，农村集市的小商小贩组织36个合作商店和1个合作小组。1957年，组织工商界进行整风反右斗争。1958年全县实行人民公社化，公私合营、合作商店、合作小组并入国有商业，7个公社建立商店。在“文化大革命”时期，工商联工作处于全面瘫痪状态。1984年，省工商联报省人民政府批准，下文恢复三都等县工商业联合会。1986年，中共三都水族自治县委经研究决定恢复成立县工商联。县委以三党办发〔1986〕16号文件成立“恢复县工商业联合会筹备组”。1987年10月21—23日，三都水族自治县工商业联合会第五届会员代表大会在县城召开，会议选举产生了第五届执委会。执行委员19名，其中常务委员7名。第五届工商业联合会领导班子设主任委员1人，副主任委员3人，秘书长1人。主任委员及秘书长驻会，3名副主任委员兼职。1987年至1997年4月，即第五届至第六届工商联的主任委员由中共党员干部担任。1994年，经中共三都水族自治县委同意，县工商联加挂商会牌子，即县工商联正、副主任委员改为正、副会长。1997年4月1日，县工商联六届四次执委会议明确指出，工商联（商会）领导人要由非中共党员干部担任。第七届至第十届，其领导班子主要负责人均由非中共党员干部任会长，工商联党组书记由县委统战部副部长担任（正科级）。

一、引导非公有制经济发展

县工商业联合会围绕县委、县人民政府的工作中心，贯彻执行县委、县政府一系列发展非公有制经济政策，支持、鼓励和引导非公有制经济发展。1996年至2011年，以召开座谈会、开展大讨论、印发文件等方式，组织全县非公企业和个体工商户学习、贯彻执行县委、县人民政府下发的《中共三都水族自治县委、三都水族自治县人民政府关于进一步加快非公有制经济发展的若干规定》《关于进一步加快非公有制经济发展的决定》《关于投资软环境综合整治实施方案》《投资者投诉处理规定》《关于治理经济发展环境的决定》《关于进一步加快非公有制经济发展的实施意见》等一系列文件，开展招商、稳商、尊商、引资、引项、维权、扶贫助学、联谊等工作。同时，认真接待来信来访，妥善协调解决非公企业和个体工商户反映的问题，切实维护他们的合法权益。2000 年至 2013 年，工商联共接待非公有制经济来访 569 人次，其中群体性来访 5 次共 85 人，对他们反映的问题逐一予以认真对待并予妥善协调处理。2002 年 1 月 15 日，协同县工商局前往普安调查处理普安场坝个体屠户“罢市”问题，平息“罢市”风波，恢复了市场肉食供应；协调解决现代超市惩罚小偷事件、金秋宾馆消防争议、顺源木业滞纳税官司、戴雪山被查处纠纷、爱家乐超市消防罚款争议等事件，为业主讨回了公道，促进服务环境不断方便快捷、透明高效，营造“你投资我服务、你困难我帮助、你前进我护航、你发展我支持”的社会氛围。

二、光彩事业

1990 年至 2000 年，非公有制经济人士在光彩事业活动中，捐款捐物于扶贫助学救灾及公益事业达 56.7927 万元。2004 年 11 月，在工商联倡议下，县城非公有制企业及个体工商户共 150 户为“2004 中国贵州·三都水族端节活动”捐款 5 万元。2005 年 9—12 月，县金江水泥有限责任公司董事长梁志汉先后向县内贫困山村捐赠水泥 462 吨，支持贫困山区的基础设施建设。2006 年 6 月 26 日，县内遭受百年不遇的洪灾，县金秋家电及金秋宾馆总经理金初拾、县家家乐超市总经理杨盛芳、县富康家具城及富康宾馆经理王家琼等 21 位非公有制经济人士共捐资 31000 元，帮助灾区群众渡过难关。2007 年 7 月 26 日，县内遭受特大洪涝灾害，为帮助灾区群众重建家园，县工商联组织开展了“非公经济人士向灾区献爱心募捐活动”，收到捐款人民币 49980.01 元，衣物、棉被等物品共 4862 件（袋），折款人民币 72000 元。当年，金江水泥厂捐赠水泥 250 吨，支持都江镇甲雄小学和交梨乡新市场基础设施建设；县城乡建设有限责任公司项目总经理蒙建辉捐赠水泥 20 吨、川渝客商分会捐赠水泥 20 吨支持打鱼乡巫捞村、丰乐镇平寨基础设施建设；富康家具城捐资 4000 元资助九阡镇修路和资教助学；湖南、浙江、川渝等客商分会都捐资帮助村寨或学校完善一些基础设施建设。2008 年 5 月 12 日四川省汶川县发生 8 级特大地震时，县广大非公有制经济人士共捐款 107523.14 元，为地震灾区人民奉献爱心。在 2008 年雪凝灾害期间，县非公有制经济人士响应县委、县人民政府号召，为确保县内物资供应、抑制物价上涨做出了积极贡献，有 4 人荣获州工商联表彰并授予“抗凝救灾先进个人”称号。2011 年，非公经济人士共捐出帮扶资金 25801 元和 10 吨水泥，全部投入中和镇故坡村学校活动场地建设。三都家家乐超市向扶贫村捐款 16500 元（其中：向中和镇古劳小学捐款 6500 元，向羊福乡孔荣扶贫村抗旱捐款 5000 元，向大河营寨扶贫村修建村级公路捐款 5000 元）。2013 年 12 月，开展资助贫困学生活动，向县民中、县二中 20 名贫困学生捐赠 2 万元；浙江商会李招根、章林建等非公经济人士向敬老院捐赠了 1 万多元的物资；章林建向三都民族中学捐款 3.7 万元支持学校开展活动及资助贫困学生等。

2000 年至 2013 年，组织开展扶贫济困助教助学光彩事业活动 8 次，收到捐款捐物 54.551715 万元，其中捐款 27.205215 万元，捐物折款 27.3465 万元。

第五节　科学技术协会

1980 年 6 月，成立三都水族自治县科学技术协会筹建领导小组，县委副书记岑吉芬任组长，县科委主任戴永顺负责具体筹建工作。8 月 21 日至 24 日，三都水族自治县科协第一次代表大会召开，选举产生县科协委员会第一届委员 23 人，常务委员 11 人，岑吉芬（女，布依族）任兼职主席，吴国光、董一为专职副主席，何凳觉、任鑫、杨荣为兼职副主席，董一兼任秘书长。1984 年年底，刘体正（水族）任兼职主席，吴国光、黄中奇任专职副主席，配工作人员 2 人。1989 年 8 月 24 日至

25日，召开县科协第二次代表大会，选举产生县科协委员会第二届委员27人，常务委员11人。同时开展一次县级学术交流报告会，会上收集专业论文25篇，大会交流发言8篇。2004年8月12日至13日，召开县科协第三次代表大会，出席代表120人，选举产生县科协委员会第三届委员27人，常务委员13人。2002年机构改革后，县科协编制为4人，设主席1人、副主席1人、主任科员1人或副主任科员1人、工勤人员1人。2005年成立乡镇科协，主席由党委副书记或乡镇长担任。2006年，县科协与深圳市龙岗区科协开展“工作对口，业务对接”工作，互访互学交流6次。2007年4月，周先文调出，王兴保任主席、吴荔红任副主席。2008年，深圳赠“太阳能杀虫灯”2台，开创三都利用太阳能杀虫灭害的先河，为发展绿色农业奠定基础，并组织学会、协会到外地参观学习。2007年度选送学术论文参加州级评奖，获二等奖1名，三等奖3名。2013年，县科协在职干部4人（其中主席1人、副主席1人、科员1人、高级工1人），离休干部1人，退休干部3人。

一、学会（研究会）、协会

1980年至1985年，成立县水电学会、农学会、畜牧学会、气象学会、林学会、中华医学会、科普创作协会、教育学会、珠算学会、粮食学会、会计学会、工交学会、县建筑学会、化学教学研究会、青少年科技辅导员协会、花卉盆景协会、农机专业户协会以及成立大河乡、三合乡、普安乡、九阡乡、中和乡、周覃乡、高硐乡、上江乡科普协会和三合镇西瓜蜜橘研究会等。1986年至2000年相继发展了大坪水晶葡萄研究会、拉揽中华猕猴桃研究会、姑引村妇女养猪专业研究会。2002年6月《中华人民共和国科学技术普及法》颁布实施后，2004年至2013年，全县成立农村专业技术协会48个，涵盖猪、牛、羊、菜、果、竹、茶和旅游、艺术等行业，会员发展达5600人，并有大河镇养猪营销协会、都江镇果业协会、丰乐镇鼠场村蔬菜种植协会、周覃镇养猪协会、三都竹业协会、交梨乡无公害水晶葡萄协会得到县委、县政府的表彰。

二、科普宣传

1980年至1999年，主要利用“科普车”、电影机等设备，播放录音、录像、电影、幻灯，举办宣传专栏和开展“科技赶场”等形式进行科普宣传。其间，共播放科普录像、电影、幻灯片500场次，观众达10万余人次；举办科普宣传栏80期次，开展“科技赶场”400次，发放科普资料20多种12万余份，编制《科技信息简报》240期，印发48万份。

2000年至2013年，主要是围绕《全民科学素质行动计划纲要》的实施，在黔南“3·18”科技日、全国科技活动周、全国科普活动日和利用民族节日以及赶场天组织科技、文化、卫生“三下乡”开展科普一条街宣传活动；建设科普橱窗、科普活动室，推进科普进乡村、进学校、进社区、进企业、进基地。其间，开展“三下乡”活动210次，受训人达52.5万人次；制作科普图片展板100块，展示60场次；编印《无公害水晶葡萄栽培技术》《九阡李优质高效栽培技术》《三都柳源香鸡及林下养鸡技术》手册12500册，“科普简报”192期，发放5.76万份。

2007年9月14日，三都实施《全民科学素质行动计划纲要》启动仪式在县城隆重举行，时任县人民政府副县长陆祖宏作动员讲话，同年9月8日和9月28日，州、县开展“科普大篷车”进水各村、柳叠村开展“全国科普日”活动在央视新闻及省、州电视台播出。

2008年，为加强科普宣传阵地建设工作，建立永久性、经常化的科普宣传长廊。在县城政府路、柳江路、三合镇第一社区（凤凰广场）、水各村、龙场村、交梨葡萄基地、县鹏城学校、城关小学、二中等建立科普宣传专栏36个，广泛开展科普知识宣传，弘扬科学精神，普及科学技术。

2009年，实施“百万公众网络学习工程”，向机关、农村（社区）、学校延伸，提供公众学习平台。2011年，在交梨乡前进村、三合镇人山社区建立“百万公众网络学习工程”免费网站。

2013 年，开展全国第二次公众素养调查工作，对交梨乡高绒村、拉揽乡高寨村、排烧村、来楼村、拉揽村等五个点进行抽样调查。

三、科普培训

1980—1999 年，主要围绕良种良法为线，推广“三杂”优良品种，提高农民科学种植和养殖技术水平，开展农村实用技术培训，培养农村技术能手。种植业方面主要进行果树高产栽培、水稻温室两段育秧、水稻拉绳宽窄行栽秧、水稻半旱式栽培、油菜育苗移栽、玉米营养袋育苗移栽、农作物病虫草鼠害防治以及化肥、农药推广应用技术等科技培训。养殖业方面主要进行新品种引进推广、品种改良、饲养方法、疫病防治和稻田养鱼等实用技术培训。其间，共举办各种培训 400 多场次，培训 4 万多人次，培养农民技术人才 1200 多人。

2000—2013 年，主要以“畜、果、菜、竹、茶”五朵“金花”产业和高产、优质、高效“三高”现代农业方面开展农村实用技术“绿证培训”，培养科技示范户、科技“二传手”和新型农民。种植业方面主要进行早熟蔬菜、反季节蔬菜、脱毒马铃薯和“名、优、特”水果九阡李、水晶葡萄、脐橙、椪柑等高产优质技术培训。养殖业方面主要开展规模养殖、饲料配方、快速育肥、种草养鹅、林下养鸡、疫病防治和市场营销等科技培训。其间，共举办各种培训 200 多场次，受训 2 万多人次，有 8677 人经培训合格获“绿色证书”。

2008 年 6 月 22—29 日，开展“四送一训”科普惠农活动，由省科协统一组织 16 名农业科技专家组成“科普惠农讲师团”，分 8 个小组到全县 17 个乡镇 116 个村送科技、送资料、送项目、送新成果，开展农业实用技术培训，共培训 150 场次，受训 5000 多人次，发放技术资料 17000 多份。

2013 年，申请到贵州省科技扶贫项目——科普示范户适用技术培训资金 1 万元。根据贵州省科技扶贫项目的工作要求，县科协积极组织项目的有效实施，从 2013 年 6 月至 10 月，共开展了 6 次不同内容的科技知识、技术培训。参加培训的科技示范户和科技爱好者达 360 人次，培训内容主要有：水晶葡萄无公害高产栽培技术，水稻、玉米配方施肥，大蒜高产栽培技术，葡萄病虫害的防治，畜禽养殖技术，稻田养鱼技术等。同时，还与“阳光技术”相结合作了两期培训，发放资料 3600 份（册）。

四、科技推广

1980—1999 年，以办科技示范点为主，引进新品种、新技术，开展新科技试验示范与推广工作。1989 年，引进水晶葡萄在交梨乡前进村大坪组试种成功。1992 年，成立“三都水族自治县水晶葡萄研究会”。2010 年，交梨乡种植葡萄面积达 2.6 万亩，全县种植葡萄面积 4.5 万亩，形成了当地群众支柱产业。2011—2013 年，以创建科普示范基地、科普示范户、农村专业技术协会（农民经济合作社）为载体，实施“科普惠农兴村计划”，推进科技推广普及。在此期间，建立水晶葡萄、九阡李、蔬菜、脐橙、椪柑、甜茶、麻竹、养猪、养鸡、养鸭等科普示范基地 26 个、科普示范户 150 户。在水各村、龙场村建立科普活动站 1 个、科普活动室 1 个、科普橱窗 1 个、科普示范基地 1 个、科普宣传员 1 人，形成一批科普示范户、“六个一”科普示范村。2010 年，县科协水晶葡萄科普示范基地、大河镇养猪营销协会获中国科协表彰奖励。2011 年至 2012 年，组织两个受表彰点实施开展以“科普惠农兴村计划”为主的养猪、猪病、无公害葡萄种植及病虫害防治等，示范带动培训工作。受训 6000 多人，发放技术资料 30000 多份，辐射带动一县三乡镇 500 多户种植葡萄达 15000 亩。

五、青少年科普工作

青少年科普工作是科协工作的主要内容之一。县科协以建立科普教育示范基地、创建科技特色示范学校为载体，组织讲座、参观、制作、展示、竞赛、专栏等科普教育，在县鹏城希望学校、城关小学、县民中、二中等学校建立科普宣传栏，定期更换科普读物。

2000—2005年，三都被列为《联合国儿童基金会校外青少年非正规教育》项目实施县。其间，开展校外青少年科普讲座、现场参观、夏令营及实用技术培训等系列活动，受益人达1.2万人次。同时，为猴场村、高寨村、王家寨村、中和村、水龙村和板光村赠送电视机、影碟机一套以及体育活动用品。

2005年，建立县青少年气象科普教育示范基地。2007年，建立水晶葡萄科普教育示范基地等，为广大青少年搭建学习平台，每年组织在校青少年参观并讲座1~2次。

2007年，县科协创建县鹏城希望学校为“科技特色示范学校”正式启动。2008年，学校开展昆虫标本、植物标本、书法绘画、教具模型等科普竞赛活动。县级表彰优秀作品34件，推荐参加省、州“科技创新大赛”获州级一等奖二项、二等奖四项、三等奖三项，省级二等奖一项、三等奖一项的好成绩。2008年8月24日，省、州、县科协组织“科普大篷车”进校园，在县鹏城希望学校开展大型科普展示、科普讲座和与学生互动活动，全校师生3500人参加活动。2009—2013年，在青少年科普工作中，组织参加省、州“奥林匹克科技创新大赛”六届，有300人参赛，有11人参加省级复赛，荣获全国三等奖2人。在全县各中小学开展科普讲座126次，受益人3.15万人次。

第六节　文学艺术界联合会

县文学艺术界联合会成立前，全县有5个文化团体已经成立并开展各种文艺活动。县摄影家协会成立于20世纪70年代，由县文化馆王何以任协会负责人，牌子挂靠县文化馆，是三都水族自治县文学艺术界建立最早的一个业余文艺组织，有会员80余人。县文学创作协会于1986年成立，创建《都柳江文学》刊物，在县庆30周年之际出版，弥补了本县没有文艺刊物的历史空白。县书法美术协会成立于1990年3月10日。县音乐舞蹈协会始创于1990年3月10日。县民间文艺研究会成立于1990年3月10日，27名会员代表参加第一次代表大会，1999年6月28日召开第二次代表大会。

1999年6月28日，根据省、州文联的要求，结合联络、协调、服务各文艺家协会工作的需要，经县委批准同意，三都水族自治县召开了第一次全县文学艺术界代表大会，参会代表共51人，通过代表选举产生15人为委员的三都水族自治县文学艺术界联合会第一届委员会。文联成立后，因没有办公用房，机构挂靠县文化局合署办公。2002年1月，根据黔党办发〔2001〕16号《中共贵州省委办公厅关于印发〈贵州省各级群众团体机关机构改革实施意见〉的通知》以及三党发〔2001〕26号《关于三都水族自治县党政机关机构改革实施意见》的文件精神，县文联单列为正科局级部门，至2006年，县文联驻会共有3人。

2002年1月12日至13日，召开三都水族自治县文学艺术界联合会第二次代表大会，全县8个文艺家协会共77名代表参加了会议。

2009年，县文联分别被黔南布依族苗族自治州文联、贵州省文联评为“黔南州文联系统先进集体”“贵州省文联系统先进集体”。是年9月协助举办“探秘水族文化”大型采风活动以及中国散文学会与三都水族自治县联合主办的“中国著名作家三都行·水族文化大型采风活动”，十届全国政协教科文卫体委员会副主任、中国文联副主席王巨才，全国人大代表、《人民日报》原副总编、著名作家梁衡等30多位名家和省内20多家新闻媒体记者参加了活动，共探神秘水族文化。

是年与榕江、广西三江等三县文联联合编辑出版了《神奇的都柳江》大型宣传画册。

2010年，分别承办全国“百名村官论坛”“水书与易经三都论坛”。7月，协助承办了中国最浪漫感人的爱情故事征文“颁奖盛典”活动，中国作协《民族文学》三都创作基地正式挂牌成立，推荐11位本土文学爱好者加入了中国少数民族作家学会。是年举办三都景点征联大赛，形成了《关于在全国范围内征集三都十大景点楹联》的活动方案，县文联、县诗词楹联学会联合在中华楹联学会网、中华诗词学会网、月亮山文学部落网发出了相关征稿通知，在网络世界聚集了一大批关注三都的目光，国内众多楹联专家和广大楹联爱好者踊跃参与，共收到来自全国18个省市的作者发来描写三都十大景点楹联398副，2011年9月评奖揭晓，共有58副楹联作品、36名作者获奖。

2011年，会同深圳民俗摄影学会联合举办“神秘水族·魅力三都”首届全国摄影大赛，10月11日，颁奖仪式在三洞乡端坡隆重举行，活动为获得特等奖、金奖、银奖、铜奖、优秀奖的17幅作品的作者颁发了奖杯和奖金。同时编辑出版《神秘水族·魅力三都》宣传画册一书。是年，在黔南州旅发大会期间，成功举办了“中国水族文化网络歌手大赛决赛及颁奖典礼”；三都、独山、荔波三县“水书书法大赛”；深圳民俗摄影学会、三都摄影家协会“摄影大联展”等文化活动。创建《都柳江》文学内刊，共出版19期，培养和发现了三都的一批文学艺术人才。联合维维集团都匀分公司举办“水族青年张灵油画展”。创作编排水族“旭早”曲艺《山女泪》参加贵州第十一届杜鹃曲艺节，获优秀创作奖。培训节目《娩袅恒睢》，参加多彩贵州歌唱大赛获州级赛优秀奖。是年，县文联被省、州文联评为先进集体。

2012年4月18日，由贵州省水家学会、山东省威海市政协联合主办，县文联、文体广电旅游局承办的“走出大山、走向世界”水书艺术两岸巡展三都起航展大型活动，省、州相关领导、学者、省外收藏家、企业家及本县相关领导、水书专家等60余人出席开幕仪式，县城百姓及书法爱好者3000余人自发参加了活动。活动以“探索水书艺术，繁荣民族文化，增进民族团结，共绘经济文化发展宏图”为主题。以举办水书书法巡展的形式，促进民族文化交流，让世界了解水族，关注三都，促进民族地区经济社会和文化发展繁荣为主要目的。为搞好这次活动，王天国特地从山东带来40幅水书书法作品，县文联联系贵州民院教授、专家和本县水书爱好者50多人60幅作品共100幅水书书法作品参加了巡展，三都民族中学也组织了50多幅美术作品参展，县民族文工队还举办了专场演出，更加丰富了活动内容。这次办展为期5天，累计观展10000余人次。展出期间，还召开了专题研讨会，听了展出情况汇报，明确了下步工作思路，本次展出结束后，作品先后到湖南、青岛、香港、台湾展出，并在《中华美术》杂志水书专集出版。

是年，面向全县中小学生举办“环保征文”活动，收到稿件80余篇，约70000字，有部分优秀作品已被推荐到《都柳江》刊物上发表。

“神秘水族·魅力三都”“185”农业产业化摄影大赛。共有47人1115幅图片参赛，经黔南州摄影家评审，县摄影家协会莫善军创作的《丰收景象》（组照）获大赛一等奖；韦毓祥创作的《收获》、覃友寿创作的《丰收》、张敏创作的《优质工程无公害辣椒基地》分别获大赛二等奖；平立豪创作的《甜笑如蜜——好产品》、莫晓曦创作的《喜丰收》（组照）、黄晓创作的《大鹅饲养场》、韦毓坤创作的《希望》、吴晓霞创作的《果苗培植》、周朝霞创作的《精诚合作》等分别获大赛三等奖，有38名会员获大赛优秀奖，有25名会员获大赛入围奖。

“2012多彩贵州”舞蹈大赛《踩月亮》获原生态舞蹈类一等奖；《香绢情》《弦鼓舞》《摇马铃》分别获三等奖；《芦笙斗角》获优秀奖。获奖率达62.5%。民族舞蹈《踩月亮》进入省级赛一举夺冠，为全州争得了荣誉。

是年10月26日，建立三洞乡文学艺术界联合会，近60名代表和特邀代表豪情满怀参加了会议，标志着水族第一个乡级文联成立。11月4日至7日成功举办“喜迎十八大、永远跟党走”水书艺术、政协委员摄影展。同时正值贵州省水家学会第十次学术年会在三都召开之际，县文联充分发挥“联络、协调、服务”的作用，精选出精美的水书条幅58件，政协委员摄影作品100幅，吸引众多参加水家学会第十次学术年会来宾和市民参观，不仅为迎接党的十八大胜利召开创造了隆重、热闹的氛围，也为省水家学会第十次学术年会增辉添彩。

同年，深圳民俗摄影学会在鹏城希望学校联合启动了“神秘水族·魅力三都”第二届全国摄影大赛活动，授牌成立“深圳民俗摄影学会三都创作基地”。

是年，县二中4名水族学生（男女生各2名），到江苏盐城参加中央电视台举办的“民族手工艺制作展示”活动并进行水族歌舞表演。

12月19日至29日，水书专家到珠海参加“两岸四地非物质文化遗产精品博览会”活动。

2013年2月举办“学习贯彻十八大、豪情满怀迎新春”——“神秘水族·魅力三都”摄影展，展示反映三都风情风光、“185”农业工程成就、全民健身运动、鹏城学校“智同少年”摄影基地习作等图片共450幅，个人水书书法展120幅，历时近一个月，为同期县级两会的召开增添了一道亮丽的风景。

同时在凤凰广场举办春节歌咏比赛，共有22个队报名参加，其中原生态歌曲组有5个，三都创作歌曲组有17个。参赛选手以激情洋溢的演唱技术抒发了自己对党和祖国的热爱，赞美家乡的发展和变化，表达自己热爱家乡、憧憬美好生活的情感。整个活动中，掌声不断、高潮迭起、精彩纷呈。经过比赛，产生了原生态歌曲组张义珊等组合唱的苗族原生态歌曲《来吧，我们一起来跳月》获一等奖；岑文毅、吴嘉慧组合唱获二等奖。三都创作歌曲组周柏杉演唱的《今夜我不想离开》获一等奖；吴金荣演唱的《我的家在都柳江边》，石笛演唱的《中华水乡》获二等奖；周珊珊演唱的《中华水乡》，吴茂芝演唱的《中华水乡》，余路奇演唱的《我的家在都柳江边》获三等奖。其他参赛选手均获鼓励奖。

6月参加“中天未来方舟”2013多彩贵州歌唱大赛黔南赛区比赛，三都选送的原生态节目苗族民歌组合唱《打白走给》以98.55分的成绩获一等奖，水族民歌组合唱《港拱见》以98.1分的成绩获三等奖；王翌普演唱的《走在乌江纤道上》获民族唱法组优秀奖，周柏杉演唱的《母亲在家就在》《今夜我不想离开》获流行唱法优秀奖，为三都争得了荣誉。

原生态节目苗族民歌组合唱《打白走给》被州选上于6月18日到省参加比赛，通过全省原生态节目的大角逐，该节目获多彩贵州省级赛原生态类三等奖。

举办“祖国好、家乡美”青少年书画大赛征稿活动，全县共收到中小学生书画作品380件，170件作品入选，18名中小学生分别获书法、美术类一、二、三等奖，22名中小学生获优秀奖。9月10日，三都“祖国好、家乡美”中小学生书画联展在三都民族中学举行首展，为第29个教师节献上了一份厚礼。10月18日到水龙中学巡展，更加丰富了该校艺术节的内容。

4月24日，水书、马尾绣作品在贵州北部的革命历史名城遵义参加由遵义市文联、遵义红色书画院主办的“遵义会议80周年书画展系列之醉美遵义——将军、书画艺术家走进遵义”活动中展出，受到来自全国各地近200名将军和艺术家的青睐。

2013年黔南州“婚育新风进万家”美术、书法、歌曲创作比赛，三都农民书法家杨宗贵的作品获优秀奖。

第七节　残疾人联合会

三都水族自治县残疾人联合会（简称县残联）于1991年6月建立，为事业二级局机构，使用事业编制3人。1994年，根据机构改革“三定”方案，县残联由二级局升格为一级局。1995年6月，全县21个乡镇建立残联组织和工作领导机构，基层组织残疾人工作得到有效保障。1997年12月，县编委以三编〔1997〕12号文件，县残联下设办公室、康复培训股、教育劳动就业服务股三个内设机构。1998年8月，三府办函〔1998〕35号批复建立县残疾人服务社，全县21个乡镇也相继建立残疾人服务分社。2004 年 10 月 16 日，全县成立了肢残人协会、盲人协会、聋人协会、智力残疾人及亲友协会、精神残疾人及亲友协会等五个协会。

一、残疾人联合会代表大会

1991 年 6 月 21 日至 22 日，县残疾人联合会首届代表大会第一次会议召开，出席会议代表共 87 人，特邀代表有四大班子领导和“一府两院”负责人共 23 名。大会贯彻了《中华人民共和国残疾人保障法》《关于地方残联组建工作意见》《中国残疾人联合会章程》和省残疾人联合会的《实施细则》，大会依法选举出县残联第一届主席和副主席（3 人）及 22 名委员。

2000 年 4 月 10 日，在县城召开了县残联第二次代表大会，出席会议代表共 59 人（其中残疾人代表 35 名，占 59.32%）。大会选举产生残疾人联合委员会主席、副主席和委员。

2007 年 7 月 30 日，三都水族自治县残疾人联合会第五次代表大会在县城召开，出席会议代表共 50 人（其中残疾人代表 34 名，占代表总数 68%），选举产生三都水族自治县残疾人联合会第五届主席团主席、副主席及委员。

二、残疾人情况调查

1996 年年底至 1997 年，县残联牵头组织力量对全县 21 个乡镇开展残疾人情况初步调查。经调查统计，全县有残疾人 12285 户计 17109 人，占全县总户数的 18.72%，残疾人占总人口数的 5.87%。各类残疾人分别占残疾人总数的比例为：视力残疾人占 14.67%，听力和语言残疾人占 34.57%，肢体残疾人占 14.69%，智力残疾人占 19.24%，精神残疾人 3.79%，其他类残疾人占 13.07%。1998 年对全县 17245 名残疾人的文化素质、年龄分布、生存能力和劳动力情况等作了初步调查，结果为：文盲和半文盲占 72.18%，小学文化占 24.44%，初中占 2.09%，中专（高中）占 1.18%，大专以上占 0.1%；16 岁以下占 20.72%，17 岁至 59 岁占 55.32%，60 岁以上占 23.96%；自食其力生存者占 19.2%，依靠家庭和亲友生存者占 86.98%，依靠国家救济生存者占 1.83%；有劳动能力的残疾人占 53.02%，有半劳动力的残联人占 35.03%，丧失劳动力的残疾人占 11.95%。

1991—2011 年，全县共有各类残疾人 18200 人，占“九五”期末总人口数的 6.24%，其中视力残疾 2628 人，占全县残疾人总数的 14.44%；听力残疾 6174 人，占残疾人总数的 33.92%；肢体残疾 2828 人，占残疾人总数的 15.54%；智力残疾 3546 人，占残疾人总数的 19.48%；精神残疾 684 人，占残疾人总数的 3.76%；综合性残疾 2340 人，占残疾人总数 12.86%。从残疾人与全县人口比例结构看，平均每五户家庭就有一名残疾人，且 90%以上残疾人都生活在农村，有一半以上的残疾人还处在温饱线下。

三、残疾人康复

贵州省的残疾人康复工作是 1979 年才引起重视，1988 年，全国三项康复工作会议召开，对残疾人康复工作正式提出三项康复指标，即聋儿接受听力语言训练、矫治小儿麻痹症患者，治疗白内障患者。县残联积极响应国家和省的号召，多次聘请省级医疗队到三都，为残疾患者施行了白内障复明手术、儿麻后遗症矫治术和聋儿弱智家长语言智力培训。1993 年以后，县残联通过各种渠道，在卫生部门的配合与支持下，先后邀请中残联、省残联、州残联的复明手术队到三都为各族白内障患者施行复明手术，共施行复明手术 101 例，成功率达 100%。截至 2011 年年底，完成白内障复明手术 527 例，其中 55 岁以上的老年人占 91%，属老年性白内障，占“八五”计划任务的 113.4%，复明率为 99%；为 9 名低视力患者配镜，提高了视力，占任务数的 300%；对 32 名儿麻后遗症患者进行了矫治手术，康复率达 80%；为患儿家长语言听力训练 25 人，占任务数的 100%，并对 13 名聋儿配置了发音助听器，恢复了听力；为弱智家长儿童智力训练33人。

四、残疾人教育

县残联未成立前，对残疾人教育问题的认识不足、重视不够，就1990年县教育局的初步调查统计，残疾儿童入学率仅占12.3%。1991年残疾人教育工作开始启动，县残联积极配合教育部门，联系县城几所中小学校和幼儿园共收纳14名残疾儿童入学，其中弱智10人、肢残4人。当年还有一名肢残青年，自学成才参加成人高考，被贵州省高校录取入学，全县的特教工作出现良好发展势头。

根据《中华人民共和国残疾人保障法》《中华人民共和国残疾人教育条例》及有关残疾人教育工作的政策和法律法规，“八五”“九五”期间，县残联配合教育部门抓了三类残疾学龄儿童教育，把三类残疾学龄儿童教育纳入普及义务教育的总体规划同步实施，“八五”前，全县残疾儿童教育入学率均为空白。1993年教育局和县残联以会代训，培训了全县21个乡镇农教员。1994年县残联和县教育局对全县盲、聋、弱智、肢残等四类残疾儿童入学情况进行了调查。通过调查统计，全县应入学残疾儿童477名，随班就读163人，占应入学人数的34.2%，其中盲童占16.3%，聋儿占17.4%，弱智儿童占39.8%，肢残占28.5%，完成和超额完成了残疾儿童入学率任务的两个15%和20%的比例。自贵定聋哑学校1994年建校招生后，每年县残联积极寻找生源输送入学，当年输送6名聋儿和2名弱智儿童在贵定聋校就读。通过几年的努力学习和培训，有2名聋哑儿能开口说话，3名聋儿用文字代替语言对话，填补了三都水族自治县无聋哑儿童入学的空白。1997年县残联与教育部门积极配合，对全县残疾儿童因家庭贫困而辍学的残儿进行调查，全县共有辍学残疾儿童125名。1999年解决和办理了13名20年左右教龄的残疾人民办教师转为公办教师，协调县公安局为25户63名残疾人困难户办理了农转非，同时解决了他们的子女入学难问题。

2000年度协调教育部门组织三类适龄残疾儿童复查，为实施“中西部盲童入学项目”创造条件，经复查全县有三类残疾儿童303人，其中盲童18人（占5.94%），弱智17人（占56.1%），聋童108人（占35.64%）。还有随班就读的学龄儿童132人（不含盲童），残疾学生录取中专1人。2001年县残联积极配合教育部门，开展对未入学适龄残疾儿童进行调查，为“十五”特殊教育的改革和发展摸清底数，经调查统计全县未入学残疾儿童共有402人，其中三类儿童少年240人（占59.7%），并积极向上级争取1000元资金，帮助贫困残疾儿童解决了困难。“十五”期间的三类残疾儿童有近千人，全县21个乡镇通过“两基”调查，三类残疾儿童实际入学率占应入学率的62.7%。县残联实施“长江新里程计划”工程，共争取14名贫困低视力儿童得到救助，救助2100元。

五、职业培训与劳动就业

从1979年开始，残疾人劳动就业问题得到进一步重视，各级人民政府通过各种渠道为残疾人提供更多的就业机会。1986年，省盲聋哑人协会在黔南州开办学制两年的盲人按摩训练班，三都选送2名盲人参加按摩训练班培训，同时选送3名聋哑人到省理发训练班学习，这些学员结业后均单独开业。为加强全县盲人按摩的领导和管理工作，成立了“盲人按摩服务站”，与康复培训股实行两块牌子一套人马，于1995年年底在县城首家开设盲人按摩诊所，填补了全县无按摩诊所的空白，2008年年底在县城共成立了3家盲人按摩培训诊所。1997年至2011年间共选送15名盲人到州培训。

1997年，根据《中华人民共和国残疾人保障法》、省政府18号令和县政府〔1997〕32号《关于分散按比例安排残疾人就业办法》文件精神，成立县残疾人劳动就业服务所，广泛开展残疾人待业调查、就业、登记、评估、职业培训和就业介绍。1998年年初，县人民政府发出了《关于分散按比例安排残疾人就业的通知》,《通知》规定:凡县城镇常住非农业人口,符合《中华人民共和国劳动法》规定的就业年龄,残疾程度符合国务院规定的标准,并在县残联办理了“中华人民共和国残疾人证”,本人有就业要求,经县残联审定后,列入分散按比例安排的对象;在本行政区域内的国家机关、社会团体企事业单位以及其他经济组织,要按不低于单位在职职工(包括在职干部职工、合同工、临时工、轮换工、季节工、民办教师、代课教师)人数1.5%的比例,积极安排残疾人就业,各单位在安排残疾人就业时,应从残联、就业办服务所推荐的无业残疾人中录(聘)用,并通过人事劳动部门办理录(聘)用手续,使其平等享受各项待遇,保持就业的稳定。“十五”期间全县依靠各种形式就业的残疾人有7200余人,其中农业就业7000人,城镇个体从业75人,分散按比例就业35人,集中安置就业30人,收取残疾保障金8.5万元,选送20名盲人参加按摩培训,已有15人就业。举办各类残疾人就业技术培训班10期,参训150人;农村举办各种实用技术培训班12期,参训人员1900人,其中残疾青年1495人。

为保护残疾人的合法权益,使残疾人享受到特殊的待遇,2002年10月19日,县人民政府以三府〔2004〕40号文颁发了《三都水族自治县关于残疾人优惠政策的若干规定》的通知。优惠政策出台后,有关部门依照条款,在各方面给予残疾人不同程度的优惠。1991年县残联成立至2011年年底,全县帮助残疾人就业231人,分别安排全民单位、国有企业、林场、棉纺厂及扶持个体开业。

六、维权

2002年11月中旬,县残联、县司法局、县法律援助中心联合成立了“三都水族自治县法律援助残疾人工作站”。2005年9月12日,县残联、县司法局两家下发三残联〔2005〕12号文件《关于委托三都水族自治县司法局天宝律师事务所增设三都水族自治县残疾人法律服务所的通知》,设立为社会特殊弱势群体提供法律援助的工作机构,明确该机构及时有效地为残疾人提供法律服务。

县残联成立后全县共办理2690人(本)残疾人证,为民政部门发放城镇、农村残疾人特困户低保金提供依据,保障残疾人权益。

七、文体活动与技能比赛

黔南州首届伤残人运动会于1991年10月22日至23日在都匀市举行,三都选派8名运动员组队参加,共获得两项第一名、四项第二名、一项第三名、两项第五名、一项第六名,以团体总分43分的成绩名列全州十二个县(市)第五位。当年,县残联还在都柳江“长廊”展出两期共86张反映残疾人社会精神风貌的宣传照片,选送15幅照片参加省上举办的首届“残疾人在我心中”摄影大奖赛,帮助和鼓励残疾人平等参与社会生活,共享社会主义物质文明、政治文明、精神文明和文化成果。

1992年的“三八”节和“五一”节期间,县残联与妇联、工会、团委、文化局、宣传部联合举办文艺活动,县残联推荐陈洪参赛获奖。1992年10月和1993年8月,县残联在县城分别举办首届全县残疾人田径运动会和棋类比赛,选拔优胜者组队参加全州残疾人运动会,8名运动员参赛7人获奖,团体总分获全州第四名;在棋类比赛中,二人夺全州榜首,团体总分获得第三名,三都水族自治县残联获全州“道德风尚奖”。1993年7月1日,选送三合镇和周覃镇的肖佳洪、周建银两名肢残青年参加由州残联、州文化局举办的“祖国在我心中”演唱会获奖。1994年10月,选送反映残疾人自强不息照片参加由州委宣传部、州残联举办的“残疾人在祖国怀抱中”摄影大赛,有3幅照片获奖。1995年10月,举办第二届“平等、参与、共享”残疾人棋类比赛。2000年4月初,选送县城自学成才家用电器维修的肢残青年刘万龙,代表黔南州残疾人参加全省电子装配和调试竞技比赛,荣获全省技能竞赛第二名。2001年5月参加全州第三届残疾人文艺调演活动,三都的水族情歌《哥妹相会》获声乐二等奖。

2005 年 5 月至 8 月，县残联和县肢残协会组建由 7 名肢残青年组成的水族原生态、水族大歌合唱队，分别参加第六届全国残疾人艺术汇演广东赛区、贵州省残疾人艺术汇演、黔南州第四届残疾人文艺调演暨运动员庆功会、首届“多彩贵州”歌唱大赛黔南赛区三都初赛区、贵州·三都卯节等比赛活动，荣获第六届全国残疾人艺术汇演广东赛区铜奖、贵州省残疾人艺术汇演“特别鼓励奖”、首届“多彩贵州”歌唱大赛黔南赛区三都初赛区“民间唱法组特别节目奖”、贵州·三都——中国水族卯文化风情之旅民歌大赛“原生态演唱鼓励奖”等诸多奖项。

2009 年 5 月 8 日，选送小品、声乐、器乐、舞蹈四个节目参加第五届黔南州残疾人艺术汇演评选，小品《此时无声》获金奖，《三都我可爱的家乡》器乐合奏获铜奖，《从头再来》获舞蹈类辅导奖，同时还荣获此项活动组织奖。

八、残疾人危房改造工作

2009 年，根据《贵州省残疾人事业专项彩票公益金农村残疾人危房改造项目“十一五”实施方案》和《三都水族自治县“专项彩票公益金农村残疾人危房改造项目”实施方案》文件的相关要求，三都按照“统筹规划、分批实施，资金配套、专款专用，因地制宜、保证质量”的原则，6 月份启动此项工作，将任务和资金落实到各乡镇、贫困残疾人中，截至 10 月，落实完成专项彩票公益金农村残疾人危房改造项目 50 户，每户 4000 元，投入资金 20 万元，残疾人危房改造项目工作于 10 月底通过县级验收。

2011 年，总援助对象 8 户，每户 2500 元，其中：中央补助 1400 元，省残联补助 700 元，州残联补助 100 元，县残联补助 300 元。截至 5 月 18 日，均竣工入住，8 月下旬通过州级验收。

第五篇 政权·政协

第一章 人民代表大会

1978 年，三都水族自治县政权领导机构是县革命委员会。1980 年 1 月，第七届人民代表大会依法设立三都水族自治县人民代表大会常务委员会。县人民代表大会常务委员会常设机构自 1980 年 2 月正式成立，到 2013 年年底，历经第七届至第十五届共九届人民代表大会。县人大常委会机构建立时只有人大常委会办公室，机关编制 14 名。1988 年，县人大常委会下设“五委一室”，即代表工作委员会、民族宗教侨务工作委员会、内务司法工作委员会、农村经济工作委员会、教育科学文化卫生工作委员会、人大常委会办公室。20 世纪 90 年代初，增加编制 2 名。2002 年 1 月，县人大常委会机关设县人大办公室、代表工作委员会、科教文卫工作委员会、民族宗教侨务工作委员会、内务司法工作委员会、农村经济工作委员会 6 个机构。2005 年 9 月 9 日，设置县人大常务委员会信访督查室。2013 年 10 月 21 日，增加县人大机关工勤编制至 9 名。至 2013 年年底，县人大机关有行政编制 16 人，事业编制 3 人，工勤编制 9 人。

第一节 三都水族自治县人民代表大会

县内实行人民代表大会制度，于 1954 年 6 月召开三都县第一届人民代表大会，1955 年 9 月，国务院通过“撤销三都县，建立三都水族自治县”的决定。1956 年 12 月召开三都水族自治县第一届人民代表大会第一次会议，至 1980 年 1 月，共召开六届人民代表大会。1980 年 1 月至 2013 年 12 月，共召开七届至十五届人民代表大会。1995 年县级人民代表大会任期由 3 年改为 5 年。三都水族自治县人民代表大会履行宪法和法律赋予的职责，依法选举产生县人民代表大会常务委员会、人民政府组成人员和人民法院院长、人民检察院检察长，听取和审议县人大常委会、人民政府、人民法院、人民检察院、计划、财政等工作报告。为依法做好选举工作，在每届人民代表大会的第一次会议前，县设立选举委员会主持人民代表选举工作。人民代表大会代表（以下简称人大代表）由选民直接选举产生，分为成立机构、宣传动员、培训骨干、选区划分，选民登记、公布选民名单，提名推荐、协商确定正式代表候选人，投票选举、代表资格审查四个阶段进行。县第七、八、九、十届人大代表名额由县选举委员会依法计算确定。全县人大代表选举每届选区划分为约 80 个，1980 年第七届人大代表的选举工作机构是县建立选举委员会，区建立选举指导小组，公社建立选举委员会，各大队建立选举工作小组，各生产队建立选区小组。1993 年以后县人大代表的选举工作机构均是县、乡镇分别设立选举委员会，选区设立换届选举领导小组。选民登记以选区为单位进行。选民名单于选举日的20日前张榜公布。各政党、各人民团体可以联合或者单独推荐候选人，选民10人以上也可以联名推荐候选人。候选人名单于选举日15天前公布于众，然后再由选区组织选区小组反复酝酿、协商，根据多数选民意见确定正式代表候选人名单。选民凭身份证或选民证领取选票。各选民根据实际、采取召开选举大会或设立投票站、流动票箱等形式组织选民进行投票。根据投票结果，公布当选名单，报经县选举委员会审查后，以公告形式予以公布。选出的代表经县人大常委会代表资格审查委员会审查后，提请县人大常委会确认。代表名额的分配由县选举委员会依照法律法规的规定，将应选名额分配到各选区，每一选区选举代表名额为1~3名，城镇各选区、农村各选区所代表的人口数大体相等。乡镇人大代表的选举，由县人大常委会在各乡镇设立选举委员会主持。

一、第七届人民代表大会

1980年1月，根据《中华人民共和国地方各级人民代表大会和地方各级人民政府组织法》的规定，召开第七届县人民代表大会，建立人民代表大会常务委员会常设机构，主任委员、副主任委员均系选举产生。

第七届人民代表大会第一次会议于1980年1月31日至2月6日在县城召开。出席代表共386人，会议听取和审议县革命委员会报告，听取和审议县级财政预算报告，听取和审议人民法院和人民检察院工作报告。选举陆道邦（水族）为县人大常委会主任，张继登、赵凤翔、韦佐臣（水族）、金文成、吴祖隆（苗族）为副主任，委员9人。选举蒙开江（水族）为县长，韦有康（水族）、于廷富、岑儒卿（布依族）、罗玉光（苗族）、肖恒敏、韦秀英（女、水族）为副县长。选举胡兴和（水族）为县人民法院院长，马仕慈（布依族）为县人民检察院检察长。选举出席黔南州第七届人民代表大会代表56人。听取提案审查委员会审查报告，通过有关决议和报告。本届任期3年。

第七届人民代表大会第二次会议于1981年7月17日至21日在县城召开，会议学习中共中央十一届六中全会有关文件，听取和审议并通过政府工作报告，听取和审议1980年国民经济计划执行情况和1981年国民经济计划安排意见的报告，听取和审议1980年财政决算和1981年财政预算的报告。审议并通过县人大常委会、县人民法院和县人民检察院工作报告。

第七届人民代表大会第三次会议于1982年8月25日至30日在县城召开。会议听取和审议并通过政府工作报告，听取和审议并通过1981年国民经济执行情况和1982年国民经济计划安排意见，听取和审议并通过1981年财政决算和1982年财政预算执行情况的报告，听取和审议并通过人大常委会、人民法院及人民检察院工作报告，讨论修改《三都水族自治县自治条例》。会议同意陆道邦辞去县人大常委会主任职务，张继登、赵凤翔、金文成辞去县人大常委会副主任职务，马仕慈辞去县人民检察院检察长职务。补选石明卿（水族）为县人大常委会主任，马仕慈（布依族）、逯瑞华、蒙光磊（女、水族）为副主任，石应基（水族）为委员，韦国鼎（水族）为县人民检察院检察长。

第七届人民代表大会第四次会议于1983年8月7日至10日在县城召开。出席代表共362人，列席代表135人。听取和审议政府工作报告，听取和审议财政决算、预算报告，听取和审议法院、检察院的工作报告，通过相关决议。

二、第八届人民代表大会

第八届人民代表大会第一次会议于1984年11月19日至24日在县城召开，出席代表233人。会议听取和审议县人民政府工作报告，审查1983年国民经济和社会发展计划执行情况和1984年计划安排报告，听取和审查1983年财政决算和1984年财政预算（草案）的报告，听取和审查县人大常委会的工作报告。选举石明卿（水族）为县人大常委会主任，马仕慈（布依族）、韦有康（水族）、吴祖隆（苗族）、逯瑞华、岑儒卿（布依族）、韦佐臣（水族）、蒙光磊（女、水族）为副主任，委员9人。选举潘世仁（水族）为县长，张锦清、王秀光（布依族）、韦秀英（女、水族）、陈国兴为副县长，潘世泽（水族）为县人民法院院长、韦国鼎为县人民检察院检察长。本届任期3年。

第八届人民代表大会第二次会议于1985年4月11日至14日在县城召开。会议审议并批准政府工作报告及1984年主要计划执行情况和1985年国民经济发展计划（草案）的报告，审议并批准县1984年财政决算和1985年财政预算安排（草案）的报告，审议并批准人大常委会工作报告，审议并批准县人民法院、人民检察院的工作报告。

第八届人民代表大会第三次会议于1986年2月28日至3月4日在县城召开，会议选举出出席黔南州第八届人民代表大会代表。

第八届人民代表大会第四次会议于1987年3月17日至20日在县城召开。

三、第九届人民代表大会

第九届人民代表大会第一次会议于1987年8月24日至30日在县城召开。出席代表162名，会议听取和审议县人民政府、人大常委会、人民法院、人民检察院工作报告，审查批准《三都水族自治县1987年国民经济社会发展计划安排和执行情况的报告》及《三都水族自治县1987年财政预算和执行情况的报告》。选举马仕慈（布依族）为县人大常委会主任，韦有康（水族）、韦正权（苗族）、陈国栋为副主任，委员13人。选举韦国鼎（水族）为县人民政府县长，刘体正（水族）、张锦清、陈国兴、岑吉芬（女，布依族）、雷启成（苗族）为副县长，蒙恩儒（水族）为县人民法院院长，帅西成为县人民检察院检察长，本届任期3年。

第九届人民代表大会第二次会议于1988年3月15日至18日在县城召开，听取和审议“一府两院”和人大常委会工作报告以及国民经济和社会发展计划安排、财政预算报告，并作出和通过相应的决议。

第九届人民代表大会第三次会议于1989年3月24日至27日在县城召开，会议内容与第二次会议相同，同时通过《三都水族自治县自治条例》和相关决议。

四、第十届人民代表大会

第十届人民代表大会第一次会议于1990年4月27日至5月3日召开，出席代表184名。大会听取和审议《三都水族自治县人民政府工作报告》《三都水族自治县1989年国民经济和社会发展计划执行情况和1990年计划（草案）安排意见的报告》《三都水族自治县人民代表大会常务委员会工作报告》《三都水族自治县人民法院工作报告》《三都水族自治县人民检察院工作报告》。选举韦有康（水族）为县人大常委会主任，韦正权（苗族）、陈国栋、张加云（布依族）、韦国恒（女、水族）为副主任，委员14人。选举韦国鼎（水族）为县人民政府县长，刘体正（水族）、岑吉芬（女，布依族）、雷启成（苗族）、韦杰铮（水族）为副县长，蒙恩儒（水族）为县人民法院院长，帅西成为县人民检察院检察长。本届任期3年。

第十届人民代表大会第二次会议于1991年3月25日至30日在县城召开，听取和审议“一府两院”和人大常委会工作报告，并作出和通过相应的决议。会议还听取和讨论了《全县国民经济社会发展十年规划和“八五”计划纲要（草案）》的报告，以及讨论修改通过差额选举办法，以无记名投票的方式选举潘茂修、裴金科等30人为出席黔南州九届人民代表大会代表。

第十届人民代表大会第三次会议于1992年3月25日至29日在县城召开，听取和审议“一府两院”和人大常委会工作报告，并作出和通过相应的决议、决定。

五、第十一届人民代表大会

第十一届人民代表大会第一次会议于1993年4月15日至20日在县城召开，出席代表189名。会议听取和审议县人民政府、国民经济、财政预算、人大常委会、人民法院、人民检察院等工作报告。选举韦耀军（水族）为县人大常委会主任，吴承君（苗族）、陈国栋、蒙恩儒（水族）、韦国恒（女，水族）为县人大常委会副主任，委员13人。选举蒙秉武（水族）为县人民政府县长，韦绍凯（水族）、雷启成（苗族）、韦杰铮（水族）、曹季祥、岑吉芬（女，布依族）为副县长。选举韦祖宏（水族）为县人民法院院长，韦育品（水族）为县人民检察院检察长。根据《中华人民共和国宪法》和《中华人民共和国地方各级人民代表大会和地方各级人民政府组织法》规定，第十一届人民代表大会及以后任期为5年。

第十一届人大二次会议于1994年3月12日至15日在县城召开，出席代表187名，听取和审议"一府两院"和人大常委会工作报告，并通过相应的决议。

第十一届人大三次会议于1995年3月25日至28日在县城召开，出席代表185名，会议内容与第二次相同。

第十一届人大四次会议于1996年4月24日至29日在县城召开，出席会议代表182名，列席代表52人，特邀列席19人。会议听取和审议县长蒙秉武作的《关于三都水族自治县国民经济和社会发展"九五"计划及2010年远景目标纲要的报告》，审查和批准《三都水族自治县国民经济和社会发展第九个五年计划及2010年远景目标纲要（草案）》，听取和审议县人民政府关于国民经济计划和财政预算的报告，听取和审议县人大常委会、县人民法院、县人民检察院的工作报告，并讨论和通过相应的决议。会议采用无记名投票的方式补选周锡怀（布依族）为县人大常委会副主任，选举胡品荣等26人为出席黔南州第十届人民代表大会代表。

第十一届人大五次会议于1997年3月17日至19日在县城召开，出席代表181名，实到会151人，列席和特邀代表112人。会议听取和审议"一府两院"和人大常委会工作报告及县人民政府关于国民经济计划和财政预算报告，并作出和通过相应的决议。

六、第十二届人民代表大会

第十二届人民代表大会第一次会议于1998年3月8日至13日在县城召开，本届代表186名，列席代表94名，特邀代表28名。大会选举了由39人组成的主席团，推选常务主席12人。大会听取和审议由代理县长韦绍凯、县人大常委会主任韦耀军、县人民法院代理院长孙建朝、县人民检察院代理检察长丁爱民作的工作报告以及国民经济和社会发展计划和财政预算的报告，并作出和通过相应的决议。会议采用差额选举办法和无记名投票的方式，选举产生第十二届人民代表大会常务委员会主任、副主任、委员和县人民政府领导班子。选举韦耀军（水族）为县人大常委会主任，周锡怀（布依族）、吴承君（苗族）、韦国恒（女、水族）、潘仲坤（水族）、万福来为副主任，选举产生常务委员会委员13名。选举韦绍凯（水族）为县人民政府县长，韦成念（水族）、王新义（布依族）、饶文霞（女、布依族）、朱臣国、贾朝军、王治安（水族）为副县长。选举孙建朝为县人民法院院长、丁爱民为县人民检察院检察长。

第十二届人大二次会议于1999年3月10日至13日在县城召开，出席代表186名，列席代表94名，特邀代表28名。会议听取和审议"一府两院"和人大常委会工作报告，以及国民经济和社会发展计划（草案）和财政预算报告，并讨论通过相应的决议。

第十二届人大三次会议于2000年2月13日至16日在县城召开，183名代表出席会议，会议听取和审议"一府两院"和人大常委会工作报告，以及国民经济和社会发展计划（草案）和财政预算报告，并审议通过相应的决议。

第十二届人大四次会议于2001年3月12日至16日在县城召开，180名代表出席会议，会议听取和审议县长韦绍凯作的《关于三都水族自治县国民经济和社会发展第十个五年计划纲要的报告》，听取和审议批准县人大常委会和人民法院、人民检察院的工作报告，以及计划、财政安排和预算报告。选举黎光武等26人为出席黔南州第十一届人民代表大会代表。

第十二届人大五次会议于2002年3月5日至9日在县城召开，本届代表183名。会议听取和审议“一府两院”和人大常委会工作报告，以及国民经济和社会发展计划草案、财政预算报告，并作出和通过相应的决议。因2002年县人大常委会主任韦耀军调离，第十二届人民代表大会第五次会议选举潘廷旺（水族）为县人大常委会主任。

七、第十三届人民代表大会

第十三届人民代表大会第一次会议于2003年2月24日至28日在县城召开，本届代表183名。大会听取和审议县人民政府、国民经济、财政预算、县人大常委会、县人民法院、县人民检察院等工作报告，选举潘廷旺（水族）为三都水族自治县人大常委会主任，韦成念（水族）、潘仲坤（水族）、饶文霞（女，布依族）、王治安（水族）、李子祥（苗族）、莫善亮（布依族）为副主任，委员12人。选举韦绍凯（水族）为三都水族自治县人民政府县长，王新义（布依族）、李翠云（女）、潘启孝（水族）、陆祖宏（布依族）、韦天翼（水族）为副县长。选举孙建朝为县人民法院院长、丁爱民为县人民检察院检察长。

第十三届人大二次会议于2004年2月13日至17日在县城召开，会议听取和审议“一府两院”和人大常委会工作报告，并通过相应的决议。会议通过了《三都水族自治县渔业管理办法》和《三都水族自治县人民代表大会立法规则》。

第十三届人大三次会议于2005年3月7日至11日在县城召开，会议听取和审议“一府两院”和人大常委会工作报告，并作出和通过相应决议。会议通过《三都水族自治县城镇管理条例》和《三都水族自治县乡村公路条例》。

第十三届人大四次会议于2006年2月15日至17日在县城召开，会议听取和审议“一府两院”和人大常委会工作报告，审查国民经济和社会发展计划（草案）和财政预算报告，听取和审议《三都水族自治县自治条例》修订案（草案），审议关于调整三都水族自治县县庆活动日期议案（草案），并作出相应的决议。会议决定，三都水族自治县成立纪念日仍为每年1月2日，举行县庆活动日期调整为每年9月28日。

本届只开四次会议，因乡级人代会任期五年，为便于选举工作，县人代会任期减少一年，乡级人代会任期多一年，达到县、乡同步换届选举。

八、第十四届人民代表大会

第十四届人大一次会议于2006年12月26日至30日在县城召开，本届人大代表186名。会议听取和审议“一府两院”和人大常委会工作报告，以及计划、财政报告。选举潘廷旺（水族）为县人大常委会主任，韦其贤（水族）、李子祥（苗族）、莫善亮（布依族）、李翠云（女）、潘国勘（水族）为副主任，选举委员17人。选举韦绍凯（水族）为县人民政府县长，张加春（水族）、陆祖宏（布依族）、潘启孝（水族）、李代平、顾海燕（女，苗族）为副县长。选举胡跃飞为县人民法院院长、莫桂梅（女，壮族）为县人民检察院检察长。

第十四届人大二次会议于2008年1月12日至15日在县城召开，会议听取和审议“一府两院”和人大常委会工作报告，以及计划、财政报告，审议通过《三都水族自治县水书文化保护条例》，会议补选张加春（水族）为县人民政府县长。

第十四届人大三次会议于2009年2月16日至19日在县城召开，本次会议实有代表182名，会议听取和审议“一府两院”和人大常委会工作报告，以及计划、财政报告。

第十四届人大四次会议于2010年1月11日至14日在县城召开，本次应到代表186名，会议听取和审议“一府两院”人大常委会工作报告，以及计划、财政报告，审议通过《三都水族自治县村寨消防条例》，并作出相应的决议、决定。

第十四届人大五次会议于2011年2月12日至15日在县城召开，本次会议应到代表184名，会议听取和审议“一府两院”和人大常委会工作报告，以及计划、财政报告，审议三都水族自治县国民经济和社会发展第十一个五年规划纲要，审议通过《三都水族自治县都柳江渔业条例》，补选韦其贤（水族）为县人大常委会主任。

九、第十五届人民代表大会

第十五届人大一次会议于2012年1月3日至6日在县城召开。本届人大代表186名。会议听取和审议“一府两院”和人大常委会工作报告以及计划、财政报告。选举韦其贤（水族）为县人大常委会主任，李翠云（女）、潘启孝（水族）、安国彪（布依族）、潘国勘（水族）、白绍海（布依族）、吴平昌（苗族）为副主任，选举委员16人。选举张加春（水族）为县人民政府县长，韦成波（水族）、潘仕进（水族）、高宏（苗族）、周泽祥（布依族）、黄俊（布依族）、韦族琼（女、水族）为副县长。选举李德林为县人民法院院长、莫桂梅（女，壮族）为县人民检察院检察长，选举丁匀等33人为出席黔南州第十三届人民代表大会代表。

第十五届人大二次会议于2013年2月26日至28日在县城召开。本届人大代表186名，闭会后至2013年12月，因工作需要调离本行政区域的代表1名，病故1名，因触犯刑法被终止代表资格1名，根据《中华人民共和国全国人民代表大会和地方各级人民代表大会选举法》有关规定，报经县委同意，补选2名，本次会议实有代表185名。会议听取和审议“一府两院”和人大常委会工作报告以及计划、财政报告。

1978—2013年三都水族自治县历届人大常委会主任、副主任名录

表5-1

届 次	职 务	姓名及任职时间	常委人数
县七届人大	主任	陆道邦（水族，1980. 2—1982. 8）	9
		石明卿（水族，1982. 8—1984. 11）	
	副主任	张继登（1980. 2—1982. 8）	
		赵凤翔（1980. 2—1982. 8）	
		韦佐臣（水族，1980. 2—1984. 11）	
		金文成（1980. 2—1982. 8）	
		吴祖隆（苗族，1980. 2—1984. 11）	
		马仕慈（布依族，1982. 8—1984. 11）	
		逯瑞华（1982. 8—1984. 11）	
		蒙光磊（女，水族，1982. 8—1984. 11）	

续表5-1

届　次	职　务	姓名及任职时间	常委人数
县八届人大	主任	石明卿（水族，1984. 11—1987. 8）	9
	副主任	马仕慈（布依族，1984. 11—1987. 8）	
		韦有康（水族，1984. 11—1987. 8）	
		逯瑞华（1984. 11—1987. 8）	
		吴祖隆（苗族，1984. 11—1987. 8）	
		岑儒卿（布依族，1984. 11—1987. 8）	
		韦佐臣（水族，1984. 11—1987. 8）	
		蒙光磊（女，水族，1984. 11—1987. 8）	
县九届人大	主任	马仕慈（布依族，1987. 8—1990. 5）	13
	副主任	韦有康（水族，1987. 8—1990. 5）	
		韦正权（苗族，1987. 8—1990. 5）	
		陈国栋（1987. 8—1990. 5）	
县十届人大	主任	韦有康（水族，1990. 5—1993. 4）	14
	副主任	韦正权（苗族，1990. 5—1993. 4）	
		陈国栋（1990. 5—1993. 4 ）	
		张加云（布依族，1990. 5—1993. 4）	
		韦国恒（女，水族，1990. 5—1993. 4）	
县十一届人大	主任	韦耀军（水族，1993. 4—1998. 3）	13
	副主任	吴承君（苗族，1993. 4—1998. 3）	
		陈国栋（1993. 4—1998. 3）	
		韦国恒（女，水族，1993. 4—1998. 3）	
		蒙恩儒（水族，1993. 4—1996. 3）	
		周锡怀（布依族，1996. 4—1998. 3）	
县十二届人大	主任	韦耀军（水族，1998. 3—2001. 11）	13
		潘廷旺（水族，2002. 3—2003. 2）	
	副主任	周锡怀（布依族，1998. 3—2003. 2）	
		吴承君（苗族，1998. 3—2003. 2）	
		韦国恒（女，水族，1998. 3—2003. 2）	
		潘仲坤（水族，1998. 3—2003. 2）	
		万福来（1998. 3—2003. 2）	
县十三届人大	主任	潘廷旺（水族，2003. 2—2006. 12）	12
	副主任	韦成念（水族，2003. 2—2006. 12）	
		潘仲坤（水族，2003. 2—2006. 12）	
		饶文霞（女，布依族，2003. 2—2006. 12）	
		王治安（水族，2003. 2—2006. 12）	
		李子祥（苗族，2003. 2—2006. 12）	
		莫善亮（布依族，2003. 2—2006. 12）	

续表5-1

届　次	职　务	姓名及任职时间	常委人数
县十四届人大	主任	潘廷旺（水族，2006.12—2011.1）	17
		韦其贤（水族，2011.2—2012.1）	
	副主任	韦其贤（水族，2006.12—2011.1）	
		李子祥（苗族，2006.12—2012.1）	
		莫善亮（布依族，2006.12—2012.1）	
		李翠云（女，2006.12—2012.1）	
		潘国勘（水族，2006.12—2012.1）	
县十五届人大	主任	韦其贤（水族，2012.1—2013.12）	16
	副主任	李翠云（女，2012.1—2013.12）	
		潘启孝（水族，2012.1—2013.12）	
		安国彪（布依族，2012.1—2013.12）	
		潘国勘（水族，2012.1—2013.12）	
		白绍海（水族，2012.1—2013.12）	
		吴平昌（苗族，2012.1—2013.12）	

第二节　县人大常委会

县人大常委会在县委的领导和上级人大的工作指导下，认真依法参与民族立法，行使决定权、任免权和监督权。

民族立法　依照法律规定，结合三都实际起草和修改《三都水族自治县自治条例》1部，起草单行条例6部，通过行政规章21项。

1981年开始起草《三都水族自治县自治条例》，到1984年先后草拟了婚姻、计划生育、林业等单行条例和征求意见修改县自治条例（草案），并在县七届人大三次会议原则通过县自治条例第三稿。1984年9月28日召开第30次常务委员会贯彻学习《中华人民共和国民族区域自治法》，并根据自治法精神，修改县自治条例，经外出参观学习和深入基层调查研究，于1987年修改形成县自治条例第七稿。

经过多次修改，《三都水族自治县自治条例》在1989年3月27日县九届人大三次会议通过。1992年11月5日贵州省第七届人大常委会第二十八次会议批准施行。结合2001年2月《中华人民共和国民族区域自治法》，县人大常委会重新编制三都的民族立法规划，先后修订和出台《三都水族自治县城镇管理条例》（省十届人大常委会第十五次会议通过，2005年10月1日起施行）和《三都水族自治县乡村公路条例》（省2005年5月27日通过，2006年11月1日起施行）。《三都水族自治县自治条例》于2006年3月30日修订，贵州省第十届人大常委会第二十次会议批准实施。

《三都水族自治县水书文化保护条例》经贵州省第十一届人大常委会第二次会议于2008年5月30日批准，2008年10月1日实施。《三都水族自治县村寨消防条例》经贵州省第十一届人大常委会第十四次会议于2010年3月31日批准，2010年6月1日起实施。《三都水族自治县都柳江渔业条例》经贵州省第十一届人大常委会第二十二次会议于2011年5月31日批准，2011年8月1日起实施。

2012年1月，县人大常委会换届后，为适应立法工作需要，调整立法工作领导小组，重新制订立法规划，抓好《三都水族自治县水库保护管理条例（草案）》的调研、起草、征求意见工作。组织修改《贵州省村民委员会选举办法修正案（草案）》《贵州省实施〈中华人民共和国村民委员会组织法〉办法修正案（草案）》《贵州省司法鉴定条例修正案（草案）》《贵州省食品安全条例（草案）》《贵州省开发区条例》。

2013年《三都水族自治县水库保护管理条例》送省、州人大及政府相关部门征求意见和修改，并报省人大民宗委组织论证，调研起草《三都水族自治县饮用水水源保护办法》，组织修改《贵州省人力资源市场条例（草案）》《贵州省见义勇为人员奖励和保护条例（草案）》和《黔南州水污染防治条例（草案）》。

行使决定权　县人大常委会自1980年成立以来，依照法律规定，对涉及全县全局性的重大问题、对全县改革发展有重大影响的事项、与广大人民群众切身利益密切相关和人民群众普遍关心的事项作出相关决定（决议）。1980年8月18日县第七届人大常委会第四次会议，审议县政府提请关于恢复水族人民“过端”的决定，经过审议，会议作出关于撤销水族人民统一“过端”的决议。1982年12月25日县七届人大常委会第十八次会议，作出同意县人民政府提出议案，从1983年起，将每年1月确定为三都水族自治县“民族团结活动月”，并开展活动。1990年8月28日县十届人大常委会第三次会议，审议县人大常委会调查报告后依法作出撤销县土管局《关于水龙乡拉佑村上扳羊组与合规组土地权属纠纷的处理决定》的决议。1990年12月4日县十届人大常委会第五次会议，听取和审议雷启成副县长作关于世界银行贷款1700万元资金安排使用情况的汇报，并作出相应决议。1999年2月24日县十二届人大常委会第六次会议，听取和审议县人民政府关于三都县城1997—2010年总体规划（修编）情况，并表决通过。2001年12月21日县十二届人大常委会第二十五次会议，听取和审议县政府关于撤销丰乐乡、烂土乡、廷牌乡，设立丰乐镇、合江镇、廷牌镇，并确定三个镇人代会届次。会议审议同意政府提出议案。2003年9月17日县十三届人大常委会第四次会议，听取和审议常委会主任会议《关于更改自治县县庆纪念日》的议案，决定将每年的1月2日县庆纪念日改到每年的9月28日。2004年4月27日县十三届人大常委会第九次会议，听取和审议县政府关于县行政办公中心搬迁的议案，经过审议，会议作出了《关于批准三都水族自治县行政办公中心搬迁的决定》。2004年8月19日县十三届人大常委会第十二次会议，听取和审议县政府关于县城总体规划建设用地作局部调整的议案，经过审议，决定：同意将原民族中学片区调整为行政办公用地，原四大班子所在地片区调整为商业用地的议案。2005年8月18日县十三届人大常委会第二十次会议，听取和审议县人民政府提请《关于三都民师（高级中学）和三都二中两校合并后命名的议案》。经过审议，决定将三都民师（高级中学）和三都二中两校合并后命名为“三都水族自治县第二中学”，原三都民族师范学校校牌继续保留。会议同意这个议案，合并命名为“三都师范（高级中学）”。2006年2月9日县十三届人大常委会第二十四次会议，审议通过关于调整县庆活动日期的议案，会议决定：三都水族自治县成立纪念日仍为每年公历1月2日，举行县庆活动日期调整为公历9月28日。2006年6月30日县十三届人大常委会第二十七次会议，听取潘启孝副县长作关于用教育转移支付资金作三都民中450万元逾期贷款续贷担保的议案。经过审议，会议作出同意县人民政府关于教育转移支付资金作三都民中450万元逾期贷款续贷担保的决定。2009年6月22日县十四届人大常委会第十八次会议，听取和审议县人民政府关于向县农发行借贷款解决路网建设资金的议案，关于提请审议县城总体规划（2007年至2025年）修编的议案。经过审议，会议作出同意两个议案的决定。2012 年 9 月 23 日县第十五届人大常委会第十四次会议决定：同意《三都水族自治县县城总体规划（2007—2025）实施评估报告》和《三都水族自治县县城总体规划（2007—2025）修改强制性内容专题论证报告》，县人民政府要按照实施评估报告和修改强制性报告内容加快修编工作，推动县域经济社会快速健康发展。2012 年 11 月 28 日县第十五届人大常委会第十五次会议决定：同意全面启动新区开发暨城市综合体和旅游开发项目；同意《三都水族自治县新区开发暨城市综合体和旅游开发项目投资战略合作框架协议范围内建设项目的回购保障和融资担保办法》。2013 年 12 月 21 日县第十五届人大常委会第十六次会议，听取和审议了三都水族自治县人民政府关于乡镇行政区划调整的议案。会议审议认为：按照国发 2 号文件提出的“统筹规划、合理布局、集约土地、完善功能，推进城镇化进程，引导产业向城镇和园区聚集”原则和县委“三大带动”战略，对全县乡镇进行行政区划调整，将有利于优化资源配置，推进城乡统筹发展，全面提高行政效能。同时，对加快推进全县城镇化建设步伐，促进县域资源的优化培植和合理利用具有十分重要的意义。会议决定，同意对全县现有 21 个乡镇撤并组建 7 个建制镇。根据《中华人民共和国宪法》第 107 条第 3 款的规定，三都水族自治县乡镇行政区划调整方案，由县人民政府按程序上报批准后执行。

行使任免权　根据相关法律规定，结合三都人事任免工作的实际情况，自 1980 年至 2013 年 12 月，县人大常委会共任免国家机关工作人员 1096 人。其中：接受辞去县人大常委会主任 2 人、副主任 1 人，任命代理县人大常委会主任 1 人，任免县人大常委会工委室主任 70 人；接受辞去县人民政府县长职务 4 人，任命代理县人民政府县长 3 人，任命县人民政府副县长 18 人，免去县人民政府副县长 38 人，任免县人民政府办公室主任及局长 447 人；免去县人民法院院长 3 人、代理院长 1 人，任命县人民法院代理院长 2 人，接受辞去县人民法院院长职务 1 人，任免人民法院副院长 27 人，任免县人民法院审判员、助理审判员、审判委员会委员、法庭庭长副庭长 349 人；免去县人民检察院检察长、代理检察长 2 人，任命县人民检察院检察长、代理检察长 3 人，任命副检察长 15 人，任免检察员、检察委员会委员 110 人。

行使监督权　人大及其常委会依法监督“一府两院”工作，对人大及其常委会选举、任命的国家机关工作人员、工作部门进行述职评议和工作评议，督促行政、司法部门建立执法责任制和错案追究制，进行个案监督等。1985 年，高硐发生一起非法拘禁，打伤致死一通奸当事人案件，由于对此案认定有分歧，久拖不结，死者亲属多次到人大上访，县人大常委会立案调查后，作出决定由司法机关依法提请批准逮捕犯罪分子。1987 年《贵州省计划生育试行条例》公布后，群众举报县政府一名副县长严重违反计划生育规定，经调查核实，及时作出决议撤销了该副县长的职务。1990 年 5 月，拉佑村村民韦汝申诉状告村党支部书记韦正昌，利用职权搞清原耕、继祖业、违反“四固定”等法律法规和政策规定而发生一起责任田权属纠纷案，由于政府部门执行政策失误和适用法律条文不当，县长批准国土局作出错误的处理决定，韦正昌拿县、乡政府文件，而村民韦汝拿着中和区公所文件，各自都拿着文件去抢耕同一责任田。县人大常委会对此案立案调查取证后，县十届人大常委会于 1990 年 9 月作出了《决议》，撤销了县、乡政府的错误处理决定。

1998 年 8 月 6 日，县人大常委会向农业局批转一件“非法制种”举报信。经县种子公司调查，发现奇江村张某等有 6 户农民非法种植 5 亩制种稻田，三合镇猴场村有 4 户农民非法种植 2 亩制种稻田。根据《中华人民共和国农业法》《中华人民共和国农业技术推广法》《中华人民共和国种子管理条例》等法律法规的规定，非法繁殖作物杂交种子，扰乱种子市场秩序，严重损害农民的合法利益，危害性极大。8 月 11 日和 13 日，按照三都县委、县政府的决定，由县农业局、公安局、种子公司、工商局、三合镇政府及公安派出所、烂土乡政府及公安派出所等部门负责人参与，先后在这两个村召开了村组干部、党团员、退伍军人、民兵等农户会议，宣读学习了《中华人民共和国农业法》《中华人民共和国农业技术推广法》《中华人民共和国种子管理条例》等法律法规。同时宣布对违法制种的张某等 10 户农民作出处理意见，7 亩稻株全部铲除。

1980 年至 2013 年 12 月，县人大常委会围绕全县的经济、财政、城镇建设、教育、文化、卫生、环境和资源保护、民政、民族宗教、公正司法等方面，先后听取和审议各项专项报告 209 个，组织常委会委员和部分人大代表对人大任免的国家机关工作人员、工作部门开展述职评议和工作评议 33 个。

议案建议办理　在每年一次的人民代表大会上，县人民代表都提出许多建议和意见，会后都转“一府两院”办理。县人代会期间收到的议案，多数都是反映某项专题工作的内容，有加快基础设施建设、发展民族经济、农业基地建设、城建方面等。经县政府及有关部门的共同努力，都已按期办复，做到了件件有答复，事事有交代。由近百名代表提出“乡村通电问题”的建议，县政府责成职能部门编制规划上报，争取立项后资金及时到位，使全县于 1998 年实现了乡乡通电。代表们提出“加大资金投入，提高科技兴农”的建议，县政府采取有效措施，加大了资金投入，责成农口部门一如既往地开展科技扶贫和科技兴农工作，举办各种农技培训班，培养新型农民科技队伍，提高农民科技管理水平，并建立了杂稻制种基地，全面推广“三杂”（杂稻、杂包、杂油），这些举措给传统农业注入了科技含量，收到了较好的经济效益和社会效益。代表们提出“发展商品羊和商品牛问题”的建议，县政府进行了多次认真研究，由畜牧部门承办该项目，近年来已广泛发展成为三都县的支柱产业。代表提出建设县城屠宰场的建议，调整公务员出差补助的建议，建县城牲畜市场的建议等，县政府高度重视，认真办理。代表们提出“加强干部队伍思想建设，加强社会治安”的建议，县政府对这个建议很重视，为进一步抓好干部队伍建设，县委、县政府专门出台关于加强精神文明建设的文件，号召全县干部职工学习雷锋和孔繁森精神，开展职业道德、社会公德和法律教育，以及创造文明单位、文明行业、文明村寨等一系列活动。

代表视察、接待、交流　县人大常委会每年都组织部分县人大代表进行视察一次以上。先后视察过世界银行贷款造林 10 万亩基地、硫铁矿山开采基地、黑山羊养殖基地、生猪饲养基地、九阡李基地、甜茶基地、白茶基地、速生丰产用材林 10 万亩基地、早熟蔬菜基地、水稻制种基地、麻竹基地、葡萄基地及全县教育、卫生、文化、城镇、市场、重点项目建设、民生工程、民族文化旅游、生态移民工程通村油路、农业产业化、退耕还林等建设项目。通过视察，针对工作中存在的问题提出建议和意见，形成视察报告，送县人民政府进行办理。

县人大常委会于 1985—1987 年先后接待过辽宁省人大常委会、新疆维吾尔自治区人大常委会、云南省人大常委会的领导和省内外民族自治县的人大常委会考察团；1994 年接待第八届全国人大常委会委员长乔石，了解三都的水族发展状况；2011 年 8 月接待第十一届全国人大常委会副委员长、民建中央主席陈昌智一行，到拉揽乡与林农座谈了解林业生态补偿情况。同时三都水族自治县人大常委会曾先后赴云南、四川、山东、山西、广西、广东、海南、湖南、重庆、湖北、河南、陕西、黑龙江等省、市、自治区的县、县治县、区考察学习。2010 年 7 月还举办过黔桂湘三省区十县（三都、榕江、黎平、从江、锦屏、湖南的通道、广西的三江、融安、融水、环江）人大工作联谊会，共同交流人大工作经验。2011 年 11 月承办黔南州地方人大工作经验座谈会，为三都的人大工作创新奠定了良好的基础。2013 年 6 月接待第十二届全国人大常委会副委员长、西藏自治区党委副书记向巴平措一行到三都专题调研民族区域自治法实施情况。

第三节　乡镇人大

县内乡镇从 1980 年开始设立人民代表大会，每三年一届，代表任期也是三年一届。每年召开一次人民代表大会，每届第一次会议都选举乡镇人大主席团和政府班子成员，听取和审议乡镇人民政府工作报告。

1988 年 7 月 15 日，《贵州省乡镇人民代表大会主席团工作暂行条例》出台后，三都 8 个区（镇）、37 个乡（镇）只有三洞乡、苗龙乡设有专职人大主席团主席，其余都只有兼职主席团主席。1991 年建镇并乡撤区后，全县 7 个镇 14 个乡都配有专兼职的主席、副主席。每年召开一次人民代表大会，会议内容有选举主席团成员，选举人大主席团主席、副主席和政府班子成员，听取和审议人大主席团工作报告、乡镇人民政府工作报告、财政预算报告以及其他事项，并作出相应的决议。2004 年全国人大修改《中华人民共和国宪法》及《中华人民共和国地方各级人民代表大会和地方各级人民政府组织法》后，乡镇人民代表大会任期由 3 年改为 5 年，与县级人大相同。为使县乡两级人大选举同步，省人大常委会决定，县级人大任期缩短 1 年，乡级人大任期延长 1 年，于 2006 年年底，县乡两级人大同时进行换届选举。乡镇人民代表大会主席团主席、副主席改为乡镇人民代表大会主席、副主席。到 2011 年 12 月乡镇换届时，全县 21 个乡镇，才真正设有专职的人民代表大会主席（不设副主席）。

为充分发挥各级人大代表在人代会闭会期间参与经济建设的积极作用，2012 年 10 月启动创建人大代表联合之家试点工作；2013 年 2 月，在各乡镇全面启动创建人大代表联合之家活动，到 12 月共建立人大代表联合之家 37 个。“家”的建设，目的是方便人民群众反映民意，密切代表与选民之间的联系，有效化解矛盾，促进社会和谐，也使代表履职作用得以充分发挥。

第二章　三都水族自治县人民政府

1978 年，三都水族自治县革命委员会履行政府工作职责。从 1980 年 1 月至 2013 年 12 月，三都共历经九届人民政府：第七届（1980 年 1 月至 1984 年 11 月）、第八届（1984 年 11 月至 1987 年 8 月）、第九届（1987 年 8 月至 1990 年 4 月）、第十届（1990 年 5 月至 1993 年 4 月）、第十一届（1993 年 4 月至 1998 年 3 月）、第十二届（1998 年 3 月至 2003 年 2 月）、第十三届（2003 年 2 月至 2006 年 12 月）、第十四届（2006 年 12 月至 2011 年 12 月）、第十五届（2011 年 12 月至 2013 年，第十五届人民政府任期未满）。

1980 年 1 月 31 日至 2 月 6 日，第七届人民代表大会第一次会议在县城召开，会议决定将三都水族自治县革命委员会改为三都水族自治县人民政府，并选举产生了人民政府县长、副县长。第七、第八、第九、第十届人民政府任期为三年，从 1993 年 4 月第十一届人民政府开始，每届任期为五年。县长、副县长由县人民代表大会选举产生，闭会期间，因工作需要，由县人大常委会任命个别副县长，决定代理县长。

1978—2013 年三都水族自治县历届人民政府领导班子成员情况

表 5-2

届　次	职　务	姓名及任职时间
县革命委员会	主　任	陆道邦（水族，1978. 1—1980. 2）
	第一副主任	邱玉郎（1978. 1—1980. 2）
	副主任	王　元（布依族，1978. 1—1978. 10）
		蒙开江（水族，1978. 1—1980. 2）
		蒙世花（女，水族，1978. 1—1979. 7）
		于廷富（1978. 1—1980. 2）
		赵凤翔（1978. 1—1980. 2）
		肖恒敏（1979. 3—1980. 2）
		韦有康（水族，1979. 7—1980. 2）
		罗玉光（苗族，1979. 7—1980. 2）
		韦秀英（女，水族，1979. 7—1980. 2）
县第七届人民代表大会期间的人民政府	县长	蒙开江（水族，1980. 2—1983. 12）
	代理县长	胡品荣（水族，1983. 12—1984. 11）
	副县长	韦有康（水族，1980. 2—1983. 12）
		于廷富（1980. 2—1982. 8）
		岑儒卿（布依族，1980. 2—1983. 12）
		罗玉光（苗族，1980. 2—1984. 11）
		肖恒敏（1980. 2—1983. 12）
		韦秀英（女，水族，1980. 2—1984. 11）
		黄洪飞（1982. 8—1983. 6）
		王秀光（布依族，1983. 12—1984. 11）
		陈国兴（1983. 12—1984. 11）
县第八届人民代表大会期间的人民政府	县长	潘世仁（水族，1984. 11—1987. 8）
	副县长	张锦清（1984. 11—1987. 8）
		王秀光（布依族，1984. 11—1987. 5）
		韦秀英（女，水族，1984. 11—1987. 8）
		陈国兴（1984. 11—1987. 8）
		雷启成（苗族，1986. 8—1987. 8）

续表5-2

届　次	职　务	姓名及任职时间
县第九届人民代表大会期间的人民政府	县长	韦国鼎（水族，1987.8—1990.5）
	副县长	刘体正（水族，1987.8—1990.5）
		张锦清（1987.8—1989.4）
		岑吉芬（女，布依族，1987.8—1990.5）
		陈国兴（1987.8—1990.5）
		雷启成（苗族，1987.8—1990.5）
		陈建伟（1988.5—1989.1）
县第十届人民代表大会期间的人民政府	县长	韦国鼎（水族，1990.5—1993.2）
	代理县长	蒙秉武（水族，1993.2—1993.4）
	副县长	刘体正（水族，1990.5—1993.2）
		岑吉芬（女，布依族，1990.5—1993.4）
		雷启成（苗族，1990.5—1993.4）
		韦杰铮（水族，1990.5—1993.4）
		曹季祥（1991.10—1993.4）
县第十一届人民代表大会期间的人民政府	县长	蒙秉武（水族，1993.4—1997.8）
	代理县长	韦绍凯（水族，1997.8—1998.3）
	副县长	韦绍凯（水族，1993.4—1997.8）
		雷启成（苗族，1993.4—1998.3）
		岑吉芬（女，布依族，1993.4—1996.9）
		韦杰铮（1993.4—1995.8）
		曹季祥（1993.4—1997.10）
		吉世印（1993.8—1996.10 挂职）
		消忠武（1994.8—1996.3）
		郭茂龙（1995.1—1996.1 挂职）
		李京民（1995.7—1997.7 挂职）
		王新义（布依族，1995.11—1998.3）
		饶文霞（女，布依族，1996.9—1998.3）
		李东亚（1996.4—1997.1 挂职）
		赵建卫（1997.7—1998.7 挂职）
		朱臣国（1997.8—1998.3 挂职）
		贾朝军（1997.8—1998.3 挂职）
		李明国（1998.3—1998.3 挂职）

续表5-2

届　次	职　务	姓名及任职时间
县第十二届人民代表大会期间的人民政府	县长	韦绍凯（水族，1998.3—2003.2）
	副县长	韦成念（水族，1998.3—2003.2）
		王新义（布依族，1998.3—2003.2）
		饶文霞（女，布依族，1998.3—2003.2）
		朱臣国（1998.3—1999.11）
		贾朝军（1998.3—2003.2）
		王治安（水族，1998.3—2003.2）
		陈有德（1999.11—2003.2）
		汪仲达（2002.5—2003.2 挂职）
县第十三届人民代表大会期间的人民政府	县长	韦绍凯（水族，2003.2—2006.12）
	副县长	王新义（布依族，2003.2—2006.8）
		韦天翼（水族，2003.2—2006.9）
		李翠云（女，2003.2—2006.12）
		陆祖宏（布依族，2003.2—2006.12）
		潘启孝（水族，2003.2—2006.12）
		李代平（2005.4—2006.12）
		张加春（水族，2006.8—2006.12）
		顾海燕（女，苗族，2006.9—2006.12）
		汪仲达（2003.2—2003.5 挂职）
		袁承东（2004.2—2005.2 挂职）
县第十四届人民代表大会期间的人民政府	县长	韦绍凯（水族，2006.12—2007.6）
		张加春（水族，2007.6—2012.1）
	副县长	张加春（水族，2006.12—2007.6）
		陆祖宏（布依族，2006.12—2011.10）
		潘启孝（水族，2006.12—2012.1）
		李代平（2006.12—2011.10）
		顾海燕（女，苗族，2006.12—2011.10）
		赵　兵（2007.4—2009.4）
		韦成波（水族，2008.7—2012.1）
		彭　涛（2009.8—2010.8 挂职）
		杨　戈（2009.9—2011.9 挂职）
		杨昌明（2010.9—2011.9 挂职）
		毛佐林（2011.3—2012.1 挂职）
		杨实践（2011.5—2012.1 挂职）
		潘仕进（水族，2011.7—2012.1）
		周泽祥（布依族，2011.7—2012.1）
		高　宏（苗族，2011.10—2012.1）
		黄　俊（布依族，2011.10—2012.1）

续表5-2

届　次	职　务	姓名及任职时间
县第十五届人民代表大会期间的人民政府	县长	张加春（水族，2012. 1—2013. 12）
	副县长	韦成波（水族，2012. 1—2013. 6）
		潘仕进（水族，2012. 1—2013. 12）
		高　宏（苗族，2012. 1—2013. 11）
		周泽祥（布依族，2012. 1—2013. 12）
		黄　俊（布依族，2012. 1—2013. 12）
		韦族琼（女，水族，2012. 1—2013. 12）
		蒋　亮（2012. 4—2013. 4 挂职）
		王藏敏（2012. 4—2013. 4 挂职）

第一节　机构设置

1980 年 1 月 31 日，第七届人民代表大会第一次会议召开，将三都水族自治县革命委员会改为三都水族自治县人民政府。县人民政府下设办公室、编制委员会、计划委员会、民族事务委员会、科学技术委员会、体育运动委员会、计划生育委员会、人事局、劳动工资局、人防办公室、知青办公室、民政局、公安局、司法局、统计局、物价局、基建科、工交局、社队企业局、轻工局、邮电局、物资局、农机局、农业局、畜牧局、林业局、水电局、财政局、税务局、工商局、商业局、供销社、粮食局、人民银行、农业银行、建设银行、教育局、广播局、卫生局、爱委会办公室等 40 个单位，下辖 7 个区公所、1 个乡级镇人民政府、37 个公社管理委员会。

1984 年 3 月 3 日，县人民政府工作部门实行机构调整，调整后除了保留部分原有机构外，合并或合署办公的有：劳动工资局与人事局合并为劳动人事局，保留编制委员会名称；农业局与畜牧局合并为农牧局；档案局与档案馆合署办公，两块牌子，一套人员；体育运动委员会与县教育局合并，保留体育运动委员会的名称；爱国卫生运动委员会办公室与卫生局合并，保留爱委会的名称。改变性质或名称的有：工交局改为交通局，城乡建设环境保护委员会改为城乡建设环境保护局，广播事业局改为广播电视局，物资局改为物资供应公司，广播事业局改为乡村工业公司，农机局与农机站合并为农机管理服务站，供销合作社改为供销合作联社；成立审计局。撤销单位有：县农林办公室、财贸办公室、教卫办公室、轻工局。

1988 年，县人民政府机构 51 个，其中 8 个上挂部门。其后，分别于 1996 年、2001 年、2004 年进行 3 次机构改革，县政府机构的职能、称谓、隶属关系发生部分变化。1996 年，县级机构改革，进一步划分和确定党政各部门的职能，理顺部门关系，规范机构的建制、称谓和规格。经过职能划转，裁并重组，县人民政府机构保留 20 个、更名 8 个、撤销 10 个、改变性质 4 个、重新组建 5 个。2001 年机构改革，县政府保留机构 20 个、更名 4 个、调整 6 个、改变性质 6 个。

2004 年机构改革，更名或重新组建部分机构，部分机构增加新的职能或增挂牌子，部分机构职能互为调整划转。更名机构：发展计划局更名为发展改革局，计划生育局更名为人口和计划生育局。新建机构：组建安全生产监督管理局，农机服务中心恢复为农业机械事业局，原两块牌子一套人员的房产管理局和城市管理局分开，重新组建房产管理局和城镇管理局。增加职能增挂牌子机构：政府办公室含外事、人防、国防教育、法制办公室；发展改革局含对外经济协作工作，挂招商局牌子；公安局含国家安全工作；民政局含老龄委办公室；建设局含城市规划管理工作；交通局含战备支前运输工作；水利局含小水电建设和防汛抗旱工作；卫生局含爱卫工作；乡镇企业局挂煤炭管理局牌子；文体广播电视局挂新闻出版局、版权局牌子；环境保护局挂旅游局牌子；经济贸易局、发展改革局、财政局、人事劳动和社会保障局、安全生产监督管理局、政府办公室等机构的部分职能发生互相划转和调整；农业办公室、扶贫开发办公室单独设置为议事协调性质的县政府常设办事机构。

2007 年，县政府组成部门 26 个，由县人大常委会任免正职负责人，县政府任免副职负责人；事业性质机构和办事机构 17 个，由县政府任免正副职负责人；上挂部门 23 个，由上级主管部门任免负责人。政府办内设 3 个职能股室（秘书股、信息督查股和行政管理股），信访办和法制办设在政府办内。继之，政府办增设 5 个职能办公室，即法制办、信访办、外事办、侨务办、人防办等。

2012 年机构改革更名和重组部分机构，部分机构增加新的职能或增挂牌子，部分机构职能互为调整划转。更名机构 1 个：县人事劳动和社会保障局更名为县人力资源和社会保障局。组建机构 10 个：组建县发展和改革局（含投资促进局），将县科学技术局、物价局、招商引资局、粮食局行政管理职责整合划入县发展和改革局；组建县农村工作局（含县扶贫开发办），将县农业局、农业办公室、畜牧事业管理局、农业机械技术服务中心、农业区划办公室的行政管理职责和县经济贸易局（乡镇企业局、煤炭工业管理局）中的农产品行政管理职责，整合划入县农村工作局；组建县文体广电旅游局，加挂县新闻出版局（版权局）牌子，将县文体广播电视局、旅游事业管理局的职责，整合划入县文体广电旅游局；组建县卫生和食品药品监督管理局，将县卫生局、省以下垂直管理的县食品药品管理局的职责，整合划入县卫生和食品药品监督管理局；组建县交通运输局，将县交通局职责与县城镇公用事业管理局中的指导和管理城市客运的职责，整合划入县交通运输局，不再保留交通局；组建县住房和城乡建设局，将县建设局、城镇公用事业管理局（除指导和管理城镇客运职责以外）、住房制度改革领导小组办公室职责，整合划入县住房和城乡建设局；组建县安全生产监督管理局，将县安全生产监督管理局由政府直属事业机构调整为政府工作部门；组建县工业和信息化局，将县经济贸易局（乡镇企业局、煤炭工业管理局）职责（除农产品行政管理职责以外），整合划入县工业和信息化局；组建县档案史志局，将县档案局（档案馆）、史志办公室的职能整合划入县档案史志局，为政府直属事业单位；组建县水利水电工程移民局，为政府直属事业单位。县农业综合开发办公室职能划转，将县农业综合开发办公室职能划入县财政局，不再保留县农业综合开发办公室。保留县供销合作社联合社，为县人民政府管理的全县供销合作社的联合组织。县人民政府办公室含国防教育办公室、人民防空办公室及外事办、侨务办、信访局、法制办公室和行政服务中心，内设机构有：综合科、秘书科、信息科、文书机要科和行政管理科；下属事业单位有县人民政府公报编辑室和县电子政务信息管理中心；增设县人民政府金融工作办公室，为正科级事业单位。县人民政府机构改革后，设置工作部门 23 个、直属事业单位 2 个、其他机构 1 个，均为正科级机构建制。县监察局与县纪律检查委员会机关合署办公，列入县人民政府工作部门，不计入县人民政府机构个数。

第二节 政府会议

县人民政府举行的会议主要有政府全体会议、政府常务会议、县长办公会议、政府专题会议、经济调度会议五种。

政府全体会议 每年至少举行 1 次。由县长、副县长和县人大常委会任命的政府组成部门负责人组成，县人民武装部部长参加。县政府其他工作部门负责人、上挂部门负责人、乡镇长列席会议。会议内容是传达贯彻上级重要指示、决策和重要会议精神，讨论和决定县人民政府工作中的重大事项，部署县政府重要工作，通报全县经济社会形势，讨论修改提交县人民代表大会审议的《政府工作报告》，审议按规定由政府全会决定的其他事项。

政府常务会议　一般每月举行1次。由县长、副县长和政府办公室主任组成，县人民武装部部长参加会议。与议题有关的县政府工作部门和乡镇长列席会议。会议主要内容是审议提交自治县人民代表大会及其党委会决定的人事任免事项，讨论决定县人民政府各工作部门负责人的职务任免，讨论提交县政府全体会议审议的有关工作报告，讨论决定由县人民政府发布的决定、命令和规范性文件，讨论决定以县政府名义对单位、集体和个人的表彰、奖励及荣誉称号，研究决定或解除政纪处分，通报或讨论决定县长认为须经政府常务会议讨论决定的事项。

县长办公会议　根据需要适时召开。由县长、副县长、政府办公室主任组成，县人武部部长参加会议，与议题有关的工作部门和乡镇长列席会议。主要任务是研究处理县政府日常工作中的重要问题，贯彻上级和县指示、决定，研究制定贯彻落实措施，讨论需报上级政府、县委和县人大常委会决定的事项，研究全县经济社会形势，部署全县经济社会工作任务，听取政府有关工作部门或乡镇长办公会议讨论决定事项。

政府专题会议　由县长或副县长，政府办公室主任、副主任，与议题有关的工作部门和乡镇人民政府负责人组成。会议研究、协调、解决政府工作中的专门问题，落实具体工作任务。主要任务是听取有关工作汇报，通报有关工作情况，安排近期某项工作，研究解决乡镇人民政府、县政府有关工作部门向县政府的专题请示。政府专题会议无固定时间规定，由县长或副县长根据分管工作的需要召开，也可以由县长或副县长委托政府办公室负责人召开。

经济调度会议　每年召开2~3次。由县长或县长委托副县长主持，乡镇长、县政府分管领导、与议题有关的工作部门负责人出席，视议题需要通知相关企事业单位及上挂部门、群团组织负责人列席，邀请县委、人大、政协领导到会指导。会议主要任务是传达上级政府经济工作会议精神，通报全县经济运行情况，分析经济发展形势，安排部署全县经济社会发展工作，调度年度工作任务等。

第三节　惠民工程

党的十一届三中全会后至1979年，三都从阶级斗争为纲转为以经济建设为中心，扩大农业生产，加大基础设施建设。投资85万元、水泥1400吨、石灰1300吨和600000个劳动工日，修建丰乐公社马场河工程，解决了5427亩农业灌溉问题；建成三都至都江全长36千米的毛坯公路；修建了都江岔河口桥；修建连接三都至荔波的塘黄桥。拨抗旱经费10000元，购置68台小汽油抽水机发至各区用于抗旱救灾。1980年，以农业反哺工业，重点建设交通要道等基础设施建设。投资74.369258万元，按四级公路建设标准续建三都至都江公路；投资50000元，修建都江排长河大桥。1984年，国家安排发展资金支援经济不发达地区的三都共1278万元。在县城修建丁字路至新影剧院大街；修建都江排长河至甲雄公路；续建普安公社打便河上的猪槽滩水库工程，其工程量包括：普安干渠4.5千米，马道头支渠1.42千米，拉峨倒虹管410米，解决灌溉面积达45亩。1988年，重点在农业和工业中发力，要求搞好扶贫工作，完成都江至甲雄、都江至巫不、打鱼至盖赖、九阡至板甲、烂土至江寨和都匀经王司至三都公路的工程。县人民政府通过改革，推广良种，在全县推广50000亩的杂交水稻和20000亩的杂交玉米种植。推行温室育秧，做好病虫害预测、预报和防治工作。实施保护耕牛制度，增强抗御自然灾害的能力，对现有水利工程设施进行维修配套，除险加固，节流灌溉，搞好农业生产。开发五坳坡、高硐锑矿和牛场铅锌矿、苗龙金矿等矿业，督促民族棉纺厂、酱油厂和三郎酒厂等工厂恢复生产。完成14个乡、115个村、879个组、19000户、95000人的脱贫工作。加强市场管理，打击投机倒把活动，控制物价，切实保障民生。当年全县工农业总产值达7100万元，比1987年增长13.96%；农业总产值达5800万元，增长10.48%；粮食总产量达57500吨，增长4.54%；油菜籽3500吨，增长21.7%。工业总产值达1300万元，增长32.65%，财政收入400万元，增长26.98%。

1992年四大民生问题　一是发放扶贫专项贴息贷款418.76万元。二是发放温饱工程贷款268.22万元，实施面积13.4万亩。三是解决1025户4655人脱困，贫困面由1990年的15410户77053人缩小到14585户72398人。四是采取多渠道筹集资金，大力修水利，改善人民群众的生产生活条件。1995年，加强扶贫和救灾工作，全年投建扶贫开发项目19个，投入资金113.65万元，当年解决温饱2918户16951人，使贫困户和贫困人口分别下降6.81%和8.36%。全年投入救灾款46万元，救济403户次1912人次，并接收发放北京市救济衣被60240件。1998年3月县十二届人大第一次会议上的《政府工作报告》中提出当年是三都扶贫攻坚任务最重的一年，要确保4.5万人基本解决温饱。加快实施“渴望工程”，按计划解决17000人、8000头牲畜的饮水问题，重点抓好“三通”等农村基础设施建设，再解决40个村通电、12个乡通程控电话、24个村通公路。

自2000年开始，县人民政府在每年人民代表大会的《政府工作报告》中都明确要为民办好实事。

2000年八件实事　一是抓好农村电网改造项目，确保年内完成50%，力争完成70%的工程量；二是继续实施“渴望工程”，抓好恒丰、坝街、交梨等乡镇的人畜饮水工程，解决1.2万人8400头大牲畜的饮水困难；三是完成119个“村村通”广播电视工程项目；四是上半年完成县城外环路水泥路面修建，年内完成水井湾大沟改造以及县府路东段的扩建工程；五是力争百子桥电站年内动工；六是县民族文化体育活动中心建设力争年内破土动工；七是完成三都经丰乐至都匀小围寨公路三都段二级油路第一期基础工程改造，完成三都至坝街321国道3千米油路的改造，抓好交梨至高硐、普安至阳基、九阡至板甲、廷牌至阳安等老乡（小乡）所在地道路的维修；八是完成第二幼儿园和教育培训中心主体工程建设任务，重点抓好以交通为重点的基础设施建设，加大城镇建设力度，做好周覃、烂土、丰乐、九阡、三洞等乡镇的集镇建设，抓好小额信贷扶贫资金的发放和以工代赈项目、“义教工程”项目的实施，积极稳妥地推行住房分配货币化，有计划地分期分批地逐步开展经济适用住房建设。

2001年十件实事　一是开工建设三都经丰乐至都匀小围寨四级油路，新增10个村通公路和县城四个出口通道硬化建设；二是完成农村电网改造和10个村通电；三是建成20个村级地面卫星接收站；四是完成坝街和打鱼乡政府驻地人饮工程，开工建设恒丰、拉揽等乡人饮工程；五是建成周覃、坝街、大河等乡镇农贸市场；六是开工建设日供水1万吨的县城水厂；七是完成水井湾大沟改造、普安防洪堤500米工程建设；八是完成老建筑社片区改造；九是全面启动第二轮“国家贫困地区义务教育工程”，动工新建民族中学，完成城关小学和县二中的扩建工程建设；十是开工建设县新影剧院。

2002年十件实事　一是三都经丰乐至都匀小围寨四级油路（三都段）、县城龙嘴角大桥确保年内完工，三都至榕江三级油路（三都段）年内完成总工程量的30%以上；二是县城防洪堤完成年度投资计划，打鱼、坝街羊瓮、三合排招、拉揽排烧、恒丰、水龙人饮工程；三是完成农网改造工程，实现8个村通电；四是实现12个乡镇开通移动电话、20个村通程控电话；五是完成3万亩退耕还林、3万亩宜林荒山造林、1万亩珠防林，全面启动尧人山国家森林公园建设，完成1500口沼气池建设，实施208户1006人的易地移民安置；六是实施好2002年安排的二期义教工程和危房改造工程项目建设；七是完成三都民中学生宿舍楼、综合教学楼、学生食堂等项目建设；八是完成人民大会堂综合楼主体工程，宣传文化中心年内竣工投入使用；九是完成占地54亩的县民族体育活动中心建设，启动人民武装部搬迁和环城西路拆迁建设工作；十是完成“村村通”广播电视建站34座，抓紧做好一期农网改造验收，启动二期农网改造工程，确保年内完工，争取三期农网改造投入，抓紧实施荔波至三都110千伏输电线路，尽快实现村村通电目标。

2003年十件实事　一是三都至榕江三级油路（三都段）确保年底竣工交付使用，三都至荔波三级油路（三都段）基本完工，开工建设都江大桥；二是建成县城新水厂，完成年度“渴望工程”任务，解决农村2200户1万人和0.6万头大牲畜的人畜饮水困难；三是基本建成官塘电站，全面完成农网改造工程扫尾，实施城网改造工程；四是板奇水库和比寨水库除险加固建设项目年内完成，年底前完成县城防洪堤二、三期工程建设，确保年内完成龙王庙橡胶坝工程项目；五是完成退耕还林2.5万亩，荒山造林2.7万亩，珠防林2.8万亩；六是完成230户1035人的易地移民安置和六个乡镇的农贸市场建设；七是全面完成年度“农村义务教育工程”和“危房改造工程”建设项目，确保“两基”攻坚通过贵州省人民政府验收，2003年8月底前完成三都民族中学搬迁扩建项目主体工程，11月底前完成县鹏城民族医院综合大楼建设，完成41个村级计划生育服务室建设；八是启动尧人山国家森林公园、都柳江省级风景名胜区、民族一条街等项目建设；九是完成县体育馆建设项目，动工修建县民族生态博物馆和县城中心广场；十是全面启动麻光新区开发建设，完成河滨大道、环城北路、经贸路等工程的拆迁和扩建。

2004年十件实事　一是开工建设周覃至独山打显三级油路、都江至雷山公路（三都段）和水龙经塘州至荔波尧棒通乡油路，完成100千米村级公路建设；二是加大扶贫攻坚力度，力争解决1.36万贫困人口温饱，完成200户1000人的易地移民工程，完成5个乡镇集贸市场和1000口沼气池建设；三是完成板奇和梅玄水库除险加固工程，开工建设芒勇水库中型灌区工程和冷水沟水库；四是继续实施“渴望工程”，解决农村1万人和0.6万头大牲畜的饮水困难；五是完成种竹1万亩，继续实施优质无公害蔬菜项目，力争启动实施优质肉牛基地县项目；六是建成都江电站、官塘电站，开工建设水昔电站、的育电站和周覃110千伏输变电站，完成城网改造工程和县城110千伏输变电扩容；七是巩固“两基”成果，继续抓好三都民中搬迁扩建工程，完成县民族体育活动中心建设项目，建成50个村级广播电视接收站，开工建设青少年活动中心；八是建成县疾控中心综合楼、鹏城医院医技大楼、县传染病区项目、县计生服务中心及50个村级计生服务室；九是完成县城新水厂、县城中心广场、民族生态博物馆、县城河滨两岸道路硬化、绿化工程的建设任务；十是开发一条旅游线，建成两个民族旅游村寨，力争引资建设1个星级宾馆。

2005年十件实事　一是解决1.1万贫困人口越过温饱线、2.5万低收入人口实现增收；二是完成177户共807人的易地移民搬迁工程，建成1500口沼气池和800口小水窖，解决农村1万人和0.6万头大牲畜饮水困难；三是完成农经网“信息入乡工程”建设任务，组织实施农村劳动力就业转移培训3000人；四是完成梅玄水库除险加固工程，开工建设冷水沟水库，力争开工建设白梓桥电站；五是完成周覃经廷牌至独山打显、大河经合江至独山基长、水龙经恒丰至荔波尧棒油路（三都段）、三都至丹寨油路（三都段）的改造和新建羊福至雷山达地公路（三都段），启动坝街至扬拱公路建设项目，建成130千米村级公路建设；六是完成城网改造工程，建成周覃110千伏、大河35千伏的输变电站；七是启动周覃等乡镇企业项目聚集区建设；八是完成县城河滨北路拆迁改造和县城防洪堤扫尾工程，建成县城新水厂，实施县城供水管网工程，开工建设麻光大桥，完成县城小街小巷的道路硬化、绿化和路灯安装工程；九是完成巫不、羊福等5所义务教育寄宿制学校工程和3所中小学校舍危房工程及21个乡镇广播电视光纤网络工程建设；十是启动县民族生态博物馆建设，重视水书的抢救、开发和保护，积极推进水书破译、编纂和出版工作。

2006年十件实事　一是建成周覃至独山打显油路和麻光大桥，开工建设九阡水各至扬拱、都江至羊福油路，完成100千米以上村级公路建设；二是完成县城防洪堤工程和梅玄水库除险加固工程建设，解决农村10000人和6000头大牲畜的饮水困难；三是完成中低产田土改造6000亩，新增灌溉面积1万亩，完成工程造林2.5万亩、种竹1.3万亩，建成沼气池2000口；四是完成一类贫困村整村推进24个村，完成异地移民搬迁120户500人，解决4000名贫困人口的温饱问题，确保12000名低收入人口实现增收；五是完成3000亩无公害大蒜基地、3000亩辣椒基地、2000亩九阡李基地、1000亩葡萄基地、1000亩甜茶基地等建设，出栏商品猪20万头、商品牛2.8万头，建成150个助民增收示范点，全县农民人均纯收入增加150元以上；六是确保完成“两基”复查验收工作，完成11所农村寄宿制学校项目和13所中小学校舍危改工程建设，对农村义务教育阶段的学生全部免收杂费，继续落实对农村义务教育阶段贫困家庭学生提供免费课本和寄宿制生生活费补助政策；七是完成羊福、巫不、打鱼、扬拱、九阡等乡镇办公用房扩建和维修工程项目，完成县城河滨北路、县青少年活动中心等建设项目，开工建设县民族生态博物馆，建成小商品专卖一条街；八是完成100座50户以上自然村卫星广播电视“村村通”工程、50个村级卫生室、5个乡镇文化站和县计划生育服务中心综合楼等建设项目；九是完成山勤电站等电源点建设，确保新增装机达5000千瓦以上，确保县城新水厂全面竣工投入使用；十是完成都柳江省级风景名胜区申报国家风景名胜区工作，建成10个民族生态示范村和3个民族文化旅游村寨，加大县庆工程建设力度，为50周年县庆献礼。

2007年十件实事　一是完成24个村整村推进建设任务，解决0.4万贫困人口的温饱，完成1500名农村劳动力转移技能培训；二是开工建设芒勇水库加固工程，建成麻光和巫烂沟防洪堤，实施10个村人畜饮水项目，解决7000名农村人口饮水安全及困难问题，建成沼气池2000口，建成三洞、水龙、九阡等乡镇兽医站和92个村级兽医室建设，启动实施三合、坝街等乡镇优质禽产品基地建设；三是全面完成水各至扬拱、都江至羊福油路建设，开工建设都江至巫不油路工程，实现乡乡通油路目标，完成通村公路建设100千米；四是建成周覃等19个乡镇卫生院业务用房，启动实施新型农村合作医疗试点工作，完成交梨、大河、合江、坝街、水龙、塘州等乡镇综合办公楼建设项目；五是完成三合苗龙等64所农村义务教育薄弱学校项目及城关、打鱼小学教学楼建设项目，通过省政府“两基”复查验收；六是建成60个20户以上自然寨村村通广播电视接收站、19个村级组织活动场所、2个村级农民活动健身场地；七是开工建设县水族生态博物馆、县城北出口、西出口、河滨北路西段道路改造和三都大桥维修等重点工程；八是完成6个基层司法所、6个基层派出所和1个基层法庭建设项目；九是完成县劳动力市场综合楼、三合镇农贸市场和县敬老福利院建设工程，完成12285名农村特困人口和1341名五保对象的救助；十是启动实施县城污水处理工程、县城垃圾卫生填埋工程和尧人山旅游基础设施发行贷款建设项目，建成5个旅游公厕。

2008年十件实事　一是继续实施县城北出口道路改造工程，启动实施县城河滨北路西段道路、县城污水处理厂、沙井湾大沟整治工程建设；二是解决2.63万人饮水困难；三是开工建设合江至塘州公路，实施通村公路200千米，新增加村级公路建设10个村，完成大河、水龙、塘州3个汽车站建设任务，开工建设大河镇红星大桥和坝街乡人行吊桥；四是继续抓好“两基”工作，确保通过国家督导检查，完成三都二中、大河中学、打鱼学校、坝街学校等薄弱学校项目建设，全部免除小学和初中6万名学生的学费、杂费、书本费，对中等职业教育860名学生全部享受每年1500元的生活补助；五是全面完成县城广播电视无线发射台及大河等4个乡镇综合文化站建设；六是切实抓好“整村推进”扶贫开发工作，实现6750人的贫困人口越线和12000人的低收入人口增收，完成易地搬迁安置150户600人；七是创建省级计划生育优质服务合格县，达到省级验收标准；八是完成19个乡镇卫生院国债、水毁和县妇幼保健所项目建设；九是实施周覃产业化科技扶贫养羊项目，建成农村沼气池1200口；十是继续实施新型农村合作医疗工作，确保农民参合率达90%以上，同时积极做好农村低保工作，完成3098名低收入人口的救助，完成县城中心敬老院建设，启动廉租房建设，与此同时，着力抓好都江至巫不油路、县民族生态博物馆、麻光综合市场、城西农贸市场和巫烂沟治理工程建设，完成打鱼乡政府驻地防洪堤工程、县城视频控制系统及丰乐等6个乡镇公安派出所业务用房项目建设，完成年度的扶贫项目、国债项目、以工代赈项目的建设。

2009年十件实事　一是抓好县城污水处理厂、县城垃圾卫生填埋场工程建设；二是建设通村（组）公路100千米，抓好合江至塘州公路建设；三是抓好一个四星级宾馆建设，提高旅游接待水平；四是开工建设县医院规范化建设项目和三合、普安、羊福、巫不卫生院业务用房工程，新建九阡、都江、合江和扩建廷牌、中和、普安等中心计划生育服务站业务用房工程；五是完成易地移民搬迁工程房屋建设250栋，改善1100人的居住环境，建成160套廉租房工程，解决160户城镇低收入家庭住房困难；六是实施农村饮水安全工程，解决1.3万人的饮水困难；七是完成《县城总体规划（2007—2025）》报批，继续完善县城控制性规划，完成县城修建性详细规划和普安、周覃、九阡、廷牌、中和、大河、丰乐、合江、都江、交梨等10个乡镇控制性详细规划以及羊福、恒丰、拉揽、扬拱等4个乡镇总体规划的编制工作；八是全面完成“两基”工程迎“国检”工作，完成广播电视“村村通”安装460座，解决7360户电视收视难问题；九是继续开展新型农村合作医疗工作，全面推进城镇居民医疗保险工作；十是解决1万人农村贫困人口温饱，实现城镇和农村贫困人口应保尽保。

2010年十件实事　一是重点抓好20个贫困村“整村推进”和产业扶贫开发，以农业产业发展带动农业发展、农民增收；二是进一步加大林业综合执法力度，严厉打击破坏森林资源和捕杀野生动物等违法行为，完成集体林权制度改革工作，完成造林4.9万亩；三是完城北出口道路建设和道路两侧安置房建设，完成水族博物馆20%以上工程建设量，开工建设县城生活垃圾卫生填埋场，进一步抓好周覃、普安、丰乐等小城镇建设；四是进一步巩固县城客运机动三轮车治理成果，投放出租车；五是建成坝街大桥、中和大桥、合江至塘州公路、县城汽车西站和水龙客运站，组织实施姑鲁景区油路建设和水龙至廷牌油路等项目前期工作，实现通村公路100千米以上；六是完成天芒水库除险加固工程、梅山水库水毁修复工程和梅玄水库渠系配套工程建设，争取立项建设县城新水源点工程，努力解决3.5万人的饮水困难问题；七是完善《三都水族自治县高考中考奖励办法（试行）》，进一步完善奖学奖教机制，将职校、小学及幼儿园教育列入奖学奖教范围，编制《全县小学校点布局调整规划》，进一步整合教育资源，重点抓好普安中学整体搬迁工作；八是切实抓好人口计生“两术”消化，确保符合政策生育率达91%以上，人口自然增长率控制在7.8‰以内，狠抓出生缺陷干预工程，创建省级计划生育优质服务先进县，继续开展农村合作医疗工作，确保参合率达90%以上，全面推行城镇居民医疗保险制度，重点做好甲型H1N1流感、手足口病等疾病的防控工作；九是完成周覃等10个乡镇综合文化站项目建设，开工建设15个农民健身工程，举办全县中小学生运动会，实现广播电视“村村通”；十是实现城镇新增就业700人，下岗失业人员再就业培训130人，农民工就业技能培训370人，完善社会福利事业，为困难群众提供更多救助。

2011年十件实事　一是实施扶贫脱贫攻坚工程，以产业培育为重点，开展整乡整村推进，突出连片开发，启动实施三合镇整镇推进工程，加快推进交梨乡整乡推进工作，围绕州政府提出的“五个一”要求，确保减少农村贫困人口7500人；二是实施就业和创业工程，确保新增城镇就业岗位1000个以上，新增就业750人，就业转失业人员同比增幅控制在15%以内，城镇登记失业率控制在4.5%以内；三是实施劳动力提升素质工程，加快职业教育发展，整合捆绑项目资金支持职教中心建设，加强职教中心招生和职业技能培训工作；四是实施城乡社会保障体系建设工程，完善城镇基本养老保险、基本医疗保险制度，开展新型农村养老保险试点工作，完善被征地农民社会保障制度，规范完善临时救助制度、城乡医疗救助残疾人社会保障体系和服务体系建设，确保实现城镇基本养老保险参保0.36万人，城镇职工基本医疗保险参保2万人，失业保险、工伤保险、生育保险参保人数分别达0.49万人、0.45万人和0.45万人；五是实施危房改造和保障性住房建设工程，实施农村危房改造2730户，完成州下达廉租住房和易地移民安置工程房屋建设任务，加大地质灾害防治和矿山环境恢复建设力度，做好受地质灾害威胁的农房、学校的搬迁治理工作；六是实施基础设施向乡村延伸工程，争取项目支持，重点实施国道、省道、县道公路维修，完成农村公路油路改造50千米，加强农村公路管养工作，确保畅通，抓好永立水库等病险水库治理，大力实施农村饮水安全和农田灌溉水利工程，新增农田灌面2000亩，解决农村饮水安全3.5万人；七是实施农村生活环境改造工程，把农村危房改造、移民搬迁与城镇建设结合起来，开展农村污水、垃圾处理和面源污染治理，加强农村饮用水源地保护，建设农村沼气池500户；八是实施公共文化服务体系建设工程，完成54个农家书屋建设，加强网吧等文化娱乐场所监管及扫黄打非工作，争取申报州级非物质文化遗产名录10个、省级35个、国家级2~3个，继续申报水书世界记忆工程，组队参加全国第九届少数民族运动会，完成“村村通”建设任务，完成东面6个乡镇有线电视数字化联网，新增有线电视用户3000户，做好传统知识的知识产权保护工作，组建8个农村电影放映队，完成省州安排的年度农村电影放映任务；九是实施公共卫生事业建设工程，巩固新型农村合作医疗制度，落实每人每年120元的政府补助标准，农民参合率稳定在96%以上，深化医药卫生体制改革，加强疾病预防控制体系建设，有效控制地方病和传染病的发生，加强药品、食品的监督管理，保障人民群众用药和食品安全，严防群体性食品、药品安全事故发生，加大医疗队伍建设，加强医德医风教育，不断提高医务人员管理水平和服务能力，完成县人民医院、周覃镇和大河镇卫生院规范化项目建设和30所村卫生室建设，建设县中医院、三合镇社区卫生服务中心、卫生监督所等项目；十是实施社会管理创新和平安创建工程，继续推进社会治安防控网络建设，积极构建社会治安动态防控体系，夯实群防群治工作基础。严厉打击“两抢一盗”等多发性侵财犯罪，加强和改进信访工作，畅通社情民意反映渠道，健全社会矛盾纠纷调处机制，落实好领导接访、下访和信访联席制度，及时协调化解各种矛盾纠纷，切实维护群众合法权益，健全事故灾难、自然灾害、食品安全事件、社会治安事件预防预警和应急处置体系，抓好煤矿和非煤矿山安全监管，建立隐患排查和专项治理长效机制，整顿关闭手续不齐全的煤矿，加强交通安全管理，严厉打击农用车非法载人行为，遏制重特大交通事故发生，抓好建筑工地、人员密集场所的安全管控，确保广大人民群众生命财产安全。

2012年十件实事　一是大力促进就业和再就业，继续实施积极的就业政策，强化政府促进就业责任，加大劳动力市场的建设培育力度，形成促进就业的良性体制和机制，确保全年新增城镇就业1100人以上，城镇登记失业率控制在4.5%以内，完成劳动就业技能培训1200人，全面推行劳动合同制度，规范企业用工行为，加大劳动监察力度，维护劳动者合法权益；二是加快社会保障体系建设，进一步扩大养老保险等五大险种覆盖面，力争参保率达95%，健全城乡医疗救助制度，完善优抚对象抚恤补助标准自然增长机制，提高城乡低保标准，不断健全五保供养制度，完善住房保障体系，加快廉租住房、农村危房改造和公租房建设，解决784户以上城镇低收入家庭住房难问题；三是继续实施“整村推进”工程，减少农村贫困人口7500人以上；四是全面实施素质教育，继续抓好国家“两免一补”政策的落实，全面实施“突破高中”优先发展项目，拓展职业教育规模，抓好第三中学建设；五是积极挖掘和保护民族民间文化资源，筛选、申报和命名第二批非物质文化遗产名录，做好水族文化博物馆项目申报和建设工作，推进文化信息资源共享工程和“村村通”工程建设；六是扎实推进新型农村合作医疗工作，确保参合率稳定在96%以上，推进公立医院试点改革，全面开展9类基本公共卫生服务，完善疾病防控体系，进一步健全医疗卫生服务体系，逐步解决群众“看病难、看病贵”的问题，加强人口计生工作，狠抓“两术”库存消化和社会抚养费征收，严格控制早婚早育和政策外多孩出生，确保“双降”目标实现；七是完成第一批锑污染综合治理项目，实现节能降耗和污染减排目标，继续开展“六五”普法工作，不断提高全民法律意识；八是完成县城至三洞二级公路改扩建工程和都江至巫不、都江羊福油路建设，启动实施22个村级油路项目，完成水龙至尧棒部分路段水毁大修和拉揽至来楼林区油路改造等工程建设；九是完成县城供水新水源点管网改扩建工程建设，完成县城供水新水源点甲晒水库工程前期工作，完成梅山、永立等5座小（二）型病险水库除险加固和县城麻光段河道、普安河道和马场河道治理，建成白梓桥、中和拉旦电站，开工建设岩江电站，推动坝街三级电站开发；十是加强农村人居环境整治，推进“一事一议”财政奖补和以工代赈项目建设。

2013 年十件实事　一是全面完成国道 321 三都段公路和省道 206 县城至三洞段二级公路改造工程，启动建设县城至大河公路大修工程和都江拦牛河大桥，在厦蓉高速公路三都段千秋必居坡设置停靠点，并建设停靠点至羊福公路连接线，争取立项实施国道 321 三都万家山至羊甲段二级公路改造工程、省道 206 三洞至荔波回龙阁二级公路改扩建工程和水龙至恒丰三级公路改造工程建设，争取将普安经丰乐至合江、水龙至荔波尧棒等 4 条县乡道列为省道；二是启动建设都江、周覃供水工程，实施都柳江三都段河道治理，加快推进冷水沟水库建设，开工建设甲晒水库工程，建成 2012 年小型农田水利重点县、专项县建设项目，完成 2 个病险水库除险加固工程，年内解决农村 2.9 万人饮水安全问题；三是加快农村公路建设和升级改造步伐，新建、改建农村公路 120 千米，抓好农村电网改造升级，新建中和、扬拱等 4 个乡镇输变电和 10 千伏线路工程，推进农村电气化建设，进一步提高农村生产生活用电水平，实施涉及普安、丰乐、周覃、九阡、扬拱、交梨 6 个乡镇土地整理项目，推进农业综合开发中低产田改造，推进财政奖补“一事一议”项目和扶贫生态移民工程项目，不断改善农村生产生活条件；四是推进“阳光工程”“雨露计划”，实现城镇新增就业 2000 人以上，新增转移农村劳动力 6500 人以上；五是健全社会保障体系，深入推进城乡居民社会养老保险工作，覆盖城乡居民 7.9 万人，新型农村合作医疗参合率达 96%以上，不断完善社会救助体系，按时完成城乡低保提标工作；六是新建公租房 1154 套，建成扶贫生态移民工程 946 套，完成上级安排的农村危房改造任务；七是以区域推进、连片开发、扶贫到户为主要方式，结合扶贫项目的实施，减少农村贫困人口 2.15 万人，实现 2013 年“减贫摘帽”目标；八是大力发展学前教育、义务教育，稳步推进高中教育、职业教育、特殊教育发展，新建塘州、交梨、拉揽、都江、巫不等 5 所乡镇公办幼儿园，采取 BT 模式建设三都民中、二中、职校的教学楼、宿舍楼、食堂及运动场等基础设施，改善教学条件，加快推进第三中学建设并在年内开学招生，继续实施义务教育阶段学生营养餐改善计划工作；九是深入实施国家基本药物制度，推进县级公立医院综合改革，完成县卫生监督所和 7 个乡镇卫生院规范化建设，积极引进民营医院，着力解决群众看病难、看病贵的问题；十是加强人口计生工作，巩固“双降”工作成果，稳定低生育水平，不断提高出生人口素质，优化人口结构。全县人口出生率控制在 12.43‰以内，自增率控制在 6.1‰以内。

第四节　依法行政

1999 年 11 月，国务院发布了《关于全面推进依法行政的决定》，自此各级各部门依法办事的自觉性不断提高。三都自十届政府开始，定期或不定期地聘请法律顾问协助政府审查和草拟法律事务文书，解答有关业务的法律规定，代理政府参与对外业务的经济往来纠纷的调解、仲裁、起诉和应诉工作。政府法制办建立后每年组织县直职能部门和全县 21 个乡镇政府开展法律知识培训 12 次，每次参训人员达 100 多人次。

2000 年 10 月，县政府制发《关于加强政府法制建设全面推进依法行政工作的意见》，对依法行政工作进行全面部署。其中，《政府规范文件制度》要求在制定规范性文件时，要遵循备案审查制度，交县政府法制机构从法律角度审查把关，避免抽象行政行为违法，造成工作失误。各级各部门制定规范性文件、一律不准设立处罚条款，不准越权设立审批、收费、许可和强制性措施，以保证抽象行政行为的公正性、合法性。同时，抓好行政执法责任制、行政过错及错案责任追究制、执法公示制、执法督查制等四种行政执法制度的建立和完善。县政府设置法制办公室，负责政府法治工作的规划、协调、监督和服务工作，为政府决策当好法律参谋。政府成立推进依法行政领导小组，由县长担任组长，确定依法行政工作任务、目标，加快法治政府建设的进程。县政府制发《关于贯彻国务院全面推进依法行政实施纲要的意见》，界定政府经济调节、市场监管、社会管理、公开服务的职能，建立政府部门在行政决策、行政执法、执法监督三方面相互分离、相互制衡的新机制，建立和完善依法行政的法制保障机制。县政府制定《行政执法责任规定》，明确行政执法机关职责、执法范围、执法规则及纪律要求；制定《行政机关工作人员行政过错责任追究办法》，对行政过错责任追究范围、责任划分、责任分担、追究机构、追究程序作出具体规定。

县人民政府加强对《中华人民共和国行政诉讼法》《中华人民共和国行政处罚法》《中华人民共和国国家赔偿法》《中华人民共和国行政复议法》《中华人民共和国行政许可法》的学习和培训，对县政府制定的约束性文件进行清理，检查是否存在与《中华人民共和国行政处罚法》相抵触的处分、罚款、收费等自制地方性政策，根据《中华人民共和国行政许可法》规定，调整政府审批事项。

第五节 政务督查

2002年1月28日，建立县政府办公室信息督查股，2005年8月16日更名为督查室（副科级单位），负责政府督查工作及政务信息的收集、编辑、报送工作。县人民政府制定《督促检查制度》，对乡镇人民政府、县直各部门的工作实行阶段性和年度检查，定期汇报督查情况。

对《政府工作报告》中确定的工作任务进行督查。每年在向县人大会议的《政府工作报告》中，县政府都承诺办具体实事，每年《政府工作报告》中都确定各项工作任务，人大会议闭幕后，县政府把实事和工作任务逐项分解到部门和乡镇，明确分管领导、主办单位、主办责任人跟踪督查，半年和年终通报完成情况。对乡镇人民政府主要经济指标的完成情况进行督查。主要从农业产业、财政收入、畜牧水产、计划生育、乡镇企业、安全生产等方面制订量化考核积分方案，综合评比排出名次，在半年和年终通报，并予以表彰，对挂末乡镇出示黄牌，要求乡镇长说明情况，查找差距，提出改进意见。对县政府决定的重要工作和重大事项进行督查。县政府对农牧业发展、抗旱防洪、春耕秋种、项目建设、教育卫生、安全生产、重大活动作出部署，督查室及时督查督办，及时通报反馈。对人大代表建议、政协委员提案的办理进行督查。每年县政府收到人大会议、政协会议对政府工作的建议意见后，召开会议分解到相关部门，规定承办单位半年内办理完毕。督查室跟踪督办并作指导，收到办理结果，作初步审查后，提交分管副县长审查，再分别向人大常委会议、政协常委会议报告办理结果。自2002年起，县政府办公室创办《三都政务信息》，半月出刊一期，将所有督查督办情况如实刊载。

第六节 信 访

1979年年初，县人民政府成立信访组，工作人员配备3人，1997年8月更名为县人民政府信访办公室，2001年8月更名成立县人民政府信访局。

1978年至2013年，群众来信1161件，处理1161件；来访8118人，梳理问题1848件，处理1848件。群众信访反映的主要问题有求决类、申诉类、揭发控告类等，信访涉及的问题有劳动社保、企业改制、山林水事、民政、城镇建设、文化教育卫生、企业军转等方面。

2009年，全县信访部门共收到群众来信41件，其中初信27件，经审查符合立案条件的19件，办结19件。接待群众来访125批854人次，其中集体访34批589人次。全年集体访数量明显增加，原因是县内几个企业改革改制涉及职工安置问题、工资问题、水各农场职工反映企业破产要求解决职工的养老保险问题，另外是“两快”（高速公路和快速铁路）征地补偿引发边界土地纠纷导致集体访等问题。全年发生进京访6批30人次，其中5人以上集体访3批24人次；进京非正常上访1批4人。2009年，共受理中央、省、州交办的信访件共24件，办结24件，办结率100%，均在办结时限内办结，没有超期、拖延现象。2010年，县信访机构共收到群众来信24件（6件是重信），其中初信18件，经审查符合立案条件的13件，办结13件。接待群众来访71批385人次，其中初访56批274人次、重访15批111人次、集体访22批309人次。全年发生进京访2批16人次，其中5人以上集体访1批12人次、进京非正常上访1批4人。全年未发生到省集体访。未发生影响重大的赴京、省集体上访和恶性上访，赴京访和去州上省个访也比2009年同期有较大幅度下降。受理中央、省、州交办的信访件共18件，已办结18件，办结率100%。2011年，全县信访总量123批（件）521人次，与2010年同期95批（件）480人次相比批次增加28批（件），人次增加41人次。其中，收到群众来信40件，经审查符合立案条件的33件，已办结33件，占立案件数的100%。接待群众来访83批398人次，比2010年同期71批385人次上升。办理中央、省、州交县办理的信访件共18件，已办结18件，办结率100%。2012年，全县信访总量128批（件）631人次，与2011年同期730件次相比减少14%。其中，来信27件，与2011年同期的34件相比减少20%；来访101批503人（集体访17批188人次、重访12批58人次），与2011年同期的110批586人相比减少9批83人。县自立案55件，办结53件，办结率96.4%。州以上交办案件11件，到期11件，办结11件，办结率100%；“三级联动”网上投诉案件3件，到期3件，办结3件，办结率100%；全国信访信息系统直转案件45件，办结44件，办结率97.7%。2013年共接待群众来信来访量137批（件）920人次。其中，群众来信32件，与2012年同期的27件相比增加5件，上升19%；群众来访105批783人（集体访36批543人次，与2012年同期101批503人次相比增加4批280人次，原因是2013年由于三都开展城市综合体建设征地，部分群众不理解而不断重复集体访所致）。共办理州以上交办案件24件，到期24件，办结24件，办结率100%。共办理“三级联动”网上投诉案件6件，到期6件，办结6件，办结率100%。办理全国信访信息系统直转案件148件，办结148件，办结率100%。

1978—2013年三都水族自治县人民来信来访统计表

表5-3

项目 年度	来信			来访			
	共计（件）	处理（件）	处理率（%）	总人数	梳理问题（件）	处理结果（件）	处理率（%）
1978	15	15	100	47	23	23	100
1979	13	13	100	43	19	19	100
1980	18	18	100	50	34	34	100
1981	20	20	100	38	26	26	100
1982	17	17	100	46	38	38	100
1983	16	16	100	28	22	22	100
1984	22	22	100	25	23	23	100
1985	24	24	100	44	19	19	100
1986	19	19	100	30	11	11	100
1987	16	16	100	26	12	12	100

续表5-3

年度＼项目	来信			来访			
	共计（件）	处理（件）	处理率（%）	总人数	梳理问题（件）	处理结果（件）	处理率（%）
1988	27	27	100	41	33	33	100
1989	30	30	100	39	22	22	100
1990	26	26	100	50	39	39	100
1991	25	25	100	38	25	25	100
1992	30	30	100	98	46	46	100
1993	37	37	100	101	53	53	100
1994	32	32	100	153	49	49	100
1995	39	39	100	171	58	58	100
1996	46	46	100	160	47	47	100
1997	36	36	100	174	50	50	100
1998	34	34	100	186	60	60	100
1999	37	37	100	208	56	56	100
2000	35	35	100	304	71	71	100
2001	33	33	100	295	47	47	100
2002	38	38	100	307	80	80	100
2003	41	41	100	311	74	74	100
2004	43	43	100	396	65	65	100
2005	46	46	100	410	62	62	100
2006	51	51	100	412	68	68	100
2007	57	57	100	538	84	84	100
2008	74	74	100	426	47	47	100
2009	41	41	100	854	125	125	100
2010	24	24	100	385	71	71	100
2011	40	40	100	398	83	83	100
2012	27	27	100	503	101	101	100
2013	32	32	100	783	105	105	100

第七节　驻外机构

一、驻深办事处

1995 年，深圳市委、市政府在全国率先开展“特区·山区心连心”活动，开始对口帮扶三都。为加强三都与深圳的联系，1997 年 8 月 16 日，三都水族自治县人民政府驻深圳办事处成立，负责联系深圳与三都对口帮扶的工作事宜。1997 年至 2013 年，深圳市对口扶持办、深圳市属企业工委、市投资管理公司、市投资控股有限公司、市燃气集团、市水务集团、深圳机场、深圳赛格集团、深圳大学、深圳鸿基集团、深圳富士康集团、深圳女企业家协会、深圳海外潮人经济促进会等73家单位和国有、外资、民营、私营企业向三都捐款捐物，在资金项目人才培养等方面都给予帮助，对口帮扶从教育到卫生、电力、通信、交通、救灾、人畜饮水、新农村建设、人才培养等项目达215个，投入资金和物资共计1.165亿元。为偏远贫困乡村新修村组路桥110千米，解决塘州等5个乡镇1万人饮水困难，架通羊瓮等10个自然村照明线路，援建羊福等10所乡镇医院和1所县级医院并完善医疗设备。援建希望学校47所，捐赠图书2.6万多册；建立了教育发展基金；帮助1.5万名贫困学子重返校园，帮助培训教师150人次，选派10批共230多名教师到三都水族自治县中小学校支教。

二、驻沪办事处

2000年11月，县人民政府决定在上海建立办事处，驻上海办事处主要职责为：一是劳务输出管理，二是招商引资，三是接待外务工作。

三、驻穗办事处

为做好广州市对口帮扶三都的相关工作，2013年3月，经县委、县人民政府研究，决定设立三都水族自治县人民政府驻广州办事处，为县人民政府派出的驻外机构，与驻深圳办事处合署办公。在县委、县人民政府领导下开展工作，接受驻地党委、政府的领导和驻地对外经济协作部门的指导。主要职责为：一是加强与广东省政府、广州市政府的联系沟通，做好对口帮扶服务专题调研和信息工作；二是劳务输出管理；三是做好三都籍劳务人员的计生管理工作；四是做好招商引资工作；五是做好联络和接待服务工作；六是做好对外宣传三都工作。

第三章　政协三都水族自治县委员会

1978年至2013年，政协三都水族自治县委员会历经第四至第十二届委员会。

政协三都水族自治县委员会于1961年9月正式成立。1966年5月至1976年10月“文化大革命”期间，政协工作被迫停止。1979年10月，县政协委员会逐步恢复活动，工作机构逐步健全。政协三都水族自治县委员会工作机构是根据《中国人民政治协商会议章程》第50条第二款“自治州、设区的市、县、自治县、不设区的市和市辖区的地方委员会的工作机构的设置，按照当地实际情况和工作需要，由常务委员会决定”的规定设置的。各届委员会的工作机构设置有所不同，但都根据《政协章程》规定，经过主席会议协商，政协党组研究，报请中共三都水族自治县委审批，提请常务委员会决定。

1980年2月，政协三都水族自治县第四届委员会只设秘书室（后改为办公室）。随着政协工作的需要，1984年4月，增设学习委员会和侨务、民族事务、文史、落实政策4个工作组。同年10月，开始配备副秘书长。1985年4月，政协三都水族自治县第五届委员会常务委员会，将“一会四组”调整为“三会四组”，即：学习、提案工作、文史资料研究3个委员会和科技、民族、群众、祖国统一4个工作组。同年5月，增设文教卫生工作组和工商工作组。1987年8月，政协三都水族自治县第六届委员会常务委员会，在原“三会六组”的基础上，增设经济建设工作组，并将原文教卫生工作组调整为文化教育工作组和医药卫生工作组。此时，政协三都水族自治县委员会工作机构共有12个。1991年11月，政协三都水族自治县第七届委员会常务委员会对工作机构进行调整，保留副秘书长和3个委员会，将原设的8个工作组调整为经济、民族祖国统一联谊、教科文卫体、工青妇法制计生4个委员会。1992年12月，政协三都水族自治县委员会工作机构共有8个。1993年1月，增设政府事业机构县智力支边办公室，挂靠县政协。1993年1月，政协三都水族自治县第八届委员会设有副秘书长（办公室）、学习委员会、提案委员会、文史委员会、经济委员会、工青妇计生委员会、祖国统一联谊委员会、科技委员会、智力支边办公室共9个工作机构。1998年7月3日，政协三都水族自治县第九届委员会第一次常委会议通过决定，对工作机构进行调整，由原来的9个工作机构调整为7个工作机构，即：政协办公室、提案法制委员会、教卫文体委员会、经济科技委员会、学习文史委员会、社会联谊委员会、县人民政府智力支边办公室（挂靠县政协）。至2013年12月，工作机构仍然保持7个。

第一节 全体会议

县政协全体会议每年举行一次，大致与县人民代表大会同期举行，必要时可临时召集。县政协全体会议均邀请县党政领导和曾经担任县政协领导职务的离退休老同志出席。

一、政协三都水族自治县第四届委员会

政协三都水族自治县第四届委员会第一次全体会议于1980年1月31日至2月5日在县城召开。本届委员84人，由15个方面的代表组成。会议主要听取并审议了蒙开江代表政协三都水族自治县第三届委员会常务委员会所作的工作报告，选举蒙开江（水族）为县政协第四届委员会主席，李义荣（苗族）、王品魁（水族）、王老四（苗族）、房三德、张开福、潘老发（水族）为副主席。

第二次全体会议于1981年7月17日至21日在县城召开，到会委员80名。会上学习了邓小平在全国五届政协第三次会议上的开幕词及中央有关文件；听取并审议了《政协三都水族自治县第四届委员会第一次会议以来的会务工作情况及下步工作安排意见的报告》；通过了《政协三都水族自治县第四届委员会第二次会议决议》及提案审查情况报告。

第三次全体会议于1982年8月25日至30日在县城召开，到会委员61名。会议听取并审议了蒙开江作的《政协三都水族自治县第四届委员会第二次会议以来常务委员会工作报告》和李义荣作的《政协三都水族自治县第四届委员会第二次会议以来提案办理情况的报告》；补选于廷富为政协三都水族自治县第四届委员会副主席。

第四次会议于1983年8月6日至10日在县城召开，到会委员64名。会议听取了蒙开江作《政协三都水族自治县四届三次会议以来的常务委员会工作报告》。

二、政协三都水族自治县第五届委员会

政协三都水族自治县第五届委员会第一次全体会议于1984年11月19日至24日在县城召开。本届委员95人，出席会议委员79人。会议主要听取并审议了房三德代表政协三都水族自治县第四届委员会所作工作报告。选举蒙开江（水族）为县政协第五届委员会主席，房三德、李义荣（苗族）、王品魁（水族）、张开福、于廷富为副主席。

第二次会议于1985年4月11日至14日在县城召开，出席会议85人。会议主要听取并审议了县政协常委会工作报告和提案工作报告。

第三次会议于1986年2月28日至3月4日在县城召开，出席会议82人。

第四次会议于1987年3月17日至20日在县城召开，出席会议87人。

三、政协三都水族自治县第六届委员会

政协三都水族自治县第六届委员会第一次全体会议于1987年8月24日至30日在县城召开。本届委员123人，出席会议119人。会议主要听取并审议了王品魁代表政协三都水族自治县第五届委员会所作工作报告。选举潘世仁（水族）为县政协第六届委员会主席，张先国（布依族）、王品魁（水族）、韦秀英（女，水族）、李义荣（苗族）、任鑫、张开福为副主席。

第二次会议于1988年3月15日至18日在县城召开，出席会议117人。

第三次会议于1989年3月24日至27日在县城召开，出席会议120人。

四、政协三都水族自治县第七届委员会

政协三都水族自治县第七届委员会第一次全体会议于1990年4月27日至5月3日召开。本届委员129人，出席会议117人，特邀、列席会议32人。会议听取并审议了政协第六届委员会常务委员会工作报告及提案工作报告，选举潘世仁（水族）为县政协第七届委员会主席，张先国（布依族）、王品魁（水族）、韦秀英（女，水族）、李义荣（苗族）、任鑫、杨昌智为副主席。

第二次全体会议于1991年3月24日至29日召开，出席委员121人，列席32人。

第三次全体会议于1992年3月24日至29日召开，出席委员124人，列席32人。

五、政协三都水族自治县第八届委员会

政协三都水族自治县第八届委员会第一次全体会议于1993年4月14日至19日在县城召开。本届委员148人，特邀、列席会议33人。会议听取和审议了政协第七届委员会常务委员会工作报告及提案工作报告，选举潘世仁（水族）为政协第八届委员会主席，王秀斌（布依族）、王品魁（水族）、任鑫、杨昌智、周德芬（女，苗族）、雷承德（苗族）为副主席。

第二次全体会议于1994年3月11日至14日在县城召开。出席委员145人，特邀、列席会议33人。会议听取并审议了政协三都水族自治县第八届委员会常务委员会工作报告和提案工作报告。

第三次全体会议于1995年3月24日至27日县城召开。出席委员147人，特邀、列席会议33人。会议听取并审议了政协三都水族自治县第八届委员会常务委员会工作报告和提案工作报告。

第四次全体会议于1996年4月23日至28日在县城召开。出席委员146人，特邀、列席会议33人。会议听取并审议了政协三都水族自治县第八届委员会常务委员会工作报告及提案工作报告，补选莫善余（水族）为政协第八届委员会主席。

第五次全体会议于1997年3月16日至19日在县城召开。出席委员149人，特邀、列席会议33人。会议听取并审议了政协三都水族自治县第八届委员会常务委员会工作报告和提案工作报告。

六、政协三都水族自治县第九届委员会

政协三都水族自治县第九届委员会第一次全体会议于1998年3月7日至12日在县城召开。本届委员157人，出席会议141人，特邀、列席会议37人。会议听取并审议了第八届常务委员会工作报告及提案工作报告，选举莫善余（水族）为政协第九届委员会主席，周德芬（女，苗族）、韦正书（水族）、赵寿章（布依族）、杨秀龙（水族）、王志雄（水族）、张建华为副主席。

第二次全体会议于1999年3月9日至12日在县城召开，出席委员153人，特邀、列席37人。

第三次全体会议于2000年3月12日至15日召开，出席委员149人，特邀、列席37人。

第四次全体会议于2001年3月11日至15日召开，出席委员155人，特邀、列席37人。

第五次全体会议于2002年3月4日至8日召开，出席委员157人，特邀、列席37人。

七、政协三都水族自治县第十届委员会

政协三都水族自治县第十届委员会第一次全体会议于2003年2月23日至27日在县城召开。本届委员151人，出席会议142人，特邀34人，列席38人。会议听取并审议了政协三都水族自治县第九届常务委员会工作报告和提案工作报告，选举莫善余（水族）为政协三都水族自治县第十届委员会主席，周德芬（女，苗族）、杨秀龙（水族）、王志雄（水族）、安国彪（布依族）、潘显大（水族）、韦汉萍（女，水族）为副主席。

第二次全体会议于2004年2月12日至16日在县城召开，出席委员147人，特邀34人，列席38人。

第三次全体会议于2005年3月6日至10日在县城召开，出席委员145人，特邀34人，列席38人。

第四次全体会议于2006年2月14日至16日在县城召开，出席委员143人，特邀34人，列席38人。

八、政协三都水族自治县第十一届委员会

政协三都水族自治县第十一届委员会第一次全体会议于2006年12月25日至28日在县城召开。本届委员159人，出席会议151人，特邀35人，列席39人。会议听取并审议了政协三都水族自治县第十届常务委员会工作报告和提案工作报告，选举韦成念（水族）为政协第十一届委员会主席，安国彪（布依族）、杨秀龙（水族）、潘显大（水族）、李海仙（女，布依族）、周泽祥（布依族）为副主席。

第二次全体会议于2008年1月10日至14日在县城召开，出席委员148人，特邀35人，列席39人。

第三次全体会议于2009年2月14日至18日在县城召开，出席委员153人，特邀35人，列席39人。会议补选3名县政协第十一届委员会常务委员。

第四次全体会议于2010年1月9日至13日在县城召开，出席委员155人，特邀35人，列席39人。

第五次全体会议于2011年2月11日至14日在县城召开，出席委员153人，特邀35人，列席39人。

九、政协三都水族自治县第十二届委员会

政协三都水族自治县第十二届委员会第一次全体会议于2012年1月2日至5日在县城召开。本届委员167人，出席会议165人，特邀36人，列席96人。会议听取并审议了政协三都水族自治县第十一届常务委员会工作报告和提案工作报告，选举韦成念（水族）为政协第十二届委员会主席，李子祥（苗族）、莫善亮（布依族）、李海仙（女，布依族）、潘和厅（水族）、谭诗进（布依族）、石国洪（水族）、陈宁（布依族）为副主席。

第二次全体会议于2013年2月25日至28日在县城召开。出席委员167人，特邀39人，列席86人。会议补选政协三都水族自治县第十二届委员会秘书长。

第二节　常务委员会

政协三都水族自治县常务委员会由主席、副主席、秘书长和常务委员组成，其中副主席5~6

名、常务委员 19~21 名。每届有 1~2 名副主席不驻会、个别委员驻会。

县政协常委会一般每 3 个月举行一次，必要时可临时召开。会议主要是学习贯彻上级有关文件精神，讨论政协工作，决定政协机关人事任免，听取政府通报工作情况。

第四届常务委员会共召开 16 次会议，听取县政府通报工作 8 次，研究政协机关人事任免 2 次，学习上级有关文件 4 次，研究政协工作 2 次。第五届常务委员会共召开 14 次会议，听取县政府通报工作 6 次，研究政协机关人事任免 2 次，学习上级有关文件 4 次，研究政协工作 2 次。第六届常务委员会共召开 12 次会议，听取县政府通报工作 6 次，研究政协机关人事任免 2 次，学习上级有关文件 2 次，研究政协工作 2 次。第七届常务委员会共召开 12 次会议，听取县政府通报工作 6 次，研究政协机关人事任免 1 次，学习上级有关文件 2 次，研究政协工作 3 次。第八届常务委员会共召开 20 次会议，听取县政府通报经济运行情况 10 次，研究政协机关人事任免 1 次，学习上级有关文件 5 次，研究政协工作 4 次。第九届常务委员会共召开 20 次会议，听取县政府通报经济运行情况 8 次，协商讨论“九五”规划 1 次，研究政协机关人事任免 1 次，学习上级有关文件 5 次，研究政协工作 5 次。第十届常务委员会共召开 20 次会议，听取县政府通报经济运行情况 10 次，协商讨论“十五”规划 1 次，研究政协机关人事任免 1 次，听取政府职能部门通报工作 4 次，学习上级有关文件 2 次，研究政协工作 2 次。第十一届常务委员会共召开 20 次会议，听取县政府通报经济运行情况 5 次，听取政府职能部门通报工作情况 4 次，协商讨论“十一五”和“十二五”规划各 1 次，研究政协机关人事任免 1 次，讨论关于加快农村土地流转，培育多种模式经营主体及工业强县、农业结构调整，“185”工程核心示范区基础设施建设，非公经济发展软环境建设、平安工程建设等专题会议 4 次，学习上级有关文件 2 次，研究政协工作 2 次。第十二届常务委员会共召开 15 次会议，听取县政府通报有关农业产业化及工业园区建设、城镇建设管理及交通干线“整脏治乱”综合治理、农村中小学校基础设施建设、国发 2 号文件落实情况、非物质文化遗产保护和挖掘情况、农村低保、城镇化、农田水利、教育“9+3”、计生“双降”、民族文化旅游及重点项目建设等情况 5 次，研究政协机关及政协乡镇工委人事任免 8 次，研究政协工作及学习上级有关文件 2 次。

1978—2013 年政协三都水族自治县历届委员会班子成员情况表

表 5-4

届次	主席、副主席、秘书长		常务委员会人数
	职务	姓　名	
第四届 1980. 1—1984. 11	主席	蒙开江（水族）	17
	副主席	李义荣（苗族）、王品魁（水族）、王老四（苗族）、房三德、张开福、潘老发（水族）	
	秘书长	朱子斌	
第五届 1984. 11—1987. 8	主席	蒙开江（水族）	16
	副主席	房三德、李义荣（苗族）、王品魁（水族）、张开福、于廷富	
	秘书长	张先国（布依族）	
第六届 1987. 8—1990. 4	主席	潘世仁（水族）	17
	副主席	张先国（布依族）、王品魁（水族）、韦秀英（女，水族）、李义荣（苗族）、任鑫、张开福	
	秘书长	潘有义（水族）	

续表5-4

届次	主席、副主席、秘书长		常务委员会人数
	职务	姓 名	
第七届 1990. 4—1993. 4	主席	潘世仁（水族）	19
	副主席	张先国（布依族）、王品魁（水族）、韦秀英（女，水族）、李义荣（苗族）、任鑫、杨昌智	
	秘书长	潘有义（水族）	
第八届 1993. 4—1998. 3	主席	潘世仁（水族）	21
	副主席	王秀斌（布依族）、王品魁（水族）、任鑫、杨昌智、周德芬（女，苗族）、雷承德（苗族）	
	秘书长	莫乃奇（水族）	
第九届 1998. 3—2003. 2	主席	莫善余（水族）	21
	副主席	周德芬（女，苗族）、韦正书（水族）、赵寿章（布依族）、杨秀龙（水族）、王志雄（水族）、张建华	
	秘书长	韦益昌（水族）	
第十届 2003. 2—2006. 12	主席	莫善余（水族）	17
	副主席	周德芬（女，苗族）、杨秀龙（水族）、王志雄（水族）、安国彪（布依族）、潘显大（水族）、韦汉萍（女，水族）	
	秘书长	韦益昌（水族）	
第十一届 2006. 12—2012. 1	主席	韦成念（水族）	22
	副主席	安国彪（布依族）、杨秀龙（水族）、潘显大（水族）、李海仙（女，布依族）、周泽祥（布依族）	
	秘书长	刘玉忠（苗族）、黄继敏（布依族）	
第十二届 2012. 1—2013. 12	主席	韦成念（水族）	22
	副主席	李子祥（苗族）、莫善亮（布依族）、李海仙（女，布依族）、潘和厅（水族）、谭诗进（布依族）、石国洪（水族）、陈宁（布依族）	
	秘书长	黄继敏（布依族）、唐合光（布依族）	

第三节 政治协商、民主监督和参政议政

政治协商是对国家和地方的大政方针以及政治、经济、文化和社会生活中的重要问题在决策之前进行协商和就决策执行过程中的重要问题进行协商。

1978 年至 2013 年，政协三都水族自治县委员会按照“全体会议全面协商、常委会议重点协商、专题会议专门协商”的要求，采取召开全体会议、常委会议、专题会议的形式，分别对县委、县政府制定的大政方针以及政治、经济、文化和社会生活中的重要问题进行协商。对县委各次全委会的工作报告和县人民政府各年度工作报告以及县人民政府关于县国民经济和社会发展第八个五年计划到第十二个五年规划征求意见稿进行协商讨论，多次参与《三都水族自治县自治条例》《关于进一步加快非公有制经济发展的决定》《三都水族自治县乡村公路建设管理条例》《关于三都水族自治县招商引资优惠政策的若干决定》等法规以及工业强县、城镇建设、民族文化旅游、水资源开发、

教育、卫生、农业产业结构调整、“185”工程核心示范区基础设施建设、非公经济发展软环境建设、平安工程建设等各项事业协商讨论，提出意见和建议。

民主监督是对国家宪法、法律和法规的实施，重大方针政策的贯彻执行，国家机关及其工作人员的工作及参加政协的单位和个人遵守政协章程和执行政协决议的情况，在坚持四项基本原则的基础上通过提出意见、批评、建议的方式进行的政治监督。

1978年至2013年，县政协选择县内经济社会发展中一些带有全局性问题和群众普遍关心的热点、难点问题进行调研视察，对芒勇水库工程、巩固温饱越线成果、实施西部大开发战略、非公有制经济发展、产业结构调整、工业强县、城镇建设、平安工程建设、民族文化旅游、水电资源开发、非公经济软环境建设、教育、卫生、农业产业结构调整、“185”工程核心示范区基础设施建设、整脏治乱、工业园区建设、非物质文化遗产保护和挖掘、国发2号文件落实情况、农村低保、城镇化、农田水利、计生“双降”及重点项目建设等各项事业开展调研视察，建言献策，反映社情民意，实施民主监督，并形成了《关于整合教育资源将民师、二中合并办学的建议》和《关于加快推进农村土地流转培育多种模式经营主体的建议》等近50个建议案和《关于失地农民就业与生计问题的调研报告》和《关于保护自治县生态环境维护区域生态平衡构建珠江流域都柳江水系上游生态屏障促进自治县经济社会又好又快发展的调研报告》等100多篇调研报告报县委、县人民政府。

参政议政是对政治、经济、文化和社会生活中的重要问题以及人民群众普遍关心的问题，开展调查研究，反映社情民意，进行协商讨论，通过调研报告、提案、建议案或其他形式，向党和国家机关提出意见和建议。

1978年至2013年，县政协参与县行政中心工程建设、农业农村、退耕还林、竹业生产、农业产业结构调整、肉牛基地建设、非公有制经济发展、“非典”防控、“两基”攻坚、计生督查、水书的征集和抢救、《水族百年实录》资料的编撰及工业生产、扶贫项目的督查指导、日援项目的组织实施、民族文化工程建设及推动水族文化进深圳锦绣中华民俗村（上海世博会、北京民族文化宫）、教育改革与发展、民族文化旅游、整脏治乱等工作。同时，还按照县委的工作部署，负责对水龙、中和、塘州、恒丰等4个乡镇各项工作进行督查指导，分别对县计委、扶贫办、林业局、公安局、交通局、建设局、农业局、畜牧局、招商局、财政局、国税局、地税局、供电局、烟草局、邮政局、电信局、医院等20个部门进行行风评议，提出200多条意见和建议。协助县委、县人民政府抓好畜牧、果蔬等农业结构调整实施，抓好蔬菜和葡萄等“185”工程核心示范区基础设施建设，推动农村土地流转，引进客商在周覃、三合、普安发展商品蔬菜基地，引进规模为10000套的种鸡扩繁场落户三都，引进客商到三都以“公司+农户”的方式发展万亩茶园。

第四节　政协工作

一、提案办理

1978年至2013年，政协三都水族自治县委员会历次全体会议共收到委员提案2646件，经整理、审查，立案2523件。其中，第四届144件，立案142件；第五届147件，立案145件；第六届170件，立案167件；第七届219件，立案219件；第八届340件，立案340件；第九届467件，立案454件；第十届351件，立案319件；第十一届577件，立案529件；第十二届至2013年231件，立案208件。涉及政治、经济、社会、农业、林业、畜牧、水利、交通、科技、文化、教育、卫生、旅游、城镇建设等方面。收到委员提案后，提案法制委员会经整理、分类后提交主席会议审定，并配合县人民政府召开提案交办会议，将提案转有关部门办理，办复率达100%。

县政协采取联合督办、视察督办、协商督办、重点督办、主席会议督办等形式，推动提案办理由答复型向落实型转变，提案办理工作均按时完成，大部分提案得以落实，少部分提案因条件不成熟难以落实，但均作答复。为肯定提案人、承办单位在提案工作中的成绩，提高社会各界对政协提案工作的重视，扩大提案影响力，充分调动委员通过提案参政议政的积极性，县政协分别于2000年、2002年、2005年、2006年、2007年、2008年、2009年、2010年、2011年、2012年、2013年在全体会议期间召开表彰会议，共表彰优秀提案120件，先进承办单位68个。

二、文史资料工作

1978年至2013年，县政协学习文史委员会通过多年的收集、整理、编辑，先后出版了《三都文史资料》第四、第五辑，编辑出版《水族百年实录》三都部分、《水族百年》三都篇、《水书文化研究》第三辑、《水书与中华断代文明——神秘水书档案文献研究》、《政协之窗》奥运专辑、《非物质文化遗产画册》《三都大学生名录》《远古走来的贵族》以及水族文化旅游节系列文化刊物。编印了三都水族文化名人的诗词录专辑——《子壮吟集》。征集水书共6000余册，水书《正七卷》《壬辰卷》《丧葬卷》《金堂卷》《营造卷》《七元宿卷》《九星卷》首次破译和整理出版，填补了我国这一领域的空白。《一个没有句号的水书档案》电视专题片在北京召开的第十三次国际档案节上播映，1996年获黔南州科技兴州一等奖。为《黔南文史资料》（人物专辑）撰写《潘一志》人物稿，为州政协文史办组织采写《罗光明领导的兰花会党起义》《潘新简反清斗争事略》《回顾三都水族自治县的建立》《三都地区冶炼史话》等文史资料，均被采用编入《黔南文史资料选集》第八、第九辑。在纪念世界反法西斯战争胜利50周年之际，为《贵州文史天地》撰写了都江、三合、九阡、合江、周覃、中和、大河、普安8个乡镇的文史资料。向州政协主编的《日军侵入贵州——黔南事变》撰写日军入侵三都的史料《黔南事变中的三都》。同时还为省政协征集贵州近代史上三百个历史人物之一的三都胡羽高提供了其生前有关史料。

三、教育卫生文化工作

1978年至2013年，县政协发挥联系面广的优势，经县政协教卫文体委员会与州政协教卫文体委员会联系，争取到州政协寒窗基金会援助三都录取高等院校的农村贫困学生共15名，援助资金16340元。争取到“燃灯基金”援助三都民中女子班、民师及三合中乐小学等部分农村贫困学生共1218人，助（奖）学金共54.14万元。争取到燃灯基金会、爱德基金会、九三学社上海市委、慈恩基金会、荣光基金会、中华海外联谊会等援建三都村级学校共72所（370.4万元），援建村卫生室6个（12万元）。争取到图书基金会为6所中小学捐赠价值3万多元的图书资料。邀请黔南州九三学社李强等三位专家、学者到三都进行新课程改革专题讲座，全县中小学校长、教导主任、教育辅导站站长等210人参加培训。县政协还组织诗、书、画爱好者参加全国政协教科文卫委员会办公室举办的《中华纵横》全国诗、书、画、摄影征文活动，有8篇作品分别荣获诗歌、诗词、小说、通讯类二等奖。

四、经济科技

1978年至2013年，县政协广泛联系经济科技界委员，多渠道、多形式加强对口协商，广泛开展对非公经济、农业产业结构调整、畜牧业发展、农业农村经济的调研。先后对“185”工程、交梨斗鸡养殖示范基地、柳源香鸡扩繁场建设、水晶葡萄种植、巫不香猪、尧吕黑猪、大闸蟹养殖示范场、周覃供港蔬菜现代农业园区建设、芒勇湖水资源综合开发利用、周覃金鸟木业有限公司、交梨诗羽服装厂等开展调研视察，提出《做大自治县优质土鸡产业的建议》《加快交梨葡萄现代产业园区建设推动三都农业转型升级》《探索生态经济文明建设之路，奏响社会和谐发展之音——对三都水族自治县生态文明建设的思考》等多篇报告及论文。先后赴广西玉林、罗城、天峨及周边县市考察学习种植业、立体养殖模式、发展县域经济等做法和先进经验，积极开展竹业调研并率先创办麻竹示范基地。引进外商投资开发芒勇湖生态养鱼并建立生态立体种植养殖农民专业合作社，为周覃镇三院村移民搬迁点群众人饮工程和九阡名贵茶叶有限责任公司协调解决建设资金和用电问题。同时，就失地农民的生计问题和农村独生子女户、二女结扎户开展调研，针对生活、生产中存在的问题和困难提出了一些合理化的建议。

五、社会联谊

1978年至2013年，县政协广泛开展与港、澳、台胞（属）、海外侨胞（属）及社会各界人士的联谊活动，大力宣传党的统战政策，引进外商到三都投资办企业，洽谈开发项目125人次。先后接待省政协、省民建、州政协领导莅临三都考察指导工作30余人次。此外，还加大与省外政协及周边县市政协的联谊力度，先后接待全国政协和河北省政协、云南省政协、重庆市南岸区、重庆市黔江区、广东湛江市、湖南邵东县、湖南邵阳市、广西河池市、广西金城江区、广西环江县、广西宜州市、广西南丹县、广西天峨县、广西罗城县、广西凤山县、广西柳州市鱼峰区、深圳市政协、河南睢县及省内的安顺市、黔东南州及本州内各县市政协到三都访问联谊、考察400余人次。同时，县政协分别赴省内外相关县市政协联谊交流、考察学习。每年都派人参加黔桂两省（区）十三县（市、区）政协联谊协作会和黔南州十二县（市）政协联谊会议。2003年12月和2009年11月先后成功举办了黔桂两省（区）十三县（市、区）政协联谊协作会第十二次会议和黔南州十二县（市）政协联谊会第六次会议。

六、智力支边

1978年至2013年，县政协加强与省智力支边办、省民建、州智力支边办和有关部门联系，引进新技术、引进人才，开发支边项目，开展乡土人才培训。先后邀请专家、学者到三都考察指导工作。共完成支边项目167个，配合有关部门开展乡土人才培训132期18104人次，主要涉及农业、畜牧业、教育、卫生等行业。落实智力支边联系点7个（交梨乡永兴村、前进村，丰乐镇沃屯村、高原村、蕊抹村，拉揽乡拉揽村和拉揽林场）。先后成立了永兴木耳研究会、大坪组葡萄研究会、拉揽村中华猕猴桃研究会、沃屯村柑橘研究会等民间组织。成立“智力支边医务室”和“智力支边扶贫开发中心”，引进资金开办黔桂菌种厂、三都皮革厂、化工建材经营部、桉油提炼厂和木柄加工厂。在省、州支边办的大力支持下，通过省民建牵线搭桥，先后争取到香港爱德基金会及黄佩球先生资助17.8万元援建大河镇山勤小学希望学校，资助15万元援建交梨乡高戎小学教学楼。争取到海外滋根基金会、香港吴目耕堂助学金、深圳爱心人士等社会资金资助12所中小学电脑300多台、图书6900册、课桌1070套、棉被200多床、救护车1辆及资金537.41万元，资助贫困学生、受灾群众、孤儿、单亲儿童3298人次，援建农村卫生室7个，联系外教开展高考辅导讲座1080余人次，推荐三都5名农村贫困生到山西大同希望学校免费就读大专班。

七、考察视察调研

1978年至2013年，县政协配合全国、省、州政协视察团（组）到三都开展各方面的考察、视察、指导工作700余人次，组织驻县的省、州政协委员和县政协常委在县内开展调研、视察和外出考察学习600余人次。围绕农业产业化、城镇建设、教育、民族文化、非公经济、招商引资、旅游等方面工作分别组成考察组赴陕西、山东、湖南、四川、重庆、云南、广西等省（市）区及省内的遵义、安顺、黔东南等地考察学习非公经济发展、农业产业结构调整、乡镇企业、民族文化、旅游、教育卫生、特色农业“四在农家”及各地政协的民主监督、文史等工作，同时，在县内组成视察组分别就农业产业化、林业、畜牧业、基础设施建设、教育、卫生、非公经济发展、民族文化旅游等开展调研视察，向县委、县人民政府提出了《关于发展县域非公经济有关问题的建议案》《关于三都无公害蔬菜发展的建议案》等 136 篇调研报告和建议案。

第六篇　政法·武装

第一章　公　安

第一节　机构沿革

“文化大革命”期间，县公安局被撤销。1973 年，恢复三都水族自治县公安局，同年成立中共三都水族自治县公安局党支部；1987 年，县公安局内设机构为政工室、纪检组、秘书股、经文保股、预审股、治安股、刑侦队、交警队、看守所、拘留所、消防科及三合镇、三合区、大河区、普安区、都江区、中和区、周覃区、九阡区派出所。1988 年 2 月，组建县公安局党组和纪检组；1992 年 8 月 31 日，建立中国共产党三都水族自治县公安局委员会和中国共产党三都水族自治县公安局纪律检查委员会。1995 年，县公安局下设机构有政工科、纪检组、秘书科、经文保科、预审科、治安科、刑侦队、交警队、看守所、拘留所、消防科以及恒丰、三洞、羊福、坝街、水龙、烂土、廷牌、丰乐、拉揽、三合、九阡、扬拱、大河、周覃、普安、都江、中和、交梨、塘州、巫不、打鱼 21 个乡镇派出所。

2002 年，县公安局为正科级办事机构，内设 9 个大队、5 个职能科室、21 个派出机构。2003 年 6 月 16 日，治安大队以及恒丰、三洞、羊福、坝街、水龙、烂土、廷牌、丰乐、拉揽、三合、九阡、大河、周覃、普安、都江、中和、交梨、塘州 21 个乡镇公安派出所升格为副科级机构。

2008 年 7 月 5 日，县公安局下设机构为 34 个，机构规格均为副科级。其中：综合管理机构 3 个，即：政工监督室（加挂督察大队牌子，下设人事股、宣传股、教育训练股、纪检监察审计股、警务督察股）、法制室（加挂信访室牌子）、警务保障室；执法勤务机构 8 个，即：指挥中心（加挂办公室牌子，下设秘书股、指挥室、机要股）、国内安全保卫大队（下设综合业务中队、案件侦查中队）、治安管理大队（加挂爆炸危险物品监管大队，下设综合业务中队、治安管理中队、户证管理中队、内部单位保卫中队、出入境管理中队）、刑事侦查大队（下设综合业务中队、直属中队、技术中队、经侦中队、三合责任区刑侦中队、周覃责任区刑侦中队）、交通警察大队（下设综合业务中队、交通事故处理中队、车辆管理中队、三合责任区交通警察中队、周覃责任区交通警察中队、都江责任区交通警察中队）、禁毒大队（加挂县禁毒委员会办公室牌子，下设综合业务中队、毒品案件侦查中队）、巡逻特警大队（下设巡逻中队、应急中队）、公共信息网络安全监察大队（加挂信息通信大队牌子，下设综合业务中队、案件侦查中队、信息通信中队）；监管场所 2 个，即：看守所、拘留所；派出机构 21 个，即：三合、大河、合江、丰乐、普安、交梨、水龙、中和、三洞、塘州、廷牌、恒丰、周覃、九阡、扬拱、坝街、都江、打鱼、拉揽、羊福、巫不派出所。

2011年6月29日，县公安局纪检监察室与派驻的行政监察机构合署办公，加挂警务督察大队牌子。纪检监察室为县公安局纪委的办事机构，规格为副科级，下设监察审计股、警务督察股。原政工监督室更名为政工室，保留副科级不变，下设人事股、宣传股、教育训练股。

2012年10月31日，设立县公安局经济侦查大队，为县公安局内设副科级机构，下设综合中队和案件中队。经济侦查大队成立后，撤销原设立在县公安局刑事侦查大队的经侦中队股级单位建制，其职能划归经济侦查大队。

2013年8月7日，设立人口管理工作大队，为县公安局内设机构，副科级，下设综合中队、户政管理中队、人口信息情报中队、流动人口管理中队、基层基础工作指导中队。撤销原设在县公安局治安管理大队的“户政管理中队”。其对应的职能划归县人口管理大队的户政管理中队管理；同日，设立三都水族自治县应急处突中心，为县人民政府办公室管理的正股级事业单位，由县人民政府办公室委托县公安局管理。内设综合业务中队、特战中队、勤务中队。核定县应急处突中心事业编制100名；10月21日，县公安局法制室更名为法制工作大队，保留副科级不变。内设综合业务中队、执法监督中队、复议应诉中队；12月27日，设置三都水族自治县监管所卫生所，为县公安局管理的正股级事业单位。

第二节 刑事案件侦查

公安刑事案件侦查工作，开始与治安工作在一起，1956年在治安股内设刑事侦查组，1980年1月正式建立刑事侦查队，1996年成立刑事侦查大队（内设一、二中队），1999年再增加一个中队，2000年内设一、二、三、技术等四个中队、综合科。后内设直属中队、有组织犯罪侦查中队、经侦中队、周覃责任区中队、技术中队、综合业务中队等五个中队，主要从事刑事案件侦查工作及相关业务工作。

大要案的侦破　1978—2013年，县公安局破获了一批重特大刑事案件。

1979年影响最为恶劣的是普安区普安公社双江大队杨某祥（系都匀电厂工人）因怀疑其妻与他人有不正当关系，其子女也不是自己的，便产生杀人恶念，于当年10月16日晚，趁妻子儿女熟睡之机，手持利斧，将妻子和五个孩子活活砍死。1992年9月26日，恒丰乡留联村甘务三组发生一起重大纵火案，受灾31户，108人，烧毁房屋93间，粮食40000千克，大、小猪31头，受灾村民家用家具等财物全部烧毁，直接经济损失10万余元。经查明，发生火灾的原因系该村村民韦某健与其弟韦某昭发生争执，韦某健报复纵火，此案是三都第一起重大纵火案件。1993年2月4日，三合镇交易村纵火杀人案犯蒙某明在纵火烧房后，持刀将蒙新文、陆运礼杀死，将潘承敏杀伤后潜逃，在被发现后持刀行凶拒捕，被当场击毙。6月29日，破获“9·24”孙文祥一家六口被杀案，凶手之一的孙某亮在烂土乡茂阳村被抓获，30日，另一凶手孙某虎也落入法网。1995年10月1日，破获王某红、王某东杀人抢劫案，抓获2名犯罪嫌疑人。10月4日，破获胡某东、杨某平、谭某军轮奸杀人案，抓获3名犯罪嫌疑人。1996年5月4日，抓获一名杀人犯，破获该犯罪嫌疑人在贵州农学院杀死1人、杀伤2人的省厅挂牌督办大案件。5月13日，从江县人潘某刚、韦某堂、潘某平在五坳坡矿山杀死2人，杀伤1人后畏罪潜逃，次日3名犯罪嫌疑人被抓获。7月4日，破获“6·29”小脑矿山强奸杀害六岁女童案。1997年1月1日，破获普安镇观音寺小学四年级学生白某祥杀五年级学生李廷刚案一起，后将白某祥抓获。1997年12月22日，都江镇塔石村小寨组农民石某平用木棍将其父石昌应打死后外逃，1998年3月31日将石抓获。

1999年破获“6·18”恶性杀人案。2000年破获“11·12”三都首例绑架儿童案，抓获韦某刚等犯罪嫌疑人；侦破“4·10”县农行城关营业所爆炸案、“8·20”金秋宾馆涉外盗窃案及荔波县发生的“8·9”枪支被盗案。2001年破获塘州乡潘某传持镰刀砍死王玉生案。2002年，侦破4月16日韦某雷持刀杀害吴谦案，6月7日张某裕特大投毒案。2003年，侦破九阡镇甲才村上甲才组潘奇被打死后掩埋案、省州领导督办的“5·31”中和镇人大主席石奇忠被杀案等，抓获潘某、韦某值等一批重大犯罪嫌疑人。2005年，破获1998年丰乐镇廖某国故意伤害致人死亡案。

2008年3月破获中和镇中和村中寨组石某荣故意杀人案；8月，破获韦某王、韦某药、覃某美三人在周覃镇播花村播花组覃秋明家进行盗窃持刀杀害覃秋明案，莫某鹏用木凳和木棒击打妹妹莫礼琴死亡案；9月2日，破获潘政书、潘某敢因酒后发生口角，潘某敢用长火药枪射击潘政书胸部、腹部，致潘政书大出血死亡案；12月，破获酒后在都江路振兴大药房旁边小巷处打斗，韦帅帅被杀死亡案；12月，破获一起因劳资纠纷引发的杀人案，张某井因劳资纠纷与煤矿老板娘发生矛盾，煤矿老板娘之弟吴朝阳便与张某井发生争执抓扯，在争执抓扯的过程中，张某井掏出随身携带的一把折叠式匕首刺伤吴朝阳的心脏，致吴朝阳当场死亡案。2009年7月30日，破获潘某掌因与其妻子发生婚姻纠纷，于当日晚7时许，携带凶器到岳父岳母家，将岳父潘远光头部打伤，致其当场死亡，将岳母王曰杀伤案。

2010年1月19日，破获蒙某林醉酒后与邻居蒙邦炯在村里因口角发生争吵，在争吵过程中蒙某林用尖刀将蒙邦炯腹部杀伤，之后蒙邦炯被送往县鹏城医院抢救，1月20日晚受害人蒙邦炯因腹腔脏器损伤出血抢救无效死亡案；3月16日，疑似患有精神病的犯罪嫌疑人吴某贵发病后，在其家门口用拳头击打其父亲吴育芳的面部三拳，致吴育芳倒地后，吴某贵又用脚踩踏吴育芳的胸部致其重伤，经救治无效死亡案；4月14日，抓获陆某按将杨月头部打致外伤昏迷后，被埋于中和镇庙良村三组陆光灿家楼脚牛圈旁的粪堆内窒息死亡案；6月26日，丰乐镇苕寨村七组的刘体优和外甥女郭丛仙在本组水井洗菜时，姬某东来到水井边用水泼向郭丛仙，并用手捏其颈部，刘体优上前制止，姬某东便殴打其母，郭丛仙见状跑到家中叫其爷爷郭荣付来，郭荣付来到水井处后，姬某东又持木棒追打郭荣付至其大哥姬廷标家二楼阳台，致郭荣付颅骨粉碎性骨折、颅脑损伤死亡。是年，破获一起1995年的命案积案，1995年11月5日（过水龙端节），死者莫书的儿子莫兴国酒后到莫某奇家闹事。11月6日，莫某军邀约莫某召、莫某奇二人到莫书家找莫兴国评理，由于言语不和，莫兴国与莫某奇和莫某召发生争执并相互殴打，其父莫书拿扁担打了莫某奇一扁担，莫某奇抢得扁担后把莫书推开，并和莫某召、莫某军拳脚相加对莫书进行殴打使其致伤。11月7日7时许，莫书因腹部钝器伤致腹腔内脏器（肝）破裂出血不治死亡。

2011年7月，破获九阡镇板高村岜凡组潘某芝因山林纠纷与潘玉辉发生争执，在争执中潘玉辉被潘某芝用匕首刺中左股动脉致破裂，引起大出血死亡案。8月，破获陈某奇向其叔妈叶章英借钱外出务工不成，便怀恨在心，用钝器击打叶章英母子的头部致颅骨破裂、颅脑损伤而死亡案。12月22日，破获三合镇吴光凯、周振、石本强等3人被潘某慷邀来的潘某更、潘某辉、潘某耳、潘某西等人持刀故意杀人案，案发当晚，吴光凯、周振因伤势较重，被送往黔南州医院和州中医院医治，吴光凯因伤情较重，经抢救无效死亡。经法医对尸体进行检验，死者是头部被锐器砍伤致颅脑粉碎性骨折，导致颅脑损伤而死亡。

2013年6月，破获羊福乡排外村洗羊组发生一起因纠纷引起的故意伤害致人死亡案件；9月，破获三合镇河滨北路巅峰魅力KTV门口故意伤害案件，受害人王木油头部受钝器伤致严重颅脑损伤死亡。经全体办案民警近20小时侦查，犯罪嫌疑人魏某海投案自首。

打黑除恶工作　2008年，县委、县政府下拨专项经费20万元，抽调公、检、法、司等政法人员组成10余人的打黑除恶专业队伍，摸排涉黑恶线索1条，研究制订了三都水族自治县打黑除恶专项工作侦查方案，在这期间共摧毁涉恶团伙2个10人，破获刑事案件12起，查处治安案件3起，抓获恶势力犯罪嫌疑人陆某海，主要成员陆某红等10人。为使犯罪嫌疑人投案自首和减少涉黑恶违法犯罪活动，利用新闻媒体、电视广播等宣传130余次，在县城和各乡镇政府所在地张贴《关于敦促涉黑涉恶犯罪嫌疑人投案自首的通告》，并在广播电视台滚动播出通知进行宣传，敦促犯罪嫌疑人投案自首。

打黑除恶专项斗争 至2013年，全县收集整理涉黑恶线索16条，摧毁涉恶团伙1个17人，破获涉恶刑事案件10起（其中故意伤害案1起，敲诈勒索3起，寻衅滋事5起，盗窃1起），查处治安案3起（故意伤害1起，其他2起），抓获涉恶犯罪嫌疑人5人（已捕2人）。在开展专项斗争期间，刑侦大队共立各类刑事案件4起（其中故意杀人案2起，爆炸案1起，放火案1起），经过侦查，及时侦破了影响较大的“8·7”周覃爆炸案和“8·28”合江故意杀人案，抓获涉爆犯罪嫌疑人1人。摧毁涉恶团伙2个10人，破获刑事案件12起（其中故意伤害2起，寻衅滋事5起，敲诈勒索3起，盗窃2起），查处治安案件3起（故意伤害1起，其他2起），抓获恶势力犯罪嫌疑人陆某海，主要成员陆某红、陆某云等10人。

打黑除恶典型案例 2011年12月22日，三合镇发生一起故意杀人案件，吴某凯被人持刀砍伤致死，另2人受伤。“12·22”案件发生后，县公安局立即开展侦查并及时向上级公安机关汇报。经初查后发现该案情况复杂、案情重大，2012年1月10日，根据州公安局的统一部署，州、县成立了专案组，抽调州公安局、都匀、独山、荔波等县（市）公安机关民警到三都加强对案件开展侦查。通过州县专案工作组近5个月的不懈努力，专案组查清了以胡某建为首的涉黑犯罪团伙和以潘某慷为首的涉恶犯罪团伙相关涉案情况，查清该两个团伙具有组织、领导、参加黑社会性质的违法犯罪行为，主要涉嫌故意伤害、聚众斗殴、非法拘禁、聚众赌博、放高利贷等犯罪活动，两团伙的人员众多、团伙内部等级分明、组织有序，在三都当地持枪聚众斗殴、寻衅滋事、敲诈勒索、非法拘禁、故意伤害、聚众赌博、称霸一方，严重破坏当地的社会、经济秩序，社会影响极坏。2012年年底，专案组将该案侦破，共打掉黑恶势力团伙3个，查获黑恶势力团伙作案29起，成功抓获涉案人员52人，刑事拘留35人，检察机关批准逮捕31人，取保候审13人，未采取强制措施的9人，释放3人。

刑事犯罪情报资料工作 1991年在粮油价格变动期间，公安局预先到城镇闹事片区和民中、民师、二中、职中等落实具体防范措施，保障了县内粮油变价平稳过渡。6月中旬，境外反动宗教到县内渗透1起4人，散发《新的开始》《怎样认识神》等各种宣传书刊200余册（份），录音磁带20余盒，全部收缴上交作出处理。10月中旬，民师部分学生在学校张贴大字报呼吁改善生活条件。此前，职中亦因为收费问题引起学生联名向校方提出要求的情况，发现后经及时调解、疏导，将事态消除在萌芽状态。在九阡、大河、阳基等地收缴台湾心战空飘传单7张、气球2个，并对当地群众进行教育帮助，控制反动宣传的扩散和影响，全年查证政情4条、社情13条。1992年11月下旬，民中部分学生因教育部门提高会考费而自发地聚集到县教育局门前请愿；12月上旬，民师中一（1）班全体学生因教师被打，张贴大字报呼吁严惩凶手的情况。经与教育部门密切配合，进行调解、疏导教育，避免了事态发展。1998年，破获了以莫某堂为首的“八九”暴动部队反革命集团组织，查清200余人，报捕3人；破获了轰动县城的“7·14”反标案。1997年，取缔非法组织1个，收集查证政、社情信息12条，查处利用大小字报侮辱诽谤案件1起。1999年查禁取缔“哭派”等非法传播宗教组织及邪教组织3个，其中非法传播宗教组织2个，邪教组织1个；收缴有关邪教“法轮功”书籍80余册、条（图）幅19幅、照片7张、录音带18盒；通过组织学习，集中进行思想教育，全县24名邪教“法轮功”练习者均认清李洪志及其邪教“法轮功”的本质，并全部脱离了“法轮功”邪教组织。

2000年对本县曾参与修炼邪教“法轮功”的人员逐一落实帮教责任制，强化教育转化工作，有效防止“法轮功”邪教组织在县内的渗透破坏活动，全年共查处、取缔非法传教窝点3个。2004年，收缴县外邮寄的邪教“法轮功”宣传品3件，非法宗教书籍、宣传小画册57788本，非法光碟

79 张，依法取缔了 5 个非法信教点。2006 年针对县内原有的邪教“法轮功”练习者，保持密切注视；对“8・26”工作对象、县内重点控制人员，采取秘密工作，随时掌握情况。

第三节　专项斗争

社会治安集中整治专项斗争　1999 年受理治安案件 162 起，比 1998 年同期下降 47.7%；查处治安案件 161 起 245 人，治安案件查处率为 99.38%；治安罚款 1.34 万元，没收财物总金额 1.1625 万元。全年呈报劳教、少管 15 人，已批 5 人，待批 8 人。将应列管的 313 名重点人口全部列管，其中 46 人被列为帮教对象，建立帮教小组 107 个 341 人，从中提供打击处理对象 7 人、侦查线索 27 件、破案 10 起。

2004 年共发现受理治安案件 1818 起，查处治安案件 1816 起，查处率为 99.8%。查处违法人员 18872 人，罚款 23.16 万元，没收 9.9 万元。当年，结合安全生产大检查、矿产资源清理整顿、治理非法小煤窑等工作，重点对县物资公司民爆物品仓库及矿山、石场、小煤窑、重点（涉爆）工程进行专项治理，在涉爆专项整治工作中，共收缴炸药 62 千克，雷管 89 发，导火索 207 米，捣毁非法生产烟花爆竹、黑火药窝点 4 个，收缴成品、半成品爆竹 2000 千克、黑火药 0.5 千克，氯酸钾 12 千克，爆竹筒 100 万余响，对保管设施简陋、领用清退制度不健全和违规的 21 家涉爆单位责令限期整改，取缔 1 个严重违规的采石场，封炸 58 个非法小煤窑。在开展校园周边秩序整治工作中，破获犯罪团伙 2 个，查破刑事案件 9 起，治安案件 25 起，使全县校园周边治安秩序明显好转。

2005 年加大治安、行政案件查处力度。共发现受理各类治安、行政案件 2083 起，查处 2081 起，查处率为 99%，其中罚款 2.8 万元，行政拘留 22 人，警告 33 人，其他处理 34 人。对流动人口进行清理整顿，在清查中全面登记，不留死角，共清查私房出租 1121 户，清理流动人口 13008 人，办理暂住证 9867 人，对重点可疑人员逐一发函，共发函 348 份。2009 年办理行政案件 1397 起，查处 976 起，查处违法人员 1015 起，其中：警告 83 起，罚款 415 起，行政拘留 85 起，其他 426 起，罚款总金额 4.772 万元。2010 年办理行政案件 1968 起，查处 1250 起，查处违法人员 1218 起，其中：警告 46 起，罚款 336 起，行政拘留 144 起，其他 638 起，罚款总金额 4.074 万元。2011 年办理行政案件 4553 起，查处 4149 起，查处违法人员 4172 起，其中：警告 5 起，罚款 3843 起，行政拘留 109 起，其他 215 起，罚款总金额 60.04 万元。2012 年办理行政案件 6080 起，查处 5767 起，查处违法人员 5798 起，其中：警告 329 起，罚款 5227 起，行政拘留 96 起，其他 145 起，罚款总金额 56.92 万元。2013 年办理行政案件 14334 起，查处 13931 起，查处违法人员 14100 起，其中：警告 857 起，罚款 12372 起，行政拘留 55 起，其他 816 起，罚款总金额 12.07 万元。

打击盗窃破坏电力设施专项斗争　2008 年，与电信、水电、电视广播等部门研究制定了《打击盗窃破坏电力电信、电视广播设施违法犯罪专项斗争工作方案》，安排部署专项行动，全年共立盗窃破坏电力通信电视广播设施犯罪案件 1 起，比 2007 年同期 12 起少 11 起，立案率下降 11 个百分点。

打击车匪路霸专项斗争　1999 年针对县城盗窃犯罪及三荔公路线上车匪路霸有所抬头的趋势，在开展“追逃”专项斗争的同时，开展了反盗窃和打击车匪路霸专项斗争，破获了一系列盗窃及车匪路霸案件，韦某显、韦某好等持枪抢劫犯罪嫌疑人被抓获归案，维护了县城的社会治安稳定，保证了三荔公路的安全畅通。2000 年，在开展打击偷牛盗马专项斗争的同时，把车匪路霸作为另一个打击重点，全年共破获车匪路霸案件 26 起，抓获犯罪嫌疑人 7 人，为群众追回被盗的农用车、电视机、磨浆机等一批价值 5 万余元的物资。

缉枪治爆专项斗争　1993 年 7 月，缴获枪支 21 支，摧毁非法制造枪支窝点 1 个，收缴造枪工具1套。1998年8月至1999年2月，破获涉枪刑事案件32起，查获非法成品及半成品枪支250余支、造枪工具160余件、管制刀具150余把、炸药245.5千克、导火索261米、雷管101发、子弹11发，摧毁非法造枪窝点7个，抓获违法犯罪嫌疑人64人。1999年针对塘州、中和、三洞等乡镇非法枪支和危爆物品泛滥问题，于9—11月开展了收枪治爆专项治理。全年审批销售炸药4.0368万千克、雷管16.3975万发、导火索8179米，培训爆破员41人，收缴非法枪支1325支、造枪工具6套、管制刀具587把、炸药243.5千克、雷管100发、导火索251米、自制子弹7发，摧毁造枪窝点7个。

从2001年3月开展缉枪治爆专项行动至年末，共摧毁造枪窝点6个，收缴造枪工具6套、收缴非法枪支共计484支、追回被盗“五四”式军用手枪1支，收缴爆竹10件、各类子弹776发、炸药175千克、制造炸药原料硝酸铵50千克、雷管349枚、导火索212米，被盗雷管4万余枚。2002年，收缴非法枪支60余支，捣毁造枪窝点3个。2005年，侦破涉枪案件6起，抓获违法犯罪嫌疑人6个，捣毁造枪窝点2个，收缴各类枪支21支，半成品枪支5支，子弹21发，缴获造枪工具2套，造枪零部件39件。2008年，摧毁非法买卖、制造枪支团伙2个，抓获犯罪嫌疑人3人。收缴仿“六四”式手枪3支，仿“五四”式手枪1支，长火药枪2支，短火药枪1支，子弹5发。2009年，打掉非法制造、买卖枪支团伙3个，窝点5个；收缴长、短火药枪35支，仿“五四”式手枪1支，仿“六四”式手枪11支，猎枪1支，气枪1支，折叠式步枪1支，子弹230发，造枪工具5套。

2010年，侦破涉枪案件26起，抓获犯罪嫌疑人21人，收缴各类枪支41支，长、短火药枪半成品7支，枪管33根，自制子弹20发，步枪子弹157枚，造枪工具4套。打掉以吴某勤为首的非法制造、买卖枪支犯罪团伙1个，涉案10起，抓捕涉案人员9人，摧毁4个非法制枪窝点。

2011年，侦破涉枪案件27起（其中非法制贩枪支案17起，非法持有枪支案2起，非法制造枪支案8起），抓获犯罪嫌疑人13人，收缴各类枪支39支（其中仿“六四”式手枪3支，单管猎枪2支，气枪1支，长火药枪28支、成品双管长火药枪2支、短火药枪2支，短手枪1支）、成品气枪管1根、“六四”式子弹6发，步枪子弹13发，自制猎枪子弹15发，收缴造枪工具2套。打掉潘某耐、潘某坤、潘某精等和王某平非法制造枪支窝点2个，打掉潘某耐、潘某坤、潘某精非法买卖枪支团伙1个。

2012年，共收缴猎枪4支，长火药枪35支，短火药枪3支，半成品枪管10根，子弹7发，仿“六四”式手枪2支，气枪1支，枪管11根；疑似黑火药132.95千克；铁火底（皮）26包、共2080粒；纸火皮2598粒；火药枪鱼嘴（火药枪撞击点构件）19个；火药枪弹簧28根；硫黄3.35千克；铁砂56千克；管制刀具1把，造枪工具2套。摧毁造枪窝点2个；成功端掉1个非法制造黑火药窝点；抓获涉案犯罪嫌疑人22人。

2013年，侦破涉枪案件66起（其中非法持有枪支案66起），抓获犯罪嫌疑人66人（取保66人）。收缴各类枪支66支（其中长火药枪65支，短火药枪1支），收缴造枪工具1套。

打击拐卖妇女儿童专项斗争　1994年，摧毁拐卖团伙4个16人，营救被拐卖妇女8名。1997年3月17日，成功解救被三穗县农民何明友拐卖的丰乐乡鼠场村四组少女张某菊。1997年8月12日破获1起拐卖儿童案，抓获犯罪嫌疑人杨某红。2000年1—7月，在摸清被拐卖的妇女和儿童底数的基础上，开展了打击盗抢、拐卖妇女儿童专项斗争行动，专项斗争期间，派遣民警分赴广西、广东、江西等地开展解救工作，成功解救或遣返被拐卖妇女15名、儿童2名，抓获人贩13名，摧毁犯罪团伙3个8人，破获拐卖案件3起。2008年，侦破拐卖妇女儿童案件2起，抓获犯罪嫌疑人2人。2009年，共立拐卖儿童案件1起，侦破12起，抓获犯罪嫌疑人潘某官、张某掉、王某俄、蒙某杰、杨某花等8人。解救被拐卖到县的外省籍妇女2名（彭艳华、何清敏）。摧毁拐卖儿童团伙1个8人，涉案12起。2011年，破获1起拐卖妇女儿童案件，解救被拐女童1名，抓获犯罪嫌疑人1名。共立卖淫嫖娼案件7起，破获2起，解救妇女5名（其中解救一名越南籍妇女并遣送回越南）。抓获犯罪嫌疑人10人，刑事拘留2人，行政拘留3人，行政处罚（治安罚款）2人。2013年，共破获2起拐卖妇女案，抓获犯罪嫌疑人3人。

打击多发性侵财犯罪专项斗争　1994年4月12日，破获交梨乡新联村韦学华被盗一台价值4000元的凿岩机的重大盗窃案件。5—7月，摧毁韦某千盗窃团伙1个，抓获犯罪嫌疑人10人。该团伙在1992年期间，先后流窜县内和独山县境内的乡村盗窃耕牛20头，马2匹，价值1.3万余元。1995年5月，破获21起偷牛盗马案件，抓获案犯12名，追回耕牛1头、猪1头。1996年9月7日，破获"8·31"某推销员密码箱被盗窃案，如数追回现金4050元及10多万元的票据。1999年破偷牛盗马案件62起，摧毁犯罪团伙9个26人，抓获偷牛盗马嫌疑人29人，追回被盗耕牛（马）40头（匹）、电视机10台、收录机3台、摩托车3辆，缴获火药枪3支、匕首6把及作案工具牛绳、夹钳等，赃物折合人民币5.8万余元。

2000年3—10月，先后开展三次打击偷牛盗马专项斗争，侦破偷牛盗马案件18起。捣毁犯罪团伙4个，抓获犯罪嫌疑人20余人，为群众追回被盗牛（马）计32头（匹），折合人民币2.8万余元。2002年共破获偷牛盗马案件31起，抓获偷牛盗马犯罪嫌疑人20人，追回价值5万余元的被盗牛（马）49头（匹）。破获入室盗窃案件35起，抓获犯罪嫌疑人19人，打掉入室盗窃团伙2个。2004年破获塘州乡梅育村潘显清被盗耕牛案，追回耕牛1头，抓获犯罪嫌疑人张某九；破获合江镇平荡村九组李成全被盗马匹案，追回马匹1匹，抓获犯罪嫌疑人蒙某红；捣毁一个盗牛团伙，破获盗牛案件2起，为合江镇奇江村莫善家追回被盗耕牛1头。2008年，县内共立"两抢一盗"案件360起，侦破83起，全年共抓获"两抢一盗"案件犯罪嫌疑人63人，提请批准逮捕43人，移送起诉34人。

2009年，抓获曾在县城疯狂进行飞车抢夺的犯罪嫌疑人韦某卡、韦某腰等4人，侦破抢夺案件15起。侦破曾某荣、田某、罗某义、韦某望等人系列抢劫案12起，侦破李某明系列抢劫案56起；侦破潘某常、陆某华、陆某景、石某训、潘某乐、周某阔、覃某获、覃某意等团伙抢劫案5起，摧毁抢劫团伙2个、抢夺团伙1个。为群众追回被盗的价值39万余元的大货车1辆和摩托车2辆。经过整治，县内城区社会治安有所好转，但侵财类案件仍居高不下，严重侵犯公民的财产安全。2010年，共侦破"两抢一盗"案件126起，为群众追回被盗牛马20头（匹），挽回损失6.1万元；追回被盗摩托车15辆，挽回损失5.69万元；追回被盗面包车1辆，挽回损失3万元；共计挽回损失14.79万元。提请批准逮捕"两抢一盗"犯罪嫌疑人57人（抢劫5人，盗窃52人），移送起诉63人（抢劫9人，盗窃54人）。打掉抢劫团伙1个，涉案8起，盗窃团伙4个，涉案34起。2011年，共侦破各类刑事案件181起。其中：杀人案5起，抢劫案7起，盗窃案70起（包括年前案件7起），强奸案11起（包括年前强奸案1起），伤害案10起；毒品犯罪案22起，诈骗案3起，其他类案件53起，收缴海洛因0.0501千克；诈骗案4起，绑架案2起，其他案件50起。为群众追回被盗耕牛15头、猪1头，挽回经济损失8.81万元；追回被盗摩托车9辆，挽回损失4.89万元；追回轿车1辆，挽回损失6万元；追回被盗电视机1台，挽回损失0.3万元；追回被盗现金0.25万元，共计挽回经济损失19.75万元。摧毁抢劫团伙2个，打掉非法买卖枪支团伙1个，收缴造枪工具2套。打掉非法制造枪支窝点2个。2012年，破获各类刑事案件662起，其中破获"两抢一盗"案件269起，诈骗案件29起，抓获犯罪嫌疑人145人。

2013年，开展"雷霆行动"，破获各类刑事案件487起，抓获各类犯罪嫌疑人153人，其中破获"两抢一盗"案件288起，诈骗案件1起，抓获侵财犯罪嫌疑人63人，打掉5个盗窃犯罪团伙，涉案67人。

专项追逃　1994年1月，根据省委政法委关于在全省开展为期三个月追逃"三逃"犯中统一行动的通知精神，县内公、检、法、司通力协作，共抓获全县在册逃犯54名。1998年8月21日，抓获了1997年8月7日残忍杀害自己亲人的都江镇村民潘某标；派出所干警千里赶赴浙江省长兴县，抓获在县境内用枪打死人后畏罪潜逃达两年之久的犯罪嫌疑人韦某石。1999年与全国同步，7、8、9月开展“追逃”专项斗争，将1990年以来负案、批捕、刑事拘留在逃的犯罪嫌疑人以及1990年以前的重要在逃人员全部上报录入公安部信息中心CCIC“在逃人员数据库”。专项斗争中，抓获在逃人员25名，其中网上人员8名，网外人员15名，协助外县抓获在逃人员2名。

2002年，抓获网上在逃犯42人，全面完成州局下达抓捕40人的任务。2005年，抓获网上在逃人员56名。2006年，全年按公安部规定上网的15名在逃人员中，抓获6名。2008年共上网24名，抓获网上逃犯32名，外省抓获县内网上逃犯7名，县内协助外省抓获12名。2009年，实行全警追逃，2008年11月20日至2009年11月20日，抓获网上在逃人员68名。2010年，抓获各类逃犯72名。2011年，全国公安机关将开展为期约7个月的网上追逃专项督察“清网行动”，以“全国追逃、全警追逃”的力度缉捕在逃的各类犯罪嫌疑人。抓获各类网上在逃人员78名。2012年，“雷霆行动”开展以来，共抓获各类网上在逃人员143名。

2013年5月31日上午，贵州省公安厅召开全省视频会议，部署开展“雷霆行动”夏季严打百日行动第一次集中抓捕网上逃犯行动，共抓获各类网上在逃人员112名，其中抓获故意杀人在逃人员2名。

第四节　治安管理

人口管理　1982年开展第三次全国人口普查。1987年开展第四次全国人口普查。1990年7月1日起，开展第五次全国人口普查。2010年6月20日起，开展第六次全国人口普查，8月30日全面结束，县内共清理总户数9.7万户，总人数346641人，全部完成入户调查和登记工作。2005—2013年，全县共办理第二代居民身份证300921人，全县89%人口换领了第二代居民身份证。

流动人口管理　1978年12月中共十一届三中全会后，县内人口流量大量增加。1985年7月开始加强城镇暂住人口和管理制度，按照公安部《关于城镇暂（寄）住人口管理规定》，严格加强对外来人口的管理，逐步形成多层次、多渠道的管理网络，为经济建设发展创造良好的治安秩序。2006年至2013年，县内流动人口分别为1282人、1220人、3030人、5385人、3719人、2865人、2763人、1860人。

重点人口管理　1981年3月，贯彻落实国务院《关于开展整顿户口工作》指示，组织户政人员核对工作，核对户口底册、户口簿、粮油供应本，通过开展工作，较准确地掌握了全县人口底数，发现和纠正了户口管理上存在的重、漏、差、错的混乱现象，建立和健全户口管理制度。2006年至2013年，全县重点人口总数分别为250人、291人、359人、426人、626人、626人、1227人、1499人。

消除社会丑恶现象　1979年秋冬之交，县内外违法犯罪分子相互勾结在县内进行违法犯罪活动，导致县内出现社会治安紊乱，县公安局专门抽调两名治安干部会同城关派出所干警，开展社会治安整顿。1980年1月至11月，县内共处理扒窃案件120余起，赌博案件150余起，流氓犯罪案件11起，打架斗殴6起，抢劫1起，炸鱼50多起，谣言2起，传播淫秽书籍案1起。1985年全县大力抓文化场所管理，查禁淫秽录像。全年共取缔营业性舞厅2户，取缔利用康乐赌博2户，罚款2户，收缴各种不健康小报2500余份。查获三合镇三街蒋林新组织播放淫秽录像案，罚款3300余元，收容审查1人。1986年根据群众检举汇报情况，抓赌25次，抓获赌博人员146人，缴获赌资379.94元。1987年，查禁赌博41次，抓获赌博人员163人，缴获赌资2136元，手表2块。查处周覃安某袍、罗某兴、周某雄、周某仙等非法种植罂粟案。1989年全年共开展查禁赌博、打击卖淫嫖娼活动41次，抓获赌博、卖淫嫖娼分子100人，其中赌博90人、卖淫嫖娼10人，治安罚款5000余元，没收赌资240元，没收手表2块，取缔赌博窝点5个。1992年5月2日，摧毁县城一重大卖淫团伙，涉案人员50人。按照《全国人大常委会关于严厉打击卖淫嫖娼的决定》处理了42人，并于同年9月21日举办了一期卖淫嫖娼违法人员法制学习班，共21人参加学习接受教育。1994年上半年，组织开展以县城为中心的文化市场和特种行业的清理整顿工作，查获在旅社嫖宿人员5起9人。1997年，查处卖淫嫖娼案件19起，赌博案件86起，吸食注射毒品案件5起。1999年查获卖淫嫖娼案件5起，吸毒案件2起。

2001年对旅店业、房屋租赁户、发廊、公共场所等进行检查清理，查获赌博34起，卖淫嫖娼3起。2005年，先后组织36人次，开展集中打击赌博违法犯罪活动，捣毁赌博窝点2个，收缴赌博“跑马机”“苹果机”4台，对治安隐患相对突出的棋牌室予以停业整顿。查处违法音像制品管理案件7起，处理违法人员7人。2008年，与工商、文化等部门联动合作，开展“扫黄打非”行动，共组织抓赌活动10余次，捣毁赌博窝点3个，抓获涉赌人员90余人，行政拘留16人，治安罚款2万余元，没收赌资2万余元，取缔30余家麻将室、娱乐室，当场销毁苹果机、跑马机等90余台。

2010年针对社会丑恶现象制定专项行动方案，在全县范围内开展打击赌博违法犯罪专项行动、打击卖淫嫖娼专项行动及“扫黄打非”专项行动等，共出动警力120人次、车辆46台次、检查场所203家次，对其中11家歌舞娱乐场所、100家宾馆、27家美容美发店、80间出租房屋进行多次走访、检查，查处场所2家，发现卖淫嫖娼违法犯罪活动3起，处理卖淫嫖娼犯罪嫌疑人6人。

2011年针对社会丑恶现象制定专项行动方案，在全县范围内开展打击赌博违法犯罪专项行动、打击卖淫嫖娼专项行动及“扫黄打非”专项行动等，共出动警力120人次、车辆46台次、检查场所203家次，对其中11家歌舞娱乐场所、100家宾馆、27家美容美发店、80间出租房屋进行多次走访、检查，查处场所2家，发现卖淫嫖娼违法犯罪活动3起，处理卖淫嫖娼犯罪嫌疑人6人。

2012年针对社会丑恶现象制定专项行动方案，在全县范围内开展打击赌博违法犯罪专项行动、打击卖淫嫖娼专项行动及“扫黄打非”专项行动等，共出动警力350人次、车辆120台次、检查场所230家次，对其中11家歌舞娱乐场所、78家宾馆、23家美容美发店、118间出租房屋进行多次走访、检查，查处场所12家，发现卖淫嫖娼违法犯罪活动5起，处理卖淫嫖娼犯罪嫌疑人8人。

2013年针对社会丑恶现象制定专项行动方案，在全县范围内开展打击赌博违法犯罪专项行动、打击卖淫嫖娼专项行动及“扫黄打非”专项行动等，共出动警力350人次、车辆120台次、检查场所230家次，对其中11家歌舞娱乐场所、78家宾馆、23家美容美发店、118间出租房屋进行多次走访、检查，查处场所12家，发现卖淫嫖娼违法犯罪活动4起，处理卖淫嫖娼犯罪嫌疑人8人。

危爆物品管理 2002年，捣毁非法生产爆竹作坊1个，收缴黑火药14.3千克、爆竹5000余响。收缴炸药8.55千克、雷管9发、导火索200米。炸封非法小煤窑19个。2003年，查破非法制贩、持有枪支案24起，抓获涉枪违法犯罪嫌疑人31人；捣毁造枪窝点7个，缴获造枪工具7套；收缴非法枪支82支、零部件24件、步枪子弹4发、自制手枪子弹6发。2004年，查获非法制贩、持有枪支案13起，收缴枪支24支，捣毁造枪窝点2个，缴获造枪工具2套，抓获涉案人员13人。2005年，共查处涉枪案件6起，抓获违法犯罪人员6人，捣毁造枪窝点2个，收缴各类非法枪支26支，子弹21发；缴获造枪工具2套，造枪零部件39件。2006年，查处涉枪案件6起，抓获违法犯罪人员6人，捣毁造枪窝点2个，收缴各类非法枪支9支，子弹12发，管制刀具2把。查处非法买卖爆炸物案2起，抓获涉案人员3人，收缴炸药37.65千克、雷管75发。2007年，涉爆单位的民爆物品储存设施落实17个标准储存仓库和103套防爆储存柜；完成县内民爆物品管理信息系统建设并正式运行，民爆物品管理工作基本达到信息化和规范化。查处非法制造烟花爆竹案1起，提请批准逮捕1人，捣毁非法制造爆竹作坊1个，收缴爆竹1万余响、爆竹引线80千克、爆竹筒5万余

个、编爆机4台。炸封都江镇小脑矿山非法矿洞18个。收缴炸药220千克、导火索38米。查破非法制贩枪支案件10起，打掉非法制贩团伙4个，抓获涉案人员13人。2008年，查处非法制造爆炸物案1起、非法运输爆炸物案1起，提请批准逮捕2人；查处涉枪案件4起，抓获涉案人员5人，共收缴各类枪支6支、自制子弹5发。收缴炸药52.55千克、私造炸药220千克、导火线600余米、雷管131发。2009年，查处涉枪案件21起，抓获涉枪违法犯罪嫌疑人27人。捣毁造枪窝点6个，打掉买卖枪支团伙2个。收缴炸药6千克、黑火药0.4千克、导火索5米、雷管2枚、各类枪支70支、军用子弹248发、管制刀具13把。清收过期炸药6110千克、失效雷管3813发，并集中进行了销毁。

2010年，查处涉爆违法案件3起，抓获涉案人员8人，收缴炸药300.4千克、雷管291发、烟花爆竹6000余响。破获涉枪案件25起，摧毁涉枪窝点4个，打掉买卖枪支团伙1个，抓获涉枪犯罪嫌疑人21人，收缴各类枪支共41支。

2011年，查处涉爆违法案件1起（非法使用民爆物品案1起），抓获涉案人员1人，收缴炸药6千克、雷管7发、烟花爆竹60000余响。破获涉枪案件25起，摧毁涉枪窝点2个，抓获涉枪犯罪嫌疑人7人，收缴各类枪支共5支。

2012年，查处涉爆违法案件3起，抓获涉案人员3人，收缴炸药47.6千克、雷管335发、烟花爆竹30000余响。破获涉枪案件35起（其中非法制造枪支6起、非法持有枪支29起），抓获涉案人员8人，收缴枪支32支。

2013年，查破涉枪案件41起（其中非法制造枪支1起、非法买卖枪支案9起、非法持有枪支案31起），抓获涉案人员39人，收缴枪支49支（其中长火药枪38支、短火药枪5支、半成品火药枪6支）。根据线索摸排，在普安镇捣毁了1个造枪窝点，抓获犯罪嫌疑人1人，查获成品火药枪3支、半成品火药枪6支及造枪工具1套；在中和镇成功端掉1个非法买卖黑火药窝点，抓获犯罪嫌疑人2人，查获黑火药8.5千克，铁质火皮350颗，铁砂子18.5千克。

特种行业管理　1982年县内开始加强对特业管理。1984年8月，对全县全民、集体、个人所开设的旅社（客栈）逐一调查。先后在三合镇和六个区所召开旅社负责人和店主会议7次，帮助他们订立规章制度，印发“旅客须知”和“旅客登记簿”，使旅社、客店有章可循，有簿可查。1986年，县内旅社（店）、刻字、修理、废品收购等行业共75户，特业从业人员88人。其中旅馆业66户，从业人员88人；刻字5户，从业人员5人；旧货收购业4户，从业人员4人。全年共抽查旅社34次，查出刑事犯罪分子2人，诈骗1人，盗窃1人，清理无证居住旅社的外来人员360余人，查处奸宿人员63对。1987年共检查旅社28次，对管理混乱、有章不循的8家旅社进行处罚。清理无证居住旅社、非法奸宿人员25人，罚款95元。严格公章刻制批准手续，全年共批准刻制公章188枚。

1991年5—8月，先后对县城旅店、城镇边沿结合部房屋出租户、影视放映点、电子游戏室等易于滋生和隐匿违法犯罪的场所进行清理整顿。整顿旅店业44家，对74名从业人员重新登记管理，取缔无证开业1户，吊销营业执照2户，停业整顿4户，治安罚款1人，罚金50元。清理整顿旧货行业站（店）45个，印章刻字业6户。1994年上半年，组织开展以县城为中心的文化市场和特种行业的清理整顿，查获在旅社嫖宿人员5起9人，对违法人员和旅社业主作出相应的治安处罚。1997年共清理整顿废旧物品收购点37家次、典当铺42家次、招待所及旅社96家次。1998年共对废旧物品收购点、典当铺、招待所（旅社）等特种行业检查118家次。

2001年对旅店业、房屋租赁户、发廊、公共场所等进行检查清理，打击妨害社会秩序违法行为7起，赌博34起，结伙斗殴、寻衅滋事3起，侮辱妇女及其他流氓活动1起，阻碍国家工作人员执行公务2起，卖淫嫖娼3起。2002年对旅店业、房屋租赁户、发廊、公共场所等共清理检查428人次。2003年，对公共场所、特种行业进行46次集中检查，共检查97个单位102家，重点排查外来无证住宿人员256人次。2004年，对公共场所、特种行业进行了23次检查，检查了特种行业129家。

2010年加强特业管控系统建设，全县98家旅馆均将新系统投入使用，对旅馆业检查共百余次，对废旧回收点进行专项清理整治。

2011年三都共有旅馆100家，其中城区83家，乡镇17家，三都水族自治县现共有备案废旧回收业17家，其中三合派出所辖区13家，丰乐派出所辖区2家，合江派出所辖区2家。加大对废旧回收业的管理，共计检查废旧回收业69家次，查处案件3起。系统共计上传旅客信息183366条，其中境外人员数据275条。通过旅店业信息系统抓获网上在逃人员8名，处置蓝色预警310条，橙色预警55条。审核公章刻制申请材料200余份，出具公章准制证159张，审批合格刻章材料共计233枚。检查废旧回收业69家次，查处案件3起。

2012年，三都共有旅馆74家，其中城区73家，乡镇1家，全年共出动警力700余人次，当场处罚旅馆69家次，警告、限期整改81家次。全年共办理特行管理许可证16家，全年共计上传旅客信息177956条，其中境外人员数据156条。通过旅店业信息系统抓获网上在逃人员6名，处置蓝色预警67条，橙色预警15条。全年审核公章刻制申请材料318份，出具公章准制证315张，审批合格刻章材料共计367枚。三都共有备案废旧回收业17家，其中三合派出所辖区13家，丰乐派出所辖区2家，合江派出所辖区2家。全年检查废旧回收业120家次，查处案件3起。

2013年，三都共有旅馆72家，其中城区71家，乡镇1家，全年共出动警力1000余人次，当场处罚旅馆81家次，警告、限期整改52家次。全年共计上传旅客信息197956条，其中境外人员数据142条。通过旅店业信息系统抓获网上在逃人员6名，处置蓝色预警54条，橙色预警15条。全年审核公章刻制申请材料350份，出具公章准制证350张，审批合格刻章材料共计350枚。全县共有备案废旧回收业17家，其中三合派出所辖区13家，丰乐派出所辖区2家，合江派出所辖区2家。全年共计检查废旧回收业85家次，查处案件2起。

出入境管理　1980年承办水龙区公所会计杨祥达申请出国和申请出国探亲的两起手续，并将其申请报告提交省局外事科审查批准。1982年办理出境人员2人。1985年县内有4人次到香港探亲；1人次到西班牙定居；境外人员到县内参观考察的有日本旅客3人次，香港同胞到县内探亲1人次。1989年到县内考察的外国人2名，台胞到县内探亲27人。1991年8月，会同县台办、外事办、旅游局、县政府招待所等单位召开联席会议，制发了《关于做好外国人及华侨、港澳台同胞住宿申报工作的通知》。当年接待台胞50人次，受理审查公民因私申请出境1起1人。1992年接待台胞22人次，外国人9人次。受理赴港定居1人，赴台探亲2人和继承财产申请赴台1人。1994年上半年，到县内探亲、旅游、观光的港澳台同胞共20人次，外国人6人次，申请赴澳门探亲手续1起1人。1995年1—6月，办理出入境申报手续11人，其中到县内观光旅游6人，赴港澳探亲、定居4人。7—12月到县内观光外国人19人，审查呈报赴港定居申请1人。1997年办理赴澳门定居1人，接待外国人131人次，申报出境人员4人。1998年接待外国人56人次，台胞11人次，办理出境手续2人。1999年办理出国手续3人、签证4人。

2000年出入境共办理台胞回乡定居1人、赴港定居1人，办理出境手续5人，接待台胞8人次、华侨1人、外国人10人次。2001年办理出国（境）申请手续7人次，接待到县内旅游、考察外国人28人，接待港、澳、台胞签证8人。2002年办理出入境手续24人次，接待港、澳、台胞及外国人110人次。2003年接待外来人员15人，办理出境手续17人。2004年接待外来人员32人，受理办理出境人员34人。2008年接待台胞3人次，接待咨询办理出境手续的群众6人，协查要求出境人员1人。2009年共受理出境咨询53人次。

2010年按照州局出入境管理处指示，对全县532名副科级以上国家干部进行备案登记，备案法定不准出境人员21人。受理县内群众出入境咨询200余次，核查入境人员临时住宿登记信息158

人次。

2011 年 6 月 10 日，三都水族自治县正式开通出入境受理窗口，按照“出入有境、服务无境”的原则，对全县 800 余名副科级以上县管国家干部备案信息进行更新核对，备案法定不准出境人员 15 人，核查临时入境外国人登记信息 257 人次。在州局出入境管理处的指导下，协助核查辖区内迁出居民身份信息 8 人，发现“三非”人员 1 人。全年共受理护照 44 份，港澳通行证 75 本，大陆居民赴台湾大陆证 4 本，受理赴香港签注 75 次、赴澳门签注 54 次，受理县内群众出入境咨询 400 余次。

2012 年，出入境管理中队受理申请大陆居民往来台湾通行证 29 个，受理申请往来港澳通行证 299 个，受理申请护照 126 个；日常检查时发现“三非”人员 1 人，并查处办理非法居留案件 1 起，前台窗口面见申请人 480 余人次，前台窗口受理群众咨询 30 余人次。

2013 年，出入境管理中队受理申请大陆居民往来台湾通行证 47 个，受理申请往来港澳通行证 327 个，受理申请护照 211 个。在日常检查工作中未发现“三非”人员。前台窗口面见申请人 600 余人次，前台窗口受理群众咨询 50 余人次。

第五节 国内安全保卫

1978 年先后破政治案件 2 起，收容审查从事反革命活动人员 7 人，缴获空飘反动传单约 45000 张。1979 年收缴各种反动传单 10000 多张，对“文化大革命”以来经手办理的案件进行复查，全年共落实 12 件 25 人。1980 年收缴各种空飘反动传单 7000 多张，类别 32 种，食品袋 23 件，衬衫衣服 3 件，收音机 1 部。1982 年破获反革命挂钩案，将首犯赵元祥依法提请批准逮捕，有效打击赵元祥在 1978 年预谋组织的“中华民国新四军”反革命组织，将其成员 17 人掌握在控制之中。同年收缴各区空飘传单 2800 张（本），23 个品种，收缴气球塑料 1 件。1985 年共有敌特 14 名，试用 1 名，用于结合部 6 名，社会控制 3 名，线索 2 名，朋友 3 名。1986 年在全县各区收到反动传单 300 多份，150 本。1992 年共搜集反馈情报信息 8 条，查清县内反攻倒算案件 3 起。1993 年侦破听敌台广播 1 案 1 人，反攻倒算 1 案 2 人，信件恐吓 1 案 1 人，诈骗 2 案 5 人，查清“九大行星”“七仙帮”“龙虎派”等非法组织 10 个 69 人，安全“七种人”4 人，政保“六种人”2 人。收集政社情报信息 13 条，汇报处理政情 1 条，社情 9 条，发现、查清政治线索 4 起，收缴非法书刊 10 余册。1994 年查处利用宗教进行诈骗活动 1 起 2 人，查处群众与学生聚众斗殴 1 起 9 人，责令解散群众性自发组织 1 起 200 余人。1995 年查清挂钩信件 1 起 1 人，制止集体上访事件 1 起 4 人，查处散发非法宗教宣传品 1 起 3 人，收缴了非法宗教书刊 253 本、录音磁带 20 余盒。1997 年取缔非法组织 1 个，收集查证政社情报信息 12 条，查处利用大小字报侮辱诽谤案件 1 起。1999 年查禁取缔“哭派”等非法传播宗教组织及邪教组织 3 个，收缴有关邪教“法轮功”书籍 80 余册、条（图）幅、照片 7 张、录音带 18 盒。

2000 年取缔非法传教窝点 3 个。2001 年 1 月 22 日、4 月 25 日、9 月 17 日先后在全县范围内开展对“法轮功”邪教组织的清查统一行动，全年共取缔非法传教活动窝点 1 个，抓获非法传教人员 3 名。2002 年收集维稳方面的重大、重要情况信息 8 条，全年查禁“法轮功”邪教组织专项行动 3 次。2003 年处理 3 名非法传教人员，收缴书籍 50 余本，传散光碟 6 盘，在县内巫不乡取缔一“门徒会”活动，教育群众 13 人。2005 年对拉揽、打鱼、都江、坝街四个乡镇的“法轮功”邪教组织宣传品进行收缴，共收缴 392 份。1 月 22 日，将到县内非法传教的新加坡籍女子许碧婵限期出境。收缴《圣经》4 本、水语光碟 10 张，书籍小画册 16 本。8 月 6 日，取缔张义仙租住县林业局宿舍开设的非法传教点，收缴学生“作业本”16 本，黑板、黑板擦 1 套，《圣经》等书籍 11 本，《圣经》光碟2张，圣诞树2棵，耶稣书、字帖120张，耶稣挂历5本，手写耶稣乐谱5首及圣诞横幅1块、圣诞摇铃1套。

2008年，制订《奥运会出入境安保排查工作计划》，搞好背景审查工作，加强秘密力量建设和情报信息控制，努力拓宽情报信息的覆盖面，加强政社情况调查研究，切实掌握政社情报信息，有关单位共同排查上报不安定因素91条，情报信息9条。共完成重大安全保卫任务19次，均未发生任何大小事故。2009年收集上报各类有价值的敌社情信息17条并以国庆60周年安保为重点，做好各种案件及群体性事件的矛盾化解并制定《三都水族自治县公安局国庆60周年庆祝活动安全保卫工作总体方案》，全力确保全县大局的持续稳定。2010年加强对敌斗争和反恐处突工作力度，收集上报各类有价值的敌社情信息26条，修订、完善《处置紧急突发事件总体预案》《群体性事件处置预案》《突发事件处置预案》《处置恐怖和严重暴力性犯罪工作预案》《防汛度汛工作预案》等一批应急预案，并组织校园防火演练、突发事件应对演练等，增强了应对处置突发事件的意识和能力。

2011年，收集上报各类有价值的敌社情信息13条，及时反映社会各界动态，为党委、政府和上级公安机关决策提供参考依据。加强隐蔽战线上的斗争。继续巩固与邪教“法轮功”“门徒会”等邪教组织斗争的成果，密切注视重点人员动向，强化日常监控工作力度，深入持久地组织开展反邪教警示教育活动，有效压缩邪教组织的活动空间，提高群众抵制邪教的自觉性。加强敏感节点的安全保卫。认真做好春节、“两会”“五一”及“九运安保”等重大节庆活动期间不稳定因素排查调处工作，修订、完善《处置紧急突发事件总体预案》《群体性事件处置预案》《突发事件处置预案》《处置恐怖和严重暴力性犯罪工作预案》《防汛度汛工作预案》等一批预案。2012年上报各类有价值的敌社情信息59条，物建秘密力量31名。圆满完成党的十八大安全保卫等各项安保工作。先后完成各项安保任务20余次，特别是党的十八大期间三都重点人员进京赴省非访群访事件“零”发生，以三都社会大局平稳支持黔南乃至贵州的平稳。

2013年，上报各类有价值的敌社情信息81条。对敌斗争情报信息2期；政情8期；社情70余期（其中被省厅领导作批示2期），物建秘密力量63名（提供信息53条）。全县国保重点人员3人（其中反邪2人）并成功教育转化2名反邪人员，1人死亡。对重点上访52人实施管控，重点防范进京人员19人。

第六节　交通管理

县公安局交警大队成立于1988年，由当时的县交通局交通监理站划归县公安局，更名三都水族自治县公安局交警队。1994年更名为“三都水族自治县公安局交通警察大队”，级别为副科级单位。2002年，交警大队内设机构有事故处理科、车辆管理科、一中队、二中队、三中队等五个内设机构。负责承担全县车辆检验、驾驶员审验、交通事故处理、交通安全宣传及路面交通秩序管理等全县城乡道路交通管理工作任务。

交通安全宣传教育　1989年以前，由于警力限制，只是开展不定期到学校上交通安全课、组织驾驶员联组学习等活动。1990年以后，对客运车辆驾驶员采取联组学习的方式，规定每月15日为客运车辆驾驶员及车主安全学习日，定期对全县客运车辆车主及驾驶员进行交通安全法律法规学习，宣传交通管理政策，传达有关文件精神。1998年起，按照交通安全宣传“五进”工作方案，相继在321国道、206省道等交通干线上选择一些紧邻公路、交通状况复杂而且村民交通安全意识较高、交通安全相对较好的村寨建立交通安全示范村，先后有三合镇苗龙村、猴场村、交梨乡前进村、周覃镇下院村、上院村、中和镇旁寨村等。同时，借助春运、黄金周及省总队开展的交通安全宣传“五进”等活动，每年派出民警深入到全县各个学校、沿线村寨、社区及机关企业单位，采取上安全教育课、图片展、播放警示教育片等形式开展交通安全宣传教育。2004年，三都水族自治县政府以三府办发23号文件，要求全县各乡镇、机关单位建立驾驶员交通安全学习联组，以联组形式对全县各机关单位、乡镇部门驾驶员进行交通安全宣传教育，要求各联组组长要由各乡镇分管领导和业务部门负责人担任，年底，全县共成立交通安全学习联组26个，驾驶联组的驾驶员基本涵盖了全县机动车驾驶员。2005年，三合镇猴场村、交梨乡前进村被州交警支队评为州级“交通安全示范村”。2008年，三都水族自治县第二中学被评为“州级交通安全示范学校”，三都水族自治县三合镇猴场村被评为“州级交通安全示范村”。2010年，组织“文明交通行动计划”大型宣传活动，制作460张交通安全社会化管理宣传光盘发放到全县各乡镇部门和派出所、村委会，在三都师范成立第一支由60名学生组成的“交通安全宣传志愿者”，配发服装和队旗。当年，与县电视台联合摄制县内第一部交通安全警示教育片《三都水族自治县中小学生交通安全警示录》，选取县内近十年来的典型学生交通事故案例，通过以案说法，向学生宣传交通安全知识。

2011年共开展宣传活动60次，其中深入重点企业单位8次，中小学校22次，组织驾驶人安全学习25次，进村镇16次，开展主题宣传活动5次，悬挂宣传横幅36条，展放宣传图板160块/20次。2012年开展“珍爱生命、共筑安全”“醉驾入刑”“珍爱生命、文明出行”警营开放日等主题交通安全宣传活动。

2013年以客货运输企业、旅游公司及其驾驶人为重点进行集中宣传教育。深入宣传公安部123号令和124号令的新规定、新要求，进一步提高客运车辆驾驶人的道路交通安全意识，养成自觉遵守交通法规的良好习惯，有效预防和减少道路交通事故。在全县各中小学校以“普及安全知识，确保生命安全”为主题开展丰富多彩的“3·25”第十八个全国中小学生安全教育日活动，着力提高广大中小学生的交通安全意识和自我避险能力。

交通秩序管理　1989年至2013年，县内道路交通通车里程由当初的250多千米增长到1200多千米，机动车保有量由1990年的1200多辆增长到25000多辆，日道路交通流量由1990年的300多辆次增长到5000多辆次，交通秩序管理工作面临更大的压力和困难。1998年以前，大队的交通勤务管理主要以分片区责任制管理的方式，将全县辖区分为南片区和北片区两大责任区，分别由两个勤务警组负责，至2002年机构调整后，大队成立三个外勤中队，一中队负责三合北片区县乡公路及321线、988线、901线、996线等线路交通勤务管理。二中队负责南片区县乡公路及206线、942线、994线交通勤务管理。城区中队负责县城街道交通秩序管理。在勤务管理工作中，根据实际需要，适时开展“拖拉机农用车载人专项治理”“摩托车专项治理”“客运车辆专项治理”等各项交通秩序专项治理活动，取缔各种严重交通违法行为。2001年，在321国道三都至杨勇关路段开展创建“平安大道”活动，在县城建设路开展了创建“畅通工程”和“严管街”活动。2002年，争取有关部门的支持配合，创建交通安全社会化管理机制，营造“政府领导，职能部门负责，上下联动，齐抓共管”的交通秩序管理体制。2004年3月23日，县政府主持召开“全县道路交通安全工作会议”，明确各乡镇和部门在道路交通管理工作中的任务和责任，落实将交通管理工作纳入各乡镇和各部门社会治安综合治理进行统一考核考评，形成交通安全社会化管理的新局面。同时，出台《关于建立驾驶员交通安全联组的紧急通知》，要求全县各乡镇和部门建立驾驶员安全学习联组，加强安全学习教育。并招聘12名乡镇道路交通协管员，分配到各交通干线重点乡镇，协助乡镇职能部门开展交通安全监督管理工作。2008年，招聘110多名“4050”人员加强县城及乡镇的交通秩序维护管理工作。

2009年，全县共纠正违法行为1546例，录入1239例。罚款939人次，并处暂扣驾驶证15本，吊销驾驶证1本，实施行政拘留13人。查处无证驾驶123人次，查处酒后驾驶人员2人，查处机动车超速违法行为112例。2010年全年完成53次不同级别的交通安全护卫任务。查处各类交通违法行为5528起，其中酒后驾驶9起，无证驾驶285起，行政拘留17人。2011年认真开展查处酒后驾驶交通违法、深入开展预防道路交通事故70天集中整治行动，全面加强客运车辆重点违法行为的管控力度，全力保障辖区交通安全管理工作。累计查处各类交通违法行为1865起，各类道路交通安全形势持续稳定。2012年，三都进一步加强农村道路交通安全工作。各乡镇人民政府进一步完善道路交通安全工作联席会议制度，配备专人负责农村道路交通安全工作，建立农村道路交通安全信息报送、事故通报、工作报告等制度，有效整合各种资源，建立集中整治与长效管理机制，构建起农村道路交通安全防控网络。2013年开展道路交通百日专项整治，全县各乡镇成立道路交通安全管理站，全面开展农村道路交通管控工作。

车辆管理　1998年以前，没有设立车辆管理科（室），平时的车辆检验、驾驶员审验、办牌办证等工作均由干警兼任。1998年成立车管室，抽调干警专职从事车管业务工作，负责对全县机动车及驾驶员的检审验和办牌办证工作。2002年成立车辆管理科，至2005年，年办理“五小车”培训1000人以上。

机动车检验工作：从2002年起，取消每年集中检验的做法，改为按照机动车牌号尾号对应月份进行年检。对达到报废期限和标准的，一律不予年检，并强制报废。对客运车辆的管理：从1996年开始，大队对全县100多辆客运车实行户籍化管理，将全县客运车辆日常安全监督管理责任分配到民警个人，要求责任民警对全县客运车辆建立安全档案，对客运车辆的检验、保险、驾驶员的安全学习、谈话记录、违章记录、肇事记录以及营运线路、时间等均详细记录在案。对客运车驾驶员的安全管理：自1990年开始，县内对客运车驾驶员安全教育一直坚持每月15日集中学习的制度，每月15日定期对客运车驾驶员进行交通安全学习教育。2000年以后，随着县城营运机动三轮车增多，对机动三轮车驾驶人的安全教育也纳入客运车安全教育轨道，规定每月10日和20日分别对300多名机动三轮车驾驶员分两期进行学习教育，并建立学习档案。同时，于2000年、2003年在客运车驾驶员中开展评选“安全文明车”和“安全文明驾驶员”等活动，对职业道德好、全年无事故、无严重违章行为的驾驶员给予表彰，对评出的“安全文明车”予以授牌。对拖拉机农用车的管理：1998年，交警大队向县政府作《关于加强全县农用车安全管理问题的请示》，县委、县政府组织公安交警、农机、运管等相关部门进行协调处理。2005年，根据新《中华人民共和国道路交通安全法》规定，农机部门将原在农机入户的60多辆农用车档案移交到公安交警大队进行统一管理。同时，交警大队与县农机局等相关单位联合，多次采取专项整治措施，加强对拖拉机农用车违章的治理，使拖拉机农用车违章肇事得到有效遏制。2008年，车管所被省总队评为三等县级车管所。

1992年全年共培训机三、机二驾驶员28人，审验驾驶员467人，临检大小客车336辆次。1993年培训机三驾驶员30人，机二驾驶员27人，轻摩12人，农用车驾驶员15人，临检营运客车360辆次。1997年培训机动车驾驶员149人，办理机动车辆牌证86份，审验机动车驾驶员872人，驾驶员转正14人。1998年检验机动车382台，审验驾驶证986人，月检客运车辆636辆，培训机动三轮车、二轮摩托车驾驶员132人，核发准驾证件62份，办理车辆入户102辆。2000年共办理五小车培训驾驶证711本，摩托车入户759辆，农用车入户28辆，汽车驾驶证审验880人，五小车年审787人，检验农用车153辆，车管规费收入23万余元。2003年全县共有各类机动车6089辆，其中大货车72辆，小货车357辆，农用车331辆，摩托车5329辆，检验农用车163辆，摩托车2295辆，年审1006人，办理五小车培训1861人，五小车驾驶员共5242人，年审五小车驾驶员979人，全年上解车管经费50万余元。2004年全县共有机动车7116辆，驾驶员8262人，办理五小车培训1603人，五小车入户1047人，全年上解车管经费51万元。2005年共办理机动车注册登记762辆，检验机动车1846辆，培训五小车驾驶员738人。2006年共办理各类机动车注册登记业务1102辆，其中摩托车1096辆，其他机动车6辆，共培训考试、办理各类驾驶证872本，换发、补发各类驾驶证413本，录入机动车、驾驶人身体条件证明1319人，检验机动车1249辆。

2007 年共办理摩托车注册登记 1275 辆，定期检验 1118 辆。办理摩托车驾驶证受理 1227 个，提交录入身体条件证明（定期审验机动车驾驶证）1250 个，换发机动车驾驶证 671 个，办理机动车驾驶人满分学习考试 3 人。2008 年，共办理摩托车注册登记 1487 辆，定期检验 1072 辆。办理摩托车驾驶证受理 821 个，提交录入身体条件证明（定期审验机动车驾驶证）1641 个，换发机动车驾驶证 834 个，办理机动车驾驶人满分学习考试 6 人。2009 年办理驾驶证申领业务 700 人次，新车注册登记 1931 辆次，办理各类车管业务 5044 次，办理车管业务中抓获网上在逃人员 1 人。2010 年进一步落实便民利民措施，通过简化岗位流程、审批手续，车辆注册登记由原来几天时间缩短到 1 小时内办结；不断改进机动车号牌号码选取方式；通过整合警力资源，向各中队延伸车管业务，推行上门服务，使原来群众往返很远距离办业务，转变为建设“家门口的车辆管理所”；通过设置低柜台、一米线，改进软硬件建设，车辆管理所办公环境由原来拥挤无序转变为开放式服务、面对面交流，服务方式更加人性化、亲民化，得到社会各界和广大群众的一致好评。2011 年共办理机动车注册登记 3212 辆，办理两轮三轮驾驶证 1623 本，机动车检验 1862 辆，驾驶证补换证 1367 本，年度体检 561 人。2012 年共办理机动车注册登记 3704 辆，办理两轮三轮驾驶证 2152 本，机动车检验 2153 辆，驾驶证补换证 1904 本，年度体检 790 人。2013 年注册登记机动车 3881 辆，车辆年检 2176 台，注销车辆登记 60 台，办理初次申请驾驶证 1093 人（摩托车类），补证换证 2908 本，办理驾驶证注销 54 本，满分学习 161 人。

事故处理　2001 年以前，大队事故处理工作按照分勤务片区由责任民警负责处理，重大以上事故由大队组织警力进行处理，没有专门的事故处理机构和人员。2001 年，大队成立事故处理科，负责处理全县范围内的道路交通事故，并逐步配备事故处理专用车、摄像机、照相机、勘察包等必备装备，使事故处理工作水平得到明显提高。建立信息快速反应机制，实行“122”“120”“110”三者之间交通事故信息相互通报和反馈的快速反应联动机制，在交梨乡前进村、三合镇猴场村两个交通安全示范村设立交通事故报警电话。“122”报警电话实行 24 小时值班制度，及时接收各种信息。2010 年，成立县交通事故人民调解委员会，快速处理快速理赔。

2011 年全县道路交通事故 34 起，死亡 7 人，受伤 44 人，经济损失 13425 元，四项数据与 2010 年同期相比分别上升 7%、下降 30%、下降 8.33%、上升 37.67%，确保全县道路交通的安全畅通。2012 年全县共发生道路交通事故 33 起，死亡 11 人，受伤 41 人，经济损失 99402 元。与 2012 年同期相比，事故起数下降 23%，死亡人数持平，受伤人数下降 18%，经济损失下降 50%。

2013 年受理交通事故 36 起，死亡 11 人，受伤 26 人，直接经济损失 418401 元，与 2012 年同期相比：起数上升 12.12%，死亡人数持平，受伤人数下降 12.2%，直接经济损失上升 320.9%。破获 2013 年“10·11”等交通肇事逃逸案，侦破率达 100%。11 月 22 日在打鱼乡发生一起死亡 5 人的较大道路交通事故。

第七节　监所管理

看守所管理　县看守所原名“三都水族自治县公安局看守所”，始建于 1964 年。1964 年 7 月，看守所的管理区、监区及武警中队的营区集中修建于县城中心，其东面及南面为居民区，西面是公安局办公大楼，北面是县委、县政府等机关办公区，总面积为 5439.5 平方米，其中看守所管理区占地面积 2062.7 平方米，看守所监区占地面积 2644.8 平方米。1986 年县公安局向省公安厅及财政厅申请到维修费，将原监房改建成钢筋水泥结构建筑，共有 7 个监室，面积 231 平方米。1997 年看守所向省厅申请资金在“老虎洞”（地名，位于城郊南面 1 华里三都至独山 321 国道右侧）兴建看守所，占地面积 2500 平方米，建筑面积 2184 平方米，其中办公楼三栋，建筑面积 1820 平方米；监房二栋13个监室（含放风场），面积364平方米。1999年2月8日投入使用。

2006年看守所完成了“看守所管理信息系统”和“监控及受虐报警系统”的安装工作并投入使用。

1979年看守所民警只有2人，看守所和预审股、收审所合署办公，由于人少事杂，“犯人关押之后，长期无人过问，老的积案清理不出去，新的积案又出现”的现象较为普遍，预审及看守工作基本上是“上班靠武警、下班靠锁子”的工作模式。1980年，公安局先后充实看守和预审的力量，由原来的4人（预审3人、看守1人）增加到8人（预审、看守各4人），初步改变了预审和看守班干部人少的状况，初步实行了24小时值班制度，改变了过去“上班靠武警、下班靠锁子”的状况。1982年与预审、中队（武警）、检察、法院共同配合，开展监管工作。1990年3月17日《中华人民共和国看守所条例》公布实施，看守所工作得到进一步规范。同年9月公安局对收审所进行一次全面清理，消除“以收代罚、以收代侦、以收代拘”的现象。1998年撤销预审股，实现“侦审合一”。1999年看守所迁到新址，巩固“三级所”、申报“二级所”。2006年看守所在上级公安机关的支持下，完成了“看守所管理信息系统”和“监控及受虐报警系统”的安装工作并投入使用，当年，通过在押人员提供线索破获刑事案件2起，其中命案1起。2007年完成看守所电脑连接公安内网建设工作。2008年，从基层派出所往看守所调进5名民警充实看守所力量，同时，充分利用狱侦手段，深挖犯罪线索5条，破获刑事案件2起，抓获犯罪嫌疑人2人。2009年，看守所的监控设备得到更新，并增加2台监控电脑及23个视频探头，实现对监所的重要场所及重要部位进行有效监控。

2010年，看守所推行人性化管理，围绕“为谁执法、怎样执法”的问题，先后在民警中开展了职业道德、遵纪守法、廉洁勤政和社会主义法制理念等教育。同时，严把收押关，严密防范和严厉打击“牢头狱霸”，配备必要的医护人员，装备必要的医疗器材，完善监所医疗卫生制度，仅上半年在所内就医在押人员就达2500余人次，所外就医25人次。上半年提出建议变更6人出所，消除非正常死亡事故的隐患，并协调召开法院、检察院、公安局“三长”会议，对在押人员打架事件进行立案侦查，并请法院到监区内开庭审理。当年，看守所提供线索32条，破获刑事案件16起，抓获犯罪嫌疑人12人，收缴枪支16支。

2011年，看守所继续推行人性化管理，全年看守所共收押294名羁押人员，月均押量140人。在管理工作上，对在押人员进行规范化、人性化管理，有力地保证在押人员的合法权利；为加强在押人员的疾病治疗，全年为在押人员举行疾病预防安全知识讲座1次，艾滋病知识讲座2次；所内就医达9686人次，所外就医36人次，住院治疗2人次，入所身体健康检查294人次，建议变更强制措施6人次，保外就医1人次，对监区进行全方位消毒48次，联合县防疫部门和县医院到所进行疾病检查和治疗，投入医疗金58243元；全年进行安全大清监62次，与三都水族自治县武警中队进行联合演习处置突发性事件2次，积极改善在押人员伙食，加强疾病预防工作，有效防止各类疾病在看守所蔓延，有效地保障在押人员的身体健康和合法权益。全年看守所深挖犯罪线索37条，破7起刑事案件，抓获7名犯罪嫌疑人，缴获毒品海洛因132.1克，甲基苯丙胺11.1克，缴获枪支1支。

2012年共收押303名羁押人员，月均押量142人。当年根据上级要求，成立三都水族自治县看守所卫生所，从卫生系统抽调两名有医师资质的医生到看守所从事医疗卫生工作，购买相关的医疗器材和设备，总投入14万元；与县人民医院开通“绿色通道”，同时积极与卫生局、人事局等相关单位联系，落实被监管人员参加基本医疗保险，成立新型农村合作医疗定点医疗机构，开通新型农村合作医疗，有效地解决在押人员所内就医的问题。全年看守所深挖犯罪线索93条，查破刑事案件28起、治安案件17起，抓获犯罪嫌疑人14人，缴获火药枪10支，造枪工具2套，成品黑火药90千克，半成品黑火药31.5千克，追回被盗摩托车4辆。

2013年对在押人员个人谈话教育3898次，成功转化在押人员200余人次，提供违法案件线索破刑事案件近 20 起，抓获犯罪嫌疑人 6 名。有 110 人留所改造，重返社会。

拘留所管理 县行政拘留所原名“三都水族自治县公安局行政拘留所”，为公安局的下属机构，与看守所合署办公。在《中华人民共和国治安管理处罚条例》适用期间，由于各种原因，被决定行政拘留处罚的违法人员寥寥无几，出现了 1987 年恢复和建立收审所后，因无收审场所，县公安局就把行政拘留所当作收审场所的情况，1999 年同看守所一起迁到新址与看守所合署办公，2006 年 3 月 1 日《中华人民共和国治安管理处罚法》实施后更名为“三都水族自治县行政拘留所”。

2011 年，执行行政拘留 82 人。2012 年执行行政拘留 129 人。2012 年 11 月拘留所因硬件设施不达标，停止收押工作。

第八节 消防管理

一、消防安全专项治理

2006 年以后，由消防大队牵头，县安监、工商、文化、教育、公安、住建等部门参与消防安全“防火墙”“五大活动”“清剿火患”专项活动，实施组织开展小旅馆、出租屋、彩钢板、建筑装修材料、“九小”场所、社会福利机构等专项治理，打击了一大批消防违法行为，消除了一大批消防安全隐患。2009 年至 2013 年，全县消防部门检查单位 5456 家，发现火灾隐患 3896 起，督促整改火灾隐患 3771 起，下发责令改正通知书 2227 份，下发行政处罚决定书 137 份，临时查封场所 61 家，责令“三停”32 家，行政拘留 18 人，罚款 743500 元。

二、抢险救援和火灾扑救

2013 年 4 月 23 日，消防大队正式驻兵，结束了全县没有消防中队的历史，有力地增强了全县的应急救援能力。至 2013 年 12 月，消防大队共接警出动 135 次，出动车辆 306 辆次，出动警力 1328 人次，营救被困人员 36 人，事故中疏散群众 198 人，抢救财产价值 8654 万元。河流水域打捞尸体 13 具，山洞、矿洞寻找尸体 4 具。特别是在 2013 年“11·22”打鱼较大交通事故中，参加救援官兵冒着严寒，先后 5 次潜入水深达 6 米的河流中将遇难 5 人的尸体打捞上岸。

三、消防宣传

为进一步增强群众消防安全宣传工作，大队充分利用“学生消防安全教育月”“六月安全生产月”“11·9 消防宣传周”开展多种形式的消防安全宣传，深入机关、学校、企业开展应急疏散演练。将消防安全知识编成“水歌”，采用群众喜闻乐见的形式加强宣传。2006 年至 2013 年，全县共开展消防宣传咨询活动 250 次，发放宣传资料 50000 余份，书写、悬挂标语 688 幅，设立固定消防宣传广告、警示标语及宣传专栏共 45 个。2013 年 4 月建立消防中队以后，共开展消防宣传 32 次（消防车下乡活动开展 14 次，消防官兵走街串巷宣传 18 次），消防站开放 11 次（主要邀请学校师生、社会单位员工参观消防站并学习消防知识）。

四、社会化消防工作

1998 年 9 月 1 日《中华人民共和国消防法》实施以后，消防工作社会化程度不断加快，逐渐形成“政府主导、行业管理、消防监督、单位负责、全民参与”的消防工作格局。消防部队抢险救灾装备不断完善，抢险救援、社会救助等占消防部队出警率的 81%。此后，县人民政府召开社会消防安全工作会议，安排部署各项社会消防安全工作目标任务。

至2013年，21个乡镇全部建立了义务消防队，建成消防池437口，全县有义务消防队268支，有队员5480人。

第九节　禁毒工作

禁毒大队于2002年成立，当年共采取8次集中统一行动，限期戒毒57人，强制戒毒16人，复吸送劳动教养11人，查处非法种植案件3起，铲除罂粟639株，破获小零包案件71起，缴获海洛因7克、鸦片4克，捣毁窝点5个，刑事拘留5人，起诉5人。开展禁毒宣传教育活动1次，发放禁毒传单3000余份，张贴禁毒标语1000多张。2003年，破获27起毒品案件，缴获10克海洛因，鸦片120克，查获吸食毒品案5起。查处非法种植4起，铲除罂粟1446株。捣毁窝点2个。抓获犯罪嫌疑人28人，其中刑事拘留5人，提请批准逮捕7人，移送6人，劳教10人，强制戒毒5人，其他处理6人。在6月26日和9月29日开展禁毒宣传教育活动2次。2004年破获贩毒案25起，缴获毒品海洛因18克。查处非法种植3起，铲除罂粟3842株。查处吸、注毒品案10起，捣毁吸毒窝点3个，抓获涉毒犯罪嫌疑人25人，其中刑事拘留报捕移送起诉8人，复吸报送劳教7人，贩卖少量报送劳教5人，限期戒毒4人，非法销售精麻药品治安处罚1人。到各重点中学和“6·26”“9·29”“12·28”禁毒宣传日开展禁毒宣传教育4次。2005年，破获毒品案18起，缴获毒品海洛因32.5克，查获吸食毒品案16起，捣毁吸毒窝点2个。抓获违法犯罪嫌疑人30人，报捕13人，起诉2人，复吸报送劳教11人，贩卖小零包报送劳教1人，治安处罚5人。开展禁毒宣传教育大型活动2次，其中宣传展板60余张，张贴禁毒标语300余条，散发宣传资料10000余份，悬挂布标30余幅。全年吸毒在册人员170人，戒断3年以上7人，劳教3年以下28人，正在服刑3年以上19人，下落不明5人，历年死亡人数12人，当年死亡人数2人，全县有吸毒人员99人。仍在社会活动有48人，在戒毒所有2人，家庭戒毒1人，劳动教养3年以下6人，服刑3年以下18人，下落不明8人。全年禁种铲毒工作责任县签到村责任书203份，村签到组1706份，组签到户5096份。2006年，全年破获毒品案件11起，缴获毒品海洛因25.9克。查处吸食毒品案6起，捣毁吸毒窝点1个。抓获涉毒犯罪嫌疑人11人，报捕11人，复吸和贩卖少量零包呈报劳教11人。开展禁毒宣传教育活动4次，展板60余张，发放宣传资料13000余份，张贴禁毒标语400余条。全年全县在册人员201人，当年有2人送劳教戒毒，有11人复吸和贩卖零包毒品呈报劳教，强戒吸毒人员4人，限戒2人。当年禁种铲毒工作责任县与乡签订禁毒责任书21份，乡镇与辖区机关单位签订359份，与村（居）委会签订249份，村签到组1960份，组到户57342份。2007年，全年破获贩卖毒品案10起，缴获毒品海洛因20.5克。查处吸食注射毒品案12起，捣毁吸毒窝点2个。抓获涉毒犯罪嫌疑人22人，报捕10人，起诉3人，劳教7人，10人因复吸和贩卖呈报劳动教养，6人吸毒被送强制隔离戒毒，2人劳教戒毒。全年排查关于精麻药品和易制毒化学品3次，医院、医疗点、门诊8个，厂矿企业4家，12所中学。2008年，全年破获毒品案15起，缴获毒品海洛因15起。查处吸食注射毒品案12起，捣毁吸毒窝点2个。抓获涉毒犯罪嫌疑人27人，报捕14人，机关批捕、起诉6人，建议劳教16人，强制隔离戒毒10人，社区戒毒1人。禁种铲毒工作责任县与乡镇签订责任书21份，乡镇与辖区机关单位（含学校）签订359份，与村委会签订249份，村与组签订1960份，组与户签订57344份。受理购买第二类、第三类易制毒化学品申请4份，发放购买备案证明4份。2009年全年破获毒品案12起，缴获毒品海洛因96克。查处非法种植毒品原植物1起，铲除1133株。抓获涉毒犯罪嫌疑人34人，其中刑事拘留8人，报捕13人，移送起诉6人，行政拘留1人，社区戒毒7人，强制隔离戒毒13人，贩卖少量零包报送劳教2人。公开检查易制毒化学品2次，对3个厂矿企业进行清理整顿。办理10家购买使用2~3类易制毒化学品和精麻的单位和企业。2010

年全年破获毒品刑事案32起，缴获毒品海洛因497.76克。查处吸食毒品案24起。抓获涉毒违法犯罪嫌疑人61人，其中提请批准逮捕15人，监视居住1人，劳动教养1人，行政拘留3人，强制戒毒19人，社区戒毒22人。各乡镇、村、居委会等责任人总签订了3000余份责任书。全年共审核发放易制毒化学品购用证明8份。

2013年9月24日凌晨，县公安局根据获取情报信息，成功破获一起特大贩毒案，将从广东携带大宗毒品到黔南进行交易的犯罪嫌疑人陈某、陶某、颜某、莫某4名犯罪嫌疑人抓获，当场缴获冰毒513.5克。

2013年10月11日晚，县公安局指挥中心、禁毒、刑侦部门携手联动，在厦蓉高速三都水族自治县辖区各重要路口、重点路段开展“肃毒害、创平安”禁毒百日攻坚会战公开查缉工作，在对一辆轿车进行检查时，在该车油箱内查获用矿泉水瓶包装的毒品麻古15千克，抓获犯罪嫌疑人1名。经查，犯罪嫌疑人赵某某（男，贵州安顺人）驾驶贵GM61××从云南运送毒品麻古15千克到湖南邵阳贩卖，途中被州、县公安机关布控查获。此案为三都警方有史以来查获缴毒量最大的毒品案件，中央电视台等媒体作了报道。

第十节　公共信息网络安全监察

公安局网监部门成立于2004年4月，内设机构名称为公共信息网络安全监察科，2008年更名升格为公共信息网络安全监察大队，加挂信息通信大队，下设综合中队、案件中队、通信中队。负责全县计算机网络监察和县公安局通信工作，开展互联网基础建设，强化网上斗争及舆情工作，加强网上巡查力度，严厉打击查处一切涉网违法犯罪活动。网监部门成立至2013年，配合侦破刑事案件41起，抓获犯罪嫌疑人51人（网上在逃人员23人），办理网络行政案件141起，与文化、工商部门取缔黑网吧12家，收缴电脑75台。完成县公安局信访系统、指挥通信系统、350兆集群通信系统、网络核心交换机改造、各所队室网页建设。

第二章　检　察

1978年10月，三都水族治县人民检察院恢复重建，时有干警7人，县人大常委会副主任张继登代理检察长职责。1979年1月2日经批准建立检察院党组，1980年12月5日建立检察委员会，同年建立了党支部和团支部。截至2013年年底，县人民检察院设有纪检组监察室、反贪局（内设有侦查科、职务犯罪预防科、检察技术科）、反渎局（内设有侦查科、综合指导科）、侦查监督科、公诉科、控告申诉检察科、民事行政检察科、政工科、监所检察科（驻所检察室）、司法警察大队、办公室、案件管理办公室、计划财务装备科、机关检务服务中心等科、室、局、队。人员37人，其中：检察官20人，司法警察4人，书记员11人，工勤人员2人。已历任七届检察长。

第一节　刑事检察

1980年至1996年，刑事检察工作先后由刑事检察科、侦查监督科、公诉科负责。1997年至

2013年，审查批捕和起诉工作分别由批捕科和公诉科办理。

审查批捕　1980年县检察院共受理公安机关提请批准逮捕各类刑事案件22件29人。经审查后，决定批准逮捕18件25人，不批准逮捕的1件1人，公安机关主动撤回的3件3人，退回公安补充侦查的5件5人。1982年，共受理公安机关提请批准逮捕各类刑事案件23件37人。经审查后，决定批准逮捕19件32人（内含追捕1人），不批准逮捕2件4人，退回补充侦查4件4人。1983年，共受理公安机关提请批准逮捕各类刑事案件58件115人。经审查后，决定批准逮捕42件98人（内含追捕11人），不批准逮捕2件5人，退回补充侦查4件4人，公安撤回1件1人，年终未审结的9件18人。1984年，共受理公安机关提请批捕逮捕各类刑事案件86件196人。经审查后，决定批准逮捕71件170人（内含本院追捕5人），不批准逮捕的5件11人，退回公安补充侦查18件31人，公安撤回案件1件4人。1985年，共受理公安机关提请批捕案犯65件95人。经审查后，决定批准逮捕61件90人，不批准逮捕10人，退回补充侦查5人。1986年，共受理公安机关提请批捕各类刑事案件75件132人。经审查后，决定批准逮捕案犯107人（含追捕6人），不批准逮捕案犯14人，退回补充侦查24人（后重报批准逮捕14人）。1987年，共受理公安机关提请逮捕的各类刑事案件120人。经审查后，决定批准逮捕110人（含本院追捕3人），退回公安补充侦查2人，不批准逮捕6人。

1988年，根据最高人民检察院“两打”（打击刑事犯罪、打击严重经济犯罪）的指示，县检察院将打击杀人、抢劫、强奸、流氓和拐卖人口等严重犯罪作为工作重点，全年共受理公安机关提请逮捕各类案犯252人。经审查后，决定批准逮捕220人（内含追捕13人），不捕16人，退补13人，公安撤回3人。1989年，受理公安机关和本院自侦部门提请批准逮捕案犯270人，经审查后，决定批准逮捕237人。其中：受理公安机关提请批准逮捕253名，批准逮捕221人，不批准逮捕6名，退回公安补充侦查16人，公安撤回6人；受理本院自侦部门移送审查批准逮捕17人，批准逮捕16人，不捕1人。

1990年至1993年，根据贵州省“严打”统一行动部署，检察院以“稳定压倒一切”为中心任务，快捕一批严重危害社会治安的犯罪分子。共受理公安机关提请批准逮捕各类刑事案件376件793人。经审查后，决定批准逮捕668人，不批准逮捕125人。1994年，县检察院把严厉打击严重刑事犯罪活动作为又一个审查捕批重点，做到依法从重、从快打击严重刑事犯罪活动。共受理公安机关和该院自侦部门提请移送批准逮捕各类刑事案犯186人。经审查后，对164名案犯作出了批准逮捕决定。1995年，共受理公安机关和本院自侦部门提请、移送批准逮捕的各类刑事案件74件156人。经审查后，批准逮捕125人，其中追捕2人。1996年，共受理提请批准逮捕的各类刑事案件113件211人。经审查后，批准逮捕198人。1997年，共受理提请批准逮捕的各类刑事案件60件93人。经审查后，作批准逮捕决定45件76人。同时加强了侦查监督，依法向公安机关提出书面纠正通知2次。1998年，共受理提请批准逮捕的各类刑事案件69件106人。经审查后，决定批准逮捕64件87人。开展立案侦查监督，依法向公安机关提出书面检察建议4次，要求公安机关说明不立案理由2件24人，已得到纠正。1999年，共受理提请批准逮捕的各类刑事案件104件197人，经审查后，批准逮捕95件170人。

2000年，检察院坚持“从重从快”打击刑事犯罪和职务犯罪，共受理提请批准逮捕的各类刑事案件77件129人，批准逮捕71件120人，不批准逮捕6件9人，纠正漏捕4人。在审查批捕过程中，对重大案件提前介入3件，使刑事诉讼工作高效运作。2001年，为配合全国范围内开展的“严打”斗争，检察院成立由检察长任组长，刑事检察、自侦等部门负责人为成员的“严打”整治斗争领导小组。共受理公安机关和该院自侦部门移送审查逮捕各类涉嫌犯罪案件111件163人，审查后批准逮捕103件142人（含追捕1人），不批准逮捕21人。2002年，按照全县开展“严打”整治斗争的统一部署，县检察院依法从重从快地批捕了一批严重刑事犯罪案件。共受理提请批准逮捕的各类刑事案件 116 件 176 人。经审查后，批准逮捕 104 件 153 人。共受理立案监督案件 6 件，经审查要求公安机关说明不立案理由 4 件，公安机关直接立案 2 件。提前介入、出席现场，参与重大案件的讨论 9 件次。2003 年，县检察院侦查监督部门与公安、工商、质监、税务等部门制定了《联席会议制度》《三都水族自治县行政执法机关移送涉嫌犯罪案件向检察机关报告制度》《经济犯罪立案监督专项行动工作意见》《信息共享制度》《联络员制度》等制度，并召开联席会议，形成了以检察机关牵头的全县政法机关、行政执法机关联合惩治经济犯罪的格局。受理公安机关提请批准逮捕的各类刑事案件 145 件 238 人。经审查后，批准逮捕 124 件 185 人，所批准逮捕案件中属三类重点以及强奸、盗窃、贩毒、抢夺等严重危害社会治安的案件 83 件 148 人。共受理各类刑事立案监督线索 6 件，经审查后要求公安机关说明不立案理由 2 件，公安机关直接立案查处 2 件。依法纠正漏捕 4 人，提前介入侦查活动 14 人次。

2004 年，县检察院成立青少年维权工作领导小组，制定实施意见，创建“青少年维权岗”。凡涉及未成年人犯罪的案件，一律由青少年维权工作领导小组明确专人办理。办案时与团县委、犯罪嫌疑人所在学校、监护人广泛联系，坚持教育、挽救、感化原则。对初犯、偶犯及被胁迫、诱骗的未成年犯罪嫌疑人，无逮捕必要的则不予批捕。共受理公安机关提请批准逮捕和该院自侦部门移送审查决定逮捕的各类刑事案件 130 件 220 人（其中该院自侦部门移送 6 件 6 人），经审查后批准或决定逮捕 112 件 190 人（含追捕 7 人），不批准逮捕 17 件 36 人。依法纠正漏捕 7 人，提前介入侦查活动 76 人次。2005 年，共受理公安机关提请批准逮捕和该院自侦部门移送审查决定逮捕的各类刑事案件 105 件 169 人（其中该院自侦部门移送 1 件 1 人），经审查后批准或决定逮捕 81 件 136 人（其中追查漏捕 1 人），不批准逮捕 20 件 25 人。共受理各类刑事立案监督线索 18 件 27 人，经审查后要求公安机关说明不立案理由 11 件 17 人，公安机关直接立案查处 8 件 14 人，同意公安机关不立案理由 3 件 3 人。提前介入侦查，出席现场 15 次，参与重大案件讨论 13 件 26 人，引导公安机关侦查取证 31 次。当年还开展“打击制售假冒伪劣商品、侵犯知识产权犯罪”立案监督专项行动，先后走访了农业、工商、质监、药监、食品监督等行政执法机关，定期召开联席会议，查阅行政处罚案件材料 90 余份。

2006 年，县检察院被中央 19 部委授予“全国维护妇女儿童权益贡献奖”。共受理公安机关提请批准逮捕和该院自侦部门移送审查决定逮捕的各类刑事案件 76 件 108 人（其中该院自侦部门移送 3 件 4 人），经审查后批准或决定逮捕 61 件 88 人（含追捕 4 人），不批准逮捕 15 件 24 人。共受理各类刑事立案监督线索 9 件 12 人，经审查后要求公安机关说明不立案理由 6 件 6 人，公安机关直接立案查处 4 件 4 人，同意公安机关不立案理由 2 件 2 人。依法纠正漏捕 4 人，提前介入侦查，出席案发现场 6 次，参加重大案件讨论 12 件 17 人，引导公安机关侦查取证 21 次。2007 年，共受理公安机关提请批准逮捕和该院自侦部门移送审查决定逮捕的各类刑事案件 83 件 147 人，经审查后批准或决定逮捕 65 件 116 人（含追捕 5 人），不批准逮捕 16 件 28 人。共受理各类刑事立案监督线索 10 件，经审查后要求公安机关说明不立案理由 4 件 4 人，公安机关主动立案侦查 4 件 4 人；纠正公安机关不应当立案而立案 2 件 2 人。提前介入侦查 4 件 6 人次，参与侦查机关讨论重大案件 29 人次，引导侦查机关取证 24 次。

2008 年，按照构建“和谐三都”的要求，与公安、法院等部门密切配合，依法行使批捕权，严厉打击各类严重刑事犯罪活动，促进社会和谐稳定。共受理公安机关提请批准逮捕及该院自侦部门提请决定逮捕的各类刑事案件共 105 件 201 人，经审查后，批准逮捕 84 件 147 人（含追捕 18 人）；不批准逮捕 19 件 52 人。2009 年，共受理公安机关提请批准逮捕的各类刑事案件 110 件 201 人。经审查后，批准逮捕 92 件 163 人，不批准逮捕 17 件 38 人。共受理立案监督案件线索 11 件 11 人，经审查后向公安机关发出《说明不立案理由通知书》10 件 10 人，公安机关主动立案 9 件 9 人；纠正公安机关不应当立案而立案 2 件 2 人，已作撤案处理。

2010年，根据最高人民检察院要求，自侦案件批捕上提一级。按照“创建平安三都、构建和谐水乡”的要求，积极与公安、法院等部门密切配合，依法行使批捕权，严厉打击各类严重刑事犯罪活动，促进社会和谐稳定。共受理公安机关提请批准逮捕的各类刑事案件128件231人。经审查后，批准逮捕112件200人（含追捕12件28人）；不批准逮捕16件31人。共受理立案监督案件线索12件14人，经审查后向公安机关发出《说明不立案理由通知书》10件11人，公安机关主动立案10件11人，法院已作有罪判决6件7人，1件2人已经提起公诉；纠正公安机关不应当立案而立案2件3人，作撤案处理。

2011年，县检察院重点打击危害国家安全犯罪、严重暴力犯罪、多发性侵财犯罪及“黄赌毒”犯罪，突出打击涉众型经济犯罪和严重危害人民群众生命健康的犯罪，积极参与对重点地区和重点区域治安秩序的专项整治，增加人民群众安全感。共受理公安机关提请批准逮捕的各类刑事案件107件170人，经审查后，批准逮捕88件134人；不批准逮捕18件35人。

2012年受理公安机关提请批准逮捕的各类刑事案件128件235人，审查后，批准逮捕91件174人（其中：纠正漏捕11件41人），不批准逮捕36件64人，公安机关撤回1件1人。共受理立案监督案件线索4件6人，经审查后向公安机关发出《说明不立案理由通知书》2件2人，公安机关主动立案2件4人，纠正公安机关不应当立案而立案2件2人。

2013年共受理公安机关提请批准逮捕的各类刑事案件113件191人。所有的案件均在法定期限内审结，无一超期，审结率和准确率均为100%。经审查后，批准逮捕148人（其中：纠正漏捕16人），不批准逮捕39人。监督公安机关应当立案而不立案7件7人，公安机关已经立案7件7人，监督公安机关不应当立案而立案10件10人，公安机关撤案处理10件10人，提出纠正违法建议8次。

审查起诉　1980年，共受理公安机关移送审查起诉案件16件23人，经审理后全部向法院起诉。对起诉的案件16件23人，审结作有罪判决的案件15件22人。出庭支持公诉案件有6件6人，发表公诉词的2件2人。1982年，共受理公安机关移送审查起诉各类刑事案件19件29人，经审查后，决定向法院提起公诉18件29人（内追诉1人），免予起诉1件2人。1983年，共受理公安机关移送审查起诉案件的38件93人，其中：决定向法院提起公诉32件77人（内追诉2人），免予起诉3人。在决定向法院提起公诉的案件中，凡法院开庭审理的，都派员出席法庭，支持了公诉。1984年，共受理公安机关移送审查起诉案件83件199人，决定向法院提起公诉77件166人（内含本院追诉2人），免予直诉13人。1985年，受理公安移送起诉案件56件101人，全部审结。决定提起公诉56件98人（内含追诉5人），免予起诉5人。不起诉1人。法院开庭审理42件77人。经过庭审，法院作出有罪判决74人，无罪判决3人（内含二审裁决1人），对1985年免诉人员，全部作了回访考查。1986年，受理公安移送审查起诉案件65件104人，经审查决定提起公诉59件86人，移送州检察院起诉4件5人，免予起诉6人，退回公安1件5人。法院开庭审理的56件82人，均作有罪判决。1987年，受理公安机关移送起诉的各类刑事案件68件123人。审查后依法提起公诉63件112人，免予起诉1人，移送州检察院起诉3件7人，建议公安撤销案件1件1人。1988年，受理公安机关移送审查起诉案件92件210人，经审查后向人民法院提起公诉90件190人，免诉4人，退补2件16人。提请抗诉3件3人，法院改判2件2人。1989年，受理移送审查起诉的案件90件207人（含追诉6人）。经审查后，决定向同级人民法院提起公诉68件164人，移送上级检察机关审查起诉4件4人，不起诉1件1人，建议公安撤案1件2人，退公安补侦1件7人，免诉6人。受理该院自侦部门移送审查15件23人，提起公诉的10件18人，免诉5件5人。

1990年，受理审查起诉案件180件345人。经审查后，决定向县人民法院提起公诉152件290人，移送上级检察院审查起诉6件15人。该院决定追诉案犯4人。决定免诉14件18人，公安撤回2件7人，退补5件11人，出庭公诉133件次。1991年，共受理审查起诉案件106件169人。经审查后，向同级人民法院提起公诉86件134人，报送州检察院起诉8件13人。起诉的被告人中，追诉的有8人，免诉11件19人，不诉1人，建议侦查部门撤案1件2人。出庭支持公诉88件180人，向人民法院提起抗诉1件1人，回访免诉人员11人。1992年，把坚持严厉打击严重刑事犯罪活动的斗争作为检察机关的又一个工作重点来抓，共受理审查起诉案件122件222人（含该院追诉3人）。经审查后，决定免诉24人，不起诉2人，建议自侦部门撤案1人，退回公安补充侦查1件3人，向县人民法院提起公诉160人，报送上级检察院审查起诉32人。1994年，共受理审查起诉案件81件131人。经审查后，报上级检察机关审查起诉3件9人，向同级人民法院提起公诉60件95人，退回补充侦查4件9人，决定免予起诉13件17人。追诉1人，提起抗诉2件5人。1995年，共受理移送审查起诉和免诉案96件141人。经审查后，向同级人民法院提起公诉72件102人，移送上级检察机关审查起诉7件2人，决定免予起诉8件13人，不起诉1人。退回补充侦查5件9人，公安自行撤回2件3人，追诉3人。1996年，坚持“从重从快”的方针，积极参加“严打”集中统一行动，严厉打击严重刑事犯罪。共受理审查起诉案121件180人，审结121件180人。其中：向同级法院提起公诉142人，免诉21人，报送州检察院起诉8件12人，退侦3人，公安撤回2人，提出书面检察建议1次，提前介入12件次，跟踪监督3次，按时出庭支持公诉80件次。1997年，检察院根据《中华人民共和国刑事诉讼法》的有关规定，运用简易程序审查案件，缩短办案时间，全年共受理审查起诉案62件87人（含州院退补的2件3人）。其中：向同级法院提起公诉54件77人，不诉决定1件3人，退回公安机关补侦1件1人，报送州检察院审查起诉6件7人，提起抗诉1件2人；出庭支持公诉30人次，建议适用简易程序18件；向法院提出检察建设1次。1998年，共受理审查起诉案件70件91人。经审查后，向县人民法院提起公诉54件67人，报送州院审查起诉10件14人，按照法定程序作不起诉决定5件8人，退回补充侦查1件2人，提前介入重大案2次。出庭支持公诉31次；认真履行审判监督职能提出检察建议2件次，纠正公安定性错误案件1件。1999年，检察院开展“提高出庭公诉水平活动年”活动，建立“文书展评园地”和“案件质量卡”，制订《主诉检察官办案责任制（试行）实施方案》，推行主诉检察官责任制，使原25天左右的审结时间缩短到15天左右，提高办案质量和效率。共受理审查起诉案件96件163人，均审结。符合不诉条件的案件3件12人，认真履行审判监督职责，对有罪判罪提出抗诉2件2人，对公安机关侦查案件提出书面纠正违法5次。

2001年，受理公安机关和该院自侦部门移送审查起诉案件119件159人。经审查后，向同级人民法院提起公诉96件127人，不起诉16件21人，退回补充侦查3件3人，终止审查1件1人。移送州院审查起诉3件7人。2002年，公诉部门与县法院经协商共同出台了《被告人认罪案件普通程序简化审的意见》。使一部分普通刑事案件得到简化审理，节约了诉讼成本，使检察人员有更多的时间应付重特大案件和复杂疑难案件。当年共受理公安机关和该院自侦部门移送审查起诉106件136人。其中：向同级人民法院提起公诉76件94人，移送州检察院审查起诉4件11人。不起诉8件10人，退回补充侦查3件3人。抗诉1件，追漏诉罪2人。2003年，共受理公安机关和该院自侦部门移送审查起诉的各类刑事案件共140件178人（其中该院自侦部门移送案件为5件5人）。经审查后，提起公诉113件142人，不起诉17件22人，退回补充侦查2件4人，移送其他检察机关6件8人，本院自侦部门撤回2件2人。2004年，建立青少年维权岗，成立青少年维权工作领导小组，制订实施意见。公诉部门在办理未成年人犯罪中坚持以教育为主，打防并重，通过办理一个未成年人犯罪案件教育一片，同时深入学校开展有针对性讲座，以案释法，贯彻教育、感化、挽救的方针，取得明显成效。共受理公安机关和该院自侦部门移送审查起诉的各类刑事案件和120件168人。经审结后，提起公诉90件126人、不起诉9件12人，退回补充侦查14件16人，移送上级检察机关7件13人，公安机关撤回案件1人。追漏诉、漏罪5次。出庭支出公诉86人次，适用普通程序简化审理1件，适用简易程序审理34件。2005年，共受理各类刑事案件95件140人。经审查后，向同级人民法院提起公诉78件113人，不起诉5件8人（含起诉撤回变更不起诉1人）。退回补充侦查8件12人，移送上级检察机关3件3人，公安机关撤回移送起诉1人，积存1件3人。2006年，审查起诉工作以“快审查、快结案、快起诉”为目标，及时打击各类犯罪活动。共受理各类刑事案件64件92人。其中公安机关移送审查起诉案件56件79人，该院自侦部门移送审查起诉案件8件13人。经审查后，向同级人民法院提起公诉54件78人，不起诉2件3人，退回补充侦查4件7人，移送上级检察机关2件2人，公安机关撤回移送起诉2件2人；提出抗诉案件2件6人。

2007年，共受理审查起诉各类刑事案件67件106人，其中：受理公安机关移送审查起诉案件61件97人，受理该院自侦部门移送审查起诉案件6件9人。经审查后，向同级人民法院提起公诉55件76人、不起诉3件8人，移送州院审查起诉1件2人，退回补充侦查6件16人，积存2件4人。追漏诉1人，追漏罪名4个。2008年，共受理公安机关和该院自侦部门移送审查起诉的各类刑事案件共108件169人。经审查后，提起公诉93件141人，不诉3件4人（含撤回作不起诉1件1人），移送州院审查起诉2件4人，移送其他院2件2人，中止审查1件1人，退回补充侦查8件17人，积存1件1人。建议法院适用简易程序审理案件31件，适用“被告人认罪普通程序简化审理”案件5件。对提起公诉的案件，鉴于被告人的从轻情节，向法院发出量刑建议3件。2009年，共受理公安机关和该院自侦部门移送审查起诉案件共113件167人。其中：受理公安机关移送审查起诉的案件108件162人，受理该院自侦部门移送审查起诉的案件5件5人。经审查后，向同级人民法院提起公诉94件142人，不起诉11人，退回补充侦查6件，报送上级检察机关4件5人，公安机关撤回移送起诉3人，提出抗诉案件2件3人。2010年，共受理公安机关移送审查起诉的各类刑事案件147件232人。经审查后，向同级人民法院提起公诉的刑事案件126件188人，不起诉9件12人，中止审查1件6人，报送上级检察院5件15人，移送其他检察院1件1人，公安机关撤回移送起诉2件3人，积存1件1人。

2011年，共受理公安机关和该院自侦部门移送审查起诉的各类刑事案件146件210人。其中：受理公安机关移送审查起诉案件140件203人，受理该院自侦部门移送审查起诉案件6件7人。经审查后，向同级人民法院提起公诉的刑事案件118件159人，报送上级检察院审查起诉12件20人，移送其他检察院审查起诉1件1人，退回公安机关补充侦查7件15人，作相对不起诉处理7件14人。

2012年共受理公安机关和本院自侦部门移送审查起诉的各类刑事案件121件219人。其中：公安机关移送案件114件212人，本院自侦部门移送案件5件5人，审查后，向同级人民法院提起公诉106件190人，报送州检察院审查起诉5件9人，退回公安机关补充侦查5件7人，作相对不起诉处理5件13人。

2013年共受理公安机关和本院自侦部门移送审查起诉的各类刑事案件173件274人。其中：公安机关移送案件159件254人，本院自侦部门移送案件6件8人，2012年退补重报案件12。经依法审查后，向同级人民法院提起公诉123件202人，报送黔南州人民检察院和移送其他检察院审查起诉7件14人，退回补充侦查18件27人，作相对不起诉处理24件26人，绝对不起诉处理4人，附条件不起诉处理1件1人，追诉遗漏的犯罪嫌疑人3人，提起抗诉案件6件8人。

第二节　反贪污贿赂

20世纪80年代，随着改革开放不断深入，经济犯罪案呈上升态势。县检察院坚持“从严从重”打击经济犯罪方针，重点查处贪污、贿赂、挪用公款案。1980年10月成立违法乱纪检察组

（主要负责查处经济案件和法纪案件），1984 年违法乱纪检察组分为经济检察科和法纪检察科，1988 年县检察院成立国家机关工作人员职务犯罪举报中心。1981 年至 1989 年，共受理经济案件 113 件 172 人，经初查后，决定立案侦查的 65 件 107 人，通过办案为国家挽回经济损失 36000 余元，粮食 327.5 千克，协助县粮食系统和供销系统查处经济漏洞共挽回损失 129510 余元，配合县农业银行收回逾期贷款 400 余万元。1989 年，县委发出《关于加速贯彻落实“两高”通告的通知》，检察院组成工作组，分赴全县各乡（区），采取形式多样宣传“两高”通告，发动群众检举，督促犯罪分子投案自首。

1990 年县检察院将经济检察科更名为贪污贿赂检察科，全年受理经济案件线索 32 件，经初查后，决定立案侦查 19 件 22 人，通过办案直接为国家、集体挽回经济损失 12.57 万元，协助发案单位追回流失资金 40.39 万元。1991 年至 1992 年，共受理经济案件 35 件 37 人，经初查后，决定立案侦查 23 件 25 人，通过办案直接为国家、集体挽回经济损失 213372.46 元，协助挽回损失 130 万余元。1993 年，检察院在税务、银行、烟草、供销等部门建立检察室，并派专人负责工作，防患于未然。1994 年，受理各类经济犯罪案件 24 件 26 人，其中：贪污案 8 件 8 人，贿赂案 4 件 5 人，挪用公款案 5 件 6 人，偷税案 6 件 6 人，其他案件 1 件 1 人。经初查后，决定立案侦查 5 件 5 人，其中：贪污案 2 件 2 人，挪用公款案 1 件 1 人，偷税案 2 件 2 人。通过办案为国家直接挽回经济损失 238269 元，追回和协助挽回案外流失资金 90 余万元。1995 年至 1998 年，重点查办“三机关一部门”（党政、司法、行政机关和经济管理部门）贪污贿赂案件，使一批影响大、群众反映强烈的案件得以查处。4 年间，共受各类经济案件 48 件 64 人，经过初查后，决定立案侦查 19 件 22 人，其中：“三机关一部门”的案件 6 件 6 人。通过办案直接为国家和集体挽回经济损失 331691 元，协助挽回经济损失 61500 余元。1997 年贪污贿赂检察科升格为反贪污贿赂局。

1999 年至 2002 年，共受理贪污、贿赂、挪用公款案件线索 31 件 32 人，经初查后，决定立案侦查 19 件 21 人，其中 5 万元以上大案 8 件。通过办案直接为国家挽回经济损失 80.4 万余元，协助挽回案外流失资金 20 余万元。

2003 年，根据最高人民检察院要求，开展了“双清一查”和“1998—2002 年作不诉、撤案处理的案件线索”等一系列质量大检查专项行动，对近年所办理案件进行清理和统计，并逐案分析查找原因，确保了办案质量和办案效果。全年共受理案件线索 6 件 6 人，经初查后，决定立案侦查 5 件 5 人，通过办案直接挽回经济损失 11.1 万余元。会同州院反贪局初查、立案侦查受贿要案 2 件 2 人。2004 年，根据最高人民检察院文件精神，配合本院纪检组清理 2001 年以来办理的撤诉案件、不起诉案件、法院判决无罪案件所扣押、冻结款物专项自查工作。共受理贪污、贿赂、挪用公款案件线索 17 件 17 人，经初查后，决定立案侦查 9 件 9 人。通过办案直接为国家挽回经济损失 70 万余元。2005 年，共受理贪污、贿赂、挪用公款等经济犯罪案件线索 12 件 12 人，经初查后，决定立案侦查 6 件 6 人。当年荣获集体三等功。2006 年，根据上级检察院和县委的部署，开展治理商业贿赂专项活动，成立了专项行动领导小组，切实行使职务犯罪侦查职能，严肃查办涉及国家工作人员的商业贿赂犯罪案件。全年共受理案件线索 10 件 12 人，经初查后，决定立案侦查 5 件 7 人，其中立案查处商业贿赂案件 3 件 4 人。

2007 年至 2011 年，共受理贪污贿赂案件线索 64 件，经初查后，决定立案侦查 20 件 22 人，通过办案为国家和集体挽回经济损失 250 余万元。2007 年实行审讯犯罪嫌疑人全程同步录音录像制度，规范侦查讯问活动。2011 年 7 月 25 日县第十四届人大常委会第 32 次会议审议通过检察院《2009 年以来反贪污贿赂工作开展情况报告》。

2012 年共受理各类贪污贿赂案件线索 14 件，经全部初查后立案侦查 4 件 4 人，均为大案，其中 3 件 3 人法院已作有罪判决。

2013 年共受理各类贪污贿赂案件线索 15 件，经全部初查后立案侦查 5 件 7 人（科局级以上领导干部3人），均为大案。全部侦查终结移送审查起诉，县人民法院已作有罪判决。通过办案为国家和集体挽回经济损失200余万元。

第三节　反渎职侵权

1980年10月成立违法乱纪检察组（主要负责查处经济案件和法纪案件），县检察院主动配合县纪委、县信访组查清了前几年农业学大寨工作队干部违法乱纪案1件1人。1982年，根据中央〔1982〕5号文件和全省检察长会议精神，把法纪工作列为争取社会治安情况根本好转的一项重要任务来抓。共受理法纪案件13件，经初查后，决定立案查处3件4人。1983年，受理案件5件，经初查后，决定立案侦查1件。1984年违法乱纪检察组分为经济检察科和法纪检察科。共受理法纪案件5件9人，经初查后，决定立案侦查3件7人。1985年至1988年，共受理法纪案件87件144人，经初查后，决定立案侦查20件35人。1985年协助浙江省东阳县检察院查处了王清荣等人非法拘禁案。1989年至1990年，检察院在全县各地广泛张贴渎职侵权案立案标准，并采取形式多样的宣传，配合县安检部门、乡镇企业局、城建局、交通局进行安全检查，提出整改措施，防患于未然。共受理渎职侵权案件35件59人，经初查后，决定立案侦查12件22人。

1991年至1995年，共受理渎职侵权案件74件125人，经初查后，决定立案侦查19件30人。1996年至2005年，检察院结合“严打”斗争形势，坚持严格执法、狠抓办案的方针，以查处行政执法领域中的渎职侵权犯罪为重点，坚持打击、保护、预防“三位一体”的办案指导思想，加大对国家机关工作人员玩忽职守、滥用职权、徇私舞弊等犯罪案件查处。10年间，共受理渎职侵权案件62件98人，经初查后，决定立案侦查13件33人。2000年法纪科更名为反渎职侵权检察科。

2006年，检察院渎职侵权检察科升格为反渎职侵权局。当年，针对人民群众反映强烈的市场监管部门、安全生产监督部门、司法和部分行政部门的工作人员失职渎职、贪赃枉法、徇私舞弊犯罪行为，反渎职侵权局集中人力挖掘线索，自行发现线索5件9人，经初查后，决定立案侦查1件1人（玩忽职守案）。

2007年至2011年，反渎职侵权局为拓宽案源，依法主动出击，摸排线索，主动到相关行政执法单位进行执法检查，并加强与纪委、安监、新闻媒体联系，多方走访调查，排查有价值的案件线索，收集个案信息。5年间，共受理案件线索18件，经初查后，决定立案侦查5件5人。

2012年共受理各类渎职侵权案件线索11件，经初查后立案侦查1件1人，通过办案为国家和集体挽回经济损失60余万元。

2013年共受理各类渎职侵权案件线索7件，经初查后立案侦查1件1人。围绕“预防和查办发生在群众身边、损害群众利益的渎职犯罪”专项治理活动。到环保、卫生、国土、工商等部门开展行政执法检查，参加县里面组织非法煤矿山综合治理工作，介入交梨乡王家寨砷污染事件、高戊村水体污染事件的调查，印刷厂职工对国有资产方面问题反映事件的调查，参与因征地拆迁而引发不满的群众的协调维稳工作。

第四节　控告申诉检察

控告申诉检察科，开展接待群众来信来访及接待群众检举、控告、申诉和犯罪嫌疑人自首等业务，向业务部门提供办案线索，及时处理可能激化矛盾的控告、申诉。1981年，根据中发〔1979〕64号文件精神，县检察院专门明确1人兼职负责信访工作。共收到人民群众来信326件，接待群众来访7人次，根据“归口负责、分级办理”的原则，全部作了处理。1982年至1986年，共受理人民群众来信来访1443件（其中：重复来信465件），经审查后，自行处理的57件外，其余根据“归口负责、分级办理”的原则转有关部门查处。1987年，按照中央和高检的要求，对1953年检察机关开始建立以来的历史老案进行复查，凡是对作出免诉、劳教、管制决定的都进行了复查。经过复查，对原处理决定不当的4件4人，维持原决定的1件1人。历史老案复查的工作，经上级检查验收，基本合格。共受理控告申诉信件525件（重复信件223件），接待群众来访52人次。

1988年成立国家机关工作人员职务犯罪举报中心，专门接待来信来访和群众检举控告。共接待人民群众来访48人，受理群众来信351件。举报中心受理检举揭发案件14件，其中：刑讯逼供案1件，贪污受贿案3件，偷税抗税案1件，弄权渎职案7件。1989年至1991年，共接待群众来访846人次，受理举报案件线索55件。1991年，实施“检察长接待日制度”，定时定点由检察长亲自接待群众来访和批阅来信，处理群众反映的实际问题，当年检察长接待来访20人次，批阅来信15件。

1992年控告申诉检察科建设文明接待室，做到“人常在、门常开、事常办”。共受理举报线索26件，共复查“两不一免”申诉案2件，均已结案。受理群众来信来访290人次，受理申诉信访16件次。1994年至2000年，控告申诉检察科进一步建立健全接待、登记、汇报、审阅、自办、转办、催办、回函、归档等工作制度，设置处理来信来访及控告申诉办理程序。对来信来访内容逐一登记，如系重大问题，请示主管领导后办理；需转其他机关处理的，填写转办单由有关单位或部门办理，做到“件件有答复，事事有交代”。7年间，共受理群众举报案件线索93件，接待群众来信来访612件次，控申案件10件。检察长接待来访58人次，批阅来信11件。

2001年，县检察院建立《署名举报的七项承诺》《举报线索奖励制度》，实行了举报、初查、立案“三告知”制度，实现受理、登记、审查、分流等程序分级负责和归口管理。共受理42件各类案件线索，受理群众来信来访92件次。2002年至2005年，县检察院制定《三都水族自治县人民检察院控告申诉首办责任制》，明确首办责任，开展创建“文明接待室”活动，安排检察长接待日，实行首办责任制等工作。4年间，共受理群众来信来访164件次，受理举报案件线索54件，受理申诉案件5件。2002年建立未成年人法律保护联系点1个。2005年控告申诉检察科被评为“全省检察机关文明接待室”。

2008年，在全县21个乡镇设立了控告、申诉和民事行政工作联络点，并聘请了该乡镇的纪委书记、政法委书记或司法助理员为联络员。2010年根据县委、县人民政府提出的“创建平安三都、构建和谐水乡”和争创“人民满意的政法单位”要求，组织全院干警共深入全县12个乡镇，93个行政村（社区），13所中小学等开展大走访活动，共走访群众2000余户，为群众办实事15件，发放检察《便民服务手册》2000余本。

2006年至2011年，县检察院通过带案下访、联合接访、检察长接待制以及领导班子大接访活动和首办责任制，畅通诉求渠道，方便群众诉讼，努力解决人民群众“告状难”“申诉难”的问题。6年间，共受理群众来信来访77件94人，受理举报案件线索69件，受理刑事申诉案件4件。对6名刑事被害人及其家属予以5500元司法救助。

2012年受理群众来信来访7件，接到群众来信举报11件。积极开展举报宣传周活动，在“举报宣传周”活动中，采取挂图、现场解答、接受群众咨询服务500余人次，发放宣传资料800余份，以案释法3人次，受教育面2万余人。

2013年共受理群众各类举报信件27件，其中匿名举报16件，署名11件，其中举报贪污贿赂案件14件，渎职侵权案件7件，侵犯财产案件1件，侵犯公民人身权利案件1件，其他案件3件。对所有举报线索的受理、分流，对人民群众的举报专人负责，严格审查，对口分流，所有线索均在规定时限内分流完毕，分流率为100%。

第五节　民事行政检察

1988 年 6 月，最高人民检察院印发《关于开展民事、行政诉讼监督的研究和试点工作的通知》，10 月，贵州省人民检察院、贵州省高级人民法院联合印发《关于人民检察院对民事、行政诉讼活动实行法律监督试点的通知》，要求在全省开展民事、行政诉讼监督试点工作。1992 年，县检察院设置民事行政检察科，明确专人负责民事行政检察工作。1992 年至 2000 年，民事行政检察科认真贯彻“边建边干、以干促建、逐步发展”的方针，9 年间共受理民事行政诉讼案件 43 件，立案提请抗诉案件 3 件，劝其息诉 40 件。

2001 年至 2003 年，共受理民事行政诉讼案件 19 件，立案提请抗诉案件 2 件，劝其息诉 17 件。办理刑事附带民事诉讼案 1 件。2004 年至 2007 年，共受理不服法院判决、裁定生效的民事行政申诉案件 40 件，立案提请抗诉案件 2 件，劝其息诉 36 件，转法院处理 2 件。办理提起刑事附带民事诉讼案 4 件。2005 年与县国有资本管理等部门加强联系，商讨如何完善和保护国有资本，并联合制定了《县国有资本管理、经营部门对国有资本流失案件向检察机关报告备案制度》。2006 年与县法院召开联席会议，明确检察长列席审委会讨论民行抗诉案件制度。2008 年，民事行政检察部门以办理民事行政抗诉案件和查办民行审判不公背后的职务犯罪为重点，共受理不服法院民事行政判决的申诉案 15 件。办理州院交办初查审判人员职务犯罪线索案件 1 件，办理提起刑事附带民事诉讼案 2 件。办理督促起诉案件 2 件，促成当事人进行和解 1 件，接待群众来信来访 58 人次。当年，为拓宽案源，聘请全县 21 个乡镇纪委书记或政法委书记或司法助理员为信息联络员。

2009 年至 2011 年，重点做好对弱势群体保护、劳动争议、保险纠纷等涉及民生的确有错误案件的审查抗诉工作。3 年间，共受理不服法院民事行政判决的申诉案件 42 件，立案提请抗诉案件 5 件，劝其息诉 36 件，转法院处理 1 件。办理督促起诉案件 17 件；办理刑事附带民事案件 1 件，成功调解农民工工资纠纷案件 2 件。

2012 年来共受理民事申诉案件 20 件，其中：立案审查 3 件，建议州检察院向省检察院提请抗诉 1 件，提请州检察院抗诉 2 件，移送州检察院处理 5 件，不立案 9 件，督促起诉 9 件，发出检察建议书 2 份。并做好当事人的息诉服判工作。为增强民行检察监督现有力量，逐步化解了民事行政案件申诉渠道不畅、案件线索逐年减少、基层老百姓申诉难等突出问题。同年 4 月，民行部门尝试新举措，创建县、乡“二级架构”工作模式。

2013 年共受理各类民事行政申诉案件 8 件，其中立案审查 2 件，不立案 6 件，立案的 2 件案件均向州检察院提请抗诉，州院采纳提抗意见并抗诉 1 件；办理督促起诉 12 件，支持起诉 9 件，共挽回经济损失 170 余万元。发出检察建议书 31 份；开展执行监督 6 件，所受理的案件全部审结，审结率达 100%。对法院正确的判决、裁定，耐心细致地做好当事人的息诉服判工作，有效地维护了司法权威。

第六节　监所检察与案件管理

一、监所检察

1980 年至 1995 年，县检察院监所检察科对县公安局看守所、拘留所实施法律监督。先后建立《看守所检察工作细则》和各类登记制度，及时准确地掌握人犯进出、转捕、释放、劳教等情况，督促严格执行《看守所工作制度》。对超期羁押、以拘代侦等违法行为及时督促改进。以常规检查和节假日大检查方式，督促狱政管理科学化、制度化、规范建设。杜绝体罚人犯，加强安全防范，打击牢头狱霸，维护监所秩序，防止人犯凶杀、自杀、逃跑等恶性事故发生。以上法制课、个别谈话等形式，教育人犯遵守监规，认罪服法，重新做人。16 年间，共开展监所安全检查 164 次，集中人犯上法制课 96 次，个别谈话 833 人次，向公安、法院提出检察建议 162 次，回访监外执行人员 16 人次。根据贵州省人民检察院《关于在监管场所实行派驻检察室》的指示，1991 年 9 月驻公安看守所检察室正式挂牌，落实驻所检察人员，对监所正式实施经常化、规范化的监督检查。

1996 年至 2002 年，监所检察科、驻所检察室先后制定和完善《驻所检察人员责任制》《驻所安全检察制度》《驻所检察催办制度》《严禁刑讯逼供制度》《督查制度》等 10 多项规章制度。履行监督职责、严格交付、收押、释放等法律程序，严格审查减刑、假释、保外就医条件，对不符合减刑、假释条件当即提出撤销建议，对表现好、符合条件及时提出减刑建议。5 年间，开展监所安全检查 104 次，帮教个别谈话 267 人次，集中人犯上法制课 24 次，提出检察建议 52 次，纠正超期羁押 23 人（次），纠正超时限办案 3 件 3 人。

2003 年，针对公安、审判、检察机关诉讼环节超期羁押不断发生的情况，检察院开展专项清理整治活动，设置《未决、已决（逮捕）犯罪嫌疑人诉讼时限登记簿》，实行一人一卡登记，逐人逐案挂牌，明示诉讼起止时限。与公安、法院联合制定《关于防止和纠正超期羁押的意见》，明确诉讼阶段各办案部门的权利和责任。检察室对超期羁押实行提前预警告知制度，及时向办案部门发出《犯罪嫌疑人羁押期限提示函》，口头或电话提示。2004 年，开展“双加强、双保障”创建活动和认真执行高检院《关于加强派驻监管场所监察室规范化建设的意见》，全面履行监所检察职责，狠抓执法重点，确保无一起超期羁押案件发生。组织开展减刑、假释、保外就医的专项检查，完成 2002 年至 2004 年度办理减刑、假释、保外就医清查和上报工作。完成驻所检察室三级达标工作，通过上级检察院检查验收。

2005 年，制定了《约见检察官制度》和《建立与在押人员教育谈话制度》，在监管场所开办了“检务公开宣传栏”和“检察信箱”，广泛接受监督。全年共督办换押 10 余人次，超期羁押预警通知 8 人次，初查职务犯罪案件 2 件，办理在押人员脱逃犯罪案件 1 件。发出书面检察建议 1 件，口头检察建议 12 次，发出《纠正违法通知书》2 份。当年被最高人民检察院授予“全国检察机关三级规范化检察室”。

2006 年至 2007 年认真贯彻落实高检院《关于进一步加强和改进监所工作的决定》，共督办换押 36 人次，向办案部门发出超期羁押预警通知 75 人次，发出预警通知书 32 份，初查职务犯罪案件 1 件，受理被监管人员以及其亲属的申诉 2 件次，建立在押人员诉讼流程卡 180 余张。2007 年，完成驻所检察室三级晋二级规范化达标工作，并通过上级检察院检查验收。

2008 年至 2011 年，进一步建立完善《检察机关介入调查的工作机制》和《监外执行罪犯脱管、漏管问题的发现、纠正和责任追究机制》，坚决打击“牢头狱霸”和体罚虐待监管对象等行为。对超期羁押和违法减刑、假释、保外就医、不按规定交付执行以及监管活动中的违法情况依法提出纠正意见，积极参与监外执行人员社区矫正工作，促进监管活动和刑罚执行依法规范进行。4 年间，开展监所安全检查 84 次，帮教个别谈话 167 人次，集中人犯上法制课 21 次，督办换押 110 余人次，向办案部门发出超期羁押预警通知 764 人次，发出书面检察建议 42 份，回访监外执行人员 259 人次。2011 年按照最高人民检察院的要求，投入 50 多万元完善办公环境和监管场所的硬件建设，建设了与看守所监控系统联网的同步监控系统，可以 24 小时同步监控看守所监区、提审室等各处的情况，增强了监督效果。

2012 年共向办案部门发出超期羁押预警通知 50 人次，督办换押 90 人次，纠正监管不当 6 次，给在押人员上法制课 2 次，接待在押人员约见检察官 18 次，发书面建议 2 份，并督促全部进行了落实和纠正，有效保障了监所稳定。积极深入21个乡镇对85名监外执行人员开展社区矫正工作。

2013年共向办案部门发出超期羁押预警通知68人次，督办换押182人次，给在押人员上法制课6次，接待在押人员约见检察官19次，发书面建议4份，催办函1份，纠正违法通知书8份。加强对监外执行罪犯的监督，对本辖区内监外执行的罪犯回访考察6次，共访达774人次，走访率达100%，未发现脱管漏管现象。

二、案件管理

2012年设立案件管理办公室并开展试运行工作，至2013年，改造完成案件管理中心大厅并投入使用。案件管理办公室共受理起诉案件164件，受理州检察院批复由县检察院审查起诉案件5件，受理提请审查逮捕案件90件。不予受理案件10件，要求补送材料30件。启动案件流程监控，提出口头预警49次。向法院送达案件85件次，向州检察院报送案件6件次，送其他检察院案件1件次，送达看守所法律文书128次，送达公安局案件、法律文书90件次，其他单位法律文书2次，接收法院送达的法律文书80次150份，公安机关送达的法律文书5次5份，接待律师阅卷14次。出台了《案件管理办法》《接待辩护人、诉讼代理人规定》《案件质量评查办法》《法律文书使用规定》《案件信息查询制度》等制度。开展检察机关统一业务应用软件系统工作，协助指导业务部门做好人员基本权限配置、软件系统培训和系统测试，2013年11月26日检察机关统一业务应用软件在县检察院正式上线运行。

第三章　法　院

1978年，县人民法院的机构设置有10个，即县院办公室、刑事审判庭、民事审判庭和原地方行政建制的城关、都江、大河、水龙、周覃、九阡、普安7个区基层人民法庭。1981年11月，增设经济审判庭；1987年3月设立行政审判庭；1989年，成立告诉申诉庭和执行庭；1992年1月28日，设立政工科；1994年9月7日设立法警队；1997年11月14日增设立案庭、审判监督庭、少年案刑事审判庭、研究室，撤销告诉申诉庭；2000年5月31日，经县编委审核，设立执行工作局，与执行庭合署办公，实行两块牌子、一套人马；2002年，根据县委办2002年1月28日三党办发〔2002〕20号《三都水族自治县人民法院职能配置内设机构和人员编制方案》，增设了书记官室与民事审判第二庭，把少年案刑事审判庭的职能划入刑事审判庭、研究室的职能划入办公室、经济审判庭的职能划入民事审判第二庭；2005年11月16日，经三编〔2005〕11号《关于增设技术科的批复》，增设技术科；2010年3月22日，根据三编〔2010〕2号文件，增设政策研究室；2010年7月5日，经三编〔2010〕15号文件，设立监察室；2013年2月16日，增设审判管理办公室；2013年6月2日，增设机关审务服务中心（事业）。2013年年末，县法院的内设机构有16个（不包括人民法庭）：办公室、政工科、监察室、刑事审判庭、民事审判第一庭、民事审判第二庭、行政审判庭、立案庭、审判监督庭、执行工作局、法警队、书记官室、技术科、政策研究室、审判管理办公室、机关审务服务中心（事业）。人民法庭现共有5个，即：都江人民法庭，辖1镇4乡——都江镇、坝街乡、巫不乡、羊福乡、打鱼乡；中和人民法庭，辖1镇3乡——中和镇、水龙乡、塘州乡、三洞乡；周覃人民法庭，辖3镇2乡——周覃镇、九阡镇、廷牌镇、扬拱乡、恒丰乡；大河人民法庭，辖3镇——大河镇、丰乐镇、合江镇；普安人民法庭，辖1镇1乡——普安镇、交梨乡。2013年年末，县法院实有干警69名，其中，男干警54人，女干警15人，少数民族65人，中共党员42人，研究生学历1人，大学学历49人，大专学历14人，大学专业证书学历5人。全院干警平均年龄为39岁。

第一节　刑事审判

1973年县法院恢复建制后，开始恢复对刑事案件的审判。1978—1979年，县法院依据国家法律、法令和政策，针对社会治安的恶劣状况，调整审判力量，严厉惩处了一批进行杀人、放火、伤害、抢劫、强奸、盗窃等犯罪活动的刑事犯罪分子，维护县内的社会秩序。

1980年1月1日，《中华人民共和国刑法》《中华人民共和国刑事诉讼法》开始实施，人民法院以"两法"为武器，充实刑事审判力量，与公安、检察机关紧密配合，依法审理各类刑事案件，严厉打击刑事犯罪分子。是年，县法院受理并审结刑事案件40件。其中公诉案件30件，自诉案件10件；杀人2件，放火2件，伤害9件，强奸8件，爆炸1件，盗窃6件，流氓2件，重婚6件，侮辱4件；判处案犯67名。其中判处5年以上15年以下有期徒刑22名，判处5年以下有期徒刑38名，判处拘役5名，免予刑事处罚1名，宣告无罪1名。在该年的刑事案件审理工作中，县法院一改过去的未公开审理为依法实行公开审理，并依法实行辩护制。

1982—1983年，全国人大常委会作出了《关于严惩严重破坏经济犯罪的决定》《关于严惩严重危害社会治安的犯罪分子的决定》《关于迅速审判严重危害社会治安的犯罪分子的程序的决定》，县法院按照刑法、刑事诉讼法的规定，依法严惩严重破坏经济的犯罪分子和从重从快严惩严重危害社会治安的犯罪分子。在1982—1996年的15年中，县法院受理并审结各类刑事案件1352件，审结率为100%。在审结的案件中，公诉案件1244件，自诉案件108件；杀人36件，伤害144件，强奸135件，抢劫62件，盗窃601件，贪污72件，诈骗28件，流氓40件，过失杀人12件，非法拘禁44件，拐卖人口41件，非法制造枪支2件，贩卖伪造的国家货币1件，失火10件，交通肇事1件，破坏电力设备9件，破坏通信设备1件，渎职2件，敲诈勒索1件，行贿1件，受贿1件，重婚72件，虐待24件，侮辱11件，诽谤1件。判处案犯2124人，其中：死刑17人，死缓8人，无期徒刑5人，15年以上20年以下有期徒刑19人，10年以上15年以下有期徒刑120人，5年以上10年以下有期徒刑370人，5年以下有期徒刑1312人，拘役17人，缓刑165人，管制1人，免予刑事处分30人，罚金4人，作训诫教育释放等其他处理27人，宣告无罪29人。

1997年1月1日和10月1日，修改后的《中华人民共和国刑事诉讼法》和《中华人民共和国刑法》分别施行，县法院的刑事审判工作按照修改后的《中华人民共和国刑事诉讼法》和《中华人民共和国刑法》的规定执行，继续深入开展"严打"斗争，长期保持严打态势，依法从重从快严厉打击严重破坏生产和生活秩序的犯罪分子。

2007年，县法院加强与检察、公安部门协调和配合，深入到辖区派出所进行实地调查，扎实开展集中清理监外执行脱管、漏管专项行动，对2004年7月1日以来判处非监禁刑的罪犯进行了一次全面的核查，并将未过考验期限的68名缓刑犯和1名监外执行犯名单及时移送公安机关和检察机关，改变刑罚措施，予以收监执行2人，有效地防止了脱管、漏管事件的发生。

2013年，县法院受理刑事案件108件，结案108件，结案率100%；判决被告205人，其中：判处10年以上有期徒刑9人，判处3年以上10年以下有期徒刑37人，3年以下有期徒刑、拘役156人，免予刑事处罚3人。对犯罪情节较轻、主观恶性不大、悔罪表现较好的21名犯罪人员依法适用非监禁刑，占全部判处罪犯人数的10.24%。有效发挥了刑罚打击、教育、震慑作用，增强了人民群众的安全感。

1978年至2013年的35年间，县人民法院共审结各类刑事案件2873件，其中公诉案件2672

件，自诉案件201件。其中，抢劫131件，爆炸6件，盗窃862件，占案件总数的30%，居第一位；故意杀人案件79件，放火13件，伤害312件，约占案件总数的10.86%，居第二位；强奸236件，占案件总数的8.21%，居第三位；贪污119件，诈骗49件，行贿10件，受贿11件，流氓530件，过失杀人29件，非法拘禁84件，拐卖人口83件，非法制造枪支27件，非法持有枪支40件，贩卖伪造的国家货币1件，失火24件，交通肇事13件，破坏电力设备14件，破坏通信设备5件，敲诈勒索5件，贩卖毒品25件，渎职4件，重婚111件，侮辱24件，虐待23件，诽谤3件。判处案犯4111人，其中：判处死刑17人，死缓8人，无期徒刑5人，15年以上有期徒刑22人，10年以上有期徒刑206人，5年以上有期徒刑780人，5年以下有期徒刑2471人，缓刑383人，拘役81人，管制1人，独立适用罚金刑13人，免予刑事处分55人，宣告无罪47人，作训诫教育释放等其他处理25人，并处罚金251人。

第二节　民事审判

1979年，根据全国、全省民事审判工作会议精神和最高人民法院《关于民事案件执行政策的意见》，县人民法院在办案中坚持“依靠群众，调查研究，就地解决，调解为主”的十六字方针，对起诉到法院的民事案件受案后，对原告先进行政策教育，后作劝解，劝解不成，再作调查、调解，调解不成，再作审判。对大案、难案则走出法庭，带卷下乡，依靠基层组织和群众，查清事实，就地解决，就地宣判。

改革开放后，国家相继颁布一些法律、法规，规范改革开放条件下的民事活动，法院的民事审判活动由主要依据政策进入主要依据法律的阶段。1980年，第五届全国人大第三次会议废止了1950年颁行的《中华人民共和国婚姻法》，公布了新的《中华人民共和国婚姻法》，贵州省高级人民法院制定了《关于处理房屋和宅基地纠纷的意见》，县人民法院依据前述规定对这类案件主要作调解处理。1982年，全国人大第二十二次会议公布了《中华人民共和国民事诉讼法（试行）》，县人民法院以此和最高人民法院1984年作出的《关于贯彻执行〈中华人民共和国民事诉讼法（试行）〉若干问题的意见》为依据，规范民事诉讼程序审判民事案件。同时，依法规范了县人民法院民事审判庭、各人民法庭对民事诉讼的管辖范围。1985年，第六届全国人大第三次会议通过了《中华人民共和国继承法》，县人民法院以此为法律依据审理继承案件，依法保护公民的私有财产继承权。1986年，第六届全国人大第四次会议通过了《中华人民共和国民法通则》，县人民法院以《中华人民共和国民法通则》和最高人民法院1988年作出的《关于贯彻执行〈中华人民共和国民法通则〉若干问题的意见（试行）》为基本依据对经济的和民事的诉讼案件进行审判。

从1992年开始，县法院严格依照《中华人民共和国民事诉讼法》和《中华人民共和国民法通则》等法律法规办案，改变“当事人一张纸，法官跑得要死”的审判人员包揽一切而又受到某些当事人和社会上某些人非议的现象，坚持依法调解和强调当事人负举证的责任。1994年，县人民法院改革审判方式，实行“一步到庭”的办案方式，强调当事人的举证责任，充分发挥合议庭的作用，不断提高民事办案质量和效率。1994—1995年，县境内矿产资源的开采猛增，矿山矿产纠纷案件突出，县人民法院在县境内的都江镇设立了都江片区矿产矿山纠纷调解中心，帮助企业理顺矿产矿山经济法律关系。

1978年至2002年，婚姻家庭纠纷、财产所有权纠纷、合同纠纷、债权纠纷、继承权纠纷、名誉权、肖像权纠纷、劳动争议、合同、证券、票据等纠纷案件由民事审判庭和基层人民法庭审理。

2002年1月28日，根据三都水族自治县委办三党发〔2002〕20号《三都水族自治县人民法院职能配置内设机构和人员编制方案》，县人民法院设立民事审判第二庭，依法审判第一审合同、证券、票据等纠纷案件；原民事审判庭即民事审判第一庭和基层人民法庭负责审理婚姻家庭纠纷、财产所有权纠纷、债权纠纷、继承权纠纷、名誉权、肖像权纠纷、劳动争议等民事案件。

2003年，县人民法院贯彻司法为民思想，落实司法便民措施，依法简化诉讼程序，采取巡回审理、就地办案的方式，及时化解各类纠纷，方便人民群众进行诉讼，减轻当事人的负担。2008年，成立巡回法庭，人员结构为三审一书，由县人民法院行政审判庭审判人员组成，以在全县没有设立人民法庭的乡镇开展巡回审判工作的方式，方便了边远群众诉讼，节约了诉讼成本。自巡回法庭成立至2013年，共审结各类案件289件。

1978年至2012年，县人民法院共受理民、商事案件13678件，审结13678件，审结率为100%，民事案件中，审结合同纠纷案件4862件，占35.55%，居第一位；离婚纠纷案件4138件，占审结案件总数的30.25%，居民事案件的第二位；债务纠纷案件1524件，占11.14%，居第三位；其他案件（包括离婚后财产、扶养、抚养纠纷，赡养、继承纠纷，房屋、宅基地纠纷，劳动报酬纠纷，名誉权纠纷，抚恤金纠纷，股份基金纠纷，相邻纠纷等其他案件）3154件，占23.06%。涉讼标的金额13860.68万元。其中：调解结案5264件，占38.48%；判决结案5092件，占37.23%；裁定驳回起诉、撤诉、终止、移送有关法院3322件，占24.29%。适用督促程序受理商事案件1431件，诉讼标的金额4832万元。

2013年，县人民法院受理民、商事案件525件，审结524件，结案率99.26%。其中，合同纠纷案件为168件，标的为2424.76万元。在案件审理过程中，加大调解力度，坚持“调解优先，调判结合”的原则，妥善处理和化解矛盾纠纷，案件调撤结案327件，调撤率达62.17%，取得了“案结事了、定纷止争、促进和谐”的效果。

第三节 经济审判

1981年11月前，县人民法院没有经济纠纷案件的审判机构，各种经济纠纷一般作为民事案件，由民事审判庭审理，全民企业与集体企业之间的经济纠纷或公私纠纷，由行政主管部门调解或仲裁。县人民法院根据1981年4月全省经济审判工作座谈会的意见，于1981年11月正式成立经济审判庭，开展经济审判工作，按贵州省高级人民法院规定的案件管辖范围收受案件，即受理公有制企业之间的产、供、运、销合同，基本建设和维修方面的合同，研究成果、专利技术应用方面合同，信贷、保险、环境、商标等七个方面的经济纠纷案件。

从1992年开始，在适用第一审普通程序和简易程序审理经济案件期间，在经济纠纷案件随着经济建设的发展而大量增加的情况下，县人民法院遵循促进经济建设的思想，加大服务力度、拓宽服务领域，以当年受理县农行下属单位营业所、信用社的申请支付令案件为标志，成立收贷组，对县内影响资金正常运转的债权债务明确的借款合同等经济纠纷案件，依法适用督促程序向债务人下达支付令以及时地立案、审理和执行。1992—2000年期间，适用督促程序受理经济案件9840件，标的金额达数千万元。其中：1992年，县农行下属单位营业所、信用社的申请支付令案件399件，总标的本金93.6万元，利息22.43万元；1993年，共受理县工商银行、农业银行、民政局、乡镇企业局四个单位的依法收贷申请，总标的本金及利息311万元，已收回152.8万元，其中，收回工商银行棉布赊销贷款140万元，农业银行贷款0.1万元，民政贷款1.2万元，乡镇企业局债权款1.5万元；1994年，县人民法院成立经济纠纷调解中心，上门服务，寻找案源，先后走访了县财政局、物资局、乡企局、就业办、三合信用社，受理案件30余件，标的60余万元，为上述单位追回了部分欠款。普安人民法庭共受理普安、交梨财政所借款合同案件28件，追回贷款9万余元，保障了当地国家财政资金的周转；1995年，县人民法院以庭包片，扎根乡村，为县粮食局、农牧局、财政局、工商银行等国家机关和企业单位依法收取贷款60余万元。同时，适用督促程序审理涉及一般企业、农业和农村经济的案件8790件，其中，生效8600件，当事人提出异议190件，生效标的130万元；1999年，专门成立依法收贷组，适用督促程序审理经济案件300件，为金融部门清收呆滞贷款120万元。

2000年，县人民法院贯彻执行最高人民法院《关于充分发挥审判职能作用，为经济发展提供司法保障和法律服务的意见》，充分发挥依法调节经济关系的审判职能，坚持依法、公正、高效和保障交易安全的原则，审理各类经济案件，并按照贵州省高级人民法院《关于人民法院民事诉讼庭审证据交换规则》开展经济审判方式改革，避免当事人有证不举和拖延举证时限的问题，提高庭审质量和效率。在审理经济案件中，依法采用“辩论式”的审理方式，严格审限制度，对事实清楚、证据确实充分、责任分明的案件，当庭宣判，使当事人有理说在庭上，有证据质在庭上，增加了案件审理的透明度。在当年审结的124件案件中，无一超审限案件。

2001年，县人民法院根据上级人民法院的要求，结合法院改革实际，年初把经济庭并入到民庭，民庭设民事审判第一庭、第二庭，民二庭依法审判由县人民法院管辖的第一审合同、证券、票据等纠纷案件，即原经济审判庭审判的经济纠纷案件。民一、民二庭合署办公。此后，经济案件的审判工作一并反映在民商事案件的审判工作之中。

第四节　行政审判

在《中华人民共和国民事诉讼法（试行）》颁布前，县人民法院依照有关政策、法令，审理行政案件。1982年，《中华人民共和国民事诉讼法（试行）》颁布后，依照《中华人民共和国民事诉讼法（试行）》的规定，行政案件由民事审判庭审理。1987年，县人民法院根据贵州省委、省人民政府、省高级人民法院、省编制委员会1986年12月3日联合下发的《关于全省各级人民法院设置行政审判庭的通知》，于1987年3月建立行政审判庭，负责对各种行政案件的审理。

1990年10月1日《中华人民共和国行政诉讼法》颁布实施后，县人民法院根据《中华人民共和国行政诉讼法》关于“保护公民、法人和其他组织的合法权益，维护和监督行政机关依法行使行政职权”的立法目的，按照《中华人民共和国行政诉讼法》规定的受案范围收受案件。1994年，针对三都水族自治县行政机关在行政诉讼中因行政违法行为而败诉的情况，县人民法院以办专栏、张贴标语、电视讲话、广播等形式宣传《中华人民共和国国家赔偿法》，组织有关行政执法单位领导共26人进行《中华人民共和国国家赔偿法》培训。利用乡镇赶场天的机会先后到全县人口相对集中的三合、水龙、中和、三洞、周覃、九阡、廷牌、丰乐、大河、普安、都江等11个乡镇进行《中华人民共和国行政诉讼法》《中华人民共和国国家赔偿法》和《中华人民共和国行政处罚法》等行政审判法律法规的宣传累计20多次，共接待群众法律咨询1000余人次，散发宣传资料8000余份，以改善行政执法环境，提高广大人民群众遵守法律法规的自觉性，消除群众思想上“官官相护”“民告不倒官”的错误认识，提高他们正确适用行政诉讼法维护自己的合法权益的法律意识。

1987年至2012年，县人民法院共受理行政案件287件，审结287件，审结率为100%。在审结的案件中，有土地行政争议案件190件，占审结案件总数的66.2%；不服土地征用强制措施2件、要求履行法定职责3件、不服行政扣押争议2件、交通行政争议2件，房屋拆迁行政争议3件、治安行政10件，占7.6%；林政12件，占4.2%；违章建筑4件，占1.4%；工商行政4件，占1.4%；计生罚款、烟草专卖、文化市场管理、税务行政等其他行政案件55件，占19.2%。其中，判决维持110件，撤销86件，裁定准许撤诉、驳回起诉91件。

2013年，县人民法院共受理行政案件24件，审结22件，结案率92%。审查行政非诉执行案件

19 件，裁定准予执行 18 件，不予受理 1 件。同时，为支持行政机关依法行政，维护行政执法权威，及时受理和审查土地、计生等各类行政非诉执行案件 109 件，经审查裁定准予进入执行程序 109 件。

第五节 案件执行

1989 年，县人民法院成立案件执行庭，2000 年 5 月 31 日成立案件执行工作局，与执行庭合署办公，两块牌子、一套人员。建立了执行案件管理系统，明确院长、执行局长、执行员的管理权限，在开展执行工作上，采取综合治理手段，运用各种强制措施，有效打击拒执行为，促进执行工作良性循环。坚持大案、要案和疑难、复杂的执行案件向县委、县人大、县政法委汇报工作，争取县政府支持，依靠党委、人大、政府排除执行工作中存在的阻力和障碍，解决执行工作中遇到的困难和问题，缓解“执行难”。先后向县委、县人大、政法委汇报、请示工作 400 多次，使部分重大执行案件得到顺利执结。

2008 年，按照最高人民法院关于在全国法院系统继续开展为期半年的清理执行积案工作的通知要求，县人民法院成立了清理执行积案办公室，下设两个行动小组，对执行案件实行“五定”，即：定承办人员、定督办领导、定办案期限、定执行措施、定目标责任。强化制度建设，完善执行款（物）收、付、督办检查、汇报请示等制度。从而扎实开展清理执行积案活动。两年清理执行积案 195 件，执结 195 件，执结标的 36 万元。

1989—2012 年，县人民法院共受理各类执行案件 1820 件（其中执行庭、执行局执行 1763 件，人民法庭执行 57 件），执结 1811 件，执结率 99.5%，结案标的 7134.15 万元。其中：被执行人自动履行的 1158 件，当事人达成执行和解协议 315 件，强制被执行人履行义务 217 件，其他 121 件。

2013 年，县人民法院共受理执行案件 220 件，执结 220 件，执结标的 1842.53 万元，执结率为 100%。在执结的 220 件案件中，实际结案 190 件，程序结案 30 件，实际执结率为 86.36%。县人民法院在执行工作中，以“创无执行积案法院”为目标，全力破解“执行难”，维护胜诉当事人的合法权益。依法用好用足强制措施，对有执行能力拒不履行生效法律文书确定的义务的，坚决采取强制执行措施，绝不手软。全年共司法拘留拒不履行生效判决的被执行人 4 人，罚款 1 人，通过电视台、网络等媒体曝光 6 人。被省高级人民法院授予“无执行积案法院”称号。

第六节 审判监督

由于我国历次政治运动和法律制度不健全的历史原因，人民法院在执行特定历史时期的政策对刑事案件进行审判时，造成了一些冤、假、错案。因此，在“文化大革命”后期 1973 年县人民法院恢复组建后，社会上对刑事案件的申诉是各类案件的主要方面，对申诉的刑事案件进行复查也就成为县法院审判监督工作的主要方面。

1978 年后，在历次政治运动中被判处的当事人向县人民法院提出的刑事案件申诉逐年增多，县人民法院于 1980 年开始组织力量对解放以来判处的各个特定历史时期的案件，特别是“四个时期”（反右派、“反右倾”“四清”“文化大革命”）运动中的反革命政治案件和统战人员案件进行复查。据不完全统计，1980 年至 1989 年，共调阅非常时期档案案卷 4600 余个，审阅刑事申诉信件 1900 余件，接待人民群众来访 1000 余人次，组织力量到县内 7 区 1 镇 37 个乡进行社会调查，确定复查案件 896 件 950 人，其中：反革命政治性案件 793 件 847 人，统战人员案件 62 件 62 人，其他刑事案件41件41人。到1989年年底，复查审结：反革命政治案件793件847人，占复查数的100%，其中维持原判651件704人，改判142件143人，在改判的案件中，无罪94件94人，免刑25件25人，改变性质维持原判23件24人；统战人员案件结案62件62人，占复查数的100%，其中维持原判39件39人，改判23件23人。在改判的案件中，无罪11件11人，免刑11件11人，改变性质维持原判1件1人。其他刑事案件41件41人。其中维持原判38件38人，免刑1件1人，减刑2件2人。

1989年，对非常时期判处的刑事案件复查工作结束后，县人民法院即开展对刑事、民事、经济、行政、执行等各类案件申诉复查的审判监督工作，使审判监督工作在全院各项审判业务工作中全面展开。县人民法院在进行复查案件工作的同时，积极做好日常审判的督查工作，认真审查被上级法院发回重审和改判的案件，对群众反映强烈的个案进行深入调查，严格审判人员办案程序，增强内部监督效果。自2006年起，为强化内部监督，开展案件质量评查工作，各业务庭每月审结的案件，及时移送审判监督庭进行评查，由审判监督庭及时进行“案件质量评查通报”，对案件中存在的办案过程中和法律文书中出现的问题和错误进行公布、督促纠正，以促进案件质量的全面提高。

从1990年到2012年，县人民法院共复查各类案件183件，其中刑事案件89件，民事91件，经济1件，行政2件。审结183件，审结率为100%，其中维持原判109件，改判43件，调解19件，裁定准许撤诉12件。

2013年，县人民法院审理重审、再审案件4件，审结4件，结案率100%。在认真抓好案件审判工作的同时，加大案件评查力度，开展好事后监督，确保案件质量。由审判监督庭对已审结的877件案件进行“案案评查”，由审判管理办公室在审判监督庭评查的基础上按比例进行“季度抽查”。对评查中发现的问题及时下发评查通报和整改通知，督促相关庭室及时进行整改，从而有效地提高了办案质量。

第七节　信访接待、告诉立案与申诉受理

1978年后，由于历次政治运动中判决的冤假错案的影响，当事人往来人民法院的来信来访越来越多。对此，县人民法院在安排审判庭复查审理来信来访中申诉案件的同时，还安排专人负责接待信访，对重大及疑难的信访，由院领导亲自阅办。

县人民法院于1989年设立告诉申诉庭，负责信访接待、告诉立案与申诉受理工作。1991年，县人民法院建立院长定期接待来访、处理来信的制度，该年经院长亲自处理的来信159件，接待来访19人次。1994年，县人民法院在烂土、塘州、三洞、廷牌四个乡设立人民法庭诉讼接待站，聘请乡司法助理员为诉讼接待员，负责对就近地区群众的信访接待工作，解决了群众告状难的问题。1995年，县人民法院在交通不便的交梨乡高硐片区设立了普安巡回法庭。同年，在县内各地聘请了210名有一定法律知识、有一定调解经验的村干部、教师为司法联络员，负责就近地区的信访接待，调解一般简易纠纷，宣传法律知识，联络有关司法、诉讼事宜等。1997年，县人民法院出台《院长接待日制度》，并贯彻执行，切实地解决群众的来信来访问题。2001年，县人民法院实行节假日24小值班制度，安排专人值班，随时接待来访群众。

1997年11月14日，县人民法院设立立案庭，撤销告诉申诉庭，立案庭负责信访接待、告诉立案与申诉受理工作。在告诉立案和申诉受理工作中，县人民法院坚持“分级管理、立审分离和再审案件不由原审判庭审判”的原则，凡符合立案条件的依法立案受理，不符合立案条件的向当事人宣传法律，说明原因。在申诉受理工作中，坚持“实事求是，有错必纠”的原则，做到有申诉就复

查，有错误就纠正。

1978年至2012年，县人民法院各业务庭和各人民法庭共接待来信29254件次，来访10784人次（其中：法律咨询3017人次，控告3225人次，申诉4542人次），调解简易纠纷5616件，立案18658件，告知处理部门或由法院转有关部门处理9372件次，说服息诉4806件次，驳回起诉1104件次，裁定不予受理12件次。

2013年，县人民法院共接待群众来访200多人次，解答法律咨询100多人次，处理群众来信5件，通过诉前调解化解矛盾13件次，庭前调解15件次，审查受理立案各类案件877件。在开展司法救助工作中，全年减、免诉讼费3.96万元，确保弱势群体和困难群众打得起官司。

第八节　案卷管理和利用

案卷管理　1978年前，县人民法院在文书管理上建立有各种登记册、簿籍及文件资料的处理制度，实行“谁结案谁归档”的档案制度，但无专职文书、档案保管人员，资料由各庭室自行保管，散存于各业务机构。由于无档案专柜，无专人负责，各类文件资料混杂堆放，没有得到很好的清理和保护。“文化大革命”运动中，法院被造反组织夺权，档案遭受了一定的损害和遗失。

1978年后，县人民法院逐步加强档案管理工作，档案文书资料得到很大的重视而予以极力保存，并对新来案卷逐步进行立卷和归档，但由于库房和文柜陈旧简陋，以致档案的保存条件颇差。1986年，添置10个档案柜，解决了档案文柜保存的问题。1991年10月，贵州省高级人民法院制定印发《贯彻执行〈人民法院公文处理暂行规定〉实施办法》，县人民法院公文处理按此《办法》执行，各种文件档案资料的管理得到加强。1992年，经过县人民法院政工科的努力，清理和装订归档全院干警自1956年以来的工作人员变动情况以及历年来职工工资演变情况工资档案，并重新造册，同时基本清理和装订历年来的诉讼、文书档案。1994年，县人民法院根据《中华人民共和国档案法》和最高人民法院关于档案工作的规定，成立档案鉴定小组，并集中人员进行培训，对档案进行进一步的清理和装订。通过验收，县人民法院的档案达到档案管理标准的二级标准，是全州十二个县（市）法院档案达标的三个县之一。1997年，县人民法院严格按照《中华人民共和国档案法》和最高人民法院关于档案工作的规定和要求，按档案案卷的内容和性质进行分门别类的登记和保存，共将档案分为诉讼档案、公文档案和财会档案三大类，为管理和使用档案创造便捷的条件。同时，严把档案进口关，对不符合归档规格的或不符合归档要求的诉讼案卷和文书案卷退回原承办单位进行完善，直至审查合格后才予归档。1999年，县人民法院购置档案柜5个，明确档案管理员，落实档案员津贴，同年，经黔南州中级人民法院和州档案局检查验收，县人民法院的档案管理工作达到一级标准。2000年，经黔南州中级人民法院和州档案局联合检查验收，县人民法院获“全州档案工作先进单位”称号。2002年，县人民法院搬入新审判大楼后，档案室配置档案库房面积56平方米，档案管理进入规范化，至2008年，添置配备了档案密集架、消防栓、灭火器、去湿机、微机、空调机，档案工作基本实现了现代化管理。

案卷情况　1989年，县人民法院搬迁档案室时，对档案进行认真清理，计有刑、民、经案卷共计8491件；2001年，有15881卷57196册；2002年，有16920卷58570册；2003年有17840卷60031册；截至2012年，计有刑、民、经、行政、执行和其他文件卷宗27125卷71105册。2013年，各类案卷档案库存达28015卷73419册。

案卷利用　1980年至1989年为复查新中国成立后判处的非常时期的反革命政治案件和统战人员案件中，共调阅非常时期档案案卷4600余个，为纠正非常时期的冤假错案提供了重要依据。据不完全统计，1980年至2012年，县人民法院档案利用为12276人次，利用卷数为25842卷次。

2013年，档案利用为308人次，利用卷数为521卷次。

第四章　司法行政

1980年11月，成立三都水族自治县司法局，1982年设法律顾问、公证两个处。1984年增设人民调解股，同年10月成立县司法局党支部。1986年县成立普法办公室，办公室设在司法局，负责全县普法教育。1988年成立县司法局团支部。1989年增设法制宣传教育股、人秘股；同年9月"县法律顾问处"更名为"县律师事务所"。1996年县成立普法依法治县办公室，办公室设在司法局，负责全县普法和依法治县工作。1999年增设法律援助中心，2000年6月设立"148"法律服务专线电话。2001年10月县成立刑释解教人员安置帮教办公室，办公室设在司法局，负责全县刑释解教人员的安置帮教工作。2002年进行机构改革，县公证处、天宝律师事务所按行政事业单位的模式管理和运行，21个乡镇司法所是司法局的派出机构，由司法局进行垂直管理，局以下设政工股、县依法治理办公室、律师公证工作管理股、基层工作股、社区矫正工作管理股、法律援助工作管理股、办公室。

第一节　法制宣传

1980年成立司法局时，法制宣传作为全局性的一项工作，根据不同时期的需要，组织人员共同开展。1983年在严厉打击刑事犯罪活动中，深入全县各区开展了宪法、刑法、刑事诉讼法、《关于严厉打击刑事犯罪活动的决定》《关于严惩严重危害社会治安的犯罪分子的决定》等法律和法律文件的宣传。1986年县成立普法领导小组办公室，办公室设在司法局，全县日常法制宣传教育工作明确由司法局承担。同年"一五"普法正式实施。1989年县司法局增设法制宣传教育股，县普法领导小组办公室和法制宣传教育股实行一套人员、两块牌子，合署办公，负责指导、协调全县普法工作。

"一五"普法，主要宣传宪法、刑法、刑事诉讼法、民法、民事诉讼法、经济合同法、土地管理法、文物保护法、义务教育法等18部法律；培训普法骨干5899人，其中县机关单位946人，乡镇626人，农村4327人；全县参加普法学习总计176821人，占全县总人口72.4%，全县干部职工普法考试及格率达98.1%，农村群众普法考试及格率达96%。

1991年启动"二五"普法工作。"二五"普法期间全县8~60岁应普法对象235515人，其中机关干部1463人，企事业单位干部职工2321人，个体工商户1795人，学生44679人，工人1036人，居民10145人，农民174076人；普法宣传教育以宪法为核心，以专业法为重点，通过举办普法骨干培训班、法制宣传讲座、上法制课等，大力宣传宪法、反不正当竞争法、选举法、国旗法、环境保护法等法律法规。1995年年底，经过省州检查验收，全县各乡镇、县直各机关企事业单位普法合格率100%。

1996年启动"三五"普法工作。在"三五"普法期间，坚持以宪法为核心，以国家基本法律法规和地方性法规为主要内容，以领导干部、青少年、司法和行政执法人员、外来人员为重点，以举办各类普法培训班、专题讲座和在新闻媒体开办法制专栏为主要教育形式，大力宣传宪法、合同法、民族区域自治法、集会游行示威法等40多部与广大公民工作、生产、生活密切相关的法律法规；全县订购、翻印各类普法学习资料186725份（册），满足了各类普法对象的学习需要，举办科级以上干部法制讲座15场，举办普法培训班120期，普法对象参学率达90%以上。

2001年启动“四五”普法工作。“四五”普法的目标为“两个转变、两个提高”即：由提高全民的法律意识向全民的法律素质转变，由主要依靠行政手段管理向注重运用法律手段管理转变。普法的重点对象是党政干部尤其是副科级以上领导干部、司法、行政执法人员、企事业经营管理人员和青少年。普法的形式采取“送法下乡”“法律进社区”等方式，大力宣传行政许可法、劳动法、商标法、交通安全法、未成年人保护法等法律法规。“四五”普法期间，组织全县领导干部参加学法用法考试5次，在《三都报》开设“法制之窗”栏目，共出刊48期，开通了“三都司法行政网”，办法制宣传栏500余期，发放宣传资料80万余份，悬挂图片3000余幅，悬挂和张贴标语5000条，印制法制宣传资料30多种。2005年底“四五”普法圆满结束。

2006年启动“五五”普法工作。目标是：在“四五”普法的基础上达到“三个增强、三个提高”和“法律六进”目的。即：通过深入扎实的法制宣传教育和法制实践，进一步增强公民法律意识，提高全民法律素质；进一步增加公务员依法行政观念，提高依法行政能力；进一步增强各乡镇、行政、企事业单位、社会团体、社会组织的依法治理念，提高依法管理和服务水平。全面推进以法律“进机关、进乡村、进社区、进学校、进企业、进单位”为主要特点的“法律六进”工程。“五五”普法期间，组织全县行政领导干部、事业单位干部、职工，厂矿企业经营管理人员参加学法用法考试5次，及格率均在98%以上；中小学法制副校长到校上课、安全教育课448场次；开办各种法制宣传栏800余期，发放宣传资料83万余份，悬挂图片3100余幅，悬挂和张贴标语5500条，印制法制宣传资料30多种。2006年至2010年县普治办起用了专用普法网，至此，全县的普法依法治理工作开始向信息化、规范化迈进。2010年年底“五五”普法结束，并通过黔南州普法依法治州工作领导小组验收，荣获二等奖。

从2011年开始进入“六五”普法阶段。至2013年，县“六五”普法工作坚持和完善党组理论学习中心组集体学法制度、领导干部和公务员法制讲座制度、法律培训制度、考试考核制度，全县各级各部门有序开展以宪法为主要内容的依法行政相关法规、反腐倡廉建设、知识产权法、城乡规划等知识讲座，对全县各级干部进行法律考试和培训，促进全县干部特别是领导干部学法活动深入开展。同时，加强青少年法制宣传教育工作、推进乡村（社区）普法教育深入开展、加大企业经营管理人员及外来务工人员的普法力度。

“六五”普法期间，在全县广泛开展“法治三都”创建工作，不断巩固和深化“民主法治村（社区）”活动，稳步推进全县“民主法治村（社区）”创建工作深入开展，定期组织“民主法治村（社区）”相互学习、交流，加强试点村（居）的日常工作指导，促进“民主法治村（社区）”的创建工作达到创建标准，加强了三都基层民主法制建设。仅2013年，就深入各机关学校企业村居厂矿等单位发放各类普法宣传资25万余份，发放法律法规书籍3.5万册，举办法律讲座12场次，到学校上法制课260场次，解答法律咨询15000余人次。

第二节 司法基层管理

司法所建设 2002年机构改革结束后，在全县21个乡镇设立21个司法所。2005年年底，有9个司法所配备专职助理员，其余12个乡镇司法所没有专职司法助理员。2011年年底，除合江镇、恒丰、巫不乡没有专职司法助理员外，其余乡镇均配齐专职司法助理员。2004年开始建设乡镇司法所办公用房，至2005年年底大河镇、水龙乡、中和镇三个司法所全部竣工投入使用；至2013年年底坝街、打鱼、羊福、拉揽、丰乐、九阡、扬拱司法所投入使用。

人民调解　1984年设立人民调解股，负责全县人民调解工作的领导、指导和协调工作。至2005年年底，全县有人民调解组织349个，调解员1518人；全县发生各类民间纠纷24300起，调解成功24000起，大量的民事纠纷在基层得到解决，避免了矛盾激化，预防和化解了某些民事转化为刑事犯罪案件的发生。2005至2013年年底全县共调解各类民间纠纷13578件，其中婚姻家庭8135起，邻里纠纷1314起，房屋宅基地1516起，债权债务1490起，生产经营618起，经济赔偿354起，其他151起。防止民间纠纷引起自杀28件28人，防止民间纠纷转化为刑事案件518起634人，调解率100%，调解成功率98%。防止群体性械斗77件125人，防止非正常死亡43件45人，防止群体性上访37件614人。2006—2012年年底全县共调解各类民间纠纷13227件，调解率100%，调解成功12971起，调解成功率98.06%：其中婚姻家庭2356起，邻里纠纷2198起，房屋宅基地1362起，债权债务364起，生产经营410起，经济赔偿791起，山林土地纠纷2590起，征地拆迁纠纷567起，其他纠纷2333起。防止民间纠纷引起自杀5件11人，防止民间纠纷转化为刑事案件102起716人。防止群体性械斗143件4823人，防止群体性上访178件5758人。

截至2013年年底，全县21个乡镇242个村（社区）和50个厂矿企业、事业单位均已建立调委会，共有调解员1318人。全县341个调解委员会大多数已经建立健全了人民调解委员会学习、例会、纠纷登记、回访统计、档案管理、排查等工作制度与岗位责任制制度，乡镇、村（社区）调解组织已做到工作任务、工作原则、工作程序、工作纪律，当事人权利义务文字图表上墙。2013年共举办专职调解员业务培训会6期，培训人民调解员1300人次，培训率为100%；排查各类纠纷1517件，调处1517件，调处率为100%，调解成功1489件，调解成功率为98.2%。通过调解，防止民事纠纷引发为刑事案件11件60人。防止群体事件14件401人，防止集体上访22件460人次。

安置帮教　2001年10月成立三都水族自治县刑释解教人员安置帮教工作领导小组，办公室设在司法局，负责对全县刑满释放和解除劳教人员进行安置帮教。2001年至2011年年底，全县“两劳”回归人员1129人，其中刑释1012人，解除劳教117人，主要采取回原籍进行原来承包农业生产的安置帮教方式1129人。2013年年底，全县成立了21个安置帮教工作站，以安置帮教工作领导小组为主辐射21个乡镇工作站和274个村（社区）居民委员会安置帮教小组，负责安置帮教1129人。2013年，接收安置帮教人员247人，妥善安置247人，并建档立卡，安置率达百分之百。无脱管漏管现象，无重新违法犯罪。同时争取解决刑释解教人员的过渡生活费，为刑释解教人员提供生活帮助。

社区矫正　2010年5月成立了三都水族自治县社区矫正工作领导小组，办公室设在司法局，负责对全县矫正犯罪对象进行矫正监管工作。截至2010年，县内共有社区矫正犯罪对象114名，分布在全县274个村（社区），其中女性6名。犯罪对象文化程度普遍偏低，其中，初中毕业6人，其余都是小学毕业或文盲；最大年龄67岁。2013年，对司法所人员业务培训6次，组织司法所所长、司法助理员到平塘学习、观摩1次。接收社区矫正人员93人，解除76人，截至2013年年底在册136人（其中缓刑97人、假释35人、暂予监外执行4人）。建立一人一档，根据实际建立一人一矫正方案，定期心理辅导、走访、谈话。

第三节　法律服务

律师工作　1982年建立三都水族自治县法律顾问处，1989年更名为三都水族自治县律师事务所，1996年4月更名为贵州天宝律师事务所。律师的主要业务是：（1）接受公民法人和其他组织的聘请，担任法律顾问；（2）接受民（商）事案件当事人的委托担任代理人，参加诉讼；（3）接受刑事案件犯罪嫌疑人、被告人的委托或者人民法院的指定，担任辩护人，接受自诉案件自诉人，公讼案件被害人或者其近亲属的委托，担任代理人参加诉讼；（4）接受当事人的委托，参加调解、仲裁活动；（5）接受非诉讼法律事务当事人的委托，提供法律服务；（6）解答有关法律的询问，代写诉讼文书和有关法律事务的其他文书。截至2005年，担任刑事辩护365起，接受代理人委托代理各类案件843起，代写法律文书728份；2006年至2013年，接受委托代理民商事案件493件，担任刑事案件辩护139起，代写法律文书367份；自成立以来先后提供常年法律顾问184家；解答法律咨询16738人次。

公证工作　1982年三都水族自治县公证处建立，事业编制，受司法局领导，开始有公证人员2名，至2005年有公证员3名，至2013年，逐步开展以继承、确认产权、收养、遗嘱、房屋买卖、经济合同、工程项目招投标、听证、住房按揭贷款等公证业务，累计办证12973件。

法律援助中心和“148”法律服务专线工作　1999年8月设立法律援助中心，其任务是：负责协调、监督并组织实施全县的法律援助工作，统一受理人民法院指定辩护的刑事法律援助案件，受理、审批民事、行政法律援助申请，指派法律援助人员实施法律援助。同年10月底开通了“148”法律服务专线，设立了“148”值班室，开设和运用特定的电话专线，统一组织律师、公证、基层法律服务机构和司法所人员，面向广大群众和社会组织，提供法律咨询和其他法律服务。2002年机构改革中，法律援助中心改为司法局内设股室，对外挂“三都水族自治县法律援助中心”牌子。至2003年年底法律援助中心和“148”法律服务共接待法律咨询1438人次，代书178份，接受当事人委托提供法律援助371件。至2013年年底共为困难群众提供法律援助846件，代书263份，接受法律咨询（含电话）3769人次。仅2013年就办理各类案件140件，挽回经济损失200多万元。接待解答法律咨询763人次，收到受援群众赠送5面锦旗。

第五章　武　装

1978—2013年，县境内的军事机构有县、乡镇两级人民武装部和驻军。35年来，三都军事部门认真贯彻执行党的路线、方针、政策和党的军事路线及上级军事部门的命令、指示，认真抓好全民国防教育、兵员征集、民兵组训、武器装备管理等项工作，在维护社会稳定、保护群众利益等方面发挥了积极作用。

第一节　县人民武装部

1977年县人民武装部内设机构改组，民兵组织科改为军事科，1983年军事科改为组训科，部以下有三个科建制。1986年6月5日，随着军队体制改革和国防战略指导思想的转移，根据中共中央〔1986〕5号文件精神，县人民武装部改归地方建制，称贵州省三都水族自治县人民武装部，实行地方和军队双重管理，其职责不变。原团级单位降格为副县级单位，同时将内设的后勤科改为办公室。1996年3月27日，根据《中共中央、国务院、中央军委关于县（市、区）人民武装部收归军队建制的通知》（中发〔1995〕12号）文件精神，县人民武装部转归军队建制，团级编制，称中国人民解放军贵州省三都水族自治县人民武装部。2004年8月后，根据都匀军分区命令，三都水族自治县人武部进行编制体制调整，编制人员为8人，其中干部7人，士官1人。

1979年，根据上级党委通知，三都水族自治县再次恢复人民武装委员会。从1979年12月开始，恢复由县委书记兼任县人民武装部党委第一书记。1986 年 6 月以后，县人民武装部归地方建制。1995 年 12 月 20 日根据中发〔1995〕12 号文件《中共中央、国务院、中央军委关于县（市、区）人民武装部收归军队建制的通知》精神，决定从 1996 年 4 月 1 日起，地方建制的县人民武装部收归军队建制，收归后称中国人民解放军贵州省黔南布依族苗族自治州三都水族自治县人民武装部，受县委、县人民政府和都匀军分区双重领导。1993 年至 1996 年 3 月设办公室、军事科和政工科 3 个工作机构。1996 年 3 月 27 日，县人武部正式移交都匀军分区接管。移交后的县人武部编制 12 人，办公室改为后勤科，部里机构仍为 3 个工作机构。移交后的县人武部第一书记仍由县委书记兼任，县人武部领导担任书记，21 个乡镇仍设有乡镇人民武装部。

县委书记兼任武装部政治委员、第一政治委员、第一书记名录

表 6-1

姓　名	职　务	任　职　时　间
邱玉郎	武装部第一政治委员	1967. 3—1981. 4
陆道邦	武装部第一政治委员	1981. 4—1984. 12
王　元	武装部党委第一书记	1985. 3—1988. 12
潘茂修	武装部党委第一书记	1988. 12—1993. 9
李国庆	武装部党委第一书记	1993. 9—1996. 9
李文智	武装部党委第一书记	1996. 9—2004. 5
刘长江	武装部党委第一书记	2004. 6—2007. 11
唐官莹	武装部党委第一书记	2007. 11—2011. 11
王小红	武装部党委第一书记	2011. 11—2013. 12

县人民武装部历任部长名录

表 6-2

姓　名	职　务	任　职　时　间
张玉祥	武装部部长	1977. 10—1983. 6
莫乃吉	武装部部长	1983. 6—1985. 12
赵支龙	武装部部长	1985. 11—1998. 6
华　麟	武装部部长	1998. 7—1999. 5
雷光明	武装部部长	1999. 5—2001. 3
徐本权	武装部部长	2001. 3—2004. 3
周光顺	武装部部长	2004. 4—2007. 10
刘　斌	武装部部长	2007. 10—2009. 3
李平章	武装部部长	2009. 3—2009. 5
梁　宁	武装部部长	2009. 11—2011. 3
邱清明	武装部部长	2011. 3—2013. 4
吴　勇	武装部部长	2013. 4—2013. 12

县人民武装部历任政治委员名录

表 6-3

姓　名	职　务	任　职　时　间
姚荣居	武装部政治委员	1970. 8—1980. 6
熊清文	武装部政治委员	1983. 6—1985. 10
卢玉光	武装部政治委员	1986. 6—1996. 3
陈光能	武装部政治委员	1996. 3—2000. 4
罗光全	武装部政治委员	2000. 4—2004. 12
黎方文	武装部政治委员	2004. 12—2008. 3
毛亚平	武装部政治委员	2008. 3—2008. 11
周光元	武装部政治委员	2008. 11—2012. 3
雷　波	武装部政治委员	2012. 3—2013. 12

第二节　基层人民武装部

1988 年 1 月，全县有 33 个乡、4 个乡级镇共 37 个人民武装部。1991 年 8 月，通过“建并撤”，全县 45 个区（镇）、乡镇人民武装部撤并为 7 个镇、14 个乡，共 21 个乡镇人民武装部。“建并撤”后各乡镇人民武装部，接受各乡镇党委和县人民武装部双重领导，主要负责本乡镇的民兵工作和兵役、预备役工作。各乡镇人民武装部，根据所辖区域的实际，配备专武干部 1 至 3 人，其中领导干部 1 人。乡镇专武干部，由县委常委会议决定，县人民武装部任命。2001 年 12 月根据需要，丰乐等 4 乡撤乡建镇，调整为 10 个镇、11 个乡，共 21 个乡镇人民武装部。从 2003 年起，把乡镇武装工作纳入年度考核目标，21 个乡镇的武装部长都进入了乡镇党委班子。在政府机构改革中，各乡镇都保留了武装部长和部分武装干事的编制，确保了专武干部队伍的稳定。21 个乡镇武装部基本达到了规范化、现代化标准。2006 年 8 月，根据县组干任字〔2006〕25 号文件、三武政干令字〔2006〕1 号文件，人武部对 16 个乡镇武装部部长进行调整，配齐 21 个乡镇武装部部长。2007 年，共有专武干部 27 人，其中武装部长 21 人，干事 6 人，大学本科 6 人，大专文化 8 人，中专 9 人，高中 4 人，平均年龄 35 岁，21 个乡镇武装部长全部进入同级党委班子。

2010 年，人武部对九阡镇、塘州乡、坝街乡武装部部长进行调整，从乡镇中精选出组织纪律性强、热爱武装事业、精通业务的年轻干部任 3 个乡镇武装部部长。

2011 年 5 月，根据《民兵工作条例》《民兵政治工作规定》《贵州省县（县、区）人武部全面建设要则》《贵州省民兵、预备役部队基层建设细则》《贵州省关于加强国防后备力量建设的意见》，制定《2011 年三都水族自治县基层武装工作目标考核办法》。7 月，根据中共三都水族自治县委员会三干任〔2011〕54 号文件、三武政干令〔2011〕1 号文件，人武部对 14 个乡镇武装部部长进行调整。21 个乡镇武装部部长同时兼副乡镇长，19 人进入乡镇党委班子。

2012 年 8 月 13 日至 17 日，都匀军分区在三都水族自治县人武部组织黔南州 2012 年专职人民武装干部集训，并观摩三合镇武装部和巫塘村民兵连建设，三都专职人民武装干部队伍在全州专职人民武装干部业务考核中排名第三。

2013 年，根据贵州省委、省政府、省军区《基层武装部规范化建设实施意见》和《关于加快推进“四项工作”的意见》，按照“先硬件、后软件，先中心、后周边”工作思路，分批次分层次展开达标建设工作，21个乡镇武装部完成达标建设任务，正规化建设突出的有16个乡镇，占全县21个乡镇的76%。

第三节　武警部队

一、武警县中队

中国人民武装警察部队三都水族自治县中队前身是1950年1月组建的三都水族自治县公安队，1983年3月整改为中国人民武装警察部队贵州省总队黔南布依族苗族自治州支队三都水族自治县中队，受武警黔南布依族苗族自治州支队和三都水族自治县公安局领导。中队主要担负全县看守所外围武装警戒及处理突发事件、反恐、抢险救灾，城市武装巡逻等勤务。至2013年12月，中队无事故、无案件、无违纪事件发生。

在军事训练中，按照军事过硬的总体要求，依照军事训练大纲规定，按照“当兵不习武不算尽义务，武艺练不精不算合格兵”的落脚点，通过对单个军人队列动作、擒敌术、防暴器材、班组战术、中队连战术、执勤技战术等科目的训练。

抢险救灾坚持人民的利益至上的原则，按照服务人民的总体要求积极参加抗洪抢险救灾。在2000年、2006年、2007年的抗洪抢险中被评为“抗洪抢险模范集体”。

二、武警消防中队

1976年2月，三都水族自治县公安局成立消防股，1982年改编为消防科，公安局消防股干部改为现役，纳入武警部队序列，受公安机关和武警部队双重领导。1997年三都水族自治县消防科改编为三都水族自治县公安消防大队，隶属于黔南州公安消防支队，属武警部队正营级建制。1998年，三都水族自治县正式开通119火警专线。2011年公安消防大队有官兵10人，泡沫消防车2辆，水罐消防车1辆，辖区重点单位61个，负责全县城乡的防火灭火工作，承担抢险救灾和社会救援任务。2013年4月成立消防中队，有官兵27人，泡沫水罐车2辆，纯水罐车2辆，抢险救援车1辆，22米登高平台车1辆。2013年11月，县委召开议军会议，同意采用事业编制为大队招收专职消防队员10人，消防文员3人。至年底，消防大队形成了以现役官兵为主体，事业编制和合同制为辅助的多种形式执勤执法力量。

第四节　兵　役

一、兵役制度

1978年3月7日，第五届全国人民代表大会第二次会议通过《关于兵役制度问题的决定》。根据部队需要和本人自愿，将部分义务兵改为志愿兵，实行义务兵与志愿兵相结合的制度。为适应国防现代化建设需要，自1978年后重视新兵的文化程度。20世纪80年代以后，县内征兵，县城的要高中文化程度，农村的要初中文化程度，各中学应届高中毕业未升学的男生，成为重点对象。1984年5月31日，第六届全国人民代表大会第二次会议通过了新的《中华人民共和国兵役法》，并于同年10月1日起施行。新的兵役法规定：实行以义务兵役制为主体的义务兵与志愿兵相结合、民兵与预备役相结合的兵役制度。1989年3月10日，县人民政府颁布《征兵工作实施办法》，对县内征兵工作部署、宣传动员、体格检查、政治审查和兵员审定等方面进行了严格规定。7月，贵州省人民政府颁布了《贵州省征兵工作实施细则》，三都水族自治县人民政府根据《中华人民共和国兵役法》和省政府规定，制定了三都兵役工作规定。1998年12月29日第九届全国人民代表大会常务委员会第六次会议对《中华人民共和国兵役法》进行修正，规定义务兵服现役的期限为两年；义务兵服役期满，部队需要的技术、管理和训练骨干，可以直接改为志愿兵；并规定志愿兵可以直接从非军事部门具有专业技能的公民中招收。2013年，全国征兵时间从冬季征兵调整为夏秋季征兵，即每年7、8月份开始征兵，9月1日批准入伍，9月30日征兵结束；同步建立"先训后补"机制，新兵集中训练后补入部队，老兵退伍时间仍为12月份。3月，县政府下发《三都水族自治县退役士兵安置改革工作实施意见的通知》（三府发〔2013〕10号），对新形势下士兵退役安置政策进行了相应调整完善。

二、征兵

征兵领导小组及办事机构　三都水族自治县人民武装部是县人民政府的征兵事务职能机构，各基层人民武装部接受县人民武装部的领导，具体落实征兵的各项工作任务。1978年后，为切实抓好一年一度的征兵工作，每年都成立以县长为组长、县人武部主要领导及有关分管或联系人民武装工作的县级领导为副组长、各有关部门主要负责人为成员的县征兵工作领导小组，领导小组下设办公室在县人武部，具体落实宣传、动员、报名、体检、政审等事务性工作。各乡镇也成立相应的组织，负责区域内的征兵事宜。

兵役登记　从1995年起，县人民武装部根据《中华人民共和国兵役法》和《民兵工作条例》的规定，每年结合民兵整组，在6—7月份对当年12月31日以前年满18岁的男性公民进行兵役登记。兵役登记工作以乡镇为单位，按登记人员的户口所在地，划分登记区域。按照县兵役机关的部署安排，由乡镇人民武装部组织实施。经兵役登记和初审合格者为应征公民。应征公民在义务兵征集期间，按兵役机关的通知，到指定的体检站进行体格检查。从2001年起，全县设21个兵役登记站，进行兵役登记。

义务兵征集　县人武部党委根据党和国家、人民军队在各个历史时期的征兵政策精神，依据国家、省、州、县有关征兵工作规定，逐步建立和完善"上下结合、内查外调、交叉联审、双人把关"的工作机制，确保每个兵员政审、体检、文化全面合格。一年一度的兵员最终审定由县征兵工作领导小组召开成员会议，实行集体审定，确保兵员的质量。2004年9月28日，县人民政府和县人民武装部共同下发《关于认真做好平时征兵准备工作的通知》。从做好兵员摸底登记工作、逐级选定预征对象、提高预征对象登记质量、认真接受群众监督等四个方面进行规定，要求加强平时征兵准备工作，健全和完善平时征兵制度。此后，平时征兵工作按照此文件执行。2013年9月26日，中共三都水族自治县委议军会（县专纪〔2013〕1号）议定，建立大学生入伍奖励基金。县人武部对本县应征入伍的大学生按照本科3000元/人、专科2000元/人的标准，在新兵起运前发放奖励金。

三、预备役

1978年，恢复退伍士兵的预备役登记，1984年后，建立民兵与预备役相结合的后备力量体系，登记工作每年进行一次。1984年，为了适应国家经济建设和国防形势发展的需要，根据昆明军区和贵州省军区命令，三都水族自治县奉命组建一个营的预备役部队，番号为都匀预备役步兵一团三营。团部设在福泉县，营部设在本县，该营下属5个连，全营共计647人，其中干部51人。1998年8月，该建制撤销。

1988年7月19日，三都水族自治县人民政府县长韦国鼎被任命为都匀陆军预备役步兵师第一团副团长。1996 年 8 月 4 日，县人民武装部举行预备役军官授衔仪式。分别授予中校 2 名、少校 2 名、上尉 18 名、中尉 16 名、少尉 14 名，共计 52 名。分布在党政等 6 个部门及 11 个乡镇。

民兵军事训练

1998 年修改后的《中华人民共和国兵役法》，对退伍军人服预备役进行调整，军人退出现役后，根据其身体状况和政治表现，确定其是否服预备役。将符合条件者在 28 岁以前服一类预备役、29～35 岁服二类预备役的规定改为：退伍军人在年满 35 岁以前，统一服一类预备役。县内的退伍军人，在退出现役后的 30 天内，须到县人民武装部报到，进行预备役登记。以后每年结合民兵整组，进行核对、统计。年龄在 28 岁以内，编入基干民兵组织，每年点验不少于一次；年龄在 29～35 岁，编入普通民兵组织；36 岁以后，不再进行登记。

2005 年 5 月，经贵州省预备役步兵师党委研究同意，在三都水族自治县成立机枪连，隶属贵州省预备役步兵师二团一营机枪连，连队编制连长 1 人，副连长 1 人，副指导员 1 人，司务长 1 人，下设 5 个排，连建制 102 人。贵州省预备役步兵师二团一营机枪连主要工作职责是担负三都水族自治县社会经济发展和各个领域的建设保障，2005 年以后，先后担负三都水族自治县抗洪抢险、节日值勤、社会治安维稳保障和急难险重任务的工作。

第五节　民　兵

一、民兵组织建设

1977 年至 1979 年，三都水族自治县的兵种增多。1977 年，10 个武装基干连中，就有重机枪连 1 个，通讯连 1 个，60 迫击炮排 2 个。1979 年南疆保卫战期间，组建了 1 个民兵机动营。

1990 年 5 月 23 日，根据当时国内外形势的需要和上级的要求，三都水族自治县委决定在县城组建民兵应急分队，队员从三合镇和县直机关的行政、企事业单位中抽调，由思想进步、政治可靠、身体健康、遵守国家法律法令、年龄较轻、具有初中以上文化程度的男性退伍军人组成。应急分队的管理工作，平时由县人武部和队员所在单位党组织共同负责，集中训练和执行任务时，由县人武部负责。

2011 年 7 月 25 日，三都水族自治县人武部根据贵州省委、省政府、省军区（黔党发〔2010〕8 号）《关于加强民兵应急队伍骨干分队建设的意见》组建 50 人的民兵应急队伍骨干分队，其中 15 名骨干常驻县人武部。

2012 年 7 月 31 日，中共三都水族自治县委议军会（县专纪〔2012〕1 号）议定，将现有 15 人的民兵应急队伍骨干分队扩编为 30 人，今后在全县事业单位招考时，统筹安排 2～5 个事业岗位，面向在县人武部民兵应急分队连续服务满 2 年以上符合事业单位人员招聘条件的骨干队员进行招录，并将民兵应急分队的工资、生活费、服装费等 83.2 万元纳入 2013 年县财政预算。10 月，中共三都水族自治县委、三都水族自治县人民政府、三都水族自治县人民武装部联合制定下发《关于三都水族自治县民兵应急队伍骨干分队建设的暂行规定》（三党发〔2012〕30 号）。

2013 年 10 月，2 名民兵应急队伍骨干分队队员、1 名退伍人员通过县事业单位招录考试，被录取为县人武部事业编制工勤人员。

二、民兵军事训练

1978 年至 1985 年，民兵军事训练内容以实弹射击、投弹训练、野营训练为主。6 月下旬，县人民武装部举行民兵军事训练表演，表演项目有射击、投弹、战术、队列、爆破等。1979 年战备期间，全县武装基干民兵进行临战训练，重点突出找空降和平息反革命暴乱训练。1980 年，都匀军分区集训专职武装干部，县轮训武装基干民兵骨干，另外，培训两批通讯民兵骨干。1981 年至 1985 年，贯彻落实总参谋部《民兵五年训练规划》，重点轮训民兵干部和基干民兵，训练时间为每年 15~20 天。

自 1986 年以后，民兵军事训练内容除了常规训练项目外，还增加了电子、网络等先进军事科技训练，使全县民兵军事训练更趋完善。

2003 年 7 月和 8 月分两期对专武干部、民兵应急分队队员和普通民兵进行了为期 15 天的训练。训练中，突出以新《大纲》为依据，改变了过去参照野战军训练《大纲》训用脱节的现象，有针对性提高了遂行反恐维稳任务的能力。通过考核，均达到优良以上成绩。2007 年 5 月 13 日至 6 月 3 日分两期对民兵应急分队队员、基干民兵进行了为期 10 天的战术、队列、警棍盾牌术、轻武器射击以及时事政治、战备常识、政策法规、科技知识等的训练和学习。

2008 年 6 月 27 日，三都水族自治县人武部和县水利局共同举办防汛抢险技能培训。水利局技术员为民兵应急分队详细讲解了冲锋舟的结构、机械原理和操作使用常识，并针对驾驶操作、抢救被困群众、运送救灾物资等科目进行了演练。通过一天的培训，参训队员熟练掌握了驾驶技术及水上救人本领，提高了遂行抢险救灾任务的能力。

2010 年 7 月 5 日，县武装部组织民兵应急分队队员在都柳江老大桥河段进行了防汛演练。在演练中，突出了机动冲锋舟、机动橡皮舟操作技能、营救落水人员、组织群众转运等科目，通过演练，提高了民兵应急分队防汛处置能力，培养了一批操舵手、救生员骨干，完善了抗洪抢险应急预案，为下一步抗洪抢险打下基础。

2011 年，三都水族自治县人武部集中民兵应急队伍和勤务保障队伍开展了情报侦察、通信、交通运输、卫生勤务等 5 个专业科目的训练。

2012 年，完成了民兵应急分队、卫生勤务保障分队、交通运输分队等五个专业的民兵军事训练任务，选派 2 名民兵骨干参加了省军区组织的工兵、侦察集训。

2013 年 3 月 7 日至 6 月 1 日，县人武部组织协调县国动委相关职能单位，包括县武警中队、县消防大队和县移动公司在内的共计 80 余人、乡镇民兵 240 人，在县同心桥南侧 100 米范围内实施“黔南使命—2013”抗洪抢险暨国防动员军地联合实兵演习，分别于 4 月 2 日召开县动员部署大会，5 月 9 日召开任务推进会，其间召开演习训练协调会 8 次，前后分演、合演 5 次，动用人员 1000 余人次，装备 800 余台（套）次。全年分批对 240 名“三支”队伍人员进行了训练。其中，支援队伍主要进行了共同科目、防空作战勤务等内容训练；应急队伍主要进行了擒敌拳、防火演练、抗洪抢险、盾牌术、共同科目等内容训练；储备队伍主要进行了战场条件下通信、临时指挥所开设、战场救护、包扎、紧急救护和共同科目等训练，综合考评成绩达到优良以上。

第六节　拥政爱民

维护社会治安　1952 年至 1980 年，民兵协助公安机关破获各种案件共 1502 起，抓捕犯罪嫌疑人 751 人。2006 年 1 月组织民兵 40 人参加县里组织的春节灯展执勤活动，2008 年在水族端节、卯

节和建县50周年庆典活动中，组织300名民兵应急分队协助公安干警维护社会秩序。在各村寨成立5~10人的民兵护寨队，打击偷牛盗马行为，维护当地治安秩序。加强信访维稳工作，建立了军地联防共治协作机制，主动与地方维稳办、公安、信访等部门联系，每月互通一次维稳信息，印发了《三都水族自治县人民武装部维护稳定情报信息报送工作暂行规定》，及时做好复（退）转军人的思想政治工作，确保社会安全稳定。

民兵巡逻

2010年10月25日至28日组织民兵应急分队55人担当治安联防员，参加保障黔南州第三届旅游产业发展大会暨中国水族文化旅游节。2011年，组织民兵500余人次完成全省“185”现场会执勤、社会维稳和协助县公安局看守吸毒人员等任务。2012年，全年共组织民兵1100余人次完成了凯迪工业园区、城北出口施工改造、两会治安执勤等任务。2013年，全年共组织民兵1300余人次积极参加“平安三都”建设，完成两会、全国赛马会、春节等重要节假日期间的县城治安巡逻任务，配合县公安局完成维稳处突、交通事故维持秩序、看守聚众赌博人员等工作。

兴修水利工程　从1950年至1983年的34年中，组织民兵参加修建的各种水利工程共1849处，总蓄水量达到1596万立方米，修建的水电站有66座，总装机容量为1937千瓦。1997年，县人民武装部宣传发动全县民兵预备役人员配合县水利局、农田办、交通局等单位，搞好坡改梯工程，共投工9500个，搬运土石方1.1万立方米，砌石埂211条，总长1800米，共完成坡改梯375亩；在周覃镇、巫不乡完成兴修水利渠道56千米；在三合镇、交梨乡、普安镇、大河镇恢复水毁耕地575亩。2005年，组织大河镇、三洞乡、都江镇、三合镇、巫不乡民兵共计2500余人次，修水渠40千米，坡改梯改造200亩，修灌溉水窖50个。2006年2月，组织周覃镇200名民兵修建板光、拉近两村排洪沟2050米。三都水族自治县人武部农村安全饮水工程在中和镇拉旦村实施，于2010年12月开始动工，2011年4月竣工。民兵应急分队投工投劳共500余人次。工程新修建了容积为2立方米的取水池1座，容积为16立方米、24立方米的压力池各一座，铺设引水管道4400余米，供水管道3900多米，并安装入户水表、水龙头152套。解决拉旦村一组、二组、五组以及拉旦小学等152户800余人500多头牲畜的饮水安全难题。2012年8月开始，在普安镇双江村投资45.34万元实施了军民共建农村饮水安全工程建设，按照供水规模107.6吨/天的目标，取用毛雨岩、拉家丈、盐厂弯3个水源，新建高位蓄水池4座，建设期为1年。期间先后调动丰乐镇、三合镇、大河镇、普安镇和交梨乡五个乡镇共计150名民兵参与建设，解决普安镇双江村4个村民小组202户近期900人远期1076人的饮水安全问题。2013年，投资53.98万元，与县水利局在三合镇正排村建设农村安全饮水军民共建工程，工程建设从2013年6月开始，按照供水规模121吨/天的目标，新建高位54立方米蓄水池1座，建设期3个月，正常运行期为20年，解决三合镇下排正村1~6组217户近期1009人远期1207人的饮水安全问题。

兴修公路　1997年，发动民兵预备役人员共修建7.2千米乡级公路，11.5千米的马车道。2000年，水龙乡科寨村党支部书记、民兵连指导员杨秀美带领民兵大干苦干、推广科技兴农、投工3600个工日修通村公路。2001年，丰乐乡高庄村织织200多名青年民兵修通村公路3.7千米；2000年12月16日，退伍军人白林荣带头冒严寒、挖山开石，带动全村200多名民兵奋力拼搏，兴修通村公路3.7千米；羊送村两委组织青年民兵奋战一个月，修通村公路1.5千米。2002年，三合镇落椿村主任、民兵连连长张仁林，巫孟村光支部书记、民兵连指导员吴启洪，排偷村党支部书记、民

兵连指导员何子超等三位人大代表在县林业局用以工代赈资金25万元资助下，组织三个村民兵修20多千米长的村公路，解决了318户1518人的交通困难。2002年，打鱼乡排抱村在民政局扶持1000元、都江镇50箱炸药及雷管的帮助下，组织退伍军人和青年民兵上山修路，造福子孙。2003年，交梨乡野记村在县财政局的大力支持下，乡人武部干事王兴亮发动民兵、组织民兵连上山修路，安营扎寨于山上大干苦干，确保秋收前保质保量修好路；人武部、巫不乡政府与县委、县政府多方联系，协调资金5万余元，修建从巫不乡到尧排村7千米长的村级公路。2005年，人武部组织大河镇民兵、都江镇民兵、三合镇，巫不乡民兵共计2500余人次，修建乡村公路170千米，修水渠40千米，组织民兵架设农网50千米。2011年，县人武部组织丰乐镇80名民兵修建通村公路15千米路，抢修塌方公路4处，维护保养公路70千米。2012年9月，筹资6.78万元购买水泥，在党建扶贫联系点丰乐镇帮助8个村修通村道路近10千米。2013年9月，对丰乐镇江叶村提供硬化道路所需水泥60吨。

植树造林　1997年，发动民兵预备役人员植树造林1020亩。2001年县人民武装部发动全县民兵共种植麻竹2.5万亩。甲排村党支部书记、民兵连指导员吴龙明带领支委一班人和青年民兵大干10个春秋，绿化荒山5000亩（用材林2500亩、经济林2500亩）。2002年，三都水族自治县组织两万多民兵植竹造林、绿化家园、脱贫致富。2003年，在林业局的大力支持下，组织民兵在九阡镇水各村参加退耕还林和生态林工程建设5万余亩。2005年，组织民兵成建制参加退耕还林和生态建设，发动民兵2000余人次在三合、周覃和都江镇参加退耕还林和生态林工程建设4500余亩。2006年3月，组织民兵参加生态建设，在林业局的支持下，组织民兵1000多人次，完成荒山造林3500亩和路边栽彩叶风景树2万株，果树1.5万株。2011年在县人武部林业局的支持下，组织民兵800多人次在九阡、三洞、坝街、扬拱等乡镇植树造林4000亩。2012年3月组织干部职工和民兵应急骨干分队队员共计43人，在县林业局统一协调下参加义务植树，共计在三合镇植树400余株。2013年3月在三都水族自治县“多彩文明贵州”行动中，组织干部职工和民兵应急骨干分队队员40余人在三合镇参加义务植树活动，共计植树400余株；3月至6月，配合县林业局派出民兵10人，出勤93日，在县城四个方向进出口设置林木检查执勤点。

带动群众生产致富　党的十一届三中全会以后，广大民兵积极带头致富。根据1984年统计，全县民兵专业户有312户，占全县专业户总数2994户的10.4%。1985年，有80多名民兵离乡外出拜师学艺，探索致富经验。通过对当年参加民兵军事训练264人调查，有19人是养猪专业户，有4人承包水塘、水库养鱼，有8人种植天麻、桔梗和蜜橘为种植专业户，有35人开采锑矿致富。2001年至2005年，在县人民武装部的领导和大力支持下，全县共涌现出35名民兵带头致富能手。其中养殖业的有19人，主要以养猪、养牛、养鸡为主；种植业的有12人，主要以种植蔬菜、葡萄、竹、经果林为主；种养结合有4人，主要以种植经果林和养鸡为主。2005年至2010年，利用民兵训练时机，专门聘请农林专家有针对性地进行麻竹栽培和管护、脐橙和葡萄嫁接、温室育苗、大棚果蔬的管护等实用技术的培训，共举办培训班15期，培训学员3000多人次，使受训人员基本掌握1~2门农业实用技术。先后8次组织民兵骨干300人次外出参观学习，掌握致富技能。组织41名农民骨干参加黔南职业技术学院农业技术培训。同时，利用下乡指导工作、赶场天、民族节日等时机，为群众购买麻竹种植、果蔬栽培、养殖等有关书籍1780册，印发经果林、蔬菜栽培技术管理资料2800余份，为群众提供致富信息1600多条。2007年，全县涌现出民兵“双带”致富典型12名。

2011年县人武部在丰乐镇轿山村、高原村、苕寨村、湘坪村，组织民兵带动村民种植茶叶，并联系都匀毛尖茶集团为4个村提供种植、采摘、加工、包装等技术方面的支持，涌现出民兵种植能手9名，采摘能手26名，加工能手6名。

2012年，协调县扶贫办在县人武部建设民兵产业化种植培训基地，兴建一座160平方米的培训教室和占地1.5亩的葡萄示范园，全年共举办6期562人的新技术培训班。在周覃镇扶持退伍军人覃先磊开发杨梅基地、李子基地共70亩，在交梨乡扶持民兵韦明乐开发的葡萄种植基地30亩。

2013年，协调县扶贫局在民兵产业化种植培训基地共举办核桃、葡萄等农业技术培训班5期，共计有436人参加，发放宣传资料2100余份，农业书籍700余册。

抢险救灾　1978年7月，三洞乡板闷村民兵排长潘海清，为抢救一名落水女孩而光荣献身。1980年，九阡乡水董村的42名民兵发现山火，连续战斗12小时将山火扑灭，保护了3000多亩树林和13户村民的生命财产安全。1984年5月4日，坝街乡基干民兵王光明、王光祥兄弟俩，在都柳江水猛涨的情况下，冒着生命危险，跃进激流，救出一名不慎落水的地质工作队员。2000年6月21日，县境内发生洪灾，在抢险救灾过程中，县人民武装部调动民兵应急分队1360人次，基干民兵17000人次，普通民兵50000多人次；出动车辆行程1100千米，抢救群众1200余人，牲畜800多头，搬运粮食50吨，疏散群众50000多人次；抢救国家财产及个人物资价值250多万元；并向灾区群众捐款2030元；为医院、学校等单位清理淤泥450吨。8月7日，县人民武装部被都匀军分区表彰为抗洪抢险先进单位。2005年11月15日，交梨乡至杨勇关路段发生一起特大交通事故，造成当场死亡11人，县人民武装部组织民兵54人参加抢险救援工作。

2006年6月26日，三都水族自治县遭受洪涝灾害，县人民武装部及时组织干部职工和民兵预备役人员1300人次参加抗洪抢险，疏散群众70余人次，抢救物资500余件，抢救牲口89头，洪水退后组织民兵应急分队150人上街打扫卫生，清理垃圾污泥30吨，为群众挽回直接经济损失20多万元。2007年7月26日，县内发生特大洪涝灾害，造成合江镇、打鱼乡等11个乡镇不同程度受灾。三都水族自治县人武部出动兵力800余人次，动用车辆10余台次、冲锋舟2艘，共疏散群众200余人次，抢救被困群众3人，抢救物资260余件，牲口25头，清理道路垃圾污泥15吨，运送救灾物资10吨，为群众挽回直接经济损失50多万元。

2008年1月中旬，三都遭受50年罕见的凝冻天气灾害，给人民群众的生产生活带来严重影响。县人武部组织民兵参加抗灾救灾活动1565人次，清理道路冰凝20余千米，疏通车辆20余台次和过往群众50余人。2月15日，抽调民兵应急分队65人组成电网抢修应急分队，协助云南楚雄市供电局技术人员开展电网抢修任务，各乡镇武装部也积极组织本乡镇民兵参加抗灾救灾。全县共动用民兵1565人次，搬运电杆380根，挖电杆基坑420个，架设电线110千米。6月1日凌晨，由于连降暴雨，水龙乡务劳水库发生严重管涌和滑坡，随时有溃坝的危险，应县委、县政府请求，县人民武装部立即组织民兵应急分队120人赶赴灾区开展除险救灾工作，经过两个昼夜连续奋战，共完成15000余袋沙土装填、抱运及投放，加固坝堤1560立方米，打桩150根，排除了险情。当年，三都水族自治县人武部被都匀军分区表彰为抗凝救灾先进单位，被黔南州委黔南州政府表彰为抗凝救灾先进集体。

2013年，协调省军区军动处，补充抢险救灾物资器材12种200余件。6月9日，三都水族自治县都柳江县城段超警戒水位，县人武部组织干部职工和应急骨干分队队员42人，将县鹏城小学师生800余人疏散至县人民大会堂，安排四个巡逻小组对同心桥上下游500米范围内的围观和捕鱼群众进行劝导撤离。大河镇人民武装部组织民兵200余人，加固境内都柳江堤坝，疏散安置沿河居民户24户89人。

第七节　国防教育

国防教育机构　党的十一届三中全会以后，县委、县人民政府高度重视全民国防教育工作，以部队为依托，1991年成立了三都水族自治县国防教育工作领导小组，组长由县委副书记兼任。各乡镇也都成立国防教育委员会。县有国防教育中心，乡镇有国防教育活动室。2003 年 5 月，根据工作需要，将国防教育工作领导小组更名为全民国防教育工作委员会。

学生军训

国防教育活动　三都水族自治县国防教育工作领导小组成立后，县委宣传部指派专人与县人武部政工科合署办公，以民兵训练、发放宣传资料、新闻媒介等方式开展国防教育，不断加强国防教育，增强全民国防意识。1992 年以民兵训练和学生军训为主要宣传途径，大力宣传《中华人民共和国兵役法》《中华人民共和国国防法》。1998 年 3 月在县城机关、各乡镇开展《中华人民共和国国防法》《中华人民共和国兵役法》《国防教育工作条例》的宣传。2001 年随着《中华人民共和国国防教育法》的颁布实施，充分利用宣传日开展不同形式的教育宣传，大大增强公民的国防意识，增强了国防教育观念。2004 年县国教办工作进入正常化轨道，利用重大节假日开展宣传，印发宣传资料，在各县城和各乡镇交通要道印刷永久性标语，6 月，组织县民族师范学校学生参加贵州省国防教育知识大赛，师范学生黎丹荣获三等奖。2011 年 8 月县国防教育委办公室完成了三都水族自治县全民国防教育“十二五”规划工作，完善分类施教的组织体系，使国防教育工作得到有序开展。

2012 年，根据黔南州委、州政府、都匀军分区《关于加强黔南州国防文化建设的意见》，先后投入经费 6. 37 万元，在营区修建主题墙、宣传橱窗、修缮了风雨亭，更新了荣誉室相关内容。全年共计开展国防教育下乡宣传活动 8 次，发放国防教育宣传资料 3 种 2000 余份，组织中小学生军训 4000 余人次，组织党政机关干部过军事日 1 次 32 人，消耗步枪弹 180 发。

2013 年 1 月 10 日至 25 日参加县“三下乡”活动，分别在 6 个乡镇发放国防教育宣传资料 2000 份，接受群众咨询 100 余人次。7 月，5 次到县二中、县民中和县职中进行国防教育暨征兵政策宣讲，3 次在县城主要街道进行征兵宣传，下发各乡镇武装部征兵宣传资料 3 种 2100 份。县人武部筹集资金 30 万元，在营区内修建了砺志石、军营文化长廊和双拥小广场。全年组织中小学生国防教育军事训练 4000 余人次，组织党政机关干部过军事日 2 次 76 人，消耗步枪弹 350 发。

第七篇　人力资源和社会事务管理

第一章　人　事

2013年，全县人事工作由县人力资源和社会保障局负责管理。1965年5月，县人事劳动科分置为人事科和劳动科；1976年10月改为县劳动工资局；1978年10月恢复建立县人事局；1984年1月人事局与劳动工资局合并，更名为劳动人事局；1994年4月，县机构改革，县劳动人事局更名为县人事劳动局。2002年更名为三都水族自治县人事劳动和社会保障局，2012年更名为三都水族自治县人力资源和社会保障局（简称人社局）。至2013年，县人力资源和社会保障局内设办公室、人事管理股、录用调配考核奖惩股、工资福利退休股、社会保险股、政策法规监察股（信访室）等6个股级行政机构，下设社会保险事业局、人才交流服务中心、就业局、劳动监察大队、劳动人事争议仲裁院等5个事业单位。

按照党管干部原则及分级管理权限，县人力资源和社会保障局负责对县内国家机关、事业单位及其他单位以国家干部为主体的工作人员从录用、使用到退休实施综合管理。其中，副科级以上干部的选任、考核、奖惩、调配等归县委组织部直接管理。

第一节　人事制度改革

党的十一届三中全会后，三都人事工作坚持实践是检验真理的唯一标准，主动适应现代化建设的需要，积极破除“大一统”和“大锅饭”的管理模式，以经济建设为中心，抓好人才和改革两大主题，促进人才人事工作在市场经济条件下的顺利转型。进入21世纪以后，按照科学发展观要求，树立科学人才观和以人为本理念，强调人才资源是第一资源，把深入实施人才强县作为一项根本战略，大力推进人才队伍建设，迎来了人才、人事工作快速发展。

1978—2013年，全县在推行人事、工资、保险制度改革中，始终坚持为经济建设和社会发展服务。通过大力开发利用人才资源，创造公开、公正、平等、竞争、择优的用人环境，与市场经济相适应的人事管理体制不断健全和完善。其间，人才培训从就业转正培训发展到人才素质全方位开发培训；人才交流利用信息传递拓展空间，与人才市场接轨；全面推行各类人员同步实施德、能、勤、绩量化标准考核制度，考核与奖惩、调配、职务升降有机结合；对各类专业技术人员的管理服务在完善考试考核、职称评聘中得到加强；通过工资改革和调整，建立了符合机关事业单位各自特点的工资制度和正常增资机制，实行工资卡、增人计划卡、集中核算报账和财政统发工资等办法，严格工资基金管理；国家公务员制度按照先县直机关单位后乡镇分期分批平稳过渡，全面实施，各单项配套法规均落实到位。全县干部队伍结构得到改善。

在开展人事制度改革和人才职称管理改革中，一是做好事业单位综合配套改革工作，二是做好专业职称管理改革工作。就2008年全县报名参加专业技术职称计算机应用能力考试56人，完成专业技术人员职称申报411人，其中高级职称10人、中级职称84人、初级职称317人，又完成8名经济系列考试的报名、信息录入、教材征订等工作，在职称聘任上严格把关，完成职称聘任445人（高级职称9人、中级职称99人、初级职称337人）。另外，还完成民间艺人职称申报239人（马尾绣职称申报73人、水书师职称申报48人）。

2006年全县共聘用事业单位人员224人（中学教师74人、机关事业单位人员75人、村干50人、乡镇卫技人员23名、安置退役士官2人）。另外，招收工勤人员5人（退役士兵），招收合同制工勤人员14人（驾驶员），选聘水书研究人员3名。

2007年根据《黔南州事业单位新增人员公开招聘实施意见（试行）》，全面推行事业单位新增人员招考制度。全年共招聘中小学教师165名（小学教师91人、中学教师74人）、专业技术人员31人、事业单位工作管理76人。推行事业单位新增人员招聘制度，对深化事业单位人事制度改革、完善事业单位选人用人机制，建立科学、规范、公正的用人制度起到了积极的推动作用。

2008年，为提高公务员队伍整体素质，优化公务员队伍结构，增强机关活力，根据省、州的统一部署，按照公开、公平、竞争、择优的原则，面向社会公开招考副主任科员以下非领导职务的国家公务员和机关工作者，经笔试、面试、体检、考核，50名考生脱颖而出，被录用充实到县检察院、县司法局、县公安局等部门。2008年根据《黔南州事业单位新增人员公开招聘实施意见（试行）》，全面推行事业单位新增人员招考制度。全年共招聘中小学教师78名（小学教师21人、中学教师57人）、专业技术人员26人、事业单位工作管理人员9人。推行事业单位新增人员招聘制度，对深化事业单位人事制度改革，完善事业单位选人用人机制，建立科学、规范、公正的用人制度起到了积极的推动作用。

2009年根据《黔南州事业单位新增人员公开招聘实施意见（试行）》，全面推行事业单位新增人员招考制度。通过编制招聘计划、发布招聘信息、报名及资格审查、笔试、面试、体检、考核、岗前培训等程序，共有106人与用人单位签订就业协议书，其中小学教师岗位28人、医疗卫生岗位53人、其他事业岗位25人。

2010年审核批准全县327个事业单位岗位设置方案，核准岗位5302人，占全县事业单位岗位总数的100%。全县74个事业单位已完成了人事制度改革竞聘工作，完成竞聘设置岗位1374个，占岗位总量的32.54%。同时，从加大政策宣传、营造良好舆论氛围入手，加大对事业改革单位的工作指导力度，协调解决改革过程中发现的突出问题和矛盾。

2011年全县报送事业单位岗位设置方案的单位229个，占全县事业单位总数的99.1%，共设岗位5306个，完成岗位设置方案审批228个，占报送事业单位岗位设置方案数的99.5%，审定岗位数5306个，占全县事业单位应设岗位数的100%，其中管理岗位550个、专业技术岗位4714个、工勤岗位101个，实际岗位数4255个，完成岗位竞聘4060个，196人未取得相应的执业资格和任职资格。合同签订达96%。全县合同鉴证已达97.6%。

2012年审批聘用副高级34人、十级岗位104人、12级岗位99人，逐步引入事业单位领导直接聘任、推选聘任等多种任用方式。全面推行聘用制，实现事业单位人事管理由固定用人向合同用人的转变、实现由身份管理向岗位管理转变，实现由单纯行政管理向法制化管理转变。建立健全岗位管理制度，通过完善政策规定，加强事业单位岗位管理，规范按需设岗、竞聘上岗、以岗定酬、合同管理等环节。针对管理岗位、专业技术岗位和工勤岗位的不同特点，研究制定相应的岗位管理办法。

2013年全面实施事业单位岗位任期结束，进行事业单位岗位设置和专业技术职务结构比例调整，实行乡镇一级中、高级职务即评即聘，县城一级放宽了结构比例的限制，高级提高到20%，中级提高45%~55%，大大提高了聘用空间，开展县城岗位设置3743个，其中高级623个、中级1230个、初级857个，推行第二聘期人员聘用工作，聘用五级岗位4人，六级岗位17人，七级岗位112人、八级岗位112人，九级岗位设置347人。

第二节　干部吸收录用

党的十一届三中全会以后，三都的干部任免工作由组织、人事部门具体办理，至1986年，全县提拔任用行政事业区、局级干部129人，企业区、局级干部53人，行政事业乡、股级干部195人，企业经理、厂长311人。从1978年至1987年的10年间接收安置大中专毕业生共1072人（本科生55人、大专生144人、中专毕业生873人）。

1981年按照专业对口、学用一致的原则，分配大专毕业生4人，中专毕业生25人。录用税务干部4人，会同农业局办理录用公社农经员25人，办理干部转正43人，办理大专毕业生转正定级10人（大专9人、中专1人）。此外，还办理新招干部14人的定级工资。同时对部队转业安置的军转干部8人，根据上级文件精神，对其家属也作了妥善安排。

1985年，根据有关政策规定，全年共办理干部调动手续80人，其中县内调配28人、调出县40人（工作需要人才流动调出19人、照顾夫妻分居两地和照顾父母年迈等实际困难调出21人、调往省外6人）。从外省调入3人。同时协助公安、工商、银行等单位招收录用干部17人，对大专毕业生转正定级和到期转正的其他干部51人，并办理转正手续8人。经多方联系合理安排军转干部6名。对违法违纪的2名干部作了开除公职处理。

1986年共办理干部任免手续38人，军队转业干部安置4人，根据上级有关规定办理招收录用干部（转干）87人，办理大中专毕业生定级手续57人，同时办理工人转正定级手续52人。

为了严肃国家劳动纪律，教育广大干部职工遵纪守法，全年办理了开除工作籍2人，开除留用察看1人，受到其他处分的4人。

1987年共办理干部任免手续65人，办理职工转干手续20人，办理大中专毕业生定级手续96人，办理工人转正定级手续58人，确定行政事业单位行政职务554人。开除工作籍3人，受到其他处分的13人，取得显著成果得到奖励一级工资的有2人。

1988年办理大中专毕业生转正定级60人，工人转正定级39人，确定行政干部职务43人。县招干22人，其中区乡7人、财政所2人、法院4人、公安3人、税务6人。完成省、州下达的招工指标111人，其中全民所有制单位71人。

1989年办理大中专毕业生转正定级32人，招聘州农校不包分配毕业生3人，为合同制工人转正35人、定级5人。经考核择优录用37名驻乡合同民警和7名农业税干，安排非统配人员8人；技校生录取21名，其中新招录取7名、内招录取14名。

1990年招收技工新生26人，招聘干部4人，另外，州下达给县的招工指标为102人，其中全民企业57人、集体企业37人、农民轮换工为8人。

1991年共聘录用干部44人（不包分配的35人，农业系统无指标的3人，财税6人）。按照黔南劳人计〔1991〕145号和99号文件规定招收合同制工人76人。其中，粮食系统32人、农机厂10人、水电系统4人、物资系统2人，安置特困户子女13人，吸收1959年年底以前参加工作的家居农村死亡职工子女顶替3人、退休职工子女顶替5人，职业学校毕业生7人（技校毕业生5人、职校毕业生2人）。根据上级下达的1991年度技工学校招生计划，共招考技校就读39人（公费生11人、自费生28人）。

1992 年根据上级有关规定的指标分配，全年共吸收聘用干部 167 人。其中，录用乡镇正式干部 7 人，聘用乡镇干部 51 人，聘用驻乡民警 15 人，聘用计划生育宣传员 77 人，民办教师转为公办教师 17 人。办理转干手续 57 人。按上级下达招生计划，全年为技校招收就读生 49 人，安排技校毕业生 19 人（财政开支 3 人、企业开支 16 人）。

1993 年办理聘录用干部 197 人，同时安排分配技校毕业生 17 人，招收合同制技术工人 101 名，按照政策规定办理大中专毕业生转正定级手续 104 人，确定行政职务的 70 人，并办理合同制工人转正定级手续 59 人。1993 年全县增员 269 人，从县外调入 1 人；全年减员 168 人，其中调出县 36 人、退休 122 人、死亡 10 人；县内人员调整调动共 18 人。

1994 年安置军队转业干部 1 人，办理聘用干部手续 98 人，其中聘用 72 人、录用 4 人、其他聘用 22 人。全县按计划组织 62 人参加技校考试，共录取 27 人。同时对技校专业学生安置 23 人。全年办理恢复工作籍手续 4 人，对违纪人员开除公职的 13 人，自动离职 4 人，解聘的 5 人，取消公办教师资格的 1 人。

1995 年对干部职工进行年终考核评定，全县在职干部职工共有 4843 人，实际参加考核评定人数 4773 人，评定优秀的 650 人、称职的 3897 人、不称职的 7 人、未定档次的 219 人。全年共办理干部转正定级 133 人，聘用干部 71 人，确定和提升行政职务 50 人。对自费生办理登记手续 120 人，安排就业 39 人。招收合同制工人 19 人，技校毕业安置 15 人。对违纪人员进行记大过 1 人，行政处分 2 人，自动离职 1 人，违纪人员考察期满重新分配工作 2 人。

1998 年 2 月 1 日，县委、县政府发布《关于允许部分党政干部和鼓励各类专业技术人员到企业工作和从事种植业、养殖业的暂行规定》共 10 条，规定凡经本人申请，本单位停薪和在原单位“五留”（留职、留位、留薪、留户口、留住房），可去承包、租赁、领办县内各种企业（包括全民、集体、乡镇企业）、自办工业和从事种植业、养殖业、林业等，承包、租赁期限一般为三年。

1999 年 4 月 29 日，县委、县政府为推进机关干部人事制度改革，批转县委组织部、县人事劳动局《关于三都水族自治县党政机关事业单位干部职工推行竞争上岗实施意见》的通知。指导思想及原则是：以邓小平理论和党的十五大精神为指导，认真贯彻执行干部“四化”方针，坚持公开、平等、竞争、择优的原则，引进激励机制，促进优秀人才脱颖而出，推动干部能上能下，能进能出，推进机关干部人事制度改革，建设一支结构优化、清正廉洁、工作高效的高素质干部队伍，为全县两个文明建设提供坚强的组织保证。

2000 年共办理转正定级 16 人，办理调动 39 人；办理民办教师转为公办教师手续 58 人；安排大中专毕业生就业 305 人；由办事员晋升为科员 66 人；办理退休手续 9 人；辞退严重违纪人员 2 人，解聘 1 人，自动离职 2 人，自愿离岗回家 1 人。

2001 年共办理转正定级 129 人，调动 61 人，办事员晋升科员 25 人，正常退休 9 人，辞退严重违纪公务员 1 人。根据《国家公务员录用暂行规定》和《贵州省国家公务员录用实施办法》，按照公开、平等、竞争、择优的原则，打破传统用人观念而引入人才竞争激励机制，通过公开职位、自愿报名、资格审查、考试考核的办法，从大中专毕业生中选拔 323 名优秀毕业生到乡村基层工作（15 名参加全省统一专业考试），补充并优化了乡村干部队伍整体结构，为各类人才脱颖而出营造了良好的社会环境。

2001 年全县公开招考录用事业单位管理人员、专业技术人员 318 人，做到面向社会，坚持公开、公平、公正、择优的原则开展考试考核录用工作，县委、县政府切实加强了对考试录用领导小组，始终对考录工作进行了强有力的领导，整个竞争上岗工作进展顺利。此后，全县哪个部门、哪个岗位缺少干部都要面向全县开展竞争上岗，严格控编，按制度办事，单位必须拟出竞争上岗方案报县竞争上岗领导小组审批，并按要求进行公示。

坚持人事政策制度，认真做好公务员的招、转、调及档案管理工作，2001 年共办理转正定级

129 人，调动 61 人（乡镇之间调配 51 人），办事员晋升科员 25 人，正常退休 9 人，辞退严重违纪公务员 1 人。

根据县人民政府三府批〔2002〕45 号文件精神，全县对 70 名师范类毕业生经考试、考核、体检合格后，分别录用到 17 所中学任教。工资定为中教三级二档 339 元，生活津贴 145 元，提高 10%工资为 34 元，向上浮动一档职务工资 15 元，边地津贴 80 元，三费 70 元，从 2002 年 11 月起执行。

根据县人民政府三府批〔2002〕46 号文件精神，对 2000—2001 年的退伍军人 26 人，于 2002 年 9 月 25 日予以安置工作。其中，林业局下属木材检查站安置 6 人，公安局 110 巡警大队 15 人，县城管监察大队 3 人，1 人安置在人武部当驾驶员，1 人安置在县政协当驾驶员。原 110 巡警大队的 9 名退伍军人中，有 8 名置换到林业局下属木材检查站工作，1 名安排到民中任驾驶员。2003 年对全县党政群机关单位进行实际考核人数 1055 人，优秀等次 132 人、称职 916 人、不称职 2 人、未定等次 5 人。全县事业单位技术人员应参加考核人数 3576 人，实际参加考核人数 3571 人，其中优秀等次 398 人、合格人数 3079 人、基本合格 5 人、不合格 1 人、未定等次 88 人。全县企业职员应参加考核 551 人，实际参加考核 550 人，优秀等次 44 人、合格 501 人、不合格 1 人、未定等次 4 人。

2003 年通过发布招考公告、报名、资格审查、考试、体检、政审等程序，共安排大中专毕业生 331 人。录用电视主持人 2 人。在全县范围内招聘舞蹈演员 10 人，选调舞美设计 1 人。

2004 年按照上级文件要求，安排大中专毕业生到基层工作，重点解决农村教师紧缺问题。

2005 年 5 月 30 日，县人民政府三府常议〔2005〕8 号文件常务会议纪要：教师紧缺问题是三都多年历史原因所致，是年国家统招的本科毕业生全部安排工作，国家统招的大专以上师范类毕业生直接安排到乡镇中学任教，国家统招的中师毕业生通过公开竞争择优录用充实到村级小学，从省高校聘用事业单位紧缺人才 68 人，安排本县师范类大专毕业生及本科以上学历的毕业生就业 53 人，县内公开招聘小学教师 80 人、中学教师 4 人，聘用其他事业单位工作人员 6 人，完成全省公开招考国家公务员和党的机关工作者、农牧、公安、检察院、法院等系统单独招考的各项工作等，全年共录用公务员 51 人，并组织全县财政系统临聘人员参加全省招考乡镇聘用制财政人员的竞岗考试和聘用工作。是年妥善办理干部调动手续 78 人（调出县外 16 人、县外调入 5 人、县内互调 57 人），办理认定工龄手续 33 人，办理行政职务晋升 51 人，办理辞职手续 5 人（公务员 1 人、专业技术人员 4 人），办理明确参公管理的事业单位工作人员 10 人，为缓刑期满人员确定行政职务和职级待遇 3 人，办理开除公职处分人员 2 人。按照上级有关军转干部安置和企业军转干部有关政策，全年共办理军转干部安置 2 人，残疾退役士兵 2 人，经综合考核合格安置退役士兵 11 人。

年末通过考核，对连续 5 年考核称职或连续 3 年考核优秀、连续 2 年考核称职以上人员分别晋升级别工资和职务工资档次，并发放年终一次性奖金，同时对不合格、不称职人员进行了培训。

2006 年为深化事业单位改革，加快三都事业单位人事制度改革步伐，把好选人用人关，防止通过非正当途径向事业单位安排人员，根据《贵州省人民政府关于事业单位人事制度改革的实施意见》（黔府发〔2002〕11 号）和《黔南州事业单位人事制度改革试点工作意见（试行）》，从制度上规范事业单位选人用人的程序和方法，把优秀人才吸引到事业单位。全县共聘用事业单位人员 224 人，其中中学教师 74 人、机关事业单位人员 75 人、村干 50 人、乡镇卫技人员 23 名，安置退役士官 2 人。另外，招收工勤人员 5 人（退役士兵），招收合同制工勤人员 14 人（驾驶员），选聘水书研究人员 3 名。是年，为提高全县公务员队伍整体素质，优化公务员队伍结构，增强机关活力，坚持“凡进必考”原则，做好公务员招录工作，切实把好全县公务员队伍的入口关。根据省、州统一部署安排，按照公开、公平、竞争、择优原则，面向社会公开招考副主任科员以下非领导职务的国家公务员和机关工作者，经笔试、面试、体检、考核，26 名考生脱颖而出，被录用充实到县公安局、县法院等部门。

2007年根据《黔南州事业单位新增人员公开招聘实施意见（试行）》，全面推行事业单位新增人员招考制度。全年共招聘中小学教师78人（小学教师21人、中学教师57人）、专业技术人员26人、事业单位管理人员9人。推行事业单位新增人员招考制度，对深化事业单位人事制度改革，完善事业单位选人用人机制，建立科学、规范、公正的用人制度起到了积极的推动作用。

根据黔南人通〔2007〕191号文件精神，举办技术工人职业道德和综合知识教育培训班2期，培训人数达224人，考试合格人数为221人，合格证办理完毕并按照政策规定兑现技术等级工资待遇。组织开展2008年度技术工人晋升技术等级条件统计工作，全县2008年晋升技术等级人数为116人，经审查108人符合晋升技术等级条件，其中晋升技师3人、高级工15人、中级工58人、初级工32人。拟参加考评工种涉及驾驶、营林、环卫、文字打印、仓库管理等13个工种。根据黔南人通〔2008〕151号文件精神，及时做好机关、事业单位技术工人的统计工作，至2008年全县有普通工人136人，技术工人322人。其中，高级工56人，中级工108人，初级工158人。办理机关事业单位工人转正定级2人，办理工人转移4人。

2009年，根据省、州统一部署，按照公开、公平、竞争、择优原则，面向社会公开招考副主任科员以下非领导职务国家公务员和机关工作者，经笔试、面试、体检、考核，20名考生被录用到县人民法院、公安局等部门。2009年，引导和鼓励高校毕业生面向基层就业工作，全县在基层服务的大学生为79名。其中，到村任职人员8人，“一村一名大学生工程”选聘生71名。服务期间，到村任职人员中1人考入本县事业单位，选聘生中2人考入垂管部门、8人考入本县事业单位、1人退出服务。至2009年12月，尚有到村任职人员7人，选聘生60人在岗服务。

2010年，全面推行公共招聘制度，认真做好事业单位全州统一公开招聘工作。通过编制招聘计划、发布招聘信息、报名及资格审查，完成177个岗位950人的报名、笔试工作，经笔试、面试、体检、考核、岗前培训等程序，共有85人与用人单位签订就业协议书。直接到高校招聘急需紧缺专业技术人员15名；面向社会公开招聘急需紧缺人才50人；公开招聘乡镇驾驶员20名。引导鼓励高校毕业生面向基层就业工作，完成42名“一村一名大学生工程”选聘生进村（社区）服务、25名选聘高校毕业生到村任职、10名高校毕业生到企事业单位见习、6名“一村一名大学生工程”选聘生续聘工作和46名农村优秀青年到贵州电大提升学历选拔工作。

2011年，县事业单位从普通高校毕业生中公开招聘工作人员22名，其中教师17名、卫生专业技术人员2名、县直其他事业单位工作人员3名。社会公开招聘事业单位工作人员257名，经组织报名、笔试、面试（试教）、体检、考察、公示等程序，共有163人安排到单位报到上班，其中教育系统97人、卫生系统25人、其他41人。安排被聘用的特岗教师59人到各乡镇学校工作。招聘小学教师50名到农村义务教育阶段边远村小学任教师。安排免费师范毕业生工作1人，引进优秀人才1人。

2012年，干部调配工作坚持“以工作需要为主，注意发挥干部的专业特长，适当照顾干部实际困难”“合理配置、合理流动”的原则，始终按照确定的编制、职数、人员结构进行有计划的调配。全年共办理干部调动115人，其中县内调动62人、调出县外46人、县外调进7人。调出县外的46人中，有12人调到州级机关，8人调到州外，26人调到州内其他县市。办理工龄认定20人，辞职10人，工勤人员调动9人。到高校招聘事业单位工作人员101人，签订协议的有71人，其中硕士研究生4人。社会公开招聘事业单位工作人员312名，其中教育系统130名、卫生系统70名、计生系统46名、乡镇所属事业单位57名、其他事业单位9名。签订协议的有248人，其中教育系统118人、其他部门130人。引进紧缺专业人才5人，全部安排在县直机关部门工作。2009年特岗教师转正69人。基层项目人员直接转聘为事业单位工作人员1人。2012年新进事业单位工作人员共计325人。录用公务员18人，其中公安系统17人、司法系统1人。

2013 年，干部调配工作坚持“以工作需要为主，注意发挥干部的专业特长，适当照顾干部实际困难”“合理配置、合理流动”的原则，始终按照确定的编制、职数、人员结构进行有计划的调配。共办理干部调动 103 人，单位划转 123 人（干部 108 人、工人 15 人），工龄认定 38 人，辞职 15 人，取消、解除聘用 7 人，工勤人员调动 23 人。面向高校招聘急需紧缺专业人员 339 名，其中教育系统 100 人、卫生系统 59 人、其他事业单位 87 人。计划面向社会公开招聘乡镇事业单位工作人员 70 名，实际招聘到 66 人。面向社会公开招聘事业单位工作人员 255 名。招录公务员 21 名，工作岗位及职务为各乡镇派出所民警。

第三节　干部培训

1978 年至 1982 年间，县委共培训区、乡干部 338 人。

1984 年，县委党校轮训干部 49 人。输送到大专院校读书 2 年以上 15 人，进修 6 人；送到中专学校读书 3 人，进修学习 48 人；电视大学学习 4 人，函授大学学习 9 人，农业广播电视学校学习 42 人。1986 年，县委党校培训干部 273 人。

1993 年开办电视中专班，开设有行政管理和乡镇企业管理两个专业班，有 215 名学员参加学习，其中行政管理专业 179 人、乡镇企业管理专业 36 人。

1994 年开办干部电视大中专两个班共 406 人，其中行政管理中专班 177 人、行政企业管理中专班 32 人、行政管理大专班 190 人。

按照州人事局黔南人〔2000〕56 号文件规定，共组织 1999 年度全县考核确定为不称职等次人员（2 人）、不合格等次人员（13 人）、基本称职等次人员（7 人）和基本合格等次人员（29 人）分三期送到州离岗参加教育培训，全部取得合格证书。

根据州委组织部、州人事局黔南人〔1997〕8 号和黔南人〔1998〕11 号文件精神，2000 年抓好全县干部职工计算机应用培训工作。举办乡镇国家公务员、党政机关工作者、事业单位专业技术人员的计算机培训班八期共 1000 多人。又于 2000 年 12 月 6 日进行全县国家公务员第二批科技知识培训考试，全县设五个考点，乡镇参与人员 476 人。

根据贵州省人事厅黔人通〔2002〕25 号文件和州人事局黔南人通〔2002〕43 号文件精神，2002 年在县机关公务员和党的机关工作队伍中开展学习 WTO 知识活动，全县共有 1334 人参加培训，其中乡镇干部 552 人、县直机关干部 782 人。学习教材按省人事厅黔人通〔2002〕25 号文件规定的《WTO 与地方行政管理制度研究》作为统一教材。培训结束后，于 11 月 9 日全省统一考试时间进行考试，漏考、缺考者将影响其个人年终考核。

2003 年共对全县 5158 名干部进行了 WTO 知识培训，其中公务员 1306 人、专业技术人员 3852 人；开办微机培训班 11 期，共培训 1450 人，所有受训人员都经考试合格达到中级水平，并颁发合格证书，根据上级文件通知，于 11 月举办了全县公务员学法用法依法行政的学法考试，成绩及格率达 100%。

2005 年在学习贯彻实施《中华人民共和国公务员法》的活动中，采取举办培训班形式，分期分批对乡镇、各部门的公务员和参公管理人员进行了《中华人民共和国公务员法》的面授轮训，有 1300 多人通过学习培训。

2006 年对全县 21 个乡镇各一名副乡镇长、人大专职副主席和 2002 年以来公开招考录用的公务员进行培训，共培训 98 人。全年派员参加全州人事系统上挂 1 人，参加全州人事（政工）干部业务知识培训学习 5 人，参加全省人事（政工）干部业务知识培训学习 1 人，全州人事争议仲裁员培训学习 5 人，州组织组工干部赴上海学习 1 人，全州人事公文信息调研培训 2 人，赴英国参加“公务员绩效管理与考核”项目培训学习1人，参加全州劳动争议、劳动监察和就业业务培训3人，参加全州养老保险制度政策培训1人，参加全省工伤保险业务培训1人，参加全国劳动保障监察培训1人。中小学教师继续教育主要以“一德三新”教育为主（职业道德，新教材、新课改、新观念）。2006年共开展专业技术人员职称计算机应用能力考前培训56名，在一定程度上提高了专业人员的实践能力。制定中级职称人才培训培养工作计划，采取“引进来、送出去”的方式开展培训，全年共选送159名中级职称人才赴科研单位、高等院校学习培训。

下岗人员就业培训

2007年，为认真开展公务员通用能力和电子政务培训，全年举办3期公务员通用能力培训，培训员额1305人，受培训人员考试合格率达100%。协助组织部门开展“假日专业知识讲座”培训班8期，共培训股级、副科级以上领导干部2000余人次。

2008年按照省、州、县有关文件精神，会同县委组织部对全县公务员及参公管理人员进行了计算机、信息化与电子政务、公务员法、公务员通用能力等业务培训。其中信息电子政务培训共6期1250人。

根据州人事局安排，2008年8月、9月、10月在县直各单位开展人事政工干部人事政策法规学习活动和测试，并于11月21日参加全州统一考试，参加学习的单位有36个，参试人员共计66人。

2009年按照省、州、县有关文件精神，会同县委组织部、县财政局、县民族宗教事务局对全县公务员及事业单位人员进行了水族文化培训、全县会计人员继续教育等业务培训。重点抓好水族文化培训，分2期共培训110人。

2010年有序抓好以创新能力建设为重点的专业技术人员继续教育工作，分期举办专业技术人员继续教育培训班，共培训4593人。完成200名公务员培训工作任务。

2011年，完成公务员知识更新培训200人，事业单位新进人员初聘培训共211人。

2012年，全县186名事业单位新进人员参加新进人员初聘培训，4246人参加专业技术人员全省统一的“工业强省战略知识”公共科目考试。

2013年，组织开展全县事业单位新进人员初聘培训工作，317名事业单位新进人员参加培训。

第四节　知识分子工作

党的十一届三中全会以后，党和政府认真落实知识分子政策，大胆提拔使用知识分子，到1987年，已选拔进各级领导班子大专以上15人、中专9人，其中县级8人、区级9人、乡（股）级7人。在知识分子中，加入中国共产党的共517人，其中大专以上157人、中专360人。同时，经过考核被授予技术职称的知识分子有126人，其中农艺师5人、畜牧师5人、工程师4人、主治医师9人、主管药师1人、主管护师7人、助理农艺师17人、助理畜牧师7人、助理工程师13人、医师54人、护师2人、助理统计师2人。

1981年根据国发〔1980〕317号文件，给往届中专毕业生改定工资级别96人，改变中专毕业生见习期工资待遇26人。

从1984年7月开始，凡在三都水族自治县工作的知识分子，在标准工资基础上再上浮一级工资，满8年后转为固定工资，然后再向上浮动一级。当年全县享受浮动工资待遇的大学生92人、大专生149人、中专生658人、有技术职称无大专学历的62人，另外，享受生活补贴的知识分子有621人。对待知识分子家属子女生活照顾方面，1984年至1987年间，解决16名知识分子的家属子女16人就业，并对68名知识分子家居农村的家属子女105人解决农业转非农业户口的问题。

1985年根据党的知识分子政策，办理了家属子女农转非共12户计30人，安排家庭困难的家属工作3人，还办理了双职工家属（含父母）的农转非共22户39人。

1986年根据有关政策办理知识分子家属农转非3户4人，整顿和重新审批知识分子补贴1441人，月增资15802元。

1987年共办理知识分子补贴188人，月增资1254.50元。整顿和重新审批知识分子补贴1441人，月增工资15802元。

1988年共办理知识分子生活补贴、浮动工资92人，月增资666元。

1989年共办理知识分子浮动工资、生活补贴394人，月增资5840.90元。全年共收到知识分子来信325件，接待来访8人次，都作了答复。

1990年按照上级优惠政策和文件规定，全年办理了知识分子生活补贴、浮动工资共135人，月增资1143.40元。

1991年办理知识分子符合浮动工资转为固定工资的57人，月增资462.5元，其中满8年的13人、5年的44人。按文件规定升级的435人，月净增资3048.40元；办理提高教龄、护龄工资166人，月增资411元；办理专业技术职称工资兑现手续17人，月增资431.60元，办理民办教师增加工资419人，月净增资2514元。全年办理知识分子浮动工资140人，月净增资995.80元，生活补贴226人，月净增资1960元。

1992年办理大中专毕业生转正定级手续91人，确定行政职务121人（定为科员41人、办事员80人）。按有关规定照顾知识分子子女就业11人，照顾知识分子特困户子女工作3人，照顾老知青安排1人。全年办理知识分子浮动工资手续228人，月增资1780.50元，办理知识分子生活补贴338人，月增资3260元；办理知识分子浮动工资转为固定工资手续711人，月增资6192元；组织经济员和会计员资格考试97人（经济员36人、会计员61人），组织知识分子139人参加电视行政管理中专班学习，组织参加全州首届人才交流会60人次，协调成功48人，成功率达80%。

1993年办理知识分子浮动工资82人，月增资559.40元；办理知识分子生活补贴86人，月增资615元；落实老干部的学历7人，月增资126元；办理知识分子浮动工资转为固定工资65人，月增资550.50元。

1994年办理知识分子享受浮动工资人数为2831人，月增资39939元。按规定办理大中专毕业生转正定级手续83人，办理转为正式干部5人，确定为科员职务的15人。

1995年办理知识分子浮动工资待遇255人，知识分子生活补助250人。

2000年，同时办理了浮动工资及生活补助45人，月增资624元，办理浮动工资转固定工资265人，月增资额10084.5元。

2001年1月15日，县委、县政府决定从1月1日起，发放全县干部职工的书报费、洗理费、交通费（简称“三费”）。

2003年审批全县知识分子享受生活、工资待遇75人，月增资1281元，办理知识分子享受生活补贴待遇309人，月增资1854人；6年浮动转固定429人，月增资13316元。

2005年办理全县知识分子享受生活补贴197人，月增资为1182元；办理浮动工资转固定的598人，月增资19656.50元；初次享受浮动工资50人，月增资858元。理顺和完善浮动工资管理系统，将一年来享受浮动人员基本信息录入微机，共录入5186条信息，比2004年新增信息1710条。

2006年至2010年，先后在全县组织开展初、中、高级专业技术人才培训累计3000多人次。

2011年，审批办理首次享受浮动工资13人，月增资213元；审批办理浮动转固定工资2350人，月增资80116元；审批转正定级18人。

2012年共审批815人浮动转固定工资，月增资24103元，审批初次浮动16人，月增资464元。

2013年共审批663人浮动转固定工资，月增资18738元；审批初次浮动15人，月增资399元。

第五节 人才交流

1981年因工作需要干部调州2人，县内调整147人，解决夫妻分居两地调离三都的19人（外省6人、州内11人、省内2人），解决干部家庭困难而调动的6人（州内4人、省外1人、省内1人）。

1984年至1987年，为照顾家庭关系，应聘离开三都的知识分子22人，其中大学11人、大专4人、中专7人。三都招聘进来的知识分子17人。允许知识分子合理流动。

1985年县委、县政府决定从外地招聘大专生、本科生16人（从省外招聘9人），为让他们安心工作，为6户计15人的家属办理农转非户口。

1986年共办理调动手续65人，其中调出县的46人、调入县内的19人。

1987年共办理调动手续89人，分别为：调出县30人（出省8人）、调入县16人、县内交流调动43人（行政事业调企业3人、企业调行政事业9人、行政事业间互调29人、企业之间互调2人）。

1988年共办理干部职工调动手续145人，其中县内调整交流90人（县内企业调行政事业23人、行政互调51人、企业互调5人）、调出县外50人（大专以上6人、中专17人、其他27人）、外县调入5人。

1989年办理调动手续66人，其中县内互调共39人（企业调行政事业8人、行政事业互调26人、企业互调4人、事业调企业1人）、调出县外19人（大中专毕业生8人）、县外调入8人（本科及大中专生5人）。

1990年全县共办理干部职工调动手续67人，其中企业调入行政事业2人、行政事业互调27人、行政调入企业1人、企业互调14人、外县调入4人、调出县外19人（本科4人、大专1人、中专6人），安置军队转业干部1人。

1991年共办理干部工人调动手续101人，其中干部调动50人（调出省外2人，调出县外19人，调入县内2人，县内行政、事业、企业互调27人）、工人调动51人（县外调入企业4人、调入行政事业3人、县内企业互调14人、行政事业互调27人、企业调入行政事业3人）。在开展人才交流登记工作中，进行了人才交流登记53人（不包分配的自费大中专生及各类职校毕业生），同时办理各类人才交流手续76人（招考招聘干部39人、协调流动37人）。

1992年办理干部调动手续54人，其中县内互调25人、事业调入行政3人、调出县外26人；工人调动手续办理28人，其中企业调入事业7人、事业调入企业1人、企业互调7人、行政互调4人、事业调入行政1人、企业调入行政1人、事业互调1人、外县调入事业单位2人、外县调入企业单位4人。

1993年办理干部调动手续67人，其中州内互调29人、县内互调31人（行政互调19人、行政调事业2人、事业调行政8人、企业互调1人、企业调事业1人）、调出省外3人、调出州外1人、外县调入3人；工人办理调动手续37人，其中县内互调18人（企业互调6人、企业调事业6人、企业调行政3人、行政互调1人、行政调事业1人、行政调企业1人）、调出县外17人、外县调入2人。

1994 年办理干部调动手续 21 人，其中外县调入 2 人、行政互调 5 人、事业互调 8 人、事业调行政 4 人、企业互调 1 人、企业调事业 1 人。办理工人调动手续 19 人。全年开展人才交流登记 125 人（均系不包分配的自费大中专毕业生及各类职业专业学校的毕业生）。

1995 年办理调出县干部手续 26 人，其中党政机关 8 人、事业 16 人、企业 2 人；调入县内 1 人，县内互调 26 人，其中事业互调 9 人、行政互调 10 人、企业调事业 2 人、事业调行政 5 人。

1996 年至 1999 年全县干部职工调动共计 57 人。

从 2000 年以后，三都采取“公开职位、公开报名、考试、考核、择优录用”的原则，进行大中专毕业生就业制度的改革，从计划分配转为双向选择，不包分配，竞争上岗，择优录用，对人才需求发生的新变化，使毕业生面临着新的挑战和机遇。

2000 年上半年为国有企业和非国有企业推荐各类人才 40 人，安排自费大中专毕业生就业 3 人，与有关部门开展乡土人才培训，共组织培训 255 人，全部取得“绿色证书”。

2001 年向州推荐评审专业技术乡土人才资格共 54 人，获得资格证书，同时完成乡土人才开发的人才档案归类和登记工作。

2002 年为知识分子办理调动手续 58 人，办理转固定人员 410 人，为大中专毕业生转正定级 17 人，聘用干部 5 名。办理师范类大专生竞争上岗师资 70 名，对全县大中专毕业生开展求职登记 800 多人次，接待咨询达 475 人次。

2003 年成立了三都水族自治县“十五”时期到 2010 年人才资源需求预测研究工作领导小组，并于 12 月 23 日召开全县“十五”时期到 2010 年人才资源预测研究工作会议，进行安排布置，并聘请有关专家就预测研究，表格数据采集方法、计算方法、填报方法、数据录入操作等进行了系统培训。2003 年全县共办理干部交流调动手续 98 人，其中县内调动 89 人、调出县外 7 人、县外调进 2 人。

2005 年 5 月 30 日，县人民政府三府常议〔2005〕8 号常务会议纪要议定，进一步规范干部和人才合理流动的意见，今后在干部调配和人才流动上，要严格把关，规范人事办理程序，同时进一步规范合同制驾驶员的意见，在范围上扩大到大中专毕业生。

2006 年健全县级人才交流服务机构，明确有专人负责专抓专管，积极引导和鼓励高校毕业生面向基层就业，并实施“一村一名大学生工程”。全年共办理干部职工工作调动手续 70 人（县内调动 63 人、调出县外 3 人、县外调进 4 人）。

2007 年，建立健全大中专毕业生人才数据库。全县未就业的大中专毕业生 1175 人（大专毕业生 241 人、中专毕业生 934 人）。全年向三个企事业单位输送人才 6 人，输送工种（岗位）为协警、会计、文秘等，并做好流动人员人事档案管理工作。全县存有档案 157 人，其中 2007 年转入流动人员档案 20 份，转出档案 4 份。扎实开展“一村一名大学生工程”工作，按照公开、公平、公正的原则，通过考试、体检、政审、岗前培训、协议签约等程序，先后派遣 30 名选聘生入村服务，加上 2006 年选聘的 25 名大学生，全县进村服务大学生达 55 人。选聘 2 名计算机专业专科毕业生到县职教中心见习。选拔 45 名优秀青年参加贵州广播电视大学经济管理专业学习，农村优秀青年（村两委干部）学历提升工作全面启动实施。全年共办理干部调动 80 人（县内调动 61 人、县外调进 9 人、调出县外 10 人）。办理职务晋级 1 人、工龄认定 6 人，办理离职留岗带薪创办农业项目 12 人，办理原离职留岗带薪创办农业项目人员回单位上班手续 5 人，办理辞职手续 1 人。

2008 年建立健全大中专毕业生人才数据库建设，据统计全县尚未就业的大中专毕业生 1268 人（本科毕业生 23 人、专科毕业生 313 人、中专毕业生 932 人），全年向三个企事业单位输送人才 8 人，输送工种（岗位）为协警、会计、文秘等，并做好流动人员人事档案管理工作。全县存有档案 161 份，其中 2008 年转入流动人员档案 15 份，转出档案 18 份。在开展“一村一名大学生工程”工作中，按照公开、公平、公正的原则，通过考试、体检、政审、岗前培训、协议签约等程序，先后共派遣44名选聘生入村服务，加上2006年和2007年选聘的25名大学生，全县进村服务大学生达69人。选聘4名计算机专业专科毕业生到县职教中心见习。全年同时办理转正定级51人。全年共办理干部调动64人（县内调动48人、县外调进5人、调出县外11人）。办理职务晋升35人、工龄认定15人，办理离职留岗带薪创办农业产业项目4人，办理原离职留岗带薪创办农业项目人员回单位上班手续5人，办理辞职手续8人。

2009年共办理干部调动68人，其中县内调动57人、调出县外9人、县外调进2人。办理辞职手续6人。职务晋升29人，工龄认定15人。为158名高校毕业生办理就失业登记，接收大中专毕业生档案25份。收集发布各类岗位信息20多条，提供用工岗位500多个，促进了高校毕业生就业。于3月20日和4月25日组织举办两次大中专毕业生“供需见面、双向选择”招聘会，组织县内外多家企业进场招聘，提供用工岗位200个。招聘会共吸引了300多名高校毕业生和500名返乡农民工进场求职，有100名高校毕业生和200名返乡农民工与用人单位达成就业意向。

2010年办理调动手续74人，其中调出本县17人、调入本县10人、县内交流47人。同时，按照全县中层干部管理权限，做好相关单位开展中层干部任命备案工作。做好流动高校毕业生档案管理及就业指导相关服务工作，完成大中专毕业生返乡就失业登记169人，接收大中专毕业生流动档案22份，转出档案21份。另外，选送46名农村优秀青年到贵州电大就读，提升学历。

2011年，利用多种渠道向大中专毕业生宣传有关人事档案的管理知识，加强对毕业生人事档案的科学规范化管理。实行专门统一管理，将所有毕业生的人事档案统一整理，分门别类，按照人员年龄、学历、专业、姓名等统一编号，录入微机，便于查找与利用。2011年大中专毕业生返乡就失业登记222人，接收大中专毕业生流动档案54份，转出档案31份。办理大中专毕业生参加工作转正定级人员53人。

2012年，随着大中专毕业生数量逐年增多，就业压力不断加大。为了方便大中专毕业生返乡登记，人力资源和社会保障局完善了毕业生回乡登记窗口，确定专人负责，确保工作人员熟练掌握相关政策规定，采取毕业生回乡登记、人事档案入库托管一条龙服务。全年登记人员325人，完成了对在库档案所有资料的输入、整理工作。接收大中专毕业生流动档案230份，转出档案81份。为了保障建立人才发展专项资金工作顺利实施，坚持把人才发展专项资金工作经费纳入财政预算，2012年全县仅用于“3·18”科技活动优秀人才奖励资金就达12.375万元，用于2012年高考、中考中成绩优秀的学校和学生的奖励资金达217.349万元，人才发展全县投入了229.724万元。

2013年，转入档案252份，转出91份，共审批663人浮动转固定工资，月增资18738元，审批初次浮动15人，月增资399元。

第六节　考试考核

职称考试　2006年县内开始职称考试，全国专业技术人员职称计算机、外语和经济系列考试的宣传、报名工作随即展开，同时开展全县专业技术人员职称计算机应用能力考前培训，参加培训人员共37人。全县参加职称计算机、外语和经济系列考试人数分别为114人、30人、11人。

2007年全县报名参加专业职称计算机应用能力考试107人，其中报考高级19人、中级88人，举办考前培训班1期，考试合格率为62.6%。全县共有12人报名参加经济系列考试，其中报考中级6人（金融专业3人、农业专业3人）、初级6人（金融专业5人、农业专业1人）。全年公开招聘中小学教师165名（小学教师91人、中学教师74人）、专业技术人员31人、事业单位工作管理人员76人。

2008年全县报名参加专业技术职称计算机应用能力考试97人，其中报考高级15人、中级76

人，举办考前培训班1期，通过培训考试合格率为63.3%。全县共有10人报名参加专业技术职称经济系列考试，其中报考中级5人（金融专业2人、农业专业3人）、初级5人（金融专业4人、农业专业1人）。全年公开招聘中小学教师78名（小学教师21人、中学教师57人）、专业技术人员26人、事业单位工作管理人员9人。

2009年后县内需职称考试的专业技术人员到网上报名考试。

考核　1993年10月，《国家公务员暂行条例》施行。是年起，按照中央和省、州部署，全县陆续推行公务员录用、考核、奖惩等制度。1994年5月，县成立推行国家公务员制度和工资制度改革工作领导小组。1997年，在完成机构改革的基础上，全面实施国家公务员制度。乡镇、机关根据“三定”方案，开展国家公务员职位分类工作。1998年2月，组织实施国家行政机关现有工作人员向国家公务员过渡。凡县机构改革方案确定的行政机关，以及经县机构编制委员会确认的使用事业编制、行使行政职能的县政府直属事业单位均在过渡范围。过渡的对象为上述机关中未达离退休年龄，在编、在册、在职且具有国家干部身份的工作人员。2002年，党政机关组织工作人员学习实践人事部印发的《国家公务员行为规范》。至2008年年底，施行的公务员制度主要有：职位分类制度、公开考录制度、考核制度、竞争上岗制度、轮岗制度、回避制度、辞职辞退制度、培训制度、工资福利保险制度、奖惩制度、申诉控告制度、人事争议处理制度。

1986年，全县党政机关工作人员实行岗位目标责任制考核，年初将总体任务层层分解落实到人，做到定岗位、定任务、定指标、定奖惩，年终按干部管理权限分级进行考核。1994年，全县行政机关考核工作实现向公务员考核制度过渡。公务员考核分为平时考核和定期考核，定期考核以平时考核为基础，平时考核实行一级考核一级的首长负责制，主要采取工作纪实的方法进行。县组织人事部门不定期督查，或调阅《机关事业单位工作人员考核手册》。定期考核采取年度考核的方式，每年年底由县委组织部、县人事局下发文件，指导全县机关年度考核工作。机关事业单位科级干部的年度考核，由县委组织部负责实施。考核内容分德、能、勤、绩4个方面，重点考核工作实绩。考核结果分优秀、称职、不称职3个等次。科级公务员报县委组织部审核确定考核等次。若本人对考核结果有异议，可按规定申请复核。年度考核结果作为奖惩、培训、辞退以及调整职务、级别和工资的依据。机关工作人员年度考核结果实行审核备案制度，各乡镇、县直各单位每年底按规定程序对工作人员进行考核，次年初将考核结果报县人事局审核备案。1996年，行政机关和参照公务员制度管理单位的工勤人员，按照人事部1995年12月印发的《事业单位工作人员考核暂行规定》进行考核，年度考核结果分优秀、合格、不合格3个等次，主要考核劳动实绩、劳动态度、服务质量。1999年，全县党政机关应参加考核人数2623人，实际考核人数2622人，占应考核人数的99.96%。其中，优秀等次310人，占实际考核人数的11.8%；称职2178人，占实际考核人数的83%；基本称职31人，占1.2%；不称职等次17人，占实际考核人数的0.6%；未定等次28人，占考核人数的1.1%。2000年，机关年度考核增加“基本称职”等次，即优秀、称职、基本称职、不称职4个等次。2004年起，考核内容增加“廉”，即考核德、能、勤、绩、廉5个方面。

根据《贵州省国家公务员考核实施细则（试行）》和《贵州省事业单位工作人员考核办法（试行）》的规定，县人社局认真组织开展并完成全县国家公务员和事业单位工作人员考核工作，为干部的奖惩、培训、辞退和调整职务、级别以及薪级工资提供可靠的依据。

2006年，全县公务员应参加考核1428人，实际参加考核1421人，占应参加考核人数的99.51%。考核结果优秀163人，占实际参加考核人数的11.47%；称职1231人，占实际参加考核人数的86.63%；基本称职1人，占实际参加考核人数的0.07%；未定等次26人，占实际参加考核人数的1.83%；未参加考核7人，占总人数的0.49%。全县事业单位工作人员应参加考核的7588人，实际参加考核7576人，占应参加考核人数的99.84%。考核结果优秀908人，占实际参加考核人数的11.9%；合格6611人，占实际参加考核人数的87.31%；基本合格1人，占实际参加考核人数的

0.01%；未定等次 26 人，占实际参加考核人数的 0.34%；未参加考核 12 人，占总人数的 0.16%。

2007 年，全县公务员应参加考核 1090 人，实际参加考核的 1090 人，经严格考核，有 131 人获优秀等次，占参加考核人数的 12.02%；称职 958 人，占参加考核人数的 85.50%；基本称职 1 人，占参加考核人数的 0.09%；不称职 1 人，占参加考核人数的 0.09%；未定等次 26 人，占参加考核人数的 2.3%。全县事业单位工作人员参加考核 5125 人，实际参加考核有 5125 人，其中优秀等次 615 人，占参加考核人数的 12%；合格等次 4388 人，占参加考核人数的 85.62%；不合格等次 1 人，占参加考核人数的 0.02%；未定等次 121 人，占参加考核人数的 2.36%。

2008 年，全县公务员应参加考核 1145 人，实际参加考核 1145 人。经严格考核，有 170 人获优秀等次，占参加考核人数的 14.84%；称职 920 人，占参加考核人数的 80.34%；基本称职的为 0，不称职为 0；未定等次 55 人，占参加考核人数的 4.80%。全县事业单位工作人员应参加考核 5235 人，实际参加考核有 5235 人。经严格考核，获优秀等次 785 人，占参加考核人数的 14.99%；合格等次 4335 人，占参加考核人数的 82.81%；不合格等次 2 人，占参加考核人数的 0.04%；未定等次 113 人，占参加考核人数的 2.16%。

2009 年，全县国家公务员、群团工作人员应参加考核人数 1441 人，实际参加考核 1435 人。其中，优秀等次 215 人，占考核人数的 14.98%；称职等次 1206 人，占考核人数的 84.04%；基本称职等次 1 人，占考核人数的 0.07%；未评定等次 13 人，占考核人数的 0.91%；未参加考核人数 6 人，占考核人数的 0.42%。全县事业单位工作人员应参加考核人数 4973 人，实际参加考核 4962 人。其中，合格等次 3971 人，占考核人数的 80%，不合格等次 2 人，占考核人数的 0.04%；未评定等次 241 人，占考核人数的 4.85%，未参加考核人数 11 人，占考核人数的 0.22%。2009 年干部年度考核，共考核公务员 1023 人、机关工勤人员 325 人、事业单位工作人员 5087 人。确认优秀等次 987 人（公务员 176 人、机关后勤 48 人、事业单位工作人员 763 人）、称职等次 833 人、合格等次 4976 人、基本合格等次 3 人、不合格等次 2 人、不确定等次 115 人、未参加考核 5 人。

2010 年，考核公务员 1023 人，机关工勤人员 325 人、事业单位工作人员 5087 人，评定为优秀等次 987 人（公务员 176 人、机关后勤人员 48 人、事业单位工作人员 763 人），评定为称职等次 1339 人、合格等次 4976 人、基本合格等次 3 人、不合格等次 2 人，不确定等次 115 人，未参加考核 5 人。

2011 年，完成全县行政、事业单位年度考核 5427 人（教育系统 2989 人，行政、事业单位 2438 人）和年度考核登记证 5149 本的审核、备案。

2012 年，全县国家公务员、群团工作人员应参加考核人数 708 人，实际参加考核 707 人，其中优秀等次 110 人、称职等次 532 人，未评定等次 65 人、未参加考核人数 1 人。专业技术人员应参加考核人数 3981 人，实际参加考核 3975 人，其中优秀等次 467 人、不合格等次 3 人、未评定等次 250 人、未参加考核人数 6 人；事业单位职员应参加考核 995 人，实际参加考核 994 人，其中优秀 129 人、基本合格 2 人、未定等次 62 人、未参加考核人数 1 人。

2013 年，党委部门全年全县国家公务员（参照公务员法管理）工作人员应参加考核人数 391 人，实际参加考核 391 人。其中，优秀等次 62 人，占考核人数的 15.86%；称职等次 291 人，占考核人数的 74.42%；基本称职等次 1 人，占考核人数的 0.26%；未评定等次 37 人，占考核人数的 9.46%。全县专业技术人员应参加考核人数 514 人，实际参加考核 514 人。其中，优秀等次 62 人，占考核人数的 12%；合格等次 400 人，占考核人数的 77.8%；不合格等次 1 人，占考核人数的 0.2%；未评定等次 51 人，占考核人数的 10%。事业单位职员应参加考核 403 人，实际参加考核 403 人。其中，优秀 56 人，占考核人数的 13.9%，合格等次 285 人，占考核人数的 70.72%；未定等次 62 人，占考核人数的 15.38%。

政府部门全年全县国家公务员（参照公务员法管理）工作人员应参加考核人数 475 人，实际参加考核474人。其中，优秀等次76人，占考核人数的16%；称职等次363人，占考核人数的76.4%；未评定等次35人，占考核人数的7.4%；未参加考核1人，占考核人数的0.2%。全县专业技术人员应参加考核人数3605人，实际参加考核3598人。其中，优秀等次440人，占考核人数的12.2%；合格等次2958人，占考核人数的82%；不合格等次7人，占考核人数的0.2%；未评定等次193人，占考核人数的5.4%；未参加考核7人，占考核人数的0.2%。事业单位职员应参加考核415人，实际参加考核414人。其中优秀47人，占考核人数的11.3%；合格等次352人，占考核人数的84.8%；未定等次15人，占考核人数的3.6%；未参加考核1人，占考核人数的0.3%。

第七节　职称评聘

1978—2013年，县内通过不断完善专业技术职务聘任制，健全考试考核制度，提供各种服务，对不同系列、不同单位专业技术人员实行分级分类管理。

1981年5月12日，成立三都水族自治县技术职称评定委员会，开始对从事自然科学技术工作的科技人员和业务技术人员的技术职称进行套改、考核、评议等。于年底，经考评合格，州、县人民政府予以认可，首批发给职称通知书的中级科技人员1人、初级科技人员62人，全年县评定初级职称科技人员116人，其中助理工程师48人、其他技术人员68人，经县评委推荐申报州评委评定的中级职称有25人。

1987年全县在专业技术人员中评专业技术职称的有卫生、农牧、工程、教育、档案、文化、广播等系列，有2029人参加评定。经县职改办审定上报州的各个系列主管部门审定，其中高级职务18人、中级职务241人、初级职务118人。

开展专业技术职务评聘，实行以专业技术职务聘任制的工资制度，这是人事制度的一项重要改革。1988年全县共有2047名专业技术人员参加职称评定，到年底（12月）已评定高级职务28人、中级职务449人、初级职务1403人（包括企业行政人员）。

1989年全县参加职称评定的科技干部有2271人，已评聘高级职务的30人（实际行文聘任29人）、中级职务481人（实际行文聘任452人，企业13人）、初级职务1573人（全部行文聘任，企业200人）。技师考核聘任5人，其中车工技师2人、汽驾技师2人、农业技师1人。

为充分发挥科技人员的作用，1990年共办理企事业单位科技人员评定专业技术职务（初级）618人，其中企业单位39人、事业单位579人。

根据职称改革政策，1992年组织评聘专业技术职务228人，其中中级22人、助理级17人、初级189人。按照专业技术职称改革的要求，由评聘制改为考聘制，全县组织专业技术人员参加全国经济员资格考试共有93人。根据省、州统一部署，开展对专业技术人员考核和复查工作，共考核复查2698人，其中被评定优秀65人、称职2620人、不称职的13人，以此促进专业技术职称评聘工作走向正常化。

1993年通过州评审的高级职称18人、中级职称43人，县评审委员会评审的初级职称1129人。

1994年推荐评审高级职称的22人（1名不占指标，另1名被破格晋升），评审实际通过的12人已被聘任；申报评审中级职称的151人（不占指标1人，破格晋升4人），实际评审通过的132人，已聘任121人，未聘任的10人；评审通过初级职称的27人，实际聘任23人，有4人未聘任。全县完成职称换证共1142人，其中高级12人、中级132人、初级998人。

1995年全县向州推荐申报高级职务21人、中级职务158人、初级职务556人（经县初级专业技术资格考核评审委员会通过512人）。经济专业报考中级34人、初级24人。

全县事业单位专业技术人员应参加考核2754人，实际参加考核2743人，占应考核人数的

99.6%。其中，优秀等次351人，占实际参加考核人数的12.79%；合格等次2381人，占考核人数的86.8%；基本合格等次的6人，占0.22%；不合格2人，占0.07%；未定等次3人，占0.11%。当年同时兑现了考核结果，按有关文件规定，对连续5年和两年考核称职（合格）人员晋升了一档工资。

2000年，认真组织职称报考工作，完成全县80人参加全国职称外语报考手续，组织2000年度经济系列职称资格考试报名工作，报名人数59人。全县在年度考核工作中，严格按省、州下发的文件要求执行，要求各单位必须成立年度考核领导小组，主要领导亲自抓。报送的各种材料齐全后，方能接收审查，特别是考核优秀和不称职（不合格）等次者，要重点予以审查，优秀等次严格按比例执行。通过严格考核后兑现结果，即对考核连续三年优秀的及时按政策兑现工资，对连续两年考核不称职（不合格）的或连续旷工超过15天的，按文件坚决予以辞退或按自动离职处理。1994年至2000年，通过考核不称职（不合格）而辞退的有6人。

2000年上半年在开展职务晋升、离退休工作自查活动中，对乡镇人事工作检查发现了有的干部、职工已调动或死亡后，工资关系没有办理，造成了调出调进单位工资照样造册发放领取的现象，人事劳动与纪检、监察部门立即进行了查处，同时对有关人员给予党内严重警告等行政处分，将扣发冒领、多领的工资上交县财政。

根据省、州有关文件精神，对过去的职称评聘制度进行了改革，对专业技术职务实行宏观调控的管理方式和评聘分开、空岗补缺的原则，打破过去职称评聘的终身制，完善职称评聘制度，促进专业技术职务推荐、评审工作的规范化和科学化。2000年共推荐到省、州、县评审高、中、初级专业技术人员316人。其中，推荐到省各系列评审高级专业技术职务3人，推到州评审高级职务1人、中级职称38人、初级职务2人，由县各系列初级职务评审共272人。同时，积极做好2001年晋升职称外语考试宣传工作，参加晋升报名考试专业技术人员共43人。

根据省、州文件精神和要求，以及县政府《关于在事业单位推行专业技术职务结构比例管理实施意见（暂行）》的实施，2001年全县技术职称管理工作从过去的指标控制向结构比例管理过渡，趋于更加合理和科学，得到了广大知识分子的认同和好评。实行结构比例管理，既有利于专业技术队伍结构调整和人才流动，又有利于充分调动广大专业技术人员特别是中青年技术人员的工作积极性，有效地克服了指标管理的随意性和主观性。2001年内共组织各系列初级评审委员会评审通过368人，报送省、州评审75人（高级6人、中级66人、初级3人），报县政府聘任专业技术人员303人，同时开展专业技术资格证书和聘任书的年检工作，审核高、中、初级证书共800余本。

2003年，发放各种资格证书和任命证书429本。聘用各类专业技术人员439人，其中高级职称5人、中级职称93人、初级职称341人。同时对初级教育系列职称评审303人，农业系列评审34人，畜牧系列评审5人，工程系列评审33人。组织专业技术知识分子参加全国职务外语考试66人、经济系列考试41人。

2004年度取得高、中、初级专业技术职务任职资格的有570人，其中高级7人、中级272人、初级291人。经审查，有177人所在单位中岗位已超出结构比例，2人调出本县，有2人脱产进修，8人岗位不对口，共有190人不符合聘任。

2005年申报高、中、初级职务人数达582人，其中高级11人、中级260人、初级311人（含初聘183人）。全年完成办（换）证共1038本，其中高级证书13本、中级证书349本、初级证书676本。全年报政府聘任3人，其中聘任中专系列中级职称2人、经济系列助理级1人。全年完成资格证书审核627本。在全县事业单位中开展事业单位专业技术职务评聘分离调研，并对农、林、水、牧、文、教、卫等系统的63个事业单位536人进行社会调查，进一步掌握全县各事业单位结构比例现状，以便做好专业技术人员的工作。

2006年开展全县各事业单位高、中、初级专业技术人员统计工作。截至2006年年底，全县专业技术人员共3638人，其中高级职称50人、中级职称1270人、初级职称2318人。参加职称计算机、外语和经济系列考试人数分别为114人、30人、11人。全年开展了高级、中级送审和初级职称评审工作，全年申报人数达544人，其中高级11人、中级211人、初级322人（含初聘146人）。高级评审通过11人，中级评审通过181人，初级评审通过317人（含初聘146人）。对2005年以前取得资格未聘任的高、中、初级专业技术人员，在单位结构比例控制指标内，报请县人民政府聘任，共聘任436人，其中高级10人、中级129人、初级297人。共办理聘任证书436本（高级6本、中级111本、初级319本），办理资格证书546本（高级9本、中级218本、初级319本）。

2007年，聘任高、中、初专业技术职务456人，办理和发放聘任证书456本，资格证书631本，审核资格证书415本。严格按照新的职称评聘标准，坚持公平、公正和实事求是的原则，开展中、高级职称和民间艺人职称材料送评及中小学系列、工程系列、农业系列初级职称评审工作。全县申报高级职称14人、中级职称126人、初级职称（含初聘）242人，民间艺人申报职称8人（中级1人、初级7人）。做好高级职称专业技术人才信息库采集工作，建立高级职称人才信息库，全县有高级职称人才60人（教育系列54人、卫生系列3人、农业系列3人）。

2008年全县报名参加专业技术职称计算机应用能力考试56人，完成专业技术人员职称申报411人（高级10人、中级84人、初级317人），完成8名经济系列考试的报名、信息录入、教材征订等工作。在职称聘任上严格把关，全年完成职称聘任445人（高级职称9人、中级职称99人、初级职称337人）。马尾绣职称申报73人、水书师职称申报48人。

2008年，事业单位人事制度改革工作启动，分别在教育、卫生、农业、林业系统作为试点。

为全面了解和掌握全县机关、事业单位中各技术工种现状及各单位需求情况，切实为机关事业单位工勤人员提供优质的服务，认真组织开展相关的调查统计工作，根据上级文件精神，2009年参加环卫技术工人晋升技术人员18人。

2009年，县内副高级以上职称共有81人，其中卫生系列3人、农业2人、中学教师69人、其他7人。向州推荐职称评委专家库人选23人，其中教育系列22人农业系列1人。办理和发放2009年334人专业技术职务资格证书。完成2010年职称申报人员统计工作，共有270人申报各系列专业技术职务，其中高级11人、中级135人、初级124人。根据黔南人社局通〔2010〕92号文件精神，认真开展2010年机关事业单位符合晋升相应技术等级的技术工人统计工作，全县共上报拟晋升技术人数等级为214人，经审查，符合晋升技术等级人数为177人。其中，驾驶工63人，环卫工18人，营林（园林绿化）工75人，文印、保管、养护等工种21人。

2010年稳妥推进事业单位人事制度改革，审核批准全县327个事业单位岗位设置方案，核准岗位5302个，占全县事业单位岗位总数的100%。全县74个事业单位完成人事制度改革竞聘工作，完成竞聘设置岗位1374个，占岗位总量的32.54%。

2010年，全县共上报拟晋升技术等级人数为214人，经审查，符合晋升技术等级人数为177人。其中，驾驶工63人，环卫工18人，营林（园林绿化）工75人，文印、保管、养护等工种21人。

2011年，全县共有275人通过评审获得各级各类任职资格，其中高级13人、中级104人、初级职称158人。

2012年根据黔人社厅通〔2012〕129号文件精神，严格评审工作程序，确保评审工作质量。申报高、中级专业技术职务任职资格的须完成360学时，初级的须完成80学时，达不到规定学时的不得申报相应专业技术职务任职资格。全年对乡镇和非公经济企业的专业技术人员的继续教育要求条件可适当放宽，申报高、中级专业技术职务任职资格的完成120学时，初级的完成60学时。相继印发《三都水族自治县人力资源和社会保障局关于在全县专业技术人员中开展工业强省学习测试工作的通知》（三人社通〔2012〕18号）和《三都水族自治县人力资源和社会保障局关于全县

2012年职称工作有关问题的通知》（三人社通〔2012〕43号）等政策性文件下发到非公经济企业事业单位，8个乡镇开展250人的农村马尾绣培训班，为民间艺人的申报打下扎实的基础。2012年全县申报高、中、初级专业技术人数达558人，其中高级26人、中级117人、初级297人；申报民间艺人21人，其中高级水书师4人、高级工艺师8人、中级工艺师9人；非公经济企业申报2人。通过事业单位人事制度改革的实施和完善，逐步打破人才身份和所在单位所有制限制，充分调动专业技术人员的积极性、主动性和创造性，为全县的经济社会发展多作贡献。切实做好全县农村实用人才开发和利用工作。加强与农办、农业、畜牧等涉农部门协作，建立乡土人才联席会议制度，适时开展送科技下乡活动，利用送科技下乡活动，组织实施农村乡土人才“能工巧匠”培训，对在农村依靠科技致富并带领农民共同致富的农村乡土人才造册登记，立档建册，积极探索和挖掘农村专业技术人才。年初草拟了《三都水族自治县2012年乡土人才开发规范实施方案》，报主管部门研究通过，发到各相关部门及5个乡镇组织实施。

2013年，申报职称736人，评审通过副高级52人（中学教师31人、党校1人、农业2人、文化1人、卫生7人），中级评审通过351人（考试合格1人），初级评审通过340人。在三洞建立农村实用人才基地建设宣传栏，加强农村乡土人才示范点建设工作，培训一批农村实用人才和马尾绣工艺人员，大部分已成为农村致富带头人。

第八节 落实政策

1978年11月26日，县委成立落实政策领导小组，由一名副书记任组长，成员有组织部、人事局、劳动局、检察院、公安局、法院等部门负责人参加，抽调有关人员办公，遵照党的有反必肃、有错必纠的原则，于1979年9月24日对过去反右派、“反右倾”“四清”“文化大革命”四个时期运动中所处理的党员、干部、职工的案件，进行全面复查。到10月底，应复查的案件（不包括非党员2人）385件，已落实338件（人），其中维持原结论的134件（人），全平反、纠正的172件（人），部分平反、纠正的32件（人），恢复党籍16人，收回安排工作55人，取消四类分子帽子和刑事处分68人（40人收回安排了工作、3人恢复了党籍），取消原来处分的65人。另外，对在“文化大革命”中非正常死亡的，按规定作了抚恤等善后工作。

落实干部政策。1979年劳动人事部门对反右派、“反右倾”“四清”“文化大革命”及平时处理的干部案件共257件进行复查，到1986年8月全部结束，经复查处理结果为：改变敌我性质的11人，撤销刑事处分21人，撤销劳动教养13人，收回安排工作47人，收回后作退休处理8人，作退职处理6人，作离休处理3人，撤销原处分12人，恢复原工资级别2人，自动离职处理4人，平反抚恤3人，处分全错49人，处分过重19人，处分部分错14人，维持原处分10人，摘帽子8人，开除留用察看改为退职1人，恢复名誉4人，退还没收款2人，补发1961年下放费10人（金额为1797元），补发2人工资金额1492元，给予困难补助8人（金额1280元）。

落实工人政策。1979年，劳动人事部门对“文化大革命”时期处理的国有和集体企业工人案件进行复查，到1983年年底结束，复查结果：国有工人已复查的案件118人，其中撤销刑事处分18人、取消开除公职处分58人、取消其他处分6人、维持原处理决定36人，在复查的案件总数中，收回安排工作的72人，按退职处理的4人；集体企业工人已复查的案件18人，其中取消开除处分的12人、取消其他处分的2人、维持原处理决定4人，在已复查的案件总数中，收回安排工作的12人。

1981年本着“有反必肃、有错必纠”的原则，认真做好冤、假、错案复查工作，办理、审批16人。其中，收回安置5人、作退职处理的1人、其他10个；四个时期案件1人，其他15人。先后处理来信来访27人，这些受害干部的冤、假、错案真正得到纠正后，心情舒畅，特别是那些重新回到工作岗位的干部，精神振奋，信心更大，干劲更足，敢于担重担。在落实干部政策办理收回工作手续中，兑现干部退休建房补助费8人，落实政策收回人员中补调工资4人，干部病故后抚恤费兑现9人，遗属获生活困难补助的13人。

1985年继续做好冤、假、错案的复查工作，全年共落实6人，其中平反退还经济2人，收回工作按退休安置2人、离休安置1人、收回工作1人。总的落实政策后，除1人愉快地重返岗位外，其他5人都作了离（退）休安置度晚年。

1986年继续认真负责，实事求是地做好冤、假、错案的复查工作，复查6人，收回工作2人。

1991年根据有关政策规定，办理落实政策收回安排工作1人，对违反计划生育政策的作开除留用察看处理1人。

1992年共安排收回受处分人员工作手续2人，收回工作后作一次性退职手续处理的1人，对违纪人员开除留用察看9人，开除工人籍1人。

第九节　离退休工作

三都于1984年7月成立老干部科，专门处理离休干部有关具体事务。

离休干部待遇，其基本政治待遇不变，即按同级在职干部范围看文件、听报告、参加会议，行政18级以上干部，在职时未担任领导干部的可享受县级待遇，14级以上的可享受地级待遇，生活待遇略为从优。离休干部，按本人标准工资的百分之百发给。凡民国26年（1937）7月6日以前参加革命工作的老干部，按本人离休时当月标准工资，每年增发两个月工资。民国26年（1937）7月7日至民国31年（1942）12月31日参加革命工作的老干部，按本人离休时当月标准工资，每年增发一个半月的工资。民国32年（1943）1月至民国34年（1945）9月2日参加革命工作的，按本人离休时当月标准工资，每年增发一个月的工资。

离休干部的住房，根据省有关规定的标准分别采取维修、扩建、调整、新建等办法优先照顾，所需经费由财政解决。省内回农村定居的离休干部，根据无房、少房而分别给予建房补助费2000~5000元，在县内农村社队的建房补助也参照执行。

1981年全县共办离休干部手续1人、干部退休15人、退职3人、离职安置工作2人，县委、县政府决定对离休干部不配搭杂粮供应，全部供应大米或面粉，在燃料供应和逢年过节住院等生活上享受了一定照顾。

县委、县政府贯彻执行国务院1955年12月颁布的《国家机关工作人员退休处理暂行办法》，开始办理新中国成立后参加工作的老干部退休手续。1956年至1987年，全县办理退休手续的干部有340人。根据文件规定，退休干部的待遇，除生活补贴、房屋修缮补助费、退休工资与离休干部稍有差别外，政治待遇及其他待遇均与离休干部相同。

行政事业退休干部工资待遇，在1985年以前办理手续的，工龄满30年以上，即1952年12月以前参加工作的享受其月标准工资95%加17元生活补助费，工龄不满30年的享受其月标准工资85%加17元生活补助费。1985年7月以后，办理退休手续的，工龄满30年以上享受其月标准工资85%，工龄不足30年的享受月标准工资80%。

退休干部房屋修缮费，1984年拨付退休干部的房屋修缮费26550元，平均每人531元，1985年拨付29名退休干部房屋修缮费25305元，平均每人为869元。

县劳动人事部门根据中共中央、国务院有关工人、职员退休退职的有关规定，对县属各单位适合退休退职的工人进行调查，对于那些已达到退休年龄或长期因病不能胜任本职工作的职工，宣传党和政府的退休政策，说服动员他们退休或退职。1973年至1987年间，全县退休退职工人共有465人，退休工人的退休待遇，执行1978年国务院颁布的《关于工人退休退职的暂行办法》规定，凡新中国成立前参加工作的按本人标准工资的80%计发，新中国成立后参加工作的，工龄满20年以上的，按本人标准工资的75%计发，工龄满15年至20年的，按本人标准工资的70%计发，工龄满10年至15年的，按本人标准工资的60%计发，退职工人按月发给相当于本人标准工资40%的生活费。1986年9月以前办理退休退职手续的工人职工，可以照顾其一名子女顶替安排工作。

根据上级有关文件规定，1985年办理了老干部退休手续共95人，按照规定保证了他们的政治待遇和生活待遇，退休金保证足额按月发放，让他们安度幸福的晚年。对干部病故后的抚恤、生活困难补助9人和家属病故后生活困难补助46人。

1986年全县共办理干部职工退休23人（干部5人），子女顶替工作办理45人（包括邮电、银行、工区等单位），干部职工死亡后遗属生活困难补助100人（干部退休后死亡遗属生活困难补助97人），抚恤58名。

1987年办理行政事业单位离退休干部手续18人，给予修建房屋补助14人。同时办理企业干部职工退休37人，遗属生活困难补助24人，抚恤15人。1998年办理干部职工退休手续44人（干部29人、工人退休15人），同时办理遗属生活困难补助60人，补助金额为6000元，遗属定期生活困难补助有15人。

1989年共办理干部职工退休手续60人。其中，干部38人、工人22人，行政事业40人、企业20人。办理遗属生活困难定期补助9人，抚恤7人，办理干部职工病故后生活困难补助44人，办理提高遗属困难补助标准10人，按照国发〔1986〕77号文件规定，办理子女顶替工作手续1人。

根据国家干部职工离退休制度，1990年共办理干部职工退休手续52人（干部32人、工人20人），并按政策规定办理退休子女顶替工作的5人。在办理职工生活困难中，亲属死亡困难补助51人，办理离退休干部、在职干部死亡的一次性抚恤12人，给死亡干部11人遗属定期困难补助（补助对象为24人），月增资582元。全年换发企业离退休人员的离退休证240个，提高离退休人员生活待遇240人，其中离休17人、退休223人，月增资413289元。按黔劳险字〔1990〕12号文件精神，给企业部分离退休人员增发生活补贴费，享受生活补贴人数为190人，月增资950元。

按照有关文件规定，1991年办理提高国家机关、事业、企业单位退休人员退休费标准194人，月净增资1108.65元。其中，国家机关事业单位149人，月净增资905.23元；企业单位45人，月净增资203.42元。办理亲属死亡补助44人，开支4300元；办理一次性抚恤8人，抚恤费10090元；其他补助6人，开支790元；办理提高遗属生活困难补助246人，月净增资1230元；办理遗属生活困难补助3人，月净增资105元。全年共办理干部职工退休手续47人（干部退休29人，工人退休17人、退职1人），办理退休证换证手续550本（国家机关事业单位310本、企业单位240本）。

1992年办理退休干部手续14人，办理工人退休手续35人（行政事业单位17人、企业18人）。按照规定办理干部职工死亡抚恤19人，开支费用为38000元；办理遗属生活困难补助手续25人，月增资875元；办理亲属死亡补助52人，开支5200元。按照有关规定，给退休职工（家居农村且于1959年年底参加工作）的子女顶替工作安排9人。

1993年共办理干部、工人退休手续172人，其中干部103人（机关干部64人、事业干部21人、企业干部18人）、工人69人（机关4人、事业52人、企业13人）。办理提高离退休人员生活补助手续670人，月增资1675元；办理670人离退休交通费，月增资11871元；办理离退休人员670人奖金低于10%的手续，月增资9260.13元；办理离退休人员高龄补贴91人，月增资1810元；根据黔人退〔1993〕6号文件办理审批提高离退休人员离退休费标准5%共334人，月增资1813.90元；办理审批企业退休人员提高5%退休费手续151人，月增资556.90元；提高企业离退休人员生活补贴及交通费 18 人，月增资 1515 元；增发高龄补贴费 22 人，月增资 440 元；审批办理国家工作人员死亡抚恤金手续 35 人，共支出 49114 元，亲属去世补助费 3700 元，遗属生活困难补助 49 人，月增资 1625 元；办理家居农村退休工人子女顶替手续 3 人，为省直企业及外省企业在三都办理顶替工作手续 6 人，并招收长期临时工 1 人。

1994 年共办理干部职工退休手续 74 人，其中事业干部 7 人、企业干部 12 人、工人 55 人（行政 6 人、事业 26 人、企业 23 人）。办理退休工人子女顶替手续 6 人（家居农村），其中行政 1 人、事业 5 人。

1995 年全县办理干部职工退休手续 49 人（行政事业单位 41 人、企业 8 人），按照政策规定安排子女顶替工作 13 人，办理死亡一次性补助 31 人、遗属生活困难补助 52 人、直系亲属死亡补助 31 人。

1996 年全县退休 26 人、退职 2 人。1997 年退休 24 人、退职 1 人。1998 年退休 29 人、退职 3 人。1999 年全县退休 27 人、退职 1 人。

2000 年年底，全县共有离退休人员 603 人（享受高龄补助 98 人，特困、病重等特殊对象 150 人），比 1999 年年末净增 154 人，其中新批退休 30 人、新增扩面企业原有退休人员 124 人，死亡 7 人。月人均养老金 418. 8 元，月均支出养老金 25. 23 万元，全年养老金累计支出 317 万元，其中补发当年养老金拖欠 14. 35 万元。从 7 月起，养老金实行社会化发放，社会化发放率达 100%。其中建行代发 37 个单位 505 人，离退休金 276. 99 万元，占 87. 19%；邮电局代发 7 个单位 98 人，离退休金 40. 71 万元，占 12. 81%。

2001 年全县退休 26 人，退职 1 人；2002 年全县退休 31 人；2003 年全县退休 30 人，退职 1 人；2004 年全县退休 33 人，退职 1 人。

2005 年办理干部退休 8 人，工人退休 1 人，工人工龄的认定 1 人。全年共办理参保企业退休职工 61 人（正常退休 47 人、提前退休 14 人），月增资为 42584 元，共办理退休证书 42 本。

2006 年办理事业单位退休 6 人，办理高龄补贴 10 人，月增 200 元。

2007 年办理高龄补贴 10 人，月增 200 元。

2008 年根据黔人通〔2007〕115、116 号文件规定，在查档核实的情况下，及时办理机关事业单位工作人员退休手续，共办理退休 13 人。

2009 年根据黔人通〔2007〕115 号、黔人通〔2007〕116 号文件精神，办理退休审批 16 人，增加退休费 23157. 50 元。2010 年办理退休审批 18 人，增加退休费 25067. 3 元。2011 年共办理退休审批 24 人，其中办理提前退休 3 人。2012 年办理退休审批 8 人，增加退休费 11094. 6 元。2013 年办理退休审批 29 人，增加退休费 45625. 5 元。

由于三都水族自治县社区组织还不够健全，加上企业退休人员居住地较分散，暂由社保保险机构直接对企业退休人员进行管理服务，对养老金全部实行社会化发放，每月 18 日左右由建行和邮政银行代发养老金，并建立企业退休人员基本信息库，向退休人员发放社会化管理服务联系卡。在安置问题上，县长和相当于此级别，即行政 18 级以上的干部发放安置费 8000 元，一般干部 6000 元。还规定：离休干部可以就地安置，也可在原籍或配偶处安置，如身边无子女的，可调一名在外地工作的子女来身边照顾；继续享受探亲假；每年补助交通费 150 元，供参观旅游用。

第十节　高校毕业生基层就业

1978 年，凡国家统招且合格的毕业生都由国家按计划统一分配工作。分配到行政事业单位的，由县人事、编制部门增加干部计划和工资基金；到企业的，由县劳动部门办理增人计划和工资基金计划。1987 年，对国家不包分配的大中专毕业生（含电大、职大、夜大、函大），向乡镇企业、驻乡镇集体企业或基层单位推荐，聘用后不得随意抽调、借用。1988 年起，实行一年见习制度。

1990 年，毕业生分配以指令性计划为主、指导性计划为辅。师范类毕业生由县教育局分配到普教岗位，不得改行。高校结业生、自费生不负责分配。1992 年，试行用人单位与毕业生直接见面、双向选择的分配方式。1994 年，采用“双向选择”与“推荐就业”相结合的方法分配毕业生。大中专毕业生到乡镇企业就业，行政关系、工资关系挂乡镇工业科技站，列事业编制，享受乡镇企业福利待遇。对“双选”未落实单位的国家统招生，按专业对口原则，实行一次性保底就业。

1996 年，县乡行政机关、事业单位接收毕业生，须事先向县人事局申报计划。凡无计划、超计划及其他不按规定程序接收毕业生的，所签双选协议无效，县人事局一律不予派遣。对计划不足的，由县人事局指令性派遣。1997 年，毕业生和用人单位“双选”活动一律进入县人才市场。场外协议不予签证，没有签证的“双选”协议书，县人事部门不予承认。1998 年起，医疗系统对要求进事业单位的毕业生采取量化积分的办法，择优录用。从 2000 年起，大中专毕业生不包分配，全部进入人才市场“双选”就业，对毕业生逐步实行人事代理。

2006 年以后，凡普通高校本科毕业生进事业单位就业，实行考试、考核相结合的办法，根据毕业生考试考核成绩，由毕业生依次自主选岗就业。8 月，启动实施“一村一名大学生工程”，通过报名、资格审查、选聘考试、体检、政审、岗前培训等程序共有 25 名高校毕业被选聘到 17 个乡镇的 25 个行政村开展服务工作。2007 年“一村一名大学生工程”选聘 30 人。2008 年到村任职 8 人，“一村一名大学生工程”选聘生 50 人。

2009 年引导和鼓励高校毕业生面向基层就业服务的大学生共有 79 名，其中到村任职 8 人，“一村一名大学生工程”选聘生 71 人。在服务期间到村任聘人员中 1 人考入本县事业单位，2 人考入垂管部门，又有 8 人考入本县事业单位，1 人退出服务，到年底还有在村任职人员 7 人，选聘生 60 人在岗服务。

2010 年引导和鼓励高校毕业生面向基层服务，全年完成 42 名“一村一名大学生工程”选聘生进村（社区）服务，25 名选聘生到村任职，10 名到企业单位见习，6 名“一村一名大学生工程”选聘生续聘。

2011 年新增基层服务人员 25 人，年初共有 91 人在岗服务，其中到村任职人员 48 人；“一村一名大学生工程”选聘生 43 名，企事业单位见习人员 20 名。至年末，共有 36 人考入县内外公务员队伍、事业单位及垂管部门。

2012 年基层服务人员共计 39 人，其中到村任职人员 32 人，“一村一名大学生工程”选聘生 7 人。服务期间，先后有 19 人考入县外或县内公务员队伍、事业单位和国有企业单位，至 12 月，为 20 名，其中到村任职人员 16 人、“一村一名大学生工程”选聘生 4 名。

2013 年，派遣到村任职人员 18 人，其中新增 12 人、续聘 6 人，加上原在岗服务人员 8 人，共计 26 人。至 10 月，先后有 14 人考入县外或县内公务员队伍、事业单位和国有企业单位，至 12 月，在岗服务人员为 8 人，其中到村任职人员 7 人、“一村一名大学生工程”选聘生 1 名。

第十一节　事业单位专业技术人员招聘

2006 年，全县全年共聘用事业单位人员 224 人，其中中学教师 74 人、机关事业单位人员 75 人、村干部 50 人（大学生村干部）、乡镇卫生技术人员 23 名，安置退役士官 2 人；另招工勤人员 5 人（退役士兵），招收合同制工勤人员 14 人（驾驶员），选聘水书研究人员 3 名。

2007 年根据《黔南州事业单位新增人员公开招聘实施意见（试行）》，全面推行了事业单位新增人员招考制度。全年共招聘中小学教师165名（小教91人、中教74人），专业技术人员31人，事业单位工作管理人员76人。推行事业单位新增人员招聘制度，对深化事业单位人事制度改革、完善事业单位选人用人机制，建立了科学、规范、公正的用人制度，起到了积极的推动作用。

2008年共招聘教师78人（小教21人、中教57人）、专业技术人员26人、管理人员9人。

2009年招聘事业单位人员共计106人，其中小学教师岗位28人、医疗卫生岗位53人、其他事业岗位25人。

2010年事业单位全面推行公开招聘制度，认真做好全州统一公开招聘工作，全年完成177个岗位950人的报名、笔试等程序后共有85人与用人单位签订了就业协议书。直接到高校招聘急需紧缺专业技术人员15名，面向社会公开招聘急需紧缺人才50人，公开招聘乡镇驾驶员20人。

2011年，完成事业人员公开招聘163人，其中教育系统97人、卫生系统25人、其他事业单位41人。引进优秀人才1人，到高校招聘紧缺人才22人，其中教育系统17人、卫生系统2人、其他系统3人。

2012年，招聘计划数312名，其中教育系统130名、卫生系统70名、计生系统46名、乡镇所属事业单位57名、其他事业单位9名。最终签订协议的有248人，其中教育系统118人、其他部门130人。引进紧缺专业人才5人，全部安排在县直机关部门工作。

2013年，面向高校招聘急需紧缺专业人员339名，其中教育系统100人、卫生系统59人、其他事业单位87人。

第十二节　农村乡土人才开发

2006年，积极挖掘乡土人才，着力对乡土人才个人信息进行采集，建立乡土人才信息库。截至2006年年底，全县乡土人才共有638人（种植能手221人、养殖能手156人、能工巧匠86人、其他技能175人）。建立乡土人才联系点（把交梨乡作为全县乡土人才联系点），有针对性地开展工作指导，使乡土人才联系点充分发挥示范带动作用；实施乡土人才“能工巧匠”“绿色证书”“科技星火带头人”的培训，全年受训720人次；养牛大户——三合镇牛场村妇女吴昌桃被省人事厅评为“贵州省拔尖乡土人才”。

2007年着重贯彻落实州委、州政府乡土人才“332”工程实施意见，成立农村乡土人才资源开发工作领导小组，建立乡土人才联席会议制度，加大乡土人才培训力度，全年共举办乡土人才培训班8期，先后共培训乡土人才545人，培训项目主要有马尾绣和民族服饰制作及营销技能、电工、电焊工、畜牧兽医、烹饪等。做好乡土人才信息采集工作，县建有乡土人才信息库，乡镇建有乡土人才花名册，全县入库乡土人才843名（2007年新入库乡土人才160人）。

2008年在制定贯彻落实州委、州政府乡土人才“332”工程实施意见中，成立了农村乡土人才资源开发工作领导小组，建立乡土人才联席会议制度，加大乡土人才培训力度。全年共举办乡土人才培训班10期，培训乡土人才735人。培训项目主要有马尾绣、民族服装制作、营销技能、电工、电焊工、畜牧兽医、烹饪、茶叶种植、九阡李种植等。同时做好乡土人才信息采集工作，县建有乡土人才信息库，乡镇对乡土人才实行造册登记并将花名册存档，截至2008年年底全县入库乡土人才1028名（2008年新入库乡土人才183人），选拔优秀乡土人才12人到县职中参加计算机网络培训班学习，同时还带领20名优秀乡土人才到黔东南州凯里市和黔南州的都匀市等地去参观学习旅游商品开发。2008年三都水族自治县被省人事厅、省扶贫办、省农业厅、省旅游局等部门评为“贵州省拔尖乡土人才示范基地”，为三都培养了一大批优秀的马尾绣人才队伍，为打造民族特色品牌奠定了坚实基础。2008年全县共有2人获得省级“拔尖乡土人才”称号，3人获得州级“拔尖乡土人才”称号。

2008 年，三都水族自治县按照“人才强县”的战略，将乡土人才作为促进农民增收致富、推进农村经济社会发展的重要力量，紧紧围绕“拔尖一名人才，带动一个群体，兴起一项产业，活跃一方经济”的目标，切实加强乡土人才开发工作，在各级党委、政府的高度重视和共同努力下，取得了较好的成效。州委组织部、州人事局对此充分肯定，经过多次考察评估，决定由三都水族自治县承办 2008 年全州乡土人才工作现场会。在全县各单位（部门）的密切配合、积极协作，及时、高质量地完成了会议的各项工作，确保了会议在三都的顺利召开。会议期间，省州多家媒体对这次会议作了专题报道，都匀市、黔东南州雷山县人事局在现场会议结束时先后到三都水族自治县就乡土人才开发工作进行交流学习。

根据《三都水族自治县 2010 年乡土人才开发规划实施方案》要求，全年共开办乡土人才培训班 7 期，共培训 726 人。加强 10 个农村乡土人才示范点建设。推荐 3 名农村乡土人才到山东、贵阳等地学习考察。第三届旅游开发大会期间，协助县委、县政府在三洞端坡成功举办马尾绣技艺大赛暨作品展活动，为马尾绣传承人的培养、开发夯实基础、营造氛围。

2011 年，完成乡土人才培训 8 个班，共培训 500 人。积极开展民间艺人职称申报工作，其中申报高级职称 15 人、中级职称 52 人、初级职称 120 人。

2012 年，加强与农办、农业、畜牧等涉农部门协作，建立乡土人才联席会议制度，适时开展送科技下乡活动，利用送科技下乡活动，组织实施农村乡土人才“能工巧匠”培训，在中和、三洞、塘州、廷牌等乡镇开培训班 5 期，培训 250 人。积极挖掘农村专业技术人才，对在农村依靠科技致富并带领农民共同致富的农村乡土人才造册登记，立档建册。

2013 年，在三洞建立农村实用人才基地建设宣传栏，加强农村乡土人才示范点建设工作，培训了一批农村实用人才和马尾绣工艺人员。

第二章 劳 动

第一节 劳动制度改革

固定工 1978 年，全县实行干部退休、子女顶替工作，1983 年终止执行。1986 年以后，对固定工制进行改革，保留原有的固定工，取消“内招”和工人退休子女顶替，对新招工人实行劳动合同制。同时，对统一分配的大中专和技校毕业生、城镇复员军人等实行择优安置，逐步安排。根据本县的实际情况，制定了全县招收新工人的暂行办法，坚持“面向社会、公开招工、全面考核、择优录用”的原则，企业按工种、岗位需要进行招收，同时实行报名、录取名单等“五公开”。

临时工制 1982 年以后，企事业单位根据本单位要使用临时工情况，向劳动部门申报计划，经同意后，批转劳动服务公司进行组织介绍，否则不准使用。1984 年，经批准试行工资总额随同经济效益浮动的企业，在保证包干工资含量不提高的条件下，需要的临时工由企业自行招收选用，劳动部门再下达计划。其他企业需要招收季节工和一年以内的临时工，在不超过年度总额的情况下，可直接招收。厂址在农村的企业，经劳动部门同意也可在附近农村青年中招收选用。1986 年以后，按国家劳动制度改革的决定，企业招用一年以内的临时工均实行劳动合同制。1988 年采取从严控制工资总额计划和年末职工人数的办法控制压缩计划外用工和临时工的增长。

轮换工制　轮换工制度是1958年“大跃进”中形成的一种用工制度。1980年以后，扩大企业自主权，多采用临时工和计划用工。1986年9月，改革劳动制度时，规定企业继续推行轮换工制度。

劳动合同制　劳动合同是1978年以后实行的一种新的用工形式，是用劳动合同的法律形式来确定和调整劳动者与用人单位之间的劳动关系的一种用工制度。1983年开始执行劳动合同制。1984年劳动合同制扩展到全县各企业。1986年，对全民所有制单位新招工人全部实行劳动合同制。分为5年以上的长期工，1~5年的短期工和定期轮换工。同时除工作期限外，还明确规定工作任务、劳动报酬、劳动保险、劳动保护、劳动纪律以及其他有关的权利和义务。合同制的招收对象主要是城镇非农业人口符合录用条件的待业人员。1988年3月后，用工单位需要招工人，确定增加新工人的合理计划，向州劳动人事局申报，待审批下达后，由用工单位在劳动人事（劳动）行政部门监督指导下组织招收。全民所有制单位的招工计划是国家下达的指令性计划，任何单位和个人不得随意更改和截留，严禁无计划招工。

第二节　劳动就业

1978年县知青办更名为县劳动服务公司，1982年5月县劳动局下设劳动服务公司，1993年更名为劳动就业办公室，专门负责管理劳动就业的培训、安置等各项业务工作。2007年8月6日县编委下文更名为县就业局（股级），为县人事劳动和社会保障局管理的事业单位，承担着贯彻落实国家、省、州有关就业再就业方针政策、统筹城乡就业、开展职业技能培训和职业介绍、实施就业援助、开展劳动保障事务代理等工作，并统筹管理全县劳动就业工作的行政事务。2013年10月升格为副科级事业单位。2011年4月29日，加挂县促进就业小额担保贷款中心牌子，与县就业局合署办公，实行两块牌子、一套人马，2011年县财政注入50万元小额担保贷款基金，共发放4户20万元的妇女小额担保贷款。2012年新增发放就业小额担保贷款193户965万元。2013年新增发放就业小额担保贷款444户3139万元，截至2013年12月31日，全县累计发放就业小额担保贷款642户4124万元，创业者在实现自己创业就业的同时，还带动当地城乡劳动者就地就近就业，2013年新增创业单位3920个，带动就业4546人，创业带动就业效果初显成效。

党的十一届三中全会后，主要贯彻执行中共中央关于“在国家统筹规划和指导下，实行劳动部门介绍就业、自愿组织起来就业和自谋职业相结合”的就业方针，形成多渠道、多样化的就业局面，其中主要有全民所有制单位招工、招干，城镇集体企业、事业单位招工以及自谋职业和劳务输出等。1985年改革招工制度，把招收固定工改为合同工，改变“铁饭碗”和吃“大锅饭”现象。1993年以后，取消了下达指令性招工计划。

1990年州下达县300名的安置任务，实际完成安置301人，其中国有单位招工102人、个体经济181人、劳务输出18人。1991年州下达县安置劳动就业任务300人，实际完成就业安置306人，其中全民企业53人、集体企业116人、个体经济137人，全年共组织78人输送到都匀黄麻厂。1992年全年完成就业安置368人，其中全民企业安置76人、集体企业安置90人、从事个体经济169人、从事各种临时工的33人。1993年州下达的安置任务数为480人，实际完成504人，向外输出劳务109人。2003年全县城镇累计新增就业人数851人，下岗失业人员1446人。扩大城镇失业人员就业113人，实现下岗失业人员再就业473人，“4050”人员再就业54人，为下岗失业员办理了再就业优惠证279人，办理下岗失业人员小额担保贷款69人共135万元。全年共办理969人的求职登记手续（下岗职工428人），发放失业证213本，办理档案托管65份，实现了求职登记、职业指导、职业介绍、培训申请和社会保险关系衔接等“一站式”服务机制。2004 年 4 月 22 日，下发《关于加快为下岗失业人员办理再就业优惠证和小额担保贷款的通知》《关于县公益性岗位安置的通知》，加强全县下岗失业人员再就业优惠证和小额贷款的发放及“4050”下岗失业人员再就业工作。当年持再就业优惠证申请领取小额贷款的下岗失业人员共 60 户计 120 万元，其中微利项目 35 户共 70 万元，非微利项目 25 户 50 万元，再就业项目主要有经营饮食服务业、旅店业、缝纫、美容美发、家电维修等 10 多个项目。2005 年完成新增城镇就业人员 650 人，其中持再就业优惠证上岗 250 人、“4050”人员持证再就业 115 人。当年安置在公益性岗位 112 人，劳动保障协管员 17 人，发放岗位补贴 30 多万元，代缴养老保险金 10 多万元，代缴失业保险金 1 万余元。2006 年完成新增城镇就业 602 人，其中持再就业优惠证上岗 162 人，就业困难人员实现再就业 30 人，城镇登记失业率控制在 4.5%以内，发放再就业优惠证 131 本，当年安置在公益性岗位 119 人。2007 年 8 月 30 日《中华人民共和国就业促进法》出台（2008 年 1 月 1 日起施行），当年完成新增城镇就业 791 人，其中持再就业优惠证上岗 191 人，就业困难人员实现再就业 86 人，城镇登记失业率控制在 3.7%以内，发放再就业优惠证 243 本，当年安置在公益性岗位 86 人。2008 年完成新增城镇就业 1260 人，其中持再就业优惠证上岗 364 人，就业困难人员实现再就业 189 人，城镇登记失业率控制在 3.5%以内，发放再就业优惠证 338 本，当年安置在公益性岗位 104 人。2009 年 3 月 9 日省人劳和社会保障厅出台关于印发《贵州省就业失业登记管理办法（试行）》的通知（黔人社厅发〔2009〕14 号）文件，将再就业优惠证换成贵州省就业失业登记证，就业困难人员的认定范围也由原来的“4050”企业下岗失业人员增加到城镇低保失业人员、残疾失业人员、失地农转非失业人员、长期失业人员、就业困难高校毕业生及其他失业人员共七类，当年办理就业失业登记证 36 本；2009 年 11 月 6 日省人民政府办公厅下发《关于实施更加积极就业政策进一步做好促进就业工作的通知》（黔府办发〔2009〕102 号）文件，将原政策对在公益性岗位工作的就业困难人员享受社会保障补贴和岗位补贴期限不超过三年的规定改为其社会保险补贴和岗位补贴享受期限延长至退休，劳动保障协管员享受岗位补贴标准为当地最低工资标准的 120%，其他公益性岗位补贴标准为当地最低工资标准。受全球国际金融风暴的影响，2009 年完成新增城镇就业 1077 人，其中持再就业优惠证上岗 379 人，就业困难人员实现再就业 262 人，城镇登记失业率控制在 3.9%以内，发放贵州省就业失业登记证 36 本，当年安置在公益性岗位 121 人。2010 年年初，为加大公益性岗位开发，县人民政府办公室印发《三都水族自治县进一步统筹城乡就业加大公益性岗位开发工作实施方案的通知》（三府办发〔2010〕7 号）文件，为做好就业失业登记证管理和发放工作，2010 年 12 月 6 日省人社厅《关于转发〈关于印发就业失业登记证管理暂行办法的通知〉的通知》（黔人社厅发〔2010〕66 号）文件，要求将贵州省就业失业登记证换成全国统一的就业失业登记证，当年办理就业失业登记证 1406 本。2010 年完成新增城镇就业 1141 人，其中持证人员上岗 841 人、就业困难人员实现再就业 599 人，城镇登记失业率控制在 3.6%以内，当年新增公益性岗位 871 个，全县公益性岗位达 1155 人，使用就业专项资金 1335.42 万元。2011 年，由于全省公益性岗位开发幅度过大，就业专项资金缺口大，省政府办公厅于 2011 年 9 月 22 日下发《关于加大就业资金投入开发公益性岗位促进困难人员就业的通知》（黔府办发〔2011〕107 号）文件，要求县级每年投入就业资金不低于 50 万元，且使用公益性岗位单位承担 40%以上的岗位补贴（单位出 300 元以上，就业专项资金补贴 440 元），同时在公益性岗位年限也由原来可做到退休改为“除距法定退休年龄不足 5 年可做到退休外，其余的不超过 3 年”。2011 年年底公益性岗位总为 917 个，当年完成城镇新增就业 1133 人，其中下岗失业人员再就业 415 人，就业困难对象再就业 284 人，城镇登记失业率控制在 3.6%以内；当年使用就业专项资金 1573 万元。2012 年实现城镇新增就业 1503 人，城镇登记失业率控制在 3.38%以内，由于就业专项资金紧缺，公益性岗位从 2011 年年底 951 个降到 405 个，县财政共投入 150 万元解决公管局、交警大队、三合镇、公安局四个单位公益性岗位人员的 40%岗位补贴，其他单位也按文件规定承担40%岗位补贴。2013年，城镇新增就业指标第一次作为省州考核县委、县政府经济发展和小康社会建设的监测指标，州政府对县政府的督查实行一月一通报、一季一排名。为确保新增就业人员信息系统录入准确率、电话抽查准确率、实地核查信息准确率均达100%，县政府办印发了《三都水族自治县关于进一步做好城镇新增就业工作的实施方案》（三府办发〔2013〕118号）和《关于进一步做好城镇新增就业统计核实工作的通知》（三府办发〔2013〕169号）文件，各乡镇主要领导负总责，明确分管领导和工作人员，县人社局作业务指导，经过全县上下共同努力，实现城镇新增就业1827人，电话抽查准确率达100%，就业信息系统录入准确率达100%，城镇登记失业率控制在3.0%以内。公益性岗位337个，全面实施公益性岗位实名制系统管理工作。全面启动创业型城市创建工作，按照省人社厅《关于在全省全面启动创建创业型城市工作的通知》（黔人社厅发〔2012〕21号）和黔南州人民政府办公室《关于印发黔南州以推进创业带动就业工作实施方案的通知》（黔南府办发〔2013〕4号）文件要求，成立以县政府县长任组长，分管副县长、管委会副主任、财政局局长、工商联主席任副组长，相关单位负责人为成员的创建创业型城市工作领导小组，成立创建创业型城市领导小组办公室，办公室设在县人社局，抽调7名工作人员开展创建工作。县委印发《三都水族自治县创建创业型城市工作方案》（三党办通〔2013〕92号）和《三都水族自治县创建创业型城市宣传工作方案》，创建办印发一系列文件，相关成员单位按照工作职责抓好创建工作，组建了领导体系，完善政策支持体系，健全创业培训体系，构建创业服务体系，健全工作考核体系、宣传工作体系，创建创业型城市工作取得阶段性成效。启动全面建设小康社会工作，2013年全面建设小康社会就业水平指标实现73.58%。其中，城镇登记失业率为3.0%，农业劳动力转移就业占比指数为66.4%，农民工返乡创业人数占外出务工人数比重达指数45.53%。

知青安置　从1968年开始知识青年上山下乡运动至1978年停止，前后分17批共1389人上山下乡从事农村体力劳动，其中本县知青658名、都匀知青3名、贵阳知青720名、上海知青8名，安置形式有到生产队落户、回老家务农，到水各国营农场、大河国营农场、拉揽国营林场、雪花洞知青队、水便知青队、公社（乡）集体林场劳动。1979年至1980年，处理知青回城就业等善后工作。在1389名下乡知青中，收回安排的632名，转点外县的615名，升学读书的96名，参军的45名，病故1名。1978年12月以后，根据中共中央批发《全国知识青年上山下乡工作会议纪要》精神，凡上山下乡知青回城参加工作后，其在农村参加劳动的时间可与参加工作后的时间合并计算为连续工龄。1982年1月7日，三都水族自治县上山下乡知识青年办公室撤销。

离退休顶替就业　从1978年实行干部退休、子女顶替工作至1986年12月取消退休顶替规定为止，全县共安排100名子女顶替离退休干部职工的工作。1985年办理职工退休、死亡的子女顶替工作的工勤人员有13人、工人6人、调出工人6人。

合同制就业　自1985年开始试行劳动制度改革，将一次定终身的固定工改为合同工，实行考试制度，择优录取，试用期为3~6个月，视其表现再签订合同，确定雇用年限、工资待遇与固定工一样，但区别于本人每月要从工资内3%向养老保险部门缴纳退休保险金，同时用人单位也按合同工资标准由单位提取15%向养老保险部门缴纳退休保险金，解除了合同工年老退休的后顾之忧。全县从1985年至1986年共招收合同工123人，其中粮食局28人、农机厂11人、供销社50人、三郎酒厂6人、农牧局2人、水电局1人、政府办公室1人、计划生育办公室12人、教育部门3人、其他部门9人。

1985年上级下达给三都合同制招工指标26人，其中被录用安置在商业酒厂6人、粮食部门9人、教育部门3人、农牧局3人、水电局1人、农行1人、县政府办1人、县委办1人、计生办1人。在招收26名工人中，照顾知识分子就业专项指标6人，按规定照顾特殊困难有8人，通过德、智、体择优录用的有12人。

1986 年上级给三都下达招收合同制工人指标 90 人（集体所有制指标 50 名），按照招工条件通过考核德、智、体合格后择优录用，其中安置在粮食系统 20 人、农具厂 11 人、供销社 50 人、其他单位 9 人。

1987 年上级下达三都合同制工人指标 25 人，按照招收合同制工人条件，通过考核德、智、体等择优录用，其中安排在环管站有 6 人。

根据省劳动和社会保障厅黔劳社厅函〔2003〕129 号和黔劳社局发〔2003〕79 号《关于开展劳动合同专项检查活动的通知》精神，结合县情实际，于 2003 年 8 月 19 日在县城范围内进行为时两天的劳动合同专项检查活动，对县内大型企业、饮食行业、旅社、美容美发、超市等行业，按照《中华人民共和国劳动法》《中华人民共和国合同法》等相关法律法规，检查用人单位履行招工情况，劳动合同的订立、履行、变更、续订、解除及终止的情况，集体协商双方代表根据法律法规规定劳动报酬、工作时间、休息休假、劳动安全卫生、保险福利等事项，在平等协商一致基础上签订的书面协议情况，检查企业建立内部规章制度等，共检查 12 户用人单位，涉及劳动者 377 人。

2005 年根据工作需要向社会招收合同制工人（驾驶员）8 人。全年州下达劳动就业任务为：新增城镇就业人员 550 人，其中促进下岗再就业 200 人、促进“4050”人员持证再就业 30 人，登记失业率控制在 4.5%以内。全年实际完成新增城镇就业人员 650 人，主要得益于加大对优惠政策的扶持和公益性岗位开发力度，其中持再就业优惠证上岗 250 人，“4050”人员持证再就业 115 人，失业率控制在 4%。2005 年安置在公益性岗位 112 人，劳动保障协管员 17 人，总共 129 人，为他们发放了岗位补贴 30 多万元，代缴养老保险金 10 多万元，代缴失业保险金 1 万余元。

2006 年通过开展面向社区居民的便民利民服务、公共服务项目，挖掘社区就业岗位，重点解决就业困难的“4050”人员再就业。全年通过开发交通协管、环卫保洁、看楼护院、家政服务、家电维修、早点小吃等社区就业岗位，共新增岗位 52 个，解决了部分下岗失业人员在社区的再就业问题。公益性岗位的开发既解决了就业困难对象的基本生活问题，同时又为他们支付社会保险、职业培训等费用，切实为大龄就业困难对象排忧解难。2006 年州级财政拨付全县就业再就业资金共 110 万元，就业再就业支出 84.7 万元，其中协管员工资 5.6 万元、公益性岗位补贴 33 万元、社会保险补贴 14 万元、劳动力市场建设 11 万元、再就业培训 14.5 万元、职业介绍补贴 6.6 万元。

2006 年，全县劳动就业工作以突出新增就业岗位、促进再就业、控制失业率三大工作为重点，破解大龄特困人员再就业、农村富余劳动力转移两个工作难点，通过加强基层劳动保障平台建设，确保各项工作顺利推进。全年促进新增城镇就业人员 602 人，其中失业下岗人员持证再就业 162 人、“4050”人员持证再就业 30 人，按照政策，共减免各类税费 11.9 万元，大力开展再就业援助活动。据统计失业率控制在 3.72%以内。全年认真落实各项再就业扶持先后开发和续签安置公益性岗位 123 人。其中，“4050”交通协管人员 10 人，“4050”保卫、保洁人员 60 人。36 户“双下岗”、25 户“零就业”家庭实现再就业。为符合条件的下岗失业人员办理再就业优惠证 182 本，建立了下岗失业人员再就业优惠证发放台账并录入微机管理。持证人员中有 202 人享受国家有关扶持政策，150 人实现再就业。为 2300 名城镇失业人员、农村劳动者办理求职登记（城镇失业人员办理求职登记 558 人，发放失业证 140 本，办理档案托管 57 份）。为强化劳动力市场基础设施建设，全县对劳动力市场共投入 11 万元。全年完成统筹培训 1910 人，其中再就业培训 260 人，分别完成任务数的 151%、153%。同时举办就业再就业培训班 6 期，共培训 910 人次（再就业计算机技能培训 139 人，再就业烹饪培训 109 人，再就业驾驶培训 12 人，劳务输出岗前培训 650 人），培训内容主要有电子、电工、首饰加工、缝纫、计算机、烹饪、汽车驾驶等，通过培训实现就业 798 人，培训就业率达 88%以上。

2007 年通过完善就业服务制度，加强职业技能培训、提供就业援助等有效措施，创造就业条件，扩大就业，先后共安置下岗失业人员 18 人，办理再就业优惠证 243 人，并开展“4050”人员，

“零就业”家庭成员等就业困难对象专场招聘会2场，开发公益性岗位共实现就业121人，其中“4050”人员再就业83人；完成农民工技能就业培训1834人，就业率达100%；完成劳务输出7046人，其中有组织输出912人。

2008年通过完善就业服务机制、加强职业技能培训、提供就业援助等措施，创造就业条件，扩大就业范围。全年实现城镇新增就业1260人，完成州年度目标任务的180%；下岗失业人员持证再就业364人，完成州下达任务的146%；办理再就业优惠证338人。通过开展“4050”人员、“零就业”家庭成员等就业困难对象专项招聘会1场，开发公益性岗位实现就业135人，其中“4050”人员再就业97人、“零就业”家庭成员38人。完成就业再就业培训264人，培训后就业率达到88%；完成农民工技能就业培训2053人，就业率达100%。完成劳务输出7653人，占州下达年度目标任务的118%，其中有组织输出1026人，占州下达年度目标任务的128%。积极做好返乡农民工的登记和就业服务工作，截至2008年12月31日，三都外出务工人员返乡共3585人，返乡人员占外出务工人员的6%，其中有组织输出返乡54人、自发输出返乡3531人。

2009年部署落实就业再就业工作，举办3次就业服务活动，提供就业岗位2000余个。开展“2009年高校毕业生公益服务月”活动1次，2000多名高校毕业生踊跃报名，为高校毕业生信息库的建立提供了数据源。全县完成城镇新增就业739人，下岗失业人员持证再就业297人，其中“4050”人员实现再就业203人，城镇登记失业率控制在3.9%以内。解决2户“零就业”家庭成员就业困难。做好返乡农民工就业服务及劳务输出工作，到21个乡镇开展劳务输出宣传活动2次，共发放用工信息7860份，各种维权资料3200份；在县城开展劳务输出宣传活动2次，发放用工信息4600份、各种维权资料3800份。共完成劳务输出6972人，其中有组织输出808人。

2010年部署落实就业困难人群就业再就业工作，全年消除“零就业”家庭1户，开发公益性岗位安置871名就业困难人员。不断加强与长三角、泛珠三角等地区的劳务合作，积极为县内外出务工人员牵线搭桥，建立三都外出务工人员服务站，在江苏等地建立2个服务站。大力开展“就业服务月”“就业服务周”等系列活动，努力为高校毕业生等人员搭建就业平台。2010年三都共举办各类现场招聘会6场次，提供就业岗位2000余个。按照“六个一”的要求，抓好21个乡镇人力资源和社会保障所建设和1个充分就业小区建设。同时，以开展“和谐三都民生行”——人力资源和社会保障政策法规宣传年活动为载体，积极走进学校、走进社区、走进企业、走进农村，并采取网络、报刊、招聘会等形式，大力开展就业政策宣传，发布人才供求信息、用工信息100余条，开展“一法一条例”宣传月活动，发放《一法一条例100问有奖知识问答》《就业维权政策问答》3000余份。

2011年，继续坚持把高校毕业生就业摆在就业工作的首位，采取多形式，统筹抓好高校毕业生、就业困难人员、农民工等重点人群就业再就业工作。全县完成城镇新增就业1107人，占任务1100人的100%；完成下岗失业人员再就业362人，占任务300人的120%；完成就业困难对象再就业258人，占任务240人的108%；城镇登记失业率控制在3.6%以内；完成转移农业劳动力就业6782人，其中有组织转移农业劳动力841人，分别占任务6500人的104.5%、800人的105%。劳动者技能就业培训完成888人，占任务1090人的81.5%，年初组织941名农民工及城镇登记失业人员参加的汽车驾驶培训，年底有320人得证，全年劳动者技能就业培训完成1200人，完成任务1090人的110%。

2012年，实现城镇新增就业3211人，完成任务1700人的188.9%，其中下岗失业人员再就业496人，完成任务数400人的124%，就业困难人员再就业303人，完成任务数300人的101%。转移农业劳动力就业7792人，完成任务数6500人的119.9%，其中有组织转移农业劳动力842人，完成任务数800人的105.3%。城镇登记失业率控制在3.59%以内。完成城乡劳动者技能就业培训1296人，完成培训任务数980人的132.24%，其中完成农民工及下岗失业就业技能培训742人，完成企业新录用人员岗前培训239人，完成微型企业创业培训65人，完成农村实用人才实用技术培训250人。

2013年，全县实现城镇新增就业2570人，为州下达全年目标任务2000人的128.5%，比2012年同期增长15.3%。下岗失业人员再就业414人，为州下达年目标任务400人的103.5%，其中就业困难人员再就业302人，为州下达年目标任务300人的100%。城镇登记失业率控制在3.0%以内。完成农村劳动力转移就业11942人，为州下达年目标任务5100人的231.4%。完成劳务输出7142人，其中有组织输出812人。完成城乡劳动者就业技能培训1419人，完成任务目标780人的181.92%。新增发放就业小额担保贷款449户3270万元，完成年目标任务2000万元的163.5%（就业小额担保贷款437户3095万元、微企11户175万元）。以实施“四个一”工程创业带动就业工程为载体，优化创业环境，落实创业扶持政策，围绕“突出地方品牌，打造地方特色”的工作亮点，按就业创业“四个一”工程要求，每个乡镇必须抓好10个创业示范点（户）创建工作、组织引导至少1名返乡农民工到县农民工返乡创业园创办企业。全县城镇登记失业人员期末实有数528人，城镇期末从业人员总数15952人；农村劳动力转移就业总数达63542人，累计第一产业就业人数114862，累计农民工外出务工人数63842人，累计农民工返乡创业人数达3902人，农民工返乡创业人数占外出务工人数比重达6%。

第三节 劳动服务

1981年2月，全县对1968年至1980年初、高中毕业而实际文化水平达不到实际水平的职工，以及1966年以来参加工作，未接受过专业技术培训的三级工以下的青壮年职工进行初中文化补课和初级业务技术补课，即“双补”教育。1985年全年完成劳动就业培训128人，安置252人。1987年进行待业青年就业岗前培训111人，全年安置252名待业青年就业，其中安置到全民单位32人，集体企业152人，自谋职业68人。1988年开展岗前技能培训163人，经培训后的就业率达78%。

进入20世纪90年代，根据建立社会主义市场经济体制时期劳动制度改革的总需要，加强对特殊工种的岗位培训，职业技能培训，1995年成立县劳动就业培训中心，由劳动就业办组织实施，重点对象是就业岗前培训、下岗再就业培训和劳务输出培训，举办了电工、电焊、家电修理、车辆修理、烹调、美容美发等各类专业学习班，并经培训考试，考核合格发证后上岗。1998年全年完成203人技能培训，其中职校培训80人、农机培训28人、卫技培训38人、民族纺织厂培训8人、公司培训23人、个体户专业技能培训26人。全年完成待业人员安排任务共313人，有组织地组织劳务输出2批共74人。

2000年各个培训中心加强下岗职工的转岗培训和再就业培训工作，同时组织劳务输出3批共87人，全县自发输出2710人。2001年开办了微机、烹调、机电、种养四个专业培训班，参训人员达1040人次，有370人经过国家第六十二职业技能站鉴定考核，有28人凭证开办个体经营企业。2002年围绕全州“三年二万四”再就业培训的目标任务，开展计算机、烹调、修理、美容美发等基本技能培训，培训人数达500人次。2003年7月10日至25日，县人劳社保局、县总工会和县职教中心等部门联合在职校对75名国有企业下岗失业人员进行再就业的中西式烹饪专业技术免费培训15日，培训结束后，经州级劳动技能鉴定部门考核合格，颁发给全国通用的职业资格证书，都获得了再就业的机会。2006年、2007年继续由县劳动就业培训中心组织下岗失业人员和农民工参加就业技能培训。因全省劳动就业技能培训出现问题，2008—2009年未开展下岗失业人员和农民工就业技能培训。2010年2月23日省人社厅下发《关于进一步加强职业技能培训工作的通知》（黔人社厅函〔2010〕78号）文件后，又继续开展职业技能培训工作，当年完成就业技能培训1146

人，其中完成农民工培训1000人、下岗失业人员培训86人、创业培训60人，培训专业有汽车维修工、汽车驾驶、电焊工、电工、计算机操作员、电动缝纫工、餐厅服务员、烹饪、水族马尾绣九个工种。2011年完成职业技能培训1284人。2012年完成职业技能培训1275人。2013年完成职业技能培训1553人，其中完成创业培训723人。

第四节　企业流动职工托管

2000年全县264名下岗职工中，进入县人劳社保局再就业服务中心签协议的有116名。为确保下岗职工基本生活费按时足额地发放到下岗人员手中，先后筹措资金48.28万元（州拨37万元、银行利息0.93万元、企业筹集10.35万元），共发放下岗基本生活费46.8万元，年末基金结余5.36万元。由于资金筹措到位，发放及时，确保了全县9个国有企业116名下岗职工一年的基本生活费。在开展帮困解困工作中，共筹措帮困资金5.37万元，解决18个困难企业181户特困户和企业离退休职工在元旦、春节期间的基本生活费，共发放基本生活费4.89万元。

在全县32家企业中，职工1100多人，其中已下岗职工573人，占职工总人数的52.1%。由于下岗职工人数多，比重大，同时又处在一个经济发展缓慢的边远少数民族贫困县，再就业难度和压力较大。从2000年至2002年年初这两年的时间里，帮助下岗职工走上再就业之路，在573名下岗职工中，符合条件进入再就业服务中心并签订协议托管的下岗职工有298人，占进入中心总数的75.84%。其中，69人在正确的职业指导和提供职业信息帮助下，重新应聘到其他工作岗位；27人通过再就业掌握了一技之长后自谋出路；36人在工商、税务、城管等部门的帮助下成了个体工商户；63人在托管期间劳动合同到期出中心；有31人退休。出中心再就业率达58.5%。2002年有64人协议期满出中心，已出中心的226名下岗职工没有一人上访，也没有出现集体上访和群体性事件发生。

第五节　工资与福利

工资调整　1978年全县有4128人升级，月增工资19929元；1979年有2937人升级，月增工资9125元；1980年有1696人升级，月增工资10694元；1983年有1294人升级，月增工资8589元。1985年7月，国家对工资制度进行重大改革，改革后的工资总额分为四个组成部分，即基础工资、职务工资、工龄工资和奖励工资，全县国家机关、事业单位参加工资改革3255人，单位自筹工资改革398人，月增工资63978元，企业参加工资改革1020人，月增工资7994元。1986年，企业参加工资改革1082人，月增工资17715元。1987年对国家机关事业单位部分人员升级增资，共办理868人。1988年全县共办理职务升降工资149人；按有关文件规定办理中小学教师工资10%升级共2049人，月增资13031元，全县共增资156372元；办理提高退休人员退休费标准316人，月增资1933.24元；给国家机关工作人员晋级调资426人，给新聘任专业技术职务人员进入最低等级工资77人，共增资8664.20元；给执行定级工资的大中专生办理工资升级163人，月增资1065.50元；办理提高中级职称人员的工资待遇2人，月增资14元；办理提高工人退休费122人，月增资718.58元。1989年办理干部职工工资升级1777人，月增资13167.73元。办理企业干部职工工资升级的有82人，月增资482元。办理护士提高工资10%的有44人，月增资316.50元；办理专业技术职称兑现的328人，月增资2209元。

1990年共办理国家机关、事业单位工资升级4220人，月净增资52580元。按照有关企业调资政策办理全民企业干部职工（含合同制工人）调资升级的 770 人，月增资 7473. 30 元；集体企业 528 人，月增资 4259. 80 元；办理全民企业有 89. 6%的升级人数为 678 人，月增资 3788. 90 元；集体企业 424 人，月增资 2303. 80 元；办理 8%晋级人数 21 人，月增资为 122. 20 元。全年共办理离退休和退职人员调资手续 455 人，月增资 7021. 49 元。1991 年办理提升职务工资进档 1 人，月净增资 12. 50 元。办理调整企业职工工资标准手续 1354 人，月净增资 8124 元。办理调整企业 3%工资晋级手续的 10 个单位，18 人，月净增资 86 元。对大中专毕业生符合办理转正定级手续的 66 人，确定行政职务 105 人，为 38 名合同制工人办理转正定级手续，月净增资 152 元。1992 年办理升级手续工资 856 人，月净增资 6525. 40 元；办理国家机关、事业单位工作人员增加奖励工资 4578 人，月净资 111980 元；办理增发企业离退休人员 10%工资手续 275 人，年增资共计 49500 元；办理合同制工人转正定级手续 29 人，办理企业职工工资进入最低等级线手续 3 人，月增资 18 元。1993 年办理 698 人升级手续，月增资 4789. 8 元；办理 31 人升级手续，月增资 238. 90 元；办理调整 48 人的工龄更正手续，工龄工资月增资 48 元。办理企业职工工资普调手续 1271 人，月净增资 6891. 80 元；按规定为四户工效挂钩企业结算并按挂钩原则给予升级调资 31 人，月增资 186. 40 元，为新挂钩企业一户追加调资额 10 人，月增资 68. 80 元；给县物资公司 8 格升级面调资 8 人，月增资 50 元，办理调资手续 36 人，月增资 464. 20 元，办理 3%升级手续 3 人，月增资 19 元；办理企业职工进入最低等级线手续 6 人，月增资 68 元。1994 年全县共有 5364 人参加工改，其中财政开支的 4905 人，自收自支的单位 445 人，差额拨款的事业单位 14 人，月净增工资 370608 元。1995 年全年共办理浮动转固定而加定一档职务工资 698 人，提升职务及调入人员工资的 109 人，原获州以上奖励工资工改后加一档 13 人，总共 820 人，月增资 14000 元。

2001 年办理工资调标（2 次）共 19661 人次，月增资 1465576 元；增加离退休费共 2446 人，月增资 229006 元。2003 年为全县 2001—2002 年两年考核基本称职以上的国家机关单位工作人员办理工资晋升共 1141 人，月增资 28506. 5 元；为 1998—2002 年五年考核基本称职以上实行职级工资国家机关事业单位工作人员办理了级别工资晋升，共审核 1129 人，其中符合条件 502 人，月增资 20333 元；审批 2002 年度年终一次性奖金共 5404 人，奖金总额 3728706 元，对考核不称职和基本称职扣回年终奖金 2436 元。为行政单位 347 人晋升职务工资，月增资 6521. 5 元，技术工人晋职晋资 4 人，月增资 105 元，办理行政事业单位“三优”人员晋升级别工资共 77 人，月增资 2917. 5 元。复查审批在职人员 5707 人，月增资 265346. 5 元，离退休 1408 人，月增资 69940. 5 元，遗补 526 人，月增资 13385 元。

2005 年，发放晋升工资档次工资，年终一次性奖金，增加离退休人员和年终一次性生活费。办理 2003—2004 年两年考核基本称职以上的国家机关事业单位工作人员工资晋升共 1286 人，办理晋升级别工资 146 人，办理连续三年考核优秀晋升工资 141 人。办理职务晋升工资 69 人，月增资 1095 元；技术工人晋升技术等级工资 18 人，月增资 410 元，办理岗位变动的变动工资 32 人，办理提升学历工资 29 人，月增资 1401 元。

2006 年根据省组通〔2000〕111 号文件精神，审批连续三年考核优秀晋升工资 207 人，月增资 7201 元；连续五年考核称职晋升级别工资 191 人，月增资 6651 元；晋升职务晋升工资 406 人，月增资 14210 元；岗位变动工资 71 人；办理降职降工资 2 人。

按照省人事厅黔人通〔2005〕48 号文件以及州政府办黔南府办〔2005〕103 号文件要求，三都开展软件的推广使用工作，经过全县各机关事业单位的积极配合，完成了该系统的推广工作并完成信息采集与数据回收，从 2006 年 5 月起应用该系统进行正常工资审批管理。

2007 年为调动三都干部职工的工作积极性，切实关心他们的生活，兑现有关政策规定。根据周边县市已经提高岗位补贴的情况，而三都的岗位补贴是按 2004 年 5 月省人事厅通知的标准再降 50 元执行，因此三都拟按 2004 年 5 月省人事厅通知的标准执行（每个职务在原基础上提高 50 元），平均每人月增 50 元，全县有 7236 人（含离退休）享受岗位补贴，预计发放时月增资 361800 元。从 2007 年 1 月 1 日起按新标准发放。

按照黔府发〔2006〕45 号文件要求，完成了全县工资制度改革。参与工改人数 8096 人，月增资 252 万元。

审批机关、事业单位工作人员晋升职务晋升工资 137 人，月增资 13944 元；机关工作人员晋升级别工资 88 人，月增资 2435 元，事业单位工作人员正常晋升薪级工资 3831 人，月增资 97440 元，审批警察警衔津贴 8 人，月增 72 元；工资软件升级培训 176 人次，顺利完成全县工资软件升级工作；办理工人工作转移 6 人；招考合同制驾驶员 8 人；完成遗属补助增资工作，平均每人增 35 元；完成警察警衔津贴调整工作，平均每人增 50 元。

2008 年，根据黔府发〔2006〕45 号文件，黔人发〔2007〕112 号、113 号文件精神，组织开展了 2008 年度机关、事业单位工作人员考核晋升工资的审批工作。2008 年参加考核晋升增资总人数为 5588 人，月共增资为 169103 元。其中，机关工作人员两年考核晋升级别工资档次 1375 人，月增资 61692 元；机关工作人员正常晋升级别工资 155 人，月增资 4753 元；事业单位工作人员考核晋升薪级工资 4058 人，月增资 102658 元。共办理职务晋升及岗位变动 307 人，变动前后工资差额为 18232 元，其中学历晋升 41 人，月增资 986 元。

按照《关于印发〈黔南州规范公务员津贴补贴方案〉的通知》（黔南纪发〔2008〕7 号）文件精神，三都及时成立了领导小组，并组织开展各项工作。对全县现行发放的津贴补贴情况进行摸底调查，为确保有关数据的相对准确，对全县机关在职人员和离退休人员职务层次结构和津贴补贴的发放情况等基本数据重新进行了调查与核对。

根据三都机关公务员队伍的实际情况，经过反复测算，初步定出了 4 个范围 28 个标准的方案，并认真进行分析、研究，前后进行了多次修改、测算，并制订了《三都水族自治县规范津贴补贴工作实施方案》和《规范津贴补贴有关说明》。

2009 年 1 月参加考核晋升增资总人数为 4616 人，月共增资为 114789 元。其中，机关工作人员两年考核晋升级别工资档次 36 人，月增资 1215. 20 元；事业单位工作人员考核晋升薪级工资 4578 人，月增资 113403. 80 元；滚动晋级 32 人，月增资 815 元。学历晋升工资 36 人，月增资 1549 元；岗位变动晋升工资 44 人，月增资 1749 元。

在清查、测算的基础上，认真研究制订三都规范公务员津贴补贴工作实施方案，使规范津贴补贴工作得以顺利实施。此次共有 72 个单位 2469 人纳入规范津贴补贴范围，共追补资金 12138795 元，规范后月共增资 748890 元。

义务教育学校绩效工资工作，按照省州义务教育学校实施绩效工资有关精神，认真组织摸底调查和测算，并报经州义务教育学校绩效工资办公室批准实施。全县共有 28 个单位参加实施义务教育学校绩效工资，涉及人数 3586 人，其中在职 3080 人、退休 506 人。已完成基础性绩效工资部分兑现工作，在职人员月人均增资 377. 50 元、退休月人均增资 420. 40 元。

2010 年 1 月，三都机关、事业单位工作人员办理工资档次晋升，全县符合考核晋升工资档次的人数为 6705 人，月增资额为 241380 元。组织好公共卫生和基层医疗卫生事业单位工作人员以及其他事业单位工作人员绩效工资的兑现工作，准确测算好各职级执行标准，并根据三都实际情况，认真制订绩效工资实施方案。继续完善机关公务员规范津贴补贴和义务教育学校教师绩效工资后续扫尾工作。严把工资福利政策关，对职工工资、年终一次性奖金、遗属生活困难补助、工资基金以及各种增资等的审批做到不错不漏；建立职工工资和遗属补助动态管理机制，及时掌握工资变化情况，对已失去享受遗补的人员认真清理。

2011 年，三都机关事业单位工作人员考核晋升，共审批 4642 人次，月增资 167042 元，人均增资 35. 49 元，其中五年晋升级别工资 652 人、机关两年考核晋升工资档次 26 人、正常晋升薪级

3964 人。审批学历晋升工资 32 人，月增资 4404 元，人均增资 137.60 元；审批职务晋升 1163 人，月增资 147681 元，人均增资 126.98 元；审批岗位变动晋升 18 人，月增资 1293 元，人均增资 71.83 元。

2012 年全县机关事业单位工作人员考核晋升，共审批 4642 人次，月增资 167042 元，人均增资 35.49 元，其中五年晋升级别工资 652 人、机关两年考核晋升工资档次 26 人、正常晋升薪级 3964 人。学历晋升工资 58 人，月增资 9820 元；审批职务晋升 89 人，月增资 2127 元；办理岗位变动晋升工资 76 人，月增资 5035 元。

2013 年，按政策及相关文件要求，每月 1 日至 10 日进行审批常规月工资，涉及 121 个机关事业单位 6938 人，转正定级工资审批 365 人，新参加工作工资审批 560 人。全县机关事业单位工作人员考核晋升，共审批 4735 人，月增资 171079 元，人均增资 36.13 元，其中五年晋升级别工资 113 人、机关两年考核晋升工资档次 145 人、正常晋升薪级 4477 人。共审批学历晋升工资 49 人，月增资 6472 元；审批职务及岗位变动 222 人，月增资 58648 元。

津贴 全县津贴分为保健津贴、卫生、防疫津贴和医疗卫生津贴、岗位津贴、环卫津贴、“三龄”津贴等五类，1979 年提高 8 种主要副食品销售价格以后，保健津贴相应提高 1 元的补贴。1985 年以后，全县在国家机关、事业单位实行工龄津贴制度，工龄津贴按每满一年 0.5 元发给职工，以后工龄津贴提高到 1 元；对现任教师实行教龄津贴，对医疗卫生单位从事护理工作的护士实行护龄津贴。“三贴”津贴标准，均按实际工作年限计算，每年 0.5 元，列入工资发放，进入 20 世纪 90 年代后，“三龄”津贴均有所提高。

1992 年办理在职、离退休人员提高工龄津贴手续 4984 人，月净增资 44856 元。1993 年按规定审批办理教、护龄津贴手续 139 人，月增资 414 元，并审批增发 4696 人在职人员的节约奖月增资 23480 元，审批在职人员 4696 人的交通费，月增资 84528 元。1994 年办理提高教、护龄享受 10% 工资津贴待遇共 1866 人，月增资 35976.70 元。办理知识分子生活补助 346 人，月增资 2048 元。

2001 年办理计生、公检法等各类津贴 282 人，月增资 9492 元；办理职务晋升、高龄补贴、遗属补助、一次性抚恤等 1260 人；办理浮动转固定工资 2215 人，知补 255 人。同时审批了国家机关事业单位工作人员和离退休人员边地津贴共 9723 人，月增资 814938 元；提高遗属补助费 509 人，月增遗属生活补助费 20720 元。2003 年办理增加教育护龄津贴 557 人，月增资 1774 元；高龄津贴 27 人，月增资 540 元；岗位变动工资 32 人；职工死亡一次性抚恤 26 人抚恤费 236133 元，享受遗属补助 21 人，月增遗补费 5040 元；护士提高 10%工资 11 人，月增资 258.5 元；提高警衔津贴标准共 15 人，月增资 210 元。2005 年办理增加教、护龄津贴 72 人，月增资 206 元；办理高龄及护理津贴 12 人，月增资 350 元；发放 2004 年度年终一次性奖金，对 4 名考核不称职和 2 名基本称职人员扣发年终奖共 3170 元，发放 2004 年下半年的岗位补助。办理职工死亡一次性抚恤金 33 人，抚恤费 303362 元；办理享受遗属补助 34 人，月增遗补费 8700 元；取消不符合享受遗属补助条件 2 人，停发月遗补金 540 元；根据黔南人通〔2004〕27 号文件，提高警衔津贴 147 人，月增资 1498 元。

粮价补贴 从 20 世纪 60 年代开始到 90 年代，国家对职工先后实行粮食差价、副食品差价、知识分子生活费进行补贴。1978 年 7 月三类地区的粮贴提高 1 元、四类地区提高 0.6 元。1979 年 11 月，在调整偏低工资标准和提高工资区类别时，按所增加工资的 1/4 冲销了部分粮贴，这年 11 月 1 日以后参加工作的职工，不再享受粮价补贴。调整后的粮价补贴标准为 2.1 元、2.3 元、2.5 元、2.7 元、2.9 元不等。

知识分子生活补贴 1984 年 7 月，在全县实行知识分子生活补贴。其标准为：1966 年年底以前的大学本科毕业生、1963 年年底以前的大学专科毕业生、1960 年年底以前的中专毕业生每人每月补贴 15 元，1970 年以前的大专毕业生，每人每月补贴 12 元，1966 年年底以前的中专毕业生每人每月补贴 10 元，1971 年以后毕业的研究生工作年限满 3 年、大学本科毕业生工作年满 5 年、大学专科毕业生工作年满7年、1967年以后的中专毕业生工作年限满10年者每人每月补贴6元。1985年县政府决定，按照上级有关文件规定，凡省内九个地（州）中专以上毕业生分配到三都水族自治县工作的，发给浮动工资一级，满8年转为固定工资后，再向上浮动一级。

副食品价格补贴　1979年10月，从11月1日起实行副食品价格补贴。全民所有制企业、集体所有制企业和国家机关、人民团体、事业单位的固定职工（含学徒工），每人每月发给副食品价格补贴5元。

福利　1981年以前按每人每年1.5元提取福利费，1982年以后按工资总额的2.5%提取，一般按年提取，由各单位根据职工困难程度评定发放。进入20世纪90年代后，国家机关、事业单位由县财政年终一次性按每人60元拨发。福利费主要用于职工生活困难补助及集体福利设施，各企业的职工生活补助费由各级工会掌握使用。

休假制度　1987年8月，恢复休假制度，国家机关、事业单位工作人员实行休假制度，每年休假按工龄规定，即工龄5~9年休假10天，10~19年者休假20天，20~29年者休假25天，30年以上者休假30天。1995年开始，国家机关、企事业的单位职工均实行双休日制度。

探亲假　1981年，在全民所有制单位工作满一年的职工，探亲假每年一次30天，路途时间为2~9天。未婚职工探望父母一年一次20天，职工自愿或工作需要两年探亲一次45天。已婚职工探望父母四年一次20天，探亲期间和往返途中工资照发，职工探望配偶和未婚职工探望父母往返的路费由职工所在单位报销，已婚职工探望父母的往返路费，在本人月标准工资30%以内部分自理，超出30%部分由职工所在单位负担。

产假　1981年以后，女职工实行计划生育只生一个孩子的给予半年的产假，工资照发，对办理独生子女证的，从办证之月起，每月发4元的保健费，发至孩子满14岁为止。

病伤待遇　进入20世纪80年代以后，国家机关、事业单位的工作人员病假在两个月以内工资照发；病假在3个月至6个月以内且工龄满10年的病假工资照发；病假超过6个月且工龄不满10年的发病假工资90%，病假工资低于30元的，按30元发给；病假超过6个月而符合离休条件的，病假工资照发。企业改为病假超过6个月工龄在3年以上的，一律发病假工资60%。

抚恤费　国家机关工作人员死亡后，除了发给丧葬费、一次性抚恤费外，还发给遗属定期生活困难补助费。1979年调整牺牲抚恤费最高为700元、最低为500元，病故抚恤费最高600元、最低400元。1986年民政部、财政部规定，国家机关工作人员因公牺牲抚恤费为死者本人生前工资的20个月，病故抚恤费为10个月，最高数额不得超过3000元，离退休人员按本人金额工资计发。遗属生活困难补助费，1988年进行了调整，居住在城镇的每人每月由原来补助12~15元调到30~35元，居住在农村的每人每月补助的8~12元调到25~30元。工龄未满5年的工作人员死亡后，其遗属生活困难补助只能按上述标准的最低额发给。企业职工死亡和直系亲属的抚恤主要执行《劳动保险条例》。省劳动局于1984年11月发出《关于改进企业职工死亡待遇的试行规定》后，全县从1985年1月1日开始实行这一规定，取消了因工死亡职工按死者本人工资的25%~50%的抚恤费和因病或非因工死亡一次性生活救济费。增加为：因工死亡丧葬费300元，一次性抚恤费400元，住城镇的亲属生活补助费每人每月24元，住农村的生活补助费每人每月20元；因病或非因工死亡的丧葬费200元，一次性抚恤费300元，住城镇的亲属生活补助费每人每月20元，住农村的生活补助费每人每月16元。同时还规定补助费总额原则不得超过死亡职工生前的标准工资，发至失去供养条件时为止。1988年3月，省劳动局又发了补充规定，对供养直系亲属的生活补助标准调整为：因工死亡的家住城镇每人每月25~30元，家住农村每人每月20~25元，孤身一人的每月30~35元；因病或非因工死亡的家住城镇每人每月15~20元，家住农村的每人每月10~15元。孤身一人的每月20~25元。企业可根据自己的经济承担能力，在规定的幅度内自行确定。1988年，省劳动局对企业死亡职工的各项待遇又调整为：因工死亡的丧葬费400元，一次性抚恤费800元；因病或非因工死亡的丧葬费300元，一次性抚恤费400元；供养直系亲属的定期生活困难补助费，比1986年的规定标准每一档增加5元。

2005年5月30日，县人民政府三府常议〔2005〕8号常务会议纪要议定，按新标准发放干部职工岗位补助，从2005年1月1日起执行，发放范围为原第一次享受岗位补助的人员。

2006年工作人员死亡审批抚恤金31人，抚恤金248600元；审批遗属困难补助23人，补助金6255元；办理高龄补贴15人，月增300元；审批机关、事业单位2006年年终一次性奖金5782人，奖金46.3万元；离退人员1219人，年终一次性生活费5.5万元。

2007年办理工作人员死亡审批抚恤金27人，抚恤金320562元；办理高龄补贴10人，月增200元；新增遗补20人，月增5420元；办理教护龄津贴122人，月增390元；完成遗属补助增资工作，平均每人增35元；完成警察警衔津贴调整工作，平均每人增50元。

2008年，为进一步落实从优待警措施，切实解决人民警察的待遇问题，根据黔人通〔2007〕164号文件和三府常议〔2008〕9号会议纪要精神，提高全县公安、人民法院、人民检察院、林业派出所在职公安干警的值勤津贴，共审批199人，月增资35480元。2008年共审批死亡抚恤金67人，发放抚恤金2116791元。新增遗属72人，月增加遗属补助21910元。完成离退休高龄补贴费审批39人，月增资780元；完成教护龄津贴审批40人，月增资63元。根据人事部、财政部国人部发〔2007〕106号文件及省人事厅、财政厅〔2007〕167号文件精神，对全县检察系统取得相应等级检察官、审判官资格的，按照相应标准审批检察津贴和审判津贴，共有16人享受检察官津贴，月共增资3739元；审批法官审判津贴29人，月共增资6325元。根据有关警衔津贴政策规定，1—8月全县共有25人晋升警衔，并办理了警衔津贴审批，月共增资3210元。审批政法干部岗位津贴1人，月增资294元。

2009年，根据有关政策规定，共审批机关事业单位工作人员死亡一次性抚恤金56人，发放抚恤金1083344元。新增遗属44人，月增加遗属补助10410元；共完成高龄补贴审批56人，月增资1120元；完成教护龄津贴审批282人，月增资710元。2009年上半年共审批警衔津贴60人，月增资5471元，审批法官津贴11人，月增资150元。

2010年，审批学历晋升工资49人，月增资4626元；审批职务晋升33人，月增资3833元；办理岗位变动晋升工资8人，月增资574元。共审批机关事业单位工作人员死亡一次性抚恤金32人，发放抚恤金828560元。新增遗属19人，月增加遗属补助6230元。共完成高龄补贴审批22人，月增资440元；完成教护龄津贴审批325人，月增资849元。审批警衔津贴13人，月增资513元。按时完成全县机关事业单位工作人员考核晋升的审批工作，共审批5943人次，月增资205782.10元，人均增资34.63元。审批414人浮动转固定工资，月增资11286元，完成审批大中专毕业生转正定级61人。根据黔人通〔2007〕115号、黔人通〔2007〕116号文件精神，及时办理机关事业单位工作人员退休审批手续，截至8月底，共办理退休审批11人。

2011年共审批机关事业单位工作人员死亡一次性抚恤金57人，发放抚恤金1673.56万元。新增遗属46人，月增加遗属补助1.38万元；共审批警衔津贴17人，月增资1019元；调整法院、检察院办案人员岗位津贴91人，月增资20566元；审批司法员岗位津贴49人，月增资2112元；审批信访津贴7人，月增资1645元；共完成教护龄津贴审批189人，月增资446元；共完成88个单位3849人的年终一次性奖金审批、兑现工作。

2012年共审批机关事业单位工作人员死亡一次性抚恤金48人，发放抚恤金126.75万元。新增遗属34人，月增加遗属补助13600元；共完成高龄补贴审批36人，月增资1008元；完成教护龄津贴审批40人，月增资300元。完成全县机关事业单位2011年度827人的考核优秀奖金审批工作，审批发放2011年度考核优秀奖金69.76万元；审批三年连续考核优秀奖金共72人，审批发放奖金10.8万元。

2013 年根据有关政策规定，共审批机关事业单位工作人员死亡一次性抚恤金 47 人，发放抚恤金 1222954 元。新增遗属 34 人，月增加遗属补助 13880 元；共完成高龄补贴审批 19 人，月增资 532 元；完成教护龄津贴审批 50 人，月增资 330 元。

2013 年根据黔南州人力资源和社会保障局、黔南州财政局《关于转发省人力资源和社会保障厅、省财政厅〈转发人力资源和社会保障部、财政部关于调整艰苦边远地区津贴标准的通知〉的通知》（黔南人社通〔2013〕62 号）文件精神，从 2012 年 10 月 1 日起，调整艰苦边远地区津贴标准。各类区在职人员津贴标准分别调整为：一类区月人均 140 元，二类区月人均 240 元，三类区月人均 390 元，四类区月人均 650 元，五类区月人均 1100 元，六类区月人均 1800 元。在各类区平均标准内，不同职务（岗位）适当拉开差距。其中二类区每月 220 元至 415 元。离休人员按当地同职务在职人员津贴增加额增加退休费，退休人员按当地同职务在职人员津贴增加额的 85%增加退休费。全县干部职工（含离退休人员）月需新增金额 23.37 万元，附带住房增量补贴月需新增金额 7.44 万元，两项合计 30.81 万元。2012 年 10 月至 2013 年 12 月共需新增资金 462.15 万元（补发 2012 年 10 月至 12 月新增资金需 92.43 万元，2013 年全年新增资金需 369.72 万元）。

第六节　劳动监察

1978 年，根据中共中央关于认真做好劳动保护工作的通知精神，建立健全生产责任制，明确责任，赏罚严明，一旦发生重大事故，要追究企业领导的责任。1987 年根据黔南州劳动局制定的《小煤窑管理暂行办法》《锅炉司炉工技术管理办法》《建筑安装施工十项规定》等，使安全生产有章可循。1992 年以后，随着《中华人民共和国矿山安全法》《中华人民共和国劳动法》等法律的颁布实施，真正做到有法可依。1990 年至 1995 年间，全县的劳动保护工作始终贯彻“安全第一，预防为主”的方针，按照“企业负责、行业管理、国家监察、群众监督、劳动者遵规守纪”的新体制，大力加强劳动安全监察工作，加大执行力度，落实以安全生产责任制为重点的各项安全生产管理制度，加强对矿山管理人员、特种作业人员等的专业培训，从而提高了广大职工的法制意识、安全意识和技术水平，有效保障全县的安全生产和文明生产。

工业卫生与职业病　1979 年至 1980 年间，根据州的部署，全县对汞矿、硫铁矿、建筑等行业职工进行中毒普查，并把此项专业工作增设在县防疫站卫生科做好建档、建卡工作，1987 年实行新的职业病报告制度。由于三都工业企业发展滞后，到 2005 年，尘肺患者均为零。1984 年以后，执行省劳动局关于劳动工资管理简政放权的规定中，将原来一直由劳动部门审批发放劳保用品的权限下放到企业根据实际情况自行确定发放。一般发放的防护品有防护服、防护手套、防护用鞋、防护帽、防护毛巾、防护面具、安全带、胶制工作雨衣等。参加有害健康作业的干部及大专院校、技术学校到企业实习的师生，半工半读和技工学校的学生等，都可享受个人防护用品。

女工和未成年人保护　1981 年 8 月，根据上级部门的有关精神对计划生育问题作出规定，凡女方年满 25 岁，生育后自愿领取独生子女证，可享受产前产后半年产假期，丈夫也能享受 7 天的护理假，产假期间工资照发，还规定享受半年产假后，仍需休息的，再请半年的假期工资按 60%发放。1988 年 7 月国务院发布《女职工劳动保护规定》后，适合妇女从事劳动的不得拒绝招收女职工，不得在女职工怀孕、产期、哺乳期降低其基本工资或解除劳动合同。1992 年 10 月《中华人民共和国妇女权益保障法》实施后，女职工劳动保护工作走上了法制化的轨道。1987 年劳动人事部《关于严格禁止招用童工的通知》，要求全县各厂矿（场）企事业单位严格禁止任何单位或个人招用未满 16 周岁的童工，私营企业或个体工商户招用工人，要报当地有关部门批准和备案，劳动部门要负责督促检查国营、私营和个体工商户的用工情况，发现有违反用工规定的，有权予以清退。

1995 年在贯彻执行《中华人民共和国劳动法》，尤其是对未成年工特殊保护的检查落实中，未发现国营、集体企业和个体经营户招用童工现象。

1979 年以后，为贯彻执行中共中央《关于做好劳动保护工作的通知》，经委、劳人局、工会、公安、消防、交通、监理等有关部门组织宣传队深入乡村、厂矿等，采用图片、幻灯、电影、录音广播等多种形式，广泛宣传安全知识。

1991 年全县认真贯彻执行“安全第一，预防为主”的方针，不断增强安全意识。坚持对特种作业人员进行岗位培训，持证上岗，共复试司炉工 18 名并选送 15 名建筑行业架子工到州培训，经考试考核合格取证 13 名；积极配合有关部门进行各类安全检查 29 次，发放监察意见书 26 份，对蒸汽锅炉 6 台、运行 3 台的压力容器检查 6 次，未发生任何重大事故。

1992 年选送州培训的特种作业人员 16 人，其中架子工 10 人、司炉工 6 人，均取得合格证。全年配合有关部门进行各类安全检查 37 次，发放监察意见书 64 份。全年共发生各类事故 22 起，死亡 23 人，受伤 30 人，经济损失达 160379 元，四项指数与 1991 年同期相比，分别上升 27.2%、60.57%、74.68%。

1993 年在监督企业对劳动保护措施的贯彻执行中，共检查 35 次，发出监察指令书 89 份，办理特种行业作业人员操作证换证手续 16 人，参加农机厂技改工程项目验收，办理审批企业单位劳动保护用品发放手续一户 36 人。全年共发生各类事故 8 起，死亡 2 人，受伤 8 人，经济损失达 375049 元，四项指数与 1992 年同期相比，分别下降 64%、91.4%、73.4%，上升 42.7%。

三都的矿产主要有铁矿、锑矿、金矿、铅锌矿、硫黄矿、汞矿、煤矿等，而矿山安全监察则以锑矿、煤矿、硫黄矿为主。1982 年 2 月，国务院发布《矿山安全条例》和《矿山安全监察条例》后，全县进行了全面宣传贯彻，通过开展调研活动，加大了对矿山安全监察力度，并成立了矿山安全监察站，配备 2 名专职矿山监察员。1993 年 4 月全县开展学习贯彻《中华人民共和国矿山安全法》后，矿山企业主管部门领导、工作人员、企业管理人员、工程技术员，都明确了自己在安全生产中的法律责任、依法组织和指挥生产，避免冒险蛮干、违章违法行为。

1995 年全县发生各类事故 16 起，死亡 14 人，受伤 11 人，经济损失 9.9 万元。其中，交通事故 8 起，死亡 6 人，受伤 8 人，经济损失 2 万余元；乡镇矿山 7 起，死亡 7 人；建筑工程死亡 1 人，受伤 3 人，经济损失 6.4 万元；火灾 1 起，无死伤，经济损失 1.5 万元。四项指数分别比 1994 年下降 6.25%、14.2%、100%、26.2%。

2000 年全县共发生各类事故 13 起，死亡 3 人，伤 3 人，经济损失 1.5 万元。其中，道路交通事故 12 起，死亡 3 人，经济损失 1.23 万元；火灾事故 1 起，经济损失 0.27 万元。没有发生重大的安全事故。2000 年对参加年度审查的 35 个单位（国有企业 18 户、集体企业 11 户、其他单位 6 个）的社会保障费的缴纳、招收、聘用人员、工资支付、劳动管理规章制度等情况进行严格审查，纠正违规条款 8 条，督促补签劳动合同 78 人，补交社会养老保险费 19 户。开展社会保险费征缴执法大检查，检查单位 23 户，其中供电所 5 个、供销系统 8 个、商业系统 10 个，未发现有违规现象。通过对矿山井下、水上、道路交通和重点防火单位的消防安全检查，对存在的事故隐患，督促限期整改，对发生事故的严肃查处，最大限度减少事故的发生。全年发生安全事故 3 起，死亡 4 人，轻伤 15 人，直接经济损失 20 万元。

三都有煤矿及铅锌矿的开采，业主使用民工较混乱，多数没有签订合同和无责任规章合同制度，为严格制止这种不规范的局面，2001 年组织召开了法人及业主会议，不定期地深入实地检查，提出整改意见，逐步完善各项制度，有效保护了双方的合法权益。认真贯彻执行“安全第一，预防为主”的方针，切实加强对安全工作的领导，强化安全管理措施，落实安全生产“包保”责任，2001 年组织劳动监察、公安、消防、煤炭、矿管等有关部门对全县乡镇煤矿、水上道路交通、公共娱乐场所、易燃易爆经营点等生产、服务企业进行重点检查，查出安全隐患 21 个，炸封、限停煤矿4个，填发限期整改通知书19份，提出整改意见68条，整改率达80%以上，通过采取有力的工作措施，有效地遏制了县内重大安全事故的发生。全年发生各类事故13起，死亡14人，伤10人，经济损失14.42万元。其中，道路交通事故7起，死亡7人伤8人，经济损失5.7万元；触电事故1起，死亡1人，经济损失3.6万元；工厂事故1起，重伤1人，经济损失3000元；建筑工地3起，死亡5人，经济损失4.4万元。未发生特大安全事故。

2003年对行政区域内企事业单位开展劳动监察执法检查4次，重点检查无故克扣或拖欠民工工资、禁止使用童工、劳动合同用工等情况，共检查用人单位119户，涉及劳动者1286人，为劳动者追回拖欠工资0.71万元，未发现违规使用童工，指导督促用人单位补签劳动合同259份。同时开展社会保险征缴稽核工作，稽核用人单位47户，涉及劳动者496人，追缴养老、失业金44万元；对全县用人单位的社会保障及劳动用工情况进行年度审查，共审查用人单位24户，涉及劳动者216人，并对20个单位下达限期整改指令书；配合县安委办对全县建筑行业因工死亡事件进行调查处理，兑现赔偿金额10.2万元。全县在开展《中华人民共和国劳动法》《禁止使用童工规定》《禁止拖欠民工工资》和《贵州省劳动保障监察条例》等法律法规专项执法检查中，涉及用人单位183户、劳动者1337人，未发现使用童工现象。人劳社保局、工商局、总工会、公安局、司法局、法院等10多家联合开展劳动监察工作，检查用人单位101户，涉及劳动者961人，下达询问通知书、整改指令书30多份。通过实地监察检查，全县建设单位拖欠工程款共78.1万元，用人单位拖欠、克扣农民工工资50.5万元，截至2003年12月28日前，限令全部兑现给农民工。

根据黔南州委、州政府文件精神和县委、县政府的决定，开展清理2002—2003年拖欠工程款和拖欠、克扣民工工资工作，首先成立了三都水族自治县清理拖欠工程款和拖欠、克扣民工工资领导小组，由分管县长任组长，人劳社保局负责人任副组长，相关部门负责人为成员，同时成立了劳动监察大队和劳动保障事务所，加强执法队伍建设。从“讲政治、保稳定、促发展”的高度，在认真开展清理拖欠、克扣民工工资工作中，依法取缔了非法职业中介所2户、下达限期改正指令书和责令补签劳动合同459份，为劳动者追回被拖欠的工资15万余元。

2004年1月6日，县委、县政府抽调县人劳社保局、公安局、经贸局、工商局、建设局、总工会、妇联、团委等部门负责人组成了农民工工资支付情况专项联合执法检查组，深入建筑工地、用工现场逐户调查了解，倾听民工心声，共检查用工单位278户，涉及劳动者1695人，为务工农民追回工资6万余元；同时成功调处因拖欠工程款导致拖欠农民工工资案件2件，追回工资3万余元。2004年4月1日，县人劳社保局与教育局等相关部门负责人组成联合检查组，根据《中华人民共和国劳动法》《中华人民共和国义务教育法》《禁止使用童工规定》和巩固“两基”验收成果，在城镇深入开展对用工单位158户大检查，发放法律法规及宣传资料600多份，分别对建筑工地、饮食业、旅店业、美容美发、超市、家电、车辆修理等行业的688人进行检查，发现2起违规使用2名童工的个体经营户，立即进行现场批评教育，并作出了相应的处罚，以保护少年儿童的合法权益。2004年9月2日，检查用人单位120户，涉及劳动者408人，共发宣传资料580份，被检查的用人单位有旅社、餐饮、超市、家电、美容美发等，同时把宣传《禁止使用童工规定》的工作做到家喻户晓，这次检查没有发现非法使用童工的现象。

2005年完成主动巡视监察用人单位执法检查6次，检查用工单位30户，涉及劳动者700人，受理群众举报、投诉劳动违法案52件，协调解决51件，结案率达100%；为劳动者、农民工追回工资共40.18万元，涉及劳动者和农民工818人；开展《禁止使用童工规定》专项检查2次，检查用人单位30户，涉及劳动者500人，发放各类法律法规宣传资料1000多份，深入乡镇进行劳动保障法律法规的宣传咨询活动2次，发放宣传资料600多份，接待群众咨询共450余人次；人劳社保与总工会、建设局联合组织检查组深入到县属私营企业和建筑领域检查《关于开展农民工工资支付情况专项检查活动》2次，检查用工单位19个，涉及农民工1300多人，发放各种宣传资料700多份，并完成了省劳动监察大队督办的县城东水厂工程拖欠农民工工资案件调查。

2006年，加强监察执法力度，每年都开展了劳动力市场清理整顿的专项行动检查、建设工程施工企业劳动用工检查、非法使用童工专项整治行动检查等专项检查活动。通过开展日常监察和专项检查活动，使拖欠和克扣农民工工资的违法现象及职业介绍领域的违法活动得到有效遏制。

2007年在认真受理农民工投诉案件中，全年共受理农民工投诉、举报违法案件71起，为农民工追回劳动工资66.62万元，涉及劳动者545人。落实建筑工程务工人员工资保障金制度，从源头上制止拖欠农民工工资现象的发生，维护农民工的合法权益。加大劳动保障法律法规政策的宣传力度，印发劳动保障法律法规政策宣传资料，深入用人单位进行宣传讲解，利用赶场天在县城和农村集镇摆摊设点，发放宣传资料，开展咨询活动。

2008年全年共受理农民工投诉、举报违法案件57起，为农民工追回劳动工资64.76万元，涉及劳动者431人；落实建筑工程务工人员工资保障金制度，从源头上制止拖欠农民工工资现象的发生，维护农民工的合法权益；加大劳动保障法律法规宣传力度，印发劳动保障法律法规政策宣传资料，深入用人单位进行宣传讲解，利用赶场天在县城和集镇摆摊设点，发放宣传资料，开展咨询服务活动，营造了劳动者学法用法的良好氛围。

2009年至2010年，抓好劳动人事争议处理工作，两年共立案处理各类劳动人事争议仲裁申请案件10件，结案率90%，通过调解和仲裁裁决促使用人单位为劳动者支付劳动报酬、经济补偿、工伤医疗、社会保险等共计107.41万元，接待并妥善处理各类来信、来访800余人次。不断加大劳动保障监察执法力度，组织并指导全县开展农民工工资支付、整顿人力资源市场、农民工劳动合同签订专项行动，巡视检查用人单位45户、涉及劳动者1586人，劳动合同签订率达到93%以上，督促4户用人单位办理社会保险登记，涉及劳动者105人，督促2户用人单位缴纳社会保险费8.6万元，涉及劳动者112人，做好预防和解决企业工资拖欠工作，建立工资支付保障金制度，全年共收缴工程民工工资支付保障金45万元；积极参与处理突发事件6件，涉及劳动者53人。做好农民工各项工作，以《中华人民共和国劳动合同法》《禁止使用童工规定》等法律法规为主要内容，采取多种形式开展宣传咨询活动4场次，受理群众举报投诉案件66件，处理66件，结案率达100%，涉及劳动者1006人，涉及金额301万元。

2011年，以拖欠民工工资、不签订劳动合同、不交纳社会保险费、使用童工、女工保护、劳动保护、违法超时加班等突出违法行为为专题，日常巡查与专项检查相结合，主动监察用人单位50户，涉及职工人数1854人。根据上级主管部门工作部署，对县内50家用人单位的劳动用工情况进行了专项检查，涉及职工人数1854人，签订劳动合同人数1854人，其中责令补签劳动合同人数588人、补缴社会保险费41万元。对县内50家企业进行劳动用工备案，涉及职工人数1854人，动态掌握企业用工情况。根据黔人社办明电〔2011〕2号通知及黔南人社通〔2011〕63号通知要求，劳动监察大队、仲裁办联合县总工会一起对全县企业劳动合同签订以及集体合同签订进行检查，并于赶场天进行摆摊设点宣传，发放《中华人民共和国劳动合同法》《劳动保障监察条例》《中华人民共和国社会保险法》《工伤保险条例》等劳动方面法律法规资料3000余份，咨询人次500多人；督促企业签订集体合同和个人劳动合同，集体合同签订户数36户，个人劳动合同签订数1854份，个人劳动合同签订率在95%以上。全年共受理拖欠民工工资投诉案件42件，结案42件，结案率100%，为468人追回工资共计151.15万元；处理突发事件2件，涉及民工81人，追回工资9.8万元；收取21家建筑施工单位工资支付保障金109.8万元。

2012年，开展《禁止使用童工规定》、劳动用工专项检查2次，共检查用人单位116户，涉及劳动者2300余人，发放宣传资料3000余份。大力开展劳动保障法律法规宣传工作咨询活动4次，接待人民群众咨询300多人次，发放各种宣传资料2600余份。截至11月21日，受理拖欠农民工工资案件共51起，结案49起，结案率达96%，涉及农民工498人，帮助讨回农民工工资187万元。

其中，高速铁路拖欠工资12起，涉及农民工213人，追回工资107万元；建筑、电力等工程拖欠工资26起，涉及农民工209人，追回工资48万元；矿山、餐饮等行业都存在拖欠农民工工资现象。

2013年，共受理拖欠农民工工资案件78起，结案77起，结案率达98.7%，涉及农民工907人，帮助讨回农民工工资802.314万余元。其中，建筑业结案52起，涉及农民工659人，追回工资539.26万余元。交通、水利、矿山、餐饮等行业都存在拖欠农民工工资现象。开展劳动用工专项检查，共检查用人单位118户，涉及劳动者3700余人，发放宣传资料3000余份。向3家用人单位发出劳动保障监察责令改正决定书，责令8家用人单位补签劳动合同182份，劳动合同的签订率达93%以上，督促未缴纳社会保险的用人单位补缴社会保险费68.2万元。

第七节　劳动仲裁

1988年6月5日成立三都水族自治县劳动争议仲裁委员会，下设劳动争议仲裁委员会办公室，并举办仲裁骨干培训班一期，共培训人员57人，与县属有关部门建立了相应的仲裁调解小组26个，占应建数的84%。仲裁办公室设立后，加强了来信来访工作，明确有专人负责，共收到来信43件，回复31件，转有关部门处理6件，接待来访人员56人次。

1989年全县建立基层调解委员会29个，办理合同登记35份，受理劳动纠纷案件3件，妥善解决2件。在信访工作上明确有专人负责，全年收到来信30件，答复12件，转办18件，接待来访18人次。

1990年按仲裁规定程序立案受理1件，案外处理5件；按政策规定为合同制工人合同鉴证179份，其中国有企业工人合同鉴证率90%；为临时季节工人合同鉴证207份，按规定收取合同鉴证费1935元；全年接待群众来访15起计20人（集体来访1次3人），处理群众来信46件次，其中调解答复19件次，转办27件次，做到件件有着落。

1991年按劳动仲裁政策规定办理劳动合同鉴证53份（合同制工人51份、临时工人2份），鉴证率达93%，全年共收鉴证费275元。加大宣传劳动争议仲裁的政策法规工作力度，举办65人的基层调解组织人员培训班，把仲裁案件消化在基层。为提高办案人员的业务素质，选送2人参加省劳动争议仲裁培训班学习，取得了合格证书。全年共接到劳动仲裁来信291件次，接待来访1505人次，按政策法规认真处理答复来信来访287件。

按照劳动仲裁政策规定，1992年办理合同制工人劳动鉴证50人，占新增合同制工人56人的89.29%；农民轮换工4人，全部通过鉴证；办理到期合同续鉴手续31份，占应续鉴35份的88.57%，临时工鉴证117份；全年共收取鉴证费1010元，支出662.30元，库存结余共347.70元，接待来信来访共479件次。

1993年按照劳动仲裁政策规定办理合同制工人劳动合同鉴证59人，其中全民企业47人，集体企业7人，临时工5人，共收取鉴证费295元，支出2034.42元，全年接待来信来访1421件次。为提高仲裁干部素质，还送3人到省参加仲裁业务培训。

1994年共办理合同鉴证手续85人，其中合同制工人71人（行政1人、事业4人、企业66人），临时工14人，按规定收取鉴证费425元。全年接待来信来访37件次。

1995年受理劳动争议案件3件，当年调解结案2件，转办1件。全年开展劳动合同鉴证112人，其中合同制工人105人，临时工7人。

1996年共有仲裁员9人（专职6人、兼职3人），全年共处理劳动争议案件2件（全部当年结案），办理劳动合同鉴证1084人。

1997年43户企业建立劳动调解委员会，全年共办理劳动合同鉴证1065人（国营企业654人、集体企业411人），对18户集体合同进行审查，涉及企业职工共计596人，全年处理劳动争议案件2件（全部当年结案）。

1998年依法对1户私营企业（集体）进行审查，涉及劳动者40人，全年共处理劳动争议案件2起（当年结案）。

1999年共有仲裁员11人（专职8人、兼职3人），通过深入企业加大宣传和动员工作力度，促使27户企业建立了基层调解组织，全年对三个单位合同（中药材公司、蔬菜公司、九阡酒厂）进行依法审查，涉及劳动者28人，全年鉴证劳动合同共计507人，处理劳动争议案件1起（当年结案）。

2000年在认真做好劳动争议仲裁工作中，裁决劳动争议案件1起，调解单位返聘人员工资争议案件1例，经双方协商达成协议后，单位补发返聘人员工资19个月共3420元；办理劳动合同鉴证303人；接待来信来访咨询争议仲裁有关程序问题31人次；全年受理劳动争议案件3件，都已结案。全年共审查鉴证劳动合同171份（国有企业168份、行政单位工勤人员3份），全年44户企业鉴证劳动合同共计1274人（国企34户共954人，集体企业10户320人）。

2001年受理劳动争议案件3起，均办结案（开庭裁决结案2件、调解结案1件）；审查鉴证劳动合同书356份（国有企业298份、集体企业56份、行政单位工勤人员2份）。

人事争议仲裁员培训

2002年全县妥善调解两起劳动争议（职工抚恤费）案件，促使县外贸公司和中和供销社在企业困难、本企业职工自谋生路的情况下，千方百计挤出资金，支付了拖欠职工工资和抚恤费，确保了职工的合法权益；协助县移动公司和县水电局供水站调解了两起劳动争议案件，让企业和职工知道“企业需要职工去发展，职工需要企业来生存”的道理，和谐了双方的劳动关系。按照《中华人民共和国劳动法》的规定，对企业新招用的员工和劳动合同到期的人员签订劳动合同181份。仲裁委帮助60个单位签订和审查集体合同，同时建立12个企业劳动争议调解委员会。2002年共接待群众来信来访20多件共60多人次，纠正和指导某些单位的违法违章制度。

2003年共受理工资、工伤保险等劳动争议案件3件，涉及劳动者300多人，工资10多万元，医疗费2000余元，已结案3起，结案率达100%；接待群众来信来访10件，涉及劳动者160人次；依法审查用人单位报来鉴证的劳动合同125份，涉及职工200多人。

2004年11月，县委、县政府研究决定，由人劳社保局与城建、公安、纠风办、总工会、工商等部门联合组成调查组，根据农民工的举报投诉而深入检查15个建设单位和用人单位，经查明存在拖欠工程款及农民工工资达40多万元，涉及农民工共200多人，通过认真清理和采取有效措施，于12月底全部解决完毕，让农民工在春节前能得到自己的血汗钱。

2005年依法裁决和调处劳动争议仲裁申诉案件2起，对4起劳动争议仲裁申诉案件进行审查（因不符合受理条件而不予受理）；依法为劳动者追付工伤抚恤赔偿费2万余元，协助劳动监察部门完成省劳动监察大队督办调查案件1起；接到群众来信30件，接待来访126人次，向用人单位发函协调解决拖欠农民工工资投诉案件16起；与劳动监察部门共同接待调处农民工投诉案件51起，涉及劳动者818人，为农民工追回劳动工资40.18万元。

2006年审核鉴证劳动合同150多人次，对全县劳动争议案件调处4起，全年受理农民投诉案件64起，为农民工追薪70多万元。

2007年全县共审核鉴证劳动合同109份，共受理劳动争议申诉案件4起。

2008年全年审核鉴证劳动合同109份，处理3起劳动争议仲裁申诉案件（国企1起、集体企业1起、私营企业1起），处理工伤保险待遇争议2起、劳动合同争议1起，劳动争议仲裁裁决2起，实行仲裁调解1起，全年共受理劳动争议申诉案件4起。

2009年与县公安局、工商局、总工会等相关部门对全县116家用人单位开展大检查，涉及农民工1645人（责令补签劳动合同1325人），为农民工追薪339.79万元，接待群众来信来访78人次，全年办结工伤案件29件。

2010年共立案处理各类劳动人事争议仲裁申请案件10件，结案率达90%，通过调解和裁决促使用人单位为劳动者支付劳动报酬、经济补偿、工伤医疗、社会保险等共计107.41万元；接待来信来访600多人次，加大力度开展整顿人力资源市场、农民工劳动合同等专项行动，共查45户用人单位，涉及劳动者1586人，为劳动者缴纳社保金8.6万元（涉及劳动者112人），处理突发事件6起（涉及劳动者53人），全年受理举报投诉案件62件，为850名劳动者追回资金295万元。

2011年处理劳动争议仲裁案件17起，其中裁决10起、调解7起。其中，工伤保险待遇赔偿14起，双倍工资、补缴社会保险、经济补偿3起，国有企业6起、私营企业11起。为农民工获得工伤保险待遇赔偿910670元，双倍工资、补缴社会保险、经济补偿154470元。

2012年受理、立案、开庭仲裁劳动争议仲裁案件14起。其中，裁决6起，调解8起；工伤保险待遇赔偿6起，社会保险费补偿、经济补偿8起；私营企业13起，国家行政机关1起，集体企业1起。结案率为100%，调解结案数占案件处理数的57%。为农民工获得工伤保险待遇赔偿41.2万元，社会保险费、经济补偿63.1万元，涉及农民工112人。督促52个用人单位签订集体劳动合同，涉及农民工2581人，其中规模以上企业28个。建立企业基层调解组织建设66个，其中规模以上企业28个、事业单位调解组织67个。

2013年仲裁劳动争议仲裁案件18起。其中，裁决8起，调解10起；工伤保险待遇赔偿12起，社会保险费补偿、经济补偿6起；私营企业15起，国家行政机关2起，集体企业1起。结案率为100%。为农民工获得工伤保险待遇赔偿39.7万元，社会保险费、经济补偿21.3万元。

第八节　劳务输出

党的十一届三中全会后，伴随着改革开放、经济全球化和世界服务贸易的发展，三都劳务输出事业才得以从无到有、从小到大发展起来。1986年2月，周覃区阳安乡自发组织51名青壮年农民赴江苏省常州市从事劳动服务（输出），首次为农村剩余劳动力找到就业致富门路。为加强对输入常州市的农民工进行教育管理，1989年6月28日，建立“三都水族自治县人民政府驻常州联络站”，作为县人民政府的派出机构，业务受县经济协作办公室的指导。1990年联系用工单位30余家，建立务工基地四处，完成新增劳务输出7599人。1992年有组织地组织劳务输出8815人。1995年7月10日，县首批女青年赴广东南海打工，输出劳务工53人，总外出务工11230人。1996年全县总外出务工人数13218人。1997

劳务输出咨询

年 12 月 27 日，县委、县政府出台《关于组织在职人员到省外发达地区打工锻炼的暂行规定》，要求年龄在 30 周岁以下的在职人员，人事部门有计划地分期分批组织到省外发达地区进行打工锻炼，期限为一年以上。外出打工期间，保留其住房、户粮，行政关系不变，工资发放 60%，后组织 46 名在职职工去发达地区务工，全县时有在外务工人数 14261 人。

1998 年，先后向广东、广西、浙江、江苏、福建、北京等 10 多个省、自治区、直辖市输出劳务工。其中选派有大中专毕业生、在职青年干部和农村中的退伍军人、回乡知识青年等，分布在各行各业，有车工、钳工、铸工、木工、油漆工、机修工、保安人员、车间主任、公司经理等各类专业人员，1998 年全县总外出务工人数达 16246 人。1999 年，有 18531 名农民工外出务工，劳务输出人员全年汇回的钱达 2100 多万元，全县农业人口人均劳务收入 58 元，占年纯收入的 5.8%，劳务输出已成为农民增收的重要来源。

2000 年全县劳务输出 6081 人次，其中跨省输出 3965 人次，组织安排输出 108 人，外出务工 19000 人。2001 年县政府组织召开年度劳务输出工作会议，全县劳务输出 3907 人次，劳务总收入 2800 多万元，总外出务工人员 19185 人。2002 年全县共输送 31 次，总的劳务输出 7888 人，其中有组织输送 614 人，全年通过邮局汇回来的资金达 3800 多万元，总人数 20328 人。2003 年全县完成劳务输出 4148 人，其中有组织输出 785 人，全县常年在外务工总 20792 人。2004 年年初，县调整充实了劳务输出领导小组，以分管劳务输出的县委副书记为组长，人劳社保局长和 21 个乡镇的党政主要领导为成员的三都水族自治县劳务输出领导小组，并制定《三都水族自治县劳务输出工作实施方案》，下达劳务输出任务分解文件。各乡镇成立了劳务输出工作站，乡镇长负总责，配备专人专抓，同时制定出切实可行的劳务输出实施方案，村级落实以村主任为劳务输出的联系员，全县上下初步形成了县、乡镇、村三级劳务输出服务网络。当年全县外出务工农民 32948 人，全年共汇回现金 6700 多万元，相当于 2004 年县财政收入 3326.6 万元的 2.014 倍。2005 年州下达县新增劳动输出任务 8050 人，其中有组织输出 650 人，全年实际完成劳务输出 9967 人，其中有组织输出 967 人，总外出务工人数已达 34120 人，外出务工人员逐年增加。2007 年转移农村劳动力人数 7046 人，其中有组织输出 912 人。2008 年转移农村劳动力人数 7653 人，其中有组织输出 1031 人。2009 年转移农村劳动力人数 7287 人，其中有组织输出 828 人。2010 年转移农村劳动力人数 7093 人，其中有组织输出 816 人，同年 12 月在江苏常州和浙江安吉分别建立外出务工人员服务站，并聘请劳动保障协理员开展工作，主要为在外务工的人员开展政策咨询、劳动就业、社会保障、工伤赔付等服务，解决三都籍人员在外务工期间遇到的一些困难和问题，同时为县就业局提供当地用工规范待遇好的企业用工信息，引导农民工有序流动。2011 年转移农村劳动力人数 8634 人，其中有组织输出 842 人。2013 年转移农村劳动力人数 6912 人，累计外出务工人员达 76012 人。

第三章　社会保障

第一节　医疗保险

1978 年以后，改进和整顿了公费医疗制度和医疗保险制度：一是干部职工患病或非因工负伤治疗时所需的挂号费、生活费均由本人负担；二是职工治疗时所需贵重药品费，由单位负担，但营养滋补药费由本人支付；三是企业职工因工负伤或患职业病住院治疗期间的伙食费，本人负担1/2；四是按照《劳动保险条例》规定，享受半费医疗的职工直系亲属患病医疗时，手术费和药费由企业报销1/2，挂号费、检查费、伙食费等均由本人负担；五是职工实行计划生育手术时，所需费用全部由单位负担。20世纪80年代以后，企业对医疗保险制度进行了部分改革，职工因病或非因工负伤在住院治疗期间的医药费用仍由企业负担外，企业按规定发给职工一定金额的医疗费，超支不补，结余归己，改变了过去极个别职工无病乱开好药、补药，以及小病大养，或一人开药全家享受等弊端。

1986年以后，企业实行医药费包干，国家机关和事业单位也采用这种办法。包干办法大致分为两大类：一是每个职工每月以4~6元为基数，然后再按本人工龄，每满一年加发0.2~0.4元，按月随工资发放，包干使用，住院期间医药费实报实销，同时停发住院期间的包干医药费；二是个人医药费包干办法与第一种相同，不同点在于住院期间按工龄长短报销住院费，即工龄在10年以下报70%，工龄为10~15年者报80%，16~20年的报90%，20年以上者报100%。20世纪90年代以后，机关、事业单位基本也是包干制，每年给职工一定基数，超支按工龄长短自己负担一定的比例，结余归己。

1997年12月28日，县人民政府出台《关于建立医疗保险制度暂行规定》，实行保险制度的形式，设立医疗管理办公室，负责对享受医疗保险的干部职工、离退休干部等住院、转院审批，负责对当月所发生的医药费的统一下账和支付，负责对医疗保险资金的具体管理等。资金来源实行财政、单位、个人分级承担，财政出资以每年人均60元的包干标准划入干部职工个人账户，单位出资从单位实体创收或预算外资金留用部分中按单位实有人数每人提取30元作为单位干部职工医疗资金，个人出资从个人当月工资总额中按2%的比例扣缴，划入个人医疗保险账户。干部职工看病时，需持医管办统一制发的医疗保险就医卡就医。干部职工重病需住院医治的，须由县医院出具诊断证明报医管办同意后其费用从其个人账户划支。经批准住院治疗且住院医疗费在5000元以下的，先从个人账户支付，不足部分从医疗机构资金中划支。划支标准为：离休干部按100%；退休干部按65%，享受副县级以上待遇的退休干部按72%；在职副县级以上领导干部按75%，在职享受副县级以上待遇的领导干部按70%；副科级以上干部按60%，享受副主任科员以上待遇的干部职工按50%；工龄满30年以上干部职工按55%，满25年至29年的按50%，满20年至24年的按45%，满15年至19年的按40%，满10年至14年的按35%，满5年至9年的按30%，工龄在4年以下的按25%划支。见义勇为负伤、因公负伤的干部职工医疗费全额从机动资金中划支。女职工计划内生育所发生的医疗、住院费30%从个人账户中划支，70%从机动资金中划支。

1998年1月15日，为加强对医疗制度改革工作的领导，县人民政府决定成立三都水族自治县医疗制度改革工作领导小组，由分管副县长任组长，卫生局、财政局、县医院、医管办负责人任副组长，成员为总工会、审计局、县委办、政府办、人劳局、教育局、监察局等7个单位的负责人。1月19日成立三都水族自治县医疗管理办公室（简称医管办）。1998年2月12日，县人民政府出台了《三都水族自治县干部职工医疗保险制度实施细则（暂行）》，进一步明确了县医管办的具体职责、享受医疗保险待遇的范围、医疗保险费用支出范围、定点医疗单位的职责等，确保医疗保险制度在全县顺利推行。

1998年7月10日，县政府转发县医管办《关于干部职工医疗保险费用报销范围意见》，明确规定八种报销范围：一是各种体检、预防服药、预防接种、疾病普查普治不属于报销范围；二是各种整容、矫形、减肥及生理缺陷的手术、检查、治疗药品等都不属于医疗费报销范围；三是各种大小包药棉、纱布、胶布、注射器、体温表、输液器（除手术、外伤换药和住院输液需使用之外）等不予报销；四是各医疗单位对门诊病人用药，开处方一次为三天用药剂量，开处方金额限制在20元左右（特殊病情用药除外），超出部分不予报销；五是职工住院或到上级医院进行确诊，需进行CT

扫描辅助检查的费用，个人负担20%；六是离休干部住院床位费按6元计算报销，其他干部职工住院床位费按3元报销，如需住2人间病房的个人负担50%的床位费（危重病人抢救和监护病室抢救及监护处理除外）；七是产妇住院分娩，母婴同室的房间报销限制在10元以下，超出部分由个人负担；八是门诊病人作临时性输液治疗者，可按个人享受比例报销。

至1998年年底，全县已办理医疗保险的单位109个，其中县机关65个、乡镇机关23个、乡镇教育辅导站21个；共办理医疗证人数4821人，其中县直机关1829人、乡镇机关621人、教师2371人；全县已扣缴工资2%医疗保险金的人数4821人，扣缴保险金284698.9元，收到各单位交每个职工30元医疗保险金144630元，县财政拨给医疗保险金663700元，三项共计收入医疗保险金1093028.9元。据统计，1998年全年门诊就诊人数3732人，共计18731人次，门诊医疗费用支出278984.89元，平均每个门诊人次医疗费支出14.89元；全年住院人数465人，住院医疗费用支出249226.27元，平均每人住院费用535.9元，其中转省、州医院住院治疗人数78人，住院费用共123250.46元，平均每人住院费支出1580.13元，县内各定点医院住院人数387人，住院费用支出125975.81元，平均每人住院费支出325.5元，全年共支出医疗费用538211.16元。

1999年1月11日，三府〔1999〕1号文件《关于完善自治县医疗保险制度的规定》中对住院医疗费在5000元以内的划支标准为：离休干部按100%划支；工龄满40年以上的退休干部按75%划支，工龄在40年以下的退休干部按70%划支；在职干部职工工龄满30年以上按60%划支，工龄满25~29年按55%划支，20~24年按50%划支，15~19年按45%划支，10~14年按40%划支，5~9年按35%划支，工龄在4年以下的按30%划支。住院医疗费超过5000元以上的划支标准为：离休干部按100%；退休干部工龄40年以上按65%，在40年以下按60%；在职干部职工工龄满30年以上的按50%，25~29年按45%，20~24年按40%，15~19年按35%，10~14年的按30%，工龄在9年以下的按25%划支。此外，见义勇为由见义勇为基金开支，不足部分从医疗保险机动资金中划支；职工因公负伤的医疗费用，已在保险公司投保的，属保险公司应付部分由保险公司支付，不属部分经医管办调查核实确认后，医管办划支65%，用人单位划支35%；遭受意外伤害的职工医疗费，已在保险公司投保的，属保险公司应付部分由保险公司支付，不属部分在报销时按其享受的比例标准上升15%划支。

为做好全县城镇职工基本医疗保险制度改革工作，1999年4月24日县人民政府决定成立县城镇职工基本医疗保险制度改革领导小组，县长韦绍凯任组长，副县长饶文霞、朱臣国为副组长，成员为政府办、人劳局、财政局、卫生局、经贸局、医管办等单位负责人，领导小组下设办公室。

1999年11月18日，成立县社会保险事业局，为县人事劳动局管理的副科级事业单位，根据划入的职能，内设秘书股、养老保险股、医疗保险股、失业保险股等四个股，领导职数一正二副，各股配备股长或副股长一人，暂定事业编制15名。

2000年5月9日，县人民政府《关于调整干部职工癌症患者医疗待遇的补充通知》（三府〔2000〕12号）规定，为减轻癌症病人医疗经费开支大的实际困难，决定对癌症患者住院医疗费报销比例适当调整为：工龄满40年以上和40年以下的退休干部在原分别享受75%和70%的医疗待遇基础上，增加5%的医疗待遇；工龄满30年以上的干部职工，在原享受60%的医疗待遇基础上，增加10%的医疗待遇；工龄满25年至29年、20年到24年、10年至19年的干部职工，在原分别享受55%、50%、45%的医疗待遇基础上，增加15%的医疗待遇；工龄满10年至14年、5年至9年、4年以下的干部职工，在原分别享受40%、35%、30%的医疗待遇基础上，增加20%的医疗待遇；除上述所增加的医疗费报销比例外，各单位视其承受能力，对本单位患癌症的干部职工另解决不低于5%的医疗费报销比例；癌症患者需转上级医院进行治疗的，不再扣除10%的报销比例。

2002年6月6日，县政府出台了《三都水族自治县城镇职工基本医疗保险实施方案（试行）》，从7月1日起试行，同时停止执行三府〔1999〕1号文件，由县人事劳动和社会保障局负责解释。在职参保人员按上年度工资总额的4.5%计算当年医疗保险基金（财政为2.5%、个人为2%），计入个人账户，作门诊基金；用人单位按在职人员每人每年30元、退休人员每人每年50元缴纳医疗保险费，计入参保人员个人账户。在职参保人员个人账户由占年工资总额2%缴纳的医疗保险费、从医疗保险统筹基金中按每人每年60元划入、用人单位按在职参保人员每年30元缴纳共三个部分组成；退休参保人员个人账户由单位按年每人缴纳50元和从医保统筹基金中按每人每年100元划入。参保人员住院医疗累计在5000元以内的，离休人员报销比例为100%，退休人员工龄满40年以上报销比例为80%，工龄不足40年的报销比例为75%；在职参保人员工龄满30年以上的住院报销比例为65%，满25年至29年的为60%，20年至24年的为55%，15年至19年的为50%，10年至14年的为45%，工龄不满10年的报销比例为40%。参保人员住院医疗费累计超过5000元以上的，离休人员报销比例为100%，退休人员工龄满40年以上的报销比例为70%，工龄不足40年的为65%；在职人员工龄满30年以上的报销比例为55%，25年至29年的为50%，20年至24年的为45%，15年至19年的为40%，10年至14年的为35%，工龄不满10年的住院报销比例为30%。参保人员癌症患者医疗待遇根据县人民政府《关于调整干部职工癌症患者医疗待遇的补充通知》（三府〔2000〕12号）进行了调整，退休参保人员在原分别享受80%、75%报销比例的基础上分别增加5%报销比例；在职参保人员工龄满30年以上的增加10%的报销比例，工龄在25年至29年、20年至24年、15年至19年的这三个档次都分别增加15%的报销比例，工龄在10年至14年、5年至9年、4年以下的这三个档次分别增加20%的报销比例。除上述所增加的医疗费报销比例外，各单位根据自己的财力对本单位参保人员癌症患者解决不低于5%的医疗费报销比例，癌症患者需转上级医院进行治疗的，不再扣除转上级医院的报销比例；参保人员因公负伤费用，属于保险公司支付外，未投保或不属于保险公司支付部分，经医保机构调查核准后，医疗保险机构报销65%，所在单位报销35%；女职工计划内生育所发生的医药费、住院费等自付70%，医保机构报销30%，如因计划生育而发生的后遗症，不属医保报销范畴，另行按相关规定执行。

2003年5月5日，县委、县政府出台《关于进一步建立和完善离休干部“两费”保障机制和财政支持机制的实施方案》，明确规定了企业离休干部的医药费，重申按三府〔2001〕27号文件规定全部纳入医疗保险统筹，与行政事业单位离休干部同等待遇，无工作离休干部遗孀医药费由离休干部生前所在单位据实报销50%，特困企业报销确实有困难的，由主管单位解决，主管单位确实无法解决的报政府研究协调解决，确保离休干部有病能及时就医、及时报销。2003年5月13日，三府常议〔2003〕4号《县人民政府常务会议纪要》议定，县供销社15名干部职工（在职7名、退休8名）纳入财政预算管理的基本医疗保险统筹的对象和范围，从2003年5月起执行，5月以前的县供销社职工所发生的各种医疗费用，由县供销社按原渠道解决。

2004年5月25日，县人民政府出台《三都水族自治县城镇职工基本医疗保险制度实施方案（暂行）》（三府发〔2004〕14号），实施方案中医疗保险待遇明确了在一个保险结算年度内，须住院治疗的参保人员每次住院均设起付标准，在一个保险结算年度内第四次住院后可降低20%的起付标准，第五次以后不设起付线。起付标准为：在职人员的三级医疗机构起付标准为550元，二级医疗机构为400元，一级医疗机构为300元，乡镇卫生院起付标准为200元；退休人员的三级医疗机构起付标准为450元，二级医疗机构为300元，一级医疗机构为200元，乡镇卫生院起付标准为100元；转诊省外医院住院治疗，起付标准为1000元；患慢性特殊疾病需长期门诊治疗、用药的参保人员，发生的医疗费用须由本人自付20%后，再由统筹基金按比例支付。

实施方案还规定，超过规定比例金额2万元以内的部分，由基本医疗统筹基金和本人共同支付，采取分段累加计算法，个人负担的比例如下：

一是年度发生的医疗费用超过起付标准至5000元的，参保人员在45周岁以下，在三级定点医院就医的个人负担26%，在二级医院就医的个人负担22%，在一级以下医院就医的个人负担18%；

年龄在45周岁以上至60周年以下的参保人员（含此年龄的退休人员），在三级定点医院就医的个人负担24%，在二级医院就医的个人负担20%，在一级医院就医的个人负担16%；退休人员年龄在60周岁以上至70周岁以下的，在三级定点医院就医的个人负担22%，在二级定点医院就医的个人负担18%，在一级医院就医的个人负担14%；年龄在70周岁以上的退休人员，在三级定点医院就医的个人负担20%，在二级定点医院就医的个人负担16%，在一级以下定点医院就医的个人负担13%。二是年度发生的医疗费超过统筹地区自付规定5001元至10000元，参保年龄在45周岁以下，在三级定点医院就医个人负担22%，在二级医院就医的个人负担18%，在一级医院就医的个人负担16%；年龄在45周岁以上至60周岁以下的参保人员（含此年龄的退休人员），在三级定点医院就医的个人负担20%，在二级医院就医的个人负担16%，在一级以下医院就医的个人负担14%；退休人员年龄在60周岁以上至70周岁以下，在三级定点医院就医的个人负担18%，在二级定点医院就医的个人负担14%，在一级以下定点医院就医的个人负担12%；年龄在70周岁以上的退休人员，在三级定点就医的个人负担16%，在二级医院就医的个人负担12%，在一级以下定点医院就医的个人负担10%。三是年度发生的医疗费超过统筹地区自付规定10001元至20000元的，参保年龄在45周岁以下，在三级定点医院就医的个人负担20%，在二级以下医院就医的个人负担16%；年龄在45周岁以上至60周岁以下的参保人员（含此年龄的退休人员），在三级定点医院就医的个人负担16%，在二级（含二级）以下定点医院就医的个人负担14%；退休人员在三级定点医院的个人负担12%，在二级（含二级）以下定点医院就医的个人负担10%。

至2004年4月，各方面信息显示，三都医疗保险制度改革为政府减轻了压力，干部职工看病就医难问题基本得到了解决，《城镇职工医疗保障制度实施方案》符合上级文件要求和县情实际，改革是成功的。

2004年7月26日，县医疗保险信息系统正式启动，医疗保险信息系统是由州劳动和社会保障局向州农行贷款实施的金保工程中的一部分，系统开通后，全州医疗保险系统相互接转，形成信息管理网络，进一步提高医疗保险工作效率和确保业务走向规范化、自动化。

2005年共办理入保单位106个，比2004年新增加参保单位2个，入保人数6647人，比2004年同期增加参保人数497人，完成州下达扩面任务（200人）增加1.49倍。全县应入保人数6697人，全年实际入保6647人，入保率达99.25%，其中参保在职人数占82.25%、参保退休人数占16.89%、参保离休人数占0.86%。全年在职参保人数按个人总工资额的2%缴纳医保金共计113万元，缴纳大额医保金（每人每年缴纳25元）共计14.2万元，两项共缴纳医保金127.2万元。全年县财政拨给医疗保险基金77.8万元。全县在职职工和离退休干部门诊和住院医疗经费共计支出252.16万元，其中门诊就诊61461人次，经费支出172.21万元，平均每人开支经费为28.02元；住院481人（643人次），住院经费开支共79.95万元（比2004年减少支出住院费40万元），年人均住院开支1662.16万元。全县全年医疗经费比2004年减少支出36.74万元。

为扩大医疗保险覆盖面，增强医疗保障能力，2006年6月实施《城镇企业职工和城镇灵活就业人员医疗保险实施办法》（三府发〔2006〕10号）和《关于垂直管理部门纳入职工医疗保险管理的暂行规定》（三府发〔2006〕11号），全县行政、事业及省州垂直管理部门、企业单位和城镇灵活就业人员医疗保险参保业务全面启动。至2006年年底全县职工参保人数6969人，与2004年同期6405人相比净增扩面参保人数564人，完成州下达扩面任务数150人的376%。全年医保基金收入407.08万元，支出334.99万元。2006年5月开展全县离休干部健康体检工作，共支出检查费用2428.10元。

2007年全县参保单位132个，参保人数7648人，其中行政事业和垂管单位116个共7025人、企业参保单位16个共443人。全年医疗保险费共计收入460.5万元，其中收缴医疗保险费274.5万元、县财政划拨统筹基金186万元。全年支出门诊和住院医疗经费346万元。

2008年全县参保单位150个，参保人数8068人，完成全年任务7850人的100%。全年医疗保险费共计收入575万元，其中收缴医疗保险费375万元、县财政划拨统筹基金200万元。医疗保险基金总支出386万元，其中统筹基金支出209.83万元、个人账户支出151.44万元、大额医疗支出24.73万元。

2009年全县城乡居民共有17590人参保，其中参加职工城镇医疗保险9053人、参加新农合6440人、城镇居民已有2691人参保（普通居民1309人，18周岁以下少年788人，低保对象591人，重度残疾人3人）。已录入居民个人信息还未缴费的有3363人，全县居民医疗保险的覆盖面达100%，完成州下达目标任务数的110%，医疗保险费征收累计857.81万元（城镇职工个人缴费481.11万元、财政补助350万元，城镇居民医疗保险个人缴费19万元、财政补助7.7万元），城镇职工医疗保险费支出663万元（门诊费用支出420万元、住院报销费用支出243万元），全县城镇居民享受待遇78人，报销医疗费用9万余元，对职工医疗保险审核报销9000人次，审核支出费用663万元，城镇居民基本医疗保险审核报销78人次，审核费用18万元，支付金额9万元。

2010年全县医疗保险19502人，占全年任务数的100.3%，医疗保险基金征缴1097万元（占任务数的109.5%）。对企业审核报销1680名职工医疗保险费，支出732万元。

2011年全县城镇基本医疗保险参保人数20001人，完成州下达全年参保任务数20000人的100%；征缴医疗保险基金1952万元（城镇职工医疗保险基金1942万元、征缴城镇居民医疗保险基金10万元），完成州下达全年征缴任务数1380万元的141.4%。全年职工基本医疗保险待遇支出783万元，离退休人员基本医疗保险待遇支出84万元。

2012年全县城镇基本医疗保险参保人数20782人，完成州下达全年参保任务数20780人的100%；征缴城镇职工医疗保险基金2338万元，完成州下达全年征缴任务数2090万元的111.9%。全年职工基本医疗保险待遇支出842万元，离退休人员基本医疗保险待遇支出107万元。

2013年，根据黔南州人民政府办公室《关于修改黔南州城镇职工基本医疗保险试行办法的通知》（黔南府办发〔2013〕122号）文件精神，调整退休人员累计参加城镇职工基本医疗保险缴费年限。明确2012年12月31日以前，已参加城镇职工基本医疗保险的人员（含已退休人员），其累计缴费年限仍按《办法》的有关规定执行。2012年12月31日以后，新参加城镇职工基本医疗保险人员，其享受城镇职工基本医疗保险退休人员医疗保险待遇的累计缴费年限由原来的5年提高为10年。同时，提高城镇职工基本医疗保险统筹基金年度最高支付限额由7万元提高为12万元。提高城镇职工高额医疗保险费缴费标准和最高支付限额。城镇职工高额医疗保险的缴费标准由每人每月8元提高为每人每月12元，高额医疗保险金的最高支付额由20万元提高为30万元。同时根据黔南州人民政府《关于修改黔南州城镇居民补充医疗保险试行办法的通知》（黔南府发〔2012〕17号）精神，启动实施城镇居民大病医疗保险，减轻大病患者的个人医疗负担。明确从2013年1月1日起实施城镇居民大病医疗保险，城镇居民医疗保险制度进一步完善，城镇居民医疗保障水平也提高了。在一个结算年度内，城镇居民大病医疗保险最高支付限额由4万元提高为15万元，加上城镇居民基本医疗基金支付最高限额的9万元，城镇居民医疗保险最高支付限额达到24万元，赔付比例由70%提高至90%。切实提高参保居民的待遇水平，解决重大疾病患者因病致贫，减轻大病患者的个人负担，让群众得到更多实惠。启动省内异地就医联网即时结算，有效解决基本医疗保险（含职工医保、居民医保）异地居住及转诊转院人员就医垫支及跑腿问题。

2013年全县城镇基本医疗保险参保人数21458人，其中城镇职工基本医疗保险参保11465人、城镇居民基本医疗保险参保9993人（居民参加农村合作医疗人数为7971人），完成州下达全年参保任务数21260人的100.9%。征缴城镇职工医疗保险基金2541万元，完成州下达全年征缴任务数2470万元的102.87%；征缴城镇居民医疗保险基金12万元，完成州下达全年任务12万元的100%。全年城镇职工基本医疗保险待遇支出1083.3万元，城镇居民医疗保险待遇支出20.4万元，离退休人员基本医疗保险待遇支出 147.7 万元。

第二节 失业保险

国务院《关于发布改革劳动制四个暂行规定的通知》传达后，三都启动了社会保险工作。1986 年开始收缴 52 名合同制工人退休养老金 6676.58 元。

劳动服务公司于 1986 年发放以待业青年为对象的无息贷款 405 元，收回以往发放的贷款 25250 元。全年共安置待业青年 252 人，进行技能培训 92 人，并组织城镇待业青年成立青年皮革厂，生产了各式皮革，半年产值达 18724 元，销路较好，又解决了 14 人的就业问题。劳动服务公司全年缴纳了 874 人的企业待业保险金，共计 1753 元。

1987 年，收缴企业职工待业（失业）保险金是一项新的工作，全年应收保险金单位 56 个共 1078 人。按文件规定有 3 个单位往上级交纳外，实收 53 个单位，共 1009 人计 9445 元，上缴省州 841.50 元。1988 年共收缴企业待业保险金 45 个单位，收缴金额为 7062.34 元。

1989 年为待业人员贷出资金 26500 元，回收历年贷款 34500 元，收缴待业人员保险应交纳金额 7144.43 元，实际收缴交纳金额 6844.41 元，占应交纳数的 95.8%。

1990 年全县有 44 个企业单位参加社会统筹，共有 1155 人，全年收缴统筹 48652.30 元，收缴率占单位总数的 98%，支出 15719.14 元。对职工待业保险应收单位 74 个进行收缴失业保险金，实际收取 73 个，收缴金额 9500 元。回收扶持生产周转金 13000 元，完成上级下达的回收任务。

1991 年全县参加待业（失业）保险单位 60 个。其中，企业 38 个，占单位数的 63.3%；事业单位 22 个，占单位总数的 36.7%。全年应收待业保险金 10236 元，实收待业保险金额 10178 元，占应收缴的 99.43%（企业单位实收 9624 元，占总额的 94%；事业单位实收 596 元，占实收总额的 6%）。

1992 年收取职工待业（失业）保险金单位 60 个。其中，企业 38 个，占总数的 63.3%；行政事业单位 22 个，占总数的 36.7%。全年应收待业保险金 9943 元，实际收缴入账金额为 9943 元，收缴率达 100%。

1994 年收缴待业（失业）保险金单位 46 个，共计 9328.92 元，同时清理回收就业周转金 22640 元，全部归还县财政。

1995 年全年失业保险金应收缴单位 55 个，实收 35 个，应收金额 19950 元，实收 18416.41 元，完成 92.31%。

2000 年 4 月 21 日，全州社保工作会议结束后，县委、县政府决定于 5 月 26 日至 27 日召开全县企业养老保险大会，5 月 30 日又组织召开全县行政事业单位养老保险职工大会，县四大班子领导分别出席，县人民政府同时出台了《企业职工养老保险暂行办法》（三府〔2000〕14 号）、《行政事业单位职工养老保险制度暂行办法（三府〔2000〕17 号）》和《事业单位职工失业保险制度暂行办法》（三府〔2000〕18 号）等文件，促进全县企业养老保险制度的改革。

2000 年 5 月 29 日，县人民政府出台《三都水族自治县事业单位失业保险实施办法（暂行）》，从 6 月 1 日起执行。失业保险缴费率，单位按本单位职工工资总额 2%计缴、职工按本人工资总额 1%计缴后，凡具备下列条件的失业人员可按月领取失业保险金：所在单位和本人已按规定参加失业保险，并履行缴费满一年以上的，非因本人意愿中断就业的；办理失业登记，并有求职要求的。享受失业保险金的标准按低于省颁布的最低工资标准，高于城市居民最低生活保障标准执行。失业保险基金接受社会、参保职工以及财政、审计部门的监督，收支预算、决算由县社保局编制，财政部门审核，报同级人民政府审批，凡违反本《实施办法（暂行）》，按《失业保险条例》和《社会保险费征缴暂行条例》责令限期改正，情节严重的依法追究责任。

2000年年底，全县参保职工4774人，其中企业1274人、事业3500人。本年度基金征缴完成83.83万元，完成州计划数的118%。其中，企业22.24万元（含本期9.44万元、清欠12.8万元），完成州计划的123.56%，比1999年的0.2万元增收22.04万元；事业单位60.82万元（含个人9.82万元、财政拨入51万元），占州计划数的114.75%。本年上解省州调剂金4.5万元，利息收入0.77万元，年末基金结算88.78万元。完成失业保险手册的审核发放4000余册。

2001年全县失业保险参保人数4774人（国有企业1089人、集体企业185人、事业人员3500人），年末失业基金滚存结余126万元，全年收缴63万元，占州下达任务指标的100%，当年县财政拨入16万元。

2002年全县失业参保单位共103个470人，其中国有企业单位25个1080人、集体企业7个703人、事业单位编制71个3500人。全年共收到失业金65万元，比2001年同期多征收2万元。其中，国企23万元，完成164%；集体企业2万元，完成100%；事业单位40万元，完成80%；财政拨入6万元。收缴率总计为100%。

2003年全县共征收失业金67万元，完成任务数91万元的73.63%，其中国有企业19万元、集体企业2.5万元、事业单位44.5万元、扩面单位1个13人征缴金额完成23.2万元。全年失业保险金发放人数共54人，发放金额81.4万元；发放医疗补助4010人，发放金额达85.4万元。

2004年7月29日，根据《社会保险稽核办法》及黔南社保〔2004〕18号文件精神，成立了专项稽核工作小组，于8月至11月开展全县社会保险费征缴专项稽核工作，全县养老保险和失业保险参保单位及个人均列入本年度专项稽核范围，本次实地稽核的单位不少于参保单位的60%，实地稽核的人数不得小于参保单位人数的30%。全年共稽核参保单位30个，占稽核任务数的91%，清收失业保险金5万元。全县共收缴失业保险金66万元，完成全年任务数的90.4%，其中国有企业18.5万元（含清缴的5万元）、集体企业3.5万元、事业单位44万元。发放下岗失业人员的失业保险金和医疗补助费待遇38人（175人次），发放失业金4.1万元（含医疗补助费0.18万元）。截至12月底又有11个参保企业补交失业保险金82315元。由于政府重视，相关部门认真负责，2004年以后，全县参加失业保险的国有企业、集体单位和事业单位等共计130个4774人。

2006年参保单位122个，参保人数4611人。其中，事业单位92个，参保人数3597人；国有企业19个，参保人数786人；集体单位11个，参保人数228人。全年收缴失业保险费累计71.5万元，完成州下任务数的102%；发放下岗失业人员失业保险金和医疗补助费52人次10920元。

2007年全年参保人数4877人，其中企业1014人、事业3863人，收缴失业保险费111.07万元，发放失业金人数37人次（享受失业金人数7人），共发放失业金和医疗补助费1.27万元。

2008年全年参保人数4979人，其中企业1016人、事业3963人。收缴失业保险费110万元。失业保险基金总支出23.13万元。其中，失业保险金支出1.1万元，医疗补助金支出0.03万元，上缴调剂金17万元，调剂用于再就业服务中心资金支出5万元。

2009年全县失业保险参保人数有4900人，占目标任务数4660人的105.15%，完成基金征缴87万元，占目标任务数60万元的145%。

2011年全县失业保险参保人数4930人，完成州下达全年参保任务数4920人的100.2%；征缴失业保险基金227万元，完成州下达全年征缴任务数130万元的174.6%。失业保险待遇支出7.2万元。

2012年全县失业保险参保人数5082人，完成州下达全年参保任务数5080人的100%；征缴失业保险基金284万元，完成州下达全年征缴任务数230万元的123.5%。失业保险待遇支出114.3万元。

2013年，根据省人力资源和社会保障厅《关于调整贵州省失业保险金标准》（黔人社厅〔2013〕

133号）的有关规定，从2013年1月1日起，对三都水族自治县失业保险金发放标准进行了调整，由原来的每人每月518元调整为每人每月721元，月增资203元。同时落实领取失业保险金期间人员参加职工基本医疗保险政策，每月按时足额为下岗失业人员提供失业保险待遇。失业保险待遇支出74万元。全县失业保险参保人数5411人，完成州下达全年参保任务数5370人的100.8%。征缴失业保险基金376.5万元，完成州下达全年征缴任务数315万元的119.5%。

第三节　养老保险

1978年国务院重新发布《关于工人退休、退职的暂行办法》和《关于安置老弱病残干部的暂行办法》以后，全县劳动保险各项工作逐渐恢复。两个《暂行办法》规定：因工致残退休，退休费低于35元的，每月按35元发给；其他退休费低于25元的每月按25元发给，不够退休条件而丧失劳动能力的职工应当退职，退职费按本人标准工资的40%发给，低于20元的按20元发给。退职职工易地安家的，发给本人两个月标准工资的安家补助费。原有退休退职的职工的待遇低于《暂行办法》规定标准的，改按《暂行办法》执行。

1986年，劳动制度改革后，全县国有企业建立了合同制工人退休养老保险制度和职工待业救济制度，退休养老基金由企业和合同制工人分别按合同制工人工资总额的15%和3%按月缴纳给劳动保险机构，职工待业救济金由企业按职工工资总额的1%的比例交劳动服务公司，实行了离退休金的社会统筹。进入20世纪90年代，全县的社会保险制度的改革取得明显进展，提高了离退休费用统筹的社会化程度，扩大了覆盖面，增加了统筹项目（如丧葬费等），临时工养老保险从无到有，逐步发展。同时，社会养老保险制度和企业职工待业保险制度的改革又促进企业进一步深化改革。“三金”（养老金、统筹金、职工待业保险金）的收缴为企业解决了一些实际困难。1986年开始进行劳动制度改革以后，建立了社会养老保险制度，缓解了特困企业职工和离退休人员生活困难的矛盾。1993年至1995年，全县拿出社会保险基金帮助解决了困难企业职工和离退休人员在“两节”期间的基本生活。

1987年共收缴32个单位107人的退休养老金10486.62元；全民统筹金收缴44个单位，参加统筹1127人；离退休干部职工251人，收缴统筹金额9321.34元，支出1099.23元，余8222.11元。

1988年全县参加退休金社会统筹的国有企业有44个，在册固定职工有1127人，离退休干部职工255人，受益单位6个，持平单位3个，贡献单位35个，全年共收缴全民统筹金69389.91元，下拨全民退休金14009.21元。在全县35个单位的125名合同制工人中，收取退休养老基金12500元。

1989年全县参加退休社会统筹的国有企业有44个，统筹金47814元，支出全民退休金21272.83元，其中下拨退休金10772.23元、收缴退休养老金6632.33元。

1990年全县行政、事业、企业单位的干部职工退休养老保险共有157名合同制工人参加，收缴养老金29216.77元，收缴率占总人数的90%。

1991年全县参加养老保险的单位49个，合同制工人200人，全年共收取养老基金32814.90元；全县参加统筹的单位47个，固定职工1290人，工资额115875.94元，离退休职工290人，离退休金33682.73元。全年共收缴全民统筹金167388元，下拨全民退休金112704元，收支相抵结余54684元。

从1992年4月开始，全县征缴企业养老保险费，包括国有企业、集体企业、私营企业及个体工商户。1992年国有企业职工养老金收入22779元，比1991年增长1.02倍；支出金额达159647

元，比 1991 年增长 4.53 倍；本年度结余 68062 元，1991 年结转数 289843 元，共滚存结余 357905 元。全县参加养老保险单位 48 个，职工人数为 1027 人，应收保险金 163212 元，实收 160673 元，歉收 2575 元。参加合同制工人养老保险单位 56 个，人数 238 人，实收单位 50 个，收入金额为 45000 元；集体养老保险金收入 223 元，其中统筹金 117 元、固定工个人缴纳 38 元、合同制工人养老基金 68 元。

1993 年共收缴全民养老金 72398.28 元，其中全民统筹金 46282.65 元、固定工基本养老金 7313.63 元、合同制工人养老金 10087.53 元、临时工养老基金 5119 元，全年共下拨全民退休金 23830.58 元。

1994 年共收缴养老保险基金 468000 元，下拨全民退休金 433000 元，结余 35000 元。固定工参加养老保险单位 48 个，在职职工 1295 人，离退休人员 325 人，共收缴全民统筹金 435000 元，下拨全民退休金 433000 元，结余 2000 元；收缴固定工基本养老金人数 800 人，余额 18000 元；合同制工人参加养老保险单位 56 个，参保人数为 207 人，收缴合同制工人养老保险金 127 人，金额为 15000 元，收缴率达 50%以上。

1995 年全年收缴统筹金 55759 元，占应收的 91.1%；收缴全民固定工基本养老保险金人数 612 人，共 19731.70 元，占应收人数的 84.7%；收缴合同制养老基金单位 25 个（不含行政事业单位）117 人，共计 36769.86 元，占应收数的 95%，下拨全民退休金 13416.82 元；办理工人退休手续 40 人，其中行政 5 人，事业 12 人。

从 2000 年 1 月开始，按规定发放离退休养老金、抚恤金以及丧葬费等各种费用，每年收支缺口 400 万元左右，主要靠争取上级调剂解决。2000 年 5 月 29 日，县人民政府出台《三都水族自治县机关事业单位社会养老保险实施办法（暂行）》，从 6 月 1 日起执行。社会养老保险的缴费率执行州统一的标准，即个人按本人工资总额的 2%计缴，单位按本单位职工工资总额的 3%计缴；机关单位合同制工人，2000 年 5 月底前按个人 5%、单位 15%缴纳，6 月份以后按本办法执行。职工在离退休前或离退休后死亡，其离退休养老基金中属于个人缴纳的余额部分，按《中华人民共和国继承法》规定，一次性划给职工指定的受益人或法定继承人，单位缴纳部分归入基金积累。2000 年 5 月 30 日，县委、县政府召开全县领导干部会议，贯彻落实中央、省、州关于行政机关事业单位社会养老保险和事业单位失业保险制度的有关精神，安排全县养老保险工作。会议宣布三都水族自治县社会养老保险工作从 2000 年 6 月起开始实施。2000 年 6 月，行政机关、事业单位开始收缴养老金，个人部分按工资的 2%收缴，单位按工资总额的 3%征缴。2000 年下半年保险对象（在职职工）5036 人，共征缴养老保险基金 37 万元，仅占应缴数的 39.28%，其中个人部分基金 37 万元，完成 100%。2000 年年底全县养老保险参保单位 149 个，参保人员 7148 人。其中，机关事业单位参保 107 个，参保人员为 5500 人，参保单位和人员达 100%；全县企业养老保险参保 42 户，参保职工 1274 人，企业参保单位和人数达 100%，比 1999 年年末增加 170 人。基金征缴总额 338.8 万元，比 1999 年 19 万元（差额缴拨）增收 319.8 万元。其中，当年缴费 175 万元，占州下达任务数的 100%，基金征缴率 100%；清欠上年缴费 163.8 万元，清欠率 95%。还有 6 户无缴费能力的企业费 32 万元无法征缴。上缴调剂金 33.9 万元，年末基金累计结余 113.82 万元。全县企业离退休人员 603 人全部纳入社会化发放，发放率 100%，月人均养老金 418.4 元，月均支出养老金 25.23 万元，全年累计支出 317.1 万元。2000 年 6 月份开始清缴企业拖欠养老金和失业保险金。全年累计征收养老金 122.9839 万元，清缴率占 281.11%，其中清缴历年拖欠金额为 48.0425 万元；失业金累计征缴 8 万元，占任务数的 44.44%。

2001 年年末，全县参保企业 45 个，在册工人数 1224 人，年缴费工资 533 万元，全年缴费比例为单位按缴费工资总额的 22%，个人按缴费工资总额的 6%缴纳。年应收缴养老保险费 149 万元，州社保局下达收缴任务 175 万元，实际完成收缴企业养老保险费 205 万元（单位缴纳 151 万元、个人缴纳 54 万元)。全年扩面征缴养老保险费 41 万元，完成任务数的 117%。离退休人员 642 人中，离休人员有 15 人，全年共发放养老金 351 万元。2001 年共办理企业退休人员手续 50 人，办理高龄补贴 2 人，办理参保企事业单位退休人员提高退休费及边贴 183 人，月增发养老金 3 万元，其中离休人员 15 人。2001 年争取上级补助资金 105 万元，财政补贴 60 万元。2001 年全县行政事业养老保险单位 119 个，在职职工 5171 人，年工资总额 4723 万元，按 2%收缴个人部分，年应收缴养老保险费 94 万元，实际收缴额为 97 万元（单位缴纳 4 万元、个人缴纳 93 万元），收缴率为 99%。因县财政困难等诸多原因，单位缴纳的 3%部分尚未启动。

2002 年全县行政事业养老保险参保 119 个单位，在职职工 5171 人，年工资总额 4344 万元，按 2%收缴个人部分，全年收缴养老保险费 87 万元，已全部完成个人缴纳部分的收缴任务。全县参保企业 49 个，在册职工人数 1224 人（下岗职工 270 人、在职的企业职工 1135 人、扩面收缴个体人数 30 人），全年缴费工资总额 623 万元，其中国有企业缴费工资总额 608 万元、扩面城镇个体工商户缴费工资总额 15 万元。全年国有企业缴费比例为工资总额的 22%，个人按缴费工资总额 6%缴纳。应收缴国有企业养老保险费 170 万元，其中单位 134 万元、个人 36 万元。城镇个体工商户缴费比例为省社会平均工资的 20%，全年应收缴扩面个体工商户养老保险费 3 万元。按照州社保局下达收缴任务的 175 万元，全县已超额完成收缴任务，于 12 月底全县共完成收缴企业养老保险费 294 万元（单位缴纳 206 万元、个人缴纳 88 万元），全年扩面征收个体工商户养老保险费 2 万元，参保企业离退休人员 659 人，其中离休人员 13 人，全年发放企业离退休养老金 431 万元。一次性丧葬费 23 万元，发放遗属生活费 18 万元，调整离退休人员养老金补发金额 17 万元，全年总计支出 489 万元，企业离退休人员的养老金每月按时足额发放，从未拖欠过。

由于政府重视，相关部门认真负责，2003 年全县参加养老保险单位 168 个 6286 人，其中国有企业 49 个单位共 1115 人、行政事业单位 119 个 5171 人。共缴纳基本养老保险费 309 万元，及时足额发放企业基本养老金、丧葬抚恤金 370 万元，其中离退休基本养老金 318 万元，抚恤金、死亡职工一次性丧葬补助费 34 万元，遗属生活补助金 18 万元，争取得到上级专项补助资金 220 万元，确保了基本养老金、丧葬抚恤费的按时足额发放，上级财政补贴划拨及时到位，养老资金实现收支平衡。2003 年累计发放基本生活费及代缴养老保险金、失业保险金达 175 万元，支付经济补偿解除劳动关系的有 96 人，支付总额 38.4 万元。

2005 年企业养老保险费共征缴 357 万元，完成州下达任务的 102%；机关事业养老保险费共征费 94 万元；发放养老保险金 636 万元，其中丧葬抚恤费支出 49 万元。完成扩面人数 153 人，净增扩面人数 98 人，分别完成州下达的扩面数的净扩面数任务的 109%和 112%。对 35 个企业 959 人进行实地稽核，分别占全部企业和人数的 83.33%和 94.38%，完成了州下达的稽核任务。在稽核过程中，有 5 个参保企业未按时缴纳 2005 年养老保险金 106353 元，至 12 月底前已补交完毕。2005 年对退休人员 785 人、遗属补助 154 人，通过领取养老金的资格认证，确保了养老保险基金的合理发放。

据统计，全县 42 家企业中的离退休人员（包括遗属 149 人）共 933 人属于发放对象，每月发放的养老金高达 53 万元。从 2000 年至 2005 年，企业单位、个体工商户（含从业人员）累计缴纳的养老保险费 1984 万元，支付养老金（含丧葬抚恤费）270 万元，其中 2005 年支付 532 万元；6 年缺口资金总量 911 万元，其中 2005 年缺口 227 万元。企业养老金支付所发生的缺口资金大，因三都水族自治县财力不足而无力填补，均通过积极向省、州社保部门争取支持，以保证全县养老金按时足额发放，维护社会稳定。从 2000 年开始，全县将 149 个单位参保人数、参保年限、缴费金额、缴费时间等全部录入微机，实行信息化管理，2005 年将全县企业 1684 名参保人员的个人缴费情况录入微机，为做好养老保险信息系统全国联网数据准备工作夯实了基础，从源头上堵住了养老保险基金的少缴、欠缴、漏缴的现象发生，确保了养老保险金的“应收尽收”。自 2003 年开展领取养老金资格认证工作以来，累计对2776人进行资格认证，保证了养老保险基金的合理发放。2005年通过养老金资格认证，发现2名抚恤金领取者已满18周岁和3名遗属补助的领取者已死亡，按有关规定停止了他们的领取资格。

2006年，个体工商户及灵活就业人员参保人数扩面达到180人。参保人数1157人，个体工商户及灵活就业人员参保人数757人，全年共征缴养老保险费405万元，发放养老保险金782万元，其中离退休金724.92万元，丧葬抚恤金、遗属生活补助费57.08万元。2006年10月调整企业退休人员基本养老金，涉及退休、退职人员754人，月增资10.7万元，共补发79.3万元。调整企业退休人员供养直系亲属生活补助费共计147人，月增加金额0.73万元，共补发2.9万余元。共办理企业职工退休金手续26人（正常退休24人、提前退休2人）。

2007年完成扩面人数269人，城镇企业职工参加基本养老保险人数达2113人，其中国有企业1190人、个体灵活就业人员923人。向上级争取调剂金650万元，收缴养老保险费835万元，发放养老保险金879.02万元。

2008年完成扩面人数132人，完成扩面占全年任务150人的88%。城镇企业职工参加基本养老保险人数达2246人，其中国有企业1187人、个体灵活就业人员990人。征缴养老保险基金720万元，完成全年任务838万元的86%，其中国企263万元、灵活就业人员227万元。养老保险基金支出993万元，其中退休金840万元、离休金30万元、退休死亡人员个体账户金额5万元、丧葬抚恤费101万元。养老金转移支出7万元。

2009年，全县共有3320人参加养老保险，完成目标任务3250人的102.15%；养老保险累计扩面138人，完成全年扩面任务112人的123.21%。基金征缴900万元，占目标任务890万元的101.12%。

2010年全县养老保险共有3451人，占全年任务数的100%；全年共征缴养老保险基金972万元，占任务数的100.2%。当年办理企业人员退休手续36人，同时做好全县836名退休人员养老待遇调整工作，使人均增加养老金120元，全年为全县849名企业离退休人员发放养老金1581万元。

2011年全县城镇企业职工基本养老保险参保人数3729人（企业在职职工参保人数2786人、企业退休参保人数943人），完成州下达全年目标任务数3625人的102.9%；征缴基本养老保险基金2172万元，完成州下达全年目标任务数1350万元的160.9%。全年办理企业人员退休手续62人，全年为全县943名企业离退休人员发放养老金1544万元。2011年9月，三都开始启动城乡居民社会养老保险工作，截至12月底，全县城乡居民社会养老保险参保人数41595人，其中新农保参保40561人、城镇居民参保1034人，完成州下达目标任务的31%。

2012年全县城镇企业职工基本养老保险参保人数3902人（企业在职职工参保人数2824人、企业退休参保人数1078人），完成州下达全年目标任务数3880人的100.6%；征缴基本养老保险基金2450万元，完成州下达全年目标任务数2000万元的122.5%。全年办理企业人员退休手续138人，为全县1078名企业离退休人员发放养老金1895万元。

2012年1月28日，三都水族自治县举行了城乡居民社会养老保险待遇首发仪式，标志着社会保险制度由城镇逐步覆盖到乡村居民。首发仪式上，发放城乡居民社会养老保险待遇204人5.61万元。全年全县城乡居民社会养老保险参保人数69065人，其中新农保参保人数为67630人、城镇居民参保人数为1435人，参保覆盖率为46%（2012年州要求覆盖率达45%），基金征缴350万元。

为进一步做好三都被征地农民就业和社会保障工作，依法保障被征地农民的合法权益，根据《贵州省人民政府关于进一步做好被征地农民就业和社会保障工作的意见》（黔府发〔2012〕26号）和《州人民政府关于做好被征地农民就业和社会保障工作的通知》（黔南府发〔2012〕1号）文件精神，三都水族自治县结合实际，拟订了《三都水族自治县关于进一步做好被征地农民就业和社会保障工作的实施方案》，并于2012年9月11日报州人社局审批，该方案规定了被征地农民在就业和社会保障方面享受的相关优惠政策。

2013年，根据黔人社厅发〔2013〕6号文件精神，严格按照政策的要求，健全完善基本养老金调整机制，提高企业退休人员基本养老金，全面完成2013年企业退休人员基本养老金调资工作。全年办理企业人员退休手续215人，平均每人每月增加基本养老金173元，为全县1288名企业离退休人员发放养老金2355万元。2013年全县城镇企业职工基本养老保险参保人数4930人（企业在职职工参保人数3642人、企业退休参保人数1288人），完成州下达全年目标任务数4050人的121.7%；征缴基本养老保险基金3238万元，完成州下达全年目标任务数1890万元的171.3%。全县城乡居民社会养老保险参保人数96221人，其中新农保参保人数93597人、城镇居民参保人数2624人，完成州下达全年目标任务数144900人的66.4%，基金征缴665万元，完成州下达全年目标任务799万元的83.2%。发放城乡居民社会养老保险待遇34684人2164万元。

第四节　工伤保险

为建立健全社会保险体系，提高社会保障水平，2005年年初全县启动工伤保险工作，参加工伤保险企业有17个，参保职工有733人，月应缴纳基数为5438.02元。全年工伤保险扩面任务为650人，实际扩面完成733人，占州下达任务数的112.77%；应缴工伤保险费4.8万元，实际收缴工伤保险费4.6万元，占任务数的95.83%，截至12月底又补缴工伤保险费3379元；办理1起工伤死亡案件，受理3起工伤认定案件。在开展工伤保险宣传活动中，发放各种宣传资料2000多份，制作和张贴大型宣传标语共5幅，接待群众咨询1000多人次。

2006年，通过加强政策宣传和加大劳动监察执法力度，全年扩面527人，占州下达任务数的105.4%。至2006年年底全县参保企业35个，参保人数1260人，其中农民工683人，占参保人数的54.2%；共收缴工伤保险费7.53万元，完成州下达任务数的125.5%。接待处理工伤认定案件9起，支付工伤保险待遇2人共1629元。

2007年全县参保单位55个，参保人数1537人，其中农民工774人，征缴工伤保险费21.60万元。全年受理工伤事故案件46起，结案38起，结案率82.6%。申领工伤保险待遇26人，共支出工伤保险金13.60万元。

2008年全县参保单位96个，参保人数1854人，完成全年任务1578人的117%。全年受理工伤事故案件31起，结案28起。工伤保险基金支出共38万元。其中，工伤医疗费用支出17.8万元，伤残、丧葬补助费19万元，抚恤金1.2万元。

2009年全县工伤保险共有2150人参保，累计扩面新增人数100人，占目标任务2050人的104.88%；基金征缴36.5万元，占目标任务35万元的104.29%；工伤保险全年审核报销29人次，审核费用29万元，支付金额26万元。

2010年工伤保险2310人（占全年任务数的100.4%），农民工参加保险105人（占全年任务数的100%），全县征缴工伤保险基金60万元（占全年任务数的171.43%）。

2011年1月1日正式实施国务院2010年12月20日修订后的《工伤保险条例》。新修订的《工伤保险条例》扩大了制度覆盖范围，将事业单位、社会团体、民办非企业单位、基金会、律师事务所、会计师事务所等组织纳入参保范围，同时调整提高了工伤保险待遇。为做好新修订的《工伤保险条例》贯彻实施工作，保障新老制度平稳过渡，省人力资源和社会保障厅、省财政厅联合下发《贵州省关于贯彻实施新修订〈工伤保险条例〉有关问题的意见》（黔人社厅发〔2011〕27号），明确规定各市（州、地）所属事业单位、社会团体等组织，应按照属地原则参加单位所在地工伤保险。工伤保险的初次缴费按照用人单位5%的费率标准执行，由用人单位按月向社会保险经办机构缴纳。从2011年1月1日起，工伤职工住院治疗工伤的伙食补助标准及交通、食宿标准按以下规定执行：（1）伙食补助标准按照每人每天10元；（2）到统筹地区以外就医所需的交通（火车硬卧、动车硬座、普通客轮三等舱、客运汽车）费用据实报销；（3）到统筹地区以外就医途中食宿费执行普通公务人员出差标准。一次性工伤医疗补助金和一次性伤残就业补助金从2011年1月1日起执行，一次性医疗补助金由工伤保险基金支付，一次性伤残就业补助金由用人单位支付。一次性工伤医疗补助金标准，以解除或者终止劳动关系时统筹地区上年度职工月平均工资为基数，五级伤残36个月，六级伤残26个月，七级伤残12个月，八级伤残9个月，九级伤残6个月，十级伤残3个月。一次性伤残就业补助金标准，以解除或者终止劳动关系时统筹地区上年度职工月平均工资为基数，按照工伤职工距法定退休年龄的剩余月数计算，五级伤残最高36个月，最低11个月；六级伤残最高26个月，最低8个月；七级伤残最高12个月，最低4个月；八级伤残最高9个月，最低3个月；九级伤残最高6个月，最低2个月；十级伤残最高3个月，最低1个月。

2011年全县工伤保险参保人数为4900人，累计扩面新增人数2590人，完成州下达全年目标任务4890人的100.2%，征缴工伤保险基金142.7万元，完成州下达全年目标任务85万元的167.9%；工伤保险全年审核报销42人次，工伤保险费用共计支付132.9万元，其中劳动能力鉴定费0.32万元、工伤医疗费33.72万元、一次性伤残补助27.75万元、一次性医疗补助金16.61万元、辅助器费用1万元、工伤住院伙食补助0.56万元、伤残津贴52.94万元。

2012年，为进一步抓好全县工伤保险工作，县人民政府三府县纪〔2012〕20号县长办公会议纪要明确从2012年9月起将全县事业单位在岗职工全部纳入工伤保险统筹，每月所需缴纳参保经费从年初预算安排部门包干经费中由各单位缴纳，有效推动全县工伤保险参保扩面及基金的征收工作。2012年全县工伤保险参保人数为7480人，累计扩面新增人数2580人，完成州下达全年目标任务7480人的100%，征缴工伤保险基金171万元，完成州下达目标任务170万元的100.6%；工伤保险全年审核报销34人次，工伤保险费用共计支付85.27万元，其中劳动能力鉴定费0.28万元、工伤医疗费13.54万元、一次性伤残补助35.96万元、一次性医疗补助金35.49万元。

2013年全县工伤保险参保人数8069人，累计扩面新增人数589人，完成州下达全年目标任务7730人的104.39%；征缴工伤保险基金228万元，完成州下达全年目标任务187万元的121.93%；工伤保险全年审核报销25人次，工伤保险费用共计支付192.94万元，其中劳动能力鉴定费0.096万元、工伤医疗费26.15万元、一次性伤残补助10.98万元、一次性医疗补助金3.16万元、丧葬补助金5.16万元、工亡补助金147.39万元。

第五节　生育保险

三都水族自治县于2007年10月正式启动生育保险，通过对全县范围内的企业单位进行生育保险政策宣传，全年生育保险登记参保企业9户，参保人数223人，基金收缴3096元。

2008年全县生育保险登记参保企业12户，参保人数406人（企业11个共计367人、机关单位1个共计39人），完成全年任务700人的58%；基金收缴3.8万元，完成全年任务2万元的190%，生育保险支出共0.4万元。

2009年有785人参加生育保险，累计扩面新增人数65人，占目标任务780人的100.64%，基金累计征缴6.52万元。

2010年参加生育保险共有1793人（占全年任务数的100.2%），全年征缴生育保险金22万元（占全年生育的100%）。

2011年全县生育保险参保人数为4531人，累计扩面新增人数2738人，完成州下达全年目标任务4530人的100%；征缴生育保险基金36.9万元，完成州下达全年目标任务35万元的105.4%。年度享受生育保险待遇84人，生育保险待遇支付32.31万元，其中医疗费用11.15万元、女职工生育生活补助费15万元、男职工一次性生育补助费6.16万元。

为进一步抓好全县生育保险的扩面及基金征缴工作，县人民政府于2012年6月13日下发县长办公会议纪要（三府县纪〔2012〕13号），将全县机关事业单位职工纳入生育保险统筹，生育保险缴费率为职工工资总额的0.6%，所需经费由各用人单位负责。2012年全县生育保险参保人数为5121人，累计扩面新增人数590人，完成州下达目标任务5020人的102%；征缴生育保险基金81万元，完成州下达目标任务40万元的202.5%。年度享受生育保险待遇103人，生育保险待遇支付40.13万元，其中医疗费用14.7万元、女职工生育生活补助费18.13万元、男职工一次性生育补助费7.3万元。

2013年全县生育保险参保人数7850人，累计扩面净增2729人，完成州下达全年参保任务数5600人的140.2%；征缴生育保险基金232万元，完成州下达全年征缴任务数93万元的249.46%。年度享受生育保险待遇137人，生育保险待遇支付116.22万元，其中医疗费用18.74万元、女职工生育生活补助费47.58万元、男职工一次性生育补助费9.77万元。

第六节　社保稽核

2006年全县实地稽核企业数27户，稽核人数867人，分别占参保企业总户数及参保人数的69%和73%。经过稽核发现有5户企业漏报缴费基数109万元，漏报社保基金33.79万元。当年追缴到账7.21万元、未到账26.58万元。

2007年全年参保企业36户，经实地稽核企业数23户，人数820人，分别占参保企业总户数及人数的61%和70%；经稽核，年底将4个参保单位漏报的社保基金23万元追缴到账。

2008年全县参保企业31户，经实地稽核企业数19户，人数824人，分别占参保企业总户数及人数的61.3%和74.8%；经稽核，将4个参保单位漏报的社保基金23万元全部追缴到账。

2009年全县参保企业单位27户，共稽核参保企业17户，稽核人数为716人，查出3个单位欠缴社会保险费，其中养老保险欠费8.1万元、失业保险欠缴0.88万元、医疗保险欠缴0.3万元，通过发送《稽核整改意见书》后，欠缴的社会保险费补缴完毕。

2010年不断加大稽核清欠工作力度，查出的养老、失业、医疗、工伤、生育保险等漏缴基金共计237.94万元和漏缴社会保障费3.13万元，已全部补缴到位，促进了社会保障费的应收尽收。

2011年全县参保企业29户，经实地稽核25户，人数1326人，共追缴养老保险费0.18万元、工伤保险费0.7万元、生育保险2.82万元，在实地稽核中没有发现单位虚报和冒领社会保险待遇的情况。

2012年全县参保企业29户，经实地稽核23户，人数950人，共追缴工伤保险费3.7万元、生育保险0.67万元、失业保险0.32万元。

2013年全县参保企业29户，经实地稽核27户，人数1249人，共追缴工伤保险费0.33万元、生育保险0.72万元、失业保险4.1万元。

第四章　民　政

1978年，县内民政事务由县民政局管理。2002年，县民政局内设三个职能股（室）：办公室、优抚安置股（含县双拥工作领导小组办公室、县退伍军人安置领导小组办公室）、救灾救济股，并配备相应职数。

2012年，县民政局内设办公室、优抚安置股（含县双拥工作领导小组办公室、县退伍军人安置领导小组办公室）、救灾救济股、社会事务办公室，配备相应职数，并明确城乡居民最低生活保障中心、殡葬管理所、麻风村、流浪乞讨人员救助管理站、婚姻登记处、社会福利中心、慈善总会办公室、减灾中心为县民政局下属事业单位。

第一节　救灾救济

1978年，全县共发生火灾25起，受灾户达175户736人。烧毁房屋536间，粮食85吨。1979年发放救灾款30多万元，水泥600吨，粮食50万千克，化肥5000吨。

1985年，农作物遭受旱灾和虫灾的严重袭击，导致粮食减产2100多吨，是年，发放救灾粮229705千克，救济款61050元，解决11397户45992人的生活困难。1987年全县受旱面积1902公顷，又遭特大暴雨袭击，灾情发生后，各级党委、政府先后组织全县13800多人参加救灾抗灾，为灾区群众发放救济粮293303千克，下拨救济款38000多元。

1995年全县先后两次遭受大风冰雹袭击和洪水袭击，农作物成灾合计6874.48公顷，其中旱灾1041.8公顷，水灾为1284.37千克，风雹灾为1381.33公顷，病虫害为2771.62公顷，霜冻及其他灾395.36公顷，粮食作物受灾面积4723.91公顷，经济作物受灾面积2150.57公顷，全年直接经济损失总价值3716.58万元，该年发放救济粮28.9万千克，救济5030户2.2635万人。1996年全县连续发生旱灾、洪涝灾、低温冷冻灾和病虫灾等，全县21个乡镇270个村的2105个村民小组不同程度受灾，受灾人口达26.8万人，农作物受灾面积17050公顷，损毁房屋308间，直接经济损失达5823万元。县政府发放救济粮23万千克，发放深圳、东莞捐赠的衣被11.5万件（套），县内捐赠衣物1332件（套），人民币15537元。1998年全县遭受罕见的冰雹和病虫灾及旱灾的侵袭，全县21个乡镇270个村2144个村民小组不同程度受灾。全县受灾人口22.28万人，成灾人口13.8万人，农作物受灾面积22160公顷，农作物成灾面积12564公顷，绝收面积2474公顷，倒塌房屋3间，损坏房屋7390间，造成粮食减产20902吨，油料减产2090吨，烤烟减产38吨，直接经济损失8774万元。此外，全年全县火灾频繁，损失严重，1月至12月共发生大小火灾26起，农房被烧毁158栋计1642间，造成177户792人倾家荡产，直接经济损失361万余元。全年自然灾害及火灾造成直接经济损失9135万余元。县政府发放救济粮27.1万千克，740床棉被，大小衣物1960套，发放有偿借助款13万元。1999年相继遭到旱、涝、病虫等多灾夹击，致使水稻受灾6907公顷，成灾3276公顷，绝收1829公顷，损失粮食17000多吨，直接经济损失3687万元。全县受灾21个乡镇270个村2106个村民组共42424户195150人，其中重灾村94个，重灾组519个，成灾28000户122945人，其中绝收户11340户计49840人。县委、县政府及民政部门先后投入车辆200多辆次，组织抗灾自救队伍达17万人次，投入自救款300多万元。全年共发放39万千克救济粮，冬被1000

床、冬衣裤3600条，以及深圳捐赠的衣被81323件（套）。

2000年6月21日，全县发生特大洪涝灾害，全县21个乡镇的270个行政村的2144个村民组均不同程度受灾，农作物受灾面积达29690公顷，成灾面积达3553公顷，绝收面积5285公顷，受灾5.6万户计26万人，占总人口的80%，损坏民房3.6万间，倒塌房屋1006间，其中民房为905间，因灾损失粮食30529吨，死亡大牲畜60头，死亡6人，因灾受伤病人310人，造成直接经济损失2.8亿元，其中农业直接经济损失1.46亿元。特大洪涝灾害发生后，县委、县政府立即成立救灾抢险指挥中心，安排部署救灾抢险工作，黔南州长蒙启良深入第一线指挥。投入抗洪经费16万元，发放救济粮487吨，建房款11.23万元，衣、被6469件（套）。发动社会各界向灾区献爱心捐款77.53万元，捐物8833件（套）。

2006年，全县各乡镇先后遭受不同程度的干旱、洪涝、冰雹、病虫害等自然灾害的袭击，特别是“6·26”洪涝灾害造成全县19个乡镇230个村1620个村民小组均受到不同程度的损失，受灾5.2万户18.75万人，成灾人口11.6万人，因灾死亡4人，失踪3人，受伤137人，紧急转移人口2.5万人；农作物受灾面积9133公顷，成灾面积5667公顷，绝收面积464公顷，毁损耕地3公顷；因灾毁坏倒塌房屋813间。全县其他灾害受灾人口21.4万人，成灾人口8.58万人；农作物受灾面积10891公顷，成灾面积4356公顷，绝收面积225公顷，造成直接经济损失5567万元。县委、县政府下拨救济粮指标533吨，解决10153户35536人的受灾特困户吃饭问题；下拨灾区群众特困户建房补助款168.7万元，解决602户2108人修建住房；发放临时救济款7600元，解决22户67人临时性的生活困难；发放救济棉被1371床，衣服1628套（件），捐赠物资1819袋（约90950件）。

2007年，全县遭受百年罕见的“7·26”洪涝灾害，造成全县21个乡镇不同程度受灾，尤其东面片区的打鱼乡、都江镇、坝街乡受灾严重。洪涝灾害造成受灾人口14.2万人，被困人口5万人，紧急转移人口5万人，因灾死亡5人，失踪1人，农作物受灾面积6375公顷，绝收面积643公顷，毁坏耕地面积300公顷，倒塌房屋13243间，损坏房屋8627间，直接经济损失3.86亿元。发生民房火灾26起，受灾197户867人，烧毁民房157栋649间，损坏房屋26栋82间，6人死亡，造成197户867人返贫。灾情发生后，全县积极开展抗洪抢险和灾后救助工作，并在县委、县政府的统一指挥下，组织开展“7·26”救灾专项捐赠活动，共募集资金285.5071万元。全县全年下拨救灾救济粮410983千克，救灾棉被3764床、大小棉衣1644件（套）、大小单衣1355套，鞋392双、床单54床、捐赠衣物5666袋，灾区群众建房和维修建房资金673.0751万元，发放临时生活困难补助费24.8904万元。

2008年，全县先后遭受历史罕见雪凝冰冻灾害和“5·24”“5·30”特大暴雨袭击，全县21个乡镇274个村（居）委会2144个村民小组33.29万人受灾，因灾倒塌居民住房500户721间，损坏房屋1285户3342间，农作物受灾面积1395.4公顷，农作物绝收面积91.4公顷，供水、供电等基础设施严重毁坏，造成直接经济损失达66528.71万元，其中农业经济损失372.41万元。各级党委、政府深入灾区察看灾情，安抚灾区群众，指导灾区人民抢险救灾和恢复重建工作。安排救灾救济粮514495千克（其中，捐赠救灾粮14500千克），发放慰问金11.36万元，发放临时生活困难救助款21773元，发放救灾救济棉被3698床、棉衣1077件、各类衣服3485件、深圳捐赠衣物8800余袋，发放捐赠猪肉7吨、蔬菜2吨，方便面191箱、饼干41箱、棉帽348顶、棉鞋346双、各类药品745盒（箱），蜡烛157箱、电池1箱、柴油20吨。

2009年，先后遭受不同程度的洪涝、泥石流等自然灾害的袭击。全县受灾人口11.43万人，紧急转移人口0.38万人，倒塌房屋16间，农作物受灾面积5630公顷，直接经济损失2859.8万元。当年全县投入救灾救济资金437万元，发放大米330吨，棉被1093床，衣服2959套（件），救助灾区群众和困难群众2.76万人；完成26户洪涝灾害倒房恢复重建工作，修复损坏房屋411间，同时资助120户456人（包含独生子女户3户）的住房维修。

2010 年，遭受严重少雨干旱天气，导致历史罕见的旱情。全年下拨救济粮 221300 千克，发放救济棉被 2000 床，棉衣 2500 件，单衣 5000 件（套），解放鞋 2000 双，下拨建房和维修建房补助款 22.8 万元，解决 108 户 648 人的住房困难，下拨抗旱专项资金 147 万元，解决人民群众在生产生活中的实际困难。

2011 年年初，县内连续遭受小雨夹雪天气，全县 21 个乡镇气温骤降，出现冻雨并遭受严重凝冻灾害，灾害涉及 21 个乡镇 196 个村 1346 个村民小组 34784 户 125344 人不同程度受灾，造成直接经济损失 401 万元。4 月，先后两次遭受冰雹灾害袭击，造成水龙、中和、三洞、塘州、廷牌、九阡、合江、周覃等 8 个乡镇 63 个村 511 个村民小组 8196 户 39574 人受灾，造成直接经济损失 4060 万元。5 月，部分乡镇又降大雨，导致发生洪涝灾害。有坝街、三洞、塘州、廷牌、周覃、恒丰、九阡、扬拱 8 个乡镇 60 个村 370 个村民小组 10585 户 40209 人受灾，造成直接经济损失 179.4 万元。7—9 月，受持续高温天气影响，全县 21 个乡镇 246 个村 2091 个村民小组 249717 人不同程度受灾，因灾造成 75500 人和 48600 头大牲畜饮水困难，粮食大面积减产或绝收。因灾造成直接经济损失 16661.5 万元。灾情发生后，各级党委、政府发放春节走访慰问金 22.42 万元，全年安排救灾救济粮 200 吨，棉被 1184 床，军大衣 187 件，大小棉衣 280 件，大小单衣 754 套，解放鞋 493 双。全年下拨灾区群众建房维修补助款 50 万元，灾区群众连片建房基础建设补助资金 4 万元，饮水工程修建补助资金 7 万元。当年，收到香港乐施会 47 万多元的赈济物资援助。

2012 年 4 月 29 日凌晨，中和、坝街、水龙等 12 个乡镇遭受风雹灾害袭击。据统计，此次灾害造成全县受灾 1.5 万人，倒塌房屋 12 栋 48 间，损坏房屋 5509 间，直接经济损失 9418.8 万元。灾情发生后，政府相关部门及时查灾、核灾、报灾，指导受灾群众开展自救，积极争取上级救灾资金支持，最大限度地降低受灾群众的财产损失。安排救灾资金 885.14 万元，重点支援了灾区民房的倒塌恢复重建以及困难群众危房的维修。全年因灾倒房重建 119 户、355 间。

2013 年，修订完善《三都水族自治县自然灾害生活救助资金管理暂行办法》，进一步明确救灾资金的使用范围、权限，灾情信息报送得以进一步规范。全年 19 间住房倒塌，933 间房屋损毁，152514 人受灾，紧急转移 173 人，农作物成灾面积 11886.87 公顷，其中绝收 913.98 公顷，直接经济损失多达 15094.26 万元。灾情发生后，下拨 64.75 万元帮助 118 户受灾群众重建、维修住房。全年因高温少雨天气造成农作物受灾总面积 7033.34 公顷，9.8 万人受灾，2.65 万人和 4125 头大牲畜饮水困难，造成直接经济损失 7536.2 万元。面对严重旱情，启动 4 级气象和 2 级自然灾害救助响应，安排 60 余万元抗旱专项资金到各乡镇，帮助受灾困难群众抗旱救灾。完成了凤凰社区等 3 个减灾示范社区创建任务；筹集 2 万余元为 305 户农村低保户代交农房保险，群众房屋因灾损毁将得到最高 5000 元的赔偿。

第二节　城乡居民最低生活保障

1998 年 5 月至 8 月，在全县范围内开展了城乡居民最低生活情况调查。5 月底完成了县城所在地的三合镇城镇居民和特困职工的调查工作，确定城镇居民最低生活保障标准为月人均户 8.7 元，根据确定的保障标准，需救济人数为 25 户计 55 人，年需保障金 2.5 万余元。8 月底完成了全县农村最低生活情况调查工作，确定全县农村最低生活保障标准为年人均 480 元，根据确定的标准，全县需救助人数为 1007 户计 2904 人，年需保障金 46.76 万元。

1999 年全县城镇居民最低生活保障制度于 1998 年第四季度开始实施，全县低保对象户 815 人，全年兑现低保金 15.79 万元，其中城镇低保对象 28 户 42 人，人月均低保标准 89 元，兑现低保金 3.49 万元，月人均补差 69.25 元。农村低保对象 468 户 773 人，人月均低保标准 40 元，全年兑现低保金 12.3 万元，人月均补差 13.26 元，其中：县财政安排兑现 80220 元。城镇低保金按标准由县财政全额拨付，农村低保金的筹集按县《暂行办法》的规定，采取县财政负担 60%、乡镇财政负担 40%的办法解决。

2000 年 1 月起，每人每月低保金提高 30%，新增低保对象的标准由原来月低保金 68.7 元调整为 70 元，从 7 月起全县低保对象有 543 人，月人均补差为 17.8 元，初步预算城镇低保费不低于 4 万元，农村低保费不低于 13 万元。全年农村享受低保为 501 户 873 人，城镇低保对象为 219 户 593 人。2002 年 4 月初，对符合城市居民最低生活保障条件的对象 725 户 1768 人，通过财政拨款 1—6 月发放最低生活保障金 38.6 万元，累计发放 7388 人次。2004 年 6 月，共发放低保金 89.4 万元，解决 12636 人次的生活困难，做到应保尽保。2006 年 4 月 1 日起，将城市低保标准由 130 元提高到 150 元，低保对象由 2005 年年底的 2402 人增加到 3456 人，月支出保障金由 18 万元增加到 29.55 万元，人均补差由 75.09 元增加到 85.5 元，增加了 10.41 元，1—12 月共支出低保金 299.64 万元，使 35537 人次城镇居民得到低保救助；发放救助金 215.974 万元，使 39268 人次农村特困对象得到了救助。2007 年全县共有低保对象 14227 户 35683 人，其中农村低保对象 11789 户 30983 人，全年发放农低保资金 665.679 万元；城镇低保对象 2438 户 4700 人，全年发放城市低保资金 598.46 万元；全年共支出低保资金达到 1264.139 万元。

从 2008 年 1 月开始，国家提高城乡低保对象补助。对城市低保对象，每人每月增加补助 15 元，对农村低保对象，每人每月增加补助 10 元。全年发放城市低保资金将近 900 万元，发放农村低保金、提高救助水平资金、临时生活补贴 2104 万元。

2009 年年底全县有农村低保对象 16830 户 43000 人，全年发放低保金 2924 万元，月人均补助水平 56.67 元。全县有城市低保对象 5889 人，全年发放城市低保金、临时生活补贴、物价补贴 1035.573 万元，使 68395 人次得到了救助，月人均补差水平 151.41 元。2009 年，县人民政府修订印发了《三都水族自治县城乡医疗救助实施办法（暂行）的通知》（三府办发〔2009〕169 号），降低救助门槛、提高救助资金比例，全年共资助民政对象（包含独生子女 152 户，纯女结扎户 34 户）44246 人参加“新农合”，共代缴资金 88.49 万元，进行二次救助 258 人，共计 63.63 万元（其中：农村 206 人，救助金额 48.45 万元；城镇 52 人，救助金额 15.18 万元），进一步缓解了群众看病就医的困难。

2010 年，全县有城市低保对象 7422 人，全年发放低保金、物价补贴 1242.887 万元，月人均补助 141.5 元。全年累计新增城市低保对象 1630 人，增发保障金 21.509 万元；累计取消了 146 人，减发保障金 2.875 万元。全县有农村低保对象 35678 户 84280 人，全年发放低保金 4069.2 万元，月人均补助 40.23 元。2010 年全年为城乡 643 人次困难群众实施二次救助，支付医疗救助金 182.2 万元，平均人次救助水平为 3174 元。其中农村医疗救助 574 人次，支出救助金 166.4 万元；城市医疗救助 69 人次，支出救助金 15.8 万元。

给困难群众发放低保金

2011 年，从 4 月起拟定城市低保保障线提标到 235 元/月，农村低保标准提高到 1344 元/年，年底全县有城市低保对象 6540 人，全年发放低保金、物价补贴 1455.157 万元，使 7.7964 万人次得到了救助，月人均补助 178.2 元。累计新增城市低保对象 175 人，累计取消了 45 人。全年有农村低保对象36497户84251人，全年共发放低保金、物价补贴7702.6万元，季度人均补助156.8元。全年共救助城乡困难群众850人次，发放救助金240万元，平均人次救助水平为2823元。其中农村医疗救助705人次，支出救助金210万元；城市医疗救助145人次，支出救助金30万元。

2012年，累计取消城市低保对象933人，累计新增613人，累计取消农村低保对象11993人，累计新增农村低保对象3572人。在低保核查工作的基础上，积极开展了城乡低保保障标准的提标工作，提标后三都城市低保平均保障标准为260元/月，比2011年的标准提高了25元，增长了10%，农村低保平均保障标准为1478元/年，比2011年的标准提高134元，增长了10%，按时完成省民政厅提出城乡低保标准倍增计划的第一年。全县有城市低保对象6225人，全年共发放城市低保金1644.784万元（其中1月发放元旦、春节期间生活补贴196.53万元，每人300元），月人均补助191.8元，与2011年相比增加发放资金189.657万元，7.5442万人次得到了救助。有农村低保对象33815户74779人，全年发放农村低保金9304万元（其中1月发放元旦、春节期间生活补贴1679.72万元，每人200元），与2011年相比增加发放资金3481.8185万元，季度人均补助202.5元，30.3579万人次得到了救助。全县共有农村低保季节性缺粮户3985户7070人，比2011年相比减少397人，全年需救助粮食总量为236550千克，比2011年减少发放粮食17105千克。全年城乡医疗救助困难群众1444人次，发放救助金354.6万元。全年对45户95人因重病、突发事件等原因的困难家庭以及过境流浪乞讨人员实施临时救助，发放了临时救助金5.7万元。

2013年，县委、县政府先后出台了《三都水族自治县2013年城乡低保对象认定核查工作实施方案》和《三都水族自治县城乡居民最低生活保障工作党政领导干部问责办法》及《三都水族自治县最低生活保障工作联席会议制度》等文件。核查提标工作中，各乡镇严格按照核查提标工作要求，安排包村干部带着村组干逐家逐户核查，通过核查，并对照低保政策，将不符合条件的34365名农村低保对象及2391名城镇低保对象调出低保范围，把符合条件的3247人纳入农村低保、690人纳入城镇低保。通过核查提标，全县农村低保人数从2012年的74779人降为43579人，减少31200人，农村低保人数占农业总人口比重从2012年的22.51%降为13.17%，保障标准由上年度的1478元/年提高到1700元/年，提高了222元/年；城市低保人数从上年度的6240人降为3975人，减少了2265人，城市低保人数占非农业总人口比重从2012年的25.15%降为13%，城市低保保障标准由上年度的260元/月提高到300元/月，城乡保障标准均提标15%，超出州要求的5个百分点。全年将发放城市低保金及生活补贴1530.5万元（春节生活补贴188.22万元），农村低保金及生活补贴6392.9万元（春节生活补贴1495.18万元），48118人直接受益。全年共为128户临时生活困难家庭给予救助，支付临时救助金5.1万元，为320名过境流浪乞讨人员给予救助，支付救助金7.2万元。“六一”期间，对100余名留守儿童给予每人200元的救助金及学习用品。协同教育、妇联创建“留守儿童之家”、反家庭暴力庇护站，留守困境儿童和需救助的家庭妇女得到了有效救助。

第三节　社会福利

一、农村“五保”供养

按照“五保”和特困户定救政策，1991年给予915户1480人的定期定量救济，年计发放定救经费10027元，其中“五保”定救426户到563人，年救济34860元，社团定救465户计893人，年救济经费59964元，40%老职工定救18户18人，年救济经费共3648元，宽赦人员定救6户6人，年救济经费1800元。1994年共对397户五保户、529户特困户、5户特赦人员和18名精简退职享受40%定救补的老职工共计949户1503人，发放定救金109956元，人均计季币18.3元，用9966元对1957年年底以前参加工作，1961年至1965年6月9日期间精简下放的生活困难补助69名老职工实行救济，年人均144.4元，1997年检查、督促落实《农村五保户供养工作条例》，完善供养协议，使全县505户计603人“五保”对象的基本生活得到保障，月人均供养经费80元（含实物折款）。1998年，全县“五保”对象的生活补助费由乡镇统一筹集，列入社会公益金统一收取交到县财政，然后由财政统一返回各乡镇，由乡镇发到五保户对象手中，月人均供养经费83元以上（含实物折款）。1999年全县共有“五保”对象401户计466人，大多数都在农村分散供养，由村指定专人负责，并签订代耕代养协议，供养经费过低的“五保”对象即由乡镇统筹生活补助，基本生活月人均供养达80元以上（含实物折款）。

2000年全县共有“五保”对象401户计466人，绝大多数采取分散供养，由村指定专人与“五保”对象签订协议进行代耕供养，这部分占56%，由乡统筹“五保”供养金进行补助，确保其基本生活、供养标准年人均达960元以上（含实物折款）。2006年5—6月开展了农村“五保”对象一次性调查工作，根据各乡镇上报数据进行汇总，全县有“五保”对象1023户1228人，其中老年人714人，未成年人310人，残疾人204人。签订供养协议列入“五保”供养的有568户665人，共发放供养金415625元。

2007年全县符合条件的农村“五保”对象1101户1330人，落实“五保”供养的568户665人，符合条件但暂未享受“五保”供养的533户665人。从该年起开始按新标准实行供养，农村“五保”分散供养标准定为每人每年1300元（含实物折款），集中供养对象标准定为每人每年1700元（含实物折款），当年发放“五保”供养金53.2万元。从7月起将所有符合条件的“五保”对象全部纳入农村低保，下半年发放保障金39.3万元，每人领取保障金300元，加上实物救助折款，年实际集中供养标准可达1800元，分散供养标准达1588元。符合条件未纳入供养的“五保”对象救助标准为每人每年910元，其中农村特困救助金110元（上半年），低保救助金300元（下半年），实物救助折款500元。

2008年，按分散供养每人每年不低于800元、集中供养每人每年不低于1200元的标准落实兑现供养金。当年有农村“五保”对象1330人，其中分散供养1301人，集中供养29人，全年共发放供养金107.56万元。2009年，全县有“五保”对象1617人，其中集中供养29人（年人均供养金1200元），分散供养1578人（年人均供养金800元），全年发放供养金将达130.32万元，“五保”对象全部纳入“五保”供养保障范围，实现了“五保”对象应保尽保和“按标施保”的目标。2010年，有农村“五保”对象1691人，其中分散供养1623人，集中供养68人，全年发放供养金171.55万元。

2011年，按分散供养每人每年不低于1000元、集中供养每人每年不低于1400元的标准落实兑现供养金。当年有农村“五保”对象1736人，其中分散供养1667人，集中供养69人，全年发放供养金、春节补贴193.885万元。

2012年，完善“五保”供养配套政策，严格审批条件和程序，认真执行“五保”供养标准，按分散供养每人每年1000元、集中供养每人每年1400元的标准落实兑现供养金。全县有农村“五保”对象1459人，其中分散供养1392人，集中供养67人，与2011年相比减少277人。全年发放“五保”供养金197.875万元（其中1月发放元旦、春节期间生活补贴33.9万元，每人200元），与2011年相比增加发放资金3.99万元。健全完善县、乡镇敬老院管理各项管理制度，以一岗双责方式及时充实管理人员，加大县城中心敬老院鱼塘、猪圈等附属设施建设的投入，通过加强对县城中心敬老院的管理和修建维修附属设施等措施，敬老院的管理服务水平有较大提高，院民的生活条件有了较大改善，思想观念有较大转变，居住环境更舒适安全。

2013年，三都按照集中供养每人每年1800元、分散供养每人每年1400元的标准发放供养金。

全年发放“五保”供养金204.83万元，1449名“五保”对象得到及时救助。敬老院工作得到加强，中和片区敬老院一楼已灌顶，三合镇敬老院正在施工之中，周覃、大河两镇敬老院即将组织入住，县城中心敬老院的管理进一步规范，星级敬老院创建已完成。

二、有奖募捐

1987年7月27日，三都正式销售中国社会福利有奖拍奖（传统型、面值一元、图案类似人民币）即开型福利彩票80000张。1998年12月，开始销售电脑福利彩票，当年销售约160万元。1990年，县民政局与工商、税务、公安、城建、广播电视等部门联合下发社会福利奖券的发行工作，共销售奖券1万张，按时结清账目，增加福利基金2723元，累计有社会福利基金28621元。

1991年9月2日，成立三都水族自治县有奖募捐领导小组和募捐办公室，采取多形式、多渠道的方式开展奖券销售活动。

2006年，三都有7个福利彩票销售点，福利彩票完成85.0278万元，即开型彩票完成20.1590万元。2007年，电脑福利彩票销售量达250万元。

从2009年6月起，三都新建了福利彩票销售站点共有10个，其中乡镇7个、县城3个。经过改进和完善，“风采系列”电脑福利彩票在全县12个乡镇开售，并获得巨大成功。电脑福利彩票采用网点销售，分级管理，发行运作方式完全市场化的做法，各乡镇先后引进了一大批“快开3”营销。

2010年，社会福利事业健康发展，福利彩票坚持“扶老、助残、救孤、济困”的发行宗旨，不断强化宣传力度，加强业务培训，转变经营方式，深挖潜力潜能。全年销售福利彩票400万元。2011年全县销售福利彩票410万元。2012年全县电脑福利彩票销售457万元，即开型彩票90万元。

2013年，加强了福利彩票销售站点建设，站点布局趋于合理，严格实行末位淘汰制度，对专营店和网点实行了标准化建设。同时，加强对网点销售人员的培训、教育和管理，把安全教育、法制教育作为与业务培训同等重要的培训内容，增强网点业主和销售人员的纪律观念，杜绝不规范操作和违法行为，福彩销售有了突破，全年共销售电脑福利彩票557.27万元。

第四节　优待安置

一、拥军优属

1983年3月29日至31日，县人民政府召开全县优抚对象、拥军优属、优抚工作先进代表大会，会议选举产生了出席省优抚对象先进集体三合公社，先进个人代表4名（即烈属潘吴氏，军属潘永高、李辉林，残废退伍军人吴正优）。1986年春节期间开展群众性的拥军优属活动，各区、乡根据县人民政府关于拥军优属活动的文件通知精神，召开本地区军烈属、伤残军人座谈会，同时邀请当年回农村的荣立三等功以上的退伍军人参加，共有572人。座谈会后，各地由领导带队深入辖区内军烈属家中进行走访慰问，为参加“两山”战斗的现役军人家属解决具体困难，给住房困难的13户补贴房款4300元，对6户因缺乏耕牛造成生活困难的，发放有偿无息贷款1800元，给缺衣少被的4户救济棉被4床、成人棉衣8件、单衣6套、卫生衣9件等。1987年“八一”建军节期间，县政府拨给专款1918元对全县的军烈属和驻军开展活动。同时对3户军属和1名残废军人给予临时困难补助费370元，给1户军属解决寒冬衣服4套。春节期间，拨出6055元活动专款，在全县范围内以单位召开本地军烈属、残废军人座谈会，并邀请当年回农村的荣立三等功以上的退伍军人参加，共计到会530人。县成立慰问团，各区、乡成立拥军优属慰问团开展活动，并组织学生、群众为军烈属送柴火、送春联、光荣匾等。

1988 年县人民政府拨出专款 6876 元，按每户 12 元筹办慰问品，开展对军烈属和驻军的活动。1992 年全县 21 个乡镇均建立了拥军优属领导小组负责本地区的拥军优属工作，凡有烈属、孤老复员伤残军人的村委会都成立了帮优小组，帮优小组由 1991 年的 186 个发展到 228 个。各帮优小组义务帮助优抚对象做好事、办实事，并继续对 79 位孤、老、残优抚对象实行包户服务。元旦、春节期间，县、乡镇都分别成立了拥军优属慰问团（组），进行走访慰问驻军、烈属、革命伤残军人 480 户（人），除县政府给每户（人）赠送 15 元慰问金或礼品外，各地还组织群众、学生给军烈属、革命伤残军人做好事、办实事，如翻修补漏房屋、挑水、砍柴、扫地、表演节目、赠送礼品、贴对联等活动。当年，群众自筹慰问金 2610 元，猪肉 158.5 千克、酒 153 千克、柴火 5.5 万千克，糯米粑 719.5 千克，白糖 109 千克，给边防将士寄去慰问信 300 多封，给驻军和西藏部队送去洗脸巾、枕巾 320 条，自制鞋垫 312 双。

1993 年县委、县政府通报表彰 26 个拥军优属先进单位和一个拥政爱民先进单位，并于 1 月 18 日慰问走访驻军和召开纪念双拥活动五十周年座谈会，会上县领导给军、警民共建单位授牌。春节和“八一”期间，县四大班子领导和有关部门以及乡镇都组织慰问小组深入驻军住地、军烈属、革命伤残军人家中，对 468 户（人）进行慰问活动，拨款 9000 元给每户赠送 15 元现金和礼品外，各地区还组织群众、学生给军烈属修房补漏、挑水、砍柴扫地等做好事、办实事。春节期间还送去春联、现金 1573 元、猪肉 142.5 千克、酒 133.5 千克、柴 10 万千克、白糖 87 千克、糯米粑 681 千克。在财政十分困难的情况下，拨出 5 万元给驻军修建伙房、浴室和娱乐室。组织召开了退伍老兵座谈会、欢送会，发给 50 元的纪念品，并鼓励他们退伍回乡后多作贡献。

1989—1993 年，县委、县政府挤出 10 万元专款为武警中队和消防大队解决营房、训练场地及其他正常费用开支的超支问题，有关部门为部队送去彩电、电冰箱、洗衣机、电风扇、桌椅、文具等物资。

1994 年春节期间，县、乡镇都分别成立拥军优属慰问团（组）进行走访慰问驻军、军烈属、革命伤残军人共 457 户（人），慰问金共 9020 元，各地组织群众和学生给军烈属、革命伤残军人进行修房、挑水、砍柴、扫地，赠送礼金礼品、贴春联 500 多副等活动。群众自筹资金 1835 元，猪肉 143 千克，米酒 97 千克，柴火 6 万千克，白糖 66 千克，糯米粑 929.5 千克。“八一”建军节期间，县成立“双拥”领导小组，开展走访慰问和召开座谈会活动，县政府挤出 43300 元为驻军修建厨房，赠送电冰箱 1 台，高档餐桌 4 套，电风扇 1 台，县妇联发动妇女纳织鞋垫 48 双送给驻军官兵。全县重点走访 97 户军烈属、伤残军人，周覃镇还组织军民联欢的电影晚会。11 月份还组织当年退伍的 5 名老战士召开座谈会，并为他们发放 40 元的纪念品。

1998 年的元旦、春节、建军节期间，县成立拥军优属慰问团，乡镇成立慰问小组，县财政拨出慰问经费 22600 元，共走访慰问军烈属 380 户（每户送慰问金 50 元），革命伤残军人 73 人和当年回乡的退伍军人 47 人，每人发慰问金 30 元，并给驻军（警）官兵送去慰问金 2000 元和剃须刀、鞋垫等慰问品，召开了军政座谈会，各乡镇也采取不同形式开展慰问活动。1999 年元旦、春节期间，县成立拥军优属慰问团，乡镇成立慰问小组，先后对辖区内的驻军和军烈属、革命伤残军人、当年退伍兵等开展慰问活动，其中：军烈属 267 户，革命伤残军人 72 人，当年回乡退伍军人 89 人。给每户（人）送去慰问金 50 元。

2000 年春节期间，全县组织慰问团（组）走访慰问军烈属 339 户，革命伤残军人 70 人，当年回乡退伍军人 27 人，共拨出专款 23450 元，给每户（人）送去慰问金 50 元，并组织机关干部、学校师生等 3000 多人积极参与拥军优属办好事、办实事活动。2003 年元旦、春节期间，全县组织慰问团（组）走访慰问军烈属、革命伤残军人、当年回乡退伍军人，共拨出专款 76700 元，给每户（人）送去慰问金 100 元。

2006年的元旦、春节期间，县成立了拥军优属慰问团，乡镇成立慰问小组，县慰问团负责走访慰问驻军和重点优抚对象，乡镇慰问小组负责走访慰问本辖区内的烈军属、残疾军人、当年回乡退伍军人。全县共走访慰问烈军属346户，残疾军人（人员）68人，当年回乡退伍军人59人，驻军52人，每户（人）送去慰问金200元，对联473副。2007年春节期间，全县军民广泛开展拥军优属、拥政爱民活动，县乡成立了拥军优属慰问团，分别走访慰问驻军和重点优抚对象以及本辖区内的烈军属、残疾军人、当年回乡退伍军人。全县共走访慰问烈军属352户，残疾军人70人，当年回乡退伍军人64人，驻军51人，给每户（人）送去慰问金200元，共8.74万元。

2008年春节期间，全县共走访慰问烈军属361户，残疾军人（人员）74人，当年回乡退伍军人68人，驻军61人，每户（人）送去慰问金200元，对联435对。2009年春节期间，全县共走访慰问烈军属361户，残疾军人（人员）74人，当年回乡退伍军人68人，驻军61人，每户（人）送去慰问金200元，对联435副（不含驻军）。

2010年春节期间，对68名农村退役士兵报到时发给每人2972元优待金（每人每年1486元）。发放15名城镇退役士兵自谋职业补助金378252元。安置3名退役士兵到县水利局、大河镇人民政府、丰乐镇人民政府。全县发放各类优抚抚恤金271.6万元，1340个优抚对象的合法权益得到保障。

二、优待

1984年县政府发出文件，要求对城乡义务兵家属和烈士家属都实行普遍优待。1986年全县优待农村义务兵家属243户，优待金25320元，户均优待104元；优待城镇义务兵家属54户，优待金2700元。1987年全县优待农村义务兵家属214户，优待金共33418元，户均优待金156元；优待城镇义务兵家属67户，优待金共4782元，户均优待71元。1988年农村义务兵家属202户共发放优待金30300元，户均优待150元；城镇义务兵家属59户，共发放优待金4720元，户均80元。对荣立三等功的4名现役军人，发给奖励金400元。从1988年起在县民政局内建立义务兵优待金储金会，除烈属的优待金外，将县统筹的拥军优属优待金集中存入银行，设立专户管理，不直接发义务兵家属，待他们退伍后加上银行存款利息，一次性领取优待金500元。1990年，县成立由党政军领导和有关部门负责人共31人组成的拥军优属、拥政爱民工作领导小组，下设办公室在民政局，全县21个乡镇都同时建立拥军优属领导小组，负责本地区的拥军优属工作，全县有烈属、孤寡老人、老复员军人、伤残军人的166个村都成立了帮优小组，全县建各种帮优小组223个，全县优抚服务网络基本形成。1990年根据国务院发布的《军人抚恤优待条令》和《贵州省军人抚恤优待实施办法》，制定了《三都水族自治县军人抚恤优待实施细则》。当年筹集优待金193550元，兑现优待金180650元，其中义务兵家属优待金170600元，烈属6550元，立功奖励3500元。给919位优抚对象实行了定期定量抚恤、补助，年定抚、定补总额为171207元，其中三属（烈属、因公牺牲军人家属、病故军人家属）共56人，年定额21216元，伤残军人82人，年度抚恤19851元，老复员军人741人，年定补123828元，带重病回乡退伍军人40人，年定补6312元。对定抚、定补工作进行调查调整，享受定抚、定补人数由1989年的477人增加到919人，年定额由93527元增加到171207元，净增77680元，给72位有困难的优抚对象临时补助5320元。

1991年年底兑现优待金55230元，给12位荣立三等功的现役义务兵给予奖励1300元。1992年调整优待标准后，改“义务兵优待金储金会”为“群众优待基金”，增加了对驻县消防、武警等荣立集体功的奖励项目，基金利息部分作为三都籍现役军人立功奖励，驻军立集体功和“双拥”表彰、奖励的开支，并给16名荣立三等功的现役义务兵发放了奖金1600元，对确有困难，急需用钱的军属，经乡镇、村证明的有9户发放优待金3100元。

从1994年起，农村义务兵家属优待金由原来的年均220元提高到250元，优待金的兑现仍实行以县统筹、统一管理、统一兑现的办法，全年给农村义务兵家属兑现优待金53250元，城镇义务兵军属兑现优待金9500元。

1996年春节、“八一”期间，在全县内组织军（警）民和县机关干部职工、中小学师生开展拥军优属、拥政爱民活动，给驻军（警）官兵送去慰问金1250元，给每户军烈属和革命伤残军人送去慰问金30元，县四大班子领导重点走访慰问了军属40户（每户慰问金50元）。各乡镇、村干部和群众以及中小学师生给军烈属送去慰问金3628元、猪肉267千克、柴火17414.5千克、木炭3413.5千克、糯米粑946.5千克，以及香烟、酒、糖、水果等慰问物品。

1997年元旦、春节、“八一”期间，拨款14280元作慰问金，走访军烈属322户、革命伤残军人78人，每户（人）赠送慰问金30元。当年退伍军人61人，每人慰问金20元，驻军（警）官兵慰问金1170元。各乡镇、村干部、群众和学校师生给军烈属、伤残军人、孤老复员军人等慰问金3475元，慰问猪肉312千克、柴火42350千克、木炭2863千克、糯米粑341.5千克、香烟、酒、糖、盐、水果等慰问物品。

1999年，县政府下发文件《关于认真做好军属优待金统筹工作的通知》在全县进行优待金筹集。7月1日，根据民政部和财政部〔1999〕39号文件《关于提高部分优抚对象抚恤补助标准的通知》和省民政厅传真电报《关于做好优抚对象提标工作有关问题的紧急通知》精神，全县对在职革命伤残人员和在乡革命伤残人员、在乡老复员军人提高抚恤补助标准，在职二等甲级以下革命伤残人员的伤残保健金，在现行标准的基础上，每人每年分别提高75元、60元、40元、30元四个档次。在乡老复员军人的生活补助每人每月增加20元。1999年至2000年间共投放建（维）房资金73000元，解决86人的住房困难问题，其中新建34人，共建造房屋85间计5100平方米，维修52人的房屋130间计7800平方米，并得到州直机关的大力支持，共投资建（维）修房资金为17600元，解决8名重点优抚对象的住房难问题。在1999年至2000年，开展“爱心献功臣”工作中，解决医疗难177人，减免医疗费3200元，各乡镇、村卫生院（室）等医疗机构上门免费就诊400多人次。

根据上级民政部门的工作安排，县民政局于2001年3月至5月对全县重点优抚对象进行了普查，全县共有各类重点优抚对象783人，其中：烈属25户26人，因公牺牲军人家属1户1人，病故军人家属9户11人，革命伤残军人64人，在乡复员军人615人，其中：生活困难226人，住房难116人，医疗难273人。当年对生活困难的重点优抚对象采取定期定量补助，复员军人年均定补632元；带病回乡退伍军人定补592元，“三属”和伤残军人按国家规定标准给予定期抚恤。

2006年全县有烈士遗属、因公牺牲军人遗属、病故军人遗属、残疾军人、在乡老复员军人和带病回乡退伍军人765人，其中“三属”30户34人，全年抚恤金额113964元；残疾军人68人（含4名国家机关残疾工作人员），全年伤残抚恤金262944元；在乡老复员军人513人，全年定期补助金额974895元，年人均1900元；带病回乡生产生活特别困难的退伍军人150人，全年补助金额124920元。

2007年年初对全县烈士遗属、因公牺牲军人遗属、病故军人遗属（简称“三属”），残疾军人，在乡老复员军人和带病回乡退伍军人的定期定量抚恤补助作了全面调整、审定，其中对无固定收入的29户33人“三属”按规定标准给予定期抚恤，全年发放各类抚恤金额108900元；2007年对518名在乡老复员军人给予定期生活补助，全年定期补助金额987400元，年人均1900元；并对136名带病回乡生产生活特别困难的退伍军人给予定期生活补助，全年补助金额114240元，年人均840元。对69名残疾军人（含5名国家机关残疾工作人员）按国家规定标准给予伤残抚恤，全年伤残抚恤金255430元。

2008年年初对全县烈士遗属、因公牺牲军人遗属、病故军人遗属（简称“三属”），残疾军人，在乡老复员军人和带病回乡退伍军人的定期定量抚恤补助作了全面调整、审定，其中对无固定收入的 23 户 26 人“三属”按规定标准给予定期抚恤，全年发放抚恤金额 98820 元；2008 年对 487 名在乡老复员军人给予定期生活补助，全年定期补助金额 1365200 元，年人均 2803 元；对 109 名带病回乡生产生活特别困难的退伍军人也给予定期生活补助，全年补助金额 130800 元，年人均 1200 元。对 73 名残疾军人（含 5 名国家机关残疾工作人员）按国家规定标准给予伤残抚恤，全年伤残抚恤金 343720 元。对 645 名部分军队参战退役人员给予定期生活补助，全年定期补助金额 774000 元。

2009 年，落实优抚安置政策，优抚安置保障能力进一步提高。全年发放各类优抚抚恤补助总金额 2993980 元，1302 名优抚对象得到了生活补助，其中：对无固定收入的 23 户 26 人“三属”按规定标准给予定期抚恤，全年抚恤金额 124500 元；对 68 名残疾军人（含 5 名国家机关残疾工作人员）按国家规定标准给予伤残抚恤，全年伤残抚恤金 381600 元；对 431 名在乡老复员军人给予定期生活补助，全年定期补助金额 1275760 元，年人均 2960 元；对 110 名带病回乡生产生活特别困难的退伍军人也给予定期生活补助，全年补助金额 171600 元，年人均 1560 元；对 667 名部分军队参战退役人员给予定期生活补助，全年定期补助金额 1040520 元，年人均 1560 元。通过国家抚恤补助，使这部分重点优抚对象的生活基本达到当地群众生活水平，确保了社会的稳定。

2010 年，认真落实抚恤补助政策，维护优抚对象合法权益。年初对全县烈士遗属、因公牺牲军人遗属、病故军人遗属、残疾军人、在乡老复员军人、带病回乡退伍军人和参战退役人员的定期定量抚恤补助作了全面调整审定，调整后全县抚恤补助总人数 1320 人，全年发放各类优抚对象抚恤补助经费 480. 76 万元。

2011 年全县享受抚恤补助总人数 1322 人，全年发放各类优抚对象抚恤补助经费 453. 16 万元。通过国家抚恤补助，这部分重点优抚对象的生活达到当地群众生活水平，确保了社会的稳定。

三、抚恤

烈属、牺牲军人家属、病故军人家属抚恤　1979 年 4 月至 9 月，全县开展优抚对象普查工作，普查结果，全县有烈属 46 人，病故军人 11 人，失踪军人 3 人，现役军人 888 人，残废军人 66 人，复员军人 1243 人，退伍军人 2091 人，结合普查工作，建立健全各级民政组织，区设民政助理员，乡镇明确一名副乡镇长抓民政工作，行政村建立民政小组，村民组有民政员。各区、乡镇对各类优抚对象进行造册登记，立卷存档。

1986 年在国家抚恤的基础上，同时对农村和城镇的烈属优待 43 户，优待金额 2644 元，户均优待 61. 5 元。对无固定工资收入的 33 户烈属和 6 户病故军人家属、1 户因公牺牲军人家属共计 50 人，实行定期抚恤，总计发抚恤金 12348 元，户均 310 元，人均 248 元。1987 年对烈属 41 户发放优待金额 2757 元，户均优待 67 元。县政府同时对荣立三等功的 10 名现役军人拨款 500 元给予奖励。对无固定收入的 33 户烈士家属和 7 户病故军人家属、1 户因公牺牲军人家属等共计 53 人实行定期抚恤，计发定期抚恤金 14448 元，户均 352 元，人均 272 元；对 9 名国家机关病故工作人员，发给其家属一次性抚恤 5697 元。1988 年全县优待烈士家属 43 户，计发优待金 2150 元，户均优待 50 元。对无固定收入 33 户烈属、1 户因公牺牲军人家属、6 户病故军人家属等共 52 人，给予定期定量抚恤，年度定抚金 14200 元，户均 273 元；对 87 位残废军人发残废抚恤金 18721 元；对 6 名病故国家工作人员及时发给其家属一次性抚恤金 5138 元。

1991 年对无固定收入的 34 户烈属、1 户因公牺牲军人家属、7 户病故军人家属等共计 54 人，给予定期定量抚恤，年度抚恤金为 20052 元。对 1 名病故军人和 6 名病故国家工作人员及时发给其家属一次性抚恤金 1 万元。1992 年对 919 名优抚对象给予定期定量抚恤、补助，年定抚定补总额 171207 元，其中根据国家有关规定，按抚恤标准对 82 位革命伤残人员发放残废抚恤金 19851 元；对无固定收入的 34 户烈属、1 户因公牺牲军人家属、8 户病故军人家属等共 56 人给予定抚，年度定抚金为21216元。1993年对932名优抚对象进行定期定量抚恤、补助，年定抚补总额180737元，其中对82位革命伤残人员发放残废抚恤费19785元，对无固定收入的36户烈属、8户病故军人家属、1户因公牺牲军人家属共52人，给予定期定量抚恤，年度抚恤金额20592元。

按照国家抚恤标准，1989年至1993年间，对54位军人和国家机关工作人员发放牺牲、病故一次性抚恤金75000元；对82位伤残军人累计发放优抚费共93000元；对无固定收入的45户烈属给予定期定量抚恤，累计发放定期抚恤费97000元，年人均由1988年前的273元增加到396元。

1994年重点对无固定收入的32户烈属、1户因公牺牲军人家属、8户病故军人家属，共41户计52人给定期定量抚恤，年度抚恤金28580元。11月按照省民政厅、财政厅的黔财字〔1994〕22号文件通知精神，按照规定标准调整并补发了伤残军人的伤残抚恤（保健）金和“三属”的定期定量抚恤金共11138元。1996年对无固定收入的36户44人烈属、牺牲军人家属和病故军人家属等，按规定标准给予定期抚恤，全年优抚金额29640元。1997年对烈属、牺牲军人家属、病故军人家属等无固定收入的33户计41人，按规定标准给予定期抚恤，全年定补金额30180元，人均抚恤金736元。1998年年初，对无固定收入的烈属、因公牺牲军人家属和病故军人家属等33户计40人，按规定标准给予了定期抚恤，全年抚恤金额共29460元。1999年对烈属、牺牲军人家属、病故军人家属等无固定收入的33户38人“三属”，按规定标准给予定期抚恤。

“十五”期间，全县对烈士家属、因公牺牲家属和病故军人家属等“三属”1751人次的抚恤均按政策规定标准及时发放兑现，五年共发放抚恤金385.1万元，比“九五”期间260.5万元增长47.8%。

2006年年初对全县烈士遗属、因公牺牲遗属、病故军人遗属等“三属”无固定收入的30户34人按规定标准给予定期抚恤，全年抚恤金为94800元。

伤残军人（人员）抚恤　1987年对89名残废人员共计发放残废抚恤金14154元。1991年对83位革命伤残军人发放残废抚恤金19901元。1998年年初对全县伤残军人的定期定量抚恤补助作了全面调查后对72名革命伤残军人按国家规定标准给予抚恤。全年伤残金额共28444元。1999年对70名革命伤残军人按国家规定标准给予抚恤，定补面达100%。2000年对66名革命伤残人员（军人）按规定标准给予抚恤金兑现36195元。2006年对68名伤残军人（含国家机关4名伤残人员）按规定标准给予伤残抚恤，共计201840元。

四、在乡老复员军人、带病回乡退伍军人补助

1986年对89位残废军人发放残废抚恤金14024元，国家机关病故工作人员3人，计发给家属抚恤金1800元。1987年对带病回乡、年老体弱生活确有困难的268名在乡复员退伍军人给予定期定量补助，全年计发补助金50292元。1987年拨出专款4770元，对38名住房有困难的退伍军人帮助建房22间，修房16间，同时对生活有困难的69人拨给生产生活补助费2830元，人均41元。1991年对带病回乡年老体弱、生活确实有困难的775位复退军人给予定期定量补助费124872元，对临时发生困难的34位优抚对象给予临时困难补助费1980元。1992年对带病回乡年老体弱，生活确实有困难的781位复退军人（其中老复员军人74人）给予定补，年补130140元，对临时发生困难的32位优抚对象给予临时困难补助费2340元。1993年对带病回乡年老体弱生活确有困难的798位复退军人给予定期定补，年补助金140360元。1994年对带病回乡的年老体弱、生活确有困难的812位复退军人（其中老复员军人768人），给予定期定量补助，年补金额为149208元，其中老复员军人定补面由1993年的87.3%增加到93.7%，年人均由176.8元增加到184.7元，比1993年增加定补额8848元。1996年对73名在乡老复员退伍军人全部给予了定期补助，全年定补额147336元，月人均16.7元，较1995年人均月定补标准提高0.8元。同时对带病回乡、年老体弱的45名退伍军人也给予了定期定量补助，年定补金额为7800元，月人均14.4元。1997年对712名在乡老复

员军人给予定期补助，全年定补额143004元，月人均16.7元。对带病回乡、年老体弱的51位退伍军人也给予了定期定量补助，年定补额8748元，月人均14.3元。1998年对带病回乡、年老体弱多病、生活确有困难的274名复员军人233人（占在乡复员军人总数的24%），退伍军人41人（占在乡退伍军人总数的1.53%），并对发生临时困难的38名优抚对象给予临时困难补助2239元。1999年开展“爱心献功臣行动”，贯彻执行“思想教育、扶持生产、社会优待、国家抚恤、依法保障”的优抚工作方针，从4月开始，对全县21个乡镇重点优抚对象的“三难”问题进行全面调查，县直机关单位、各乡镇政府的领导、干部与重点优抚对象开展“1+1”包户扶持，还组织志愿者为优抚对象送温暖、献爱心活动。当年，国家补助45000元，社会资助25000元，个人自筹21000元，群众义务帮工4300个，为65名复员军人解决了住房难问题，并对633名在乡复员军人给予定期定量补助，定补面达100%。2000年，采取政府投入、社会捐助、结对帮扶等形式，积极帮助重点优抚对象解决“三难”问题。国家补助21000元，社会捐助5200元，个人自筹23600元，群众义务帮工1300个，为17户重点优抚对象新建（维修）住房40间。同时得到州中院、州电信局、州供电局、州人事局、州民政局等州直机关的扶持，共投放建（维）房资金17620元，为8户重点优抚对象、建（维）户21间房屋，还赠送电视机、棉被、衣裤、水壶等日用品。当年对620名在乡老复员军人和59名带病回乡退伍军人按国家规定的标准，给予抚恤金兑现共计198400元。“十五”期间，对在乡老复员军人共2771人次实行定补面达100%，定期补助标准由2000年人均370元提高到2005年的1652元，提高了3.465倍。2006年对全县513名在乡老复员军人给予定期生活补助，全年定期补助金额为851775元，年人均1660元，同时对150名带病回乡生产生活特别困难的退伍军人给予定期生活补助，使他们达到当地群众的生活水平。

五、烈士褒扬

1981年贵州省人民政府〔1981〕黔府通171号文件追认九阡卫生院护士胡荣祖为革命烈士。1981年7月，县民政局组织力量对革命烈士进行普查，通过实地深入走访，召开座谈会、查看坟墓、调查验证，整理编写《革命烈士英名录》，1986年经过县党史办详细核对，三都籍的烈士有56名，外省外县籍在三都的烈士41名。在三都籍的烈士中，解放战争牺牲1名，抗美援朝牺牲17名，解放初期执行公务牺牲2名，剿匪斗争牺牲12人，西藏平叛牺牲1人，南疆保卫战牺牲11人，因公牺牲7人，扑山火牺牲追认为烈士4人，其他1人。1988年新修建巴佑烈士墓和烈士纪念塔，妥善安放十六位革命烈士的遗骨。县城烈士陵园1999年7月底迁坟工作结束，陵园修建完成。

六、退伍安置

县政府根据“妥善安置，各得其所”和“从哪里来到哪里去”的原则，对历年复员、转业、退伍军人都认真地做了合理安置。1978年至1990年，全县共接收复员退伍军人4773人，安置回农村参加农业生产的有3874人，安置城镇就业的有347人，安置在机关、厂矿、学校工作的有552人。

1991年，全县共接收安置退伍军人77人，其中安置城镇退伍军人12人，除2人转外县安排外，按政策规定给予安排工作的10人。对回农村的退伍军人及时进行了逐户走访调查，给无住房或住房破漏的34人补助房屋修建、维修费7090元，给生产生活有困难的30人补助1910元。1992年，全县共接收安置退伍军人95人，其中城镇17人，三等伤残1人，全部安置落实了工作。对回农村的77名退伍军人开办了烟草、果树、竹荪三个项目的三期农技专业培训班，发给每人三年义务兵家属优待金630元，帮助他们安排生产生活。1993年，全县共接收安置退伍军人97人，按政策符合安排工作的13人。回到农村安置的84人，到县民政局报到即给每位退伍军人兑现优待金，帮助他们修建和维修房屋132间，补助修建维修费14780元，补助购置农具家具、生活费6000元。

1994 年，全县接收退伍军人 72 人，其中按政策符合安排工作的 11 人。对回到农村的 84 人，给予生产生活确有困难的临时补助 6600 元，对 97 名退伍军人一次性兑现优待金 800 元，经村、乡证明 6 户特困户军属提前支取优待金 1300 元。1995 年，全县共接收安置退伍军人 38 人，落实安置 4 人。对回农村的 34 名退伍兵进行举办烟草、果树、中草药种植等三个项目培训班。1996 年全县共接收安置退伍军人 87 名，符合政策规定予以安排工作的 12 人。对回农村安置的 75 名退伍军人，做到妥善安置外，对有一技之长的军地两用人才继续开发使用，并在春节期间各乡镇政府逐户登门拜访，发给每人慰问金 20 元。1997 年退伍安置工作从 1996 年 12 月开始至次年 6 月 16 日全部结束，全县共接收安置退伍军人 66 人，对符合政策规定安排工作 5 人，对 61 名农村退伍军人按有关规定标准兑现了优待金。1998 年退伍军人安置工作从 1997 年 12 月开始至次年 6 月 20 日全部结束，共接收安置退伍军人 14 人，转业志愿兵 1 人，对 41 名农村籍退伍军人有一技之长的军地两用人才进行开发使用，使用率达 92%。1999 年全县总共接收安置退伍军人 107 人，符合安置条件的城镇退伍军人 17 人，转业的志愿兵 1 人；对 89 名农村籍退伍军人回农村安置，对有一技之长的军地两用人才进行开发使用，开发使用率达 87%。

2000 年接收退伍军人安置 37 人，其中城镇退伍军人安置 9 人，专业志愿兵安置 1 人，27 名农村退伍军人回农村安置，对有一技之长的军地两用人才进行开发使用，使用率达 92. 5%。

“十五”期间，全县共接收转业士官和退役士兵 380 人，其中按政策安排工作的 84 人，对有一技之长的军地两用人才开发使用率达 91. 5%。自 2003 年以后，全面推行城镇退役士兵安置改革后，自谋职业比例为 2003 年的 50%，以后按 5%比例递增，2007 年以后不再安排工作，城镇退役士兵全面实行自谋职业。

从 2005 年 12 月开始至 2006 年 3 月，全县共接收退役士兵 69 人，全部安置结束。其中农村籍退役士兵 59 人，城镇退役士兵 8 人，残废军人 2 人。对 59 名农村退役士兵报到时每人发给 2300 元的优待金，另在春节进行慰问活动并对有一技之长的军地两用人才进行开发使用，开发使用率达 89. 6%。2006 年全县共接收退役士兵 69 人，其中农村籍退役士兵 59 人，城镇退役士兵 8 人，残疾军人 2 人。对 59 名农村退役士兵报到时发给每人 2300 元优待金（每人每年优待 1150 元），并在春节前进行了走访慰问，同时对有一技之长的军地两用人才进行开发使用，开发使用率 89. 6%。5 月 12 日，安排符合安置条件的 8 名城镇退役士兵、2 名残疾军人参加全州统一举办的岗前职业技术培训。根据《中华人民共和国兵役法》规定，发给 10 名城镇退役士兵（含 2 名残疾军人）待安置期间生活补助费 6000 元，发放时间为 3—6 月，标准为每人每年 150 元。2007 年全县共接收退役士兵 74 人，其中农村籍退役士兵 66 人，城镇退役士兵 6 人，残疾军人 2 人。对 66 名农村退役士兵报到时发给每人 2400 元优待金（每人每年优待 1200 元）；安置 2 名残疾军人；发给 8 名城镇退役士兵（含 2 名残疾军人）待安置期间生活补助费 4800 元，并全部参加县举办的岗前职业技术培训；自谋职业安置的 5 名城镇退役士兵全部办理自谋职业安置手续，共发放自谋职业补助金 84740 元，整个安置工作于 8 月底全部完成。

2008 年全县共接收退役士兵 86 人，其中农村籍退役士兵 68 人，城镇退役士兵 15 人，残疾军人 2 人，四期士官 1 人（二等功荣立者）。对 68 名农村退役士兵报到时发给每人 2972 元优待金（每人每年优待 1486 元）。15 名城镇退役士兵全部办理自谋职业安置手续，共兑现自谋职业补助金 378252 元；1 名四期士官（二等功荣立者）和 2 名残疾军人分别安排在县水利局、大河镇人民政府、丰乐镇人民政府，均为事业编制，工勤岗位。发给 18 名城镇退役士兵（含 2 名残疾军人和 1 名四期士官）待安置期间生活补助费 16200 元，发放时间为 3—8 月，标准为每人每月 150 元，并全部参加黔南州民政局举办的岗前职业技术培训，整个安置工作于 8 月 20 日全部完成。同时，对有一技之长的军地两用人才进行了开发使用，开发使用率 87%。

2011 年全县享受抚恤补助总人数 1322 人，全年发放各类优抚对象抚恤补助经费 453. 16 万元。

春节期间，全县军民广泛开展拥军优属、拥政爱民活动，全县走访慰问烈军属297户，残疾军人（人员）66人，当年回乡退伍军人63人，驻军56人，每户（人）送去慰问金200元，对联363副。县人武部、县消防大队、县武警中队各10000元。全年接收安置退役士兵77人，其中农村籍退役士兵62人，城镇退役士兵12人，残疾军人3人，报到时发给每位退役士兵4372元优待金，共发放优待金306040元（有7人为士官不发），立功奖励金4400元。同时对有一技之长的军地两用人才进行了开发使用，开发使用率92%。按照省、州安置文件和三府发〔2005〕20号文件精神，退役士兵仍采取自谋职业与安排就业相结合的办法进行安置，对12名城镇退役士兵全部实行自谋职业安置，共发放自谋职业补助金371988元。发给15名城镇退役士兵（含3名残疾军人）待安置期间生活补助费9000元，并全部参加黔南州民政局举办的职业技能培训。3名残疾军人已由政府作指令性安置，整个城镇退役士兵安置工作于2011年8月30日结束。2011年，享受农村合作医疗保障的各类优抚对象共有1140人，其中：“三属”23人、残疾军人15人、复员退伍军人364人、参战退役人员738人。根据《三都水族自治县优抚对象医疗保障实施细则》规定，凡享受医疗保障的优抚对象，由民政局为每人每年缴纳30元医疗保险金，即可享受医疗补偿政策。优抚对象的住院费经合作医疗补助后，个人负担部分在2000元以内的全额给予补助，超出2000元的，超出部分按85%给予补助，年补助金额不超过8000元。通过采取以上措施，在一定程度上缓解了优抚对象就医难问题。全年共解决51人次的医疗救助，救助金额54574元；发放临时医疗补助费254200元。根据民政部、财政部《关于给部分农村籍退役士兵发放老年生活补助的通知》（民发〔2011〕110号文件）和民政部办公厅《关于落实给部分农村籍退役士兵发放老年生活补助政策措施的通知》（民办发〔2011〕11号文件）精神，从2011年8月1日起，为1954年11月1日试行义务兵役制后至《退役士兵安置条例》实施前入伍、年龄在60周岁以上（含60周岁）未享受到国家定期抚恤补助的农村籍退役士兵发放老年生活补助。全县有454名年满60周岁以上的农村籍退役士兵可享受这一待遇，对遗漏的人员将在调查核实的基础上继续补登。积极开展散葬烈士墓的维修迁移相关工作，县城烈士墓已于2011年10月破土动工。全县有129户优抚对象存在住房难问题，其中：一级危房38户，二级危房63户，三级危房28户。全年解决23名退伍军人住房难问题，投入资金165000元。2012年，全县享受农村合作医疗保障的各类优抚对象共有1146人，其中：“三属”28人、残疾军人15人、复员退伍军人349人、参战退役人员754人。解决69人次的医疗救助，救助金额10.39万元；发放临时医疗补助费34.38万元。2013年，落实各项优抚安置政策，有效维护社会稳定，及时发放各类优抚抚恤补助金，全年发放各类抚恤金697.96万元，1346名优抚对象的基本生活得到保障。完成周覃镇和丰乐镇零散烈士墓共15座的迁移工作。

第五节　社会行政管理

一、基层自治组织建设

村（居）民委员会建设　1990年全县贯彻实施《中华人民共和国村民委员会组织法》工作。依法选举村民委员会主任270名，居委会主任、副主任24名，建立健全各项规章制度、村规民约，落实村干部报酬。1998年12月至1999年3月村民委员会换届选举期间，许多乡镇把《中华人民共和国村民委员会组织法》作为培训骨干和包村包片干部的重要教材，并张贴宣传《中华人民共和国村民委员会组织法》大小条幅标语近千条，按照《中华人民共和国村民委员会组织法》选举产生新一届村（居）委会成员1350人，新的村级领导班子年轻化、知识化初步形成。为贯彻实施《中华人民共和国村民委员会组织法》，推进农村实行村务公开和民主管理制度，县民政局对公路沿线的120个村新建村务公开栏补助款计7200余元，并派员在乡镇村级的干部培训班上作村务公开专题讲座，使全县270个村全部实行村务公开。2007年县人民政府制定的《第七届村（居）民委员会换届选举工作实施方案》，自10月18日起，在全县范围内开展全县村（居）民委员会换届选举活动，县、乡镇、村召开选举骨干培训会议，制订换届选举工作实施方案，深入农村进行宣传发动，组织选民学习《中华人民共和国村民委员会组织法》《贵州省村民委员会选举办法》及县、乡镇人民政府《关于村（居）民委员会换届选举工作实施方案》等法律法规和县、乡、村级换届选举有关文件精神，经选民登记，召开选民大会或村小组会推荐村委会初步候选人，换届选举工作于2008年1月15日全部结束。全县有216809人参加选举活动，依法选举产生新一届村（居）民委员会班子成员1351人，其中：主任274人，副主任150人，委员927人。2009年6月10日，由县委组织部、县民政局组织的村（居）民委员会干部培训开班，对村民委员会主任和村党支部书记进行6期培训，每期90人，共培训村（居）委会干部540人。2010年4月15日—30日，由县委组织部、县劳动人事和社会保障局组织的新招聘的一村一名大学生村干部进行培训。培训对象主要为已在任的和新考试录用的村干部。培训分2期进行，培训161人。

全县第八届村民委员会换届选举工作，自2010年10月1日起至2011年3月5日基本结束。按照依法、民主、公正、公平、公开原则，依法定程序，按步骤、分阶段实施操作，全县238个村民委员会，4个社区居民委员会，均全部依法选举产生了新一届村（居）民委员会班子成员。5月10日至30日，由县委组织部、县民政局组织的村（居）民委员会干部培训开班。培训对象主要为新当选的村民委员会主任和村党支部书记，培训分6期进行，每期90人，共培训村（居）委会干部540人。

村务公开　1998年按照中共中央办公厅、国务院办公厅《关于在农村普遍实行村务公开和民主管理制度的通知》精神，县民政局与县委组织部联合草拟《关于在全县范围内推行村务公开民主管理制度实施方案的意见》上报县委、县政府批转各乡镇执行。全县270个村按县委、县政府“开展村务公开工作”的实施意见，对1990年以来的村级财务收支账目、债权债务、财产进行清理并建公开栏进行张榜公布。1999年以村务公开、民主管理为重点，推进基层民主政治建设，村民自治达标村有55个，乡镇政府规范化建设确定任务1个，实际完成15个。2006年全县270个村、4个社区居委会，共建有固定的村务公开栏274块，村务公开实行固定村务公开栏公开为主，采取每季度公开一次，重大村务、重大工程项目分阶段、按进度随时公开。上一年村务公开内容主要有农村特困救助、农村医疗救助、救济粮的评发对象等名单，村级集体公益事业投工投劳，集资兴建公益事业的资金使用情况，水电费的收缴等等。全县村务公开共计1160期。

2011年，全县村务公开共计2145期。2012年，完成了交梨乡前进村等93个村务公开民主管理示范达标村创建，交梨乡、恒丰乡等8个乡镇村务公开民主管理示范乡镇创建，并得到州村务公开工作协调领导小组命名表彰。

社区建设　2004年完成三合镇四个居委会的整合工作，建立四个社区居委会，并依法选举产生了四个社区居委会领导班子。2006年确定三合镇第一社区和第四社区作为社区建设示范点，建立健全了社区居委会各种组织机构和下属机构，主要有党支部、居民委员会、青年、妇女等群团组织、议事协商委员会、计划生育协会、警务室、治安调解工作委员会、残疾人协会、关心下一代工作领导小组、居民小组等等。建立健全各种规章制度和工作职责，如《社区财务制度》《居务公开制度》《社区居民委员会主任职责》《居务公开监督小组职责》等。

二、地名管理和边界勘定

地名管理　1998年8月19日完成全县321国道线两侧12个地名标志设置任务。2007年全年完成8个乡镇街路地名标志设置共32条，实际完成27条，共投入资金8.1万元。2008年对两个移民新村地名进行了命名，对1处地名含义不雅的自然村寨“交腰寨”，根据居民会议通过，乡镇同意上报，按照地名管理更名命名审批程序，更名为“和谐寨”，并对地名命名更名信息及时采集更新。

县级区域界线勘定和边界管理　1997年，省、州勘界工作领导小组批准三都与独山、荔波、丹寨、雷山、榕江、都匀等六县（市）的联合勘界实施方案，从8月起先后同毗邻县（市）分别召开联合核界会议，8月30日同雷山102线实现全线核界贯通，11月26日和12月9日又分别全线贯通独山233线和都匀222线；12月9日又先后大部分贯通荔波224线66.6千米，丹寨101线48.1千米，榕江103线56千米。截至1998年年底，全年共完成核界总长78.18千米，完成勘定三交点1个，至此全县实际完成三交点勘定任务6个，全县边界线图上里程324千米，实地实际完成核界里程总共410.3千米，全县边界线实现全线贯通。三都与毗邻的6个县（市）在行政区域边界线核界贯通后，完成三县（市）的界桩埋设工作，埋设界桩3个，其中三都与独山贯通边界埋设双面界桩1个，三都与都匀贯通边界线埋设双界桩1个，三都与荔波贯通边界线埋设双面界桩1个；六个行政区域边界线三县交会点完成界定后，共埋了三交点界桩2个，其中三都、荔波、独山三县交会点三面界桩1个，三都、丹寨、都匀协议不埋设界桩。2000年配合省测绘队完成了三都—丹寨、三都—榕江、三都—雷山的三条边界线走向和界桩位置说明；会同两地州勘界办及省测绘队完成了三条边界线走向和界桩位置说明的资料会审检查验收；起草完成三都与丹寨、榕江、雷山等三条边界线正式协议书和汇审定稿、排版、铅印及三都水族自治县人民政府进行正式协议书签字上报工作；完成三都—丹寨、三都—榕江、三都—雷山三条边界线的勘界资料清理、立卷、归档。2008年对11处毁损、脱落的地名标志（牌）进行了加固修复，当年开展边界年检工作，与州内相邻的县（市）签订了边界协议书。

三、民间组织管理

1990年至1992年，根据《社团管理条例》的规定和省、州有关社团清理整顿复查精神的文件，全县原有42个社团，保留16个，合并16个，撤销4个，缓登6个，对于保留合并的21个社团，依法登记20个。1994年对全县20个社团组织进行年检工作，对都柳江畔王氏家族理事会非法社团组织予以撤销解散。1996年社团组织年检16个，办理注册社团登记2个，全县有社团组织总数22个。1998年全县共有社团组织21个，登记15个，有6个名存实亡。2000年正常参加年度检查的社团有12个，注销开展活动不正常、三年以上不参加年检的4个。2000年根据县政法委《关于清理整顿气功社团、处理对社会有危害的气功组织的实施意见》，对分别于1992年、1993年传入本县的“香功”和“中华养身益智功”进行了清理。2006年培训发展农村专业经济协会3个，条件成熟已经进行注册登记的有10个协会，涉及种植业、养殖业和流通业等多环节领域。全县民间组织年检工作于2006年3月全面展开，至6月底前结束，注册登记的17个民间组织有社会团体10个、农村专业经济协会7个。2007年全年共登记社会团体25个，专业经济协会15个，社团参检25个。

四、殡葬管理

2001 年 11 月 22 日，县十二届人大常委会第 24 次会议审议通过了县人民政府《关于建立县级公墓的报告》，会议要求县人民政府及有关职能部门按照公墓建设规划的规定，制定建立公墓方案和相关的管理办法。2006 年县民政局于 5 月在全县范围内开展了殡葬管理法规普法宣传。将县政府三府办〔2003〕71 号《关于禁止在公路主干线两侧及可视范围建造坟墓的通知》文件翻印为对开大版宣传品，在各乡镇政府驻地进行张贴；印制国务院《殡葬管理条例》和《贵州省殡葬管理条例》法规宣传单，利用城乡赶场天，到县内三合镇、九阡镇、水龙乡、坝街乡等乡镇乡场摆摊设点，散发宣传品，接受农民群众对殡葬管理法规的咨询，并进行讲解宣传，共散发殡葬管理法规宣传品近 6000 份；接受农民群众咨询，进行法律法规宣传讲解 500 多次。当年，潜龙山公墓建设由县交通局到实地进行测量，并设计好公路图。公墓的整体规划由县建设局进行规划。2013 年，县委、县政府高度重视殡葬改革工作，成立了以县委副书记为组长、相关单位主要负责人为成员的殡葬改革工作领导小组。领导小组办公室成员先后到荔波、贵定、瓮安等县考察学习殡葬改革工作先进经验，通过招商引资已成功与投资商签订招商协议，殡仪馆项目已于 11 月 21 日破土动工修建。

五、婚姻登记、收养登记管理

1986 年全县结婚 1167 对，依法登记仅 268 对，占结婚对数的 22.96%，未登记的 899 对，占结婚对数的 77.04%；不到法定年龄结婚的 237 对（其中最小年龄 15 岁）占 20.31%，近亲结婚的 28 对占 2.4%。1990 年至 1992 年间共申请结婚登记 1369 对，准予结婚登记 1241 对，离婚登记 64 对。对 19 个乡镇的违法婚姻进行清理，清理违法婚姻 1605 对，其中早婚 42 对、早育 31 对、买卖婚姻 2 对，近亲结婚 11 对、重婚 4 对，处理 67 对，依法办理婚姻登记手续 1222 对。1993 年全县申请结婚登记 774 对，其中批准结婚登记 720 对，申请离婚登记 40 对，批准登记离婚 18 对，通过调解和好 22 对。1994 年对全县 21 个乡镇的婚姻登记干部开展培训，全年依法办理婚姻登记 860 对，其中结婚登记 828 对，离婚登记 32 对。1996 年全县共办理结婚登记 1266 对，离婚登记 29 对，结婚登记率占 89%。1997 全年依法办理结婚登记 1285 对，其中：结婚登记 1271 对，离婚登记 14 对。1998 年全年共依法办理婚姻登记 2093 对，其中结婚登记 2081 对，离婚登记 12 对，结婚登记率达 71.76%，清理违法婚姻 2136 对，补办结婚登记 439 对。1999 年办理结婚登记 1100 对，离婚登记 5 对，向外县出具婚姻状况证明书 130 张。各项手续齐全完备，合格率达 100%。2006 年全县县乡婚姻登记机关办理结婚登记 1090 对，离婚登记 56 对。全县 21 个乡镇除三合镇不再办理婚姻登记而由县民政局集中登记外，其余 20 个乡镇均由社会事务办人员兼职婚姻登记员办理婚姻登记业务。婚姻登记收费标准、收费依据和物价部门核准颁发的收费许可证采取用镜框装裱悬挂于办公室墙上对婚姻当事人公开公布。全县共有乡镇婚姻登记机关 20 个，县人民政府驻地三合镇采取由县民政局集中登记 1 处，共有兼职婚姻登记员 35 人。2007 年全年共办理结婚登记 1174 对，离婚登记 69 对，补办结婚登记 26 对，补领婚姻登记证 32 对，办理收养登记 10 起。2008 年全县共办理结婚登记手续 1685 对，离婚登记 67 对，补办结婚登记 42 对，补领婚姻登记证 36 对，办理收养登记 8 起。2009 年，县乡婚姻登记机关办理婚姻登记 2285 对，其中：结婚登记 1844 对，离婚登记 105 对，补领（发）结婚登记 334 对，补发离婚登记 2 对。2010 年，全县依法办理婚姻登记 2349 对；其中：结婚登记 1912 对，离婚登记 103 对，补领（发）结婚登记 332 对，补发离婚登记 3 对。2011 年，全县依法办理婚姻登记 3005 对；其中：结婚登记 1456 对，离婚登记 159 对，补领（发）婚姻登记 1390 对（补办 1051 对、补发 339 对）。2012 年，依法办理婚姻登记及收养登记。一是婚姻登记。全年全县预计办理结婚登记 2875 对，离婚登记 214 对。无一例违法登记事件发生，无有效投诉，登记合格率 100%。二是收养登记。严格按照《中华人民共和国收养法》《中国公民收养登记办法》

进行收养登记，全年办理收养登记5件。2013年，从完善服务设施、完善机构编制、完善办公设备、完善内部管理等八个方面进一步完善了婚姻登记工作规范化建设，使全县的婚姻登记工作规范化建设合格单位的成果进一步得到巩固。严格按照《中华人民共和国收养法》的规定与《收养工作登记规范》办理收养登记。全年共办理结婚登记3309对、补发301对、离婚登记228对、出具无婚姻登记证明573份。

六、麻风村管理

1956年，县委、县人民政府批示，对全县进行麻风病调查。1956年年底至1957年年初，在离县城二三十公里的落椿村（即苗龙）的排皆均和乌沙坝两处，修建房屋18间，由县卫生科副科长林德森和县民政局副科长石佐衡负责筹建麻风病人的疗养村。1957年3月正式成立落椿乡麻风病人疗养村，同时明确落椿乡乡长李文清兼管该村的行政管理工作（以后李文清调县民政局工作，直接派驻麻风村搞行政管理达17年之久并于1982年退休），县民政科派3名行政管理干部，卫生科雇请草药医师负责专治，县卫生院副院长陈济忠于1957年夏、秋两季亲自去麻风村了解安排的有关治疗事宜，建麻风村时县民政局拨有田地一百多亩、耕牛两头，同时购置其他生产工具等，采取边治疗边生产的劳动自给。1957年年底，共收麻风病人入村治疗19人（其中女2人，男17人），1958年年底更名为苗龙麻风村，1981年又更名为苗龙皮肤病防治村。建村后，病人的纪律教育、生产劳动、生活安排、宣传动员病人入村、办理粮食和户口等手续的行政管理事宜均由民政科负责；每年从卫生事业费中拨给5000~9000元的医药经费等，卫生管理则由卫生科负责。1982年12月16日，县民政局专题召开了会议，研究住村病人的生活待遇，决定每人每月发放稻谷20千克，煤油0.5千克，菜油250克，盐巴650克，肥皂半块，火柴两小盒，妇女病人还增发卫生纸一包；国庆节、元旦节每人发给猪肉、水酒各0.5千克，春节给1千克；每人每年发给解放球鞋一双，毛巾两块，衣服两套（按原定量布票购置），缝衣针一小包，棉线一个，呢绒底长筒袜一双，斗笠一顶，锄头一把，镰刀一把。另外，棉衣、煮菜小铁锅、木质水桶等物具都按实际需要解决。麻风村从1957年建村至1983年年底，27年间先后收容病人96例，其中：死亡46例，病死率为47.92%，出村16例（经复查14例，有4例未愈出村，有10例复发），经长期治疗而获得贵州省皮防所鉴定痊愈而正式出村的只有8人（其中：1974年1人，1975年4人，1976年3人）。从1984年下半年起，麻风村名存实亡，余下病人的业务技术指导由县卫生防疫站皮防组（科）统管负责。截至1985年9月底住村病人共有34人，分成4个小组（即4个寨子）进行管理。从1985年开始，麻风村不再收病人后，当时有32人居住在麻风村治疗，民政部门负责麻风病人的吃住穿及处理他们的后事。至2011年居住在麻风村还有病人7人。2013年，在麻风村修建了一栋200平方米木房，7位老人实现了集体居住。

县城敬老院

七、老龄工作

1990年6月28日，成立三都水族自治县老龄委员会，下设办公室在老干局。

2002年，老龄委员会更名为老龄工作委员会，办公室设在民政局。2003年，民政局增设老龄办公室，事业编制参公管理，正科级单位，负责全县老年人的工作，设主任1人、副主任1人。2006年，三都在各社区、村委会都建立老年活动室、老年协会，建立“星光老年”之家，鼓励老年人到老年活动室、“星光老年”之家休闲娱乐，开展丰富多彩的文化活动。县城开放“星光老年”活动中心。

截至2013年年底，三都有敬老院3个，共有床位90张，全县五保老人有一千余人。三都每年老龄工作经费列入政府的财政预算，建立老龄人口数量挂钩的经费自然增长机制，确保老龄事业健康、稳步发展；建立健全老年人社会保障、养老保险救助、救助帮扶、基本生活保障、医疗救助等五大体系。

八、慈善总会

2011年11月30日，三都召开慈善总会第一届一次会员代表大会，正式成立三都水族自治县慈善总会。在大会期间，慈善捐赠共接收善款22万多元。

善款主要用于各种灾害救助。2011年4月30日，三都部分地区连续两次遭受风雹灾害袭击，灾区部分房屋和庄稼遭受严重损失，给群众生产生活造成严重影响。灾情发生后，县慈善总会办公室积极与香港乐施会贵阳办公室的中国部项目干事雷光青联系，向乐施会通报了三都受灾情况，当即得到乐施会雷干事的重视。5月5日、6日，九阡镇和中和镇实地考察，听取镇党委、镇政府领导对受灾情况的汇报，并深入村组察看灾情，了解受灾群众急需解决的问题。通过考察核实，5月13日香港乐施会与县慈善总会签订了47万多元的赈济物资援助协议，主要是采购青瓦50万片、红砖55000块、水泥42吨、菜籽油20485千克。

2012年9月，县慈善总会与香港宣明会牵线搭桥，帮助周覃播花村板盘组覃小辉、水龙乡水龙村三组张福来、羊福乡小昔村八组李荣京等3名考上贵州大学的贫困学生进行资助，每人资助5000元，圆了他们的上学梦。

2013年1月18日，在春节即将到来之际，县慈善总会与县红十字会联合开展一次送温暖、送欢乐、心连心、手拉手“博爱进万家”活动。在活动中县慈善总会为三合镇四个社区的40户困难户发放棉被50床，棉衣80件，单衣80套，解放鞋80双，大米1000千克和一批生活用品，帮助困难群众解决生活上的实际困难，确保春节期间有饭吃、有衣穿、有被盖，体现慈善机构的温暖。同年4月，四川省雅安发生强烈地震，为支援灾区建设，慈善总会按照县委、县人民政府的要求，向四川省雅安灾区捐赠人民币55万多元。

第八篇　基础设施与基本建设

第一章　水　利

1978年至2013年，全县重点进行了水利工程、城乡供水及农村饮水工程等建设。全县建成县城供水工程（含三合镇）和20个乡镇供水工程，其中有14个乡镇供水工程水质达到国家饮水安全标准，3个乡镇供水工程水质基本达到国家饮水安全标准。建成农村饮水工程331个，其中农村饮水安全工程86个。建成水库5座，其中，中型水库1座、小（一）型水库1座、小（二）型水库3座，在建中型水库1座，完成病险水库除险加固11座；建成小山塘42座、小水窖786口。建成农田水利灌溉渠道191.697千米。建成县城防洪工程、打鱼乡防洪堤工程等，防洪堤总长51.48千米。建成和完成技改农村水电站14座，装机容量达3.137万千瓦，年发电量达5975万千瓦时。

第一节　机构沿革

三都水族自治县水利局（简称县水利局）前身为三都水族自治县水电局（下称县水电局）。1978年，县水电局为主管全县水利、水电、供电工作的县人民政府工作部门，为正科级行政单位，内设机构有秘书股、财务股、勘测设计股、机电股、灌溉管理股，下设有自来水站、供电所、水泥预制厂、雪花洞水管所、猪槽滩水管所、梅玄水管所、都江区水利站、三合区水利站、普安区水利站、大河区水利站、中和区水利站、周覃区水利站、九阡区水利站共13个股级事业单位；其中，自来水站、供电所、水泥预制厂、雪花洞水管所、猪槽滩水管所、梅玄水管所为事业性质企业管理单位。

1991年撤区并乡建镇，撤销原三合区等21个乡镇水利管理站机构。21个乡镇水利管理站和3个水管所均为股级事业单位。水管所属事业单位企业管理。

水务大厦

1994年4月11日，供电所从县水电局分出，成立三都水族自治县供电局，隶属贵州电网公司并由都匀市供电局代管。县水电局更名为县水利局，内设有秘书股、水资源办公室、后勤供应站、水利管理站、机电管理站、水利勘测设计队、供水站、猪槽滩水管所等事业单位，雪花洞水管所、梅玄水管所及各乡镇水利管理站，由乡镇人民政府与县水利局双重领导，以乡镇管理为主。水利局编制暂定8人，配备局领导3人，局长1人、副局长2人，秘书股配备股长或副股长1名。

1999年7月1日，县编制委员会对县水电局下属事业机构设置及编制进行调整，下设6个股级事业单位，总编制数为38人，列入财政全额预算管理。其中，水利建设站（质量监督站）编制8人，水电勘测设计队编制6人，水政监察队编制4人，水利管理站（含水资办）6人，原机电管理站更名为农电管理站，编制7人，水土保持监督站7人。

2002年1月2日，根据三府办〔2002〕25号文件，县水电局更名为县水利局，为主管全县水行政工作的县人民政府工作部门，为正科级行政单位。内设机构有办公室、水政监察股2个，行政编制6人，其中局长1人，副局长2人，主任科员或副主任科员2人，内设机构设股室正职或副职各1人，工勤人员事业编制2人。县人民政府防汛抗旱指挥部办公室设在县水利局。原县水电局下设水利事业单位隶属县水利局领导不变。

2002年11月3日，按照机构改革工作需要，撤销各乡镇水利管理站、水产站等事业机构建制，组建各乡镇农业服务中心，为股级事业单位，隶属各乡镇人民政府领导，同时受县农业局、县畜牧事业管理局、县水利局业务指导。核定各乡镇农业服务中心事业编制总数436人。列入财政全额预算管理。

2004年5月26日，在县水利局设立三都水族自治县人民政府防汛抗旱指挥部办公室，为股级事业单位，负责全县防汛抗旱工作，承办县人民政府防汛抗旱指挥部日常工作，编制3人，列入财政全额预算管理。

2007年2月2日，设立三都水族自治县梅玄水库管理所、猪槽滩水库管理所、雪花洞灌区管理所、比寨水库管理所、板奇水库管理所、县城河道管理所共6个水利工程管理机构，隶属县水利局管理，为准公益性股级事业单位，总编制29人，列入财政差额预算管理；其中，梅玄水库管理所编制6人、猪槽滩水库管理所编制5人、雪花洞灌区管理所编制6人、比寨水库管理所编制3人、板奇水库管理所编制5人、县城河道管理所编制4人。

2007年9月12日，成立三都水族自治县大中型水库移民管理站，为县水利局下属股级事业单位，编制6人，列入财政全额预算管理。

2010年9月30日，成立三都水族自治县冷水沟水库管理所，为县水利局管理的股级事业单位，编制9人，其中事业编制8人，列入财政全额预算管理。2010年12月8日，经县十届第133次常委会会议批准（三党批〔2010〕22号），三都水族自治县冷水沟水库管理所机构升格为副科级事业单位。升格后，其隶属关系、领导职数、人员编制按原规定不变。

三都水族自治县自来水有限责任公司前身为县水电局下属自来水站，成立于1974年10月，当时只有职工6人，为事业性质企业管理单位。1994年，自来水站更名为三合供水站，单位性质保持不变。2002年，在三合供水站的基础上成立三都水族自治县自来水有限责任公司（简称县自来水有限责任公司），隶属县水利局管理。1998年7月，为加强乡镇供水工程管理，乡镇供水工程划归县水电局进行行业管理，县水电局设立乡镇供水科，并在各乡镇人民政府所在地设立供水站，随后县水电局将乡镇供水科划入县自来水有限责任公司统一管理，实行县城、乡镇分开独立核算。2010年，县自来水有限责任公司管理乡镇供水站有15个，公司在职职工共有95人。

为加强全县水电站管理，提高安全生产水平和经济效益，1999年成立三都水族自治县电力有限责任公司（简称县电力有限责任公司），为国有企业单位，隶属县水利局直管，下管有都江水电站、周覃水电站、烂土水电站、大河水电站、中和水电站、普安水电站。因电力体制改革需要，2003年，县人民政府将都江水电站出让和普安水电站承包给三都水族自治县乐都水电开发有限公司，期限50年；2004年，对周覃水电站进行股份改制，由三都水族自治县黔岭水电开发有限公司经营管理，期限50年；2004年，将中和水电站经营权转让给三都水族自治县丽都水电开发有限公司，期限50年；2006年，将烂土水电站（一、二级）经营权转让给三都水族自治县黔盛电力有限责任公司，期限为50年；到2010年年底，县电力有限责任公司下属只有大河水电站，公司在职职工16人（含大河水电站），退休职工7人，职工家属抚恤发放5人。

黔南州芒勇水库管理处前身为三都水族自治县芒勇水库灌区管理所，1994年，根据三编〔1994〕46号文件，组建三都水族自治县芒勇水库灌区管理所，隶属县水利局管理，规格为二级局，配备所长1人，副所长1人，所需人员从县水利局现有正式干部中调剂解决。2003年，根据黔南编办〔2003〕18号文件，撤销三都水族自治县芒勇水库灌区管理所建制，批准组建黔南州芒勇水库管理处，为黔南州水利局下属科级事业单位，核定编制8人，设所长或副所长1人，专业技术人员7人，其他所需管理人员采取聘用制解决。2006年，根据黔南编办〔2006〕25号文件，黔南州芒勇水库管理所更名为黔南州芒勇水库管理处，核定事业编制26名，其机构规格、隶属关系等保持不变。

2013年年底，县水利局内设机构有办公室、水政监察股，下设水利建设站、水电勘测设计队、水利管理站、水土保持监督站、农电管理站、县人民政府防汛抗旱指挥部办公室、水政监察队、大中型水库移民管理站共8个股级事业单位，总编制数55个，其中，行政编制6个，事业编制47个，机关工勤人员编制2个；共有干部职工57人，其中公务员7人，工程师10人，助理工程师14人。垂管有三都水族自治县猪槽滩水库管理所、梅玄水库管理所、板奇水库管理所、比寨水库管理所、雪花洞灌区管理所、县城河道管理所等6个股级事业单位及冷水沟水库管理所1个副科级事业单位，共有干部职工24人；主管有县自来水有限责任公司、县电力有限责任公司2个国有企业。

第二节　农田水利灌溉

一、蓄水工程

（一）小（二）型以上水库

1978年前，全县建成小（二）型以上水库14座，坝型为土坝或堆石坝，总库容为893.4万立方米，兴利库容637.5万立方米，设计灌面28910亩；其中，小（一）型水库有比寨水库、梅玄水库、板奇水库共3座，小（二）型水库有梅山水库、拉近水库、塘勇水库、小水叶水库、浪凤水库、务劳水库、夭芒水库、永立水库、登交水库、采留水库、高洪水库共11座。1978—1990年，建成小（二）型以上水库3座，总库容为206万立方米，兴利库容150万立方米，设计灌面6150亩，其中，小（一）型水库有猪槽滩水库，小（二）型水库有弄秧水库、夭扁水库。1999年，建成三都第一座中型水库——芒勇水库，总库容2049万立方米，兴利库容1080万立方米，设计灌面44700亩。2000年，建成石龙过江水库，总库容53万立方米，兴利库容26万立方米，设计灌面2000亩。

梅玄水库

2002年完成梅玄水库和板奇水库除险加固，2003年完成小水叶水库和高洪水库除险加固。2004年完成比寨水库除险加固。2005年完成芒勇水库除险加固。2008年完成务劳水库和猪槽滩水库除险加固。2009年完成夭芒水库一期除险加固。2010年完成永立水库一期除险加固和开工建设冷水沟水库。到2013年年底，全县有小（二）型以上水库19座，其中，中型水库1座，小（一）型水库4座，小（二）型水库14座，总库容达3200余万立方米，其中兴利库容1800余万立方米，灌溉面积5.6万余亩，完成11座水库除险加固，开工新建冷水沟中型水库1座。

梅玄水库　梅玄水库位于九阡镇梅玄村，距离县城73千米，离镇人民政府驻地6千米，于1976年建成，大坝拦截樟江上游水各河支流水昂河源头，河流最枯流量0.3立方米/秒，集雨面积3.9平方千米，坝体为砌石拱坝，坝高28米，坝长140米，坝顶宽3米，总库容220万立方米，兴利库容180万立方米，设计灌面6000亩，有效灌面4300亩。2002年，县水利局完成该水库除险加固，总投资517万元。

小水叶水库　小水叶水库位于九阡镇境内，处于小水叶寨脚，属珠江流域柳江水系打狗河上游水昔河下水迭支流源头，于1966年建成，距离县城70千米，水库集雨面积为1.7平方千米，总库容62万立方米，兴利库容40万立方米。挡水建筑物有干砌石重力墙堆石坝一座和均质黏土副坝一座，主坝最大坝高12.5米，副坝最大坝高4米，设计灌面1500亩，有效灌面800亩，并解决九阡镇政府所在地周围的2500人及3000头大牲畜的生活用水。2003年，县水利局对该水库除险加固改造，总投资103万元。

务劳水库　务劳水库位于水龙乡境内珠江流域柳江水系都柳江上游右岸拉旦河的一小支流上，距县城25千米，离乡人民政府驻地2千米，于1966年建成，坝址控制集雨面积0.24平方千米。坝体为均质土坝，最大坝高15米，坝顶轴线长42米，设计灌面700亩，有效灌面300亩。2008年5月31日因连续下大暴雨，库水猛涨，下游坝面出现滑坡，水库出现险情。同年，县水利局完成该水库除险加固，总投资123万元。

拉近水库　拉近水库位于周覃镇拉近村境内，距离县城50千米，于1966年建成，坝体为堆石坝，坝高12米，坝顶长86米，设计灌面2000亩，有效灌溉面积300亩。

夭芒水库　夭芒水库位于恒丰乡板力村境内，距县城66千米，于1966年建成，坝址以上集雨面积0.258平方千米，大坝为均质土坝，最大坝高10米，坝顶长度172.5米，坝顶宽4米，总库容30万立方米，兴利库容17万立方米，设计灌面1000亩，有效灌面500亩。2009年，县水利局对该水库除险加固，总投资60万元。

务劳水库

夭扁水库　夭扁水库位于恒丰乡境内，距县城55千米，于1984年建成，坝址以上集雨面积为0.43平方千米，大坝为均质土坝，最大坝高14米，坝顶长度67.7米，坝顶宽3.4米。总库容17万立方米，兴利库容14万立方米，设计灌溉面积700亩，有效灌面500亩。

比寨水库　比寨水库位于塘州乡境内，处于珠江流域柳江水系打狗河支流雪花洞河源头，距县城40千米，于1974年建成，大坝为均质土坝，最大坝高18米，坝顶长78米，坝顶宽4.4米，设计灌面6000亩，有效灌面1000亩。2004年，县水利局完成该水库除险加固，坝基采用帷幕灌浆处理，总投资345万元。

登交水库　登交水库位于周覃镇境内，处于珠江流域柳江水系水雅河，距县城47千米，离周覃镇政府5千米，于1974年建成，坝址控制集雨面积为10.8平方千米，大坝为砌石坝，坝高3米，坝顶长度50米，坝顶宽3米，总库容44万立方米，兴利库容28.3万立方米，设计灌面700亩，有效灌面100亩。

板奇水库　板奇水库又称廷牌水库、三八水库，位于廷牌镇板奇村板奇大寨脚，处于珠江流域柳江水系樟江支流芒勇河支流务莫（末）泉溪，距县城45千米，离镇人民政府驻地1千米，于1977年建成，坝址控制集雨面积2平方千米，坝体为均质土坝，坝高16米，坝长103米，坝顶宽4米，总库容119万立方米，兴利库容116万立方米，设计灌面4000亩，有效灌面3700亩。2002年，县水利局完成该水库除险加固，总投资326万元。

板奇水库

永立水库　永立水库位于扬拱乡境内，距县城80千米，离扬拱乡人民政府驻地5千米，于1974年建成，坝址控制集雨面积1.12平方千米，大坝为均质黏土坝，最大坝高12米，坝顶长40米，坝顶宽5米，总库容48万立方米，兴利库容30万立方米，设计灌面1500亩，有效灌面1000亩，受益村为永阳村、扬拱村，并解决乡人民政府驻地的机关、学校及附近村寨的饮水问题。2010年，县水利局完成该水库险除加固一期工程，总投资96万元。

猪槽滩水库　猪槽滩水库位于普安镇打便河上游，距离县城14.6千米，于1986年建成，库区跨三都、丹寨两县，坝址地形狭窄，岸坡壁陡，形如猪槽，故取名猪槽滩水库。大坝拦截打便河上游，常年平均流量0.53立方米/秒，集雨面积29平方千米，坝体为浆砌米石单拱坝，最大坝高28米，坝底宽5米，坝顶宽3米，坝顶中部设鼻卡挑流溢洪，溢流前缘长21米，最大溢洪水深2.1米，总库容153万立方米，兴利库容116万立方米，设计灌面5150亩，有效灌面3700亩。2008年，县水利局完成该水库除险加固，总投资569万元。

高洪水库　高洪水库位于廷牌镇境内，地处珠江流域柳江水系樟江支流芒勇河上游一支小溪流，距县城45千米，离镇人民政府驻地1.5千米，于1963年建成，坝址控制集雨面积0.62平方千米，坝体为堆石坝，坝高8米，坝长58米，坝顶宽2米，总库容11万立方米，兴利库容10.6万立方米，设计灌面810亩，有效灌面200亩。2003年，县水利局完成该水库除险加固，总投资90万元。

芒勇水库　芒勇水库位于恒丰乡和勇村，处于樟江流域龙江水系打狗河上游芒勇河上，库区涉及恒丰乡、廷牌镇以及独山县本寨乡，属中型水库，距县城70千米，始建于1978年，因国家经济困难，于1979年停建，1991年续建，1999年建成，库区集雨面积85平方千米，大坝为双曲细石混凝土砌石溢流拱坝，坝高28米，坝顶中心线长169.4米，坝顶宽4米，坝底宽9.8米，总库容2049万立方米，兴利库容1080万立方米，渠系总长130.637千米，设计灌面44700亩，改善人畜饮水困难2.55万人、2.77万头，工程总投资3509万元。2005年，芒勇水库管理处对该水库进行除险加固，总投资1070万元。

石龙过江水库　石龙过江水库位于三合镇境内，处于都柳江支流苗龙河上，距县城2千米，建成于2000年，坝址控制集雨面积23平方千米，大坝为浆砌石重力坝，坝高15米，坝顶长73.7米，其中溢流坝段长32.1米，总库容53万立方米，兴利库容26.14万立方米，设计灌面2000亩，有效灌溉面积500亩，总投资180万元。

采留水库　采留水库位于三洞乡境内，距离县城38千米，于1976年建成，大坝为均质土坝，坝高 10 米，坝址控制集雨面积 2.8 平方千米，总库容 38 万立方米，兴利库容 20.5 万立方米，设计灌面 1000 亩，有效灌溉面积 600 亩。

梅山水库　梅山水库位于三洞乡境内，距离县城 42 千米，于 1965 年建成，总库容 41 万立方米，兴利库容 30 万立方米，主要灌溉三洞乡板龙村、板南村、板厘村农田，设计灌溉面积 2200 亩，有效灌面 1000 亩。

冷水沟水库　冷水沟水库位于三都水族自治县合江镇，坝址处于都柳江上游三都水族自治县与独山县交界的江寨河河段，距离县城 34 千米，是一座以防洪为主，兼顾灌溉、供水的综合利用中型水库。工程可研于 2004 年 4 月 19 日通过省发改委批复，初步设计于 2005 年 4 月 30 日通过省发改委、省水利厅批复。2008 年 12 月完成概算重编，2010 年 8 月 27 日省发改委对概算重编进行批复。根据设计，坝址控制集雨面积 478 平方千米，总库容 1751 万立方米，死水位 511 米，防洪库容 697 万立方米，正常蓄水位 518.5 米，工程主要建设内容包括拦河坝和渠系建筑物等，其中，拦河坝为砌石重力坝 1 座，坝顶长度 175 米，最大坝高 42 米；灌区渠系建筑物有倒虹管 23 处、隧洞 4 处、提灌站 4 处，渠道总长 99.797 千米；水库淹没涉及三都、独山两县 2 个乡镇 4 个行政村 9 个村民小组，改线复建四级公路 4.2 千米等；工程概算总投资 26006.9 万元。工程于 2010 年 12 月 21 日开工建设。工程建成后将三都水族自治县城的防洪标准由 30 年一遇提高到 50 年一遇，同时灌溉下游农田 31188 亩，解决饮水 8 万人。

冷水沟水库开工典礼

1978—2013 年三都水族自治县小（二）型以上水库情况表

表 8-1

序号	项目名称	类型	总库容（万立方米）	兴利库容（万立方米）	建成时间	除险加固时间	坝型	设计灌面（亩）	有效灌面（亩）	建设总投资（万元）	除险加固总投资（万元）
1	芒勇水库	中型	2049	1080	1999 年	2005 年	砌石拱坝	44700	36000	3509	1070
2	梅玄水库	小（一）型	220	180	1976 年	2002 年	砌石拱坝	6000	4300	116	517
3	板奇水库	小（一）型	119	116	1977 年	2002 年	土坝	4000	3700	—	326
4	猪槽滩水库	小（一）型	153	116	1986 年	2008 年	砌石拱坝	5150	3700	—	569
5	比寨水库	小（一）型	112	89	1974 年	2004 年	土坝	6000	1000	—	345
6	梅山水库	小（二）型	41	30	1965 年	—	土坝	2200	1000	29	—
7	拉近水库	小（二）型	74	61	1966 年	—	堆石坝	2000	300	12	—
8	塘勇水库	小（二）型	46	30	1966 年	—	土坝	1000	300	10	—
9	小水叶水库	小（二）型	62	40	1966 年	2003 年	堆石坝	1500	800	—	103
10	浪风水库	小（二）型	38	25	1966 年	—	土坝	500	300	5	—
11	务劳水库	小（二）型	10.4	8.1	1966 年	2008 年	土坝	700	300	—	123
12	夭芒水库	小（二）型	30	17	1966 年	2009 年	土坝	1000	500	—	60

续表8-1

序号	项目名称	类型	总库容（万立方米）	兴利库容（万立方米）	建成时间	除险加固时间	坝型	设计灌面（亩）	有效灌面（亩）	建设总投资（万元）	除险加固总投资（万元）
13	永立水库	小（二）型	48	30	1974年	2010年	土坝	1500	1000	—	96
14	登交水库	小（二）型	44	28.3	1974年	—	砌石坝	700	100	—	—
15	采留水库	小（二）型	38	20.5	1976年	—	土坝	1000	600	9	—
16	弄秧水库	小（二）型	36	20	1980年	—	土坝	300	100	9	—
17	夭扁水库	小（二）型	17	14	1984年	—	土坝	700	500	34	—
18	高洪水库	小（二）型	11	10.6	1963年	2003年	堆石坝	810	200	—	90
19	石龙过江水库	小（二）型	53	26	2000年	—	砌石拱坝	2000	500	180	—

（二）山塘

1978年后，国家在兴修水库的同时，注重修建小山塘项目。至2013年年底，分别在水龙乡、三洞乡、塘州乡、大河镇等乡镇新建小山塘42座，总库容80多万立方米，改善农田灌溉用水15000余亩。

（三）小水窖

1978—2001年，全县没有水窖蓄水工程，部分乡镇缺水现象十分明显，严重制约农村经济发展。2002—2013年，为改变缺水乡镇生产用水困难问题，在廷牌镇、塘州乡、水龙乡、中和镇、交梨乡等乡镇共兴建小水窖786口，蓄水量26000立方米，投资583万元。

小水窖

2002—2013年全县建成小水窖蓄水工程统计表

表8-2

序号	建设年份	项目地点	数量（个）	蓄水量（立方米）	投资（万元）
1	2002	塘州乡灯光村	120	3600	84
2	2003	塘州乡板良村	50	1500	35
3	2003	塘州乡高本村	30	900	21
4	2004	水龙乡独寨村	50	1770	38
5	2004	塘州乡灯光村	40	1380	30
6	2004	塘州乡中化村	43	1470	32
7	2004	塘州乡板良村	59	1770	41
8	2004	塘州乡石旺村	30	900	21
9	2004	塘州乡高本村	10	300	7
10	2004	塘州乡拉海村	10	300	7

续表8-2

序号	建设年份	项目地点	数量（个）	蓄水量（立方米）	投资（万元）
11	2004	塘州乡梅花村	17	570	13
12	2004	中和镇	3	90	2
13	2004	廷牌镇新仰村	70	2610	54
14	2004	廷牌镇的空村	5	210	4
15	2004	廷牌镇廷新村	40	1350	30
16	2005	恒丰乡留联村	15	600	12
17	2005	廷牌镇本托村	21	810	17
18	2005	廷牌镇甘坤村	9	390	8
19	2005	廷牌镇廷牌村	5	270	5
20	2005	廷牌镇新仰村	51	1530	36
21	2005	廷牌镇的空村	3	90	2
22	2005	廷牌镇石安村	1	30	1
23	2005	廷牌镇甲王村	2	60	1
24	2005	廷牌镇同心村	5	150	4
25	2005	水龙乡独寨村	70	2460	53
26	2005	水龙乡马联村	13	450	10
27	2005	交梨乡前进村	4	150	3
28	2011	交梨乡新新葡萄基地	10	300	12
合　计			786	26010	583

二、引灌工程

（一）水库灌区渠道

到 1987 年年底，全县建成大小水库灌区 100 多处，计划灌溉面积 47600 多亩，保证灌溉面积 29300 多亩。其中，小（一）型水库灌区 4 处，小（二）型水库灌区 21 处。到 1999 年，建成中型水库灌区 1 处，新增灌溉面积 44700 亩。到 2013 年年底，全县共有中型水库灌区 1 处，即芒勇水库灌区。小（一）型水库灌区 4 处，分别为梅玄水库灌区、猪槽滩水库灌区、板奇水库灌区、比寨水库灌区。小（二）型水库灌区有 14 处，分别为梅山水库灌区、石龙过江水库灌区、拉近水库灌区、永立水库灌区、小水叶水库灌区、塘勇水库灌区、采留水库灌区、夭芒水库灌区、高洪水库灌区、夭扁水库灌区、务劳水库灌区、登交水库灌区、浪凤水库灌区、弄秧水库灌区等〔1987 年底统计的另外 7 座水库，经过核实达不到小（二）型水库规模，列为山塘〕，建成渠道总长 161.997 千米。

芒勇水库（中型）灌区渠道　芒勇水库灌区涉及三都水族自治县、荔波县和独山县三个县 7 个乡镇，以三都水族自治县为主，辖 5 个乡镇，独山县、荔波县各 1 个乡镇。主要分布在三都水族自治县周覃镇、三洞乡、中和镇，其次是恒丰乡和廷牌镇，以及荔波县甲良镇和独山县本寨乡等。工程灌溉规模 44700 亩，其中，自流灌溉 40340 亩，电力提灌 4360 亩。工程灌区实现灌溉面积 43300 亩，其中，自流灌溉 38940 亩，提灌 4360 亩。灌区主要渠道随芒勇水库主体工程一起建设，从 1978 年动工兴建到 1999 年 3 月底完成，建成干渠 1 条，全长 39.16 千米（含建筑物），流量 1~4

立方米/秒，干渠建筑物总长4.448千米，其中，隧洞6座，长2828米，最长为务许隧洞，长1440米，渡槽8座，长353米，倒虹管1座，长1167米。建成支渠12条，总长56.61千米，渠系建筑物4.787千米/19座，其中，隧洞280米/3座，渡槽54米/2座，倒虹管4.453千米/14座。建成斗渠9条，总长24.537千米，渠系建筑物1429米/9座，其中，渡槽180米/2座，倒虹管1249米/7座。工程建成后，在运行管理的过程中，因农灌水费难以征收，没有养护经费，渠道和渠系建筑物得不到必要的维护，渗漏严重。到2010年，灌区部分渠道已经不能正常发挥作用。

梅玄水库［小（一）型］灌区渠道　梅玄水库灌区主要渠道随梅玄水库主体工程在1974—1976年间建设，其他渠道修修补补逐年完善。到2010年，建成南干渠、北干渠2条，其中，南干渠长5.2千米，经梅玄、定邑、母改至古内，渠系建筑物有渡槽5座，渠道右侧灌区有下水龙支渠和新光支渠，至古内又分左支渠和右支渠2条，左支渠经甲抗、雨邑至板南，右支渠经板力、杖红、姑流、白庙至雅院，设计灌溉面积4400亩，实际灌溉面积2000亩。北干渠长3.5千米，沿水昂河的右岸经昂好至水昂，渠系建筑物有倒虹管2座，设计灌溉面积1600亩，实际灌溉面积1000亩。

猪槽滩水库［小（一）型］灌区渠道　猪槽滩水库灌区渠道系猪槽滩水库配套工程，主要渠道随猪槽滩水库主体工程在1972—1986年建成，其他渠道逐年完善。到2010年，共建成普安干渠、交梨干渠2条。普安干渠自右坝端设闸引水，引用流量0.4立方米/秒，干渠长6.5千米，在马道头分溜寨、平寨、普安街上三条支渠，设计灌溉面积2100亩，实际灌溉面积1500亩。交梨干渠自坝脚引水，引用流量0.5立方米/秒，穿过780米长的扬勇关隧洞，经倒马坎电站至交梨灌区，渠长10千米，设计灌溉面积3050亩，实际灌溉面积1500亩，主要渠系建筑物有平寨倒虹管长500米、内径0.3米，栗木寨倒虹管长420米、内径0.25米，羊冬倒虹管长820米、内径0.25米，拉鹅倒虹管长370米、内径0.2米，扬勇关渡槽长40米、断面0.6米×0.8米。

板奇水库［小（一）型］灌区渠道　板奇水库灌区渠道系板奇水库配套工程，到2010年，共建成东干渠、西干渠2条。东干渠经板奇、引罕至港务，全长3.7千米；其中：1900米至2300米桩号为暗渠，长400米，引水流量0.3立方米/秒，梯形断面，底宽60厘米，水深0.6米，超高0.3米，口宽1.14米，比降1/1000。东干渠有鲁训支渠1条，长950米，的鸭支渠1条，长3.4千米，另有斗门、人行桥涵11座，设计灌溉面积2000亩，实际灌溉面积1000亩。西干渠经采棒、渡槽、红罕、廷牌、玉雄至上的空，长2.84千米，西干渠有的两支渠长1.3千米，本托支渠长1.3千米。渠系建筑物有渡槽3座，总长550米，其中：最长的一座U形薄壳渡槽长440米，倒虹管2座，长90米，另有斗门、涵洞、人行桥、跌水等10处，引水流量0.3立方米/秒，设计灌溉面积2000亩，实际灌溉面积1000亩。

比寨水库［小（一）型］灌区渠道　比寨水库灌区从比寨水库取水，随比寨水库主体工程一起兴建，后逐年完善，到2010年，建成比寨水库灌区干渠1条，长3千米，自坝脚引水，引水流量0.35立方米/秒，干渠下分2条支渠，主要渠系建筑物有渡槽2座，设计灌溉面积6000亩，实际灌溉面积1000亩。

小（二）型水库灌区渠道　到1987年年底，全县建成小（二）型水库灌区21处，设计灌溉面积16793亩，保证灌溉面积11640亩。1987—2013年，主要对已建的病险水库进行除险加固。到2013年年底，设计灌溉面积500亩以上的小（二）型水库灌区有13个，分别为梅山水库灌区、石龙过江水库灌区、拉近水库灌区、永立水库灌区、小水叶水库灌区、塘勇水库灌区、采留水库灌区、夭芒水库灌区、高洪水库灌区、夭扁水库灌区、务劳水库灌区、登交水库灌区、浪凤水库灌区，引水流量大于0.1立方米/秒的灌溉渠道有13条，渠道总长24.4千米。

设计灌溉面积500亩以上小（二）型水库灌区统计表

表8-3

序号	灌区名称	灌溉面积（亩）		渠道（千米/条）		
		设计	实际	合　计	>0.1立方米/秒	<0.1立方米/秒
1	梅山水库灌区	2200	1000	10.8/3	3.9/1	6.9/2
2	石龙过江水库灌区	2000	500	6.5/3	2.5/1	4.0/2
3	拉近水库灌区	2000	500	5.5/3	2.0/1	3.5/2
4	永立水库灌区	1500	500	4.0/1	4.0/1	—
5	小水叶水库灌区	1500	500	3.0/1	3.0/1	—
6	塘勇水库灌区	1000	500	3.6/2	1.8/1	1.8/1
7	采留水库灌区	1000	500	2.3/1	2.3/1	—
8	夭芒水库灌区	1000	500	5.0/3	1.1/1	3.9/2
9	高洪水库灌区	800	400	3.5/2	1.0/1	2.5/1
10	夭扁水库灌区	700	400	5.1/2	2.8/1	2.3/1
11	务劳水库灌区	700	200	2.0/1	—	2.0/1
12	登交水库灌区	700	200	2.0/1	—	2.0/1
13	浪凤水库灌区	500	100	2.0/1	—	2.0/1
合　计		15600	5800	55.3/24	24.4/13	30.9/11

（二）引灌渠道

1987年时，全县共有大小引水工程1378处，引水流量7.55立方米/秒，设计灌溉面积63285亩，保证灌溉面积54543亩。其中，灌溉面积300亩以上的引水工程有26处，引水流量每秒3.46立方米，设计灌溉面积20216亩，保证灌溉面积13184亩。到2013年年底，设计灌溉面积500亩以上的引水工程有20处，引水流量大于0.1立方米/秒的灌溉渠道3条，总长8.3千米。

雪花洞引水工程是全县最大的引水工程，位于三洞乡，距离县城32千米，引水源于塘州乡石望村的龙角塘和塘州村的比寨塘两处，在姑满寨脚汇流成河，流经仙人桥脚，注入山洞而后溢出跌入乔村河形成瀑布，瀑布之水白如雪花，故而得名雪花洞。雪花洞引水工程拦河坝址设在仙人桥脚，集水面积19.6平方千米，洪水流量72立方米/秒，枯水流量0.75立方米/秒，拦河坝属低坝引水，坝呈矩形，高1米，长6米，宽1米，采用水泥砂浆砌块石，进水口设进水孔，水孔挡水墙高出坝顶0.6米，防止洪水漫溢渠道，进水渠道流量为每秒0.8立方米，直接引进干渠。干渠全长8.8千米，干渠建筑有钢筋混凝土倒虹管1座，长345米，管径0.9米。分水闸9座，人行桥8座，支渠5条，长14.5千米。支渠建筑物有12英寸铸铁倒虹管3座，长255米，其中三洞倒虹管和水根倒虹管，分别长114米和168.6米，人行桥5座，设计灌溉面积6000亩，实际灌溉面积3000亩。该工程由黔南州农田水利队柯学诗、马正清、张太通、朱理芬、周汝林设计。1955年12月破土动工时，由荔波县负责，1957年年初随行政区域的变动，改由三都继续完工。最初坝址设仙人桥上游1千米处建低坝引水，坝高1米，长10米，顶宽3米，矩形，用石灰砂浆砌块石构筑。由于渠线和灌区整个地带地质复杂，系多伏穴溶洞，通水后渠道多次塌方沉陷，渠道渗漏严重。1964年冬，被迫另行开挖明渠在仙人桥脚下筑坝拦河引水，明渠深9.5米，长110米，底宽1.4米，到1965年3月完工，完成石方开挖2100立方米，浆砌块石120立方米。因枢纽工程简陋，1963年11月到1966年12月还先后将已乃、甲化、三洞、水根木渡槽改修为倒虹管。完成工程量有钢筋混凝土232立方米、水泥石灰浆砌块石67.5立方米、土石方2306立方米、混凝土245立方米。到1966年年底，国家共投资196.85万元。

全县设计灌溉面积500亩以上引灌渠道统计表

表8-4

序号	工程名称	所在河流	灌溉面积（亩）		渠道（千米/条）		
			设计	实际	合　计	>0.1立方米/秒	<0.1立方米/秒
1	雪花洞	—	5000	2500	8.3/3	8.3/3	—
2	猴　场	—	1000	700	5.5/1	—	5.5/1
3	板　告	—	900	700	3.0/1	—	3.0/1
4	梅　告	泉　水	900	500	4.0/1	—	4.0/1
5	西　相	交然河	800	700	4.5/1	—	4.5/1
6	雄　寨	泉　水	800	600	2.0/1	—	2.0/1
7	尧　吕	交洛河	800	400	1.5/1	—	1.5/1
8	甲　照	交洛河	800	400	5.0/1	—	5.0/1
9	减　杀	减杀沟	700	600	6.5/1	—	6.5/1
10	三　江	打根河	700	600	2.3/1	—	2.3/1
11	甲　晒	甲晒河	700	500	1.0/1	—	1.0/1
12	董岭坝	狮子河	700	500	4.0/1	—	4.0/1
13	甲　倒	磨石河	700	500	1.5/1	—	1.5/1
14	奇　江	灶土河	700	400	3.1/1	—	3.1/1
15	灯　光	下岳河	600	500	5.0/1	—	5.0/1
16	懂　利	都柳江	600	400	5.0/4	—	5.0/4
17	艾　口	—	600	400	1.5/1	—	1.5/1
18	新　阳	余家沟	600	200	1.0/1	—	1.0/1
19	水　各	—	500	400	1.1/1	—	1.1/1
20	尧人山	—	500	300	1.7/1	—	1.7/1
合　计		—	18600	11800	67.5/25	8.3/3	59.2/22

（三）提水工程

筒车　筒车又称水车，1978年年底，全县在用筒车有5架，其中，三合乡三郎村远麻1架、阳基乡巫昔村4架，灌溉面积23亩。到20世纪80年代后，机械灌溉逐渐普及，筒车退出了历史舞台。

机械提水灌溉　1979年年底，全县共有机灌站34个，装机548千瓦，提水量2340吨/时，灌溉面积5150亩。其中：灌溉面积在100亩以上，设备每台在73.5千瓦以下的小（二）型机灌站有22站。此后，再没有续建。1980年后，一些原有的机灌站，因年久失修，加上管理不善，多数机灌站损坏不用，重点发展小型流动提水灌溉机械。至1987年，全县共有提水灌溉机械835台4661.3千瓦。其中：柴油机503台3827.1千瓦，汽油机332台834.2千瓦，有效灌溉面积2659亩。到2013年，群众自购小微型流动提水机械代替了国家投资的提水灌溉机械。

电力提水灌溉　1972年8月，全县建成第一座电灌站——大河镇丙夜电灌站，装机22千瓦，每小时提水280吨，灌溉面积100亩。到1986年年底，全县累计建成电灌站33个，总装机564.5千瓦，提水总量3561.2吨/时，灌溉面积4273亩。其中：灌溉面积在100亩以上，设备每台在100

千瓦以下的小（二）型电灌站有21个。后因管理不善，年久失修，缺电，抽水点水位变浅等因素，多数电灌站闲弃废置。但小型流动电力抽水机却有发展。1987年年底，全县共有电动提水灌溉机械93台，有效灌溉面积3225亩。到2013年，全县只有群众自用的小型流动电力抽水灌溉机械。甲流提灌站是县内最大的电力提水灌溉工程，位于廷牌镇化贤村，从芒勇水库内取水，扬程70米，安装2台水泵，总装机280千瓦，灌溉面积2260亩，工程随芒勇水库主体工程一起设计，一同施工，于1999年建成。由于电力提灌运行费用高，群众难以接受，再加上管理不善，已闲弃废置多年。2011年，纳入县重点“小农水”项目，2013年完成该泵站改造修复工程投入使用。

水轮泵提水灌溉　1978年年底，全县共有水轮泵站49站，装机51台，提水量1119立方米/秒，灌溉面积2907亩；其中，灌溉面积在100~1000亩的小（二）型水轮泵站有11站，水轮泵有10、20、25、30、40、60等六种型号。此后，再没有新建固定水轮泵站，并被流动水轮泵所取代。1987年，全县共有农用水轮泵107台，有效灌溉面积1298亩。到2010年，水轮泵站已全部废弃。

喷灌工程　1978年，全县只有在周覃区水东乡群力村和普安区高硐乡平寨村两个地方进行喷灌工程试点，由于喷灌工程计划灌溉面积大都有自流水沟灌溉，建设喷灌工程成本高，作用不大，建成使用不久即拆除。直到2010年，全县没有再建喷灌工程。

第三节　饮水工程

一、县城供水

城东水厂

1978年至1989年，县城区规模较小，人口较少，只有1个简易的抽水泵房和1个200立方米的蓄水池，无水质处理设施，街道无供水管网，采取集中供水，大多数居民从都柳江中挑水吃。1990年县城始建供水网，1993年至1999年在营上坡脚建成三合镇水厂1座，厂内建有管理房、蓄水池、水质处理设施、消毒设备，沿街铺设有供水管网及进户管道，供水规模4000吨/日，解决当时县城区机关单位和居民1.5万人的饮水问题，总投资293万元，其中以工代赈资金138万元、水利补助资金105万元、银行贷款50万元。随着城区建设步伐的不断加快，城区不断扩大，人口不断增多，三合镇水厂供水规模已不能满足日益增长的用水需求。2001年，争取到中央资金500万元和贷款1000万元，于2003年在城东碉堡坡上建成城东水厂，供水规模20000吨/日，取水源点为都柳江官塘水电站处，解决县城区机关单位和居民5万人的供水问题。2013年2月8日甲晒河水源向县城供水。

二、乡镇供水

1978年至1996年，全县各乡镇几乎没有供水设施。1997年以后，陆续投资兴建乡镇供水工程；到2008年，随着中央扩大内需政策的出台，乡镇供水工程建设得到快速发展；2010年年底，全县争取到以工代赈、人饮渴望、中央国债饮水解困、饮水安全和小城镇基础设施建设5类项目资金累计3356.72万元，新建和改扩建乡镇供水工程45个，共解决乡镇人民政府驻地机关单位及周边村寨饮水困难和安全问题12.0241万人。其中，1997—2000年，建成乡镇人饮工程13个，总投资472万元，解决饮水困难35671人；2001—2005年，建成乡镇人饮工程11个，总投资445.25万元，解决饮水困难21280人和饮水安全2152人；2006—2013年，建设乡镇供水工程22个，总投资2439.47万元，解决饮水安全61138人。到2013年年底，除三合镇（属县城）以外，其余20个乡镇均建有供水工程，其中，普安镇、交梨乡、大河镇、丰乐镇、合江镇、水龙乡、中和镇、三洞乡、周覃镇、九阡镇、扬拱乡、廷牌镇、都江镇、坝街乡14个乡镇供水工程建有净水厂，安装有一体化净水设备，供水水质达到国家饮水安全标准；恒丰乡、拉揽乡、打鱼乡3个乡供水工程建有初级简易净水设施，供水水质基本达到国家饮水安全标准；塘州乡、巫不乡、羊福乡3个乡供水工程为初级饮水工程，无净水设施，供水水质未达到国家饮水安全标准；全县有普安镇、交梨乡、大河镇、丰乐镇、合江镇、水龙乡、中和镇、三洞乡、九阡镇、廷牌镇、恒丰乡、拉揽乡、打鱼乡、都江镇、坝街乡15个乡镇供水工程由县自来水有限责任公司负责运营管理，周覃镇供水工程由芒勇水库管理处负责运营管理，塘州乡、扬拱乡、巫不乡、羊福乡4个乡供水工程由所在地乡人民政府负责运营管理。

1997—2013年全县各乡镇供水工程建设情况统计表

表8-5

序号	年度	工程名称	资金来源	投入资金（万元）	工程效益（人）
一	“九五”时期			472	35671
1	1997	普安镇人饮	以工代赈、渴望工程	58	3000
2	1997	廷牌乡人饮	以工代赈	11	3900
3	1998	九阡镇人饮	以工代赈	37	2500
4	1998	扬拱乡人饮	以工代赈	21	2000
5	1998	中和镇人饮	中央国债	30	650
6	1999	交梨乡人饮	以工代赈	40	2400
7	1999	坝街乡人饮	以工代赈	25	1500
8	2000	中和片区人饮	渴望工程	130	8667
9	2000	巫不乡人饮	渴望工程	5	333
10	2000	都江镇上江村人饮	中央国债	20	2300
11	2000	恒丰乡人饮	以工代赈	36	3795
12	2000	打鱼乡人饮	以工代赈	27	2876
13	2000	普安镇人饮	以工代赈	32	1750
二	“十五”时期	—		445.25	23432
1	2001	恒丰乡片区人饮	以工代赈	31	2000
2	2001	拉揽乡拉揽村人饮	渴望工程	30	2000
3	2002	水龙乡人饮	以工代赈	20	3078
4	2003	水龙片区人饮	以工代赈	10	3078
5	2004	丰乐镇人饮	以工代赈	40	2700
6	2004	羊福乡人饮	渴望工程	14.25	950
7	2004	巫不乡人饮	以工代赈	10	640
8	2004	周覃镇人饮	渴望工程	20	1334

续表8-5

序号	年度	工程名称	资金来源	投入资金（万元）	工程效益（人）
9	2004	九阡镇供水工程	中央国债	200	4500
10	2004	周覃片区饮水安全工程	饮水安全	50	2152
11	2005	周覃镇人饮	以工代赈	20	1000
三	“十一五”时期			2439.47	61138
1	2006	大河镇饮水工程	饮水安全	5.41	217
2	2006	交梨乡供水工程	饮水安全	96.52	3355
3	2007	塘州人饮改造	饮水安全	10	333
4	2007	廷牌镇供水工程	饮水安全	159.39	5073
5	2007	三洞乡供水一期工程	饮水安全	139.68	4473
6	2008	打鱼乡饮水工程	饮水安全	43.18	600
7	2008	坝街乡坝街村饮水安全工程	饮水安全	26.51	850
8	2008	都江镇上江村饮水安全工程	饮水安全	12.57	400
9	2008	丰乐镇供水工程	饮水安全	113.34	2500
10	2008	三洞乡供水二期工程	饮水安全	92.44	2039
11	2009	水龙乡供水工程	饮水安全	190.42	4200
12	2009	合江镇供水工程	饮水安全	276.92	6770
13	2009	中和镇供水工程	饮水安全	231.22	5100
14	2009	大河镇供水工程	小城镇建设	160	5500
15	2009	普安镇饮水安全工程	饮水安全	20	500
16	2010	普安镇饮水安全工程	饮水安全	179.76	3965
17	2010	扬拱乡饮水安全工程	饮水安全	131.48	2900
18	2010	大河镇饮水安全工程	饮水安全	146.72	3236
19	2010	坝街乡饮水安全工程	饮水安全	97.48	2150
20	2010	都江镇饮水安全工程	饮水安全	76.03	1677
21	2010	交梨乡水厂改扩建工程	饮水安全	30.4	800
22	2010	普安镇供水工程	小城镇建设	200	4500
	总计			3356.72	120241

三、农村饮水

1978年后，随着改革开放的不断深入，国家对水利设施建设的投资逐年加大，至2013年年底，投入到农村饮水工程建设资金累计5109.48万元，共实施以工代赈、人饮渴望、饮水解困、财政扶贫和饮水安全等各类农村饮水工程331个，解决饮水困难18.7101万人，其中2005年以来，建成农村饮水安全工程92个，解决饮水安全问题7.7907万人。工程由乡镇供水工程管网延伸解决的，交由县自来水有限责任公司负责运行管理，其他独立新建的农村饮水工程交由受益村委会或组寨自行负责运行管理。

1978—2013 年全县农村饮水工程建设投入及效益情况表

表 8-6

序号	年度	工程名称	资金来源	投入资金（万元）	工程效益（人）
一	“九五”时期	80 个		504.5	28606
1	1997	人饮工程 29 个	渴望工程	242	12000
2	1998	人饮工程 30 个	渴望工程	109.5	7300
3	1998	石灰窑人饮	以工代赈	22	1300
4	1999	人饮工程 12 个	渴望工程	80	5333
5	1999	阳安片区人饮	以工代赈	32	2000
6	2000	人饮工程 7 个	解困工程	19	673
二	“十五”时期	108 个		1419.06	67632
1	2001	人饮工程 9 个	渴望工程	148.85	3000
2	2001	人饮工程 5 个	解困工程	122.95	6250
3	2001	人饮工程 3 个	以工代赈	44.95	2430
4	2002	人饮工程 10 个	渴望工程	124.6	8756
5	2002	人饮工程 8 个	解困工程	159.78	6670
6	2002	人饮工程 6 个	以工代赈	43.72	2650
7	2003	人饮工程 6 个	渴望工程	70.16	4678
8	2003	人饮工程 29 个	解困工程	299.55	14663
9	2003	人饮工程 5 个	以工代赈	62	1566
10	2004	人饮工程 10 个	渴望工程	70.92	4729
11	2004	人饮工程 5 个	解困工程	92.54	4104
12	2004	人饮工程 3 个	以工代赈	41	1970
13	2005	人饮工程 6 个	饮水安全	102.04	4416
14	2005	人饮工程 3 个	以工代赈	36	1750
三	“十一五”时期	112 个		2416.22	71921
1	2006	人饮工程 9 个	饮水安全	143.4	5443
2	2006	人饮工程 4 个	以工代赈	26	4082
3	2006	人饮工程 10 个	财扶资金	111.1	6160
4	2007	人饮工程 5 个	饮水安全	67.92	2113
5	2007	人饮工程 3 个	以工代赈	81	2600
6	2007	人饮工程 2 个	财扶资金	7.5	810
7	2008	人饮工程 13 个	饮水安全	252.39	7503
8	2008	人饮工程 7 个	以工代赈	115	3720
9	2009	人饮工程 28 个	饮水安全	768.75	17353
10	2010	人饮工程 31 个	饮水安全	843.16	22137

续表8-6

序号	年度	工程名称	资金来源	投入资金（万元）	工程效益（人）
四	“十二五”时期			3637.56	79587
1	2011	普安镇建华村农村饮水安全工程	饮水安全	50.1	1105
2	2011	丰乐镇新江村农村饮水安全工程	饮水安全	51.28	1138
3	2011	廷牌镇新仰村雅问、引约农村饮水安全工程	饮水安全	15.91	351
4	2011	廷牌镇三愿村农村饮水安全工程	饮水安全	27.63	597
5	2011	交梨乡新联村1、2、7组人饮安全工程	饮水安全	27.61	609
6	2011	廷牌镇廷新村农村饮水安全工程	饮水安全	12.75	281
7	2011	扬拱乡新阳村人饮安全工程	饮水安全	21.31	470
8	2011	廷牌镇同心村今光、高母、吉香、逢一、逢二、拉哀、的困组农村饮水安全工程	饮水安全	23.99	529
9	2011	坝街乡光明村光明小学人饮安全工程	饮水安全	12.15	450
10	2011	廷牌镇羊楼村羊楼小学人饮安全工程	饮水安全	3.49	129
11	2011	大河镇拉江村拉江小学人饮安全工程	饮水安全	2.34	86
12	2011	廷牌镇良桥村良桥小学人饮安全工程	饮水安全	9.45	350
13	2011	塘州乡阳猛村阳猛小学人饮安全工程	饮水安全	7.62	282
14	2011	塘州乡塘赖村塘赖小学人饮安全工程	饮水安全	4.75	176
15	2011	羊福乡孔荣村孔荣小学人饮安全工程	饮水安全	3.3	122
16	2011	塘州乡羊乐村羊乐小学人饮安全工程	饮水安全	1.89	70
17	2011	丰乐镇相坪村相坪小学人饮安全工程	饮水安全	0.68	25
18	2011	水龙乡祥寨村人饮安全工程	饮水安全	53.64	1331
19	2011	交梨乡望结村人饮安全工程	饮水安全	22.57	560
20	2011	交梨乡排月村人饮安全工程	饮水安全	58.68	1456
21	2011	三洞乡板龙村人饮安全工程	饮水安全	50.74	1259
22	2011	三洞乡板厘村人饮安全工程	饮水安全	8.06	200
23	2011	三洞乡板南村人饮安全工程	饮水安全	48.56	1205
24	2011	三洞乡板劳村人饮安全工程	饮水安全	25.99	645
25	2011	廷牌镇羊楼村芒通、羊楼、古班组人饮安全工程	饮水安全	5.8	144

续表8-6

序号	年度	工程名称	资金来源	投入资金（万元）	工程效益（人）
26	2011	恒丰乡芒勇湖村人饮安全工程	饮水安全	24.94	619
27	2011	恒丰乡景奎村古桥组人饮安全工程	饮水安全	5.52	137
28	2011	廷牌镇高潮村务吉、中潮组人饮安全工程	饮水安全	37.68	935
29	2011	九阡镇水条村饮水安全工程	饮水安全	70.2	1742
30	2011	九阡镇石板村上下岜凯、1~4组、古其、水塘、系内、古用、的五、上下水达1~2组饮水安全工程	饮水安全	54.81	1360
31	2011	周覃镇板引村饮水安全工程	饮水安全	26.26	579
32	2012	实施项目26个	饮水安全	941.45	20576
33	2013	实施项目48个	饮水安全	1926.41	40069
合计		405个		7977.34	247746

第四节 河道治理

1978年以前，全县基本没有河道治理工程。1978年至1986年，实施部分零星河道治理和防洪工程，但都不能形成规模，无法抵御较大的洪灾。1987年以后，陆续建成了丰乐、烂土、普安等防洪护田、还田工程，到2007年，建成县城区防洪工程，县城防洪标准提高到30年一遇。2013年年底，全县建成防洪堤51.48千米、橡胶坝1座。

县城区防洪工程 县城区防洪工程于2001年10月动工建设，工程共分五期，其中，一期为县水利局至大桥段、二期为巫烂沟段、三期为龙嘴角大桥至民中教学楼段、四期为中纤板厂至师范河段、五期为肖家水碾至大桥段，采用重力式浆砌块石防洪堤和浆砌块石护坡结构，2007年7月全部完工，建成城区防洪堤4775.4米，完成巫烂沟治理1423米，总投资1462.45万元。城区防洪工程的建成，县城防洪标准提高到30年一遇，且经受住了2006年的“6·26”和2007年的“7·26”大洪水考验，发挥出应有的防洪效益，保障了城区居民群众的生命和财产安全。

县城防洪堤

烂土乡防洪护田、还田工程 烂土乡防洪护田、还田工程位于合江镇境内都柳江上游支流烂土河都江到奇江沿河两岸，始建于1993年，总长12千米，防洪堤采用重力式水泥砂浆砌卵石结构，总投资310万元，有效保护合江镇农田3200亩，并恢复堤外被毁田土1500亩。

丰乐镇防洪护田、还田工程 丰乐镇防洪护田、还田工程位于丰乐镇境内，在都柳江支流平寨马场河交然至巴艾，建于1987年，建成防洪堤21千米，总投资约265万元，有效保护大河镇和丰乐镇农田6000亩，并恢复堤外被毁田土2000亩。

普安镇防洪护田、还田工程　普安镇防洪护田、还田工程位于普安镇境内，在都柳江上游支流普安河。工程从燎原村屯脚到小河村四十寨，始建于2002年，总投资约736万元。修建重力式浆砌石防洪堤7.5千米，护岸堤1.3千米，恢复农田1020亩，保护沿岸农田4500多亩和部分民房和人民群众的生命财产安全。

2008年建设的打鱼防洪堤

巫不乡防洪堤工程　巫不乡防洪堤工程位于巫不乡人民政府驻地，工程建设于2006年，总投资14.91万元，建成防洪堤165米，保护巫不乡政府驻地500人的生命财产安全。

打鱼乡防洪堤水毁工程　打鱼乡防洪堤水毁工程位于打鱼乡人民政府驻地。该工程按15年一遇防洪标准设计，堤防工程等级为5级，保护乡人民政府驻地人口2500人，保护岩捞村学校120人和来述村430人、农田12亩。打鱼大桥下游河段防洪堤断面结构为衡重式挡土墙，C_{15}埋石砼基础，$M_{7.5}$浆砌块石堤身，总长537米，其中：左岸防洪堤长205米，右岸防洪堤上段长120米，右岸防洪堤下段长212米。岩捞村防洪堤采用$M_{7.5}$浆砌石护坡式结构，总长100米。来述村防洪堤基础为$M_{7.5}$浆砌石，有152米河堤堤身为$M_{7.5}$浆砌石护坡式结构，190米河堤堤身为C_{15}砼护坡式，总长为342米。工程于2007年11月动工，2008年7月全面竣工，完成总投资331万元。

都柳江橡胶坝工程　都柳江橡胶坝工程位于三都水族自治县城龙王庙，坝址处于县城内都柳江上，距上游三都水族自治县第二中学约230米，于2003年4月建成，工程由橡胶坝土建工程、充水泵房工程和人行桥工程三部分组成。其中：人行桥长125.91米，宽5米，有9个墩身共8跨，每跨跨度16米；充水泵房1座分两层，长11.5米，宽8米；橡胶坝1座，有2个坝袋，由中墩分隔，充水后每个坝袋长63米，宽11.5米，高3.5米，总额投资300.6938万元。工程的建成，抬高了都柳江枯水期城区河段水位，使江面回水，形成面积约22.5万平方米的人工湖，进一步了改善县城河段水环境，形成清秀的水域景观。

三合镇麻光段河道治理工程　根据省水利厅《关于全国中小河流治理三都水族自治县三合镇麻光段河道治理工程初步设计报告的批复》（黔水计〔2011〕22号）文件批复建设三都麻光河段防洪工程。工程设计保护人口4万人，保护面积3.84平方千米。治理范围为都柳江麻光河段，起点为官塘电站附近，终点为麻光提水泵站。河道综合治理长度1.657千米。堤防工程采用20年一遇防洪标准，工程等别为Ⅳ等，相应主要建筑物级别为4级。建设内容为新建堤防2.196千米，河道清淤1.657千米。

总投资资金839万元。总工程量：沙砾石开挖19658立方米，河道清淤10052立方米，土石方开挖2298立方米，碾压回填土石方84018立方米，$M_{7.5}$浆砌块石12564立方米，C_{15}砼1381立方米，DN50UPVC墙体排水管埋设1536米，种植土人工回填4629立方米，直播草种13227平方米。

都柳江支流普安河治理工程　省水利厅《关于全国中小河流治理三都水族自治县都柳江支流普安河治理工程初步设计报告的批复》（黔水计〔2011〕165号）文件批复建设。总投资为360万元，其中中央补助288万元，省级补助43万元，州级配套资金29万元。

工程治理河段为普安河干流普安段河段，起始位置为李家厂，终点位置为平寨，整治河段总长2000米，建防洪堤785米，扩建和改建防洪堤2542米，河道清淤长度2000米，堤线布置基本沿原河道。沿河两岸涉及普安镇李家厂和平寨2个村民组，保护农田7200亩。总工程量：沙砾石开挖8594立方米，河道清淤11420立方米，土方回填4077立方米，$M_{7.5}$浆砌块石挡墙8563立方米，C_{15}砼压顶61立方米，DN50UPVC墙体排水管埋设1363米，C_{15}砼挡墙182立方米。该工程治理段已全部完工。

马场河（大河镇段）治理工程 工程治理河段为马场河大河镇河段，建防洪堤700米。总工程量：沙砾石开挖3519.57立方米，土石方回填1963.34立方米，$M_{7.5}$浆砌石挡墙3489.16立方米，C_{15}砼压顶26.20立方米，沥青砂浆177.14平方米，反滤层13.00立方米，DN50PVC管埋设389.60米。

第五节 防汛抗旱

一、防汛

三都是一个水旱灾害频发的县，1978年至2010年，全县有6次较大的洪水灾害发生，分别为1979年6月26日洪灾、1983年6月22日洪灾、1999年7月15日洪灾、2000年6月21日洪灾、2006年6月26日洪灾和2007年7月26日洪灾，其中以2000年6月21日洪灾最为严重。

1979年6月26日洪灾，全县农作物受灾面积26400亩，水毁房屋154间，其中倒塌16间，死亡2人，经济损失103.8万元。

1983年6月22日洪灾，全县农作物受灾面积60700亩，水毁房屋815间，其中倒塌109间，死亡5人，经济损失263.09万元。

1999年7月15日洪灾，因暴雨引发山洪和泥石流造成灾害十分严重，农作物受灾面积53200亩，水毁房屋141间，冲毁防洪堤180米，冲毁渠道50多条1800多米，死亡10人（其中：洪水冲走死亡3人，泥石流压死7人），直接经济损失500余万元。

2000年“6·21”县城洪水

2000年6月21日洪灾，全县21个乡镇遭遇百年一遇的暴雨袭击，上午9时，县城有1/2的城区被水淹没，被淹地段受洪水围困达两个半小时，1500多名居民被困。全县农作物受灾面积达148000亩，淹没民房36000间，倒塌9000间，损坏27000间，死亡7人，造成巨大经济损失。洪灾发生后，省委副书记、省长钱运录，州委书记何永康，州长蒙启良，州政协主席胡品荣，副州长陈琦等省州领导，先后带领有关部门领导和专家赶赴三都，亲临抢险救灾第一线，察看灾情，慰问灾区群众，现场办公，指挥抢险。

2000年6月21日遭受洪灾乡镇典型地段淹没情况统计表

表8-7

乡镇	典型地段		集镇区	
	地点	淹没水深（米）	淹没面积（平方千米）	平均水深（米）
县城区（三合镇）	鹏城学校	2.8	2.01	1.5
	欣欣幼儿园	2.2		
	莫家寨片区	1.1		

续表8-7

乡镇	典型地段		集镇区	
	地点	淹没水深（米）	淹没面积（平方千米）	平均水深（米）
恒丰乡	政府驻地	2.5		
烂土乡	政府驻地及学校	1.35	0.8	0.6

2006年6月26日洪灾，全县19个乡镇遭受不同程度洪涝、地质灾害。共造成18.7万人受灾，倒塌房屋974间，损坏房屋3701间，死亡10人，稻田受灾面积78910亩，成灾面积47346亩，绝收面积985亩，减收粮食19吨，直接经济损失7208.61万元。

2007年7月26日洪灾，全县11个乡镇68个村612个村民小组3.1万户14.2万人受灾，紧急转移安置群众6.45万人，死亡5人，失踪1人，农作物受灾面积103000亩，冲毁公路桥1座，直接经济损失达38600万元。

二、旱灾

1978年前，全县水利工程匮乏，抗旱能力极低，大部分耕田为"望天田"。1978年后，县委、县政府加大对农田水利建设，发动和组织群众，兴修蓄、引、提等水利工程，受旱面积逐年减少，到2010年，因旱时不能保证灌溉面积减少到100000亩。1978年以来，较大的旱灾有6次，分别为1978年旱灾、1981年旱灾、1985年旱灾、1988年旱灾、1989年旱灾、2009年至2010年旱灾。

1978年旱灾，全县受灾人口16.42万人，成灾人口13.10万人，农作物受灾面积达81100亩，直接经济损失435万元。

1981年旱灾，全县农作物受灾面积133700亩，其中成灾面积达123500亩，减产粮食面积117000亩，17.24万人受灾，直接经济损失496.69万元。

1985年旱灾，全县农作物受灾面积142800亩，成灾面积101700亩，减产粮食面积118700亩，20.72万人受灾，直接经济损失838.01万元。

1988年旱灾，全县农作物受灾面积133700亩，成灾面积99900亩，减产粮食面积63200亩，减产经济作物面积64700亩，22.98万人受灾，成灾4.81万人，直接经济损失335.39万元。

1989年旱灾，全县农作物受灾面积161500亩，成灾面积89500亩，减产粮食面积88100亩，减产经济作物面积38400亩，21.95万人受灾，成灾8.39万人，直接经济损失877万元。

2009至2010年旱灾，全县遭遇了"秋、冬、春"三季连旱的百年不遇特大旱灾，旱情持续200多天，致使水库、山塘蓄水量仅为应蓄水量的23.73%，比往年同期减少41%，全县19座水库有6座水库水位达到死水位，占全县总水库座数31.7%，务劳水库、小水叶水库2座小（二）型水库干涸；在册山塘42座有27座干涸，占所有山塘总数的64%，蓄水量仅为应蓄水量的17%；造成全县农作物受灾215550亩，其中，重旱105150亩、干枯16050亩，饮水困难16.3万人、牲畜8.6万头，直接经济损失6500万元。

第六节　水土保持

水土保持审批　全县水土保持审批工作始于2003年，到2013年，共办理取土许可证63本，年审171本，处理水土保持案件0件，征收水土保持措施费85.95万元。

2003—2013 年全县水土保持审批统计表

表 8-8

序号	年度	项目取土许可证年审（本）	办理审批登记许可证（本）	水资源及水土保持案件（起）	年水土保持征收费（万元）
1	2003	3	3	0	0
2	2004	8	2	0	0
3	2005	10	3	0	0.4
4	2006	13	12	0	6
5	2007	28	5	0	8
6	2008	13	6	0	8
7	2009	34	4	0	10
8	2010	24	2	0	9.9
9	2011	11	3	0	11.73
10	2012	5	1	0	14.69
11	2013	22	22	0	17.23
合计		171	63	0	85.95

水土流失　根据县水文站及荔波水文站历年观测的平均含沙量及平均悬移质输沙率统计，全县年输沙量不断增加，南部属樟江流域，年均侵蚀模数为 56.32 吨/平方千米，东北部深山密林，水土保持尚好；西北部都柳江干流上游，年均侵蚀模数已达 154.24 吨/平方千米；每年从都柳江及樟江流域流走的泥沙多达 1925 万吨。2003 年，县水利局治理县民族中学后坡，种植经果林杨梅基地。2005 年，投资 103 万元治理杀叶沟小流域 13 平方千米，以坡改梯、经果林及林木封禁治理为主，修建小水窖为辅。2006 年，治理猪槽滩水库库区，主要种植经果林。2010 年，对九阡镇酒厂周边山坡进行水土保持治理，以当地群众种植经果林为主。

第七节　水电站

1986 年年底，全县建成中和水电站、巫森水电站、猪槽滩水电站、周覃水电站、羊基水电站、板尧水电站、塘州水电站、懂术水电站、登交水电站、烂土水电站、和平水电站、民主水电站、扬拱水电站、坝辉水电站、排长河水电站、高硐水电站、大河水电站等农村水电站 84 座，装机容量为 3169.5 千瓦共 92 台机组，然而，绝大多数农村小水电装机较小，均为单机运行，电能稳定性差，同时因管理不善、缺乏维修养护等原因，多数于 20 世纪末弃置不用。2000 年后，随着国家加大对农村水电站建设投入，以及实行水能资源使用权有偿出让以后，农村水电站建设得到快速发展。至 2010 年年底，共完成了技术改造和新建水电站 14 座，在建水电站 4 座，其中，新建甲照水电站装机容量 1200 千瓦、下寨水电站装机容量 800 千瓦、山勤水电新装机容量 2520 千瓦，巫不水电站装机容量 375 千瓦、官塘水电站装机容量 2400 千瓦等，完成大河水电站技改 750 千瓦、马鞍水电站技改 300 千瓦、普安水电站技改 545 千瓦、都江水电站技改 500 千瓦、拉也水电站技改 640 千瓦、周覃水电站技改 800 千瓦、巫森水电站技改 325 千瓦、烂土水电站技改 640 千瓦、巫不水电站技改装机 375 千瓦等，在建鸭寨水电站装机 1500 千瓦、拉旦水电站装机 640 千瓦、羊福水电站装机 800 千瓦、白梓桥水电站装机 10000 千瓦。到 2013 年年底，全县农村小水电装机 1.892 万千瓦，年发电量5493万千瓦时。

较大的水电站有：

官塘水电站　官塘水电站位于县城西面都柳江上，坝址距县城4000米，厂房在县城。官塘电站由县水利局建设，1995年6月由电力工业部贵阳勘测设计研究院完成初步设计，2003年12月1日开工，2005年12月28日竣工投产，总装机3×800千瓦。官塘电站为径流引水式电站，水库总库容200万立方米，为无调节水库。工程枢纽主要由拦河坝、引水隧洞、明渠、前池及压力管道、发电厂房等建筑物组成。大坝为折线式浆砌石重力坝，最大坝高溢流段为9.1米，非溢流坝段13.5米，采用斜线布置以增大溢流前沿，同时减小施工难度，坝体总长141米，其中溢流坝段120米，堰顶高程396.6米。在左侧非溢流坝段与溢流面之间设一冲沙放空底孔，孔口断面尺寸1.2米×1.2米。厂房为河岸式地面厂房，布置于都柳江河流左岸，电站前池正常高水位396.03米，厂房下游正常尾水位385.2米，扣除压力管道水头损失，设计水头为10.69米，设计流量18.36立方米/秒。

山勤水电站　山勤水电站位于大河镇山勤村境内，距县城20千米，离大河镇人民政府所在地4千米。主河道长23.4千米，拦河坝主坝坝顶高程579.6米，坝顶长34.56米，设计坝底高程571.6米，坝底平均宽6.9米，最大坝高8.0米。副坝坝顶高程583.4米，设计坝底高程571.6米，坝底平均宽为4.6米，坝顶长41.9米，最大坝高11.8米。引水隧道位于拦河坝左岸，采用明渠与隧道方式引水，总长5410米，其中：渠道分为七段，总长3916米，断面1.8米×1.8米（宽×高），隧洞分为6段，总长1494米，断面2.1米×2.3米。压力前池位于厂房上游高程为574.3米的山坡上，正常水位573.8米。前池与电站之间采用明敷压力钢管，压力钢管从压力前池正向进水，进水管底板与进水室底板高程一致，为570.4米。主厂房为正向进水，地面高程456.4米，长23.9米，宽8.86米。副厂房在厂房的下游侧尾水平台上，地面高程456.6米，长7.45米，宽4.5米。电站为引水式布置方式，无调节；引水系统布置为：通过5410米引水渠道引水至压力前池，后接一根压力钢管向四台水轮发电机组供水，电站最大水头118.634米，最小水头115.283米，设计水头116.019米，多年平均流量为1.57立方米/秒，保证流量0.18立方米/秒，保证出力116千瓦；前池正常水位573.8米，前池最低水位572.51米，厂房正常尾水位455.166米，最低尾水位454.612米，装机容量4×630千瓦，多年平均发电量为832万千瓦时，年利用3298小时。该电站于2004年开工建设，2006年4月建成投产发电。

白梓桥电站　白梓桥电站位于拉揽乡，距县城10千米，是以发电为主，兼顾养殖、旅游及航运等的水利水电工程。坝址原河床高程约360米，主河道长96.6千米，坝址以上部位集雨面积1560平方千米，河道天然落差672米，平均比降5.11‰，流域几何特征值88.32，形状系数0.17。电站坝址处的多年平均流量为34.47立方米/秒，多年平均来水量10.87亿立方米。坝体为浆砌石重力坝，坝顶高程386.5米，溢流堰顶高程369米，防浪墙顶高程387.7米，最大坝高为30.5米，坝顶长132米，坝顶宽5米，建基面高程356米。校核洪水位384.48米，水库总库容992万立方米。发电厂房为引水式地面厂房，电站装机10000千瓦，台数为两台，单机容量分别为6800千瓦和3200千瓦。2013年建成。

第八节　县城污水处理

三都县城污水处理工程由贵州省城乡规划设计研究院设计，省发改委于2006年10月30日以黔发改投资〔2006〕1281号文件批复可研报告。2008年9月27日，省发改委以黔发改建设〔2008〕1668号文件批复初步设计报告，批复建设规模及内容为新建0.6万吨/日污水处理厂1座，污水收集输送管网24.289千米，工程审定概算总投资2340万元，其中厂区1085.59万元，管网1180.53

万元。工程到位资金 3293.55 万元，其中，污水处理厂自筹 1803 万元，污水收集输送管网到位资金 1490.55 万元，来源为国债资金 400 万元、中央预算内投资 212 万元、中央专项投资 450 万元、省级财政配套 350 万元、县财政配套 78.55 万元。为抓好工程建设，根据州人民政府的安排，污水处理厂采用 BOT 方式建设，污水收集输送管网系统由地方政府组织建设。

2009 年县城污水处理工程建设

经州人民政府对全州 12 个县市污水处理厂统一打捆公开招标，中标单位为贵州同壹环保投资管理有限公司，工程于 2009 年 8 月开工建设，2010 年 6 月 15 日完工，污水处工艺为 AmOn 一步法，厂区占地面积 402 平方米，建成综合楼、提升泵站、沉砂池、生物池、消毒渠、计量井、配电房、淤泥脱水机房和安装有入水在线监测及出水在线监测设备、旋流沉砂器、过墙回流泵、潜水搅拌器、紫外线消毒设备、淤泥脱水机等，总投资 1803 万元。

污水收集输送管网由县人民政府委托县水利局承担建设，经公开招标，中标单位为贵州省建筑工程联合公司，中标价为 1351.88 万元，监理单位为贵州三力建设监理有限责任公司，质监单位为三都水族自治县建筑工程质量监督站，检测单位为黔南州建设工程质量检测中心。工程于 2009 年 3 月 1 日开工建设，2009 年 12 月 28 日完工并通过初步验收，2011 年 11 月 25 日完成竣工验收，建成都柳江左岸排污管 2222.7 米、都柳江右岸排污管 2663.4 米、巫烂沟排污管 1752 米、过河排污管 346 米、进厂排污管 869.3 米、民中排污管 530 米、民委排污管 84 米，共新建完成管网 8467.4 米，总投资 1254.81 万元。

第二章　城乡建设

三都水族自治县人民政府驻地三合镇，1949 年 12 月 6 日前，仅有住户 500 余户，人口不足 3000 人，街道狭窄，房屋矮小，市容破败，交通闭塞，半商半农，文化落后。解放后，特别是党的十一届三中全会以后，县城面貌发生了根本性的变化。街道布局、建设日趋规范合理，钢筋骨架、砖混结构的楼房鳞次栉比，市政道路、给排水、供电、环卫、绿化等基础设施不断完善。建成的县城凤凰广场、民族体育运动中心、宣传文化中心、赛马城休闲广场、凤凰山公园、北出口水族迎宾大道等相继投入使用。体现地方历史和文化特色的烈士陵园、水文碑林、民族博物馆、水族风情街及都柳江风景名胜区完成了改建和新建。完成了城市干道两侧建筑外立面民族特色改造。县城东、南、西、北四条出口道路都进行了不同程度的改造。城区 2001 年以来植桂花树 1500 株、榕树 1000 株、柳树 1000 株，新增近 2 万平方米绿地，城市形象大为改观。1993 年后对老城区的改造和对城东片区的开发，城区面积从 1993 年的 1.75 平方千米拓展到 2003 年的 3.85 平方千米。2004 年动工修建麻光片区 2 千米长、20 米宽的水泥硬化道路。2013 年，启动麻光片区的路网建设和三郎片区的整体建设。

35 年来，县城公共设施的建设取得了显著成绩，文化、教育、体育、卫生等各项公共设施初具规模。2013年，县城城区面积已发展到5.5平方千米，为1978年的6.5倍；全县21个乡镇，已全部通了公路、用上了电和自来水。城乡房屋建设发展很快，县城实有房屋建筑面积已达824246平方米，为1978年的10倍，其中居住建筑面积192059平方米，人均居住18.8平方米。全县15个主要集镇住宅建筑面积16.5万平方米，人均居住面积9.06平方米，公共建筑面积12.3万平方米，生产建筑面积3.5万平方米。市政道路建设，1978年县城只有中山路、解放路和县府路等几条6~8米宽的柏油路，全长约2000米。2013年县城共有道路20多条，总长25.78千米，道路面积407630平方米。在城区修建了永久性桥梁5座，修筑河堤基础工程4137.5米。加快城镇化建设步伐，小城镇建设已成为拉动全县经济社会发展的动力。

第一节　机构沿革

1982年4月建立县基本建设委员会，1984年3月，更名为县城乡建设环境保护局。下设办公室、自来水站、施工管理站、质监站、环卫站。1985年成立规划设计室；1988年成立房管站；1989年成立村镇管理站；1990年自来水站从建设局划归水利（电）局，同年成立环境保护监理监测站；1995年划环保监理监测站归国土局管理；1998年成立城管大队，负责县城日常管理工作；2001年成立法规股、监理公司和园林组，园林组负责全县绿化工作，全县9个建制镇（三合、丰乐、合江、周覃、九阡、中和、普安、都江、大河）建立村镇建设管理所；2006年11月成立县公用事业管理局（简称公用局），划环卫站、城管队、园林组归公用局管理；2012年4月，将原建设局、住房制度改革领导小组办公室、城镇公用事业管理局（除指导和管理城镇客运职责）职责，整合组建三都水族自治县住房和城乡建设局。内设4个内设机构［办公室（法规股）、财务预算股、住房改革和发展股、综合业务股］，下设9个事业单位（房屋管所、城乡建设管理站、城乡规划管理站、建筑工程质量监督站、建设工程安全监督站、建筑设计室、城镇管理综合执法大队、市政设施和园林绿化管理站、环境卫生管理所）。设局长1名、副局长2名、纪检组长1名。2013年4月为加大县城规划区内违法占地和违章建筑的执法力度，根据相关文件精神，经县委常委会议研究同意组建三都水族自治县城乡规划建设管理综合执法大队，隶属三都水族自治县住房和城乡建设局下属副科级事业单位。2013年12月底，三都水族自治县住房和城乡建设局共有职工104人，行政19人，事业76人，临聘人员9人，其中中级职称6人。

第二节　县城规划

一、县城总体规划

1958年11月25日，首次成立三都水族自治县规划委员会，抽调部分干部专门抓县城规划，并委托黔南州城市规划委员会绘制了三合镇详细建设规划蓝图。1984年6月至1985年进行第二次规划，编制了三合镇1985年至2000年总体规划，经县人大常委会第八届六次会议审定，报黔南州人民政府审核批准实施。1995年6月委托黔南州规划设计室编制《三都水族自治县县城总体规划》，1997年10月贵州省人民政府审核批准实施，县城建设项目按总体规划进行逐步调整和完善。

随着县城建设速度加快，原有规划不适应县城开发建设需要，县建设局邀请县委、县人大、县政府、县政协领导和县城区人大代表、政协委员、县直机关相关单位负责人等视察县城规划执行情况，提出意见和建议。2007年委托黔南州规划设计室编制《三都水族自治县县城总体规划

（2007—2025 年）》，2009 年 8 月通过专家评审。县城总体规划期限为 19 年（2007—2025 年）。着重解决与人民生活密切相关的公共建筑和各项基础设施，将县城建设成为一个以水族文化为支撑的可持续发展的旅游服务城市，实现“中国水族文化之都”。规划主要包括：（1）县城性质和人口规划。县城性质为全县政治、经济、文化中心，是中国水族文化之都，是以发展旅游业为主的山水生态城市。县城人口规模：近期（2015 年）6 万人，远期（2025 年）9 万人。（2）用地规模、城区规划范围为：东至打孟沟，西到麻瓢寨，南抵下旺寨，北达苗龙场，南北长约 13.1 千米，东西约 5.7 千米，总面积为 29.66 平方千米；总用地 768.8 公顷。（3）总体布局，以都柳江为分隔线和主伸展轴，以省道 206 线为辅伸展轴，采取组团式布局、分片区发展的原则，在规划期内形成“一城六片”布局结构，即：老城片区、懂坪—龙嘴角片区、麻光—三郎片区、牛场片区、猴场片区、苗龙片区。（4）专业规划。专业规划包括公共服务设施、绿化系统、道路交通、市政工程设施等，均作出详尽规划。

2013 年，启动了《三都水族自治县县城总体规划》修编工作。

二、县城近期建设规划

2006 年 11 月，县建设局委托黔南州城乡规划设计研究院编制完成《三都水族自治县县城近期建设规划（2006—2010 年）》。2007 年 1 月，黔南州城市规划管理委员会与县人民政府在都匀主持召开《三都水族自治县县城近期建设规划（2006—2010 年）》专家评审会，认为“县城近期规划”基本符合国家规定，符合三都实际情况，原则同意通过。黔南州城乡规划设计研究院根据评审专家提出的意见进行完善。内容包括近期规划目标、近期建设项目计划、近期旅游建设规划与文物古迹保护、城市生态环境建设、近期建设规划政策措施。

县城近期建设规划范围面积 29.66 平方千米，通过实施旧城改造，提升县城形象。2010 年规划区范围内规划人口 5 万人。城市建设用地控制在 3.77 平方千米。

近期建设规划重点目标：（1）依托老城区，开发建设麻光—三郎片区，有效疏散老城区人口；（2）对老城区用地进行调整，逐步完善路网；（3）加强基础设施建设，包括市政设施和社会设施的建设；（4）加强城市环境的改善和治理，重点增强绿地指标。近期重点建设区域：中南片区、老城片区。近期主要发展方向：以改造老城区为中心，向城南北三郎、猴场新区发展，重点是城南新区和老城北区。

三、县城详细规划

1998 年，贵州省规划院编制了三都区域地段控制性规划、县规划室对城东小区编制 7 小区规划；2000 年，规划室编制凤凰园广场详细规划、凤凰小区控制性详规、烈士陵园规划、龙嘴角片区控制性详规、麻光片区详规、原县人武部片区详规；2001 年，完成三都民中片区规划；2002 年，完成县四大班子搬迁规划；2004 年，完成西南地区赛马城片区规划；2005 年完成县委、县政府大院片区规划；2009 年至 2011 年完成了县城老城片区、中南片区及猴场片区的控制性详细规划编制及评审工作，完成了县城修建性详细规划（风貌规划设计）编制并通过终期评审，完成了县城城市路网规划编制。2012—2013 年，启动县城北出口及猴场片区的控制性详细规划和三郎片区的控制性详细规划城市设计。

第三节　乡镇及村规划

一、乡镇建设规划

1985年，县政府部署集镇规划工作，当年5月完成了三合镇总体规划编制，1992年完成了大河镇总体规划和九阡镇总体规划的编制，1993年完成了都江镇总体规划，1998年完成了丰乐镇总体规划。

2000年3月，县委、县政府为贯彻落实中共十五届三中全会关于“发展小城镇建设，是带动农村经济和社会发展的一个大战略”精神，发布《关于加快小城镇建设的决定》，明确以县城为中心，省、县交通干道为纽带，建制镇为依托，周边乡镇为连接点，以小康村和专业村为基础，逐步形成相互联系的城镇。至2013年12月，完成了大河、普安、丰乐、合江、都江、中和、廷牌、周覃、九阡、打鱼、坝街、巫不、水龙、塘州、三洞、交梨、羊福、拉揽、恒丰、扬拱等20个乡镇的总体规划编制并通过县城规委评审；完成了大河、普安、丰乐、合江、都江、中和、廷牌、周覃、九阡等9个建制镇控制性详细规划编制。

二、村庄整治规划

2006年，县委、县政府印发《关于推进社会主义新农村建设的实施意见》，提出2006年至2007年，重点完成总体规划和选点示范，责成县建设局开始对试点的新村编制村庄整治规划，全面启动社会主义新农村建设的各项工作。2007年年底，编制完成九阡镇水各村、都江镇怎雷村、三合镇姑挂村姑鲁寨等《村庄整治规划》及修建性详细规划。规划包括村庄整治规划结构、整治规划重点、村庄公共设施建设等。设计绘制《水族民居建筑图》，规划新村主要发展民族特色的饮食服务点和旅游业及农副产品收购、加工、销售等项目。2011年，完成了怎雷国家历史文化名村保护规划以及三合镇苗龙村、下排正村、牛场村一、二、六组、打鱼乡河坝村、盖赖村、来术村、坝街乡高坪村、坝街村、羊瓮村、大河镇龙场村、巫不乡高尧村、交梨乡前进村、永合村、阳冬村、高平村、梁家沟村、塘州乡塘州村、中化村、丁寨村、普安镇光华村、总奖村、鸡照村等22个村的村庄整治规划。2012年，完成了三合镇中乐村、中纳村、牛场村巴茅寨、三洞乡水根村、达便村、下街村、中和镇庙良村、丰乐镇交然村、敖寨村、合江镇胜利村等10个村的村庄整治规划。2013年，启动编制坝街乡坝辉村、拉揽乡排烧村、都江镇怎雷村等传统村落保护与发展规划。

第四节　规划管理

1984年，成立县城乡建设环境保护局，1985年组建规划设计室，规划管理逐步加强。2005年3月12日，三都水族自治县第十三届人民代表大会第三次会议通过《三都水族自治县城镇管理条例》，并于2005年5月27日通过贵州省第十届人民代表大会常务委员会第十五次会议批准，规定严格项目审批，制止违章建筑。1985年，县城总体规划实施后，明确管理机构，城镇建设按规划实行项目审批，开展建筑管理和用地管理。

1989年颁布实施《中华人民共和国城市规划法》和2007年颁布实施《中华人民共和国城乡规划法》以来，县城市建设严格项目报建审批手续。全县规划内土地利用与建筑工程管理实行许可制度，对施工过程进行跟踪管理和监察。县城建局、县国土局、三合镇政府及有关部门配合进行规划控制，坚持土地先规划，后审批。对无投资计划、无土地征用手续、选址不符合规划。不办理准建证和施工许可证。坚持“规划一张图，审批一支笔”原则和“统一规划，合理布局，综合开发，配套建设”方针。

同时，县人民政府建立城乡规划管理委员会，对凡不符合规划的项目一律不予审批建设，维护规划严肃性，禁止任何单位和个人擅自改变已经审批的规划；建立健全领导干部违反规划责任追究制度，保证规划的严肃性和连续性，强化城镇规划执法效力。小城镇建设质量、档次和品位得到提升。

第五节　县城建设

1957 年，三都水族自治县成立时，县城区面积仅 0.3 平方千米。县城建设由于历史原因，受到各方面的制约，直至 1992 年，县城面貌变化甚小。

1993 年，始开发下坝小区（城东开发区），县城建设步伐加快。至 2013 年，县城建设分别向下坝小区、麻光、三郎、北出口扩展。按县城建设总体规划和近期规划，配套进行公共设施、园林绿化、商业服务及片区开发建设，县城功能得到增强。

1994 年至 2008 年，主要对老城区的老电影院、老武装部、老民族中学、老二中、老工商银行等地进行了旧城改造。完成了建设路、中山路、商贸路、中华路的改造。开发建成了凤凰商住小区、帝都广场商住小区、水乡公寓等。建成了教师公寓、四大办职工宿舍楼、工商局大楼、法院办公楼、检察院办公楼、文体广电大楼、龙嘴角大桥等。县城区向下坝小区（原开发区）扩展，完成了县城区改河道，砌筑河堤，治理都柳江河和巫烂沟。相继建成了建设东路、都江路、深圳路、环城东路、振兴路、团结路、河滨东路、同心桥、凤凰广场、综合市场等。建成建行、国土局、国税大楼、地税大楼、供电大楼、人事局大楼、信用社大楼、财政大楼、农行、烟草大楼、汽车站等。

2008 年至 2013 年，县城区向北出口、麻光新区、三郎片区、猴场片区扩展。县人民政府以招标、拍卖出让土地方式对麻光、北出口进行开发，实施三郎城镇综合体项目。相继建成北出口迎宾大道、麻光片区主干道、区间道。进一步改造都柳江，建成都柳江大桥，砌筑防洪堤。建有客运站、三合镇行政办公大楼，西部赛马城、民俗村、福丰假日大酒店、商住楼等。

县城区主要路桥及广场概况一览表（至 2013 年）

表 8-9

名称	起止地点	走向
建设路	汽车站至水利局办公楼	东西
中山路	职教中心至环城北路加油站	南北
商贸路	金谷帝都至林业局办公楼	南北
民族路	民政局至公共值班室	南北
县府路	汽车站至公安局办公楼	东西
都江路	金秋宾馆至码头	南北
深圳路	汽车站至河滨东路	南北
环城东路	金秋宾馆至龙王苗	东北
河滨路	同心桥至龙嘴角大桥	东西
文化路	龙嘴角大桥至民族村	南北

续表8-9

名称	起止地点	走向
河滨南路	赛马城至中纤板厂	东西
团结路	综合市场东门至环城东路	东西
振兴路	邮政局新办公楼至鹏城小学	东西
光明路	河滨路至万家灯火门口	南北
北出口迎宾大道	城北加油站至大塘村	南北
三都大桥	—	南北
都柳江大桥	—	南北
龙嘴角大桥	—	南北
麻光大桥	—	东西
同心桥	—	南北
凤凰广场	—	—
三都大桥广场	—	—

一、城区道路

1978 年至 1987 年，县城有建设路、中山路、商贸路、县府路等几条主干道。1988 年至 2013 年，县城建设步伐加快，新建改造一批街道和街巷。2013 年，共有主干道 15 条，总长 12000 余米；街巷 15 条，总长 2000 余米。

建设东路　汽车站至新华书店办公楼，长 606 米。车行道路面净宽 14 米，两侧人行道各 7 米，两侧绿化带各 3 米。道路为水泥路面，两侧人行道为青石地板。建设东路是县城的干道。

建设西路　新华书店至水利局办公楼，长 910 米。车行道路面净宽 11 米，两侧人行道各 6 米，两侧绿化带各 1.5 米。道路为水泥路面，两侧人行道为青石地板。建设西路是县城的支道。

中山路　县民族职业教育中心至环城北路加油站，长 946 米。车行道路宽 11 米，两侧青石地板人行道各 6 米，水泥路面。

商贸路　金谷帝都至林业局办公楼。长 250 米，车行道路宽 8 米，两侧青石地板人行道各 2.5 米，水泥路面。

民族路　民政局至公共值班室。长 225 米，车行道路宽 9 米，两侧青石地板人行道各 3 米，水泥路面。

县府路　县府路东段（汽车站至公安局办公楼），长 520 米，车行道路宽 9 米，两侧青石地板人行道各 4.5 米，水泥路面。截至 2013 年年底，县府路西段（县公安局至水利局）仍在建设中。

都江路　金秋宾馆至码头。长 527 米，宽 28 米，水泥路面，两侧人行道各宽 7 米，两侧绿化带各宽 2 米，两侧人行道为青石地板。建设东路是县城的干道。

深圳路　建设东路至河滨路，长 352 米，宽 28 米，两侧人行道各宽 7 米，两侧绿化带各宽 2 米，两侧人行道为青石地板。水泥路面，建设东路是县城的干道。

环城东路　城北加油站至龙王庙。长 1520 米，宽 24 米，水泥路面，两侧人行道为青石地板各宽 6 米，两侧种有绿化树。

河滨路　同心桥至龙嘴角大桥。长 1600 米，车行道 10 米，水泥路面。两侧人行道为青石地板，位于都柳江边的人行道建设凉亭、休息长廊，种植柳树、榕树。其中三都大桥至水利局路段 600 米，2008 年通过 BT 模式进行开发建设，此条街为“中国水族文化旅游城市”的核心区，全方位展示三都民族文化及民族风情，集旅游观光、休闲度假、商务购物为一体，具备吃、住、行、购、娱、游六大旅游功能要素。

文化路　龙嘴角大桥至民族村。长300米，宽20米，水泥路面，两侧人行均为青石地板宽5.5米。两边建筑物均按民族特色风格建设。

河滨南路　赛马城至中纤板厂。长2200米，路面净宽8米，水泥路面，位于都柳江边种有柳树、榕树，配安装有休息椅。

团结路　综合市场东门至环城东路。长510米，宽15米，水泥路面。

振兴路　邮政局新办公楼至鹏城小学。长390米，宽15米，水泥路面。

光明路　河滨路至万家灯火门口。长365米，宽15米，水泥路面。

北出口迎宾大道　城北加油站至大塘村。长800米，宽20米，水泥路面，两侧人行道为青石地板，两侧种有绿化树。2008年，县委、县政府该大道进行改造，改造后，长880米，宽20米，沥青路面，两侧人行道为青石地板。两侧建筑物为安置房，主要经营汽车修理。

二、城区桥梁

1979年，都柳江县城段仅有三都大桥一座。2002年至2013年，建桥梁4座，跨都柳江。

三都大桥　位于中山路，拱形公路桥，桥长207米，宽11.5米（含两侧人行道各2.25米），1979年建成。

龙嘴角大桥　位于文化路，钢筋混凝土公路桥，长175米，宽12米（含两侧人行道各1.5米），2002年建成。

麻光大桥　位于麻光新区，钢筋混凝土公路桥，长190米，宽12米（含两侧人行道各1.5米），2007年建成。

同心桥　位于河滨东路，连接河滨南路，钢筋混凝土人行桥，长140米，宽5米，2003年建成。

都柳江大桥　位于河滨东路，钢筋混凝土公路桥，人行、车行两用桥。长152米，桥面宽度为13米，其中，双车道共宽8米，左右人行道各宽2.5米，与三都大桥相距520米，与同心桥相距320米。2013年年底建成。

三、主要公共设施建设

凤凰广场　位于金秋宾馆对面，环城东路与都江路交会处。总面积约2000平方米，建有凤凰标志建筑、演出舞台、观众观看台，巫烂沟上建行桥，观看台后植有柏树林，夏天有人在此乘凉，广场可作为市民休闲和中老年人健身场所。2000年建成。

三都大桥广场　位于撮箕口，中山路与河滨路交会处。总面积6000平方米。2013年始建。

三都客车站　位于建设东路，东面与北面分别与县府路和环城东路相邻，总投入210万元。占地面积约3500平方米。其中，候车室约300平方米，公厕40平方米，停车场2000多平方米。1998年建成。

三都民族中学　2003年从现在的县行政中心大楼搬迁至赛马城东侧，分别设教学区、学生生活区、职工住宅区。教学区建砖混结构教学楼、办公楼、电教楼各1幢，均有外装饰。设实验室、语音室、多媒体教室、微机室、图书室等。建学生宿舍楼3幢。

县职业教育中心　建砖混结构学生宿舍楼2幢。实验楼1幢，教学楼1栋。学生食堂1栋及其他附属设施。设有微机室、多媒体教室、图书室、化学、生物、物理、电子等实验室。

县第二中学　对原有的二中进行改造，将三都民族师范学校与第二中学整合，重新命名为三都水族自治县高级中学。新建教学楼1幢，学生宿舍楼1栋。设有多媒体教室、计算机教室、图书室以及化学、物理、生物实验室，远程教育信息站。

鹏城学校　在深圳的大力帮扶下，在深圳路东侧新建鹏城希望学校，设有初中部、小学部。新建教学学校、学生宿舍楼、教职工宿舍楼、学生食堂等。设生物、物理、化学实验室、计算机教室、音乐教室、语音室、图书室。

城关小学　新建教学楼 1 栋，均内外装修。有计算机教室、图书室等。

县鹏城医院　1995 年，在深圳帮扶下，从现在的县检察院搬迁至河滨东路，占地约 5000 平方米，建有门诊大楼、住院大楼、中医院大楼等。

县行政中心办公楼　2008 年拆除原“县四大办”办公楼，在老民中校址兴建县行政中心办公大楼。占地面积约 4000 平方米。

三合党政办公楼　位于麻光新区，砖混结构，占地面积约 1000 平方米，三合镇党政机单位全部入驻大楼办公。

三都人民大会堂　位于建设西路，框架结构，占地面积约 2100 平方米，县文体广电局、县电视台入驻办公，全县各种大型会议及演出活动都在大会堂里举办。

凤凰山公园　凤凰山公园位于县城都柳江南岸，占地约 10.8 公顷，由四座小山相连而成，公园与县城一衣带水、隔江相望。一期工程实施完成了凤凰塔、两座景观亭、休息长廊、旅游步道和园内绿化。凤凰公园集现代园林与传统造园为一体，园内各项基础设施在设计上采用了水族文化元素加以体现，展示独特的水族历史文化和水乡风情。2010 年建成一期工程。

凤凰山公园凉亭

西部赛马城　位于文化路，占地面积约 60000 平方米，每年都有省、州、县在此举办大型的赛马、斗牛比赛。2010 年建成西部赛马城休闲广场工程，占地面积约 3 万平方米。其中健身休闲场地约 835 平方米、绿化场地约 6000 平方米、人行道面积 3415 平方米。同时，配备了篮球场、网球场、门球场以及单杠、双杠等健身器材。广场基础设施都体现了民族特色，使广场四周充满浓郁的民族文化气息，让人体验到一种高雅的品位，从而成为全县人民放松身心的精神憩园。

水利大楼　位于建设西路，框架结构，占地面积约 300 平方米，是 2010 年以前全县唯一的高层建筑，也是三都水族自治县的标志性建筑之一。

四、旧城改造

城市建设的发展加快，城市房屋拆迁改造不断增多。三都根据《国务院拆迁条例》和《贵州省拆迁办法》以及相关文件，严禁未经许可擅自拆迁或不具备拆迁资格的单位或个人进行拆迁工作。严格拆迁许可证核发制度，监督拆迁当事人核发拆迁解体时，由政府行文，制定拆迁方案及补偿标准等，由有资质的拆迁公司进行拆迁工作。

三都属国家级贫困县，没有足够的资金改造旧城，在城市发展上只能从新区发展，在旧城改造上只能利用个别单位建设不定期改变旧城。从 2000 年起，利用“资本置换”对县政府招待所片区、原大操场南侧等进行了改造。同时，建立了城区地价体系和土地有偿使用制度，根据《中华人民共和国土地管理法》《中华人民共和国城市房地产管理法》和《城镇国有土地使用权出让和转让暂行条例》的规定，依照《城镇土地估价规定》，结合三都实际情况，完成了县城老城区基地评估。将城区土地分三类，一类地基准价为650元/平方米，二类地基准价为450元/平方米，三类地基准价为300元/平方米。基准价的建立，对三都地产市场起到了很好的引导作用。按照县城总体规划要求，2011年至2012年完成县城水族风情街老大桥两侧房屋改造工程，拆迁住户278户，总拆迁面积约为51807平方米，其中，土地面积约为19283平方米，房屋面积约为32524平方米，通过采取划地、货币、就地就近等方式对征收拆迁户进行安置。

2013年完成县城老城区（县府西路）棚户区房屋征收拆迁工作，拆迁住户418户，总拆迁面积约为56903平方米，其中，土地面积约为15719平方米，建筑面积约为41184平方米。

第六节　乡镇及村建设

一、乡镇建设

1997年以前，全县各乡镇建设速度缓慢。从1999年起，乡镇公私房屋、街道、供水供电、通信等设施有较大发展，乡镇集镇区域不断扩大。县财政及多方拨付专款建各乡镇党政办公大楼、公安派出所、财政所等单位办公用房。部分乡镇建成两室一厅带厨带厕职工住房。各乡镇中学、中心完小都修建了教学楼和职工住房。乡镇居民自筹资金，按规划要求以街道两侧为重点区域建起砖混结构房屋，底层设门面。至2013年，房屋鳞次栉比，乡镇集镇区域扩大。

1997年起，各乡镇采取多方面筹集资金对主要街道进行整修，局部狭长地段拓宽，延伸道路；条件较好的乡镇在对街道改造时，路灯、排水等设施同时修建；按规划扩大镇区规模，辟新街，将道路、水、电等设施，两侧街道房屋建筑进行综合开发建设，成片建成新街区。

都江镇　是一座历史悠久的古城，通过开发建设，行政、教育、卫生、商贸、居住等建筑鳞次栉比，道路依山而建，尽量降低坡度和拓宽平坦，城镇道路长3千米，硬化面积2.46万平方米，建设钢棚有顶农贸市场。

大河镇　是全省“双百”小城镇建设试点乡镇之一，如今镇内道路、给排水、供电、通信等基础设施基本完善，镇区人口迅速增加。大河镇居住人口较改革开放以前扩大2倍以上，集镇面积也由过去的0.4平方千米扩大到现在的1平方千米，道路长4千米，宽30米，硬化面积6万平方米；各项基础设施齐全，市场贸易繁荣，小城镇规模初步显现。

周覃镇　1996年，周覃镇被列为全省“双百”小城镇建设试点之一，镇党委、镇政府充分抓住机遇，研究制订了《周覃小城镇建设试点实施方案》，并通过州规划设计院编制的《周覃镇2000—2015年总体规划》，利用资本置换投入400万元进行基础设施建设，使集镇道路变长、变宽，符合了规划标准，并按要求开发建设了新城区，在新镇区内建设了一条长1000米、宽20米的世纪大道和4000多平方米的钢棚市场，开辟了2000多平方米的牲畜交易市场，改变了以路为市占道经营的现象。基础设施的改善，吸引了客商进镇购地建房经商办企业，城镇人口迅速增长，集镇面积不断扩大。2012年8月，周覃镇被省委、省政府列为全省100个特色示范小城镇。2013年，完成了《周覃镇总体规划》修编和《周覃镇控制性详细规划》编制及评审工作。周覃镇人民政府对镇域主干道路实施旧路改造、沿路建筑物以布依族为主的民族特色外立面包装工程。该镇制定了《周覃镇关于进一步加快推进小城镇建设实施意见》，把小城镇建设的方向定位为：集城郊农业观光与领略民族风情于一体的特色旅游城镇，人与自然和谐发展的绿色宜居城镇，集居住、工业、商业、旅游服务、交通运输等为一体的综合性城镇，全力打造成“精、美、富、特”示范小城镇。至2013年10月，总投资4000万元的外环路建设已经完成投资500万元，第一期工程区间道路面工程施工已完成，排水沟、消防、给水、路灯管线工程已完成总工程量的60%，正在进行人行道绿化施工。人民休闲广场在原有的基础上进行扩建，项目总投资约20万元，项目改建正在施工中。项目总投资6000万元的周覃镇现代农业观光园，已完成第一期土地整治1000亩，配套建成2000米机耕道和300亩喷灌系统，完成投资1580万元。综合农贸市场改扩建、垃圾填埋场、教师、计生、卫生公租房、敬老院等项目建设也在奋力推进。安徽鼎泰金属化工有限公司落户周覃镇，在周覃镇境内投资建设山地高效现代农业项目。待各个项目全部建成后，周覃将成为一个功能完善、交通便利和民族气息浓郁的美丽新城镇。

九阡镇　位于三都南部，距县城65千米，解放前，这里无常住人家，解放后设置了区级机关单位，才陆续有人迁进入住。通过建设和发展，集镇面积达到0.7平方千米，住户已过千户，人口数千人，机关单位、个体商户、住宅楼林立，道路已基本完成硬化，市场面积宽大，集市贸易十分繁华，城镇各项建设蓬勃发展。

合江镇　建镇前为烂土乡，2001年改镇，是三都西部重要的物资集散地，也是三都重点发展的小城镇之一。改革开放以来，镇党委、政府积极依托区位优势抓经济，借助经济发展小城镇建设，率先通过土地置换筹措建设资金，通过基础设施的改善来带动土地的利用开发，出台相关优惠政策吸引广大农户进镇建房经商，使各项建设蓬勃发展。到2013年，合江集镇面积已扩大到0.8平方千米，人口增加到4000多人，人口和集镇面积较过去都增加一倍以上。道路硬化基础完成，给、排水等设施基本具备，钢棚市场面积宽大。每天往来客商络绎不绝，地方土特产品、早熟蔬菜等交易频繁，到处呈现一派欣欣向荣的景象。

丰乐镇　建镇前为丰乐乡，2001年改为镇。改革开放以来，当地党委、政府积极筹措建设资金，借助撤乡建镇机遇开发交同片区，对行政办公单位进行搬迁建设。到2013年，完成了平安路、兴丰大道、教师街、农贸市场、汽车站等设施建设，交同新区道路、供水、供电、排水、通信等设施基本完善，道路两侧建筑林立，镇区建成面积和居住人口比过去扩大一倍以上。

普安镇　普安镇旧称普屯，为著名的普安土舍，后称普安至今，是三都较大的乡镇之一。该镇人口密集，集镇建设发展较快，现镇区内机关、学校、卫生、商贸、市场、居民住宅等建筑林立，各项设施基本具备，镇区人口发展到4000多人，镇区面积扩大到0.7平方千米，市场贸易十分繁荣。

中和镇　1971年区政府由水龙迁入后改为中和区，撤乡并镇后改为中和镇。中和镇由于地处县内水族聚居区的交通中心，交通车辆和往来客商较多，赶场天人流量达万人，市场贸易繁荣，经济发展较快，城镇建设发展迅速。区政府迁入初期，这里仅有十来户人家，到2013年已发展到住户数百户，机关单位、学校、卫生、商贸、居住等建筑林立，建筑面积达10万平方米以上，人口3000多人，镇区面积扩大到0.8平方千米，交易市场宽大，每逢赶场天，各地商人涌入，当地土特产品等交易频繁，呈现一派欣欣向荣的景象。

廷牌镇　建镇前为廷牌乡，2001年改为镇，是县内重要的边贸集镇，是三都南下出海的必经之路。1995年前，过去廷牌镇区只是有几十户人家的小村寨，通过加大城镇建设步伐，到2013年，已发展到居民数百户，人口4000多人。周覃至独山和水龙至尧棒油路交叉穿过镇中心，沿街修建的机关、学校、卫生、商贸、住宅等星罗棋布，小城镇各项建设蓬勃发展。

20世纪90年代前，有的乡镇由县电网供电，有的乡镇兴建小电站向集镇供电，枯水季节时常停电。随着县内电力工业的发展，农村电网改造工程的实施，至2003年，全县所有乡镇由国家电网供电照明，居民生活生产用电得到保障。

20世纪90年代中期，多数乡镇饮用井水或河水。一些集镇建供水工程，也有少数集镇利用高水位条件兴建自来水设施，但供水设施简陋，水质较差且供不应求。20世纪90年代后期，各乡镇新建、扩建人饮工程，逐步兴建自来水工程，供人畜饮用。2013年，全县21个乡镇都建成了水厂，有效解决了人畜用水。各乡镇自来水装表到户，按表收费，居民用水得以保障。

随着农村电话网延伸，各乡镇均装程控电话，并接通全国电话网，县移动通信网覆盖全县所有乡镇，不少农民安装了电话、购买了手机，接通了互联网。

县内乡镇一般都有场地作为赶场交易场所，公路沿线乡镇一般沿用公路两侧摆摊设点。随着农村经济的发展和改革的不断深入，集市贸易迅速发展，各乡镇因地制宜，采取措施建设集镇市场。平整市场场地，铺筑水泥地坪或泥结石地坪，沿公路赶场的逐步迁场让路，缓解交通堵塞。部分乡镇兴建农贸市场，搭盖轻质棚盖，砌筑固定摊位，避免日晒雨淋，改变就地摆摊状况。

二、村寨建设

（一）住房

1995年，全县农村人平均住房面积15平方米。1999年后，农村经济发展加快，农民生活水平逐步提高，群众迫切要求改善居住条件，村寨建房热潮兴起，建房规模和发展速度都有很大变化。在交通方便、公路沿线逐渐修建砖混结构楼房，房屋质量明显提高。多数村寨由昔日贫穷落后逐渐形成了农村经济文化综合经营基地。

进入21世纪，农民建房向公路沿线、城镇四周发展。水泥、钢筋、混凝土空心砖、瓦、装饰材料等投向农村市场，农民住宅用房不断上档次、赶潮流。农房设计式样新颖，多为砖混结构和钢筋混凝土结构。不少房屋内外装饰装修，城乡住房差距缩小。2003年，各村多方筹集资金，相继建成村委办公楼。公路主干线两旁，一幢幢美观、别致的水族民居掩映山间、林中。2013年，全县农村人均住房面积23.74平方米。

（二）道路

从20世纪80年代起，逐步兴建乡村公路，改善了村镇、村组间的交通。乡村道路，靠沿线各村组自力更生，投资、投工，实行自建自养自用。道路标准低，勉强可通行，往往晴通雨阻。2003年，全县272个行政村通公路，同时兴建一批村组公路。2006年全县实现村村通公路。

（三）饮水

县内村寨农户历来饮井水、河水。由于水资源分散，雨来水涨，雨停河干，不少村寨每年冬春水井干涸，只能远道取水。为解决饮水困难和安全卫生饮水，县、乡镇政府组织群众寻找水源，拨款帮助改良水质，筑塘蓄水，不少村寨初步改变饮水状况。

进入20世纪90年代中后期，一些经济发展较快且有水资源条件的村寨，开始兴建自来水设施。凡有高位水源的，一般修筑水池，农户自购胶管引水入缸，枯水季节仍远道取水。

（四）新村建设

2006年，启动新农村试点建设。示范带动和新农村建设着重从道路、房屋建筑、公共设施、村容村貌（包括改圈、改厕、改灶、改水、建沼气池、环境卫生、垃圾处理、庭院绿化、院坝及连户路硬化等）进行建设。新建房屋，按《水族民居设计图》建筑。除示范带动和新农村试点外，县政府规定，九阡镇水各村、都江镇怎雷村、恒丰乡塘党村、三合镇巴茅村、姑鲁村、三洞乡水根村、达便村、拉揽乡高寨村等启动新农村建设。

三合镇姑鲁村　姑鲁村列为国家AAA旅游景区，是县委、县政府村庄整治试点之一。将原有住房按不同性质建筑风貌等综合指标分类建设，砖混结构平房加层，将平顶改为坡屋顶；对建筑风貌保留较好、格局较好的房屋，按原有形式修复。村庄公路两侧房屋统一按《水族民居设计图》要求建造，加强村庄绿化建设。到2013年，完成了民俗文化演艺场、接待中心、休闲广场、停车场、公厕、垃圾堆放点等公益设施建设。姑鲁村已成为以农业、养殖业为主导产业并集生态旅游、休闲、观光为一体的地方民族特色新村。

九阡镇水各村　县建设局编制完成水各村村庄整治规划及建设性详细规划，将水各村建设成为集近郊生态旅游、休闲、观光农业为一体的新农村示范点。利用交通方便，丰富的水族文化资源，独特民风民俗优势，着力打造水族卯文化风情园，发展旅游开发。以新规划设计的民族风情文化建筑风格为主线，着重整治村民房屋建筑风格，以及新区民族风情文化街的基础设施和房屋建设，体现地方民族建筑风格。房屋外形整治包括：外墙材质统一、平顶改坡屋顶、门窗统一为木门窗，并上漆，色彩风貌与村庄整体环境协调。

第七节　建筑工程管理

一、建筑队伍

2002 年，对三合镇建筑公司、县建筑公司、县设计工程队和市政工程队进行改组，成立了三都水族自治县城乡建设有限责任公司，批准为三级施工企业。公司下设 6 个工程项目部，有工程技术人员 30 人，其中中级职称 10 人、初级 15 人、技术员 5 人。公司主要承接县内各项工程施工，偶尔也承包县外工程。

由于县境内有资质的建筑企业较少，省、县外一些流动的建筑队伍亦在县内承建工程。同时，乡镇农村泥水工匠不少，其中多数只能限于修建畜圈、厕所、杂房等。也有部分技术能力较强的工匠，能参照正规建筑队伍施工，基本适应农村新式房屋建筑需要。

2013 年，县内共有四家建筑工程公司，分别为三都城乡建设有限责任公司、三都益华建筑有限公司、三都永鑫建筑有限公司、三都千色花建筑工程有限公司，四家公司都是三级施工企业。公司都分别下设 6 个工程项目部。公司主要承接县内各项工程施工，偶尔也承包县外工程。

二、勘测设计

1985 年成立县规划设计室，批准取得了临时证书，承担民用建筑设计及村镇规划设计及规划管理。1990 年，撤销县规划设计室，成立县建筑设计室。主要职责是抓好建筑设计市场管理，对建筑工程进行质量监督，对工程施工进行验收，对预（决）算进行编制和审查，做好工程技术资料归档把关。

1990 年，全省设计执照审查换证，县规划设计室执照由临时证书晋升为丁级资格证书，承担了全县房屋设计和规划设计，并严格按国家现行收费标准下浮一定比例后收取设计费。

1987 年至 2004 年，共设计房屋 400 余项、面积达 324 万平方米。

1992 年，县规划设计室有工程师 2 人、助理工程师 2 人、技术员 2 人。图纸设计均为手工绘图设计。2001 年 7 月，图纸设计开始使用电脑软件绘制。

2001 年，根据上级要求，三层以上建筑物必须进行基础地质勘察。

2001 年开始，按上级业务主管部门的规定：设计图纸，送黔南州建设局图纸审查站审批。未经审批的图纸不得使用。图纸设计严格按建设工程设计程序；建设方取得规划部门核发的建设工程许可证、用地规划许可证、选址通知书，县发改委下达的建设计划以及建设方提供的钻探地质资料等，设计室与建设方设计合同。设计图纸由黔南州建设局审查批准，并取得建设施工许可证，设计室按设计合同发放图纸，参与施工管理人员放线。

随着高层建筑增多，设计人员开拓思想，吸收外地经验，房屋设计在保留传统的基础上，设施和建筑风格有新的突破。建筑结构、装饰水平、内部设施都有很大变化。改进使用功能，提高舒适程度，改进环境质量，充分保证居住和采光。2001 年，设计图纸实现办公自动化，由手工设计改为计算机绘制建筑施工图。2002 年后，房屋设计逐步向结构新颖、造型美观、装饰豪华方向发展。2008 年全省设计单位资质业务范围下调，2009 年起由局支持做资质升丙级材料，至 2013 年年底资质升丙级材料不齐，升级未成功，丁级资质年检资料不齐，设计室失去设计丁级资质。没有资质的设计室通过与有资质的设计单位合作进行工程设计。设计图纸由黔南州建设局审查批准，并取得建设施工许可证，设计室按设计合同发放图纸，参与施工管理人员放线、验收等。

建筑设计室自成立以来，在一直缺乏专业技术人员的情况下，给全县的规划、设计提供了便利的专业技术服务，进行水族风格建筑的研究。技术服务对象涉及全县各乡镇、各企事业单位及人民群众等。设计涉及项目含办公建筑、宿舍建筑、教学楼、住宅建筑、食堂、厕所、技术咨询、工程预算等。

三、招标投标

2009 年前，成立三都水族自治县招投标工作领导小组，组长为分管建设的副县长，成员为县政府办、建设局、工商局、监察局、发改局等单位负责人。领导小组下设建设工程招投标办公室，办公室设在县发改局，办公室主任由县发改局局长担任，办公室副主任由县建设局副局长担任。同时要求，全县范围内建设工程投资额达 30 万元以上必须进行招投标。

2009 年至 2013 年，三都水族自治县招投标工作领导小组办公室设在建设局（住建局）。为维护建筑市场秩序，制止不正当竞争，防止建设工程中索贿受贿行为腐败现象发生，县政府根据《贵州省建设工程招标投标管理条例》，下文明确规定，对县内新建、改建、扩建、技术改造、建筑装饰装修工程，相关单位必须按有关程序到县招标办公室报备，对投标方严格实行资质审查，坚持公开、公正、平等竞争、择优定标原则，把好标底关、评标关、合同关。同时，要求相关部门建立和完善招标投标管理制度，纠正与招标备案相抵触的审查审批手续。认真执行工程报建备案、招标方式备案、招标人自行招标备案、招标投标情况书报签备案、中标公示及通知书备案制度。

四、工程监督管理

（一）质量监督

1985 年，建立县质监站后，对县内各项建设，从图纸设计、基础开挖、竣工、验收，逐项进行质量监察，实行质量管理责任制。质监人员会同施工单位质监员，严格执行“三不准”（基础验收不合格不准进行上部结构施工；主体结构质量不合格不准进行装饰；竣工验收不合格不准交付使用）原则。多次举办建筑质检人员培训班，坚持质监人员持证上岗，建筑工程质量提高。

20 世纪 90 年代，城建局按县《建筑工程质量监督暂行规定》和上级有关规定进行建筑工程质量监督。2000 年，按建设部《工程建设强制性条文》和《贵州省实施工程建设强制性标准监督管理办法》对直接涉及工程质量、安全、卫生及环境保护方面和工程建设执行强制性标准的监督管理。对在建工程，每月组织质监人员进行普查，对结构重点和关键部位随时抽查，发现隐患及时纠正。2001 年，贯彻执行建设部发布的《房屋建筑工程和市政设施基础工程竣工验收备案管理暂行办法》和《贵州省建设工程竣工验收备案管理实施细则》，新开工的工程实行竣工验收备案制。

2007 年开始，按《建筑节能工程施工质量验收规范》进行质量监督，发现未按审批的施工设计文件进行施工的或建筑节能分部工程验收不合格的，责令改正。

2008 年严格执行建筑主要材料进场复验，发现未符合规范要求则严禁使用。

2009 年进行质量监督巡查，发现施工单位未按照工程建设强制性条文的，立即整改。

2010 年工程进行验收时，质量证明资料、分部分项工程、隐蔽记录等必须齐全。

2011 年要求各单位责任主体进行事前控制，保证质量达到规范要求。

2012 年联合各相关单位进行质量联合大检查，让质量事故防患于未然。

至 2013 年所监督的中国西部赛马城、县行政中心、县四大办经济适用房、水各民族旅游接待中心、姑鲁 AAA 风景区广场及游客接待中心、凤凰山公园、三都天利・滨江苑、金海豪苑等工程获州级样板工地。

（二）**安全管理**

2009年成立县建筑安监站，负责建设工程安全管理工作。要求各施工企业建立安全管理制度，每个建设项目须配备持证安全人员。施工企业“三安”（安全网、安全帽、安全绳）齐备，“四口”（楼梯口、电梯口、预留洞口、通道口）作业明确。

2002年，县建设局与各建筑公司签订安全生产责任状，明确“谁施工谁负责、预防为主、分级管理、安全自查、隐患自除、责任自负”的安全责任制。县建设局制定“项目经理、班组长、施工员、安监员、建筑工程安全生产职责”和《重特大安全生产事故应急救援预案》，各建筑公司相应制定应急预案。全年分三个阶段对建设工地实施安全检查。2003年，以强制性标准执行情况和质量改革实施为重点，完善、落实安全生产责任制，形成层层分解、责任到人、横向到边、纵向到底的安全目标网络管理。3月起，建设局对全县建设工地进行拉网式大检查，重点检查“三保”“四口”“五邻边”安全防护设施的落实情况。共检查工地1000个，对100个安全隐患突出的工地开具整改通知书。

2004年，结合法治宣传活动，出动宣传车宣传《中华人民共和国建筑法》《中华人民共和国安全生产法》，发放宣传资料5500余份，制作宣传展板20余块。培训项目经理、安监员83人次。结合“安全生产月”活动，进行4次安全生产大检查。全年下达安全隐患通知书30份，提整改意见75条。

2005年培训项目经理、安全员等300余人次。2006年，开展安全知识培训3次，培训300余人次。2007年，采取安全意识与质量考核相结合、现场管理与目标责任相结合、责任制与奖惩相结合的办法，实施安全管理。2008年集中开展“打非治违”工作。2009年成立三都水族自治县建筑工程安全监督站，招聘高校研究生赵旭出任副站长，专抓安全生产工作。2010年开展建筑工程安全培训2次，开展重点领域专项整治工作。2011年开展日常安全检查30余次，下发整改通知书200多份。2012年贯彻上级“关于推广使用钢管脚手架的通知”文件精神，在全县全面推广4层及以上房屋建筑必须使用钢管脚手架。2013年组织县建筑安监站人员到贵阳参加省级安全监督培训。

五、工程项目执法监察

1996年6月，黔南州建设局要求各县市加大对建设工程项目执法监察工作。为此，三都成立了工程项目执法监察领导小组，下设办公室，设立举报电话和举报箱，并从监察、土管、计委、工商、城建等单位抽调人员充实到办公室。三都工程项目执法监察分阶段实施，第一阶段是开展宣传和思想发动阶段，县人民政府组织召开了全县机关各工作部门负责人会议，对工程项目执法监察进行动员宣传，营造大舆论、大声势工作环境。第二阶段是自查自纠阶段，自查出1996年前竣工项目20个，计3535000平方米，投资131000万元。这些工程中直接发包15个，招投标5个，掌握了全县工程项目的数量和投资规模，以及存在问题。

1997年3月，黔南州建设局又召开工程执法监察会议，开展第三阶段工作：组织建设、施工单位及有关部门认真自查自纠；由有关机构认真进行重点抽查。县监察办公室按40%的抽查面（上级要求按30%抽查）进行抽查，抽查了15个有代表性的项目，从其工程项目的立项决定与报建方面，工程招投标与发包方面，设计与施工方面，工程质量与施工安全方面，工程资金与资金使用管理方面自查是否有违法违纪问题。对查出的问题，按照工程项目执法监察若干问题的意见进行了认定和处理。

按照国家文件主要精神和宗旨，此次进行工程项目执法监察主要针对1995年以前的竣工项目以及1996年在建项目。

六、建筑工程监理

2003年，黔南州建筑工程监理公司三都分公司成立，主要承担以下业务：一是25层以下、30米跨度以下一般工业与民用建筑工程；二是高度200米以下高层建筑工程；三是建筑面积20万平方米以下住宅小区。县人民政府规定：在全县范围内，不分资金来源，投资在50万元以上或建筑面积在1000平方米以上的工程，必须委托工程建设监理。

建筑工程监理员对每个工程的施工工序、建材、预构件、隐蔽工程均进行记录、归档。公司成立以来，共监理工程1000多项，建筑面积150多万平方米，投资50000多万元。

2003—2013年，监理公司共监理137个项目工程，工程总面积约534385.06平方米，工程总投资约为34483.2533万元。

第八节　房地产

一、住房制度改革与住房保障制度

（一）实物分配

在1992年前，职工住房是收取房租，并逐渐提高房租。

1992—1998年，县内推行城镇住房制度改革，主要采取实物分配。

1992年前，职工家庭住房均不足40平方米。1998年职工家庭住房达到70平方米，出售公有住房（旧房）800多套，计10万平方米，售价314元/平方米。集资建房1500户，计18000平方米，职工住房没有补贴。

从1996年起全县推行职工住房公积金制度，开展了公积金缴存工作，缴存比例为单位和职工各交工资5%。随着房改的深入，缴存单位和个人逐渐增加，缴存比例有的增到10%至12%。2000年起，县财政开始将住房公积金纳入财政预算，凡是财政拨款单位的住房公积金，财政给予兑现5%。到2013年，全县所有单位都按规定缴存了住房公积金。

（二）住房分配货币化

从1999年起住房制度改革停止实物分配，住房实行货币化。

2000年，县政府采取多渠道筹措住房资金，加快住房建设速度，逐步实现住房资金的良性循环和住房商品化。促进产业结构调整，发展房地产业。

（三）住房制度改革管理机构

三都水族自治县住房制度改革领导小组办公室于1996年4月29日成立，主要负责全县住房制度改革的组织、实施、协调、指导、检查、监督等工作。人员编制共5人，其中：主任1人、副主任1人、工作人员3人。住房改革和发展股主要工作职责：贯彻落实国家、省、州住房保障政策和国家、省、州关于推进城镇住房制度改革和住房保障的方针、政策、措施；负责廉租住房、公共租赁住房、经济适用住房、城市棚户区改造建设和住房制度改革工作；负责全县保障性住房实施管理工作，做好廉租住房、公共租赁住房、经济适用住房的建设管理以及租赁补贴的核实发放；负责制定相应的保障性住房政策管理措施及保障性住房年度计划；负责对全县低收入住房困难家庭审核认定的准入和退出工作；负责全县保障性住房建设管理、质量安全监督及后续管理工作；会同有关部门搞好廉租住房保障各项资金监督管理；负责做好全县房改房的上市交易工作和经济适用房的产权审批登记工作。

2012年4月，县住房制度改革领导小组办公室整合划入县住房和城乡建设局内设机构，机构名称为：住房改革和发展股，机构领导职数各设正股长1人，副股长1人。住房改革和发展股主要负责贯彻落实国家、省住房保障政策和国家、省、州关于推进城镇住房制度改革和住房保障的方针、政策、措施；负责廉租住房、公共租赁住房、经济适用住房、城市棚户区改造建设和住房制度改革工作；负责农村住房及农村危房改造规划建设工作；组织编制住房保障发展规划和年度计划并监督实施；会同有关部门搞好廉租住房保障各项资金监督管理。

根据《国务院关于解决城市低收入家庭住房困难的若干意见》（国发〔2007〕24号）和《贵州省人民政府贯彻落实国务院关于解决城市低收入家庭住房困难若干意见的实施意见》（黔府发〔2007〕29号）等文件精神，保障对象为全县行政规划区内且符合低收入住房困难家庭。

2008年至2013年，全县共实施保障性住房3123套。中央投资1.26亿元，地方政府投资1.34亿元；新建廉租住房1044套，已分配入住1044套，结合租售并举政策已出售880套，回笼资金3564万元，实物配租164套。解决了全县2596人家庭住房困难问题。新建公共租赁住房1376套，其中：乡镇教师公租房558套，计生卫生公租房454套，已入住350套，有效解决了中等收入家庭住房困难问题，改善了乡镇教师的住宿条件，使得他们在边远的乡村为教育事业安下了心。城市棚户区改造703户，完成拆迁安置补偿0.91亿元，改变了三都老城区脏乱差和配套设施不完善的现象，建立了平安和谐的三都。在保障性住房分配中，三都制定了《保障性住房分配实施细则》，本着公开、公平、公正的原则，优先安排老年人和残疾人家庭居住一楼；其余家庭由县监察局、公证处、民政局、新闻媒体以及社区领导参与进行公开抽签。2013年度，三都城镇保障性安居工程建设项目和管理工作及日常工作情况在全州同行业评比中获全州一等奖。

二、房地产投资开发

随着国民经济的迅速发展，三都房地产业已成为经济发展的支柱产业之一。在1998年以前住房以国家（单位）分房为主，主要是由单位建成后分配，按成本价出让给职工。

1998年10月，组建“房地产开发公司”。主要是以转让土地和商品房相结合的开发方式，建设以商住楼为主，即第一层为商业用房，楼上为住房。2000年，利用“资本置换”对县政府招待所片区进行了改造，修建商品房8689平方米；2001年在原商业局宿舍处和原大会堂处修建商住楼8280平方米，蔬菜公司商住楼5500平方米。神龙房地产公司投资1000万元（在三合镇建设西路凤凰小区）建筑面积13200平方米（五栋）综合楼；贵阳翰宇房地产开发公司在原大操场南侧投资800万元，建15000平方米商住楼；黔南环宇房地产开发公司投资500万元，在三合镇建设东路市场综合楼（A、B栋）建8200平方米商住楼。

在“资本置换”模式的带动下，县政府制定一些优惠政策，神龙房地产公司、环宇房地产公司等到县投资开发。2002年翰宇房地开发公司、恒源房地产开发有限公司也相继在三都进行房地产开发。2006年，安顺市晨发房地产开发公司、三都海纳房地产开发公司等公司在三都组建注册的房地产开发公司进行开发建设，所开发项目销售效果良好。通过开发增大了城市土地和空间的综合利用效率，改变了城市面貌，带动了地方房地产业发展，并激发了本地施工企业意识的转变，开展房地产开发。

在开发建设中，建设主管部门不但注重实施开发项目的管理，同时注意对地方房地产开发企业的培育和发展。

2000年至2005年，县内外开发商在三都开发房屋10多万平方米，大大改善了人们的居住环境。

2002年，县政府作出禁止单位集资建房，解决职工住宅的决定后，政府以“资本置换”方式，提供一系列优惠政策，引进外商在县城区开发建设房屋。至2013年，县境内从事房地产开发项目公司达20家，总建设规模达30多万平方米，房子套数达4000多套，拟建房地产开发项目还有麻光片城区、三朗综合体、植物油厂片区、城北出口迎宾大道等地块，大力推进城镇化建设，主要建设形成三都独有的民族特色建设，不断打造三都民族文化旅游城市，提升城市品位和功能。

县境内开发的房开企业及开发的项目名称（至2013年）

表 8-10

序号	企业名称	开发项目	项目坐落	土地面积（平方米）	建筑面积（平方米）	住房套数
1	福泉神龙房地产开发公司	凤凰小区	建筑西路	6066.0	22711.04	288
2	翰宇房地产开发有限公司	商住综合楼	建筑西路	916.0	5548.02	40
3	国土资源开发有限公司	市场综合楼	建设东路	2065.0	3600	30
4	黔南环宇房地产开发公司	农贸综合楼	建设东路	1726.0	15680	45
5		水乡公寓	中华路	452.0	3262	20
6	三都海纳房地产开发公司	精筑苑1、2号	凤凰路	537.0	4130.9	28
7	黔南恒源房地产开发公司	帝都广场	建设西路	7711.0	40066.44	248
8	黔南环宇房开	金碧佳苑	金康制药厂后	2023	3635.8	36
9	三都永丰房开	永和居	建设西路	570	4180	20
10	黔南天源房开	金谷帝都	县府路	6590	42730	271
11	黔南鸿基伟业房地产开发公司	水岸都市	河滨东路	2500.0	13808.09	102
12	三都永丰房地产开发公司	国资综合楼	建设西路	422.5	2568.36	15
13	三都耀鹏房地产开发公司	金都苑1号	建设西路	855.96	5485.55	30
14	鸿基伟业房开	腾龙世纪	河滨南路	17335	90361.5	650
15	三都永丰房开	建材市场	建设西路	19871	68000	410
16	三都金海房开	金海豪苑	北出口羊角坝原棉纺厂	8140.78	52550.5	504
17	三都天利房地产开发有限公司	天利滨江苑	河滨南路	24400.7	27000	141
18	贵州百淼置业	水澜山	河滨西路	17084.5	20000	101
19	贵州达安房地产开发有限公司	麻光达安	麻光	1456	17000	140
20	贵州华州国际实业有限公司	县府西路改造	县府西路	27194.41	170000	1420
21	贵州宏开房开	新区绿苑	麻光新区	1031.22	7001.4	54

三、房地产管理

三都房地产交易与权属管理工作始于1990年，开展的主要工作为房地产工作监督与管理，发放房屋所有权证。

主要开展业务为：房地产交易管理和服务、房地产权属登记与发证、房地产抵押登记及注销登记、商品房预售审批、房地产产籍档案整理保管、在建工程抵押审核与登记、房地产开发企业资质审核与申报、对县辖区内房地产市场及房地产中介监督与管理。2013年，房地产交易与权属登记工作已规范化管理，拥有档案3万多宗。

第九节 公用事业管理

随着县城城区面积的不断扩大，县城常住人口的增多，20世纪90年代初，县城环境卫生、绿化、市政等由各部门综合管理逐步集中到建设局管理。2006年11月1日成立三都水族自治县城镇公用事业管理局（正科级单位），配备领导班子人员，干部职工从原县建设局下属城管大队和环境卫生管理所及相关站、室划转共35人。2007年4月，县委、县人民政府配齐了三都水族自治城镇公用事业管理局领导班子，5月，局下属队、所、站、室负责人通过竞争上岗正式开展工作。到2012年3月，全局共有干部职工60人。单位内设置局办公室1个，事业单位5个。主要职能是：贯彻执行国家、省、州关于城镇公用事业工作的路线、方针、政策和法规，推进全县各项城镇管理制度的改革；负责建设、管理城镇公用设施，维护城区道路、环境卫生、园林绿化、市政基础设施和组织实施；承担县人民政府“关于进一步加强城镇管理的通告”以及创建卫生文明县城和“整脏治乱”及城内秩序监督的管理职能。

2012年4月不再保留县城镇公用事业管理局，组建县住房和城乡建设局。2012年10月根据工作需要，保留县城镇公用事业管理局。到2013年12月，全局共有干部职工43人。单位内设置办公室1个（股级），管理的下属事业单位3个。主要职能是：贯彻执行国家、省、州关于城镇公用事业工作的路线、方针、政策和法规，推进全县各项城镇管理制度的改革；负责县城区道路、桥梁、给排水、污水处理及其配套管网、环卫设施、城市燃气（2013年11月划归三都水族自治县住房和城乡建设局管理）等市政公用设施和公共用地建设的维护及运营管理工作；负责县城区城市市容市貌和环境卫生监督管理工作；负责城市建设档案的收集、管理和开发利用；协助县林业部门做好城区园林绿化和管理工作；负责建设、管理城镇生产和居民生活服务的各种公用设施，对城镇市政设施、城镇道路、桥梁、排水、路灯照明、市容、环卫、垃圾处理、违法违章进行执法监察；指导城市市容环境综合治理工作；负责城市管理综合执法工作；负责指导各乡镇所在地公用事业的建设和管理；承担县人民政府关于加强城镇管理以及创建卫生文明县城市和“整脏治乱”有关规定的市容市貌、环境卫生、秩序的监督管理职责。

一、环卫绿化管理

1978年以来，县城街道卫生状况逐渐好转，绿化面积不断增大。县城区内街道清扫、道路、广场等公共区域的卫生清扫保洁、垃圾收集清运工作步入正轨。县城各个路段实行定员、定岗、定责，为确保环卫一线清扫工人队伍的稳定，从2006年起逐步提高环卫一线清扫工人的工资比例，从2006年的250元提高到2010年的850元，并为一线清扫工人办理工伤保险、养老保险。每年投入0.5万元为环卫一线清扫工人购置新型环卫安全标志服等。2006年配备洒水车1辆，2010年投入50万元购置一辆道路吸尘车，每周一、三、五对县城主街道进行吸尘工作。县城城市规模不断扩展，道路清扫和保洁范围随之扩大，由2006年日清扫保洁面积32万平方米增至2010年的42万平方米，县城区分为四个社区负责。2006年人均清扫保洁面积1042平方米，2010年人均清扫保洁面积达2700平方米。每天上、中、下午各清扫一次，上午为5时至8时，中午为11时至14时、下午为6时至8时，从2007年起到2010年县城每天产生的各类生活垃圾由80余吨增加到110余吨。2006年11月到2010年共清运各种生活垃圾181万吨。从组建三都水族自治县城镇公用事业管理局环境卫生管理所来共投入环境卫生设施（垃圾转运斗、垃圾清扫手推车、垃圾清运车、道路吸尘车、清扫工具）经费约150万元。重大节假日则全天保洁。2011年对县城区的垃圾做到及时清扫、清运、保洁工作，每天实行三班倒清扫，每月冲洗街道六次。全年清运城区生活垃圾30600余吨；

加强路段的清扫保洁巡查，发现问题及时整改，确保路面干净整洁，县城环境卫生清扫保洁共投入114万余元（含一线工人工资、养老保险、工伤保险、临时性任务突击雇工、清扫工具购置、车油费）。2012年为增加县城垃圾的清运工作，投入35万元购置2部小型垃圾清运车和20个密封式垃圾清运箱。到2013年提高环卫一线清扫工人的工资比例，从2010年的850元提高到2013年的1000元，并为一线清扫工人办理工伤保险、养老保险，并投入0.6万元为环卫一线清扫工人购置新型环卫安全标志服等。2013年投入19万元增加一线清扫作业手推车100余辆、垃圾转运斗20个；清扫保洁作业：加强对一线工人及“4050”人员的管理，全年实行每天三次清扫保洁制度，严格巡查纪律，强化工作职责，发现问题及时处理，杜绝卫生死角、盲点脏乱现象发生；城市生活垃圾的清运：全年县城清运生活垃圾1.8万余车次，合计清运生活垃圾3万余吨；随着县城建设发展不断加快，为切实做好市容环境卫生清扫保洁工作，结合三都实际情况将县城建设路（主大街）环境卫生清扫保洁工作实行市场化管理，从7月1日起承包给迅捷物业公司管理，总面积约为4.1万平方米，投入承包经费78万元，目前管理状态良好，基本达到承包目的。

废弃物处理 县城生活废弃物主要有生活垃圾。居民处理生活垃圾，一般是集中堆放，由清洁工定时清运，个别居民将垃圾乱倾倒，形成蚊蝇滋生地及恶臭源，影响市容卫生。为解决垃圾乱倒现象，2006年以来，增设垃圾斗投放点8个，投入经费26万元。逐年添置专用垃圾运输机动车辆，提高工效，降低环卫工人劳动强度，当天的垃圾基本能清运完毕。机械车辆不能进入的小街小巷先由人力车收集至固定地点，再由专用汽车装运至垃圾处理场。

果皮箱 在没有组建三都水族自治县城镇公用事业管理局前，由于县财政困难，加之城市基础设施功能不完善，城区只在主要街道设置168个果皮箱，有水泥制、铁皮制的。2006年11月，县城区主要街道设置的果皮箱逐步改为不锈钢造型的果皮箱，通过近5年县城区规范道路不断扩大增加，到2010年年底全县城区主要街道（建设路、中山路、都江路、深圳路）设果皮箱275个，由各路段一线清扫工人负责清洗果皮箱及清理箱内垃圾。

通过加大卫生查处力度，针对城区存在的垃圾、污水乱倒乱泼及渣土车抛洒的现状，及时成立了环境卫生监察中队，专门负责查处垃圾乱弃和渣土运输中抛洒等问题。多次组织执法人员集中对“门前三包”不到位的店主实施处罚，取得明显效果，为了执法取证，在财力十分紧张的情况下，拿出1.2万多元购买了1台摄像机和2台照相机。至2013年，环境卫生监察中队共计发放环保宣传《通知》12500份，查处违章360多起，对256名当事人进行了经济处罚。

绿化管理 本着“建管并举”的原则，为提高县城绿化管理和养护工作，将工作进行量化、任务落实到人，认真抓好县城绿化带的喷药防治、修剪整形；查处损坏花木事件等工作，保证了绿化带内无乱搭、乱拉、乱挂现象。绿化执法进一步加强，毁绿、占绿事件得到有效制止，绿化市场更趋规范。2007年至2010年共完成了县政府东段到环城路、团结路、振兴路、县行政中心迎宾路等路段的行道树栽植，县城外环路（原县屠宰场）空地、县行政中心片区、中国西部赛马城、城东三角地、城北加油站、宣传文化中心、县城区可视山头裸露岩石等空地绿化，补种树715棵、绿化带栽植各类花木3780平方米，花木存活率、保存率达90%以上，双率都超历史最高水平。县城区人均公共绿地面积由2.7平方米增加到2013年的4平方米，城市绿化覆盖率达到18.8%。

二、市容市貌管理

一个城市的市容市貌直接关系到该城市品位高低。长期以来，县城的管理总是在“整治—反弹—再整治—再反弹”地循环着。三都在争创省级卫生县城和优秀旅游县城等活动中，在财力、物力、人力等方面下了很大功夫，但市容市貌的管理还是不容乐观，效果差。结合实际，市容市貌管理采取“两抓两放”做法，即抓大街、放小巷，重点把主要路段、中心街道管住，次要路段、小街小巷要放活；再次是抓白天、放晚上，白天要严格管理，晚上可放活。特别是白天早中晚的上下班三个高峰时段要严格管理，夜间可在适当路段放活的办法来有序规范好占道行为。这样做可以进一步管好市容市貌，又解决了一些下岗职工、弱势群体、农民进城等就业问题。在提高认识、加强宣传的前提下，本着管而不死、放而不乱的工作原则，尽量安置一些场所或摊位。同时，采取“五个一样”的做法抓好城市管理。即：八小时之内与八小时之外一个样；日常管理与重大活动和节会期间管理一个样；主要路段与非主要路段管理一个样；白天与晚上管理一个样；违章多发地与市容市貌规范路段管理一个样。

城管人员清理乱贴小广告

县城市容市貌管理工作重点是治理乱写、乱贴小广告，管理施工现场，管理渣土沿街撒落，管理临街市场，管理摩托车、单车、马车、面包车等在大街或人行道上的无序停放，管理流动摊点“打游击”等。城管部门采取设立专项整治一条街、规范一条街、巩固一条街，对沿街居民实行“门前三包”，让其与城管部门签订责任状，明确义务和责任，实行围挡管理。通过专项整治美化了市容，消除了安全隐患。

加强文明执法，以服务促管理。对弱势群体的管理，坚持教育为主，处罚为辅，文明执法，以服务促进管理。在县城区肩挑手提、沿街占道的小商贩，大多是弱势群体。本着以人为本，以服务促进管理的方法，既要依法行政，更要文明执法、文明管理。对待违章行为，以说服教育为主，处罚为辅，在文明执法和严格管理中城管工作人员敢于吃苦、敢于吃亏、敢于依法碰硬。在日常管理工作中，按照法律法规相关规定，讲深、讲透、讲明、讲清其处罚依据，让违章者心服口服接受处理。

城市管理采取严管重罚、强行入轨的有效措施，使市容市貌明显得到改善。一是加强户外广告管理。对建设路、中山路、都江路等主干道上的 132 块“破、旧、脏”影响市容市貌的户外店广告牌全部予以强行拆除，并要求更换为民族特色的统一广告牌，结合县城实际，出台了《三都水族自治县城市户外广告张贴管理暂行规定》，在县城区规划城区广告张贴栏 17 处，200 平方米，投入经费 2.9 万元，清理城市“牛皮癣”广告 16000 多张。二是整治乱停乱放、店外经营。2006 年至 2013 年共暂扣乱停乱放自行车 260 辆，摩托车 145 辆，清除广告条幅 176 条，发放整改通知书 4200 份，暂扣违章物品 612 件，消除违章占道 5800 平方米，处理各种违章违规占道经营 3740 次。三是整治乱开挖、乱破路、乱占道。共计查处乱开挖、乱破路、乱占道等违章案件 260 起，暂扣工具 246 件，查处行为人 60 人。

三、市政设施管理

由于县城区建设不断扩容，面积加大，路段、巷道增加较快，市政设施维持管理面积不断扩大，工作任务增加了很多，经费投入不足，加上市民整体素质还不高，相关单位或个别干部职工对城市管理认识不足，市政公用设施偷盗、损坏严重。依附于城市道路的电杆、路灯杆及行道树上随意搭设各类标语、杆线的现象突出，相当部分的群众对市政工作的特殊性了解认识不够，给市政管理工作增加了难度。

路灯设施管理 2009 年 4 月，县人民政府根据县城发展规划和工作职能，将县供电局管理县城路灯工作移交公用事业管理局管理。为加强管理，公用事业管理局一是严格执行巡灯制度，对县城各路段分类记录、跟踪，狠抓及时维修，及时排查故障，确保亮灯率和设备完好率达标。二是科学

调整开关灯时间，严格按季节的变化及时调整亮灭灯时间。三是利用科学技术切实抓好县城照明节能工作，对新建、改建的路灯要使用新型高效节能用电设施。四是以节约能源，保护环境，促进健康为宗旨，积极寻求绿色照明途径，提高城市照明质量。2010 年投入 18 万元购置了第一辆液压高空作业车，结束了凭梯子进行路灯安装维护作业的历史。2007 年 4 月开始，一是投入 650 万元对县城的“一江两岸”、四座跨江（都柳江）大桥、凤凰山公园、移民新村、建设路、都江路、中山路、人民大会堂、县政府行政中心大楼、三合镇政府办公区亮丽工程的安装。二是新建城区路灯控制设备 30 个，新增路灯杆 96 根，对县城区 935 根路灯进行管理，并修复损坏路灯杆 32 根，投入经费 35 万元，路灯完好率与亮灯率均在 95%以上。在县城中心的建设路与都江路交叉十字路口、县城北出口加油站处、县城体育馆处、河滨南路等各竖一支高达 25 米的杆式高架路灯，光源为大功率高压钠灯，照度高且照亮范围大，它的落成，使路灯规格又上一个档次。2007 年 4 月，把路灯管理从市政设施和园林绿站分离出来，由局市政工程室负责路灯专业管理。至 2013 年，完成县城区 LED 节能灯 1400 盏改造，投入资金 165.2 万元；县城区“亮丽工程”全面修复，投入资金 35 万元；完成县行政中心门前路灯杆改建工作及都柳江大桥新路灯杆 28 根、灯具 28 盏安装，投入资金 13.5 万元；完成县城区地下电缆线路烧毁更换修复 5000 余米、路灯控制设备、损坏路灯等维修，投入资金 56 万元；完成李岩寨廉租房住宿小区路灯安装 8 盏，投入资金 0.6 万元；完成城北出口大塘路灯安装 356 盏，投入资金 290 万元。县城有路灯 1760 盏，照明状况大大改观。

县城区道路管理　2007 年到 2013 年共建县城排污沟 147 米、修复县城排污沟 252 米、修复沟盖板 1750 平方米，县城区主干道斑马线翻新画线 1079 平方米；县城区护栏修复 450 余米；投入建设资金 32 万元。完成县城区巷道道路硬化建设 550 平方米，修补县城区损坏路面 5750 平方米，完成县城区部分道路面修复 1200 余平方米，投入建设资 89 万元；修复县城道路石栏杆和新增设新的仿木休闲等公益性设施 346 米，投入经费 12 万元；完成县城工贸市场顶棚修复 2388 平方米、油漆 748 平方米，投入经费 14.5 万元。

第三章　交通运输

1978 年至 2013 年期间，随着改革开放的深入和国家相继出台相关倾斜政策，三都在党中央和省州的正确领导下，抢抓国家政策机遇，并充分结合县情实际，及时规划并制定交通建设具体目标和积极有效的措施，千方百计加大交通建设力度，县内交通基础设施建设进入一个崭新的发展时期，实现了阶段性的大繁荣和大发展。1980 年，三都全县境内各类公路 32 条（段）共计 291.6 千米，其中，国道 1 条 17.3 千米；省道 2 条 20.6 千米；县道 5 条 105.3 千米；乡道 7 条 46.4 千米，村道 10 条 80.9 千米，厂矿专用道路 7 条 21 千米。到 2013 年，三都全县境内通高速公路 1 条，即厦蓉高速公路贵州境水口至都匀段，并设立互通联络线；在建高速铁路 1 条，即贵广快速铁路；国道 1 条，即 G321 线，境内全长约 66.5 千米；省道 1 条，即 S206 线，境内全长约 63.4 千米；15 条县乡道共 1259.1 千米。三都全县交通基本路网框架构建初步形成。

党的十一届三中全会以后，特别是 1982 年 9 月党的十二大提出“切实搞好能源、交通等基础设施建设”以后，中央相继出台相关倾斜政策，大力发展交通基础设施建设，不断加大交通建设的资金投入。在这样的历史条件下，三都充分借助历史机遇，逐步加快县内交通基础设施建设的发展步伐。“七五”期间，全县投入交通建设资金总数达 3501.432 万元（包括国家投入资金加上县级自筹资金），共修建烂土至独山打香等 6 条公路，总里程为 75.8 千米。“八五”期间，全县投入

398.94 万元（包括以工代赈资金、州级配套资金和专项资金），修建都江至坝街（14.7 千米）公路，打通三都至榕江、黔南至黔东南的断头公路，拉通了 G321 国道贵州境内公路。与此同时，省州县从各种渠道筹措资金 27.5 万元修建恒丰至周覃等 12 条共 92 千米的乡村公路。“九五”期间，中央、省、州共在三都投入资金 1406.7 万元，修建县乡公路 3 条共 32.61 千米，仙剑乡村公路 18 条共 73.8 千米，修建桥梁 7 座共 270.7 延米，钢缆桥一座 80 米，改造县乡公路 5 条共 78.32 千米，还修建油路 16.6 千米，修水泥混凝土路 1.6 千米。“十五”期间，中央、省、州投入资金 23127.82 万元新改建了柏油路 12 条共 276.45 千米；水泥路 7 条段 5.548 千米；乡村公路 59 条共 438.753 千米。“十一五”（2007 年至 2010 年）期间，中央、省、州投入资金 5965 万元修建通村公路。其中，2007 年实施 31 条 204 千米，总投资为 1406 万元。2008 年共实施村级公路 41 条 355 千米，项目总投资 2130 万元。2009 年，全县共组织实施村级公路项目 29 个 248 千米，完成总投资 2302 万元，项目已全部通过州级验收。2010 年，完成村级公路项目 5 个 15.1 千米，完成总投资 127 万元。进入“十二五”，截至 2013 年年底，全县共组织实施通村油（水泥）路 14 条 83.3 千米，完成总投资 4889.7 万元。

第一节　机构沿革

一、县交通局

1978 年，三都水族自治县成立工业交通局，1984 年改称交通局。1989 年 4 月 1 日，成立三都港航监督站（船舶检查站）。1999 年 5 月 12 日，原都匀汽车运输公司三都汽车站（人、财、物）全部划归县交通局管理，其中，汽车站实行“独立核算，自负盈亏”的管理方式，同年 7 月 16 日，县新汽车站开始正式营业。1999 年 11 月 26 日，建立县交通建设有限责任公司。2003 年 12 月 25 日，三都港航监督站（船舶检查站）更名为贵州省三都水族自治县地方海事处，为县交通局所属正科级事业单位。2012 年 4 月，由州垂直管理的县公路运输管理所机构划归县交通运输局管理，为县交通运输局管理的副科级事业机构。2012 年 8 月，县城客运车辆管理所从县城镇公用事业管理局划归县交通运输局，更名为三都水族自治县城市公共客运交通管理所，为县交通运输局管理的副科级事业单位。2013 年 10 月 9 日，成立县交通运输投资有限责任公司。到 2013 年，县交通运输局内设机构有办公室、工程技术股、政策安全法规股（交通战备办）3 个股室，下属事业单位有县公路管理所、县公路运输管理所、县城市公共客运交通管理所、县公路勘测设计室、县交通建设工程质量检测中心、县交通建设工程质量监督站，全局在职职工 69 人（含下属事业单位），局属企业单位有县汽车站、县交通建设有限责任公司、县交通运输投资有限责任公司。

二、县地方海事处

三都水族自治县地方海事处的前身是 1952 年 11 月 1 日成立的三都内河航务管理站。1989 年 4 月 1 日黔南交航〔1989〕34 号文件通知设立三都港航监督站、船舶检查站（两块牌子、一套人员）。1997 年 8 月 11 日，省编委办发〔1997〕112 号文件通知三都港航监督站更名为三都港航监督所。2003 年 12 月 25 日，三都港航监督所更名为贵州省三都水族自治县地方海事处，为县交通运输局所属正科级参公管理的事业单位，业务上隶属黔南州地方海事局，县地方海事处在局党组领导下开展各项工作。到 2013 年，有正式在职职工 5 人，其中工勤 1 人。

老航管站在都柳江上游北岸老码头河堤之上，即三都大桥西侧。1953 年动工建设，1954 年完工投入使用。土地使用权面积 201.2 平方米，建筑面积 85 平方米，砖木结构平房，办公、宿舍一起。新港监楼是1999年与三都新码头同时修建，地址位于城东开发区都江路与河滨路的交会处东侧，土地使用权面积924.3平方米，建筑面积839平方米。房屋建筑为砖混结构，三楼一底。1999年6月10日动工，2000年6月竣工。工程造价为67.4万元，加拆迁、水电13.6万元，共81万元。其中以工代赈资金33.8万元，省交通厅1万元，州交通局18万元，县交通局10万元。

该楼现为县交通运输局和县地方海事处办公楼，三都新码头就在港监所南侧，土地使用权面积70平方米，1998年11月动工，1999年4月竣工投入使用，工程造价104万元，全系以工代赈资金。

三、县公路管理所

县公路管理所的前身是三都水族自治县工业交通局地方公路养护工区，1973年4月成立。1984年3月随着工交局更名交通局而改称为三都水族自治县交通局地方公路养护工区。1980年10月以前，县工区是在老马车队处县工交局划拨的几间砖瓦平房内又办公又住人。1980年年底，县工交局办公楼建成，县工区搬到办公楼底楼的两间房子内办公。随着县养公路的增长，工作量的增大，人员和养护机具的增加，原有的两间办公室和场地很不适应工作的需要。

1986年，省、州公路拨款并统一设计图纸，在建设西路梨子园处征拨一块土地，修建工区办公、住宿综合楼。土地使用权面积1222.18平方米，综合楼、车库、材料库、厕所等建筑占地面积422.33平方米，综合楼两楼一底建筑面积582平方米。砖混结构，无现代设施，总造价9.7万元。1986年5月动工，1987年12月建成投入使用。从此，县工区可以在自己的院落内办公、住宿（不能解决全部）、停车、堆放材料。

1999年3月，升格为县乡公路管理所（副科级），共有干部职工9人。2000年3月，省州公路局拨款20万元，在院落进门处，拆除一间厨房和一个停车棚，修建一幢办公楼，占地面积124平方米，两楼一底，建筑总面积372平方米。2008年12月，三都水族自治县县乡公路管理所更名为三都水族自治县公路管理所，到2013年，有正式在职职工14人，其中技术人员3人，管理人员11人。

四、县公路运输管理所

县公路运输管理所的前身是三都群众运输站，1951年12月25日成立。1964年7月，更名为三都水族自治县交通运输管理站。1990年2月19日，升格为三都水族自治县公路运输管理所（副科级）。群运站时期，开始租房办公，1958年搬到马车队办公。后搬入县林业局街口三间小木板房办公。1978年，州拨款5万元在中山路口修建了一幢办公、宿舍综合楼，占地面积302平方米。两楼一底，建筑总面积906平方米。

随着运管业务的增长，为解决办公和职工住房的需求，1995年，县运管所从各方面争取和筹措资金，在城东开发区建设东路征拨一块土地，建设新的办公、住宿综合楼，土地使用权面积384.5平方米，占地面积269.95平方米，砖混结构，办公楼三楼一底，建筑面积528.34平方米，住宿楼四楼一底，建筑面积719.24平方米。都匀振匀设计室设计，黔南州房地产开发公司承建。1995年9月动工，1996年年底完工投入使用。总造价68万元。资金来源为：转让运管所老办公楼给县信用联社30万元，职工宿舍个人集资11.5万元，州运管处拨款26.5万元。

至2013年，有职工8人。

五、县城市公共客运交通管理所

2005年3月，县政府根据县城客运事业发展的需要，成立三都水族自治县客运办，设在县建设局。2006年10月，成立三都水族自治县城镇公用事业管理局，三都水族自治县客运办并入县城镇公用事业管理局，更名为三都水族自治县县城客运车辆管理所，属股级部门。2012 年 8 月，县进行机构改革，该机构划归县交通运输局，更名为三都水族自治县城市公共客运交通管理所，为交通运输局管理的副科级事业单位。

六、县公路管理段

1978 年 4 月，黔南州公路养护总段三都养护工区成立，1986 年更名为都匀养护总段三都公路养护段，1998 年更名为贵州三都公路管理段。1998 年，三都公路管理段筹措资金拆除原来的平房宿舍，建一幢三楼一底的砖混结构，带现代设施的套间宿舍楼，1999 年 3 月完工，建筑面积 1350 平方米，其中 566.78 平方米已按房改政策售给职工。

至 2013 年，有在职职工 36 人，退休职工 17 人，临聘职工 18 人。

七、县征费稽查所

三都征费稽查所的前身是 1975 年 4 月成立的三都监理站。1987 年养路费征收与监理分离，同年 1 月 24 日，三都养路费征收站成立，根据中央和省、州文件，养征站在原监理站房屋总面积中分得 1/4 的办公室即 82.8 平方米。由于房子不临街面，缴费人难得找到，工作很不方便。1990 年，省、州拨款并统一设计图纸，在建设西路烟草公司宿舍隔壁，征拨一片土地，修建养征站办公、住宿综合楼。土地使用权面积 1572.8 平方米，其中：建筑占地面积 347.42 平方米，两楼一底，建筑面积 510.7 平方米。一楼办公，二、三楼职工宿舍，1990 年 11 月动工，1991 年 11 月建成投入使用。当时造价 11.5 万元。二次扩建面积 199.5 平方米，2000 年 4 月动工，同年 8 月完工，造价 6.9 万元。

1990 年，更名为三都征费稽查站。1993 年，更名为三都征费稽查所。2010 年，因机构改革重组，三都征费稽查所被撤销。

八、县监理站

1975 年 4 月建立三都水族自治县监理站，1987 年 1 月 24 日移交县公安局管理。

九、县汽车队

1977 年 10 月 1 日成立三都水族自治县汽车队，1991 年 12 月 12 日撤销，财产和人员划拨给国营拉揽林场。

十、县汽车站

1956 年 4 月，都匀汽车运输公司三都汽车站成立时，在现新华书店处租一间木板民房办公。1958 年省交通厅投资在都匀至三都公路的北大门老牌坊处征地修建三都汽车站，土地使用权面积 4118.4 平方米，其中建筑占地面积 900.59 平方米，停车场面积约 1000 平方米，建筑均为砖瓦结构平房。具有办公、售票、行李包裹托运、食宿、停车、洗车、加油等功能。

由于汽车站离城太远，来往旅客十分不便，20 世纪 80 年代，三都汽车站曾一度在城内租房子售票、发车；形成马路车站，既不安全，也不符合运输市场管理规定。为此，县交通局牵头，在积极争取省、州投资的同时，从各方面筹措资金，根据县城规划，在城东开发区的建设东路与环城东路交口处，征拨一块土地，修建三都新汽车站。

1999 年 5 月 12 日，原都匀汽车运输公司三都汽车站人、财、物划归三都交通局管理。汽车站实行独立核算、自负盈亏的管理方式。1999 年 7 月 16 日，三都汽车站正式开业。至 2013 年有职工 35 人。

第二节　基础设施建设

一、公路铁路建设

1978年以前321国道仅通车到拉揽乡，三都经水各至荔波、三都经大河至独山、大河经木克寨至都匀公路未修通，三都到独山需用渡船渡运过河，绕道周覃行程108千米到达；三都到荔波需绕道独山打显经甲良行程130多千米到达，合江、大河片区的群众到都匀需绕道三都水族自治县城，打鱼、都江、坝街、巫不、羊福、塘州、恒丰7个乡镇未通车，县境内没有一条柏油路，乡村公路仅有为数不多的九阡至扬拱、廷牌至阳安、水龙至安塘、廷牌至恒丰、恒丰至和勇、岑岭至水东等几条公路。

1978年改革开放后，党和国家用国家库存粮、棉、布、以工代赈资金、国债资金、扶贫资金、交通建设基金等资金加大对少数民族地区修建公路的扶持力度，全县公路建设得到了迅猛发展，到1998年高丛至羊福公路竣工通车，实现了全县乡乡通公路的目标。2000年国家开始实施西部大开发战略，更是给全县公路建设带来了难得的发展机遇，先后实施乡乡通油路、村村通公路计划和建设乡镇客运站项目。2007年5月，厦蓉高速公路三都段动工建设。2008年10月，动工修建贵广快速铁路三都段。到2013年，全县实现了乡乡通油路、村村通公路的目标，建成10个乡镇客运站。

各级政府制定了发展交通的具体目标和具体措施，政策上给予倾斜，省、州扶贫工作队给予大力支持，人民群众，特别是广大农民提高了“要想富，先修路”的共识，有修建公路的强烈愿望与迫切要求。“七五”期间（1986年至1990年），国家运用库存粮、棉、布、以工代赈修建公路方式，向三都投入粮食237.97万千克，棉花35.69万千克，棉布33.3万米，加上各种配套资金、专项资金，总数达到351.432万元，修建烂土至独山打香、都江至巫不、排长河至甲雄、九阡至板甲、打鱼至盖赖、大河至木克寨共6条公路，总长75.8千米。“八五”期间（1991年至1995年），国家用中低档工业品以工代赈资金272万元加省、州配套资金和专项资金126.94万元共398.94万元，修建了都江至坝街（国道321线）14.7千米和321国道三都水族自治县城过境线1.6千米的公路。打通了三都与榕江、黔南与黔东南的断头公路，打通了321国道贵州境内线路。与此同时，省、州、县从各种渠道筹措资金27.5万元修建了周覃到恒丰等12条92千米的乡村公路。“九五”期间（1996年至2000年），中央、省、州投入资金1406.7万元，新建县乡公路3条32.61千米，乡村公路18条73.8千米，桥7座270.7米，钢缆桥一座80米，改造县乡公路5条78.32千米。还有16.6千米的油路和1.6千米的水泥混凝土路。“十五”期间（2001年至2005年）中央、省、州投入资金23127.82万元新改建了柏油路12条276.45千米；水泥路7条5.548千米；乡村公路59条438.753千米。“十一五”期间（2006年至2010年），三都共修建公路1261.47千米，累计完成投资1.66997亿元。其中：道路维修改造项目4个50.4千米，完成总投资1151万元；县乡道改造项目6个90.8千米，完成总投资3563万元；断头公路建设项目2个35.27千米，完成投总资1238.7万元；通村油（水泥）路项目123个1085千米，完成总投资7279万元；桥梁建设共实施大中小桥梁25座，完成总投资2365万元；建成10个乡镇客运站，完成总投资400万元；建成渡口两个及钢质船9条，完成总投资53万元。进入“十二五”期间（2011年至2013年）中央、省、州、县投入3.88亿元改建和大修国省道100.17千米，投入6009.27万元改造县乡道66.18千米，投入5467.7万元改造乡村公路101.3千米〔其中通村油（水泥）路83.3千米，通达工程18千米〕，投入141万元新建农村客运招呼站。

（一）321 国道公路

1997 年改造竣工的 321 国道万家山段油路

321 国道是交通部所定广州至成都公路的编号，从榕江入境，经县境坝街、都江、打鱼、拉揽、三合、交梨、杨勇关，入丹寨进都匀。县境内 66.3 千米，分四段建成，几经改造后现已全线建成柏油路。

杨勇关至三都段　杨勇关至三都段全长 16.6 千米，是隆（昌）三（都）公路杨勇关至三郎 21.7 千米中的一段。1996 年，省将三都至杨勇关公路列为四级油路改造工程，11 月 1 日动工，1997 年 12 月 25 日全面竣工，是县境内修建的第一条油路。

1996 年 12 月 11 日，县委办公室、县政府办公室以三党办发〔1996〕27 号文件，发出了《关于改建都三油路工程实行民工建勤、社会集资有关问题规定的通知》，要求民工建勤部分，全县 11.8193 万个农村劳动力（羊福乡 2741 个劳动力因要建勤修建羊福公路除外），每个劳动力出 4 个义务工，按每个工值 5 元折算金额，每个劳动力集资 20 元，分三年交清，即 1996 年 5 元，1997 年 10 元，1998 年 5 元。社会集资部分，城镇居民（没有工作单位 18~50 周岁的）个体户集资额，不得少于民工建勤款，即每人 20 元；国家机关、企事业单位干部、职工，每人不得少于 25 元。具体要求县级（含副县级）50 元以上，科局级（含副科局级）35 元以上，一般干部 25 元以上。县人民政府 1996 年 12 月 10 日以三府〔1996〕70 号文件发布了《关于都匀至三都油路改造三都段工程建设车辆建勤实施办法》，规定车辆建勤部分，货车每个吨位 100 元，客车每个座位 20 元，小拖拉机每台 60 元，机动三轮车每辆 30 元，两轮摩托车每辆 20 元，人力三轮车每辆 20 元。

同时，为从各方面解决修路资金问题，县委、县政府对修建公路占用耕地、青苗补偿、房屋、建筑设施拆迁等具体问题，又制定了 10 项措施，即公路占用的非耕地，包括林地、公路两侧自留地、料场、便道、道班房等一律不予补偿；对占用耕地，统一给予补偿，即田每亩 6000 元，旱地每亩 2000 元；对损失的青苗、经济林木、用材林等按种苗费进行补偿；耕地被公路占用较多的村组，完成粮食征购任务确有困难的，由乡镇人民政府调剂解决。农户被工程占用承包土地后影响生产的，由村收回“三地”（农转非、搬迁户、死亡绝户）土地解决，“三地”无法解决的，由村组重新调整承包土地或国家解决农转非；对被公路占地较多的村组，在坡改梯的安排上给予倾斜；对搬迁住房的农户，有地基的，自行解决，无地基的由乡镇或村委会负责解决地基，国家给予适当补助，但每平方米不得超过 10 元；对公路沿线违法违章建筑的拆迁，一律不予补偿，邮电通信、电力等拆迁和改线均由所属单位解决，指挥部不予补偿，对农田水利的修复，由水电局负责；在施工范围内的坟墓搬迁，不论石坟、土坟，一律以每穴 20 元补偿；油路改造工程作为扶贫项目，一律免税；工程指挥部只负责公路施工，对土地、房屋拆迁等所涉及的费用，由县财政另行筹资解决，任何单位和个人不得阻挠工程施工。

通过沿线群众民工建勤开挖土石方和采用低单价发包给工程队解决桥、涵、挡墙工程两种形式，路基工程实际使用资金 396 万元（不含征地补偿费），国家补助资金 187 万元，县自筹资金 90 万元，社会集资和车辆建勤 38 万元，缺口资金 81 万元。路面工程由省属三都公路管理段直接经办和施工，实际使用资金 259.05 万元，平均每千米 16.5 万元。整个油路改造工程，实际使用资金 655.05 万元。

2005 年 3 月，省级投资 460 万元，由县公路管理段对该路段进行大修，2005 年 9 月完工。

2012年1月，对县城交通湾至苗龙场段公路进行改扩建，路线起于交通湾（原G321线K1064+000），终点于苗龙场（原G321线K1071+500），全长7.17千米，总投资1.85亿元。全线采用二级公路标准结合城市道路功能进行设计建设，设计速度40千米/小时，路基宽度20米（K0+000-K3+700）和17米（K3+700-K7+175.534）。

三都至都江段　三都至都江段35千米，从三都县城向东，沿都柳江北岸经拉揽、打鱼至都江。该路始建于1970年，1984年11月全面竣工，建成年度跨度很大。经多次分段建设到1978年5月1日，三都至拉揽段12千米建成通车，1978年5月，单孔跨径50米的打鱼乱石拱桥完工后，全线基本打通。但由于该线路山岩多系风化石，又全是向河边倾斜，修路把山岩脚斩断后，山体容易垮塌或滑坡，虽经不断抢修，交通仍常中断。为根治这一状况，1979年，州公路勘测队按四级公路标准，作出全面整修工程测量设计。1980年，省以国家对不发达地区资金，继续投资整修。县建立第五届工程指挥部班子，州交通局派工程师参加指挥部，坐镇工地作技术指导，按照四级公路标准，以低单价发包，在维持通车的情况下，逐段施工。

1982年6月14日，三都暴雨成灾，10小时内，降雨量达148毫米，沿线几处大边坡坍塌，上下挡墙、路基路面水毁严重，交通中断。羊友寨大滑坡不但断绝交通，而且危及寨子安全。州经委、建委、计委与州交通局的领导和技术人员于6月19日到达三都，步行17千米的泥泞道路，到羊友寨察看滑坡大坍方、大裂口，召开群众座谈会，商讨解决办法，并急速报请州人民政府下达文件，在都江区、打鱼乡政府的协助下，使羊友寨13户群众搬迁了住房，住进了新村，解除了危险。

都江公路沿线地形复杂，地质不良，横坡陡峻，土石疏松，挡墙桥涵较多，工程十分艰巨。从1971年州公路勘测队按中交部原六等乙级公路标准测设，同年11月正式动工修建起，到1984年11月全面竣工，历时13年，总投资307万元，每千米造价8.898万元。

1984年11月16日，通过验收，认定该路基本达部颁山岭重丘四级公路标准，同意交付使用。

都江至坝街段　都江至坝街段14.7千米。由都江向东沿都柳江北岸，经羊瓮、坝辉、坝街，进入榕江县的兴华、八开至榕江县城。

1979年，县、区用民工建勤办法修通了都江经水司营、岔河口至坝街运输木材的汽车便道，长14千米，弯急坡陡，路基地窄，标准非常低。1980年，省投资19万元（其中：发展资金14万元），修建岔河口大桥。1981年5月，全长72米，净跨一孔40米一孔20米的岔河口乱石拱桥建成，耗资15万元，余款用于公路维修、养护。1986年1月，为运锑矿，县财政出资4万元，联营公司出资2万元，由一位副县长负责组织扩修。

1987年7月14日，黔南州交通局以黔南交路〔1987〕063号文件《关于下达1987年度动用国家库存粮棉布修建公路的联合通知》，安排修建都江至坝街公路。

1988年2月，州公路勘测队开始测设，4月交付图纸，设计标准为部颁山岭重丘三级公路，泥结碎石路面。

1988年4月30日，县人民政府三府〔1988〕39号文件通知，成立“三榕公路工程指挥部”。9月，指挥部进入工地，11月20日正式动工修建。1993年4月25日全部竣工，历时四年零六个月。

1993年4月27日，省、州、县组成公路验收组实地考测，同意验收，交付使用。

都坝公路路基宽7.5米，路面宽6.5米，最大纵坡7%，最大坡长500米（2处），极限平曲线半径2处（一处25米，一处30米）。

1993年4月，省、州、县公路验收组同意验收，交付使用，由县乡公路管理所代养。

2012年，对三都至坝街段路面进行大修，全长50千米，总投资4100万元，2013年4月完工。

321线三都县城过境路段　三都至都江公路，原是通过县城。从三都大桥的撮箕口处开始，沿河街经下坝至龙王庙，再沿都柳江北岸至都江。由于三都至榕江公路修通，321国道在贵州省全部打通，车流大增。根据修建公路靠城不进城的原则，省计委、省交通厅确定拨款修建321线三都县城过境公路。1995 年，省计委、省交通厅黔交公〔1995〕25 号文件和州计委、州交通局黔南计赈〔1995〕337 号文件下达正式立项修建计划，由州交通局按中交部〔1981〕山岭重丘三级公路标准测设。该路从县城北的油库起沿城东山脚顺小河而下，到城东南龙王庙桥（不过桥）接都江公路老线，全长 1.594 千米。1992 年 10 月开工，1993 年 10 月因资金不足暂停。1996 年 5 月续建，1996 年 11 月 20 日全面竣工。两次修建共耗资 101.62 万元。1996 年 11 月 25 日通过验收，由县乡公路管理所接养。

1999 年，省交通厅以黔交计〔1999〕132 号下达 1999 年老、少、边、穷地区公路建设计划，落实建设资金 100 万元，列入省委、省政府 500 千米路网改造项目，按部颁山岭重丘区三级公路水泥硬化标准建设。县委、县政府对改造该路十分重视，列为 2001 年十件实事之一，成立了由县人民政府副县长陈有德为组长的改造工程实施领导小组。该路分为两段建设，往都江方向接外环路水泥路面延伸 1.5 千米，往都匀方向接加油站延伸 0.5 千米。2001 年 7 月动工建设，2002 年 3 月竣工，完成工程投资 120 万元（其中扶贫资金 100 万元、县自筹 20 万元），经州、县验收被评为优良工程。

2002 年国家用国债资金对三都至榕江公路进行油路改造，分别由黔南州交通局和黔东南州交通局组织实施，征地拆迁工作由当地政府负责，三都成立了由县领导任组长的征地拆迁指挥部，三都至榕江公路三都县境内 48.5 千米，投资 7600 万元，2002 年 7 月动工建设，2004 年 6 月建成。

G321 线三都县城环城东路起止桩号为：K1078+000～K1079+600 长 1.548 千米路段，城北出口与 G321 线（K1079+600）三都至丹寨公路相接，城东出口与 G321 线（K1078+000）三都至榕江公路相接。该路段车流量大，改造前路基、路面沉陷变形、积水，路况极差，严重影响 G321 线公路畅通和三都水族自治县人民群众生活。为此，县委、县政府将 G321 线三都县城环城东路改造列为 2005 年的十件实事之一来完成。该路于 2005 年 6 月动工改造，建设标准为城市道路，路宽分别为 12 米和 8.5 米，改造工程于 2006 年 6 月全面竣工并通过竣工验收，被评为合格工程。

2006 年 4 月，G321 线三都县境内公路全部移交县公路管理段管养。

2006 年 11 月，G321 线县城环城东路由黔南州公路局移交县人民政府管护。

（二）省道公路（三麻线 S206 三都经荔波至麻尾）

县城至三郎（岔路口）公路，长 5.1 千米。该路从城北新加油站门口 G321 线岔路口开始，经交通湾，通过县城，过三都大桥至三郎岔路口。其中：通过城区的 0.7 千米，既是公路，又是街道，属于解放前修建的隆三公路的一段。从三都大桥头南岸至三郎岔路口 4.4 千米，是 1979 年 8 月三都大桥建成后新修的一段接线公路（三都大桥未建前，三都至周覃是由城西经农机厂、麻光至三郎渡口过渡）。该路由州公路勘测队按部颁山岭重丘三级公路标准测设。县交通局组织施工，省交通厅投资 16.5 万元。1979 年 12 月竣工。1980 年 1 月 8 日，省交通厅、州交通局组织验收，认定合格，并于 1980 年 2 月 1 日起，由三都公路管理段接养。

2001 年，县委、县人民政府把城南出口路列为要办的十件实事之一，县人民政府筹资 31.5 万元对该路三都大桥至老虎洞 420 米路段进行水泥硬化，建设标准为三级公路，路基宽度 7.5 米。2001 年 11 月动工建设，2002 年 4 月完工，经县四大班子领导和有关部门领导、技术人员验收被评为合格工程。

三（都）荔（波）公路水各至水江段 6.6 千米。三荔公路起于三都县城，经水龙、中和、周覃，从水各农场分岔至荔波县城，长 85 千米。县城至水各农场的 57.8 千米，已于 1959 年 1 月 18 日建成通车。新建水各农场至荔波县城的 27.2 千米，三都境内水各至水江段长 6.6 千米。州公路勘测队按部颁山岭重丘四级公路标准测设，省、州先后投资 22 万元（其中民族经费 15 万元，不发达地区资金 7 万元）。1977 年 11 月动工，1981 年 2 月完工。1977 年冬，州拨款 4.5 万元，九阡区组织民工上路施工，县派技术员指导。到 1978 年年底完成小桥一座，简易公路 5 千米。1979 年二季度，州交通局拨款7万元，修建塘黄桥（石拱），1980年春，又增拨1.5万元，5月1日，塘黄桥（一孔30米，一孔6米，全长55米）建成。1981年2月，全路完工。路基宽6.5米，路面宽3.5米，最大纵坡8%，最小平曲线半径15米，完成中桥一座55米，小桥2座31米，涵洞19道133米，挡墙31处，1230米，2380立方米。农用过水横沟22道，埋置横沟铸铁管132米。道班房一幢270平方米，养路备砂400余立方米。1981年12月26日，省公路局〔1981〕黔路地字420号文件批复，从1981年1月起，按县公路列养。

三荔公路通车后，三都至荔波，比原绕道基长打显经方村，捷径52千米，且路况好，车速快。

2003年4月，国家用国债资金对三都至荔波段进行油路改造，建设标准为三级公路，其中县境内77.7千米，由黔南州交通局组织实施，县人民政府负责征地拆迁、料场选址工作，三都水族自治县成立了工程建设协调领导小组。该路完成投资6855万元，工程于2004年6月完工。

2006年4月，县境内三荔公路全部移交县公路管理段管养。

2012年6月，对S206三都水族自治县城至三洞段长35千米油路进行改建，建设标准为二级公路，总投资1.62亿元，其中国家投资1.4亿元。

（三）县乡道公路

杨勇关至丰乐平寨公路 全长18.5千米（X988），从杨勇关向西，经普安、周家洞、燕高、四十寨、杨能寨、上隘口至丰乐平寨。该路于1956年建成。2004年3月，省投资108万元对杨勇关至普安3千米路段进行油路改造，由县公路管理所组织实施，于2005年1月完工。

三都经大河、烂土至独山打香公路 全长35.3千米（X966），是三都通经独山最近的一条公路。该路建成通车后，三都县城至独山县城的里程仅有74千米，比三都经周覃至独山缩短34千米。

三都县城至独山打香公路 先后分三段建成其中，三都至大河段长17.2千米，1966年2月完工；大河至烂土段长9千米，1971年11月竣工；烂土至独山打香段长9.1千米。1985年9月动工，1988年4月竣工。州公路勘测队按部颁山岭重丘四级公路标准测设，总投资60.066万元，其中：粮棉布折款38.036万元，省补助3.13万元，州补助0.9万元，县自筹18万元。路基宽6.5米，路面宽3.5米，最大纵坡9%（一处），最小平曲线半径25米（二处）。

2013年2月，对三都至大河路面进行大修，建设标准为四级公路，总投资1027.27万元，其中中央投资560万元，2013年10月完工。

大河至打香公路镶边工程 该路全长18.4千米，按四级公路标准进行改造，工程于2002年5月动工，11月底竣工，完成投资110.04万元。

大河至烂土公路改造工程 大河至烂土公路10.3千米，是三都经大河、烂土、基长至独山接贵新大通道的必经路段。该路贯通后，比三都经周覃、基长至独山，可缩短运距35千米。由于该路是20世纪60年代民工建勤修建的简易公路，技术标准低，道路基础和通过能力差，因此，交通经常中断。省、州虽曾几次拨款维修，但只能维持暂时通车，一到雨季，道路沉陷，路上大坑大槽，车辆难以通行。1998年黔南州计划局、州交通局黔南计赈〔1998〕357号文件将大河至烂土公路列入改造项目。审定投资166万元，其中：以工代赈110万元，地、县自筹56万元。1998年4月，县交通局按部颁山岭重丘四级公路标准测设。同年7月县、乡组成工程指挥部。1998年10月中旬动工，1999年3月全面竣工。

大河至独山基长油路改建工程 2005年5月，大河经合江至独山基长油路改建工程动工建设，该路全长18.4千米，工程总投资552万元，项目由黔南州交通局组织实施，于2006年10月投入使用。

都（匀）三（都）公路木克寨至大河段（白三公路X901） 都匀至三都公路，起于都匀，经洛帮、大坪、王司、奉合、阳和、木克寨、丰乐、大河至三都县城，全长87.2千米。1986年以前，都匀经王司、木克寨至基场的公路和三都经大河至烂土的公路均已修通，中间剩下的是木克寨至大

河的断头公路，长 19.1 千米，其中：都匀境内 0.7 千米，三都境内 18.4 千米，大桥一座。

都匀至三都公路曾四次上马动工，四次下马停工，未建成。

1959 年 8 月，第一次上马动工，施工地段是木克寨至交同，州补助 13.8 万元，1961 年 2 月因无资金而下马停工。

1977 年 10 月，第二次上马动工，施工地段是交同至大河，州补助 10 万元，挖了一个冬春，无资金下马停工。

1981 年 1 月，第三次上马动工，施工地段是交同至鼠场 5 千米，州安排不发达资金 8 万元，完成部分路基，一座小桥，四个涵洞，因资金不足下马停工。

1982 年 6 月，第四次上马动工，续建交同至大河段，州安排不发达资金 30 万元（后调龙里 10 万元），用低单价按方计价修建，后因资金跟不上又下马停工。

1986 年 3 月，黔南州交通局黔南交路〔1986〕27 号文件下达都匀木克寨至三都大河公路测设任务的通知，同年 4 月，州公路勘测队按部颁山岭重丘四级公路标准进行测设。6 月黔南州计委以黔南计基〔1986〕92 号文下达了《关于做好都匀市至三都断头公路建设有关问题的通知》。1988 年 9 月 20 日，都匀至三都公路工程指挥部成立并进入工地，10 月 12 日破土动工，经 2 年零 2 个月施工，1989 年 12 月 21 日全面竣工。12 月 22 日，省公路局、州计委、州经委、州交通局和本县各有关单位组成验收组，验收合格，交付使用。1990 年 12 月按县公路列养。

都匀至三都公路路基宽 6.5 米至 6.9 米，最大纵坡 9%（5 处长 710 米），最小平曲线半径 15 米（5 处）。

都匀至三都公路总投资为 151 万元，其中：能源交通基金 137 万元，发展资金 9 万元，州财政补助 5 万元。投向都匀市 0.7 千米 6.5 万元，投向三都水族自治县 18.4 千米，大桥一座 144.5 万元。

都匀至三都公路三都至木克寨段改善工程　都匀至三都公路三都至木克寨段长 33 千米，是三都经王司至州府都匀和经大河、烂土至独山的主要交通要道，对全县的经济和社会发展起着极其重要的作用。根据全省经济工作会议提出的 2000 年全省完成 3000 千米公路新（改）建任务的决定，省、州安排三都改造该路。省公路局以黔路县〔2000〕34 号文件下达，都匀至三都公路三都境段共计改造 33.1 千米，路基宽度 6.5 米，最小平曲线半径 15 米，最大纵坡 9%，桥涵设计荷载汽 20-挂 100，其主要技术指标均达到部颁山岭重丘四级公路标准，硬路肩宽度 40 厘米，深度最小为 40 厘米。省州审定投资为 198 万元，其中：省投资 99 万元，州配套 33 万元，县自筹 66 万元。

2000 年 2 月测设，5 月初动工，历时 7 个月，2000 年 11 月 20 日全面竣工。

为按质按量按时完成这条公路的改善工程，县委、县政府成立以县委副书记为组长，副县长、交通局长为副组长的工程建设协调领导小组，和以交通局长为指挥长的工程指挥部。并多次召开专题会议，部署安排工作和协调土地征用，房屋、电信拆迁，资金筹措等问题。具体要求，工程资金未到位之前，为保证工程按时动工，县协调领导小组即协调农行贷款 30 万元，在县财政十分困难的情况下，想方设法组织资金，确保改造工程自筹资金的落实。按照州政府办〔2000〕31 号文件精神，工程税费采取即征、即返。作为政府再投入用于公路建设。公路工程所占土地，料、砂、石场，各级政府无偿划拨。房屋、坟墓拆迁，按最低标准给予补偿。通信设施拆迁，由电信部门负责，公路只负责挖洞，抬杆、立杆。三都至大河段 14.6 千米，是 60 年代民工建勤修建的简易公路，本次改造工程，完全按部颁四级公路标准进行测设和施工。大河至木克寨段 18.4 千米，是 80 年代按四级公路修建的，本次改造工程完全按省公路局〔2000〕34 号文件要求进行施工。指挥部与施工技术人员签订责任书，明确施工技术员，做好所分管路段的技术指导和协调工作，每月在工地时间不得少于 22 天，并在每月 20 日前，做好工程报表上报指挥部，严格把好质量关，对不合质量要求的工程，下发返工通知书，责令工程队返工。如造成大的工程质量事故，要追究施工技术员的责任，从而保证了工程质量。

老路改造，确保施工和车辆畅通是一对矛盾的两个方面。为做好这项工作，指挥部在全线工地进行了省、州《关于开展全省3000公里公路改造路段保畅劳动竞赛的通知》和《关于加强改造路段保畅和安全工作的通知》的学习，与各施工队签订了保畅劳动竞赛责任书，责任书要求各施工队文明施工，规范施工，严禁违反操作规程和野蛮施工而造成长时间堵车。确因施工困难造成堵车的，半小时内必须放行，特殊情况不得超过一小时，并要向驾驶员和有关人员做好解释工作求得理解。个别路段需较长时间中断交通施工的，要提前两天提交施工方案，经指挥部同意后方可实施。施工现场设备、材料堆放必须规范有序，并须保持有错车道，路面无大坑凼，确保车辆安全行驶。开山放炮须持红旗、鸣哨，按规定时间放等。由于采取了以上措施，整个改造工程实现了施工、安全、畅通三不误。

改造工程共开挖土石方3.67万立方米，镶边32.7千米，铺压泥结碎石路面32.7千米，利用原涵洞加宽加长、砌筑路肩墙1.34507万立方米，制作安装公里桩34根。实际使用资金198万元，其中：三都至大河15千米，按每千米8万元发包，计120万元；大河至木克寨18千米，按每千米4万元发包，计72万元；压路等费用6万元。

2000年12月11日，省、州、县有关领导部门组织验收，被评为优良工程。

三都至都匀小围寨油路改造工程　该路全长76.23千米，其中三都县境内33千米。国家计委、省计划委员会分别以计投资〔2000〕2309号、黔计建设〔2001〕361号文件给予批复，同意按三级公路标准进行改造，改造里程为79千米，路基宽度7.5米，采用沥青路面。省公路局以黔路发〔2001〕189号文件批复施工图设计，同意该路按山岭重丘区四级公路标准实施改造。路线全长76.23千米，实施改造75.27千米；路基宽6.5米，对原老路基宽度达7.5米的按7.5米；浆砌硬路肩0.5米，沥青表处路面宽度5.5米和6.5米。核定预算投资2400万元，征地、拆迁工作及税费由地方政府负责（费用不计入总投资）。该工程于2001年11月动工修建，2002年年底完工。

周覃打显至独山基长公路　2005年12月，三都周覃至独山基长三级油路改造工程动工建设。该路（三都段）全长18千米，工程总投资810万元，于2006年10月完工，投入使用。

都江至巫不公路　公路全长34.4千米，是三都至都江公路的延伸，该路从都江向东北过排长河，上柳排坡，经里基、柳排，过凉风坳，翻小脑坡（高程1562米），经怎东，到巫不乡政府。县交通局按省标乡村公路标准测设，1985年8月开工，1987年6月完工，1988年12月按乡公路列养。

都江至巫不公路改造工程　都江至巫不公路是巫不乡与外界联系的唯一交通要道。该路是1985年建设时因工程量大、投资少等原因，技术标准低，工程验收时未能列养。经多年碾压和雨水冲刷，路基边坡、挡墙多处垮塌，涵洞堵塞，边沟填满，路面坑坑洼洼，车辆通行困难，交通经常中断。1999年根据省计委、省交通厅的安排，黔南州计划局、州交通局以黔南计赈〔1999〕335号文件将巫不公路改造工程列入1999年度以工代赈计划项目。2000年479号文件，下达该路投资132万元。其中：以工代赈100万元，省配套10万元，地县自筹22万元。2000年3月，县交通局委托黔南州交通勘测设计院按部颁山岭重丘四级公路标准进行测设。设计预算为949.92万元。由于资金悬殊太大，州计划局〔2000〕479号文件同意该路按贵州省乡村公路标准进行改造，全长34.2千米，路基宽度为4.5米加错车道。

巫不公路改造工程于2000年7月动工，2001年3月完工。2001年4月20日，黔南州计划局、州交通局及三都各有关单位进行验收，符合设计标准和建设要求。

2012年，建设都江排长河至巫不通乡油路，总投资2850万元，其中中央、省州补助1550万元。2013年6月完工。

都江至羊福公路（高丛至羊福段）　三都至都江的延伸公路，公路长14.8千米。该路从都江向北与巫不公路共线 2.9 千米过排长河，又与甲雄公路共线 6.2 千米，在甲雄的高丛分路，经千秋、党吓、小昔、火烧寨至羊福乡政府所在地达荣。

羊福乡地处三都东北的铜马山下，距县城 60 千米，是三都边远、贫困和唯一一个未通公路的乡。黔南州计委、州交通局 1994 年以黔南计赈〔1994〕258 号文件，下达了以工代赈修建高丛至羊福公路项目。州公路勘测队与交通局共同组织按部颁山岭重丘四级公路标准测设。1998 年 7 月 6 日，省公路局黔路县〔1998〕250 号文件批复按乡公路正式列养。

2006 年 6 月，都江至羊福油路工程动工建设，该工程全长 24.9 千米，总投资 1850 万元，2007 年已全面完成路基工程。因厦蓉高速公路将该路作为施工便道，路面工程暂时只施工前面 7 千米。2013 年 3 月恢复路面铺油，2013 年 8 月完工。

水龙至廷牌公路（塘州至廷牌段）　水龙至廷牌公路水龙经塘州至廷牌全长 21 千米，塘州至廷牌段长 11.8 千米。1991 年，为解决水龙、塘州、廷牌地区的万亩烤烟运煤，县财政拨款 7 万元，修建塘州至廷牌公路，后因资金不足停工。1996 年 5 月 8 日，黔南州计委、州交通局以黔南计赈〔1996〕100 号文件将该路列入第八批以工代赈计划项目修建。投资 258 万元，其中：以工代赈 143 万元，配套资金 115 万元。州公路勘测队与县交通局共同组织按部颁山岭重丘四级公路标准测设。1997 年 4 月中旬动工，历时 10 个月，1998 年 2 月 20 日全面竣工。1998 年 2 月 24 日，验收交付使用。

廷牌至恒丰公路　公路全长 6 千米，路基宽 4~5 米，路面宽 2.5~3 米。已按乡公路列养。

水龙至塘州公路　公路全长 10.2 千米，1998 年黔南州计划局、州交通局黔南计赈〔1998〕358 号文件列项改造。审定投资 200 万元，其中：以工代赈 96 万元，省财政 7 万元，省交通养路费 7 万元，地方自筹 90 万元。1998 年 4 月由州、县公路测设队按部颁山岭重丘四级公路标准测设，县乡成立工程指挥部负责施工，1998 年 10 月 8 日动工，历时四个多月，1999 年 2 月 20 日全部竣工。

1999 年 7 月 6 日，省公路局黔路县〔1999〕58 号文件批复按乡公路列养。

2012 年，对水龙至塘州 4 千米油路进行大修，投资 282 万元。

廷牌至尧棒公路　公路全长 19 千米，其中县境内 14 千米，荔波县境内 5 千米。

该路按部颁山岭重丘区四级公路标准修建，新建 14 千米，改建 5 千米，全长 19 千米。三都段于 2000 年 5 月动工，荔波段于 2001 年动工，2001 年 9 月 8 日全面竣工。

2002 年贵州省公路局以黔路发〔2002〕150 号文件同意按县公路接养。

2004 年 7 月，水龙至恒丰油路改建工程动工建设，该路全长 28 千米，工程总投资 1230 万元，项目由黔南州交通局组织实施，2006 年 2 月投入使用。

2004 年 8 月，恒丰至尧棒油路改造工程动工建设，该路全长 13 千米，按四级公路标准修建，计划投资 360 万元，工程于 2006 年 10 月完工。

九阡至扬拱公路改造工程　该路全长 9.2 千米，是 20 世纪 60 年代民工建勤修建的简易公路，标准较低，路况较差。1999 年黔南州计划局、州交通局黔南计赈〔1999〕362 号文件将该路列入改造项目，审定投资 71.3 万元。1999 年 11 月 1 日动工，2000 年 3 月 15 日竣工。

2006 年 6 月水各新寨至扬拱油路改造工程动工建设。按四级公路标准改造，改造工程全长 16.3 千米，总投资 652 万元，于 11 月份完工投入使用。

合江至塘州公路　2008 年 12 月 31 日，合江至塘州新建公路工程正式开工建设。该路全长 25.618 千米，按四级公路建设标准，路基宽度为 6.5 米，工程总投资 960 万元，2010 年 8 月建成通车。

（四）乡村公路

1978 年至 2000 年期间，全县乡村公路建设资金主要靠上级拨付。2001 年以后，国家出台西部大开发政策，开始实施村村通公路和通村油（水泥）路的计划。1978 年至 2013 年期间，三都主要通村公路和通村油（水泥）路建设如下。

丰乐至和平公路　公路全长10千米，按照乡村公路标准修建。

水龙至地祥公路　公路全长6千米，由水龙向东直达原地祥乡政府，按照乡村公路标准修建。

九阡至板甲公路　公路全长7千米，该公路从九阡至扬拱公路1.3千米处的姑谭接线，经姑内、上水迭至原板甲乡政府，全长18.2千米。1986年10月至1988年4月，修好姑谭到上水迭7千米路段（包括1.3千米老线改造，从7千米至10千米虽已施工，但未建成），总投资25.918万元。已按乡公路列入养护范围。

排长河至甲雄公路　公路全长10.7千米。其中：排长河至高丛6.2千米，1984年7月至1985年8月修建。高丛至原甲雄乡政府4.5千米，1986年1月至1987年12月修建。县交通局按乡村公路标准测设。投资13.123万元。已按乡公路列养。

打鱼至盖赖公路　公路全长1.64千米。打鱼至盖赖全长16.73千米，1985年粮棉布修路计划下达时，原准备分两期建成，第一期先安排10千米，由于区乡组成的指挥部班子一致要求先修到湾滩，包括修建湾滩一号桥，仅1.64千米，并直报州交通局同意，安排投资25.921万元，其中：粮棉布折款22.771万元，配套资金3.15万元。1987年1月动工，1988年4月完工。

中和至拉旦公路　公路全长5.5千米，1995年黔南州计委337号文件将该路列入以工代赈修建项目，计划投资156万元，其中：以工代赈87万元，省配套18万元，地方配套51万元。1995年12月按部颁山岭重丘四级公路标准测设，路基宽4.5米加错车道。1996年8月动工修建。

2003年，全县组织实施7条通村公路建设共22.24千米，完成投资85.17万元。其中，廷牌化贤至的空（2千米）、羊福至达荣（3千米）、苗龙至落椿（2千米）、高硐至望结（6千米）、恒丰务条至留联（4千米）、丰乐镇沃屯至巴谢（3千米）、和平至苕寨（2千米）。

2004年，长6千米的阳猛村公路通过竣工验收；全县改建甲倒至灯光（6.7千米）、新仰至同心（8.4千米）、三江至洞览（12.3千米）、普安至崩寨（8.45千米）、周覃至三院至洞览（17.6千米）、榕三公路至高寨村（4.4千米）、大湾至甲才（27.65千米）7条村公路，共85.5千米，完成投资246.51万元。

2005年8月，羊福至雷山达地公路动工建设，该路三都段长8千米。2007年5月完工。

2005年，全县组织实施2005年通村公路建设计划和2004年通村公路追加、补充计划，及以工代赈建设计划新改建恒丰至景奎村（4.5千米）、大河至苗草（7.3千米）、打抗至板力（3.6千米）、中和至西阳（6千米）、九阡至石板（7.8千米）、坝街至中明（7千米）、巫不至高尧（6千米）、恒丰至板孔（4.2千米）、丰乐至凉山（12千米）、千秋至孔荣（7.2千米）、三洞至乔村（7.6千米）、丰乐至高庄（6.5千米）、梅花至阳猛（4.2千米）、水东至板党（6.9千米）、巫不至尧排（12千米）、排外至里勇（4.1千米）、拉揽至懂术（4.8千米）、大湾至板甲（9.5千米）、党虾至羊甲（7.3千米）、羊福至排外（9.8千米）、巫不至怎雅（2.4千米）、水龙至科寨（3.9千米）、塘州至阳乐（8.1千米）、山勤至罗平（10千米）、合江至尧吕村（13千米）等通村公路。

2006年1月拉揽至来楼油路工程通过竣工验收。拉揽至来楼公路工程为深圳市“双改”扶贫项目，全长8.5千米，路宽4.5米，按省标四级公路标准修建。2006年1月通过竣工验收，完成投资183万元，共完成投资239万元。

2006年利用通村公路建设资金、以工代赈资金、财扶资金修建了九阡至石板（8.5千米）、三洞至乔村（8.5千米）、羊福至排外（9.8千米）、灯光至下岳（5.5千米）、拉外至甲乃（6.2千米）、恒丰至和勇（3.5千米）、板力至岜丛（3千米）、塘州至阳乐（2.5千米）、周覃至水便（7.9千米）、化贤至石安（5千米）、廷牌至良桥（7千米）、交梨至野记（5千米）、羊福至里勇（9.8千米）、怎雅至挡干（3.2千米）、板甲至甲才（5.5千米）、拉但至拉海（4.3千米）、猴场至永兴（5千米）、三合至顺河（5千米）、水昂至新阳（3千米）、水各至水懂（8.3千米）、磅房至高硐（11.7千米）、团渔至甲照（3.9千米）、打鱼至岩捞（10千米）、三合至顺河（5千米）、水昂至新阳（3千米）、水各至水懂（8.3千米）等通村公路，共23条126.4千米。

2006年中央决定修建厦门至成都高速公路和贵阳至广州快速铁路，县交通局积极配合有关部门做好项目前期可研、测设等工作，组织实施200多千米的厦蓉高速公路便道工程。

2007年，厦蓉高速公路计划在三都境内修建施工便道共有23条，总里程为190.1千米，其中新建153.1千米（每千米投资10万元），改建37千米（每千米投资7万元），计划总投资1790万元。

2007年6月底，施工队伍开始进场施工，12月完工。经几个月的努力工作，实际完成工程总投资2297.56万元；实施施工便道共39条；总里程213.621千米，其中完成新建里程160.321千米，改建里程53.3千米。

厦蓉高速公路主线穿越县境内东部的巫不、都江、打鱼、北部的交梨和普安等5个乡镇，这些乡镇原通村公路通达条件比较滞后，借修高速公路施工便道的机遇，加快了县内东部及北部乡镇的通村公路建设，群众真正得到了实惠。施工便道建好后，在一定程度上解决了三都东部和北部5个乡镇有关村组的行路难问题，有5万多人口直接受益，并可辐射周边县乡镇。

2007年，全县组织实施打鱼至巫捞（6.5千米）、大河至营寨（3.5千米）、马场至巴林（1.2千米）、胜利至三利（8.5千米）、交梨至王家寨至永兴（13.5千米）、水条村（5.2千米）、三洞至定城（7.5千米）、三郎至晨光（4千米）、落椿至排偷（9.3千米）、地寨至祥寨（9.3千米）、灯光至下岳（9千米）、中和至姑劳（3.6千米）、高潮至甲约（4.6千米）、大脑至排榜（14千米）、胜利至岩江（12.2千米）、中和至务朝（7.5千米）、中和至姑坡（5千米）、拉海至塘赖（4.3千米）、枚育至拉海（3.3千米）、苗龙至下排正（2.3千米）、江叶至高源（7千米）、三洞至古城（7.3千米）、普安至建华（8千米）、联江至中江（6.1千米）、胜利至五星（5.2千米）、板南村（4.2千米）、后山村（5.7千米）、松寨村（8.1千米）、苗龙至上排正（6千米）、双江至小河（4千米）、拉旦至姑劳（10千米）等通村公路建设。

2008年，全县组织实施大河至民主村（9千米）、打鱼至排炮（含支线24.7千米）、三洞至板龙（4.4千米）、板龙至岜炮（6.8千米）、三洞至板告（3.7千米）、龙场至甲排（5.5千米）、姑挂至夭寨（含支线13.2千米）、水尧至石望（4千米）、水平村（4.3千米）、高戎村（6.2千米）、懂术村（11.6千米）、芒勇至良桥（9.4千米）、摆鸟村（11千米）、鸡照至总奖（10.2千米）、兰懂（10.8千米）、一心村（7.2千米）、新江村（3.7千米）、潘家湾至屯桥（7千米）、中纳至行赏（15千米）、祥寨至伟寨（21.6千米）、中明至光明（23.5千米）、马联至拉佑（4.9千米）等通村公路，共22条217千米，完成投资1381.2061万元。

2009年，全县组织实施苗龙至排招（4.011千米）、怀所至龙场（2.836千米）、敖寨至相坪（17.7千米）、交然至抹蕊（11.2千米）、平寨至冗京（1.35千米）、普安至燎原（2.6千米）、都江至怎雷村（3.5千米）、都江至柳排村（6.8千米）、中和三荔路至姑引（3.042千米）、的空至石安（8.5千米）、高硐至排月（4.0千米）、打鱼至平甲村（9千米）、地祥至地寨（8.954千米）、塘州至拉下（3千米）、普安岩寨村（2.011千米）、都江小脑村（4.102千米）、都江大坝至控抗（17.102千米）、中和姑引至甲化（6.8千米）、周覃和周村（3.5千米）、合江甲照至石奇（13.96千米）、都江塔石村（3.7千米）、都江上江至交德（11.138千米）、中和至拉旦（5.4千米）、周覃场坝至水便（8.2千米）、交梨新联至王家寨（4千米）、猴场至永兴（4.044千米）、打鱼至排怪（11.8千米）、坝街至高坪（12.041千米）、羊福小昔至羊甲（15千米）、九阡姑谭至水枚（4.5千米）、塘州安塘村（5千米）、都江甲找村（3千米）、石奇至甲倒（3千米）、拉旦村至三组（5.4千米）、石安至高潮（2千米）、都江大坝村一组（1千米）、排怪至大寨村（1.5千米）、恒丰至和勇（3.3千米）等通村公路建设。

2010年，全县组织实施佳荣地芽至九阡石板（10.5千米）、江叶村公路（5千米）、引虽至甲王（6千米）、巴若村公路（1.9千米）、甘坤村公路（1.7千米）、永阳至扬拱（1.5千米）等通村公路建设。

2011年，组织实施6条通村油（水泥）路：新联至猴场（10.8千米）、成岑至水东（4.5千米）、合江至岩江（合江至胜利段）（4.7千米）、水龙至地寨（6.3千米）、水龙至安塘（6千米）、中和至塘州（4.3千米）。

2012年，组织实施5条通村油（水泥）路：都江至怎雷（1.68千米）、姑内至水梅（3.3千米）、廷牌至甲约（廷牌至阳安段，4.5千米）、丰乐至敖寨（8.5千米）、普安至的刁（9千米）。

2013年，组织实施3条通村油（水泥）路：芒勇桥至良桥（8.07千米）、丰乐至巴线（4.2千米）、合江至岩江（胜利至岩江段，7.2千米）。

（五）工矿、林区、库区专用公路

1978年1月阳基电站自修2千米公路。

1985年12月建成三都大桥至师范1千米公路（2002年改建成水泥路）。

1985年4月周覃双扶公司在三九线55.5千米处建成0.6千米的矿山公路。

1986年9月原联营公司建成莫家寨至选矿厂0.8千米公路。

1986年10月周覃双扶公司在三九线55千米处建成1.5千米的矿山公路。

1987年南龙锑矿厂建成在苗龙建成0.5千米的矿山公路。

苗龙至乌勒2千米矿区公路，由原联营公司于1987年9月修成。

1988年4月个体煤厂在三九线62.5千米处建成5千米矿山公路。

1989年建成老虎洞至三王庙11.6千米林区公路。

1977年8月动工至2005年5月建成拉揽至良寨林区10千米公路。

2011年，实施拉揽至来楼3.4千米林区道路，建设标准为四级公路，总投资160万元。

（六）城市道路

2001年11月，县城南出口路（大桥至老虎洞段）水泥路面改造工程动工修建。该路段全长420米，按部颁三级公路技术标准改建，2002年4月完工，总投资31.5万元。

2002年3月，G321县城出口路三榕公路2千米水泥路面改造工程通过竣工验收。该工程于2001年7月28日开工修建，总投资120万元，其中：交通部扶贫资金100万元，县自筹20万元。

县城河滨南路工程于2003年12月动工建设。河滨南路水泥路硬化工程分为两期建设，一期工程全长700米，宽15米，二期工程全长820米，按城市道路标准修建，工程于2005年6月完工并通过竣工验收，一期工程完成投资184万元，二期工程完成投资200万元。

龙嘴角至三郎油路工程。为改善全县交通环境，进一步优化县城区道路布局，拉动县城西片区经济发展，根据黔南府专议〔2003〕23号、县委九届纪发〔2003〕2号文件精神，由县交通局组织实施县城西外环线新建项目，全长1.29千米。工程于2003年6月底完成招投标，黔东南州交通建设工程公司中标，2003年7月动工修建，2003年年底完工。后因工程变更增加工程量资金，经过州、县审计局对该工程的工程量进行实地验证，最终审定工程总投资288.83万元。

白火石垃圾处理场公路。县城垃圾处理场公路工程位于县城东面，起点为县城环城东路原民政局路口的沙井弯，终点至白火石，全长1.82千米。由县交通局组织实施。建设规模为全长1.82千米，建设标准为省标乡村公路技术标准，路基宽度5米，每千米至少设3个错车道。工程于2008年2月26日动工，完成路基土石方开挖12000立方米，砌筑公路镶边及挡土墙807.4立方米，铺筑泥结碎石路面9180平方米，完成公路排水沟1820米，建成涵洞7道42米，完成工程直接投资37.28万元。

（七）“两高”建设

厦蓉高速公路三都段建设　厦蓉高速公路格都段（榕江格龙至都匀火石坡）总长98千米，

2007 年 5 月动工，三都境段 51 千米，主线穿越三都东北面，高山深谷，地势险峻，工程主要以桥隧为主，大小隧道共 31 个、大小桥梁 19 个，最长隧道排洞坳隧道 4.38 千米，跨度最长大桥交梨河特大桥全长达 1.58 千米，最高来术河特大桥高 186 米，隧道和桥梁施工难度创省内高速公路建设之最，厦蓉高速公路三都境施工便道建设也创省内之最，由于主线穿越高山深壑，沿线主线和施工便道共涉及普安镇、交梨乡、三合镇、打鱼乡、都江镇、羊福乡、巫不乡共 7 个乡镇 33 个行政村。厦蓉高速公路三都境段共 14 个合同标段，设立 14 个项目经理部。历经 4 年，厦蓉高速公路格都段建设于 2011 年 3 月 31 日正式通车营运，三都收费站于 6 月 11 日开通投入使用，三都从此结束未通高速公路历史。

建设中的厦蓉高速公路交梨河大桥（2010 年摄）

贵广快速铁路三都段建设　贵广快速铁路是贵阳市至广州市客运专线，全长 857 千米，贵州境内 301 千米（其中三都境段 44.8 千米），主线穿越三都东北面普安镇、交梨乡、三合镇、打鱼乡、都江镇、羊福乡、巫不乡 7 个乡镇。三都境在普安镇设火车站台，站台设计为桥上六线停靠站台。2008 年 10 月 13 日开工建设，工程总投资 858 亿元，建成后贵阳至广州从原来的 22 个小时车程缩短至不足 5 个小时。

贵广快速铁路在三都境内主要以隧道为主，三都隧道是贵广铁路最长隧道，长 14.8 千米，从都匀市王司镇直通三都水族自治县普安镇羊吾村，其次是同马山隧道，长 13.6 千米，从三都千秋直通榕江怎冷。工程建设至 2013 年 12 月底主线路基全面贯通。

二、桥梁建设

三都大桥　该桥为悬链式钢筋混凝土双曲拱桥，长 207.2 米，宽 7+2×2 米，高 13.2 米，净跨 3 孔 50 米，4 孔 6 米，矢跨比 1/8 和 1/2，设计荷载汽 15-挂 80，北岸桥台为铝孔灌注桩基础后座式组合桥台。省交通厅投资 75.4 万元，州交通局设计并派工程师指导施工，县组成工程指挥部并派技术员参与，采用民工建勤，机关、居民义务劳动和主要工程按方计价多种方式同时施工。1977 年 3 月动工，1979 年 1 月竣工。

1979 年建成的三都大桥（2011 年 1 月摄）

红星桥　由原大河区公所组织民兵施工，国家补助 8.8 万元，1975 年 12 月动工，1980 年 7 月建成。1980 年获县技术成果四等奖。

打鱼桥　打鱼大桥位于 G321 线 K1043+266 处，跨都柳江支流排调河，是全州最早建成的大跨径乱石拱桥。桥长 94 米，宽 7+2×1 米，高 21 米。1977 年 9 月动工，1978 年 5 月 1 日完工。2007 年 7 月 26 日，丹寨县马颈坳水库垮坝，加上三都遭遇百年不遇的洪涝灾害，都柳江河水猛涨将打鱼大桥冲毁。8 月在原桥址重建打鱼大桥。桥长 111 米，跨径 3×30+1-16，桥型为钢筋砼 T 形梁桥，总投资 725.97 万元。2007 年 11 月竣工。

交然大桥　桥长 102 米，宽 7+2×0.75 米，高 18 米，耗资 21.16 万元。1986 年 12 月动工，

1989年12月竣工。

烂土桥　1976年，国家补助1.6万元，原巴佑乡政府曾抽调100多人的义务代表工奋战一个冬春，完成一墩一台的基础，后因资金不足暂停。1988年8月，州扶贫工作会议，根据经济体制改革的发展，人民渴望尽快摆脱贫困，迫切要求修桥修路的请求，正式确定立项修桥。州民委补助10万元，州交通局补助9.5万元，地方和群众集资2.7541万元修建此桥（实际使用资金22.8254万元）。桥长103.6米，宽6.6米，高5.73米。1988年11月动工，1990年6月竣工。

丰乐桥　桥长104米，宽8.5米，高7米。1990年11月动工，1992年5月20日完工。

马场桥　建桥总耗资51.3万元。主桥42.8万元由都匀长江实业房地产有限公司经理田如斌投资。引桥120米耗资8.5万元。县扶贫办补助4.3万元，县交通局补助0.51万元，马场村民集资0.3926万元，巴林村民集资0.1227万元，全为马场村206户980人，420个劳力义务投劳解决。

拉揽桥　大桥全长120.2米，宽4.5+2×0.75米，高21.6米，主拱净跨70米，引拱净跨16米，设计荷载汽20-挂100，结构为空腹式板式石拱。1996年8月1日竣工。

猴子河桥　桥长68米，宽5米，高23米。耗资68万元。1996年10月动工，1997年5月竣工。

柳叠乱石拱桥　1978年2月三都至都江公路柳叠乱石拱桥建成通车。桥长28.4米，宽7米，高12.4米，主跨1孔，跨径9米。

水平石拱桥　1978年12月，中和至塘州公路水平乱石拱桥建成通车。桥长7米，宽5米，高2米，主跨1孔，跨径4米。

姑偿石拱桥　1978年12月，九阡至扬拱公路姑偿乱石拱桥建成通车。桥长8米，宽6米，高2米，主跨1孔，跨径4米。

老寨石拱桥　1978年12月，九阡至扬拱公路老寨乱石拱桥建成通车。桥长6米，宽7米，高1.5米，主跨1孔，跨径3米。

水措石拱桥　1979年12月，三都至荔波公路下水措乱石拱桥建成通车。桥长23米，宽6米，高6.5米，主跨1孔，跨径11米。

母合石拱桥　1979年12月，三都至荔波公路母合乱石拱桥建成通车。桥长8米，宽7米，高3米，主跨1孔，跨径3米。

塘黄桥　1980年5月，三都至荔波公路塘黄桥建成。桥长55米，宽6.5米，高12米，主跨2孔，一孔跨径30米，另一孔跨径6米。

和平石拱桥　1981年3月，丰乐至和平公路和平乱石拱桥建成通车。桥长9米，宽4.5米，高3米，主跨1孔，跨径5米。

苗龙石拱桥　1981年12月，苗龙公社门口苗龙乱石拱桥建成通车。桥长23米，宽7米，高5米，主跨1孔，跨径15米。

打鱼石拱小桥　1982年12月，三都至都江公路打鱼乱石拱桥建成通车。桥长10米，宽7米，高7米，主跨1孔，跨径5米。

拉揽2号石拱桥　1983年1月，三都至都江公路拉揽2号石拱桥建成通车。桥长16米，宽7米，高7米，主跨1孔，跨径5米。

岔河口石拱桥　1983年1月，都江至坝街公路岔河口乱石拱桥建成通车。桥长72米，宽7米，高18米，主跨2孔，单孔跨径一为40米，一为12米。

排长河石拱桥　1983年1月，都江至巫不、都江至羊福公路排长河乱石拱桥建成通车。桥长62米，宽7米，高25米，主跨1孔，跨径40米。

杨柳寨石拱桥　1983年6月，三都至都江公路杨柳寨乱石拱桥建成通车。桥长25米，宽7.5米，高20米，主跨1孔，跨径13米。

巴艾石拱桥　1983年9月，大河至王司公路巴艾石拱桥建成通车，桥长25米，宽8.5米，高8米，主跨1孔，跨径13米。

鼠场石拱桥　1983年9月，大河至王司公路鼠场石拱桥建成通车，桥长20米，宽8.5米，高4米。

盖赖1号石拱桥　1989年4月，打鱼至盖赖公路1号乱石拱桥建成通车。桥长50米，宽7米，高11.8米，主跨1孔，跨径25米。

大浪石拱桥　三都至榕江公路大浪乱石拱桥，长36.5米，宽8.5米，高13米，主跨1孔，跨径16米。

坝辉石拱桥　三都至榕江公路坝辉乱石拱桥，长48.5米，宽8.6米，高10.4米，主跨1孔，跨径25米。

坝街铁索桥　1997年5月10日，由贵州省民委、州交通局、三都坝街乡政府投资加上群众集资，共26.5万元，建成横跨都柳江的第一座铁索桥，桥长98米，宽2.4米，高11米。

大河营寨桥　1997年5月19日，大河镇营寨乱石拱桥建成通行。桥长76.08米，宽4.5米、高10.5米，主跨2孔，单孔跨径各25米。

巫詹石拱桥　1997年5月，高丛至羊福公路巫詹乱石拱桥建成通车，桥长48米，宽5米，高18米，主跨1孔，跨径30米。

羊福石拱桥　1998年1月，高丛至羊福公路羊福乱石拱桥建成通车。桥长33米，宽5米，高17米，主跨1孔，跨径25米。

塘州石拱桥　1998年2月，塘州至廷牌公路塘州乱石拱桥建成通车。桥长16米，宽8.5米，高5.3米，主跨1孔，跨径8米。

玉雄石拱桥　1998年3月，塘州至廷牌公路玉雄乱石拱桥建成通车。桥长13.84米，宽8.5米，高4米，主跨1孔，跨径4米。

盖赖2号石拱桥　1999年11月，打鱼至盖赖公路2号乱石拱桥建成通车。桥长38米，宽5米，高12米，主跨1孔，跨径25米。

潘家湾石拱桥　2000年4月，烂土至打香公路潘家湾石拱桥建成通车。桥长76.5米，宽7米，高9.5米，主跨2孔，单孔跨径各25米。

排烧石拱桥　2000年4月，拉揽至排烧公路排烧石拱桥建成通车。桥长24米，宽7米，高5米，主跨1孔，跨径13米。

龙嘴角大桥　2002年3月动工建设，2003年2月竣工。龙嘴角大桥位于县城西出口，横跨都柳江与“三荔”公路连接，设计全长为175米，桥宽12米，设计荷载为汽车-超20级，挂车-120，桥梁上部构造是10×16米整体式钢筋混凝土空心板，下部构造为重力式U型桥台、双柱式桥墩。该桥原计划投资315万元，实际完成投资353.88万元，主要建设资金来源为财政扶贫资金、交通建设资金以及地方自筹资金。由县交通局负责组织实施，县建设局为工程质量监督单位。工程施工单位为贵州省大通路桥工程公司，监理单位为贵州省科达监理公司。

大湾石拱桥大桥　2003年3月6日，九阡至荔波佳荣公路大湾大桥通过竣工验收。建设标准：设计荷载汽车-20级，挂车-100，桥长60米，桥面宽度7+2×0.75米人行道，桥高14米，净跨40米，矢跨比1/5。

2001年8月动工修建，于2002年3月全面完工。完成工程投资46.1747万元。

麻光大桥　2006年3月，三都麻光大桥动工建设。麻光大桥全长173米，宽12米，为钢筋混凝土空心板桥。工程于2007年3月竣工，完成投资600.6万元。

猴场桥　2007年4月25日，猴场公路桥动工建设。原猴场桥是解放前修建的石拱桥，由于使用年限长，桥身变形，成为危桥，加上该桥与公路走向衔接线型较差，存在严重的交通安全隐患。

为从根本上排除该桥交通安全隐患，州交通局积极筹资新建猴场桥，桥长76.5米，宽7米，净跨6米，工程于2007年4月25日开工建设，2008年8月完工。完成投资111万元。

红星大桥　2008年3月26日，大河红星桥开工建设。大桥设计净跨4×20米，全长92米空心箱梁桥，计划投资298万元，2009年8月通过竣工验收。

坝街大桥　坝街大桥为普通钢筋混凝土箱型拱桥，全长111米，引道347.15米，全长479.15米。项目总投资853万元，2009年12月9日动工建设，2010年11月底竣工。

拉旦石拱桥　1997年12月，中和拉旦石拱桥建成，桥长32米，宽4米，项目投资3.6万元。

拉揽2号石拱桥　桥长16米，宽7米，1982年8月动工建设，1983年1月建成，完成投资1.4万元。

烂土狮子石拱桥　桥长24米，宽8米，1986年1月动工建设，同年12月建成。

龙洞井石拱桥　桥长13米，宽7米，1986年12月动工建设，1987年4月建成。

冗阳石拱桥　桥长16.7米，宽8米，1986年11月动工建设，1987年4月建成，完成投资1.5万元。

弄八石拱桥　桥长25米，宽8米，1986年6月动工建设，1987年11月建成，完成投资1.2万元。

王雄石拱桥　桥长13.84米，宽8.5米，1997年4月动工建设，1998年3月建成，完成投资1.2万元。

松寨石拱桥　桥长26米，宽4.5米，1996年8月动工建设，1997年12月建成，完成投资3.1万元。

燕高石拱桥　桥长48米，宽5米，2006年5月动工建设，2006年12月建成，完成投资26.6万元。

高尧河石拱桥　桥长32.9米，宽5.2米，2001年动工建设，2002年建成，完成投资26.18万元。

高潮石拱桥　桥长48米，宽5米，2006年5月动工建设，2006年12月建成，完成投资26.6万元。

板孔石拱桥　桥长40米，宽5米，2004年9月动工建设，2005年4月建成，完成投资19.5万元。

新华石拱桥　桥长48米，宽5.5米，2004年12月动工建设，2005年7月建成，完成投资26.6万元。

甲倒石拱桥　桥长36.4米，宽4.5米，2005年9月动工建设，2006年1月建成，完成投资15.38万元。

崩寨石拱桥　桥长18.4米，宽4.5米，2004年8月动工建设，2005年3月建成，完成投资10万元。

高庄石拱桥　桥长47米，宽7米，2006年2月动工建设，2006年6月建成，完成投资16.8万元。

打猛石拱桥　桥长38.4米，宽6米，2005年9月动工建设，2006年5月建成。

乔村石拱桥　桥长38.4米，宽6米，2006年2月动工建设，2006年5月建成，完成投资26.6万元。

石安石拱桥　桥长30.28米，宽5.5米，2006年8月动工建设，2007年3月建成。

科寨石拱桥　桥长23.4米，宽4.5米。

甲才石拱桥　桥长60米，宽4米，2011年动工建设，2012年建成，完成投资57.787万元。

懂术桥　桥全长34米，净跨20米，宽5.5米，2007年7月动工建设，2007年12月建成，完成投资31.15万元。

合江岩江桥　桥长36米，宽5米，2001年8月动工建设，2001年12月建成，完成投资11万元。

拉峨桥　桥长25米，宽6米，2010年10月建成，完成投资38.324万元。

交梨新村桥　桥为分离式钢筋混凝土箱梁桥，桥长35米，宽6米，2010年10月建成，完成投资49.614万元。

巫孟桥　桥为分离式钢筋混凝土箱梁桥，桥长43.5米，宽6米，2010年10月建成，完成投资65.056万元。

姑鲁桥　桥为分离式钢筋混凝土箱梁桥，桥长15.4米，宽6米，2010年10月建成，完成投资36.576万元。

都柳江大桥　桥长162.6米，宽13.5米，总投资846万元，2012年11月开工建设，2013年8月建成通车。

三、站点建设

（一）三都汽车站

根据县城规划，1998年6月，在城东开发区的建设东路与现城东路交口处，征拨一块土地，修建三都新汽车站。土地使用权面积3083.38平方米（其中三角地158.22平方米），站房主体工程建筑面积882.6平方米，砖混结构，两楼一底，工程造价220.118万元。停车场及附库工程造价64.97万元。全部工程由省铝镁设计院设计，省第七冶金建筑公司承建，1998年6月22日动工，1999年4月8日完工。1999年5月12日，原都匀汽车运输公司三都汽车站人、财、物划归三都交通局管理。汽车站实行独立核算、自负盈亏的管理方式。1999年7月16日，新建三都汽车站正式开业。

（二）乡镇客运站建设

丰乐镇客运站　占地面积2000平方米；主站房211平方米；停车场1754平方米；厕所、围墙、办公设施等，外形民族特色。2005年10月动工建设，2006年4月建成，完成投资45万元。

九阡镇客运站　占地面积2000平方米；主站房286.69平方米；停车场1635平方米；厕所、围墙、办公设施等，外形民族特色。2005年10月动工建设，2006年4月建成，完成投资47万元。2007年7月开始营运。

周覃镇客运站　占地面积2000平方米；主站房2894平方米，外形民族特色。2005年10月动工建设，2006年4月建成，完成投资49万元。

合江镇客运站　占地面积2000平方米；主站房234平方米；停车场1780平方米；厕所、围墙、办公设施等，外形民族特色。2006年12月动工建设，2007年8月建成，完成投资48万元。

塘州乡客运站　占地面积2000平方米；主站房234平方米；停车场1780平方米；厕所、围墙、办公设施等，外形民族特色。2006年12月动工建设，2007年5月建成，完成投资48万元。

大河镇客运站　占地面积2000平方米；主站房234平方米；停车场1780平方米；厕所、围墙、办公设施等，外形民族特色。2008年12月动工建设，2009年4月建成，完成投资58万元。

普安镇客运站　占地面积2000平方米；主站房234平方米；停车场1780平方米；厕所、围墙、办公设施等，外形民族特色。2008年12月动工建设，2009年4月建成，完成投资66.8万元。

廷牌镇客运站　占地面积2000平方米；主站房234平方米；停车场1780平方米；厕所、围墙、办公设施等，外形民族特色。2008年11月动工建设，2009年3月建成，完成投资59万元。

水龙乡客运站　占地面积2000平方米；主站房234平方米；停车场1780平方米；厕所、围墙、办公设施等，外形民族特色。2009年10月动工建设，2009年12月建成，完成投资57.2万元。

三合镇客运站　占地面积2000平方米；主站房234平方米；停车场1780平方米；厕所、围墙、办公设施等，外形民族特色。2009年10月动工建设，2009年12月建成，完成投资66.8万元。

（三）农村公路客运招呼站建设

2013年8月动工修建94个农村客运招呼站，其中砼结构82个，木结构12个。涉及大河、丰乐、交梨、三合、都江、水龙、廷牌、周覃、拉揽、中和、普安、合江等乡镇，总投资141万元，资金来源为黔南州运管处集中连片特困地区乡镇、建制村客运站点建设项目资金。2013年11月完工。

第三节　公路管理

一、路政管理

路政管理是确保公路设施完善，维护公路秩序，保障路产路权，保证安全通车的重要工作。1999年10月31日国家颁布《中华人民共和国公路法》，2001年9月23日经贵州省第九届人民代表大会常务委员会通过，11月1日起颁布实施《贵州省公路路政管理条例》，2003年4月1日交通部公布实施《路政管理规定》。县级以上人民政府交通主管部门根据《中华人民共和国公路法》及其他有关法律法规、规章的规定主管本行政区域内的路政管理工作。由于山区地形限制，县域群众在公路及公路用地范围内摆摊设点、打场晒粮、骑路贸易、乱挖乱占、违章建房等现象一度较严重。县公路部门每年5月开展路政管理宣传月活动，加大公路法律法规宣传力度，提高群众爱路护路意识，集中力量打击违法行为。

2001年年末三都公路管理段，设置有路政中队，有专职路政人员两名，兼职路政人员一名。2003年为治理超限运输，三都公路管理段根据上级文件要求，设置超限运输稽查队，由段路政部门进行安排管理。2007年7月9日，三都公路管理段路政中队更名为三都公路管理段路政管理大队。内设综合办公室和超限稽查站。编制定员8人：大队长1人（行政分管领导兼任），教导员1人（党支部书记兼任），副大队长1人，工作人员5人。路政专用车2辆。根据路政各年报表统计，2001年至2010年三都公路管理段路政出动公路巡查2112天，组织大型路政宣传85次。受宣传人数23万人次，查处损坏公路赔（补）偿案件236起，清理公路违法堆积8526处，有力地维护公路的路产路权，保障了公路安全畅通。

二、公路养护

1978年4月，贵州省黔南公路养护总段三都养护工区成立，管养国道和省道，主要管养交梨、廷牌道班和三郎渡班，养护36.8千米公路和三郎渡口。

1980年3月31日，三都大桥和4.4千米引道验收通车，三郎渡口撤销，三郎渡班不复存在。为确保公路养护，增设三都道班。1986年4月18日，都匀公路养护总段三都公路养护段成立，辖交梨、三都、廷牌三个道班，管养路线38.5千米。1998年10月20日，更名为三都公路管理段，管养线路37.6千米。

三都水族自治县工交局地方养护工区养护县、乡公路。1978年，管养公路95.3千米，人员48人，道班7个。“六五”期末的1985年，县、乡公路养护里程达178.9千米（其中县公路124.5千米、乡公路54.4千米），人员64人，道班发展到12个。

1986年以后，根据中交部提出的“建养并重、协调发展、深化改革、强化管理、提高质量、保障畅通”的公路养护方针，公路养护工作得到不断加强，养护质量不断提高，通过全体管理、养护职工的艰辛努力，1986 年至 1990 年各年好路率逐年上升，确保了县乡公路的安全畅通。

1999 年 3 月 29 日，根据省、州文件要求，县编委（三编〔1999〕1 号）文件批复：三都水族自治县交通局地方养护工区更名为三都水族自治县县乡公路管理所，职责由单一的养护转变为管理和养护，管养公路也从以前的泥结碎石逐步改造为油路，管养任务日益繁重；2007 年，县乡公路管理所管养县道 224.5 千米/7 条、乡道 109.9 千米/9 条，下设道班 22 个，临时养护工 82 人，县乡公路管理所管理人员 12 人。

为进一步规范管理，据国务院办公厅《农村公路养护管理改革实施方案》和贵州省交通厅、省公路局关于理顺国省道与县乡公路管理体制的工作要求，2005 年 10 月，县乡公路管理所将管养的国道 321 线县城至坝街段 48.67 千米公路移交三都公路管理段管养，2007 年 1 月 1 日，将管养的省道 206 线三郎至塘黄段公路 60.6 千米公路移交三都公路管理段管养，同时，县乡公路管理所接养三都公路管理段管养的县道打显至周覃段 16.1 千米公路。至此，县乡公路管理所管养县道 127.664 千米/6 条，乡道 100.095 千米/9 条。

2008 年 12 月，根据据国务院办公厅、贵州省人民政府办公厅、黔南州人民政府办公室《关于农村公路管理养护体制改革方案的通知》，三都水族自治县县乡公路管理所全部划归地方，管理人员工资、办公经费、农村公路（县、乡、村道）日常小修养护经费由县级财政支付；为加强全县农村公路的管理和养护，更好地适应全县经济社会的发展，2009 年 3 月，县机构编制委员会（三编〔2009〕4 号）批准将三都水族自治县县乡公路管理所更名为三都水族自治县公路管理所，同时加挂三都水族自治县农村公路路政管理大队牌子，实行一套人员、两块牌子的管理方式，内设办公室、工程技术室；同年 9 月，县人民政府办公室印发了《三都水族自治县村公路养护管理（试行）办法》（三府办发〔2009〕132 号），进一步明确了乡镇人民政府对村公路管养的主体责任，使农村公路管养工作得到进一步加强。至 2013 年，县公路管理所管养县道 127.664 千米/6 条，乡道 100.095 千米/9 条；有管理人员 16 人，机车 8 辆（台）。

小修保养主要是以养好路面为中心，加强全面养护，不断提高好路率，压缩差等路，增添涵管，更换标志，种植行道树，加强养护工作，做到路容整齐。而公路养护道班，则主要是承担公路小修保养工作，小修保养工作内容，就是道班的主要职责和任务。因此，道班的建设和工作的好坏，与公路养护的好坏，有直接的、重要的关系。2006 年 1 月，为了便于公路养护管理和养路工程机械的合理使用，三都公路管理段将三都道班和交梨道班合并为三都道班。将原三都道班房重新改建两栋楼房（下层作为道班办公用房，上层给道班职工居住）。

2006 年 4 月 1 日三都公路管理段接养坝街到三都路段。在都江设置都江道班，在都江镇租用民房进行道班安置，实施公路养护工作。

2007 年 1 月 1 日三都公路管理段接养 S206 线 K0-K63 三都到塘黄路段，同时将 X942 打周线周覃到塘立移交县乡公路管理所养护。三都公路管理段在周覃设立周覃道班。租民房进行道班安置，实施公路养护工作。2010 年道班更名为养护站，2010 年 12 月三都段争取到上级资金 57 万元建成打鱼养护站楼房。2011 年 12 月底三都公路管理段完成段新办公大楼的建设，总投入资金 220 多万元。2001 年至 2006 年投入小修保养费共 328 万元，2007 年至 2013 年，用于小修保养的经费达到 600 万元。

到 2013 年，三都公路管理段养护机械有：割灌机 4 台，沥青热油存储罐两个，存储量 100 吨，切割机 8 台，冲击夯 8 台，平板夯 8 台，凿岩机 2 台，发电机 2 台，综合养护车 1 辆，沥青撒布器 3 台，运输车辆 6 台，洒水车 1 台，压路机 2 台，沥青拌和机 2 台。

三、公路绿化

新中国成立前，三都仅有一条 17.3 千米长的不正常通车公路，基本没有进行绿化。新中国成立后，特别是党的十一届三中全会后，公路两旁都补栽和新植了行道树。公路绿化从道班开始，道班驻地前后一千米范围之内的公路两侧必须栽上行道树，此举效果较好，但管理存在困难。1974年，为解决公路绿化树苗难题，县交通局为公路养护区在三洞雪花洞一带征地6亩建设苗圃场，用于培育树苗。

1987年12月，黔南州在长顺县召开公路划地、绿化会议。1988年1月15日，三都水族自治县交通局、公安局以〔1988〕001号文件发布《关于公路绿化及奖惩办法暂行规定》。同年2月，即春节后第4天，县委书记潘茂修、县长韦国鼎亲自带领县级机关单位干部职工1000多人，在三周线三都至牛场公路上划分地段，分配任务栽种行道树，绿化公路。与此同时，还召开专门会议，要求各区、乡镇领导带领干部群众在辖区内附近公路栽种行道树。这一举措，对全县公路绿化工作起到了积极的推动作用。截至2013年，全县公路绿化里程111千米，公路植树22500株。公路工程建设绿化具体情况如下：

国道321线杨勇关至三都县城公路，工程全长16.6千米，其中绿化16.6千米，栽种绿化树6221株。国道321线三都县城至都江公路，工程全长35千米，其中绿化6千米，栽种绿化树2500株。国道321线都江至坝街公路，工程全长13.67千米，其中绿化4千米，栽种绿化树1400株。国道321线三都县城接口处至三郎岔路口，工程全长5.1千米，其中绿化1.7千米，栽种绿化树506株。三都县城三郎岔路口至九阡公路，工程全长60.6千米，其中绿化33千米，栽种绿化树3500株。周覃至打显公路，工程全长16.2千米，其中绿化10千米，栽种绿化树1364株。荔波至三都线九阡水各至荔波水江公路，工程全长6.6千米，其中绿化6.6千米，栽种绿化树1000株。三都至大河公路，工程全长17.2千米，其中绿化4千米，栽种绿化树800株。都匀至三都线大河至木克寨公路，工程全长18.6千米，其中绿化12.3千米，栽种绿化树800株。杨勇关至丰乐平寨公路，工程全长18.5千米，其中绿化3千米，栽种绿化树800株。三都烂土至独山打香公路，工程全长9.11千米，其中绿化3千米，栽种绿化树800株。都江至巫不公路，工程全长34.5千米，其中绿化3千米，栽种绿化树1800株。排长河至甲雄公路，工程全长10.7千米，其中绿化2千米，栽种绿化树600株。三都水龙至荔波尧棒公路，全长28.6千米，其中绿化5千米，栽种绿化树300株。

第四节　公路运输

三都人员流动、货物流通，主要依赖公路运输。

党的十一届三中全会以后，三都城乡商品经济日益发展，运输车辆增加较快，运输市场出现国营、集体、个体一齐上的多成分、多渠道的新局面。为了进一步加强运输市场管理，1980年8月，省人民政府颁发了《贵州省公路运输市场“四统”管理暂行规定》。同年11月，县人民政府转发州政府《关于开展运输市场“四统”管理工作的几点意见》。“四统”管理的主要内容是：统一管理货源、统一平衡运力、统一计费标准、统一油料供应。

1983年5月，为贯彻省政府《关于改善和加强公路运输管理暂行规定》及《实施细则》，对全县运输车辆进行全面清理审查，营运车辆符合规定要求的，由工商部门换发营业执照，开立账户。无证运输的，坚决取缔，非营运车辆临时参加社会运输，须经交通部门批准，发给“临时营运证”，到税务部门办理税务登记，按章交纳税费。凡从事营运的车辆，必须统一运输票据，否则财务部门不予报销，银行不予办理转账。交通、税务部门互相配合，互相代收税费，双方按运费总收入的2%提取代办费。1986年，“四统”管理不再执行。

1984年，出现个体运输户自愿联合，组成个体车联运车队。州交通局下发《关于扶持“两户一联”的十条措施意见》。县运管部门采取两统（统一调度、统一结费）、三代（代收运费、代缴税金和代缴交通规费）、三优先（优先办理营运证、优先提供运输方便、优先安排车辆维修）等优惠服务。同时还无偿提供办公用房、桌椅和场地，帮助联运车队建立规章制度，组织货源，代管财务收支，按月结算到车，兑现到人。运管部门的大力扶持，使联运车队得到健康发展。1985年，联运车队由建队时的25辆车发展到77辆，占个体车总数的85%。

1986年，为贯彻交通部、国家经委发布的《公路运输管理条例》和省交通厅、省经委颁发的《贵州省公路运输管理实施细则》。运管部门在全县范围内狠抓客货运输市场管理，特别针对客运市场争线、拖点的混乱局面，进行了清理整顿，通过对客运车辆的摸底调查，逐步审核，落实客运车辆的三定（定点、定线、定班次）、四挂（挂路线牌、挂乘务员证、挂运价表、挂服务准则），基本解决了汽车客运争线拉客、串线改点、乱停乱靠的现象。据1988年年底统计，全县实行挂牌的营运客车17辆，运行8条路线，日发客运班次24次，营运里程1200千米。

1989年，为贯彻执行交通部《关于治理整顿道路运输市场的决定》和省政府《关于治理整顿道路运输市场意见的通知》，1989年，在县境内开展两年的治理整顿道路运输市场工作。县成立治理整顿领导小组，建立整顿办公室，由交通、公安、工商、税务等单位抽调精干人员，开展日常工作。这次整顿的范围和主要内容是凡在县境内从事公路客货运输、搬运装卸、车辆维修、运输服务的单位或个人及其运输工具、设备等均列入整顿范围，整顿内容包括运力调控、开业条件、证照办理、经营范围、运价执行、票证使用、税费缴纳、经营行为等。

1990年4月19日，县人民政府发布《关于治理整顿道路、水路运输市场的通告》，进一步提出明确的要求。下半年，运输市场的治理整顿工作向纵深度发展。为适应运输市场发展的需要，同年8月，由交通、交警、工商等几家牵头，组建“三都水族自治县运输服务处”，该处属于个体运输户的群众组织，在交通运输部门的指导下开展工作，制定有关服务章程和有关制度。运输服务处成立后，协助和配合运输市场的整顿工作，开展依法运输、文明运输、安全运输的宣传、学习活动和运输咨询服务，提高了广大个体运输户的政治思想觉悟和法律意识，个体运输户自觉遵章守纪，按章纳税，安全事故明显下降，运输收入逐渐增加。特别是解决了“私车挂公营”的问题，多数私挂公的个体运输户与原挂单位办理脱钩手续，加入到运输服务处的组织中来，自己教育自己，自己管理自己，为搞好运输市场的治理整顿工作起到了积极的辅助作用。

1998年以来，开展运输市场管理活动，进一步完善运输市场管理机制，加大监督检查的力度。1998年共查车1583辆次，其中客车506次，货车560次，拖拉机497次，检查汽车维修业20次。对查出来的违章行为，均按照《贵州省道路运输违章处罚规定》进行处罚。

2001年完成货运量21.963万吨，周转量1185.45万吨千米，分别比整顿前的1989年增长4倍和3.1倍；1989年至1991年三年整顿期间共征收交通规费190.9598万元，比整顿前的1986年三年总和增长1.5倍。

1980年以后，党中央放宽政策，允许私人购买汽车、拖拉机运输，运输工具和运输量逐年增加。1987年，全县共有客车48辆，货车145辆，拖拉机114辆，简易小货车31辆，特种车14辆。其中：个体户货车100辆，客车20辆，简易小货车31辆，拖拉机103辆。2010年，全县共有营运客运车131辆3155座，货运车459辆1137吨。2013年，全县共有营运客车164辆3937座，货车766辆1587吨。

三都汽车站客运班次统计表（2013 年）

表 8-11

序号	起点	终点	里程（千米）	座位	班次	途经
1	三都	贵阳	165	93	一日四班	厦蓉高速路
2	三都	都匀	74	420	一日二十八班	厦蓉高速路
3	三都	都匀	88	120	一日二班	经王司
4	都江	都匀	124	28	一日一班	经三都上厦蓉高速路
5	兴华	凯里	184	30	一日一班	经都江、三都、丹寨
6	周覃	都匀	130	30	一日一班	经独山贵新高速路
7	三都	凯里	110	360	一日十二班	经丹寨
8	扬拱	凯里	190	43	一日两班	经丹寨
9	三都	榕江	75	180	一日六班	经厦蓉高速公路
10	三都	丰乐	26	38	一日二班	经大河
11	丰乐	三都	26	152	一日九班	经大河
12	三都	合江	26	57	一日三班	经大河
13	合江	三都	26	76	一日八班	经大河
14	九阡	独山	73	19	一日一班	经周覃、廷牌
15	坝街	三都	48	95	一日五班	经都江、打鱼、拉揽
16	三都	坝街	48	190	一日十班	经拉揽、打鱼、都江
17	三都	都江	36	57	一日三班	经拉揽、打鱼
18	三都	羊福	60	19	一日一班	经拉揽、打鱼、都江
19	羊福	三都	60	57	一日三班	经都江、打鱼、拉揽
20	三都	巫不	70	19	一日一班	经拉揽、打鱼、都江
21	巫不	三都	70	38	一日二班	经都江、打鱼、拉揽
22	普安	三都	19	152	一日九班	经交梨
23	普安	独山	86	19	一日一班	经丰乐、大河、合江
24	丰乐	独山	72	30	一日一班	经大河、合江
25	三都	独山	79	190	一日十六班	经大河、合江
26	三都	独山	80	19	一日三班	经水龙、塘州、廷牌
27	三都	独山	108	114 30	一日十六班	经水龙、中和、周覃、廷牌
28	三都	独山	90	19 30	一日三班	经扩州（去）、周覃（回）
29	扬拱	独山	83	33	一日一班	经九阡、周覃、廷牌
30	周覃	独山	60	19	一日一班	经基长

续表8-11

序号	起点	终点	里程（千米）	座位	班次	途经
31	三都	普安	19	38	一日二班	经交梨
32	普安总奖	三都	36	38	一日二班	经交梨
33	三都	荔波	86	76	一日十班	经水龙、中和、三洞、周覃
34	三都	荔波	86	38	一日五班	经扩州、廷牌、恒丰
35	扬拱	荔波	47	19	一日一班	经水各
36	九阡	三都	65	19	一日一班	经周覃、三洞、中和、水龙
37	三都	九阡	65	95	一日五班	经水龙、中和、三洞、周覃
38	恒丰	三都	50	19	一日一班	经廷牌、扩州
39	三都	扬拱	75	19	一日三班	经水龙、中和、三洞、周覃、九阡
40	扬拱	三都	75	57	一日四班	经九阡、周覃、三洞、中和、水龙
41	甲岛	三都	36	19	一日一班	经合江、大河
42	燕高	三都	27	19	一日一班	经普安、交梨
43	巴佑	三都	30	38	一日两班	经合江、大河
44	三都	杭州	1800	159	一日三班	凯麻、凯玉、湘邵、杭金
45	三都	龙岗	1200	108	一日二班	厦蓉高速、321 国道、包茂、广深
46	三都	东莞	1000	306	一日六班	厦蓉高速、321 国道、包茂、广深
47	三都	常州	1680	150	一日三班	凯玉、怀化、上饶、宇杭

1982 年 11 月 8 日，黔南州人民政府批准调整以下搬运装卸价：

人力装卸，由原每吨都匀市区 0.35 元，各县 0.45 元，调为全州统一价 0.50 元。

人力板车搬运，由原每吨千米都匀市区 0.55 元，各县 0.60 元，调为全州统一价 0.70 元。

人兽力车装卸，由原每吨 0.70 元，调为 0.80 元。

拖拉机装卸，搬拖按汽车装卸价，手扶按兽力车装卸价执行。

20 世纪 90 年代后，随着国民经济的发展和物价的变化，一般以国家定价为基价，某些项目由承托双方议价来调节。

1984 年，交通部颁发《汽车运输规则》。1985 年 3 月制定不同路等，分等计价。

1986 年 6 月 1 日，省物价局、交通局、交通厅联合颁发《贵州省汽车运价规则实施细则》。制定客运每人千米一、二等线 0.23 元，三等线 0.33 元；货运每吨千米一等线 0.18 元，二等线 0.20 元，三等线 0.23 元。同时，客运按每人千米增收附加费 5 厘。

1989 年 12 月 16 日，省物价局、交通厅再次调整汽车运价：客运每人，一等线由 0.27 元调为 0.38 元，二等线由 0.27 元调为 0.43 元，三等线由 0.33 元调为 0.48 元。调整后的价包括人身意外保险费。

20 世纪 90 年代，随着市场物价的变化，油料上涨，汽车维修费提高，运输成本加大，运输价格也作了相应的调整。

三都汽车站有站房833平方米，候车厅206平方米，停车场5640平方米，设有10个发车位，进站班车现有137辆。县汽车站开通有贵阳、都匀、凯里、独山、荔波、榕江、东莞、深圳、杭州、常州等16条线路，日发100班次，日均旅客发送量2000人次。

2010年9月成立了都匀汽车运输公司三都分公司和黔南州交运有限公司三都分公司。

第五节　城市客运

2005年3月前，县城客运主要靠人力三轮车和机动三轮车运送。随着县城人流量增大，人力三轮车和机动三轮车不能满足客流量的需要，城市公共交通应运而生。根据《三都水族自治县县城总体规划（2007—2025）》《三都水族自治县城市公共客运交通总体规划纲要（2006—2015）》等文件精神，针对县城人力三轮车破烂、行驶不规范、载人价格乱等情况，于2007年取缔了在县城从事客运的人力三轮车101辆，同时对县城从事客运的电动三轮车进行摸底调查和造册登记。2008年，根据城市公共交通发展的趋势，为规划县城从事客运公共交通秩序，对在县城从事客运的电动三轮车202辆进行清理清退，并对车主给予每辆300元的补助。为缓解县城停车难的困难，在原有的县城路段增补停车位2629平方米，院落车位445平方米，平整停车场地200平方米；2009年，根据三府发〔2009〕21号《三都水族自治县人民政府关于印发三都水族自治县取缔县城客运机动三轮车开通出租汽车工作实施方案的通知》精神，对在县城从事客运的机动三轮车180辆进行了置换退市工作。在没有投放县城客运出租车营运前，给市民出行带来不便，临时投入增开县城三都师范（二中）—羊角坝、县城外环路—麻光开发区往返客运，暂时缓解群众出行。2010年，投放60辆捷达牌出租车进行城市客运工作，并组建出租汽车服务公司（风捷出租有限公司），同时，加强对县城黑线黑车的整治，依法暂扣非法从事客运机动三轮车15辆、黑摩的24辆。2013年6月通过招标组建县城市公交有限公司，8月县城投放20辆城市公交车运营，结束了三都水族自治县县城没有公交车的历史。

第六节　都柳江航运

一、港口码头

渡口设置　2004年5月11日，为维护水上交通秩序，保障人民生命财产安全，县人民政府批准在都柳江流域设置12个渡口码头（即坝辉渡口、羊瓮渡口，都江镇拦牛河渡口、布仰河渡口、柳叠渡口，打鱼乡的平甲渡口、打略渡口，三合镇三郎渡口、水纹渡口、八麻渡口，合江镇的棒寨渡口，丰乐镇丰乐渡口）。2007年7月26日，三都水族自治县遭受特大洪灾，导致大河红星桥、打鱼大桥、坝街铁索桥被洪水冲毁，造成群众过河困难，经县人民政府批准设置大河、打鱼、坝街三个临时渡口。2009年4月8日，棒寨大桥、丰乐大桥、大河大桥、打鱼大桥、八麻公路通过验收，经县人民政府批准撤销以上五道渡口。2011年10月13日，坝街大桥通车撤销了坝街渡口。

渡口码头建设　2006年省海事局拨款13万元修建柳叠渡口码头及渡工房。2007年7月26日柳叠渡口码头被洪水冲毁，2008年县人民政府拨款2.4万元修复。

2008年省海事局拨款23万元修建坝街渡口码头和坝辉渡口码头及渡工房。2010年省海事局拨款12.8万元修建水纹渡口码头及渡工房。

2013 年省海事局拨款 18.8 万元修建三郎渡口和柳叠渡口，2013 年 11 月 30 日交付使用。

二、水上运输

旅客运输　2010 年，三都有渡口码头 8 道，涉及 4 个乡镇 11 个村，年渡运量 18 万人次。

2013 年，三都有渡口码头 8 道，涉及 4 个乡镇 11 个村，年渡运量 23 万人次。

水难事故　2005 年 6 月 16 日发生八麻渡口“三渡 15 号”沉船事故。经调查事故发生的情况如下：6 月 16 日中午，渡工吴育华在明知洪水超过禁渡水位线的情况下仍酒后强行摆渡，致使渡船沉没，船上 4 人全部落水，2 人自救上岸，渡工吴育华（普安镇新华村人）、村民陆龙章（三合镇顺河村人）溺水死亡。

2005 年至 2013 年无水上交通事故。

三、航务管理

渡口船舶管理　全县 8 道渡口均为非机动船舶，船舶管理单位为当地乡镇人民政府，安全监管单位为县地方海事处。

自用船管理　2010 年 11 月 17 日省人民政府审议通过《贵州省乡镇自用船舶安全管理办法》，自 2011 年 3 月 1 日起施行。县境各乡镇自用船舶的安全管理实行属地管理，由乡镇人民政府负责。

第四章　电　力

1978—1995 年，县境内供电由三都水电局管理，1995 年 12 月水利局和供电局分家，三都供电局正式成立，隶属于贵州电网公司并由都匀供电局代管。2010 年 4 月实现了资产上划，成为南方电网贵州电网公司的全资子公司。至 2013 年，全局有在岗员工 228 人，退休职工 23 人，本科学历 13 人，大专学历 82 人，中专及以下学历 133 人；用工人员中，专业技术人员 33 人，其中：中级职称 3 人，初级职称 30 人。

全局下设 10 个职能管理部门（办公室、工会、党群工作部、人力资源部、监察审计部、生产设备管理部、市场营销部、财务部、安全监管部、计划建设部）、11 个生产经营部门（电力调度控制中心、输电管理所、变电管理所、物资仓储配送站、三合供电所、大河供电所、普安供电所、都江供电所、中和供电所、周覃供电所、九阡供电所）。

三都供电局坚持以“安全第一、预防为主、三体系一机制”建设为核心，以安全生产风险体系建设为主线，以供电所安全监管为关键，以安全专项活动为载体，不断探索实践安全管理新途径，夯实安全管理基础，确保了电网、设备及人身安全。加强生产班组及供电所每周的安全学习管理，固化安全学习的内容，提升安全学习的质量。坚持抓各级人员安全责任到位监督、检查和考核，不断完善安全生产责任传递机制及安全监督体系建设，促使压力有效传递到位。2013 年发现缺陷共 269 条，其中一般缺陷 234 条，已消缺 210 条，未消缺 24 条，消缺率 90%；重大缺陷 9 条，已消缺 9 条，消缺率 100%；紧急缺陷 26 条，已消缺 26 条，消缺率 100%，保证了全县辖区电网的安全、稳定运行，连续累计安全生产 3277 天。

第一节 供电设施

至2013年年底，三都水族自治县境内共有110千伏变电站2座，容量116000千伏安；35千伏变电站7座，总容量61500千伏安。主要变电站如下：110千伏三都变电站。位于县城南2千米处老虎洞寨，1996年6月正式建成并投入运行。主变压器容量为2×50000千伏安，35千伏出线间隔5条：三杨线、三大线、三中线、三响线和三江线；10千伏出线间隔8条：三罗Ⅰ回线、三罗Ⅱ回线、三纤线、三泥线、三西线、三城线、三塘线和三苗线。2008年7月三都110千伏变电站扩容工程竣工，新增供电能力70000千伏安，增35千伏出线间隔2条，10千伏出线间隔3条。2008年7月三都110千伏变电站扩容工程竣工，新增供电能力70000千伏安，增35千伏出线间隔2条，10千伏出线间隔3条。担负着5个35千伏变电站的供电和县城及其周边地区的配电任务。110千伏周覃变电站。位于周覃镇附近周封寨，2007年8月正式建成并投入运行。主变压器容量为1×16000千伏安，35千伏出线间隔3条：周中线、周九线和周留线；10千伏出线间隔5条：周镇线、周板线、周廷线、周水线和周联线。两座110千伏变电站的投入运行解决了全县供电不足、紧张的问题。

35千伏都江变电站 该变电站是三都水族自治县境内投运最早的35千伏变电站之一。1996年建成并投运，主变压器容量为2000千伏安，2008年扩容至2×8000千伏安。10千伏出线间隔7条：都城线、都坝线、都羊线、都巫线、都联线、都高线和都党线。该变电站供都江镇、坝街乡、巫不乡和羊福乡3个乡镇。

35千伏杨勇关变电站 2002年建成并投运，主变压器容量为2000千伏安，2008年扩容至2×8000千伏安。10千伏出线间隔7条：杨普线、杨硫线、杨梨线、杨联线、杨干线、杨望线、杨梁线。该变电站供普安镇、交梨乡2个乡镇。

35千伏大河变电站 2008年建成并投运，主变压器容量为5000千伏安。10千伏出线间隔5条：大丰线、大麻线、大联线、大镇线、大江线。该变电站供大河镇、合江镇、丰乐镇3个乡镇。

35千伏响水浪变电站 2008年建成并投运，主变压器容量为2×5000千伏安。10千伏出线间隔4条：响打线、响拉线、响洞线、响排线。该变电站供打鱼乡、拉揽乡2个乡镇。

35千伏中和变电站 2002年建成并投运，主变压器容量为2000千伏安，2010年扩容至5000+2000千伏安。10千伏出线间隔5条：中水线、中塘线、中庙线、中安线、中联线。该变电站供水龙乡、中和镇、塘州乡3个乡镇。

35千伏九阡变电站 2002年建成并投运，主变压器容量为800千伏安，2009年扩容至2500千伏安。10千伏出线间隔3条：九镇线、九扬线、九水线。该变电站供九阡镇、扬拱乡2个乡镇。

35千伏留联变电站 2011年建成并投运，主变压器容量为5000千伏安。10千伏出线间隔3条：留恒线、留羊线、留镇线。该变电站供廷牌镇、恒丰乡2个乡镇。

输配电线路 35千伏输电线路10条，总长161.545千米，10千伏配电线路52条，总长1547.084千米；400伏及以下低压线路总长1155.82千米，配电变压器1688台，容量126.520兆伏安，用电客户总数77411户。全县21个乡镇、村通电率达100%，户通电率达99%。

第二节 营销情况

紧紧围绕“以客户为中心”的核心价值观，持续提升客户满意度，推进服务向“全员”转变、管理向“精益化”转变的理念，加强工作计划管理。

加强负荷预测水平，确保电力供应，密切关注县内大企业的生产用电情况，重点是两个水泥厂的生产和锦宏公司建设情况，全力帮助用户解决生产中遇到的困难。加强电费回收管理工作，加大信合代扣及移动智能收费试点工作实施以及“省心柜台”的建设，多元化拓宽交费渠道，着力提升收费服务。在解决边远农村电网电费收缴难的问题上已形成了9条主渠道（供电营业厅、邮政代收、信合代扣、社会化代收、超市代收、电费充值卡、网上交费、电费预存、移动“PDA”）16个代收网点的复式网状格局。

2003—2013年三都水族自治县供电局各项经济指标

表8-12

项目/年度	售电量（万千瓦时）	售电总成本（万元）	购电量（万千瓦时）	税金（万元）
2003	4752.96	1523.86	5176.28	275.43
2004	8398.16	2774.76	9190.44	132.06
2005	6629.59	2493.65	7519.41	159.25
2006	6225.63	2379.04	7168.17	210.88
2007	7093.80	2903.93	8317.48	270.51
2008	8558.54	3625.09	9739.91	401.63
2009	16974.87	7596.52	18935.31	881.87
2010	17859.02	8327.60	19938.03	668.10
2011	17663.73	8127.44	19685.06	768.04
2012	20324.24	10153.66	22552.95	1169.26
2013	23853.3705	12037.06	25900.0264	524.91

第三节　主网、配网工程

三都电网大都建于20世纪七八十年代，到90年代末期开始出现布局不合理、设备老化、线损高、不安全等问题。农民群众苦于供电质量低、电价高，群众的正常生活受到影响。根据国家和省市电业主管部门的部署，三都从1998年开始编制计划进行大规模的农村电网改造工程，2000年正式开始实施农网改造。一、二期农网改造总投资了8974.8万元，改造和新增了10千伏线路967千米、配变652台，400伏/220伏低压线路1452.9千米、配变13台。“十一五”期间供电局对全县的电力设施改造投资2.58亿元，主要用于解决群众在用电中出现“卡脖子”“电压偏低”“电网安全”等方面的建设。结合“十二五”建设，供电局对全县电力设施计划总投资2.6亿元，进一步改善了全县的用电环境。

一、主网项目投资及实施情况

2010年农网完善化工程第七批实施的35千伏留联变输变电新建工程，新建35千伏线路9.5千米，主变一台容量0.5兆伏安，投资1044.79万元。35千伏留联变电站的建设投运，重点解决了廷牌镇、恒丰乡的供电电压过低、10千伏供电半径过大、线路线径小等问题。

在2012年电网建设中建220千伏中和变电站，总投资15976.59万元；建110千伏堂坊变电站，投资4983万元。建35千伏扬拱、乔红变电站，投资2631万元，这两个变电站的建设，为三都的电网架构和供电可靠性提供了保证，同时为三都东部的几个乡镇提供了高标准的供电电源点，确保东部地区的居民用电质量。

二、10千伏配网项目投资及完成情况

2010年实施的10千伏农网升级改造工程，项目238个，总投资为3608.46万元。完成新建和改造10千伏线路66条，长度33.04千米，新建和改造400伏及以下线路133.02千米，新建和更换变压器224台，容量2.32万千伏安。主要解决了110千伏周覃变电站、35千伏留联变电站和35千伏中和变电站的10千伏电缆出线配套工程，分解原10千伏线路的供电负荷过载压力。同时解决了农村配电变压器容量过负荷等“卡脖子”问题和农网遗留下来的高能耗配变，提高低压供电线路末端电压，切实解决用户因末端电压过低造成无法用电的供电质量问题。

2011年配网建设工程总投资金额为1922万元，新建或改造共30个国债项目。新建和改造10千伏线路29条，长度115.87千米，新建和改造400伏及以下线路27.31千米，新建变压器11台，容量0.13万千伏安。

第二批调整计划自筹项目16个，总投资1345.46万元；新建和改造10千伏线路19.93千米，400伏及以下线路78.3千米，更换和新建变压器71台，容量0.6355万千伏安。

实施完成的这两批工程项目，把原来在农网改造中存在的低压线路跨房、供电线路线径偏小、220伏线路供电半径过长和配变容量小等问题从根本上得以改善，帮助解决部分乡镇用户移民搬迁用电难等。排除了高低压供电线路安全隐患，减少客户因电压质量投诉和纠纷，降低线路跳闸率和停电时间，取得当地政府部门对电力行业的大力支持。

2012年的自筹项目17个，总投资2323.6万元，新建和改造10千伏线路56.68千米，400伏及以下线路50.15千米，更换和新建变压器73台，容量0.4585万千伏安，更换电能表2469户。2012年的项目重点是新建3个变电站的10千伏配套出线工程，让变电站建成后能及时投入运行。同时对近几年来冰灾损坏的部分线路进行改造，提高电网的抗灾能力和偏远地区用户的供电可靠性。

2013年的电网升级改造投资880.81万元，新建和改造10千伏线路22.19千米，400伏及以下线路20.55千米，更换和新建变压器25台，容量0.315万千伏安，更换电能表1262户。

第五章　信息产业

第一节　邮　政

随着邮政事业迅速发展，传统信件寄递趋向多元化经营，1978年以来三都邮政先后推出广告信函、国际特快专递、邮政送款、邮政储蓄绿卡和各种代办等新业务，满足社会各层次用邮需求。境内邮政支局（所）的设备、设施经扩建改造，机械化、自动化、电脑化程度提高，邮政通信能力增强。

一、基本情况

1978年以来，随着市场经济的发展，社会对邮政通信需求迅速增长，三都邮政事业蓬勃发展，

邮政固定投资增长较快。“六五”期间总投资超过了新中国成立至1980年投资的总和，“十五”期间年均投资达20万元，到2013年年底，固定资产总值为452万元，与实行改革开放之初的1978年相比，增加了385万元。全县城乡支局所达到14个，邮政局业务用房达到8886平方米，邮运汽车达到5辆，邮路和农村投递路线达到1348千米。邮政网装备的技术水平显著提高，计算机管理在各类邮政业务中已推广应用。邮政业务量以“七五”期间平均13%左右，“八五”期间至“十一五”期间平均18%左右的幅度增长，至2013年年底邮政业务收入达到1543.4万元。

1983年，首次配置了邮电通信汽车，即双排座邮运汽车1辆。修建了邮电职工宿舍楼一栋16套共800平方米。

1986年4月1日开始，恢复开办邮政储蓄业务。

1989年经人民银行批准，三都水族自治县邮电局设立了9个邮政储蓄网点，经营性质为代办业务，到1990年1月1日后改为自办业务。

1992年12月，上级局投资在县城中山路建成了三都邮电通信大楼。同时对农村分支机构的生产办公用房进行改造和扩建，邮政通信服务的基础设施建设得到加强。

1998年10月1日，根据国务院的统一部署，三都实行了邮电分营，成立三都水族自治县邮政局。邮政独立运营时，划分在邮政的在岗职工人数42人、退休职工人数36人，汽车3辆，房屋面积7519平方米，其中农村支局（所）的房产全部划归邮政局。邮政独立运营之初，邮政资金严重匮乏，邮政经营进入低谷，为发展业务而负债（贷款）经营。

2000年撤销丁字口、中和、九阡3个邮政储蓄网点。

2004年，三都邮政行政办公实现微机化。

2006年，省邮政公司投资125万元建成1367.67平方米的都江路邮政综合大楼，于8月15日交付使用。

2007年，在省公司的统一安排下，全省邮政对年收入不达6万元的网点进行改制，三都的合江、丰乐、交梨、打鱼、中和、三洞、廷牌、九阡8个支局所由自办性质改为委代办性质，人员由劳务派遣工改为邮政业务代办人员，并与企业签订《邮政业务代办协议书》。

邮政大楼

2008年3月，根据国家邮政总局的文件，三都邮政实行了邮政和邮政储蓄银行分家，成立了“中国邮政储蓄银行三都水族自治县中山路支行”和“中国邮政储蓄银行三都水族自治县周覃镇支行”，储蓄业务改为代理业务，为抓好该项工作，三都邮政局设立了代理业务部。在抓好储蓄业务的同时，为丰富人民的精神生活，投入2.5万元在县城设置了两处零售报刊亭。

2009年，县局投入5万元，建成全县自办网点远程教育网，该网络的建成，使更多的基层员工能充分共享远程培训资源，有效支撑基层企业员工大规模培训，对提升全局员工业务素质起到了极大的作用。

2011年至2013年12月，三都邮政局共计投入200多万元，改善县局两个网点和五个农村自办网点的服务设施，分别对县局两个网点和都江镇支局、周覃支局营业大厅进行了装修改造，除普安支局外，所有支局都安装了ATM自助取款设备，并于2012年2月在丰乐支局开始办理储蓄业务，在县城增设两个报刊亭。

三都邮政发展至2013年年底设有一部一室（即市场经营部和办公室，市场经营部下设两个生产职能部门，分别为邮务业务部和代理业务部）、9个生产班组（县局投递班、护卫队、中山路支局、都江路支局、都江镇支局、普安镇支局、大河镇支局、丰乐镇支局、周覃镇支局）、7个代办所（交梨所、合江所、廷牌所、九阡所、中和所、三洞所、塘州所）、3个代办点（坝街代办点、羊福代办点、巫不代办点），办理代投业务和代收业务。从业人员共计82人，其中正式员工25人，聘用工1人，劳务派遣工28人，委代办人员28人。投递邮路线17条、委办汽车邮路4条、自办汽车邮路2条，存取款自助设备2台、自助取款机7台，零售报刊亭4个，拥有邮政运输车辆3辆、押钞车辆2辆、营销车辆2辆。

二、邮政业务

传统业务　三都邮政办理信函、包裹、汇兑、印刷品、报刊发行以及邮政储蓄业务。改革开放后，以函件、包裹为传统业务的邮政事业有了长足的发展。与此同时，开办各种新业务，如特快专递、商业信函、礼仪信函等。

储蓄、汇兑业务　中国邮政于1986年4月开办储蓄业务，2001年实现全国联网。2008年3月成立中国邮政储蓄银行三都水族自治县中山路二级支行和周覃镇二级支行，邮政储蓄业务改为代理业务，二级支行开办贷款业务有小额质押贷款、农户贷款、二手房贷款、商户贷款等。2013年全年新增个人储蓄存款12543.8万元，创历史最高水平。至2013年年底，三都邮政储蓄开办业务种类有整存整取、零存整取、活期储蓄等业务以及邮政电话银行业务，开办了投单汇款、24小时汇款、2小时汇款、实时汇款、网汇通、回执汇款、礼仪汇款、账户类汇款（现金到账户、账户到现金、账户到账户）等汇款业务；共计发放贷款总额7000多万元，邮政储蓄个人存款总规模达57927.5万元。

邮政特快专递EMS　EMS是一种全世界各国（地区）邮政统一办理的快速传送各类文件、资料、各种物品的紧急实物信息的速递业务，使用共同标志，传递信息快速、安全、准确、方便。从1986年起，三都邮政先后开办了国际特快专递和国内特快专递业务。

机要通信　机要通信是国家保密通信的重要组成部分，是党和国家交办的一项特殊政治服务任务，事关国家安全和核心利益。三都邮政始终坚持以“通信质量第一、政治服务第一、社会效益第一”的指导思想，坚决贯彻执行“保密安全第一、准确迅速投递”的工作方针，牢固树立质量意识、服务意识和责任意识。三都邮政取得了1978年以来连续35年机要通信质量全红的佳绩，确保了党和国家信息传递安全畅通，万无一失。

服务“三农”　三都邮政按照中央服务“三农”、减轻农民负担的指示精神，积极融入社会主义新农村建设，坚持把提升农村的邮政服务水平作为重要工作来抓，在履行好普遍服务职责的基础上，通过采取开办邮政送款业务、小额质押贷款业务以及创办邮政代办点等便民利民措施，不断提高邮政服务“三农”的质量，最大限度地满足了农民群众用邮需求，方便了农民群众生产生活，进一步拓展了邮政普遍服务的广度和深度。

邮政服务“三农”

其他业务　开办了物流配送、鲜花礼仪、代收货款、代办电信、移动、联通业务、代理保险、代发工资、代售火车票、代售飞机票、代售福利彩票、代销月饼、代销种子化肥农药等业务。

1978—2013 年三都邮政事业基本情况统计表

表 8-13

年份	支局局数	职工数	邮路总长（千米）	函件（件）	包件（件）	机要（件）	汇兑（张）	报刊发行（万份）	邮政业务收入（万元）
1978	13	65	1813	133400	2500	1200	5500	122. 45	5. 2
1979	13	65	1813	135600	2450	700	7650	126. 36	6. 4
1980	13	65	1813	172500	2500	700	10300	130. 64	7. 1
1981	13	68	1813	172400	2700	700	10300	120. 62	9. 8
1982	13	68	1813	214000	2700	1000	10000	120. 09	9. 3
1983	13	68	1813	415100	7700	3600	19000	126. 85	9. 6
1984	14	68	1813	530900	7800	3800	19800	128. 16	10. 2
1985	14	66	1813	470300	7500	4200	21600	156. 12	10. 4
1986	14	66	1813	603500	6400	4400	21900	129. 93	11. 1
1987	14	65	1943	629900	5900	4200	22700	149. 64	12. 8
1988	14	65	1943	637580	6625	4144	23785	154. 2	16. 2
1989	14	65	1943	656480	6138	3967	24513	151. 0	20. 3
1990	14	62	1736	648270	6824	3648	24874	147. 32	32. 5
1991	14	62	1736	692430	6542	3212	25943	144. 63	36. 0
1992	16	62	1736	665490	6106	2948	21825	148. 52	42. 2
1993	16	63	1736	682360	5879	1841	26532	140. 56	46. 6
1994	16	62	1736	423870	4767	1925	21457	134. 41	31. 0
1995	16	61	1736	251340	3233	1736	25413	131. 72	45. 2
1996	16	61	1736	119732	2653	1882	22436	128. 48	58. 6
1997	16	61	1736	96264	3170	1672	24910	123. 36	53. 8
1998	16	60	1736	112130	2856	1413	23242	121. 15	63. 4
1999	16	67	1736	124360	3215	1477	38837	111. 24	76. 5
2000	15	67	1736	135240	3624	1235	32020	104. 87	91. 0
2001	15	67	1929	98560	3428	1462	9682	108. 68	108
2002	15	67	1907	82751	3143	1342	9434	114. 49	115
2003	15	65	1907	59231	3217	1037	8623	116. 98	185
2004	15	60	2107	66567	3334	1256	5863	118. 51	212
2005	15	69	2107	59191	3029	1221	4720	118. 62	276
2006	15	69	2107	61522	3393	1288	7153	121. 48	348. 7
2007	15	56	2107	18301	3246	1149	13081	116. 24	425. 82
2008	15	54	3064	7499	2738	1016	22680	110. 58	617. 6
2009	15	52	3064	5658	2712	1312	40065	113. 43	749. 2
2010	15	49	1348	41946	2487	1185	35371	120. 19	860
2011	15	49	1348	26562	2194	1222	32743	125. 27	1065

续表8-13

年份	支局局数	职工数	邮路总长（千米）	函件（件）	包件（件）	机要（件）	汇兑（张）	报刊发行（万份）	邮政业务收入（万元）
2012	16	55	1348	45165	2270	1223	26090	167.06	1286.81
2013	16	53	1348	624626	1265	1431	24293	196.04	1543.4

第二节　电　信

1978—2013年，电信市场发生重大变革，三都电信事业快速发展。1993年三都开通程控电话，邮电局开始重视电信业务的发展。同年，BP机、“大哥大”相继出现，电信业务开始对人们的生活产生重大的影响。到1996年年底，境内程控电话、BP机分别达到2000门左右，模拟手机“大哥大”达到300门左右。1996年，GSM网开通，手机日益平民化，BP机、“大哥大”相继于1996年、1997年退出电信舞台。1998年8月，邮政和电信分营，县电信局挂牌成立。程控电话、手机开始快速地融入人们的生活，为电信与移动的分营营造了机遇。1999年6月，移动通信业务从县电信局分离，设置三都移动通信分公司和中国联通公司，开办移动通信业务。三都电信通信市场初步形成中国电信、中国移动、中国联通3家电信运营商既竞争又合作的格局。2000年8月三都电信局更名为贵州省电信公司三都电信局，2004年更名为贵州省电信有限公司三都分公司。2008年3月1日，贵州省电信有限公司三都分公司更名为中国电信股份有限公司三都分公司，下设办公室、销售服务部、网络服务部三个部门。至2013年年底，网络服务部下设线路维护组、设备维护组，销售服务部下设渠道管理组、销售组，7个农村支局、21个乡镇都有电信营业厅。

伴随着企业的变革和发展，电信业务也由传统的电报、传真和半自动磁石电话机到传真、程控电话、小灵通、宽带、致富星农话，再到向用户提供丰富多彩、优质高效的信息通信服务，包括固定电话、移动电话业务、互联网接入及应用、数据通信、视讯服务、国际及港澳台通信等多种类综合信息服务，能够满足全县客户的各种通信及信息服务需求。形成了“天翼”“商务领航”“我的e家”“互联星空”“号码百事通”“天翼3G”“翼支付”“翼校通”“天翼对讲”等众多知名品牌。

在企业的发展进程中，电信作为三都公共基础设施的重要组成部分，对人们的生活发挥着重要的作用。1998年3月，全县20个乡镇开通了程控电话。2005年村通程控电话覆盖率达到95%。2000年开通XDSL宽带业务，2008年开通PON光纤业务，2008年10月正式经营CDMA业务，2010年开通FTTH光纤业务，2010年底开通天翼3G移动无线互联网业务。到2013年12月，三都电话、移动、数据、宽带用户累计达46000户，电信已成为县域经济的全业务综合信息服务提供商。

电报　公众电报业务在20世纪50~90年代作为一项电信基础业务，有着辉煌的历史，90年代前期推出过鲜花礼仪电报等新服务深受用户欢迎，随着90年代后期普通电话、移动电话、传真、电子数据交换、计算机通信、卫星通信等新兴通信手段发展迅速，受诸多更具时效通信手段的冲击，城市居民总体电报业务量直线下降，2001年8月1日，中国电信集团公司取消公众电报业务中的特急和加急业务，传统电报业务淡出了百姓的生活。

固定电话　电话交换机历经人工电话交换机、机电制交换机（步进制交换机、纵横制交换机）、程控交换机（模拟程控交换机、数字程控交换机、虚拟交换机）的发展历程，在改革开放前，由于电信设备陈旧，网络支离破碎，电话的发展十分缓慢，用户数量极少。改革开放后，从20世纪80年代中期开始，政府加快了基础电信设施的建设，随后的20多年，固定电话开始从一种身份的象征进入到寻常百姓家。1993 年三都开通程控电话，1998 年覆盖县域所有乡镇和较大的村寨，2008 年三都电信推出致富星无线固话，受到消费者的欢迎。强劲的刚性需求推动了三都固定电话走上历史的巅峰。随着新技术快速兴起，用户的信息需求不再局限于语音，而是多样化、个性化的综合信息服务需求，移动和 IP 技术在 2~3 年间的迅速发展，传统语音业务资费不断降低，固定话音业务开始进入萎缩期。

小灵通　中国电信小灵通是本地固定电话网的有效补充和延伸，使传统意义上的固定电话不再固定在某个位置，可在无线网络覆盖范围内自由移动使用，随时随地接听、拨打本地和国内、国际电话，是市话的有效延伸和补充。于 2000 年在三都开通，2001—2003 年覆盖至三都 9 个乡镇，因其有着绿色环保、功能完备、语音清晰、精巧时尚、号码易记、超长待机、价格合理等特点，受到广大用户欢迎。随着移动通信技术的快速发展，经工信部下发通知，要求小灵通使用的频段让位给移动通信 3G，并于 2011 年前完成小灵通用户退网工作。

数据通信　数据通信是依照一定的通信协议，利用数据传输技术在两个终端之间传递数据信息的一种通信方式和通信业务。它可实现计算机和计算机、计算机和终端以及终端和终端之间的数据信息传递，是继电报、电话业务之后的第三种最大的通信业务。其技术从电路交换和分组交换向数字电路、XDSL、PON、FTTH、高速移动互联网方向演进，三都于 1994 年开通电路交换业务，1996 年开通分组交换业务，1997 年开通 163 拨号上网业务，1998 年开通数字电路业务，2000 年开通 XDSL 宽带业务，2008 年开通 PON 光纤业务，2010 年开通 FTTH 光纤业务，2010 年年底开通天翼 3G 移动无线互联网业务，随着高速移动互联网 4G 技术的成熟和推广，高速移动互联网 4G 服务还将逐渐取代固定宽带服务。至 2013 年宽带业务、光网业务的迅速发展，数据通信业务也已经得到普及，已形成替代话音通信的技术基础，宽带接入成为数据通信业务发展的核心拉动力，数据业务运营模式走向成熟。

第三节　移动通信

邮政、电信分营前，移动通信业务由县邮电局经营。1998 年，邮电分营，移动通信业务归县电信局经营。1999 年，电信重组后，电信移动通信业务划归县移动分公司经营。

1993 年，开通 126 无线人工寻呼台。1995 年，开通无线寻呼台，实现省内漫游。1997 年，寻呼用户达到 2900 户，寻呼业务收入 87.56 万元。

1993 年 12 月，第一个 900 兆赫蜂窝模拟移动基站建成开通，总投资 138 万元，频率段为 9002500~9002799，信道数 8 个，当年发展模拟移动电话（俗称“大哥大”）用户 20 户，每部移动电话售价达 1.3 万元。1996 年 5 月，第一个 900 兆赫数字移动基站动工建设，12 月建成开通。向用户提供数字移动通信（GSM）服务，当年发展数字移动电话用户 164 户。此后，三都模拟移动电话和数字移动电话并存。1998 年 7 月 22 日零时，“全球通”移动电话号码升到 11 位。11 月，开始建设乡镇数字移动电话基站。县城 900 兆赫数字移动基站扩容完成，小区数从 6 个增加到 17 个。

2000 年宽带业务开通

移动分公司通信　1999 年 6 月，电信重组，移动通信业务从县电信局分离，设立三都移动通信分公司。

县移动分公司独立运营后，在原县电信局建设的移动网络基础上，加快网络建设，优化网络资源，移动通信快速发展。2000年，900兆赫模拟移动电话正式封闭退网，各乡镇移动电话基站相继建设并开通。至2013年，总资产增加到1000万元；移动基站由原来的2个发展为124个基站、33个直放站；客户总量由原来的几百户发展到10余万户；业务收入由原来万元变为百万元。网络已覆盖到全县100%的行政村、主要风景旅游区和公路。经营网点遍布全县各乡镇及行政村，自办和委托代办的移动通信终端销售、修理、交费、办理业务的营业点（厅）近200个。公司由分营时有总经理1人，员工11人（含退休职工），发展到公司有职工44人，公司结构由原来一个营业部门到划分为：综合办、网络部、市场部、集团客户部和营业班；为方便管理，特将三都划分为三合、都江、周覃三个片区。

联合通信　1999年电信拆分，寻呼公司剥离出来，成立中国联通三都水族自治县分公司，属国营通信企业，实行经理负责制，人员实行聘用合同制，分配实行薪酬制。成立初期，租用县城老十字街私人房屋营业和办公。在县城建设GSM基站2个，发展GSM移动电话用户600户。2002年，应用CDMA移动通信技术，在城乡建成GSM基站15个、CDMA基站3个，建成光缆线路200千米，总投资3000万元。

2003年年底，无线寻呼业务退出三都通信市场。2004年7月，成立中国联合通信有限公司三都分公司，机构设置有营业厅，在职总经理1人，营业厅主任1人，员工2人，除总经理为正式职工外，其他人员都实行聘用合同制，分配实行薪酬制。全县建设第三代移动CDMA网基站3个，第二代GSM网2个，总投资250万元，网络覆盖范围较小，分别在县城、中和镇、周覃镇，主营业务分别有移动通信业务（133/130）、193IP固网长途业务、无线寻呼业务，有效推动了移动业务网络的发展，市场形成了竞争性，让用户告别了移动电话双向高额收费的垄断时期，结合市场发展的需求，实现了单向收费的优惠政策。

2005—2006年，中国联合通信有限公司三都分公司建CDMA网基站18个，GSM网3个，总投资1100万元，CDMA网络全面覆盖三都水族自治县21个乡镇，实现了“乡乡通”，公司不断壮大，机构不断健全，分别设置综合部、市场部、建维部，总经理1人，部门经理3人，员工7人，在全县设有服务缴费网点20余个，有效解决了边远山区农民通信难、缴费难的问题。随着全球范围内电信技术的最新发展动态，公司不断推出移动电话预付费、移动互联网、IP固网长途电话业务、手机银行、联通无限的彩E、掌中宽带、神奇宝典、互动世界、视讯新干线等3G技术新业务。

2007—2008年中国联合通信有限公司三都分公司根据总部“无线起步、移动先行”的要求，规划了经营方向和整体投资布局，全县基站数量已达52个，其中CDMA基站27个，GSM基站25个，全面覆盖21个乡镇及152个行政村，截至2007年年底，总投资达3000多万元。网络的不断扩建，服务也紧跟发展步伐，为了提高用户满意度，公司开展了“0差距”服务达标活动，做到了三米微笑，便民服务等，获得了县工商消费协会颁发的“诚信单位”称号，为了更进一步做好服务工作，结合用户需求开展了一系列联通秘书、IP长途卡、分身彩号、短信防火墙、超级短信、彩信GPS、话费周周报等增值业务，资费的政策更不断翻新，由原来的“全灵通卡”基本资费新增了“商务卡”“UP新势力”“156套餐”等，133、152、130、131、132、155、156号段的新增满足了市场发展的需求。

2009—2011年中国联通和中国网通重组融合，2009年1月，中国联通获得了当下世界上技术最为成熟、应用最为广泛、产业链最为完善的WCDMA制式的3G牌照，中国联通在全国全面上市，名副其实进入世界500强行列，企业单位名称由原来的中国联合通信有限公司三都分公司变更为中国联合网络通信有限公司三都水族自治县分公司，中国联通开始全面进入3G发展快车道，正经历着企业发展历程上的一次新生洗礼和创业。截至2011年年底，全县WCDMA网络已100%覆盖县城和乡镇，GSM 网络覆盖全州率超过 65%，主要高速公路覆盖率达到 99%，旅游景点覆盖率达到 99%以上。

2012—2013 年，三都分公司以集团公司“四新”和“四个攻坚克难”工作要求为指引，并根据省公司“求真务实，攻坚克难”的工作要求，全力推进规模效益发展，加快提升市场份额，持续创新体制机制，跟随州公司“调结构、提质量、强支撑、增活力”的指导思想来开展各项工作，公司加大网络建设项目，紧密围绕“3G 领先与一体划创新战略”进行规划，主要建设目标以三都经济开发为主，覆盖重点国道、工业区、旅游景点、楼宇小区、大乡大镇、大型行政村等，完善县城建成城区质量，优化弱区和盲区。截至 2013 年，全县 3G 网络覆盖 21 个乡镇，宽带数据网络全面提速，县城大部分学校、医院、银行及酒店和部分行政单位、大乡大镇等已全面覆盖，覆盖率达 90%。3G 发展从月均的 270 户上升到 560 户，总部合约计划终端销售从原来的月均不足 100 户上升至 231 户，乡镇 2G 促销从原来月均 800 户上升至 1500 户，而新增宽带业务由 2012 年 200 户上升至 1400 户，列全州首位。用户规模增长的同时加大了中国联通渠道建设发展，城区三足鼎立模式，即老联通渠道+连锁渠道+外来卖场渠道；大乡大镇沃店宽带模式，即大乡大镇新建 3G 沃店，并采用双轮驱动模式，与乡镇宽带齐头并进。优质的 WCDMA 网络、强大精彩的 3G 业务体验、极速的光纤接入宽带以及现行的优惠政策等得到了用户的认可与关注。

至 2013 年，中国联合网络通信有限公司三都水族自治县分公司机构设置基本完善，分别设置综合部、财务部、建维部、宽带中心、市场部、集团客户部、乡镇渠道区域中心等，拥有在职人员 18 人，业务代理渠道全县 115 家，此外，为方便用户，中国联合网络通信有限公司三都水族自治县分公司积极开展外延性服务渠道建设，除了配置自助服务终端外，公司还与中国邮政合作，实现邮政报刊亭为联通用户充值，业务办理，用户还可以在网上营业厅 www. 10010. com、手机营业厅 wap. 10010. com 以及联通淘宝网 http：//qnlt. taobao. com、短信营业厅，推出选靓号、自助缴费、自助查询、业务办理、网上商城等享受电子服务，不断增强用户使用电子渠道和选购联通通信产品的便利性，推动了中国联通市场的发展，为全县广大用户提供了更加便捷的通信服务。中国联通“沃 3G”的精彩上市，手机上网、手机邮箱、手机音乐、手机电视、可视电话、手机报和无线上网卡等基于 WCDMA 技术的 3G 业务，随时随地查资讯、看大片听音乐、打看得见的电话、享受高速无线的网络，满足了多样化、多层次用户的综合通信信息服务需求，实现了公司业务收入的稳步增长，进一步提升用户感知度。

2004—2013 年中国联合网络通信有限公司三都分公司业务统计表

表 8-14

年份	发展用户数	出账收入（万元）
2004	690	38
2005	2560	150
2006	3870	225
2007	7600	315
2008	10055	452
2009	12500	510
2010	13700	530
2011	15500	580
2012	17900	680
2013	19400	954

第九篇　农　业

第一章　种植业

第一节　机构沿革

三都农业机构经十多次调整变革，直至1993年县农业、畜牧两局分置后，机构才基本稳定，内部设置逐步健全。至2005年，县农业局内设机构有：行政管理机构2个，即办公室（人秘股，1950年1月建）、业务股（1999年建）；参公管理事业机构2个，即法制股、农业执法大队（2004年10月建）；事业机构9个，即县农业技术推广站（1954年建）、县种子管理站（1999年建）、县农经站（1963年设农村人民公社经营股，1984年改为农经站）、县植保站（1965年1月建，1999年加挂县农药监督管理站牌子）、县土肥站（1984年建）、县果蔬站（1989年建，2007年改为果蔬开发办公室）、县蚕桑站（1991年建）、县农村能源开发办公室（1999年建）、县农产品质量安全检测站（2007年建）；直属企业3个，即大河良种繁殖场（1953年建）、水各良种场（1967年7月—1973年9月为部队农场，1973年移交大河良种场办县知青点，1978年由州农业局接管办水各良种场，1981年交县农业局管理）、县种子公司（1959年建，初建时称县种子站，1979年改称县种子公司）。2008年，县种子公司改制，划归县国有资本营运公司管理；2011年，县水各良种场解散，企业土地出让，所得资金用于交纳职工养老保险、职工及家属安置等。因机构改革撤并单位3个，即科教股（农广校，1981年建，1994年并入县职校）、县农科所（1977年建于大河良种场，1982年迁到李岩寨，1984年撤销）、县土地管理股（1986年3月建，1988年并入县国土局）。1991年建并撤后，原7个区农技站撤销，改建21个乡镇农业技术推广站。2003年，乡镇农技站与兽医站、水利站合并，改称农业服务中心。2005年，兽医站、水利站重新收归县主管局直管，乡镇农业技术推广站由乡镇管理。2011年9月，乡镇农技站、畜牧站又合并为农业服务中心，三权归乡镇管理。

2012年3月，根据全省机构改革的总体要求，县农业局、县畜牧局、县农委、县农机中心、县农业区划办公室合并为县农村工作局，内设股室、站、办等部门撤并整合，内设机构8个：办公室、财务股、政策法规股、农业股、畜牧渔业管理股、新农村建设股、农机综合管理股、发展计划股；下属4个副科级单位：动物卫生监督所（设综合股、检疫股、监督股）、动物疫病预防控制中心（设综合股、诊断股、防疫股）、农牧综合执法大队、果蔬开发办公室；下设事业单位16个：农产品质量安全检测站、农业技术推广站、农村能源开发办公室、植保植检站（农药管理站）、种子管理站、土肥站、农业经营管理站、茶叶站、农业机械管理站、农机安全监理站、农机装备站、畜禽品种改良站、畜牧试验场、草地工作站（饲料工业办公室）、渔政管理站（水产站）、良种繁殖农场（大河农场）。

第二节 粮食作物种植

全县有耕地面积44.7万亩（土地详查数）。其中，稻田面积29.85万亩，占66.7%；旱地面积14.85万亩，占33.3%。粮食作物分秋粮和夏粮。秋粮品种有水稻、玉米、红薯、马铃薯、大豆等。夏粮有小麦、马铃薯、豌豆、胡豆等。1978年以后，农村全面推行家庭联产承包责任制，各地积极推广良种良法，调整种植结构和作物布局，从20世纪80年代中期开始，杂交水稻播种面积逐年扩大。1987年粮食总产量达到55185.2吨，比1980年增产36%，1988年至1996年，粮食产量稳定在6万~8万吨，取得了突破性进展。1998年全县农村越过温饱线，结束了千百年来农村吃不饱饭的历史。2006年县人民政府出台了《关于粮食生产工作的意见》，不断稳定、完善和强化促进粮食生产发展的各项政策措施，以增加农民收入、提高粮食综合生产能力为目标，极力鼓励农民种粮的积极性。2010年，粮食总播种面积达369855亩，产量约11.69万吨，复种指数达270%。

收获稻谷

秋粮是三都粮食作物的大季，以水稻为主，产量一般占粮食总产量的85%以上。境内基本形成了西北部水稻以Ⅱ优系列、准两优527、冈优系列为主，玉米以正红系列、临奥系列、黔单系列、三北系列为主；东部水稻以宜香99E-4、Ⅱ优系列、冈优系列为主，玉米以正红6号、东单60、奥玉、遵玉3号为主；南部水稻以冈优、Q优、中优85、宜香99E-4和香稻为主。境内马铃薯以早熟、优质闻名省内外，省里特将三都定为早熟马铃薯基地，每年以项目扶持发展，2012年前后种植面积3万~4万亩，并逐年递增，品种以“费乌瑞它”为主。夏粮种植分麦类和马铃薯。小麦主要分布在交梨、普安及东面部分乡镇。品种以川麦、绵阳系列为主。进入21世纪以后，随着农村劳动力外出务工较多和产业结构调整的不断推进，种麦面积呈下降趋势，秋马铃薯面积稳定在0.5万亩左右。2013年，夏粮面积81235亩，总产12095吨，分别占粮食总播种面积和总产量的21.96%和10.35%。

1978—2013年粮油作物播面及产量统计表

表9-1 单位：亩、吨

年度	合计		其中								油菜	
			水稻		小麦		玉米		马铃薯及其他杂粮			
	播面	产量	播面	产量	播面	产量	播面	产量	播面	产量	播面	产量
1978	266340	41310	161685	35340	51973	2230	25681	2485	27001	1255	11477	167
1979	237098	42790	158819	38460	45021	1905	15692	1328	17566	1055	8273	172

续表9-1

年度	合计		其中								油菜	
			水稻		小麦		玉米		马铃薯及其他杂粮			
	播面	产量	播面	产量	播面	产量	播面	产量	播面	产量	播面	产量
1980	224682	40500	146246	33760	22815	1250	25000	3500	30621	1990	7906	295
1981	227600	30500	155900	26365	32285	1715	17640	1205	21775	1215	23814	1450
1982	217550	40500	156400	36680	26100	1340	15882	1425	14168	1055	52500	3600
1983	219600	47625	157832	43555	26963	1545	16017	1405	18788	1120	46600	2240
1984	227290	52205	157117	47325	27414	1680	17873	1625	24886	1575	38434	2890
1985	228532	33505	157559	28980	29180	1775	18513	1460	23280	1290	44237	2803
1986	232076	50419	147781	43734	30975	1852	23711	2603	29609	2230	58852	3429
1987	230896	55135	155239	48903	31652	1925	18224	2262	25781	2045	61108	2876
1988	239064	55843	155903	48161	33083	2022	23519	3018	26559	2642	57656	2196
1989	259467	50117	156976	41140	46378	2179	25828	3706	30285	3092	49534	1368
1990	268995	60847	156745	51279	58418	3073	26119	3818	27713	2677	43698	2008
1991	284306	62874	156461	51648	54654	3616	34120	3965	39071	3609	61795	3185
1992	273253	51638	154621	42989	48648	3157	33826	3529	36158	1963	67605	4072
1993	262858	63542	154384	53782	45469	2367	28657	4496	34168	2897	50000	1285
1994	288078	66635	154599	54340	63844	4120	33300	5200	36335	2975	52249	2988
1995	280755	68962	155355	56171	54420	4319	34050	5571	36930	2901	63855	4192
1996	278565	71380	155415	57849	52245	4002	34245	6246	36660	3283	65000	3653
1997	278415	83186	154335	68000	67920	6333	33975	6628	22185	2225	52000	3224
1998	313125	91372	125505	69749	69300	7256	44400	8746	43950	5621	67542	5461
1999	308775	76235	150480	58512	62475	2513	45885	10130	49935	5080	68630	1292
2000	321450	81773	154395	60157	73935	7288	45225	9735	47895	4593	58725	4666
2001	320130	83697	151830	61324	70020	6925	45210	10689	53070	4759	55320	4442
2002	313950	66784	152160	45686	70185	7000	40680	9391	50925	4707	55395	4469
2003	318045	84042	151545	60961	72515	7148	46125	11230	47860	4703	54220	4479
2004	318720	90341	150000	64552	63990	6956	48645	12651	56085	6182	60135	5324
2005	333510	94048	152115	61998	58000	6100	62010	17446	61385	8504	63000	5500
2006	350505	97553	152610	61197	55205	5618	73005	21024	69685	9714	66120	6214
2007	358600	100508	153150	62087	55305	5618	76740	22320	73405	10483	63270	6365
2008	354200	106546	155100	65400	53200	5100	80800	26200	65100	9846	70530	6865
2009	367320	111865	158790	65941	47205	4928	90540	29415	70785	12581	82575	8480
2010	369855	116900	160125	67252	44835	4281	92625	33730	72270	11637	82725	7146
2011	318420	85772	161535	44881	43935	3644	102420	17526	40140	8256	82770	7935
2012	358055	100737	155715	67410	40120	3433	115620	20540	46600	9354	80270	7686
2013	410532	105342	167103	62503	46233	3711	104323	25142	43220	13986	84226	8302

第三节　“两杂”良种繁育

20 世纪 60 年代以前，境内农作物用种为农户或生产队自留种，政府无良种繁育机构。20 世纪 70 年代初，县人民政府组队派农技人员到海南岛学习不育系繁殖和杂交水稻制种技术，使农作物良种繁育工作逐渐发展成为制度。1980 年以后，为贯彻以县为单位，统一供种的“生产专业化、加工机械化、质量标准化、布局区域化”的“四化”工作方针，水稻杂交制种统一由大河良种繁殖场承担，当年制种面积 200 亩，制种组合为汕优 2 号、汕优 6 号和汕优 63，产种量 6962.5 千克。1987 年后，大河农场每年制种面积 100 亩左右，产种量 3000～4000 千克，远不能满足县内需要。县种子公司除宣传指导农民进行田间选种留种和评选串换良种外，每年均从外地调入大部分“两杂”良种供应农户。20 世纪 80 年代后期，“两杂”种子开始步入专业化生产。从 1987 年起，县种子公司分别在大河农场、合江镇奇江村、交梨乡王家寨村、三合镇猴场村繁育水稻汕优 63、Ⅱ优 63、Ⅱ优多系一号等新品种 3000 多亩，平均单产 150 千克，最高单产 300 千克，每年最高产量达 9 万千克，县内杂交水稻良种自给率超过 50%。繁育玉米品种中单 2 号、黔单三号、黔单四号，使玉米种植面积逐年扩大，杂交玉米单产由 20 世纪 80 年代中期至 90 年代末的每亩 250 千克提高到 21 世纪的 430 千克，境内良种繁育推广发展，成为农业增产和农民增收的重要措施之一。2000 年种子市场全部开放后，新品种不断增多，三都的“两杂”良种繁育仅作小区试验。

第四节　经济作物种植

进入 21 世纪后，三都充分利用资源优势，逐步形成了 10 万亩的番茄、辣椒、大蒜等无公害商品蔬菜产业和 8 万亩的山野水晶葡萄、脐橙、九阡李等无公害精品水果产业。在 2010 年农民人均纯收入 3478 元中，1594.36 元来自种植收入，占 45.84%。

油菜　1978 年以前，油菜生产以白菜型和芥菜型品种为主，一般在水稻收割后霜降前，翻犁打窝点（撒）播，底肥施较少，结合中耕匀苗追肥，管理粗放，产量较低，一般亩产 35～50 千克。21 世纪 80 年代中期以后逐步推广杂交油菜。按照 1∶5～1∶6 的苗床面积，精细整地，开沟作厢，施足底肥，每亩苗床播种 0.5～0.6 千克。一般在 9 月初播种，齐苗后间苗 1～3 次，每亩留 10 万株左右。结合间苗追施提苗肥。10 月上中旬带土起苗移栽，每亩 8000～12000 株。油菜籽除满足境内需求外，每年都有调出。2013 年，播种面积达 8.4 万亩，总产达 0.83 万吨。

蔬菜生产　20 世纪 80 年代中期，农户种植蔬菜都是自食为主，没有作为商品生产（仅有三合镇附近村寨进行少量蔬菜生产供应县城居民）。进入 21 世纪后，已解决温饱的农户从种植蔬菜中获得了较好的收益，种植户逐年增多，生产规模逐步扩大，2001 年达 1 万余亩，2002 年达 1.8 万余亩。2003 年以后，充分利用中央、省州科技扶贫资金和蔬菜发展资金，大力进行无公害蔬菜基地建设，规划三合、大河、交梨、普安、合江、丰乐等乡镇为冬春早菜和延秋蔬菜基地，水龙、中和、三洞、周覃、廷牌、塘州、九阡、恒丰、扬拱等乡镇为夏秋蔬菜基地。推广“菜—稻（菜）—菜”“菜—稻（菜）”生产模式，主要种植茄果类、早玉米、马铃薯、早薹蒜等，采取“借种还种，滚动发展”的运作模式，推动全县无公害蔬菜的发展。2012 年被农业部列为全国蔬菜生产重点县。2013 年全县蔬菜种植面积达 30 万亩，其中商品蔬菜 23 万亩，产量 39.81 万吨，产值 109130 万元，纯收入 94830 万元。其中，冬春商品蔬菜播种面积 11.2 万亩，产量 26.4 万吨，产值 68900 万元，纯收入 60500 万元；夏秋商品蔬菜播面积 11.8 万亩，产量 13.41 万吨，产值 40230 万元，纯收入为

34330万元。商品蔬菜种植涉及全县21个乡镇147个行政村，户均种植菜年纯收入为20650元，人均种蔬菜年纯收入5365.8元。

无公害蔬菜种植

特色农产品种植　九阡李、脐橙、葡萄、甜茶等产品为三都特色农产品，以优良的品种和独特的风味在省内外享有较高声誉。从2001年起，开始农业产业化经营的实践和探索，经过十年来的发展，形成了九阡镇、周覃镇、扬拱乡九阡李特色产业带，三合镇、交梨乡、普安镇为中心的山野水晶葡萄产业带，大河镇、都江镇为中心的柑橘产业带，以“农民专业合作社+企业+基地+农户”的经营模式，产业朝规范化、规模化、精品化方向发展，经济效益是种粮的两倍以上。2013年，全县水果栽培总面积达到15.521万亩。其中，果园投产面积为8.074万亩，水晶葡萄10.8万亩、其他葡萄250亩、李2.16万亩、柑橘类1.396万亩（主要为脐橙0.52万亩、椪柑0.36万亩、早熟温州蜜柑0.4万亩）、梨0.57万亩、杨梅0.29万亩、枇杷0.15万亩、桃0.11万亩。水果总产818375吨，产值为39460.50万元。

九阡李是贵州三大名优李之一，是三都独有的地方优良李品种资源，其种植历史有500年以上。主要种植区域为县境南部的九阡镇、周覃镇、扬拱乡。这几个乡镇平均海拔720米，栽培面积1.8万亩，年产量3万吨，成熟时间为5月中旬至6月上旬，正值水果淡季。九阡李以果实质脆、味甜适口而享誉省内外，很受消费者欢迎，三都人民一直把它作为馈赠亲友的佳品。

香米主要分布在周覃镇、廷牌镇、水龙乡、九阡镇等地，年种植面积6000余亩，主要品种为锡利贡米，总产量1800余吨，亩均经济效益比普通杂稻高100元左右。2004年，规划建设5万亩优质商品粮基地，发展杂交优质稻、香稻和特色小杂粮无公害生产。第一批获无公害大米产地认证的有：周覃镇板料、三院、场坝、播花4个村，认证面积266.6公顷，并注册尧人山牌优质稻品牌，产品供不应求，畅销周边各县市，直到两广地区，年产量400~500吨。

三都是贵州省早熟脱毒马铃薯基地，脱毒马铃薯以大河、合江、普安、丰乐、三合等乡镇种植面积较大，品种主要为“费乌瑞它”等。2013年种植面积达到4.3万亩，年产量4.9万吨左右。

水晶葡萄在境内有近200年的栽培历史，品种具有耐贫瘠、栽培管理容易等特点，适合低海拔地带栽培。成熟上市时间为7月上旬，比都匀、凯里、贵阳等地提早20~30天。经精心管理生产出的水晶葡萄甜而香，很受消费者欢迎。2013年种植面积已达10.8万亩，挂果面积4.6万亩，年产量6万吨，成为三都主栽水果品种。三都已成为全国最大水晶葡萄生产基地，2013年获得“中国水晶葡萄之乡”称号。

柑橘于20世纪八九十年代引入三都种植，主要栽于都柳江沿河一带，由于境内具有独特的气候，冬暖夏凉，果园土层深厚，土质疏松，生产出的柑橘个大而味甜，栽培面积已达13650亩，已成为三都的特色水果之一，年总产量11470吨。

茶叶是三都群众增加收入的主要经济作物之一，有500年以上的种植历史。三都茶叶品质优良，尤其是进入21世纪以后，在农业结构调整中发挥着重要作用，生产发展迅速。至2013年三都茶园总面积达6.5万亩，年产茶叶650吨。分布在大河、丰乐、合江、水龙、九阡等乡镇，主要产品为绿茶类毛尖茶、浙江安吉白茶。

第五节　土肥技术推广

有机肥　20世纪70年代末以前，境内农作物施肥都是以有机肥为主，每年施用量在32万吨左右，平均亩年施用量700千克，化肥施用量很少。20世纪80年代以后，随着改革开放，农村经济逐步发展，畜牧业也相应发展，产出的有机肥逐年增加。至1988年，全县年产出有机肥达到40万吨，平均亩年施用量为900千克。1989—1998年，平均年产出有机肥达到50万吨，平均亩年施用量达到1136千克，2003年至2013年与上个10年基本持平。

化肥　20世纪70年代末至80年代中期，全县化肥施用量仅为1200吨，平均亩年施用量为3.6千克。化肥品种主要为钙镁磷肥、硫铵、硝铵、碳铵，开始有少量的尿素。至20世纪80年代末，化肥工业逐渐发展，化肥对农作物增产效果显著，施用量也逐年增多。至1988年，全年施用量达到8000吨，平均亩年施用量达18千克。到1999年，化肥施用量突破1万吨，是1976年的4.5倍。到2013年施用量达1.46万吨，平均亩年施用量为73千克。由于化肥施用量逐渐增加，但不平衡，加大了农业成本，造成了负面影响。20世纪80年代后开始推广作物配方施肥，到20世纪90年代中期发展为平衡施肥。21世纪后发展为测土配方施肥。

绿肥　20世纪60年代中期三都就开始种植绿肥，分专用绿肥和兼用绿肥两种。种类主要有苕子、紫云英、满园花。南面片区的周覃一带主要种植苕子，东面片区主要种植紫云英，北面片区主要种植满园花。到20世纪70年代末，每年种植面积达1.2万亩左右，逐年缓慢发展。1988年后，绿肥种植规模得到较快的发展，仅三年的时间，迅速发展到3万亩，此后种植面积稳定在耕地面积的10%左右。2013年绿肥种植面积3.6万亩，其中专用绿肥3.1万亩，兼用绿肥0.5万亩，但还不能够满足农业生产的需要，特别是20世纪90年代中期以后农家肥囤积量不足，农户过多地依赖化肥，有机肥施用量相对减少，造成耕地质量下降，农作物的产量和品质降低。

平衡施肥　20世纪80年代末三都开始推广作物配方施肥，是平衡施肥的初级阶段。90年代中期正式发展为平衡施肥。充分利用1971年的土壤调查资料、1981年的第二次全国土壤普查资料，先后运用地力分区（级）法、目标产量法、氮磷钾比例法等推广主要粮油作物配方施肥和平衡施肥。20世纪90年代中期前，年推广5万亩左右，90年代末至2003年，每年发展到8万~10万亩。2004年开始在蔬菜生产上推广应用。

测土配方施肥　依据境内不同肥力、不同类型土壤，结合农业生产实际，在三合、周覃、塘州、廷牌、普安5个乡镇开展“3414试验”和同田对比试验的基础上，通过2007—2013年7年的玉米3414试验，计算出黄沙泥土的测土配方氮肥利用率为57.87%、磷肥利用率为16.2%、钾肥利用率为38.5%；通过同田对比的常规施肥区计算出常规施肥氮肥利用率为11.2%、磷肥利用率4.4%、钾肥利用率23.75%。通过水稻“3414试验”计算出青棕红泥田测土配方施肥的氮、磷、钾肥利用率分别为43.46%、13.25%、58.53%，常规施肥的肥料利用率分别为11.19%、7.18%、27.67%，测土配方施肥比常规施肥增加6.07个百分点以上。2013年全县推广作物测土配方施肥40.67万亩，其中水稻15.06万亩、玉米8.11万亩、油菜配方肥应用6.25万亩、马铃薯5.03万亩。发放施肥建议卡60000份，测土配方施肥建议卡和施肥技术指导入户率达到90%以上。

第六节　植物保护

自古以来，境内病虫草鼠危害农作物常以人工捕杀、采集有毒植物制造土农药或以撒石灰、草木灰、扬尘等土办法进行防治。

农作物病、虫、草、鼠害发生及防治情况 1978年全州水稻病虫大发生，三都因三化螟危害严重，减产1000多万千克稻谷，基本无收面积达1.5万亩。1985年，三都水稻病虫严重发生，面积达11万亩。1986年，全州水稻病虫大发生，三都发生面积达10.5万亩。1987—1989年，三都白背飞虱和稻纵卷叶螟严重发生，面积均达10万亩以上。1999—2013年，全县年平均病虫草鼠害发生70.81万亩次，防治面积为61.65万亩次，防治率86.24%。水稻主要病虫有：稻飞虱、稻纵卷叶螟、三化螟、二化螟、白叶枯病、稻瘟病、纹枯病、稻曲病。特别是“两病两虫”（稻飞虱、稻纵卷叶螟、稻纹枯病、稻瘟病）在三都每年都达大发生程度。玉米病虫主要有：玉米螟、黏虫、小地老虎、玉米大小斑病、纹枯病等。小麦主要病虫有：小麦赤霉病、白粉病、锈病、麦蚜等。油菜主要病虫有：油菜蚜虫、菌核病、白粉病、霜霉病等。农田鼠害有：褐家鼠、黄胸鼠、小家鼠等。果树主要病虫害：柑橘病虫约有100余种，常见的有蟒类、蚧类、螨类、家蝇类、潜叶蛾、天牛、炭疽及细菌性病害；梨、桃、葡萄主要病虫害有梨虎、梨兢蜂、梨黑星病、桃蛀螟、天牛、桃缩叶病、葡萄十星叶甲、诱翅蛾、蠹虫、葡萄褐斑病、炭疽病、黑豆病、霜霉病、白腐病。蔬菜主要病虫：蔬菜病虫是发展商品蔬菜的主要障碍，其中番茄晚疫病、病毒病、青枯病、根腐病、黄瓜霜霉病、红蜘蛛、棉铃虫、斜纹夜蛾、菜青虫、叶甲、蚜虫等病虫危害造成很大损失。农田草害：农田杂草种类多、繁殖快、分布广，在三都发生的有71科310种，其中稻田杂草有33科103种，以禾本科、莎草科、玄参科、泽泻科、眼子菜科为主，旱地以菊科、禾本科、蓼科为主。

针对境内农作物病虫害发生，始终坚持“预防为主、综合防治”的方针，防治措施由药物防治为主，发展到生物防治、农业防治、无害化防治和植物检疫相结合。20世纪70年代末，大批农药新品种如有机磷类的多品种多剂型氨基甲酸酯类、菊酯类得到推广应用。国家禁止六六六、滴滴涕等高毒农药生产销售后，高效、低毒、低残留农药开始在境内广泛应用。

农作物病虫预测预报 20世纪80年代以后，县植保站一直承担稻飞虱、稻纵卷叶螟、三化螟、油菜蚜虫、油菜菌核病等5个系统测报对象（农业部定）和水稻纹枯病、稻瘟病、小麦蚜虫、油菜霜霉病等7个一般监测对象（省定）的测报工作。20世纪90年代末，省农业厅把农田鼠害列为系统监测对象，从此，每年在全县10个乡镇设立监测点。根据调查情况认真分析，分别发出长、中、短期预报，预报准确率在80%以上，对防灾夺丰收起到积极作用，除病虫预报外，还定期发送虫情交流、鼠情交流、模式电报等资料，为全国病虫测报和省植保站提供病虫情报。年均发布病、虫、鼠情报30多期，4000余份；病、虫、鼠情交流15期以上，1500余份；模式电报12份，为相关部门指挥农业生产提供了重要情报。

植物检疫 1984年，县植保站开始开展此项工作，开展对境内检疫对象的调查、产地检疫、市场检疫和省内调运检疫。1986年，韦兴才首次发现从荔波传入的溃疡病橘苗300株，三都立即进行烧毁处理。1986—1987年，州科委把柑橘溃疡病短期根治技术列为“七五”科技攻关课题，县植保站参与实施。1989年县政府拨款1万元进行柑橘溃疡病普查，普查出1000多株带病株苗，并立即进行了销毁处理。为贯彻执行《植物检疫条例》，县人民政府于1991年颁布《三都水族自治县人民政府关于防止柑橘溃疡病传播蔓延的通告》。2004年，三都发现新物种福寿螺，危害稻田，政府拨款3万元开展防治工作。2005—2013年，年均开展“两杂”种子检疫备案108批次210471千克（水稻80571千克、玉米129900千克），果树8批次。开展市场检疫110人次（种子75人次、水果35人次），检疫种子4.3万千克、水果3.5万千克、苗木2000株。开展产地检2次，检疫面积11.5亩，以脐橙、椪柑苗为主，共14.7万株。在大河农场建立500亩柑橘溃疡病综合治理示范基地，加强植物检疫工作，确保不调入携带检疫对象植物和产品；加强各种病虫害监测，采取药剂保护、物理诱杀、品种替换、高位嫁接、烧毁拔出病株、加强果园管理等措施，提高柑橘抗病能力，危害率在3%以下。开展有害生物疫情普查，重点为油菜、马铃薯、辣椒、番茄、柑橘等作物，普查乡

镇10个，年均调查面积50亩。

第七节 耕作制度

1978年以后，随着农业科学技术的不断推广应用，三都的稻田耕作制度逐渐由过去的一年一熟为主转向一年两熟、三熟为主。在一年两熟制度中，蔬菜复种占60%，稻麦复种占35%，其他复种占5%；在一年三熟制度中，蔬菜复种占100%。20世纪90年代末，各种高效农业种植技术得到普及应用，境内西北部河谷地区充分利用热能及水资源条件，进行种植结构调整，改变过去的粮油（麦）种植模式，初步形成了早菜（1—5月）—水稻（蔬菜）（6—9月）—延秋菜（10—12月）的一年三熟高效模式，收到了良好的经济效益。配套种子包衣消毒处理、两段育秧、地膜育秧、生态保姆育秧和旱育浅植、宽窄行栽植等先进农业技术，育秧质量提高，产量明显增加。

在旱作上，20世纪80年代开始推广油菜育苗移栽，推行旱地分带轮作，宽厢宽带轮作，麦、肥、烟套种技术，初步形成了麦、油、玉米套种红薯或黄豆、辣椒，分带间套轮作多熟制的新格局。东、南部一些乡镇利用冬闲田（地）种草养鹅，促进了畜牧养殖业的发展。1978年以前，蔬菜都是传统的露地栽培。从20世纪80年代中期发展早菜起，先后推广地膜覆盖栽培、地膜加小拱棚栽培，夏季遮阴栽培、大棚延秋栽培等技术，彻底改变了境内传统落后的蔬菜栽培方式，促进了蔬菜产业的发展。进入20世纪70年代末，果树栽培开始推行打坑、施肥、嫁接、定植、剪枝、肥水管理、病虫害防治等全面配套技术，改变了“一锄”栽植的旧习惯。同时对低效果树林采取“高位换头嫁接”技术改造，从而推进优质、精品水果发展。在种植管理上，着力抓好“四改”：一改过去传统粗放种植为规模种植，二改迟熟品种为早熟品种，三改以自食为主转向经济收入为主，四改坐等客商收购为订单销售。通过耕作制度的不断改变，群众观念得到更新，生产的各种农产品的商品率逐年提高。

第八节 无公害农产品开发

2003—2013年，三都以保护消费者合法权益、提高农产品市场竞争力为目标，以全面提高农产品质量安全水平为核心，以“菜篮子”产品为突破口，以保护和改善农业生态环境为基础，以建立无公害农产品、绿色食品生产基地，加强从“农田到餐桌”的全过程管理为重点，以制度创新和机制创新为动力，以依法加强农产品质量监测为手段，逐步建立健全农产品的质量标准，检验检测、质量认证（定）、市场信息、技术服务以及执法监督等农产品安全保障体系，建立一批无公害农产品生产基地和标准化生产综合示范区，大力发展具有地方民族特色的无公害农产品、绿色食品，努力实现农产品的无公害生产和消费。

建立农产品质量标准体系。重点抓好水稻、辣椒、番茄、脱毒马铃薯、葡萄、茶叶等农产品的无公害生产技术操作规程的制定，逐步规范和完善了无公害农产品的生产技术。建立以县级快速农产品质量检测站（点）为基础的检测网络。配备检测仪器设备，培训人员，在全县21个乡镇建立检测网点，开展农产品质量状况的自检工作。加强无公害农产品生产基地认定、产品认证和标志管理。境内已获省无公害农产品产地认定的有：

无公害蔬菜产地：合江镇奇江村、大河镇怀所村、丰乐镇鼠场村、三合镇猴场村、三合镇晨光村、水龙乡水龙村、中和镇庞寨村、三洞乡下街村8个村，面积1133公顷。无公害产品有番茄、辣椒、大蒜、甜玉米。

无公害大米产地：周覃镇板料村、三院村、播花村、场坝村，面积266.6公顷。稻米经农业部稻米及制品质量监督检测中心检验，米质达到国家二等食用标准。

无公害水果产地：合江镇奇江村、大河镇怀所村、大河良种繁殖场、大河镇打锄村、丰乐镇鼠场村、三合镇猴场村、三合镇晨光村、水龙乡水龙村、中和镇庞寨村、三洞乡下街村、都江镇柳叠村、都江镇上江村、九阡镇水各村、九阡镇母改村、九阡镇水昔村、九阡李公司，面积1633.6公顷。产品有葡萄、大河脐橙、都江椪柑、九阡李。

已经注册商标的无公害农产品有：尧人山牌大米、江柳牌水果、江柳牌蔬菜、活力树牌甜茶、九阡牌九阡酒、黔都牌辣椒酸。

第九节　农村能源（沼气）建设

20世纪70年代中期至80年代末，境内农村生活能源主要以薪柴、秸秆、煤为主。仅水东乡板引村、三洞乡善哄村、三合镇麻光村各建有一口约6立方米沼气池。1999年，县科技局结合实施发展优质蛋白玉米实施粮—猪—沼良性循环项目，与州能源办联系，引进昆明曲流布料式8立方米池型，分别在丰乐乡马场村和塘州乡中化村示范成功。接着在周覃镇板光村、新合村示范推广取得成效。截至2000年年底，共完成建池任务300口。

2001年，为了理顺关系，搞好上下级业务部门对接工作，将农村沼气建设任务交由农业局实施。2001年至2006年，农业局分别组织实施了农业部生态家园富民计划示范项目、农村小型公益沼气项目、农村沼气国债项目和财政部中央财政转移支付贵州省农村沼气建设项目。分别在境内21个乡镇130个村实施，共完成沼气池建设任务7908口并配套“三改”（改厨、改厕、改圈）；加上日援项目、深圳帮扶项目、移民搬迁项目等部门资金实施的1900多口，全县建池任务累计完成近万口，年节省薪柴2.4万吨。2007—2013年累计完成沼气建设15137口，分布在全县21个乡镇实施；推广省柴节煤灶2800多口。县农技部门推广“三沼”综合利用技术，进行了水稻沼液浸种、沼肥在番茄上的应用试验、沼肥在大蒜上的应用试验；各乡镇农技中心也进行沼液喂猪、沼渣养鱼、沼肥种果种茶等试验。2004—2013年，年均推广沼液浸种2万亩，沼肥种蔬菜2.5万亩，种果1.15万亩，喂猪4万头，养鱼1.27万亩，为广大项目建设地农户增收节支2600万元。

第十节　农民专业合作经济组织（协会）建设

1978年以后，以家庭联产承包经营为基础的农村双层经营体制，有力地推动了农村经济的发展，但随之而来的农民单家独户不能有效地闯入市场、农村信息闭塞、农业技术落后、农资供应和农产品销售困难等问题也不断出现。经县农经站等相关部门的指导，率先由三合镇交杠村莫可等13人按照“自愿加入、民主管理”的原则，于1993年成立柑橘协会。到2013年，全县共有各类农民专业合作经济组织185个，农民专业合作经济组织成员数2812户，其中农民成员数2755户，占成员总数的98%，带动相关产业农户数55505户，组织资产总额671万元，其中固定资产289万元。此后，周覃镇的优质稻米协会，把各农户生产的香米组织起来，统一销售给县粮油贸易公司外销，为农户开拓了销售市场，使周覃镇成为名副其实的香米专业镇。丰乐鼠场村蔬菜专业协会，根据两广市场需求，选择适销对路的番茄新品种种植，并与客商签约，使江柳牌蔬菜声名鹊起，产品远销两广，供不应求。

协会建立后，逐步形成了政府抓协会、协会带农户的新格局。把党政机关直接抓生产、管理经济的政府行为，逐步转变为政府抓服务、农民协会抓生产的经营活动。

第十一节 果树新品种试验成果

九阡李的繁殖技术 2001年，三都进行九阡李的繁殖技术研究，用毛桃、梅、苦李作砧木，嫁接九阡李。毛桃、梅与九阡李的亲和力差，苦李与九阡李的亲和力好，嫁接成活率高达95%，栽培后，生长旺盛，为九阡李的规模栽培奠定了基础。2010年在九阡镇新建100亩九阡李母本园，为保持特色水果的优良性状和品种及时更新打下基础。

椪柑引种栽培试验 1995年，在都江进行大田椪柑引种试验，挂果后表现丰产，果实品质好，果大，外观美，椪柑在都江片区迅速发展。2013年，全县栽培面积达到6420亩。

脐橙引种栽培试验 1994年，在大河引入纽荷尔、清家、长江等品种试栽，挂果后表现丰产，果实外观好，可溶性固形物12%左右，汁多、味清甜，很受消费者欢迎。在大河镇、丰乐镇迅速发展，至2013年，全县栽培面积达到6940亩。

水晶葡萄

无公害葡萄栽培试验 从2000年开始，三都先后对不同品种葡萄进行适应性栽培，葡萄架式及定植、整形修剪、肥水管理、病虫害等栽培管理试验，结果早红蜜具有成熟早、高抗病、质量优、产量高等特点。2002年春季开始种植，每亩220株，2003年6月，每亩产量达550千克，第三年（2004年6月）亩产量达1267.5千克，第四年进入盛果期，亩产量达2000千克，产值近万元，经济效益显著。2006年后，加大产业结构调整力度，水晶葡萄由于成熟较周边地区早1个月，具有经济周期短、栽培技术易掌握、繁殖速度快等优点，被作为主推品种，在全县大面积推广，创建的山野水晶葡萄品牌通过国家工商局注册。全县种植面积达12万亩，产量64336吨，其中三合镇、交梨乡、普安镇种植面积最大。

第十二节 蔬菜新品种试验成果

早熟蔬菜地膜覆盖栽培试验 1987年，进行番茄、辣椒冬季小拱棚育苗，早春地膜栽培试验，表现高产，经济效益好。以后又陆续进行豇豆、菜豆、南瓜、黄瓜的地膜覆盖早熟栽培试验，均获得较好的经济效益，早熟蔬菜生产迅速推广。2010年，全县早菜生产面积达到5.9万亩，产量10.03万吨，产品销售到贵阳、广西、广州、深圳等地，成为境内农民致富的快捷途径和结构调整的主导产业。

早薹蒜引种栽培试验项目及成果 2003年和2004年，从四川引入成蒜早1号、成蒜早2号、二水早、麻江蒜、温江蒜等试栽，结果成蒜早1号、成蒜早2号、二水早在三都栽培表现抽薹早，2月中下旬出薹，蒜头、蒜薹产量较高，其中蒜薹平均亩产达到350千克，平均亩青蒜、蒜薹、蒜头销售收入达2000元左右，经济效益较好。至2006年，全县早薹蒜生产面积3800亩，2010年栽培面积0.9万亩，成为境内秋冬种植结构调整的重要产业。

第二章　畜牧水产业

第一节　机构沿革

1978 年前，县畜牧兽医站隶属县农业局。1979 年贵州省开始建立兽医防治检疫站、畜禽品种改良站和养蜂技术推广站，三都相应分设兽医防治站和畜禽品种改良站。1981 年全县 7 个区建立畜牧兽医站，归县直管。1985 年至 1991 年县农业局和畜牧机构合并为农牧局，属县人民政府职能部门。1988 年 8 月 27 日成立县兽医卫生监督检验所，与县兽医防治检疫站合署办公。1989 年 11 月 20 日核定下达兽医防治检疫站（兽医卫生监督检验所）编制 14 人、畜禽品种改良站编制 11 人、草地站编制 8 人、水产站（渔政站）编制 7 人、试验场编制 6 人。1991 年 11 月“建并撤”后设立 21 个乡镇畜牧兽医站，实行乡镇与县双管（乡镇管理为主）的管理体制。1999 年 5 月 27 日成立县兽药监察所，与县兽医防治检疫站合署办公。

1992 年农业和畜牧分家，成立县畜牧局，属县人民政府职能部门。1994 年 6 月撤销畜牧局行政建制，改建为畜牧技术服务中心（待遇为企业性质，级别为科级事业编制）。1998 年 4 月又改为畜牧局，属县人民政府职能部门。2002 年 1 月 28 日以后，设置畜牧事业管理局（二级局），受县人民政府委托行使部分行政管理职能，主管全县畜牧兽医水产工作。县畜牧事业管理局核定编制机构数 29 个，编制（定员）数 201 人（县局 63 人、乡镇站 138 人），局内设机构有办公室、业务股、行政执法监察股、畜牧渔业行政执法大队，下设县畜禽品种改良站、县畜牧试验场、县草地站（饲料工业办）、县兽医防治检疫站（县兽医卫生监督检验所）、县水产（渔政）站和 21 个乡镇畜牧兽医（水产）站。2002 年将乡镇畜牧兽医站、农业技术推广站、农经站、水利站合并改称乡镇农业服务中心，实行以乡镇管理为主的体制。2006 年 1 月 1 日将 21 个乡镇畜牧兽医站更名为乡镇畜牧兽医（水产）站，同时明确实行县与乡镇双管，以县管理为主的管理体制，核定编制数 138 人（水产 21 人、畜牧兽医 117 人），核定 21 个乡镇畜牧兽医（水产）站正副股级领导职数 34 名。因机构改革，2006 年县兽药监察所职能取消，由县畜牧渔业行政执法大队行使其职权。2010 年 1 月 12 日，21 个乡镇牧医站人事权由县级主管部门负责，但人员任免调动调整须事先书面征得乡镇党委同意；财权划归乡镇政府管理；考核权由乡镇和县级主管部门共同负责，乡镇考核分占 60%，主管部门考核分占 40%。2011 年，乡镇牧医站与农业服务中心合并。2012 年，县畜牧事业管理局并到县农村工作局。

第二节　畜牧业

1978 年以后，三都畜牧业生产得到持续健康地发展。根据 1982 年 11 月《三都水族自治县畜牧业资源专题调查汇集》记载，1980 年全县 38 个公社 263 个大队 2101 个生产队，水牛存栏 23773 头，黄牛存栏 36273 头，黄牛自然交配繁殖成活率为 49. 64%，麻鸭存栏 14953 羽。1985 年全县有马 2320 匹，是 1949 年的 1. 92 倍。

1980年至2003年，畜牧总产值增长15293万元，增长29.58倍，大牲畜存栏增加78264头，增长1.26倍，年平均递增率3.6%。其中，黄牛增加43003头，增长1.19倍，递增率为3.46%；水牛增加27775头，增长1.17倍，递增率为3.42%；马增加7486匹，增长3.31倍，递增率为6.56%。生猪存栏增加103427头，增长1.97倍，年平均递增率4.85%；山羊存栏增加4380只，增长4.06倍，年平均递增率7.3%。家禽存栏比1995年增加160410羽，增长0.44倍，年平均递增率为4.64%。家畜家禽出栏与1995年相比，牛出栏增加9716头，增长1.02倍，马出栏增加378匹，增长0.57倍，猪出栏增加44791头，增长0.44倍，羊出栏增加2472只，增长3.83倍，家禽出栏增加140044羽，增长0.43倍。肉类总产量比1995年增加6701.5吨，增长1.35倍。禽蛋总产量增加140吨，增长0.60倍，水产品产量增加333吨，增长0.57倍。

2003年年底，畜牧总产值15810万元，占农业总产值的35.52%，渔业产值占5.1%。大牲畜存栏140575头，其中黄牛存栏79281头、水牛51548头、马9746匹；生猪存栏155827头，山羊存栏5459只，家禽存栏527174羽。2003年底户均养牛1.89头、马0.12匹、猪2.28头、羊0.09只、禽7.26羽。出栏牛19244头，出栏马1038匹，出栏猪146802头，出栏羊3118只，出栏家禽468519羽。肉类总产量11663吨，禽蛋产量372吨，奶产量20吨，水产品产量920吨。到2005年年末实现大牲畜存栏16.5万头（牛存栏15.4万头），生猪存栏18万头，羊存栏7012只，家禽存栏60万只。到2010年年末，全县大牲畜存栏10.37万头，其中牛存栏7.25万头。生猪存栏15.5万头，山羊存栏3600只，家禽存栏56万羽。大牲畜出栏1.74万头，其中牛出栏1.67万头。生猪出栏16.2万头，山羊出栏6700只，家禽出栏100万羽。肉类总产量达14670吨。畜牧总产值达3.2亿元。

三都黄牛饲养

2012年，全县年末大牲畜存栏11.517万头，同比增长7.8%。其中，牛存栏8.4815万头，新增0.9015万头；生猪存栏17.512万头（能繁母猪1.7879万头，同比增长8.69%），新增1.602万头；山羊存栏6017只，新增1867只；家禽存栏150万羽，新增68.95羽。大牲畜出栏2.351万头，同比增长12%。其中，牛出栏2.1116万头，新增0.4016万头；生猪出栏20.7575万头，新增2.7075万头；山羊出栏0.9928万只，新增0.2828万只；家禽出栏206.2万羽，新增56.2万羽。全年畜禽肉类总产量达21423吨，同比增长48%。全年水产品产量达2016吨，同比增长12.9%。全县全年畜牧业产值完成45986万元，同比增长17.9%，畜牧业增加值完成7000万元，按现行价格计算，同比增长16.7%。全县渔业产值完成2822万元，同比增长21.6%，全年全县农民人均来自畜牧渔业纯收入为587.76元。

2013年，全县全年生猪存栏19.112万头（能繁母猪存栏1.789万头，同比增长5.3%），同比增长10.8%；生猪出栏23万头，同比增长10.8%。大牲畜存栏11.71万头，同比增长2%。其中，牛存栏8.56万头，同比增长1%。大牲畜出栏2.48万头，同比增长5.5%。其中牛出栏2.18万头，同比增长6%。羊存栏0.74万头，同比增长23%；羊出栏1万头，同比增长1%。家禽存栏170万羽，同比增长13.3%；家禽出栏280万羽，同比增长135.9%。禽蛋总产量1500吨，同比增长87.5%。水产品总产量2100吨，同比增长4%。全年畜禽肉类总产量达25168吨，同比增长17.48%。水产品产量达2100吨，同比增长4%。完成畜牧业产值6.273亿元，渔业产值完成3150万元，实现畜牧渔业总纯收入2.6667亿元，畜牧渔业农民人均纯收入784.3元。

1978—2013年三都水族自治县牲畜拥有量统计表

表9-2

类别 年份	大牲畜（头）	羊（只）	猪（头）	肉类总产量（吨）
1978	63230	686	49805	1049.6
1979	63859	1050	51308	1087.4
1980	62470	1070	52374	1096
1981	62633	1220	50500	1015
1982	64985	1218	57339	1198
1983	65992	1814	58570	1237
1984	68800	2238	65800	1700
1985	73900	1896	72500	2100
1986	77530	961	80247	2177
1987	78669	1490	83587	3297
1988	80797	1983	89930	3785
1989	83400	1820	96500	4500
1990	87100	1330	101300	5000
1991	88100	1667	100500	5000
1992	90000	3000	103000	9350
1993	90307	2110	101328	5841
1994	95735	2046	112483	6091
1995	104256	2724	118342	7134
1996	113387	20187	124270	7953
1997	110794	8002	121158	7653
1998	118380	15736	130919	9881
1999	117206	12560	132058	9734
2000	14975	3878	116120	8959
2001	121317	13016	136547	10153
2002	125140	13290	152100	10371
2003	140698	5459	158827	11663
2004	152218	6007	169997	13378
2005	165107	7012	179556	15581
2006	95205	1287	131156	11915
2007	98061	1311	130038	10893
2008	98100	2072	140450	11973
2009	101450	4645	160170	14365
2010	103700	3600	155000	14670
2011	106620	5205	176250	17635
2012	115175	6017	175128	21423
2013	117103	7422	191123	25168

第三节 人工种植饲草

三都于1983年开始引种实施人工种植牧草169亩，1989年种植880亩。2003年人工种植牧草3640亩，建成大河怀所篁竹草种苗基地78.4亩，此后每年将6000余亩的篁竹草种节分至农户中越冬贮存，待春季种植。种草养畜在实践中被群众所认识，从而得到推广普及。国家实施坡耕地退耕还林还草，防治水土流失，政府从政策上、资金上、物资上逐步向养殖业倾斜。

人工种植牧草

从2004年开始每年人工种植优质牧草在2万亩以上，农户制作青贮饲料和氨化饲料养畜。2005年制作青贮饲料21600吨，制作氨化饲料1280吨。2006年，通过种草养畜示范，开展三元结构种植，推广冬闲田土种植多年生黑麦草、多花黑麦草、篁竹草等优良牧草，加大引草入田（土）的力度，种草与配套养畜结合，与牛改、饲料青贮、秸秆氨化和微贮相结合。21个乡镇214个村46808户完成耕地种草2.63万亩，其中田种草1.24万亩、土种草0.78万亩，三元结构种植完成0.37万亩，草场改良0.24亩，完成饲料青贮21800吨，秸秆氨化（微贮）1290吨，推广优质饲料6205吨。2007年，全县人工种草主要在养殖项目村、养殖大户、重点户中实施，完成种草面积2.42万亩（县级领导养殖示范点31个）。牧草品种主要有一年生黑麦草、紫花苜蓿、苇状羊茅、菊苣等。实施的人工种草重点养殖项目是在周覃镇洞览村和三江村开展种草养羊。2008年全县完成耕地种草24470亩，品种有红三叶、白三叶、篁竹草、菊苣、多花黑麦草、冬牧70黑麦草、墨西哥玉米、紫花苜蓿、紫云英等，其中田种草完成10260亩、土种草完成9010亩；三元结构种植完成3100亩，草场改良2100亩。2008年全县共有10980户进行饲料青贮，制作青贮饲料2.71万吨；共有1085户进行秸秆氨化（微贮），制作氨化（微贮）饲料1100吨。2009年种植牧草22326亩，其中田种草面积完成10996亩、土种草完成5230亩；三元种植完成3150亩，改良草场6100亩；青贮饲料推广27810吨，氨化饲料推广1080吨。2013年完成人工种草19278亩，其中田种草7630亩、土种草6220亩，草地改良5560亩，种草养鹅示范点完成人工种草405亩，青贮、氨化饲料推广分别为27027吨和1014吨。

第四节 畜禽品种改良

牛品种改良 1976年三都从省冻精站引进辛地红、夏洛来、摩拉牛冻精；1982年从广西引进么拉水牛公牛3头，1991年从贵阳引进黑白花奶牛母牛3头，1998年从河南引进南阳牛公牛10头，1999年从贵阳引进海福特母牛23头、公牛2头；2000年从省冻精站引进西塔尔、利木赞、安格斯、皮埃蒙特；2002年从吉林引进夏洛来公牛1头，2005年从独山、都匀引进西门塔尔公牛2头、母牛1头。到2006年全县13个乡镇开展了牛的杂交改良工作，共有牛改冻配点19个，鲜配点4个，同时组建了以农民输配员为主体的牛改网络队伍。全县共输配母牛2516头，与2005年同期相比增长 7.9%，人工输配受胎率达 55%，产犊 1290 头。牛改工作实行规范化管理，在全省率先实行牛改等级合格点和牛改等级输配员管理。2007 年全县 13 个乡镇开展了牛的杂交改良工作，共有牛改冻配点 20 个。全年共输配母牛 3085 头，与 2006 年同期相比，增长 22.6%，人工输配受胎率达 55.3%，产犊 1320 头。至 2008 年全县已建成牛改点 21 个，其中冻配改良点 17 个、鲜配改良点 4 个。输配母牛 2845 头（鲜配 281 头），输配受胎数为 1828 头，受胎率为 35.17%，2007 年输配已产犊 1861 头。牛本品种选育共选育公牛 60 头，选配母牛 518 头。2009 年有牛改点共 17 个，其中冻配点 15 个、鲜配点 2 个。杂交改良配种母牛 2852 头，其中鲜配 102 头，输配受孕数为 1858 头。2008 年输配年内产杂交牛共 1754 头。在全县 11 个乡镇开展牛的本品种选育工作，共选育公牛 80 头，选配母牛 535 头。2010 年巩固牛改点共 15 个，其中冻配点 13 个、鲜配点 2 个。年内共杂交改良配种母牛 2836 头（鲜配 175 头、冻配 2661 头），输配受胎数为 1843 头。2009 年输配 2010 年上半年共产杂交牛 1792 头。在全县 10 个乡镇开展牛的本品种选育工作，共选育公牛 65 头，选配母牛 539 头。

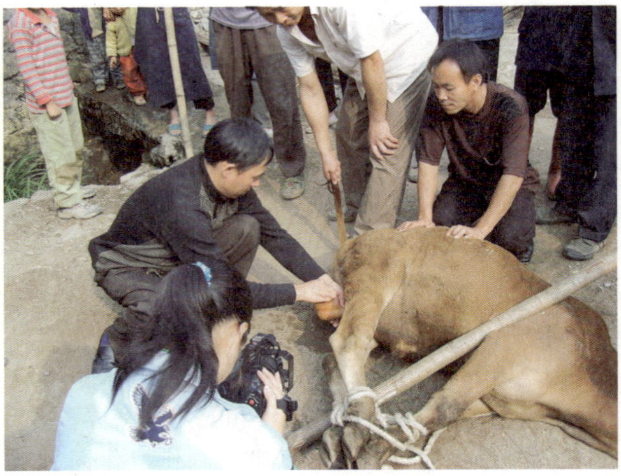

牛品种改良

猪品种改良　1980 年引进新淮公猪，1982 年引进巴克夏公猪，1984 年引进苏白公猪，1985 年引进长白公猪、杜洛克公猪，2003 年引进太湖猪、陆川猪、从江香猪。到 2006 年建立良种猪改良点 98 个，其中人工授精改良点 31 个，改良配种母猪 2.102 万头（人工输配 1.003 万头）；推广杂交猪 18.026 万头，其中三元杂交猪 10.01 万头。根据国务院颁布的《种畜禽管理条例》规定，加强对种畜生产经营户进行技术培训和日常监督管理，发放种畜禽生产经营许可证，为本县种畜禽品种的认定、命名和规范管理奠定了基础。2007 年有良种猪改良点 89 个，其中人工授精改良点 27 个。改良配种母猪 2.01 万头（人工输配 1.02 万头），推广杂交猪 18.1 万头，其中三元杂交猪 11.02 万头。至 2008 年有猪改点 108 个，其中人工授精点 20 个。2008 年配种母猪 21078 头（人工授精 10958 头），推广杂交猪 190013 头（三元杂交猪 125008 头、二元杂交猪 65005 头）。2009 年全县共有猪改点 108 个，其中人工授精点 20 个、本交点 88 个，全县共杂交改良配种母猪 14200 头次，其中人工授精 11800 头次；推广杂交猪 11.02 万头。2013 年全县共有猪改点 107 个，其中人工授精点 21 个、本交点 86 个，年内共杂交改良输配母猪 1.43 万头次，其中人工授精 1.13 万头次，推广杂交猪 11.2168 万头（三元杂交猪 8.336 万头）。

羊品种改良　1982 年引进半细毛羊，1983 年引进沙能奶山羊，1990 年引进罗甸黑山羊，1996 年引进威宁黑山羊，2005 年引进大耳羊。2006 年引进波尔山羊 120 只，建波尔山羊和大耳羊改良点各一个，产杂交羊 26 只，实现了羊改工作零的突破。2009 年全县建成羊改鲜配点 2 个，杂交改良配种母羊共 212 只，出栏杂交羊 152 只。2013 年全县有羊改鲜配点 2 个，年内杂交改良配种母羊共 513 只，出栏杂交羊 695 只。

禽品种改良　1982 年引进来航鸡，1984 年引进北京鸭，1985 年引进罗期鸡、AA 鸡、狄高鸡、贵农黄，1987 年引进四川豁鹅，1988 年引进樱桃谷鸭、绍兴鸭、龙岩鸭。2006 年推广良种禽 30.013 万羽，2007 年推广良种禽 43.4 万羽，2008 年推广良种禽 51.2 万羽。2009 年引进莱茵鹅。2013 年推广良种禽 55 万羽。

兔品种改良　1984 年引进西德长毛兔、皮兔，1991 年引进哈白兔，2003 年引进大白兔。2013 年推广良种兔 2085 只。

马品种改良 2008年建成马改点1个，输配母马302匹。

第五节 水产渔政

省水产科学研究所和县水产站1981年至1983年在三都境内采集到的鱼类标本有76种，隶属6目13科52属。

改革开放后三都大力推广“鱼—猪”“鱼—鸭”相结合的淡水优质高产养殖模式。据调查，全县可利用养鱼的稻田有73000亩，实际利用率低，1980年以来都徘徊在22000亩左右。由于普遍缺乏养殖技术，粗放粗养，只投肥不投饵，任鱼在田里觅食，有的使用化肥、农药不当引起鱼种死亡等因素，鱼产量较低，亩产仅10千克左右。1987年全县稻田养鱼22915亩，产量20.3万千克；池塘养鱼540亩，捕捞5.8万千克；水库养鱼141亩，捕捞1.3万千克；鱼种池养鱼10亩。

自2004年《三都水族自治县渔业管理办法》颁布实施以后，县渔业行政主管部门和相关部门依法治渔、依法兴渔，实行禁渔期制度，每年4月1日至6月30日禁渔期间与沿河乡镇及县城30多家涉渔经营的酒楼、饭店签订禁渔协议，把责任对象、责任范围、责任目标具体落实到位。

2006年内完成水产品总产量1353吨（优质水产品88吨）、稻田养鱼64500亩、池塘养鱼400亩、水库养鱼6500亩，建立了水产品质量监测点2个，面积300亩，鱼病害综合防治1000亩。实施省农业厅“稻田生态渔业”共5018亩，优质鱼种推广800万尾。开展江河人工增殖放流活动，共放流各类鱼种15万尾，总投入放流资金1.5万元。将县境内都柳江河段分13段承包管理，完成江河捕捞证和养殖证年审各14本，培训江河分段承包管理人员13人次，印制宣传资料2000份，加大禁渔期电、炸、毒等违法案件的查处力度，共出动执法人员108人次，查处违法捕捞案件12起，缴获电鱼机3台，渔获物17.8千克。2007年完成池塘养鱼400亩、坑塘养鱼300亩、水库养鱼6500亩、稻田养鱼50500亩。优良鱼种推广完成850万尾。水产品产量完成1493吨。2008年在大河龙场村完成稻田养鱼工程1个，全县完成池塘养鱼400亩、坑塘养鱼300亩、水库养鱼6500亩、稻田养鱼50500亩。调进并推广优良鱼种850万尾。水产品产量完成650吨。2009年完成池塘养鱼400亩、坑塘养鱼300亩、水库养鱼6500亩、稻田养鱼50500亩，优良鱼种推广完成850万尾。水产品产量完成1560吨。2010年水产技术推广完成池塘养鱼400亩、坑塘养鱼300亩、稻田养鱼68000亩、水库养鱼6500亩。优良鱼种推广完成968万尾。完成水产品产量1610吨。针对都柳江渔业资源严重衰退，水域生态环境日益恶化的严峻局面，开展都柳江渔业资源保护增殖放流1次，共投放鱼苗60万尾。在禁渔期对全长84千米的都柳江进行不定期检查，严禁捕捞，共查处违法案件32起，没收电鱼机29台，扣押渔船3艘。

2012年水产技术推广完成池塘养鱼450亩、坑塘养鱼350亩、稻田养鱼68000亩、水库养鱼6500亩。优良鱼种推广完成1000多万尾。完成水产品产量2016吨。

2013年，全年共处理渔业违法案件27起，收缴电鱼机16台，教育违法人员17人次。大闸蟹试验养殖项目在2012年取得成功的基础上继续实施，2013年3月3日从上海引进蟹苗10000只投放饲养。在省渔业局的关心和支持下三都第一艘渔政执法快艇顺利运达自治县下水执法。开展了渔业增殖放流活动，5月9日三都组织了贵州省2013年人工增殖放流活动，45万尾鱼苗放入都柳江。

第三章　农业机械　农业区划

第一节　机构沿革

农业机械　1975年以前，三都农机机构为农机管理站，隶属县工交办管理；1975年6月，成立县农业机械局、县农机研究所，将原县农机供应站改为农机供应公司。1991年11月“建并撤”，设立三合、大河、烂土、丰乐、普安、交梨、都江、水龙、中和、塘州、廷牌、周覃、三洞、九阡共14个乡镇农机管理服务站，由乡镇政府和县主管局双重领导。1994年，撤销农机局行政系列建制，改建为农机技术开发服务中心，为科级事业单位，加挂农机局牌子，赋予相应的行政职能，下设农机监理站、农机化技术推广服务站两个事业服务站，各乡镇农机服务站交由乡镇管理，业务上接受县农机技术开发服务中心指导。1996年12月，全县21个乡镇全部建立农机管理站，为全民所有制事业单位，以乡镇管理为主，同时接受县农机技术开发服务中心领导和技术指导，财政全额拨款预算管理。2002年6月，根据省、州机构改革精神，撤销县农业机械事业局，组建县农业机械服务中心，为县农业局管理的事业单位，机构规格、经费渠道，资产管理方式不变。原农业机械事业局下属事业单位为农业机械服务中心的内设机构，并增设办公室。设在乡镇的农业机械事业单位不再隶属乡（镇）管理，交由县农业机械服务中心统筹管理。2009年3月，县农业机械服务中心列为参照公务员法管理单位。

农业区划　1980年2月13日成立县农业自然资源调查和农业区划领导小组，下设办公室。1981年州人民政府安排三都于1981年下半年起进行粗线条农业区划。为开展好这项工作，县政府于1981年5月21日将县农业自然资源调查和农业区划领导小组更名为农业区划委员会，下设办公室，为县农业区划委员会的办事机构，1984年7月21日前为临时事业编制，此后列为县人民政府常设正科级事业机构，编制6人，归口县计划委员会，1987年归口县农村经济委员会，1989年县人民政府明确农业区划委员会办公室为独立事业机构，2005年11月2日列为参照试行国家公务员制度管理范围的正科级单位。2012年2月，农业区划办公室整合划入县农村工作局。

2012年2月，县农业机械服务中心、农业区划办公室等单位整合为农村工作局。

第二节　农机推广

1978年以后，在实现农业机械化政策导向下，三都曾出现过一次大办农机高潮，但因底子太薄而没有达到目的。1984年起，农民购置农机的规定有所放宽，但仍未摆脱计划农机用油限量，且各种基本条件均未达到农业机械规模化发展的最低要求。从20世纪90年代起，随着农机机构的建立健全和农机项目的实施，农业机械化程度有所提高。

1978年，县农业机械局组织16名机插辅导员分别到三郎、猴场、晨光、三合等村推广机械插秧，进行15次示范表演，参观学习人员达500人次。当年全县共完成机插面积1290亩。与人工插秧相比，机插技术要求高，群众不容易掌握，故此，1980年后停止使用，仍沿袭人工插秧。是年，县农机研究所将引进的TW-600型机动脱粒机和本所研制的脚踏式、搭斗式、人力式及机动式等4种机械化、半机械化机型脱粒机投入使用，当年销售脱粒机200台。

1984年，引入烘干机2台，专烘烤烟、辣椒。因该机机型大、能耗高，不适宜家庭使用。

20世纪90年代起，三都开始实施农机项目。县农机项目由农机中心承接，县农机推广站实施。主要发展作业机具。

农机耕作

1990—1992年，推广各类农机具120台，其中手扶拖拉机25台、旋耕机15台、双铧犁20部、小动力抽水机20台、大动力抽水机8台，另外，购置机动脱粒机10台，神牛-25拖拉机及与之配套的旋耕机、三铧犁、圆盘耙等1台（套），履带式旱地耕作机械1台，以试验示范形式进行推广。1993—1998年，依托新一轮农机项目，全县共购置推广旋耕机8台、手扶拖拉机18台、试验示范小拖拉机1台、偏方向小拖拉机2台、小作业机5台、制钵机2台、柴油抽水机7台、中型联合收割机1台（套）、防滑轮151对、双锋犁11台、三铧犁1台（套）、喷雾器2台（套）。1999—2001年，购置推广东风-12型旋耕机5台（套）、东风-12型防滑轮5对、微型旋耕机114台（套）、微型手扶拖拉机78台（套），新增农机总动力1005.48千瓦。2006年，农机项目农机具推广，参考农业部《机具购置目录》，根据项目区实际，选择本县农民群众历年来认可的适用机型，购置手扶拖拉机52台、起垄机20套、旋耕机36套，完成国家投资项目资金20万元。2008年三都农机中心推广农具有东风404拖拉机配带150旋耕机、南岳-124Y拖拉机、常联发IZ-31旋耕机、桂花牌LF-151耕整机等共153台（套）。

2010年，全县农业机械发展总投入212.99万元，农机总动力达12.83万千瓦，有大中型拖拉机配套农具450台、耕作机械467台、联合收割机械3台、插秧机械4台、运输机械256台、排灌机械10506台。

财政补贴农机推广。从1973年到1981年的9年中，国家补贴全县农业机械资金73.3万元。1982年，国家补贴全县农业机械资金24.9万元。1999—2002年，按照“国家补贴少部分、受益农户自筹大部分”的原则，中央投入7.5万元，省州县各2.8万元，农民自筹29.47万元，推广微耕机82台。2006年，中央财政下拨县20万元农机购置补贴，补贴农民购机58台（套）。当年全县新增联合收割机32台、耕整机261台，新增农机总动力1800千瓦。2008年落实中央和省级购机补贴资金共51万元，购机补贴覆盖19个乡镇，受益农户141户，补贴购买农机具153台（套）。

2013年，完成农机总动力18.3万千瓦，占任务127%，完成农机推广机耕面积11.5万亩，占任务109.5%；机灌面积5.9万亩，占任务109%；机械化插秧500亩，占任务100%；完成第一批中央补贴资金250万元，补贴购置各类农机具1698台（套），补贴覆盖21个乡镇，受益农户1663户、合作社2个。

1979—2013 年三都县部分年份主要农机拥有量对比表

表 9-3 单位：台

机型	1979 年	1989 年	1999 年	2003 年	2006 年	2008 年	2010 年	2011 年	2012 年	2013 年
拖拉机	49	57	402	498	872	1150	1480	1654	1731	1071
旋耕机	—	—	—	9	36	62	68	108	110	133
耕整机	—	—	25	48	219	304	467	593	2298	4649
种植机	0	0	0	0	0	5	5	11	11	11
排灌机械	365	928	377	228	1810	8780	10506	10997	5543	6071
联合收获机	—	2	—	—	1	3	3	4	5	5
机动脱粒机	—	2	—	3	55	184	431	941	1200	4020
马铃薯收获机	—	—	—	—	10	10	7	0	0	0
农副产品加工机械	—	5236	7965	8643	10553	12735	13467	13643	14220	16449
农机总动力（千瓦）	12816	18492	38668	54604	92037	115066	128353	136800	140500	171194

第三节 农机培训

三都的农机培训，包括培训机构的常规培训和推广机构的项目培训。常规培训的主要内容是拖拉机驾驶，项目培训则与农机推广项目相配套，主要培训当年推广机具的操作手、修理工。

常规培训 1975 年，县农机培训机构（县农机人员培训班）成立，与县农机管理站合署办公。1978—2006 年，学习拖拉机驾驶的人员以年均 3.8%的速度增长。

1978—2013 年三都县拖拉机驾驶员培训量变化情况表

表 9-4

年度	培训人数	年度	培训人数	年度	培训人数
1978	81	1990	101	2002	150
1979	85	1991	61	2003	162
1980	65	1992	108	2004	198
1981	45	1993	121	2005	210
1982	72	1994	106	2006	345
1983	82	1995	85	2007	312
1984	67	1996	130	2008	850
1985	54	1997	152	2009	731
1986	35	1998	182	2010	965
1987	103	1999	90	2011	120
1988	98	2000	140	2012	0
1989	105	2001	160	2013	108

操作手、修理工培训 1978 年，县农机人员常训班培训各类农机修理工 386 人。1979—1990

年培训内燃机手180人、农机修理工61人。在1990—1992年的农机项目实施中，分别采取现场培训、骨干培训等方法，培训各类农机操作手、修理工共300人次。1996年7月，培训修理技术人员170人；1999—2001年的农机项目实施中，培训农机修理工200人；2003—2005年，共培训农机手350人、农民农机技术员60人。2004年，培训田间操作手230人。2006年，分别在水各农场和大河农场举行两期的农机新机具、新技术推广示范与技术培训，受训人员590人次。2007年，全县新型机具（起垄机）推广，受训人员690人次。2008年，组织技术人员分别到丰乐、大河、周覃、塘州、三合、合江开展新农具、新技术操作演示，演示东风404拖拉机配带150旋耕机、南岳-124Y拖拉机、常联发IZ-31旋耕机、桂花牌LF-151耕整机等培训会4期，受训人员850人次。2009年，农机技术人员培训，当年共培训15期，受训人员3000人次，农机具修理872人。2010年，县农机中心举办培训会8期，受训人员达1072人次。

1979—2013年三都县部分年份农机操作手拥有量比较表

表9-5 单位：人

年度	拖拉机手	农机修理人员	其他农机操作手
1979	78	61	106
2006	345	80	7014
2008	850	92	7634
2010	965	98	8304
2013	770	105	9906

第四节 农业区划成果及应用

三都自1980年开展全县农业自然资源调查和农业区划工作，经过全县各级政府和广大农业科技工作者的共同努力，形成了《三都水族自治县综合农业区划》和相关专业区划报告，综合农业区划全面摸清了全县农业资源状况，为制订全县农业生产发展规划提供了依据。

1983年10月15日，县委、县人民政府以三党发〔1983〕24号文件批转县区划委员会办公室《关于应用区划成果发展自治县农业生产的报告》，要求各级干部特别是乡镇主要领导干部，要根据综合农业区划报告内容，结合本地区的自然、经济、技术等情况，真正把区划成果应用到农业生产和调整农业结构、制订生产规划中去，发挥其作用，将其转变为生产力。

自1985年以后，县委、县政府运用农业区划成果先后建立了各种农业商品基地和对农业产业结构进行了战略性调整。

一是建立农业商品基地。

1. 稻田一年多熟制基地。该项目由县农业技术推广站承担技术指导并组织实施。基地涉及三合、大河、丰乐、普安、交梨、合江6个乡镇4万余亩，该基地从1987年开始实施。

2. 万亩柑橘商品基地。该基地于1985年开始由县人民政府组建柑橘基地指挥部负责实施，至1987年种植柑橘、甜橙90余万株，约13000亩。至2008年，在大河镇建成4000亩脐橙基地，在交梨、三合、普安等乡镇建成8500亩水晶葡萄基地。

（3）九阡李商品基地。1987年由九阡区公所负责组织实施，县派技术干部与九阡农技干部共同做好育苗工作，后因历史原因被搁浅。2000年以后，随着市场的发展变化，九阡李已成为三都特色品牌果品之一，因早熟、质优而备受消费者青睐。至2010年，九阡李基地已具一定规模，面积总量达 10000 亩。

4. 苎麻商品基地。由县农业技术推广站负责，该基地从 1986 年开始实施，后由于苎麻市场疲软，价格低迷告终。

5. 早菜商品基地。该项目由县农村经济委员会负责组织实施。1988 年在三合、大河等乡镇实施早菜生产面积 480 余亩，综合总产 64.5 万千克，取得了比较好的经济效益。后随着市场需求的不断扩大，各种蔬菜品种不断更新，种植面积也逐年扩大，至 2013 年，全县早熟蔬菜和反季节蔬菜种植已扩展到丰乐、交梨、合江、普安、水龙、周覃、廷牌等乡镇，全县早熟和反季节蔬菜已发展到 15 万亩。

6. 十万亩速生丰产杉木材林基地。该基地由县林业局负责，根据本县山区特点和自然优势，杉木林适宜区面积 116.4 万亩，该基地从 1987 年冬开始组织实施，当年营造杉木林面积 3 万亩。后随着林业不断发展需要，先后在坝街、九阡及河东、河西林场实施飞播 10 万亩速生松杉木用材林基地，至 21 世纪，基地林基本成材。

二是农业结构调整优化战略。

1. 在西北部实施竹、畜、果、蔬菜发展战略。西北部包括三合镇、大河镇、丰乐镇、合江镇、普安镇、交梨乡 6 个乡镇 108 个行政村。区内山地面积占 93.74%，其中海拔 800 米以下的山地 639769 亩，占本区面积 72.15%；区内大小坝子 86 个，共 36392 亩，千亩以上的中等坝子 9 个，面积 13354 亩。本区气候温热，水热条件优越，区内年均气温 17.3℃~18.5℃，年降雨量 1300~1450 毫米，雨热同季，有利于各种农作物及经济作物生长，水热条件好，耕作水平高，如丰乐、合江、大河、猴场等大坝，坝田占 59.9%，旱地坡度在 25°以下，是水果、早熟蔬菜等特色产品的主产区。其中巴佑、和坪的毛尖茶，大河、丰乐的脐橙、沙田柚，交梨、普安的葡萄，三合、大河、丰乐、合江的早熟蔬菜种植已成为群众增收致富的主要门路。

2. 在南部实施畜、椒、九阡李、优质米基地战略。该片区辖周覃、九阡、扬拱、廷牌、恒丰、塘州、三洞、中和、水龙共 9 个乡镇 117 个行政村。该区是一个低山与宽谷盆地交错分布、水热条件好、土地资源丰富、农牧业生产潜力较大的地区。地貌为宽谷盆地，海拔 700~850 米，水热条件好，气候温和，雨雾较多，年降雨量 1200~1400 毫米，雨热同季，年均温 16.2℃~17.4℃，无霜期 120 天左右，全年日照时数 1140~1260 小时，普遍适宜农作物生长。该片区处于芒勇水库灌溉区，水资源条件优越，是全县粮食主产区之一。由于该片区土地资源丰富，草坡面积大，有发展畜牧业的优势。对该片区以稳定生猪、禽类的同时，重点发展种草或草地改良养殖优质肉牛。在种植业上重点发展优质米、辣椒等特色农产品。大力推动九阡李种植，建设好九阡李基地，提高品位，增加农民收入。根据“十一五”规划，到 2010 年在该片区形成 8 万亩优质稻米基地、3 万亩优质皱皮辣椒基地、3 万亩九阡李基地。

3. 在东部实施以竹、速生丰产用材林和精品水果基地战略。该片区包括拉揽、打鱼、都江、羊福、巫不、坝街等 6 个乡镇 45 个行政村。该区气候温和，水热条件优越，小区气候差异大，自然生物资源丰富。该片区地处黔南黄红壤山地，都柳江呈西北至东向流经区内。由于气候温热，一般喜热作物和亚热带林木均适宜生长，最为适宜橙、柚、杉木、麻竹、楠竹等生长。由于该区又地处雷公山、尧人山腹地，具有完整的生态系统，自然生物资源丰富，品种繁多。境内有典型中亚热带常绿叶、阔叶林带。随着尧人山国家森林公园的开发，境内尚有古朴的民风民情，其中都江古城垣、万人坟、怎雅民族村、羊福崖墓等是旅游业的处女地。该区重点在保存好原生态森林的同时，重点发展竹、用材林、经果林基地。进一步优化畜禽优良品种，大力发展具有地方特色的巫不香猪，使之形成规模。都江镇椪柑以品质优良而著称，果品远销县内外，至 2013 年已发展到 1300 余亩。

第四章 林 业

第一节 机构沿革

县林业局成立于1956年2月，是主管全县林业工作的工作部门，正科级机构。1980年8月拉揽林场转为经营林场，实行独立核算；11月，于拉揽林场设立拉揽林区公安派出所，从林场职工中选拔干警15名。1982年2月县林业局业务股与木材公司合并，对外称木材公司，统管全县森工业务。1984年2月，县森工采购站更名为县木材公司；4月，县林业局保卫股改名为公安股，营林股改名为造林公司，木材公司改名为林工商公司。1985年2月，拉揽林区公安派出所改名为县公安局林业派出所，迁到县林业局办公，行政上归林业局领导，业务属县公安管理，编制民警为14名。1985年3月，县林业局设立林政股（公安股人员转入林政股）；撤销财务基建股，其人员分别编入其他股室或公司。1987年7月，建立县林业公安派出所，为林业局下属机构，属事业单位，编制7名。1987年4月，县木材公司改为县林工商公司，为全民所有制事业单位，按企业管理自收自支。1987年6月，县林业局下设行政秘书股、财务基建股、营林技术指导站、林政股、业务股、林工商公司、木材检查站及都江、三合、普安、大河、中和、周覃、九阡区林业站。行政秘书股、财务基建股为行政单位，林政股、业务股、营林技术指导站为事业单位，编制20人。林工商公司、木材检查站、各区林业站为事业单位，企业管理，经费开支渠道不变，人员编制为：林工商公司13人、木材检查站13人、都江区林业站15人、三合区林业站6人、普安区林业站4人、大河区林业站6人、中和区林业站6人、周覃区林业站6人、九阡区林业站8人。1990年2月，配备县护林防火办专职人员，使用事业编制3人。1991年5月，顺河林场作为事业单位，企业管理隶属县林业局领导（正股级），经费由森工企业开支。

1991年10月，全县建镇并乡撤区后，林业局机构延伸为21个乡镇林业站，事业性质，编制111名，机构为股级。1992年8月，设置林业科技推广站，编制4人；森林病虫害防治检疫站，编制8人。均属事业单位，规格为股级，隶属县林业局领导。1993年8月，设立县、周覃和杨勇关木材检查站。1994年4月，建立国营拉揽林场派出所，规格为股级，属事业单位，隶属县林业局领导，业务上受县公安局指导，使用事业编制12名。1994年12月机构改革，县林业局内设机构为秘书股、林政资源股、业务股，挂靠机构有森林防火指挥部办公室和县绿化委员会办公室，人员编制暂定12名，局领导配备3名，其中局长1名、副局长2~3名。各股配备股长或副股长1名。营林技术指导站、林业科技推广站、森林病虫防治检疫站、林业公安派出所、林工商公司、木材检查站、拉揽林场、顺河林场、各乡镇林业站等事业单位隶属县林业局领导。1998年6月，设立县木材检查站、顺河木材检查站、水各木材检查站。1998年12月，拉揽林场由股级单位升为副科级单位，内设管理机构：人秘股、财务股、供销股、多种经营股（木材加工厂、车队、度假村）、营林股（生产股）、护林防火办公室、林区派出所。各所、股、室配备领导1正1副，营林股（生产队）配备1正2副。2002年1月机构改革，林业局内设办公室、业务股、林政管理股。

2006年3月，县林工商公司体制改革，职工身份不变，安排到乡镇林业站工作或木材检查站工作，工资从县林业局收取的两金等其他收入中解决；10月，成立尧人山国家级森林公园管理处，为县林业局管理的正科级事业单位，核定事业编制5名，领导职数设管理处处长1名、副处长1名，由财政全额预算管理。2008年9月，县公安局林业派出所和县公安局拉揽林场派出所机构升格为副科级，领导职数均设所长1名、教导员1名、副所长1名。2010年9月，设立县林木种苗站，为县林业局管理的股级事业单位。核定事业编制3名，领导职数设站长或副站长1名，列入财政全额预算管理。2011年5月，顺河木材检查站更名为大河木材检查站。2011年10月，设置县公益林管理中心，为县林业局管理的股级事业单位。核定事业编制3名，列入财政全额预算管理。2012年4月机构改革，县林业局行政编制7名，其中局长1名、副局长3名、纪检组长1名，内设机构分别设正职或副职1名，机关工勤人员事业编制2名，列入财政全额预算管理。内设办公室、政策法规股、森林资源管理股、发展规划与资金管理股。2012年10月，将三都水族自治县公安局林业派出所更名为三都水族自治县森林公安局（加挂县公安局森林警察大队牌子），与县森林防火指挥部办公室合署办公，为副科级规格机构。设指挥中心（办公室、政工科）、法制宣传科（警务督察）、刑侦治安队3个内设机构。将三都水族自治县公安局国有拉揽林场派出所更名为三都水族自治县森林公安局国有拉揽林场派出所，调整为县森林公安局下属单位，保留副科级规格机构不变。县森林公安局（森林警察大队）政法专项编制为19名，人员纳入财政全额预算管理。县森林公安局（森林警察大队）设局长（大队长）1名（副科级）、政委1名（副科级）、副局长（副大队长）1名（副科级）。内设机构为指挥中心、法制宣传科、刑侦治安队，领导分别设主任（科长、队长）各1名。拉揽林场派出所设所长1名（副科级）、指导员1名（副科级）。2012年10月，设置县园林绿化管理站，为县林业局管理的正股级事业单位，核定事业编制6名，领导职数设站长或副站长1名，人员列入全额财政预算管理。

截至2013年12月，县林业局挂靠尧人山国家森林公园管理处，下设国有拉揽林场、森林公安局和国有拉揽林场派出所3个副科级单位，内设局办公室、政策法规股、发展规划与资金管理股、森林资源管理股4个职能股室，有营林技术指导站（加挂县绿化委员会办公室牌子）、园林绿化管理站、林业科技推广站、林木种苗站、森林病虫害防治检疫站、森林防火指挥部办公室、林权管理服务中心、公益林管理中心、林业产业发展中心、顺河试验林场、县木材检查站、大河木材检查站和水各木材检查站13个直属事业单位。全县林业职工有680人，其中在岗职工320人、离岗待退8人、退休职工160人、临时聘请（编外临时护林员、森林公安协警等）192人。在320名在岗职工中，按单位分：局机关112人、拉揽林场150人、乡镇林业站58人；按工资渠道分：财政全额拨款133人（含乡镇林业站37人）、政府性基金开支37人、自收自支150人；按人员身份分：机关公务员28人（含森林公安民警15人）、事业人员292人。在292名事业人员中，林业专业技术岗位77人（中级职称25人，助理级职称32人，技术员职称20人）、管理岗位人员101人、工勤人员114人。

第二节　森林资源

三都是贵州省十个重点林区县之一，1979年至1982年森林消长情况调查数据显示，森林面积76.89万亩，灌木林20.09万亩，木材总蓄积300.3万立方米。1984年到1985年完成的森林资源二类清查结果显示，全县森林覆盖率（不含灌木林地）为18.8%，含灌木林地为20.35%；有林地总面积67.35万亩，其中用材林55.86万亩、经济林3.6万亩、薪炭林4.96万亩、防护林2.38万亩、特种用途林0.01万亩、竹林0.54万亩；各树种面积：杉木5.89万亩（未含疏林）、马尾松20.93万亩、阔叶林36.3万亩；各龄组面积：幼龄林32.94万亩、中龄林2.06万亩、近熟林1.44万亩、成熟林0.79万亩、过熟林0.03万亩；疏林即郁闭度在0.3以下的林地，共47.8万亩，其中杉木

4.98 万亩、马尾松 17.48 万亩、软阔叶树 11.28 万亩、硬阔叶树 14.06 万亩。

1994 年完成的第二次森林资源规划调查结果显示，全县林业用地面积 199.05 万亩，森林面积 139.38 万亩，其中用材林 115.85 万亩、防护林 10.58 万亩、薪炭林 5.2 万亩、经济林 7.07 万亩、竹林 0.68 万亩；森林蓄积量 535.79 万立方米，森林覆盖率 39.05%，含灌木林的森林覆盖率为 44.61%。在 139.38 万亩森林面积中，马尾松林分面积 49.08 万亩，蓄积 172.47 万立方米；杉木林分面积 25.06 万亩，蓄积 7.64 万立方米；硬阔林面积 39.83 万亩，栎类林面积 0.07 万亩，其他 7.74 万亩。

塔石村灌木林

2004 年年底启动第三次森林资源规划调查，2006 年全面完成了全县 1466 个系统样地和 238370 公顷国土面积的调查任务。调查结果显示，2006 年全县林业用地面积 260 万亩，森林面积 218 万亩，活立木蓄积 833 万立方米，覆盖率 61.28%。

三都水族自治县第三次森林资源（二类调查）调查统计表

表 9-6　　单位：公顷

单位	总面积	有林地	灌木林地	森林覆盖率（%）	林木绿化率（%）
坝街乡	15208	12772.93	92.21	84.00	84.20
扬拱乡	11730	9285.74	653.77	79.39	84.85
拉揽乡	5382	4020.88	13.64	75.01	75.01
打鱼乡	14767	10792.58	7.23	73.09	73.14
都江镇	17211	12466.97	118.34	72.50	73.14
三洞乡	12191	8324.41	397.94	68.73	71.71
巫不乡	6110	4194.07	69.07	68.66	69.79
羊福乡	5561	3631.62	95.88	65.40	67.12
三合镇	15519	9397.23	786.25	61.55	65.66
中和镇	7547	4594.06	618.24	61.31	69.28
交梨乡	7809	4618.33	274.40	60.53	62.69
水龙乡	9017	4843.67	328.36	54.08	57.56
九阡镇	28890	15456.03	2910.40	53.54	63.60
普安镇	7864	4013.22	523.27	51.71	57.76
大河镇	7326	3647.97	224.34	50.17	52.93
合江镇	12456	5972.22	1119.15	48.45	57.28
丰乐镇	9986	4600.14	902.70	46.97	55.44
恒丰乡	6192	2845.63	609.89	46.09	55.94
廷牌镇	7262	3104.42	96.60	42.93	44.26
周覃镇	14013	5691.28	1304.62	40.76	50.06
塘州乡	7397	2830.75	425.34	38.40	44.15
拉揽林场	8932	8231.62	51.57	92.16	92.74
全县合计	238370	145335.77	11560.21	61.28	65.92

2012年12月完成的《三都水族自治县林木种质资源调查报告》资料显示，三都林木种质资源共有124科388属1050种（不含草本）。在这些林木植物中，有栽培植物108种。按生活型划分，藤本及藤状灌木156种；灌木种类411种，常绿灌木197种，落叶灌木214种；乔木种类483种，常绿乔木258种，落叶乔木225种。其中鸡毛松和凹尖紫麻为贵州省首次记录种。

鸡毛松

据监测统计，2013年年底全县林业用地面积273.6万亩，森林面积为234.48万亩，活立木蓄积1062万立方米，森林覆盖65.58%。在273.6万亩林业用地面积中，有林地220.78万亩、疏林地0.33万亩、灌木林地22.58万亩、未成林地10.09万亩、无立木林地5.62万亩、宜林地14.2万亩。在234.48万亩森林面积中，杉木和马尾松面积116.48万亩、硬阔类面积25.12万亩、软阔类面积75.91万亩、其他16.97万亩。

第三节　植树造林

1981年三都实行商品化育苗，由林业部门发给种子和供应平价化肥，造林季节每亩苗圃按合同交售5万株以上的杉苗，国家以每株5厘至1分的价格收购，供应各地造林。由于农民自办苗圃出苗率低，1982年至1986年，每年播种量虽然在150亩左右，但是仍然满足不了造林需要，每年还向外地购苗数百万株，成本高。1986年以后，全面实行社会订单商品化育苗，林业部门不再发给种子和供应平价化肥，育苗户个人投资育苗按订单合同交售苗木给林业部门，林业部门按合同收购价供应乡镇造林。

为扶持农民造林，政府从1978年对造林者实行补贴。农村栽植杉木，当年秋季经林业部门检查验收成活率达85%以上的按实际验收面积每亩补助4元，经3年抚育检查合格每亩又补助1元，并且林木归个人所有。1980年起农户营造油桐，每亩补助3元。1981年起对马尾松直播造林也实行补贴，当年秋季经林业部门检查验收成活率达85%以上的每亩补助2元，抚育3年经检查合格每年每亩补助0.5元。1984年停止实施补贴办法，以贷款扶持造林，凡农民营造的杉木速生丰产林，相对集中且面积在50亩以上的国家每亩贷款60元，以后成林采伐时农民以每亩1立方米商品材还本付息，其余全归造林者所有。此项贷款由县林业局承办，分期发放，有偿服务，林业部门工程管理费每亩2元，造林户每亩58元，其中冬春造林秋后验收成活率达85%以上付款每亩25元、三年抚育5次经检查合格每亩付款30元、管理五年后检查合格每亩付款3元。贷款造林让农民得利的同时也承担着经济风险。1984年至1987年间全县获得此项贷款的农民有251户，完成造林2.4万多亩，贷款金额83.1万元。1987年春季以前贷款造林仅限于上江、坝街和打鱼乡3个乡（镇），1987年以后贷款造林迅速扩大到拉揽、地祥、水龙、中和、三洞、巫不等10个乡（镇）。1986年实施基地造林，基地由省林业勘察设计院负责设计，把上江、坝街、打鱼3个乡（镇）从1984年以来的贷款造林同时纳入规划，到1994年项目全部建设完成，累计营造基地林11.6万亩，获得国家贴息贷款749.6万元。

1989年县人民政府向省人民政府申请世界银行贷款造林项目，1990年8月14日获批准，造林项目要求三都负责营造速生丰产用材林10万亩（杉木7万亩、马尾松3万亩），并完成造林后的幼林抚育任务。项目由国有拉揽林场承贷承还，项目造林实行股份制联营造林方式，即群众出土地占二成，林场出资金负责造林和管护占八成，联营期一定50年不变，联营合同通过法律公正。世行贷款造林项目主要分布在坝街、都江、中和、三洞、周覃、九阡、扬拱等7个乡（镇）的23个村和拉揽林场。项目工程 4 年完成 12.62 万亩，其中 1991 年 3.32 万亩、1992 年 4.3 万亩、1993 年 3.13 万亩、1994 年 1.87 万亩，全县超计划完成造林 2.62 万亩。同时聘请专职护林员 80 人、兼职护林员 40 人确保造林成果。于 1998 年 2 月通过省林业厅竣工验收。1999 年获黔南州政府“科技进步二等奖”。

2001 年冬至 2002 年三都启动珠江防护林体系建设工程，同期启动九万大山造林绿化工程，纳入防护林体系建设工程，截至 2013 年年底共完成人工造林 12.1 万亩（珠防工程 8.2 万亩、九万大山 3.9 万亩），封山育林 9.7 万亩（珠防工程 9.1 万亩、九万大山 0.6 万亩），完成投资 2900 万元。

2002 年三都启动退耕还林工程建设，退耕还林工程包括退耕地造林和荒山造林两大部分。退耕还林地造林国家当年补助林农每亩 50 元种苗款，粮食及生活补助生态林补助 16 年、经济林补助 10 年。其中，生态林前 8 年、经济林前 5 年国家每年每亩补助 150 千克原粮（原粮折款）及 20 元生活补助，生态林后 8 年、经济林后 5 年国家每年每亩补助 75 千克原粮（折款）及 20 元生活补助。生态林和经济林比例为 8：2，经济林不能突破年任务的 20%。退耕还林工程自 2002 年启动至 2013 年年底全县共完成建设任务 17.39 万亩，其中退耕地造林 6.19 万亩、荒山造林 9.75 万亩、封山育林 1.25 万亩，完成投资 16400 万元，其中基本建设投资 950 万元、巩固退耕还林成果项目建设 1250 万元、兑现钱粮补助 14200 万元，受益全县 21 个乡镇 209 个村 22500 多户农户。

2011 年启动石漠化综合治理工程。截至 2013 年年底完成人工造林 1.51 万亩、封山育林 2.96 万亩，完成投资 1080 万元。同年启动实施的中央财政造林补贴试点建设项目完成人工造林 2.44 万亩，其中荒山造林 1.94 万亩、迹地更新造林 0.5 万亩，总投资 438 万元，已兑现补贴资金 153 万元，工程实施三年后经上级林业主管部门验收合格兑现剩余资金。

“十一五”以来各年度完成营造林任务情况。2006 年完成营造林绿化 4.89 万亩，其中退耕还林工程荒山造林 0.5 万亩、九万大山工程 1.99 亩（人工造林 0.99 万亩、封山育林 1 万亩）、造竹 1.36 万亩（撑绿竹 0.78 万亩、楠竹 0.14 万亩、麻竹 0.39 万亩、白夹竹 0.02 万亩、八月竹 0.03 万亩）、社会造林 1.04 万亩。完成义务植树 25.3 万株，完成四旁植树 15.2 万株。2007 年完成营造林绿化 5.57 万亩，其中退耕还林工程完成 3.68 万亩（荒山造林 1 万亩、封山育林 2.25 万亩、低产林改造 0.25 万亩、速生丰产林 0.18 万亩）、珠江防护林工程封山育林 0.5 万亩、九万大山人工造林 0.31 万亩、以奖代补造林社会造林 0.9 万亩、县城周边荒山绿化完成 0.18 万亩。完成义务植树 15.2 万株，四旁植树 25.2 万株。2008 年完成营造林面积 4.54 万亩，其中九万大山工程人工造林 0.2 万亩、退耕还林工程荒山造林 0.2 万亩、退耕还林工程封山育林 0.7 万亩、珠防工程封山育林 0.5 万亩、种竹 0.61 万亩、迹地更新 0.54 万亩、县城周边可视山头绿化造林 0.31 万亩、社会造林（含灾后补植补造）完成 1.48 万亩。完成义务植树 25.3 万株、四旁植树 15.1 万株。2009 年完成营造林 5.64 万亩，其中退耕还林工程 3.46 万亩（封山育林 0.5 万亩、历年工程补植补造 2.63 万亩、经济林用材林 0.14 万亩、荒山造林补植补造 0.19 万亩）、珠防工程 1.5 万亩（人工造林 0.5 万亩、新增人工造林 1 万亩）、九万大山人工造林 0.18 万亩、改造和新增竹林 0.5 万亩。义务植树完成 17 万株、四旁植树完成 23 万株。2010 年完成营造林 4.37 万亩，其中巩固退耕还林成果补植补造 2.08 万亩（退耕地补植 0.85 万亩、荒造补植 1.23 万亩）、巩固退耕还林成果后续产业营造用材林和经济林 0.12 万亩、珠防工程 0.4 万亩、九万大山人工造林完成 0.17 万亩、县级植被恢复费项目 1.6 万亩（人工造林 0.4 万亩、封山育林 1.2 万亩）。义务植树完成 23 万株，四旁植树完成 17 万株。2011 年完成营造林 4.96 万亩，其中巩固退耕还林成果后续产业林业项目 2.64 万亩（补植补造 2.54 万亩、经济林 0.03 万亩、用材林 0.07 万亩）、珠防工程 1.2 万亩（人工造林 0.7 万亩、封山育林 0.5 万亩）、九万大山人工造林完成 0.6 万亩（人工造林 0.3 万亩，封山育林 0.3 万亩）、社会造林 0.52 万亩。完成义务植树 24.1 万株，四旁植树 18.3 万株。2012 年完成营造林建设任务 4.24 万亩，其中九万大山防护林建设项目人工造林 0.3 万亩、退耕还林工程人工造林 0.3 万亩、中央财政造林补贴试点建设项目人工造林 0.64 万亩、珠江防护林建设工程封山育林 0.5 万亩、石漠化综合治理工程 2.5 万亩（封山育林 1.78 万亩、人工营造用材林 0.57 万亩、巩固退耕还林成果项目人工造林 0.15 万亩）。另外完成森林抚育 1 万亩，巩固退耕还林成果项目恢复经营 0.36 万亩，义务植树 50.1 万株。2013 年完成营造林 5.6 万亩，其中厦蓉高速公路（三都段）绿色通道建设项目 0.06 万亩、珠江防护林工程 0.5 万亩、巩固退耕还林成果专项资金项目造林 0.64 万亩、县级森林植被恢复费项目 0.21 万亩、石漠化综合治理工程 1.77 万亩（人工造林 0.6 万亩、封山育林 1.17 万亩）、中央财政造林补贴试点项目人工造林 0.8 万亩、省级森林植被恢复费工业原料林基地项目人工造林 1.5 万亩、州级森林植被恢复费项目 0.12 万亩。完成义务植树和四旁植树 51.8 万株。

三都水族自治县“七五”期间造林生产年度统计表

表 9-7

年度	造林（亩）	封山育林（亩）	育苗（亩）	四旁（零星）植树（万株）
1986	27786	10530	235	25.3
1987	30102	19075	181	9.61
1988	31000	18732	210	10.03
1989	53000	27000	270	11.28
1990	56000	28732	240	12.73
合计	197888	104069	1136	68.95

三都水族自治县“八五”期间造林生产年度统计表

表 9-8

年度	造林（亩）	封山育林（亩）	育苗（亩）	四旁（零星）植树（万株）
1991	72350	48398	735	34.92
1992	230115	10500	540	16.59
1993	70879.5	30000	499.5	16.3
1994	37395	60865.5	300	17.3
1995	40582	5879	225	15
合计	451321.5	155642.5	2299.5	100.11

三都水族自治县“九五”期间造林生产年度统计表

表 9-9

年度	造林（亩）	封山育林（亩）	育苗（亩）	四旁（零星）植树（万株）
1996	30220	33610	220	45
1997	31104	30301	190	45
1998	24351	10251	84.7	51
1999	24360	21736	190	50
2000	32314	15933	240	41
合计	142349	111831	924.7	232

三都水族自治县"十五"期间造林生产年度统计表

表 9-10

年度	造林（亩）	封山育林（亩）	育苗（亩）	四旁（零星）植树（万株）
2001	31939	21046	450	44
2002	70558	31945	400	50. 5
2003	84931	13081	937. 5	35
2004	57322	10213	278. 5	30. 2
2005	45032	5705	138	41
合计	289782	81990	2204	200. 7

三都水族自治县"十一五"期间造林生产年度统计表

表 9-11

年度	造林（亩）	封山育林（亩）	育苗（亩）	四旁（零星）植树（万株）
2006	48107	10050	250	40. 5
2007	31840. 7	27500	117. 95	50. 5
2008	33360. 5	12000	350	40. 4
2009	51400	5000	250	40
2010	37400	12000	255	40
合计	202108. 4	66550	1222. 95	211. 4

三都水族自治县"十二五"前三年造林生产年度统计表

表 9-12

年度	造林（亩）	封山育林（亩）	育苗（亩）	四旁（零星）植树（万株）
2011	41340	8000	260	42. 4
2012	19582	22810	2600	50. 1
2013	33616	11745	260	51. 8
合计	94538	42555	3120	144. 3

第四节　林业科技

三都林业科技推广站于 1992 年 8 月设立，多年来林业科技人员积极引进科技成果，建立科技示范项目。1991—1994 年，与州林科所共同开展贵州省地方标准杉木速生丰产林技术研究，5 年生杉木示范保存率达 98. 8%，平均胸径 5. 61 厘米，平均树高 4. 5 米，每亩材积平均生长量 0. 26 立方米，分别超省标 28. 3%、16. 27%、35. 2%、163%，该项目获省政府科技进步四等奖。1996 年探索出适合三都种植的侧柏容器育苗新技术，为全县石漠化地区治理提供最适苗木，也弥补州内侧柏容器育苗的空白，为州内进行石漠化地区生态治理最适合苗林种类培育开创先河。

1997—2001 年，与省林业科技推广总站、中国林业科学研究院亚热带林业研究所及州林科所在拉揽林场、拉揽乡高寨村共同完成楠竹低产林改造和楠竹笋竹两用林培育，规模各 100 亩，总投资 15 万元，项目采用伐去老竹，定量、定时、定点留笋养竹，垦复和施肥结合改善竹林生长环境，使楠竹低产林的平均胸径达到 9. 6 厘米，立竹度达到 165 株/亩，亩均产竹材 995. 5 千克，长鲜笋

32.2 千克，立竹胸径达到 27%，技术成果超过国家林业局科技司的技术要求，达到了理想的经济、生态效益。2001 年探索成功马尾松、湿地松、柏木等造林树种营养袋育苗技术，造林成活率达 95% 以上，解决三都林业工程造林受季节限制的问题，造林质量大幅提高，至 2013 年已累计使用营养袋育苗达 20 多万亩。2001—2002 年与州林科所在三合镇猴场村进行麻竹苗快繁育苗技术试验研究，项目中麻竹快繁育苗成活率达到 95%，成苗率达 90%，优质苗达 70% 以上，每亩产量达 5000 株，该项技术填补了黔南州丛生竹育苗的空白。2002 年与州林科所从广西柳州地区林科所引进优良竹种——撑绿杂交竹 3 号在三合镇猴场村进行育苗栽培示范，2003 年将撑绿杂交竹 3 号投放到全县造林，成活率高，生长好。

2007 年与州林科所开展麻竹丰产栽培技术示范，示范栽培面积 887 亩，成活率从原来的 40% 左右提高到 70% 以上，大大地提高了麻竹造林质量。2008 年年初在大河镇建立 240 亩优质桉树引种示范项目基地，年底检查时造林成活率达 95%，平均树高度 2.5 米，到 2010 年 10 月平均树高 7 米，达到丰产、高效和试验示范推广的目的。2012—2013 年与拉揽林场合作实施珍稀阔叶树种种质资源收集保存库建设项目，完成钟萼木 30 个单株、闽楠 34 个单株、榉树 46 个单株的育苗、造林等工作。

第五节　森林资源保护

森林案件查处　三都森林公安自 1980 年成立以后，为全县林业生产建设保驾护航、为保护全县森林和野生动植物资源、稳定全县林业社会治安做了大量的工作。截至 2005 年年底森林公安共查处各类森林案件 2248 起，打击各类违法犯罪人员 4563 人次，为国家、集体和个人挽回经济损失 263 万元。立林业刑事案件 135 起，抓获违法犯罪分子 162 人；立林业治安案件 75 起，治安处罚 80 人次，治安罚款 4000 元；立林业行政案件 2038 起，林业行政处罚 4321 人。收缴非法木材 5417 立方米，折款 238 万元，林业行政罚款 375 万元。

2006 年林业公安派出所依法组织开展“打击破坏森林资源专项行动”“破案攻坚战”“森林火灾破案会战”“绿盾行动”等打击破坏森林和野生动物资源违法犯罪专项行动中共出动警力 586 人次，警车 186 辆次，依法受理各类森林案件 88 起，其中森林刑事团伙案件 1 起、林业行政案件 87 起，查处 87 起，处罚 92 人次，行政罚款 96350 元，收缴木材 554 立方米，为国家挽回经济损失 35.20 万元。2007 年发生各类林业案件 171 起，查处 171 起，其中刑事案件 5 起、行政案件 166 起。刑事案件中，提起检察机关批准逮捕 11 人；林业行政案件中，盗伐林木 2 起，滥伐林木 17 起，违法运输木材 118 起，非法收购、经营、加工木材 28 起，非法收购野生动物 1 起。共没收木材 521 立方米，没收活蛇 33 条全部放归大自然，受处罚人员 181 人次。没收违法所得 28.75 万元，罚款 39.7 万元，补征林业费金 27.5 万元，补种树木 3000 株。2008 年发生各类林业案件 102 起，其中行政案件 93 起、刑事案件 9 起。共没收木材 705 立方米，没收国家二级保护动物小灵猫 2 只、苍鹰 2 只、蛇 358 条。受处罚人员 107 人次，没收违法所得 26.2 万元，罚款 31.12 万元，补征林业费金 8.45 万元。2009 年共发生各类林业案件 72 起。其中，盗伐林木 2 起，滥伐林木 2 起，违法运输木材 53 起，非法收购、经营、加工木材 15 起。共没收非法木材 670 立方米，受处罚人员 69 人次。没收违法所得 26.59 万元，罚款 33.24 万元，补征育林基金 8.5 万元。2010 年共发生各类林业案件 167 起，依法查处 167 起，其中行政案件 161 起（盗伐林木 3 起，滥伐林木 5 起，违法运输木材 146 起，非法收购、经营、加工木材 7 起）、刑事案件 6 起，涉及 9 人，检察机关批准逮捕 1 案 1 人，直诉 1 案 4 人。没收非法木材 92.4 立方米，受处罚人员 162 人次，没收违法所得 5.2 万元，罚款 53.7 万元，补征育林基金 5.4 万元。2011 年依法查处各类林业案件 117 起，其中刑事案件 4 起、行政案件113起，没收非法木材393.11立方米，行政罚款84万元，木材变价款19.65万元，没收违法所得9.31万元，征收育林基金8.2万元。2012年查处各类林业案件103起，其中刑事案件5起、行政案件98起，罚没200.23万元，补征林业税费36万元。2013年调查各类森林案件共243起（刑事案件20起、行政案件223起），已破获刑事案件15起，有5起正在立案调查之中，查处行政案件223起，没收杉松材529.944立方米，杂木68件及57.71立方米，罚没变价款164.4万元，非法占用林地罚款79.8676万元，补交林业税费11.71万元。

森林采伐限额和木材流通管理　1985年1月起，全县实行森林采伐、运销一本账计划，年采伐量由县计委上报逐级汇总，经国家计委平衡后，逐级下达到县。采伐林木，除农户的房前屋后自留山的零星树木外，都要由采伐单位或个人写出申请，凭乡人民政府审查批准的证明到区林业站领取采伐许可证。1986年，国家允许南方集体木材自由上市，打破了国营林业部门独家经营的格局，实行产销见面，多家经营。参加木材交易的林农，凭木材采伐证到区林业站交纳税费，办木材流通券，凭木材流通券上市出售木材。经营单位需运木材出县时，持流通券到林业局办木材运输证明。1987年6月，针对南方集体林区的市场混乱情况，国家又将多家经营改为林业部门一家经营。自1996年开始，国家实行五年森林采伐计划管理，遵循森林消耗量小于生长量的原则，严格执行年森林采伐限额管理制度，同时实行计划经济向市场经济转轨，林业政策全面放开，政府只负责年度森林采伐限额管理。1997年森林采伐限额为24.03万立方米，实际采伐蓄积17.14万立方米，其中集体3.32万立方米、国营2.05万立方米、农民自用材2万立方米、培植业用材0.2万立方米、生活烧材9.57万立方米。采伐楠竹2万根。办理省内木材运输证2.06万立方米，出省木材运输证1.23万立方米。1998年森林采伐限额为20.5万立方米，实际采伐蓄积7.46万立方米，其中集体1.43万立方米、国营1.73万立方米、农民自用材1.2万立方米、培植业用材0.1万立方米、生活烧材3万立方米。采伐楠竹1.43万根，松脂59吨。办理省内木材运输证2.39万立方米、出省木材运输证1.18万立方米。1999年森林采伐蓄积计划10.88万立方米，实际采伐7.47万立方米，其中集体1.37万立方米、国营1.57万立方米、农民自用材1.5万立方米、培植业用材0.03万立方米、生活烧材3万立方米。采伐楠竹1.35万根，松脂58吨。办理省内木材运输证0.73万立方米、出省木材运输证1.18万立方米。2000年商品材采伐蓄积计划为3.38万立方米，实际采伐2.53万立方米，其中集体1.21万立方米、国营1.32立方米。2001年商品材采伐蓄积计划为2.35万立方米，实际采伐3.09万立方米，其中集体0.74万立方米、国有2.35万立方米。办理省内木材运输证2.05万立方米、出省木材运输证0.95万立方米。2002年商品材采伐蓄积计划为4.07万立方米，实际采伐3.26万立方米，其中集体1.15万立方米、国有2.11万立方米。办理省内木材运输证1.58万立方米、出省木材运输证0.65万立方米。2003年商品材采伐蓄积计划为4.96万立方米，实际采伐4.19万立方米，其中集体2.57万立方米、国有1.62万立方米。办理省内木材运输证4.61万立方米。2004年核发商品材采伐蓄积计划为4.23万立方米，实际采伐2.75万立方米，其中集体1.08万立方米、国有1.67万立方米。办理省内木材运输证5.99万立方米、出省木材运输证1.33万立方米。2005年商品材采伐蓄积计划为3.49万立方米，实际采伐4.85万立方米，其中集体2.45万立方米、国有2.4万立方米。办理省内木材运输证2.36万立方米、出省木材运输证0.57万立方米。2006年采伐限额为30.22万立方米，实际采伐蓄积量8.95万立方米，其中人工商品林5.93万立方米（国有1.54万立方米、集体2.37万立方米）、农民自用材3.02万立方米。办理省内木材运输2.96万立方米、出省木材运输0.8万立方米。2007年采伐限额为39.76万立方米，实际采伐蓄积量5.79万立方米，其中人工商品林5.48万立方米（国有1.6万立方米、集体3.88万立方米）、农民自用材0.31万立方米。办理省内木材运输2.85万立方米、出省木材运输1.01万立方米。2008年木材生产计划为15万立方米，清理雪凝灾害受灾林木面积25192公顷，总蓄积量64.69万立方米（含国有林场）。其中，商品材清理规格材面积710公顷，蓄积7.2万立方米；农民自用材清理面积13.32

公顷，蓄积0.12万立方米；非规格材面积24468.68公顷，蓄积量57.37万立方米（含幼林、梢头、枝丫）；清理竹林977公顷，竹64.8万株。办理省内木材运输1.85万立方米、出省木材运输0.76万立方米。2009年采伐限额为31.12万立方米，实际采伐蓄积量4.33万立方米，其中商品材4.28万立方米（集体1.72万立方米、国有2.56万立方米）、农民自用材0.05万立方米。办理省内木材运输0.87万立方米、出省木材运输0.67万立方米。2010年森林采伐限额为30.22万立方米，实际采伐蓄积量6.7万立方米，其中商品材5.73万立方米（集体3.44万立方米、国有2.29万立方米）、农民自用材0.97万立方米。办理木材运输2.69万立方米。2011年森林采伐限额为29.04万立方米，实际采伐蓄积量4.99万立方米，其中集体3.27万立方米、国有1.72万立方米。办理木材出境手续2.8万立方米。2012年森林采伐限额为29.04万立方米，实际采伐蓄积5.32万立方米，办理木材（林产品）出境运输3.7万立方米。2013年森林采伐限额为29.04万立方米，实际采伐蓄积量6.56万立方米。办理木材（林产品）出境运输2.39万立方米。

森林防火　1983年，县内稳定山林权以后，农民的护林防火积极性有很大提高，全县责任山和自留山28万余亩，多在村寨附近和道路两旁，是山火频繁地带，山权落实以后，因山火威胁各农户切身利益，各村寨订立了村规民约，严禁烧坡，一般都有处罚措施，有的村还将村规民约刻在石碑上，永久保存。此后，县人民政府每年火险季节都开展以贯彻森林法为主的普法教育，采取放电影、刷大标语、贴通告、领导电视讲话等方式进行宣传。

1997年共发生森林火警火灾15起，其中火警8起、一般火灾7起，森林受害面积436亩，受害率为0.31‰。1998年共发生森林火警火灾3起，其中火警1起、一般火灾2起，森林受害面积为143亩，受害率为0.10‰。1999年发生森林火警火灾3起，其中火警1起、一般火灾2起，过火面积625亩，受害森林面积515亩，受害率为0.37‰。2000年建立和完善乡镇森防目标责任制，调整和充实21个乡镇森防领导小组，成立1个专业扑火队、2个半专业扑火队、328个义务扑火队，全县共有8409名扑火队员。全年共发生森林火警火灾8起，其中火警5起、一般火灾3起，森林受灾面积为534亩，森林受灾率0.3‰。2001年共发生森林火警火灾3起，其中火警1起、一般火灾2起，受害森林面积75亩，受害率为0.04‰，为历年的最低点。2002年共发生森林火警火灾17起，其中火警5起、一般火灾12起，过火面积585亩，受害森林面积480亩，受害率为0.26‰。2004年共发生森林火警火灾27起，其中火警9起、一般火灾18起，过火面积5294亩，受害森林面积2165亩，受害率为1.1‰。2005年共发生森林火警火灾13起，其中火警2起、一般火灾11起，过火面积831亩，受害森林面积795亩，受害率为0.4‰。2006年，各乡镇完善森林火灾应急预案，成立义务扑火队，配备防火服，添置灭火工具500余件。全年共发生森林火情8起，其中火警（荒火）4起、一般火灾4起，火情过火总面积422亩，受害森林面积125亩，森林火灾受害率为0.08‰。2007年共发生森林火警火灾18起，其中火警8起、一般火灾10起，总过火面积6132亩，受害面积1480亩，森林受害率为0.67‰，控制在州下达指标的0.7‰以内。2008年全县发生火情45起，其中火警16起、一般森林火灾29起，总过火面积17112亩，森林受害面积5520亩，死亡1人，森林火灾受害率为2.34‰。全年投入防火经费20多万元，新增防（灭）火工具2480件套。2009年全县共发生森林火灾33起，其中一般火灾22起、较大火灾11起，火场总过火面积6286亩，受害森林面积1353亩，受害率0.57‰，引发森林火灾的主要原因主要是农事野外用火，其次是小孩玩火、高压线起火等。2010年共发生森林火灾60起，其中一般火灾20起、较大火灾40起，火场总过火面积17408亩，森林火灾实际受害面积1475亩，受害率0.63‰。2011年共发生森林火灾18起，其中一般火灾9起、较大火灾9起，总过火面积5040亩，森林受害面积820亩，森林火灾受害率0.347‰。2012年发生森林火灾13起，其中一般火灾1起、较大火灾12起，过火面积2180亩，森林受害面积435亩，森林火灾受害率0.184‰。2013年投入森林防火经费20万元。全年发生森林火灾19起，受害森林面积390亩，森林火灾受害率为0.169‰。

森林病虫害防治　三都历年来发生的病虫害中，主要有杉木枯病、赤枯病，松针褐斑病，杉木炭疽病、中斑病，油桐炭疽病、角斑病、黑斑病，竹竿基腐病等。虫害主要有松毛虫、小地老虎、白蚁、松天牛、杉天牛、云斑天牛、松梢螟、竹笋夜蛾、松毒蛾、竹象鼻、蝼蛄、带蛾等。1984年，周覃、九阡两区的人工松幼林有850亩发病，县城街道的法国梧桐叶发生虫害，梧桐叶大部分被吃尽，未采取防治措施。1985年松毛虫危害马尾松幼林700亩，次年危害面积扩大到1200亩，用化学药剂防治见效，到1987年未见复发。1989年油桐绒刺蛾开始在巴佑乡五星村发现成片危害，面积达200多亩，1990年又扩散面积达2000亩，1991年严重发生，有虫面积超过2万亩，危害严重的面积达8000亩。据调查虫口密度严重地区3年生的幼树有虫43条，多的达320条，幼虫食尽油桐叶后又转移到其他农作物上，危害苞谷、黄豆等。1996年、1997年、2002年在烂土、大河一带又暴发成灾。虫灾发生后，采取了化学、生物等大量防治措施，2002年至2004年对其进行工程治理，基本达到有效控制。此外，在杉木林中，有白蚁从树根浸入，造成幼林枯死，也有飞鼠（鼯鼠）啃伤杉木根梢部的现象，但数量极少，未酿成大害。至于橘、橙、桃、李、梨等果木，钻心虫（天牛幼虫）危害较普遍，乡村林场或专业户的果木多采取药物的防治，一般农民自留地上的零星果木，则任其自生自灭。进入21世纪后，在开展工程造林中逐步培育针阔叶混交林，保护自然侵入杉木纯林中的阔叶幼林，以增强森林防病能力，招引益鸟，从根本上防治病虫害，取得较好的成效。2006年发生林业有害生物面积5.34亩，其中病害5.23万亩、虫害0.11万亩。按病虫害种类划分，松树病害5.2万亩、杉木病害0.03万亩、萧氏松茎象0.11万亩，共计3种。完成病虫害有效防治面积3.88万亩，其中无公害防治面积为3.78万亩，投入防治费用24.1万元。2007年发生森林病虫害面积1.43万亩，有效防治面积为1.38万亩。2008年发生森林病虫害面积0.98万亩，有效防治面积为0.95万亩。2009年发生森林病虫害面积为0.26万亩，其中虫害发生面积为0.11万亩，为松墨天牛0.1万亩、松点尺蛾0.005万亩、松叶甲0.005万亩，均为轻度发生；病虫害发生面积为0.15万亩，主要为马尾松赤枯病。采用信息素引诱的方法对松褐天牛成虫进行监测和诱杀，营林、抚育间伐、其他措施进行预防和除治，有效防治面积为0.25万亩，预防面积0.9万亩，发生防治费用3.5万元。2010年发生森林病虫害面积为0.2万亩，其中马尾松赤枯病0.1万亩、松墨天牛0.1万亩，有效防治面积为0.2万亩，发生防治费用5万元。2011年共发生森林病虫害0.37万亩，其中马尾松赤枯病0.12万亩、松墨天牛0.2万亩、松尺蠖0.05万亩，属于轻度危害的有0.32万亩、重度危害0.05万亩。有效防治面积为0.35万亩，发生防治费用8万元。在普安、大河、三洞、中和四个乡镇设置50个监测样地，开展1万亩马尾松林松褐天牛和300亩松尺蠖防治工作。2012年发生轻度以上的林业有害生物面积为0.41万亩，其中马尾松赤枯病0.1万亩、松墨天牛0.1万亩、杉叶枯病0.05万亩、松尺蠖0.03万亩、松叶蜂0.08万亩、其他经济林病害0.05万亩。有效防治面积为0.36万亩，预防面积0.2万亩。共发生防治费用2.4万元。2013年发生森林病虫害面积为0.92万亩，其中马尾松赤枯病0.1万亩、松墨天牛0.7万亩、经济林病害0.05万亩、其他害虫0.07万亩。有效防治面积为0.92万亩，预防面积0.3万亩，发生防治费用5.7万元。开展松褐天牛治理，完成1万亩。其中，丰乐镇实施治理面积3629亩，设置诱木362株；九阡镇实施治理面积6371亩，挂置诱捕器31个。通过检查，九阡镇挂置的31个诱捕器累计收集到各类昆虫5703只，其中松褐天牛成虫4888只、其他天牛348只、其他昆虫467只；抽查丰乐镇36株诱木，每株有松褐天牛产卵刻槽达215~458个，引诱成功率100%，防效较为显著。

第六节　林业产业

商品木材　三都历史上商品用材以杉木为主。1982年以前，由公社生产队组织进山集体伐木，即“农闲上山，农忙归田”。边远林区每办一批伐木，少则一个季度，多则两三年一次，采伐时斧锯并用。由于林区沟深坡陡，地形复杂，山场集运木材费工约占商品材生产所用劳动量的2/3；加上集运工具落后，边远林区的伐倒木辗转搬运经数月甚至数年才能进入市场，保管和防洪一直是国营和集体采伐队的难题。1976年以后都江一带的木材运输改用公路，木排水运量大减。1978年至1984年间，买方多直接派车运输，一般在公路边交货；1985年以后，允许集体或个人的木材凭证上市，实行议购议销。1987年6月国家将木材多家经营改为林业部门一家经营。“八五”期间，全县完成木材生产（收购）9.33万立方米，完成木材销售9.42万立方米，销售收入完成5178.5万元，实现各种税费1383万元。1996年完成木材生产（收购）1.95万立方米，完成木材销售2.1万立方米，销售收入完成1213.67万元，实现各种税费607.43万元。1997年完成木材生产（收购）1.24万立方米，完成木材销售2.17万立方米，销售收入完成1111.03万元，实现各种税费542.45万元。1998年完成木材生产（收购）2.6万立方米，完成木材销售2.45万立方米，销售收入完成1197.21万元，实现各种税费305.87万元。1999年完成木材生产（收购）1.95万立方米，完成木材销售2.2万立方米，销售收入完成595.04万元，实现各种税费302.57万元。2000年完成木材生产（收购）2万立方米，完成木材销售2.1万立方米，销售收入完成643万元，实现各种税费133.5万元。2001年完成木材生产（收购）2.35万立方米，完成木材销售2.16万立方米，销售收入完成831万元，实现各种税费151万元。2002年完成木材生产（收购）2.37万立方米，完成木材销售2.76万立方米，销售收入完成760.5万元，实现各种税费72.6万元。2003年完成木材生产（收购）、销售2.94万立方米，销售收入完成984.84万元，实现各种税费114.67万元。2004年完成木材生产（收购）、销售2.75万立方米，实现产值5882.5万元。2005年完成木材生产（收购）销售2.36万立方米、中纤板1.08万立方米、细木工板0.05万立方米，实现工业产值2276万元。2006年全县林产企业共完成木材销售4.29万立方米。其中，拉揽林场1.49万立方米，瑞江木业有限公司完成中纤板销售1.1万立方米，其他木材加工企业完成杉锯材0.68万立方米、马尾松锯材0.28万立方米、拼板0.42万立方米、中纤板再生板0.24万立方米、马尾松胶合板0.07万立方米、细木工板0.01万立方米。实现工业产值2862万元、各种税费168万元。2007年完成销售各种木材及林产品2.86万立方米，其中杉材0.77万立方米、马尾松锯材0.27万立方米、中纤板0.93万立方米、中纤再生板0.15万立方米、细木工板0.33万立方米、松胶合板0.41万立方米。实现工业产值1908万元、各种税费508.14万元。2008年由于遭受凝冻灾害、暴雨洪涝和国际金融危机影响，森工企业仅完木材及林产品销售1.85万立方米，其中松杉锯材0.79万立方米、杉原木0.14万立方米、指接板0.05万立方米、细木工板（含非规格板）0.34万立方米、松胶合板0.49万立方米、松旋板0.04万立方米。实现工业产值2230万元、各种税费155.31万元。2009年完成销售各种木材及林产品1.54万立方米，实现工业产值3020万元、各种税费208万元。2010年完成销售各种木材及林产品2.7万立方米，实现工业产值5500万元、各种税费682.26万元。2011年完成销售各种木材及林产品2.7万立方米，实现工业产值5500万元、各种税费817万元。2012年完成销售各种木材及林产品2.5万立方米，实现工业产值7920万元、各种税费1361万元。2013年完成销售各种木材及林产品2.39万立方米，实现林业工业产值7570万元，税费收入完成1416万元。

木材加工　20世纪80年代末至90年代初期，三都外销木材主要以原木为主，县内仅有几家生产规模小、产品档次低和资源消耗型的木材经营加工企业，主要以加工锯材为主。到90年代中期以后，人造板作为木材加工项目，在三都起步较晚，但发展迅速，到2010年年底，通过本县私人自筹资金和招商引资建厂，先后建立了金鸟木业有限公司、顺发木业有限公司、荣燕木材加工厂、荣昌农木发展有限公司等21户木材经营加工企业，主要以经营加工锯材、人造板（胶合板、指接板、刨花板、密度板）、家具、木制工艺品、旅游玩具、细木工板等。2013年通过招商引资、以商招商和县内木材经营加工企业组合等形式，有群山木业、万强木业、顺发木业、顺林木业4家木材经营加工企业落户交梨森工产业园，总投资3.5亿元，年产值1.8亿元，占地建设面积140亩，建厂规模3.5万平方米。

林区及待运原木

国有拉揽林场　拉揽林场于1958年3月经省人民政府批准建场，经过50多年的艰苦奋斗，已建成具有一定规模的自收自支生产性事业单位，为三都注入一份经济活力。1998年10月，县委批准拉揽林场为副科级事业单位，县编办批准林场内设人秘股、财务股、供销股、多种经营股、营林股、护林防火办公室等内设机构。下设12个工区、32个护林站（点）。2013年，有职工396人，其中在职职工158人（含森林公安8人）、长期聘用护林员123人、退休职工115人。

拉揽林场自建场到1989年年底累计投资537万元营造林12万余亩，1990—1994年利用世界银行贷款1724.5万元，营造速生丰产林13.3万亩。2000年至2013年，拉揽林场又先后与坝街、三洞、周覃等乡镇联营造林1.15万亩，林场的联营造林面积达14万余亩。进入21世纪以后，林场在发展传统树种杉、松种植的同时，积极调整营造林树种结构，对种植其他树种进行探索，发展湿地松、火炬松、桉树、麻竹、楠竹、鹅掌楸、荷木、南酸枣、大果马蹄荷等基地，2012年开展珍稀阔叶树钟萼木、闽楠、榉树的种子收集育苗和营造林工作。

自1986年进入经营性采伐以后，林场累计生产销售商品材45万立方米，销售总收入16445万元，上缴国家利税3343.41万元（利税2517.51万元、育林基金825.9万元）。在20世纪90年代期间，林场税收占县财政收入的1/4左右，此后每年仍上缴县财税250万~300万元。特别是1995年木材销售收入达1103万元，上缴国家税金263万元，实现利润150万元，为全省70多个国有林场中销售收入率先突破千万元大关的林场，被州评为优秀先进企业，被省州分别表彰为文明单位和扶贫先进单位称号，被林业部评为全国国营林场500强之一。由于林场一直以从事原木和锯材生产为主的粗放经营模式，经营机制不活，又缺乏木材深加工技术，2006年以后，可采伐资源逐渐减少，仅靠零星抚育间伐和与群众联营分成的林木收入艰难地维持生产，经济陷入困境。为了摆脱困难，把丰富的资源优势转化为经济优势，在2008年投资250万元，建成了建材砖厂、柳江泉纯净水厂、竹制品加工厂和木材建筑胶合模板加工厂4个场办企业，后由于种种原因，除纯净水厂能正常经营生产，其余场办企业已停产。因生态建设需要，国家对林业政策进行调整，将国有拉揽林场经营的面积8.77万亩划入公益林（国家级公益林4.78万亩、地方公益3.99万亩），公益林面积占林场自主经营林地面积的76.93%；另外又将自主经营的2.85万亩划入尧人山国家森林公园。拉揽林场划入公益林和公园面积共计11.67万亩，占林场自有经营面积的94.11%。2013年8月30日省林业厅批复拉揽林场界定为生态公益型林场，经营管理面积26.85万亩（自主经营面积12.4万亩、与群众联营造林面积14.45万亩），其中林业用地26.44万亩、非林业用地0.41万亩，森林覆盖率93.2%，活立木蓄积226.24万立方米，是全省活立木蓄积量最大的国有林场。

第七节　林业改革

森林分类经营　三都自2004年开展森林分类区划界定工作以后，将都柳江流域两岸自然地形第一层山脊以内以及一级支流两岸自然地形第一层山脊以内的林地，山体坡度36度以上、土层瘠薄、岩石裸露石漠化严重地区的林地区划界定为国家重点公益林，实行生态效益补偿。全县林业用地264.52万亩中，区划为商品林面积163.45万亩、公益林面积101.07万亩。在101.07万亩公益林中，国家级重点公益林面积54.67万亩，地方公益林46.4万亩。国家级重点涉及全县21个乡镇和国有拉揽林场，惠及1.5万户农户，其中面积大于50亩小于100亩的有247户、大于100亩的有162户。管护工作由林权所有者负责，主要有专业管护、集中管护、个人管护三种模式，采用两级（林业主管部门与村、场，村、场与护林员）管护方式层层签订管护合同，明确职责，落实责任制，同时不断引入公益林管护竞争机制，形成公开招聘，择优录用护林人员的用人机制，有护林员367人，每年签订管护合同394份。

2009年以前，国家对重点公益林每亩补偿标准为5元，从2010年起国有部分补偿标准保持5元不变，集体和个人部分补偿标准提高到10元，2013年起国家对集体和个人部分补偿标准提高到15元。至2013年全县累计兑现国家级公益林生态效益补偿基金4600多万元。2009年区划界定的46.4万亩地方公益林，按地方公益林生态效益补偿标准为每年每亩5元，从2013年起提高到每年每亩8元，按省、州、县4∶3∶3的比例承担，但林地所有者或经营者普遍认为地方公益林生态效益补偿标准太低，严重阻碍了林区群众靠经营林业脱贫致富的步伐，致使区划了的地方公益林群众不同意界定，仅完成国有拉揽林场4万亩的区划界定和签订管护合同。

集体林权制度改革　三都从2008年1月启动集体林权制度改革。全县林地面积为264.52万亩，除去国有拉揽林场13.06万亩，州批复同意不列入林改的纠纷面积为15.7万亩，实际纳入林改面积为235.76万亩，涉及21个乡镇270个行政村，2144个村民组，7.6万农户。2010年10月18日州集体林权制度改革检查验收组综合评定为“合格”，同意三都集体林权主体改革通过州级检查验收。截至2013年年底，完成区划宗地114616宗，数据录入252个村（组），录入85000宗地，数据录入率为74.16%，排查林地权属纠纷1089起，调处648起，调处率为59.5%，发放林权证3.88万本，发证面积210万亩，占完成林改总面积的91.2%，林改档案归档完成850卷。实现了“山定权、树定根、人定心”，激发农民造林、护林、用林的积极性。

第十篇　工业·商贸

第一章　工　业

第一节　发展概况

境内工业企业起步晚、规模小，1978 年，全县工业企业仅有 71 家。1979 年，贯彻“调整、改革、整顿、提高”八字方针，对 6 个工厂及一些集体企业实行关、停、并、转。1984 年至 1987 年，县内工业企业在调整的基础上，实行多种形式的承包责任制，扩大企业自主权，允许多种经济成分并存，采取对外引进资金和技术、开办联合企业等方式，使得县内工业企业得到持续稳定发展。1984 年 10 月，引进汞矿技术、资金、设备，建立三都有色金属矿业联营公司，开发县内有色金属资源。1986 年 12 月建成年产精锑 1000 吨的锑冶炼厂，1987 年生产精锑 559.8 吨，创产值 80 万元。1986 年 8 月，县乡镇企业局供销公司引进贵州省化工研究所化学化浸取硫化锑精粉技术，联办硫化锑粉厂。1987 年生产含锑 54%的硫化锑粉 25 吨；9 月，农民周汉宇引进广东韶关市锑冶炼总厂资金 30 万元，自筹资金 15 万元，与大河区公所联办硫化锑粉加工厂。10 月，三合区公所和苗龙乡政府共同引进广东韶关阻燃剂厂资金 60 万元及其技术力量，联办南龙锑冶炼厂。是年，轻工业局引进外资、人才组建民族服装厂和爆竹厂，当年增加产值 17 万元。据 1987 年统计资料，全县有工业企业 47 个，其中全民所有制 14 个、集体所有制 8 个、乡镇企业 25 个，工业总产值达 962.32 万元。

1988 年至 2005 年，是县境内工业逐步发展壮大并形成体系的时期。地方工业主要是采锑业的发展，得益于五坳坡、小脑坡两大锑矿场的发掘，使得采矿业带动选冶、化工、煤炭、电力、森工、制药、食品、建材等一系列工业企业的发展。形成了县内 500 万元以上国有工业企业 5 户、非国有工业企业 6 户，50 万元以上非国有工业企业 52 户，从业人员 3300 人。2004 年全县实现工业总产值 7115 万元，2005 年突破亿元大关，达 1.26 亿元，是 1987 年 962.32 万元的 13.09 倍。

至 2013 年，全县规模以上工业企业有 22 户。国有企业有县供电局、县黄金矿、县自来水公司、植物油厂 4 户，非国有企业有瑞江木业有限责任公司、金江水泥有限责任公司、顺源木业有限责任公司、亨通矿业有限责任公司、恒通铅锌厂、龙腾竹木业、钟南公司、三都精矿冶炼厂、三都鑫源铅锌矿厂、昌华木业有限公司、三都昌泰木业、余林木材加工厂、龙贵矿业有限公司、金阳矿业有限公司、特色生物科技有限公司、乌细硫铁矿、恒鑫铅锌选矿厂、荣昌木业共 18 户。全县规模工业企业实现总产值 5.03 亿元，比“十一五”期末增长 176.1%，年均增长 22.5%，实现工业增加值 1.3 亿元，比“十一五”期末增长 302.8%，年均增长 24.5%。

第二节　行　业

一、采矿冶金工业

采矿业的发展是三都经济发展的重要支柱。三都的采矿业最早始于清同治年间（1862—1874），随着社会不断进步，至2013年已具一定规模，主要采掘有锑矿、煤矿、铅锌矿、汞矿、铁矿、硫铁矿、金矿、重晶石等。

锑矿　新中国成立后，采冶矿未予恢复。直到70年代后期锑产品在国际市场上有了销路后，境内采冶锑矿又蓬勃兴起，从1978年开始到2005年，共兴办采冶锑矿企业5个。

苗龙锑矿厂建于1978年4月，承办单位为三合区，资金来源由县外贸站和县社队企业局扶持，主要靠银行贷款。劳力由区属一镇四乡抽调，最多时达190个。1980年建成投料8吨的直颈冶炼炉2座，日产精锑1吨的反射炉一座，设计年产350吨精锑。安装100千伏安变压器1台，厂房（库存房、办公室）建筑面积590平方米，购置载重汽车2辆，总投资50余万元。当年投产，冶炼10次，产精锑19.8吨。因精锑含砷量高，价格低廉，加上矿源缺乏，不能连续生产，企业亏损，于1981年被迫停产。

三都有色金属矿业公司于1984年10月20日成立。由贵州汞矿同三都水族自治县联营开发有色金属资源。锑冶炼厂设在城东3千米处原磷肥厂旧址。1985年12月开工兴建，次年12月建成年产精锑1000吨的冶炼设施并投入生产。随后在苗龙乡建成年产2万吨锑矿的乌勒矿山，并在县城南烈士墓后山建成日处理70吨原矿的选矿厂，完成采、选、冶一条龙的现代化配套设施。总投资472.1万元，其中冶炼厂222万元、机选厂147.4万元、矿山102.7万元。从开工投产到1987年共生产精锑559.8吨。1988年上半年生产精锑192吨。由于决策失误、原料供应不足、技术设备落后、经营管理不善等原因达不到设计生产能力，造成经营性亏损130万元。同年县政府提出由贵州汞矿一方经营的要求，经双方协商同意，于是年8月31日签订了三都有色金属矿业联营公司由贵州汞矿一方经营协议，来往账务截至9月15日。移交时，冶炼厂停产，乌勒矿山基本采空，仅机选厂精选铅锌矿勉强维持生产，延至1997年全部停产下马，企业职工自谋职业。1998年至2003年由广西客商潘勇勇承包机选厂和黄金矿山继续生产，因矿源、资金和技术等方面因素无法维持生产，县政府于2004年6月收回公司经营权，通过招商引资方式，以机选厂80万元、乌勒矿山20万元的价格拍卖给湖南亨通公司经营，转让期50年。

硫化锑粉厂，1986年8月兴建，由县乡镇企业局供销公司承办，设在城东3千米原炸药厂旧址。引进贵州省化工研究所化学化浸取硫化锑精粉的技术，利用原炸药厂厂房进行生产。1987年4月底设备安装结束，贷款总投资50万元，设计生产能力为年产含锑60%的硫化锑精粉350吨，当月投料试产，因属试验性引进项目，设备几经技改，生产不正常，到年底仅生产出含锑54%以下不合格的硫化锑粉25吨。由于技术不过关，加上锑矿原料供应不足等原因，当年停产倒闭。

大河区硫化锑粉加工厂于1987年9月兴建。由大河区公所与农民周汉宇联办，厂设大河阁脚原糖厂旧址。周汉宇自筹资金15万元，引进广东韶关市锑冶炼总厂补偿贸易资金30万元，共投资45万元，设计能力为年产锑氧粉300吨，1988年建成投产。

南龙冶炼厂于1987年10月兴建，由三合区及苗龙乡与广东韶关阻燃剂厂联办，厂设原苗龙锑矿厂旧址。引进资金60万元和技术力量，对原有冶炼炉等设备重新改造安装，设计年生产能力500吨精锑，因矿源及技术等因素，建成即停产停业。

铅锌矿　1958年牛场铅锌矿厂建立，厂设在尧麓乡，共开采铅锌矿石近千吨，土法冶炼铅产品

2吨、锌产品4吨。因矿源、资金、技术等原因于1960年11月停产下马。到1985年，尧麓乡工农商公司投资资金4000元开办尧麓铅锌矿厂，年产铅锌矿300吨，铅锌品位在15度左右。直到2004年的这一时期，也有外地客商与本地人联营陆续开采，时断时续，没有形成较大规模。2005年以后，铅锌市场价格看好，在三都招商引资优惠政策吸引下，广西客商肖仲谋投资821万元，在牛场开办鑫源铅锌矿厂，日选矿石200吨；荔波客商姚启足在九阡板甲开办恒通铅锌矿厂，日选矿石100吨。2007年，龙贵铅锌选矿厂（日处理200吨原矿）和金阳铅锌矿厂建成投产。2008年，又有恒鑫铅锌选矿厂加入三都铅锌采选队列中。2010年，境内铅锌矿企业有9个，即三合镇姑栗坡铅锌矿、三合镇牛场铅锌矿厂中柱湾铅锌矿山、九阡镇板甲铅锌矿、三合镇丰田铅锌矿山、三合镇姑劳小夭明铅锌矿山、石顶坡铅锌矿厂、三合镇旷家店铅锌矿、和平铅锌矿、三合镇旺寨铅锌矿。

铅锌选矿厂

汞矿　新中国成立后，省公安厅劳改局丹寨汞矿厂在交梨设分厂。1969年矿源基本采空，于1979年停产。1958年2月，县政府在尧麓乡岜桥湾建立国营汞矿厂一个，土炉冶炼，到1960年年底共产水银9吨，后因技术落后回收率低成本高，企业亏损而于1961年3月下马。2004年，县政府通过招商引资，将交梨一带的拉鲁、拉峨、新寨三个矿点的汞尾矿以34万元价格拍卖给广东客商刘小玲采选，时限为5年。2010年，境内汞矿企业有5个，即交梨乡拉峨汞矿、交梨乡高戎村西山汞矿、拉鲁汞矿、交梨乡新洞汞矿、上高戎东山汞矿。

2011年，在县境发现鸡血石。三都鸡血石是硫化汞态辰砂造就的产物，以方解石为主，血色呈鲜红，以细脉状、条带状、片状、团块状、斑点状和云雾状分布于石“地”上，极细腻，即使是用60倍的放大镜也观察不到辰砂矿物质颗粒。其用途主要为制作印章红，雕刻工艺用品和原石欣赏。

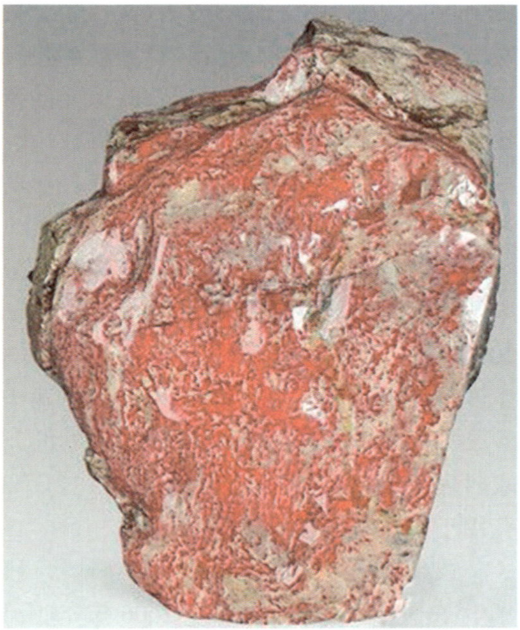
鸡血石

黄金矿　1993年三都组建黄金矿，为地方国有企业性质。所开采的苗龙金矿总储量为5.6吨，共由34个矿体组成，分布面积为2平方千米，平均品位为5.37克/吨。该矿山地理环境复杂、地质构造特殊。1993年至1998年，属氧化矿开发阶段，也是效益最好的辉煌阶段，每年上缴国家各种税费几十万元，高峰时达上百万元。2001年氧化矿全面枯竭，只有有害元素多、矿体小、分布散、埋藏深、变化大、属超微细粒浸染型的难选冶原生金矿。2002年黄金矿加大招商力度，经县委、县政府决定选中贵州省黄金集团公司作为合作伙伴，2002年11月6日签订合同，于2003年重新组建，更名为贵州省三都县金矿有限责任公司，为国有合作企业，注册资金500万元。2003年6月正式开工建设，2003年年底完成一期矿山井巷开拓系统工程和选取矿厂技改扩建工程建设，总投资650万元。2004年6月正式投入生产，生产规模为日采选原矿石200吨，年产量为金精矿4200吨和50%锑精矿600吨，年产值2500

万元，年利润总额300万元，矿山服务年限15年。由于贵州省黄金集团公司资金不足，公司于2005年6月由国家黄金局收购。

硅矿 湘黔硅业有限责任公司于1999年3月获政府批准，由湖南客商曾旗东于2003年3月在县境内建立。位于离县城1.5千米的三合镇老虎洞，总投资1000万元。拥有6300千伏安矿热炉2台，主产金属硅。年产量7000吨，年产值6000余万元。公司按ISO 9001标准建立健全了质量管理体系，有完善的质检化验中心，配置整套先进的检测设备。投产以后就以高品质的产品远销日本、欧美等国。2004年在受限电影响的情况下，8月份第一台矿热电炉生产金属成品硅2300吨，实现产值2100万元，上交电费1200万元，创税100多万元。有职工180人，管理人员20人。2005年因受限电的影响未能正常生产。

二、化工工业

经地质勘探查明高屯、排代一带硫铁藏量丰富，县政府决定创建交梨硫黄厂。1958年2月，厂设县城北交梨乡高屯，有职工300余人，1960年生产硫铁矿3287吨，硫黄719吨。1961年下马。1966年5月，由省化工厅、州工业局拨款及民族经济发展资金投资130万元，恢复创建三都县硫黄厂（1987年厂名改称三都硫铁矿），厂设县城北高硐乡排代坡脚。时有职工150人。因“文化大革命”运动工厂瘫痪，1970年复产，年底建成炼磺炉17个并投入试产。至1972年共生产硫黄170.3吨。1973年硫铁矿市场紧俏，故停产硫黄，专采硫铁矿。生产规模年产矿石1万吨。从1970年至1983年，共生产硫黄172吨，生产矿石67580吨，完成工业总产值299万元，缴纳国家税金14.3万元。

1980年以后，调整国民经济，省内外众多小磷肥厂“关、停、并、转”，硫铁矿滞销，造成硫铁矿产品大量积压，企业严重亏损，1984年停产。1988年参加化工部45亿元化肥基建项目招标中标，项目规模为年产精矿5万吨，1990年11月项目破土动工。1996年7月，该项目采选项目工程竣工，项目投资1742万元，试产达到设计水平，但由于市场原因停产。为了盘活国有资产，县人民政府决定于2005年6月以280万元的价位把矿山部分转让给贵州钟南矿业有限责任公司。2006年3月投入生产，以矿山原料为基础，建年产6万吨硫酸生产线。

三、煤炭工业

境内煤炭开采始于1958年。改革开放前开采的煤矿有安塘煤矿厂（设在安塘乡，分安塘、恒丰两个片区）和县煤厂（设在廷牌乡）。改革开放以后，当地老百姓联合外地客商零星开采。进入2000年以后，因国家产业政策和安全生产法规所限，凡达不到国家产业政策规定规模和不符合安全生产条件的一律炸封，至2007年只有两个合法煤矿企业。

一是恒丰乡夭勇煤矿，2001年开办，属民间合资私营企业，设计年生产能力3万吨。为达到国家对煤矿生产规模的要求（2007年12月31日关闭3万吨/年的煤矿），该矿于2006年引资250万元用于扩界扩能和技改项目工作。

二是塘州乡云和煤矿，私营企业，设计年生产能力3万吨，2005年申请进行企业技术改造，将年生产能力扩到6万吨。至2006年年底，投资150万元用于技改工程。

2008年，经省人民政府批准进行整合，三都扩界扩能改造的煤矿2个、新建煤矿13个，每个煤矿生产规模为原煤9万吨/年。已申报扩界扩能改造的有塘州乡云河煤矿和恒丰乡夭勇煤矿，新建的有恒丰乡腰月煤矿、廷牌镇三川煤矿、九阡镇的育煤矿、中和镇朋彩煤矿、塘州乡塘赖比寨煤矿、中和镇拉旦煤矿、合江镇石奇煤矿、周覃镇水备煤矿、水龙乡地祥煤矿9个。申报并已取得采矿许可证的有腰月、的育、拉旦、朋彩、三川5个煤矿。至2013年年底，三都所属煤矿因政策因素，均处于停建状态。

四、电力工业

发电机房

1953年，县粮油加工厂为了提高生产能力，同时解决县城机关办公照明问题，从广州购进美制“建密西”汽车引擎和15千瓦发电机一台，1954年6月正式供电，拉开了三都地方电力建设的序幕。1959年10月在普安镇岩寨兴建12千瓦的水电站，次年3月竣工发电；1964年在县城对门河兴建74千瓦的水电站，代替火电供县城照明。此后，先后建成城关电站、大河电站、中和电站、周覃电站、倒马坎电站、都江电站等，到1987年年底，全县先后建成大小水电站84个，装机92台，计3169.5千瓦。架设35千伏输电线路28千米，10千伏输电线路321千米，低压线路518千米，共有8个区镇132个行政村18709户用电照明。1965年至1987年水力发电共3363万千瓦时，其中农用电量2177万千瓦时。

1985年国家电网开始给三都送电，同年9月修建35千伏安输变电工程，次年5月完成建筑面积237.18平方米配电房，11月完成安装变电设备和架设联结丹寨变电站至县城27.65千米的输电线路，总投资151万元。基本上解决了县内工业用电。2013年供电量创历史新高，全年完成售电量1.78亿千瓦时，实现销售收入8623.97万元，实现税金668.1万元。

五、森林工业

20世纪80年代末至90年代初期，三都几乎没有森林工业，森林资源的利用大都以出售原木为主，县内仅有几家生产规模小、产品档次低和资源消耗型的木材经营加工企业，主要以加工锯材为主。到20世纪90年代中期以后，人造板生产在三都迅速发展，进入21世纪以后，引进龙腾木业、昌华木业、昌泰木业、荣昌木业、金鸟木业等企业到三都落户建厂。

2006年，全县林产业企业完成林木、林副产品销售42883立方米，实现产值2862万元。其中，国有拉揽林场完成林木生产销售14918立方米，产值607万元；瑞江木业及个体完成木材、林副产品27965立方米，实现产值2255万元。2008年，由于遭受凝冻灾害，三都的森工企业生产受到严重影响，主要是停电停产和部分森工企业厂房、机械设备遭受不同程度的损坏；第二季度经常遭受暴雨洪涝等自然灾害，林业工业生产加工进度缓慢，产品销售量少；第四季度又遭受国际金融危机影响，林产品销售价格下降，销路不畅，县内能正常经营加工的16家企业仅完成各种木材销售16671立方米，实现产值2500万元。到2010年年底，通过私人自筹资金和招商引资建厂，先后建立了金鸟木业有限公司、顺发木业有限公司、荣燕木材加工厂、荣昌农木发展有限公司等21户木材经营加工企业，主要以经营加工锯材、人造板（胶合板、指接板、刨花板、密度板）、家具、木制工艺品、旅游玩具、细木工板等。

木工板生产车间

2013年通过招商引资、以商招商和县内木材经营加工企业组合等形式，有群山木业、万强木业、顺发木业、顺林木业4家企业签订协议落户交梨森工产业园，总投资3.5亿元，年产值1.8亿元。2013年4家企业已完成建厂投资6500万元，占地建面积140亩，建厂规模3.5万平方米。

中密度纤维板厂　该企业是深圳帮扶三都水族自治县的一个“造血”工程，坐落于三合镇李岩寨，全厂占地面积74.1亩，总投资3200万元，合资双方投资2684万元。其中，深圳方投资1664万元，为双方投资总额的62%；三都方投资1020万元，为双方投资总额的38%；四川东华机械厂补偿贸易516万元。1997年9月22日奠基，2001年6月试产成功，2002年8月正式投产，生产规模为年产3万立方米，采用四川东华机械厂MDF全自动生产线，全厂职工120人，主要产品规格有1220×2440×（8—25）各种规格产品，产品执行国家GB13271—91标准。

顺源木业有限公司　于2003年12月组建，非公有制企业，主营木材深加工，主要生产各种规格杉木细木工板和木制品，设计年生产能力为3万立方米成品板。企业位于三合镇湾滩（321国道公路旁），占地面积为10亩。公司生产的黔都牌各种规格杉木细木工板远销成都、重庆、浙江等板材市场。2006年生产细木工板6952.5立方米，完成工业总产值917万元，销售产值完成736.3万元。2007年产值732.9万元，销售收入732.9万元，利润11万元，上缴国家税金86万元。

瑞江木业有限责任公司　2005年年底引进，2006年3月正式投产，企业生产机械化程度较高，产能大。2006年生产纤维板21784立方米，实现工业产值2845.3万元，销售产值1220.4万元。

龙腾竹木业有限责任公司　2006年年初引进，12月份开始正常生产。企业位于三合镇八麻村，占地面积12亩。拥有建筑模板、竹胶板、细木工板等三条生产线，年生产能力建筑模板1万立方米、竹胶板1万立方米、细木工板1万立方米。2006年完成工业总产值320万元，销售产值320万元。2007年产值1518万元，销售收入972.3万元，上缴国家税金29.5万元。

昌泰木业有限责任公司　2006年引入三都，企业位于九阡镇，占地面积10亩。有生产细木工板生产线1条，年生产细木工板5000立方米。2007年产值356万元，销售收入174万元，利润-2.2万元，上缴国家税金4万元。2008年产值524万元，销售收入92万元。

昌华木业有限责任公司　2006年引入三都，企业位于三合镇三郎村，占地面积11亩。有生产细木工板和指节板两条生产线，年生产细木工板5000立方米、指节板5000立方米。2007年产值471万元，销售收入171万元，上缴国家税金15.7万元。2008年产值1022.3万元，销售收入327.1万元。

余林木材加工厂　三都木材行业中最大的县内人士办企业，厂址位于三合镇三郎村，占地面积10.5亩。专业生产细木工板，有年产1万立方米细木工板生产线1条。2007年产值913万元，销售收入813万元，利润37万元，上缴国家税金18.2万元。2008年产值1642.4万元，销售收入439.9万元。

六、食品工业

境内食品工业不发达，至2013年，食品工业只有九阡酒、甜茶、糟辣酸等几家企业。

九阡酒系列产品

三都水族自治县九阡酒有限责任公司　前身为成立于1952年的贵州省三都水族自治县九阡酒厂。20世纪90年代末，贵阳市开阳人钟吉刚收购九阡酒厂，通过十多年对原厂的技改、扩建，2013年生产能力达2000吨。九阡酒系列产品已进入北京、山东、上海、福建、广东等省内外市场，获得了2010年上海世博会联合国DEVNET授予千年九阡酒金奖、2010 年上海世博会博物馆永久收藏和展示的产品之一、2010 年被中华人民共和国商务部授予“中华老字号”称号、中国品牌战略管理联合会授予“中国营养酒著名品牌”等荣誉。

2010 年 3 月 2 日，“神秘水族、魅力三都”水族文化旅游节启动仪式暨“九阡酒上海世博会国际发展网馆指定唯一黄酒”新闻发布会在上海大剧院新闻中心召开，5 月，九阡酒作为上海世博会唯一指定专用黄酒，以国际品牌进入名酒行列。九阡酒厂技改一期建设规模为 5000 吨/年九阡酒，2012 年 5 月开工建设，2013 年完成项目投资 8208 万元。

九阡酒获“中华老字号”称号

三都水族自治县健康茶种植园 于 2003 年注册成立，注册资金 100 万元，位于猴场村生态农业开发区，为民营企业，主营甜茶种植、加工，种植面积 1750 亩，其中 1000 亩为种植园主营、750 亩为农民合同种植。2003 年销售收入 87 万元，实现利润 23.52 万元；2004 年销售收入 181.84 万元，实现利润 49.15 万元；2005 年销售收入 350 万元，实现利润 87.5 万元。企业具有一整套生产加工技术和独特的产品加工工艺，其中“一种甜茶及其生产工艺”获国家专利。主要产品有：极品甜茶、礼品甜茶、精品甜茶、袋泡甜茶以及甜茶浸膏粉等。所生产的活力树牌无糖甜茶系列产品，2005 年获中国重庆名优农产品展销会“最受消费者欢迎产品奖”、中国国内旅游交易会“最受欢迎旅游纪念品工艺品”，2007 年获第三届贵州省名特优农产品展销会名牌产品称号，2007 年 11 月被评定为贵州省名牌农产品。2013 年生产 285 吨，实现年产值 1902 万元。

甜茶采摘

另外，境内还有制作三都辣椒酸、竹笋加工等农副产品加工企业，规模都不大。

七、建材工业

金江水泥有限责任公司 位于三合镇董蒙村，由广西客商建立，占地面积 4 万多平方米，是三都招商引资建设的非公有制企业，企业生产规模为年产 10 万吨普通硅酸盐水泥。2012 年，遵照国家淘汰落后产能的要求，水泥厂于 2013 年正式关闭。

县建材有限责任公司 2000 年 9 月 28 日由原县农机修造厂改制组建而成，占地面积 8244 平方米。固定资产 118 万元，年生产炭化砖 1000 万块、页岩砖 800 万块，产品主供县内，且供不应求，年产值 72 万元。

润基水泥有限公司 2009 年 5 月 11 日落户三都塘州乡，占地 150 亩。2010 年 8 月 18 日年产 100 万吨干法旋窑水泥生产线项目建成试产，完成投资 2.73 亿元。2011 年 12 月，公司被中国建筑材料集团有限公司收购，成为西南水泥的子公司。2012 年，公司为降低生产成本，节约能源，保护生态环境，投资 3840 万元建设余热发电项目，于 2013 年 6 月投入使用。2013 年生产水泥 88 万吨，实现年产值 2.15 亿元，销售收入 2.14 亿元，缴纳税金 1040 万元，利润 881.2 万元。

第三节 乡镇企业

县内乡镇企业萌芽于合作化时期，20世纪50年代后期到70年代均以社队企业的形式存在，企业属公社、大队或生产队所有，员工收入归集体，参加集体分配。由于受资金短缺、管理及技术落后、市场规模小等因素制约，企业发展缓慢，经济效益低，并时办时停。

1978年，全县有厂、场以及专业队和专业组431个，从业人员2810人，年产值60万元。到1987年，共有乡镇企业1636家，从业人员3618人，总产值445.84万元。“七五”期末，乡镇企业总产值完成1237万元，总收入2020.5万元，企业1954个，从业人员3853人。主要以个体企业为主，经营较分散，结构较单一。

“八五”时期，乡办企业和外来投资创办企业迅速发展，由过去的分散经营过渡到相对集中经营，从过去的出卖原料为主转移到对原料进行粗加工、深加工，以半成品或成品进入市场。到“八五”期末的1995年，完成总产值14268万元，比“七五”期末增长11.5倍，其中乡镇工业产值9006万元。企业发展到2664个，比“七五”期末净增710个，从业人员12894人，比“七五”期末增长35倍。1998年引来外商创办水泥厂、铀石砖厂、木地板深加工厂、胶合板厂、化肥厂、辣椒加工厂等企业，完成乡镇企业总产值41210万元，其中乡镇企业工业产值20847万元、乡级工业产值8180万元、营业收入43299万元、实现增加值9930万元，从业人员20862人，比1997年增加4185人。1999年至2000年，因受国际市场影响，天然林禁伐，煤炭实行全面整顿，关井压产，加上大洪灾，重点企业由1998年的35个减到24个，企业增幅回落明显。2000年，总产值完成31732万元，比1999年下降19.5%，营业收入31508万元，同比下降26.4%。

到2006年，全县符合四个条件的乡镇企业为1712个，从业人数15516人，其中工业企业545个（规模以上工业8个）。完成总产值46421万元，其中乡镇企业工业产值完成22992万元、规模以上工业产值完成10452万元，实现营业收入44196万元，实现增加值（GDP）11011万元，实现利润2906万元，上缴国家税金1667万元。乡镇企业基本以个体和私营为主，集体企业4个，有限责任公司26个。乡镇企业多为社会民间资本开办，企业规模从小到大，滚动发展。重点工业企业多为县外投资商自筹资金创办。2007年，全县符合四个条件的乡镇企业有2086户，从业人员16641人，其中工业企业302个（规模以上企业19户）。实现总产值56000万元，其中乡镇工业产值完成27937万元、规模以上企业完成14120万元，实现营业收入52678万元，完成增加值13127万元，实现企业利润3842万元，上缴税金1854万元。2008年，三都乡镇企业基本形成了以茶、竹、辣椒制品、九阡酒、肉制品（香猪、牛肉制品）、农产品加工为主，以精品水果（九阡李）、周覃香米、交梨水晶葡萄、都江椪柑、大河脐橙为支柱的农产品种植面积已突破2万亩。另有大蒜、西红柿、马铃薯等早熟蔬菜均在5000亩以上。实现总产值64220万元，其中乡镇企业工业产值完成31960万元，实缴国家税金2328万元，实现企业利润3643万元，新增固定资产投资14000万元，乡镇企业从业人员17608人。

2009年，乡镇企业总产值完成72135万元，其中乡镇企业工业完成35547万元，营业收入68443万元；增加值14329万元，其中实现工业增加值8542万元。2013年乡镇企业总产值完成9.14亿元，其中乡镇企业工业总产值完成5.44亿元，乡镇企业增加值实现1.36亿元，乡镇企业营业收入完成8.65亿元，从业人员18746人。

第二章 商 贸

1978年前，县境商贸流通渠道单一，商品短缺，一些生活必需品在政策性控制下凭票（证）供应，消费层次低。党的十一届三中全会后，以国有经济为主导，集体、个体经济并存的体制确立，私营商业逐渐恢复，商业经济体制由计划经济逐步向市场经济过渡。1982年，县商业局所属国营商业有民贸、百货、五金交电、盐业、烟酒、食品、蔬菜、药材、外贸、燃料等10个专业公司，58个零售机构，共有职工308人。商业经营业务购销两旺，全年商品购进总额112.3万元，商品零售额754.79万元，占社会商品零售总额的42%。1988年全国在完成农村联产承包责任制改革之后，社会经济由计划经济逐步向市场经济转轨，国营商业企业开始进行改革，县商业局所属公司逐步推行经济承包责任制。是年底，国营商业系统除县食品公司外，五金、民贸、饮食服务、百货、盐业、三郎酒厂、糖酒等7个企业全部实行了承包经营责任制。1989年，随着市场经济的形成，国营企业市场出现疲软，个体经济逐步形成并挤入市场，国营商业企业由于经营方式没有个体经济灵活，在日渐繁荣的自由市场竞争中举步维艰，全年全系统销售总值仅完成809.7万元，与1988年相比下降5%。1990年，全县商业销售尽管采取多形式多渠道销售、召开展销会和开展夜市经营以及送货下乡等促销手段，但仍不景气，不断走下坡路，多数职工下岗待业。1992年根据省政府黔府发〔1992〕7号文件精神，公司实行“四放开”改革（经营放开、价格放开、分配放开、用工放开），各公司经营状况得到改善。1994年12月，县商业局被撤销，与县经济委员会、物资局、轻工局组建县经济贸易委员会。1998年，县国有商业企业全部以社会法人、职工个人及合伙等形式实行风险抵押承包或租赁经营。随着市场经济的逐步完善和企业产权制度改革的深入，国有商业体制亟待改革。2002年后，先后有百货、食品、五交化、民贸、糖酒、饮食服务等公司进行改制，全县国有、集体商业企业实行“公退民进”。到2008年，国营商业系统各公司基本改制完毕，职工得到安置，解除了国有企业职工身份。

集体商业主要是供销合作社系统，其业务由县供销合作社主管。县供销合作联社设有办公室、基层工作股和财会审计股3个内部职能办事机构，股室负责人及其工作人员，实行竞争上岗。1988年县供销合作联社共有干部职工17人，全县供销社系统共有职工375人，其中女职工152人。1992年年末，全县基层供销社共有6个供销分社、27个分销店、108个代购代销店、7个“庄稼医院”、6个“庄稼门诊”、1个综合服务站、7个旅社（招待所、客栈）和饭店（饮食店），在全县城乡形成供销社商贸经营体系。至2013年，全县供销合作社系统有县联社和3个直属公司，7个基层社，干部职工262人，企业退休职工126人。供销社主要是扶持农副产品生产、加工和农副产品购销贸易经营，组织供应农业生产资料、工业品和日用杂品购销贸易经营，开展农业生产社会系列化服务，满足人民生产和生活需要。

第一节 供销合作

1978年至2005年，全县供销社系统农副产品购进总值2176.9万元，商品销售总额35774.4万元，其中1989年至1993年对个体商贩批发销售611万元。1978年至2001年，向国家缴纳营业税和增值税466.6万元。1994年至2004年，缴纳房屋税和土地使用税42.5万元。

县供销社下属县农资、土产、日用杂品三个公司，1978年至2005年，商品销售总额14966.3万元，其中1989年至1993年对个体商贩批发销售491万元，向国家缴纳营业税和增值税117.9万元。1994年至2000年，缴纳房屋税和土地使用税15.7万元。

20世纪80年代，供销社原有的商贸营业用房和物资仓库，大部分已超过固定资产周转期，进入老化服务阶段。1988年以后，县供销社按照先城镇后边远市场的原则，既抓更新改造又抓新建项目安排，统筹统管系统内商业网点基本建设基金和多方集资，加快供销商贸基本设施建设。1991年至2005年，全系统新建成砖混结构房屋16栋，建筑面积10236平方米，投资总额409.8万元；建成中和、九阡两个农贸市场共1000平方米，投资总额20.5万元。县供销商贸大楼4100平方米，投资181万元。以上基本设施的建成，为供销社改革改制打下基础。

随着社会主义市场经济的建立和发展，城乡民营企业迅猛发展，个体经营户遍布全县乡村，省内县外和省外营销商大量涌入市场经营，供销社商贸阵地必然相应减少，商品流通主渠道作用自然消失，购销贸易额年年分流下滑，经济效益负增，资产负债失衡，企业“包袱”沉重，经营队伍流散，职工社会统筹养老保险和医疗保险后顾有忧，各种矛盾明显突出，经营体制和供销社企业经营状况与农村经济发展大大不相适应。

2005年11月6日，县供销社制订上报了企业改革改制实施方案，开始改革改制。2007年11月26日，《三都水族自治县供销合作社改革改制实施方案》获县人民政府审批，供销社开始进行了清理职工身份、工龄核实、理顺劳动关系、清仓查库、清产核资等工作。2009年11月9日县人民政府十四届第66次常务会议通过《三都水族自治县供销合作联社社有资产营运管理公司组建方案》，供销系统10个企业单位，进一步开展职工身份清理、清产核资、资产评估、成本测算等工作。但是，到2013年，县供销社改革改制工作仍未结束。

农副产品经营 1979年至2005年，全县供销社系统农副产品购进总值2176.9万元。1978年至2005年，商品销售总额35774.4万元，其中1989年至1993年对个体商贩批发销售611万元。1978年至2001年，向国家缴纳营业税和增值税466.6万元。1994年至2004年，缴纳房屋税和土地使用税42.5万元。2005年后，供销社不再经营农副产品，农副产品等由个体商贩经营。

1988年至2005年，全县供销社系统农业生产资料购进总值（不包括系统内的计划内调进）6457万元，其中购进化肥121870吨、农膜252吨、农药360.5吨、农药器械7748架、各种中小农具68858件；销售总值（包括系统内计划内调进）11521万元，其中销售化肥160138吨、农膜259.1吨、农药394吨、农药器械10393架、各种中小农具93691件。

1991年，为支持全县农业生产升位再上新台阶，按照县委、县政府关于“91温饱工程”的部署和要求，各基层供销社抽出专人组成工作组，配合有关部门与村组农户签订以物放贷和以粮还贷经济合同，由村委会负责审核担保，供销社组织化肥放贷。全县当年发放的以肥放贷硝铵和尿素1425吨、碳铵1832.2吨、磷肥2415.8吨。

此后，随着市场经济的建立和发展，农业生产资料全面放开，供销社农资市场贸易经营额下滑，购销数量连年减少，为农业生产系列化服务功能明显减弱。

三都农副产品品种多、产量少，且零星分散，难以形成批量，没有“拳头”品牌。随着市场放开，商贸竞争激烈，价格浮动异常，经营难度加大。供销社以变应变，实行农副产品“分购联销”制。由各基层供销社在全县农村直接组织收购，由县土产公司向省内外组织销售。对辣椒、花生、桐油等大宗农副产品，由基层供销社收购就地储存；对茶叶、香菇、木耳、中药材等小宗农副产品，由基层社收购后调交县土产公司。

1988年至2005年，全县供销社系统农副产品购进总值1436.5万元，销售总值（包括组织货源供应出口）1283.5万元。农副产品购销主要品种有：

茶叶：购进22.7吨，销售17.5吨；产于丰乐、大河、合江、普安等地；县内自销，多余上调。

香菇：购进 3.2 吨，销售 4.2 吨；产于都江、坝街、打鱼、九阡等地；野生香菇减少，人工培菇较多；省内调销都匀、贵阳等地，省外销向广东。

木耳：购进 19.1 吨，销售 16.5 吨；产于都江、坝街、打鱼等地；县内自销，调销都匀、贵阳等地。

花椒：购进 6 吨，销售 7.3 吨；产地分散，县内自销，省外销往四川等地。

花生：购进 653.9 吨，销售 663.7 吨；是三都农副产品主产品种，产于普安、交梨、大河、丰乐等地；县内自销，调销独山、都匀、凯里、贵阳等地。

辣椒：购进 152.2 吨，销售 139.9 吨；是三都农副产品主产品种，产于周覃、廷牌、三洞、恒丰、塘州、中和、水龙等地，特别是皱皮辣椒，深受省内外客户欢迎；县内自销，调销都匀、贵阳等地，组供外贸货源，出口东南亚地区。

棕片：购进 65 吨，销售 60.5 吨；农村山寨均有出产，县内供应手工业生产原料，省外销往福建等沿海地区。

五倍子：购进 6.9 吨，销售 9 吨；产于打鱼、巫不、坝街、水龙等地，直销省外生产厂家；由于砍树摘果，1990 年以后，五倍子基本断源。

蜂蜜：购进 0.9 吨，销售 1.2 吨；省外养蜂专业户来三都放养西蜂，就地产蜜就地收购，县内自销，多余上调。

鲜蚕茧：购进 3.9 吨，销售 3.6 吨；1991 年，大河、丰乐、水各等地村组农户起步发展种桑养蚕，供销社提供产前产后服务，回收鲜茧，烘烤加工成半成品，归口上调州土产公司；1994 年后，国内、外生丝价格回落，市场销售疲软，桑蚕生产发展项目受挫。

桐油：购进 421.6 吨，销售 498.6 吨；是三都农副产品主产品种，产于合江、河坪、丰乐、大河、普安、交梨等地；1992 年、1993 年和 1994 年，普安等供销社直接开展桐子收购，加工桐油 54.77 吨；省内直销生产厂家，省外销向广东等沿海地区。

芒杆（野生造纸原料）：购进 408.1 吨，销售 424.9 吨；直接运销凯里纸厂。

大青杠碗（野生烤胶原料）：购进 78.9 吨，销售 72.1 吨；县土产公司与都江供销社联手，前往坝街、巫不就地看样，发动农民群众开发利用野生资源增加收入，收购后用木船运至三都，直销生产厂家。

粮食：购进 1573.2 吨，销售 1548.1 吨；1990 年以后，粮食市场开始松动，供销社主动与粮食部门协调，经县政府同意，在九阡、周覃、中和、大河和三合 5 个基层供销社开展粮食议价收购；购进的玉米、黄豆交售给当地粮管所，糯米调销九阡酒厂作酿酒原料，多余的运销独山、都匀等地，红豆销往广东。

中药材：购进 20 万元，销售 26.4 万元；三都中药材品种有桔梗、杜仲、黄柏、钩藤、金猫等，产地分散，产量较少，收零成整，直接销往省内外。

畜产品：购进 0.2 万元，销售 1.3 万元，主要是牛皮、杂骨等，直销生产厂家。

1997 年以后，供销社农副产品市场贸易分流，购销额年年下降。

工业消费品市场　1988 年以后，市场进一步开放，供求关系发生变化，供销社转变经营机制，实行工业品、日用产品“联购分销”制，由县日杂公司牵头，按基层供销社进货计划组织货源，分送各基层供销社营销。

1978 年至 2005 年，县社商品销售总额 14966.3 万元，其中 1989 年至 1993 年对个体商贩批发销售 491 万元，向国家缴纳营业税和增值税 117.9 万元。1994 年至 2000 年，缴纳房屋税和土地使用税 15.7 万元。1978 年至 2005 年，全县基层供销社商品销售总额 20965.3 万元，其中 1989 年至 1993 年对个体商贩批发销售 120 万元，缴纳税金 371.7 万元。1994 年至 2000 年，缴纳房屋税和土地使用税27.9万元。

1988年至2005年，全县供销社系统工业品、日用杂品购进总值18497.5万元，其中购进棉布85.6万米、食盐（不包括1994年以后由盐业公司调进）6608.5吨、铁锅20.6万口、日用陶瓷饭碗及瓦缸等266.7万个、煤油2230吨、农用柴油70吨、烟花爆竹124.4万元、日用杂品372.4万元，销售总值19524.5万元，其中销售棉布113.4万米、食用盐7929.7吨、铁锅19.1万口、日用陶瓷饭碗瓦缸328.4万个、煤油2369.6吨、农用柴油94.3吨、烟花爆竹122.4万元、日用杂品543.5万元。

1996年以后，供销社工业、日用杂品营销市场分流，购销贸易额下滑，供销社工业、日用杂品营销市场逐渐为个体经济所替代。

第二节　对外贸易

早在20世纪50年代，三都县就开始了外贸商品收购、调运工作，当时尚无专门机构，依靠供销社代收代运，商品品种也仅局限于畜产品和土特产品。据统计，1952年到1975年的20多年间，曾为国家收购、上调牛皮29370张，各种野生动物杂皮10多万张，支援国家军需和出口需要。

1976年8月，为扶持民族经济的发展和为国家提供更多更好的出口商品，县委、县政府决定建立外贸工作站，归口商业局领导。从建站到1982年，共收购粮油食品、土产畜产、五金矿产、轻工艺品四大类31个品种，价值275万元的出口产品，其中活牛7605头、油菜籽6.5万千克、油菜籽饼317吨、桐籽饼35吨、干辣椒339吨、盐渍山竹笋85吨、盐渍蕨菜14吨、香菇0.5万千克、棕籽20750千克、蜂蜜10900千克、中药材（桔梗、官桂皮、黄柏、麦冬等）85.2吨、茶叶32.5吨、锑17吨、牛皮16757张、野生动物杂皮24396张、猪鬃928.5千克、猪肠衣982根、活猴11只。同时供应出口商品专用化肥1500吨，折合标准氮肥3000吨。在出口商品中以廷牌辣椒为骨干产品，主要出口新加坡、马来西亚等国家和我国香港、澳门地区。

1984年企业实行整顿，外贸工作站从商业局独立出来，受州对外经济贸易局垂直领导，更名县外贸公司。外贸公司主营粮油、食品、土产畜产品、五金矿产品、轻工产品、工艺品、纺织品、进出口及代理进出口业务、中草药材等产品及业务。

1988年，州下达县外贸公司供应出口商品收购计划117万元，实际完成109.56万元，占计划的93.64%。其中，粮油食品类完成32.44万元，占计划的216.27%，桐油92.9吨；土畜类产品55.66万元，占计划的121%，土产类44万元；医药保健类3.89万元；工艺产品类2.57万元；五金矿产类15万元。1992年，完成外贸收购308.4万元，为州、县计划的254.8%和192.8%，比1991年实际超额159%；销售完成319.7万元，为年计划的199.8%，比1991年实际超134.2%；虽然总体下降，亏损1.08万元，毛利仍高于1991年64%；费用水平为4.98万元，较1991年下降0.76个百分点。

1988年以后，实行外贸体制改革，到1992年三都外贸体制仍未得到理顺。第一轮外贸承包，不少问题压给基层。1990年第二次外贸体改，因银根紧缩，银行利率提高，公司又无力承受和适应。采取承包经营责任制，因外部和内部的种种阻力推行不了，外贸公司的经营逐渐惨淡下来。到2000年外贸经营基本停止，所有职工下岗待业。2005年国家实行国有企业改革改制，遂解散县外贸公司。

第三节 医药流通市场

1983 年之前，实行省、地、县国有医药公司三级调拨供应制度。三都从事药品经营的单位仅有药材公司一家，国有性质，公司设中西药批发部、中药材收购部、中药零售门市部、西药零售门市部。县直医疗机构、区卫生院、乡（镇、公社）卫生院（所）药品采购不跨辖区，由县药材公司负责批发配送。药品价格实行严格的省、地、县三级差价加率制度，省医药公司负责药品定价和调价，并发布价格或调价通知，批发药品票据注明上一级公司批发价、本级公司批发价和零售价，一般情况药品价格变动很小，各级所开票据严格遵守药品加率规定。

1983 年，县内药品使用单位有县医院、妇幼保健站、县防疫站共 3 家，区级卫生院 7 家，镇卫生所 1 个，乡卫生所 36 个，学校医务室 2 个。没有个体药品经营户，没有登记的个体医疗诊所。至 1984 年，三都的医药市场国有药品经营和县乡医疗单位格局仍未发生变化，只是新增登记乡村个体西医 10 人、中草医 10 人。1984 年下半年，福建晋江一推销员以代销的方式直接送货进入县药材公司，共计 7 个品种，货值 6195 元（跨入 1985 年，第一部《中华人民共和国药品管理法》实施，该批假冒药品被查封销毁）。

1985 年，三都医药市场国有药品经营、使用单位格局仍然不变。首次核准个体药品经营，核准个体西药零售 2 人、草药零售 3 人，核准个体西医 11 人、中草医 10 人。当年 7 月 1 日《中华人民共和国药品管理法》正式实施，5 月份县卫生局抽调人员启动全县药品质量大检查，当年下半年开始实施核发药品经营企业许可制度。县药材公司于 1985 年 12 月 17—18 日验收通过，州卫生局发给药品经营许可证。

20 世纪 90 年代后，县城出现湘君药房、老百姓药房等私人药店，药材市场始有竞争。县药材公司由于经营模式老化，药品销售疲软，经营开始滑坡，效益逐年下降。2003 年，县药材公司开始转换机制，置换职工身份。

第四节 超 市

2001 年，三都县城最早的一家超市——家家乐超市诞生。此后，县城各超市逐渐增多，至 2013 年，有家家乐超市、爱家服饰超市、现代超市、人人乐超市、富万家超市，各乡镇也有一些小超市。

家家乐超市 位于县城建设西路，占地面积 3900 平方米。系三都籍人士杨盛芳于 2001 年 1 月投资 500 万元创办，流动资金 300 万元，固定资产 200 万元。主营食品、百货、家用电器、日用化妆品、服装、皮鞋、箱包，兼营猪肉、牛肉、蔬菜、水果等生鲜农产品。从业人员 80 名，每日营业时间为 8 时至 22 时，分两班制经营。

爱家服饰超市 位于县城建设东路，占地面积 400 平方米，系三都籍人士朱仁美于 2003 年 8 月投资 20 万元创办，流动资金 20 万元。主营男女成人装、童装、鞋类等商品。从业人员 8 名，每日营业时间为 8 时至 22 时，分两班制经营。

现代超市 位于县城商贸路，占地面积 300 平方米，系湖南籍人士王玉书于 2005 年 5 月投资 30 万元创办，流动资金 10 万元。主营日用百货、家用小电器、预包装食品、日用化妆品、箱包、烟酒等商品。从业人员 10 名，每日营业时间为 8 时至 22 时，分两班制经营。

人人乐超市 位于县城中山路，占地面积 1600 平方米，系浙江籍人士冯学海于 2010 年 10 月投资89万元创办，流动资金80万元。主营百货、手机、小家电、服装、床上用品、婴儿用品、西药、食品、蔬菜、水果等。从业人员37名，每日营业时间为8时至22时，分两班制经营。

富万家超市　位于县府路，占地面积5000平方米，系浙江籍人士李朝英于2011年5月投资500万元创办，流动资金100万元。主要经营日用百货、日用化妆品、民族服饰、鲜活产品、地方特产、休闲小吃、水果、蔬菜等。从业人员100名，每日营业时间为8时至22时，分两班制经营。

第五节　专控商品经营

一、食盐

食盐是国家直接掌控的民生商品，由盐业公司专营。县城及各乡镇均设有销售网点，执行统一的销售价格。食盐零售基本由县城及各乡镇供销社副食品店经营，后才逐步发展到个体经营。20世纪80年代，三合镇食盐经营点24个，区乡25个。1996年5月27日，国务院令第197号发布施行《食盐专营办法》，国家对食盐实行专营管理。1997年7月21日贵州省实施《食盐管理条例》，食盐的零售实行许可证制度，个体经营者经营食盐须向盐务局申请领取食盐零售许可证，凭证向工商行政管理部门办理注册登记，方能从事食盐的零售业务。2004年按照《贵州省碘盐配送网络建设总体规划》的要求，全面推行网络建设，实行访销配送，经营户实行户籍化档案管理，网点设置遵循“便于管理，方便群众，布置合理，辐射到位”的原则，设立零售户选择以资金实力强、仓储保证、货款回笼及时的个体大户为食盐零售专卖点。全县每个乡镇设立3户，县城17户，共设网点80余户，随着市场经济的发展与变化，个体经营者不断增加，2013年全县食盐经营户增加到300余户。

1990年3月2日，国务院第51号令发布施行《中华人民共和国盐业管理条例》，8月2日，省人民政府令第53号发布施行贵州省实施《中华人民共和国盐业管理条例》办法，各地州市县相继成立盐务管理局、分局、支局以专营食盐。10月，三都成立贵州省盐务管理局三都支局，主抓三都水族自治县行政区域的盐业管理。2000年6月，三都盐业公司上划贵州盐业（集团）直管并成立贵州盐业（集团）三都有限责任公司，同年三都支局上划贵州省盐务管理局直管，省级企业、正科级单位。三都支局局长和公司经理由州局、州公司报省局及集团公司审批，由州局、州公司任命。支局机构下设盐政股，行政编制4人，盐业公司下设办公室、财务股、市场营销股，人员编制8人。贵州省盐务管理局三都支局与贵州盐业（集团）三都有限责任公司两块牌子，一套人员，职责分开，合署办公。

因为食盐专营，食盐价格相对稳定。1978年为0.5千克0.15元，1986年恢复地区差价后，县内最高限价为0.5千克0.20元。边远贫困地区，国家对食盐销售实行减税的办法进行补助，境内销售一吨食盐，均减税50元左右，长期执行不变。食盐价格自改革开放后每千克单膜袋盐2元到250克复合膜袋盐0.8元，再到500克复合膜袋盐1.3元、650克纸塑袋盐2元、300克纸塑袋盐1.5元，浮动都不大。1991年全县全年销售食盐1332吨。2002年食盐销售达到1500吨，但随着人口外出打工和含盐副食品大量上市，全县的食盐销售逐年下降，到2010年，全县销售食盐1265吨。

全国各地都产盐，贵州省不产盐，是纯销售区。三都自解放以来吃的国家指定供应盐有广西海盐及四川、江西、湖北、湖南等省矿井盐。三都盐业公司供应的食盐从淮盐（海盐粗粒）到高级精细散装盐（当时用杆秤称盐），1994年10月1日施行国务院《食盐加碘消除碘缺乏危害管理条例》，三都食盐供应也由散装改为塑料袋包装，食盐的包装袋是1000克单膜袋，由州公司统一订制分各县公司包装经销。2002 年贵州盐业集团实行营销网络建设，全省食盐的包装袋统一定为“碧源”商标，由四川、湖南等省产区包装，按国家计划发到各地州市县公司经销。

1960 年，三都食盐实行定量供应，制发盐票，每人每月凭票供应 0.5 千克，实行两年多便取消了。1987 年，食盐供应比较紧张，实行凭票供应制度，1 年后便也取消了。1991 年三都食盐供需出现紧张并发生食盐抢购风波，时间为半天。2011 年 3 月 17—18 日，因日本海啸引发谣言，三都发生有史以来场面最大的一次突发性食盐抢购事件，300 吨库存食盐被抢购一空，事件突发后，三都盐务局、公司立即启动应急预案采取一切应对措施保障供应并配合县人民政府及相关部门开展宣传引导和市场执法检查工作，及时平息这场突发食盐抢购风波，这场风波是全国性突发事件。

二、烟草

三都烟草分公司　1984 年 2 月 1 日，县烟草分公司从县糖业烟酒公司划转出来，主要从事三都境内卷烟经营、烤烟生产、专卖执法、客户服务等业务。建立初期有职工 10 人，1983 年留利 4085.88 元，固定资产原值 22200 元，商品库存资金 43468.57 元，全部流动资金 53480.55 元。2013 年，县烟草公司设有综合办、财务股、专卖股、营销部、送货部五个部门，有职工 44 人，卷烟销量 7362.4 箱，销售收入 15317.5 万元。固定资产原值 5017102 元。累计完成卷烟销量 136053 箱，销售额 97390.53 万元，累计上缴税金 5537.6 万元。三都卷烟销售从县城到农村，形成了一个比较庞大的网络，有卷烟零售户 1154 户。

烤烟种植　三都烟叶种植主要分布在南面。南面乡镇多黄土，保水保肥性强，含有机质多，所产烟叶大而厚、韧性强。1988 年县内开始组织发动种植烤烟。后来由于对政策的变化把握不够，管理不善，至 1998 年国家烟叶库存量过大，计划被调减，烤烟发展受政策的影响步入困境，当年收购烤烟 5671 担，烤烟销售 2851 担，烤烟产大于销，库存烟叶占用了大量的流动资金，加上政策上调拨价格下调，造成企业亏损 83.7 万元。1999 年烤烟种植面积下滑，当年收购量为 2766 担，销售 5661 担，由于受调拨压级的影响，烤烟经营亏损，1999 年企业亏损 82.2 万元。2000 年后政策调整不再种植烤烟。

销毁假冒伪劣卷烟

专卖管理　1984 年 2 月，烟草公司成立后，“人财物、产供销、内外贸、农工商”一体化烟草垄断经营体制得以形成。按照国务院《烟草专卖条例》，对烟草专卖品的销售加强行政管理，配备专卖人员。1992 年 1 月，《中华人民共和国烟草专卖法》实施，县烟草专卖局遂设立专卖办公室，对烟草销售依法实行专卖管理。1984—2013 年，公司在烟草专卖管理方面主要开展两项工作：烟草专卖许可证的发放和管理、打击销售假冒伪劣卷烟的不法行为。此期间共查获案件 300 余起，案值累计 1000 余万元，上缴罚没款 20 余万元，刑事拘留 18 人。

1984—2013 年三都烟草公司业务数据统计表

表 10-1

名称 年份	卷烟销量（箱）	卷烟销售金额（万元）	烤烟收购量（担）	烤烟销售量（担）	烤烟销售金额（万元）	利润总额（万元）	上缴税利（万元）	备注
1984	839.00	53.84	0	0	0	1.02	0.51	6 个月
1985	1801.00	139.06	0	0	0	3.42	1.16	—
1986	2259.00	171.92	0	0	0	3.26	1.08	—
1987	2886.00	232.39	0	0	0	6.93	2.74	—
1988	2512.00	261.82	249.00	249.00	3.19	6.05	1.40	—
1989	2403.00	275.30	27.00	6.00	0.11	4.89	2.32	—
1990	3413.00	340.45	89.00	116.00	1.62	6.01	2.09	—
1991	2553.00	218.54	1361.00	1361.00	33.77	4.14	4.62	—
1992	1913.00	209.62	12696.00	12696.00	176.54	18.66	74.55	—
1993	1651.00	220.91	19865.00	18705.00	303.12	15.09	70.53	—
1994	3170.00	556.28	1500.00	1493.00	30.63	7.58	3.76	—
1995	4537.00	859.30	293.00	293.00	5.97	8.09	2.18	—
1996	5911.00	1555.30	3175.00	2500.00	126.70	7.50	2.02	—
1997	6729.00	1971.00	15057.00	13483.00	485.50	13.00	4.31	—
1998	6308.00	2015.80	5671.00	2851.00	83.90	-83.70	4.61	—
1999	5821.00	1938.40	2766.00	5661.00	214.80	-82.20	20.61	—
2000	4168.00	1564.50	0	0	0	16.60	37.95	—
2001	3968.00	1423.20	0	0	0	16.00	23.42	—
2002	4308.00	1699.00	0	0	0	37.00	32.00	—
2003	5519.00	3066.09	0	0	0	135.76	49.36	—
2004	5254.00	3322.00	0	0	0	241.00	—	—
2005	4862.50	3462.50	0	0	0	262.40	59.13	—
2006	5041.00	3843.80	0	0	0	—	60.43	—
2007	5248.00	4448.90	0	0	0	—	105.54	—
2008	6094.40	5947.00	0	0	0	—	275.58	—
2009	7010.00	8136.90	0	0	0	—	452.60	—
2010	7915.60	10235.50	0	0	0	—	901.60	—
2011	7342.20	10956.40	0	0	0	—	955.95	—
2012	7254.20	12947.30	0	0	0	—	1061.05	—
2013	7362.40	15317.50	0	0	0	1928.70	1324.50	—
合计	136053.30	97390.53	62749.00	59414.00	1465.85	2577.20	5537.60	—

三、民爆物资

1984 年 1 月 6 日，《民用爆炸物品管理条例》颁布，规定爆破器材属于国家计划分配物资。三都的民爆物品由县物资局组织供应。2000 年县物资局改制，2000 年 10 月 13 日成立贵州三都物资有限责任公司，该公司负责全县民爆物品的组织供应。2006 年 5 月 10 日，《民用爆炸物品安全管理条例》颁布，于 2006 年 9 月 1 日起施行，三都物资有限责任公司不再具备民用爆炸物品销售资格。为保证民爆物品的组织供应，贵州黔南化轻民爆器材有限责任公司于 2007 年 11 月 30 日在三都设立贵州黔南化轻民爆器材有限责任公司三都分公司，承担全县民爆物品的组织供应。

2006—2013 年民爆物品销售情况统计表

表 10-2

年份	工业炸药（千克）	工业雷管（发）
2006	342680	641200
2007	430034	642400
2008	1251024	1521700
2009	3043014	2185200
2010	638316	532200
2011	1163660	766100
2012	7173130	398226
2013	4740000	149500

四、石油供应

中国石油化工股份有限公司贵州黔南三都石油分公司前身叫三都石油公司，始建于 1958 年，属地方商业企业。1985 年根据国务院文件从地方商业企业分离上划至中国石油化工股份有限公司，独立核算中央企业。公司成立之初，只有一个加油点（三都油库），把 1956 年修建的废旧冷库改为仓库，建成三都羊角坝油库，经营品种有 70 号汽油、0 号柴油、灯用煤油。发油设备相当落后原始，没有油罐，只能用油桶抽出称重和利用油桶整桶发油，桶发油首先用空桶立在装有油的桶上，两桶口利用对接口接上后，再用翻桶架进行翻桶倒油。1983 年经县人民政府批准在三都杨家湾重新修建三都油库，安装了 9 个油罐，容积 220 立方米（180 吨），1985 年建成投产使用，当时接卸油利用磅秤上装上一只大铁箱装油，装满油过磅后再卸进相应品种油罐，发油用三只大铁桶改装，桶身外是一支玻璃管画上事先测算数量刻划线，进行刻度发油，使用了 3 年。1988 年利用高架油罐形成落差把原刻度发油桶拆换安装流量表，进行计量发油，每次发完油后，都要把从流量表到油枪之间十来米距离油管抽立干净再给下一个客户发油。1995 年在发油房外安装自流式计量加油机发油。随着时代发展和科学进步，1996 年把原油库改成油库加油站，在加油处建立加油棚，在加油棚下安装机械电加油机，把自流式计量加油机改成机械电加油机发油，但机械电加油机每次发完油后，还是需用人工扳动数字回零后才能给下一个客户加油。

随着市场需要，三都石油公司在原先只有油库加油站的基础上，1996 在县城北出口增建了一座加油站（三合加油站），1999 年在周覃镇增建了周覃加油站，开始为乡镇提供成品油。2000 年经上级公司批准，把环城北路民营吉祥加油站收购，更名为环城加油站，经改造后当年 9 月投入营业，同时关闭三合加油站。2002 年又在大河镇增建大河加油站。随着加油站增加，加油机也从机械电加油机更换成先进的电脑加油机。在加油站内安装管控机，发行中国石化加油 IC 卡，为客户提供方便、快捷服务。2010 年随着厦蓉高速贵州段建设，三都公司在厦蓉高速三都至榕江段双向排洞一、二加油站开业。这样，三都石油公司从一座破旧油库，设备落后、经营品种单一的单位发展到宽敞明亮花园式、设备先进、多种经营的星级加油站。从 1985 年上划中国石化的年销售 100 吨成品油至 2013 年销售 16000 吨成品油。

第六节 服务业

一、旅店餐饮

1978 年，三都旅店餐饮业共有 15 家。其中，旅店 12 家，即国营三都民族旅社、三都红星旅社，个体旅社 10 家；餐饮业 3 家，即国营三都饭店、红星饭店、县合作社饭店。从业人员 41 人。经营饮食品种主要有米饭、各类炒菜，早餐有米粉、包子、馒头、油条、发糕等，经营总额 184302 元，实现利润 14132 元。1979 年以后，市场开放，城镇不少居民、农民加入到饮食业中。到 1987 年，城乡经营饮食个体户发展到 56 户，从业人员 112 人，经营总额 5 万余元。除常年个体户外，城乡还有数量较多的临时饮食摊，县城赶场天饮食摊达 200 多个；乡镇中，大的集市赶场天也有饮食摊多达 100 余个，尤其是汤锅行最为兴盛。到 20 世纪 90 年代末期，人民生活水平提高，汤锅行逐渐消失。此后，国营饭店、国营旅社受市场自由开放的冲击，"大锅饭"的经营方式被打破，被组合式经营或个体经营取代。

1990 年，全县的旅店饮食业网点已由 80 年代初的 36 个发展到 92 个，从业人员由 108 人发展到 186 人。旅社、饭店主要集中在县城，多数集中在县城东开发区，形成旅馆、饮食餐馆相连服务链。人流量较大的乡镇亦开设有旅社、饭店。

1991 年以后，随着市场经济体制改革步伐逐步加快，县内一批由个体经营的饮食服务业网点应运而生。至 1995 年，全县饮食业网点已发展到 231 个，从业人员 366 人。1996—1999 年，全县旅店餐饮业营业额累计达 120 万元，年均 30 万元。旅店饮食业已全部由个体户经营。此时期，县城东开放区新建大大小小的宾馆、酒楼、饭店等 50 多家，与此同时，各乡镇新开的饭店、旅社也逐渐增多。

2000 年以后，县城建设逐步加快，县城宾馆、饮食业功能日趋完善，一批较有档次的旅馆、酒楼、饭店相继出现，主要有好园宾馆、凤凰宾馆、怡心宾馆、黄金大酒店、福缘商务宾馆、都柳江宾馆、福丰宾馆。2013 年调查统计全县有餐饮业 139 家，从业人员 216 人；旅店业 134 家，从业人员 146 人，有床位 1986 张。旅店餐馆中较为高档的有福丰宾馆、都柳江宾馆、黄金大酒店等。此外，各种小吃摊点更是遍及全城，尤其是三都的夜市摊特别火爆，有 30 多家集中在县城工贸市场里，客人你来我往，通宵达旦品尝三都的铁板烧。县城还开办有新华酒楼、春满楼、凤凰酒家、万家灯火等专门承办婚丧庆典等酒席的酒店。

1991—1995 年，全县旅店饮食业营业额累计达 80 万元，年平均营业额 16 万元；1996—2000 年，全县旅店饮食业营业额累计达 120 万元，年平均营业额 24 万元；2001—2005 年，全县旅店饮食业营业额累计达 373.5 万元，年平均营业额 74.5 万元；2006—2010 年，全县旅店饮食业营业额累计达 718.85 万元，年均 143.75 万元。2013 年，全县餐饮旅店营业总额 1265 万元，其中，餐饮营业总额 459 万元，旅店业营业总额 806 万元。

二、其他服务业

服务业门类较多，包括理发、照相、广告、电脑打字复印、浴室、桑拿按摩、足浴、干洗、美发、美容、歌舞、酒吧、擦（补）鞋、手机贴膜、修锁、牲畜宰杀等。多数属个体户经营，也有合伙联营。服务行业的蓬勃发展为近千青年人提供了就业门路。

理发　1978年前，三都县城理发社独家经营，生意较好，从业人员16人，每人月均收入70~100元。20世纪80年代，出现一批新的个体理发户，打破了理发社独家经营的状况，理发社解体，自谋出路。1987年县城有10户个体理发户。农村个体理发户也加入这个行业，尤其是赶场天在县城撮箕口临时搭点服务就有20多家，各乡镇也有理发店。1990年，县城有20多家专门的理发店，从业的多为外地青年女子。理发项目有剪发、洗发、烫发、新娘盘发、修面刮须等。2000年以后，出现染黑、黄、白、棕等各种颜色，尤以青年男女为多。在造型上更是花样百出，有光头、平头、大小波浪、直立式、蓬松式、披肩式等。至2013年，县城注册从事理发业的有91户，注册资金122万元，从业人员150人。

美容　美容业是20世纪90年代后期发展的新兴服务业，服务对象多为中青年女子。美容项目有文眉、去皱、增白、整容、脸部皮肤护理、按摩、减肥等。2013年，县城美容店26家，从业人员130人。

照相馆　1978年，县商业局服务公司投资组建都柳江照相馆，是县内最大的一家，生意颇为兴隆，从业人员6人。1981年后，县内城乡涌现出一批照相个体户，县城先后有艺美照相馆、曙光照相馆、春燕照相馆、银燕照相馆等。各乡镇也有照相馆。业务有标准照、艺术照、婚纱照、团体照等，经营方式行、坐结合。照相用的胶卷为120、135等几种规格，相片有黑白、彩色两种颜色。20世纪90年代后期，数码相机上市，胶卷式相机迅速淘汰。至2013年，县城的照相馆有金城照相馆、白云照相馆、风情楼婚纱照相馆、帝都广场婚纱照相馆、都柳江照相馆等7家。照相机全为数码式，相片冲洗均用电脑控制机器自动进行。

此外，至2013年，县城有专业广告店5家、电脑打字复印店8家、干洗店5家、酒吧1家、擦皮鞋（兼手机贴膜）10家、修锁修鞋摊12个、茶吧3家、冷饮店3家、歌舞厅1家、电脑培训维修店6家、盲人按摩室6家等服务行业。

第十一篇　财税·金融

第一章　财　政

1978年起，三都执行“划分收支、分级包干、分灶吃饭、一定五年”的财政体制，调动了县乡理财的积极性。1983年财政收入突破182万元，比1978年增长了30%。从1984年起，由于包干基数过高，加之烟酒税上划，新增政策性财政支出增多，县财政出现赤字，至1994年，累计赤字193万元。1994年，由于国家实行分税制，三都被定为国家重点扶持的贫困县，上级投入较多，县人民政府在税收征管和支出管理上狠下功夫，县财政状况趋于好转。2010年，全县财政收入1.19亿元，突破亿元大关。财政收入从2008年6128万元，到2010年过亿，三年实现翻番目标。2013年，全县财政总收入3.27亿元，提前实现“十二五”规划目标，是1978年的233.64倍。

第一节　机构沿革

1970年税务局与财政局合并，改称财税局。1973年1月31日，财税局办公楼失火，财政、税务历年档案资料和统计报表被焚毁殆尽。1974年年底，财税再度分家，又重新恢复财政局和税务局。20世纪90年代以前，县财政局内设机构与任务等没有规范，进入90年代后，随着各项工作的分工和规范的需要，逐步建立健全了各项规章制度，内部机构也逐步设置。2002年5月30日，县人民政府批准县财政局内设办公室、预算股、综合股、财政监督检查股、国资企业管理股、农业股，惯称“一室五股”。2008年，县财政局内设机构有办公室、预算股、国库股、农业股、监督股、综合股、国资企业股、会计事务股、基财股、政工股和政府采构办共11个股室，其中国库股、会计事务股、政工股为2008年年初成立，基财股是由原来的征收分局更名而来。2009年8月财政局设立纪检组并同时配备组长。2013年4月增设农业发展办公室。

全县21个乡镇财政所原属乡镇管理的股级单位，2013年3月全部更名为财政分局，级别由原来的股级事业单位升格为副科级事业单位，由县财政局垂直管理。

第二节　财政管理体制改革

改革开放以后，我国实行财政收支包干的财政管理体制，预算的收支指标由省核定，三都的财政是支大于收，每年由省按预算差额包干给予补贴，县内实行“收支比例留成，超收另定分成比例，支出按指标包干”的财政管理体制。

1976—1979年实行“收支挂钩，总额分成”的财政管理体制。在企业收入中，增加农机公司收入、供销社收入、交通企业收入；支出中增加挖潜改造、畜牧事业费、企业事业费等项，扩大了县的财政收支范围和管理权限。1980—1984年实行“划分收支，分级包干”的财政管理体制，由“一灶吃饭”改为“分灶吃饭”，打破吃“大锅饭”的局面，财政资金的分配由“条条”为主改为以“块块”为主，按财政包干范围统筹安排。1980年起，因三都属于贫困县，每年享受中央预设置的低产贫困资金的补助和支援经济不发达地区的发展资金，同时恢复20世纪60年代民族地区享受的三项照顾。1985年把“划分收支，分级包干”的财政管理体制改为“划分税种，核定收支，分级包干”的财政管理体制，实行一定五年不变。新体制划分后，县财政固定收入是：地方国营企业所得税、调节税和承包费、集体企业所得税、农牧业税、车船使用牌照税、城市房产地税、屠宰税、牲畜交易税、集市交易税、契税、地方包干企业收入，地方经营粮食企业亏损、税收滞纳金、补税罚款收入、城市维护建设税和其他收入；中央财政和地方财政共享的收入有产品税、营业税、国营企业奖金税、外资合营企业的工商统一税、所得税。支出范围为：地方统筹基本建设投资，地方企业的挖潜改造资金，新产品试制费，简易建筑费，支援农业支出，城市维护建设费，地方农村水利事业费，工业、交通、商业部门事业费，文化教育科学卫生事业费，抚恤和社会救济事业费，行政管理费，民兵事业和其他支出。

1987年，为了调动各区组织财政收入的积极性，管理好财政支出，在财政内部进行了两种初试的财政管理体制改革，一是对普安区财政实行收支预算下放，在区辖内由财政拨款开支的行政、事业单位实行“定收定支，收入上缴，支出下拨，超收节余留用，超支不补，一年一定”的管理办法；二是对三合镇、城关区、大河区、水龙区、周覃区、九阡区、都江区等7个区镇实行“定收定支，收入上缴，超收分成，短少分担，支出下拨，超支不补，节余留用”的管理办法。在执行中，区、乡财政所协同有关部门发展生产，积极组织收入，节约支出，搞好当家理财，8个区乡（镇）中有5个超收17.26万元，未完成任务的3个区被扣减支出指标0.21万元。

1988年4月，县内又调整实行“多收分成，少收分担”的财政包干体制。

1994年1月1日起国家改革现行地方财政包干体制，分为中央、省（区）、地（州）、县（市）、乡（镇）五级财政管理，实行分税制财政管理体制。三都在实施中认真贯彻“抓住机遇，深化改革，扩大开放，促进发展，保持稳定”的经济工作方针，新老体制转换衔接工作比较顺利。1995年1月1日开始实施《中华人民共和国预算法》，要求一级政府要有一级财政，乡镇预算要提到议事日程上来，鉴于全县机构延伸尚未完全到位（如金库、税务所等），各方面关系还需要理顺，当年五级预算首先在三合、大河、普安、都江、中河、周覃、九阡镇进行，对其他14个乡要求做好五级预算的基础准备工作，当年暂时维持原有体制。五级预算收入划分为县的固定收入、乡镇的固定收入和县乡两级的共享收入三部分，支出划分是根据乡级有些部门的人权、事权、财权权限情况划分为县负担支出和乡镇负担支出。以1994年收支为基础，适当考虑合理增减因素确定收支基数（收大于支的定额上解，支大于收的定额返还），收支基数、定额上解和返还数一经确定，乡级增收全部留给乡镇，新增支出因素，乡镇自行负担。但为了充分调动乡镇当家理财的积极性，为过渡到乡镇预算打下基础，根据分税制后的收支变化进行合理调整，在收入上采取“划分税种、核定基数、短收自负、超收分成”，在支出上保人员基本支出，保政策增支。

2007年全县启动“村财乡管村用”制度，实行代理记账财务管理新模式。做到村有办公室，有坚固耐用的档案设施；乡镇财政所做到“一村一柜”。账、表、册、据及其他财务资料均由代账会计分类整理，装订成册，及时存档。同时严守“五个不变，一个不准”的原则（村集体资产权所有权不变，村集体资金使用权不变，村集体经济组织的财务审批权不变，村集体经济组织的债权、债务不变，村里的民主理财监督机制不变；乡镇政府不准利用管理之便平调村集体资金或者挪作他用）。

2009年国资管理体制改革，对全县行政事业单位进行资产清查，规范和加强全县行政事业单位的国有资产管理，推行部门预算管理体系改革。

2012年，做好财政国库集中支付改革，建立州国库单一账户为基础、资金缴拨等国库集中支付制度为主要形式的财政国库管理制度。同时启动乡镇财政管理标准化建设，以“破解增收难题，优化支出结构、实施精细管理、共建和谐财政”为目标，全县21个乡镇财政所达到“基础设施功能化、管理手段信息化、业务流程标准化、制度建设规范化、干部队伍知识化、服务管理高效化”。

第三节　财政收入

1978年12月，党的十一届三中全会以后，三都财政收入逐年增加，197—1985年财政收入共966万元，年均收入138万元，比“文化大革命”时期的年平均收入增长41.3%，1986年又比1985年增长53.74%，2004年比1986年增长13.15倍，首次突破3000万元大关，创历史新高，为1949年以来的最高水平。由于县境内没有骨干工业企业，一些小型企业也因原料、能源及产供销环节不配套等因素的制约，加上交通闭塞和区位地理等诸多因素，工业税收甚微，国营商业和供销社商业营业额不高，税额低。历来三都的财政都是收小于支，主要靠上级拨款维持。1983年，省州开始对三都实行补助，1983年为786.61万元，1984年为863.48万元，1985年为1078万元，1986年为1037.97万元，进入1990年以后上级拨款额逐渐增加。

进入21世纪以后，县乡财政部门狠抓组织收入工作，确保全县财政收入稳步增长。一是组织收入目标和责任具体、明确，任务细化，层层分解，早布置、早安排、早落实，职责到人，措施有力，奖罚分明。二是进一步完善征管制度，强化征管责任，改进征管手段，加强协调，定期分析收入形势，积极采取“以旬保月，以月保季，以季保年”的征管方式，努力做到均衡入库。三是坚持依法治税，严肃查处违反税法行为，规范和落实各项税收优惠政策，加强对重点税种、税源的监控，加大稽查征管力度，依法打击偷、逃、骗、抗税行为，强化对零散税种的征管，做到应收尽收。

“十五”期间，全县的财政收入围绕“培植财源、强化征管、加强管理、深化改革”的工作思路，克服征收中的不利因素，按照“强工业、精农业、扩城镇、兴三产”的总体要求，全县国内生产总值由“九五”期末（2000）的2.58亿元增加到2005年年末的7.31亿元，增长1.83倍，年均增长12.1%，财政总收入由2000年的1909.5万元增加到2005年的3656万元，比“九五”期末增长91.1%，年均增长12.9%。2002年起财政收入开始形成了“上四下六”（上半年40%，下半年60%）或时间任务“双过半”的良好势头。2003年全县财政总收入2889万元，比2002年增收473万元，同比增长19.57%。2004年财政总收入3200万元，比2003年增收311万元，同比增长10.76%，突破了3000万元大关。2005年全县财政总收入3656万元，比2004年增收456万元，增长14.25%，在因取消除去烟叶以外的农业特产税和农业税金全面免征而造成财政总收入缺口近800万元的情况下，实现了财政总收入剔除不可比因素后比“九五”超翻番的目标。2006年全县财政总收入完成4515万元（不含基金），比2005年增收859万元，增长23.5%。2007年全县财政总收入完成5128万元（不含基金），比2006年增收613万元，增长13.58%。2008年全县财政总收入完成6128万元，比2007年增收1000万元，增长19.5%，比1978年增长43.77倍。受世界金融危机的影响，2009年是三都经济社会发展遭受重大挑战和严峻考验的一年，但是三都抓住中央扩大内需保增长的政策机遇，以“促增长、保民生、保稳定、促发展”为主题，全年财政总收入完成8536万元（不含基金1758万元），为年初人代会审议通过预算数7200万元的118.56%，比2008年增收

2408 万元，增长 39. 3%，财政收入是 1978 年的 60. 97 倍，提前 64 天超额完成了财政收入任务。2009 年，全县有 6 个乡镇财政收入突破 100 万元大关（占乡镇总数的 28. 57%），这 6 个乡镇比 2008 年增收 228. 81 万元。其中，交梨乡增收 56. 76 万元，增长 42. 68%；三合镇增收 62. 88 万元，增长 41. 38%；大河镇增收 35. 1 万元，增长 32. 8%；合江镇增收 26. 77 万元，增收 31. 49%；周覃镇增收 26. 13 万元，增长 27. 5%；九阡镇增收 21. 17 万元，增长 23. 79%。2010 年，三都财政收入首次突破亿元大关。据年底决算，全县财政总收入完成 11896 万元（不含基金 1529 万元）为年初预算的 118. 96%，比 2009 年增加 3360 万元，增长 39. 36%。其中，地方财政收入完成 7911 万元，为年初预算的 125. 37%，比 2009 年增加 2291 万元，增长 40. 77%。2011 年全县财政总收入 17126 万元，比 2010 年增收 5230 万元，同比增长 43. 96%。2012 年全县财政总收入达 22370 万元，增收 5244 万元，同比增长 30. 62%，占年初州下达任务数 21600 万元的 103. 57%。2013 年全县财政总收入达 32709 万元，同比增收 10339 万元，同比增长 46. 22%。

1978—2013 年三都财政收入统计表

表 11-1

年度	财政总收入（万元）	同比增收（万元）	同比增长（%）
1978	140	—	—
1979	102	-38	-27. 14
1980	102	持平	0
1981	112	10	9. 8
1982	136	24	21. 43
1983	182	46	33. 82
1984	185	3	1. 6
1985	160	-25	-13. 51
1986	226	79	53. 74
1987	331	105	46. 46
1988	655	324	97. 8
1989	627	-28	-4. 27
1990	690	63	10. 05
1991	800	110	15. 94
1992	1092	292	36. 5
1993	1717	625	57. 23
1994	1590	-127	-7. 40
1995	1889	299	18. 8
1996	2002	113	5. 98
1997	2222	220	10. 99
1998	1820	-402	-18. 09
1999	1996	176	9. 67
2000	1909. 5	-86. 5	-4. 33
2001	2139. 2	147	7. 38
2002	2416	198. 7	9. 29
2003	2889	473	19. 58

续表11-1

年度	财政总收入（万元）	同比增收（万元）	同比增长（%）
2004	3200	311	10.76
2005	3656	456	14.34
2006	4515	859	23.49
2007	5128	613	13.57
2008	6128	1000	19.5
2009	8536	2408	39.3
2010	11896	3360	39.36
2011	17126	5230	43.96
2012	22370	5244	30.62
2013	32709	10339	46.22

第四节 财政支出

1978年以后，财政总支出逐年加大，支出项目不断增多。

2004年支出决算完成19069万元（不含基金支出128.2万元），比2003年增加2358.3万元，增长14.11%。分类为：科技三项费用类完成28.1万元，比2003年增加3万元，增长11.95%；农业支出完成736万元，比2003年增加71.1万元，增长10.69%；林业支出完成505.5万元，比2003年增加114.6万元，增长29.32%；水利和气象支出完成555万元，比2003年增加145万元，增长35.37%；工业交通等部门事业费类完成573.6万元，比2003年增加213.8万元，增长59.42%；文体广播事业费完成983.9万元，比2003年减少6.6万元，下降0.67%；教育事业费类完成6163.1万元，比2003年增加998.6万元，增长19.34%；医疗卫生支出完成843万元，比2003年减少47.6万元，下降5.34%（省州专项比2003年减少）；抚恤和社会救济事业费类完成504.8万元，比2003年增加56.4万元，增长12.58%，社会保障补助支出完成207万元，比2003年减少125.7万元，下降37.78%（省、州专项比2003年减少）；流通部门事业费完成1万元；行政管理费类完成4390.6万元，比2003年增加481.9万元，增长12.33%；公检法支出类完成786.4万元，比2003年增加151.1万元，增长23.78%；城市维护费类完成371.3万元，比2003年增加177.4万元，增长91.49%；支援不发达地区支出类完成1394.2万元，比2003年增加84.5万元，增长6.45%；专项事业类完成43.4万元，比2003年增加2.7万元，增长6.63%；其他支出类完成621.7万元，比2003年增加137.5万元，增长28.4%；其他部门事业费类完成348.3万元，比2003年增加43.5万元，增长14.27%；武装警察部队支出完成12.1万元，比2003年减少2.2万元，下降15.38%。

2005年支出决算完成25276万元（不含基金），比2004年增加6207万元，增长32.55%。分类为：科技三项费用类完成38万元比2004年增加9.9万元，增长35.23%；农业支出完成1049万元，比2004年增加313万元，增长42.53%；林业支出完成559万元，比2004年增加53.5万元，增长10.58%；水利和气象支出568万元，比2004年增加13万元，增长2.34%；工业交通等部门事业费类完成654万元，比2004年增加80.4万元，增长14.02%；文体广播事业费完成1184万元，比2004年增加200.1万元，增长20.34%；教育事业费类完成8423万元，比2004年增加2259.9万元，增长36.67%；医疗卫生支出完成1098万元，比2004年增加255万元，增长30.25%；抚恤和社会救济事业费类完成916万元，比2004年增加411.2万元，增长81.46%；社会保障补助支出完成407万元，比2004年增加200万元，增长90.62%；行政管理费类完成5229万元，比2004年增加838.4万元，增长19.1%；公检法支出类完成1192万元，比2004年增加405.6万元，增长51.58%；城市维护费类完成468万元，比2004年增加96.7万元，增长26.04%；支援不发达地区1916万元，比2004年增加521.8万元，增长37.43%；专项事业类完成72万元，比2004年增加28.6万元，增长65.9%；其他支出类完成1062万元，比2004年增加440.3万元，增长70.82%；其他部门事业费类完成264万元，比2004年减少84.3万元，下降24.2%；武装警察部队支出完成7万元，比2004年减少5.1万元，下降42.15%。

2006年财政支出完成31595万元，比2005年增支6459万元，增长25.7%，重点支出基本得到保障，按照“一保吃饭，二保建设”的原则，财政在支出上积极做到总揽全局，合理调整安排支出，把有限的资金用好用活用在“刀刃”上。2007年按照“保重点、保工资、保运转、保民生、保稳定”的要求，全年财政支出完成42470万元，比2006年增支10875万元，增长34.42%。2007年，县委、县政府秉承“群众生活中的小事，就是政府工作的大事；群众生活的热点难点，就是政府的工作重点”的执政理念，把民生问题列为政府工作的重要内容，努力把公共财政向民生领域倾斜。2007年民生支出占全年财政总支出的96.76%，比2006年支出大幅增长。2008年全县财政总支出完成56796万元，占年初人代会审议通过预算支出的268.02%，比2007年增支14326万元，增长33.73%，比1978年增长105.96倍。2009年，财政总支出推行部门预算管理制度。全县各项建设支出投入完成65237万元，比2008年投入增加8441万元，增长14.86%。2009年财政支出是1978年的121.71倍，是2005年的2.6倍。2009年全县财政收支平衡，县本级地方财政收入5620万元（不含基金1758万元），加上省州财政各项补助60437万元（税收返还325万元、所得税基数返还补助107万元、原体制补助541万元、以奖代补5631万元、专项补助22035万元、农业税及农特税征收政策调整后财政转移支付补助586万元、中央转移支付及其他结算补助31212万元），财力总计66057万元；全县财政支出65237万元（不含基金2744万元），上解省州支出85万元，共计65322万元，收支相抵，略有结余。2010年，以“保增长、调结构、促改革、惠民生”为主题，以民生财政为主线，财政支出完成90209万元，比2009年增加24972万元，增长38.28%。2013年，三都财政总支出完成175241万元，较2012年增加12081万元，增长15.81%，其中用于民生的投入达167217万元，占总支出数的九成多。全年全县教育、社会保障和就业、医疗卫生、城乡社会事务、住房保障、农林水事务、交通运输、环保等十三大项民生领域支出投入达167217万元，占全年全县财政总支出的95.42%。

1978—2013年三都水族自治县财政支出完成统计表

表11-2

年度	财政支出完成（万元）	比上年增加数（万元）	比上年增长（%）
1978	536	—	—
1979	578	42	7.84
1980	696	118	20.42
1981	808	112	16.09
1982	871	63	7.8
1983	910	39	4.48
1984	990	80	8.79
1985	1105	115	11.62

续表11-2

年度	财政支出完成（万元）	比上年增加数（万元）	比上年增长（%）
1986	1211	106	9.59
1987	1344	133	10.98
1988	1352	8	0.6
1989	1532	180	13.31
1990	1601	69	4.5
1991	1850	249	15.55
1992	2489	639	34.5
1993	2385	-104	-4.18
1994	2584	200	8.39
1995	3206	622	24.07
1996	3491	285	8.89
1997	4199	708	20.28
1998	4206	7	0.17
1999	5740	1534	36.47
2000	7438	1698	29.58
2001	12409	4791	66.83
2002	14533	2124	17.12
2003	16888	2245	15.33
2004	19197	2309	13.67
2005	25136	5936	30.94
2006	31595	6459	25.70
2007	42470	10875	34.42
2008	56796	14326	33.73
2009	65237	8441	14.86
2010	90209	24972	38.28
2011	115819	25610	28.39
2012	143422	27603	23.83
2013	168836	25414	17.72

第五节　预算外资金管理

改革开放以后，预算外资金增长较快，对经济建设和社会事业发展起到了一定的积极作用。1993年，三都水族自治县开始启动对财政预算外资金的管理工作。然而，直到1998年全县的预算外资金专储也才有2.21万元，也就是说，1998年才算真正开始对预算外资金进行管理。

三都对预算外资金的管理主要着力抓好大力实施公开财政支出，科学制定乡镇财政管理体制，清理和规范奖金、津贴的发放，坚持执行项目资金报账制，不断试行、探索部门预算等五个方面的工作。同时认真学习贯彻《中华人民共和国行政许可法》，规范行政性收费的审批和管理，加大“收支两条线”专户管理力度，有效遏制行政事业性收支和政府性基金坐收坐支、截留挪用等行为，合理引导预算外资金有序增长。按照中央关于加强预算外资金管理的精神，执法执收单位的行政事业性收费基本上都纳入预算管理，各种收费项目和收费标准得到严格执行。1999 年 7 月起，罚没收入实行“罚缴分离”的办法，严格“收支两条线”管理，真正做到了“罚缴分离，收支分离，收之有据，用之有法”。到 2002 年，全县预算外资金专储为 638.2 万元，比 1998 年增长 287 倍，2003 年以后又有新的突破，2006 年达到 2185.51 万元。

从 2006 年起，三都对非税收入采取有效措施以加强管理，一是进一步完善非税收入收缴方式，有效遏制坐收坐支、挪用等不良现象的发生；二是从源头上加强非税收入监管，严格按照票据管理的有关规定，实行凭“证”征收制度；三是规范单位账户，对原开设的预算外资金过渡账户一律取消，确保非税收入及时足额缴入国库或财政专户；四是严格非税收入考核制度，把非税收入征缴工作纳入各部门的工作目标考核内容；五是实行非税收入管理的经常化、规范化和制度化；六是实行激励机制，把住征收关，在严格执行“收支两条线”和加强监督管理的同时，建立健全和完善征收机制，保证非税收入征收到位。

2009 年，县纪委出台了《关于党政机关和事业单位“小金库”专项治理工作方案》，从 5 月 25 日开始进行“小金库”专项治理活动，重点查 2007 年以来的八种表现：一是违规收费、罚款及摊派设立“小金库”；二是用资产处置、出租收入设立“小金库”；三是以会议费、劳务费、培训费和咨询费等名义套取资金设立“小金库”；四是经营收入未纳入规定账簿核算设立“小金库”；五是虚列支出转出资金设立“小金库”；六是以假票据骗取资金设立“小金库”；七是将财政资金或其他公款以定期存入单位或个人储蓄的形式私存设立“小金库”；八是将应纳入行政事业单位账户核算的资金以工会、协会、学会、企业的名义存放设立“小金库”。专项治理工作进入重点检查阶段后，决定对 32 个单位（党政机关和事业单位 27 个，乡镇 5 个）进行“小金库”专项治理重点检查，发现有 3 个单位设立“小金库”，及时纠正收缴金额 30.94 万元，有关责任人受到了相应的处理。至 10 月底专项治理工作结束。

2010 年 5 月 15 日启动非税管理改革，实行“单位开票、银行代收、财政统管”和“收支两条线”的管理方式，逐步完善非税收入网络系统，全面提升征管质量，打开了非税收入征管新局面，打破了“谁收谁用”的分配格局，建立非税收入全额上缴、支出统筹安排的综合预算管理制度。

第六节 “一事一议”财政奖补项目建设

2010 年，三都被列入全省村级公益事业建设“一事一议”财政奖补试点工作试点县，当年全县实施 141 个财政奖补项目工程（水利类 9 个、交通类 73 个、环境类 25 个、其他类 34 个），覆盖全县 21 个乡镇的 65 个行政村，总投入资金到位 1846 万元，群众投工投劳 76704 个工日，建成后受益农民达 92610 人，开展项目的村寨坚持“村民自愿、直接受益、量力而为、民主决策”的原则。

“一事一议”现场会

通过“一事一议”财政奖补项目工程建设的探索实践，至 2013 年，全县共完成 440 个村级公益事业建设“一事一议”财政奖补项目（交通类 334 个、环境类 36 个、水利类 8 个、其他类 62 个），覆盖全县21个乡镇234个行政村的668个自然寨，总投入9983.79万元。全县初步形成了农民投工投劳为主体，以政府财政资金为引导，以社会捐赠赞助为补充的村级公益事业建设机制，破解了新农村建设中遇到的动员难、筹资难、实施难、管护难等难题。

第七节　政府采购

三都的政府采购工作起步较晚。根据《中华人民共和国政府采购法》的规定，2004年3月5日县人民政府成立政府采购管理委员会，办公室设在县财政局。2004年3月12日，县人民政府同时出台了《关于在全县行政机关事业单位实行政府采购管理办法的通知》《三都水族自治县政府采购管理办法》《三都水族自治县政府采购实施细则》，就政府采购管理有关事项作了规定。同时制定了《政府采购程序》《政府采购评审程序》《政府采购开标程序》《政府采购评审程序》《政府采购档案管理程序》《政府采购工作纪律》《政府采购工作职责》《政府采购评审制度》《政府采购投诉制度》《政府采购专家管理制度》《政府采购监督检查制度》《政府采购资金财务管理制度》等。

2004年全县政府采购完成294.72万元，比预算采购资金节约38.68万元，节约率达11.6%。其中，预算内采购资金140.72万元，节约采购资金20万元；预算外采购资金83万元，节约采购资金10万元；自筹采购资金71万元，节约采购资金8.68万元。2005年全县政府采购金额690.32万元，比预算采购资金节约79.9万元，资金节约率达11.57%。其中，预算内采购资金113.54万元，节约采购资金50.96万元；自筹采购资金496.88万元，节约采购资金28.94万元，采购资金比2004年增长134%。进一步修改完善了《三都水族自治县政府采购办内部业务操作规程》《政府采购五种采购方式操作规程》和《政府采购投标开标工作程序》等集中采购程序性规章，同时出台了《三都水族自治县政府采购供应商质疑询问暂行办法》。2006年，全县政府采购项目共计48项，预算资金456.06万元，通过公开招投标“阳光作业”后，比预算采购资金节约62.71万元，资金节约为12.09%。2007年政府采购项目75项，预算资金为851.32万元，全年对公用设备采取招投标方式进行采购，比预算采购资金节约126万元，资金节约率达12.63%。2008年政府采购项目共计140项，预算资金为1974.79万元，节约率为12.47%。2009年政府采购预算资金为1580.2万元，采购次数117次，实际完成政府采购资金1387万元，比年初预算资金节约193.2万元，资金节约率达10.89%。2010年全县政府采购共136项，预算资金为1913.05万元，实际政府采购资金为1697.85万元，实行阳光采购节资215.2万元，节约率为11.25%。2011年政府采购预算资金为3408.52万元，采购次数98次，实际完成政府采购资金3053.12万元，比年初预算资金节约355.4万元，资金节约率达10.42%。2012年政府采购预算资金为2317.95万元，采购次数97次，实际完成政府采购资金1989.15万元，比年初预算资金节约328.8万元，资金节约率达14.18%。2013年政府采购预算资金为6602.51万元，采购次数125次，实际完成政府采购资金5939.04万元，比年初预算资金节约663.47万元，资金节约率达10.05%。

至2013年，县人民政府采购都采取程序公开、信息公开、活动公开、结果公开和财政纪检监督、单位监督、职工代表监督、供应商监督“四公开”“四监督”原则，严把预算关、审批关、供货关、验收关、监督关。

2005—2013 年政府采购统计表

表 11-3

项目 / 年度	采购项目（次）	预算金额（万元）	实际完成支出采购金额（万元）	比预算节约资金（万元）	资金节约率（%）
2005	56	770.22	690.32	79.9	10.37
2006	89	1637.69	1465.37	172.12	10.50
2007	136	1906.23	1709.51	196.72	10.32
2008	140	2221.01	1974.80	246.21	11.90
2009	122	1573.35	1380.17	193.18	12.28
2010	136	1913.05	1697.85	215.20	11.25
2011	98	3408.52	3053.12	355.4	10.42
2012	97	2317.95	1989.15	328.8	14.18
2013	125	6602.51	5939.04	663.47	10.05
总计	999	22350.53	19899.33	2451	10.97

第二章 税 务

第一节 机构设置

地税 1994 年 9 月 28 日，根据国务院关于实行中央税和地方税分税制体制改革精神，经上级批准，三都水族自治县地方税务局由县原税务局分设成立。县地方税务局局长由县财政局局长兼任，机构、编制、人事、经费划归县人民政府管理，征管业务归上级局领导。内设机构有人事秘书股、计会股、税政法规股、征管股、稽查队。1997 年 10 月，省以下地方税务系统实行垂直管理和地方政府双重领导，以省地方税务局垂直管理为主的管理体制，县地方税务局的人事、机构、编制、经费等收归省地方税务局统一管理（由州地方税务局代管）。实行垂直管理体制后，县财政局局长不再兼任地方税务局局长。几经改革调整后，内设机构为办公室、人事教育股、监察室、计划财务股、税政法规股、征管股、稽查局；派出机构有三合税务所、周覃税务所、大河税务所、普安税务所、都江税务所、中和税务所、九阡税务所。1998 年 8 月以后三合税务所改设三合地税分局，周覃地税所改设周覃地税分局，三合地税分局负责三合镇（含县级）、大河镇、丰乐镇、合江镇、普安镇、都江镇、交梨乡、拉揽乡、打鱼乡、坝街乡、羊福乡、巫不乡共六镇六乡地方税收征管。周覃地税分局负责周覃镇、九阡镇、中和镇、廷牌镇、三洞乡、恒丰乡、扬拱乡、塘州乡、水龙乡共四镇五乡地方税收征管。县地方税务局成立时，共有人员 24 人，其中县局机关 8 人、三合中心税务所 5 人、大河税务所 2 人、普安税务所 3 人、都江税务所 2 人、中和税务所 1 人、周覃中心税务所 2 人、九阡税务所 1 人。2001 年机构改革设三合、周覃分局及大河、都江税务所 4 个派出机构（三合分局辖三合、普安、拉揽片区，周覃分局辖周覃、九阡、中和片区，都江税务所辖都江、打鱼、坝街片区），局内设机构为办公室、人事教育股、监察室、征管股、税政法规股、计财股，直属机构为稽查局。

2010—2012 年，县地方税务局有正式税务干部 25 人。内设机构有办公室、人事教育股、计划财务股、征收管理股、税政法规股、监察室 6 个股室，直属机构有地方税务局稽查局，派出机构两个：三合分局、周覃分局。三合分局辖三合镇、丰乐镇、大河镇、合江镇、普安镇、都江镇、交梨乡、拉揽乡、打鱼乡、坝街乡、羊福乡、巫不乡，周覃分局辖周覃镇、中和镇、九阡镇、廷牌镇、水龙乡、塘州乡、三洞乡、恒丰乡、扬拱乡。

2013 年，县地方税务局内设机构为办公室、政策法规股、征管与科技发展股、计划财务股、人事股 5 个股室；另设纪检监察机构 1 个，设监察室主任 1 名；设事业机构 1 个即电子税务中心，设主任 1 名；派出机构（副科级）为 3 个分局，即一分局、二分局、三分局。县局领导职数按新“三定”规定设 3 名，其中局长 1 名、纪检组长 1 名、副局长 1 名。2013 年全局在岗正式干部职工人数为 24 人。其中，男 21 人、女 3 人，少数民族 22 人。另有助征员 7 人。

国税　三都县税务局成立于 1950 年，1958 年税务局与财政科合并，1961 年财税分家又恢复税务局。1966 年至 1969 年，税务局与工商局合并，成立工商税务革命委员会。1970 年税务与财政又合并，改称财税局。1974 年底，财税再度分家，又重新恢复税务局。1984 年机构改革，税务体制实行垂直领导，县以下税务干部职工全部收归州税务局统一管理，当时全县有 6 个税务所和 1 个分局共计 62 人。

1994 年 9 月 28 日，三都水族自治县税务局分设为县国家税务局和县地方税务局，成立国税局的同时也成立了国税局稽查分局。1995 年，城关税务所更名为征收管理一分局，1996 年年初大河税务所更名为征收管理二分局，周覃税务所更名为征收管理三分局，都江税务所更名为征收管理四分局，保留普安、中和、九阡三个税务所不变。1997 年对基层征管机构进行了一次“留所建分局”的调整，全县所级征收单位由调整前的 7 个减少为 4 个：撤销征收管理一分局，更名为三合征收管理分局；撤销征收管理二分局，更名为大河税务所；撤销征收管理三分局，更名为周覃征收管理分局；撤销征收管理四分局，更名为都江征收管理分局。1998 年把局下属的发票管理所并到征收管理股，稽查分局更名为稽查局。1999 年撤销都江分局，更名为都江税务所。2001 年撤销大河税务所和都江税务所后，其税收业务管理并入三合征收管理分局；同时撤销局内税收政策法规股和管理服务股，建立综合业务股，成立信息中心。2003 年，国税系统机构改革，县国税局设一个派出机构——三合税务分局（副科级单位），一个直属机构——稽查局，一个事业单位——信息中心，内设监察室、人事教育股、征收管理股、综合业务股、税源管理股、办公室、计划征收股七个股室，全局共有行政管理机构 3 个、征收机构 5 个、事业机构 1 个。2004 年国税局内成立税源管理股；撤销财务股（其财务管理职能由办公室承担）；撤销三合征收管理分局和周覃征收管理分局，分别更名为三合税务分局和周覃税务分局；局内设置计划征收股，负责承担原三合征收管理分局、周覃征收管理分局和原计划财务股的税收计划、会计、统计职能；设置县国家税务局三合税务分局，主要承担原三合征收管理分局和周覃征收管理分局所辖的全县 21 个乡镇的税收管理职能。2013 年国税局下设机关有办公室、人事教育科、征收管理科、稽查局、三合分局和办税服务厅六个股级单位，有干部职工 45 人（局领导 4 人）。

第二节　征收管理

地税征管范围和种类　县地方税务局建立之初，原税收征管档案由国税局保管，地税税收征管体制未能完善，税收征管的范围和税种明确不到位。直到 1995 年 7 月 1 日，县地方税务局才就自

己分管的税种和管理的范围正式运转。征收管理的范围包括经营饮食、旅店、文化、娱乐、运输业、建筑安装、不动产和无形资产转让及租赁等行业和其他地方税应税行为。

县地方税务局管理的税种有15种：营业税（不包括金融保险业）、个人所得税、土地增值税、城市维护建设税、车船使用税、房产税、屠宰税（2003年8月起停征）、资源税、城镇土地使用税、固定资产投资方向调节税（1999年停征）、地方企业所得税〔包括地方国有、集体、股份企业（公司）、其他企业〕、印花税、筵席税（三都未开征过）、烟叶税、耕地占用税（2008年11月起由财政转到地税征收）。

县地方税务局征收的费有6种：以营业税、增值税、消费税额为计税基数附征的教育费附加，以营业税、增值税、消费税额为计税基数附征的地方教育附加费，以娱乐行业营业税额为计税基数附征的文化事业建设费，煤炭价格调节基金，残疾人就业保障金，地方税的滞纳金、罚款。

国税征管范围和种类　县国税局负责对中央税种的征收管理工作，具体征收管理范围为：增值税，消费税，进口产品增值税、消费税（委托海关代征），出口产品退税，中央企业所得税，中央与地方所属企事业单位组成的联营企业、股份制企业所得税，地方和外资银行及非银行金融企业所得税，境内的外商投资企业和外国企业缴纳的增值税、消费税，外商投资企业和外国企业所得税，2002年1月1日以后新建企业所得税，储蓄存款利息所得个人所得税，中央税、共享税的滞、补、罚收入，车辆购置税，燃油税，国家税务总局明确由国家税务局负责征收的其他有关税费。

1996年以后，普遍建立了"以申报纳税和优化服务为基础，以计算机网络为依托，集中征收，重点稽查"的税收征管新模式，征管改革取得了历史性的突破。一是取消了沿袭多年的专管员管户制，变管户制为管事制，变保姆式征税为纳税人自觉申报纳税，明确了征纳双方的法律责任，建立了统一规范而功能齐全的办税服务厅，纳税人主动申报纳税率达98%以上。二是加快了税收征管现代化步伐，计算机广泛应用于税收征管，实现了征管过程的手工操作向计算机操作的现代化征管手段过渡。三是征管质量意识得到增强，初步建立了以征收率、入库率、处罚率等"十率"进行检查考核的征管质量考核体系。四是初步确立了符合县情实际的选案、检查、审理、执行相互分离相互制约的稽查模式，加大稽查力度，1996—2000年共查补入库税收217万元，稽查工作从收入型走向执法型转变。五是各分局从过去的单纯管理向管理与服务并重转变，服务方式、服务场所、服务手段改善，干部队伍整体素质提高，税收服务质量也随着提高。为减少管理上的失误，便于网上查阅资料，提高工作效率，充分利用电子计算机的有利征管手段，2000年县国税局决定试行对7户重点纳税企业的产、销、存情况以及纳税资料进行计算机录入管理，建立统一的资料数据库，便于资料的存取和规范化管理（录入内容包括税务登记、纳税申报、经营情况、发票领用存情况、纳税检查资料、产品商品的产销存情况、外销商品税收管理等7个方面），数据库管理试行成功，此后逐步扩大到其他企业。

税务宣传

桐油税收是三都国税的较大税源，1996年至2005年期间，由于桐油出口价格大幅下跌，县境内出现大面积桐子林被砍伐种植木耳的现象，桐油加工户由过去的几十户减少到十多户，税源受到极大影响。国税局针对全县桐油加工行业减少和出口油价下跌的严重问题，拿出四项措施，强力扭转桐油税收下滑的被动局面。一是实行划片管理，把对具体加工户的管理直接落实到片区管理员，明确职责到人；二是与桐油加工户直接签订纳税责任书，明确征纳双方职责；三是管理人员采取定期或不定期地对加工业户进行实地检查生产和库存情况，并做好记录，同时要求业户对实际检查结果做到签字确认；四是加大税法宣传力度，严格执行上门申报纳税制度，按照税法规定交清。

2006 年以后，县国税局按照“贴近实际、贴近生活、贴近群众”的要求，加大税法宣传力度，确保税收均衡入库，在加强税款征收管理工作中，严格把好纳税申报审核关、欠税管理关、即征即退等享受税收优惠政策关。在税收征管工作中着力采取十项措施。一是开展行业税收专项治理整顿，对县内砖瓦、煤炭、木材和采矿四个行业的税收进行治理整顿。仅 2006 年就查补清收入库税款 11.7 万元，罚款及加收滞纳金 8.6 万元，清理漏税漏管户 25 户，调高个体定额月增营业额 23.3 万元，月增税款 1.3 万元，个体定额调整年净增税额 15.4 万元。二是将税收管理员制度落实到位，明晰税收管理员的职责，使管理员做到管事与管户相统一，管理与服务相结合，税收管理员的工作积极性和主动性得到发挥。三是推行税收分类管理制度，对不同行业、不同类型、不同规模的纳税人实行分类管理，加强对行业的税收征管。四是加大委托代征税款工作的监管力度，使乡镇税源的征管得到加强（2006 年，各乡镇共代征税款 100.9 万元，比 2005 年同期增长 76.1 万元，增幅达 4 倍多）。五是推行税源监控管理互动机制，建立税收分析、纳税评估、税源监控和税务稽查工作互动机制，形成职责分工明确、良性互动、有机统一的工作格局，提高税源管理的质量和效率。六是积极推行纳税信用等级评定工作，做好个体工商户计算机核定定额管理系统的推广应用，实现纳税信用等级评定管理工作的信息化运作，使整个纳税信用评定管理过程纳入计算机监控管理，定额核定更加公平、公正和公开。七是认真贯彻落实上级税源分类管理办法，根据县内税源结构，制定本县木材经营行业管理办法，加强行业管理。2008 年木材加工行业实现税收入库 120 万元，每立方米实现的税收比 2007 年增加一倍多。八是积极开展纳税评估、强化税源管理。2008 年共对 8 户企业进行了纳税评估，在对某企业开展纳税评估中，共调减其亏损额 312 万元。九是针对厦蓉高速公路和贵广快速铁路（简称“两高”）三都段工程建设全面启动后对发票需求量增加的实际，在严格执行发票代开规定的同时，提高代开发票的服务质量，确保本地发生的业务在本地缴纳税款。2008 年对“两高”过境工程施工单位代开发票共征收税款 52.84 万元，实现了“以票管税”。2001 年至 2013 年，每年的上半年税收收入均实现时间、任务双过半。

1994—2013 年三都水族自治县国税收入完成情况统计表

表 11-4　　　　单位：万元

年度	年初计划数	完成入库税金	其中					
			增值税	消费税	营业税	企业所得税	个人利息所得税	车辆购置税
1994	660	1131	789	3	79	—	260	—
1995	840	951	899	3	11	38	—	—
1996	1130	662	659	3	—	—	—	
1997	670	689	668	3	18	—	—	—
1998	1050	710	677	3	28	2	—	—
1999	710	692	680	2	—	10	—	—
2000	720	575	547	1	—	1	26	—
2001	542	542	49.8	1	—	—	43	—
2002	580	576	525	5	—	—	46	—
2003	640	752	696	5	—	—	51	—

续表11-4

年度	年初计划数	完成入库税金	其中					
			增值税	消费税	营业税	企业所得税	个人利息所得税	车辆购置税
2004	960	857	714	1	—	85	57	—
2005	910	924	816	—	—	13	62	33
2006	1350	1179	1039	1	—	—	93	46
2007	1200	1500	1329	1	—	—	106	64
2008	1570	1781	1660	1	—	2	57	61
2009	1900	2379	2015.44	188.64	—	64.98	23.27	86.45
2010	2600	3415.47	2554.68	425.67	—	307.12	6.39	121.61
2011	3700	3969	2530	478	—	657	2	302
2012	4300	5234	2629	561	—	1473	1	570
2013	5600	5310	3356	656	—	473	—	825

第三节　地税主要税源

锑行业税收　从20世纪80年代初开始至1996年，三都锑矿开采形成过一波大的气候。锑矿开采以都江镇的小脑矿山、坝街乡的登沟矿山和五坳坡矿山为主。含量高的锑矿石每千克在10元以上，精锑价格最高时每吨可卖1万多元，小脑矿山人最多时有1000多人，锑冶炼厂就有七八家。锑矿的开采冶炼不仅为县里直接提供了个人所得税、资源税、企业所得税、城建税、教育费附加等地方税费，同时也带来了交通运输行业、饮食服务行业等地方税源的增加。但遗憾的是都是个体开采，地方税收流失多，仅1994年查补一矿老板的地方税就达80多万元。随着精锑价格的回落，1996年以后锑矿的开采和冶炼逐渐冷了下来，不再成为主要税源。

木材税收　以国有拉揽林场木材销售为主的木材税收，曾是三都地方税重点税源之一，主要以原木和半成品销售为主，几乎没有深加工，直到20世纪90年代初才先后建立两家细木工板加工企业。1999年以后，国家对国有林场不再征收所得税，随后又实施天然林保护政策，木材税收占税收收入的比例逐年下降。

非公经济税收　随着国家改革开放的不断深入、经济社会的不断发展，以及人们市场经济意识的增强，三都的非公经济也得到发展。县地方税务局成立时，全县非公经济比较固定的纳税人只有158户，至2004年已达1690户，但个体户多，企业户数较少，加上三都所处地理位置、人口因素和本地特色产业开发未形成规模等原因，年纳税额还不很大。2008年，全县有个体工商业户2331户，各类企业（公司）150户，当年各类企业（公司）上缴税款1225万元。

建安项目和房地产开发税收　1995年起，随着深圳对口帮扶三都及中央、省、州对三都教育、卫生、交通、水电、城镇建设等基础设施投入的不断加大，建安项目税收占地方税的比重越来越大，仅2004年就接近40%。2008年起国家投资修建的厦蓉高速公路和贵广快速铁路经过三都水族自治县的普安镇、交梨乡、打鱼乡、羊福乡、巫不乡，为三都地方税的收入增加了税源，地方税务局在当年对该项目就组织了700万元的税款入库。2000年以后，房地产商开始进入三都，县城凤凰小区、帝都广场、下坝小区建设是其主要标志，随后几年的旧城改造、企业房地产开发、各乡镇的移民安置工程，每年都为地方税带来了可观的收入。建安项目、房地产开发、旧城改造、移民安置等项目工程税收逐渐成为主要税源。

企业税收　县地方税务局成立时，计划经济时期三都有名的地方国营八大公司和集体企业，能正常纳税的只有盐业公司、药材公司和新华书店。此后，一些新的或改制后的企业先后建立，成为地方税的纳税人，如农业银行、建设银行、信用联社、电信局、邮政局、移动公司、自来水公司、人寿保险公司、财产保险公司、供电局、江城电力公司、地方电力公司、粮油购销公司、林工商公司、黄金矿、种子公司、国土开发中心等，非公有制经济企业代表有金江水泥厂、乐都公司、冠豪木业、顺源木业、丰田矿产品开发公司、兴厦红砖厂等。至2004年，三都的国有企业已达108家，至2008年，全县共有各类企业150家，上缴所得税1225万元。按政策规定，金融、邮政电信的企业所得税不归地方征收，2003年起，新办的国有企业所得税也不再归地方征收。

个人所得税　个人所得税分个体工商业收入个人所得税和工资薪金收入个人所得税，前者针对个体工商业户生产经营收入征收，按照税法规定，个体工商业户个人所得税附征率由地方税务机关核定，后者针对按月取得工资薪金收入的人征收。2006年以前税法规定的税前扣除为800元，2006年调高为1600元，2008年4月起调高为2000元。2004年三都的个人所得税收入369万元，其中行政事业单位缴纳的工资薪金个人所得税接近40万元。2008年，全县个人所得税总计收入911万元。

1995—2013年三都县地方税分年完成情况统计表

表11-5　　单位：万元、%

年度	收入计划	收入完成	占计划百分比	占上年收入百分比
1995	300	380.29	126.76	
1996	465	360.82	77.6	94.88
1997	440	443.49	100.79	122.91
1998	522	457.27	87.61	103.11
1999	512	524.56	102.45	114.72
2000	640	540.55	84.46	103.05
2001	700	716.17	102.31	132.49
2002	810	830.69	102.55	115.99
2003	980	1038.5	105.97	125.02
2004	1290	1340.5	103.91	129.08
2005	1670	1424	85.27	106.27
2006	1620	1967	121.42	138.13
2007	2300	2552	110.96	129.74
2008	3100	3274	105.61	128.29
2009	3600	5135	142.64	156.84
2010	7150	11083	155.01	215.83
2011	8900	16186	104.3	146.04
2012	12000	14367	100.32	88.76
2013	15100	21818	119.19	151.86

第四节 税务稽查

三都自1998年开始在全县国税系统实行税务违法案件公告制，对某些大要案件、典型案件和举报案件纳税人名单，通过有关媒体向社会各界进行公告，引起了强烈反响。随着税务违法案件公告制的全面推行，对各类税收违法行为起到了威慑作用。为确保纳税申报率达标，2000年7月份以后，三都加大税收执法宣传和稽查管理力度，实行公开处罚，坚持以人为本，依法治税，尽量杜绝纳税超期罚款现象。自2004年以后，三都加大稽查力度，严厉打击伪造、倒卖、虚开增值税专用发票行为，加大税收案件查处力度，确保入库率达100%。2004年依法对28户实施稽查结案，应补增值税27.88万元，滞纳金7.25万元，罚款3.18万元，追缴往年欠税11.74万元，共入库50.05万元。2006年稽查结案21户，查补税款、滞纳金、罚款共计16.34万元。2007年全年共稽查27户，结案24户，查补入库增值税16.90万元，加收滞纳金8.22万元，并处罚款0.54万元。2008年开展的“打黑除恶”专项行动，进一步加大对税收案件的查处力度，全年共检查17户，查结9户，查补增值税24.81万元，并处罚款9.91万元，加收滞纳金3.5万元。2009年稽查25户，结案23户，查补增值税42.82万元、加收滞纳金8.33万元、并处罚款31.07万元。2010年实行稽查结果交流制度，要求在每个稽查案件结案后，及时与案件管理分局负责人、税收管理员交流稽查信息，做到以查促管，查管互动，并注重发挥纳税评估监督预警作用，及时与纳税人面对面交流，引导纳税人做好自查自纠，帮助纳税人做好评估补税账务处理及其他后续工作。全年共查结案件10户，查补增值税48.43万元、企业所得税49.29万元，加收滞纳金11.28万元，并处罚款16.87万元。2011年至2013年，积极发挥以查促收、以查促管、以查促查的作用，提升稽查工作质量和效率，营造良好的税收法治环境，促进税收征纳关系和谐。在稽查工作中，做到查账必查票、查案必查票、查税必查票，力求做到每检查一户，就查深查透一户，打击震慑一片的稽查效果。在2011年至2013年中，查处假发票共计183份，选案准确率、入库率均达100%。2011年检查户数13户，查补增值税217737元、企业所得税896398元、滞纳金91137元、罚款136249元，共计1341521元，已全部入库。2012年检查纳税人7户，共查补入库53.31万元。2013年检查户数5户，查补增值税368435.35万元、企业所得税2191.87元、其他税种12571.71元，罚款86439.32元，滞纳金116866.29元，总计586504.54元。

第五节 税收优惠

国税优惠　2003年至2004年间，三都为下岗失业人员免费审定发放再就业优惠证253本，下岗失业人员从事个体经营，国税等部门给予免除多项行政事业性收费。

2007年，落实税收优惠政策，共有10户企业和48户个体工商户受益，共减免税款30.26万元，1458户个体工商户享受未达起征点的政策优惠，免征税款36.63万元，全年执行各项税收优惠政策共减免税款66.27万元。2008年执行各项税收优惠政策使18户企业和48户个体工商户受益，减免税款144万元，另有394户个体工商户享受起征点调高后未达起征点的政策优惠，全年免征税款60余万元。2009年为符合减免条件的36户纳税人办理了减免税备案审批，减免增值税和企业年得税236.68万元，辖区内未达起征点的个体工商户为1097户，免征税款32.45万元，全年执行各项税收优惠政策共减免税款269.13万元。2010年为符合减免条件的45户纳税人办理了减免税备案审批，减免增值税和企业年得税257.35万元，辖区内未达起征点的个体工商户为832户，免征税款 21.56 万元，全年执行各项税收优惠政策共减免税款 278.91 万元。2011 年为符合减免条件的 40 户纳税人办理了减免税备案审批，减免增值税和企业年得税 186.07 万元，辖区内未达起征点的个体工商户为 1097 户，免征税款 52.01 万元，全年执行各项税收优惠政策共减免税款 238.08 万元。2012 年为符合减免条件的 39 户纳税人办理了减免税备案审批，减免增值税和企业年得税 1001.26 万元，辖区内未达起征点的个体工商户为 1097 户，免征税款 140.93 万元，全年执行各项税收优惠政策共减免税款 1142.19 万元。2013 年为符合减免条件的 73 户纳税人办理了减免税备案审批，减免增值税和企业年得税 1376.42 万元，辖区内未达起征点的个体工商户为 1170 户，免征税款 184.77 万元，全年执行各项税收优惠政策共减免税款 1561.19 万元。

地税优惠　1992 年至 2013 年，三都地税共计减免各种税费 586 万元，惠及纳税人 1061 户，其中为残疾人等减免营业税、个人所得税 78 万元。

第三章　国有资产管理

三都国有资产由三都水族自治县国有资本营运有限责任公司（以下简称国资公司或公司）管理。该公司是县人民政府的国有独资企业，独立核算，自负盈亏。主要任务是根据县人民政府的授权，行使国有资产投资运作和产权经营，盘活国有资本存量，优化配置国有资本。经营范围包括：资产营运、投资、融资、资本重组、收购、出让、置换、租赁、债转股、招商引资、项目开发和建设、抵押担保、房地产开发、城乡基础设施建设、农村能源开发、水利建设、水土保持、基础设施建设和改造、绿化种植、农田基本建设和改造、土地开发和整理、复垦、土地储备、产权转让。国资公司于 2001 年 7 月开始筹建，2005 年 8 月 1 日在县工商行政管理局登记注册成立，注册资本 1200 万元。2013 年，公司注册资本 23 亿元，在职员工 38 人，其中行政人员 4 人、企业自收自支人员 34 人，改制企业退休职工 198 人。内设机构有行政部、财务部、人力资源部、资产管理部、投资开发部、工程部、退休工作部、综合工作部、售楼部等 9 个部门。公司下辖永丰房地产开发有限责任公司、鑫力建材有限公司、三合定点屠宰场、民族文化产业发展有限责任公司、资产评估咨询服务有限责任公司、民族文化赛马城开发有限公司 6 个直属企业，控股企业有贵州三都人造板有限责任公司、贵州兴都融资担保有限责任公司。

第一节　国有资本营运管理

国资公司的资产取得途径有三种：一是政府划拨；二是国有企业改制后移交的资产；三是公司收购运作取得的资产。

国资公司从筹建到注册成立，得到了县财政 3 万元的开办资金支持。根据县人民政府的安排，2005 年，公司委托中介机构对县百货公司、五金公司、蔬菜公司、中西药公司、糖酒公司、外贸公司等六家国有企业土地资产和房产进行评估，评估值合计 1200 万元用于注册设立国有资本营运有限责任公司。但是，2006 年 8 月，县人民政府在出让原武装部片区的国有土地时，将国资公司的注册资本中评估净价值为 189 万元的 2 宗国有土地进行了出让，出让所得已经全部纳入财政收入；2007 年 9 月，根据县政府的安排，国资公司支付硫铁矿所欠退休职工工资 71 万元；至 2009 年上述 6 家国有企业中有中西药公司、糖酒公司、外贸公司 3 家没有改制，这 3 家国有企业评估净值为

240.5 万元的资产实际上没有过户到国资公司的账户上，也就是说，国资公司注册的 1200 万元中有 240.5 万元的资本未到账，有 260 万元的资本被抽走，实收资本只有 699.5 万元。

2006 年，根据《国家开发投资公司、三都水族自治县人民政府关于扶贫开发项目投入资金赠与协议书》的约定和《关于国家开发投资公司扶持三都水族自治县 3 个项目移交县有关部门管理问题的函》（三府办函〔2005〕184 号）的精神，县国资公司接管国家开发投资公司扶持三都的 3 个项目（大塘页岩砖厂、植物油厂、硫铁矿厂）形成的固定资产。为盘活国有资产，国资公司决定将建于 1997 年的由于管理不善而连年亏损的大塘页岩砖厂的生产经营权发包给福建老板池某某等人经营。双方经过协商议定，由承包人投资对大塘页岩砖厂的机器等生产设备和窑体等生产设施进行更换、改造和扩建，确保更换、改造和扩建后砖厂的生产能力达到 2000 万匹/年，公司则从每年收取的承包费中返还部分给承包人抵作甲方的投资。2006 年完成对县百货公司、五金公司和蔬菜公司的改制后，2007 年公司以抓项目建设为突破口，盘活存量资产，经营的国有资产不断积累壮大。将收购得来的资产和其他资产一起按性质、用途进行分类，编制项目经营计划，并采取多种融资方式开展项目建设和经营活动。及时筹集 100 余万元资金，解决了百货公司停发退休职工“三费”和硫铁矿欠退休职工的工资问题。公司自筹资金 170 万元开发建设原百货大楼综合项目，建筑面积为 2300 平方米。同时，公司不断创新工作思路和工作方法，减轻国有企业的历史债务，变债务为资产，增加县级资产积累。在县委、县政府的重视下，经过各级领导的共同努力，以 5%的比例处理了原商业企业拖欠华融资产管理公司的 1600 多万元债务，又无偿取得了中国开发投资公司 1600 多万元的债权捐赠，两笔债务的成功处理，不但为三都减少了 3000 多万元的债务，而且还实际增加了 1000 多万元的净资产。

2008 年，公司通过运作，按照市场价格评估，国有资产已经达到 1400 万元（不含债权），扣除银行贷款和改制成本，实际净资产已经达到 1100 万元。其中，商业门面 250 平方米价值 200 万元，具有商业开发价值的土地 8000 平方米价值 600 万元，在建开发项目 2300 平方米价值 300 万元，页岩砖厂价值 150 万元，硫铁矿选厂价值 150 万元。为拓宽公司经营性业务收入，于 2008 年 8 月 8 日在工商注册成立了永丰房地产开发有限责任公司，注册资本 800 万元。

2009 年，县国资公司账面资产合计为 3984.13 万元。其中，流动资产合计为 1610.99 万元，固定资产合计为 2373.14 万元，负债 1961.19 万元（流动负债 1079.58 万元、长期负债 881.61 元。长期负债中，银行贷款 490 万元、专项应付改制资金 391.61 万元），实收资本 1200 万元，资本公积 1261.27 万元，所有者权益（结余股东权益）2022.93 万元。公司名下的资产有：土地 32 宗，总面积 120897.44 平方米，估价 2896.69 万元；房屋 56 栋（门面 37 个、商住房 3 套），建筑面积为 25499.59 平方米，估价为 1882.94 万元；仓库 17 间；工厂房屋 31 栋；办公室 3 间，住房 46 套；停车场 1 个；空地 3 宗；硫铁矿厂和页岩砖厂设备评估价为 54.1 万元；其他资产价值 558.38 万元（在植物油厂的债权 525.552 万元）。共有资产估价为 5392.11 万元。公司自筹资金开发建设的原百货大楼综合项目，2009 年 12 月竣工，按照 2009 年的市场价测算，除去投资成本后的资产总价值为 300 万元，比原资产净增值 170 万元。

2010 年 6 月，国资公司收购深圳通产集团公司在三都的人造板公司 62%的股权。到 2010 年年底，公司资产负债情况是：资产总计 7841.87 万元，负债合计 6359.29 万元，所有者权益 1482.58 万元。2010 年公司主营业务收入 109.47 万元，主营业务成本 1.2 万元，主营业务税金及附加 10.85 万元，主营业务利润 97.42 万元，其他业务利润 1.71 万元，营业及管理费用 96.89 万元，财务费用 38.71 万元，营业外收入 0.074 万元，营业外支出 0.82 万元，亏损 37.20 万元，亏损原因主要是支付国有企业改制贷款利息 38.71 万元。筹建县城河滨北路水族风情街安置房建设工程，项目总投资 5 亿元。

2011 年，国资公司共计筹集国有企业改制资金 380 万元，完成食品公司、糖酒公司、饮食服务公司企业改制的职工安置费兑现和五金公司职工拉平安置标准的安置费兑现，筹集资金做好改制企业退休职工统筹外费用和内退职工基本生活费发放，按时缴纳社会和医疗保险费，妥善解决改制企业下岗职工安置问题。根据县人民政府的安排，2010 年向农发行贷款 4200 万元，投资三合镇基础设施建设项目，完成了县城建设东路、中山路、深圳路、都江路、河滨路等街道两侧房屋立面民族特色改造工程和风雨桥、赛马城周边休闲广场、北出口迎宾大道、凤凰公园路灯及水族风情街建设拆迁等工程。向州商务局争取 30 万元的农贸市场改造资金，对城东农贸市场公共设施建设和排污沟等进行治理，完善市场服务功能。筹措 150 万元资金对屠宰场进行了升级改造，达到全州生猪定点屠宰场的先进水平，使屠宰场从原来的亏损企业成为优质企业，遏制县城私屠滥宰现象。筹建建材市场项目和大宗农副产品交易中心项目，总投资 2 亿元；筹资 2000 万元建设县农业综合办公楼。

2012 年，按照《国务院关于加强地方政府融资平台公司管理有关问题的通知》（国发〔2010〕19 号）以及财政部、发改委、人民银行、银监会《关于贯彻〈国务院关于加强地方政府融资平台公司管理有关问题的通知〉相关事项的通知》（财预〔2010〕412 号）精神和县人民政府、农发行黔南州分行 2010 年 9 月 20 日《关于融资平台贷款清查整改及平台公司规范对话会谈的会议纪要》的要求，将县直行政事业经营性国有资产（门面、宾馆、办公楼、住房、土地）进行评估，办理产权过户计入国资公司的账户，同时增加公司的注册资本到 3 亿元（实收资本 2.2 亿元）。

2013 年，公司股东有县人民政府和县华通旅游有限责任公司，因县华通旅游有限责任公司多年来未开展经营业务，且营业执照等证照近三年来未年检，致使本年度国资公司贷款卡等被暂停使用，在开展业务时非常被动，阻碍了日常工作的开展。2013 年，经请示县人民政府同意将县华通旅游公司股权转让给县人民政府，并将国资公司企业类型变更为国有独资企业。同时根据《三都水族自治县人民政府关于贵州省三都水族自治县国有资本营运有限责任公司国有资产无偿划转的决定》（三府发〔2013〕19 号），同意将县人民政府在县国资公司持有的 3 亿元（占 100%）国有资产全部无偿划转到黔南州国有资本营运有限责任公司。县国资公司股东县人民政府变更为黔南州国资公司，并在工商部门办理变更登记手续。2013 年 4 月公司成功引进贵州顺昊投资公司合作投资共同组建贵州兴都融资担保有限责任公司，注册资本 1 亿元（当时是黔南州第一家资本最大的融资担保机构），为三都今后投融资担保工作搭建了更宽阔的融资平台。为发挥民族文化资源优势，公司于 2013 年 6 月成立三都民族文化产业发展有限责任公司，注册资本 5000 万元，为民族文化产业的发展和少数民族融资政策的利用发挥积极推动作用。为给三都提供资产评估服务，拓展公司业务空间，于 2013 年 6 月成立三都资产评估咨询服务有限责任公司，注册资本 10 万元，为公司今后的业务开创了新的收入渠道。

2013 年 6 月，县直机关和乡镇及企业共 64 个单位有国有土地 285 宗（面积 802988.95 平方米）、国有房产 400 宗（面积 361081.06 平方米）。为做好三都国有资产清理登记工作，实现国有资产规范管理，保值增值和合理利用，做大做强融资平台，根据《三都水族自治县国有资产第二次清理登记实施方案》的通知（三党办通〔2013〕52 号）精神，这些资产中有产权证的 75 宗土地（579148.65 平方米）过户到国资公司评估、注册。是年底注册资本增加至 23 亿元。2013 年 7 月启动牲畜市场项目和屠宰场边坡治理项目工程，于 12 月完工投入使用，牲畜市场项目总投资 300 万元，屠宰场边坡治理项目总投资 100 余万元；启动气象观测站项目的建设；成功摘牌县植物油厂片区改造开发项目，摘牌价 5100 万元。

第二节　县直行政事业单位经营性国有资产清理登记移交

三都从2005年开始投入力量对县城内行政事业单位经营性国有资产进行摸底，至2009年，进行行政事业单位经营性国有资产清理登记移交。全县有33个单位通过县财政局办理手续，移交到国资公司的资产有：门面258间、住房37套、写字楼36间、宾馆8所、项目基地5处、闲置办公楼2栋、闲置土地11宗。

县直行政事业单位经营性国有资产收归资本营运公司集中统一管理后，公司按照市场化运作的方式，对于闲置的资产及时寻租，使之发挥经济效益。对于原单位已签约管理的资产，虽然移交到公司管理，但合同未到期的仍按原合同的约定执行。合同已经到期的经营门面85间，公司根据当时市场价拟定新的租赁金额，经纪检监察、财政、审计等部门派员参与共同审定后向社会公示。坚持同等条件下原承租人优先的原则，最终所有门面均与原承租人签订租赁协议，实现了国有资产利润的最大化。县直行政事业单位经营性国有资产实行统一管理后，已到期的门面共85间，并重新与公司签订了新的租赁合同，租金增长63%，综合效益增长35.59%，移交管理至2013年12月共收入745万元。此外，公司专门抽派人员对集中管理的资产进行水电立户分户，定期进行巡查和维修维护，确保国有资产安全、完好。根据县政府明确的行政事业单位经营性资产收益收支管理“收支两条线”的规定，国资公司将收入全部上交县财政。

第四章　金　融

1978年以来，三都金融机构由少到多，金融体制改革不断深化，金融体系不断健全，逐步建立起在中央银行宏观调控和监督下，以国有商业银行为主体，政策性金融和商业性金融相分离，其他金融机构并存的金融组织体系。县农业银行、县建设银行等专业银行通过改革，完成向商业化银行的转轨，人民银行的调控能力增强，金融监管的独立性、公正性和严肃性提高。人民保险业通过产险、寿险业务分离和股份制改革，以及其他成分保险机构的介入，三都保险市场形成多元化竞相发展的格局。35年来，三都金融业从“三性”（安全性、流动性、效益性）“四自”（自主经营、自担风险、自负盈亏、自我约束）原则走上商业化之路。金融机构的服务手段、服务质量、基础设施等都在不断提高，除传统的业务形式外，还出现了银行卡、网上银行、电话银行以及国债理财等新业务品种。

第一节　机构设置

中国人民银行三都水族自治县支行　1986年7月，中国人民银行三都水族自治县支行（以下简称县人行）与县工商银行分设，内设机构有会计股和业务综合股，在县城十字街工商银行办公楼办公。分设时从县工商银行抽调6人作为第一批工作人员，至年底人员增至13人。1988年12月，在县人行建立金融系统监察室，同年8月批准设置综合计划股、稽核金管股、会计国库股、货币发行股、人秘股5个内设机构。1991年6月，从县工商银行搬到建设西路办公楼办公。1992年年底，县人行干部职工增加到26人。1994年2月，县人行内设机构改革，设办公室、金融监管股、营业室、保卫股4个内设机构。2003年3月，根据机构改革要求，将支行营业部更名为国库会计发行股。

为适应金融宏观改革和发展的需要，2003年4月中国银行业监督管理委员会成立，省内自上而下建立银监机构。至年底，从县人行划出行长1人，金融管理股1人，农合股1人筹建县银监办事处。2004年1月，县人行与县银监办事处正式分设办公，银监办事处成立后履行人民银行原部分监管职责。

2005年6月前县人行内设机构为：办公室、国库会计股、货币金银股、保卫股。2005年6月19日，根据贵阳中支《关于撤销龙里、三都县人民币发行支库的批复》（贵银复〔2005〕23号），撤销三都水族自治县发行支库，其货币发行业务并入人民银行黔南州中心支库，但仍履行现金管理和反假人民币相关职责。撤销发行库后，在内设机构中相应撤销货币金银股、保卫股。原货币金银股现金管理、人民币反假业务并到综合业务股，原保卫股、社会治安综合治理、内保业务归并到办公室。2006年3月22日，县人行内设机构调整，撤销国库会计股，设立基础业务股；撤销办公室、综合业务股，设立综合管理股。2008年11月21日，县人行内设机构又调整：撤销综合管理股，保留基础业务股，设立综合业务股（履行原综合管理股职责），综合业务股加挂纪检监察办公室牌子。2010年4月，撤销综合业务股，成立支行办公室（履行原综合业务股工作职责）。2013年4月，成立国家外汇管理局黔南州中心支局三都外汇服务联络办，业务归属办公室。

中国银行业监督管理委员会黔南监管分局三都办事处 为适应国家金融体制改革需要，2003年12月设立中国银行业监督管理委员会黔南监管分局三都监管组，人员3人，均从人民银行三都县支行分出。2004年3月10日，改设中国银行业监督管理委员会黔南监管分局三都办事处（简称三都银监办）。三都银监办属黔南监管分局的一个内设部门，行政级别为正科级，编制3人。主要工作职责是根据上级银监机构的委托和授权，负责境内银行业金融机构的监管，重点是对农村信用社和邮政储蓄机构的监管，收集境内有关金融监管信息并上报。与人民银行三都支行及有关部门配合，防范和化解辖内金融风险，维护辖内的金融稳定。监管业务分为对银行业机构业务市场准入、机构准入的监管和对高级管理人员任职及履职的监管。三都银监办事处办公地点在县城三合镇建设西路，至2013年年底共有工作人员3人。

中国农业银行股份有限公司三都水族自治县支行 县农业银行于1956年6月成立，运行一年后于1957年6月撤销；1963年12月20日又恢复县农业银行，1965年12月又被撤销。1979年12月再次恢复成立县农业银行，各区办事处改名为营业所，营业所和农村信用合作社均划归县农业银行领导。当时县农行设行长室、人事秘书股、信用合作股、计划统计股、工商信贷股、农业信贷股、基层工会委员会，县支行有27人，区营业所共有66人。1987年县农业银行内增设纪检股、保卫股、稽核股、资金管理股，共有35人。根据《国务院关于农村金融体制改革的决定》（国发〔1996〕33号）及《三都县农村信用社与中国农业银行三都县支行脱离行政隶属关系实施方案》的规定，1996年10月20日，县农村信用社与县农业银行脱离行政隶属关系。1997年1月，从县农业银行划走20人分设成立县农业发展银行。县农业银行经历“一分一脱”后，正式向国家商业银行转轨。

农行大楼

为撤并低效、亏损网点，1997年撤销九阡、中和两个营业所，其业务并入周覃营业所。中和营业所迁至县城中山路，更名为中山路储蓄所；九阡营业所迁至县城东开发区振兴路，更名为城东开发区振兴路营业所。1997年12月后通过撤并和机构更名，县农业银行内设机构为营业室、财务会计科、人事教育科、计划信贷资金组织科、纪检监察审核科、保卫科、工会办、中山路储蓄所、城东开发区振兴路营业所、三合营业所、大河营业所、普安营业所、周覃营业所、都江营业所，全行共有45人。1998年10月，撤销普安营业所，内设机构为办公室（含人事、工会、思政行政）、计划财务部、资金组织部（含市场开发、信用卡业务）、信贷管理部、监察稽核部、保卫部、中山路储蓄所、城东开发区振兴路营业所、三合营业所、大河营业所、周覃营业所、都江营业所。2000年5月8日，撤销都江、周覃营业所。2001年，经机构撤并和更名，县农业银行内设机构为办公室、计财部、信贷管理部、监察稽核部、客户业务部、保卫部、电脑室、营业部、三合营业所、中山路储蓄所、建设路营业所、大河营业所。为进一步精简机构、提高效率，2002年6月3日和7月9日，分别撤销大河营业所、中山路储蓄所。经过进一步整合后，县农业银行内设机构为综合管理部、风险资产经营部、计划财务部、业务发展部、保卫部、营业部、三合营业所、建设路营业所。2005年4月20日，撤销三合营业所，经机构撤并后，内设机构为综合管理部、客户部、风险资产经营部、营业部、建设路营业所，同时中国农业银行贵州省三都水族自治县支行更名为中国农业银行三都水族自治县支行。

2009年1月15日，中国农业银行整体改制为股份有限公司，中国农业银行三都水族自治县支行更名为中国农业银行股份有限公司三都水族自治县支行。按照股份制公司运作模式，内设机构调整为综合管理部、客户部、营业部、建设路分理处。

中国建设银行股份有限公司三都县支行　县建设银行于1979年3月建立，当时配有1名行长、2名会计、3名拨款员。1987年12月24日，行内设会计出纳股和业务综合股。1988年7月30日，建立支行储蓄专柜，1992年3月24日，建立房地产信贷部。1997年6月19日，内设机构为会计出纳科、筹资科、委托代理科、办公室、保卫科。1999年12月，经中国人民银行黔南州分行批复，撤销三都工商银行，其业务移交县建设银行。2003年3月5日，县建设银行内设二室二部，即办公室、营业室、综合业务管理部、客户部。2005年5月16日，中国建设银行三都县支行更名为中国建设银行股份有限公司三都支行。2012年6月，新增自助银行网点一个。至2013年年末，在职职工17人，自助设备6台，综合网点一个，离行式自助银行一个。

中国农业发展银行贵州省三都水族自治县支行　县农发行是三都首家政策性银行，属中国农业发展银行黔南州分行领导，具体负责三都本部及荔波无机构县农业政策性金融服务工作。按照国家的法律、法规和方针、政策要求，以国家信用为基础，筹集农业政策性信贷资金，承担国家规定的农业政策性金融业务。农发行业务开始于1994年6月，1997年1月以前的业务由县农业银行代理。1997年1月26日中国农业发展银行三都水族自治县支行正式成立，2月1日对外营业，人员编制20人，内设两部一室，即计划信贷部、会计出纳部、办公室。至2010年年末，县农发行下设会计结算部和信贷客户部，在职职工11人。

1998年5月，县农发行将全县扶贫贷款、农业综合贷款、绿色产业贷款业务划转到县农行管理。按照上级行的工作部署，2004年4月正式接管荔波县农业银行代理的农业政策性金融服务工作，设立荔波县信贷服务组。

中国工商银行三都水族自治县支行　1984年，开始在县人民银行挂工商银行牌子，开展工商银行业务。1985年正式建立中国工商银行三都水族自治县支行，业务与县人民银行分开，办理县一级企事业机关的工商信贷、单位存款、城镇储蓄以及信托、汇款、工资基金监督等业务。内设有人事秘书股、保卫股、会计股、出纳股、储蓄股、信贷股、稽核股、计划股、建设路储蓄所。后因经营不善，资不抵债，1998年撤销，资产由州工商银行管理，人员分流到独山、荔波、平塘等县工作。

三都水族自治县农村信用合作联社　县农村信用合作联社创建于1953年，经历了几次管理体制变革。1958年根据当时国家财经管理体制，把信用社下放给人民公社，每个人民公社均设有一个信用社，“文化大革命”时期又由贫下中农管理信用社，农村合作金融组织业务普遍受到影响。1979年金融体制调整，农业银行从人民银行中分离出来后恢复对农村的金融服务，信用社由人民银行委托农业银行管理，直接由县农行信用合作管理股领导，农行营业所与信用社合署办公。农村信用社成为既是集体金融组织，又是农业银行的基层机构。

信用社大楼

1980年信用社改革，恢复信用社的群众性、自主性和经营上的灵活性。在这次改革中由于一些信用社账目混乱，亏损严重，为便于管理，普安区率先于1984年将羊基、交梨、高硐和普安4个信用社合并为普安信用社，统一核算，保留普安、交梨两个营业网点；其次是九阡区将水各、扬拱、板甲和九阡4个信用社合并为九阡信用社，只保留九阡一个营业网点；随后大河区将大河、和平、丰乐三个信用社合并为丰乐信用社，只保留丰乐一个营业网点，将尧吕、巴佑和烂土3个信用社合并为烂土信用社，只保留烂土一个营业网点；到1987年9月中和区将水龙、塘州、地祥、中和4个信用社合并为中和中心信用社，统一核算，保留塘州、中和两个营业网点（其间曾将水龙恢复为临时服务网点）；三合区于1987年10月将苗龙、拉揽、尧麓（牛场）和三合4个信用社合并为三合中心信用社，只保留三合一个营业网点（其间曾将拉揽恢复为临时服务网点）；周覃区于1987年12月将三洞、水东、廷牌、阳安、和勇、恒丰和周覃7个信用社并为周覃中心信用社，统一核算，分网点营业，到1991年8月，建镇并乡撤区工作结束，只保留有三洞、廷牌和周覃3个营业网点；都江区于1989年4月将打鱼、坝街、羊福、巫不和上江5个信用社合并为都江中心信用社，统一核算，只保留打鱼、坝街和都江3个营业网点，后打鱼点于1997年9月被收回中心社。从1987年起至1991年8月建镇并乡撤区工作结束，农村信用社在整顿规范过程中也全部将辖内所有法人社更名为中心信用社。至此，全县有8个法人社、6个分社，共14个营业网点。

1992年9月26日在县农业银行领导下组建三都水族自治县农村信用社联合社，并与农行信用合作管理股合署办公，由农行行长兼任第一主任。1996年年末县联社与农业银行脱离行政隶属关系，农村信用合作社完全独立自主地开展业务。当时县联社设正副主任各一人，内设业务股、监察稽核股、保卫股、办公室和营业部，联社机关在岗人员共7人，营业部5人，社址设在三合镇建设西路梨园巷。县联社下辖三合、普安、丰乐、烂土、中和、周覃、九阡和都江8个中心信用社。2001年10月三合信用社并入县联社，业务上由县联社营业部统一管理。

2005年12月24日正式组建以县为单位的一级法人治理模式的三都水族自治县农村信用合作联社。新组建的农村信用合作联社是由辖内自然人、企业法人和其他经济组织入股组成，实行民主管理的地方农村合作金融机构，隶属贵州省农村信用社联合社，接受人民银行、银监部门监管。全辖从业人员93人，内设“一室五部”，即办公室、财务信息部、业务发展部、稽核审计部、风险管理部和监察保卫部；下设13个营业网点，即联社营业部、三合分社、建设西路分社、普安信用社、丰乐信用社、大河分社、烂土信用社、中和信用社、三洞分社、周覃信用社、廷牌分社、九阡信用社和都江信用社。

2013年年末，县联社内设置七部二办二中心，即财务信息部、农村业务部、合规风险管理部、稽核审计部、事后监督部、市场部、安全保卫部、基建办、办公室、小微中心及江苏常州农民工金融服务中心。全县共有15个固定营业网点和9个便民服务网点，从业人员180人。

中国邮政储蓄银行三都水族自治县二级支行　1986年4月1日，恢复储蓄业务。1989年8月经县人民银行批准，三都水族自治县邮电局设立了9个邮政储蓄网点（县局储蓄专柜、县城县府路、县城丁字口、大河、普安、都江、中和、周覃、九阡），从业人员共计15人。1998年10月1日，根据国务院的统一部署，三都实行了邮电分营，成立三都水族自治县邮政局，储汇业务划归邮政经营。2000年邮政局撤销丁字口、中和、九阡三个邮政储蓄网点。2008年3月，根据国家邮政局的文件精神，三都邮政划分为邮政和邮政储蓄银行，三都邮政明确了邮政储蓄银行二级支行组建与人员划分工作，成立了中国邮政储蓄银行三都水族自治县中山路二级支行和周覃镇二级支行。2012年10月1日成立了中国邮政储蓄银行三都水族自治县丰乐二级支行。2013年年末，共设置了7个网点（中山路支行、都江路营业所、大河镇营业所、丰乐镇营业所、都江镇营业所、普安镇营业所、周覃镇营业所），从业人员共计38人。

黔南州住房公积金管理中心三都水族自治县管理部　2003年6月30日，经黔南州机构编制委员会批准，成立黔南州住房公积金管理中心三都水族自治县管理部，2004年10月正式挂牌开展工作。管理部核定编制3至5人，机构规格为正科级，属黔南州住房公积金管理中心派出机构，负责三都区域内住房公积金归集、使用、管理等工作。2013年管理部有正式职工4人（主任1人、业务员3人），聘用1人，租用县建设银行四楼办公。

保险　县内保险业始于1951年10月，在县人民银行设保险特约代理处，1954年改称三都代理处，县人民银行行长兼代理处主任。1956年代理处撤销，设三都县工作组，1957年设在县财政科，接受上级保险公司和县人民银行、县财政科的双重领导。1958年，中央财贸工作西安会议决定停办国内保险业务，中国人民保险公司撤销，三都的保险业务也相应停办。1979年1月，为适应经济体制改革，中国人民保险公司重新成立，按行政区域成立相应机构。1980年在全国范围内开办保险业务，县人民银行设立保险代理处，由一名副行长兼主任，抽信贷股龚志坤负责办理保险业务。1982年6月，县农业银行设保险代办处，由一名副股长兼代办处主任，明确一名信贷员负责办理农村保险业务。

1985年12月，代理处和代办处撤销，于1986年1月成立中国人民保险公司贵州省三都水族自治县支公司，明确为正科级单位，行政属县人民政府领导，人事、财务、业务由上级公司掌握，实行报账制。在县工商银行内办公，同年6月迁出。公司内设业务股，1986年6月增设计财股。1987年配有会计、出纳、业务等人员共7名。

1996年财、寿险分家，系统体制改革，撤销人保原县级机构，设置中保财产保险公司黔南分公司三都营业部，1999年3月18日更名为中国人民财产保险公司三都水族自治县公司，内设机构不变。2003年企业实行改制，7月更名为中国人民财产保险股份有限公司三都支公司，内设业务部、综合部。

2005年，中国太平洋财产保险股份有限公司黔南中心支公司在三都县城设立代理点，随着业务的发展和保费的递增，代理点改为三都工作组，主要是代理保险业务和理赔查勘。后经中国保险监督管理委员会审查批准，于2009年8月建立中国太平洋财产保险股份有限公司三都支公司。2013年10月17日，贵州省保监局下发黔保监筹建〔2013〕39号文件，同意筹建中国平安财产保险股份有限公司三都支公司。

第二节　金融业务

一、人民银行

金融监管　为加强对金融业的监管，中国人民银行贵州省分行下发《人民银行贵州省分行稽核工作实施细则》要求设置稽核机构，配备副行级总稽核和专职稽核人员，并从1986年11月起实行亮证稽核制，稽核时要检查现金库。

1996年8月，根据《国务院关于农村金融体制改革的决定》，中国农业银行不再领导和管理农村信用社。农村信用社的业务管理由县联社负责，对农村信用社的金融监督管理由人民银行直接承担。为此，县人行调整人力，成立农合股，对农村信用社进行监督管理。1996年11月，针对在经济运行中出现非法设立金融机构、高息吸收存款和各种形式的乱集资、金融机构账外经营等问题，国务院决定进一步整顿金融秩序，此后，县人行加大对各家金融机构的检查力度，并严格控制货币投放。1997年6月，根据上级强化中央银行监管职能，进一步加强现金管理，严格控制现金投放的要求，三都制定金融机构大额现金管理暂行规定，规定全县金融机构支付大额现金必须向人民银行报告备案和审批。1998年9月，按照中国人民银行整顿银行账外账及违规经营工作实施方案的要求，县支行开展对各金融机构建立账外账、高息吸收存款、高息发放贷款、违规拆借资金、买空卖空证券、乱用会计科目、违规开具银行承兑汇票、违规开具信用证、违规担保等违规经营行为进行清理整顿。2000年以后，县人行加大监管力度，运用现场和非现场监管手段，开展对国有商业银行、政策性银行和农村信用社的监管，对存在的问题和可能存在的风险，及时向相关金融机构发出预警，开展辖内金融安全区创建工作，防范和化解金融风险；抓好不良贷款比例双降工作，严把金融机构市场准入、准出关，制止金融“三乱”（乱集资、乱批设金融机构和乱办金融业务）。2004年，县人行贯彻人总行《农村信用社改革试点资金支持方案实施与考核指引》，严把审核关，促进改革平稳有序进行。同时，积极开展货币信贷、调查统计、征信管理、银行账户开立、大额和可疑资金交易、反洗钱、反假币、国库业务和支农再贷款等业务的引导、监测预警和检查。2005年，加强对农村信用社专项票据发行、兑付工作的审查监督与考核，按季上报专项票据考核季报表及动态监测报告；加强对辖内系统性金融风险的监测预警，结合辖区实际制订《人行三都支行参与处置银行业突发事件工作预案》，确保辖区金融稳定。结合辖区实际制定反洗钱工作实施细则，督促辖内金融机构建立健全反洗钱工作制度和操作规程，组织开展反洗钱业务知识培训和宣传活动，建立反洗钱工作联席会议制度，加大对商业银行、农村信用社反洗钱工作的现场检查力度，对账户的开立、大额和可疑资金的交易进行监测。2006年，加强对农村信用社兑付央行专项票据的监测考核，加强对金融机构资本充足率、存款准备金等指标数据的动态监测。2009年，县人行密切关注国际金融危机对辖内金融业务的影响，按月报送流动监测月报表，按季召开辖内金融机构联席会议，及时向县委、县政府、县辖金融机构通报金融运行情况，及时对可能存在的风险提出预警，以维护辖内金融稳定。

2011年至2013年，县人行贯彻落实稳健货币政策，结合县域实际，增加窗口指导的有效性，引导县辖金融机构合理进行信贷投放，优化信贷结构，增强金融宏观调控针对性、灵活性、前瞻性，着力服务于实体经济，推动促就业小额担保贷款、民贸民品优惠利率贷款、“3个15万”微型企业贷款，重点支持“5个100工程”中高效农业示范区龙头种养殖贷款、棚户区改造贷款、生态移民搬迁贷款、示范小城镇建设贷款等。着力推动信贷产品和服务方式创新，联合县信用联社等制定“三权”抵押贷款管理办法，推进林权、宅基地使用权、土地承包经营权抵押贷款的发放。

信贷业务 一般性贷款发放情况。1983年县人行开始发放“老、少、边、穷”贷款，至1986年共发放8笔，其中1986年发放2笔，贷款金额55万元，采取委托各家专业银行发放的办法发放。1990年，人民银行发放短期贷款360万元，投向为农副产品收购及工业生产需要。1997年6月，人民银行此前发放的“老、少、边、穷”贷款划转到农业发展银行管理。

支农再贷款。为解决辖内农村信用社信贷资金不足的问题，从2004年起，县人行积极向州人民银行申请支农再贷款限额，然后发放给县农村信用社用于支持“三农”发展。从2004年至2010年，向县农村信用社累计发放了13000万元支农再贷款。再贷款主要发放对象为农户，贷款用途为种植、养殖、经商、建房、购买农用物资和种子等。2011年以后，支农再贷款余额逐年上升，至2013年年末，向县农村信用社发放的支农再贷款余额30138万元。

扶贫开发贷款。为加大扶贫开发力度，县人行按照省、州分行文件通知，1997年4月、5月发放6000亩番木瓜基地贷款410万元、3750亩楠竹基地贷款100万元、2500亩板蓝根和桔梗基地贷款120万元、5000头商品牛基地贷款250万元、900头商品羊基地贷款120万元、计划生育“三结合”贷款10万元、番木瓜加工贷款303万元、“感冒停”生产线贷款320万元，共计8个项目1633万元。

助学贷款。截至2008年年底共发放助学贷款258笔129万元。

促就业小额担保贷款。2011年，县人行联合财政、妇联、人社局等部门出台了《三都县妇女小额担保财政贴息贷款实施方案（试行）》，截至2013年年底促就业小额担保贷款余额4098.7万元，贴息金额254.669万元。

民贸民品优惠利率贷款。2012年，为做好民贸民品企业扶持发展工作，县人行联系民宗、财政、金融机构推进民贸民品企业优惠利率贷款政策的实施，2012年7月，全省民贸企业优惠利率贷款首发仪式在三都举行。截至2013年年底，累计发放民贸企业贷款8笔金额2205万元，受惠企业7户。

“三权”抵押贷款。2013年8月发放首笔林权抵押贷款1000万元。

1987—2013年三都水族自治县金融机构各项存贷款余额统计表

表 11-6

项目 年度	金融机构存款余额（万元）	企业存款（万元）	财政存款（万元）	城乡居民储蓄存款（万元）	金融机构贷款余额（万元）	按贷款期限分					金融机构现金收入（万元）	金融机构现金支出（万元）	工资性支出（万元）	城乡居民人均储蓄存款（元）
						短期贷款（万元）	工业贷款（万元）	中长期贷款（万元）	中期贷款（万元）	长期贷款（万元）				
1987	2793	1286	44	970	2937	1837	371	1160	—	1160	563	656	159	32. 33
1988	3224	1337	90	1218	3745	2159	457	1586	—	1586	749	900	205	40. 6
1989	3962	1780	94	1391	4276	2231	455	2045	—	2045	691	833	214	46. 37
1990	4313	2136	-276	1710	4885	2428	341	2457	—	2457	784	1008	228	57
1991	5050	2333	-354	2175	6300	3385	344	2915	—	2915	1011	1374	309	70. 16
1992	6357	1857	116	2506	6639	3776	341	2863	—		1326	2010	525	80. 84
1993	6848	1912	-46	3523	6930	3015	621	3915	—	3915	1685	1666	519	113. 65
1994	7663	2388	-179	4222	8219	4576	964	3643	—	3643	2310	3705	724	136. 2
1995	11021	4595	-23	4882	10291	2319	946	4972	—	4972	2692	3846	722	157. 48
1996	11699	4052	-6	6024	12934	7186	1655	5748	—	5748	2711	3588	647	194. 32
1997	12423	4676	-21	6048	16427	8851	1849	7576	—	7576	2614	3293	772	195. 1
1998	17543	5119	55	10423	22559	11645	1613	10905	—	10905	3109	4142	995	336. 23
1999	19803	5486	25	12256	23495	10378	151	13117	—	13117	3351	4217	687	395. 36
2000	21339	5994	26	14133	24004	9818	243	14186	—	14186	4683	5431	793	455. 9
2001	26235	6678	29	17498	25470	9688	249	15782	9	15773	4867	5949	889	546. 81
2002	32243	7400	18	20518	27813	10740	133	16418	655	15763	8439	10210	964	641. 18
2003	40233	10751	209	24778	18292	8227	10	8415	1600	6815	9761	11251	1118	774. 31
2004	48340	10666	2108	29830	21115	9868	—	10397	850	9547	12852	14684	1935	932. 19
2005	61747	10257	3884	39424	25924	10874	—	15050	—	15050	14076	14603	1884	1243. 66
2006	81208	11680	8037	48252	30211	14615	—	15598	—	15598	16334	15970	1073	1498. 51
2007	104184	15606	12085	59157	39026	16500	27	22526	—	22526	19961	19862	923	1802. 47
2008	145491	18237	10943	80272	44857	21914	—	22944	—	22944	35075	38166	2400	2376. 32
2009	170665	19994	6141	98090	79833	38160	—	41673	—	41673	—	—	—	2867. 52
2010	200656	19059	2890	119455	117060	7578	—	109481	—	109481	—	—	—	3315. 14
2011	247965	94488	2537	150917	144655	9334	—	135321	—	135321	—	—	—	4187. 74
2012	296658	109608	1453	185564	192030	13323	—	178707	—	178707	—	—	—	5153. 11
2013	373998	123913	9596	240468	249543	15361	—	234182	—	234182	—	—	—	6685. 81

账户管理 改革开放后，随着经济的发展，市场竞争日趋激烈，三都也出现了企业多头开户的情况。为治理经济环境，整顿经济秩序，1990 年 11 月 8 日，县人行、工行、农行、建行按照上级行的布置，对辖内企业开户情况进行了清理，清理过后对违规企业进行处罚。1991 年 7 月 1 日，县人行转发省分行《关于核发开户许可证的有关事项的通知》，要求统一核发开户许可证。开户许可证的核发有两种，一是由开户行填写盖章后，报经县人行审查盖章；二是县人行直接审查后核发给开户行。此后，人民银行对账户实行年审、年检制度。2000 年 4 月 1 日起，县内金融系统根据国务院第 285 号令《个人存款账户实行实名制度规定》，对所有个人存款账户实行实名制，并严格遵守为储户保密的规定。2011 年起，人民银行三都县支行严格按照《人民币银行结算账户管理办法（试行）》做好开户核准工作，2011 年共办理核准类银行账户 137 户（含开立、变更），销户 65 户；2012 年共办理核准类银行账户 268 户（含开立、变更），销户 110 户；2013 年共核准类银行账户 327 户（含开立、变更），销户 86 户。2011—2013 年，人民银行三都县支行根据账户管理相关规定，督促辖内各银行业金融机构对账户进行年检；同时，根据上级行要求，组织辖内各银行业金融机构开展存量个人人民币银行账户检查工作。

会计支付系统 1992 年，州人行在全辖推广计算机网络系统、多用户会计核算系统。1996 年 5 月，县人行开始中央银行会计核算系统的试运行，开始是手工联行报单和计算机打印同时并举，熟练后脱离手工操作，开始运用计算机系统打印传票处理会计业务。1997 年 1 月 17 日，按上级行通知要求，县人行做好电子联行到县的各项准备工作，此后，运用电子计算机管理企事业单位账户，使用国家统一的标志代码。

2000 年以后，人总行建立中央银行会计核算系统（ABS），为有效支持支付系统的建设和运行，并有利于加强会计管理，提高会计核算质量和效率，人行黔南中支按成都分行安排，将支行会计核算集中到中支，部分支行会计人员也随业务上调中支，州中支的会计集中核算系统与支付系统 CCPC 远程连接。国库部门的国库核算系统（TBS）直接接入 CCPC，通过支付系统办理国库业务资金的汇划。2011 年起，人民银行三都县支行督促辖内各银行业金融机构推广使用支付密码，取得一定的成效。2012 年至 2013 年，推进辖内农村支付环境建设，截至 2013 年年底，已完成助农取款服务布放点 101 个。

经理国库 1985 年，为适应人民银行独立行使中央银行职能的需要，人民银行单设国库机构，经理国家金库业务。州内各县（市）由工行办理经收库款业务，1986 年下半年交人行办理。按照“一级财政、一级国库”的要求，三都设立县支库一个，支库主任由人行行长兼任。

国库支付系统和业务。1994 年人民银行三都县支行国库工作实现计算机联网。对于财政资金的支付，2005 年 8 月以前，一直沿用由财政开出拨款通知书送人民银行在财政账户内下账，然后划转专（商）业银行，用款单位在专业银行支取需用款项的方式；改革后的财政国库管理制度规定，财政在人民银行开设国库存款账户，同时又在代理的商业银行（具体办理财政性资金支付与清算业务）开设零余额账户，即国库单一账户，代理银行支付后，通过计算机网络与县（市）支库和财政局清算。2010 年，县人行完成对县农村信用社开办国库经收处业务的培训指导，使农村信用联社取得国库经收处资格，并于 7 月 1 日开办国库经收处业务。同时与财政、国税部门沟通协调，推动国库集中支付和财税横向联网业务的开展。2011—2013 年，人民银行三都县支行协调税务部门大力开展横向联网缴税业务。做好新系统上线和配合财政部门做好国库集中支付改革工作，2012 年 7 月 1 日国家金库会计数据集中支付系统成功上线，当年共办理集中支付业务 309.46 万元。2013 年与财政、税务和银行业金融机构协调配合，确保全省“营改增”财税体制改革在辖内顺利得到实施。2012—2013 年，根据中支统一部署，人民银行三都支行完成了辖内 33 笔国债收款单资料收集工作并报中支完成了集中兑付。

征信管理 贷款卡行政许可情况。1999 年，人民银行总行出台《银行信贷登记咨询管理办法

（试行）》，2000 年以后，辖内金融机构建立了银行信贷登记咨询系统，对境内贷款单位发放贷款卡，并实行贷款卡年审制度。至 2000 年，贷款卡共发放实发卡 25 张、配卡 45 张、虚拟卡 60 张，全辖应办企业贷款卡共 92 户，已办理 79 户。2001 年至 2009 年，共为企事业单位及个人办理贷款卡 84 户，共为已办理贷款卡的企事业单位及个人年审 89 户次。2011 年至 2013 年，共为企事业单位及个人办理贷款卡 116 户，共为已办理贷款卡年审 79 户。

中小企业信用体系建设。2006 年，企业信用信息基础数据库开始在全国推广。2007 年，县人行组织辖内各银行业金融机构开始收集录入辖内中小企业信用信息数据，当年对 44 户中小企业信用信息进行收集、录入和上报，至年底，收集并成功录入中小企业信用信息系统的中小企业户数达 10 户。2008 年又成功录入 19 户，并按要求对 2007 年度已成功录入中小企业信用信息体系系统中的 10 户企业资料进行更新。至 2010 年，成功录入系统的户数共 40 户，其中办贷款卡的有 8 户、停产 3 户、销户 1 户。到 2013 年年末，符合更新的中小企业信用档案征集 48 户已全部更新完毕，其中有 12 户已经办理贷款卡、7 户已办理销户、其他 29 户。

个人信用信息建设。2004 年，个人信用信息基础数据库开始在全国试运行。2009 年 7 月，个人征信系统查询业务开通到县，县人民银行为辖内个人办理个人信用信息查询业务，2013 年 3 月 15 日《征信业管理条例》开始施行。2009 年共办理个人信用查询业务 12 笔；2010 年支行共办理个人信用查询业务 28 笔，企业信用报告查询业务 1 笔；2011 年至 2013 年支行共办理个人信用查询业务 233 笔，企业信用报告查询业务 11 笔。

企业信用评级工作。2008 年，贵阳中支下发《贵州省信用评级管理实施细则（试行）》，2009 年，三都辖内开始开展企业第三方信用评级工作，2010 年组织召开信用评级推介会，积极动员辖内企业参与信用评级，当年有 1 户企业参加第三方信用评级。2013 年三都辖内第三方信用评级企业 2 户。

反假币　反假币工作主要以宣传防范为主，每年根据上级行的布置开展反假币宣传，同时做好假币的鉴别工作。2008 年，县人行收缴到假币金额 10740 元。2009 年 1 月，辖内金融机构收缴到 HD90 编号的百元面值假人民币 32 张，其中农行 1 张、信用社 23 张、邮政储蓄 8 张，邮政储蓄还收缴到 HB 开头的假人民币 3 张。2010 年辖内金融机构共收缴假币 249 张，金额 23030 元；2011 年辖内金融机构共收缴假人民币 434 张，金额 33940 元；2012 年辖内各银行业金融机构共收缴假人民币 503 张，金额 41735 元；2013 年辖内各银行业金融机构共收缴假人民币 714 张，金额 66355 元。

反洗钱　2003 年起，反洗钱成为县人行的一项重要工作。根据黔南中支、贵阳中支、人总行《中国人民银行关于加强银行反洗钱工作的通知》要求，组织辖内各银行业金融机构开展反洗钱相关工作。2004 年督促辖内金融机构建立健全反洗钱工作制度和操作规程，明确专人负责，制定反洗钱工作实施细则，加强对银行账户开立、大额和可疑资金交易的监测。2006 年结合辖区实际，组织开展反洗钱业务知识培训和反洗钱法律法规宣传活动，通过新闻媒体向社会公布反洗钱举报、监督电话。加大对商业银行、农村信用社反洗钱工作的现场检查力度，建立反洗钱工作联席会议制度，对金融机构银行账户的开立、大额和可疑资金的交易进行监测。2009—2013 年，县人行按月督促金融机构认真报送反洗钱大额及可疑交易报告，同时坚持每年开展 1 次辖内金融机构反洗钱评估工作。

二、银行业监督

现场监管　三都银监办事处 2006 年完成对县农业银行个人消费贷款的现场检查和贷款“五级分类”偏离度现场检查、对县建设银行个人消费贷款的现场检查、对县农业发展银行信贷管理及贷款风险分类的现场检查，配合、协助分局集中统一对全县农村信用联社开展序时性现场检查，重点检查的项目有县联社法人治理结构及运作情况的合规性、规范性，各项内部控制制度的制定和执行情况，信贷资产、非信贷资产的质量及风险状况，财务管理及运作情况，风险处置、风险评级情况，不良贷款真实性、盈亏真实性等10多项内容。2007年，对县农村信用合作联社2006年度新发放的贷款投向及合规性情况进行现场检查，检查的重点是信贷支农情况、依法合规经营情况和风险及风险控制情况等；对县农业发展银行开办的各项商业性贷款进行现场检查，检查的重点是市场准入情况、信贷管理情况、贷款质量五级分类情况和案件专项治理情况等；对县农村信用合作联社贷款五级分类偏离度进行现场检查。2008年，对县农村信用合作联社2006年度新发放的贷款投向及合规性情况进行后续跟踪现场检查，检查的重点是信贷支农情况、依法合规经营情况、风险及风险控制情况等。2009年，对辖区内政策性银行、国有商业银行、农村信用社和邮政储蓄银行2009年内百万元以上的存取款及承兑汇票进行检查；对县邮政储蓄6个网点的基本现状、营业状况、人员配置、业务开办、安全设施状况及案件防控整改等情况进行检查。2010年，对县信用联社融资平台贷款和1000万元以上单户贷款进行现场检查，检查的重点是平台公司情况、项目融资情况、贷款发放情况、贷款风险情况和风险控制情况；对县信用联社财务收支及利润指标真实性情况进行后续跟踪检查，以及对县信用联社营业部和都江、合江、中和等基层信用社重要空白凭证管理情况进行专项检查。2011年，对县农村信用合作联社股金证管理、100万元以上中长期贷款还款方式进行现场检查及对公存款账户进行抽查的现场检查，对县农村信用合作联社政府平台贷款进行两次现场检查，完成政府平台公司贷款和风险状况以及信贷情况"回头看"后续检查；派人参加分局对农业发展银行黔南州分行的现场检查工作。2012年，完成对三都农村信用社"社团贷款"管理情况的现场检查及派员参加分局对长顺农村信用社"监管指标真实性"的现场检查。2013年，完成对三都各银行业金融机构的安全保卫工作现场检查，完成对县农村信用社社团贷款后续检查。

非现场监管　2006年，银监办事处加强对县农发行、县邮政储机构的合规性、风险性监管，按时上报非现场监管的季度报告，确保两家机构业务经营稳健运行，不断提高经营管理水平。注重对高风险金融机构风险指标的测算和监控，按月逐个建立高风险跟踪监控台账，针对高风险金融机构的风险部位和成因进行分析，督促和帮助其制定风险防范和化解方案，并抓好落实；建立每个农村信用社前10户大额贷款监测台账，对农村信用社发放的大额贷款实行跟踪监控。2007年、2008年、2009年、2011年、2012年和2013年完成"1104工程"（非现场监管信息系统）非现场监管报表的初审上报，搜集、分析并按时上报农村信用社季度（年度）监管报告和有关月报数据，向分局、地方党政部门和各社通报全辖农村信用社金融风险状况，做好金融风险防范。2007年对县农发行、邮政储蓄机构的合规性、风险性监管，按时上报对县农发行、邮政储蓄非现场监管的季度报告。同时，开展农村信用社监管评级工作。按照中国银监会下发的《农村信用社监管评级定量和定性评价标准》，对三都农村信用社资本充足状况、资产质量状况、管理状况、盈利状况和流动性状况等五项要素进行初评，初评结果为四B级。2009年，开展农村信用社2008年监管评级工作。按照中国银监会下发的《农村信用社监管评级定量和定性评价标准》，对农村信用社资本充足状况、资产安全状况、管理状况、盈利状况、流动性状况和市场风险状况等六项要素进行初评，综合评级为四B级。2010年开展对县农村信用社2009年度监管评级，综合评级结果为四A级。2011年开展对县农村信用社2010年度监管评级，综合评级结果为四A级。2012年开展对县农村信用社2011年度监管评级，综合评级结果为三C级。

不良贷款"双降"　2006年，三都银监办事处搜集、分析辖区内商业银行贷款"五级分类"情况及不良贷款"双降"执行情况，督促各家国有商业银行建立审慎、全面、科学的风险管理制度，按月、按季对其不良贷款进行监测分析，并督促其采取有力措施盘活不良资产。督促农村信用社加大对不良贷款的清收力度，对不良贷款余额上升较大和有新增不良贷款的信用社及时开展现场检查，结合深化农村信用社改革试点工作，争取当地党政及有关部门对不良贷款清收工作的支持和帮助。2006年3月，县联社聘请了清收工作经验丰富的有关机构对还贷难度大的贷款户进行清收，上半年共清收贷款本金74.2万元，利息40.5万元，本息共计114.7万元，全年共清收不良贷款共127万元。经过行政、经济手段后，还对一些贷款钉子户进行依法收贷。当年，县农行累计收回不良贷款685万元，县建设银行账面不良贷款余额一直控制为零，农村信用社不良贷款占比为5.66%，比年初下降0.24个百分点。2007年，辖内银行业金融机构清收不良贷款共计346万元，其中国有商业银行政策性银行清收201万元、农村信用社清收145万元。到2007年12月末，辖内各家银行业金融机构不良贷款占比与年初相比有所下降。不良贷款“双降”工作完成不够理想的主要原因是2006年和2007年三都连续发生特大洪灾，很多农户遭受严重损失，部分农户对已到期或超期的小额信用贷款和农户联保贷款无力偿还。到2008年12月末，辖内国有商业银行、政策性银行不良贷款余额为3325万元，比年初下降4491万元，不良贷款占比为19.7%，同比下降23.3个百分点；辖内农村信用社不良贷款余额为5626万元，比年初下降1126万元，不良贷款占比为20%，同比下降11.5个百分点。不良贷款绝对额和占比有所下降。到2009年12月末，辖内国有商业银行、政策性银行不良贷款余额为2549万元，比年初下降776万元，不良贷款占比为7.14%，比年初下降0.27个百分点；辖内农村信用社不良贷款余额为4593万元，比年初下降1033万元，不良贷款占比为10.38%，比年初下降了9.26个百分点。到2010年12月末，辖内国有商业银行、政策性银行不良贷款余额为2657万元，比年初上升108万元，不良贷款占比为4.33%，比年初下降2.81个百分点；辖内农村信用社不良贷款余额为3834.31万元，比年初下降759.1万元，不良贷款占比为5.95%，比年初下降4.43个百分点。基本实现了不良贷款绝对额和占比双下降的目标。2011年、2012年和2013年辖内国有商业银行、政策性银行和农村信用社不良贷款余额和不良贷款比率均实现“双降”。

金融机构案件专项治理和案件防控　根据全国金融案件高发的态势，中国银监会于2005年在全国金融系统开展案件专项治理工作，三都银监办事处按照分局案件专项治理工作安排开展案件治理工作。

2007年，在开展案件专项治理工作中，将案件防范工作纳入目标考核，对案件专项治理工作实行一票否决制。在做好巩固2006年案件专项治理成果的基础上，按照“深挖陈案，严控新案，继续抓好案件专项治理工作”的指导思想，采取内查外对等措施，开展案件专项治理“格式化”排查和内部“九种人”排查工作。对计算机、会计、出纳、信贷及安全保卫等进行排查。各机构对辖内所有网点、重要岗位人员的履职情况进行稽核审计。开展财务和信贷专项检查，核对贷款户数10368户，核对贷款金额16552万元，核对率达84.56%。处经济罚款4人，罚款金额900元；通报批评12人，待岗2人，免去中层干部2人，辞退正式合同工1人。

2009年，银监办事处和县公安局完成对三都银行业金融机构安全评估检查验收和金融大检查，检查验收内容分5大项25小项，检查验收机构网点26个；辖区内5家银行业金融机构于8月完成了各网点与“110”报警系统的联网开通。分别完成辖内国有商业银行、农发行、农村信用社和邮政储蓄四个季度的案件专项治理督查，全年共督查机构网点100个次，对督查存在的36个问题，督促被督查机构进行及时整改，同时责成相关机构对违规人员进行相应的处罚。2010年、2011年、2012年和2013年继续保持案防高压态势，实行案防工作“一票否决”制和金融机构案防工作“一把手”负责制。截至2013年，辖内银行业金融机构未发生一起金融案件。

金融便民服务点建设　按照黔南银监分局和县人民政府的安排部署，由三都银监办事处牵头，于2009年5月下旬着手巫不、羊福、扬拱、恒丰、塘州、水龙、坝街、打鱼、交梨、拉揽10个金融机构空白乡便民服务点的创建工作。2009年9月23日，全县10个金融机构空白乡便民服务点全部开业，提前一周实现了消除三都金融机构空白乡的目标。2013年塘州乡便民服务点转为塘州分社。

“三大工程”建设　2013年，三都办事处督促农村信用联社围绕“三大工程”（富民惠农工程、金融服务进社区、阳光信贷工程）开展工作。

富民惠农金融创新工程方面：在个人业务方面将客户群体分为单位职工、个体工商户、农户、特种农户，并针对各产业园区，分别形成蔬菜类、葡萄种植类、养殖类、小城镇化建设等重点行业信贷业务品种；对客户提出业务申请，执行一次性告知，减少客户多次往返上交材料的环节，结合信贷阳光工程，制定绿色通道管理办法，实行限时办贷；创新担保模式，为企业解决担保难的问题，县农村信用社与三家担保公司合作，制定“三权”抵押管理办法，于2013年8月发放首笔林权抵押贷款1000万元。

金融服务进村入社区工程方面：丰富以农信员工“进农户、进基地、进企业、进社区”和给广大客户“送资金、送信息、送金融知识”的活动内容，把“四进三送”融入到业务拓展营销和经营服务的全过程，使广大客户了解和掌握更多的金融知识及农村信用社产品；采取“拉网式”入户调查，逐村逐社区建档、评级、授信，解决贷款难问题；发展助农服务点，大力推进“惠农村村通”工程。三都农村信用社依托商户不断加大金融自助终端推广力度，有效提升银行卡应用水平，截至12月全县设立53个自助终端，布放64台POS机、10台ATM机，共有50个村、社区建立了助农金融服务点，共发行信合卡67472张，让农民存取小额现金足不出村。

阳光信贷工程方面：三都农村信用联社大胆创新，完善服务设施，提高服务质量，推行“服务承诺”，开展“阳光信贷”活动，贯彻落实“5+2”阳光信贷各项工作。2013年，全县农村信用社建立标准化信贷服务大厅10个，占法人机构数的71%。其他暂不具备条件的4个信用社，也建立了“绿色通道”，设立专柜，限时办贷。

三、农业银行

存贷款业务　县农业银行自1979年恢复成立以来，积极组织资金，根据国家信贷政策和信贷投向，结合三都资源禀赋和经济发展特点，大力投放信贷资金，支持全县农、林、牧、副、渔产业发展，支持抗旱救灾，支持矿产资源开发、加工、农网改造、教育、城市基础建设等，信贷投向基本涵盖全县经济建设各个领域。

业务范围包括办理人民币存款、贷款业务，从事银行卡业务，代理收付款项及代理保险业务，办理国内结算，办理中间业务，代理发行、兑付、承销政府债券，代理销售业务，经上级行报银行业监督管理机构、人民银行批准的各项业务。2013年，县农业银行各项存款余额66459万元，较年初增加8854万元。其中，个人存款33061万元，较年初增加5589万元，对公存款36398万元，较年初增加3265万元。各项贷款余额54896万元，较年初增加4393万元，累计发放各项贷款9691万元，其中累计发放个人贷款9191万元，个人贷款余额10576万元，较年初增加5093万元，小额农户贷款110万元，全年惠农卡新增发卡3.66万张。

金穗卡　中国农业银行于1991年2月开始发行金穗万事达信用卡，1994年年末发行金穗维萨信用卡，此外还陆续发行了金穗万事顺卡、金穗慈善认同卡、金穗联名卡、金穗专用卡、金穗星座卡以及金穗彩照卡、IC卡等。经过数年的发展，逐步形成了金穗卡品牌的信用卡、转账卡、专用卡系列产品，具有转账结算、存取现金、购物消费、消费信用等功能。县农业银行1997年开办银行卡业务以来，业务发展迅猛，至2009年已形成了包括贷记卡、信用卡、借记卡在内的较为完善的金穗卡产品体系。2002年金穗卡持卡6866张；2003年新增发卡3068张，中间业务收入6.5万元；2004年新增发卡6691张，中间业务收入18万元；2005年新增发卡2641张，中间业务收入27万元；2006年新增发卡3154张，中间业务收入49万元（银行卡收入33万元）；2007年新增发卡3000张，中间业务收入95万元（代销基金2260万元、手续收入35万元、银行卡收入43万元）；2008年新增发卡5918张，中间业务收入88万元（代销基金手续费收入13.3万元、银行卡收入62万元）；2009年新增发卡5628张，年末持卡36974张，中间业务收入288万元；2010年新增信用卡

808 张，中间业务收入 154 万元；2011 年新增信用卡 229 张，中间业务收入 159 万元；2012 年新增信用卡 108 张，中间业务收入 191 万元；2013 年新增发卡 14876 张，中间业务收入 221 万元。

代理政策性业务 1994 年 4 月 19 日，国务院国发〔1994〕25 号文件《关于组建中国农业发展银行的通知》决定成立中国农业发展银行。根据上级行要求，县农业银行成立了代理农业发展银行业务领导小组，从行机关到各营业网点，都抽出专（兼）职人员办理农业发展银行业务，并于 6 月 30 日前将农业银行的信贷资金、财政支农资金全部划转农业发展农行，并建立了规范的财务账簿、表册，从 7 月 1 日起全面代理农业发展银行的金融业务。到 1995 年年末，农业发展农行各项贷款余额为 5021 万元，比 1994 年年末增加 950 万元，各项存款 1129 万元。1997 年 1 月 26 日县农发行成立，县农行不再代理其业务。

四、建设银行

存贷款业务 县建设银行于 1986 年开展存款业务，同年，企业存款 173 万元。1987 年，开展储蓄业务，储蓄存款 105 万元。截至 2013 年 12 月 31 日，全口径存款余额为 45452.77 万元，其中对公存款余额为 20775 万元、对私存款余额为 23686 万元。信贷从 1986 年开始试行，当年贷款 3.2 万元；1988 年贷款 20 万元；1989 年贷款 129.7 万元；2013 年 12 月 31 日，各项信贷资金贷款余额为 29368.36 万元，存贷比达 64.61%。

金融电子化建设 1992 年，县建设银行配备首台电子计算机并开始培训和使用。1994 年应用于统计报表，是年与上级行网络联通，1995 年，州建行印发《黔南州建行计算机应用工作管理办法》，三都支行组织员工培训，扩大计算机服务范围，基本实现电子计算机网络服务。从 2000 年开始，建行三都支行推出计算机网络对外服务，具有网上银行、电话银行、异地存取款、个人电子汇兑、基金国债代销、代收联通话费等业务，为客户提供了快捷的金融服务和投资理财渠道，特别是速汇通及时到账业务，既安全又方便。

五、农业发展银行

从 2004 年起，经银监会渐次批准，农发行业务范围逐步拓展，2006 年下半年扩大农业产业化龙头企业贷款支持范围、获准开办农业科技贷款；2007 年年初获准开办农村基础设施贷款、农业综合开发贷款和农业生产资料贷款，形成了以粮棉油收购资金贷款业务为主体，以支持农副产品生产和加工转化为一翼，以支持农业农村发展的中长期贷款为另一翼，以中间业务为补充的多方位、宽领域信贷支农格局。2010 年以后开办新农村建设贷款（一是农村土地整治，包括农村土地整理复垦开发、农村村庄整治、农村土地收储整理开发等；二是农民集中住房建设，包括农民集中居住区建设与改造、农村危房改造、棚户区和泥草房改造等）、水利建设贷款（包括能够提高农业综合生产能力和改造民生的农田水利、防洪工程、水资源配置工程、水土保持和水生态保护等）、小水电代燃料等农村水电建设贷款等信贷产品，围绕粮油和水利、农房、土地推出了适合地方城乡一体化发展的信贷产品，形成了以粮油购销储贷款业务和农业农村基础设施建设中长期贷款共同发展的“两轮驱动”格局。

存款 1997 年至 2004 年，县农发行主抓粮食收购贷款管理和规范化建设，存款的增长不纳入考核。资金以向人民银行再贷款为主，资金自有率很低。存款主要由粮食收购企业回笼资金、粮食风险资金等组成，规模较小。2004 年以后，总行确立了建设现代农业政策性银行的战略目标，并设立了包括人均存款增长的七项考核指标，存款真正成为农发行主营业务。加强成本核算、大力营销存款、降低筹资成本、增强资金自给成为农发行发展的目标。为扩大存款规模，县农发行采取如下措施。一是坚持把财政性存款营销作为负债业务发展的重要着力点，以发放财政补贴性贷款为契机，积极与财政局、审计局的沟通协调，争取更多的财政专项存款。2007—2009 年累计营销财政性

存款457万元。二是认真履行财政专项资金的监督拨付职能，加强与财政局、林业局的沟通联系，监督管理好退耕还林、农民综合直补资金的拨付。三是加强派生存款的管理，严格信贷资金支付程序，延伸资金监管链条。要求施工单位在县农发行开设账户，以便于信贷资金的二次交易管理，同时加强销售回笼款和结算资金占用管理。四是认真测算资金成本和利率定价，大力加强同业协定存款营销。2008—2009年，累计营销同业定期存款1亿元，2009年年末同业定期存款余额2000万元，实现筹资来源多元化。

2005年至2009年存款余额分别为1659万元、1837万元、2464万元、4481万元、7722万元。2010年存款日均余额10231万元，比年初增加4461万元、增长77%；实现中间业务收入12.8万元，超额完成全年考核任务；负债付息率1.84%，继续保持较低水平；实现账面利润328万元，利润计划完成率113%。

贷款　1996年年底，县农行划转到县农发行的贷款为6411万元。其中，国家专项储备贷款29万元，占各项贷款余额的0.45%；扶贫贴息贷款1835万元，占各项贷款余额的28.62%；农业综合开发贷款223万元，占各项贷款余额的3.48%；扶贫贴息贷款3247万元，占各项贷款余额的50.65%；其他贷款1077万元，占各项贷款余额的16.80%。

扶贫专项贷款。1997年发放扶贫贷款1978万元，1998年发放扶贫开发贷款962万元。1998年4月，根据国务院的决定，农业发展银行专司粮棉油收购资金供应管理，县农发行于同年5月将扶贫贷款7166万元划转给县农业银行。

粮油收购贷款。县农发行自成立以后，履行粮食收购资金封闭管理职能，使收购“打白条”成为历史。2004年之前，粮油收购贷款规模相对较小，1999—2004年累计发放粮油收购贷款4354万元，发放粮食调销贷款155万元。2004年4月正式接管荔波县农业银行代理的农业政策性金融服务工作以后，县农发行与三都、荔波县粮食购销企业开展信贷合作关系，支持两县购销企业开展粮油购销经营，解决了长期困扰政府和广大农民的“打白条”问题，保护了农民利益，促进了粮食生产和流通。2005—2009年，县农发行粮食购销类业务得到较快发展，累计发放粮油收购贷款10195万元。2010年，本着“保收购，保优质企业，不保劣质企业”的原则，在完善企业落实有效资产抵押担保手续和一定比例风险保证金的基础上，发放了粮油收购贷款1109万元。2010年向荔波县粮食购销公司发放县级粮油储备贷款600万元，并协调财政部门提前预拨了全年利息；发放三都县级粮油储备贷款610万元，实现三都储备贷款零的突破。

企业中长期贷款和农村基础设施建设中长期贷款。从2004年起，经银监会渐次批准，县农发行业务范围逐步拓展，发挥在新农村建设中的支柱和骨干作用，围绕水和路为重点的农业和农村基础设施建设，以财政补贴性贷款和自身效益良好的中长期项目贷款为支撑，加大信贷投入，改善农村生产生活条件。2007年1月，县农发行向荔波水利开发实业有限责任公司发放3000万元农业产业化龙头其他中长期贷款，用于支持荔波县城防洪堤建设；2007年2月，县农发行向荔波县农业开发有限责任公司发放农业产业化龙头其他中长期贷款3000万元，用于荔波县中国南方喀斯特世界遗产展示园项目建设；2009年4月，县农发行向荔波县国有资本营运有限责任公司发放农村基础设施建设中长期贷款3230万元，用于荔波县时来片区路网建设。到2009年年底该类贷款余额7730万元，占贷款总额的71.27%。2010年向三都国有资本营运公司发放了4200万元县域城镇建设项目贷款，实现了三都非经营性项目贷款及近年来信贷合作的双突破。

挂账类贷款。2004年8月起，根据国家关于国有粮食购销企业粮食财务挂账处理意见精神及省关于国有粮食购销企业财务挂账处理的文件精神，审计部门对在农发行开户并有农发行贷款的粮油购销企业1998年6月1日至2004年6月30日新增亏损挂账进行了清查审计，2005年，县农发行对国有粮油购销企业1998年6月1日后政策性亏损进行了挂账处理，其中陈化粮价差亏损挂账贷款248万元，其他政策性亏损挂账贷款985万元。2006年，将三都、荔波两县国有粮食购销企业库存亏空占用贷款309万元纳入政策性亏损挂账。2007年，经县粮食局、财政局、审计局、农发行共同对1998年5月31日前新增粮食财务挂账中央和地方财政共同贴息占用贷款进行了再次清理核实，形成新增粮食财务挂账贷款470万元。

其他贷款。2006年10月到2007年2月，县农发行支持民营企业和小企业发展，发放粮食流转贷款400万元支持荔波县军华畜牧发展有限责任公司进行原材料收购。

2010年全年累计发放各项贷款5909万元，年末各项贷款余额13504万元，比年初增加2658万元，增长25%；旬均贷款余额13664万元，比年初增加2549万元，增长44.54%。

六、农村信用合作社

1984年三都开展农村信用合作社体制改革，整顿农村信用社。1987年后全面推行中心信用社管理体制，中心信用社设理事会、监事会，理事会设主任1~2人，成员为本社员工，监事会一般由营业网点所属乡镇政府派员组成，监事长一般推选中心社所在地政府分管财贸工作的副职领导担任。以行政区为主的中心信用社，中止了过去一乡一社1~2人管理所产生的混乱，降低了经济案件的发生。也因为在这一模式之下的规范化管理，从20世纪80年代中期至2010年，业务一直高速发展，信用社成为农村金融主力军。

1997年以前，三都农村信用社同全国农村信用社一样点多分散，国家金融机构人力、手段都有限，鞭长莫及，难以管理好农村信用社。1997年1月，根据《中共中央、国务院关于进一步加强金融监管，深化金融企业改革，促进金融业健康发展的若干意见》精神，深化全县农村信用社改革，着重解决了两个主要问题：一是以法人为单位，改革产权制度，明晰产权关系，完善法人治理结构，区别各类情况，确定不同的产权形式，普安信用社、丰乐信用社、烂土信用社、中和信用社、周覃信用社、九阡信用社、都江信用社共7个社并入县联社，统一了法人治理；二是改革了管理体制，组建县农村信用合作联社，隶属省农村信用社联合社直接领导，并将管理权交由省人民政府管理。1998年4月，县成立农村金融体制改革办公室，按合作制原则对农村金融体制进行整顿和规范，在整顿规范工作中首先将信用社股室改为科室，并于当年召开了县联社第一次社员代表大会，选举产生了理事会和监事会。

2003年10月启动以县为单位的统一法人改革，至2005年9月召开三都水族自治县农村信用合作联社创立大会，2005年12月24日完成以县为单位的统一法人改革，对外正式挂牌营业，三都8家各自为法人核算单位的农村中心信用社管理体制宣告结束。县级联社的成立，完善了“三会”制度，进一步规范了“三会”各自的职责和运行机制。理事会对大事要事进行决策，引领全局，经营层在理事会授权下开展日常经营管理工作，监事会独立发挥监督作用，形成权责统一、分工明确、运作协调、有效制衡、行为规范的组织框架。

2010年，各项存款余额80534万元，存款市场份额占比41.14%，居全县金融机构之首；各项贷款余额64432万元，贷款市场份额占比55.04%，贷款规模居全县金融机构之首；按五级分类口径，不良贷款余额为3834万元；股本金达5610万元，资本充足率达9.42%。

2011年，各项存款余额105151万元，较年初增加24617万元，增幅30.57%，市场份额为42.84%，居全县金融机构之首；各项贷款余额83864万元，较年初增加19432万元，增幅为30.16%，累计发放贷款40399万元，累计收回贷款20967万元，市场份额为57.98%，贷款规模居全县金融机构之首。2011年年末，资本充足率为10.11%，拨备覆盖率为125%，拨贷比为5.1%。

2012年，全社资产总额达178260万元，比年初增加45813万元，增长34.59%。各项存款余额136681万元，比年初增加31530万元，增长30%，高于全省农信系统增幅6.2个百分点，高于全县银行业增幅10.35个百分点，新增额占全县银行业新增额的64.75%。各项贷款余额119210万元，比年初增加35346万元，增长42.15%，高于全省农信系统增幅16.55个百分点，高于全县银行业增幅 9.39 个百分点，新增额占全县银行业新增额的 74.61%。存、贷款增量及规模在全县银行业金融机构中继续保持第一位。在服务“三农”方面，以农户小额信用贷款为主打品牌，以信用工程建设为抓手，创建信用乡镇 2 个、信用村 48 个，建立农户经济档案 39027 户，农户建档面达到 79%。净投放农户贷款 16503 万元，农户贷款余额达 74842 万元。在服务小微企业方面，全面贯彻落实服务小企业“六项机制”，不断提高对小微企业的金融服务水平，全年完成小微企业建档 40 户，共投放企业贷款 71 笔，金额 28188 万元，其中向 26 户享受“3 个 15 万元”工程的微型企业发放 331 万元；认真落实民族优惠政策，在全省首家推出了民族贸易企业优惠利率贷款，发放 3 笔共 590 万元。在服务社区方面，全年完成个体工商户建档评级 799 户，授信 8000 万元；完成单位职工建档评级 2394 户，授信 16150 万元。发放就业小额担保贴息贷款 299 户，金额 1495 万元，其中发放妇女创业担保贷款 257 户，金额 1285 万元。

2013 年，农村信用社各项存款余额 185367 万元，较年初增加 48686 万元，增长 35.6%，是全州第一家、全省第五家完成任务的联社，存款市场份额 49.56%，较年初增加了 3.49 个百分点。各项贷款余额 150658 万元，较年初增加 31448 万元，增长 26.4%。存、贷款增量及规模在全县金融机构中继续保持第一位。各项业务好于预期、高于同期、快于同业。立足“三个面向”，契合地方产业发展规划，融入县“三大战略”和“5 个 100 工程”等民生工程和重点项目建设，全年累计发放贷款 7.85 亿元，较 2012 年多增 1.32 亿元，是信贷投放力度最大的一年，在服务县域经济发展中发挥了主力军作用。在信用工程建设方面，坚持速度、质量、效益原则，稳步推进，创建了 2 个信用镇、3 个信用单位、18 个信用村。县政府出资 10.9 万元奖励成功创建的信用乡镇、村，更加激发了干部群众的积极性。在服务三农方面，推进与农业增效、农民增收相结合的“民生信贷”工程，为农户建档、评级 65809 户，建档面达 97%，授信 9.78 亿元，优先满足农户生产生活和发展资金需求，促进农民致富和农村产业结构调整。在服务小微企业方面，小微中心不断加强和完善贷款项目库管理，提升金融服务水平，大力支持中小微企业发展，共发放企业贷款 56 笔 1.96 亿元。其中，完成 70 户“3 个 15 万元”小微企业建档评级，授信 666 万元。在服务社区方面，全年发放就业小额担保贷款 640 户，金额 4124 万元，带动 2000 多人就业。

2013 年 6 月 5 日实现塘州分社开业，成为 10 个便民服务点中第一个转变为固定营业网点的机构。2013 年 6 月 18 日成立全州第一家驻外农民工服务机构——江苏常州农民工金融服务中心，为农民工提供金融咨询、维权、春运返乡购票等服务。创新信贷产品，开发了“三权”抵押（林权、土地承包经营权、农村宅基地使用权）贷款，实现了担保方式新的突破，共发放“三权”抵押贷款 12 笔 1200 万元。强化电子科技服务，开通了网上银行业务，完成了 10 台 ATM 机的升级改造，新增 POS 机 40 台，新增“惠农村村通”自助终端 40 台。

2013 年年末，不良贷款余额 3298 万元，较年初下降 90 万元，不良率 2.19%，下降 0.65 个百分点；资本充足率达 12.74%，提高 0.43 个百分点；拨备覆盖率达 252.62%，提高 66.47 个百分点；流动比 40.24%，提高 4.3 个百分点。

七、邮政储蓄

三都的邮政储蓄业务自 1986 年 4 月 1 日恢复以后，经历了两个阶段。

1986 年 4 月 1 日至 1989 年 12 月 31 日为代办阶段。邮政机构吸收的储蓄存款是人民银行的信贷资金来源，作为基础货币全部缴存人民银行统一使用。邮政机构办理储蓄业务所需备用金，由人民银行核定后拨付。人民银行按缴存款的月累计日平均余额付给 2.2‰的手续费（邮政机构储蓄业务收入），付给储户的存款利息，由人民银行按实际支付数定期拨付。

1990 年 1 月 1 日以后为自办阶段。1989 年 11 月，邮电部与中国人民银行共同签发了《关于进一步办好邮政储蓄的通知》，规定自 1990 年 1 月 1 日起实行。邮政储蓄由邮电部门自办，邮政机构吸收的邮政存款由缴存人民银行改为转存人民银行，在人民银行开立邮政储蓄长期存款户和邮政储蓄活期存款户，由手续费收入改为利差收入。邮政储蓄所需备用金，由人民银行拨付改为从吸收的储蓄存款中按规定限额留用。

1989 年 8 月经人民银行批准，三都邮电局设立了 9 个邮政储蓄网点（县局储蓄专柜、县城县府路、县城丁字口、大河、普安、都江、中和、周覃、九阡），从业人员共计 15 人。1998 年 10 月 1 日，根据国务院的统一部署，三都实行了邮电分营，成立县邮政局，储汇业务划归邮政经营。2000 年邮政局撤销丁字口、中和、九阡三个邮政储蓄网点。

三都邮政储蓄开办的业务种类有整存整取、零存整取、活期储蓄、网上银行等业务以及邮政电话银行业务，并于 2001 年实现了与全国联网。开办了投单汇款、24 小时汇款、2 小时汇款、适时汇款、网汇通、回执汇款、礼仪汇款、账户类汇款（现金到账户、账户到现金、账户到账户）、国际邮政汇款、西联汇款、国际银邮汇款等业务。2006 年 3 月 22 日，三都邮政储蓄余额突破亿元大关，当日余额为 10079974. 10 元。2007 年，邮政储蓄余额 14513. 6 万元，全年邮政储蓄余额净增 3123 万元，定期、活期储蓄比例为 27 ∶ 73，市场占有率达到 24. 53%，新增余额市场占有率达到 26. 28%。2007 年三都大力发展“绿卡村”等农村邮储业务，新发展邮政储蓄“绿卡村”44 个，累计发展“绿卡村”123 个。大河镇和合江镇各村全部实现“绿卡村”。

2008 年 3 月，根据国家邮政局的文件精神，三都邮政划分为邮政和邮政储蓄银行，三都邮政明确了邮政储蓄银行二级支行组建与人员划分，成立中国邮政储蓄银行三都水族自治县中山路二级支行和周覃镇二级支行。二级支行开办的贷款业务有小额质押贷款、农户贷款、二手房贷款、商户贷款等，并且开办了公司业务。2008 年邮政储蓄业务收入完成 4425652 元，完成计划的 121. 6%，与 2007 年同期比增长 44. 9%；至 2008 年 12 月 31 日储蓄余额 17397. 6 万元，其中定期存款 4899. 4 万元、活期存款额 12498. 2 万元，存款结构定活比例为 28 ∶ 72，比 2007 年同期增长 12883. 9 万元；邮储“绿卡”新增 4624 张；加办邮储短信 4589 户；汇兑实现收入 50767 元，完成计划的 137. 1%，比 2007 年增长 62. 5%，列全州第二位；全年代理保险业务 116. 3 万元，完成收入 36151 元；代理基金销售实现收入 7192. 67 元；小额抵押贷款完成发放 119. 1 万元；电子商务业务完成 365127 元，完成计划的 146. 1%，与 2007 年相比增长 122. 8%，完成计划与同期比均排全州第五位。2009 年储蓄业务收入完成 4805286 元，完成计划进度的 100. 4%，与 2008 年同期比增长 8. 6%，同期比增幅排全州第六位；2009 年 9 月 30 日储蓄余额突破 2 亿元大关，12 月 31 日储蓄余额 20289. 1 万元，其中定期存款 5425. 9 万元、活期存款额 14863. 3 万元，存款结构定活比例为 27 ∶ 73，比 2008 年同期增长 2891. 6 万元；新增发放邮政储蓄绿卡 11981 张；加办邮储短信 14279 户，占活期户比 12. 74%；汇兑实现收入 319476 元，完成计划的 177. 5%，与 2008 年同期比增长 111. 9%，完成计划进度与同期比列全州第一位，提前 6 个月完成全年计划任务；全年代理保险业务 149. 3 万元；电子商务业务完成 672611 元，完成计划的 137. 3%，与 2008 年同期比增长 84. 2%，完成计划与同期比均排全州第四位，提前 3 个月完成全年计划任务。2009 年邮政储蓄从业人员共计 34 人。2011 年储蓄余额为 36125. 1 万元，2012 年储蓄存款余额为 46656. 6 万元，较 2011 年净增 10531. 5 万元。截至 2013 年 12 月 31 日，邮政从业人员增至 38 人，储蓄存款余额为 57927. 7 万元，较 2012 年净增 11271. 1 万元。

八、住房公积金

住房公积金制度建设 2003 年至 2005 年住房公积金管理部成立之初，三都住房公积金制度建设存在着三个突出的问题：一是职工原缴存的住房公积金未能按时从县房改办移交到县公积金管理部；二是由于财政困难，属财政全额拨款单位为职工缴存的住房公积金未能及时列入财政预算；三是乡镇干部、教师等都未建立住房公积金制度，部分单位及职工停缴、断交住房公积金。通过加大

宣传，住房公积金制度建设引起了全县各单位的重视和关注，纷纷要求建立住房公积金制度或补交住房公积金。2006年6月底，将职工原缴存的住房公积金279.56万元从县房改办移交到县住房公积金管理部。2006年11月11日，县政府办下发《关于进一步加强住房公积金归集和管理的意见》，要求全县各单位从2006年1月起，必须建立健全住房公积金制度，县财政按上年度月平均工资总额的3%列入预算，于2006年年底兑现给职工。三都住房公积金制度建设存在的突出问题得到解决。

住房公积金归集　通过加大归集力度，2006年全县住房公积金脱缴率为零。截至2006年12月31日，全县已建立住房公积金制度的单位有158个（新增56个、补缴16个、合户9个），占应建立住房公积金单位171个的92.39%，覆盖率为92.39%，较2005年同期102个单位增长了54.9%，缴存住房公积金的职工4969人，占应缴职工总人数6368人的78.03%，归集率为78.03%，较2005年同期2739人增长81.42%；累计归集住房公积金1147.77万元，住房公积金余额996.53万元，是2004年6月成立县住房公积金管理部时的余额279.55万元的3.5倍。2006年全年归集住房公积金514.82万元，占年计划450万元的114.4%，较2005年的264.78万元增长94.43%。

2009年归集住房公积金2094.53万元，完成计划数1400万元的149.61%，同比增加539.28万元，增长34.67%。截至2009年12月，全县共有216个单位7639名职工建立缴存了住房公积金，覆盖率为95.27%，同比增长10.47%，全县累计归集总额5701.14万元，归集余额为4770.73万元，同期相比增长54.79%。

2010年，逐步规范全县住房公积金归集缴交工作，年初管理部和县财政局下发文件，从2010年1月起，全县各行政事业单位为职工缴存的住房公积金按职工上年月平均工资基数的8%缴交比例列入财政预算，此后县财政按季、按比例拨付给职工，维护了职工的合法权益，促进了住房公积金缴存的公正、公平。2010年归集住房公积金3165.64万元（是2004年以前的11年间归集总量的11.3倍），完成计划数2400万元的131.90%，同比增加1071.11万元，增长51.13%。当年新增开户单位20个，新增开户职工608人。截至2013年12月底，全县共有236个单位8307名职工建立了住房公积金制度，全县累计归集总额8863.08万元，归集余额为7116.94万元，同期相比增长49.18%，住房公积金归集率为86.46%，住房公积金覆盖率为86.17%，同比增长10.47%。

住房公积金贷款　2006年为73户职工发放个人住房公积金贷款253.33万元，占年计划270万元的93.83%，较2005年同期238.50万元增长6.22%；个人贷款率为44.65%，较2005年增加1.02个百分点；运用率为60.55%，较2005年增加21.06个百分点；收回贷款本金67.92万元，实现增值收益5.25万元。截至2006年12月31日，累计为124户职工发放个人住房公积金贷款513.83万元，住房公积金贷款余额444.92万元。

2009年，为261户职工发放个人住房公积金贷款2135.48万元，平均每户贷款8.18万元，完成全年目标任务1400万元的152.53%，同比增加73.35万元，增长3.56%；本期发放率为101.96%，个贷比率为94.01%，贷款余额4484.85万元，同期相比增长63.07%。截至2009年年底累计发放个人住房公积金贷款5614.64万元；累计收回贷款593.82万元，同比增加288.58万元，增长94.54%，逾期贷款2.93万元，逾期1户，个贷逾期率为0.70‰。

2010年，为191户职工发放个人住房公积金贷款1747.3万元，平均每户贷款9.15万元，完成全年目标任务1400万元的124.81%，同期相比减少388.18万元，负增长18.18%；本期发放率为56.32%，个贷比率为79.30%，贷款余额5643.84万元，同期相比增长63.07%。截至2010年年底累计为929名职工发放个人住房公积金贷款7011.14万元；累计收回贷款961.56万元，同比增加288.58万元，增长94.54%，住房公积金个贷资金回笼情况良好。

住房公积金提取　2006年为253位职工提取公积金91.16万元（其中偿还87位职工住房公积金22.55万元），较2005年同期55.95万元增加35.21万元，增长62.93%，使用率为73.72%，较

2005 年增加 25.1 个百分点。截至 2006 年年底，累计为 411 人次提取住房公积金 151.24 万元。

2009 年，职工提取住房公积金 401.18 万元，同期相比增加 195.58 万元，增长 95.13%，提取额占归集额的 19.15%。其中，购房还贷提取 225.56 万元，占总提取额的 69.43%，提取人数 479 人，占总提取人数 722 人的 66.34%。截至 2009 年年底，职工累计提取住房公积金用于住房消费 930.41 万元，共计 2459 人次，占归集总额 5701.38 万元的 16.32%。

2010 年，职工提取住房公积金同期相比明显增加，提取住房公积金 819.45 万元，共计 1544 人次，同期相比增加 414.9 万元，增长 103.42%，提取额占归集额的 25.86%。截至 2010 年年底职工累计提取住房公积金用于住房消费 1746.14 万元，共计 4001 人次，占归集总额 8863.08 万元的 19.70%。

九、保险

财产保险　三都的企业财产保险于 1951 年 7 月开办，1958 年年底停办。1980 年 12 月，中国人民保险公司恢复业务后，县石油公司首先投保。它是以企业的固定资产、流动资金和其他与企业利益相关的财产为保险对象。除企业外，国家机关、事业单位和人民团体的财产均可投保。在保险期限内，因火灾、爆炸、洪水、暴风雨、雷电、地震、地陷、崖崩等自然灾害造成的损失以及用于防止上述灾害（包括施救费）的费用，保险公司负责赔偿，保险期限一年，期满续保。1981 年 10 月起，企业财产保险执行新颁布条款，比旧费率平均降低 20%。1983 年企财险开始执行无赔款优待，即企业在投保企财险时可享受 10%无赔款续保优待。1982 年至 1984 年银行结合发放贷款开展企财险业务。从 2006 年至 2011 年，公司累计收入 20.26 万元，共发生赔案 8 件，赔款支出共计 137.04 万元，赔付率 676.41%。其中发生在 2006 年的“6・26”和 2007 年的“7・26”两次特大洪灾中，保险公司赔付都江乐都电站和大河山勤电站共计 132 万元。2012 年至 2013 年公司累计收入 1828 万元，赔款支出 968 万元。

家庭财产保险。1982 年开办的家庭财产保险是以个人家庭生活资料、家用电器等作为保险标的。其范围是房屋及其附属设备，如衣服、卧具、家具、家用电器及大型文化娱乐用品、工具，或代他人保管的上述财产。在保险期限内，由于火灾、爆炸、暴风雨、雷电、冰雹等自然灾害或意外事故造成的损失，以及防灾减损所支付的费用，保险公司负责赔偿，保险期限一年，期满续保。1983 年开办家庭财产两金保险，被保险人缴纳储金，以储金利息作保险费，保险期限分 3 年、5 年两种。储金金额按保险金额每千元计算 5 年期交 32 元，3 年期交 22 元，起保之日起一次性交清，保险期满，无论发生灾害与否，储金全部退还。以上两种家财险均可附加盗窃保险。到 1987 年年底，5 年共收保险费 0.76 万元，支付赔款 0.1 万元，赔付率 13.3%。1994 年，国家实行了住房改革，贷款购房市场化，1999 年开办了个人贷款抵押房屋保险，分商业贷款和住房公积金贷款。商业贷款保险费率分 5 年以下 1‰、5 年期以上 0.8‰，住房公积金贷款费率还贷保证保险 0.5‰、财产损失保险费率 0.3‰均以贷款额计算保险费。2001 年，中国人民财产保险公司推出金锁家庭财产综合保险，分综合型、自助型。增设附加险、扩展保险责任范围，如房屋附属设备与内装修、室内财产、特约财产、室内管道破裂及水渍保险，现金、首饰盗抢保险。第三者责任保险（被保险投保住所法律上应承担的民事赔偿责任）综合型保险费每份为“家安险”20 元，保险金额 8000 元；“家顺险”每份 50 元，保险金额 17500 元；“家庭险”每份 98 元，保险金额 39800 元；“家泰险”每份 168 元，保险金额 64500 元。2007 年至 2011 年 5 年间共收取保费 71.42 万元，赔款支出 7.76 万元，赔付率 10.88%。2012 年至 2013 年家庭财产保险共收入 7.79 万元，赔款支出 1.5 万元。

农村房屋保险。1984 年 9 月，省保险公司、省民政局联合发出通知，要求各级保险机构与民政部门配合，开展农村房屋保险。凡是农民自有的房屋，以及替他人代为保管或与他人共有而由投保人负责经济责任的房屋，均可参加投保。但对政府已决定撤除的违章建筑、危房、临时修建的简易棚所（如牛棚、厕所）、房屋的附属建筑物（如围墙、下水道、堡坎等）、长期无人看管的房屋不得参加保险。保险期限一年，期满续保。保险金额由被保险人和保险公司双方根据房屋实际造价共同确定，最低保额为500元，保险费率不分结构，一律为3‰，起保当日一次交清。到1987年年底，3年共收保费3.3万元，赔款支出5.67万元，赔付率171.2%。1990年，开办农村房屋长效保险，该险种为储金性险种，储金金额按保险金额每千元计算交纳25元，起保之日起一次性交清，保险期满，无论发生灾害与否，储金全部退还。1992年，县人民政府在县内实施全县农房统保，保险公司共承保农房58847户，收取保险储金150万元，当年三都水族自治县人民政府被黔南州人民政府授予“保险先进县”称号。1992年至2000年的8年间，赔款支出共计70余万元。2000年后，该险种储金陆续被被保险人退回，至2013年仅剩少数散户。

机动车辆保险。三都的机动车辆保险开办于1982年，1982年至1984年均由银行代理业务。1983年贯彻省公安厅、交通厅、农机管理局下达的联合通知，要求国营、集体运输业，人民公社、生产大队、生产队、农场、城乡个体和联合户及集体承包给个人的机动车辆（包括农用拖拉机），都必须参加第三者责任保险（1984年3月改为机动车辆保险）。1985年1月，省人民政府下文规定，凡用银行贷款购置的机动车辆，都必须参加保险。到1987年年底，6年共收保费14.8万元，赔款支出15.4万元，赔付率为104.5%。1991年以后，机动车快速增长，1993年比1990年增加414辆，1993年年底承保各种车辆1023辆，收入保费119万元，发生赔案455件，支付赔款86.29万元，赔付率72.51%。1996年第三者责任险执行新费率，1991年至2000年，共承保各种型号车辆12838辆，共收入保险费2281.91万元，共支付赔款1435.74万元，综合赔付率62.92%。2006年7月1日起在全国范围内对机动车辆实施机动车辆交通责任事故强制保险（简称交强险），到年底，执行交强险对商业险有一些影响，2006年机动车商业险承保率比2005年下降。2007年至2011年，收取机动车辆险保费1332.4万元，赔款支出780.59万元，赔付率58.59%；交强险保费收入781.46万元，赔款支出307.12万元，赔付率39.3%。2012年至2013年车辆保费收入1598万元，赔款支出726万元。

政策性能繁母猪保险。此险种于2007年11月开办，当年承保全县能繁母猪共计13694头，收取保险费82.16万元，保险金额1369.4万元，赔款支出总计114.5万元，赔付率140%。2009年承保全县能繁母猪共计889头，收取保险费5.33万元，保险金额88.9万元，赔款支出总计8.72万元，赔付率163.60%。

旅客意外伤害强制保险。1957年三都开办旅客意外伤害强制保险，保险费含在票价内。保险有效期从验票上车起到终点站下车止，在有效期内由于车祸遭受的人身伤害，最高赔付保险金3000元，因伤致残的除负责补助医药费外，还视伤残程度给予保险金的半数或全数，死亡给付全额保险金。1958年旅客意外伤害强制保险停办，1987年后又开展此项业务。1996年，产、寿险分业经营，该险种名称改为承运人责任险。2007年至2011年，该险种共收取保费262.95万元，赔款支出214.71万元，赔付率81.65%。2012年至2013年意外保险保费收入37万元，赔款支出12万元。

人身险。县内1985年开办此保险，承保对象为行政事业单位，此险种为死亡、伤残保险（可附加意外伤害医疗）。保险金额每人最低为1000元，最高为3000元，保险期限一年，当年收入保费300万元。1986年以后，县机关单位都参加这一保险。1992年，县人民政府下文要求全县在职职工统一参加团体人身附加意外伤害还本保险，保险储金每人120元，职工每人交纳80元，财政每人补贴40元，在职工退休前所发生的意外伤害，在保险金额范围，由保险公司根据条款给予赔付，退休后退还保险储金。该险种在1996年根据保险法规定，产、寿险分业经营后划归寿险公司经营。2003年，企业改制，中国人民财产保险股份有限公司重返人身险市场，可以开办一年期的人身意外伤害保险。公司开发了很多种意外险产品，三都公司主要经营团体人身意外伤害保险（附加意外伤害医疗费用保险）、学生、幼儿意外伤害保险（附加学生、幼儿住院医疗保险）、驾驶员意外伤害保险、境内旅行意外伤害保险、建筑施工人员团体意外伤害保险（附加建筑施工人员团体意外伤害医疗保险）等险种。后又开发了集人身意外伤害和家庭财产为一体作为保险标的的险种，如家和宝、家宁宝等险种。2007 年至 2011 年共计保费收入 157.73 万元，赔款支出总计 61.43 万元，赔付率 38.95%。

简易人身险。三都于 1987 年开办简易人身保险，此险种具有保险和储蓄相结合的功能，保险金额小，免体检。保险年限分 5 年、15 年、20 年、30 年四种，其中 5 年期只适用保单期满时年龄不超过 70 周岁。投保标的选定后，中途不能变换。该险种在 1996 年根据保险法规定，产、寿险分业经营后划归寿险公司经营。

子女教育、婚嫁保险。三都于 1987 年下半年开办此险种。子女教育金保险、子女婚嫁保险，均属子女保险内容。一般以父母或抚养人为投保人，子女为被保险人。高中、大学教育金交费至被保险人 15 岁。被保险人生存到 15 周岁时，每年领高中教育金 100 元，至 17 岁为止；生存到 18 周岁时，每年领取一次大学教育金，至 21 周岁为止；生存到 22 周岁时领取婚嫁金；被保险人因意外事故死亡或残废，保险公司按规定在 1000 元内给付保险金和医疗费、药品费。此种保险还具有保险费保障的特点，即在交费期间，投保人身故，被保险人可免交未到期保险费，保险公司仍负约定责任，属分散性储蓄性业务。该险种在 1996 年根据保险法规定，产、寿险分业经营后划归寿险公司经营。

老年平安满期还本保险。老年平安满期还本保险是死亡保险，保险对象是 50~80 周岁身体健康的、能正常自理生活的城乡居民。保险期限为一年，期满可续保。保险本金按年龄分五档，保险金额均为 500 元，每人可投保一份或多份，但最高不超过 3000 元。1987 年开办，当年收取保险储金 27.5 万元，赔款支出共计 0.8 万元，赔付率 2.9%。该险种在 1996 年根据保险法规定，产、寿险分业经营后划归寿险公司经营。

2010 年，人保财险三都支公司实现保费收入 611 万元，同比增加 13 万元，增幅 2.2%；赔款支出 210 万元，提取未到期责任准备金 277 万元，提取未决赔款准备金 340 万元，提取保险保障基金 4.6 万元，上缴营业税金及附加 31 万元，为社会承担上亿元的风险保障责任。

2013 年，人保财险三都支公司实现保费收入 1120 万元，同比增长 411 万元，赔款支出 482 万元，提取未到期责任准备金 152 万元，提取未决赔款准备金 530 万元，提取保险保障基金 8.9 万元，上缴营业税金及附加 62 万元。

人寿保险　中国人寿保险股份有限公司三都支公司是 1996 年产、寿险分业经营后设立的县级分支机构，下设综合部、客户服务部、团体业务部、个人业务部、银行保险业务部五个职能部门，拥有员工及代理人 30 余人，主要经营人寿保险、健康保险、意外伤害保险等各类人身保险业务、人身保险的再保险，各类人身保险服务、咨询和代理业务，资金运用业务。开办的险种有学生平安保险、小额信贷保险、机动车驾乘人员意外伤害保险、简易人身保险、子女教育婚嫁保险、医疗保险、养老保险，投资分红、储蓄、人身意外综合保险等业务。

2006 年完成保费 470 万元，保费规模达 3000 多万元，公司支付（医疗、养老、死亡、残疾）赔款、满期金领取、生存金给付等各类资金共计达 520 余万元。2007 年，完成保费 423 万元，至 2007 年年底保费资金规模已达 3500 多万元，支付（医疗、养老、死亡、残疾）赔款、满期金领取、生存金给付等各类资金共计 500 余万元；为三都境内 26 万人次提供保险保障，累计承担风险保障保额达 15.7 亿元。2008 年，人寿保险股份有限公司三都支公司下设综合部、客户服务部、团体业务部、个人业务部、中介业务部和财产业务部六个职能部门，有员工及代理人 30 余人。当年公司支付保险理赔金、满期生存金共计 500 多万元，完成保费 615 万元。2009 年，完成保费 646 万元，支付（医疗、养老、死亡、残疾）赔款、满期金领取、生存金给付等各类资金达 100 余万元。2010 年，完成总保费 817.12 万元，支付（医疗、养老、死亡、残疾）赔款、满期金领取、生存金给付等各类资金达155.87万元。2011年，完成总保费744.34万元，支付（医疗、养老、死亡、残疾）赔款、满期金领取、生存金给付等各类资金达255.75万元。2012年，完成总保费537.22万元，支付（医疗、养老、死亡、残疾）赔款、满期金领取、生存金给付等各类资金达166.59万元。2013年，完成总保费740.55万元，支付（医疗、养老、死亡、残疾）赔款、满期金领取、生存金给付等各类资金达348.18万元。

太平洋财产保险 中国太平洋财产保险股份有限公司黔南中心支公司于2005年在三都县城设立代理点，随着业务的发展和保费的递增，代理点改为三都工作组，主要是代理保险业务和理赔查勘。后经中国保险监督管理委员会审查批准，于2009年8月建立中国太平洋财产保险股份有限公司三都支公司，地点设在建设西路（县乡公路管理所楼下），共有员工6人。2013年员工由原来的6人增加为10人。

从2005年至2009年，开办的业务保险主要有机动车辆保险，财产保险和意外保险三大种类。业务范围：企业财产损失保险、家庭财产损失保险、建筑工程保险、安装工程保险、货物运输保险、机动车辆保险、船舶保险、能源保险、一般责任保险、保证保险、信用保险（出口信用险除外）、短期健康险、意外伤害险以及中国保监会批准的其他财产保险业务。

2009年承保业务共计4380件，保费收入269.8万元，其中车险业务为248.4万元、短意险9万元、银行代理业务12.4万元。全年理赔人伤、机车等案件共计1013件，赔款支出127.50万元。2010年保费收入370.63万元，同比增长37.39%，全年理赔人伤、机车案件共赔款支出153.66万元。2011年保费收入414.79万元，同比增长11.91%，全年理赔人伤、机车案件赔款支出170.71万元。2012年保费收入485.95万元，同比增长17.16%，全年理赔人伤、机车案件赔款支出180.56万元。2013年保费收入617.11万元，同比增长27.00%，全年理赔人伤、机车案件赔款支出306.69万元。

平安财产保险 中国平安财产保险股份有限公司三都支公司，是隶属中国平安保险（集团）股份有限公司的一家财产保险分支机构。2012年12月中国平安集团决定在三都水族自治县成立支公司，并向贵州省保监局提交了筹建支公司申请，2013年10月17日贵州省保监局下发黔保监筹建〔2013〕39号文件，同意筹建平安产险三都支公司。

平安产险三都支公司主营业务：机动车辆保险、意外伤害保险、建筑工程保险、企业财产保险、法定责任保险、种植保险、养殖保险、家庭财产保险等。

第十二篇　经济综合管理

第一章　经济综述

第一节　计划经济时代的三都经济

改革开放以前，三都的经济一直处于总量少、水平低的状态。1978 年全县生产总值为 2227 万元，其中第一产业 1521 万元、第二产业 262 万元、第三产业 444 万元，全社会固定资产投资 296 万元，财政总收入 140 万元（地方财政收入 102 万元），金融机构存款余额 377 万元、金融机构贷款余额 599 万元，社会消费品零售总额 1106 万元。中共十一届三中全会以后，三都的国民经济建设步入新的历史发展时期。可是，由于“左”的思想仍未彻底消除，1979 年至 1981 年，三都的经济仍处于徘徊不前的状态，尤其是 1979 年和 1980 年这两年比较严重。

1981 年国家开始执行“六五”计划（1981—1985 年），三都继续贯彻执行“调整、改革、整顿、提高”的方针，进行国民经济的调整和经济体制改革，进一步加强农业，集中力量搞好企业整顿、改组、联合，重点对企业进行技术改造。此后，经济发展开始放开步伐，生产总值连年升高，1981 年 3460 万元、1982 年 4885 万元、1983 年 5487 万元、1984 年 5966 万元、1985 年 5957 万元，扭转了经济徘徊不前的局面。1984 年 2 月，县委、县政府贯彻落实中共中央发出的《关于 1984 年农村工作的通知》，明确农村工作重点是在稳定和完善生产资料的基础上，提高生产力水平，疏通流通渠道，发展商品生产，继续稳定和完善联产承包责任制，帮助农民在家庭经营基础上扩大生产规模，提高经济效益。同时宣布土地承包 20 年不变，家庭联产承包责任制得到进一步完善，极大调动了广大农民的生产积极性。县内工业企业在调整的基础上，开始实行多种形式的承包责任制，扩大企业自主权，允许多种经济成分并存，采取对外引进资金和技术、开办联合企业等方式。于是，1984 年提前实现了“六五”计划的各项奋斗目标。到“六五”计划期末的 1985 年，三都着手进行农业产业结构调整，积极扶持和放手发展“专业户”和“重点户”，使农村经济由种植业为主向农林牧副渔全面转变，由生产初级产品为主向精加工、综合利用转变，逐步建立与社会主义商品经济直接联系，具有最佳经济效益、社会效益、生态效益的产业体系。工业主要继续抓整顿，开始重视乡镇企业，希望通过整顿以进一步降低消耗、提高劳动生产率和经济效益，从而把企业搞活。在矿产资源的挖掘利用上采取“大矿大开，小矿放开，有水快流”的政策。可是，由于 1985 年遭受了严重的旱、虫两灾袭击，农业大幅度减产（粮食总产量只完成 33505 吨），经济发展的步伐陡然放缓，并没有延续 1984 年的增长趋势，实现不了工农业总产值为 5970 万元的计划指标。1985 年生产总值为 5957 万元，其中第一产业 4464 万元、第二产业 543 万元、第三产业 950 万元，全社会固定资产投资 1099 万元，财政总收入 160 万元（地方财政收入 147 万元），金融机构存款余额 1693 万元、金融机构贷款余额 1812 万元，社会消费品零售总额 2173 万元。

“七五”计划时期（1986—1990），三都的农业以种植业为基础、林业为主导、畜牧业为重点，农林牧副渔全面发展，农工商综合经营；工业根据资源条件发展矿业、原材料工业和加工业。动员千家万户利用承包地发展粮食生产，开展多种经营，兴办各种小养殖场、小加工厂等。1988 年以后，县境内工业逐步发展壮大并形成体系，采矿业、林业和工业是重要支柱。地方工业的发展主要是采锑业，得益于五坳坡、小脑坡两大锑矿场的发掘，使得采矿业带动冶金、化工、煤炭、电力、森工、制药、食品、建材等一系列工业企业的发展。1990 年，由于受国家银根紧缩等因素的影响，三都的工业遭受流动资金不足、能源和原材料短缺、产品滞销等困难，一些企业不能开工，锑系列生产被迫停产。为保持工业生产的适度增长，县里着手调整工业结构，深化企业改革，开展增产节约、增收节支运动，同时进一步扶持乡镇企业的发展，引导群众联户办、集体办、集资入股办企业。至 1990 年，全县生产总值为 11926 万元，其中第一产业 8855 万元、第二产业 1172 万元、第三产业 1899 万元，全社会固定资产投资 991 万元，财政总收入 690 万元（地方财政收入 507 万元），金融机构存款余额 4313 万元、金融机构贷款余额 4882 万元，社会消费品零售总额 5224 万元。

1991—1992 年，三都坚持“抓农业稳县，抓工业富县，抓商业活县，抓科教兴县”的工作思路，尤其是 1992 年邓小平视察南方重要讲话以后，三都和全国一样，加快改革开放步伐，加大经济发展力度，经济发展又进入了一个全新的历史时期，各项经济指标又上了一个新的高度。1992 年三都开始大规模地种植烤烟，当年产量达 730 吨。1992 年全县生产总值为 14380 万元，其中第一产业 10335 万元、第二产业 1868 万元、第三产业 2177 万元，全社会固定资产投资 1907 万元，财政总收入 1092 万元（地方财政收入 743 万元），金融机构存款余额 6357 万元、金融机构贷款余额 6639 万元，社会消费品零售总额 4906 万元。

第二节　市场经济时代的三都经济

1993 年，三都水族自治县全面贯彻中共十四大精神，坚持以经济建设为中心，进行经济体制改革，逐步建立和完善社会主义市场经济体制。首先是转换企业经营机制，把企业推向市场。其次是发展多种经济，实行平等竞争。鼓励国有企业实行“一厂两制”或“一厂多制”，允许乡镇企业、私营企业和个人承包、租赁国有企业；在新的领域特别是第三产业中注重发展非国有经济，从各个方面扶持集体所有制经济和个体、私营以及股份制经济发展。第三是抓好市场建设，发展流通产业；抓好政府职能转变，加强宏观调控。

农业上实施“人口、粮食、生态”全面规划、综合治理、协调发展的战略，逐步树立大农业的观念，以市场为导向推动农业内部调整，促使农业由比较单一的粮食种植结构向综合发展的产业结构转变，走农工商、农科贸、农科教相结合的发展道路。放宽政策并鼓励和动员社会各方面力量增加对第三产业的投入，突出交通、通信、流通、融通、旅游业，加快发展投资少、见效快、效益好、就业容量大、与经济发展和人民生活关系密切的商业、物资业、房地产业、饮食业、居民服务业，积极发展信息业、咨询业、保险业和环保业等新兴产业，县人民政府首次明确把旅游业列为重要产业来抓。1993 年以后，县委、县人民政府把发展非公有制经济列入议事日程，出台关于发展非公有制经济的有关文件，按照“先放开搞活，后规范管理”的基本思路，制定优惠政策，为非公有制经济的发展大开“绿灯”。1993 年生产总值为 17957 万元，其中第一产业 12242 万元、第二产业 1929 万元、第三产业 3786 万元，全社会固定资产投资 3625 万元，财政总收入 1717 万元（地方财政收入1052万元），金融机构存款余额6217万元、金融机构贷款余额6824万元，社会消费品零售总额6959万元。

至1995年，全县生产总值为27914万元，其中第一产业18117万元、第二产业3802万元、第三产业5995万元，全社会固定资产投资2880万元，财政总收入1889万元（地方财政收入1170万元），金融机构存款余额10772万元、金融机构贷款余额9347万元，社会消费品零售总额8224万元。

1996—2000年，三都全面深化改革，实施开放带动战略、科教兴县战略，强化一个基础（农业），抓好三线建设（交通、能源、通信），建立五大支柱产业（锑产品系列、林产工业、硫化工系列、建材工业、其他工业），发展第三产业（饮食服务业、旅游业、城镇建设、综合市场建设），促进富民兴县。在这期间，工业在调整和克服严重的自然灾害、禁伐天然林和关闭“十五小”企业等困难和不利影响中得到发展，通过对外招商引资和深圳对口帮扶，发挥市场机制作用，重点扶持发展制药、木材加工、矿冶等一批工业项目，以逐步带动优势资源开发，保持了国民经济较快增长。1998年三都提前两年实现面上越过温饱线，结束了千百年来三都农村吃不饱饭的时代。至2000年，农业结构调整取得初步成效，北部果蔬种植、东部竹木栽植、南部种养结合的特色农业经济片区和一批特色农副产品有了较快发展。国民经济逐步由单一的农业经济向多元方向发展，经济结构和产业结构有了新的变化。2000年全县生产总值为41273万元，其中第一产业24960万元、第二产业4518万元、第三产业11795万元，全社会固定资产投资9224万元，财政总收入1992万元（地方财政收入1533万元），金融机构存款余额21339万元、金融机构贷款余额24004万元，社会消费品零售总额14016万元。

2001—2005年是全县进一步完善社会主义市场经济体制，进行农村经济结构战略性调整和农业产业化经营、提高经济效益、加快富民兴县步伐的重要时期。在这期间，三都把发展作为主题，把结构调整作为主线，把改革开放和科技进步作为动力，把提高人民生活水平作为根本出发点，打好三个基础（以交通为重点的基础设施、农业基础和教育基础），实施四大战略（产业结构调整、科教兴县、城镇化和可持续发展战略），突出四个重点（交通建设、支柱产业建设、小城镇建设、生态建设），加快两个创新（体制创新、科技创新），推进三个进程（农业产业化进程、城镇化进程、旅游资源开发进程），大力发展特色经济。特别是在国家作出实施西部大开发、加快中西部地区发展的重要战略决策之后，利用国家在政策扶持、资金投入、项目安排、人员交流等方面的倾斜政策，不断调整农业政策，加大农业产业结构调整力度，确立了围绕木材、特色食品和药业三大产业以及“一江二区三线四产”的发展思路，突出地方特色，发展特色村、专业大户、科技示范户。2005年，全县生产总值为81471万元，其中第一产业37288万元、第二产业7681万元、第三产业36502万元，全社会固定资产投资18141万元，财政总收入3656万元（地方财政收入2639万元），金融机构存款余额61747万元、金融机构贷款余额25925万元，社会消费品零售总额22775万元。

2006—2010年是三都水族自治县全面建设小康社会的重要时期，国家继续加大力度实施西部大开发战略、新阶段扶贫开发和加大对少数民族地区扶持力度，省委、省政府“十年重点突破”的战略部署也为三都加快发展提供了难得的机遇。这期间，三都推进新阶段扶贫开发，加强基础设施建设、生态建设和环境保护，继续进行经济结构调整，突出抓好“科教兴县、农业稳县、工业强县、城建旅游活县、民族文化塑县”五大战略，以“粮食增产，农业增效，农民增收”为目标的取消农业税、种粮补贴、农机购机补贴、农村义务教育“两免一补”等农村各项优惠政策得到落实，“竹、畜、菜、果、茶”等农业产业基本形成格局。按照政策规定和企业发展需要，进一步做好国有企业改革改制工作。通过制定和兑现优惠政策，外来投资、社会投资和民间投资成效明显，初步形成矿产、木材加工、水电等特色产业发展格局。非公有制经济进一步发展壮大。2006年全县生产总值为89861万元，其中第一产业40276万元、第二产业8780万元、第三产业40805万元，全社会固定资产投资 30320 万元，财政总收入 4515 万元（地方财政收入 3209 万元），金融机构存款余额 81208 万元、金融机构贷款余额 39026 万元，社会消费品零售总额 25999 万元。

2007 年，农业结构调整继续围绕竹、畜、菜、果、茶“五朵金花”进行，无公害蔬菜、葡萄、脐橙、甜茶等农产品已成为特色农业的亮点。招商引资力度进一步加大，工业经济增长提速，新增企业、开工户数及开工率均大幅度上升，产值和销售产值大幅增长。非公有制经济不断发展壮大。财政收支进一步增长，旅游经济被激活。2008 年，受雪凝冰冻灾害和国际金融风暴影响，经济增长步伐放缓。农村经济突出无公害商品蔬菜、水晶葡萄、脐橙、椪柑等种植产业。继续进行农业产业结构调整，加大重点项目争取和建设力度，以求通过投资拉动县内经济的增长。招商引资不断取得新成效，工业经济保持较快增长。2008 年全县规模工业产值 25896 万元，规模以上工业企业 20 个；非公有制经济继续保持良好发展势头，全县共有非公企业 180 户，注册资金 1.4 亿元；个体工商户达 3176 户，私营企业 177 户。2008 年全县生产总值为 118949 万元，其中第一产业 49443 万元、第二产业 15044 万元、第三产业 54462 万元，全社会固定资产投资 97370 万元，财政总收入 6128 万元（地方财政收入 4059 万元），金融机构存款余额 145491 万元、金融机构贷款余额 56796 万元，社会消费品零售总额 39420 万元。2009 年，农业经济围绕“农业增效、农民增收”目标，推进“185 工程”示范基地建设，推广和应用先进适用生产技术，实施良种良法，提高复种指数，扩大无公害早菜种植和优质稻、超级稻等新良种种植面积。为促进非公有制经济和第三产业发展，三都又出台优惠政策，在准入条件、税费减免、财政扶持、产业发展、金融支持、土地利用等各方面给予倾斜；2009 年起，非公有制经济工作还被列入部门、乡镇年终政绩考核目标内容。“两快”投资及国家扩大内需政策也对三都相关产业起到刺激和促进作用，尤其是第三产业受益明显。2009 年全县生产总值为 132413 万元，其中第一产业 45368 万元、第二产业 21266 万元、第三产业 65779 万元，全社会固定资产投资 316329 万元，财政总收入 8536 万元（地方财政收入 5620 万元），金融机构存款余额 170665 万元、金融机构贷款余额 79833 万元，社会消费品零售总额 47170 万元。

2010 年，三都抢抓国家扩大内需和“两快”建设机遇，围绕“科教兴县、农业稳县、工业强县、城建旅游活县、民族文化塑县”五大战略，全面超额完成了“十一五”规划的各项目标任务，经济总量稳定增长，综合实力不断增强。大力实施“185 工程”，实现九阡李、脐橙、椪柑、水晶葡萄的规模种植和反季节蔬菜的连片种植。建设西北面以大河镇为主的蔬菜、北面以交梨乡为主的水晶葡萄、南面以九阡镇为主的九阡李、东面以都江镇为主的椪柑等四个现代农业核心示范区，以带动全县农业产业化发展，形成了“菜—菜—菜”“菜—稻—菜”等三熟制模式和“菜—菜”“菜—稻”等二熟制模式，红色莴笋、澳洲绍菜、美国番茄等精品蔬菜销往我国香港、澳门地区及加拿大等国家，全县商品蔬菜种植面积达 10.16 万亩。工业规模不断扩大，工业经济质量不断提高。成功引进润基水泥有限公司年产 100 万吨干法旋窑水泥生产线项目，完成投资 3 亿元并正式投产。规模工业总产值 51178 万元，非公企业 4397 户，注册资金 58900 万元；个体工商户 4212 户，私营企业 185 户。民族文化旅游产业进入政府主导、群众积极参与、逐渐走向市场运作的发展轨道，旅游基础逐渐完善，服务质量不断提高，到三都观光旅游的游客日益增多。新增 10 个乡镇金融服务网点，实现了全县 21 个乡镇金融服务网点全覆盖，解决群众存取款困难。全县生产总值为 158661 万元，其中第一产业 52802 万元、第二产业 26115 万元、第三产业 79744 万元，全社会固定资产投资 221857 万元，财政总收入 11896 万元（地方财政收入 7911 万元），金融机构存款余额 200656 万元、金融机构贷款余额 117060 万元，社会消费品零售总额 56206 万元。

2011—2013 年是三都由解决温饱向实现总体小康迈进、跟上全省全州加快发展进程的关键时期，经济社会的发展面临诸多历史性机遇。国家继续实行扩大内需方针、深入实施西部大开发战略和新的扶贫开发政策，中央企业加速扩张，东部产业加快转移，这有利于争取中央、省、州支持，借助县外力量加速发展；省、州将重点实施工业强省、工业强州和城镇化带动战略，进一步加大以交通、水利、生态等为重点的基础设施建设，这为三都大力实施工业强县战略、城镇化带动战略和民族文化旅游带动战略，加快推进工业化、城镇化和农业产业化进程，进一步完善基础设施，创造了良好的外部环境和条件。

2011 年，三都对照“十二五”规划实施“工业强县、城镇化带动和民族文化旅游带动”三大战略，经济发展继续保持良好的态势；夏蓉高速公路于当年通车，又有力助推三都经济的发展。这一年，三都主攻工业经济以保增长，抓现代农业促增收；推进“工业强县”战略，以基础设施建设和招商引资为抓手，加快塘州、交梨、周覃工业园区建设。积极改善投资环境，招商引资实现重大突破，全年签约引进项目 11 个，签约资金 889000 万元，到位资金 149800 万元。继续推进农业和农村经济结构战略性调整，发展现代农业，完成“185 工程”田 6.22 万亩、山 9.08 万亩，蔬菜播种面积 16.3 万亩、水果种植总面积达 7.15 万亩。粮食生产因受严重旱灾影响，总产量同比下降 21.9%。2011 年，全县生产总值为 190007 万元，其中第一产业 57162 万元、第二产业 34182 万元、第三产业 98663 万元，全社会固定资产投资 280311 万元，财政总收入 17126 万元（地方财政收入 12772 万元），金融机构存款余额 247965 万元、金融机构贷款余额 144655 万元，社会消费品零售总额 67166 万元。

2012 年，三都围绕省委、省政府“加速发展，加快转型，推动跨越”主基调和州委、州政府经济发展布局，实施“工业强县、城镇化带动和民族文化旅游带动”三大战略。经济继续平稳快速发展，经济总量不断增长，经济质量不断提升。工业经济提质增效，支撑作用不断增强。工业园区平台不断完善，完成润基水泥厂、塘州工业园、交梨工业园等基础设施建设，入园落户企业由原来的 5 户增加到 17 户。建立全县上下重招商、抓招商的工作机制，全年招商引资到位资金达 279700 万元。山地高效农业特色显现，是年实施“185 工程”26.94 万亩，蔬菜种植达 21.33 万亩，水果栽植累计达 15.28 万亩。农业产业结构得到优化。三都成功申报被列为国家农业综合开发县，并入选为全国 580 个蔬菜产业重点县之一，蔬菜产业被列入省重点产业带建设规划。交梨山地生态葡萄产业园、周覃供港粤特色蔬菜产业园被列为省级重点农业产业园区。沿公路干线创办了葡萄、蔬菜、柳源香鸡、九阡李、茶叶等种养产业示范点 107 个。2012 年全县生产总值为 279098 万元，其中第一产业 66866 万元、第二产业 45860 万元、第三产业 166372 万元，全社会固定资产投资 420469 万元，财政总收入 22370 万元（地方财政收入 17250 万元），金融机构存款余额 296658 万元、金融机构贷款余额 192030 万元，社会消费品零售总额 77946 万元。

2013 年，三都按照州委、州政府提出的“一圈两翼”发展格局，以同步小康为第一要务，加大投融资力度，经济进入新的提速发展阶段。工业经济继续壮大，工业园区入园企业不断增多，由 2012 年的 17 家增加到 28 家。工业经济实现质效双增。山地高效农业扩面增效，突出生态农业、观光农业建设，农业产业化水平稳步提升，龙头企业带动作用进一步加强，农业产业链集约增值效应初步形成。生态农业、观光农业建设完成实施“185 工程”35.6 万亩，其中蔬菜种植 30 万亩，水果种植累计达 17.19 万亩。生态畜牧业建成周覃、大河、中和等乡镇 7 个标准化养殖场及三洞乡 20 万羽蛋鸡养殖基地。农业产业化水平提高，2013 年，交梨生态葡萄产业园、周覃供港粤特色蔬菜产业园被列入黔南州 20 个农业示范园区，其中交梨生态葡萄产业园被列入全省 100 个高效农业示范园区。2013 年 8 月 5 日，三都水族自治县获“中国水晶葡萄之乡”称号（中国农学会葡萄分会和中国果品协会葡萄分会授牌）。全县农业产业化龙头企业达 13 个，其中省级龙头企业 3 个、州级龙头企业 2 个、县级龙头企业 8 个。多年来北部果蔬种植、东部竹木种植、南部种养结合的农业结构调整显出成效，特色农业经济区正在发展。畜牧业开始成长为农业支柱，占农业总产值的比重提高到 35%左右。民族文化旅游快速发展，旅游承载能力增强，旅游推介成效明显，是年旅游综合总收入达 16.73 万元。

2013 年，全县生产总值为 333213 万元，其中第一产业 76838 万元、第二产业 55673 万元、第三产业200702万元，全社会固定资产投资600000万元，财政总收入32709万元（地方财政收入21860万元），金融机构存款余额373998万元、金融机构贷款余额249542万元，社会消费品零售总额89436万元；增比进位综合实力明显增强，综合排位列全省第32位、全州第5位，较2012年分别上升50位和5位。

1978—2013年三都县主要经济指标一览表

表12-1

年份	生产总值（万元）	第一产业（万元）	第二产业（万元）	第三产业（万元）	生产总值构成（%）			人均生产总值（元）	生产总值指数（上年=100）	第一产业	第二产业	第三产业	人均生产总值指数（上年=100）
					第一产业	第二产业	第三产业						
1978	2227	1521	262	444	68.30	11.76	19.94	105	99.8	90.6	137.3	105.3	96.38
1979	2263	1518	265	480	67.08	11.71	21.21	104	100.9	98.8	95.7	106.1	98.92
1980	2420	1592	321	507	65.79	13.26	20.95	109	104.0	102.1	102.3	105.2	97.01
1981	3460	2476	325	659	71.56	9.39	19.05	152	110.0	107.3	100.3	128.0	107.84
1982	4885	3841	330	714	78.63	6.76	14.62	210	114.9	122.6	101.3	108.1	112.65
1983	5487	4305	330	852	78.46	6.01	15.53	232	115.2	115.3	100.9	105.4	110.98
1984	5966	4624	430	912	77.51	7.21	15.29	250	105.0	104.6	115.5	100.2	103.96
1985	5957	4464	543	950	74.94	9.12	15.95	262	99.8	93.5	125.3	103.1	98.81
1986	6903	5246	629	1028	76.00	9.11	14.89	283	106.1	114.6	107.0	105.1	104.02
1987	7564	5581	899	1084	73.78	11.89	14.33	305	105.4	104.5	106.9	108.2	103.33
1988	12465	9982	908	1575	80.08	7.28	12.64	495	106.2	104.7	107.7	112.2	105.14
1989	11748	8860	1062	1826	75.42	9.04	15.54	460	98.3	95.0	104.2	100.4	95.77
1990	11926	8855	1172	1899	74.25	9.83	15.92	457	104.7	99.6	105.3	100.3	97.39
1991	13102	9451	1673	1978	72.13	12.77	15.10	493	106.0	103.6	130.6	101.0	102.91
1992	14380	10335	1868	2177	71.87	12.99	15.14	534	105.5	105.4	100.2	110.2	105.29
1993	17957	12242	1929	3786	68.17	10.74	21.08	624	111.0	114.0	105.2	113.9	108.82
1994	23159	15160	3016	4983	65.46	13.02	21.52	835	110.4	106.8	126.5	115.9	108.24
1995	27914	18117	3802	5995	64.90	13.62	21.48	993	108.9	105.7	118.2	121.6	107.31
1996	31928	20718	4179	7031	64.89	13.09	22.02	1124	108.7	105.3	111.6	117.5	107.11
1997	37738	23219	5025	9494	61.53	13.32	25.16	1294	114.1	106.2	129.1	128.5	112.43
1998	42300	24882	6426	10992	58.82	15.19	25.99	1397	112.1	102.4	138.3	121.4	108.57
1999	38891	21946	5293	11652	56.43	13.61	29.96	1263	93.60	89.80	84.40	106.40	92.00
2000	41273	24960	4518	11795	60.48	10.95	28.58	1319	106.80	103.00	98.80	116.80	105.10
2001	43385	25323	4421	13641	58.37	10.19	31.44	1369	106.80	103.70	101.90	115.20	106.70
2002	48722	26350	5899	16473	54.08	12.11	33.81	1519	109.38	101.57	133.30	116.16	108.12

续表12-1

年份	生产总值（万元）	第一产业（万元）	第二产业（万元）	第三产业（万元）	生产总值构成（%）			人均生产总值（元）	生产总值指数（上年=100）	第一产业	第二产业	第三产业	人均生产总值指数（上年=100）
					第一产业	第二产业	第三产业						
2003	55411	28967	8723	17721	52. 28	15. 74	31. 98	1709	113. 03	109. 80	141. 75	107. 25	111. 79
2004	64901	33544	4209	27148	51. 68	6. 49	41. 83	1981	111. 24	109. 60	114. 52	112. 35	110. 09
2005	81471	37288	7681	36502	45. 77	9. 43	44. 80	2744	112. 00	109. 00	126. 10	113. 80	110. 96
2006	89861	40276	8780	40805	44. 82	9. 77	45. 41	3015	109. 60	105. 60	132. 69	109. 30	108. 76
2007	100327	40075	11530	48722	39. 94	11. 49	48. 56	3351	112. 76	106. 80	125. 11	115. 60	112. 65
2008	118949	49443	15044	54462	41. 57	12. 65	45. 79	3953	112. 74	108. 6	134. 47	111. 17	111. 7
2009	132413	45368	21266	65779	34. 26	16. 06	49. 68	4379	117. 62	105. 66	143. 55	120. 24	117. 58
2010	158661	52802	26115	79744	33. 3	16. 4	50. 3	5554	113	107	118. 3	115. 5	116. 7
2011	190007	57162	34182	98663	30. 1	18	51. 9	6726	114. 1	108. 1	124. 8	118. 1	112. 15
2012	279098	66866	45860	166372	23. 96	16. 43	59. 61	9795	116. 8	109. 1	104. 1	125. 2	115. 8
2013	333213	76838	55673	200702	23. 06	16. 71	60. 23	11991	117. 8	107	120. 3	122. 1	120. 8

第二章　经济体制改革

第一节　农村经济体制改革

1979年2月，县委召开三级干部会议，贯彻党的十一届三中全会精神，学习中共中央《关于加强农业发展若干问题的决定（草案）》《农村人民公社工作条例（试行）》及省委《关于调整农村经济政策若干问题的意见》，把全县工作重点转移到社会主义建设上来。之后，纠正了“三地”（自留地、饲料地、开荒地）代耕的错误做法，一些生产队开始推行包产到组、联产计酬、超产奖励等生产责任制。1980年7月，县委召开三级干部会议，讨论落实放宽农业政策工作，印发《关于贯彻执行省委〈关于放宽农业政策的指示〉的意见》，提出稳定和完善联产承包责任制及对规模过大的大队和生产队进行适当调整的意见。明确土地联产承包责任到户以后，田土是集体所有，不准买卖典当、不准各要各的土改田、不准打乱“四固定”。到1982年7月，全县2107个生产队全部推行包干到户，2103个生产队开展了林业“三定”（定山林所有权、定自留山、定生产责任制）工作。1984年2月，县委、县政府发出《关于贯彻中共中央〔1984〕1号文件的意见》，宣布土地承包期延长到20年不变；6月，全县实行政社分开，恢复建立乡镇人民政府，人民公社不再是基层政权组织，撤销作为行政机构的生产大队，成立村民委员会，生产队改为村民小组。

1992年5月，根据党的十三届八中全会决定和省委精神，县委、县人民政府下发《关于进一步稳定和完善家庭联产承包责任制的决定》。同时，县人民政府发出通知，凡自实行家庭联产承包责任制以来出现的农转非户、死亡户、外迁户，其原承包的田土、山林全部收回集体。农转非人口只收回其原承包的田土，大中专毕业生和退伍军人虽已参加工作，但其配偶在农村又是农业人口的可以不收。集体收回上述土地以后，可以集体经营，也可以作有偿承包，其收入归集体所有。1998年7月28日，三都贯彻落实中央《关于进一步稳定和完善农村土地承包关系的通知》精神，启动延长土地承包期30年工作，满足农民对土地承包长期稳定的愿望。至2013年，三都农村家庭联产承包责任制照前沿袭，无大变化。

1979年1月1日起，对境内的社、队企业免征所得税5年。1979年10月，中共中央《关于加快农业发展若干问题的决议》下达后，三都对自然条件差、长期低产缺粮、收入水平低下，维持简单再生产和最低生活有困难的生产队减免农业税。1980年12月，省委文件通知，人均口粮标准达不到主产杂粮150千克、稻杂兼产175千克、主产稻谷200千克的，优先安排全部免掉粮食征购任务，一定三年不变。三都决定在1980年至1982年间，全免都江区和其他区12个公社197个大队1071个生产队的农业税，每年免税额163.47万千克（稻谷）；减征554个生产队，年减税额15.33万千克（稻谷）。1984年4月，执行放宽农村税收政策，从5月1日起屠宰税调低。1994年1月30日，取消产品税，产品税的应税农林牧水部分并入农业特产税。

2000年，中共中央国务院发出关于进行农村税费改革试点工作的通知。根据省、州的安排，三都水族自治县被列为首批试点县。2001年3月21日至22日，县委、县人民政府在县城召开全县农村税费改革工作会议，正式启动农村税费改革工作。其主要内容是"三个取消，一个逐步取消，两个调整，一项改革"，即取消乡统筹费，取消在农村进行的教育集资等专门面向农民征收的行政性收费和政府性基金、集资，取消屠宰税，从2002年起，用三年时间逐步取消统一规定的劳动积累工和义务工，调整农业税和农业特产税政策，改革村提留征收使用办法。从2002年11月1日起，全面开征新的农业税及附加。改革前，政策内农民负担总额为1268.44万元（含农业税及附加任务数、农业特产税及附加、屠宰税、农村提留、乡统筹和其他统筹等，1999年上报省实收数）；改革后，农民负担总额为529.39万元（含农业税及附加、农业特产税及附加），政策内减负额为739.05万元，人均减负25.57元，减负率达58.26%，位居黔南州第一。当年截至12月26日，农业税及附加仅56天就完成入库410.75万元（扣除当年减免数），农业特产税及附加完成83.68万元。2003年，国家再次出台降低农业税税率、取消除烟叶外的农业特产税和对农户进行直接补贴的政策。从2004年1月1日起，全县农业税税率降低1个百分点，即由7%调整为6%，调整后的农业税及其附加总负担率由8.4%降至7.2%；除烟叶外，不再对原农业特产税应税产品征收农业特产税。2004年，中共中央、国务院作出了全面取消农业税的重大决策，经省委、省人民政府研究决定，从2005年1月1日起，全省统一对从事农业生产、有农业收入的单位和个人免征农业税。全县免征农业税后，对原尾欠部分，符合减免条件的，按规定程序进行减免。不符合减免条件的，对农村税费改革前发生的尾欠，登记造册，暂缓清收，待后再作处理，对农村税费改革所发生的尾欠，

送农机下乡

按政策规定依法逐步清收。为确保省委、省政府免征农业税重大政策的贯彻实施，确保县、乡政府和村级组织的正常运转，切实减轻县、乡财政负担，对因免征相关税费而产生的财力缺口，由省财政在中央转移支付补助的基础上予以补足。

2004 年，国家开始对农户进行直接补贴，以降低 1 个百分点后的农业税实物量任务为补贴计算依据，每千克补助 0. 10 元，分两次兑现给农民。其中第一次在春播前，以降低 1 个百分点后调整到户的农业税实物量任务，按每千克 0. 06 元兑现到户，第二次在农民缴纳农业税时，按实际缴纳农业税实物量每千克再兑现 0. 04 元。2005 年不但继续执行对农户进行直接补贴的政策。2006 年起，农民购买农机具可以享受购机补贴。此后，三都努力把公共财政向民生领域倾斜，重点加大支农投入，进一步贯彻落实财政对农民种粮的直补、综合直补、退耕还林补助等政策。2007 年，推进以农民“直补网”建设为重点的基层财政管理改革，通过“一折通”发放涉农补贴 6. 65 万户 30. 22 万人，发放包括退耕还林补贴、种粮直补、综合直补、大中型水库后期扶持补贴等共计 2030. 89 万元，农民人均受益 67. 2 元以上。同时，县财政为县内养殖户承保能繁母猪 13654 头，中央、省、州、县四级财政投保资金达 65 万元，能繁母猪养殖场（户）每头自交保险费 12 元。2008 年，国家开始实行农作物良种补贴政策，主要补助水稻、玉米、小麦、油菜、马铃薯等，补助标准为 10 元/亩，三都每年获得的补助资金在 500 万元以上。2009 年，国家的家电下乡补贴政策全国推行，此后又有汽车下乡、摩托车下乡等对农民的补贴也接踵而至。当年全县 21 个乡镇财政所实行挂牌“一站式”窗口服务，全年共兑现“三农”投入达 5925 万元（包括退耕还林、种粮直补、大中型水库移民后期帮扶资金、综合直补、村干部补贴、家电下乡等）。2010 年，通过“一折通”发放种粮补贴、综合补贴、油菜籽补贴和退耕还林等各项惠农补贴资金达 2668. 6 万元。2013 年，全面实行农业（种植业）保险，投保品种为水稻、玉米、马铃薯、小麦等作物。

第二节　财税体制改革

改革开放以后，国家实行财政收支包干的财政管理体制，预算的收支指标由省核定，三都水族自治县的财政是支大于收，每年由省按预算差额包干给予补贴。县内实行“收支比例留成，超收另定分成比例，支出按指标包干”的财政管理体制。

1976 年至 1979 年实行“收支挂钩，总额分成”的财政管理体制。在企业收入中，增加农机公司收入、供销社收入、交通企业收入；支出中增加挖潜改造、畜牧事业费、企业事业费等项，扩大县级财政收支范围和管理权限。

1980 年至 1984 年实行“划分收支，分级包干”的财政管理体制，由“一灶吃饭”改为“分灶吃饭”，打破吃“大锅饭”的局面，财政资金的分配由条条为主改为以块块为主，按财政包干范围统筹安排。1980 年起，因三都属于贫困县，每年享受中央预设置的低产贫困资金的补助和支援经济不发达地区的发展资金，同时恢复 20 世纪 60 年代民族地区享受的三项照顾。

1985 年把“划分收支，分级包干”的财政管理体制改为“划分税种，核定收支，分级包干”的财政管理体制，实行一定五年不变。“划分收入，分级包干”的财政管理体制下达以后，按照分级包干划定的收支范围，以 1979 年财政收支的预计完成数为基础，按照事业单位的隶属关系，划定收支范围，核实收支基数。核定结果是地方固定收入和地方、中央共享收入全部留给三都外，仍支大于收，差额部分由州核定补贴，一定五年不变（考虑自然增长因素每年给予递增补助 8%）。1985 年，省将原属省财政管理的粮食、森工、医药企业下放到县，收支县包干，将原属县级财政管理的石油企业划归省级财政管理。县级财政对县、区、乡的行政事业财政制度也作了一些改革，继续推行和进一步完善预算包干的办法，行政事业所需的经费分为包干经费和专项经费两种。超支不补，节余留用，需购置大型设备和修缮由财政部门核拨专款，年终如有结余全部收回。

1987 年，为了调动各区积极组织财政收入，管理好财政支出，在财政内部进行了财政管理体制改革，一是对普安区财政实行收支预算下放，在区辖内由财政拨款开支的行政、事业单位，实行“定收定支，收入上缴，支出下拨，超收节余留用，超支不补，一年一定”的管理办法；二是对三合镇、城关区、大河区、水龙区、周覃区、九阡区、都江区等 7 个区镇实行“定收定支，收入上缴，超收分成，短少分担，支出下拨，超支不补，节余留用”的管理办法。1988 年 4 月，自治县内又调整实行“多收分成，少收分担”的财政包干体制。

1994 年 1 月 1 日起国家改革地方财政包干体制，分为中央、省（区）、地（州）、县（市）、乡镇五级财政管理，对各省、自治区的计划实行分税制财政管理体制。1995 年 1 月 1 日开始实施《中华人民共和国预算法》，要求一级政府要有一级财政，乡镇预算提到议事日程上来。鉴于建镇并乡撤区后全县机构延伸尚未完全到位（如金库、税务所等），各方面关系还需要理顺，五级预算首先在原 7 个区所在地的镇（三合、大河、普安、都江、中河、周覃、九阡）进行试点，其他 14 个乡继续维持原有体制，先做好五级预算的基础准备工作，然后再全面推行。五级预算收入划分为县的固定收入、乡镇的固定收入和县乡两级的共享收入三部分；支出划分是根据乡级有些部门的人权、事权、财权权限情况，划分为县负担支出和乡镇负担支出。以 1994 年收支为基础，适当考虑合理增减因素确定收支基数，收大于支的定额上解，支大于收的定额返还。收支基数、定额上解和返还数一经确定，乡级增收全部留给乡镇，新增支出因素乡镇自行负担。

2007 年全县启动“村财乡管村用”制度，实行代理记账财务管理新模式，同时要求严守“五个不变，一个不准”的原则（村集体资产权所有权不变，村集体资金使用权不变，村集体经济组织的财务审批权不变，村集体经济组织的债权、债务不变，村里的民主理财监督机制不变；乡镇政府不准利用管理之便平调村集体资金或者挪作他用）。

第三节　粮油体制改革

一、粮食机构设置和沿革

1950 年设三都水族自治县人民政府粮食局，1957 年改为三都水族自治县粮食局，1969 年设三都水族自治县粮食局革命委员会，1972 年设三都水族自治县粮食局至 2012 年，2012 年机构改革职能并入县发展和改革局。

粮食计划经济时期粮食局内设有秘书、业务、储运、财务、统计、油脂、基加、审计八个股室；1998 年粮食实行政企分开后，调整为办公室、业务股、财会股三个股室；2002 年三定方案后，调整为办公室、业务股、粮食储备流通管理中心三个股室，人员定编为 9 人。

计划经济时期县粮食局下设有粮食加工厂（1986 年更名为植物油厂），1981 年县粮食局下设有粮食议价公司（后更名为粮油贸易公司），1983 年下设饲料公司（2004 年公司改制，资产并入植物油厂），1985 年下设酿造厂（1990 年并入植物油厂）。1997 年以前县粮食局下属企业和附属设置有城关（三合）、大河、普安、中和、都江、周覃、九阡七个粮管所，各粮管所实行经济独立核算。1998 年实行政企分开后，7 个粮管所和粮油贸易公司合并成立三都水族自治县粮食购销公司，公司实行自主经营、自负盈亏。2013 年粮食购销公司实行全额改制，注销三都水族自治县粮食购销公司，注册成立粮食贸易有限责任公司，实行自主经营、自负盈亏。

二、粮油流通体制改革

改革开放以后，农村劳动力得到了解放。1984 年，三都粮食获得了大丰收。1985 年国家对粮食实行合同定购，定购以外的粮食农民可自由上市，粮食市场主体多元化开始形成。1985 年以前粮食实行统一收购、统一库存、统一调拨、统一销售的“四统一”政策成为历史。

为了促进和提高粮食生产，国家不断调整提高粮食定购价格，但粮食销售价格涨幅较小，因此，国家财政负担不断加重，直到 1992 年，粮食销售价格和收购价格才基本持平，这为政府取消城镇居民定量供应创造了条件。根据上级业务安排，1993 年三都水族自治县放开了粮食销售市场，购粮证、粮票等凭证供应成为历史的记忆。

粮食是一个比较敏感的特殊商品，销售市场放开后，收购市场尚未放开，国家定购的继续实行为国家和各级政府掌握粮源提供了保障。20 世纪 90 年代初期到 21 世纪初期，这期间随着市场经济体制的确定，国家逐步取消了对粮食的垄断经营。

在粮食经营主体多元化形成过程中，国家仍慎重过渡粮食流通政策，对粮食流通实行“双轨制”运行，即价格双轨（定购价格和市场价格）、经营双轨（政府粮食机构经营和非政府组织经营）和粮食内部双轨（计划内的定购统销和计划外的议购议销）。

1995 年，国家下放粮食经营和管理权，实行粮食省长负责制，各级行政首长负责本地区粮食总量平衡，稳定粮食种植面积和产量。建立省、地、县各级地方粮食储备，通过地方储备粮进行调节保证地方粮食供应和价格稳定。各级地方储备粮费用由地方财政承担并列入预算，确保粮食应急供应。

1997 年国家对粮食实行“四分开、一完善”。即政企分开，储备和经营分开，中央与地方责任分开，新老财务账目分开，完善粮食企业内部管理，三都根据政策于 1999 年 3 月将三合、大河、都江、普安、中和、周覃、九阡七个粮管所和粮贸公司合并成立三都粮食购销公司。政企分开后，县粮食局履行指导、协调、监督、服务行政职能，粮食购销公司成为自主经营、自负盈亏的市场经济主体。

2000 年以后，国务院机构改革将国家粮食储备局改为国家粮食局，并内设了监督检查司，这标志着粮食监督检查正式纳入粮食流通管理体系，2004 年国务院《粮食流通管理条例》颁布后，确认了各级粮食行政管理部门的执法主体地位，同时赋予行政处罚权，粮食流通管理进入了法治化、规范化、制度化。

行政职能的转变，粮食管理从内部管理转向行业管理，从行政管理转向依法管理，从微观管理转向宏观管理，粮食购销市场放开后，粮食工作紧紧围绕粮食安全和粮食供需平衡主题，维护粮食市场秩序，依法行政。至 2008 年已审核发放粮食购销许可证 24 户。县人民政府研究同意建立县级粮食储备，为应急供应和宏观调控用粮奠定了物质基础。

三、粮食生产流通和财务审计挂账

1978 年以前平均每年粮食产量 4.4 万吨，人均占有粮食 252 千克。1978 年以后，随着农村劳动力的解放，农田基本建设投入加大，科技兴农的普及，中央惠农政策的落实，三都粮食综合生产能力不断增强，至 2008 年，粮食产量达到 10.7 万吨，人均粮食 315 千克，属粮食产销基本平衡县。

1978 年以前，平均每年征购粮食 8890 吨，占粮食产量的 23%，1978 年后至 2004 年取消农业税之前，平均每年征购粮食（含以税代购和议购粮食）4560 吨，粮食购销市场放开后，粮食收购主体多元化逐步形成，2008 年具备收购粮食资格经营户达 15 家。

计划经济时期，按国家计划，平均每年调进粮食 811 吨，品种有大米、玉米、稻谷、小麦，平均每年调出粮食 2918 吨。粮食市场放开后，粮食进入市场自行调节，国家取消了调拨计划。

县内国家粮食仓库年平均粮食库存，1978 年以前 3560 吨，1978 年至 2004 年 7850 吨，最高库存 13000 吨（含国家、省、州各级储备粮）。2004 年粮食购销市场完全开放后，粮食经营户加快库存周转，上级收回代储指标，平均库存迅速下降，2008 年国有购销企业年平均库存 1500 吨（不含个体经营户）。

1978 年以前，平均每年销售粮食 4648 吨，其中居民商品粮 1616 吨，农村返销和工业用粮、饲料用粮 3032 吨，1978 年至 2004 年，平均每年销售粮食 2352 吨，2004 年粮食市场放开后，每年进入市场自行调节粮食 15000 吨，其中销往县外粮食 8500 吨。

计划经济时期，县内粮食机械加工主要靠国有粮食加工厂加工，平均每年加工量 3550 吨。实行市场经济和农村电网改造后，粮食加工业发展较快，2008 年全县共有大型加工设备 35 台，每台日加工能力 15 吨，分布在三合、九阡、周覃、三洞、大河等乡镇，小型加工 650 台，分布在全县大部分村组。

经过 1998 年和 2003 年两次上级政府安排的粮食财务专项审计，三都水族自治县粮食购销企业共亏损 2760. 73 万元，其中因政策性亏损 1782. 67 万元，上级财政和购销企业已消化 274. 67 万元，剩余 1508 万元政策性亏损挂账已从粮食购销企业剥离出来，由县粮食行政主管部门管理，上级财政承担政策性挂账利息。

第三章　计划管理

第一节　机构沿革

1978 年，县内计划管理部门为县计划委员会，主要负责国民经济和社会发展计划、物资分配、基建计划、物价、增产节约、招生计划、大中专生毕业分配、以工代赈、基础设施及社会治安综合治理工作发展项目建设计划和社会发展项目建设计划等。内设人秘股、综合股、计划股、以工代赈办。2001 年 11 月，县计划委员会更名为县发展计划局，负责国民经济和社会发展计划、基本建设计划、以工代赈、基础设施及社会发展项目建设计划、招标投标、招商引资等。内设办公室、综合股、以工代赈办公室、招商引资股（含招商引资和外协工作，加挂招商引资局牌子）。2004 年 9 月，县发展计划局更名为县发展和改革局，增设西部开发办公室。

2012 年 4 月，县政府将县发展和改革局、县招商引资局、县科学技术局、县粮食局、县物价局行政职责整合划入县发展和改革局，名称沿用三都水族自治县发展和改革局。主要职能：负责国民经济和社会发展计划及运行监测、基本建设计划、以工代赈、基础设施及社会发展项目建设计划、招标投标、经济体制改革、盐业管理、医药卫生体制改革、粮食企业改革（包括监测预警、应急及发展工作）、科学技术普及计划、物价管理。内设：办公室、国民经济和社会发展综合科、农村经济科（加挂以工代赈办公室）、投资管理科（加挂工程建设招投标办公室）、项目稽查科、粮油安全储备管理科、粮油市场流通管理科、科技和知识产权科、物价管理科、财政金融贸易科（加挂国防经济动员办公室）、县投资促进局、信息中心（加挂县生产力促进中心）、综合执法大队（加挂县物价、粮食、节能减排执法大队）、县价格认证中心、县科技情报所（加挂县防震减灾办公室）、县西部开发办公室（加挂县铁路建设办公室）。8 月 30 日，县政府撤销设在县发展和改革局的三都水族自治县科技情报所（加挂县防震减灾办公室），保留县物价局、招商引资局、粮食局，名称沿用三都水族自治县发展和改革局。11月，设立县重点项目办公室为县发展和改革局管理的副科级事业单位。2013年4月，设立县扶贫生态移民领导小组办公室为县发展和改革局管理的正科级公益性事业单位。

第二节　国民经济和社会发展计划（规划）编制及计划执行情况

1978年12月，党的十一届三中全会召开以后，全县的国民经济建设进入一个新的历史发展时期。1981年至1985年的“六五”计划时期，三都水族自治县贯彻执行“调整、改革、整顿、提高”的方针，把全部经济工作转移到以提高经济效益为中心的轨道上来。坚持“一要吃饭，二要建设”的方针，集中力量保证重点建设，适当扩大积累，依靠科技进步，促进经济发展；坚持“计划经济为主，市场调节为辅”的原则，合理配置和发展多种经济形式，进一步搞活经济。“六五”计划的主要任务是：积极进行国民经济的调整和经济体制的改革，进一步加强农业，集中力量搞好企业整顿、改组、联合，重点对现有企业进行技术改造，积极发展轻工业，切实搞好能源、交通等基础设施的建设，调整重工业的服务方向，加快教育和科技事业的发展，实现财政信贷收支平衡和物价基本稳定，严格控制人口增长，妥善安排就业，继续改善城乡人民生活，使整个国民经济和社会事业达到一个新水平。

由于指导思想明确，编制“六五”计划指标具体完整，各级党政机关和经济部门认真贯彻执行党的十一届三中全会以来的路线、方针和政策，积极推行经济体制改革，全县国民经济和社会事业稳步发展，于1984年提前实现了“六五”计划的各项奋斗目标。

“七五”计划时期（1986年至1990年）的指导原则是：农业以种植业为基础，林业为主导，畜牧业为重点，农林牧渔全面发展，农工商综合经营；工业根据资源状况发展矿业、原材料工业和加工业，扩大生产加快体制改革步伐。主要奋斗目标是：1987年工农业产值实现翻一番，到1990年翻1.6番，国民收入、财政收入同步增长，使各族人民的生活水平、居住条件都有进一步的改善。脱贫致富的突破口是：动员千家万户充分利用承包地、自留山发展粮食生产，开展多种经营，兴办各种小林场、小果园、小苗圃、小药材园、小养殖场、小加工厂等，通过集约化经营，利用剩余劳动力，因地制宜发展种、养、加有机结合的庭院经济。由于各级党政领导都把执行国民经济计划指标作为考核工作实绩的主要依据，于1987年实现了第一个经济翻番，到1990年实现了经济翻1.2番。

“八五”计划时期（1991年至1995年）及整个90年代是我国社会主义现代化建设历史进程中非常关键的时期，也是振兴三都经济、脱贫致富奔小康，为21世纪发展打下良好基础的关键时期，当时全县国民经济和社会发展的指导思想是：坚持党的“一个中心、两个基本点”的基本路线，以实现经济振兴、社会进步为目标，大力发展社会生产；坚持改革开放的方针，正确处理改革开放与经济发展的关系，使改革开放成为全县经济社会发展的强大动力；坚持国民经济持续、稳定、协调发展的方针，把提高经济效益作为全部工作的中心；坚持把教育和科技放在优先发展的战略地位，增强“教育为本”“科教兴县”的意识，把经济、科技教育和社会发展紧密地结合起来，把发展经济和控制人口、提高人口素质和搞好生态环境建设结合起来；坚持物质文明建设和精神文明建设一起抓的方针，注意防止“一手硬，一手软”的现象，把精神文明建设纳入各级发展规划，使两个文明建设紧密结合，互相促进；坚持“抓农业稳县，抓工业富县，抓商业活县，抓科教兴县”的工作思路，努力工作，开拓前进；坚持贯彻党的民族政策，不断进行“两个离不开”的教育，充分行使《中华人民共和国民族区域自治法》赋予的权力，促进全县各民族的共同繁荣；最大限度地调动全县各族人民建设社会主义的积极性，自力更生、艰苦奋斗、勤俭建县。

“九五”计划时期（1996年至2000年）及2010年远景目标的指导思想是：坚持建设有中国特色社会主义理论和党的基本路线为指导，深入贯彻“抓住机遇、深化改革、扩大开放、促进发展、保持稳定”的基本方针；正确处理改革、发展和稳定的关系，坚持“三个有利于”的标准；加快建立和完善社会主义市场经济体制，促进国民经济增长，推进民主法治建设；严格控制人口过快增长，促进经济与社会协调发展；解放思想、实事求是、振奋精神、真抓实干、艰苦创业、狠抓落实，推进全县经济持续、快速、健康发展和社会全面进步。全县经济社会发展的总体思路是：全面深化改革，实施两大战略（开放带动战略、科教兴县战略），强化一个基础（农业），抓好三线建设（交通、能源、通信），建立五大支柱产业（锑产品系列、林产工业、硫化工系列、建材工业、其他工业），发展第三产业（饮食服务业、旅游业、城镇建设、综合市场建设），促进富民兴县；进一步实施好“敞开山门、去掉门槛、全方位引进、多层次开发”的开放带动战略。“九五”期间主要奋斗目标是：要以提前实现经济翻两番和稳定解决温饱奔小康为目标，努力加快经济发展，到2000年实现人均国民生产总值在1980年的基础上翻2.1番，初步建立起社会主义市场经济体制；经济结构、产业结构趋于合理，经济效益有明显提高；能源、交通、通信等基础设施有明显的改善，使30%的农户稳定解决温饱，40%的农户生活接近小康，30%的农户达到小康生活水平。2001年至2010年主要奋斗目标：在“九五”时期发展的基础上，积极推进国民经济持续、快速、健康发展，到2010年实现国民经济生产总值比2000年翻2.02番，形成比较完善的社会主义市场经济体制，人民生活基本达到小康，部分达到富裕水平，为实现第三步战略目标打下坚实基础。“九五”期间，全县克服了严重的自然灾害、禁伐天然林和关闭“十五小”等困难和不利影响，国民经济保持了较快增长。

“十五”计划时期（2001年至2005年）是全县逐步完善社会主义市场经济体制，进行农村经济结构战略性调整和农业产业化经营，提高经济效益，实现富民兴县的重要时期。制订和实施“十五”计划的指导思想是：高举邓小平理论伟大旗帜，认真贯彻党的十五大和十五届五中全会及省委八届六次全会精神，坚持党的基本路线和基本纲领，按照“三个代表”重要思想的要求，坚持“三个有利于”的根本标准，全力以赴实施西部大开发战略，把发展作为主题，把结构调整作为主线，把改革开放和科技进步作为动力，把提高人民生活水平作为根本出发点，坚持两个文明建设一起抓，正确处理改革、发展、稳定的关系，促进经济加快发展和社会全面进步。“十五”期间，全县经济社会发展的总体构想是：抢抓机遇，深化改革，扩大开放，打好三个基础（以交通为重点的基础设施、农业基础和教育基础），实施四大战略（产业结构调整、科教兴县、城镇化和可持续发展战略），突出四个重点（交通建设、支柱产业建设、小城镇建设、生态建设），加快两个创新（体制创新、科技创新），推进三个进程（农业产业化进程、城镇化进程、旅游资源开发进程），大力发展特色经济，加快富民兴县步伐。“十五”期间，全县经济和社会发展的主要目标是：经济增长速度高于全省、全州平均水平；产业结构与所有制结构调整有明显成效；经济总量和自我发展、自我积累能力逐渐增强；城乡居民生活条件得到较大改善，生活水平进一步提高，扶贫攻坚成果得到巩固，基本解决农村绝对贫困问题；城镇建设步伐加快；以交通为重点的基础设施建设有较大改善，基本实现村村通电、通公路、通电话和通闭路电视，经济社会信息化程度有所提高；生态建设与环境保护取得新进展，城乡环境质量明显改善；逐步建立健全城镇和农村社会保障制度；人口过快增长得到控制；基本普及九年义务教育；城乡医疗卫生服务设施进一步改善，农村基本实现人人享有初级卫生保健；城乡文化、体育设施增加；良好社会风气和社会秩序逐步建立，精神文明建设和民主法制建设得到进一步发展。“十五”期间，全县经济社会发展取得了显著成就，全面完成“十五”计划的主要任务。

“十一五”规划时期（2006年至2010年）是三都水族自治县全面建设小康社会的重要时期，

国家继续加大力度实施西部大开发战略、新阶段扶贫开发和加大对少数民族地区扶持力度，以及省委、省政府“十年重点突破”的战略部署为三都加快发展提供了难得的机遇。这期间，三都经济社会发展的总体要求是：以邓小平理论和“三个代表”重要思想为指导，树立和落实科学发展观，坚持把抢抓机遇、加快发展作为富民兴县的第一要务，坚持以人为本，转变发展观念，创新发展模式，努力提高经济运行质量和效益，认真落实“五个统筹”，扎实推进新阶段扶贫开发，加强基础设施、生态建设和环境保护，积极推进经济结构调整，突出抓好“科教兴县、农业稳县、工业强县、城建旅游活县、民族文化塑县”五大战略，力争在经济的一些重要领域和关键环节及社会主义新农村建设取得新突破，为实现经济社会发展的历史性跨越打下坚实的基础。“十一五”期间，三都经济社会发展的奋斗目标是：经济发展迈上新台阶，综合经济实力和自我发展能力明显增强；继续保持经济持续快速增长，力争到2010年生产总值比“十五”期末翻一番以上；实施西部大开发战略和扶贫开发取得重点突破，经济结构调整和增长方式有明显转变，深化改革和扩大开放取得新进展，社会主义市场经济体制得到进一步完善，特色优势产业、基础设施建设、社会事业发展等方面取得新突破；健全和完善城乡社会保障体系、国民教育体系、公共卫生体系和突发事件应急保障体系；工业化、城镇化和农业产业化步伐加快，促进社会就业和农村人口转移取得积极进展；农村生产生活条件得到明显改善，逐步建立农民稳定增收长效机制，基本解决现有农村贫困人口的温饱问题，一半左右农户达到小康生活水平；生态建设和环境保护得到显著增强，人口、资源、环境协调发展；物质文明、政治文明、精神文明建设及民主法治建设不断推进。

“十一五”期间，三都经济社会发展的主要预期调控指标是：地方生产总值年均增长14%以上，到2010年生产总值达到14.1亿元左右；全社会固定资产投资年均增长21%以上，五年累计达到30亿元左右；财政总收入增长22%以上；农民人均纯收入年均增长9%以上，城镇居民人均可支配收入年均增长13%左右；城镇登记失业率控制在4.5%以内；到2010年，人口自然增长率下降到9‰左右。这五年，三都先后克服了“7·26”洪涝灾害、都柳江水体污染、雪凝冰冻灾害、持续干旱和国际金融危机等困难和不利因素，全面超额完成了“十一五”确定的各项目标任务。

“十二五”是三都由解决温饱向实现总体小康迈进、跟上全省全州加快发展进程的关键时期，经济社会的发展面临诸多历史性机遇。和平、发展、合作仍是时代潮流，世界经济格局大变革、大调整孕育着新的发展机遇，我国在国际上的重要性和影响力显著提升，有利于更好运用两个市场、两种资源加速发展。国家将继续实行扩大内需方针、深入实施西部大开发战略和新的扶贫开发政策，中央企业加速扩张，东部产业加快转移，有利于争取中央、省、州支持，借助县外力量加速发展。省、州将重点实施工业强省、工业强州和城镇化带动战略，进一步加大以交通、水利、生态等为重点的基础设施建设，这为三都大力实施工业强县战略、城镇化带动战略和民族文化旅游带动战略，加快推进工业化、城镇化和农业产业化进程，进一步完善基础设施，创造了良好的外部环境和条件。“两快”即将建成开通，为三都发挥后发优势，依托黔中经济区，面向珠三角，参与西部经济带建设，形成了新的比较优势，开辟了更加广阔的合作空间；全县上下盼发展、谋发展、促发展的愿望进一步增强，这为加速发展、加快转型、推动跨越创造了良好的社会氛围。“十二五”期间，三都经济社会发展的主要预期调控指标是：地方生产总值确保实现35亿元以上，力争达到40亿元，人均GDP达到1500美元以上，比2010年翻一番，年均增长17.1%，其中一、二、三产业分别增长10%、29.5%、16.4%；全社会固定资产投资年均增长35%；社会消费品零售总额年均增长21%以上；财政总收入年均增长20%以上，其中地方财政收入1.8亿元以上；城镇新增就业1万人以上；物价总水平控制在全省平均水平以内。

1978—2013年各个五年规划国民经济主要计划指标完成情况：

1. 转折时期（1978）。1978年全县国民生产总值达2227万元，比“四五”计划期末年均递增6.6%；全社会固定资产投资达296万元，比“四五”计划期年均递增44.1%；财政总收入达464

万元，其中地方财政收入达140万元，比“四五”计划期末年均递增10.8%；社会商品零售总额达271万元，比“四五”计划期末年均递增15.3%；工农业总产值达3412万元（现价），比“四五”计划期末年均递增4.7%（可比价），其中工业总产值达451万元（现价），比“四五”计划期末年均递增11.1%（可比价）；粮食总产量达4.13万吨。

2. 第六个五年计划（1981—1985年）。1985年全县国民生产总值达5957万元（现价），比“五五”计划期末年均递增10.1%（可比价）；工农业总产值达8980万元（现价），比“五五”计划期末年均递增9.8%（可比价），其中工业总产值达596万元（现价），比“五五”计划期末年均递增6.8%（可比价）。全社会固定资产投资达1099万元；财政总收入达1343万元，其中地方财政收入达147万元；社会商品零售总额达432万元；农民纯收入达229元；粮食总产量达3.35万吨。

3. 第七个五年计划（1986—1990年）。1990年全县国民生产总值达1.19亿元（现价），比“六五”计划期末年均递增14.4%（可比价）；工农业总产值达2.044亿元，为“六五”计划期末的198.3%，其中工业总产值达2380万元，为“六五”计划期末399.3%。全社会固定资产投资达991万元，为“六五”计划期的90.2%；财政总收入达1740万元，比“四五”期末年均递增5.3%，其中地方财政收入达507万元，比“六五”计划期末年均递增28.1%；社会商品零售总额达649万元，比“六五”计划期末年均递增8.5%；农民人均纯收入达270元，比“六五”期末增加41元；粮食总产量达6.08万吨，比“六五”计划期末年均递增12.7%。

4. 第八个五年计划（1991—1995年）。1995年，全县国民生产总值达2.79亿元（现价），比“七五”期末年均递增13.5%（可比价）；工农业总产值达6.59亿元，为“七五”期末的322.4%，其中工业总产值达2.24亿元，为“七五”计划期末的933.3%。全社会固定资产投资达2880万元，比“七五”期末年均递增23.8%；财政总收入达3092万元，比“七五”期末年均递增12.2%，其中地方财政收入达1170万元，比“七五”期末年均递增18.2%；社会商品零售总额达7146万元，比“六五”计划期末年均递增61.9%；农民人均纯收入达495元，比“七五”期末年均递增12.9%；粮食总产量达6.9万吨，比“七五”期末年均递增2.6%。

5. 第九个五年计划（1996—2000年）。2000年，全县国民生产总值达4.13亿元（现价），年均递增7%（可比价），比1980年翻了4.09番；工农业总产值达5.64亿元，比1980年翻了3.86番，其中工业总产值达1.63亿元（属数据调整年份不可比）。全社会固定资产达8977万元，比“八五”期末年均递增28%；财政总收1.05亿元，比“八五”期末年均递增27.7%，地方财政收入达1533万元，比“八五”期末年均递增6%。社会商品零售总额达1.4亿元，比“八五”期末年均递增14.4%。粮食总产量从6.9万吨增加到8.18万吨；全县提前于1998年实现面上越过温饱线，2000年农民人均纯收入达到1050元，比“八五”期末增加561元。

6. 第十个五年计划（2001—2005年）。2005年，全县实现国民生产总值达8.15亿元（现价），年均增长10.5%（可比价）；工农业总产值达8.68亿元（现价），为“九五”期末的157.1%，其中工业总产值达2.96亿元，为“九五”期末的181.6%。财政总收入和地方财政收入达3656万元和2639万元，比“九五”期末年均分别增长12.5%和11.1%；社会商品零售总额达2.28亿元，比“九五”期末年均增长62.9%。招商引资，全县共引进项目35个，合同引进资金3.32亿元，到位资金1.05亿元。全县规模工业总产值达1.26亿元；全县贫困人口由2000年的7.06万人下降到2005年的3.52万人，低收入人口由13.47万人下降到7.17万人。2005年农民人均纯收入达到1650元，比“九五”期末增加600元。农民人均占有粮食297千克。人口自然增长率下降到10‰以内。金融机构存款金额达到6.18亿元，为“九五”期末的2.9倍。

7. 第十一个五年规划（2006—2010年）。2010年，全县生产总值达15.87亿元，比“十五”期末年均增长13.5%（可比价）；单位生产总值能源消耗比“十五”期末降低20%左右；工农业总产值达14.1亿元（现价），为“十五”期末的162.4%，其中工业总产值达6.09亿元，为“十五”

计划期末的205.7%，规模以上工业产值5.03亿元，为“十五”期末的384%；全社会固定资产投资达到22.19亿元，比“十五”期末年均增长62.4%；财政总收入突破亿元大关，达到1.19亿元，比“十五”期末年均增长26.61%；地方财政收入达到0.79亿元，比“十五”期末年均增长24.55%；社会消费品零售总额达到5.62亿元，比“十五”期末年均增长19.8%；招商引资累计到位资金4.5亿元，比“十五”期末年均增长41.4%；农民人均纯收入达3478元，比“十五”期末年均增长16.07%；年末总人口35.7万人，人口自然增长率控制在7.5‰以内。粮食总产量达11.9万吨，比“十五”期末年均增长4.46%。

8. 第十二个五年规划（中期：2011—2013年）。2013年全县生产总值达33.32亿元，农业总产值达11.73亿元，规模以上工业增加值1.9亿元，全社会固定资产投资达到60亿元，比“十一五”期末年均增长39.30%；财政总收入3.2709亿元，比“十一五”期末年均增长40.08%；地方财政收入达到2.18亿元，比“十一五”期末年均增长40.25%；社会消费品零售总额达到8.94亿元，比“十一五”期末年均增长16.73%；招商引资到位资金43.9亿元，比“十一五”期末年均增长13.71%；农民人均纯收入达5760元，比“十一五”期末年均增长18.40%；年末总人口37.91万人，人口自然增长率下降到5.4‰以内；粮食总产量达9.2万吨。

第三节　投资管理及项目工程建设

一、项目立项与审批

1978年至1991年均实行项目审批制，从1992年起，全民所有制单位基本建设项目新开工和进行前期工作的，原则上都实行项目业主责任制。2001年重大项目或有特殊规定的项目外，外商投资项目利用自有资金和商业银行贷款在西部地区投资用于国家鼓励类产业及优势产业的政府主管部门只审批项目可行性研究报告，项目建议书、开工报告不再报政府主管部门审批。

1978年县计委审批立项并下达基建投资计划文件3个，上报州立项文件4个；1979年县计委审批立项并下达基建投资计划文件4个，上报州立项文件5个；1980年县计委审批立项并下达基建投资计划文件3个，上报州立项文件4个；1981年县计委审批立项并下达基建投资计划文件3个，上报州立项文件4个；1982年县计委审批立项并下达基建投资计划文件5个，上报州立项文件3个；1983年县计委审批立项并下达基建投资计划文件4个，上报州立项文件3个；1984年县计委审批立项并下达基建投资计划文件4个，上报州立项文件6个；1985年县计委审批立项并下达基建投资计划文件5个，上报州立项文件4个；1986年县计委审批立项并下达基建投资计划文件4个，上报州立项文件6个；1987年县计委审批立项并下达基建投资计划文件3个，上报州立项文件7个；1988年县计委审批立项并下达基建投资计划文件3个，上报州立项文件9个；1989年县计委审批立项并下达基建投资计划文件7个，上报州立项文件6个；1990年县计委审批立项并下达基建投资计划文件12个，上报州立项文件3个；1991年县计划部门审批立项并下达基建投资计划文件7个，上报州立项文件6个；1992年县计委审批立项并下达基建投资计划文件8个，上报州立项文件9个；1993年县计委审批立项并下达基建投资计划文件11个，上报州立项文件9个；1994年县计委审批立项并下达基建投资计划文件10个，上报州立项文件9个；1995年县计委审批立项并下达基建投资计划文件12个，上报州立项文件9个；1996年县计委审批立项并下达基建投资计划文件8个，上报州立项文件9个；1997年县计委审批立项并下达基建投资计划文件13个，上报州立项文件9个；1998年县计委审批立项并下达基建投资计划文件13个，上报州立项文件9个；1999年县计委审批立项并下达基建投资计划文件12个，上报州立项文件9个；2000年报县计委审批立项并下达基建投资计划文件 15 个，上报州立项文件 9 个；2001 年报县计委审批下达基建投资计划文件 55 个，上报州立项并下达投资基建投资计划文件 21 个；2002 年报县计委审批立项文件 77 个，上报州立项并下达投资计划文件 64 个；2003 年报县计委审批立项文件 58 个，上报州立项并下达投资文件 25 个；2004 年报县计委审批并下达基建文件 40 个，上报州立项并下达投资文件 38 个；2005 年报县计委审批立项并下达基建投资计划文件 42 个，上报州立项文件 25 个；2006 年报县计委审批立项并下达基建投资计划文件 49 个，备案文件 3 个，上报州立项文件 20 个；2007 年报县计委审批立项文件 33 个，备案文件 9 个，上报州立项文件 22 个；2008 年报县计委审批立项文件 75 个，备案文件 3 个，上报州立项文件 35 个，核准文件 1 个；2009 年县发改局审批立项文件 126 个，备案文件 12 个，上报州立项文件 48 个，核准文件 4 个；2010 年县发改局审批立项文件 82 个，备案文件 65 个，上报州立项文件 72 个，核准文件 6 个；2011 年县发改局审批立项文件 62 个，备案文件 78 个，上报州立项文件 35 个，核准文件 11 个；2012 年县发改局审批立项文件 68 个，备案文件 86 个，上报州立项文件 42 个，核准文件 15 个；2013 年县发改局审批立项文件 90 个，备案文件 79 个，上报州立项文件 35 个，核准文件 21 个。

二、“九五”及“十五”计划期间主要基础设施工程建设

“九五”期间以公路为重点的基础设施建设取得积极成效，完成 321 国道丹寨至三都油路、水（龙）塘（州）公路、大（河）烂（土）公路改造，全县公路通车里程增加 100 千米，基本实现乡乡通公路，70%的行政村基本实现通公路；实现乡乡通电、电话和广播电视。建成芒勇水库等一批水利设施。“十五”期间以公路为重点的基础设施建设取得显著进展。“一纵二横”主干公路网建成，改扩建了三都至丹寨、三都至都匀小围寨、三都至榕江、三都至荔波、水龙经塘州至荔波尧棒、大河至独山基长、杨勇关至普安等油路，除巫不、羊福乡外，基本实现了乡乡通油路和 85%的村通简易公路。水利基础设施进一步改善，建成石龙过江水库，重点治理了比寨、板奇等病险水库，建成了一批水厂，解决了农村 7.5 万人的饮水困难，建成县城防洪工程。全面完成农网改造工程和县城主干道、河滨南路、龙嘴角大桥、橡胶坝大桥等工程。 “十一五”期间解决了农村 10.9416 万人的饮水困难，“十二五”（2011—2013 年）期间解决了农村 8.0718 万人的饮水困难。

三、以工代赈工程建设

1986 年开始实施以工代赈工程。

坡改梯工程　国家为了支持贫困地区改善生产条件，加强农田基本建设，达到保土、保肥、涵养水分、以保障粮食的稳产增产，1990 年、1993 年完成 200 公顷，总投资 126.55 万元；1997 年完成 800 公顷，总投资 175.785 万元；1998 年完成 800 公顷，总投资 171.153 万元；1999 年完成坡改梯 800 公顷，总投资 184.821 万元；2000 年完成 800 公顷、小水池（窖）244 个，总投资 210.763 万元；2001 年完成 800 公顷，小水池（窖）358 个，总投资 195.805 万元；2002 年完成 500 公顷，小水池（窖）365 个，总投资 216.79 万元；2003 年完成 466.7 公顷、小水池（窖）380 个，总投资 208.888 万元；2004 年完成 433 公顷、小水池（窖）372 个，总投资 208.599 万元；2005 年完成 373 公顷，总投资 227.13 万元。

异地扶贫安置　对极少数居住在生存条件恶劣、自然资源贫乏的特困人口，实施搬迁扶贫，采取异地安置的办法，帮助这部分群众走上脱贫致富之路。1999 年对深山区、石山区搬迁安置 70 户 350 人，总投资为 90 万元；2000 年全县搬迁安置 70 户 1014 人，总投资为 90 万元；2001 年全县搬迁安置 209 户 1014 人，总投资为 752 万元；2002 年全县搬迁安置 288 户 1271 人，其中：集中安置 203 户 904 人，分散安置 85 户 367 人。总投资为 632 万元；2003 年全县搬迁安置 370 户 1624 人，其中：以奖代建搬迁安置 42 户 178 人，总投资为 937.2 万元；2004 年全县搬迁安置 177 户 807 人，

依托小城镇安置80户364人，地质灾害搬迁83户374人、山上搬下山14户69人，总投资为342.6万元；2007年全县搬迁安置150户602人，项目总投资为463.54万元；2008年第一批搬迁安置145户600人，其中地质灾害搬迁20户82人。总投资为530万元；2008年第二批搬迁安置89户405人，总投资为325.7万元；2009年全县搬迁安置205户983人，项目总投资为539万元；2010年全县搬迁安置205户1000人，总投资为630万元。2011年全县搬迁安置367户1795人，总投资为1200万元。2012年全县搬迁安置256户1270人，总投资为2429.86万元；2013年全县搬迁安置545户2371人，总投资为6702.87万元。

交通项目　“八五”“九五”期间，1990年、1991年用工业品以工代赈建成三都至榕江公路（县境段）四级公路17千米，总投资142万元；1993年修复都江至坝街公路四级公路13千米，总投资16万元；1994年至1998年建成高丛至羊福四级公路15.2千米，公路桥3座170延米，总投资746万元；1994年、1997年、1999年完成三都至新华7级航道整治53千米，50吨码头1个，完成投资277万元；1995年完成恢复、续建3条14公路，投资198万元；1996年至1997年建成廷牌至塘州四级公路15千米，公路桥2座25.9延米，总投资308万元；1997年一次性补助建成营寨大桥84延米，总投资40万元；1997年至1999年建成拉揽林区公路35千米，总投资225万元；1998年完成大河至合江四级公路改造14千米，打鱼至盖赖、交梨戎、三合行赏等通村公路3条36千米，完成合江至打香水毁修复5千米，建成马场河、母下、定城、打见河桥共4座90延米，总投资451.5万元；1998年至1999年建成水龙至塘州四级公路10.41千米，总投资200万元；1999年建成九阡至板甲等6条通村公路22千米，九阡至佳荣公路17.5千米，其中：新建7.5公路，改建10千米，总投资62万元；2000年建成廷牌至尧棒、九阡至扬拱、巫不至三江等3条公路35.2千米，公路桥1座24延米，其中：新建10条公路，改建25.2千米，完成三都至合江水毁恢复，总投资315万元。“十五”期间，2001年建成三级公路改造34千米，四级33.6千米，村级路70千米，桥一座24延米，总投资469万元；2002年建成三级公路84千米，村级路11千米，小桥1座30延米，市场1座2700平方米，总投资686.73万元；2003年建成三级公路改造125.7千米，村级路15千米，总投资770.4万元；2004年建成三级公路143.7千米，四级9.7千米，过境道路4.5千米，村级路20千米，小桥1座16延米，总投资704万元；2005年建成四级公路4千米，桥3座236延米，村级路56千米，过境路2千米，总投资695万元。“十一五”期间，2006年建成四级公路3.5千米，通村公路44.26千米，小桥1座25延米，道路硬化5700平方米，顶棚市场1座1500平方米；2006年建成四级公路3.5千米，通村公路44.26千米，小桥1座25延米，道路硬化5700平方米，顶棚市场1座1500平方米，总投资479万元；2007年建成完成通村公路26.8千米（其中：新建22.2千米，改建4.2千米，水毁恢复0.4千米），公路桥2座38延米，道路硬化1560平方米，总投资368万元；2008年建成通村公路38.21千米，道路硬化13252平方米，总投资509.5万元；2009年建成通村通组公路38.6千米，道路硬化10384平方米，总投资421万元；2010年建成通村公路48.78千米（其中新建33.28千米，改扩建15.5千米），道路硬化2000平方米，总投资537万元。“十二五”期间，2011年建成通村公路40.74千米，道路硬化19040平方米，桥1座30延米，总投资1178.25万元。2012年建成通村公路56.152千米，总投资601万元。2013年建成通村公路10.5千米，总投资115万元。

水利工程　1986—1989年，国家安排给三都水族自治县的粮、棉、布、工业品以工代赈及配套资金0.82万元。“八五”期间，1990年至1995年建成芒勇水库总库容2049万立方米，解决灌溉面积4.47万亩，总投资2657万元；1993年至1995年建成合江防洪堤12千米，总投资258万元；1992至1993年建成县城供水工程6000吨/日，总投资260万元；1991年水利工程投资63万元，人饮工程投资20万元；1992年水利工程投资57万元，人饮工程投资22万元；1993年水利工程投资

762.4万元，人饮工程投资197万元；1994年水利工程投资311万元，人饮工程投资105万元；1995年水利工程投资375万元，人饮工程投资60万元；1996年人饮工程投资135万元；1997年水利工程投资137万元，人饮工程投资108万元；1998年水利工程投资440万元，水利建设投资289万元；1999年水利工程投资213万元，人饮工程投资118万元；2000年水利工程投资246万元，“三小”工程投资27万元，人饮工程投资110万元，石龙过江工程项目（国债）投资25万元；2001年水利工程投资234万元，“三小”工程投资14万元，人饮工程投资100.86万元。2002年水利工程投资20万元，“三小”工程投资20万元，人饮工程投资86.85万元；2003年水利工程投资171万元，“三小”工程投资15万元，人饮工程投资101万元；2004年水利工程投资357万元，“三小”工程投资20万元，人饮工程投资120万元；2005年水利工程投资166万元，“三小”工程投资14万元，人饮工程投资68万元；2006年水利工程投资180万元，“三小”工程投资6万元，人饮工程投资43万元；2007年水利工程投资148万元，人饮工程投资65万元；2008年水利工程投资140万元，人饮工程投资140万元；2009年水利工程投资194万元；2010年水利工程投资114万元；2011年水利工程投资75万元；2012年水利工程投资32万元，人饮工程投资15万元；2013年水利工程投资60万元，人饮工程投资30万元。

水能资源开发　1992年至1995年建成白岩脚电站，装机125千瓦，中和电站，装机200千瓦，总投资101.4万元。

小流域综合治理　1998年万家山生态治理综合开发投资40万元；1999年三合苗龙生态综合治理投资40万元，良桥生态综合治理投资31万元；2001年小流域治理投资60万元，2002年小流域治理投资50万元；2003年三合镇小流域治理58万元；2004年三合镇抓拉沟小流域治理投资136万元。

农田基本建设　2006年计划投资58万元，建设113.3公顷；2007年计划投资185万元，建设123.3公顷；2008年计划投资61万元，治理面积45.8公顷。

片区综合开发　1994年周覃洞览片区综合开发投资34.5万元，大河片区综合开发投资63万元；1995年丰乐乡和平片区投资43万元，廷牌乡片区投资79万元；1996年羊福片区投资50万元，麻拱尧吕片区投资60万元，八麻片区投资80万元；1997年周覃洞览片区投资37万元，八麻片区投资31万元；1998年九阡镇片区投资92万元，打鱼乡片区投资81万元；2000年三合镇莫家寨片区投资43万元，周覃镇集贸市场投资40万元。

其他项目投资　1993年板栗基地项目投资30万元，牛肉干加工厂项目投资50万元，丰乐商店项目投资15万元；1994年民贸公司项目投资4万元，大河丰乐分销店项目投资10万元，都江至羊福通信线路15.4万元，都江至巫不通信线路20.5万元；1997年九阡至扬拱通信线路3万元；1998年农村邮电通信项目投资25万元，农村通电工程86万元；1999年农村通电工程项目投资115万元，农村通信项目投资137万元；2000年沼气建设项目投资30万元，待安排资金项目造林种苗补助投资20万元；2001年珠防配套工程投资100万元；2002年麻竹种植示范基地项目投资33万元，新建营造麻竹800亩。

第四章　物价管理

第一节　机构沿革

1978年以前，三都水族自治县物价管理工作归县计划委员会管理。1978年成立物价科，1980年改称物价局。1984年成立三都水族自治县物价检查所，隶属县物价局，实行两块牌子一套人员。到1993年年底，全局共有干部职工7人，其中局长1人。1994年1月至1999年5月县物价局合并到县工商行政管理局，保留县物价检查所，隶属县工商局。1999年6月从县工商局分设后至2000年2月没有负责人，县物价局工作职责由县物价检查所履行，职工3人，其中所长1人。2000年3月县人民政府任命一名副局长到县物价局主持工作，县物价局得以恢复。到2012年3月，全局共有干部职工10人，其中局长、副局长各1人。2012年4月，县物价局行政职责整合划入县发展和改革局。

第二节　价格改革

改革开放初期，为适应经济体制改革的需要，物价工作进行了调整和改革。1978年，允许物资部门经营的各类钢材实行平价、议价串换销售。1979年开始全面大幅度提高农产品收购价格，同时提高粮、棉、油超任务后加价幅度，提高猪、牛肉等副食品销售价格。1980年几次降低电子产品，化纤织物、钟表等商品的销售价格，提高了烟酒的销售价格，以及调整了部分非商品收费标准等。1982年和1983年两次放开共510种三类小商品价格。1984年对小五金、小百货、小文化用品等二类工业品价格全部放开，由工商企业协商定价，不受国家规定的多种差价政策的限制，允许价格随行就市。1983年对工农业生产资产完成国家计划后的超产部分，允许企业议价销售。同时对价格体制进行改革，实行指令性牌价、指导性浮动价和企业随行就市自行定价等多种价格形式。同年将中央和省级定价的农产品由46种减为21种，1984年又减为12种。

1985年，取消农产品统购、派购制度，不再向农民下达指令性生产和交售产品计划，实行合同定购；取消木材、桐子、桐油统购统销，实行议购议销。除合同定购的粮、油及麝香、杜仲等中药材执行国家定价外，其余农副产品价格全部放开，由生产者和经营者根据市场供求自定价格；对农产品收购奖售政策作了适当调整，除收购粮、油继续奖售化肥，收购肥猪继续奖售粮食、化肥外，其余农林产品的奖售全部取消。同年，取消城镇居民、职工平价猪肉的定量供应；开始对化肥、汽油、柴油、煤油的购销实行平价、议价双轨制。

1986年10月起，对黑白电视机、电冰箱、洗衣机、自行车、收录机等7种家用工业品放开价格，允许高进高出。

1988年开始放开计划外生产资料价格，取消对超产自销的生产资料加价幅度不得高于国家定价20%的限制，实行计划内、计划外两种价格，即工业生产资料价格双轨制。同时适当提高了粮食、棉花等农产品的国家定购价格，提高了煤炭、交通运输等产品和服务的计划价格。1989年至1991

年，提高粮食、油菜籽定购价格和油料、烤烟收购价格，提高煤炭、电力、石油、钢铁、运输等基础工业品价格和公共汽车票价、自来水价格，调整部分百货、纺织品地区差价和城乡差价及物资定额运杂费标准，放开卷烟零售价格和食糖价格。这一阶段，通过治理、整顿和调控，价格过快上涨势头得到有效控制，市场价格基本平稳。

1992年开始，随着价格改革步伐的加快，转换价格形成机制、调整价格结构的改革全面深化。放开了大多数轻纺工业消费品价格，中央和省级价格部门管理的工业消费品和轻纺原材料，政府定价品种只有盐、药品、书报、金银产品等12种，政府指导价10种。1993年，根据上级物价部门的批准，在全县逐步放开粮食的购销价格，放开了20种行政事业性收费。1998年6月，放开原油价格，将汽油、柴油零售价格由实行政府定价改为政府指导价。在转换价格的同时，将绝大部分双轨价格放开由市场调节，1994年工业生产资料价格双轨制基本取消。2000年，推进医药价格管理体制改革，将国家基本医疗保险药品纳入政府指导价格管理范围，将医疗服务价格由政府定价改为政府指导价。2001年，提高上网电价和销售电价，认真落实差别电价、脱硫加价和可再生能源加价等有利于节能减排的电价政策。逐步提高供水价格，开征了水资源费和污水处理费，在缺水的乡镇实行生活用水阶梯式水价。

2002年至2013年，在国家宏观调控下主要由市场形成价格的机制基本确立后，三都及时推进价格主管部门职能转变，按照价格工作的职能定位"定规则、当裁判、搞服务"的总要求，将价格工作重心从组织实施、调整具体商品和服务价格为主转移到贯彻执行价格政策、法律法规和维护公平竞争的市场环境上来。

1998年的亚洲金融危机和2008年的雪凝灾害，对市场价格有一定的影响，但由于加大了监管的力度，价格没有大的波动，与危机前和灾害前基本持平。

第三节 物价监管

1978年以后，随着改革开放方针政策的贯彻执行和有计划商品经济的发展，乃至社会主义市场经济体制的确立，价格管理的问题更为复杂，违反物价法纪的事例层出不穷，审价工作已逐渐发展为物价大检查。

1982年12月，为贯彻国务院《关于严格控制物价、整顿议价的通知》，县物价局在全县开展了物价大检查，制止随意提价、变相涨价，基本达到了县城及以下集镇"零售商品一律按1980年12月7日的价格出售，只能降低，不许提高"的要求。

1983年7月，为贯彻国务院、中纪委《关于坚决制止乱涨生产资料价格向建设单位乱摊派费用的紧急通知》，按照省物价局的部署，全县开展了刹住乱涨价，乱摊派两股歪风的工作。1983年以后，每年都按照省州物价局的部署，遵照国务院发布的加强市场价格管理和开展物价大检查的通知，特别是自1985年以来每年开展税收、财务、物价大检查，使物价监督检查工作逐步趋向经常化、制度化。

1984年，县物价检查所建立后，物价检查有了专门的执法机构，物价大检查成为国家监督的主要形式。三都水族自治县物价检查所配合工商、税务、公安等部门，普遍推行按系统、按行业开展物价大检查的方法，实行全面自查与重点抽查相结合、节日检查与日常检查相结合、定期检查与不定期检查相结合，围绕关系国计民生的重要商品价格和劳务收费，各年检查重点各有侧重。在检查中，坚持"事实清楚、证据确凿、定性准确、处理恰当、手续完备"的办案准则，遵守《物价检查人员守则》，秉公执法，不以权谋私，坚持"实事求是、区别对待、宽严适度"的处罚原则处理各种违法案件。1984年至1999年（其间：1994年1月至1999年5月机构改革后，县物价局合并到县工商行政管理局，保留物价检查所，继续开展物价大检查、节日市场价格检查和日常检查工作），全县共查处物价违法案件280件，其中万元以上重大案件10件，经济制裁总额46.4万元，其中上缴财政46.2万元，退还消费者0.2万元。所查处的物价违法案件，有以下六种类型：一是收购、销售商品或收取费用不执行国家定价；二是违反国家指导价的定价原则，制定、调整商品价格或收费标准；三是以国家平价转为议价销售；四是违反规定将计划内生产资料转为计划外高价出售；五是自立名目滥收费用；六是采取以次充好、短斤少两、降低质量等手段，变相提高商品价格或收费标准。

1999年至2010年，县物价局围绕人民群众关心的热点问题，先后开展涉农价格和收费检查以及教育、卫生、国土、公安、电信、水利、电力、工商、下岗就业收费、医疗服务价格和药品价格等专项检查，共查处各类违法案件171件，其中万元以上案件30件，经济制裁总额152万元，上缴财政45万元，退还用户或消费者107万元。在开展专项检查的同时，加强市场价格的监督检查。为打击短斤少两变相涨价的行为，配合工商、计量部门上街检查，共收缴杆秤1000余杆。为贯彻国家计委《禁止价格欺诈行为的规定》，大力整顿和规范市场价格秩序，营造公平竞争，规范有序的节日市场环境，每年节假日期间对全县饭店、旅社、交通、娱乐场所、修理、电信、医疗、旅游景点等与人民生活密切相关的商品服务价格进行检查。

2011年至2013年，围绕人民群众关心的热点问题，加强价格监督检查，加大整治力度，一是在元旦、春节、“五一”、国庆及抗旱期间密切关注市场价格动态，强化价格监管，对全县综合市场、农贸市场、超市的粮、油、肉、蛋、禽及药品、钢材、水泥等市场价格每日进行巡查，切实加强市场价格监测，密切关注市场价格变动情况，并对涉及经营抗旱救灾物品的企业及经营户进行告诫，敦促他们在抗旱救灾期间稳定物价，严厉打击价格欺诈行为。二是加大对价格突发事件的处置。2011年3月中旬，全国市场出现抬价哄抢食盐现象后，积极采取应对措施，稳定食盐市场价格秩序。三是加大查处乱收费价格违法案件，维护社会公平正义。2011年、2013年春秋两季开学期间分别对县城5所中小学校、5所乡镇中心学校开展教育收费检查，对存在乱收费的9200元问题已责令其全部清退。四是开展各行业价格收费专项检查。（1）开展涉农价格和收费专项检查。（2）开展旅游行业价格行为专项检查。（3）开展产业（工业）园区涉企收费专项检查。（4）开展商品房明码标价检查。（5）开展清理整顿大型零售企业向供应商违规收费监督检查。（6）开展粮食执法及安全检查工作。（7）开展节能减排执法工作。（8）开展药品和医疗服务价格检查。五是关注社会热点，开展客运车辆票价及机动车检测收费专项治理。对社会关注的农村客运和出租车票价进行整治。分别召开农村客运和出租车及驾校价格提醒告诫会，对农村客运和出租车存在乱涨价问题对县交运公司、县汽运公司、出租汽车公司作出了责令限期整改的通知，2012年至2013年对上述公司存在的问题作出共计32000元行政处罚。组成联合检查组对客运票价、规范经营进行整顿。

第四节　物价计量信得过活动

物价计量信得过活动（以下简称“双信”活动），是改革开放以来的一项新生事物。它是企业内部加强思想政治工作、健全各项规章制度，自觉遵守物价法规和计量管理，由物价、计量部门检查认可，授予“双信”称号的一种活动。此活动成为企业内部自我监督的基础。根据省物价局和检查所的要求，县物价局把统一商品标签作为“双信”活动的起步工作来抓。1987年，三都水族自治县人民政府发布实行统一标价签的通知（以下简称通知）。标价签分为三色：红色标价签为国家定价的商品使用，蓝色标价签为国家指导价的商品使用，绿色标价签为市场调节价的商品使用。根据通知精神，县物价局进行了广泛的宣传和实施工作，1987 年至 1993 年，全县的商品明码标价率达 90%，发售标价签 40 余万张，有效地规范了经营者的价格行为。1994 年和 1999 年机构撤并和分设后继续开展“双信”活动和推行明码标价制度。将开展“双信”活动作为整顿和规范市场的一项重要措施认真实施，同时积极开展明码标价“五个示范”先进单位创建活动，即明码标价一条示范街、一个示范市、一个示范电信营业所、一个示范校、一个示范医院。为加大市场明码标价检查的力度，2009 年至 2010 年，在元旦、春节、“五一”“十一”期间，县物价局组织人员对县内客车票价及粮油市场、农贸市场、超市、电信、移动、医疗服务单位等与人民生活密切相关的商品和服务价格进行了明码标价监督检查和价格监测，共检查商家 640 家次、超市 8 个次、加油站 9 个次。在检查中除 1 个加油站私自抬高石油价格被罚款 1500 元外，其余没有存在哄抬物价、捏造涨价信息、价格欺诈、乱涨价乱收费的行为。同时开展涉农价格和收费公示工作，挂出公示牌 452 块。20 多年来，县物价局一直把“双信”活动和明码标价的管理、规范作为一项重要工作来抓，为广大消费者和经营者创造良好的消费环境和经营环境。

第五节　物价检查转轨变型

为适应经济社会的发展，国家物价局要求物价工作转轨变型，由单纯的管理型向管理服务型转化。三都水族自治县物价检查工作从 1986 年开始在转轨变型方面做了以下工作。

广泛开展物价宣传。按照省物价局的部署，三都改变了过去价格秘密只在内部传达的做法，面向社会开展宣传。1986 年至 1990 年在县城闹市区建立物价宣传栏，宣传党的物价方针政策、公布市场价格行情和商品价格变动情况。开办了四期企业物价人员培训班，培训人员 200 余人，到有关单位宣传物价工作 20 余次。国务院发布《中华人民共和国价格管理条例》后，出动宣传车辆到乡镇宣传，在县城主要街道挂横幅标语 6 幅，小标语 30 余条，发放宣传资料 3000 余份，接受群众咨询 300 余人次，开办《三都物价信息》56 期。1994 年至 2010 年（从 2004 年开始开展“禁毒日”宣传；从 2006 年开始开展“法制宣传日”活动），每年利用“3·15”“禁毒日”“法制宣传日”等开展《中华人民共和国价格法》《关于商品和服务实行明码标价规定》《贵州省行政事业性管理收费条例》等国家和省制定的法律法规宣传活动，共出动宣传人员 281 人次，印发宣传资料 19600 余份。2011 年至 2013 年利用“3·15”“禁毒日”“法制宣传日”等开展《中华人民共和国价格法》《关于商品和服务实行明码标价规定》《贵州省行政事业性管理收费条例》等国家和省制定的法律法规宣传活动，共出动宣传人员 30 人次，印发宣传资料 1600 余份。

开展价格咨询服务。1986 年至 2010 年，每年利用宣传活动期间设立价格咨询服务台，接受群众咨询 3300 余次，设立价格举报中心，公布“12358”举报电话，接受消费者举报 300 余件，并件件作了答复和处理。2011 年至 2013 年利用宣传活动期间设立价格咨询服务台，接受群众咨询 300 余次，设立价格举报中心，公布“12358”举报电话，接受消费者举报 50 余件，并件件作了答复和处理。

第六节　价格认证（鉴定、评估）

1994 年，三都开始开展价格认证（鉴定、评估）工作，至 2003 年以前，此项工作由价格事务所负责。由于人少事多（当时持有价格职业证书的只有 2 人），价格认证（鉴定、评估）工作开展不够正常。至 2004 年，经省物价局批准，成立了县价格认证（鉴定、评估）中心，并获得由国家发改委颁发的资格证书，业务与县物价检查所合署办公后，此项工作才正常开展。到2013年，持有职业证书的共有5人，其中中心主任1人。1998年至2013年共受理各类物品价格评估鉴定案件950件，标的总额3568.5687万元。其中，涉案价格鉴定482件，标的额1087.7432万元；车损案件245件，标的额38.324万元；其他物品价格认证223件，标的额2442.5015万元。多年来无一件价格鉴定上诉复议。

第七节　农产品成本调查

三都水族自治县农产品成本调查（以下简称农本调查）始于1990年，到1992年每年都按规定调查的品种（花生、辣椒、杉树）按时将生产成本汇总上报。1993年至2007年，农本调查工作中断。2008年又恢复农本调查。2008年至2013年，按省物价局的部署，结合三都实际，县物价局分别承担了中籼稻、玉米及小规模生猪三个品种的常规成本调查工作。调查情况如下：

1. 生产成本普遍增加。

从种植业看，中籼稻每亩成本2008年比2007年、2009年比2008年、2010年比2009年、2011年比2010年、2012年比2011年、2013年比2012年增加10%、1.2%、2.2%、3.6%、2.75%和3.05%；玉米，2008年增加16.5%，2009年增加6.5%，2010年减产2.5%，2011年增加3.32%，2012年增加2.1%，2013年减产15.31%。主要原因是农业生产资料涨价，如化肥费，2008—2013年每吨增加30%、10.5%、0、8.5%、23.5%、23.8%；农家肥2008年增加10%，2009—2013年均增加15%；各种农药增加，2008年为15%、2009—2013年均为20%；各品种种子秧苗费用平均增长，2008—2013年平均每年增长10%以上。从饲养业看，生猪养殖的成本增加，主要原因是饲料价格大幅上涨。每头生猪的饲料费，2008—2013年增加20%、15%、6.2%、5.4%、5.8%、7.09%。饲料价格上涨主要是粮食价格提高所致。玉米，2008年由1200元/吨涨到1600元/吨、2009年涨到1900元/吨、2010年涨到2000元/吨、2011年涨到2100元/吨、2012年涨到2200元/吨、2013年保持平稳；豆饼，2008年由1900元/吨涨到2500元/吨、2009年涨到2700元/吨、2010年涨到3500元/吨、2011年涨到3700元/吨、2012年涨到3750元/吨、2013年涨到3800元/吨；麦麸，2008年由800元/吨涨到1300元/吨、2009年涨到1500元/吨、2010年涨到1600元/吨、2011年涨到1700元/吨、2012年涨到1900元/吨、2013年涨到1950元/吨。另外，劳动日工价提高也是一个重要原因。中籼稻、玉米大田作物和饲养业的工价，2008年由25元/日提高到35元/日、2009年提高到40元/日、2010年提高到45元/日、2011年提高到50元/日、2012年提高到60元/日、2013年提高到65元/日。

2. 产量、价格及收益的变化。

从种植业和饲养业产量看，中籼稻产量增产不多，玉米产量下降。中籼稻平均亩产，2008年为400千克，比2007年增产4.2%，2009—2010年均为560千克，2011年为580千克，比2010年增产3.57%，2012年为570千克，比2011年减产1.72%，2013年为520千克，比2012年减产8.77%；玉米平均亩产，2008年为270千克，比2007年减产15%，2009年为300千克，比2008年增产11.11%，2010年为330千克，比2009年增产10%，2011年为310千克，比2010年减产6.06%，2012年为325千克，比2011年增产4.84%，2013年为275千克，比2012年减产15.38%。生猪2008年比2007年增产5%、2009年比2008年增产4.2%、2010年比2009年增产5%、2011年比2010年增产2%、2012年比2011年减产3%、2013年比2012年增产2.5%。

从收益上看，中籼稻每亩净利润，2008年为366.89元，比2007年增加10%，2009年为320元，比2008年减少12.78%（两年减产的原因是气候异常及遭受病虫灾害），2010年380元，比

2009年增加5.62%，2011年420元，比2010年增加10.53%，2012年450元，比2011年增加7.14%，2013年388.54元，比2012年减少13.66%；玉米每亩净利润，2008年为209.76元，比2007年减少26.7%，2009年为209.76元，比2008年减少16.7%（两年减产的原因是气候异常及遭受病虫灾害），2010年为210元，比2009年增加0.11%，2011年为226.5元，比2010年增加7.86%，2012年为211.42元，比2011年减少6.66%，2013年为116.5元，比2012年减少44.9%。生猪纯收益，2008年比2007年上升10%，每头收益150.53元，2009年比2008年减少19.92%，每头减收30元，2010年比2009年减少6%，每头减收7.2元，2011年比2010年增加10%，每头增收12.72元，2012年比2011年增加7.15%，每头增收10元，2013年比2012年减少8%，每头减收12元。上升原因是供应量减少，市场需求量增大，导致猪肉价格上涨；减少原因是饲料价格提高，生猪价格没有随着上涨。

第五章　统计管理

第一节　机构沿革

三都水族自治县统计局是政府直属机构，主管全县的统计和国民经济核算工作。1954年1月建立统计科，1956年3月分设计划科和统计科。1957年合并为计划统计科。1962年分设计划科和统计局，1980年7月合建统计局。主管全县国民经济调查和旬、月、季、年统计报表数据收集、整理、汇总、上报工作。2001年县统计局内设2个股级机构（办公室、业务股），2012年4月增设3个下属事业机构：乡镇统计管理办公室（正科级）、统计调查中心（股级）、统计执法大队（股级），核定编制共41名，其中行政编制7名，事业编制32名，工勤编制2名。2013年共有干部职工28人。

第二节　统计调查

一、普查

（一）人口普查

1978—2013年，全县共进行4次人口普查，即第三次至第六次全国人口普查。

第三次人口普查　三都于1981年6月启动，1983年6月结束。普查标准时点是1982年7月1日零时。普查结果：总户数46053户，总人口231842人，其中男117663人，女114179人；少数民族人口214029人，其中：水族110600人，苗族34042人，布依族37380人；1981年出生8579人，其中男4432人，女4147人，1981年死亡2234人，其中男1101人，女1133人；出生率37.76‰，死亡率9.83‰，自然增长率27.93‰。

第四次人口普查　三都于1989年6月启动，1992年4月结束。普查标准时点是1990年7月1日零时。普查结果：总户数46053户，其中家庭户56650户，集体户99户；总人口263625人，其中：男 135608 人，女 128017 人；农业户口 251243 人，非农业户口 12180 人；少数民族人口 250865 人，其中：水族 164855 人，苗族 38725 人，布依族 45032 人；1989 年 1 月 1 日—1990 年 6 月 31 日出生 9650 人，其中男 4868 人，女 4782 人，1989 年上半年出生 3464 人，其中男 1724 人，女 1740 人，1989 年下半年出生 3139 人，其中男 1650 人，女 1489 人，1990 年上半年出生 3047 人，其中男 1494 人，女 1553 人；1989 年 1 月 1 日—1990 年 6 月 30 日死亡 2827 人，其中男 1497 人，女 1330 人，1989 年上半年死亡 850 人，其中男 448 人，女 402 人，1989 年下半年死亡 972 人，其中男 534 人，女 438 人，1990 年上半年死亡 1005 人，其中男 515 人，女 490 人。

第五次人口普查　三都于 1999 年 2 月启动，于 2002 年 12 月结束。普查标准时点为 2000 年 11 月 1 日零时。本次普查登记表分为长表和短表，长表按户填报的有 23 项，按人填报有 26 项，抽取 10%的户填报，短表户记录 10 个指标，人记录 9 个指标，由填长表以外的户填报。总户数 69566 户，其中家庭户 69403 户，集体户 163 户；总人口 297442 人，其中：男 156395 人，女 141047 人；农业户口 278944 人，非农业户口 16477 人；少数民族人口 285558 人，其中：水族 189128 人，苗族 43464 人，布依族 49877 人；1999 年 11 月 1 日—2000 年 10 月 31 日出生 6109 人，其中：男 3315 人，女 2794 人，死亡 2049 人，其中：男 1185 人，女 864 人。

第六次人口普查　三都于 2009 年 12 月启动，于 2014 年 8 月结束。普查标准时点为 2010 年 11 月 1 日零时。本次普查登记表分为长表和短表，长表按户填报的有 17 项，按人填报有 28 项，抽取 10%的户填报，短表户记录 6 个指标，人记录 12 个指标，由填长表以外的户填报。总户数 79405 户，其中家庭户 78479 户，集体户 926 户；总人口 283139 人，其中：男 146461 人，女 136678 人；农业户口 250062 人，非农业户口 20724 人；少数民族人口 270879 人，其中：水族 184348 人，苗族 38497 人，布依族 45267 人；2009 年 11 月 1 日—2010 年 10 月 31 日出生 5050 人，其中：男 2825 人，女 2225 人，死亡 1978 人，其中：男 1208 人，女 770 人。

（二）农业普查

第一次农业普查　第一次全国农业普查在 1997 年 1 月进行。普查对象是全县范围内各类农业生产经营单位、农村住户、乡镇企业、行政村和乡镇。普查表的调查项目为 38 个。普查时期资料是 1996 年度，标准时点是 1996 年 12 月 31 日。

第二次农业普查　三都第二次农业普查于 2005 年 12 月启动，2008 年 7 月结束。普查对象为县境内的农村住户、城镇农业生产经营户、农业生产经营单位、村民委员会和乡镇人民政府。普查表共有 5 类 10 张，包括：住户普查表，用于登记农村住户、城镇农业生产经营单位；单位普查表，用于登记农业生产经营法人单位、产业活动单位和其他未注册单位；行政村普查表，用于登记行政村和视同行政村的其他行政单位；乡镇普查表，用于登记乡镇和视同乡镇的其他行政单位；农业用地普查表。普查时期资料是 2006 年度，标准时点是 2006 年 12 月 31 日。全县普查结果：2006 年年末农业生产经营户 61411 户，农业从业人员 141926 人，农业技术人员 544 人。

（三）工业普查

1978—2013 年共进行 2 次工业普查，即第二次、第三次工业普查。

第二次工业普查　第二次全国工业普查在 1986 年第一季度进行。普查范围为全部工业企业，普查资料时间为 1985 年全年，其中重要指标填报 1985 年、1984 年和 1986 年全年数。

普查的内容分为甲、乙、丙和外资 4 类表。甲表由全民所有制独立核算工业企业填报，普查项目有 12 个部分，共 36 个指标。乙表由县以上的集体所有制、全民与集体合营、集体与私人合营的独立核算工业企业填报，普查项目有 7 个部分，共 18 张 144 个指标。丙表由城镇街道、乡镇和工厂填报。普查项目有 7 个部分，共 12 张表 73 个指标。外资表由外资经营、中外合资经营、合作经营的工业企业及华侨和港澳工商者经营、合资经营、合作经营的工业企业填报，普查项目有 11 张表 100 个指标。

经过普查，全县工业企业数为12个。其中，全民所有制企业9个，集体所有制企业3个。1985年工业总产值（按1980年不变价格计算）为2590万元，全部工业企业实现税利总额为111万元。职工人数为402人。

第三次工业普查　第三次工业普查在1996年进行。普查时间为1995年12月31日。此次普查的范围为县境内全部工业企业和附营工业单位。对乡及以上独立核算工业企业和附营工业单位及年销售收入（营业收入）在100万元以上的村办工业、私营工业、合作经营工业、个体工业和生产单位，采取直接发表调查的方式；对年产销售收入（营业收入）在100万元以上的村办工业、私营工业、合作经营工业、个体工业和生产单位，采取直接发表调查的方式；对年产品销售收入（营业收入）不足100万元的村办工业、私营合作经营工业、个体工业和生产单位，布置简易卡片或列一览表式。

此次普查按照"国有企业要查细，三资企业要查全，乡镇企业要查准"的要求，有3类不同表式；甲类表，填报范围为全部大中型企业，包括企业基本情况，大型联合企业（公司）主管业务活动基本情况卡片、财务状况、劳动情况、工业产品生产销售库存总值、主要工业产品产销存、工业企业科技活动情况、主要技术经济指标、主要工业产品生产能力、主要工业产品质量、主要工业产品销售收入情况等15张表，共350多个指标；乙类表，填报范围为乡及乡以上的小型企业和附营工业单位。主要有企业基本情况、财务状况、劳动情况、工业产品生产销售库存总值、主要工业产品产销存、主要工业产品生产能力、工业企业原材料能源消费与库存等11张表，共220多个指标；丙类表，填报范围为年产品销售收入在100万元以上的村办、城镇合作经营、农村合作经营、私营、城镇个体、农村个体工业企业和生产单位。主要有工业企业（单位）基本情况、财务状况、主要工业产品生产量和销售量、主要工业生产设备及其新旧程度等4张表共28个指标。

（四）基本单位普查

第一次基本单位普查　第一次全国基本单位普查在1996年进行。调查目的主要是查清全国各行业的单位底数，为观察和分析全国基本单位的地区、行业、经济类分布与发展变化提供基本的统计信息。普查的对象为所有的法人单位及法人所属的产业活动单位，包括各类企业法人、事业单位法人、机关法人、社会团体和其他法人，以及法人所属的农业、工业、建筑业、交通运输业、批发零售贸易业、餐饮业、服务业、行政事业单位和社会团体等产业活动单位。普查的内容主要有单位的经济类型、所属行业、从业人员、企业规模、经营状态等各类单位的基本属性和主要标志。普查的标准时点为1996年12月31日，时期资料为1996年。

第二次基本单位普查　2001年8月6日，国家统计局、中央机构编制委员会办公室、民政部、财政部、国家税务局、国家工商行政管理总局、国家质量监督检验检疫总局发出《第二次全国基本单位普查办法》的通知，决定2001年进行第二次全国基本单位普查。普查的标准时点为2001年12月31日，普查资料的调查年度为2001年，普查的对象和范围是中华人民共和国境内的法人单位及其所属的产业活动单位。普查的表式和主要内容：基层表分为甲、乙两种表式。甲表为《法人单位基本情况表》，乙表为《产业活动单位基本情况表》。普查综合表分为5种表式，即《法人单位及产业活动单位数》《按单位类别分组的法人单位数》《按单位类别分组的产业活动单位数》《法人单位基本情况》和《产业活动单位情况》。

（五）第三产业普查

第一次第三产业普查　1993年在全县开展第一次第三产业普查。此次普查的范围是从事第三产业的所有单位，包括专门从事第三产业的企业、事业和行政单位，第一产业和第二产业企业中所属的第三产业单位，从事第三产业的个体户。普查年度资料为1991年和1992年。

普查内容包括：反映第三产业发展规划和生产（经营）活动成果的指标，如销售（营业）收入、销售（营业）成本费用、销售税金、经营利润、附营业务收支净额、行政事业单位业务收支、预算外收支和专项基金收支等；反映第三产业物资情况的指标，如固定资产原值、库存总值等；反映第三产业重点行业活动指标，如社会商品零售额等。

普查结果：1992年年末，全县第三产业单位（含城乡个体）数为2269个，其中企业、事业、行政单位为1102个，城乡个体户1167个。全县第三产业从业人员8546人，其中企业、事业、行政单位7049人，城乡个体户为1497人。

第二次第三产业普查　根据国务院办公厅《关于进行第二次全国第三产业普查的通知》，2003年进行第二次第三产业普查。普查主要内容有：单位标志、从业人员、财务收支、资产状况等。普查时期资料是2003年度，标准时点为2003年12月31日。

（六）经济普查

第一次经济普查　三都于2004年5月启动。普查的对象是县境内从事第二产业和第三产业的全部法人单位、产业活动单位和个体工商户。普查的主要内容包括单位标志、从业人员、财务收支、资产状况，企业的主要生产经营活动、生产能力、主要原材料和能源消耗等。经济普查的标准时点2004年12月31日，时期资料为2004年度。

经济普查成果：2004年年末，全县共有法人单位610个。其中，企业法人单位96个，机关、事业法人单位219个，社会团体法人单位21个，其他法人单位274个。产业活动单位1097个。个体经营户4209户。

第二次经济普查　三都第二次经济普查于2008年6月启动。普查的对象是县境内从事第二产业和第三产业的全部法人单位、产业活动单位和个体工商户。普查的主要内容包括单位基本属性、从业人员、财务状况、生产经营情况、生产能力、能源消耗、科技活动情况等。本次普查的标准时点为2008年12月31日，时期资料为2008年度。

普查成果：2008年年末，全县共有法人单位634个。其中，企业法人单位133个，机关、事业法人单位186个，社会团体法人单位41个，其他法人单位274个。产业活动单位1169个。个体经营户5778户。

第三次经济普查　三都于2013年1月启动，2013年完成了普查区划分与绘图、确定核查单位底册、调查员的选调与培训、县级试点、手持电子终端设备内容加载等前期准备工作。此次普查对象是全县从事第二产业和第三产业的全部法人单位、产业活动单位和个体经营户。本次普查的标准时点为2013年12月31日，时期资料为2013年度。

二、抽样调查

抽样调查是收集统计数据的重要方式。三都长期以来开展的抽样调查主要有：农村住户调查、贫困监测调查、城乡住户调查一体化改革、贫困乡镇农村住户调查、限额以下贸易餐饮住宿业抽样调查、农产量抽样调查、群众安全感抽样调查、组织工作群众满意度调查、规模养殖统计监测调查、1%人口抽样调查、人口和劳动力变动抽样调查、规模以下工业企业调查、非普查年份第三产业抽样调查、城镇私营企业工资抽样调查等。其中比较重要且影响较大的有：

（一）农村住户调查

三都水族自治县农村住户调查于1980年开始，以是农户家庭收入和消费为主要内容的一项综合性社会经济调查，一直延续至2012年，2012年进行城乡住户调查一体化改革后，该项工作终止。该项调查以调查户日记账为基础，每季度进行数据处理，年报辅以一次调查表进行综合汇总，其核心作用是核算农村居民人均纯收入，为推动全县农村社会经济发展发挥了重要作用。

（二）贫困监测调查

三都于1997年开始开发该项调查，数据收集和处理与农村住户调查类似。其主要作用是评估宏观经济发展与专项扶贫项目对缓解贫困的作用，为党政部门全面评价扶贫项目的效果、制定扶贫对策和区域发展政策提供科学依据。

（三）城乡住户调查一体化改革

根据国家统计局《关于印发城乡住户调查一体化改革总体方案》（国统字〔2012〕22号）总体要求和部署，三都于2012年11月启动城乡住户调查一体化改革。长期以来，三都只开展农村住户调查，无法取得城镇居民家庭收入、消费及其生活状况，该项工作的开展，有利于准确完整地取得全体居民收入、支出以及家庭就业、消费、住房等有关资料，有利于客观反映城乡之间和不同群体之间的收入差距及其变化，为促进城乡统筹发展和制定民生改善政策提供真实、可靠、有效的依据。按国家统计局抽样方案，三都建立了12个城乡住户调查点共120户调查户，其中城镇调查点5个，分布为三合镇一社区2个，二社区、四社区、中街村各1个点，农村调查点7个，分布为三合镇行赏村、周覃镇水蒙村、廷牌镇化贤村、坝街乡光明村、水龙乡孟寨村、扬拱乡扬拱村、永阳村各1个。

（四）贫困乡镇农村住户调查

2001年，根据省政府办公厅通知要求，县扶贫办、县统计局组织开展，采用抽样调查方法在三合镇、合江镇、普安镇、都江镇、中和镇、廷牌镇、九阡镇、交梨乡、拉揽乡、打鱼乡、坝街乡、羊福乡、巫不乡、水龙乡、塘州乡、三洞乡、恒丰乡、扬拱乡等18个贫困乡镇进行贫困状况调查，每个乡镇设置三个调查点，每个调查点抽选10户进行监测，调查方式为调查户日记账，按季度进行数据处理，年报辅以一次调查表进行综合汇总，主要作用是核算18个贫困乡镇的农村居民人均纯收入，为扶贫攻坚、减贫摘帽提供决策依据。

第三节　统计服务

统计分析　统计分析是统计四大功能之一，县统计局每年向省、州统计局、县委、县政府提交50篇以上统计分析资料，为领导决策提供参考。

统计资料　按月、季、年度整理主要经济指标快报、简报提供给县委、县政府以及相关部门，为生产调度、执行计划服务。在1999年以前，每年整理编辑全县各领域的国民经济发展主要指标，装订成册，提供社会各界使用。1999年开始编辑发行年度《三都统计年鉴》，标志三都县统计资料的整理迈向崭新的一页。

历史资料　应《黔南五十年》编辑部和《黔南辉煌60年》编辑委员会的要求，县统计局分别于1999年和2009年对1949年以来三都县社会经济发展主要指标进行收集、整理、修订、补充和完善，消除了由于行政区划调整、部分年度指标空缺等导致历史资料的不可比性，为研究三都社会经济发展历史提供了便利。

妇女儿童发展规划统计监测　1999年以来，共向县妇女儿童工作委员会提交了10余篇统计监测评估专题报告，为推动全县妇女儿童事业发展发挥了重要作用。

增比进位　从2011年开始，县统计局负责月、季、年收集整理增比进位相关指标，并撰写相应的指标运行情况分析，提供给县委、县政府进行生产调度参考。2011年三都在全省经济发展增比进位中排第82位，2012年排第82位，2013年排第32位。

小康监测　从2012年开始，县统计局负责分季度、年度收集整理小康监测相关指标，并撰写相应的季度、年度小康实现程度分析报告，提供给县委、县政府进行决策参考。根据“贵州省全面小康建设工作领导小组办公室”公布资料显示，2012年三都小康社会实现程度为67.2%，全省排第82位，2013年实现程度为77%，全省排第61位。

第六章　质量技术监督与管理

第一节　机构沿革

1977年4月3日，成立三都水族自治县标准计量管理所，受县科学技术委员会领导。配备干部3名，所长1名，技术员2名；1983年年底，单位职工增加到12人。1986年8月5日建立三都水族自治县标准计量管理局，为同级政府的职能部门，实行两块牌子一套人员，标准计量管理局与计量检定测试所合署办公，属事业性质。1988年5月，国务院决定撤销国家标准局、国家计量局，并将国家经委质量管理局并入，组建国家技术监督局，省、州、县相继更名为技术监督局。1992年11月13日，三都水族自治县标准计量管理局更名为三都水族自治县技术监督局，原定职能和机构设置不变。

根据中央和省、州关于机构改革工作的安排部署，1993年县委、县政府决定撤销工商局、技术监督局、物价局，重新组建新的工商行政管理局，对外仍挂技术监督局牌子，使用技术监督局公章。三局合并后，经一段时间的运行，国家认为合并的机构在运行和操作上存在很多问题，又决定对合并的工商局、技术监督局、物价局进行改革。1999年国家实行工商行政管理体制改革，县级技术监督局单独设置，实行省以下垂直管理。根据机构改革的精神，县委、县政府决定将原三局合一的县工商局恢复为县工商局、县技术监督局、县物价局。1999年7月8日，三都水族自治县技术监督局更名为三都水族自治县质量技术监督局。2010年12月，县质量技术监督局编制14人，在册职工9人，其中行政编制6人，事业编制3人；2011年年底，机构改革后，县质量技术监督局新增设了副科级机构——稽查队，2012年招录了3名稽查队员，充实稽查队伍，加强了专业执法队伍建设，2013年12月，县质量技术监督局共有机构编制18个，在职在编人员9人，其中行政机关3人，事业人员6人。内设机构有业务股、办公室、检测所、稽查队4个职能股室，并按照有关规定设置了党组织。

主要职能职责的变化：

1991年到1993年，根据国家颁布《中华人民共和国计量法》和《中华人民共和国标准化法》，质监工作从计量扩展到标准化和产品质量监督管理等方面。主要职责有：宣传贯彻国家标准化和计量工作的方针、政策、法律、法规；组织标准、计量政策调查研究，编制和执行各地区标准计量事业的发展规划；组织制定、修订标准，实施标准和对标准的执行情况进行监督；参与本辖区新产品鉴定；组织产品和市场商品的质量监督检查；实施计量监督管理，对违反《中华人民共和国计量法》的行为追究法律责任；推行法定计量单位，组织开展辖区内的量值传递，对计量器具的制造、修理、销售、使用实施监督管理等。

1999年8月垂管以后，主要职能职责为：

1. 宣传、贯彻执行国家和省、州、县有关质量技术监督工作的方针、政策和法律、法规；根据《中华人民共和国食品安全法》《中华人民共和国标准化法》《中华人民共和国计量法》《中华人民共和国产品质量法》《特种设备安全监察条例》等法律、法规履行行政执法职责。

2. 制定和实施质量技术监督事业发展规划，协调各行业质量技术监督工作。

3. 管理产品质量监督工作；管理和指导质量监督检查，负责对生产企业实施产品质量监控和强制检验；组织依法查处违反标准化、计量、质量等法律、法规的行为，打击假冒伪劣违法活动。

4. 承担“质量兴县”的相关工作；组织拟订提高本县质量水平的发展规划、意见；推广先进的质量管理经验和方法；参与省质量技术监督局、州质量技术监督局对重大产品质量事故和锅炉、压力容器等特种设备事故的调查、分析并提出整改意见；协助省质量技术监督局、州质量技术监督局做好工业产品生产许可证、产品质量认证和质量体系认证的管理工作。

5. 负责标准化工作；管理企业产品标准备案、标准登记工作，监督标准的贯彻执行；推行采用国际标准和国外先进标准，指导企业的标准化工作，推行农业标准化工作；管理全县组织机构代码和商品条码工作。

6. 负责全县计量工作的综合监督管理；推行法定计量单位，执行国家计量制度；组织量值传递和溯源；推行工业计量现代化；规范和监督商品量的计量行为。

7. 依照国家有关法律、法规，对机动车安全技术检验机构进行监督检查。

8. 依法对质量检验机构授权和相关的社会中介技术机构组织实行监督管理。

9. 综合管理锅炉、压力容器与电梯等特种设备的安全监察监督工作，发现问题并提出整改措施，协助州质量技术监督局对全县特种作业人员资格培训、考核发证及特种设备定期检验工作。

10. 负责食品生产加工环节的监管。负责食品生产加工环节质量的日常监管，严格实行生产许可、强制检验等食品质量安全市场准入制度，严厉查处生产、加工不合格食品及其他质量违法行为，取缔无证生产食品行为。

（11）组织开展全县计量器具的检定工作，依法开展加油机、衡器，血压计、天平等计量器具强制检定和校准工作。

12. 承办上级质量技术监督部门和县人民政府交办的其他事项。

第二节　标准化

在企业生产的产品有的还没有国家标准、部门标准、行业标准的情况下，县质量技术监督局经查阅有关资料后，为三都水族自治县企业制定了标准，并经上级部门同意，准予发布执行。一是1985年制定了铜鼓大曲标准，代号：SB217—85；二是1990年制定了九阡糯米酒标准，代号：QJ/JQJ 01—90；三是1996年配合三水公司制定了嫩肉精标准，代号：Q/9901—96；四是2002年配合九阡酒厂制定了九阡酒（黄酒）标准，代号：Q7/SJQ01—2002；五是2005年配合贵州省健康茶科技有限公司制定了甜茶标准，代号：Q/SBJ01—2005；六是2008年配合贵州省健康茶科技有限公司重新制定了甜茶标准，代号：Q/SDJC01—2008；七是2013年配合贵州永瑞食品有限公司分别制定了香酥辣椒和酸汤火锅底料标准，代号分别为：Q/YRSP 0001S—2013和Q/YRSP 0002S—2014。

自1989年4月11日《中华人民共和国标准化法》颁布实施以后，全县认真宣传贯彻，强调所有生产企业必须按国家制定的有关标准组织生产，鼓励企业执行国际或国内先进标准，国家、行业、地方还没有标准的，必须制定相应标准，并经审查同意后执行。

根据《中华人民共和国标准化法》有关规定和上级部门的要求，县技术监督局1990年起逐步对生产企业执行的标准进行了登记备案，并按规定对失效的标准实行注销。2004年12月起，根据省标准化处的有关文件要求，在全省范围内进行企业标准的清理、复审工作，县质量技术监督局认真地对企业原有的标准进行了清理复审。

2008年4月1日，根据颁布实施的《中华人民共和国食品安全法》第二十五条之规定，企业生产的食品没有食品安全国家标准或者地方标准，应当制定企业标准，作为组织生产的依据。国家鼓励食品生产企业制定严于食品安全国家标准或者地方标准的企业标准。企业标准应当报省级卫生行政部门备案，在本企业内部适用。因此，县质量技术监督局对三都相关食品企业及生产加工单位标准进行登记，不进行备案。

至2013年12月，全县共有生产企业20余家，除润基水泥有限责任公司和国有拉揽林场外，其他都是小型企业，无车间，无班组可分，生产的都是简单工序的产品，食品生产加工企业（小作坊）共51家，其中食品加工生产许可获证企业6家，其他都是食品生产小作坊，因此，企业内部无须制定各道工序标准，只强调生产的产品按国家制定的有关标准执行。

为进一步推进标准化工作，以“标准”推动地方经济发展，县质量技术监督局一是做好大河无公害番茄标准化工作，2010年至2013年，在大河镇人民政府所在地建立了《大河无公害番茄标准体系项目》，建立了无公害番茄示范基地，三都无公害番茄露地生产标准体系于2013年4月12日通过相关专家现场评审，4月16日，三都无公害番茄荣获“贵州省第一批农业标准化示范区”称号，12月完成了《三都水族自治县无公害番茄露地生产技术规程》（DB52/T003—2013）、《三都水族自治县番茄等级规格无公害食品》（DB52/T005—2013）、《三都水族自治县番茄产品质量标准》（DB52/T002—2013）、《三都水族自治县番茄种子质量标准》（DB52/T004—2013）、《三都水族自治县无公害番茄露地生产标准体系》（DB52/T001—2013）文本标准修订工作，为下步黔南州质量技术监督局发布地方标准奠定基础，从而更好地辐射带动周边乡镇无公害番茄露地生产标准化生产示范，促进地方经济发展；二是做好标准化培育及申报工作，2013年7月将自治县的山地水晶葡萄作为培育及申报省级标准对象，该山地水晶葡萄已在贵州省质量技术监督局立项，并已上报《三都水族自治县无公害水晶葡萄山地栽培技术体系及其产品标准》（DB52贵州省地方标准文本）。

县内其他种苗、种畜、种禽等均未形成规模产业，仍停留在自养、自用的小农经济范畴，只有水稻、玉米、油菜等种子在省外购进时，按标准进行检验。可以制种的只有水稻，水稻从购种或自留种、育苗、栽插、除杂、选种、收割等都是由县种子公司派技术员按标准指挥生产，收种后还要进行复种（到海南）检查，以保证种子质量。

自1993年以来，三都水族自治县代码工作一直按照国家代码数据采集的有关文件精神和服务地方经济发展要求，坚持“便民、高效、服务”的原则，逐步规范年审、办证、注销程序，积极开展代码办证、年审工作。2009年以来，县质量技术监督局按照国家代码数据采集的有关文件精神和服务地方经济发展要求，为认真配合县委、县政府的招商引资工作，改善投资环境，努力在全县范围内营造“亲商、安商、护商、稳商、促商”的良好氛围，坚持“便民、高效、服务”的原则，及时简化了组织机构代码办证、年审程序，将组织机构代码办证审批服务事项纳入政务服务大厅“一站式”服务窗口，并落实窗口人员，明确责任，建立窗口办理工作机制，规定办理时限由原来的法定7个工作日缩减到现在的3个工作日，实际工作时限为1个工作日。

第三节　计量管理

1979年贯彻国务院《关于改革中医处方用药计量单位的规定》之后，全面完成了县内计量制度改革工作。1984年3月27日，国务院发布《关于在我国统一实行法定计量单位的命令》，1985年9月6日公布了《中华人民共和国计量法》，进一步明确国家采用国际单位制，国际单位制计量单位和国家选定的其他计量单位为国家法定计量单位。为贯彻命令和计量法，县政府决定自1986年1月1日起，县属各机关、企事业单位的公文、统计报表等，凡涉及计量单位的，一律采用法定计量单位。1987年1月开始对全县粮食、商业供销及其他国营企事业单位、集体、个体经营户使用中的市制计量器具一律改制为国际单位制（公制）。1988年年底，对县内使用中的市制计量器具

（包括量提）改制完毕。此后，每年按周期对县内用于贸易结算的计量器具进行强制检定，对集贸市场的公平秤免费检测，对粮食、商业、供销、集贸市场进行监督检查 7 至 13 次。检查的内容有：商品标价是否采用法定计量单位，是否销售非法定计量单位或未经检定的计量器具，使用的计量器具是否在检定有效期内、量值是否准确可靠等。

1993 年以前，三都水族自治县计量器具主要是由县日杂公司及其批发给各乡镇供销社销售，1993 年后逐步有个体户参与经营。对经营计量器具的单位或个人，县质量技术监督局都进行登记备案，并定期或不定期开展检查。

三都水族自治县是少数民族地区，地处边远，群众计量规范意识不高，县质量技术监督局克服人员少、交通工具缺乏等困难，加强巡查，加大宣传力度，逐步推行国际单位制，查处违法违规使用计量器具。经多年努力，至 2006 年年底基本消灭地方杂制和市制计量器具在贸易中的使用。

按照省质量技术监督局的考核授权，县质量技术监督检测所可对衡器（台秤、案秤、地秤、杆秤、配料秤等）、燃油加油机、天平、千克砝码、血压计（表）5 个项目的计量器具开展检定、检测。日常监管中，按规定对集贸市场、超市、个体经营户、生产企业、工地使用的用于结算的衡器进行检定和免费检测，对医疗机构使用的血压计（表）进行检定，对县内加油站的加油机进行检定、检测。县质量技术监督检测所计量标准器为全县最高标准器，全部经上级部门考核合格，获得合格证书，每年送省、州检定合格才进行量值传递工作，有专人管理，存放于符合规定的室内，并制定有相应的管理制度。建立的社会公用计量标准器具有：四等标准砝码 3688.5 千克，1 毫克～200 克不锈钢二等标准砝码一盒，1 千克～10 克不锈钢 3 等标准砝码一组，100 毫克～50 克不锈钢四等标准砝码二盒、50～500 毫升标准量瓶 1 组、不锈钢标准量端 1 把、血压计标准器 1 台、氧气表两用校验标准器 1 台。

2009 年，三都继续开展“关注民生、计量惠民”专项行动，在 2008 年“四个走进”（诚信计量进市场、健康计量进医院、光明计量进镜店、服务计量进社区）的基础上新增了“二个走进”（准确计量进油站、公平计量进餐饮）工作，集贸市场、医疗机构、眼镜店、社区乡镇、油站、餐饮单位在用强检计量器具受检率达 96%。一是继续与各计量单位签订诚信计量承诺书，实行行业自律，倡导诚信经营。二是加强日常监督检查，整顿规范计量守法行为。三是重点深入“两快”（快速铁路、高速公路）工地开展计量器具检定工作，确保计量器具使用正常准确可靠。全年共检定地磅 25 台、配料秤 62 台、台秤 71 台、加油机 42 台次。

按照《用能单位能源计量器具配备和管理通则》（GB17167—2006）的要求，2010 年，县质量技术监督局与重点耗能企业金江水泥有限责任公司签订《节能目标责任书》，对企业能源计量器具配备、检定、检验等情况进行监督检查，企业按要求配备了能源计量器具，并建立了能源计量管理体系，实行从原料进厂到产品出厂全过程的计量管理。加强对集贸市场、加油站、眼镜店、商店、超市、金银首饰店、医院和餐饮业等场所贸易结算用计量器具的监督检查，开展对涉及民生的水表、电表等计量器具首检情况的监督检查，加大检定、检测力度。2010 年共检查电脑验光仪 3 台、B 超机 4 台、数字电子秤 13 台、盘秤 21 台，检定全电子汽车衡 10 台、重力式配料秤 20 台、加油机 13 台，免费检测台秤 11 台、盘秤 9 台。

2011 年与重点耗能企业金江水泥有限责任公司签订《节能目标责任书》，帮助企业实现水泥综合能耗 117.75 千克标煤/吨的企业历史耗能最低。深化民生计量工作，健全长效机制，继续推进诚信体系建设。主要在餐饮业和商店，重点解决在用计量器具未经检定、检定不合格或者超过检定周期仍在使用以及计量欺诈等计量失信行为，在辖区内引导 3 家餐饮店和 20 余家商店实现诚信计量自我承诺并公示社会；全年共检查检定电脑验光仪 5 台、出租车电子计价器 60 台、数字电子秤 13 台、盘秤 21 台，检定全电子汽车衡 5 台、重力式配料秤 4 台、加油机 24 枪。

2012 年投入资金 1.7 万元购买四等标准砝码 2 吨，省质检院捐赠的机械天平一台，检验力量逐渐增强。按照《用能单位能源计量器具配备和管理通则》（GB17167—2006）的要求，与重点耗能企业西南水泥贵州三都润基水泥厂签订《节能目标责任书》，对企业能源计量器具配备、检定、检验等情况进行监督检查，企业按要求配备了能源计量器具，并建立了能源计量管理体系。国庆、中秋等节日市场定量包装商品监督检查方案，重点检查超市、集贸市场中的大米、面粉、食用油、牛奶、白酒、葡萄酒、茶叶、洗涤剂、护发素等定量包装商品的净含量，共检查4个超市28种54批次定量包装商品，合格54批次，合格率100%。全年共检查检定电脑验光仪5台、出租车电子计价器60台、数字电子秤23台、盘秤18台，检定全电子汽车衡4台、重力式配料秤4台、加油机40枪。

2010—2012年，连续三年时间，开展“推进诚信计量、建设和谐城乡行动”，共有1个集贸市场（187户经营户）、8个加油站签订《诚信计量承诺书》，5家超市签订《诚信计量承诺书》，2家眼镜店、15家餐饮店、1家医院签订《诚信计量承诺书》。3年中共有102个经营单位实现诚信计量、自我承诺，并向社会公示。基本覆盖了有固定经营场所、经营主体责任明确的集贸市场、餐饮场所、商店（超市）、眼镜配制店、加油站和县级以上公立医院，并树立了6个诚信计量建设示范单位。免费为集贸市场固定摊点和餐饮店在用计量器具进行周期检定共262台（件）。

2013年投入资金1万元购买100升标准金属器一台用于加油机检定。全年检定燃油加油机共103枪次。

开展“计量惠民生、诚信促和谐”双十工程。重点加强与老百姓生活密切相关的加油机、衡器、出租车计价器、民用四表、医用计量器具、电子计价秤等强制检定工作，共出动人员75人次，32车次对全县8个加油站检查2次；60台出租车计价器检查一次；检查全电子汽车衡5台次；乡镇医院5家；电子计价秤12台；水表700余台（件）；月饼生产单位7家；液化气充装站1家；液化气销售点5个；超市4家；集贸市场1个。通过检查立案查处了4个液化气销售点“短斤少两”的问题，突破零起计量执法案件的历史纪录。对下岗职工、农村学生、农村老年人、农副产品种植、服务性窗口、社区进行免费检定。共免费检定各类计量器具62台（件）。获证眼镜配制单位——博士明眼镜店进行“免费计量进校园活动”以三都水族自治县民族中学为试点为中学生提供免费验光63人次，免费计量咨询200余人次，为贫困学生减免配镜费用2000余元。

第四节　质量监管

对县内企业生产的产品，县质量技术监督局采取定期或不定期监督两种方式进行检查。每年组织县内生产企业法人、技术人员和经营单位负责人学习生产许可法律法规，帮助企业制定质量管理规章制度，加强产品监督抽样送检和不合格品后处理力度，提高保证产品质量安全的能力。同时，加强获证企业证后监管和销售环节的监管，防止获证企业放松管理、降低标准生产加工实行生产许可证管理的产品，打击经销单位销售无生产许可证的产品。

2009年，三都水族自治县继续做好获证企业后续监管，完善获证企业质量档案，实施动态监管，认真开展“质量兴县”“质量和安全”年活动和各类专项整治。将涉及人体健康和人身财产安全的水泥、烧结普通砖、水泥标砖等产品作为质量监督抽查的重点，着力抓好监督抽查企业的覆盖率、整改率和复查率。对县内获得工业产品生产许可证的3家企业（金江水泥有限责任公司、宝捷化肥厂、博士明眼镜店）全部分类建立质量档案。认真开展酒类产品、建材、絮棉制品、五金机电、家电、手机、人造板等产品专项整治。共抽样送检水泥、化肥、指接板、烧结普通砖、水泥标砖等产品28批次，合格27批次，合格率为96.43%。

2010年，三都深入贯彻落实《黔南州质量振兴实施意见》，全面推进“质量兴县”活动的开展，县人民政府制定了《三都水族自治县人民政府关于开展“质量兴县”工作的实施意见》《三都水族自治县人民政府2010年“质量兴县”工作目标管理考核办法》，把“质量兴县”工作作为一项重要工作常抓不懈。

加强工业产品生产获证企业证后监管和年审工作，制定了获证企业的监督管理措施，成立了工作领导小组，对全县3家获证企业（三都水族自治县金江水泥有限公司、三都水族自治县宝捷化肥厂、三都水族自治县博士明眼镜店，其中三都水族自治县宝捷化肥厂于2009年年初已停产）每季度进行不少于1次的监督检查，经查自治县金江水泥有限公司产品质量稳定合格，没有发生质量投诉现象，博士明眼镜店也没有出现坑害消费者的行为，所有获证工业产品企业依法诚信经营。同时，开展了农资产品、配制眼镜、建筑材料、农机具等产品的监督检查和无证查处，未发现其他无证生产行为，并督促获证企业持续稳定地符合取证时的条件和能力，按全州工业产品生产许可证年审培训会要求开展年审，完成了3家企业3张工业产品生产许可证的年度审查工作。

2011年，为全面提升全县产品质量、工程质量、服务质量、环境质量的总体水平，县委、县政府高度重视“质量兴县”工作，出台了《三都水族自治县2011年质量兴县工作实施方案》《三都水族自治县2011年质量兴县目标考核细则的通知》，实现了“质量兴县”工作的制度化、规范化。

根据黔南州质量技术监督局《关于报送2011年名牌产品培育工作相关统计表的通知》（黔南质技监质函〔2011〕3号）通知要求，对全县具有培育潜力的企业及其产品进行调查摸底，使名牌培育申报工作更有计划性、针对性。在此基础上，制订了《三都水族自治县2011年名牌培育和发展计划》，明确重点培育贵州省三都水族自治县九阡酒厂的黄酒系列产品，并帮助企业完善评价体系内容。

在证后监管工作中，强化了对无证生产的集中查处，先后组织开展了对混凝土输水管、农资产品、验配眼镜、建筑材料等产品的无证生产检查，同时对获证企业是否保持取证时的条件和能力以及产品质量状况进行了检查。经查，有一家眼镜店未办理工业产品生产许可证擅自进行验配眼镜，已按规定进行了立案处理。

2012年，按照黔南州贯彻落实《质量发展纲要（2011—2020）》全面推进质量兴州工作会议精神，“质量兴县”领导小组办公室积极行动，不断完善了质量兴县目标责任制、联席会议制度和质量兴县工作问责制度等机制，使“质量兴县”工作制度健全、目标清晰、责任明确、落实有力。始终做到突出四个紧紧围绕，即：紧紧围绕优势产业、紧紧围绕骨干企业、紧紧围绕创名牌产品、紧紧围绕市场环境来贯彻落实《纲要》，全面推进质量兴县工作。不断提高交梨、塘州、周覃三个工业园区的影响力；帮助润基水泥厂、九阡酒有限公司、健康茶有限公司，金康制药（永瑞食品）有限公司等企业抓好质量管理，进一步提升产品的质量效益，实现良好的经济效益，增加社会就业率；加大对九阡酒、健康茶、水家妹、柳原鸡、九阡李、水晶葡萄等产品的名牌产品及地理标志产品培育力度，积极争取上级支持，坚持成熟一个申报一个的原则，不断夯实三都名牌产品及地理标志产品的基础。

根据《黔南州工业产品质量安全风险信息管理工作的实施意见》，为加强对辖区内工业产品质量风险的监控，对全县烧结普通砖生产企业进行了工业产品风险排查整治，共对12家烧结普通砖生产企业下达了整改通知，按照帮扶与监督并重原则督促整改。完成2012年定期监督检验和省级监督抽查的工作任务，共抽检28家企业45个批次工业产品，对不合格产品企业的后处理工作按有关规定进行。积极组织获证企业参加全州工业产品生产许可证年审培训会，协助2家获证企业按时进行年度审查，确保获证企业100%符合生产许可证相关要求，建立了获证企业质量档案，对企业产品质量实行动态监管。

2013年，县政府印发了《三都水族自治县2013年质量兴县工作实施方案》（三府办发〔2013〕82号）、《贯彻落实质量发展纲要（2011—2020年）全面推进质量兴县工作的实施意见》（三府办发〔2013〕83号）和《三都水族自治县创建品牌奖励暂行办法》（三府办发〔2013〕119号），为进一步提升全县产品质量、工程质量、服务质量、环境质量、品牌创建进行了安排部署，建立了大质量工作机制。

2013 年，累计抽样检验 30 家企业（含个体）70 个批次工业产品（水泥产品 8 批次、人造板产品 15 批次、验配眼镜产品 2 批次、烧结普通砖产品 33 批次、混凝土普通砖产品 10 批次、汽油产品 1 批次、柴油产品 1 批次），合格率为 95.71%，较 2012 年同期提高了 1.5 个百分点。对 2 家企业生产的不合格混凝土模板用胶合板产品及 1 家企业生产的指接板产品，下达了整改通知书，企业按不合格后处理工作程序实施并完成了后处理工作，产品经抽样复检后达到了合格。

根据《黔南州工业产品质量安全风险信息管理工作的实施意见》，按照重点工业产品质量安全风险监控要求，进一步提高全县产品质量风险信息的监控能力，切实做好全县产品风险信息的收集上报、处置工作，积极配合州检测所对三都 2 家烧结普通砖生产企业产品进行了风险监测采样检验。

第五节　特种设备安全监察

20 世纪 90 年代，随着经济的不断发展，人民生活水平不断提高，生产加工单位逐年增加，特种设备数量也在迅速增加，特种设备安全事故不断增多，严重影响了人民群众生命财产安全。为理顺监督管理关系，2001 年县人事部门的特种设备安全监察股撤并到质量技术监督局，作为其内设的一个股室，并开始负责锅炉、压力容器、压力管道、电梯、起重机械等特种设备的安全监督管理工作。职能化转以后，县质量技术监督局认真开展特种设备安全大检查活动、起重机械专项治理等专项行动，强化对特种设备安装、使用和维修保养过程的监督管理，从源头上确保特种设备质量安全，加大对特种危险源和重点监控设备的整治与监管，杜绝重、特大事故的发生。每年召集起重机械、储气罐、电梯、锅炉等使用单位召开特种设备安全例会 4 次，宣传特种设备安全法律法规和相关知识。同时，积极协调上级主管部门及职业技术学院，对县内压力容器、起重机械等使用单位安全管理人员进行培训。与所有特种设备使用单位签订特种设备安全目标责任书，落实特种设备安全主体责任，规范管理，保证在用特种设备安全。

2009 年，由于“两快”（快速铁路、高速公路）工程全面建设，特种设备使用数量剧增。截至 4 月底，全县共有锅炉 30 台、压力容器 110 台、电梯 4 台、起重机械 40 台、安全阀 140 个、压力表 480 块、液化气钢瓶 4100 个，并且还在不断增加，监管压力突然加大。在全年特种设备安全监察中，共出动车辆 92 辆次、人员 386 人次，检查使用单位 108 家次，检查特种设备 1114 台次，其中锅炉 46 台次、压力容器 180 台次、起重机械 76 台次、气瓶 812 个。下达安全监察指令书 24 份，均整改完毕；立案查处案件 5 件，罚款 1.6 万元。

2010 年，县质量技术监督局认真开展重大节日、重要活动前的安全大检查，开展了气瓶两站、电梯等专项整治，对液化气经营门市、学校、贵广铁路项目部使用的特种设备进行检查，对无证使用、无证作业、超期未检以及拒不执行安全技术规程行为责令整改。要求县行政中心、徐铭液化气站、贵广铁路项目部等重点监控单位签订承诺书，按重点承诺内容要求作出承诺，承担主体责任。将重点监控设备检查记录、整改记录及时录入“金质工程”业务应用系统。

2011 年，先后组织开展了“冬季和春节大检查”“五一安全生产大检查”“六月全国安全生产月大检查”“打击特种设备非法违法生产使用专项行动”“非煤矿山起重机械专项治理”“中秋、国庆节假日期间特种设备安全大检查”“电梯使用单位及维保单位专项整治”“气瓶专项整治”等一系列专项安全检查活动。全县共计排查特种设备使用单位 21 家，查出隐患 15 项，已整改 13 项。停用危险设备 3 台，拆除违法违规设备 2 台。

从6月份起，县质量技术监督局开展了电梯使用及安装改造维修专项整治工作，设置《电梯安全每日巡视检查记录表》《电梯安全每月检查记录表》《电梯故障修理记录表》《电梯年度检查记录表》等表格，帮助使用单位建立完善相关规章制度，整个专项行动期间，县质量技术监督局共出动执法人员62人次，排查电梯使用单位7家，排查电梯维保单位5家次，排查隐患8项，已整改7项。

2012年，县质量技术监督局先后开展了“元旦春节及两会期间”“省十一次党代会”“五一”“六一”“安全生产月”、中秋、国庆、党的十八大等重要节日、重要活动特种设备安全保障工作；同时开展了“安全隐患排查治理”“特种设备打非治违专项行动”活动，进一步加强了特种设备生产、使用单位的检查、执法力度。截至12月底，共出动检查人员526人次，检查特种设备使用单位25家次；排查出一般隐患7起；排查出重大隐患1起。检查作业人员65人。下达特种设备监察指令18份，查处违规案件2起，经济处罚共0.6万元。2012年年底，制定下发了《电梯使用单位日常检查记录表》，帮助和指导使用单位开展日常检查，及时发现和消除故障隐患；以“三落实、两有证、一检验、一预案”为主要内容的电梯安全大检查，对违法违规行为进行严厉查处，督促使用单位全面落实安全主体责任。

2013年，县质量技术监督局在元旦、春节两节期间共出动车辆8部次，人员52人次，检查锅炉使用单位10家，锅炉5台；检查电梯使用单位5家，电梯12台；检查液化气充装站1家，现场检查重瓶35个，没有发现有严重的违法行为，对存在安全隐患的现场下达指令书，要求限期整改。在两会期间共出动执法人员62人次，检查特种设备使用单位30家，在用锅炉10台，石油液化气钢瓶300个，电梯14部，检查三都水族自治县徐铭液化气站，发出《特种设备安全监察指令书》5份，消除安全隐患6处，提出整改意见8条。开展餐饮场所燃气安全专项治理气瓶行动，检查餐饮场所30个，消除隐患问题11个，检查气瓶500个，发出指令书13份。在“五一”“六一”期间组织执法人员搞好安全检查，全面检查企业特种设备使用登记证、定期检验作业人员持证上岗情况，对大型超市、医院、学校、酒店、液化气充装站、木材加工企业和行政单位的26台特种设备实施重点检查，同时检查各企业落实安全生产主体责任及应急救援预案编制情况，本次共出动检查人员86人次，检查特种设备使用单位30家，检查设备38台。积极开展了气瓶充装检验专项治理工作，对三都水族自治县徐铭液化气站进行了8次监督检查，主要对该站充装许可、充装技术条件、充装人员是否持证、设备管理、是否超范围充装其他气体、是否做好气瓶充装前后的记录、是否充装非自有产权瓶等进行了全面的检查，督促其按照相关要求进行充装液化气活动。在中秋、国庆两节期间加大对特种设备使用单位的监督管理力度，认真做好特种设备隐患排查工作，共出动车辆16部次，执法人员64人次，检查特种设备20余家，检查电梯18台、锅炉10个、压力容器5个、起重机械3台，对检查出的问题现在责令使用单位负责人立即整改，对到期不整改的实施查封等行政手段。使用“贵州省特种设备监督管理平台”进行动态跟踪在用的特种设备，有效掌握各个使用单位特种设备使用情况。组织召开了《2013年三都水族自治县特种设备使用单位及其维保单位安全工作会议》，落实特种设备使用单位及其维保单位各自的责任。2013年三都水族自治县质量技术监督局全年认真开展特种设备安全生产大检查活动，结合县政府“雷霆行动”，进一步加大特种设备隐患排查力度，2013年全县无一特种设备事故发生。

第六节　食品安全监管

2006年9月1日《国务院关于进一步加强食品安全工作的决定》出台，明确规定质检部门负责食品生产加工环节的监管，食品安全从此列上质监部门的工作日程。

为做好食品安全监管工作，县质量技术监督局严格落实食品质量安全区域监管责任，通过加强巡查、监督抽查不合格品后处理力度，实施生产过程全程监管和建立重点监管单位、重点产品质量档案等措施，开展食品质量安全整顿、节假日食品专项检查、食品添加剂专项整治和饮料、食用植物油、白酒专项整治等工作，确保全县生产加工环节食品质量安全。一是加强组织领导，每年均由一把手任组长，带头亲自抓。二是明确监管对象和内容，切实履行好食品监管工作职责。三是按照统一管理，分类监管，重心下移，层层负责的监管机制，强化食品安全生产加工环节监管。四是进一步完善食品生产许可制度。五是加大无证查处力度，确保食品质量安全市场准入工作的有效性、严肃性和法制性。截至2008年年底，国家将粮、油、面、醋、肉制品、酒等28大类食品全部纳入生产许可证管理，实行市场准入，对无证生产行为由质监部门进行查处，而县内只有柳江泉纯净水厂、粮食购销公司、九阡酒有限责任公司、植物油厂、健康茶科技有限公司5家食品生产企业获证，其余均为食品加工小作坊。县质量技术监督局按要求开展对5家获证企业的巡查、强制检验、年度报告审查、执法检查工作，加强监管抽查力度，督促企业持续地具备保证质量安全的必备条件。六是切实加强食品生产加工小作坊质量监管力度。县内食品生产加工单位大多属于小型作坊，规模小、分布散、条件差，县质量技术监督局于2005年12月6日向县人民政府上报关于对食品加工企业（小作坊）执行降低监管措施的请示，请求对县内食品小型作坊实施分类监管。结合三都人饮食习惯，以米粉、米酒等小作坊为重点监管对象，实行重点检查，同时兼顾糕点和辣椒制品等加工作坊的监管，督促作坊按照《贵州省食品生产加工小作坊保证食品质量安全的有关规定（暂行）》和《三都水族自治县食品生产加工小作坊保证食品质量安全的相关规定》（10个制度）的要求进行基本条件改造，落实索证索票和进货销售台账等制度，逐步提高保证质量安全的能力。七是进一步加强对食品生产加工企业的日常监管力度，除重大节假日外，平时加大巡查频次，开展定期或不定期检查，建立了食品企业档案，实行动态管理。八是加强监督抽查工作。对食品企业、作坊生产的产品进行抽样送检，配合省、州检测机构开展监督抽查和定期监督抽查，并按后处理规定对产品不合格的企业进行后处理。

2009年，县质量技术监督局严格实施食品质量安全市场准入制度，按照“两级发证、三级操作”的规定开展食品生产市场准入工作，对28大类食品实行无证查处，对21个乡镇进行排查。在日常监管中，对持续生产的企业每季度开展不少于1次的检查，对停产企业开展1次巡查；对所有企业的产品进行抽样检验，对产品不合格的1家企业进行处理。完成3家获证食品企业的年度报告审查工作，督促2家获证食品企业提供材料交州质量技术监督局食品科进行年度报告审查。以食用油、米粉、饮用水、米酒等容易出现质量安全问题的高风险食品为重点全面开展食品质量安全整顿工作，共检查企业5家、作坊19户。对8户作坊存在生产环境卫生状况较差、进货和销售台账记录不规范等情况，现场责令限期整改，经改造完善了生产条件。为确保元旦、春节、“五一”、国庆、中秋节期间食品安全，防止事故的发生，组织开展节日期间全面检查，重点做好县城食品集中区域、高风险节日食品的监管。做到节前、节后各全面巡查1次，重点区域、单位至少巡查3次，24小时轮流值班，向社会公布举报、投诉电话及电子邮箱，以便及时有效处理投诉案件和应急突发事件，保障节日食品安全。积极开展食品添加剂专项整治，对10户米粉加工店、3户米酒加工店、4户糕点加工店及5户企业进行执法检查，对使用食品添加剂的味之源、广州特色西点屋、新世纪西点屋、广源饼家4家糕点加工作坊使用的面包改良剂、即发干酵母、早苗塔塔粉、速发蛋糕油、牛奶香粉等添加剂进行登记备案，防止和杜绝违法添加非食用物质和滥用食品添加剂的行为。加大食品产品专项抽查工作力度，对食品企业、作坊生产的产品进行抽样送检，配合省、州检测机构开展监督抽查和定期监督抽查。共抽检2家企业、15户作坊的5类10个品种的样品31批次，合格30批次，合格率为96.77%。按照后处理规定，对产品不合格的企业进行了后处理。

2010年，县质量技术监督局继续深入开展食品安全专项整顿，对所有食品生产加工企业和小作坊实施全覆盖检查，进一步摸清了食品生产加工底数和食品生产状况。开展食品添加剂、饮用水等专项检查，未发现滥用食品添加剂、超范围使用食品添加剂和使用非食用物质生产加工食品等违法行为。将容易出现质量安全问题、高风险的米粉、白酒等食品加工小作坊为重点，将普安镇农毅民米粉加工店、丰乐镇莫俊米粉加工店、合江镇王家影米粉加工店3户作坊作为重点改造户，日常监管中加强对这些重点加工户的检查，督促进行基本条件改造，逐步提高保证质量安全的能力。共投入人力173人次、车辆30部次，督促县城8户作坊在2009年改造的基础上巩固和完善提高生产条件，重点督促普安、丰乐、合江的3户米粉作坊改造，同时兼顾其他米粉、米酒、糕点和辣椒制品加工作坊的改造工作。经反复指导督促整改，3户纳入2010年改造任务的作坊基本条件已符合要求，其余加工户条件也大为好转符合保证质量安全相关规定。

按要求开展获证企业的巡查、强制检验、年度报告审查、执法检查工作，加强监管抽查力度，督促企业持续地具备保证质量安全的必要条件。5家食品企业中，有3家到期应换证，其中2家（粮食购销公司和植物油厂）许可证有效期截至2010年6月，由于企业改制未完成，没有资金继续组织生产已停产两年多，其设备、厂房等基础设施已不符合许可要求，企业也自行申请不再换证，三都水族自治县柳江泉纯净水厂生产许可证于2010年3月有效期满，因转让、迁址改造没有完成向黔南州质量技术监督局申请延期换证。

全年共抽检食品28批次，已出检验报告22批次，其中1个批次食品标签不合格，合格率为97%。对产品不合格的食品企业进行了后处理。全年无重大食品质量安全事件发生。

建立实施食品安全快速反应联动机制。结合实际制定《三都水族自治县质量技术监督局食品安全突发事件应急工作方案》，成立三都水族自治县质量技术监督局食品安全突发事件应急反应领导小组，并根据需要对小组成员适时调整，确保反应机制运行有效。

2010年为加强食品安全监管贵州省质量技术监督局推出贵州省食品生产加工环节食品安全动态监管系统。县质量技术监督局开始试运行。

2011年，县质量技术监督局做好食品安全监管的措施细化，严格规范食品生产环节的生产行为。以食品生产企业为监管重点。将获得食品生产许可证的食品生产企业作为监管重心，强化对获证企业的监管巡查，严格对照企业许可证办理条件，对企业的质量责任制度落实情况、生产质量管理状况、产品出厂检验及质量情况等进行检查，其中重点检查食品生产加工企业进货台账与销售台账、原料进厂与产品出厂检验记录及检验报告、食品添加剂使用记录等生产控制记录，确保全过程质量安全控制，进一步督促、规范企业建立落实各项制度和相关记录，强化企业落实食品质量安全主体责任的意识，确保企业生产食品的质量安全。对到期需换证的企业严格要求其在换取新证前停止生产，对已获证的生产企业加大监管力度杜绝无证生产和超范围生产的情况发生。帮助金康制药有限责任公司和三都水族自治县柳江泉纯净水厂取得食品生产许可证。

继续加强食品加工小作坊整治。采取日常巡查与执法检查相结合的方式加强对食品加工小作坊的监管，与达到基本条件的小作坊业主100%签订《食品加工小作坊质量安全承诺书》，提高业主的法律和质量意识，督促其严格履行承诺制度，强化食品小作坊加工生产环境的硬性要求，进一步落实生产环境卫生条件，规范作坊的原辅材料进货台账和产品销售台账，严禁滥用食品添加剂和使用非食品物质进行生产加工。同时，加强对守法经营小作坊帮扶引导，促进小作坊实施基本生产条件改造。5家小作坊已完成了基本生产条件改造，取缔1家滥用食品添加剂的米酒加工作坊，1家生产条件极差的豆腐加工作坊。

把打击以非食用原料生产加工食品、滥用食品添加剂等违法行为作为重点，紧紧围绕食品重点加工环节、重点食品、重点地区和重点违法行为，结合乳制品、茶叶、肉制品、油辣椒制品、饮用水、食用盐、花椒原辅料、馒头制品、邻苯二甲酸酯类等专项食品执法检查，随时了解食品质量安全动态，做到早发现、早打击、早控制，把安全隐患消灭在萌芽状态。2011年办理食品案件4起，无行政复议、诉讼和移送公安机关的案件，未发生制假售假、区域性质量等严重违法行为。

共抽取州县两级样品 28 个，其中米粉 11 批次、糕点（包括月饼）8 批次、米酒 5 批次、面条 3 批、发酵酒 1 批次。经检验米粉有 7 个批次检验不合格，不合格原因均为菌落总数超标（天气炎热致使）。其余批次样品均检验合格，合格率为 75%。

免费培训人员 80 余人次，发放宣传资料 200 余份。

2012 年，县质量技术监督局加强了食品安全动态监管应用推广，以监管系统为平台，严格生产许可及监督管理。对期满未换证、不能持续满足准入条件、不能保证产品质量的企业督促整改，严格退出机制。全年没有企业被注销或吊销生产许可证。及时修改和完善系统企业基础信息，企业档案基础信息录入完整率达 100%。无主要信息差错。对需要进行年审的三家企业 100%实施年审，并通过系统完成年审和贵州三都水族自治县九阡酒有限责任公司的证后抽查情况报送。对食品获证企业 100%开展落实主体责任检查，3 家获证企业都在规定时间内使用企业终端上传了落实主体责任自查报告，在使用平台录入信息的同时还保存了纸质档案。完成 42 项监抽任务，共有 4 个产品不合格，已按照要求进行不合格后处理并上传系统。办理案件 9 起，已按照要求录入系统。

共使用食品安全动态监管系统完成现场定位监督检查 132 户次，100%按照要求开展日常检查及回访，督促指导纳入监管的小作坊实施基本条件改造，深入开展食品安全专项整顿，完善了监管措施，开展面条专项整治、明胶专项整治、饮料企业专项检查、调味品专项检查、酒类生产企业品牌创建、创建安全示范企业等专项整治工作。严格实施食品质量安全市场准入制度，查处无证生产行为、开展获证企业专项检查，督促建立完善进货台账、生产过程配料记录、出厂检验制度及记录，严格按标准组织生产，持续地具备保障质量安全的条件，杜绝无食品生产许可证、制假制劣等违法行为；开展食品添加剂专项整治，重点检查生产加工单位是否超标准规定范围、限量滥用食品添加剂和使用非食品物质生产加工食品的违法行为，确保生产过程原辅料配料符合规定；开展小作坊整治专项整治，对小作坊加强督促检查和帮扶引导，对条件不符合规定的作坊继续责令改造，指导、督促小作坊建立保证基本条件的管理制度和完善记录，保障全县作坊食品质量安全。办理相关案件 1 起。

共抽检 3 家企业、25 户作坊的 5 类样品 45 个，合格 41 个，不合格 4 个，合格率为 91%。对产品不合格的食品企业进行了后处理。

2013 年，全县有食品生产加工企业企业 6 户，小作坊档案 52 户，同比增长 23%；换证及新办食品生产许可证 4 个，同比增长 300%，全县取得生产许可证共 9 个；年审食品获证企业 3 家，5 个获证单元。

共出动 228 人次 35 车次开展了无证生产、食品安全整顿、大米、食用油、肉制品、蛋制品专项检查，共检查生产企业及小作坊 134 家次；监督抽样 102 批次，合格 88 批次，合格率为 86%；约谈监抽不合格生产单位 12 家次，生产条件反复、管理不符合要求生产单位 4 家。查处食品案件 7 起，办结 7 起。

举办食品安全监管人员集中培训 2 次，共培训专兼职食品工作人员 7 人次。培训从业人员 72 人次。

第七节　执法打假

2011 年 12 月新增设了副科级事业单位——稽查队，核定事业编制 6 人，其中稽查队长 1 人（副科级），副队长 1 人，稽查队员 4 人，稽查队长由副局长兼任。2012 年公开招考了 3 人充实稽查队，3 人均具有大学本科学历，且都是中共党员，新招录人员文化水平高，政治思想素质过硬，符合稽查队对队员整体情况的要求。

2012年，稽查队出动执法人员427人次，检查单位72批次，查处违法案件21件，其中办理食品10件，农资1件，家用电器1件，手机1件，其他9件。查获涉案产品货值总计5.8万元，给予行政处罚总计3.6万元，全部按要求缴到非税专户。“12365”案件1件。

2013年，稽查队出动执法人员815人次，检查单位145批次，查处违法案件29件，其中办理食品9件，农资2件，水泥及制品1件，装饰装修材料3件，人造板3件，汽车配件1件，絮用纤维制品5件，其他8件。查获涉案产品货值总计9.78万元，给予行政处罚总计7.57万元，全部按要求缴到非税专户。“12365”案件3件。

第七章　工商行政管理

第一节　机构沿革

1978年，党的十一届三中全会以后，县内工商行政管理机构基本定型，内设2个股室，分别为人秘股、市场股。全局干部职工共计18人，其中科级干部2人、股级干部4人、一般干部12人。

随着经济社会发展，工商行政管理部门随之也得到充实和壮大，至1987年内设及派出机构已增加到14个，分别为：人秘股、市场管理股、合同管理股、企业登记管理股、个体登记管理股、经济检查队、城关区工商行政管理所、大河区工商行政管理所、普安区工商行政管理所、中和区工商行政管理所、周覃区工商行政管理所、九阡区工商行政管理所、都江区工商行政管理所、个体劳动者协会。全局共有干部职工65人，其中局级干部4人、股级干部19人、一般干部职工42人。1992年建镇并乡撤区时，按经济区域设置7个工商行政管理所（以下简称工商所），即三合工商所（由原城关工商所更名）、中和工商所、周覃工商所、九阡工商所、都江工商所、大河工商所、普安工商所。1994年年初，根据中共中央中发〔1993〕7号文件及中编〔1993〕4号文件精神和《三都水族自治县机构改革方案》，撤销三都水族自治县工商行政管理局、物价局、质量技术监督管理局的独立建制，合并组建为新的三都水族自治县工商行政管理局，对外加挂三都水族自治县质量技术监督管理局牌子。内设及派出机构16个：人秘股、市场管理股、合同管理股、企业登记管理股、个体登记管理股、经济检查队、三合工商行政管理所、大河工商行政管理所、周覃工商行政管理所、都江工商行政管理所、普安工商行政管理所、物价检查所、计量测试所、个体劳动者协会、私营企业协会、消费者协会。全局共有干部职工87人。局领导班子7人，其中局长1人、副局长4人、教导员1人、专职党组副书记1人，股级干部25人、一般干部职工55人。1994年12月，撤销中和工商所、三合工商所，重新合并组建三合工商所；撤销九阡工商所、周覃工商所，重新合并组建周覃工

工商办公大楼

商所。

为适应市场经济发展需要，彻底打破地区封锁和地方保护主义及行政干预，1999 年 6 月全省县级工商局实行省以下垂直管理，县工商局、质量技术监督局、物价局三家重新分立。工商行政管理系统 2001 年进行机构改革，根据国家工商局“三定”方案以及省委、省人民政府文件精神，全省、市（州、地）、县（市区、特区）工商行政管理局（分局）和工商所（以下简称工商行政管理系统）实行省以下垂直管理，负责辖区内的市场监督管理和行政执法工作，将原工商行政管理“条块”结合管理体制转变为“条条”管理体制。三都水族自治县工商行政管理局通过机改将原机关 7 个职能股室缩编为 4 个股室，将原 5 个基层工商所缩编为 4 个基层工商所（普安工商所合并到大河工商所），局机关设置行政编制 12 人，基层工商所 44 名行政编制。局机关机构设置为：办公室、政策法规股、注册登记股（原企业登记管理股与个体登记管理股合并），执法监督股、经济检查中队、“12315”投诉中心三个机构一套人马合署办公（由原市场股、合同股、经济检查所合并）。县局领导职数 3 人，其中局长 1 人、副局长 2 人，取消了教导员、指导员建制。聘任股（所）长、办公室主任、中队长 10 人，副股（所）长、副主任 5 人。中层干部由机改前的 24 人减少为 15 人，全部实行全员竞争上岗，全局在职干部职工 56 人。

2010 年，三都水族自治县工商行政管理局下设有办公室、纪检监察室、政策法规股、注册登记股、执法监督股（含经济检查中队、“12315”投诉中心），机关服务中心、三合工商行政管理所、大河工商行政管理所、都江工商行政管理所、周覃工商行政管理所，挂靠有三个协会，即消费者协会、私营企业协会、个体劳动者协会。局机关行政编制职数 12 人，基层工商所行政编制职数 44 人，工勤事业编制 7 人、消协事业编制 2 人；领导职数 4 人，局长 1 名，副局长 2 人，纪检组长 1 人；中层干部 19 人，正、副股长（主任、副主任）10 人，工商所正、副所长 9 人。在实有人员中，局机关 22 人，其中行政编制人员 20 人、事业编制人员 2 人；基层工商所 35 人，其中行政编制人员 31 人、事业编制人员 4 人。为大力扶持微型企业发展，2011 年在县局增设有微企办，与注册登记股实行两块牌子一套人员合署办公。同年，根据县人民政府要求抽调 3 人到县行政服务中心开展集中行政审批工作（行政审批服务股）。

第二节　注册登记管理

1978 年党的十一届三中全会以后，三都个体经济得到了较快发展，同时，国家也制定了相应的法律、法规和政策，扶持个体经济发展，加强对个体经济的领导和管理。三都于 1984 年 10 月决定，乡镇企业办理营业执照，应当简化手续，只要主办者提供申请，区工商所即可批准，代行县工商局职权，发给营业执照，支持乡镇企业发展。

2001 年以前，县工商局内设有个体登记管理股，专门负责对个体工商户的开业、变更、注销登记和管理，2001 年后与企业登记管理股合并为注册登记管理股。2004 年 7 月起，个体登记全部由县工商局授权各基层工商所直接办理注册登记，并实行一审一核制，即受理（审查）——核准（发照）。简化了办照手续，提高了工作效率、方便了人民群众，个体工商户在手续齐备的情况下当天申请当天就可以领取营业执照。

2007—2013 年，根据国家有关规定，县工商局积极认真贯彻落实下岗职工、大中专毕业生、退伍军人、返乡农民工、残疾人就业以及少数民族从事个体工商经营的优惠政策，积极为其优质、优惠办理营业执照 419 户，解决下岗职工、退伍军人，返乡农民工就业和再就业 312 人；同时，为农民从事经营活动免予登记 2021 户，减免一切费用 18 万余元。为边远个体工商户、私营企业、农民专业合作社及下岗职工、退伍军人，返乡农民工等节约办事成本 13 万多元。

2009年，县工商行政管理局按照“抓机遇，扩内需，打基础，保增长”的要求，深入推进登记制度改革与创新，大力鼓励和扶持各类所有制经济快速发展。一是继续深入推进市场主体分类监管体制。属于企业类型的市场主体，集中由县级工商行政管理局审批（受理审查、核准、登记、发照）；属于个体工商户的市场主体，由所在地的辖区工商所审批。在审批程序上积极推行政务公开和实行“一审一核制”制度，尽量减少审批程序和审批环节，以实现高效便捷服务。二是在市场主体准入方面，坚持摒弃“限制为主”的把关思想。树立“非禁即允”的登记准入理念，大力鼓励扶持各类所有制经济快速健康发展，大力支持国有企业、集体企业改组改制和参与市场竞争。三是在登记审查方面积极采取“三通”政策（符合条件的畅通，即时办理；基本符合条件的，变通办理；对欠缺条件的与其沟通，暂缓办理）。四是根据中央省、州、县关于进一步支持鼓励非公有制经济发展的意见，积极鼓励农民、大中专毕业生、下岗职工、退伍军人、返乡农民工、个体工商户、私营企业等大力发展非公有制经济，积极参与市场竞争，促进地方经济发展。五是进一步建立健全和完善内部管理机制，严肃办事纪律，严格办事程序，推进登记管理规范化、制度化、程序化和法制化建设。六是积极提高注册登记窗口人员素质，强化对窗口岗位人员的教育和培训，并经考试合格获得审查员或核准员资格后，才能持证上岗，以提高窗口办事效率和服务水平。七是在系统内全面推行政务公开和服务承诺，建立健全首问责任制，一次性说清制度、责任追究制度和监督举报制度，以确保执法人员做到公平、公正、公开执法，推进依法行政，推进文明单位和文明窗口建设。八是立足职能，以服务“三农”为中心，改进工作机制和工作方法。积极拓展服务空间，强化“约时定点便民服务站”建设，组织政治素质好、作风过硬、业务精通的执法人员到“约时定点便民服务站”定期开展便民、利民、惠民服务活动，着力为农民和边远个体工商户解决消费维权难、投诉难、办事难的突出问题。

2010年，三都水族自治县根据“增加总量、扩大规模、鼓励先进、淘汰落后”的要求，积极推进登记制度改革，大力促进各类市场主体健康发展。通过“一会两站”和约时定点便民服务站受理消费者投诉，解决消费权益纠纷，为农民优质、优惠办理营业执照，尤其是为边远个体工商户办理验照和变更登记手续。继续认真贯彻落实下岗职工、大中专毕业生、退伍军人、返乡农民工、残疾人就业以及少数民族从事个体工商户经营优惠政策，积极为其优质、优惠办理营业执照。为扶持非公有制经济快速发展，三都水族自治县在各类市场主体准入方面，一方面严把必须前置条件的市场主体准入关，另一方面对不需前置条件的市场主体采取“非禁即允”的办法。在登记注册中积极采取“三通”政策（对条件具备的畅通、基本符合条件的变通、不符合条件的进行沟通）及免收登记费和工本费等措施，积极鼓励支持各类所有制经济发展。另外，还积极采取延时服务和预约服务以及上门服务的方式为企业办实事；同时，积极为下岗职工、退伍军人、农民、高校毕业生和返乡农民工、农村专业合作组织开辟“绿色通道”和实施优惠政策，充分利用“一会两站”和约时定点便民服务站为个体工商户、私营企业、农民及农民工现场受理登记事宜等。根据2011年11月贵州省人民政府出台采取“3个15万”的优惠政策，大力鼓励发展微型企业的意见，县工商局充分发挥职能积极采取多种形式服务微型企业发展，2012年共发展微型企业44户，2013年发展40户，积极协助微型企业贷款近800万元，各类微型企业发展成效显著，其中2012年三都水族自治县金凤凰马尾绣有限公司与马来西亚、印度尼西亚客商签订2亿元订单。

改革开放以来各时期企业登记情况。

1981年全县企业在册户数为232户，其中具备企业法人资格条件的67户，企业法人所属分支机构165户，从业人员1902人，注册资金1302万元。按经济性质划分为：全民199户，集体33户。按行业划分为：工业25户，从业人员647人，注册资金329万元；建筑业2户，从业人员143人，注册资金11.43万元；交通运输业3户，从业人员31人，注册资金15.1万元；商业193户，从业人员925人，注册资金917.4万元；服务业9户，从业人员156人，注册资金29.2万元。

1987年全县企业在册户数为491户。其中，具备企业法人条件的工商企业149户，所属分支机构342个，从业人员4361人，注册资金2701.25万元。按行业划分为：农、林、牧、渔业3户，分支机构2个，从业人员206人，注册资金111.65万元；工业63户，分支机构63个，从业人员2350人，注册资金1225.67万元；建筑业16户，分支机构1个，从业人员473人，注册资金51.16万元；交通运输业1户，分支机构1个，从业人员19人，注册资金27.21万元；商业57户，分支机构240个，从业人员1064人，注册资金1239.78万元；服务业3户，从业人员26人，注册资金37.2万元；文化艺术业3户，分支机构2个，从业人员20人，注册资金8.6万元；金融、保险业5户，分支机构33个，从业人员203人。按经济性质划分为国营企业177个（含分支机构、下同），从业人员1455人，注册资金1481.94万元；集体企业311个，从业人员2625人，注册资金842.31万元；合营企业33户，从业人员2841人，注册资金37.7万元。

2001年全县企业在册户数为361户，其中具备法人资格条件的137户、非法人企业及分支机构224户。注册登记资金13527万元。按企业类型划分为：国有企业134户，注册资金3126万元；集体138户，注册资金1766万元；联营1户，注册资金21万元；有限责任公司47户，注册资金5738万元；私营企业41户，投资者135人，雇工788人，注册资金2876万元。按行业划分为：农林、牧渔业22户，注册资金2834万元；采掘业7户，注册资金1701万元；制造业50户，注册资金5766万元；电力、煤气及水的生产供应业8户，注册资金765万元；建筑业5户，注册资金192万元；交通运输、仓储及邮电通信业43户，注册资金240万元；批发零售贸易、餐饮业192户，注册资金1601万元；金融、保险业23户，注册资金90万元；社会服务业8户，注册资金234万元；教育文化艺术和广播电影电视业3户，注册资金64万元。

2005年11月30日，全县企业在册户数为343户，其中具备法人资格条件的96户，非法人企业及分支机构247户，注册资金20369万元。按企业类型划分为：国有企业108户，注册资金3978万元；集体95户，注册资金1509万元；有限责任公司96户，注册资13507万元；私营企业44户，注册资金1375万元；按行业划分为农、林、牧、渔业23户，注册资金6653万元；采掘业11户，注册资金2431万元；制造业49户，注册资金5849万元；电力燃气及水的生产和供应业21户，注册资金1511万元；建筑业9户，注册资金700万元；交通运输仓储和邮政业21户，注册资金5万元；信息传输、计算机服务和软件业29户，注册资金32万元；批发零售贸易业124户，注册资金1865万元；住宿和餐饮业2户，注册资金28万元；金融保险业29户，注册资金90万元；房地产业1户，注册资金200万元；租赁和商务服务业5户，注册资金56万元；科学技术服务和地质勘查业4户，注册资金280万元；水利环境和公共设施管理业3户，注册资金280万元；居民服务和其他服务业2户，注册资金17万元；文化体育和娱乐业3户，注册资金206万元。

2009年全县共有各类企业337户，注册资金36025万元。其中：国有企业60户，集体企业84户，私营企业165户，注册资金21373万元，从业人员2396人，有限责任公司28户。新发展企业20户，注册资金8798万元，其中，私营企业20户，注册资金8798万元。个体工商户在册3726户，注册资金6769万元，从业人员4001人，其中：新发展1006户，注册资金2524万元，从业人员1042人。

2010年，全县各类市场主体在册户数为4391户，注册资金54838万元。其中，企业379户，注册资金43510万元；个体工商户4012户，注册资金11328万元，从业人员4381人。2010年共发展各类市场主体1036户。其中，私营企业30户，新增注册资金5502万元，从业人员450人；新发展个体工商户1006户，新增注册资金3757万元，从业人员1268人。新发展私营企业比2009年新发展数上升50%，注册资金和从业人员分别比2009年下降14.5%和37.5%；个体工商户新发展数与2009年持平，注册资金和从业人员分别比2009年上升23.8%和48.9%人。

2011年全县企业在册户数为398户，注册资金47942万元，其中：私营企业205户，从业人员

3550人，注册资金32185万元。新发展私营企业28户，注册资金3771万元，从业人员325人，其中：新发展农民专业合作社50户，注册资金1365万元，新增会员408人。个体工商户在册3963户，注册资金51630万元，从业人员8274人。新发展个体工商户928户，从业人员1198人，注册资金2307万元。

2012年全县共有各类市场主体5084户，其中：企业682户，注册资金151306万元，（其中：私营企业292户，从业人员6839人，注册资金81852万元，农民专业合作社196户，拥有社员988人，微型企业44户）；个体工商户4358户，注册资金38950万元，从业人员7932人，新发展个体工商户948户、新增注册资金2207万元、从业人员1236人；私营企业103户，新增会员863人；新发展微型企业44户。

2013年全县共有各类市场主体6226户，其中：企业611户（私营企业408户）、个体5388户、农专社227户。共发展个体工商户1381户，新增注册资金10920万元；发展私营企业125户，新增注册资金15750万元，发展农民专业合作社30户，新增会员345人；发展微型企业40户。

第三节　执法监督管理

2001年工商行政管理系统机构改革以后，经过整顿和规范市场经济秩序，三都市场经济秩序逐步走向健康发展的轨道，不正当竞争行为得到有效遏制，制售假冒伪劣商品行为受到打击，消费者合法权益保护工作也一步步地引向深入。

2003年，深入开展打击不正当竞争行为和各类专项整治活动，全年共开展食品市场检查36次，打假保春耕专项行动6次，共查处各类经济违法案件119件，罚没金额1万多元，查获假冒伪劣商品：食品2143包，化妆品783瓶，黑心棉281床，床垫4床，手动缝纫机59台，注水肉200千克，剧毒鼠药10297包，爆竹2万头，气体打火机3000个，农药139瓶，水稻种300千克，药品（土霉素）800粒，油漆、台灯、收录机、滋补品等价值2.5万元，牙膏（两面针、中华）、洗衣粉价值5000元，各种饮料价值3000元，收缴盗版光碟8000张，非法出版书刊2000册。查处无照经营9户，捣毁制售冒牌饮料窝点1个，捣毁伪劣商品批发点1个。整顿校园周边经营秩序3次，取缔无照经营11户。

2004年3月，开展食品安全专项整治工作，对重要商品（食品、药品、粮食、农资商品、液化气、纯净水等）实施监管关口前移，先进行报验方准予销售。当年共查处各类经济违法案件164件，罚没金额21750元。查处取缔无照经营56户。查获收缴过期变质乐哈哈喜糖10千克、大富翁虾条100袋、罐头23瓶、牛肉21千克、烤肉55千克、卤肉22千克、凉拌菜30千克、奶粉64包、各式饮料702瓶、饼干120包、蛋糕6盒、保健品30盒、方便面21桶、火腿肠2包、果冻41千克、麻花糖16包、鸡肉4千克；查获并收缴假冒及不合格产品有注水肉110千克、病猪肉21千克、黑心棉23床、不合格月饼553.7千克、假食盐381千克、古源牌奶粉12.8千克、假茅台酒6瓶、2002火炬牌墨汁57瓶、冒用认证标志手机1台、冒牌牙膏300支、劣质清凉油1500瓶、“三元”香皂9颗、劣质风油精100瓶。在专项治理行动中查处经营废旧钢材4吨，捣毁非法网吧2个，收缴电脑11台，没收非法出版书刊1822册。没收过期杀虫剂210瓶，氧化乐果3瓶，钾铵磷25瓶，除草剂28包，鼠药18千克。

2005年共查获各种假冒伪劣、过期、失效及不合格产品共3386千克，饮料663瓶，价值3万多元；查处各类案件185件，罚款34940元，其中食品案件67件，罚款5120元。取缔非法网吧3个，没收电脑设备22台，罚款11000元，没收淫秽书刊4120册，光碟11452张，清理学校周边经营秩序3次。取缔无照经营69户。在清理市场经济秩序中，共取缔无照经营114户，罚款13130

查缴假酒

元，查处超越经营范围 11 户，罚款 2380 元，查处擅自发布广告 4 起，罚款 550 元，非煤矿山和小煤窑专项治理 6 次，责令停业 5 户，炸封小煤窑 25 个。

2006 年共查获各种假冒伪劣、过期、失效及不合格产品共 10496 千克，价值 13 万多元。查处各类案件 216 件，罚款 25780. 9 元。取缔非法网吧 3 个，没收电脑设备 4 台，没收淫秽书刊 2000 册，光碟 732 张，清理学校周边经营秩序 5 次。取缔无照经营 47 户。在清理市场经济秩序中，共取缔无照经营 195 户，罚款 12000 元，查处超越经营范围 8 户，罚款 1700 元，非煤矿山和小煤窑专项治理 6 次，责令停业 5 户，炸封小煤窑 28 个。在服务“三农”保护农民合法权益方面，查处涉农案件 19 起，罚款 0. 39 万元。

2007 年共查处无照经营 96 户，取缔无照经营活动 96 起，查处非法网吧 5 个，没收电脑设备 52 台，没收盗版光碟 432 张，盗版书刊 1200 册。取缔文化娱乐场所 7 个，清理校园周边经营秩序 3 次，取缔无照食品经营小摊点 39 个，检查非煤矿山 25 个，责令停产停业 25 个，取缔 25 个，关闭小煤窑 2 个。全年共查获各类假冒、伪劣、过期、失效、变质商品共 10137 千克，价值达 12. 3 万元，查处各类违法违章案件 66 件，罚款 1. 15 万元，其中一般程序案件 66 件，罚款 1. 15 万元。

2008 年共查获假冒伪劣化肥 638 千克，种子 291 千克，收缴各类假冒、伪劣、过期、失效变质商品 11732 千克，开展清理校园周边经营秩序 8 次，取缔无照经营小摊点 53 个，查处违法违章广告 3 起，取缔违法违章广告 3 起，取缔非法网吧 4 个，收缴电脑设备 10 台。在开展打击假冒商标及查处商标侵权行为专项行动中，共收缴假手机 18 台，查获假青醇酒 445 瓶。积极开展广告专项检查治理 4 次，检查经营者 58 户，检查户外广告 72 起，查处违法违章广告 9 起。全年共查处各类违法违章案件 118 件，罚款 4. 47 万元。

2009 年继续深入开展专项整治，进一步规范市场经营行为，打击传销，规范直销，整治商业贿赂行为，维护市场秩序、维护公平竞争、维护公平交易活动，着力构建规范、有序、和谐的市场经营环境。全年开展查处取缔无照经营专项行动 17 次，检查无照经营 159 起，立案查处 144 件，罚款 4. 3 万元，责令限期补办营业执照 144 户，取缔无照经营 159 户；开展打假治劣专项行动 6 次，共收缴各类假冒、伪劣、过期、失效、变质商品 2756 千克，价值 3. 9 万元；开展打击取缔非法网吧专项行动 5 次，取缔非法网吧 15 个，收缴电脑设备 96 台；积极与有关部门密切配合，联合查处房屋拍卖商业贿赂案件 1 件，价值 200 多万元；开展农资市场检查和“红盾护农”专项整治 8 次，开展清理整顿校园周边经营秩序 11 次，结合“整脏治乱”专项行动，开展户外广告清理 16 次。全年共查处各类违法违章案件 203 件，罚款 6. 7 万元。

严厉打击假冒商标侵权行为。全年共开展打击商标侵权和查处假冒商标专项行动 4 次，出动执法人员 26 人次。查获假冒青醇酒 130 瓶，假冒认证标志手机 2 个。集中开展保护奥林匹克专项行动 2 次，清理检查印刷行业 7 户。

以食品、药品、医疗及医疗器械、化妆品为重点，开展虚假违法广告专项整治，规范广告经营活动，打击虚假宣传欺骗误导消费者的行为。2009 年共开展广告专项治理行动 11 次，出动执法人员 132 人次，检查广告经营者、广告发布者 47 户，医院、门诊、药店 23 个，发放《中华人民共和国广告法》及《广告管理条例》等法律法规宣传资料 450 份。检查户外广告 136 起，取缔 13 起，查处违法违章广告2起，收缴未经审查的医疗、药品、保健品、化妆品广告宣传单12000余份，审查电视广告6起。责令清洗覆盖沿街乱张、乱贴、乱画野广告12起，共250张。

2010年，通过各类市场专项整治和日常监管，共查获各类假冒、伪劣、过期、失效、变质商品1563千克，全年开展“红盾护农”专项行动25次，共检查农资市场经营主体332户，其中种子179户、化肥81户、农药19户、农机配件34户、农用地膜19户，查处农资案件28起。开展清理整顿校园周边经营秩序9次，取缔无照经营小摊点83个，收缴假冒、伪劣、过期、失效变质食品138千克。联合开展净化文化市场专项行动4次，清理文化经营者24户，娱乐场所37个，结合“整脏治乱”专项行动，开展户外广告清理6次，查处户外广告2起，没收广告宣传单370张，盗版光碟151张，书刊321册，集中开展清理整顿打击取缔非法网吧9次，取缔非法网吧9个，收集电脑设备90台，苹果机12台，电子游戏机6台，全年共查处无照经营案件96件，罚款3.7万元，取缔无照经营活动96起，责令限期补办营业执照87户。查处各类违法违章案件155件，罚款7.7万余元。

2011年共查处各类违法违章案129件，罚款90196万元（其中，食品经营案件28件，罚款5万元），取缔无照经营57户，取缔黑网吧8个，收缴电脑设备64台（套）。收缴各类假冒、伪劣、过期、失效、变质商品1436千克。

2012年市场执法监督主要是以抓好流通环节食品安全监管工作，共开展食品经营专项检查36次，规范食品市场经营主体781户，督促食品经营者落实完善食品经营制度781户，与食品经营者签订经营责任书781份，查处食品经营案件18件，罚款3.7万元，收缴假冒、伪劣、过期、失效、变质食品413千克。

2013年共开展食品快速检测25次，检测食品800多种，共开展食品经营专项检查36次，规范食品市场经营主体1005户，督促食品经营者落实完善食品经营制度1005户，与食品经营者签订经营责任书1005份，查处食品经营案件14件，罚款4.9万元，收缴假冒、伪劣、过期、失效、变质食品316千克。积极开展各类市场专项整治：（1）结合社会治安综合治理在县政法委的统一领导下，积极联合综治办、公安、文化、教育、团县委及各乡镇，开展社会治安及校园周边经营秩序专项整治和打击取缔黑网吧专项整治19次，取缔黑网吧12个，收缴电脑设备96台（套），取缔无照经营小摊点33个。（2）联合文化、公安等部门开展净化文化环境专项行动8次，清理文化经营服务场所11个，开展户外广告清理6次，检查户外广告25起，没收非法广告宣传单450张。（3）积极与公安、文化等部门深入乡镇、社区开展打击传销和变相传销活动宣传2次，进行明察暗访3次，深入校园宣传2次。目前在县境内没有发现传销和变相传销活动。（4）开展手机市场专项检查12次，审查验证手机22台。（5）开展汽车拼装车、汽车配件、汽车维修等专项检查9次。（6）开展建筑材料及家庭装饰材料市场专项检查5次。（7）开展酒类市场专项检查14次。（8）配合公安、安监、消防部门开展生产安全专项检查5次，责令关闭非煤矿山1个。

第四节　消费者权益保护

县工商行政管理部门消费者权益保护机构设在执法监督股，由“12315”投诉中心及工商所负责履行职能。2003年为切实保护消费者和人民群众的合法权益，县工商局建立了“12315”和“3924315”消费者投诉举报中心，配备专用执法车一辆，开通“12315”“3924315”两个投诉电话，并由专人负责受理投诉，处理消费者权益纠纷，同时还以政务公开形式向社会承诺受理投诉时限。至2013年，已在三合、大河、都江、周覃建立了消费者协会分会，在274个行政村（社区）建立了“12315”投诉站和联络站，简称“一会两站”。消费者权益保护机制的不断健全，对消费者投诉已形成了出动快、反应快、受理快、查处快的工作机制，对消费者投诉做到了有问必答、有假必打、有案必查，切实做到“三贴近”“三满意”（贴近农村、贴近实际、贴近生活，使农民对农村消费环境满意、使消费者对投诉机制满意、消费者投诉处理结果满意），促进社会和谐，维护社会稳定。2009 年共受理消费者投诉 24 件，调解消费者权益纠纷 24 起，为消费者挽回经济损失 18.9 万元。2010 年受理消费者投诉 19 起，调解消费者权益纠纷 19 起，为消费者换回经济损失 21157 元。2011 年共受理消费者投诉 50 起，成功调解 50 起，调解率达 100%，共为消费者挽回经济损失 17.8 万元，发布消费警示 15 条。2012 年共受理消费者投诉 19 起，及时调解消费者权益纠纷 19 起，调解率达 100%，共为消费者挽回经济损失 4 万元，发布消费警示 20 条。2013 年共受理消费者投诉 16 起，及时调解消费者权益纠纷 16 起，调解率达 100%，共为消费者挽回经济损失 7.9 万元，发布消费警示 2 次 260 条涉及内容 16 条。

工商法规宣传

第八章　审计监督

第一节　机构设置

1974 年年底至 1984 年 5 月，三都水族自治县财政局内设有财政监督员一名，对各级财政部门和财务部门编制预算、决算进行审核，对国营企业、行政和事业单位执行财政纪律和制度进行检查监督，采取单位自查和审计专查相结合的办法，发现违纪违规问题则会同有关部门共同处理。

1984 年 5 月 30 日，县审计局成立，县财政局的审计、监督业务停止，转由审计局负责。

2002 年 1 月 28 日，县政府印发《三都水族自治县审计局职能配置、内设机构和人员编制方案》（三府办〔2002〕18 号），对县审计局的职能进行调整，将指导和管理社会审计的职能划归县财政局，划入（新增）县级预算执行和其他财政收支情况审计监督，地方金融机构的财务收支及资产、负债、损益情况审计监督，社会保障资金和环境保护资金的审计监督，党政领导干部和国有企业及国有控股企业领导人员的任期经济责任审计，并监督社会审计组织的审计业务质量。县审计局内设 4 个职能股室，即办公室（法制办），财政、金融、外资审计股，行政、事业、经贸审计股，经济责任、固定资产投资审计股。人员编制 10 人（行政编制 9 人，机关工勤人员事业编制 1 人）。

2007 年 4 月 10 日，县委三干任〔2007〕33 号批准成立三都水族自治县审计局党组。

2007 年 7 月 19 日，县编委三编〔2007〕22 号批准设立“三都水族自治县经济责任审计中心”，负责组织实施全县科级领导干部任期经济责任审计工作，核定事业编制 6 名。

2010 年县审计局内设办公室、法制办公室、财政金融审计股、行政事业企业审计股、固定资产投资审计股、经济责任审计股共6个职能股室，在职干部18人。

2012年4月26日，县政府印发《三都水族自治县审计局主要职责内设机构和人员编制规定》（三府办发〔2012〕107号），县审计局为县人民政府工作部门。（1）调整对社会审计机构审计业务质量的监督范围，不再核查社会审计机构对审计机关审计监督对象以外的单位出具的相关审计报告；（2）加强对经济责任、关系国计民生的资源能源、环境保护和社会保障资金、国有资产、社会捐助资金、财政资金使用效益的审计监督。内设办公室、法制股、财政金融审计股、行政事业经贸审计股、县纪委监察局派驻纪检监察机构，保留三都水族自治县经济责任审计中心，设立三都水族自治县固定资产投资审计所，为县审计局管理的股级事业单位。核定行政编制10名（其中局长1名，副局长3名，纪检组长1名），工勤编制2名，事业编制17名。

2013年10月21日，县编委三编〔2013〕51号批准县审计局内设机构设置监察室（正股级）。2013年12月底在职干部23人。

第二节　审计监督成果

县内审计按照“全面审计、突出重点”的方针，以“揭露问题、规范管理、促进改革、提高效率”为工作出发点，认真开展财政预算执行审计、专项资金审计、固定资产投资审计、经济责任审计、外资审计和国有企业审计。

1984年至2006年，共完成审计项目558个，查出违纪资金4792万元，应上交财政资金329万元，管理不规范资金4137万元，归还原渠道资金2040万元。

2007年至2010年，共完成审计项目157个，审计查出违规资金1131万元，管理不规范资金7284万元，处理、处罚应上缴财政资金176万元，应调账处理312万元，归还原资金渠道165万元，核减预决算工程资金1907万元，共增收节支2086万元；移送纪检监察机关事项2件，纪检监察机关据此立案处理1人；与纪检监察机关联合查办案件2件，涉及金额47万元，纪检监察机关据此立案处理2人；提出审计意见和建议151条，被采纳145条。

2011年至2013年，共完成审计项目224个，审计查出违规资金714万元，管理不规范资金6629万元，核减工程项目预结算资金2.29亿元，移送司法机关事项1件，司法机关据此批捕判刑3人；提出审计意见和建议102条，被采纳98条。实施的县城建设东路房屋外立面改造工程结算审计，2012年被省审计厅评选为“表彰审计项目”（全省共5个），被州审计局评选为“优秀审计项目”（全州共6个）；2013年6月，县疾控中心2011年度预算执行和其他财政收支情况审计被州审计局评选为“优秀审计项目”（全州共4个）；县职业教育中心2011年度财政预算执行和其他财政收支情况审计被州审计局评选为“表彰审计项目”（全州共7个）。

第三节　财政预算执行审计

1995年审计法颁布以后，对财政的监督主要是对国家的财政预算执行情况进行审计和监督，审计的内容由对财政收入的审计为主转为对财政支出审计为主。三都水族自治县的财政预算执行审计主要审计县财政局在具体组织财政收入、分配预算资金方面贯彻执行国家财经法规的情况，县地税局税收完成、减免、提退和征管情况及县级金库办理预算资金收纳、划解情况。然后针对审计中存在的问题提出审计建议与意见，并在此基础上，代表县人民政府向县人大常委会作关于县本级财政预算执行情况和其他财政收支审计情况报告，提出关于进一步加强财政财务管理的措施。2004年，县人民政府出台《三都水族自治县人民政府办公室转发县财政局、审计局等部门加强计划生育行政事业性收费及罚没收入管理的意见的通知》（三府办发〔2004〕2号），在县内实施。通过开展财政预算资金审计，进一步促进财政预算资金的规范管理。

2006年至2010年，分别对上一年度县本级预算执行和其他财政收支进行审计监督。先后延伸对民政局（2007年），县建设局、农机中心（2008年），县经贸局、物价局（2009年），县安监局、畜牧局（2010年）等部门预算执行情况进行审计，对中央新增投资项目落实情况、抗旱救灾资金物资管理和使用情况（2010年）进行了审计及审计调查。审计发现的问题主要有：（1）滞留应当上缴的财政收入、行政事业性收费收入未及时入账；（2）使用非正规票据收费；（3）滞留、挤占挪用专项资金；（4）个别部门私设“小金库”。针对审计发现的问题，分别作出审计决定责令相关部门逐项进行了整改，对相关部门私设账外账“小金库”和违规收费等行为进行了处理处罚。

2011年至2013年，对县本级财政预算执行和其他财政收支情况进行审计，并先后延伸对县公安局、公共事业管理局（2011年），县疾控中心、职教中心（2012年），县法院、文体广电旅游局（2013年）等部门预算执行情况进行审计，审计发现的问题主要有：（1）私设“账外账”及公款私存；（2）虚列支出；（3）违规发放津补贴；（4）超标准、超范围、超成本收费；（5）未严格执行“收支两条线”管理规定，截留行政事业性收费收入未上缴国库；（6）购置设备及物资未按规定进行政府集中采购；（7）未及时清理往来款项。根据审计发现的问题下达审计决定，相关被审单位已按审计决定积极进行整改。向司法机关移送事项1件，司法机关据此批捕判刑3人。

第四节　专项资金审计

专项资金审计关系到老百姓的切身利益问题，在某种意义上说是一种民本审计。三都水族自治县审计局重点对教育、卫生、扶贫、水利、农业、林业、环保、民族、以工代赈和计划生育等专项资金进行审计，确保专项资金规范管理和使用效益。（1）围绕资金的拨付、管理和使用的基本主线，跟踪资金走向，重点监督检查损失浪费、挤占挪用及国有资产流失等问题；（2）围绕国家有关政策的执行情况，重点监督检查优惠政策的兑现及乱收费、乱摊派等问题；（3）重点监督检查执行“收支两条线”管理有关规定的情况。2005年，对全县21个乡镇2004年度计划生育社会抚养费进行专项审计，要求各乡镇严格按照三府办发〔2004〕2号《关于转发县财政局等部门加强计划生育行政事业性收费及罚没收入管理的意见的通知》的规定，逐步加强对社会抚养费征收及罚没收入收缴的管理与监督。

2006年至2007年，组织实施2004—2005年度财政扶贫资金审计，2006年社保资金审计；开展农村义务教育经费审计调查；完成无公害蔬菜、沼气池建设、基本农田建设、劳动力转移培训、板奇水库和比赛水库等涉农项目资金的审计。

2008年至2009年，专项资金审计以民生问题为重点，着重对抗凝救灾资金、汶川大地震捐赠款物、农村合作医疗资金、“7·26”救灾及灾后恢复重建资金、2006—2008年义务教育专项经费、2006—2007年度财政扶贫资金审计进行审计。通过审计，对审计中发现的滞留资金及物资、超标准收费、虚报工程量、管理不规范等问题，责令有关单位进行了整改，并将某乡镇卫生院乱收费行为移送县纪委进行处理。同时，对审计中发现的由于农民住院药费报销补偿偏低，导致农民参合积极性不高及基金结存较大等问题，及时向县政府提出审计建议，得到了县政府的采纳，并对2008年《新型农村合作医疗管理暂行办法》进行了调整：政府补偿资金由2007年每人40元增加到80元，住院药费最高报销补偿封顶由原来的8000元增加到35000元。

2010年，根据省、州审计部门的安排，县审计局开展了中央扩大内需促进经济平稳较快发展政策落实情况审计调查、新型农村合作医疗基金专项审计调查、抗旱救灾资金物资使用情况审计调查、中小学校舍安全工程审计调查等专项审计调查工作。对中央扩大内需促进经济平稳较快发展政策落实情况调查结果表明，全县实施项目总体进展较好，但是也还存在着一些问题。(1)部分项目实施进度较慢；(2)部分单位对已完工项目后期竣工验收资料的收集不够完善；(3)抽查的个别项目存在损失浪费的情况；(4)有部分单位未单独设置专账核算新增中央投资项目。在对部分新农合定点医疗机构抽查审计中，查出5个乡镇卫生院违反国家规定超标准收取群众就医药品费，加重人民群众医疗负担，对此，县审计局依法对超标准收取的药品费28.8万元作出没收处理的决定，并责令整改纠正。

2011年派出3人对独山县地方政府性债务进行审计调查，选派2人协助州审计局对盘县2008—2010年财政扶贫资金进行审计，密切配合省审计厅派出审计组在三都水族自治县开展2008—2010年财政扶贫资金审计，州审计局派出审计组在三都水族自治县开展地方政府性债务审计工作。2012年派出6人配合州审计局开展三都水族自治县社会保障资金专项审计，配合省审计厅派出审计组开展三都水族自治县水利专项资金审计；州审计局开展三都水族自治县财政决算审计和县政府领导干部经济责任审计以及保障性住房安居工程专项审计。2012年年底至2013年年初派出3人到独山县开展保障性安居工程专项审计。2011—2012年先后开展三都水族自治县抗旱救灾资金物资跟踪审计调查、社会保障资金专项审计、水利专项资金审计和保障性安居工程专项审计。2013年抽调7名工作人员，全力配合州审计局开展三都水族自治县政府性债务审计。审计组历时一个多月，完成了全县21个乡镇和有关部门的政府性债务审计工作。抽调3人分赴21个乡镇和有关部门对三都水族自治县2010—2012年度财政扶贫资金开展自查自纠。

第五节　固定资产投资审计

随着经济社会的发展，三都于2002年起开展固定资产投资审计。至2005年分别实施了县城河滨南路、县体育活动中心、三都民中基建项目、鹏城医院医技综合大楼、杨勇关至普安油路、水龙至恒丰油路、龙嘴角大桥、麻光大桥等共30多个国家投资项目审计，审计核减预决算工程款378万元。坚持固定资产投资审计与财务审计并重，在核定工程价款、数量的同时，对资金管理使用、债权债务情况、工程款支付情况等进行清理审核，开展民工工资调查、执行“四制”情况和对基础超深工程实行追踪审计等，为宏观决策提供翔实的基础数据。

2005年，在对拖欠民工工资的审计调查和对某单位固定资产投资审计中，发现有的施工单位已按工程进度支取工程款，却未支付民工工资的现象，县审计局以审计要情的形式上报县政府，建议由县建设部门按省、州文件精神尽快制定民工工资保证金制度，得到县领导的肯定。

2006年度实施县体育活动中心场馆建设、三都民中基建项目、鹏城医院医技综合大楼、三都水龙至恒丰油路、九阡镇计生综合楼、县城外环东路和麻光大桥等10项预决算工程投资审计项目，审计总金额4500万元，审减预决算工程价款201万元。

2007年完成鹏城医院医技大楼、鹏城医院传染病区、鹏城医院设备用房、县城外环路、三合镇工商所、三合镇计生站、羊福至雷山县达地公路、县体育活动中心绿化工程、麻光开发区建设、麻光大桥、城关小学门前道路等工程结算审计项目共11项，审计总金额1560万元，审减工程价款100万元。在为国家节约建设资金的同时，结合基建工程审计实际，有针对性地向政府和项目实施单位提出许多建议和意见。如施工方拖欠民工工资一事，县政府采纳审计要情，于2007年6月出台《三都水族自治县建设工程施工企业务工人员工资支付保障金制度实施办法》，使民工工资得到了保障。

2008 年完成县青少年活动中心、怎雷水族生态博物馆陈列楼、县民中学生公寓楼、县民中综合办公楼桩基工程 4 项基建投资审计，审计总金额 418 万元，审减工程价款 11 万元。

2009 年，完成县二中学生宿舍楼、县水族生态博物馆、塘州乡梅育小学教学楼工程等 3 项基建投资审计，审计总金额 673 万元，审减工程价款 45 万元。还完成了对全县新增中央投资建设项目跟踪审计、政府外债审计调查、2008 年度财政扶贫资金审计、部分中央财政灾后重建项目资金审计、九阡李优质高产种植示范项目资金审计、县二中学生宿舍楼工程决算审计。

2010 年，三都充分利用国家加大对西部贫困地区的扶持力度和筹备召开全州旅发大会机遇，加大基础设施建设投资力度，实施的基建投资项目和投资金额比往年同期大幅增加，但由于县财力比较薄弱，如何确保有限的财力能发挥最大的效用，县人民政府高度重视，对固定资产投资项目必须经过预算审计后才批准实施，实行前置审计。为此，县审计局进一步加强固定资产投资审计工作力度，为国家财政建设资金出口严格把关。共完成固定资产投资审计项目 59 个，审计金额 19746. 2 万元，审减金额 1751. 4 万元，审减率 8. 9%。其中完成工程预算审计项目 52 个，审计金额 17864. 5 万元，审减 1696. 8 万元，审减率 9. 5%；完成工程结算审计项目 7 个，审计金额 1881. 7 万元，审减金额 54. 5 万元，审减率 2. 9%。固定资产投资预结算审减金额首次突破千万元目标。

2011 年至 2012 年，共完成固定资产投资预结算审计项目 100 个（其中预算 77 个，结算 23 个），送审金额 49934 万元，审计核减金额 5049 万元，审减率 10%。重点对北出口道路、县城主街道房屋外立面民族特色改造工程、冷水沟水库、民族风情街安置房、廉租房、坝街大桥、排长河至巫不公路、通村公路以及中小学基础设施建设等工程项目的预算或结算进行审计。

2013 年共完成政府投资审计项目 76 个，送审金额 6. 47 亿元，审计核减金额 1. 76 亿元，审计核减率 27. 20%（其中：预算项目 60 个，审减金额 1. 61 亿元；结算项目 16 个，审减金额 1446. 98 万元）。开展了深圳路、县城北出口迎宾大道等街道两侧外立面民族特色改造工程，三合镇苗龙村、交梨乡前进村、大河镇龙场村民房民族特色改造工程，县凤凰公园广场及步道工程，李岩寨、沙井湾廉租房项目，交梨森工园、苗龙创业园基础设施建设等结算审计；及时完成了冷水沟移民代建房工程、滨江南路改造工程、县法院审判法庭项目、水族文化休闲广场电改项目、都江镇拦牛河大桥工程、水龙至尧棒（水龙至廷牌段）公路改扩建工程、普安桥新建工程、G321 线万家山至羊甲段公路改扩建工程、第三小学教学楼工程等项目预算审计。同时，坚持"围绕中心、服务大局"，变被动审计为主动出击，将审计监督关口前移，尝试、探索开展跟踪审计，2013 年下半年起对麻光新区市政道路项目、三郎路网、三郎大桥、水族博物馆、猴场职校建设工程等全县重点建设项目实行跟踪审计，对跟踪审计中发现的问题及时与建设单位、施工单位和监理单位联系沟通，采取召开工地例会等形式，提出解决的措施与办法，加快推进项目建设进度，达到了以审促管、以审促改的目的，取得明显成效。三都水族自治县麻光新区市政道路项目，总预算送审资金 2. 35 亿元，审减 1. 354 亿元，审减率达 57. 51%；贵州水族文化博物馆工程预算审计，送审资金 2042. 77 万元，审减 620. 35 万元，审减率 30. 37%。三郎路网预算审计，项目送审总金额 7544. 15 万元，审定金额 4574. 39 万元，审减 2969. 76 万元，审减率 39. 37%。审计核减金额再攀新高，首次突破亿元目标。

第六节　经济责任审计

为认真贯彻落实中央两办关于领导干部任期经济责任审计的两个暂行规定，2002 年，县委、县政府联合下发三党通〔2002〕39 号《关于成立县领导干部任期经济责任审计工作领导小组的通知》，由县政府县长担任组长，县委副书记、纪委书记和组织部部长担任副组长，有关部门主要领导为成员，办公室设在县审计局，并建立由纪委、组织部、财政局、人事局和审计局五部门组成的联席会议制度，制定下发《三都水族自治县领导干部任期经济责任审计实施意见》。

2002年至2006年度，受县委组织部委托，县审计局完成24位党政领导干部任期经济责任审计。其中，乡镇领导14位，县直部门10位。审计查出违纪违规资金2700万元，管理不规范资金1382万元，向司法机关移送案件1件，涉案金额3.5万元，建议纪检监察部门处理事项2项，涉及金额2.69万元，县委常委会议责成纪委立案查处1人，纪委监察部门通报1人。

2007年，县委组织部制定下发了《三都水族自治县经济责任审计结果落实运用办法》，在县内贯彻执行。县委常委会议批准成立三都水族自治县经济责任审计中心，为县审计局直属股级事业单位，核定事业编制6名。全年完成经济责任审计7项（上年度3项），审计查出违规资金172.6万元，管理不规范资金667.72万元。审计结果表明存在的问题主要有：（1）财政收入未能严格执行“收支两条线”规定；（2）部分领导对财政财务管理的重视力度不够，会计人员业务素质较低，会计核算不规范；（3）干部职工暂支暂借公款长期挂账和暂支工程款长期未结算现象普遍存在；（4）不同程度地存在私设“小金库”和公款私存等问题。

2008年，完成经济责任审计2项。审计查出违规资金33.1万元，管理不规范资金215.3万元。审计结果表明存在的问题主要有：（1）未能严格执行“收支两条线”规定，隐瞒并直接“坐支”财政性收入；（2）部分领导履行经济职责意识有待进一步转变，加之会计人员专业素质较低，会计核算不规范，在一定程度上影响了单位财务信息的真实性、完整性；（3）往来款长期挂账未结算；（4）存在乱收费及用“白条”收费现象；（5）购置设备未按规定实行政府采购较为普遍。

2009年，完成经济责任审计3项，共查出违规资金96.27万元，管理不规范资金52.7万元，处理处罚上缴财政资金2.34万元。审计结果表明存在的问题主要有：（1）私设“小金库”或账外账，如单位将门面收入、专项款、出售商品收入等放在账外进行管理；（2）设备购置未记固定资产账；（3）设备购置未实行政府集中采购；（4）往来款长期挂账，如暂付款及借支款未及时进行清理，长期挂在账上；（5）违规重复销售商品；（6）用大额现金进行款项结算。针对审计发现的问题，责令进行整改。

2010年至2012年，完成经济责任审计9项。审计发现的问题主要有：（1）公款私存；（2）设备购置未记固定资产账；（3）设备购置未实行政府集中采购；（4）往来款长期挂账；（5）违规收费；（6）个别部门私设“账外账”“小金库”，挪用、滞留项目资金。

2013年9月，县委组织部安排县审计局开展2个部门领导干部任期经济责任审计，对1个乡党委书记、乡长开展任期经济责任同步审计。截至2013年年底，经济责任审计工作正常开展。

第七节 国有企业审计、金融审计和外资审计

按审计要求，县审计局先后审计了县林工商公司、乡镇企业供销公司、农资公司、县供电所、国营拉揽林场、种子公司、盐业公司、自来水公司、农业发展银行三都支行、信用联社等单位和企业。2005年，对县自来水公司2004年度财务收支进行审计。该公司2004年年底账面负债总额199万元，经审计，审减负债158万元，实际负债仅为41万元，审减79%的负债。

重点对世界银行贷款项目进行审计。1998年2月，完成对三都水族自治县世界银行贷款国家造林项目资金的终结性审计，查明该项目完成投资总额2179.92万元，完成造林面积126159亩。“十五”期间，重点审计世行贷款农村卫生疾病预防项目、世行贷款农村卫生人力开发项目和世行贷款/英国赠款中国结核病控制项目。审计发现对于部分配套资金应拨未拨、应付未付的问题，有针对性地提出及时拨付配套资金、加强财务管理和内部控制管理等审计意见。

第九章　国土资源管理

第一节　机构沿革

改革开放前，三都没有专门的土地管理机构。改革开放至1984年年底，是三都土地管理机构形成的雏形时期，这一时期，城建、农牧、计委、民政、交通等部门开始办理有关土管业务，但土地管理职能还不健全。1985年年初，明确将全县土地管理所有职能划归县农业局直管，在县农业局增设土地管理股，土管机构正式形成。1985年2月成立土地管理股，属县农业局的内设事业机构，未明确编制人数，有1名负责人，有工作人员1人。1986年8月成立县土地管理局，为二级局，未明确编制和内设机构，人员主要以原土管股为主，有职工5人。同年11月，将县土地管理局由二级局改为一级局，隶属县农业局，原有人员不变。1987年7月，县土管局由二级局升为一级局，明确为县人民政府的职能部门，工作人员5人。1988年5月，批准县土管局内设机构两股两站，即：秘书股，法规监察股，建设用地管理站，土籍管理站。1989年1月，县土管局增设土地勘察规划站。同年6月，7个区（镇）成立土地管理所。各所人员编制为2~5人，各乡设兼职土管员。1991年11月，撤区并乡建镇，土管机构延伸至21个乡镇，并明确乡镇土管人员编制65人，当年实际到位36人，乡镇土管所，实行由乡镇党委、政府和县土管局双重领导。1994年5月，县级机构改革，将县土管局、县经委的矿管站、县建设局的环保站，合并组建成立县国土资源管理局，属县人民政府职能部门，设局长1人，副局长2人，人员编制：行政14人，事业16人。内设机构三股三站，即：人秘股、业务股、法规监察股、矿管站、土勘站、环保站。2010年，县局有32人，乡镇国土资源所有51人。到2013年，县国土资源管理局内设机构有办公室、人事教育与政策法规股、耕地保护规划股、土地利用管理股、土地与测绘管理股、矿权管理股、资源环境股7个行政股室，执法大队、土地规划勘察站、信息技术中心、土地开发整理中心4个事业股站。设局长1人、副局长4人、乡镇国土资源所49人。

第二节　资源状况

一、矿产资源状况

三都矿产开发利用历史悠久，早在晚清时期就有调查和采掘记载，特别是新中国成立后的60多年来，开展了系统的、大规模的调查、勘察，基本掌握了县境内的矿产资源状况。县境内已发现的矿种有铜、铁、煤、汞、金、锑、硫、铅锌、磷、重晶石、稀土、钼、钒、雄黄、砖用页岩、水泥用石灰岩、铀、金刚石、砷等19种，发现矿床、矿点（矿化点）100多处。已开采的有铜、铁、煤、汞、金、锑、硫、铅、锌、重晶石、砖用页岩、水泥用石灰岩等，优势矿产有金、汞、铅锌、硫铁、锑等。境内矿产资源具有以下几个特点：（1）产出矿种较齐全，特别是金属矿产，但矿产地规模小，优势矿产不显著；（2）分布相对集中、规模小、质量好。全县矿产尤其是优势矿产，产出地质条件优越，产地规模小，矿石质优易选易炼，大多埋藏浅，具有一定露天开采条件。大多矿产分布在交通干道通往处，交通便利，开发利用的外部条件好；（3）主要矿产资源潜力较大，开发远景好。三都处于“三丹”（三都丹寨）成矿带上，资源较丰富，开发潜力大；（4）资源丰歉不均，部分矿产短缺。三都矿产虽然种类较多，但由于成矿地质条件的原因，部分矿产短缺，急需煤、富磷等矿产。

二、土地资源状况

三都水族自治县总地势是自北向南倾斜，具有北、西、东北至东南地势高峻，西南地势渐缓、渐而开阔的地势特点。最高海拔是西北面1665.5米的更顶山主峰，最低海拔是303米的都柳江出境处，最大高差1362米。大部分地区海拔在400米至900米，平均海拔675米，山地面积占94%，是典型的山地县。

全县土壤共分10个土类、17个亚类、71个土属、310个土种，其中的耕作土种185个。土壤总面积3500571.0亩，占土地总面积（按3570000亩）的98.06%。其中，红壤面积为1059442.0亩，占土壤总面积的30.26%；黄壤面积6675.0亩，占土壤总面积的0.19%；石灰土面积276300.0亩，占土壤总面积的7.89%；红色石灰土面积134115.0亩，占土壤总面积的3.83%；紫色土面积25850亩，占土壤总面积的0.74%；潮土面积9510亩，占土壤总面积的0.27%；山地灌丛草甸土和沼泽土面积分别为920亩和102亩；水稻土面积345627亩，占土壤总面积的9.87%。但据土地利用现状调查结果，水稻土面积为337974.5亩，占土地总面积的9.55%，因而其他土类所占比例也有相应的变化。

全县行政区域总面积237620.16公顷，其中：耕地面积32983.13公顷；园地面积1969.1公顷；林地面积151518.34公顷；草地面积31465.92公顷；城镇村及工矿用地面积2834.41公顷；交通运输用地面积1332.71公顷；水域及水利设施用地面积2560.78公顷；其他土地面积12955.77公顷。

三、水利资源状况

三都地处黔南苗岭山脉以南的都柳江和樟江上游发源地，属珠江流域柳江水系。北半部的都柳江水系控制面积占总面积的71%，南半部樟江发源地，流域控制面积占总面积的29%。境内众多河流，多数河谷深切，河床较陡，落差较大。全县水资源较为丰富，多年平均降雨量为1387.8毫米，径流量16.5亿立方米，地下水最低水位年出水量2.05亿立方米，外县客水年均来水量11.98亿立方米，全县平水年水资源总量27.75亿立方米，水能资源理论蕴藏量为14.37万千瓦。

（一）河流水系

全县共有大小河流42条，总长925.6千米。河长在10~20千米的有21条，20千米以上的有16条。集雨面积在20~50平方千米的有17条，51~100平方千米13条，101平方千米以上的10条。

全县水库库容在20万立方米以上的有18个，均分布在中部、西南部和东南部。其中，库容在20万~50万立方米的11个，50万~300万立方米的6个，芒勇水库库容1080万立方米。

（二）地下水

三都地下水情况，地下水高水位年泄量6.79亿立方米，低水位年泄量2.05亿立方米，天然调节储存量4.74亿立方米。

县境北部、西北部和东部，地层岩溶不多，仅有少量泉眼出露于坡地和洼地，泄水量不大，仅供人畜饮用。

（三）水能资源

全县水能资源理论蕴藏量为14.5万千瓦。其中都柳江水系为12.3万千瓦，占总蕴藏量的

15.2%。全县可开发利用的水力资源为2.13万千瓦，占理论蕴藏量的14.69%；已开发利用水力资源为3074千瓦，占可开发量的14.4%。此外，在全县水资源年总量27.75亿立方米中，总需水量1.2亿立方米，占水资源总量的4.3%；可利用水量0.53亿立方米，占总水量的1.9%，占总需水量的44.2%。

第三节　土地开发利用

一、土地利用现状

根据2012年年末土地利用变更数据，全县土地总面积237620.16公顷，其中，农用地229955.03公顷；建设用地4693.88公顷，其他土地2971.25公顷。

2009年第二次土地调查统计数据进行规划基数分类转换，全县土地总面积237620.12公顷，其中，农用地200713.83公顷，建设用地3331.17公顷，其他土地33575.13公顷，占土地总面积分别为84.47%、1.40%和14.13%。

三都县土地利用现状表

表12-2　　单位：公顷、%

<table>
<tr><th colspan="3" rowspan="2">地　类</th><th colspan="2">经转换为规划基数的2012年面积</th><th colspan="2">经转换为规划基数的2009年面积</th></tr>
<tr><th>面积</th><th>比例</th><th>面积</th><th>比例</th></tr>
<tr><td rowspan="6">农用地</td><td colspan="2">耕地</td><td>32983.13</td><td>13.88</td><td>33853.95</td><td>14.25</td></tr>
<tr><td colspan="2">园地</td><td>1969.1</td><td>0.83</td><td>955.03</td><td>0.40</td></tr>
<tr><td colspan="2">林地</td><td>151518.34</td><td>63.76</td><td>151591.90</td><td>63.80</td></tr>
<tr><td colspan="2">牧草地</td><td>31465.92</td><td>13.24</td><td>1023.55</td><td>0.43</td></tr>
<tr><td colspan="2">其他农用地</td><td>12018.54</td><td>5.05</td><td>13289.40</td><td>5.59</td></tr>
<tr><td colspan="2">农用地合计</td><td>229955.03</td><td>96.78</td><td>200713.83</td><td>84.47</td></tr>
<tr><td rowspan="13">建设用地</td><td rowspan="4">城乡建设用地</td><td>城镇用地</td><td>331.14</td><td>0.14</td><td>321.05</td><td>0.14</td></tr>
<tr><td>农村居民点用地</td><td>2161.66</td><td>0.91</td><td>2137.31</td><td>0.90</td></tr>
<tr><td>采矿用地</td><td>325.75</td><td>0.14</td><td>315.88</td><td>0.13</td></tr>
<tr><td>小计</td><td>2818.55</td><td>1.79</td><td>2774.24</td><td>1.17</td></tr>
<tr><td rowspan="5">交通水利用地</td><td>铁路用地</td><td>54.01</td><td>0.02</td><td>20.99</td><td>0.01</td></tr>
<tr><td>公路用地</td><td>1278.7</td><td>0.54</td><td>458.74</td><td>0.19</td></tr>
<tr><td>水库水面</td><td>165.12</td><td>0.07</td><td>59.02</td><td>0.02</td></tr>
<tr><td>水工建筑物用地</td><td>361.64</td><td>0.15</td><td>2.44</td><td>0</td></tr>
<tr><td>小计</td><td>1859.47</td><td>0.78</td><td>541.17</td><td>0.23</td></tr>
<tr><td rowspan="3">其他建设用地</td><td>风景名胜设施用地</td><td>0</td><td>0</td><td>0</td><td>0</td></tr>
<tr><td>特殊用地</td><td>15.86</td><td>0.01</td><td>15.74</td><td>0.01</td></tr>
<tr><td>小计</td><td>15.86</td><td>0.01</td><td>15.74</td><td>0.01</td></tr>
<tr><td colspan="2">合计</td><td>4693.88</td><td>1.98</td><td>3331.17</td><td>1.40</td></tr>
</table>

续表12-2

地　类		经转换为规划基数的 2012 年面积		经转换为规划基数的 2009 年面积	
		面积	比例	面积	比例
其他土地	水域	2034.02	0.85	2082.37	0.88
	裸地	937.23	0.39	31492.76	13.25
	合计	2971.25	1.24	33575.13	14.13
土地总面积		237620.16	100.00	237620.12	100.00

二、土地利用特点

根据以上土地利用现状面积的分析，全县土地利用主要有以下几个特点：

1. 土地利用率较高。土地利用率为 85.87%，但绝大部分都处于粗放利用状态。中低产田比例较大，稳产、高产农田较少；大部分园地集约化程度低，林业用地依然处于粗放式经营，疏林地、未成林造林地比例较大，产出率低，集约化经营度不高。

2. 人多地少，土地资源特别是耕地资源相对贫乏。三都是典型的山区农业县，耕地资源相对匮乏，全县人均土地面积为 0.69 公顷（10.42 亩），虽高于黔南州人均土地面积为 0.66 公顷（9.90 亩），但人均耕地仅仅为 0.096 公顷（1.44 亩）。

3. 建设用地不断增多，耕地面积逐年减少，土地供需矛盾日益突出。随着社会经济的发展和人口的不断增长，建设用地需求不断增加，乡镇企业、工矿建设项目用地需求加大，交通水利等基础设施也在不断加强和改善，致使建设用地不断扩大，各产业争地问题日趋严重。

4. 林地面积大，生态功能凸显。林业资源丰富，尧人山国家森林公园和都柳江省级风景名胜区生态环境优美，林地面积占土地总面积的 63.80%，是全国平均水平（24.97%）的 2.56 倍，区域生态优势明显。

三、土地利用存在的主要问题

1. 耕地数量少，质量差。全县耕地面积 33853.95 公顷，但耕地中坡耕地比重大，其中大于 25° 的坡耕地占全县耕地的 17.51%。耕地质量差，中低产田比例较大。根据全县农用地分等成果，属坡多地少，中、低产田、土多，高产田、土少。

2. 土地利用结构不尽合理，利用效率低。截至 2013 年年底，三都以农业为主，工业基础较为薄弱，第三产业不成规模。土地利用以农用地为主，建设用地面积小，仅占土地总面积的 1.40%，低于全省平均水平（3.07%），更低于周边省市。

3. 土地开发利用难度较大，耕地后备资源不足。三都土地利用率达 85.87%，自然保留地主要为荒草地，并且多数分布在远离村寨、交通不便的山区，处在山地自然坡度陡、土层薄的地带，开发潜力不高，开发难度大。

第四节　地籍管理

土地登记　从 1988 年开始，在全县范围内开展城镇国有土地登记发证工作。至 1991 年年底，全县共登记城镇国有土地 1080 宗，总面积 875468.2 平方米，颁发“国有土地使用证”584 本。1993 年后，对单位和个人新增非农业建设用地进行登记，对房屋拆建、搬迁及土地出让、转让或互换等用地使用权发生变化的宗地，均进行变更登记。1998 年，对历年国有土地登记颁证进行清理，全县国有土地需变更登记的有 630 宗，当年，共办理初始登记和变更登记共 582 宗，用地面积 6.3 万平方米。2002 年，开展城镇住房用地登记发证工作，对城镇已购公有住房，经批准单位统一修建的集资建房和商品房未办理土地登记的房产购买人，对已由原单位统一办理住房登记但未分割到宗地的，由用地单位代表各户统一申请，将土地分摊到户，办理分户土地使用证，对未办理土地登记的，由原产权单位或开发商申请办理土地使用权登记后，再进行分户登记。2003 年，在全县范围内开展集体土地所有权登记发证工作。至 2004 年年底，共颁发集体所有权登记 269 宗，登记面积 195862.8 公顷。2005 年起，进一步规范农村集体土地使用权登记发证工作，农村集体土地使用权每年均按规定面积核实登记。

土地证书年检　1999 年 8 月起，在全县范围内开展土地证书年检工作。凡使用国有土地的单位和个人，均参加年检。全县共设立 18 个年检点。此次年检，对 1989 年至 1992 年完成的国有土地使用权初始登记的宗地逐一实地复核，重新建立土地登记卡和土地归户卡，换发新版“国有土地使用证”。对应补办变更登记和设立登记的宗地，按照《土地登记规划》进行土地登记。通过年检查实，全县城镇国有土地共 1720 宗，面积 2762351.4 平方米，已年检合格 1623 宗地，面积 2553254.2 平方米，分别占应年检的 94.4%和 91.2%。个体用地宗数占总用地宗数的 36.8%，用地面积占用地总面积的 3.5%。在年检中共办理土地登记 785 宗，面积 985232.5 平方米，补办出让手续 72 件，面积 12556.1 平方米，补交现金 10.7 万元。对超过原初始登记面积使用土地 48 宗地，超面积 3800 平方米补办用地手续。在年检中共收取各种税费 28.53 万元。至 1999 年年底，土地证书年检工作全面完成。2004 年 4 月，开展 1998 年至 1999 年全县国有土地证书年检工作并通过州级验收。共年检国有土地使用证 1623 宗，面积 255.33 万平方米。通过年检对原划拨土地使用权转让、出租、超标准用地面积分别进行了处理，并补交出让手续 72 件，面积 1.26 万平方米，收取各项税费 39.23 万元。

土地定级与地价评估　2005 年，开展全县企事业单位国有土地资产评估工作，评估宗地 215 宗，土地资产量 2485.3 万元。3 月，县人民政府发出《三都水族自治县县城及格乡镇各类用地基准地价的通知》，对县城及各乡镇所在地的土地进行定级估价。2009 年，县人民政府对原城镇基准地价进行重新评价和调整。以城镇整体为单位，按照各土地级别的区域类型和用途评估出基准地价，建立起在基准地价基础上评估宗地地价的修正体系。2009 年 10 月，评估工作全面完成，并通过省、州级检查验收，并在全县进行公布。后至 2013 年未再开展此项工作。

2005 年三都水族自治县县城及各乡镇各类用地基准地价表

表 12-3　　单位：元/平方米

区域	类别	地域	商业用地	住宅用地	工业用地
县城	Ⅰ	建设路、河滨路、县府路、新民路、环城路、中山路、都江路、深圳路	560	250	100
	Ⅱ	水井湾、沙井湾、新民中师范、莫家寨、麻光、农机厂	280	180	80
	Ⅲ	Ⅰ、Ⅱ类以外地区	—	120	70
乡镇	Ⅰ	廷牌、周覃、都江、合江、大河、丰乐、普安	250	110	75
	Ⅱ	九阡、三洞、中和、水龙、塘州	200	100	60
	Ⅲ	恒丰、打鱼、坝街、羊福、巫不	180	95	50
	Ⅳ	交梨、扬拱、拉揽	150	85	45

注：使用年期，商业 40 年，住宅 70 年，工业 50 年

三都县城各类土地基准地价表

表 12-4

单位：元/平方米

用地类别均质地域	商业用地	住宅用地	工业用地	
			熟地	生地
Ⅰ	950	500		
Ⅱ	530	350	250	80
Ⅲ	350	200	150	60

三都水族自治县各类乡镇基准地价表

表 12-5

单位：元/平方米

用地类别	乡镇类别	商业用地		住宅用地		工业用地	
		Ⅰ	Ⅱ	Ⅰ	Ⅱ	熟地	生地
Ⅰ	周覃、都江、合江、大河、丰乐、	450	350	250	200	150	60
Ⅱ	九阡、三洞、中和、廷牌、普安	350	250	180	150	130	60
Ⅲ	水龙、塘州、恒丰、交梨、	300	200	150	100	110	60
Ⅳ	打鱼、坝街、羊福、巫不、扬拱、拉揽	250	150	130	100	100	60

注：1. 使用年期：商业 40 年，住宅 70 年，工业 50 年。
2. 评估日期：2009 年 10 月 30 日。

三都水族自治县城路线价表

表 12-6

单位：元/平方米

街道名称	样本数	地价
中山路	13	1800
都江路	48	1600
建设路	43	1500
凤凰大道	36	1000
环城路	28	800

注：1. 使用年期：40 年。
2. 评估日期：2009 年 10 月 30 日。

农村宅基地初始登记　1991 年，开展全县农村宅基地初始登记发证工作。以三合镇三合村宅基地始登记为试点，通过权属调查、勘测面积、收集资料，对权属合法、四至界清楚、面积准确的农村宅基地建立初始登记地籍档案，由县人民政府向宅基地使用者颁发“集体土地建设用地使用证”。1992 年 1 月起，全面开展农村住宅基地登记发证工作，至 1993 年 6 月，共完成全县 21 个乡镇 270 个村 45628 户的 47291 宗地的外业调查本业工作，约占全县总户数的 80%，宅基地总面积为 1125. 58 万平方米。颁发集体土地建设使用证 38652 户的 39852 宗地，约占全县总户数的 50%。查处宅基地各类违法占地 846 件，调处土地纠纷 368 件。

第五节　土地监察与执法

从 2006 年起，为落实“预防为主，事中监督与事后查处相结合”的国土资源执法监察的方针，保护耕地和用途管制制度，以依法保护和合理利用国土资源为目标，以服务经济建设为中心，以维护土地、矿产、测绘等国土资源市场管理为重点，对全县基本农田、矿山、土地进行巡查。

2006 年对全县相关乡镇的 12 个无证小煤窑和 12 个非煤矿山实行炸封取缔，立案查处国土资源违法案件 20 宗，收缴罚没收入 16 万余元。

2007 年查处国土资源违法案件 10 宗，其中矿山案件 8 宗，土地案件 2 宗，收缴罚没收入 104.5 万元。

2008 年开展国土资源执法检查和土地执法百日行动和开展查处土地违法案件专项行动，对全县违法违规、未批先建占地行为进行清理。

2010 年开展卫片执法检查工作，完成全县 8 个图斑面积 169.1 亩的外业核查和内业数据图斑套合工作，并通过省级检查验收。当年，查处国土资源违法案件 6 件。

2011 年开展县城规划区违法占地和违法建设整治专项行动，对县城规划区的违规用地行为进行了全面仔细的清理；开展了打击违法生产经营建设行为专项行动，整顿治理了不符合安全生产规定的矿山企业。

2012 年开展打击非法开采矿产资源专项行动，有效制止了私挖滥采行为，防治安全事故的发生；严肃查处国土资源违法案件，全年查处土地违法案件 15 件，矿产案件为零。

2013 年开展安全生产月活动，积极宣传国土资源法律法规，提供法律咨询；协助县政府和各乡镇政府开展非法矿山和小煤窑炸封取缔工作；进一步加强国土执法力度，全年查处土地违法案件 11 件，矿产案件 3 件，罚款 47.38 万元。

第六节　矿产资源管理

一、矿产资源勘察、开发现状

三都矿产资源调查、勘察始于 20 世纪初期，经过长期的工作，尤其是新中国成立后的 60 年来，开展了有计划，有组织，有规模，有系统的调查评价与勘察，并取得了一定成果。至 2013 年年底，完成全县 1∶20 万区域地质、矿产、水文调查和全县的化探扫面，并完成三都幅、都江幅、周覃幅、九阡幅等 1∶5 万区域调查等。尤其是进行了矿产资源普查勘探与多矿种的科研活动，勘察全县主要矿产的产出分布及其规律特征。随着众多矿产的发现与储量探明，矿产的开发进一步兴起，截至 2013 年年底，全县省、州发证有效矿山企业 27 家，县级发证砂石场则多达 70 余家。

二、矿业权有偿取得及审批程序

2003 年国土资源部下发《探矿权采矿权招标拍卖挂牌管理办法（试行）》（国土资发〔2003〕197 号）起，通过市场动作，三都严格实行以招标、拍卖、挂牌方式出让矿业权。

矿业权审批制度为申请单位提交申请—经县安监、林业、环保、旅游等单位同意—报县人民政府审批—挂牌出让—确认竞得人—签订矿业权出让合同、缴纳采矿权价款等—颁发证照。

三、矿产资源管理秩序治理整顿

为全面掌握三都探矿权采矿权招标拍卖挂牌出让制度执行情况是否存在问题、存在问题的底数，解决违法违规审批和出让探矿权采矿权等问题，进一步落实矿业权招标拍卖挂牌出让制度，逐步建立健全矿业权要素市场和综合监管平台，规范市场交易行为，对矿业权审批情况进行全面清理。截至 2013 年年底，共清理矿业权出让 53 宗，其中行政审批 5 宗（为两高用料场）、协议出让 18 宗（为矿业权延续）、挂牌出让 30 宗。

四、矿业权年检

为加强对探矿权人勘察矿产资源活动的监督管理，规范矿产资源勘察行为、对采矿权人开发利用矿产资源的监督管理，有效保护和合理利用矿产资源，结合三都实际情况对矿业权进行年检。历年来，对省级、州级发证进行初步审查年检并签署年检意见；县级矿山企业参加年检率为100%，合格率为98%以上。

三都水族自治县主要矿产资源探明储量情况表（截至2013年）

表12-7

单位：万吨

序号	矿种	储量				合计
		122b	332	333	334	
1	煤	15. 64	472. 8	1870. 91	1437. 23	3796. 58
2	铅锌	36. 8262	67. 9564	272. 5258	476. 5556	853. 864
3	汞	—	0. 87	1. 30894	367. 49	369. 66894
4	重晶石	—	—	3. 4742	50. 482	53. 9562
5	铁	—	792. 32	1695. 7274	468. 5	2956. 5474
6	金	—	0. 18693924	2. 233108414	0. 0001425	2. 420190154
7	锑	—	—	3. 23653	121. 326018	124. 562548

第十章　安全生产监督管理

第一节　机构沿革

1978年至2002年4月，县内安全生产监督管理事务由县劳动局劳动监察站具体负责。2002年4月，根据省州机构改革情况，县委、县政府决定撤销劳动监察站，在县经贸局设立三都水族自治县安全生产委员会办公室，具体管理全县安全生产工作。2004年8月13日，根据《中共三都水族自治县委员会办公室、三都水族自治县人民政府办公室关于三都水族自治县人民政府机构改革实施方案》（三党办发〔2004〕2号）文件精神，在县安全生产委员会办公室的基础上组建成立三都水族自治县安全生产监督管理局，为县人民政府委托行使安全生产监督管理职能的正科级直属事业单位（加挂三都水族自治县安全生产委员会办公室牌子）。县安全生产监督管理局内设2个股室（办公室和安全生产综合股），2005年5月25日增设安全技术培训中心。县安全生产监督管理局人员编制（事业编制）为6人。其中，局长1名，副局长1名；内设机构领导职数设正职或副职1名，非领导职务职数主任科员或副主任科员1名，由财政全额预算管理，列入参照国家公务员管理范围；机关工勤人员事业编制1名，由财政全额预算管理。2009年新增内设机构法规股，增加安全技术培训中心事业编制3名；根据《中共三都水族自治县委员会三都水族自治县人民政府关于三都水族自治县人民政府机构改革的实施意见》（三党发〔2011〕14号）文件精神。

2012年4月26日，三都水族自治县人民政府办公室关于印发《三都水族自治县安全生产监督管理局主要职责内设机构和人员编制规定的通知》文件精神，组建三都水族自治县安全生产监督管理局，为政府工作部门，行政单位，内设办公室（应急救援指挥中心）、综合安全监督管理股、政策法规股、职业安全健康监督管理股4个股室。行政编制5名，其中领导职数设：局长1名，副局长2名，纪检组长1名，内设各股室分别正职或副职1名，机关工勤编制2名。设立三都水族自治县安全生产执法监察大队，为县安监局管理的副科级事业单位，设执法大队长1名，副大队长1名，编制5人，按程序申报参公管理。2012年12月，县安全生产监督管理局党组成立。在这之前，因党员人数不够，不能成立党支部，安监局的党员一直与县史志办支部过组织生活。

2013年10月24日，贵州省公务员局印发《关于批准黔南州劳动人事争议仲裁院29家事业单位列入参照公务员法管理范围的通知》（黔公局通〔2013〕145号）文件，三都水族自治县安全生产执法监察大队单位列入参照公务员法管理范围。保留三都水族自治县安全技术培训中心，核定事业编制5名，均为管理人员。10月21日，三都水族自治县编制委员会关于《核定县煤矿驻矿安监员事业编制的批复》（三编〔2013〕54号）文件精神，调整三都水族自治县安全技术培训中心事业编制5名为10名，其中6名事业编制明确为驻矿安监员。12月，三都水族自治县安全生产监督管理局在编在册干部职工17人。

县安全生产监督管理局成立后，原由县经贸局承担的安全生产综合监督管理职能、县安全生产委员会办公室的职能和危险化学品经营资格审查、登记发证的职责整体划入县安全生产监督管理局；原由县卫生局承担的作业场所职业卫生监督检查职能、原由县公安局承担的烟花爆竹生产经营单位的安全生产监督管理职能都划入县安全生产监督管理局。

第二节　安全生产综合监管

2004年8月成立了县安全生产监督管理局后，县人民政府把安全生产工作列入各乡镇各部门年终考核目标，县安委会定期召开安全生产专题会议，分析全县安全生产形势，研究部署每个阶段的安全生产工作。县安委会各成员单位密切配合，协同作战；各乡镇、各部门也分别建立了以主要领导为负责人的安全生产管理组织机构，配备了专、兼职的管理人员；企业配备了安全生产监督管理员，并制定了相应的规章制度、操作规程、工作措施等。基本形成了安全生产监督管理网络，全县上下形成了安全生产工作主要领导亲自抓，分管领导具体抓，专业人员全力抓，上下联动、齐抓共管的局面。

至2013年，全县安全生产工作进一步落实安全生产责任行政首长负责制及企业法定代表人负责制。每年年初县人民政府与相关部门及各乡镇，县安全生产监督管理局与各相关企业签订《安全生产目标管理责任书》650余份，把安全责任层层落实到人，强化管理和防范措施，形成一级对一级负责的安全监管机制。

在开展检查、加强监管的同时，加强以全面贯彻学习《中华人民共和国安全生产法》《贵州省安全生产条例》《烟花爆竹安全管理条例》《烟花爆竹经营许可实施办法》等为重点内容的宣传培训，强化生产经营单位及矿山等企业的从业人员的安全意识。采取分期集中培训的形式，组织从业人员学习安全知识。邀请省、州有资质的培训单位到三都对企业法人、矿长、安全员、特种作业人员等进行安全教育培训，提高他们的安全知识水平，掌握突发事件的应急救援方法和自我防范能力。充分利用各种宣传媒体，大力宣传党和国家安全生产的路线、方针、政策及安全生产有关法律法规，普及安全生产知识，强化全民安全意识。

2003年以后，实行严肃的生产安全事故责任追究制，在事故的调查处理过程中，坚持事故单位必须做到员工不受到教育不放过、不找出事故原因不放过、不进行整改不放过和相关责任人不得到追究与处罚不放过的“四不放过”原则。依据《中华人民共和国安全生产法》，制定了相关安全生产事故应急救援预案和相关安全生产管理措施，以应对重特大安全事故发生时，能高效、有序地组织开展抢险救灾工作，最大限度地减少人员伤亡和财产损失。

一、非煤矿山专项整治

三都地形以丘陵山地为主，境内建筑用石灰岩储量十分丰富，随着国家重点工程、农村通乡通村路网及城乡建设规模扩大，全县采石行业发展迅速。2004 年以前，全县采石厂全部是群众自发形成的个体私营小采点、以季节性开采为主。滥采现象严重，开采条件简陋，管理落后，从业人员不稳定、安全意识淡薄，主要采取“一面墙”、掏采、扩壶爆破等不安全开采方式，事故频发。

从 2004 年开展非煤矿山安全生产专项整治，规范管理，提出“三个一批”方针，即：扩大一批、整合一批、关停一批。一是实行淘汰机制。组织中介机构对采石场定期进行安全等级评估，对达到一定安全等级的企业，政府部门加强服务，促管理优化，资源开发上给予优惠；对达不到等级的企业，限期整改，同时加强执法监管，对违规作业加大处罚力度；对于整改依然达不到安全等级企业，在加强监管和违规行为处罚的同时，劝其退出。二是进行资源整合。鼓励技术先进、生产能力强的大型采石厂兼并小型采石厂，对规模小、资源少、条件差、无力改造的采石场进行劝退。三是对非煤矿山进行了重点整治，按照《中华人民共和国安全生产法》《中华人民共和国矿山安全法》等法律法规和规章规程加大安全检查力度，严审企业安全生产条件，对不符安全生产条件的企业坚决不予年审年检，新建企业严格执行“三同时”审查，严把企业安全入口关。

2004 年非煤矿山企业 91 个，其中有证 52 个，无证 26 个。关闭 13 家。

2005 年，全县共有非煤矿山企业 106 家，其中：地下矿山 49 家，露天矿山（含砂石场）57 家，尾矿库 9 座。

2006 年非煤矿山企业 90 家，其中：非金属矿山 50 家，（露天 25 家，井下 5 家）；金属矿山 35 家（露天 3 家，井下 32 家）。关闭 5 家。

2007 年非煤矿山企业 75 家，其中：非金属矿山 35 家，（露天 30 家，井下 5 家）；金属矿山 35 家（露天 3 家，井下 32 家）。关闭 5 家。

2008 年非煤矿山企业 72 家，其中：非金属矿山 30 家，（露天 25 家，井下 5 家）；金属矿山 35 家（露天 3 家，井下 32 家），尾矿库 4 座。关闭 3 家。

2009 年，全县共有非煤矿山企业 69 家，其中：地下矿山 15 家，露天矿山（含砂石场）47 家，尾矿库 4 座。关闭 3 家。

2010 年，全县共有非煤矿山企业 68 家，其中：地下矿山 12 家，露天矿山（含砂石场）47 家，尾矿库 4 座。关闭 5 家。

2011 年，全县共有非煤矿山企业 57 家，其中：地下矿山 12 家，露天矿山（含砂石场）36 家，尾矿库 4 座。关闭 5 家。

2012 年，全县共有非煤矿山企业 57 家，其中：地下矿山 12 家，露天矿山（含砂石场）41 家（含新建 13 家），尾矿库 4 座，已取得安全生产许可证的矿山企业 26 家。

2013 年，全县共有非煤矿山企业 49 家，其中：地下矿山 12 家，露天矿山（含砂石场）33 家，尾矿库 4 座。

二、危险化学品和烟花爆竹安全监管

截至 2013 年 12 月，全县加油站有北出口环城加油站（中国石化）、中国石化三都油库加油站（中国石化）、城南加油站、大河加油站（中国石化）、周覃加油站（中国石化）、廷牌罗丁阿加油站6家；烟花爆竹批发企业有县日杂烟花爆竹批发公司、县光华烟花爆竹批发公司2家，158家烟花爆竹零售户，全部实行专柜专营。

每年按照年初确定的危险化学品烟花爆竹安全生产工作目标，以安全生产“三项行动”和“三项建设”为工作主线，以开展安全生产“落实年”活动为载体，坚持“安全第一、预防为主、综合治理”方针，紧密结合全县危险化学品及烟花爆竹安全生产工作实际，注重源头治理，严密组织实施建设项目“三同时”专项整治，有力打击和遏制了违法违规建设现象；注重提高准入门槛，结合安全许可工作，加强现场审核把关，企业安全生产条件不断得到改善，注重重大安全隐患整改，使部分企业历史遗留下来的重大安全风险逐步化解；注重综合治理，危险化学品联席会议逐步完善，联合执法机制基本形成，危险化学品安全生产经营秩序趋于规范；注重科技兴安，危险工艺专项整治全面启动，企业本质安全水平正在逐步提升，注重全面落实安全生产目标管理责任制，进一步完善安全生产监管体制，夯实基层监管基础，强化企业落实主体责任；注重深入开展安全专项整治，不断深化事故隐患排查整改，有效地遏制了重大安全生产事故发生，2004年至2013年全县危险化学品及烟花爆竹生产安全事故死亡率为零。

第三节　安全生产宣传教育培训

2005年5月，安全技术培训中心成立。从成立到2013年培训中心共承办了12期（班），培训非煤矿山（尾矿库）、危险化学品、烟花爆竹、建筑施工、交通运输企业业主、矿长、安全员、特种作业人员2400名。分发培训工具书1200本，教材资料2600余份，学习结束后进行了安全知识测试。同时，还充分利用企业安全生产例会，组织各企业业主、安全管理人员、技术员，学习《中华人民共和国安全生产法》《国务院446号令》《中华人民共和国矿山安全法》《煤矿安全监察条例》《贵州省安全生产条例》等法律、法规。

为提高全民安全意识，增强安全责任感，三都结合每年开展的安全生产月活动，大力开展安全生产宣传教育活动。2005年，在全县开展了以“遵章守法、关爱生命”为主题第四个全国安全生产月活动中。2006年，在以“安全发展、国泰民安”为主题的全国安全生产月活动中，县安监、工会、团委、公安、城建、卫生、质监等部门联合开展安全生产咨询活动。同时对矿山企业员工、危化品单位员工、县属工业企业单位员工发放全国安全生产月全员活动教育资料1200余份。向广大群众宣传《中华人民共和国安全生产法》《贵州省安全生产条例》《烟花爆竹管理条例》《中华人民共和国消防法》《中华人民共和国道路交通安全法》等法律法规，共发放宣传资料20000余份，并利用短信方式，向矿山企业主、重点企业经理定期传送安全短信，做到警钟长鸣。全年共传送短信4万余条次。2007年，在开展以“综合治理，保障安全”为主题的安全生产月活动中。组织企业职工参加“安康杯”知识竞赛活动。2008年6月，在开展了以“治理隐患、防范事故”为主题的安全生产月活动中，全县张贴、悬挂标语250余幅，发放宣传资料10000余份。安监、工会、公安、建设、质监、电力等部门深入学校、基层、企业宣传安全生产知识，营造全社会“关爱生命、关注安全”的氛围。2009年6月，开展以“关爱生命、安全发展”为主题的安全生产月，全县各级部门大力宣传《中华人民共和国安全生产法》《贵州省安全生产条例》《黔南州道路交通安全社会化管理办法》，普及安全生产知识、增强全民安全意识。2010年6月，在开展了以“安全发展、预防为主”为主题的安全生产月活动中，加大对安全生产方针政策、法律法规和安全常识的宣传。6月18日，县安委办组织安监局、交通局、药监局、旅游局、煤炭局、建设局、总工会、供电局、农机局、文体局、劳动局、国土局等单位在县城都江路开展安全生产咨询日活动，共5000多人次接受有关安全法律法规的咨询服务，发放各种宣传资料10000余份，悬挂安全图片150余幅，摆放事故展板34板，出动宣传车20余辆次。2011年6月组织开展了“安全责任，重在落实”为主题的安全生产月活动，6月16日开展“安全生产宣传咨询日”活动，出动安全宣传车10辆次进行集中宣传，加大安全生产知识的宣传力度。在宣传教育的同时，组织企业开展安全生产应急预案演练活动，提高安全生产事故的预防、处理能力。

2012年6月，在开展“安全责任，重在落实”为主题的安全生产月活动中，重点以安全生产宣传月活动为契机，围绕“安全责任、重在落实”的主题，突出重点行业领域，重点地区和企业，扎实开展安全生产宣传教育，弘扬安全发展理念，认真贯彻“安全第一、预防为主、综合治理”的安全生产方针，力求提升全民安全生产意识。

2013年6月，在开展“强化安全基础，推动安全发展”为主题的安全生产月活动中，开展咨询日活动，6月14日，县政府组织县安监局、县住建局、县环保局、县工商局、县质监局、县公安交警、消防大队等20家单位在县城都江路开展安全生产咨询日活动，共7000多人次接受有关安全法律法规的咨询服务，发放各种宣传资料12000余份，悬挂安全图片180余幅，摆放事故展板45板，出动宣传车20余部次。同时向全县各生产经营单位发出安全生产倡议书，中国电信三都公司在安全生产月活动期间向全县干部群众发送安全生产宣传短信10000余条，力求形成人人关注安全的氛围。

第四节　死亡事故统计

2004年，全县共发生各类生产安全事故34起，死亡27人，受伤52人，直接经济损失120万元。其中：道路交通发生死亡事故21起，死亡20人，受伤42人；非煤矿山发生事故5起，死亡5人，伤5人，经济损失40万元；水利工程事故1起，死亡1人，公路工程1起，死亡1人。

2005年，全县共发生各类生产安全事故40起，死亡9人，受伤39人，直接经济损失119.25万元，死亡率同比下降140%，占州下达控制数的60%。其中：道路交通发生死亡事故32起，死亡3人，受伤39人；火灾事故发生4起，死亡2人，直接经济损失15万元；非煤矿山发生事故3起，死亡3人，经济损失16.5万元；建筑企业发生事故1起，死亡1人，直接经济损失7万元。

2006年，全县共发生各类生产安全事故50起，死亡16人，受伤57人，直接经济损失55万元，占州下达控制数的133.3%。其中：道路交通发生死亡事故40起，死亡11人，受伤57人；工矿商贸发生事故6起，死亡6人，与2005年同期比，死亡人数持平，直接经济损失109万元；火灾事故发生8起，死亡1人，直接经济损失23万元；水电建设发生安全事故1起，死亡1人，直接经济损失6.9万元；工矿企业发生事故1起，死亡3人，直接经济损失17.1万元。

2007年，全县发生各类生产安全事故33起，死亡23人，死亡率同期比上升43%，占州下达控制数的153%，直接经济损失136万元。其中：道路交通发生事故20起，死亡13人，受伤35人；工矿商贸发生死亡事故6起，死亡6人，受伤2人，直接经济损失57万元；火灾死亡事故7起，死亡4人，直接经济损失76万元。

2008年，全县共发生各类生产安全事故19起，死亡20人，死亡率同期比下降13%，占州下达控制数的125%，直接经济损失137万元，与2007年同期相比，安全生产事故统计指标呈上升趋势。其中：道路交通发生死亡事故11起，死亡14人，直接经济损失7万元，与2007年同期比，死亡人数上升7%，占州下达控制数的140%；工矿商贸发生事故6起，死亡6人，与2007年同期比，死亡人数持平，直接经济损失109万元；火灾事故发生2起，共造成30多户120人受灾，直接经济损失21万元，与2007年同期比，起数下降60%，死亡人数下降100%。

2009年，全县发生各类生产安全事故14起，死亡17人，受伤13人，死亡率同期比下降15%，占州下达控制数的89%，直接经济损失180万元。其中：道路交通发生事故8起，死亡9人；工矿商贸发生死亡事故5起，死亡5人，直接经济损失100万元；煤矿发生较大事故1起，死亡3人，受伤7人，直接经济损失73万元。

2010年，全县发生各类生产安全事故9起，死亡14人，死亡率同期比下降17%，占州下达控制数的77%，直接经济损失203万元。其中：道路交通发生死亡事故6起，死亡7人；工矿商贸发生死亡事故2起，死亡5人，直接经济损失123万元；火灾死亡事故1起，死亡2人，直接经济损失27万元。

2011年，全县共发生各类生产安全事故11起，死亡9人，伤10人，死亡率同期比下降25%，占控制数的56%，均为道路交通事故，与2011年同期比，地方交通事故死亡人数持平，占控制数的78%，高速公路死亡人数净增2人，占控制数的67%。非煤矿山、煤矿、消防安全、建筑施工、危险化学品、特种设备等行业未发生安全事故。

2012年，全县共发生各类生产安全事故9起，死亡9人，死亡率同期比持平，占控制数的56.3%，下降3起，直接经济损失76万元，均为道路交通事故。非煤矿山、煤矿、消防安全、建筑施工、危险化学品、特种设备等行业未发生安全事故。

2013年，全县共发生各类生产安全事故5起，死亡10人，全部为交通事故（其中，较大事故1起，死亡5人），超州控制指标2人，占州控制指标125%。煤矿、非煤矿山、消防安全、建筑施工、水上交通、危险化学品、特种设备等行业未发生安全生产事故。

第十一章　招商引资

第一节　招商引资机构

随着我国商品经济体制的确立，1987年，对外经济协作作为一个新生事物开始在三都出现。1988年12月22日，三都成立县人民政府外事办公室和经济协作办公室，负责外事接待和对外经济协作工作。1997年12月11日设置项目管理办公室，1999年项目管理办公室并入县发展计划局，对外加挂三都水族自治县招商引资局牌子，县发展计划局内设机构增设招商引资股（编制2人），负责全县招商引资业务管理工作。2004年9月，县委、县人民政府将招商引资局单独设置，明确为正科级事业单位（参公管理），内设机构有办公室、综合业务股、“一站式”服务中心、外来投资者投诉中心，人员编制为11人，办公地点在县计财大楼二楼，县行政中心大楼建成后，办公地点迁至行政中心大楼二楼。2012年3月机构改革后，撤销招商引资局，成立投资促进局，编制18人，内设机构有办公室、招商引资科、经济合作科、项目监督和环境建设科共四个股级机构；2013年3月，成立县招商引资项目代办服务中心，为投资促进局管理的副科级单位，编制8人，内设综合股和行政审批代办股共两个股级机构。至2013年投资促进局（含代办中心）共有干部职工13人，其中，正科级领导1人，副科级领导3人，股级干部4人，一般干部3人，工勤人员2人。

第二节 招商引资政策

1996年以前，由于交通、水利、电力、通信等基础设施极其落后，客商到三都投资创业大多是匆匆过客。1996年之后，随着国家对三都水族自治县基础设施建设投入的加大，三都经丹寨至都匀、三都经丰乐至都匀小围寨、三都至荔波、三都至榕江柏油路相继建成通车，农村电网改造完成和移动电话覆盖城乡，交通、电力、通信基本满足外来投资者到县内投资创业的需要，投资软环境进一步改善，到境内投资创业的客商才逐渐增多。

2003年6月6日，县委、县人民政府出台了《三都水族自治县招商引资若干政策的规定（试行）》（三党发〔2003〕9号）。鼓励投资者到境内投资创业，同时，加大对投资软环境的整治力度，加强规范管理，强化服务质量，在建设用地和税费方面给予优惠。为使招商引资优惠政策更加完善，经多次修订后，县委、县人民政府于2005年7月20日正式印发《三都水族自治县招商引资若干政策的规定》（三党发〔2005〕20号）。明确除国家法律、法规、规章有特别规定的以外，投资者在三都区域内投资，不受投资行业、控股比例、投资形式、经营类别、经营期限的限制；鼓励投资者兴办有利于优化产业结构、改善基础设施、合理开发资源、推进技术进步的项目和发展高新技术产业、旅游产业、环保产业。

修订后的招商引资优惠政策规定：在建设用地上，投资者在县内兴办企业所需的建设用地，可以依法通过出让、行政划拨、租赁、作价入股等方式取得土地使用权。根据投资产业及用途确定其使用年限，最多不得超过50年。土地使用权期限届满后，可以根据国家法律规定申请续期使用。投资者依法取得的土地使用权在规定的期限内，可以依法继承、抵押、赠予、出租、转让。根据投资者的需要，县人民政府可以用土地使用权作价入股。如投资者需要赎回股权，可按原价加同期商业银行利息向县人民政府赎回股权。投资者使用国有和集体的荒山、荒坡、荒滩、荒水等未利用地或水域发展种养殖业项目，免交土地有关规费。投资者在城镇规划区外以出让方式取得土地使用权，土地价格原则上按征地价格加中央及省州规费。若改变土地用途，需补交土地出让金。

在税收上，对设在县内的以国家规定的鼓励类产业项目为主营业务，其当年主营业务收入超过企业总收入70%的内资企业和外商投资企业，在2003年至2010年内，减按15%税率缴纳企业所得税。除国家明令禁止、关闭和限制的企业外，内资企业在2003年至2010年内，第一年至第三年免征企业所得税，第四年至第五年减半征收企业所得税。对已享受减免企业所得税不满3年免征2年减半征收的，可再延长至期满；凡减免税款涉及中央收入100万元（含100万元）以上的，需报国家税务总局批准。外商投资企业免征地方所得税10年。投资者以出让方式取得土地使用权且用于兴办工业企业，耕地占用税自上缴之日起三个月内，由县级财政按70%返还给企业。鼓励企业提高技术开发经费的开支比重。企业研究开发新产品、新技术、新工艺或引进国外先进技术进行国产化研制所发生的各项费用，不受比例限制，计入管理费用。其费用比上年实际增长10%以上（含10%）的，可再按实际发生额的50%抵扣当年应纳税所得额。企业所得税减免实行申请审批制，企业所得税减免的审批权限和程序按现行有关规定执行。可以采取年度确认或预确认方式进行。

在规费上，实行行政事业性收费许可证制度。投资者兴办的企业所涉及国家或省规定征收的行政事业性收费，按国家或省规定的最低收费标准执行。属县与国家、省共享的行政收费项目的县级部分，根据新形成固定资产的规模给予优惠。具体为：形成固定资产在100万元至200万元的，收费标准减10%；形成固定资产在200万元至500万元的，收费标准减20%；形成固定资产在500万元以上的，收费标准减50%。

在管理与服务上，招商引资工作由县招商引资局具体负责，各相关部门密切配合，归口管理。

县招商引资一站式服务中心实行“一个窗口对外，一站式审批，一条龙服务”的集中联席办公制度，简化各种审批手续。在投资者提交完备的材料后7个工作日内办完县内有关手续。各相关部门实行收费公示和限时承诺办理制度。实行“一事一议，特事特办”制度。对固定资产投资超过500万元或年纳税总额达50万元以上的企业实行挂牌保护，明确县四大班子领导定点联系该企业，帮助该企业协调和解决在生产经营过程中出现的困难和问题。行政机关、司法机关工作人员不得泄露在执行公务时知悉的投资者的商业秘密，否则按相关法律、法规对泄密者进行从严处理。行政人员在行政过程中不得对投资者有下列行为：

（1）对投资者办理行政许可过程中附加任何条件；（2）强制或者变相强制参加评比、产品展览等活动及国家规定外的培训；（3）要求购买指定产品、有价证券和订购书籍、报刊等；（4）指定或变相指定中介服务机构；（5）摊派、索要赞助和非法集资；（6）提前征收税款或擅自扩大征收范围和幅度；（7）要求向指定的施工单位发包工程；（8）法律、法规禁止的其他行为。

县公安部门对投资者及其企业实行重点保护，凡涉及的各种治安、刑事案件，从重从快立案和破案。交通、交警、运管等部门本着“严己宽外、教育为主”的原则进行管理。投资者及其家属的户口可以自由迁入或迁出三都，投资者家属就业以及子女在县内入托、入学、参军、职称评定等方面享有与县内居民同等待遇；参加高考的投资者及其家属，资格审查按贵州省教育主管部门制定的政策执行。供水、供电、通信、交通等部门优先保证投资者兴办企业所需的水、电、通信、交通畅通。

在招商引资奖励上，县人民政府设立招商引资奖励基金，奖励基金纳入财政预算，实行财政专户管理。县招商引资局为奖励实施单位。利用各种关系牵线搭桥成功为三都引进项目资金的单位或个人（以下简称引资人），均可申请奖励。奖励的范围及标准：（1）引进经营性项目的引资人，按项目建成投产后该项目第一年缴纳税款中县级税收收入部分总额的50%、第二年缴纳税款中县级税收收入部分总额的30%、第三年缴纳税款中县级税收收入部分总额的20%给予引资人奖励。（2）引进非经营性项目的引资人，按项目建成后新形成固定资产总额的1%给予引资人一次性奖励。引资人是单位的，单位主要负责人可获得奖励中的30%。

为切实加强投资环境建设，三都结合县情在逐步加大交通、电力、水利、通信、市政基础等硬环境建设投入的同时，逐年加强软环境建设力度，年年都有新的政策出台。

2005年以实施“诚信创优年活动”为契机，结合开展共产党员先进性教育等活动，全县上下积极做好招商引资各项服务工作，尽力为企业解决各种纠纷和问题，特别是在搞好调查的基础上，对三党发〔2003〕9号文件进行重新修订，重新出台了新的优惠政策。县委于2005年8月23—24日召开全委扩大会议，集中研究招商引资及招商引资软环境治理工作。会后立即下发《关于进一步改善投资环境有关问题的会议纪要》（县书纪〔2005〕22号）。为落实好会议纪要精神，县招商引资局进行了外来投资企业对服务部门考核调查，并将调查评价部门结果作了排名分析，同时起草了《三都水族自治县投资环境考评办法（试行）》，并按办法开展了企业评价部门的活动，收到了一定的效果。

2006年，遵照州委、州政府提出“七个一批”招商指示精神，以加强行政效能建设为重点，以优质服务为核心，以客商满意为落脚点，进一步加强招商引资环境的建设，着力整治影响投资环境的行政不作为和乱作为的问题，大力推进政府提速增效，促进部门职能转变，强化服务意识。进一步完善了县领导联系重点企业制度，继续落实重点企业挂牌保护制度，给投资的客商办理客商证，给投资商的车辆办理通行证等。加强县级行政许可事项的清理工作，取消一些行政许可事项，营造简政放权的政务环境。为更好地服务客商，招商引资局还制定了《定期走访企业工作制度》并认真落实，同时，县政府适时召开企业座谈会，及时与企业交流沟通。积极协调金融部门加大对投资企业的支持力度，县建设银行、农业银行、农村信用联社三大金融部门累计发放企业贷款3000

多万元，解决投资企业资金不足的困难。公安交警部门推行外商车辆首次违章免责制，对企业运输超长超高等大宗物品时提供开道护卫服务。人事劳动部门积极协助投资企业搞好企业职工技能培训工作，向企业推荐管理人才，开展企业工伤保险工作。发改、国土、环保、建设、工商、林业、卫生、物价等具有行政许可权的部门都推行了行政许可限时办结制，大大缩短了投资企业项目申报时间。发改局对项目立项采取预确认后补材料的办法，以便客商及时办理其他相关手续。国土部门在收到申报用地申请时，在承诺的时限内，及时给予办理。工商部门办理证照手续时，做到当日申请当日办结，并免收有关办证费。物价部门给投资企业进行资产价格认定时，在认证收费上，只收应收的1/5。电力部门对外来投资企业服务时实行无障碍服务和外企优先的原则，服务收费能够给予优惠的尽量给予优惠。环保部门实行“零距离”办公，全天候服务。经贸部门对客商投资的技改项目全力给予支持，明确服务企业和服务内容，主动做好服务工作。公安局制定服务经济建设十条规定并认真落实。

2007年，围绕维护外来投资客商的合法权益，以进一步整顿和规范市场经济秩序，严厉打击商业欺诈和不公平竞争，维护经营者的合法权益为出发点，努力在全县范围内营造亲商、安商、护商、稳商、促商的良好氛围。认真执行《贵州省危害经济发展环境党纪政纪处分暂行规定》，研究出台了《三都水族自治县危害投资环境责任追究制度》，并认真贯彻执行，纪检监察部门不定期地深入部门和企业了解情况，发现一起查处一起。工商局、物价局、药监局、质监局、公用事业局、公安等相关职能部门严格按照各自职能，认真开展市场管理工作。一方面，通过广播电视、赶场天设置宣传点等进行法律法规宣传，号召大家增强法律意识，提高守法的自觉性，鼓励大家守法生产和经营；另一方面，进一步加强监督管理力度，定期或不期地开展专项行动，严厉打击假冒伪劣、以次充好、哄抬物价、欺行霸市、打击报复等扰乱市场经济秩序的违法行为，全年投入专项工作经费达20多万元，通过努力，市场经济秩序保持良好发展状态，形成了政府部门依法行政，企业守法生产经营的大好局面。“7·26”洪灾期间，县政府领导及时率领招商等有关部门深入受灾企业，了解灾情，共同参与抗洪抢险，组织发动向受灾企业献爱心活动。

2008年，主要围绕2007年度投资环境考核评价反馈的意见，认真进行整改落实，以开展“治庸治懒”和“讲党性、重品行、作表率”教育实践活动为契机，加大整改力度，在出台《三都水族自治县招商引资优惠政策的若干规定（试行）》《三都水族自治县招商引资工作联系协调会议制度》《三都水族自治县外来投资者投诉处理规定》《三都水族自治县危害投资环境责任追究制度（试行）》《县领导联系重点企业制度》的基础上又出台了《三都水族自治县关于进一步改善投资环境的意见》《三都水族自治县进一步规范机关事业单位及干部职工行政行为暂行规定》《三都水族自治县县级领导联系县招商引资企业（项目）制度》《三都水族自治县外来投资者车辆通行证管理办法》《三都水族自治县项目监管实施细则（试行）》等相关政策，并认真贯彻落实。

建设行政服务中心是三都2009年整治投资环境，搞好招商引资工作的重点之一。经过多次召开会议安排部署及通过全县各部门的密切配合和共同努力下，行政服务中心于2009年10月10日正式挂牌开展对外服务。第一批进驻中心的单位共有18个：发改局、国土局、招商局、环保局、建设局、公安局、人劳局、林业局、水利局、安监局、经贸局、工商局、国税局、地税局、质监局、供电局、民政局、信用联社。行政服务中心正式揭牌启用以后，在开展对外服务工作中受理行政许可和便民服务事项中基本实现“一站式”“一条龙”服务，全面提高了行政审批效率，为企业和群众带来了极大的方便。

2010年，行政服务中心按照依法行政和政府工作全面提速的要求，硬件设施逐步完善，工作人员全面到位，制度健全。纳入审批事项数为123项，所有项目审批流程、审批时限公开张贴上墙。中心全年在开展对外服务工作中，18个部门共受理行政许可审批服务事项1859个，其中本级行政许可780个，县报批件23个，咨询件1049个，非行政许可服务事项（含网络服务）7个。

2011年，紧紧围绕开展“作风建设年、环境建设年和项目建设年”活动要求，按照理清思路、强化政策、备好项目、全民招商、以商招商、重点突破、重奖招商的总体要求，安排部署招商引资工作。为降低招商引资门槛，吸引更多的投资者到三都投资兴业，对原来出台的招商引资优惠政策进行调整补充，重新出台了《三都水族自治县招商引资优惠政策的若干规定（试行）》，凡是落户三都的招商引资企业，可在土地、税收、手续办理等方面享受更大的优惠政策。同时，为激励更多干部职工积极参与招商引资，出台了《三都水族自治县招商引资考核办法》《三都水族自治县招商引资奖励办法》，为三都推动招商引资工作提供坚强的政策保障。

2012年，为加快推动园区发展，三都还单独出台了园区优惠政策，努力打造园区政策洼地，吸引更多投资。加强行政服务中心管理工作，全年共受理行政许可审批服务事项23542件，其中本级行政许可9570件，县报批件4件，非行政许可服务事项5301件，咨询件8667件，业务办结率100%，与2011年同比业务量增加30.7%，进驻中心部门在中心收取各类规费96069元。

2013年，为进一步加强对外来投资企业的服务工作，成立了招商引资项目代办服务中心，建立和完善了相关制度建设，主动积极开展代办服务工作，服务内容涉及企业工商注册登记、项目立项、土地审批、项目规划、项目环境、供水、供电、通信、扶贫贷款申报、食宿安排、交通接送等。

第三节　对外招商和宣传

三都采取“引进来、走出去”的对外招商和宣传战略。每年都通过举办水族端节和水族卯节等节会活动，对外宣传和推介三都。此外，还积极参加省、州统一举办的各种节会活动和主动走出去参加国内一些重要的招商引资活动。

1995年起比较有影响的招商引资活动有：

1995年，深圳市党政代表团到三都考察，并决定合资兴建三都中密度纤维板厂；1997年5月28日在贵阳龙洞堡新机场通航经贸洽谈会上，县人民政府与深圳市建材集团正式签订合资兴办年产30000立方米中密度纤维板厂意向协议书。

2003年8月8日，三都组队参加荔波民族服饰文化艺术节，在活动中设置独立的宣传展位，发放《三都水族自治县投资指南》宣传资料并接受100多人的咨询；2003年9月8日，三都组队参加“9·8”中国厦门国际经贸洽谈会，通过黔南州举办招商引资专题推介会，让客商了解黔南、了解三都，三都邀请部分客商参加推介会。

2004年6月，由县委副书记陈稠彪率招商引资局等部门赴上海、浙江等地考察学习并组织开展招商活动，成功签约1个投资项目；2004年9月，由县委书记刘长江带队参加中国厦门经贸洽谈会，并走访厦门市木材公司；2004年11月4日，在县城举办水族端节活动期间举办了招商引资项目洽谈推介暨项目签约活动，应邀参加签约活动的客商40人。

2005年3月21日，湖南株洲金源公司副总经理赵自强先生率团到三都考察铁矿开发项目，初步决定投资开发丰乐交然铁矿；2005年5月23日至28日，三都组队参加中国重庆投资洽谈暨全球采购会，完成签约项目2个，协议引资5100万元；2005年7月举办中国三都水族卯文化节活动，应邀参加活动的客商200多人；2005年7月25日至28日，三都组队参加泛珠三角区域经贸洽谈会，完成签约项目2个，协议引资5300万元；2005年8月16日至18日，三都组队参加了“黄果树瀑布节”活动，完成签约项目两个，协议引资1亿元；2005年9月，江西红都水产品开发有限公司考察组到三都考察矿产开发，后经多次洽谈，该公司决定投资开发五坳坡锑矿；2005年10月18日至20日，三都组队参加中国·贵州龙里苗药博览会，完成签约引资10500万元；2005年10月，广东省广州日通外运有限公司考察团到三都考察投资水电项目，并决定投资大河河口电站。

借助清华大学远程教育走进贵州新闻发布会，三都于2006年11月16日在贵阳成功举办了招商引资推介酒会。清华大学卓越企业总裁高级研修班200名学员及省内部分企业精英出席推介会。县委书记刘长江携招商局出席酒会并在酒会上作了推介演讲。

2007年9月28日下午，三都水族自治县成立五十周年庆祝活动投资环境推介、经贸洽谈暨旅游招商项目签约仪式在县城民族村举行。邀请客商及省、州招商部门领导共30余人出席。

在2008年举办迎奥运·贵州三都·中国水族卯文化国际旅游节活动期间，县委、县人民政府于2008年7月15上午9时在县财政局五楼会议室举办了旅游招商专题推介会。6家县外企业和25家县内企业代表60多位客商应邀参加这次推介活动。

2009年4月9日，县人民政府县长张加春率领招商、发改、经贸、环保等部门主要领导赴江苏南京、浙江诸暨等地考察并于4月12日与安丽集团有限公司签订100万吨水泥生产项目投资意向书。2009年5月11日县人民政府与安丽集团有限公司在县行政中心签订100万吨水泥生产项目合同书，项目总投资3亿元，安丽集团在三都注册成立贵州三都润基水泥有限公司，该项目于2009年5月下旬正式动工。2009年6月8日至11日，三都组队赴广西南宁参加第五届泛珠三角区域经贸合作洽谈会；2009年9月8日，组队赴福建省厦门市参加第十三届中国国际投资贸易洽谈会。在会上，三都与福丰公司签订三都水族自治县福丰假日酒店四星级宾馆建设项目，项目总投资1.5亿元；2009年11月6日，第二届黔南州旅游发展大会在都匀市举行，县人民政府副县长李代平带队参加，在招商推介会上，三都与金盈矿产品有限公司签约牛场片区铅锌矿整合一体化开发项目，项目总投资为1亿元。为打造三都水族自治县水族风情旅游品牌，开发沿都柳江旧城区，加速城市建设，三都于2009年12月11日下午在省城贵阳紫林宾馆举办县城水族风情街开发项目招商信息发布会。县委、县政府主要领导，分管城镇建设、招商、旅游的县领导，县城镇开发领导小组正副组长及成员单位主要领导，县委办、政府办、宣传部、招商局、建设局、商会、旧城改造办主要领导参加招商发布会。发布会邀请了省内外知名房地产企业参加。

2010年5月20日，李代平副县长率队参加中国（重庆）国际投资暨全球采购会（渝洽会），签约中和镇朋彩煤矿开采项目，签约引资2500万元。2010年8月27日，县政协副主席、县招商引资局局长周泽祥率队前往福建省福州市参加第六届泛珠三角区域合作与发展论坛暨经贸合作洽谈会，签约麻光新区第二期土地综合开发项目，签约引资2.5亿元。2010年10月26日，黔南州第三届旅游发展大会在三都召开，在招商活动中，三都组织5个项目（白梓桥电站投资9000万元、万亩茶园基地建设投资5000万元、小脑和五坳坡锑矿选冶项目投资6000万元、金康制药厂资产重组项目投资1500万元、芳久茶叶种植与加工项目投资6000万元）参加签约，签约引资2.75亿元。2010年12月27日，张加春县长率队参加北京招商推介会，签约坝街电站和柳叠电站，签约引资5.8亿元。

2011年1月，参加黔南州185农业博览会，签约3个项目（浙江安吉大白茶种植项目，签约引资1亿元；地方特色柳源鸡种鸡扩繁及规模养殖项目，签约引资0.3亿元；周覃镇现代农业科技园区建设项目，签约引资0.4亿元）；6月18日在县城举行2011年中国“村长”论坛走进“神秘水族·魅力三都”招商引资项目推介会，以幻灯片的形式进行招商推介；7月，参加上海招商会，签约项目1个（金康制药厂重组扩建一期工程项目，签约引资1亿元）；12月，参加贵阳洽谈会，签约水族文化风情园、诗羽服装厂等5个项目，签约引资16.2亿元。

2012年2月，张加春县长率队赴广西三江考察招商，签约中华水族文化城开发项目，签约引资5亿元；5月，参加“渝洽会”签约1个项目（水族文化休闲旅游开发项目，签约引资2.8亿元）；5月、9月、10月、11月，通过自主招商，在县内签约9个项目（大塘旅游度假区开发、水族文化休闲旅游开发、九阡酒厂技改扩建、新型轻工建材生产、实木家具及实木办公用品加工、有机化肥厂、河道清理、商品混凝土搅拌站、麻光新区基础设施建设等），项目计划总投资12.33亿元；9月

17—20 日，县委书记王小红率队赴香港考察招商，与中电亚洲能源有限公司签订了风力开发项目，签约引资 20 亿元。

2013 年 1 月自主招商签约 1 个项目（山地高效现代农业项目），签约引资 1.5 亿元；3 月通过以商招商签约 1 个项目（湘雅医院），签约引资 0.7 亿元；5 月参加南京招商活动，签约 3 个项目；8 月 5 日在交梨乡举行葡萄文化旅游节招商引资活动中，签约 4 个项目（年产 3 万立方米指接板和细木工板项目，投资 1 亿元；周覃供港粤特色蔬菜产业园项目，投资 1 亿元；丰乐镇建设的生态农业发展项目，投资 3000 万元；三都山地葡萄产业技术合作项目）；8 月 19 日签约难燃科技木暨废弃玻璃再生玻璃工艺品和分布式光伏发电系统暨水陆两用艇车生产 2 个项目，签约引资 2.1 亿元；9 月 4 日至 6 日，由周泽祥副县长率领县投资促进局、县农工局、交梨乡等单位负责人及相关人员前往云南太阳魂酒业有限公司考察葡萄深加工项目；9 月 27 日，张加春县长率队参加温州招商活动，签约 1 个项目（都柳江医院），签约引资 1 亿元；11 月 15 日在县城召开海峡两岸台湾·三都（台商产业园）台资企业经贸交流洽谈会，会上，通过播放幻灯片形式向与会客商介绍三都水族自治县情，并与台商签约 8 个项目，共签约引资 12.3 亿元。

第四节　招商引资成果

1997 年，三都金康制药公司和中密度纤维板厂两家投资上千万元的重点企业率先落户三都，此后，相继有三都金江水泥厂、乐都水电开发公司、桂源水电开发公司、牛场铅锑浮选厂等企业在三都投产。2009 年 5 月 11 日，三都年产百万吨干法旋窑水泥生产线项目成功招商，成为三都水族自治县投资最大的招商引资项目，该项目由浙江安丽集团投资 3 亿元在三都投资建设，项目建成投产后，年产值可达 3 亿多元，年创税达 3000 多万元，可解决当地农民工 200 多人就业。

2010 年重点引进了九阡优质白茶种植项目，项目投资 1.2 亿元，种植基地 1 万亩，加工厂占地 50 亩，项目已建成投产。

2011 年重点引进了周覃现代农业科技示范园区项目、农产品加工项目、诗羽服装厂等项目。项目实施后，均产生良好的经济和社会效益。年度招商引资业务综合考核获全州二等奖。

2012 年重点引进了台湾产业园项目 15 个，项目计划总投资 12.3 亿元，项目建成后，将成为三都招商引资的最大亮点。年度招商引资业务综合考核获全州二等奖。

2013 年重点引进三郎城市综合体项目、三都水族自治县城绕城公路项目等，签约引资超过 100 亿元。年度招商引资业务综合考核获全州一等奖。

1996—2013 年三都水族自治县招商引资成果统计表

表 12-8

年份	引进项目（个）	到位资金（万元）	招商引资企业实现产值（万元）	招商引资企业缴纳税收（万元）	招商引资企业安排劳动就业（人）	招商引资到位资金占 GDP 的比例（%）	招商引资到位资金占全社会固定资产投资比例（%）
1996	10	1050	300	50	80	3.2	13.7
1997	17	1917	2000	100	600	5	46
1998	18	3553	3200	140	650	8.3	38.6
1999	31	2356.991	2600	120	680	6	24.8
2000	13	1293.635	1700	70	710	3.1	14

续表12-8

年份	引进项目（个）	到位资金（万元）	招商引资企业实现产值（万元）	招商引资企业缴纳税收（万元）	招商引资企业安排劳动就业（人）	招商引资到位资金占GDP的比例（%）	招商引资到位资金占全社会固定资产投资比例（%）
2001	21	2937	3400	180	800	6.7	37.7
2002	18	4434.9	5000	250	1300	9.1	37.6
2003	42	5200	6200	300	2000	9.3	36.9
2004	33	7730	10000	450	2400	11.9	36.7
2005	35	10500	14000	580	2650	14	57.9
2006	33	15570	20000	730	3000	20	48.1
2007	34	16300	26000	980	3150	17	40.4
2008	33	25000	36000	1020	3200	21	25.7
2009	24	30720	45360	1500	3400	23	9.7
2010	19	45015	60000	1800	3800	28.3	25.6
2011	30	149800	21720	6400	5230	78.8	53.4
2012	27	285000	37800	8000	6000	102	67.8
2013	49	439000	57900	10260	6600	131	73.1

第十二章　扶贫开发

第一节　扶贫开发项目建设

1986年，国务院发出了关于尽快改变贫困地区面貌的通知，全国范围内有计划、有组织、大规模地拉开了向贫困宣战的序幕。三都水族自治县肩负减缓贫困和经济社会发展的双重历史任务，奋起挑战贫困。

三都扶贫资金围绕农业和农村经济结构调整这一主线，以改善贫困乡村生产生活条件和提高贫困群众生活水平为目标，重点支持贫困乡村建设田、水、电、林、路等有稳定收益的基础设施建设，发展农村基础教育、医疗卫生、文化、广播电视等公益事业和沼气等生态环保工程以及直接解决农村贫困人口温饱的种植业、养殖业、科技扶贫、优良品种的引进、先进实用技术的推广及干部培训、劳动力培训转移等。实施的都是符合贷款条件、有发展前景、效益好、能够带动贫困群众增收致富的种植业、养殖业、农产品加工等项目，同时实施二、三产业项目及有还贷能力的社会发展项目。1986年至2013年共投建扶贫开发项目1653个，其中种植业项目362个、养殖业项目342个、基础设施项目687个、加工业项目33个、工业及乡镇企业项目47个、其他类型扶贫项目182个。

第二节 扶贫项目资金管理

1986年至2013年，三都水族自治县累计投入各类扶贫资金69259.69万元，其中财政扶贫资金29085.54万元、信贷扶贫资金18073.83万元、以工代赈资金14759万元、深圳等社会帮扶资金7341.32万元。

财政扶贫资金管理 （1）加强财政扶贫资金项目的预算审查，努力提高资金的使用效益。项目申报前，由县扶贫办审查项目概算，项目资金审批下达后，由县政府组织县扶贫办、财政局、农业局、畜牧局、交通局、水利局、审计局、建设局等县直相关部门组成项目实施方案审查组对项目预算进行严格审查。（2）按照财政部、国务院扶贫开发领导小组、国家发展计划委员会《财政扶贫资金管理办法（试行）》和《贵州省财政扶贫资金报账制管理实施细则（试行）》规定，县人民政府《关于切实做好财政扶贫资金报账制工作的意见》，加强了财政扶贫资金专户的管理与监督，促进项目资金拨付、报账规范和完善。承担财政扶贫资金项目实施的乡镇，在其财政所设立了财政扶贫资金核算专户，承担项目的业务部门也在开户行设置了财政扶贫资金核算专户，专门用于核算本项目财政扶贫资金。所有项目实施单位均实行专账管理，建立项目台账，并明确专人负责进行会计核算和账务处理，建立完整的财务档案资料。财政扶贫资金的请款、拨付、报账均严格按三都水族自治县财政扶贫资金报账请款审批单和三都水族自治县财政扶贫资金费用支出核销单的审批程序办理报账和请款。（3）强化监督。项目实施方案批准后，项目实施单位与县扶贫办签订《财政扶贫资金项目实施管理责任书》，并进行公告公示，接受项目管理部门和相关乡镇、村及农户的监督；加大督查力度，开展经常性检查，县扶贫项目实施督查组在对项目实施情况进行督查时，将项目财务状况、资金使用进度、资金管理作为重点督查内容之一，对检查中发现的问题，责成有关部门限期整改，使项目资金能按规定规范使用。四是加强资金审计力度。为切实抓好财政扶贫资金的使用和管理，做到无挤占挪用，无随意调整项目，确保专款专用，县审计局将扶贫开发项目列入年度审计工作计划，项目资金使用需经审计后才能提交验收。县审计局不定期组织审计人员深入项目实施地对项目进行检查，对项目资金使用进行严格审计，并撰写出财政扶贫专项资金审计报告。

信贷扶贫资金管理 信贷扶贫资金管理严格按《中国农业银行扶贫贷款管理办法》《扶贫贴息贷款管理实施办法》程序审批、使用、检查。信贷扶贫资金由县扶贫部门协助县农业银行发放和回收。扎实细致做好信贷扶贫工作的规划、立项、实施、管理、回收、验收等各项基础工作，规范各项管理制度，坚持按章办事。实行信贷扶贫资金专项专人负责制、公示制度等，严格执行项目的申请、审查、审批、公开、检查和到期贷款回收程序。采取多种检查监督方式强化责任追究制，不仅保证扶贫资金用于扶贫开发上，还在资金使用和投向的效益上做文章。

社会帮扶资金管理 严格按省扶贫办《关于大连、青岛、深圳、宁波四市对口帮扶资金使用和项目管理办法》程序审批、管理、监督、检查、审计、验收。开设社会帮扶资金专户，专款专用，严格实行资金报账制和项目专账管理制度、按项目实施进度拨款，如出现转移、挪用、贪污、挤占帮扶资金的，如数追回，并依法追究有关人员的责任。县项目检查组定期或不定期深入项目实施单位对社会帮扶项目实施情况进行检查，发现问题及时整改；县审计局对项目资金使用进行严格审计，并撰写出社会帮扶资金审计报告。

第三节　扶贫开发效益

自从进行扶贫开发以后，三都农村绝对贫困人口逐年下降。1986—2013年，按不同时期解决温饱的标准，通过各类扶贫资金的投入，累计净解决农村贫困人口温饱24.76万人。农村贫困人口占农村总人口的比例由1985年年底的86.9%下降到2013年年底的38.81%。

农村广大群众的整体生活水平有显著提高。2013年年底全县农民人均纯收入达到5760元，人均占有粮337千克，比1985年提高了33.07倍和2.35倍。

各类扶贫资金的投入，对全县经济和社会事业的发展、农村基础设施综合水平的提高、农民基本生产生活条件的改善起到了积极的促进和推动作用。在农村基础设施和社会事业发展方面，至2013年共新修改造农村公路839.81千米；改造农村电网1091千米，全县农村99.8%的农户实现通电；新修小水池（窖）5080口，新修沼气池9016个；新建和维修水利沟渠516.49千米，完成芒勇水库工程及一批病险水库维护，全县耕地有效灌溉面积由1985年的4.8万亩提高到14.87万亩；完成坡改梯13.5万亩、中低产田改造和恢复灾毁农田0.9197万亩；新建和实施危改乡村校舍129368平方米，新建村级办公用房189个村；新建广播电视接收站点279个，通广播电视村由1985年的15个村增至2013年的261个村；新建远程教育接收站点319个，新增通程控电话和移动电话通信设施205个村；实施易地移民搬迁工程2271户，改造茅草房危房125户8050平方米；解决17.67万人饮水困难问题。在解决农民增收方面，坚持着力实施了"两杂"及脱毒马铃薯种植温饱工程，分阶段投入建设了一批产业基地。在种植业上扶持建设了油桐、中药材、直杆桉、柑橘、大板栗、九阡李、梨、桃、杉、松、楠竹、葡萄等速生丰产经果林基地，在养殖业上扶持发展了商品牛、猪、羊、鸡基地等。着力配合推进以竹业为主体的经果林、工业原料林、反季节优质无公害商品蔬菜、优质香米、辣椒、甜茶、白茶、脱毒马铃薯等种植业，以养猪、养牛及牛品改、种草养畜、养鸡为切入点的农村产业结构调整已迈出了实质性的步伐。在提高农民素质方面，共培训乡村干部9609人次，农民适用技术培训353527人次，非农技能培训1942人，绿色证书培训4568人，劳动力转移培训14250人。

第四节　以工代赈易地扶贫开发

2001年，三都水族自治县获安排为以工代赈易地扶贫搬迁安置试点项目县。从2001年到2004年，省、州共安排给三都易地移民搬迁农户1016户4593人及其配套工程建设，总投资2721.8万元，其中以工代赈资金1872万元、省财政配套105万元、地县自筹698.8万元、部门配套46万元。易地扶贫搬迁安置由县发改局配合乡镇政府共同组织实施。对居住在生态环境脆弱，不具备生产和生活条件的极贫户按照轻重缓急、因地制宜、统筹规划、自愿自理、集中安置的原则，采取国家补助、县乡自筹、村组群众集资投劳的办法进行安置。

搬迁的基本原则：生存环境恶劣，不通水、不通电、不通路，耕地严重匮乏，一方水土难以养活一方人，即使国家给予大力支持，在原地仍难以具备基本的生产和生活条件的极贫户；搬迁安置地必须具备良好的可持续发展的生态和生产环境，移民对象人均要有1.5亩左右耕地和3亩以上可开发的非耕地；搬迁户必须出于自愿，有要求脱贫的愿望和意识；搬迁农户身体状况良好，能从事正常的生产劳动；执行国家计划生育政策和遵纪守法的极贫户。

搬迁形式：实行易地集中安置，即离开原生产环境，迁至生产生活条件较好的环境安置，以集中安置为主，分散安置为辅；采取分散迁出与集中迁出相结合，以分散迁出为主，迁留兼顾；迁移户主要从事种养业，也可从事其他产业。

搬迁安置模式：主要采取依托小城镇、民族旅游开发、生态保护、退耕还林、调整现有耕地、能工巧匠、产业带动等7种模式进行安置，其中依托小城镇安置有16个点、民族旅游开发1个点、生态保护3个点、退耕还林3个点、调整现有耕地5个点、手工艺人安置1个点，产业带动3个点。

截至2006年6月底，共建成农户住房976幢55380平方米，完成对946户3876人进行易地集中安置。建成附属用房2500平方米，公共用房700平方米；完成耕地征用1401亩，完成开发种植葡萄300亩、花椒100亩、麻竹250亩；建成廷牌层领等新村人饮工程29处，铺设主管及管网2482米，解决移民新村4002人3034头的人畜饮水困难；完成架设新村输电线路25.6千米；建成拉揽、扬拱、交梨、羊福、中和、廷牌、丰乐、打鱼等地新村道路硬化19条26844平方米，村级公路5条16.3千米；建成坝街、恒丰、三洞、大河、丰乐、羊福、巫不、水龙、中和、廷牌、都江、打鱼、合江、周覃、交梨、普安等17座综合市场占地面积25400平方米，其中顶棚市场面积6800平方米、市场大门4座、公厕2座；建成沼气池166口。累计完成投资2519.9万元，其中以工代赈1535.27万元、省州配套85万元、群众自筹853.63万元、部门配套46万元。

2007年完成80户地质灾害移民搬迁安置，建成移民农户住房80栋4800平方米，完成投资240万元，其中以工代赈40万元。2008年度易地扶贫搬迁安置试点项目分两批实施，搬迁安置234户1005人，其中第一批搬迁安置145户600人、第二批搬迁安置89户405人。项目总投资855.7万元，其中国家易地搬迁资金500万元，省2008年产业化扶贫资金5万元，县级配套及群众自筹350.7万元。2009年易地移民搬迁工程房屋建设250栋，当年建成住房205栋。2009年易地移民搬迁安置205户983人，房屋建设205栋15500平方米，总投资781.5万元，其中国家专项资金490万元，县级配套25万元，自筹266.5万元。2010年易地扶贫搬迁安置205户1000人，房屋建设205幢12300平方米，总投资630万元，其中国家专项资金500万元，省以工代赈配套100万元，县财政配套30万元。2011年易地扶贫搬迁安置367户1795人，房屋建设367幢29360平方米，总投资1200万元，其中国家专项资金900万元，省以工代赈配套200万元，县财政配套100万元。2012年扶贫生态移民工程搬迁安置256户1270人，房屋建设256幢20480平方米，总投资2429万元，其中国家专项资金889万元，州县配套984.6万元，其他资金556.26万元。2013年扶贫生态移民工程搬迁安置545户2371人，房屋建设545幢46740平方米，总投资6702.87万元，其中国家专项资金2845.2万元，州县配套542.62万元，自筹资金3315.05万元。

第十三章　非公有制经济

改革开放以后，全县非公有制经济发展迅速。个体工商户从1978年的105户发展到2013年的3763户；私营企业从1989年的20户发展到2013年的140户；外商投资企业从无到有，2013年已有2户。

三都解放之初，百废待兴，工商界肩负着理顺商品流通渠道，维护市场稳定，确保人民生产生活需要的使命。1952年，全县私营商业有595户，从业人员645人，年营业额近19万元，至1955年增加到54.32万元，平均增长近50%。1956年，工商界在县委、县人民政府的领导下，实行公私合营改造，改造后，全县工商业户为276户，而年营业额则达74.2万元，增长37%。当年除了城关照相客栈12户自己经营外，城乡工商业户都改造成为公私合营、合作商店或合作小组。1957年，全县工商界进入社会主义改造高潮，经过社会主义改造后至1963年，全县仅有公私合营商业户2个，比1956年减少了50%，全民所有制商业逐步取代公私合营或合作商业。1977年，随着当时政治形势的发展，县商业局宣布全县公私合营、合作商业合并为国有商业，全县私营工商业消亡，国营商业占了主导地位。改革开放后，非公有制经济迅速发展，成为三都水族自治县国民经济的重要组成部分，是富民兴县的一支重要经济力量。

第一节　非公有制经济在改革开放中崛起

1981年7月，国务院颁布了《关于城镇非农业个体经济若干政策性规定》，县委、县人民政府认真贯彻落实《规定》，启动了发展非公有制经济的工作，当年在城镇恢复发展个体工商户235户，安排待业青年145人、社会闲散人员89人、退休职工1人，注册资金11.76万元。

1983年3月，贵州省人民政府发出了“关于发展农村个体工商户”的指示，开始对农村个体工商户填发营业执照。当年全县个体工商户发展到811户，其中城镇346户，农村465户，共拥有资金48.85万元，商品零售额为373.1万元，占社会商品零售额的20%。1991年，全县非公有制经济群体纳税占全县县级财政收入的1/4。1992年，全县个体工商户1416户，从业人员1922人，注册资金487万元；非公有制经济纳税160多万元，工商费12.9万元。1993年，全县个体工商户1327户，私营企业2户，年纳税151万元。

1993年以来，县委、县人民政府认真贯彻黔府〔1993〕第3号、〔1994〕12号和黔南州委、州政府发〔1994〕21号文件，把发展非公有制经济列入议事日程，召开有关会议，出台《三都水族自治县人民政府关于发展非公有制经济决定》，实行“先放开搞活，后规范管理”的基本思路，制定优惠政策，为非公有制经济的发展大开“绿灯”。县工商行政管理部门紧紧围绕大力发展非公有制经济这个着眼点去开展个体私营经济管理工作。在加强发展非公有制经济工作中，充分发挥县工商业联合会联系非公有制经济的桥梁和纽带作用，充分调动各基层商会和个体劳动者协会及私营企业协会“自我管理、自我教育、自我服务”的积极性，有效促使全县非公有制经济稳步、快速发展，每年均以15%以上速度增长，1994年增长速度达19%，居全州之首。1995年，全县实有个体工商户2009户，从业人员2788人，注册资金982.33万元，分别比1981年增长7.55倍、10.86倍、82.55倍。

私营企业发展始于1985年，当年注册登记仅1户，到1995年发展到23户，注册资金301万元，解决就业人员283人。

1998年，全县注册的个体工商户为2088户，比1993年的1475户增加613户，增长42.56%；注册资金1218.62万元，以1993年的446.34万元增加772.28万元，增长1.73倍；从业人员3324人，比1993年2099人增加1225人，增长58.36%。注册的私营企业38户，比1993年13户增加25户，增长1.29倍；注册资金2053万元，比1993年的231万元增加1822万元，增长7.89倍；从业人员683人，比1993年186人增加497人，增长2.67倍。当年，个体工商户、私营企业主共交纳地方税360万元。比1993年151万元增加209万元，占县财政总收入1323万元的27.21%，比1993年的14.07%增加13.14%，成为县级财政增收的举足轻重的重要财源。通过10年的发展，2008年，全县共有个体工商户3176户，从业人员4万余人，注册资金5399万元，比2007年的4040万元增长33.64%；私营企业177家，投资人共281人，从业人员1473人，注册资金8695万元；外商投资企业34户，投资者34人，投资总额41520万元，实际到位资金20650万元，比2007年增长4.69%，其中新建24户、续建10户；非公有制经济实现工业增加值9763万元，占地方国内生产总值（GDP）9.8%，同比增长7.8%；规模以上非公企业14户，实现工业增加值4503.3万元，占地方规模以上企业工业增加值的88.2%，同比增长14%；非公有制经济实现营业（销售收入）41738万元，占地方营销收入总数的73%，同比增长21%；非公有制经济纳税3343.34万元，比2007年增长16.3%，占全县财政收入的40%，占税收总额的68.17%。

第二节　政策优惠

县委、县人民政府全面贯彻落实省发〔1996〕23号、州发〔1994〕21号文件精神，并按照“三个有利于”的标准，因地制宜，印发了《中共三都水族自治县委、三都水族自治县人民政府关于进一步加快非公有制经济发展的若干规定》（县发〔1996〕15号）文件，从经营范围、经营方式、市场建设、职称评定、协调服务、信贷扶持、税费负担、企业用地等若干方面，实行了一系列的优惠政策，激励非公有制经济加快发展。保障和维护了个体、私营经济业主的合法权益。1996年，县人民政府制发了三府〔1996〕33号文件，在全县范围内对个体私营企业实行缴费明白卡制度，加大税费负担的透明度，切实治理“三乱”。同时，还定期检查行业风气，及时纠正行业不正之风，有效促进了非公有制经济的健康发展。

随着形势的发展和需要，2001年，县委、县人民政府出台了《关于进一步加快非公有制经济发展的决定》，就非公有制经济发展等涉及的思想认识、发展措施、经营方式、投资产业、职称评定、手续办理、户口迁入、生产要素、融资使用、税赋评议、权益保护等一系列问题作出了优惠规定，激励了非公有制经济的平等竞争，共同发展。对新开业的个体工商户、私营企业主实行“先上车、后补票”“先发展、后规范”，并根据其经营项目性质、酌情给予一定的试业期，在试业期间免缴所有税费。县工商行政管理部门还为新开业的个体工商户、私营企业主提供办照指南，县招商引资项目办公室协调为引进的私营企业进行合署办公，从速办理有关手续。县委、县人民政府的主要领导深入企业，现场办公，及时解决企业在发展中遇到的困难和问题，协调金融部门为私营企业提供信贷扶持，协调经济实力较强的单位和县财政为私营企业提供信贷担保。县四大班子主要领导身体力行，各有关部门步调一致，努力为私营企业服务，为私营企业营造较好的发展氛围。

2003年，县委、县政府作出了《关于投资软环境综合整治实施方案》和《投资者投诉处理规定》。2004年2月县人大常委会印发了《关于治理经济发展环境的决定》。2008年印发了《三都水族自治县关于进一步改善投资软环境的意见》。

2009年4月1日，组织部分非公有制经济人士在芒勇水库召开了三都水族自治县非公经济人士深入学习实践科学发展观研讨会，会上，就《三都关于治理投资软环境的意见（草案）》《三都发展非公经济的意见（草案）》做了认真的讨论，根据非公有制经济人士意见，对两个《建议稿》进行了进一步修改，并将两个《建议稿》融合为一个《建议稿》。《建议稿》拟出初稿后，进一步征求了非公经济人士意见，并将《建议稿》印发招商、工商、国税、地税等21个部门征求意见，将征求到的意见又进行了认真的修改完善上报县委、县人民政府。县委、县人民政府于2009年8月31日出台了三党发〔2009〕19号《关于进一步加快非公有制经济发展的实施意见》。

2009年起，非公有制经济工作被列入部门、乡镇年终政绩考核目标内容。

2013年3月，出台了《三都水族自治县招商引资优惠政策》《三都水族自治县招商引资奖励办法》。

第三节 非公组织的组建

为了切实加强对非公有制经济发展工作的领导，2010 年 7 月，县委、县人民政府成立了非公经济投诉中心。成立了工商业联合会基层商会 15 个，其中乡镇基层商会 10 个，异地客商分会 3 个，行业商会 2 个。工商联有会员单位 16 个，其中乡镇基层商会 10 个，异地商会 3 个，同业商会 3 个。工商联有团体会员 16 个，个人会员 71 人，实有会员 88 个。

1999 年县委批复组建 10 个乡镇分会。同年 12 月底，乡镇 10 个基层商会相继成立。

2002 年 11 月 8 日，三都水族自治县石材雕艺有限责任公司暨三都水族自治县工商业联合会石雕艺术分会正式挂牌成立。莫怀会任会长，韦绍永任副会长兼秘书长。

2003 年 9 月 2 日，湖南籍分会成立，王玉书任会长，林正松、姜柏林、戴益平、岳志平为副会长，葛虎为秘书长。李龙、曾胜祥、姜比武为常委，出席代表 43 人，该分会会员 43 人。

2007 年 1 月 31 日，川渝籍客商分会成立，曾爱明当选为会长；谌业科、何西强、李铁成、朱世海、付刚 5 位当选为副会长；刘安平当选为秘书长。有会员 45 人。

2007 年 5 月 25 日，机动车辆维修同业分会成立，唐金刚当选为会长，余大龙、李光永、岳志平、曹天伟、刘四毛、吴昌友、陆通平当选为副会长，黎林红当选为秘书长。会员数 63 名。

2008 年 1 月 8 日，浙江籍客商分会成立，李招根当选为会长，柳家委、施仙森、章林建、林乃起等当选为副会长；柳家委兼任秘书长，会员数为 75 名。

2008 年 9 月 19 日，湖南籍客商分会召开第二届会员代表大会第一次会议，戴益平当选为会长；岳志平、李龙、朱益华、尹华移、周招金、杨能军当选为副会长；舒爱明当选为秘书长。

2008 年 12 月 17 日，在县工商联会议室召开了湖南商会支部成立大会。湖南商会支部的成立标志着县内有了第一个基层分会支部。

为加强三都非公有制经济党组织建设，2012 年 12 月 10 日县委成立了中共三都水族自治县非公有制经济工作委员会，办公室设在工商联。党工委成立以后，就三都非公企业党组织进行摸底，2013 年对现有企业 126 家中，有 3 名以上党员的企业 4 家，党工委按上级的要求，于 4 月相继成立 3 家企业党支部。

第十三篇　科教·卫生

第一章　科　技

第一节　科技体制改革

1986年以后，全县始终坚持“经济建设必须依靠科技进步，科学技术必须面向经济建设”这条主线。1989年5月，县委、县政府决定在全县实施“科技兴县”战略。按照“经济建设必须依靠科学技术，科学技术必须面向经济建设”的战略方针，推进全县科技体制改革。首先是改革拨款制度，以往科研项目的经费采取按项目包下来的方式，1989年以后对一些项目采取匹配投资方式进行。其次是对一些项目实行承包，1989年对一些项目采取承包方式，明确承包者责、权、利，以发挥科技人员的聪明才智和充分调动积极性。第三是鼓励科技人员到生产第一线，促进农村商品经济发展。1989年，有较多的科技人员到生产第一线。农业部门的20余名科技人员承包杂交水稻制种及杂交水稻、杂交苞谷大面积丰产栽培和低产果园的改造、烤烟种植、中低产田的改造、柑橘幼树科学管理等技术开发。县农艺师吴永堂承包杂交水稻制种，当年突破杂交水稻制种亩产50千克的技术大关。同时促进和鼓励科技人员开展有偿承包服务、业余兼职技术服务，从科技开发、攻关技术项目中选择有条件的项目，实行有偿承包，以便取得经验，逐步推广。第四是改进科技成果奖励办法，1989年，制定和实施科学技术进步奖励条例，进一步调动科技人员和科技管理人员的积极性。改进科技项目管理工作，实行责、权、利相结合的管理方式。

1999年3月，县委、县政府召开全县科学技术大会，明确全县科技创新的重点、推进举措，提出了“突出重点、引进创新、加强转化、支撑发展”的指导原则。9月23日《黔南州科学技术进步条例》颁布实施后，根据《条例》的要求，县委、县政府提出“科教兴县”战略决策，建立科教领导小组，同时出台科技奖励措施和激励科技人员领办科研项目的政策，制定出台《三都水族自治县县管拔尖人才选拔管理办法》《三都水族自治县优秀知识分子科技人才评选办法》《中共三都水族自治县委员会、三都水族自治县人民政府关于进一步加强和改进知识分子工作意见》。此后又制订了《三都水族自治县中长期科学和技术发展规划纲要（2006—2020年）》。是年开始，三都在“3·18”科技活动日，设立县管拔尖人才、优秀知识分子、科技人才、乡土人才奖等奖项。1999年至2013年受县表彰的县管拔尖人才15名，优秀知识分子、科技人才65名，乡土人才23名。

2006年，出台了《关于加强农业技术推广工作鼓励农业技术人员搞好技术服务的意见》《三都水族自治县在职干部职工留职离岗带薪创办农业产业项目暂行办法》《三都水族自治县传统知识知识产权保护试点工作方案》等激励科技人员领办科技项目的政策。通过推行以上行之有效的政策措施，充分调动了科技人员的积极性，科技成果的推广应用取得了一定成效。1981 年至 2013 年共有 51 项科技成果荣获国家、省、州科学技术进步奖，其中国家级三等奖 1 项、省级一等奖 1 项、省级二等奖 4 项、省级四等奖 3 项、州级二等奖 2 项、州级三等奖 16 项、州级四等奖 24 项。

第二节 科技机构设置

1987 年 2 月 26 日，成立三都水族自治县科学技术委员会，设主任 1 人，有工作人员 8 人。下设办公室、业务计划室、情报室；1993 年 9 月 15 日，设置科技情报研究所，属事业性质，规格为股级，编制 4 人。1994 年 6 月 8 日，县科学技术委员会更名为科学技术局，与县科学技术协会实行两块牌子一套人员的管理方式。下设办公室、科技管理股、情报研究所、学（协）会办公室。人员编制 11 名，配备领导 3 名，正职 1 名、副职 1 名，各股室配股长（主任）或副股长（副主任）1 名。2002 年 1 月 28 日，县党政机构改革，保留三都水族自治县科学技术局（以下简称县科技局），县科技局明确为主管全县科技工作、知识产权工作、防震减灾工作的政府工作部门。科技情报研究所为事业单位，隶属县科学技术局管理。将科学技术协会职能划出。2007 年 12 月，县科技局增加知识产权管理和防震减灾工作职能，2008 年 4 月，县科技局加挂县知识产权局牌子，实行两块牌子一套人员的管理方式，县知识产权局局长由县科技局局长兼任。2011 年年底，县科技局（县知识产权局）内设办公室、业务股、情报所等股室，在职职工 13 人，其中行政编制 9 人、事业编制 4 人。2012 年 4 月，县科技局与县发展改革局合并，在发改局内设立科技和知识产权科，领导职数分别设正职或副职 1 名。保留科技情报所（加挂县防震减灾办公室牌子），为县发展和改革局管理的股级事业机构，核定事业编制 5 名，设所长 1 名。2012 年 8 月，三府办发〔2012〕181 号文件又明确规定，县科学技术局设在县发展和改革局，为正科级事业单位，参照公务员法管理。内设 5 个职能股室：办公室、科技管理股、知识产权股、政策法规股、科技情报信息股（防震减灾办公室）。县科技局核定事业编制 13 名（含从原科技情报所划转的事业编制 5 名），领导职数设局长 1 名、副局长 2 名。各股室分别设正职或副职 1 名。由财政全额预算管理。

第三节 科技成果推广应用

一、科技成果项目选介

1. 油菜育苗移栽。1987 年在南片区实施油菜育苗移栽试验示范 3 亩（每个区 1 亩），亩产 105 千克。1987 年至 1988 年全县示范 777 亩，平均亩产 95.3 千克，最高的可达 191.99 千克。验收直播面积 47.95 亩，总产 1951.85 千克，平均单产 40.7 千克。移栽比直播增产 54.6 千克/亩，增产率为 134.1%。

2. 温饱工程和秋种“321”工程。1990 年温饱工程面积占总耕地面积 96.58%。其中，杂交稻 74362 亩、常规稻良种 78072 亩、杂交玉米 27404 亩，秋种面积 47288 亩，复种指数接近 80%，秋种中“321”工程油菜育苗移栽 3 万亩、小麦规范化栽培 2 万亩、旱地分带轮作 1 万亩。在温饱工程和秋种“321”工程实施中，由单项技术向复合技术发展，单项技术与综合配套技术实施，实行良种、良法配套，推行规范化模式栽培技术。使粮食总产实现了 6425.7 万千克，比 1989 年增长 24.62%，比历史最高的 1988 年增产 11.84%。

3. 推广汕优63组合。1991年全县推广汕优63组合杂交水稻10.4万亩，比1990年增加2.35万亩，占水稻栽插面积的66.5%。据全县8个乡镇24个村72个点进行测产验收，平均亩产405.9千克，总产4221.776万千克，占全县水稻总产量的77.4%，比1990年亩增产13.3千克，增长3.51%。全县推广应用温室两段育秧和地床育秧技术面积62180亩，占杂交水稻栽插面积59.62%，较1990年增长3.1倍。稻田多熟制及高产田示范推广面积8666亩，平均亩产粮554.8千克，产值1116.58元。

油菜育苗移栽试验

4. 玉米营养袋育苗定向移栽。1991年推广玉米营养袋育苗定向移栽面积1560亩，平均亩产377.1千克，比对照（直播）亩产221.6千克增产155.5千克，增长70.17%。

5. 低产果园的改造技术。三都原有柑橘果园7000亩，其中低产果园占70%左右。通过深翻扩穴、施足底肥、巧施保果肥、综合防治病虫害、打尖抹芽和修剪等技术的实施，果园产量增加、质量提高。1989年总产鲜果13158千克、1990年总产27316千克、1991年总产量达到55200千克。

6. 杂交水稻制种高产试验。1991年采用大行比2∶18，改大田攻蘖为秧田攻蘖，增加用种量，以增加母本基本苗，父本重施多元肥，增加花粉量，单产达到158.9千克。

7. "农乐一号"和KD-1型高吸水树脂推广应用。"农乐一号"浸种剂是中科院海洋研究所开发的一种农作物增效剂，KD-1型高吸水树脂为新型植物抗旱保水剂，具有抗旱保水保温、改良土壤结构和提高肥料利用率、促进种子萌发等功能。2000年，在周覃、交梨、三洞、丰乐四个乡镇由农技站负责试验，试验结果水稻亩产563.5千克，比对照组530.94千克增加32.56千克，增产6.13%。

8. 柑橘高位嫁接换种。2004年2月8日，三都邀请贵州大学农学院樊卫国院长等教授专家一行到丰乐镇沃屯村开展柑橘高位嫁接换种工作考察调研。2月10日，樊院长带领县科技局技术员和沃屯村农民技术员等5人赴榕江县利用高位嫁接换种技术率先建设的果园基地进行考察学习，同时采集7个优质品种穗条20千克送到沃屯村农户手中，在樊院长一行的技术指导下开展高位嫁接换种工作。第二年9月25日随机抽查5户，嫁接成活率达86%以上，有4户的柑橘高位嫁接改造已挂果，挂果株40%~50%，最高90%以上，挂果最好的单株产果15千克以上，果型大，表皮光滑，色泽好看。

9. 农村沼气池综合应用与推广。2001年，利用该技术开展科技生态示范村建设。按照沼气池、平干圈、卫生厕所、厨房四位一体建设要求，在三合镇麻光村、交梨乡王家寨村、周覃镇板光村和新合村建立生态示范村。2004年，建设生态村8个，其中县级重点村示范村2个、一般村6个。

10. 绍兴青壳Ⅱ号蛋鸭引进及推广。2005年，县科技局与浙江省农科院畜牧兽医研究所合作实施绍兴鸭配套技术引进与产业化开发项目，2008年，达到年推广绍兴Ⅱ号青壳蛋鸭十万羽。

11. 特色资源甜茶开发与增值加工技术转化。2006年11月10日，县健康茶种植园与科技部签订特色资源甜茶开发与增值加工技术转化（农业科技成果转化）资金项目合同书，为该项成果的推广应用提供一定的技术和资金支撑。2008年，甜茶种植面积达到2757亩，其中1802亩为企业自筹，955亩为农民合同种植。加工基地车间增加到4个，机械设备24台（套），是当年国内最大的甜茶种植基地和最专业的生产企业；产品销售收入586.93万元，实现利润127.96万元，创汇总额（折合）16.35万美元。

12. 优质柑橘产业化科技特派员示范。2008 年 9 月经贵州省科技厅批准立项，县科学技术局实施，项目总投资 5 万元，项目执行时间为 2008 年 10 月至 2010 年 10 月。科技特派员示范种植和带动辐射达 8000 多亩。主要分布在大河镇、三合镇、拉揽乡和都江镇，基本形成了都柳江沿河流域产业带。带动和辐射农户 310 户，户均 71 亩。培养农民科技特派员 19 名，农村科技二传手 32 名。科技特派员建立柑橘示范基地 830 亩，带动农户 12 户。引进推广新技术 3 项，新品种 1 个。

13. 红辣椒产业化种植及系列产品加工。2009 年 7 月，经贵州省科技厅立项，由县科技特派员王强胜承担实施。项目执行时间为 2009 年 3 月至 2011 年 10 月，系科技特派员创业项目。项目完成总投资 80 万元，加工鲜辣椒 210 吨，其中生产三都酸 150 吨、甜辣酱 5 吨、干辣椒 15 吨。实现产值 130 万元，创税 7.8 万元，利润 26 万元。建立红辣椒种植示范基地 950 亩，产鲜红辣椒 950 吨；带动农户 60 户，示范种植红辣椒 300 亩，产鲜红辣椒 300 吨；辐射发展 1000 户农户种植红辣椒 3000 亩，产鲜红辣椒 3000 吨。对农户开展红辣椒种植技术现场培训 7 次（420 人次）。建成辣椒产业科技特派员工作站一个，培养农民科技特派员及科技二传手 12 人。

14. 优质脐橙种植试验示范。项目由县科技局承担实施，系省星火计划项目。项目执行期为 2008 年 6 月至 2010 年 12 月。项目依托贵州大学农学院的柑橘栽培技术，在原来的基础上续建喀斯特绿色优质脐橙种植试验示范基地 250 亩，其中早熟品种 50 亩、晚熟品种 100 亩、夏橙品种 100 亩。按绿色果品生产的规范要求进行三年抚育，初产期亩产鲜果 1 吨；同时配套种植绿肥改良土壤、建设小水窖等。

15. 从甜茶中提取多种有效成分的中试研究。2008 年，项目由贵州省健康茶科技有限公司承担实施，系省科技厅中小企业创新基金项目。同年 6 月，完成甜茶提取物中试生产线土建工程，建成生产车间 800 平方米，7 月完成锅炉车间建设，购置和安装生产设备 13 台（套），8 月上旬进行设备调试和生产员工培训，9 月 8 日甜茶提取物中试生产线正式投产。至 2009 年 6 月 30 日，甜茶提取物中试生产线已生产 263 天，共生产甜茶提取物产品 48.6 吨，其中甜茶甙 25.1 吨、鞣花单宁 12.8 吨、没食子酸 10.7 吨。按年生产日数 300 天计算，已形成年产甜茶甙、鞣花单宁、没食子酸 55 吨生产能力。产品各项主要技术性能指标经检测均达到产品质量标准。项目执行期内共完成工业增加值 502.13 万元，实现销售收入 1720.51 万元，创税 142.26 万元，实现净利润 197.0 万元。

16. 现代生物技术在黄酒（九阡酒）工艺创新中的应用。项目由九阡酒有限公司承担实施，系 2009 年省工业科技攻关计划项目。2010 年，完成优良糖化菌及高活性酵母菌分离筛选补充试验与性能试验。重点是对黄酒（九阡酒）制曲，制酒中所需优良微生物菌种进行分离筛选和测定，并进行性能试验。

17. 水晶葡萄测土配方施肥技术试验示范与推广。2009 年 9 月在交梨乡移民新村续建测土配方施肥田间试验示范面积 2 亩，采用测土配方施肥、疏果套袋、生物病虫害防治等先进适用技术。2010 年 7 月 26 日实测，试验组平均亩产 2052.8 千克，对照组平均亩产 1952.4 千克，试验组比对照组增产 100.4 千克，按就地批发价 5 元/千克算，亩增加收入 502 元，节省施肥开支 35 元。

18. 明日叶种苗繁殖及栽培技术研究。2009 年，项目经州科技和知识产权局立项，由贵州省健康茶科技有限公司承担在三都实施。建成明日叶苗圃 5.1 亩，出圃明日叶种苗 20.6 万株；留种圃 0.5 亩，收获明日叶种子 19.2 千克；进行明日叶示范种植 51.3 亩，总产明日叶干叶 11.7 吨。项目实施期间，进行了明日叶种苗繁殖及栽培技术研究的相关试验，其中包括明日叶种植密度、明日叶施肥方式、明日叶种子处理方式、明日叶分期播种、明日叶留种试验。初步掌握了明日叶在三都的生长特性，探索和总结了明日叶留种及种苗繁殖技术和明日叶栽培技术，并在此基础上制定了《明日叶种苗繁殖技术规程》和《明日叶栽培技术规程》。

19. 柳源牌土鸡基地建设和三都柳源鸡（三都土鸡）本品种选育。2010 年 5 月，分别获得省科技厅和黔南州科技局批准立项，由科技特派员、天源绿色食品有限公司承担实施，立项支持经费分别为6万元和5万元，实施年限2010年1月至2012年5月。其中三都柳源鸡（三都土鸡）本品种选育项目系州级配套项目，实施内容与省科技特派员创业项目三都柳源牌土鸡基地建设相同。通过项目实施，建立柳源鸡核心群选育场一个，新建种鸡舍、孵化室、育雏舍及后备鸡舍等630平方米、办公生活用房300平方米，购置安装标准种鸡笼60组，购置安装孵化机、出雏机、发电机等设备4台（套）；向交梨柳源鸡扩繁场提供种鸡4批共8000只，生产商品柳源土鸡苗15万只；带动农户发展规模养鸡61户，出栏商品柳源土鸡11.57万羽。

20. 甜茶甜味素产业化技术转化与应用。2011年4月，分别获得科技部和贵州省科技厅立项批准，由健康茶科技有限公司承担实施，科技部和省科技厅分别立项资助经费为60万元和30万元，实施期限2011年4月至2013年4月。项目建成甜茶提取物生产线2条，形成年产60吨甜茶甜味素生产能力，实现甜茶甜味素生产技术熟化并进行规模化生产。生产线于2012年4月26日投产，至2013年4月底，共生产甜茶甜味素62.125吨，其中40%甜茶甜味素41.75吨、70%甜茶甜味素20.375吨，实现销售收入2912.25万元，缴税155.61万元，净利润409.62万元，出口127.136万美元（折合）。

21. 甜茶产业科技特派员示范基地建设。2011年5月，分别获得省科技厅和州科技局批准立项，由科技特派员、健康茶科技有限公司承担实施，省科技厅和州科技局分别立项资助经费为11万元和5万元，实施期限2011年5月至2013年12月。项目建成甜茶种苗快繁培车间200平方米，购置安装组培接种、灭菌、培养、计量等设备及相关仪器。完成培养基调配和外殖体置诱导，培育出甜茶组培试管苗12万株，并进入幼苗移植圃培养；甜茶原料规范化种植基地完成1080亩土地整治及甜茶苗定植。

22. 水晶葡萄园优质高产技术示范与推广。2012年5月，经贵州省科技厅批准立项，系省星火计划科技扶贫类项目，由县绿野农产品农民专业合作社承担实施，立项支持12万元，项目执行时间为2012年4月至2013年12月。采用测土配方施肥、生态节水灌溉（抗旱）、冬剪加重回缩、绿枝嫁接、液体套袋、生物病虫害防治等新技术及其新产品，对低产低效水晶葡萄园进行高产高效技术改造。低产园改造对比试验6亩，高产高效技术改造示范面积494亩，示范园亩产量2500千克，比对照组增产1000千克；培育科技示范户50户；推广应用新技术2000亩，亩产量2000千克，比对照组增产500千克；新技术及其新产品推广应用覆盖农户2500户。

23. 速生材稳定型高档实木指接板制造关键技术开发与应用和速生材稳定型高档装饰材料生产技术开发与应用。2011年和2012年分别获得州科技局（工业计划）和省科技厅（中小企业创新基金）批准立项，由金鸟木业有限责任公司承担实施。立项支持经费分别为7万元和17万元，实施期限2011年5月至2014年5月。这2个项目实施内容基本相同，完成购置多层高精度热压机、数显恒温鼓风干燥箱、数显恒温水浴锅、四面刨、蒸汽脱脂等实验设备；与华南农业大学联合开发，攻克高效制材技术、速生材马尾松防霉防蓝变技术，促进63毫米厚马尾松板材干燥时间从原来的14天缩短到11天，干燥速度比改进前提高了21%，马尾松板材的干燥等级从原来传统的三级提高为二级；在国内一级核心刊物《林产工业》和《木材工业》杂志上发表《63毫米厚马尾松板材的干燥工艺》《枫香地板坯料干燥工艺》《60毫米厚枫木材快速干燥工艺》3篇论文；就速生材改性申请专利6项，其中发明专利3项、实用新型专利3项。通过采用新技术及其设备生产，月产量达到200立方米，产品质量达到国家标准规定的一级产品。

24. 水药接骨膏治疗骨折的随机对照临床研究与应用。2012年11月，经州科技局批准立项，系社会发展类科技计划项目，由县人民医院承担实施，立项资助经费6000元，实施期限为2012年6月至2013年6月。本课题观察水药接骨膏治疗骨折的临床疗效及安全性。

25. 水晶葡萄主要病虫害绿色防控技术研究与应用。2013年5月，经省科技厅批准立项，系农业攻关项目，由县植保植检站承担实施。立项资助经费25万元，实施期限2013年1月1日至2015

年 12 月 30 日。

二、科技成果

1. 1978 年至 1990 年三都科技成果获国家、省、州科技进步奖共 15 项，其中国家级 1 项、省级 6 项、州级 8 项。

1978—1990 年三都县获国家、省、州级科技进步奖项目表

表 13-1

序号	项目名称	年度	级别	等级	获奖单位	主要完成人
1	盛夏中短期大、暴雨预测预报方法	1978	省级	省科学大会奖	县气象站	—
2	配丰收 35、27 型拖拉机伸缩齿防滑轮	1978	省级	省科学大会奖	州农机研究所、县农机研究所、县机修厂	—
3	大河公社千亩油菜丰产试验	1981	州级	四等奖	大河农推站	田应忠、杨再先
4	三化螟稻纵卷叶螟寄生蜂调查初报	1981	省级	二等奖	县植保站	—
5	三化螟稻纵卷叶螟寄生蜂调查初报	1981	州级	三等奖	县植保站	—
6	杉木林抚育间伐试验	1981	州级	四等奖	拉揽林场	杨秀龙、孙占文
7	中西医结合治疗马急性过食症（食滞型）	1984	州级	四等奖	县兽防站门诊部	王锦荣、黄仁杰
8	利用拟澳洲赤眼蜂防治稻纵卷叶螟及玉米螟示范	1985	省级	四等奖	县植保站	刘东香、李巧珍、潘福成
9	县综合农业区划报告	1986	国家级	三等奖	农业区划办	—
10	县综合农业区划报告	1986	省级	二等奖	农业区划办	—
11	县农机区划报告	1986	省级	一等奖	区划办农机组	—
12	利用拟澳洲赤眼蜂防治稻纵卷叶螟及玉米螟示范	1987	州级	三等奖	县植保站	—
13	中低产田粮食增产综合技术研究	1987	州级	四等奖	县农业局	何登觉、魏光辉、苏春丰、万福来
14	三都大桥设计与施工（与州合作项目）	1987	州级	四等奖	县工交局	杨　辉、赵世辉
15	三都水族自治县畜禽疫病普查	1990	州级	四等奖	县农牧局	张崇智、韦荣显、王兴华、包晓闽、朱桂英

2. 1991—1995 年，三都科技成果项目获黔南州科学技术进步奖 7 项，其中一等奖 1 项、二等奖 3 项、三等奖 2 项、四等奖 1 项。

1991—1995 年三都县获黔南州科技进步奖项目表

表 13-2

序号	项目名称	年度	级别	等级	获奖单位	主要完成人
1	畜禽防疫“双轨”目标管理责任制	1993	州级	二等奖	县兽防站	张正植、刘朝华、韦荣显、包晓闽、王维祥、徐远伦、王军荣、蹇世舟、李海恒
2	高蛋白浓缩饲料生产技术与推广应用	1993	州级	三等奖	县兽防站	周启泽、韦荣显、包晓闽、王军荣
3	十万亩作物喷施叶面宝增产技术	1993	州级	四等奖	丰乐、周覃、中和、交梨、九阡、三洞等农技站	刘廷波、王兴保、覃新仁、田应忠、周先文、吴　祥
4	大河片区油菜综合增产技术	1993	州级	三等奖	丰乐、大河、烂土农技站	田应忠、杨忠相、杨建忠、张加兰、莫如英、许太亮、陆兴忠、韦祖华、韩　斌
5	党相万亩杉木速生丰产林基地建设	1994	州级	二等奖	三合镇党相林场	罗玉光、龙洪宇、韦祖光、王德智
6	碳化砖研制技术	1994	州级	二等奖	三都水族自治县农机厂	平忠信、潘光珍、江　河
7	水稻综合增产技术（全州三都水族自治县参加）	1995	州级	一等奖	三都水族自治县农业局	何登觉、魏光辉、苏春丰、万福来

3. 1996—2013 年组织科技成果项目申报省、州科技进步奖 16 项，其中省级二等奖 1 项、州级二等奖 5 项、州级三等奖 5 项、州级四等奖 5 项。

1996—2013 年三都县获省、州级科技进步奖项目表

表 13-3

序号	项目名称	年度	级别	等级	获奖单位	主要完成人
1	杂稻新组合Ⅱ优 63 综合增产技术	1996	州级	三等奖	县农技站	刘廷波、周从福、罗世升、杨宗相、陆兴忠
2	6NH16—20 型碾米粉碎两用机	1996	州级	四等奖	县农机厂	刘锡萍、江　河、黎治国、徐更新
3	复方蛋清乳的制备及治疗烧伤 186 例疗效观察	1996	州级	四等奖	县人民医院	逯黔英、逯黔凤
4	微贮、氧化稻草喂育成牛效果对比试验	1996	州级	四等奖	州、县饲草饲料站	王林风、张永康、王军英、彭　冰、周如军
5	利用重力势能差原理设计无动力回空索道运载应用初报	1997	州级	四等奖	国有拉揽林场	李合忠、吴厚繁、林闽榕、汪贞雄
6	网箱养鱼高产技术应用试验	1997	州级	三等奖	县水产站	韦祖礼、黄绍展、陈东林、王　健、周颖峰
7	贵州地方牛品种选育	1998	州级	三等奖	县畜禽品种改良站	周如军、王军荣、韦景哉、李海恒、韦　斌
8	双千田综合增产技术	1998	州级	三等奖	县畜禽品种改良站	唐贞兰、韦祖华、张美霞、江锡珍、周贵婉

续表13-3

序号	项目名称	年度	级别	等级	获奖单位	主要完成人
9	世界银行贷款“国家造林”项目	1999	州级	二等奖	县世界银行贷款“国家造林”办公室	赵金华、章发均、吴文科
10	三都水族自治县土地利用总体规划	1999	州级	四等奖	县国土局	潘启孝、罗东林、吴崇勇、潘利报
11	农村沼气池综合应用与推广	2003	州级	三等奖	县科技局	罗向东、吴光荣、韦林海、吴文斌、王炳武等
12	特色资源甜茶基地建设及产品开发	2006	州级	二等奖	县健康茶科技有限公司	陈显刚、苏春丰、黄新等
13	三都农田鼠害综合防治配套应用技术研究	2007	州级	二等奖	县农业局植保站	周朝霞、吴祥等
14	贵州农田鼠害综合防治配套技术应用与推广	2008	省级	二等奖	县农业局植保站	周朝霞、吴祥等
15	三都稻田高效种植模式研究及推广	2013	州级	二等奖	县果蔬开发办公室	潘德怀、韦荣楷、潘泽宗、张　敏、罗　群等
16	三都农区褐家鼠发生规律与无害化防治技术研究应用	2013	州级	二等奖	县植保植检站	周朝霞、艾祯仙、陆晓欢、白明琼、赵安黔等

第二章　教　育

第一节　教育体制改革

1978年3月，全县中小学全部取消学校中的革命领导班子，建立和健全校长和教导主任制。为加强对村级学校的管理，先后在各区、乡设立教育视导站，后更名教育指导站、教育办公室、教育辅导站，乡镇教育辅导站和各乡镇中学教育教学业务管理相对独立，平行开展。2009年三都“两基”攻坚工作结束，按省、州文件要求，撤销乡镇教育辅导站，其工作职能划归乡镇中心小学，乡镇小学教育教学业务管理由乡镇中心学校负责，实行校长负责制，农村教学点的教师配备由乡镇中心学校统筹安排。

1982年9月，小学恢复六年制，高中恢复三年制。此后，县内普通教育学制小学为六年、初中为三年、高中为三年。

全县中小学教师均由教育局统一分配安排，人事权在县教育局。1984年三都民族中学首先试行教师聘任制，1997年三都鹏城希望学校也开始实行教师聘任制，从1997年起在全县各中小学都先后实行了教师聘任制，但是，由于县内师资力量等教育资源匮乏，距离真正意义上的教师聘任制还比较远。学校中层领导干部原来由县教育局任命。2004年，县第二中学首先实行面向全县公开招聘中层领导班干部，2005年三都民族中学、三都民族职业教育中心也相继面向全县公开招聘学校中层领导干部。从2005年起，全县各类学校全部实行校长负责制。

由于三都地处边远山区，校点分散，管理较为困难，根据国家的“整合资源、集中办学”的精神，2009年，三都逐步撤销了一些生源少的小学校点，撤销前全县小学校点总数为219所，2009年降至207所，2013年为182所。

2006年以后，中小学的行政组织机构均有所增加，乡镇中心校一般都增设办公室、政治教育处（思想教育处），有的学校还设有教育科研处、体育卫生处和生产劳动处或勤工俭学处。中学设校长1人、副校长1至3人，教导主任1人、副主任1至2人，总务主任1人、副主任1至2人。全县各中学均有党支部，党支部设书记1人、副书记1至2人、委员3至5人。

2008年，三都大力改革教育人事制度，于当年选取11所中小学校开展校长“公推直选”试点工作。2009年全面铺开对19个乡镇27所中小学校长实行“公推直选”，通过层层选拔，使优秀人才最终脱颖而出，走上了领导岗位，共聘任38名公选校长、52名副校长，普遍实现了党组织人事意图和教师支持意愿高度一致的目标，带动了一批在学校当中威望高、政治立场坚定、专业能力和综合素质强的中青年人才成为新一代学校工作的带头人。各公选学校全面实施“三制一管理”，明确校长责任和义务，制定校长考核实施细则，完善细化学校管理制度。

第二节　教育基础设施设备

1978年以后，全县城乡各地纷纷恢复和创办了各类幼儿园或学前班，各幼儿园基本上都有活动场地、活动室和睡眠室等，至2013年总占地面积已达5.1万平方米。

1981年2月16日至25日，教育部和国家民委在北京召开第三次全国民族教育工作会议，总结民族教育工作经验，研究调整和发展民族教育的方针任务。三都水族自治县根据会议精神并结合当地实际情况，坚持因地制宜、多层次多形式的办学方法，重点发展农村小学，使小学教育网点逐步向基层铺开。1995年以前，三都各中小学教育基础设施设备极其简陋。1995年至2013年度，深圳各界及其他外援组织共85家企业、团体、基金会等先后共捐资5376万元，援建220个项目，受援项目学校163所（部分学校同时得到多个单位援助），共捐赠价值199万元的教学物资，三都的教育设施设备得以改善。2006年，部分边远小学也有了远程教学设施，36所中小学校贷款购置计算机开设信息技术教育课程，约2.5万名中小学生接受现代信息技术教育。2013年，全县各小学全部都有教学大楼、图书室，全县小学占地面积已达61.1373万平方米，小学168所学校教仪配备基本达标，均配置了远程教育设备（属模式一的学校有42所、模式二的学校有128所），远程接收覆盖全县所有学校。学校师生可通过接收卫星电视共享教育资源，刻录光盘，做成教学资源，山区孩子足不出户也能享受到外界优质教育。全县20所初级中学（独立初中14所、九年制初中部6所）、2所普通高中、1所职业高中占地总面积达83.5716万平方米（包括普通教室、实验室、图书室、微机室、语音室），中学教仪配备基本达标；全部中学安装有远教设备及多媒体教学设备。

第三节　教师队伍建设

1950年以后，三都的教师队伍由公办、民办、代课教师组成。公办教师纳入国家干部编制，工资由国家财政直接拨款开支；民办教师享有同公办教师同样的政治待遇，但不列入国家干部编制，工资也比公办教师少得多；代课教师则是教师中的临时工，工资和民办教师差不多。

为了加强小学教师队伍建设，三都于 1977 年在三都师范开始招收中师班。除了正规学校培养小学教师外，县教育局于 1985 年 8 月成立中师函授站，组织尚未达到中师毕业的小学教师参加函授学习，报名参加人数达 119 人。中学教师队伍也不断扩大，通过在职自学、离职进修和成人高考等各种形式，鼓励和保送到大专院校（黔南教育学院、贵州教育学院、深圳大学、西南大学、深圳经理进修学院、中央民族学院等）学习深造和培训，同时请专家教授学者到三都讲学，以加强教师队伍建设。到 2013 年，到北京、上海、深圳等先进发达地区及省、州参加培训的教师累计达 23940 人次，先后组织 3000 余名教师到省、州参加教学观摩、研讨、英语年会和教学展示课等活动。在“十五”和“十一五”期间，全县参加州级培训的中小学校长、支书共计 348 人次，其中高中 11 人次、初中 119 人次、小学 218 人次。

1985 年开始民办教师转正工作，1986 年通过培训将 49 名民办教师转正，1987 年转正 29 人，1992 年转正 17 人，1993 年转正 9 人，1997 年转正 65 人，到 2005 年对达不到转正条件的民办教师全部辞退。2011 年 11 月，三都彻底解决代课教师问题，将 147 名代课教师分流到各中小学任保安人员、食堂工人和学生宿舍管理员等。

为缓解师资不足的问题，县委、县人民政府每年从财政挤出部分经费，面向社会招聘大中专院校毕业生任中小学教师，充实到基层学校，国家也为边远贫困地区义务教育阶段补充一部分特设岗位教师（2007 年 50 名、2009 年 80 名）安排到基层学校。2013 年 12 月，三都共有教职员工 3449 人。中小学教职工中，具有研究生学历 7 人、本科学历 1414 人、专科学历 1449 人、中专学历 344 人、高中及以下学历 33 人；35 岁以下 1545 人、36 岁至 40 岁 1026 人、41 岁至 45 岁 432 人、46 岁至 50 岁 167 人、51 岁至 54 岁 127 人、55 岁以上 152 人；副高级职称 122 人、中级职称 1369 人、初级职称 1393 人、未评级 347 人。

第四节　教育结构

一、幼儿教育

1978 年以后，全县城乡纷纷恢复和创办了各类幼儿园（班），从此结束了除县城以外农村无幼儿教育机构的历史，幼儿教育得到快速发展。1979 年，三合、猴场、董蒙、巴棉、三郎、烂土等村，相继开办了幼儿园（班），共计 9 个，入园儿童为 213 人。1983 年 6 月，水族女青年蒙治珍自办幼儿班于烂土麻拱村，首创县内个体自办幼儿教育的先例。幼儿园根据各自条件和民族特点，开设了语言、计算、美术、音乐、游戏等课程。随着经济社会的发展和教育体制改革的深入，全县出现了部门、集体和个人主办、联办、自办等多种形式的幼儿园（班）。

1984 年，县内部分区乡中心小学和大型完小，相继开办和发展附设学前班，吸收 6 周岁儿童入学，开启启蒙教育，同时也为本校提供优质生源。始办学前班的小学有平寨小学、鼠场小学、巴佑小学、苗草小学、甲倒小学、阳基小学、周覃小学、九阡小学和上江小学等九所学校，随后各乡中心小学也纷纷开办附设学前班。1986 年，《中华人民共和国义务教育法》颁布和实施后，学前教育又有多种形式的发展，有的学前班办在幼儿园，有的附设在中心小学和完小。1990 年后，随着各乡镇中心完小附设学前班的增多，县内恢复和兴办的幼儿园（班）经过整合缩编，办学条件不断改善，教育体制日趋完善。2001 年，又在县城创办了第二幼儿园，其完善的教学设施、完备的教学体系和雄厚的师资力量，成为全县各种类型幼儿园的典范。2008 年，全县幼儿园（班）共计 14 所 41 个教学班，入园儿童 1145 人。至 2013 年，根据黔南州教育局文件指示，县城小学取消学前班，至此，三都幼儿园共 26 所（公办幼儿园 8 所、民办 18 所）、学前班 90 个，在园（班）幼儿 8264 人，学前儿童入园（班）率达53.7%，在编幼儿教师67人。

二、普通小学教育

为了改变“文化大革命”以来教育混乱的状况，扭转普通小学摊子过大、管理不到位、教学质量下降的局面。从1978年开始，在全县范围内进行一系列的改革整顿，恢复和完善普通小学的行政管理体制，撤销了“革命委员会”和“教育革命小组”两个机构。在全县小学布局调整的基础上，根据教育部“调整、改革、整顿、提高”的方针和“压缩高中，控制初中，保证小学五年教育”的原则，对县内小学布局作了重大调整，将全县附设有初中班的30所小学压缩了19所，仅保留11所，后又逐步取消和分开；同时拆并部分校点，抽调150余名骨干教师回小学任教，但仍保留边远山区小学的合理布局，坚持公办与民办相结合的“两条腿走路”的办学特点。在常规教学上，根据教育部颁发的《全日制中小学教学计划试行草案》的精神，县教育局先后出台了《中小学行政工作条例》《教师工作暂行条例》《在职教师培训计划》《学生考勤制度》和《学生成绩考核制度》等一系列教育教学的常规管理制度，建立健全普通小学教育管理体制。

1982年9月以后，普通小学学制由五年制改为六年制，这一年新招入学的一年级学生开始使用六年制教材。课程设有语文、数学、体育、美术，高年级还增设自然常识、外语等课程。1985年后把政治课改为思想品德课，对学生进行“五讲四美三热爱”教育。鼓励和支持创办“女子民族班”，因地制宜建立和完善寄宿制学校。随着国家对边远落后少数民族地区教育扶持力度的不断加大，全县先后有阳基、高硐、恒丰、和勇、地祥、塘州、尧吕、和平、板甲、扬拱、拉揽、打鱼、盖赖、上江、巫不、羊福、甲雄、坝街共18所小学被明确为“瑶山式”民族小学，由省人民政府扶持。

1996年，在实施普及六年和九年义务教育阶段，小学教育事业得到了义教工程和社会力量的大力支持，尤其是1995年开始的深圳对口帮扶三都，使全县小学教育基础设施的面貌焕然一新。这期间，深圳帮扶三都兴建希望小学21所，后续援建先后有8所，解决近万名小学生入学难的问题，其后开展和援建的“1+1”活动和扶贫济困基金会，以及“苗圃行动”“书香门第”等有关社团组织和爱国人士陆续捐赠的钱物，扩大了帮扶面，受助的贫困小学生5000余名得以重返校园。

1998年“两基”工程实施以后，进一步加大改善小学办学条件的投入力度，三都普通小学教育又跃上了一个新台阶。到2013年年底全县各乡镇中心完小都已完成了现代远程教育设备和多媒体网络的安装使用，全县共有小学校（点）186所，其中完小111所、九年制学校小学部6所，小学在校生总数33683人，教职工1727人。

三、普通中学教育

1977年至1978年，城关、大河、都江、普安、水龙等中学为完中，先后招收高一7个班新生350名。1978年2月13日，三都中学明确为贵州省重点中学。同年全县有中学12所，连同戴帽初中班共185个教学班，有学生9100人，普通中学“浮肿”，教学质量下降。

2004年建成的三都民族中学

1980年至1982年，整顿提高初中，调整压缩高中，摘掉一批小学的初中“帽子”。停办32所小学附设的初中班，7所完中只保留3所，即三都中学（后改名为三都民族中学）、城关中学（后改名为三合中学，1984年定名为县第二中学)、周覃中学。将大河、普安、水龙、都江4所完中调为初级中学，保留九阡、丰乐两所初级中学。全县中学生降至4700人，扭转了摊子大、教师缺乏、管理混乱、教育质量下降的局面。至1987年，全县各类中等学校共15所，100个教学班，在校生4900人。

1987年周覃中学高中部被撤掉。1997年9月在深圳市的资助下，鹏城希望学校建立。2004年2月三都民族中学从老校址（老校址建成行政中心）整体搬迁到龙嘴角新校址。2004年5月三都民族师范学校加挂高级中学牌子。2005年6月三都高级中学与县第二中学进行教育资源整合。至2013年，全县开设有中学22所（完全中学2所、独立初中14所、九年制学校初中部6所），在校初中生17367人，在校高中生6622人。中学占地总面积83.5716万平方米（包括普通教室、实验室、图书室、微机室、语音室），中学教仪配备基本达标；全部中学安装有远教设备及多媒体教学设备。

四、中等师范教育

1977年9月，统一招生后，三都师范学校明确了培养目标——合格的小学教师，学制三年。截至1981年，共培养四届232名中师毕业生，其中女生81人、少数民族学生189人。

1981年10月，根据中央和上级有关民族教育工作的指示精神，全省首批恢复建立了11所民族师范学校，黔南州三都民族师范学校是其中一所，也是全省师范学校调整后保留下来的30所师范学校之一。三都师范学校改名为黔南州三都民族师范学校后，改招初中毕业生，学制三至四年。开设2个班，在校生90人。1983年黔南州三都民族师范学校开始定向招收15～18周岁的初中毕业生，学制四年。自从改为民族师范学校后，1981年至1984年间，三都民族师范学校在人力、物力、财力等方面都得到了上级和社会的大力支持，学校物理实验室、化学实验室、美术室、音乐室、图书室得到充实完善。1987年，在校生365人，教职工有40人。2000年9月通过省人民政府“贵州省中等师范学校办学水平和办学条件双合格学校”评估验收。2001年10月成为深圳大学师范学院教育实习基地。2004年1月经黔南州人民政府批复，加挂“三都高级中学”牌子。2007年增设幼师专业，但随着教育体制改革的不断深入，中等师范教育逐渐不适应教育事业的发展需要，按照“幼儿教师、小学教师大专化”的要求，2010年起，三都停止招收三年制中师学生。

五、中等职业教育

1984年秋，三都水族自治县民族职业学校在县城附近的湾滩创办，原名三都林业中学，招收初中毕业以上学生2个班，共100人，学制二年。1986年迁到县城电影院上课。1987年，改名为三都水族自治县民族职业学校，学校建于城南莫家寨后坡，设有农学、林学、机电、畜牧4个专业班，仍招收初中毕业生，学制三年。

1999年9月，将县职业技术学校、县卫校、县农广校、中华会计学校三都分校、县就业培训中心、县农科所等六个单位合并，命名为三都水族自治县职业教育培训中心，是三都唯一的一家融初等职业教育、中等职业教育、成人教育、高等教育和各种职业培训于一体的多功能综合性的办学机构。其办学宗旨是为全县经济社会发展的需要培养初、中级应用型技术人才和高素质劳动者。校园占地面积51亩，建筑面积11535平方米。全县从事职业教育的教职工有45人（专业技术人员37人、管理员7人、工人1人），专任教师中高级职称4人、中级职称（含讲师）18人（已聘任12人）、初级职称15人。在校职高学生220人（开设有8个教学班），成教学员118人。职高开设有计算机应用、汽车驾驶与维修、旅游酒店服务与管理、电子电工、服装制作与营销等5个专业。

2002年县职业教育培训中心构成了“高职部、初职部、培训部，各部相互独立，协调发展，重点发展高职部，大力发展初职部，突出发展培训部，三位一体，稳步发展”的办学格局，逐步形成了“理念活、地方小、规模大、成本低、效益高、质量优、出路好”的办学特色。2008年以后，开办全县农村劳动力转移“雨露计划”培训，共14期，23个班，培训686学时，培训人数1101人（“整村推进”317人），培训转移就业率为91.25%，转移就业去向为珠三角一带。据追踪，就业学员月平均工资为1450元以上。充分利用农闲时节，对农民进行实用技术培训，使他们掌握一门技术，提高致富能力。至1996年，进行技能培训800人，其中烹饪专业2期共122人、餐厅服务业1期59人、电焊工1期48人、电子电工1期85人、旅游服务业1期86人，学员全部通过有关部门的职业资格鉴定，获得初级实用培训资格证书。另外，县职教中心还与县内民间能工巧匠结合，开展实用技术短期培训，分别在三洞、廷牌、中和等地开设马尾绣制作专业培训5期，参训学员共400余人。2010年3月，县职教中心被州人力资源和社会保障局批准为职业技能工种培训基地。2013年开始实施教育“9+3”计划（九年义务教育加三年职业教育）。

六、扫盲教育

1981年三都恢复农村夜校，次年共有夜校156所、学员2257人，经验收53所，脱盲597人，有高硐、恒丰、丁寨等夜校获先进夜校称号，其中水族教师王秀养办的夜校女子班有25名水族妇女入学。1983年有夜校扫盲班319个，入学人数8348人，当年验收149个班，脱盲2728人。同年有13个业余小学，旨在提高脱盲者的文化水平，入学269人。1985年10月，有扫盲班40个，入学人数1193人，经验收，脱盲400人；有业余小学3所，学员46人。其中，普安区扫盲班4个，136人，脱盲63人；大河区扫盲班11个，271人，脱盲135人；三合区扫盲班7个，126人，脱盲63人；都江区扫盲班4个，40人，脱盲7人；中和区业余小学2个班，30人；周覃区扫盲班8个，264人，脱盲132人；九阡区业余小学1个班，16人；三合镇扫盲班9个，256人。同年年底，入学人数为4023人，脱盲1226人。1986年10月有扫盲班203个，入学人数6214人，经验收全部脱盲；到1987年，已有三合镇和普安镇等先后成为基本无盲单位。

三都于1996年实施“双教”工作，1999年通过省人民政府评估验收；1997年开始启动“两基”工作，以大河镇为试点，2000年以乡镇推进，全面铺开，2003年通过省人民政府评估验收，2007年通过省复查验收，2009年通过“国检”（国家督导检查）。

第五节　教育成果

改革开放以后，三都办学规模不断扩大，教学质量不断提高。至2013年，全县共有小学校（点）176所（完小111所、初小及教学点65个），小学在校生33683人。全县开设有初中学校20所，初中在校生数17057人；普通高中2所，普高在校生9933人；职业高中1所，职高在校生1798人；全县幼儿园26所、学前班90个，在园（班）幼儿15394人，学前3年入园（班）率为53.7%。全县有中学教职工1183人（特岗教师77人），小学教职工1708人，职教中心教职工44人，幼儿教师51人。

1978—2013年三都普通高考、中考录取人数统计表

表 13-4

年份	高考报名数	高考录取层次					中考报名数	中考录取		
		高考录取总数	"211"院校（重点）	一般本科	专科	中专（含五专）		中师	中专	高中
1978	—	27	0	11	16	10	—	—	—	—
1979	—	43	2	8	33	56	—	—	—	—
1980	—	64	4	15	45	120	—	—	—	—
1981	—	48	2	17	29	58	—	—	—	—
1982	—	58	3	16	39	63	—	—	—	—
1983	—	56	2	23	31	21	—	—	—	—
1984	—	64	3	19	42	17	—	—	—	—
1985	—	67	4	25	38	7	—	—	—	—
1986	—	48	2	17	29	9	—	—	—	—
1987	—	51	4	23	24	11	—	—	—	—
1988	—	58	4	25	29	9	—	—	—	—
1989	—	66	4	27	35	8	—	—	—	—
1990	—	26	1	11	14	16	—	—	—	—
1991	—	37	2	11	24	21	—	100	50	—
1992	—	49	2	9	38	23	—	80	44	—
1993	—	18	2	2	14	20	—	112	47	—
1994	—	46	4	8	34	12	—	91	90	—
1995	—	42	1	6	35	15	—	194	68	—
1996	—	46	0	6	40	17	—	136	66	—
1997	—	58	1	16	41	12	—	136	66	—
1998	—	51	2	8	41	7	—	104	91	—
1999	—	78	1	20	57	7	—	104	281	—
2000	—	99	5	35	59	—	—	77	423	—
2001	—	152	10	55	87	—	—	104	426	—
2002	257	210	15	101	94	97（五专）	—	65	139	—
2003	377	222	4	86	132	262（五专）	—	47	107	—
2004	673	466	14	160	292	196	2940	46	64	—
2005	777	252	9	98	145	—	3898	—	—	1969
2006	1010	316	17	84	215	—	4141	383（含中专）	82（含五专）	1887
2007	1079	359	4	89	266	—	3867	（五专）89	（中师中专）283	2096

续表13-4

年份	高考报名数	高考录取层次					中考报名数	中考录取		
		高考录取总数	“211”院校（重点）	一般本科	专科	中专（含五专）		中师	中专	高中
2008	1250	373	13	120	240	—	4004	212	98（含五专22）	2256（含职高252）
2009	1385	560	20（理15、文5）	二本157（理93、文64）	361	—	3924	中师中专84、五专31		普高2012职高138
2010	1206	598	32	二本177、三本54	335	—	3793	中师中专203、五专19		普高2137职高233
2011	1208	688	46（理32、文14）	二本224（理108、文116）三本28	390	—	2809	五专30、中专职校48		普高2144（本县1928）
2012	1278	969	62（理53、文9）其中“211”录取55人	246（理118、文128）三本67	594	—	3477	五专125、中专中师44、中职146		普高2420（本县2349）
2013	1450	486	75（理55、文20）其中211录取54人（理45、文9），“985”录取5人	二本411（理191、文220）三本64	521（含自主招生41人）	—	4560	五专63、中专中师58、中职981		普高3175（本县3010）

附一：百年大计　千秋伟业

——三都“两基”工作通过省人民政府验收

根据省、州关于基本普及九年义务教育，基本扫除青壮年文盲（简称“两基”）的工作规划和《中共贵州省委、贵州省人民政府关于实施“两基”攻坚的决定》，在省州党委、政府的正确领导以及上级主管部门的关心支持下，三都举全县之力实施“两基”攻坚，努力提高基础教育的普及程度，管理水平，巩固扫盲成果，有力地推进了教育事业的发展。

一、基本情况

2002年，全县初中阶段学校22所，在校生17623人；小学校（点）246所（其中完小114所，初小25所，教学点107个），在校学生41132人；教职工为2776人。至2008年，全县中小学共

247所，其中：小学225所、九年一贯制学校6所、独立初中13所；小学在校学生42836人，初中在校学生18146人，全县教职工增至3184人。

1996年经省人民政府验收基本达到了初等义务教育和基本扫除青壮年文盲的标准，1999年通过了省、州人民政府对三都基本普及初等义务教育和基本扫除青壮年文盲的复查验收，标志三都的教育工作进入普及九年义务教育阶段。2003年，"两基"工作通过省人民政府评估验收，2007年通过省人民政府复查验收，同时，启动"两基"迎"国检"工作，2008年"两基国检"通过省人民政府预检，认定为"合格"。三都"两基"工作取得阶段性成果，义务教育实现了历史性跨越。

二、"两基"工作开展情况

（一）基本普及九年义务教育

1. 入学率：2008—2009学年小学适龄儿童入学率为99.3%，三残儿童少年入学率为84.4%；初中阶段入学率为102.4%。

2. 辍学率：2007—2008学年：小学在校学生辍学率为0.26%，初中在校学生辍学率为2.4%。

3. 完成率：15周岁人口初等教育完成率达98.4%，17周岁人口初级中等教育完成率达86.1%。

4. 文盲率：15周岁人口文盲率为0。

（二）师资水平

1. 专任教师学历合格率：小学、初中专任教师学历合格率分别为99.6%和99.3%。2001年以来新补充中小学教师872人，学历合格率达100%。全县现有小学代课教师68人，占专任教师比例的4%；初中无代课教师。

2. 中小学师生比：2008年小学、初中师生比分别为1∶25.3和1∶19.9。

3. 专任教师任职要求比例：2008年小学、初中专任教师达任职要求比例分别为99.9%和99.8%。

4. 校长岗位培训上岗率：全县小学正副校长共119人，取得岗位培训合格证119人，岗位培训合格率为100%；初中正副校长46人，取得岗位培训合格证46人，岗位培训合格率为100%。

（三）办学条件

全县中小学布局基本合理，始终坚持"小学就近入学，初中相对集中，高中规模办学"的发展思路，不断改善办学条件，基本能满足适龄儿童就近入学和"普九"的需要，全县中小学无D级危房。

1. 生均校舍面积：小学3.9平方米，初中5.7平方米。

2. 生均图书：小学7.4册，初中17.8册。

3. 教仪器：全县Ⅰ类完中和Ⅱ类初中教学仪器配备达标率为100%，Ⅰ至Ⅲ类小学教学仪器达标率为94.7%。

4. 全县中小学音、体、美器材配备率达100%。

（四）教育经费投入情况

1. 农村税费改革转移支付资金，三年来，全县农村税费改革转移支付资金用于教育共计1851.36万元，占全县转移支付资金的50%以上。

2. 财政经常性收入2005年、2006年、2007年分别为2010万元、2725万元、3050万元，财政对教育拨款分别为7525.33万元、10652.27万元、15781.7万元。

3. 教育经费总支出：2005年、2006年、2007年分别为9806万元、13954万元、21525万元。

4. 生均公用经费2005年、2006年、2007年：小学分别为80元、94.5元、161.98元；初中分别为111.35元、117.54元、237.02元。

5. 三年共拨付城镇教育费附加210.65万元、地方教育费附加43.95万元、城市维护建设税

26.45 万元，全部用于教育。

6. 上级下达的各项教育专项资金 2005 年 767 万元、2006 年 1817 万元、2007 年 2401 万元，全部划拨给教育。

7. 按月足额发放中小学教职工工资，没有拖欠教职工工资的现象。“两免一补”和各类捐资都按相关政策和捐助者要求执行，无违规行为，无挪用截留现象。

（五）教育质量

2005—2006 学年、2006—2007 学年、2007—2008 学年：小学毕业全科合格率分别为 97.4%、98.4%、98.5%；初中全科合格率分别为 95%、96.1%、96.2%；小学毕业率分别为 99%、99.3%、99.8%；初中毕业率分别为 99.1%、99.4%、99.5%，呈逐年上升趋势。

（六）学校安全管理

三都高度重视学校安全工作，不断增强“学校安全不保，谈何教育”理念。做到学校安全工作警钟长鸣。县、乡、学校都成立了以主要领导为组长的安全工作领导小组，并层层签订安全目标责任书，学校各班主任与各学生家长和学生签订《安全手册》，增强相互安全意识。县、乡、学校都分别制定了学校安全突发工作预案，县制定《学校安全工作评估方案》，由县人民政府教育督导室负责组织评估，安全工作形成齐抓共管格局，有效控制各种安全事故的发生。近几年全县没有发生重大安全事故。

（七）扫盲程度

2007 年全县农村 15～50 周岁青壮年 167843 人中，丧失学习能力 809 人，非文盲人口 166159 人，非文盲率为 99.5%，其中城（镇）非文盲率为 99.96%，全县近三年脱盲人数为 8313 人，脱盲巩固率为 98%。

21 个乡镇都建立了农民文化技术学校，建校率达 100%；274 个村（居）委会建有农民文化技术学校（点），建校（点）率为 100%。

（八）执法要求

1. 逐步完善以县为主的农村义务教育体制，认真落实《中华人民共和国义务教育法》《中华人民共和国教师法》等教育法律法规。

2. 各级各部门对义务教育的目标具体，职责明确，能自觉履行法律责任，人大和政协认真履行监督职能，确保依法治教。

（九）资料管理

1. 县、乡镇、学校都建立健全“两基”资料室，配有专职资料员负责资料建设。

2. “两基”资料分类归档，科学整齐规范，数据真实准确，各类表、卡、册滚动使用较好。

三、开展“两基”工作的主要措施

（一）统一思想，提高认识

按原省规划，三都“两基”工作交付省人民政府评估验收的时间安排在 2005 年，县委、县人民政府为加快人才的培养，促进经济社会的发展，2000 年，县人民政府向省、州人民政府申请将三都“两基”验收时间提前到 2003 年，并得到省、州人民政府的批准。为了实现“两基”目标，县委、县人民政府始终将科教兴县战略、教育优先发展战略作为首要任务，把“两基”作为“十件实事”来抓，加大“两基”宣传力度，提高各级各部门和广大干部群众对“两基”工作重要性的认识，把全县上下的思想统一到实施“两基”攻坚上来，坚决打好“两基”攻坚这场硬仗。

（二）加强领导，明确职责

为加强对“两基”工作的领导，确保“两基”攻坚目标的实现，县委、县人民政府成立了由县长任组长，县四大班子分管领导任副组长，县直有关部门主要负责人和各乡镇人民政府乡镇长为成员的强有力的县“两基”工作领导小组，各乡镇也相应成立了“两基”工作领导小组。县委、县人民政府多次召开县委常委会、县人民政府常务会议和专题会议，研究部署“两基”工作，认真解决“两基”工作遇到的困难和问题，2001年以来就先后召开了5次规模较大的全县“两基”工作会议。建立了“一把手负总责，分管领导具体抓，党政班子共同抓”的工作机制，切实做到组织机构、人员、任务、职责“四落实”，把“两基”工作深入到各乡镇、各部门领导任职考核和工作年度考核及干部政绩考核的重要内容，实行“两基”工作“一票否决”制度。启动“两基”迎“国检”工作后，为确保教育目标实现，县委、县人民政府于2008年8月召开了全县“两基”迎“国检”工作会议，对“两基”工作作了一次全面部署和要求，签订了“两基”迎“国检”工作目标责任书。各乡镇人民政府也召开了相应的会议，并层层签订了目标责任书，进一步加强了各乡镇、各职能部门的责任感和使命感，形成了县乡工作一致，全面推进“两基”工作的良好格局。为充分调动各部门对“两基”迎“国检”工作积极性，县政府印发了《三都水族自治县实施义务教育法迎接国家“两基”督导检查县直有关职能部门工作职责的通知》增强其责任和义务。同时，县委、县政府将“两基”工作纳入乡镇、部门年终考核目标责任制，形成了上下协调配合，人人有指标的工作局面。

（三）制定方案，强化措施

为确保“两基”工作的顺利实施，县委、县人民政府2002年下发了《关于实施“两基”攻坚的决定》，2003年下发了《关于认真做好2003年“两基”攻坚工作的意见》等文件，将“两基”指标逐一分解到各乡镇，实行倒计时管理。建立了“县—乡—村（居）”“局—站—校”的双向目标管理责任制，形成了一级抓一级，一级对一级负责的工作格局。根据“两基”规划，进一步完善分级办学，分级管理体制，明确县、乡镇、村各级在“两基”中的工作职责和任务，增强县、乡镇、村三级尤其是乡镇、村两级的工作积极性、主动性和创造性。以及时掌握“两基”工作进展情况，督促乡镇抓“两基”，县成立了“两基”督查组，分4个小组，每个小组的组长由县委、县人大、县人民政府县政协分管教育的领导担任，涉教部门相关人员为成员，对全县21个乡镇的“两基”工作进行定期、不定期督查。

（四）认真贯彻教育法律法规，依法治教，加大宣传力度，营造良好的工作氛围

严格执行《中华人民共和国义务教育法》《中华人民共和国教师法》《中华人民共和国未成年人保护法》《贵州省教师条例》等法律法规，加大教育执法力度，有效维护了教师的合法权益，形成良好的依法治教社会环境。为了营造良好的“两基”攻坚氛围，三都成立了“两基”工作宣传组，多形式多渠道加大对“一纲五法二条例”的宣传力度，动员全社会力量参与到“两基”工作中，大力宣传依法治教，让全社会关心教育，通过培训学习相关法律法规，各级各部门在县“两基”工作领导小组的领导下，充分利用各种宣传资源，通过宣传手册，光碟、宣传资料（60000份）、书写永久性标语（2500条）、电视、报纸等形式广泛宣传，县、乡镇人民政府和教育单位都悬挂“两基”“攻基”攻坚倒计时牌，增强了“两基”工作的紧迫感、责任感，同时也赢得了人民群众对“两基”工作的关心和支持，提高全县人民群众对做好“两基”迎“国检”工作必要性和重要性的认识。各乡镇充分动员全体干部职工和教师进村入户宣传法律法规，使“两基”工作的目标要求和相关法律法规的内容做到家喻户晓，人人皆知，不断提高干部、群众执行《中华人民共和国义务教育法》自觉性，营造了依法治教、依法行政和依法办学的良好氛围。

（五）克服困难，加大投入

为解决“两基”攻坚资金投入困难问题，三都采取了财政投入、政府贷款、项目争取、社会支持和干部职工募捐等多种方式筹集教育资金，并建立了“政府投入为主，多渠道筹措教育经费”的投入机制，出台《关于多渠道筹措教育经费的决定》，切实做到“三个优先”，从2000年至2003年，共投入资金达6168万元，实现了教育经费投入逐年有所增长。我们主要从以下几个方面采取和筹措教育基础设施建设资金：一是按规定依法征收农村教育费附加、城镇教育费附加和干部职工

教育费附加用于教育。二是农村税费改革后，按省委、省人民政府的要求，安排中央转移支付资金用于教育。三是抓住机遇，积极采取项目，落实配套资金，认真实施为“义教工程”和“危改工程”。1998年以来，共建“义教工程”项目学校52所，建筑面积达63150平方米。完成总投资3826万元（其中：中央和省拨款1787万元，州配套201万元，县配套538万元，贷款1300万元）；实施“危改”“普九”项目学校46所，投入资金680万元，建筑面积1.6万平方米。四是积极采取深圳等外援项目资金562万元，新、改、扩建学校48所，建筑面积2.87万平方米。深圳等单位团体和社会友好人士还为全县106所学校配置教学基础设施，为113所学校购置图书、课桌凳、学生床架等。

2004年至2008年，全县初中在校学生逐年递增，急需增加教学和生活用房，大量的中小学校舍和教学设施急需改造完善，仅靠本县财力难以完成。因此，三都多渠道筹措教育经费，积极改善办学条件。主要采取：

1. 拓宽财政主渠道，不断加大财政对教育的投入。县人民政府每年在编制经费预算时，尽量调整开支结构，优先保障教育经费。根据省政府“两基”经费审计组对三都的审计，2005—2007年：县财政经常性收入分别增长-2.33%、35.7%、11.93%，同期县财政对教育投入分别增长37.91%、41.55%、48.15%，财政预算内教育拨款增长比例高于财政经常性收入增长比例。预算内生均教育经费：小学分别为1262.18元、1632.88元、2516.56元；初中分别为1163.69元、2196.5元、2774.48元。预算内生均公用经费：小学分别为80元、94.5元、161.98元；初中分别为111.35元、117.54元、237.02元，做到了“三个增长”。三年来，三都中央农村税费改革转移支付资金用于教育共计1851.36万元，占50%以上。

2. 2005—2007年全县城镇教育费附加和其他教育税费共征收281.65万元，全部用于教育。

3. 建立了全县农村中小学硬件设施保障机制。2004年以来，为了不断加大对中小学建设投入，采取多渠道筹措教育经费，极大改善了全县中小学办学条件，积极争取国家“农村寄宿制工程”“危房改造工程”和“中小学薄弱学校工程”资金4469万元，完成新建项目92个，建设面积74163平方米；实施“香港苗圃行动工程”“美国燃灯基金工程”“香港慈恩基金工程”和“深圳援建工程”等项目，共投入资金1335.8万元，建成校舍21014平方米；筹措教育经费添置图书、教仪和音、体、美器材。筹措600万元采购教学仪器、图书和音、体、美器材等等，极大地改善了办学条件，基本满足了“普九”工作的办学需要。

在教育基础设施上，三都按照“高起点规划，高速度发展”的指导思想和“投资一所，建成一所，完善一所”的建设要求，在资金调度、规划设计、征地拆迁、开工建设等各个环节，都采取从快从优，特事特办的特殊政策，加快工程进度。各乡镇党委、政府把加强学校硬件建设作为主要工作来抓，努力解决教育基础设施建设用地和“三通一平”等问题。通过不断积累经验，创造性、扎实地开展工作，三都“义教工程”项目经省验收，连续三年被评为“优秀”。

（六）狠抓“控辍保学”工作

1. 深入广泛宣传，依法控辍。县政府将每年的3月和9月定为《中华人民共和国义务教育法》宣传月。各乡镇成立义务教育宣传队和教育执法队，通过多形式、全方位地做好教育法律法规的宣传，使人民群众增强了依法送子女入学意识。对不及时将子女送入学校的家长或监护人，乡镇组织教育执法队采取法律、行政、情感、经济等措施，确保适龄儿童按时进校学习。每学期的开学前都要组织公安、人事劳动、教育、司法、工商等部门组成联合检查小组，对城乡旅馆、饭店及其他用工单位进行全面清理，对初中未毕业的适龄打工人员，动员返乡入学，确保适龄儿童少年依法接受九年义务教育。

2. 建立保障体系，搞好管理控辍。一是加强组织建设。专门成立了县“控辍保学”工作领导小组，负责抓好全县的“控辍保学”工作。县政府要求各乡镇、各学校都要成立“控辍保学”领导小组，由分管领导担任组长，涉教部门和学校主要领导担任副组长，加强对“控辍保学”工作的领导。二是出台相关文件。县人民政府对全县“控辍保学”工作进行详细周密的安排部署，明确责任目标。每学期开学初实行学生到校“一日一报制度”，随时掌握学生到校情况。各部门齐抓共管，对未受完九年义务教育的学生外出打工不出具任何证明。对已外出打工未受完九年义务教育的学生，采取一切有效措施动员其返校学习；每学期开学初各乡镇教育执法队都要到车站、街上、村组堵截外出打工在校学生，确保“该入学的一个不能少，已入学的一个不能走”。三是建立激励和制约机制。实行政府和教育部门“双线控辍工作目标责任制”，把控制农村初中学生辍学的任务分解落实到乡镇、村干部和教师的身上，并把“控辍保学”作为考核乡镇、村干部，学校教职工的重要内容，与年度考核和奖惩挂钩。

3. 扶贫控辍。为切实解决贫困户子女入学难的问题，一是认真落实“两免一补”政策，充分利用好“两免一补”资金，加强监督和检查，让贫困学生真正得到实惠，感受到政府的关怀和温暖，激发他们学习的积极性，自觉接受义务教育；二是号召全社会包括干部、教师、职工、私营企业主、友好人士捐赠助学，采取县乡机关单位帮扶联系贫、特困学生的结对帮扶工作，使他们能顺利进入学校学习；三是中心乡镇学校与边远乡镇小学开展“手拉手”“献爱心”活动，开展“无辍学学校”“无辍学班级”活动；四是建立贫困助学金制度，帮助贫困学生入学；五是对在校就餐学生实行节日肉食补贴，县人民政府每年划拨10万元补助学生节日期间改善生活；六是严格执行上级教育收费，严禁搭车或变向搭车收费，以减轻学生家庭负担。

（七）加强干部和部门结对帮扶教育工作，切实解决特困学生入学问题

为充分调动县直各工作部门参与“两基”攻坚的积极性，县委、县人民政府下发了《关于干部职工帮扶贫困学生和辍学儿童少年入学的通知》《关于开展对口帮扶乡镇学校建设的通知》，规定每年的2月20日为全县帮扶捐款日，2002年县机关单位职工捐款8万余元，救助了1500名中小学生；2003年县直机关74个单位分别与74所学校结对帮扶完善附属设施建设，共计投入65万元帮助学校硬化活动场地，修建围墙、校门、旗台、旗杆、球场、厕所等。为解决特困学生家庭适龄儿童少年入学难问题，2006年8月，三都还实施了“5321”助学工程，即按行政、企事业单位干部职工职级和职称高低分别捐款5份、3份、1份救助金（每份不得低于50元），共募集救助资金35.5万元。县人民政府于2006年9月又拨出10万元帮扶专款，并将深圳教育基金的20万元利息全部用于帮扶贫困学生，全县共有8500名学生受到救助。各乡镇还分别安排2000~3000千克救助粮解决部分贫困学生吃饭问题。对交不起学费的困难学生，实行先进校就读，再采取减、缓、免、帮的办法解决他们的入学问题，确保了适龄儿童、少年都能完成九年义务教育。2008年，建立县直机关帮扶学校工作制度，帮助学校完善附属配套设施等等县直机关单位认真履行职责做好帮扶工作，共有101个部门帮扶118所学校，帮助学校解决课桌凳6822套、学生床架4778张、篮球架100副、篮球场6184平方米、围墙2347米、厕所11个，共投入资金140万元以上；2004年以来，国家、省、州、县及涉外项目和社会捐资总计6544.8万元（其中2008年2520万元），这些，有力推动三都“两基”工作不断迈进。

（八）共同参与，密切配合，各司其职

随着三都中小学生人数增多，给各中学住宿安排带来了前所未有的压力，为解决学生住宿问题，有些乡镇将会议室、办公室腾出来安排学生住宿，还将乡镇卫生院、粮管所、供销、林业站（所）等的房屋让出一部分作为学生宿舍。在实施“两基”攻坚中，全县各级各部门积极参与，主动为教育办好事，工作中涌现出许多感人事迹。如：交梨乡在新学期开始，获悉还有40名学生未报到入学，便立即组织人员走村串寨作动员，并用摩托车将辍学学生接回学校。为了早日使孩子搬进宽敞明亮的教室，各项目学校所在地群众纷纷投工投劳，丰乐镇轿山、合江镇尧吕、打鱼乡盖赖、都江镇甲雄等小学在修建教学楼初期，因道路被山洪冲塌，建筑材料运不进工地，群众义务投

工3500多个工（日），投修道路共88千米，保证了工程按期完工。教育部门全力以赴争取资金、跑项目，带头捐资。财政部门优先安排教育支出，保证教育经费按时足额发放到位。公安部门坚持“打防结合”的方针，加强校园及周边社会治安的整治工作，全力维护学校正常的教育教学秩序，保障了学校和师生的财产和人身安全。国土部门按照规定及时解决新建、扩建学校用地，并积极为项目学校优先优惠办理土地使用手续。建设部门优先完成学校校园、教学楼及附属设施的规划设计任务，并加强对工程招标管理和质量的督促检查。文化、广电、民宗、农业、人事劳动、计划、团委、妇联、税务、金融等部门认真履行职责，多形式多渠道支持帮扶学校完善附属设施。

（九）加强师资队伍建设，努力提高教师素质

为了切实解决教师缺乏问题，三都采取以下办法充实教师队伍：一是将师范类大专以上毕业生安排到中学任教；二是将58名现已具备大专学历的小学教师安排到初中任教；三是在2002年前的非师范类大专以上毕业生中采取竞聘上岗，录用部分充实教师队伍，2003年的非师范类大专以上毕业生凡愿意从教的予以直接安排充实教师队伍；四是从外县招聘部分短缺专业教师；五是从中师毕业生中公开考试择优录用人员充实小学教师队伍，2005年以来，在县财政非常困难的情况下每年仍补充新教师，四年共补充教师518人，配备上达到标准。同时鼓励县、乡镇中小学教师到乡、村薄弱学校支教；六是动员已到退休年龄的骨干教师暂缓退休，返聘部分退休教师回校任教，采取优惠政策鼓励教师终身从教。设立“教师工资资金专户”，优先保证教师工资按时足额发放，评定职称向农村教师倾斜；七是以县、乡机关抽调有任教经历的干部职工支教，坚持德才兼备的原则，配齐配强各类学校领导班子，注重提高各级各类学校校长的政治业务素质，坚持中小学校长持证上岗制度，采取中学校长参加省、州培训，县举办小学校长培训班的办法，有计划地开展中小学校长培训工作。同时，大力实施中小学教师继续教育工程，鼓励在职教师参加自考、函授学习，提高教师政治、业务素质。

（十）加强管理，深化学校教育改革，全面提高教育质量

三都在推动教育发展过程中，始终以抓“两基”，促“两全”为目标，全面推行校长负责制、教职工聘任制、岗位目标管理制的“三制一管理”模式，健全学校各项规章制度，加强学校常规管理，优化育人环境，强化“三化”建设，坚持以教学为中心，建立新的教育评价机制，积极开展教研活动，全面推进素质教育，努力提高教育教学质量。2008年全县中小学校在全面推进“校长负责制，教师聘任制、岗位责任制和目标管理”的同时，在全县11所中小学中实行校长公推直选，增强了校长、教师的责任感、使命感和危机感，极大调动了校长、教师的积极性。

（十一）狠抓扫盲和成人教育工作，提高农民素质，促进农村经济发展

我们在抓基本普及九年义务教育的同时，认真贯彻执行《扫盲工作条例》，制定扫盲和农村成人教育规划，把农村成人教育作为振兴农村经济的一件大事来抓。

1. 建立教育工作机构，巩固扫盲成果，认真抓好扫盲和农村成人教育工作，配备成人教育专干，制定规划，将扫盲工作层层分解落实。各乡镇还根据本地实际采取了一些行之有效的措施，如对经动员不愿参加扫盲学习的文盲半文盲人员，不批宅基地，不予办理砍伐证，不评“五好”家庭，不给民政救济等，把扫盲工作列为村领导年终考核的内容之一。始终坚持“一堵二扫三提高”的方针，想方设法巩固普及初等义务教育成果，堵住新文盲的产生。

2. 大力抓好农技培训工作，为把农技培训工作落到实处，县政府每年均下达培训任务，尽可能满足各乡镇农民在市场经济体制下对科技的需求，结合本乡镇农业综合开发项目的需求，拟出培训计划，立足本地资源，坚持“急需、实用、实效”的原则，大力推广“短、平、快”的科技项目，对农民进行种植、养殖加工等方面的实用技术培训。县农办、科办、科技、农业、林业、畜牧等部门，充分发挥自身优势和专长，对农民群众实行义务培训和技术指导，通过培训使他们掌握一门以上农业技术，培养了一批乡土科技人才，成为科技兴农的主要力量，有力促进了农村经济的

发展。

总之，三都充分发挥各部门的职能作用，克服困难，齐心协力，真抓实干，有力地推动了全县教育事业健康发展，顺利通过了省人民政府验收。

附二：异地新建　创造辉煌

——三都民族中学迁址

贵州省三都民族中学是三都水族自治县的一所完全中学，创建于民国31年（1942）6月，前身是三都造纸初级实用职业技术学校，民国37年（1948）更名为贵州省立三都中学，1958年建立完中，改称贵州省三都民族中学。1980年经贵州省人民政府确定为首批办好的省属重点中学之一，命名为贵州省三都民族中学，2001年6月被教育部列为寄宿制中学。

胡锦涛总书记任贵州省委书记期间，于1985年12月11日，亲临三都民族中学视察，勉励广大教师要发挥好民族中学自身优势，办出自己的特色。钱运录书记、石秀诗省长等省领导先后到三都民中视察和指导工作。遵照省、州上级主管部门“要用超思维，超常规、跨越式办好三都民中，实现省重点中学向‘示范性民族高中’转型”的意见和部署。原三都民族中学地处坡脚，校园校舍陈旧，规划落后，且面积小、地势不平坦，无发展余地，已不能适应现代教育的需要，为了促进三都教育的发展，县人民政府在有关方面资金的大力支援下，经贵州省人民政府以“黔函〔2001〕260号”文件批复同意，由深圳市电子学院设计有限公司设计规划，另择址于龙嘴角新建，开办寄宿制学校。

在县委、县政府的领导下，新校2001年12月破土动工，总投资3000万元，新校区占地141. 8亩，校舍建筑面积约4万平方米，办学规模为56个教学班，可容纳3000多名学生寄宿就读，有标准的400米8条跑道运动场，现已完成李嘉诚教学楼、第二教学楼、逸夫实验楼、女生宿舍楼、男生宿舍楼、运动场等工程建设，总投资为1575万元，资金来源为学校贷款1300万元，李嘉诚基金50万元，邵逸夫基金60万元，义教工程项目基金80万元等。2004年2月，实现整体搬迁。

新校区坐落在县城滨江南路龙嘴角文化区，学校背倚青山，美丽的都柳江从门前缓缓流过，校园地势平坦，环境优美，布局合理，功能齐全，是师生工作、学习和生活的理想场所。

迁址后的三都民族中学在校生共有2253人，44个教学班，在岗教职工有165人，专任教师133人，研究生1人，大学本科136人，专科以下29人，特级教师2人，高级22人，中级52人，初级76人，学校设有生物实验室1个，化学、物理实验室各2个，语音室2个，多媒体教室12个，计算机教室2个，图书室藏书5万册。

三都民族中学能够实现搬迁新建，是县委、县人民政府进一步落实“把教育放在优先发展地位”的重大举措，新建的三都民族中学能够更加适应时代发展的需要。

附三：三都水族自治县学校分布图

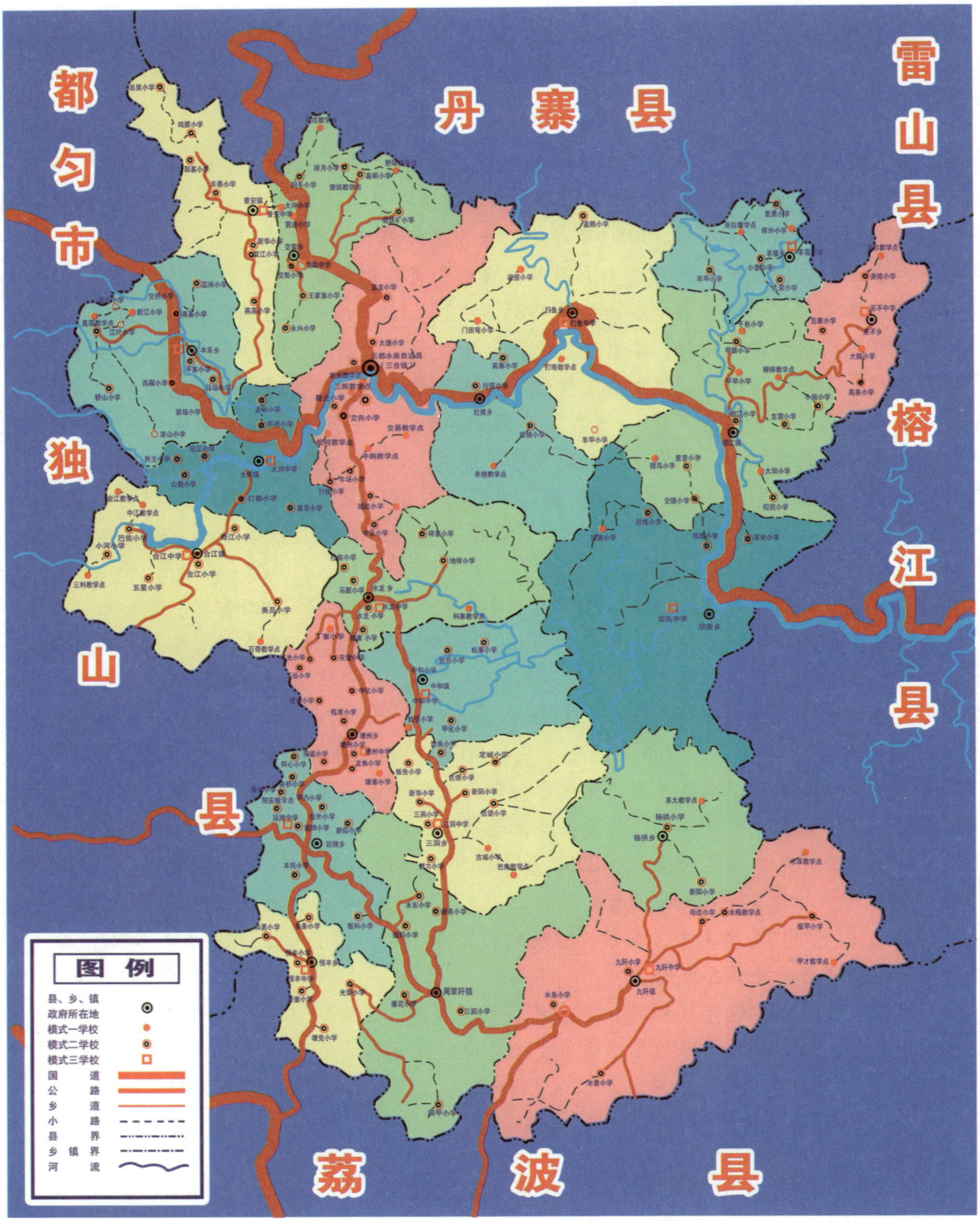

第三章　卫　生

至2013年，三都卫生系统共有26个卫生单位（县直单位5个，乡镇卫生院21个），在编职工571人（全民干部560人，工人11人）。其中，卫技人员522人，医生320人，护士126人；执业医师133人，执业助理医师116人，注册护士112人；药剂人员38人，检验员21人，其他卫技人员17人。全县卫生人员中具有本科以上学历104人，大专学历311人，中专学历99人，高中及以下学历16人。获得高级职称人员（不包括退休人员）11人，中级职称人员87人，初级职称人员275人。离退休人员4人。三都的卫生事业，在改革开放以后的35年发展过程中，为基本满足三都广大群众日益增长的卫生需求发挥了积极的作用。

第一节　机构设置

1978年，全县设有国家卫生机构11个，设38个集体所有制卫生院（公社所在地卫生院）；1980年5月，计划生育工作从卫生部门分出，组建县计生委。1986年，成立县药品检验所，为股级事业单位。1991年，建并撤后，全县设有医疗卫生机构26个，分别是21个乡镇卫生院、县人民医院、妇幼保健所、防疫站、卫校和药品检验所。1997年，成立县公费医疗管理办公室（设在县卫生局），属二级局，由县卫生局管理，医疗费用按工龄按比例进行报销。2000年，县公费医疗管理办公室从卫生部门划归县人事劳动和社会保障局统一管理。1998年，县委、县人民政府对教育机构进行整合，县卫生职业技术学校与县职业技术学校、农广校合并，组建县职教中心。2001年，县药品检验所从卫生部门分离提升为正科级单位，上划隶属省食品药品监督管理局，更名为三都水族自治县食品药品监督管理局。为进一步加强城市社区卫生服务工作，根据中央及省州要求，2008年1月，将三合镇卫生院和三合镇疾控基妇站合并转轨，组建三合镇社区卫生服务中心。同年12月，成立县新型农村合作医疗管理办公室，为县卫生局管理的股级事业单位，2010年，提升为副科级事业单位，各个乡镇也相应成立新型农村合作医疗管理机构，由当地政府和县卫生局双重管理，业务上接受县合医办的指导。

县人民医院　1979年将三都水族自治县人民医院革命委员会更名为三都水族自治县人民医院。1989年5月19日，明确县医院为区级单位。1996年通过卫生部“二级乙等医院”的验收。1997年，深圳市投资控股有限公司无偿援助资金对该院进行基础设施建设，1999年9月，新医院正式投入使用，更名为“三都水族自治县鹏城民族医院”。内设办公室、医务科、住院部、门诊部、护理部、总务科、防保科及内科、外科、儿科、妇产科、五官科、中医科、化验科、放射科、病理解剖室、控感办等临床科室。是全县医疗技术指导中心，是集医疗、科研、教学培训为一体的综合性医院。2006年10月16日，县中医院和中草药研究所正式挂牌，与鹏城民族医院合署办公。2009年3月，恢复县人民医院名称，保留县鹏城民族医院牌子。2010年得到宁波市第一人民医院帮扶后，县人民医院与宁波市第一人民医院开通了远程会诊。2012年，县人民医院被列为全省县级公立医院综合改革试点单位，正式实施公立医院改革。

县疾病预防控制中心　1978年，内设办公室、防保科、卫生科、慢性病科、检验科。2002年，根据《中共中央关于进一步加强农村卫生工作的决定》，为了与国际接轨，便于开展公共突发卫生事件的应急处理和组织跨地区的医疗救助及防治，将县防疫站更名为县疾病预防控制中心，简称CDC，为正科级事业单位，内设办公室、流行病股、慢性病股、监测检验股和财务股。其主要职责是开展寄生虫病、地方病防治、流行病监测、计划免疫、卫生监测和防疫宣传教育等工作。2002年将21个乡镇卫生院的防保组分离出来，组建乡镇疾控基妇站，为正股级事业单位，隶属于县疾病预防控制中心的派出机构。2005年12月，中心实验室72项监测、检验项目通过省质量技术监督局专家的计量认证评审验收，成为全县第一家具有资质认证资格单位。2010年，县疾病预防控制中心增设艾滋病和性病防治股。

县妇幼保健院　1979年，恢复建立县妇幼保健站，配医务人员6人，1988年更名为县妇幼保健所，1989年5月19日，明确为区级事业单位，内设有儿保科和妇保科。其主要职责是：负责妇女儿童保健、妇女疾病查治、妇科常见病诊断、婚前医学检查及施行计划生育手术和业务指导工作。2012年6月18日，更名为县妇幼保健院。

县卫生监督所　1983年7月，设食品卫生监督员五名，专门从事食品卫生监督工作（机构设在县卫生防疫站内的食品卫生科）。2001年，新的《中华人民共和国食品卫生法》实施后，卫生监督执法主体为卫生行政部门，当年，三都成立县卫生监督所，为正科级参照国家公务员管理事业单位，隶属于县卫生局管理，所内设有办公室、综合执法股、政策法规股等职能股室。

县红十字会　1988年8月，县红十字会成立，属社会团体组织，挂靠于县卫生局。2003年，县红十字会单列，明确为副科级事业单位，列入参公管理。由于上级业务主管部门机构尚未理顺，单列工作只停留在文件上，一直挂靠于县卫生局。

县爱国卫生运动委员会办公室　1979年年初，县除害灭病领导小组经过调整后，改称为县爱国卫生运动委员会，并下设办公室。1984年3月，并入县卫生局，1986年3月，恢复爱国卫生运动委员会办公室建制，为副科级事业单位。2002年机构改革，县爱卫办又并入县卫生局，但仍保留牌子。2006年10月，恢复县爱卫办，升格为正科级事业单位，办公室设在卫生局内，加挂农村改水改厕牌子，实行两块牌子一套人员管理方式，核定事业人员编制6名，其中参照公务员管理事业编制2名。

县新型农村合作医疗管理办公室　2007年，三都开始实施新型农村合作医疗试点工作，机构正式成立于2008年12月。隶属于县卫生局管理的股级事业单位，同时是县新型农村合作医疗管理委员会的办事机构，其主要职责是负责拟定推行三都新型农村合作医疗制度的具体规定和措施并组织实施，综合协调、业务指导及定点医疗机构的监督管理和工作人员培训，并为参合群众提供咨询服务。2010年12月，县合医办升格为副科级单位，其隶属关系、业务范围、领导职数和人员编制按原规定不变。

乡镇卫生院　1978年，全县开设有7个区卫生院（为股级事业单位）及38个集体所有制卫生院（公社所在地医疗机构）。1991年，建并撤后全县设21个乡镇卫生院，属股级事业单位，由县卫生局统一管理。2000年，把乡镇卫生院财权下放归当地政府管理，县卫生局业务技术指导。2002年根据国家医防分开的要求，乡镇卫生院防保组从卫生院分离，全县组建21个乡镇疾控基妇站，属股级事业单位，由县疾病预防控制中心统一管理。2004年，乡镇卫生院重新上划县卫生局管理。2010年，乡镇卫生院和疾控基妇站的人权和财权再次划归乡镇管理。2011年，为顺应机构改革，20个乡镇疾控基妇站又并入乡镇卫生院。

三合镇社区卫生服务中心　2008年1月，三合镇卫生院和疾控基妇站合并转轨，成立三合镇社区卫生服务中心，为股级事业单位，核定编制25人，为财政全额拨款。主要职责是从事社区及农村的疾病预防控制和基本公共卫生服务及社区康复等农村卫生工作。

第二节　卫生基础设施设备

县人民医院　1978年，县人民医院有房屋建筑面积2232平方米，救护车1辆。1979年至1983年，州卫生局先后拨款31.3万元，新建住院部大楼、病理解剖室，到1985年，房屋总面积达到6264.36平方米。1986年，上级配发给县医院贵阳产的熊猫牌救护车1辆，同年县人民政府分两批拨款27万元，修建放射科大楼，州卫生局配发了300毫安的照光机。1987年年底，医院主要设备有心电图机，超声波、超声心动图，300毫安X光机、牙科照光机、心脏急救仪、万能手术床、X线诊断机、单人双目显微镜、口腔综合治疗台等100余种医疗器械设备，有住院床位100张。

1997年，深圳市投资控股有限公司无偿援助538万元重新修建县人民医院。于是县医院在1999年从上街搬迁到城东开发区，占地面积8911.8平方米，建筑面积7361.55平方米。2001年日援地氟病项目配发越野救护车1辆（日本丰田越野车，价值70余万元，2005年调整到县委办），同年，深圳投资管理公司赠送120救护车1辆，价值25万元。2004年，省拨资金156万元修建医院传染病区1800平方米；同年，深圳投资控股有限公司援助193万元修建医技大楼，建筑面积4730平方米。2005年深圳投资控股有限公司援助80万元配置彩色B超一台。到2006年6月，县医院已拥有业务用房面积13454.17平方米、病床150张、救护车3辆，较先进的大型设备有300毫安X光机、500毫安X光机、彩色B超、心电图机、生化分析仪、口腔综合治疗仪、耳鼻喉综合治疗仪、分娩监护仪、床旁监护仪、新生儿烤箱、体外碎石机等。2007年，深圳市投资控股有限公司无偿援助175万元和县医院自筹183万元，共计358万元，购置了CT机；同年，上级配发农村巡回医疗救护车1辆（依维柯）。2008年，中央及省委、省政府将县人民医院列为扩大内需中央新增投资建设项目，拨专款2050万元进行县医院的规范化建设。当年，县医院人员编制增加到230人，床位编制为200张。2011年11月27日通过省卫生厅组织的“二甲医院”评审，被命名为贵州省“二级甲等综合医院”。2012年正式列入全省县级公立医院综合改革试点单位，当年医院投资近百万元，更新HIS系统，并于2012年10月1日起正式投入运行，开通住院、门诊医生工作站、护士工作站，实施电子病历系统管理。2012年12月1日起对药品实行零差率销售。

2013年实施县级公立医院综合改革，县医院床位编制为290张，人员编制为420人。同时为加强三都应急急救能力，在县医院急诊科的基础上扩建三都急救中心，由中央财政资金资助建设。截至2013年年底，县医院功能基本齐全，形成了全县集医疗、预防保健、科研教育为一体的综合性医院。

县疾病预防控制中心　1978年，县卫生防疫干部职工挤在几个平方米的地方办公，条件非常简陋，有救护车一辆。到1987年年底，该站拥有业务用房面积1762平方米，主要医疗设备有电热恒温干燥箱、培养箱、万用电热器、分析天平、立式消毒锅、离心机粉尘采样器、热球式电风速计等50多种。1999年上级配送疫苗冷链运转专车1辆（五十铃皮卡）。1998年至2000年，日援地氟病项目配发监测检验设备15件，卫生宣教设备5件，300毫安X光机1台。2004年，利用国债资金80万元修建县疾病预防控制中心业务综合楼1632平方米。2005年12月县疾病预防控制中心实验室72项监测、检验项目通过省质量技术监督局专家的计量认证评审验收，成为全县第一家具有计量认证资质单位。2006年4月，上级配发疫情专用车1辆（江铃皮卡）。2009年，省州配发监测检验设备13台。2012年2月上级配发疟疾项目车1辆。2013年4月疾控中心获得业务楼课件项目，总投资金额510万元，其中中央投资270万元，县配套240万元。

县妇幼保健院　1979年，成立县妇幼保健所，建成砖木结构房屋总面积760平方米，其中业务用房有400平方米，职工住房面积为360平方米，拥有正规床位5张，主要医疗设备有简易手术床、简易接生床、电动吸引器、立式消毒锅、儿童秤等。1999年，国家降低孕产妇死亡率降低新生儿破伤风项目配备300毫安X光机等一批儿童妇幼保健医疗设备。2001年，国家妇儿工委和卫生部配发一辆母婴健康快车（金杯牌）。2008年，国债资金投入59万元修建县妇幼保健所业务综合楼，建筑面积800平方米；同年，省卫生厅赠送B超机1台。2009年省、州配发12万元的常规医疗器械设备。2011年省卫生厅配发一辆中国宋庆龄基金会恒天然乡村母婴健康救护车（金杯牌）。2012年使用中央转移支付黔南州县级妇幼保健机构能力建设项目资金106.7万元，配置全数字彩色多普勒超声诊断系统等一批急需的儿童妇幼保健医疗设备。

乡镇卫生院　1997年以前，各乡镇卫生院的卫生基础设施设备极其简陋。1997年，深圳市投资控股有限公司及其所属企业无偿援助100万元修建合江镇、拉揽乡、坝街乡、巫不乡、羊福乡、水龙乡、塘州乡、三洞乡、恒丰乡卫生院业务用房，总面积3286.3平方米。1999年上级拨款40万元，自筹10万元修建都江镇卫生院业务综合楼1500平方米。2001年，乡镇卫生院防保组分离出来成立乡镇疾控基妇站。与乡镇卫生院合署办公。其主要的设备有冰柜、冰包等简单的计划免疫冷链运转设备。2003年，省拨专项补助资金15万元扩建打鱼乡卫生院业务综合楼，面积313.56平方米。2004年，省拨专项补助资金27.8万元，普安镇卫生院自筹6万元修建业务综合楼541平方米。2006年，县卫生局自筹7万余元资金，为乡镇卫生院和基妇站配发医用毁形机42台、套装血压计21套、病历夹105个、输液架83个、出诊箱21个、电动喷雾器25台等设备，以缓解乡镇医疗器械设备紧缺状况。2006年，全县21个乡镇卫生院共有业务用房面积达到8678平方米，病床144张。2007年，周覃镇中心卫生院自筹资金配备1辆救护车（五菱之光牌面的）；中央及省国债资金投入478万元，修建周覃、九阡、三洞、水龙、大河、合江、交梨、丰乐、中和、打鱼、都江、坝街、扬拱、恒丰、廷牌15个乡镇卫生院业务综合楼，建设总面积9900平方米；国家水毁资金投入60万元修建巫不、羊福和拉揽3个乡卫生院业务综合楼。2008年，省卫生厅赠送九阡镇卫生院B超机1台、周覃镇和都江镇卫生院血球分析仪各1台；同年，水龙乡卫生院自筹资金配备1辆救护车（五菱之光牌面的）。2009年，省州配发全县3个中心卫生院20万元和一般乡镇卫生院8万元的常规医疗器械设备，配发乡镇疾控基妇站常规预防接种器械373件。2010年，利用中央及省级专项资金200万元，完成周覃和大河两个中心卫生院的规范化建设。2012年，利用中央资金1077万元及地方配套资金158万元完成都江、廷牌、周覃、普安、丰乐、三洞、九阡7个卫生院规范化建设。2013年，利用中央资金290万元及地方配套资金68万元完成合江、坝街两个卫生院建设和九阡、塘州、大河、合江4个乡镇卫生院职工周转宿舍。

村卫生室　1978年至2005年，国家对村卫生室投入很少，村卫生员基本上是在村级集体房办公或自己家中就诊。到2006年，国家开始对村卫生室进行大量投资建设，当年，投入国家财政扶贫资金8万元，完成交梨乡高硐村卫生室和廷牌镇同新村卫生室建设；利用燃灯基金会的帮扶资金修建三洞乡桥村、大河镇民主村卫生室，共投入资金6万元。2007年利用燃灯基金6万元修建交梨乡王家寨村和塘州乡阳乐村卫生室，建筑面积达100平方米。2008年省级拨出财政专项资金175万元修建三合镇行赏村等35个村卫生室，其中土建部分150.5万元、医疗器械设备投入24.5万元，建设面积达2100平方米。2009年省拨专项资金175万元，完成34个村卫生室建设，其中土建146.2万元、设备23.8万元。2010年利用中央及省专项资金400万元，完成三合镇姑挂村等80个村卫生室建设，工程建筑面积为4800平方米。2011年，利用中央资金124万及省专项资金376万完成100所卫生室建设，至此全县实现了村村建有卫生室目标，缓解了村医疗卫生用房的紧张状况。

第三节 疾病预防控制

地方病、传染病防控 1978年开始，在全县范围内普遍加工碘盐供应全民食用防治地方性甲状腺肿病。1979年2月，全县开展地方性甲状腺肿大的调查，抽样调查5752人，查出患者1637人，患病率达28.45%，属高发区。1983年3月20日省丝虫考核验收组宣布三都基本消灭了丝虫病。其他传染病都得到有效防控。

2001—2013年三都县传染病发病情况表

表13-5

年度	报告法定传染病					痢疟（例）	麻疹（例）	伤寒副伤寒（例）	肝炎（例）	炭疽（例）	新生儿破伤风（例）	乙脑（例）	流脑（例）	狂犬病（例）	淋病（例）	梅毒（例）
	种	例	死亡（例）	发病率（/10万）	死亡率（/10万）											
2001	11	685	7	222.54	2.29	266^{-3}	116	114^{-1}	45^{-1}	6	2^{-2}	1	—	—	9	1
2002	11	735	6	237.97	1.94	250	17	174	75^{-1}	20	—	3	2	6^{-6}	8	1
2003	13	1230	17	394.81	6.42	265	553^{-2}	65	147	12^{-1}	4^{-4}	5	2	9^{-9}	15	—
2004	—	841	7	267.27	2.22	280	—	98	190	1	—	16^{-1}	1	6^{-6}	22	9
2005	—	738	6	234.53	2.22	—	—	—	—	—	—	—	—	—	—	—
2006	—	856	13	292.19	3.78	—	—	—	—	—	2	—	4	9	—	—
2007	—	1018	12	399.42	4.04	—	10	—	—	—	—	7^{-1}	—	9^{-9}	—	—
2008	—	1225	10	373.26	3.047	158	22	23	200	—	3^{-3}	10	—	5^{-5}	12	5
2009	—	1002	7	298.63	2.08	—	—	—	—	—	—	—	—	5^{-5}	—	—
2010	17	780	5	228.01	1.46	—	—	12	7	—	2^{-2}	—	—	3^{-3}	—	—
2011	18	891	5	249.49	1.4	72	4	14	282	0	4	4	0	1	4	32
2012	16	970	6	269.16	1.66	38	2	34	256	0	1	1	0	1	2	20
2013	17	972	8	266.52	2.19	19	0	24	285	0	2	2	0	3	3	54

注：上标的负数为死亡病例

预防接种 三都从1982年以后不再接种牛痘疫苗。根据传染病疫情监测和三都人民群众健康状况，从1980年开始，实行计划免疫，并全面开展冷链运转，以百日咳、白喉、破伤风联合制剂（百白破）、卡介苗、脊髓灰质炎疫苗、麻疹疫苗（四苗）为儿童基础免疫制品，实行儿童计划免疫。2005年上级卫生行政主管部门又将乙肝疫苗列为儿童计划免疫接种范畴，至此计划免疫接种由“四苗”增加到了“五苗”。从2008年起，国家扩大免疫规划疫苗范围，即从过去的7苗防9病增加到14苗防15病，将甲肝疫苗、流脑疫苗、乙脑疫苗、麻疹和腮腺炎风疹联合疫苗、无细胞百白破疫苗纳入国家免疫规划，对适龄儿童进行预防接种，并根据传染病流行趋势，在流行地区对重点人群进行流行性出血热疫苗、炭疽疫苗和钩端螺旋体疫苗接种。

1978—2013 年三都县免疫规划接种情况表

表 13-6 单位：例

年度	牛痘苗	卡介苗	百白破	乙脑苗	伤寒副伤寒	流脑苗	麻疹苗	炭疽苗	脊灰苗	副霍苗	乙肝苗	破伤风
1978	10712	—	1996	2750	3571	—	12236	—	53283	—	—	—
1979	9017	—	76867	3913	—	—	—	—	2333	53217	—	—
1980	7498	83367	17280	7662	—	96070	—	1303	58233	—	—	—
1981	6030	—	23461	12599	—	12842	21038	1469	34836	—	—	—
1982	—	—	18928	2871	—	—	—	—	799	33422	—	—
1983	—	—	24675	3793	—	—	21606	1059	27253	—	—	—
1984	—	4795	18876	3667	—	22056	—	4920	24386	—	—	—
1985	—	—	—	—	—	—	—	—	—	—	—	—
1986	—	—	—	—	—	—	—	—	14230	—	—	—
1987	—	250	874	1850	2008	—	427	1900	881	—	—	100
1988	—	—	—	—	—	—	—	—	—	—	—	—
1989	—	11053	13410	—	—	—	10789	—	13865	—	—	—
1990	—	3226	2238	—	—	—	1695	—	2374	—	—	—
1991	—	8066	3331	—	—	—	4593	—	3584	—	—	—
1992	—	16867	18566	—	—	—	4451	—	13570	—	—	—
1993	—	6022	5709	—	—	—	4569	—	9016	—	—	—
1994	—	4910	4824	—	—	—	5441	—	3727	—	—	—
1995	—	12984	14673	—	—	—	12655	—	12382	—	—	—
1996	—	5520	6337	—	—	—	5851	—	9298	—	—	—
1997	—	4321	5597	—	—	—	5255	—	4437	—	—	—
1998	—	5028	5192	—	—	—	5075	—	5124	—	—	—
1999	—	5099	5366	—	—	—	5546	—	4982	—	—	—
2000	—	4286	4132	—	—	—	5835	—	4732	—	—	—
2001	—	6103	5456	—	—	—	5624	—	6067	—	—	—
2002	—	5231	5128	—	—	—	6079	—	5395	—	—	—
2003	—	4015	7293	—	—	—	13081	—	6410	—	521	—
2004	—	4868	8732	—	—	—	6039	—	11035	—	1848	—
2005	—	4233	13054	—	—	—	7739	—	7679	—	2672	—
2006	—	4328	8564	—	—	—	9323	—	8326	—	4301	—
2007	—	4144	11135	1817	—	1884	11939	—	8393	—	4290	—
2008	—	4047	12258	5450	—	—	7557	—	11769	—	4383	—
2009	—	4833	39020	13908	—	18254	11049	—	24083	—	9277	—
2010	—	—	28096	20502	—	18188	10336	—	23100	—	16046	—
2011	—	5708	30557	11967	—	21972	20151	—	70160	—	52617	—
2012	—	4828	30847	13111	—	24507	35170	—	70127	—	15212	—
2013	—	4701	27068	13082	—	21658	26535	—	23173	—	14250	—

疟疾防治　疟疾俗称打摆子，是县境内发病率高而流行面广的血液寄生虫传染病，发病多在每年的秋收季节。流行有“八月谷正黄，摆子鬼上床，十有九人病，无人送药汤”的民谣。疟疾是三都重点防治的疾病之一，全县的灭疟工作以查源、追根、拔灶为重点和突破口。1978年，三洞公社发病15例，发病率比1975年1038例下降98.5%。1983年全县疟疾发病1288例，发病率为100.58/万。1985年全县发热血检31038人，疟原虫阳性者为1142人，完成春抗、现症病人根治、病灶点处理等防治服药为18337人。1986年，全县共涂发热血片24708人，年血检率达总人数的10.69%，村寨覆盖率达97.34%，疟疾病灶点普查血检和流动人口血检3212人，对疟疾现症病人根治、抗复发治疗、流动人口化学预防服药和假定性治疗等各类治疗服药达29496人次，药物灭蚊达1803860平方米，通过各种防治措施后，疟疾发病760人，发病率为30.82/万，比1985年下降33.45%。1989年发病724例，发病率为28.50/万；1990年发病297例，发病率为10.87/万；1999年发病88例，发病率为2.97/万；2000年发病30例，发病率为1.00/万；2001年发病75例（间日疟）、2002年发病120例（间日疟）。2003年，九阡镇被列为全国疟疾病灶监测点。2005年，全县发现疟疾69例，发病率2.17/万，全年完成发病人血检13838人次，流动人口治疗1130人，春抗服药534人，病灶点周围人群预防性服药774人。2006年，疟疾报告总数114例，其中临床诊断病例68例、血检阳性46例。2007年，疟疾报告总数233例，其中典型症状189例、血检阳性44例，未出现村寨暴发流行。带虫发病44人，带虫发病率1.37/万。2008年，疟疾疫情报告总数344例（内源性病例340例、外源性病例4例），其中典型症状219人、阳性125人，所有病例均为间日疟，未出现自然村寨暴发流行，年带虫发病率3.76/万。2009年度全县疟疾疫情报告总数179例，发病率5.42/万，均为内源性病例，其中典型症状144人，阳性31人，均为间日疟。2010年，完成常住人口血检16180人次，年血检率4.75%，检出阳性病例12例，阳性率0.08%，年带虫发病率0.35/10万。2011年至2013年，通过常住人口血检，均无阳性病例。

结核病防治　三都2004年先后得到世行贷款/英国赠送中国结核病控制项目和全球基金结核病项目，2005年又争取到了达莫菲利斯结核病项目。据统计，2001年，三都确诊结核病52例；2002年确诊52例；2003年确诊72例，其中死亡2例；2004年确诊97例。2005年确诊204人，利用项目免费治疗119人，治疗肺结核112人，完成网络追踪疑似结核病人39人。2006年，结核病门诊就诊和转诊患者584例，确诊为结核病人192例，其中符合免费治疗183例。2007年，全年发现疑似肺结核病患者686例，确诊的免费结核病人260例，符合免费治疗初治涂阳病人106例、复治涂阳病人23例、重症涂阴36例、免费涂阴95例，网上应追踪肺结核病人61例，未到县结防机构就诊有38例，涂阳病人治愈94例，治愈率86.24%。2008年，全年就诊疑似病人608例，确诊的免费肺结核病人312例，其中符合免费治疗的初治涂阳病人96例、复治涂阳病人23例，重症涂阴26例、免费涂阴167例。2009年就诊疑似病人942例（包括转诊157例），确诊的免费肺结核病人345例。2010年就诊疑似病人620例（包括转诊126例），确诊的免费肺结核病人268例。2011年就诊疑似病人610例（包括转诊75例），确诊的免费肺结核病人260例。2012年就诊疑似病人554例（包括转诊102例），确诊的免费肺结核病人274例。2013年就诊疑似病人621例（包括转诊60例），确诊的免费肺结核病人274例。

艾滋病（AIDS）防治　三都2001年至2010年年底，HIV累计报告130例。其中2001年外地报告1例，2002年外地报告1例，2005年外地报告6例，看守所吸毒人员检测发现7人。2007年，外地报告11例，本县开展艾滋病初筛发现阳性7人。2008年本县初筛发现阳性29人，外县报告10例。2009年艾滋病实验室初筛阳性30人，外县报本县阳性病例18例，县内抗病毒治疗4人，死亡1人，累计死亡23例。2010年本县完成各种检测人群的HIV抗体检测人数835人，阳性为6人，外县报本县阳性病例13人，当年符合国家抗病毒治疗标准13人，其中1人死亡，7人在治，其余5例拒绝治疗。2011年本县完成各种检测人群的HIV抗体检测人数816人，阳性为13人，外县报本县阳性病例26人。2012年本县完成各种检测人群的HIV抗体检测人数32118人，阳性为58人，外县报本县阳性病例2人，当年符合国家抗病毒治疗标准14人，其中1人死亡，13人在治。2013年本县完成各种检测人群的HIV抗体检测人数49469人，阳性为139人，外县报本县阳性病例48人，当年符合国家抗病毒治疗标准96人，其中7人死亡，89人在治。

麻风病防治　境内何时出现麻风病人，史无记载。到1983年，苗龙麻风村先后收患者96人入院治疗，其中死亡46人，死亡率为47.92%，经过长期治疗出院16例，其中4例未愈，4例复发。贵州省皮肤防治所鉴定痊愈出村的只有8人，1983年以后麻风村停止收患者住村治疗。

1984年，开始对麻风病人实行社会性治疗，即在家庭和医院门诊治疗，同年省、县麻风病联合调查组43人，在全县调查27760人，发现麻风病患者46人，患病率为1.66%。1984年5月，贵阳医学院皮肤科副教授韦国仁率普查组赴三都对麻风病的普查和制订现症病人的治疗方案。1985年，麻风病死亡2人，年末有患者78人。1986年，发现新麻风病人3人，共有患者81人。1987年，贵阳医学院水族教授韦国仁在县举办了防治麻风病培训班，向防保人员和区委书记、区长讲授麻风病防治知识。随后实行谁报来1例麻风病，经确诊后奖励10元的办法，开展全民普查麻风病，年末共报来疑似麻风病人54例，复查26例，确诊8例，共有患者89例。据统计，2001年新发现3例、2002年新发现6例、2003年新发现4例，死亡1例。2005年新发现1例。2008年，完成对全县232例麻风病人开展流行病学调查，调查结果有85例存活麻风病人，其中患有1~2级畸残的病人39例（男34例、女5例），麻风病院内11例，麻风病院外28例。神经炎观察2例，眼平足自我护理39例，符合使用防护鞋25例，复杂性溃疡2例。2009年，全县接诊疑似麻风病人12例，排除10例，确诊2例；对3例（2008年转入1例）麻风现症病人进行规则治疗观察；完成2例麻风病人的兔眼矫治手术；发放“疑似麻风病线索报告卡”44份到21个乡镇进行病例搜索，收到2例疑似麻风病例；对全县存活的39例医学重症麻风病人进行救治。2010年管理和治疗现症病人5例，完成39例符合康复项目麻风病人的2次随访，发放防护鞋25双，发放自我护理包60包；完成25例疑似麻风病人进行的流行病学调查。2011年管理和治疗现症病人6例，完成40例符合康复项目麻风病人的3次随访，发放防护鞋52双，发放自我护理包61包；完成28例疑似麻风病人进行的流行病学调查。2012年管理和治疗现症病人5例，完成41例符合康复项目麻风病人的2次随访，发放防护鞋54双，发放自我护理包56包；完成35例疑似麻风病人进行的流行病学调查。2013年管理和治疗现症病人8例，完成42例符合康复项目麻风病人的2次随访，发放防护鞋52双，发放自我护理包52包；完成68例疑似麻风病人进行的流行病学调查。

第四节　妇幼保健

1982年9月，省人民医院副主任医师陈庆玲到县妇幼卫生保健站，给子宫脱垂和尿瘘病人施行手术治疗155例，上级拨给专款1.8万元，全部病人给予免费（含伙食费、营养品和交通费等）。1985年和1986年，重点在三合区、三合镇和大河区普及新法接生试点工作，两区一镇都建立了区、乡、村三级保健网并培训接生员。1986年全县新法接生率达到43%，比1985年增长3%。1990年，省卫生厅确定三都为第二周期基层妇幼卫生合作项目县（1990—1994年）。2000年省、州将三都列为“降低孕产妇死亡率和消除新生儿破伤风”项目（“降消”项目）县至2004年。2003年，全县孕产妇死亡6人，其中产后出血死亡3人、产褥感染死亡1人、妊高征死亡1人、妊娠合并心脏病死亡1人。2004年，全县新生儿死亡57人，新生儿死亡率为12.97‰，1~4岁儿童死亡36人，死亡率8.19‰，死亡原因前三位是肺炎、腹泻、新生儿窒息等。2005年全县孕产妇死亡7人，排在全州之首，同年省、州决定在三都继续实施新周期“降消”项目至2009年，2010年将“降消”项目改称为农村孕产贫困救助项目。至2006年，全县连续5年均未发生新生儿破伤风。2007年，发生新生儿破伤风病例1例，发病率为0.25‰，死亡1例，死亡率为0.25‰；同年对托幼机构0~7岁儿童进行健康体检一次，查出各种疾病523例，发病率为46%，及时向家长反馈指导意见和建议。2008年，发生新生儿破伤风发病1例，发病率为2.5/万，死亡1例，死亡率为2.5/万；全年全县孕产妇系统管理469人，管理率为11.7%；高危筛查235人，高危管理228人，高危管理率97%，高危住院分娩225人，高危住院分娩率95.6%。2009年，全县降消项目资金总支出633975元，享受救助人数1943人，救助资金506355元，护送人次281人，护送费4210元；产前检查1113人，产检率为24.60%；产后访视1528人，产访率为33.85%；全县孕产妇系统管理319人，管理率为7.06%；高危筛查278人，高危管理267人，高危管理率96.04%，高危住院分娩269人，高危住院分娩率96.04%。2010年，全县发生新生儿破伤风发病例3例，死亡3例，死亡率0.61‰；妇女病普查普治1052人次。2011年，全县孕产妇系统管理3129人，管理率65.83%；住院分娩4528人，住院分娩率为95.48%；孕产妇死亡1例，死亡率为21.11/10万；新生儿破伤风病例3例，发病率为0.63‰，新生儿破伤风死亡2人，死亡率为0.42‰。2012年，全县孕产妇系统管理3476人，管理率81.62%；住院分娩4105人，住院分娩率为96.38%；孕产妇死亡1例，死亡率为23.47/10万；5岁以下儿童死亡56人，死亡率为13.15‰；新生儿破伤风病例1例，发病率为0.23‰。2013年，全县孕产妇产前检查3840人，产检率95.26%；孕产妇系统管理3464人，管理率85.93%；住院分娩3896人（在本县住院分娩2867人），住院分娩率为96.65%；孕产妇死亡1例，孕产妇死亡率为24.8/10万；5岁以下儿童死亡51人，死亡率为12.65‰；新生儿破伤风病例发病3例，发病率为0.74‰，死亡2例，死亡率为0.49‰。

2003—2013年三都县妇女儿童保健关键性指标一览表

表13-7

年份	出生人数（人）	新法接生人数（人）	新法接生率（%）	住院分娩人数（人）	住院分娩率（%）	产前检查人数（人）	产前检查率（%）	孕产妇死亡人数（人）	孕产妇死亡率（/10万）	婴儿死亡人数（人）	婴儿死亡（‰）	5岁以下儿童死亡人数（人）	5岁以下儿童死亡（‰）
2003	4598	4282	93.12	675	14.64	4029	87.62	6	130.50	142	30.88	—	—
2004	4394	4161	94.7	738	16.8	3989	90.1	3	68.3	119	27.08	155	35.28
2005	4139	3904	94.5	636	15.39	3588	86.85	7	169.45	94	22.75	—	—
2006	3778	3690	97.67	1366	36.15	—	—	1	26.46	65	17.20	85	22.49
2007	3872	3814	98.50	1594	41.1	—	—	4	103.3	59	15.23	68	17.56
2008	4010	3648	98	2257	56.28	1793	45	—	—	35	8.73	38	9.48
2009	4515	4493	99.51	2946	65.24	1113	24.60	1	22.15	42	9.3	56	12
2010	4998	4988	99.8	4158	83.19	—	—	—	—	33	6.60	—	—
2011	4686	4670	98.54	4528	95.48	3557	75	1	21.11	27	5.69	38	8.01
2012	4259	4259	100	4105	96.38	3853	90.47	1	23.47	36	8.45	56	13.15
2013	4032	4027	99.88	3897	96.65	3840	95.24	1	24.8	36	8.93	51	12.65

第五节 卫生监督

卫生行政许可　三都的卫生许可（2002年以前由县卫生防疫站食品卫生科负责）、医疗机构执业许可及从业人员的行政许可和管理工作统一由县卫生监督所具体负责。2009年6月，《中华人民共和国食品安全法》实施后，食品卫生许可证改为餐饮服务许可证和食品流通许可证；餐饮服务许可证由县食品药品监督管理局发放，食品流通许可证由县工商行政管理局发放，县卫生局只负责公共场所卫生许可证。

2002—2013年三都县审批的卫生行政许可证一览表

表13-8　单位：张

年度	食品卫生许可证	公共场所卫生许可证	医疗机构执业许可证
2002	461	52	52
2003	237	50	65
2004	395	47	57
2005	401	34	25
2006	350	27	54
2007	497	78	43
2008	793	39	103
2009	272	59	88
2010	180	77	78
2011	160	44	99
2012	156	59	87
2013	133	79	104

食品安全专项整治　根据群众普遍关注的热点、难点问题和省、州、县有关专项检查工作要求，县卫生监督所开展食品卫生安全专项整治工作。2002—2010年开展的专项整治活动主要有：节日期间食品卫生专项检查，冷食、纯净水的专项检查，保健食品专项检查，食品添加剂专项检查，餐饮消费专项整治检查，劣质奶粉专项检查，饮料、酒类专项检查，春秋季学校卫生专项检查，儿童食品安全专项检查，卫生许可专项检查，农村的食品卫生专项检查等。

2003—2013年专项整治卫生行政处罚案件统计表

表13-9

年度	处罚情况									
	总处罚数（户次）	警告数（户次）	没收违法所得		罚款		责令停产（停业）数（户）	销毁产品数（千克）	吊销许可证数（户）	取缔户数（户）
			数量（户次）	金额（元）	数量（户次）	金额（元）				
2003	3	0	0	0	2	700	0	317.5	1	0
2004	16	0	14	2500	2	400	0	964.61	0	0
2005	8	0	2	300	8	2380	0	287.5	0	0
2006	3	0	3	200	1	100	0	50	0	0

续表13-9

年度	处罚情况									
	总处罚数（户次）	警告数（户次）	没收违法所得		罚款		责令停产（停业）数（户）	销毁产品数（千克）	吊销许可证数（户）	取缔户数（户）
			数量（户次）	金额（元）	数量（户次）	金额（元）				
2007	1	0	0	0	1	100	0	0	0	0
2008	1	0	0	0	1	1000	0	0	0	
2009	8	0	0	0	8	9900	0	0	0	8
2010	0	0	0	0	0	0	0	0	0	0
2011	0	0	0	0	0	0	0	0	0	0
2012	6	0	0	0	6	5500	0	60	0	25
2013	2	0	0	0	2	4200	0	40	0	0
合计	48	0	19	3000	31	24280	0	1719.61	1	33

医疗机构管理　三都历来重视医疗市场监督管理工作，贯彻相关法律法规，经常性组织卫生监督员对县辖区内的医疗市场进行较为全面的清理整顿，严厉打击非法行医，坚决查处违法行为。重点加强游医、黑诊所的打击力度，严肃查处医疗机构非法行医行为，同时，加强医疗广告的监督检查。

2003—2013年三都县医疗机构监督管理卫生行政处罚案件统计表

表13-10

年度	处罚情况									
	总处罚数（户次）	警告数（户次）	没收违法所得		罚款		责令停产（停业）户数（户）	销毁药品、医疗器械数（种类）（台）	吊销医疗机构营业执照户数（户）	取缔数（户次）
			数量（户次）	金额（元）	数量（户次）	金额（元）				
2003	3	0	0	0	3	2500	—	0	0	0
2004	15	0	1	2000	14	8150	—	0	0	0
2005	5	0	0	0	5	2800	—	0	0	0
2006	9	0	0	0	9	1450	—	0	0	0
2007	4	0	0	0	3	7000	—	0	1	0
2008	2	0	0	0	2	9000	—	0	0	0
2009	8	0	0	0	8	9900	—	0	0	0
2010	3	0	0	0	3	6000	—	0	0	0
2011	0	0	0	0	0	0	0	0	0	0
2012	6	0	0	0	6	5500	0	0	0	25
2013	2	0	0	0	2	4200	0	0	0	20

特殊餐前监督　特殊餐前食品卫生监督是食品卫生监督综合执法工作的一项重要内容，凡在三都境内举行重要会议、大型接待和重要活动均进行特殊餐前食品卫生监督。

2003—2013 年三都县接受特殊餐前食品卫生监督一览表

表 13-11

年度	任务数（件）	出动监督员数（人）	出动次数（人·天）	备　注
2003	13	26	35	—
2004	16	45	180	—
2005	9	206	35	大型端节活动
2006	29	174	43.5	—
2007	11	98	61	50 周年县庆大型活动
2008	21	113	48	—
2009	18	80	34	—
2010	10	80	44	—
2011	15	264	79	“酒博会”“全国少数民族运动会”
2012	9	60	28	—
2013	8	45	23	—

第六节　新型农村合作医疗

2006 年下半年，三都在巫不、打鱼等乡镇开展新型农村合作医疗试点的基线调查等前期准备工作。2007 年，全县实行新型农村合作医疗制度，农民以户为单位为每人每年缴纳参合基金 10 元，中央补助 20 元、省补助 14 元、州县各补助 3 元，共计 50 元。2007 年 2 月，县委、县人民政府先后出台《三都水族自治县新型农村合作医疗实施方案》和《三都水族自治县新型农村合作医疗管理暂行办法》，同年 4 月，全面启动对参合农民的报销补偿和办理转诊等业务。

2007—2013 年三都县新农合运行情况表

表 13-12

年份	参合人数（人）	参合率（%）	住院人次（人次）	住院补偿（万元）	门诊人次（人次）	门诊补偿（万元）
2007	240744	80.6	4482	225	128000	225
2008	271799	90.01	11182	1049.73	306322	688.69
2009	270893	94.32	15048	2142.98	358832	902.55
2010	290318	96.65	28061	2707.91	367762	1055.31
2011	300810	94.19	22493	3944.49	439997	1002.86
2012	284657	96.03	27145	5593.89	238857	1675.04
2013	295660	98.14	39953	6745.52	505279	2511.02

2007 年三都县医疗报销补助标准及比例一览表

表 13-13

	全年累计费用金额 报销比例 医疗机构级别	1000 元以下	1001～2000 元	2001～5000 元	5001～8000 元
住院报销情况	乡镇级医疗机构	45%	50%	65%	75%
	县级医疗机构	40%	45%	60%	70%
	省、州级医疗机构	30%	40%	50%	60%
	大病二次补助				
	累计超过金额	5000 元以下	5001～10000 元	10001～19000 元	
	补助比例标准	30%	40%	50%	
	最高补助金额	当年内最高累计补助 15000 元			
门诊补助	超出门诊补助	按 35%报销			
	最高补助金额	当年内累计最高补助 1000 元			

注：执行时间是 2007 年 3 月 1 日至 2008 年 2 月 15 日

2007 年度新型农村合作医疗基金总额为 1156. 24 万元（中央财政补助资金 432. 5 万元、省级财政补助资金 336. 98 万元、州级和县级财政补助资金分别 72. 22 万元、群众个人缴纳 240. 9 万元、利息 1. 42 万元），本年度基金总支出 481. 76 万元，年度结余基金 674. 48 万元，提取风险金为 34 万元（上缴州里统筹）。

2008 年各级财政对参合农民的补助标准提高到每人每年 70 元，其中中央财政补助每人每年 40 元、省级财政补助每人每年 14 元、州县配套各 3 元，农民个人缴费由 10 元增加到 20 元（由于该文件下发较晚，2008 年仍按每人每年 10 元缴纳）。当年县委、县政府对《三都水族自治县新型农村合作医疗管理暂行办法》先后进行了两次调整。各次调整后的报销补助标准及比例如下：

2008 年三都县第一次医疗报销补助标准及比例一览表

表 13-14

	全年累计费用金额 报销比例 医疗机构级别	1000 元以下	1001～2000 元	2001～5000 元	5001～8000 元
住院报销情况	乡镇级医疗机构	57%	67%	77%	87%
	县级医疗机构	48%	58%	68%	78%
	省、州级医疗机构	30%	40%	50%	60%
	大病二次补助				
	累计超过金额	5000 元以下	5001～10000 元	10001～19000 元	
	补助比例标准	30%	40%	50%	
	最高补助金额	当年内最高累计补助 20000 元			
门诊补助	超出门诊补助	按 35%报销			
	最高补助金额	当年内累计最高补助 1000 元			

注：执行时间是 2008 年 2 月 15 日至 2008 年 7 月 26 日

2008 年三都县第二次医疗报销补助标准及比例一览表

表 13-15

	报销比例 / 医疗机构级别	65%	75%	85%
住院报销情况	乡镇级	300 元以内	300～600 元	601 元以上
	县级	1000 元以内	1001～2000 元	2001 元以上
	省、州级	3000 元以内	3001～6000 元	6001 元以上
	非协议医院	办理转诊或备案手续的按照就诊医院级别补偿标准降低 10%报销，未办理转诊和备案的按照州级补偿标准降低 20%报销		
	最高补助金额	当年内最高累计补助 3.5 万元		
门诊补助	超出门诊补助	按 50%报销		
	最高补助金额	当年内累计最高补助 2000 元		

注：执行时间是 2008 年 7 月 26 日至 2008 年 12 月 31 日

2008 年度合作医疗基金总量是 3058.12 万元，其中中央财政补助资金 1009 万元、省级财政补助资金 924.1 万元、州级财政补助资金 89.69 万元、县级财政补助资金 81.54 万元、群众个人缴纳 271.8 万元、利息 7.51 万元、上年结余基金 674.48 万元。2008 年度向农民补偿基金总额为 1738.42 万元，提取风险金为 100 万元（上缴州里统筹）。

2009 年度，农民每人每年缴纳基金 20 元、中央财政补助 40 元、省财政补助 34 元、州县配套各 3 元，共计 100 元，同时，按 20 元每人设立门诊家庭账户。

2009 年三都县住院报销补助标准及比例一览表

表 13-16

报销比例	65%	75%	85%
乡级	600 元以内	601～1200 元	1201 元以上
县级	2000 元以内	2001～5000 元	5001 元以上
省、州级	5000 元以内	5001～10000 元	10001 元以上
非协议公办医院	办理转诊和备案手续的按照就诊医院级别补偿标准降低 10%报销，未办理转诊和备案的按照州级补偿标准降低 20%报销		

2009 年全县基金总量 3795.86 万元（其中本年度到位资金 2455.73 万元），全年补偿报销 3495.54 万元（本年度基金超支 1039.81 万元），基金使用率达 92.08%，结余 300.32 万元。

2010 年新农合基金为每人每年 140 元，其资金构成为农民自筹资金 20 元、中央补助 60 元、省级财政补助 51 元、州财政补助 3.23 元、县级配套 5.77 元。根据上级要求取消了家庭门诊账户，实行门诊统筹，住院医药费最高报销补助封顶线为 4 万元。

2010 年三都县住院报销补助标准及比例一览表

表 13-17

报销比例	65%	75%	85%
乡级	1000 元以内	1001～2500 元	2501 元以上
县级	3000 元以内	3001～6000 元	6001 元以上

续表13-17

报销比例	65%	75%	85%
省、州级	5000元以内	5001~10000元	10001元以上
非协议公办医院	办理转诊或备案手续的按照就诊医院级别补偿标准降低10%报销，未办理转诊或备案的按照州级补偿标准降低20%报销		

2010年度，全县审批各级定点医疗机构136家，其中省级4家、州级4家、县级4家、乡镇级28家、村级96家，并于2010年4月份，全面开通和使用了全省统一的新农合信息管理网络，实现了网络信息化管理。年度到位基金4068.83万元，中央、省、州、县四级财政补助3484.08万元，农民自筹580.636万元，利息4.11万元。结转上年滚存结余基金794.18万元，全年基金总量共计4863.01万元，上缴风险基金122万元后可使用基金为4741.01万元。全年基金支出总额为4226.59万元，当年超支157.76万元，年末滚存基金514.42万元。2011年度新农合基金总额应为6930.0279万元。各级财政补助应为6015.924万元（中央财政补助3730万元、省财政补助1943万元、州财政补助102.8776万元、县级财政补助金为240.0464万元）。农民缴费894.53万元，县民政对低保户和五保户个人缴费8.277万元，利息收入11.6739万元。2010年累计结余基金636.4163万元（含家庭账户）。2011年度可用基金总额为：7566.4442万元。全年共补偿498768人次，补偿总金额5074.8749万元，2010年同期为483490人次，补偿4226.59万元，比2009年增长15278人次，补偿费用同比增加848.2849万元。其中门诊补偿474093人次，同比增加16699人次。补偿总金额1014.53万元，比2009年增加126.09万元。门诊次均费用21.39元，较2009年次均19.42元增加1.97元。住院补偿24675人次，比2009年减少1368人次，补偿总金额4060.35万元，比2009年增加722.2万元。次均住院补偿费用1645.53元，较2009年次均增长363.73元。住院总费用5834.94万元，实际补偿4060.35万元，住院实际补偿比69.59%。本年度基金使用率为73.23%。

2011年三都县住院报销补助标准及比例一览表

表13-18

报销比例	65%	75%	85%
乡级	1000元以内	1001~2500元	2501元以上
县级	3000元以内	3001~6000元	6001元以上
省、州级	5000元以内	5001~10000元	10001元以上
非协议公办医院	办理转诊或备案手续的按照就诊医院级别补偿标准降低10%报销，未办理转诊或备案的按照州级补偿标准降低20%报销		

2012年人均筹资水平为290元/人·年。2012年度基金总量为1.077亿元，其中农民缴费1423.29万元、各级财政补助资金为6831.76万元、利息收入25.73万元、2011年累计结余2491万元（含风险金364万元和利息13.68万元）。截至11月14日，全县共补偿436362人次，总费用9149.89万元，补偿金额6489.43万元。其中，门诊411205人次，门诊总费用2359.38万元，新农合补偿1611.28万元，补偿率68.29%；住院25157人次，住院总费用6790.51万元，新农合补偿4878.15万元，住院补偿比为71.84%，政策内补偿比75.73%。

2012 年三都县住院报销补助标准及比例一览表

表 13-19

报销比例	65%	75%	85%
乡级	1000 元以内	1001～2500 元	2501 元以上
县级	3000 元以内	3001～6000 元	6001 元以上
省、州级	5000 元以内	5001～10000 元	10001 元以上
非协议公办医院	办理转诊或备案手续的按照就诊医院级别补偿标准降低 10%报销，未办理转诊或备案的按照州级补偿标准降低 20%报销		

2013 年度到位资金为 9756.11 万元（中央补助 5558.4 万元、省级财政补助 2312 万元、州级财政补助 117.07 万元、县级财政补助 290.34 万元、个人筹集资金 1478.3 万元），上年度滚存结余 3192.27 万元，2013 年度基金总量 12948.38 万元。全年共补偿 565499 人次，医疗总费用 13067.31 万元，补偿总金额 9299.06 万元，补偿费用占年度基金 95.32%。其中，门诊补偿 524035 人次，医疗总费用为 3071.57 万元，补偿总金额 2267.6 万元，补偿率 73.83%，门诊次均费用 58.61 元，次均补偿 43.27 元；住院补偿 41464 人次，医疗总费用 9995.74 万元，补偿总金额 7031.46 万元，补偿率 70.34%，住院次均医疗费用 2410.7 元，次均补偿 1695.8 元。与 2012 年同期相比，人次增长 65231 人次，医疗总费用增长 2395.78 万元，增长率 22.45%。补偿费用增长 1347.03 万元，增长 16.94%。其中，门诊总人次增长 53344 人次，补偿费用增长 345.55 万元，增长 17.98%，次均门诊费用降低 0.1 元，补偿费用增长 2.44 元。住院人次增长 11887 人次，住院费用增长 2087.47 万元，增长 26.4%，补偿费用增长 1001.48 万元，增长率 16.61%。住院次均费用降低 263.09 元，次均补偿降低 342.94 元。

（一）门诊统筹补偿

1. 一般门诊补偿费用按户内家庭参合人员每人每年 300 元封顶计算，家庭参合成员互助共用。门诊医药费报销比例如下：

2013 年三都县门诊医药费报销比例一览表

表 13-20

医疗机构	村卫生室、乡镇卫生院、政府举办的社区卫生服务中心（站）	县级定点医疗机构	州级定点医疗机构	州外定点医疗机构
补偿比例	70%	60%	50%	40%

注：县域内未实施基本药物零差率销售的定点民营医院，按县级定点医疗机构补偿比例执行

2. 特殊病种（含慢性病）门诊补偿：医药费用按 75%的比例报销，年度补偿封顶线为 2 万元/人·年。

特殊病（含慢性病）病种范围：高血压（Ⅱ、Ⅲ期），心脏病并发心功能不全，脑血管病后遗症（有严重功能障碍），慢性中、重度病毒性肝炎，肝硬化，慢性肾炎，慢性肾小球肾炎，肾病综合征，慢性肾功能不全，肾衰竭，恶性肿瘤放化疗，白血病，再生障碍性贫血，类风湿性关节炎，风湿性关节炎，系统性红斑狼疮，癫痫，精神类疾病，活动性结核，脑出血及脑梗死恢复期，慢性阻塞性肺气肿，慢性支气管炎伴肺气肿，慢性溃疡性结肠炎，甲亢，甲状腺功能减退，肝豆状核变性，帕金森氏病，重症肌无力，器官移植抗排治疗，冠心病，肺心病，肺结核，糖尿病，白癜风，痛风，慢性骨髓炎，支气管哮喘，椎间盘突出，血友病，地中海贫血等疾病。

（二）住院统筹补偿

1. 封顶线：12 万元。

2. 补偿比例：

2013 年三都县住院报销补助标准及比例一览表

表 13-21

就诊医疗机构 符合报销范围的医药费用	州内乡镇卫生院（社区卫生服务中心）	州内县级定点医疗机构	州级定点医疗机构	省级定点医疗机构
0~1000 元（含）	80%	70%	60%	50%
1001~10000 元（含）	85%	75%	65%	55%
10000 元以上	90%	80%	70%	60%

注：县域内未实施基本药物零差率销售的定点民营医院，按县级定点医疗机构补偿比例执行未报县（市、区）新农合管理机构登记备案的，政策范围内医药费用按 40%的比例予以补偿

（三）重大疾病保障

1. 重大疾病病种：1~18 岁儿童先天性心脏病、1~18 岁儿童白血病、乳腺癌、宫颈癌、肺癌、食道癌、胃癌、结肠癌、直肠癌、重性精神病、耐多药肺结核、艾滋病机会性感染、终末期肾病、慢性粒细胞白血病、急性心肌梗死、脑梗死、血友病、I 型糖尿病、甲亢、唇腭裂、原发性肝癌、鼻咽癌、淋巴癌、肾癌、胰腺癌、膀胱癌、卵巢癌、胆囊癌、非何杰金淋巴癌、子宫内膜癌、骨癌、骨肉瘤、甲状腺癌、前列腺癌、睾丸、附睾癌、喉癌、阴茎癌、皮肤癌、胆管癌、再生障碍性贫血、先天性脑垂体功能异常、地中海贫血、系统性红斑狼疮。

2. 保障范围：保障范围内疾病在公立定点医疗机构住院治疗，病种政策范围内医药费用按 85%的比例进行报销。

（四）其他补偿

1. 用于疾病治疗的高值材料，单次（项、件）价格 3000 元以下（含 3000 元）全额计入政策报销范围，3001~10000 元的高值材料按 70%计入政策报销范围，超出 10000 元高值材料按 50%计入政策报销范围。

2. 持有独生子女证和二女结扎证明的参合农民、90 岁以上参合老年人，住院医药费用提高 10 个百分点予以补偿。

第七节　爱国卫生运动

1979 年年初，县除害灭病领导小组经过调整后，改称为县爱国卫生运动委员会，并下设办公室。1984 年 3 月，并入卫生局，1986 年 3 月，恢复爱国卫生运动委员会办公室建制，属副科级事业单位。2002 年机构改革，县爱卫办又并入县卫生局，但仍保留牌子。2006 年 10 月，又恢复县爱卫办，升为正科级事业单位，办公室设在卫生局内，加挂农村改水改厕牌子，实行两块牌子一套人马管理方式，核定事业编制 6 名，其中参照公务员管理编制 2 名。

2006 年起，爱国卫生运动主要开展改水改厕工作。2006 年完成 200 座农村无害化卫生厕所改造，发放鼠药 8600 包。2007 年完成 1500 座农村无害化卫生厕所改造；改水资金 10000 元，安排在水龙乡水龙村山寨组实施；发放鼠药 12000 包。2008 年完成无害化卫生厕所改造 1000 座；改水资金 10000 元，安排在三洞乡安旭村二、三组实施；发放鼠药 15000 包。2009 年完成无害化卫生厕所改造 3100 座，发放鼠药 15000 包。2010 年完成无害化卫生厕所改造 1000 座，发放鼠药 15800 包。2011 年完成无害化卫生厕所改造 400 座，发放鼠药 16000 包。2012—2013 年，发放鼠药 32800 包；

已有16个乡镇56个行政村参与实施无害化卫生厕所改造。

第八节　药　政

一、机构沿革

1978年，三都县没有药品生产企业，药品供应一直是省、地、县三级批发的计划经济模式，全县有药品批发企业1家，负责全县7个区，38个乡卫生院的药品供应。全县没有药品监督管理机构，县卫生局也没有设立药品监管股室及人员。1986年8月，设立县药品检验所，为县卫生局领导的股级事业单位，主要负责药政管理、药品检验工作。2001年12月，国家机构改革，县药检所成建制划转新组建的黔南州药品监督管理局三都水族自治县药品监督管理分局，正科级单位，人、财、物实行省以下垂直管理，同时加挂县药品稽查队牌子。2002年9月更名为县药品监督管理局，2004年3月又更名为县食品药品监督管理局，增加食品安全综合监管和保健食品化妆品监督管理职能。2010年机构改革，食品药品监督管理部门取消省以下垂直管理，县食品药品监督管理局人、财、物实行县级属地管理，当年8月份交接完毕。2012年3月，县食品药品监督管理局与县卫生局合并为县卫生和食品药品监督管理局。

二、药品生产质量管理

1995年，通过招商引资在原国营健民中草药加工厂投资1000多万元，建设贵州金康制药有限公司。该制药厂主要生产感冒停、强力枇杷止咳胶囊等胶囊剂产品。该药厂监管主要由州药监局负责，县药监局负责联系和配合。通过监、帮、促等方面的监管，该制药厂于2003年取得省药监局核发的《药品生产质量管理规范（GMP）》认证证书。在正常生产时期，年产值达到3000多万元。之后该药厂经营逐步下滑，2007年基本停工。2008年，该公司法人代表黄海滨因犯贷款诈骗罪，判有期徒刑10年，并处罚金30万元，该厂被迫停产。

三、药品经营监督管理

县内药品零售经营户，从2004年的19家（县城7家，乡镇12家）增加到2010年的32家（县城药品配送中转库1家、零售经营13家，乡镇18家）。到2013年年底全县药品经营许可44家（县城药品配送中转库1家，零售药品17家，乡镇零售药品26家，乡镇药店中含乙类非处方药品8家）。按照食品药品监督管理系统垂直管理事权划分，州食药监局负责对县城区新开办的药品经营单位进行GSP认证，县食药监局负责对乡镇新开办的药品经营单位进行认证，并且每年按照GSP标准对县辖内所有已经取得GSP认证证书的药品经营单位进行跟踪检查，存在问题的，责令限期改正，不予改正的，依法给予处理。

2004—2013 年三都县 GSP 认证及跟踪检查情况一览表

表 13-22

单位：家

年度	通过 GSP 认证单位数	新增 GSP 认证数	换证数	停业数	跟踪检查数	责令整改单位数	处罚单位数
2004	5	5	0	0	0	0	0
2005	25	20	0	0	5	5	5
2006	27	2	0	0	25	15	0
2007	28	1	0	0	13	6	0
2008	31	3	0	6	25	21	3
2009	34	5	5	6	18	15	2
2010	34	6	12	2	20	12	0
2011	26	3	0	8	19	12	0
2012	32	5	1	7	22	15	0
2013	36	9	0	0	25	18	0

四、农村药品“两网”建设

三都于 2004 年 10 月 13 日启动“两网”建设工作，聘任农村药品质量信息员 68 名，并建立农村药品供应网点。到 2010 年，聘有县级药品监督员 5 人；全县 21 个乡镇建立农村药品供应网点，聘有乡镇药品协管员 44 人、村级药品信息员 270 人；设置药品零售连锁或实施药品配送乡镇 21 个，实施药品配送或代购的行政村药品供应网点 231 个。截至 2013 年年底，行政村药品信息员 270 个，实施药品配送行政村药品供应网点 249 个，覆盖率达 89. 94%。

五、药品不良反应（ADR）报告和监测

2004 年以后，国家对药品不良反应报告和检测工作的药品使用安全性越来越重视，县食药监局安排专人负责联系各有关药品经营、使用单位，收集在县内发生的药品不良反应材料。2010 年，三都实现了药品不良反应网上在线直报，至 2010 年 12 月，收集到上报的药品不良反应 463 例。2011 年全县药品及医疗器械不良反应上报 285 例，2012 年药品、医疗器械不良反应上报 389 例，2013 年药品、医疗器械不良反应上报达 689 例。

第十四篇　文化·体育·旅游

第一章　文　化

由于地理环境相对闭塞，境内各民族保留着独特的人文特性和多姿多彩的民风民俗，民族文化别具特色。水族不但有独特的语言、文字、历法，而且有异于其他民族的节日、服饰、歌舞等习俗文化。党的十一届三中全会以后，民族文化事业发展迅速。1982 年起，县里建立了文工队（1993 年改为都柳江文化艺术团），各乡镇和社区也先后组建了业余文艺团队。2007—2009 年完成 21 个乡镇文化站建设，2010 年，各文化站实行免费开放。2011 年，中和镇获文化部颁发的马尾绣艺术之乡称号。至 2013 年，三都有水书习俗、水族马尾绣和水族端节等国家级非物质文化遗产代表名录 3 项、省级 13 项、州级 14 项、县级 47 项，有非物质文化国家级传承人 2 名、省级 2 名、州级 12 名、县级 163 名。

第一节　机构设置

1979 年 4 月，成立县广播事业局。1982 年 2 月，成立县文化局。1984 年 3 月，县广播事业局改称县广播电视局。1994 年 6 月，撤销县体育运动委员会、县广播电视局、县文化局，合并组建县文体广播电视局，内设机构有人秘股、文化工作股、体育股、广播电视管理股，下属单位有文化馆、图书馆、文物管理所、文体市场稽查队、电视差转台、广播电视服务公司、电影公司，代管新华书店。3 个单位名誉上合并，实际仍分开办公，直至 2002 年机构改革，3 个单位才正式合并。2012 年 2 月，将县文体广播电视局、旅游事业管理局的职责进行整合，组建三都水族自治县文体广电旅游局，不再保留县文体广播电视局和旅游事业管理局。

县文体广电旅游局内设机构有办公室、文化股、体育股、广播电视股、文物股。下属事业单位有广播电视台、文化市场综合执法大队、旅游发展办公室、文化馆、图书馆、文物管理所、体育运动管理中心、广播电视技术中心。2013 年，定编 147 人。其中行政编制 9 名，领导职数设局长 1 名、副局长 3 名、纪检组长 1 名。机关工勤编制 4 名，事业编制 134 名。中级专业技术职称 6 人，初级专业职称 45 人。

第二节 文学艺术

一、文学

1958年，县委宣传部曾收集民歌3万余首、民间故事200多个，但因“左”倾思想和资金缺乏，未整理印刷。到“文化大革命”时期原稿多已散失。1980年1月14日，建立县民族文史研究组，重新收集整理民间故事和文史资料。1981年1月11日，州文学艺术研究室和县文史研究组合编水族民歌选《岛黛瓦》，共收集整理水族民歌118首，内部出版发行。与此同时，还整理出版水族民间故事选《石马宝》，共收录水族民间故事487个。1982年，贵州大学中文系与县民委合编水族民歌选《凤凰之歌》和水族民间故事《月亮山》，共收录水族民歌58首、水族民间故事32个，均为内部出版。1986年，范禹、潘朝霖主编出版《水族情歌选》，收录水族民歌222首。1987年，杨有义收集整理出版《布依族酒歌选》431首。1989年10月，董一编《中国民间故事集成·三都卷》，共收录民间故事582个。1990年6月，董一、姚福祥主编的《中国歌谣集成·三都卷》，收录水族民歌617首。20世纪90年代以来，三都经济社会繁荣，社会稳定，教育事业迅猛发展，文化逐渐普及，文人不断涌现，文学创作十分活跃。旧体诗创作以潘运生、杨昌盛等为代表性诗人；新体诗中，杨有义、石尚竹、湄子、黄漠沙、韦永在当代贵州诗坛亦有相当知名度。对联方面，以王厚虎、韦世方、韦友寿等为代表，创作了很多脍炙人口有一定影响力的佳联；散文方面，以张毅恒、潘鹤最为突出；小说方面，以潘国会、张毅恒、韦正文最为突出；戏剧方面，潘茂金创作了不少有影响力的剧本。

二、音乐

20世纪90年代后，三都一批音乐专业人士的音乐创作相继问世，即李继昌创作的曲谱《竹叶声声》《尧人山下是我家》《小小喜鹊》《都柳江摇篮曲》、水族舞曲《光缆架到水家寨》《归燕奴》，潘国强创作的曲谱《在那金凤凰起飞的地方》《都柳江畔双歌飞》《我家住在都柳江边》《水家马尾绣》、水族舞曲《多彩的梦》，邓承群创作的曲谱《三都，我可爱的家乡》，崔文玉创作的曲谱《水家姑娘》，肖白创作的曲谱《水族姑娘》，韦祖雄创作的曲谱《水族端节》，姚书文创作的曲谱《中华水乡——三都》《情定卯坡》，王希建创作的曲谱《水家山寨有远亲》、水族舞曲《金秋端节》，杨正福创作的曲谱《在睢一方》《爱在水乡》、水族舞曲《山野小曲》，华建国创作的词曲《祝福水家》《欢乐的卯坡场》，岑忠全创作的词曲《啊，神奇的水书》《我和爷爷去捕鱼》，张全复创作的词曲《今夜我不想离开》，申琼创作的曲谱《都柳江的思念》，蒙锡彭创作的曲谱《迁睢》《岛黛瓦》，李贵安创作的曲谱《三都颂》《尧人山之恋》《九阡酒之歌》《欢迎你到三都来》《布依情》《水家敬酒歌》《凤羽水乡》、水族舞曲《泐虽的吼声》《神韵水书》《水寨欢歌》《水韵》《马尾绣》《望郎榕》《赶卯姑娘》《骑草马》《刀沙沙》《山情》《水寨迎来远方亲人》《幂旯》《水族铜鼓操》《水族芦笙斗角舞》《绣娃》、苗族舞曲《踏着琴声赶月亮》、布依族舞曲《金竹情》等。

2004年，李贵安创作的曲子《欢迎你到三都来》发表在黔南文艺丛书《绿色黔南好花红》优秀作品集上，同时创作的水族舞曲《泐虽的吼声》、曲谱《欢迎你到三都来》于当年参加黔南州第三届“好花红”艺术节分别获得作曲一等奖和二等奖。2007年，在三都水族自治县五十周年县庆主会场演出音乐和入场式音乐以及大型原生态水族歌舞史诗画卷《远古走来的贵族》的乐曲里，都有李贵安创作的曲谱。2008年，蒙锡彭创作的曲谱《迁睢》参加“多彩贵州”歌唱大赛获黔南赛区三等奖，创作的曲谱《岛黛瓦》参加黔南州首届少儿艺术节和贵州省第八届少儿艺术节分别获得一等奖和三等奖；申琼创作的曲谱《都柳江的思念》获得2008年黔南州文艺奖三等奖；李贵安创作的曲谱《三都颂》《水家敬酒歌》分别获得2008年黔南州文艺奖三等奖和2009年黔南州庆祝新中国成立60周年第五届“颂祖国、唱黔南”征歌三等奖；杨正福创作的曲谱《爱在水乡》获得2009年黔南州庆祝新中国成立60周年第五届“颂祖国、唱黔南”征歌优秀奖。2010年年底，黔南州第三届旅游发展大会在三都举办，李贵安创作了大型山水实景演出《水歌大地》音乐；2012年，李贵安作品《苗山太阳红》及岑忠全作品《我的家乡在三都》分别荣获黔南州苗族新歌演唱会创作优秀奖；2013年，李贵安作为主要创作人之一，再次创作了水族大型风情歌舞《水家人》音乐，这是三都继《远古走来的贵族》后打造的反映水族人的又一个精品剧目，于2013年10月底在贵阳参加贵州省第五届少数民族文艺汇演中荣获创作金奖、优秀剧目奖、最佳人气奖和优秀演员奖。

三、书法美术

书法　自清末以后，三都出现一批书法能手。其中，清末有张少潘、张仲世等，清时都江厅“湖南馆”会馆书名是张仲世自题；民国时期有包楚琳；解放初期有黄如兴、蒋琦、潘一志（水族）、王举瀛（水族）等一批书法家。

1987年春节，县文化馆举办首届书法有奖竞赛，参赛者共58人，县农牧局干部刘朝元的草书获第一名，县合作商店职工潘芳伯的楷书、县民政局副局长蒙自清的行书、县科委干部李癸成的隶书分别获得第二名，县政协副主席王品魁（水族）的楷书、粮食局局长扶文贵的楷书、武装部干部王俊汝的行书、司法局干部潘永强（水族）的行书、中和区文化站职工杨盛超（水族）的行书分别获得第三名。

水书书法

有詹正居、韦恩忠（水族）、李癸成、潘芳伯等加入黔南州书法协会，潘殿喻（水族）、潘芳伯、韦毓祥（水族）等加入中国当代农民书画研究会。1981年至1987年，县文化馆组织举办多次书法作品展，展出书法作品几百幅。20世纪90年代开始，三都出现一批书法新人，即是余跃、舒沛银、韦毓坤、潘志通、潘茂栋、潘洪诚、黄昌盛等。2010年，黄昌盛书法作品获全省文化系统书法比赛优秀奖。2005年开始，三都举办水书书法展，至2013年年底共举办12期，展出三都、独山、都匀、荔波等县市书法家作品共三期，展出本县书法爱好者作品共四期，县老年大学书画作品展共五期，有近2000人次参加书法活动，展出千余幅书法作品。

美术　解放前，三都美术人才极少，作品出名的有宋友仁的花鸟画，民间的艺人纸扎匠黄如兴（原国民党政府工作人员）美术（山水、花鸟）、书法成就较高，其书画作品有部分收藏在县档案馆。解放后，全县中小学都开设美术课。1956年，贵州省举办学生美术作品展，三都中学学生蒋汉杰的参赛作品获奖。之后，省、州举办的美术作品展，有赵庆玺、韦恩忠、石玉虎的作品参加展出。1987年，韦毓祥在县文化馆首次举办个人美术作品展，共展出作品42幅，同年，有8幅作品参加了州“八一”建军节美术作品展。1981年，文化馆开始建大型宣传橱窗“都柳江画廊”，截至1987年，先后展出书法美术作品33期，展出作品近千幅。美术爱好者赵庆玺、韦恩忠加入州美术家协会，石玉虎加入省中小学教师美术研究会和省美术家协会。此间，出现莫羽、张泽民、田炳贵、林伟民等一批美术人才。

20世纪90年代后，三都开始出现一批本土美术人才：覃建斌、陆钦亮、韦毓坤、余忠斌、韦绍波、韦绍协、黄昌盛等。1998年，黄昌盛的美术作品《云山无尽入画来》参加州改革开放三十年美展获优秀奖。1999年，黄昌盛的美术作品《深山幽谷》在《夜郎文学》上发表。2008年，黄昌盛的美术作品《万山红遍》《云壑飞瀑》《惊涛石壁》《山水图》《百丈素崖》等六幅在中国艺术网上发表；同年，石玉虎的美术作品《风》参加省第一届美术大赛获得三等奖。2009年，县文化馆组织本土农民画参加省第一届农民画展；同年，黄昌盛的美术作品《百丈素崖》参加州文化系统美展荣获特等奖，该作品于 2010 年被收入《黔南美术作品集》中，并作为水族大型壁画展出。2010 年，石玉虎美术作品《女儿红》参加省第二届美术大赛获得优秀奖，其作品《风》《女儿红》于当年被收入《黔南美术作品集》中；同年，黄昌盛的美术作品《林间居舍》参加省文化厅主办的全省群文美术干部作品展中展出。2013 年 10 月，水族风情歌舞《水家人》剧目，荣获省第五届少数民族文艺汇演创作金奖、优秀剧目奖、最佳人气奖和优秀演员奖，舞台美术中的服装、道具设计者为黄昌盛。

四、舞蹈

1978 年以来，三都先后创作的舞蹈作品有《卤报乐》《金秋端节》《歹吉绣》《童笙乐》《槌布女》《渺睢的吼声》《弦鼓乐》《月亮湖畔牛鼓情》《幂炅》《鱼能·祭》《赶卯姑娘》《骑草马》《刀沙沙》《木鼓舞》，大型水族歌舞史诗画卷《远古走来的贵族》、大型水族山水实景歌舞《水歌大地》，新改编创作的舞蹈作品有《苗族古瓢舞》《苗族踏着琴声赶月亮》《水族芦笙斗角舞》《水族铜鼓舞》《跺月亮》《水家人》等。

宋晓军创作的水族舞蹈《卤报乐》于 1991 年 9 月在广西南宁参加全国第四届少数民族传统体育运动会表演项目比赛，获二等奖，该作品又于 1992 年 3 月在云南昆明参加中国第三届艺术节舞蹈比赛，获优秀表演奖。水族舞蹈《槌布女》《渺睢的吼声》于 2002 年 8 月参加黔南州第二届“好花红”艺术节以及参加《土风奇葩》民间歌舞比赛，分别获表演三等奖和一等奖，该舞蹈于 2004 年 8 月参加第十一届“花溪之夏”艺术节和西部民族歌舞邀请赛，皆获优秀奖。雷增创作的水族舞蹈《金秋端节》于 1999 年 8 月参加州第一届“好花红”艺术节舞蹈比赛，获创作一等奖；水族舞蹈《童笙乐》于 2000 年 9 月参加州第一届“好花红”少儿艺术节舞蹈比赛，获表演三等奖；水族舞蹈《弦鼓乐》于 2002 年 11 月参加省第五届少数民族传统体育运动会表演项目比赛，获一等奖，于 2003 年 9 月参加中华人民共和国第七届少数民族传统体育运动会表演项目比赛，荣获三等奖，又于 2005 年 10 月获第七届中国民间文艺山花奖——民间艺术表演奖。水族舞蹈《幂炅》于 2006 年 11 月参加省第六届少数民族传统体育运动会表演项目比赛，获金奖，该作品于 2007 年 11 月参加中华人民共和国第八届少数民族传统体育运动会表演项目比赛；水族舞蹈《木鼓舞》于 2008 年 8 月参加贵州省第八届少儿艺术节舞蹈比赛，荣获少年组三等奖；水族舞蹈《水族芦笙斗角舞》于 2010 年 9 月参加省第七届少数民族传统体育运动会表演项目比赛，获铜奖，同年 11 月参加省优秀县级文工队文艺调演比赛，荣获一等奖。陈佳丽创作的水族舞蹈《歹吉绣》于 1999 年 8 月参加州第一届“好花红”艺术节舞蹈比赛，获表演三等奖。曾曼丽整理改编创作的苗族舞蹈《苗族古瓢舞》参加省举办的“多彩贵州”舞蹈大赛，获黔南赛区二等奖、省决赛优秀奖。2009 年 10 月，水族大型歌舞史诗画卷《远古走来的贵族》荣获黔南州庆祝新中国成立 60 周年文艺调演金奖。2010 年 10 月，水族大型山水实景歌舞《水歌大地》在三都举办的黔南州旅游发展大会上演出。

杨再清创作的苗族舞蹈《跺月亮》，获 2011 年三都打鱼乡盖赖村苗族艺术节一等奖，2012 年获贵州省优秀艺

苗族群舞《跺月亮》

术课例成果一等奖、多彩贵州黔南赛区一等奖、省级半决赛第一名、总决赛金黔奖，2013年获第九届中国舞蹈“荷花奖”民族民间舞银奖。《跺月亮》讲述的是一个信仰月亮的苗族部落，表达对月亮崇敬之情的故事，用盖赖村芦笙舞蹈的跺步特点精心编导而成。该舞蹈融打鱼乡苗族古典的芦笙舞蹈步法、身法、手法于一体，主要是以古典的打鱼芦笙舞蹈中的跺步而得名“跺”；用四步、六步、哄脚步中的转身、摆手、缭带等动作来修饰。舞蹈中时圆时方，变化多端的队形，犹如月圆月缺，象征苗族祖先对月亮的崇拜。小苗娃脚上动作多、上肢动作少，以腰、膝的自然摇动为舞蹈的基本点，双脚按芦笙曲调节奏，变换出优美姿势，双手于两侧稍往外，自然摇摆，加上舞蹈者头上白色的银冠一点一摇，全身银饰叮当作响，腰间花带一飘一闪，舞步整齐划一，节奏抑扬顿挫，因此得名《跺月亮》。2013年7月至10月，水族风情歌舞《水家人》剧目，获省第五届少数民族文艺汇演创作金奖、优秀剧目奖、最佳人气奖和优秀演员奖。

第三节　非物质文化遗产

2005年，三都成功申报水族端节、水族马尾绣、水书习俗、水族卯节为首批省级非物质文化遗产名录。2006年，水族端节、水族马尾绣、水书习俗、水族卯节由州申报，被文化部列为首批国家级非物质文化遗产名录。2007年，这4个项目被黔南州列为首批州级非物质文化遗产名录。2007年成功申报水族双歌、水族医药、水族服饰、水族婚礼、水族祭祖为第二批省级非物质文化遗产名录。2008年，成立非物质文化遗产办公室，建立了文字、录音、录像等多种形式的记录档案和数据库。2009年8月，水族九阡酒酿造技艺、水族豆浆染、水族铜鼓舞、水族弦鼓舞、水族敬霞节被列为第二批州级非物质文化遗产名录；9月，水族九阡酒酿造技艺、水族铜鼓舞、水族弦鼓舞、水族敬霞节被列为第三批省级非物质文化遗产名录。

2008年，杨胜帆被列为水书习俗项目省级传承人，韦桃花、宋水仙被列为马尾绣项目省级传承人；杨胜帆、韦见、潘秀业、潘焕文、韦桃花、石玉翠、韦妹、宋水仙被列为省级非物质文化遗产传承人。其中，杨胜帆、韦见、潘秀业、潘焕文为水书传承人，韦桃花、石玉翠、韦妹、宋水仙为马尾绣传承人，他们同时也被列为州首批非物质文化遗产传承人。2010年，韦引妹被列为第二批省级非物质文化遗产马尾绣传承人。2012年12月，韦桃花、宋水仙被文化部公布为第四批国家级传承人。

2010年12月，三都组织举办县首批非物质文化遗产传承人命名会议，命名收录163名非物质文化遗产传承人。至2013年，三都非物质文化遗产名录纳入国家级名录2项、省级名录13项、州级名录14项、县级47项。传承人中，省级有4位、州级有14位、县级有163位。

2013年，出版近10万字、400多张图片的《三都水族自治县非物质文化遗产名录图典》，协助深圳摄影协会完成《水族非遗》书刊的出版。

第四节　新闻、影视、广播

一、电视

电视差转站　三都电视事业始于1976年7月。为迎接县庆20周年，建成电视差转台，当年，县广播站筹措经费2.4万元，在营上坡修1座80平方米的机房、300米长石梯路，架设电线杆11根。高20米电视发射杆用3节木杆连接暂用，从上海购置了县内第一部国产电子管电视机和发电

机，于同年 12 月开始试播，因转播信号不稳定，转播不成功。1979 年 11 月，独山县微波站转发电视信号给独山电视台。经在营上坡测试接收，效果可以差转到三都县城，县城正式开始转发电视节目。同年，成立县广播局，下设电视差转台。1980 年 7 月 2 日，独山微波站停送信号，三都的电视节目也跟着停播 3 个月。停播期间，县电视差转台又先后在不同的地方测试，均不理想。后来独山电视台收转云雾山的信号成功，县电视差转台又继续收转独山信号。1981 年 5 月 1 日，雷公山电视台正式发射贵州电视台节目，三都接收电视信号才得到保证。同年增设 50 瓦差转机 1 台，新建 21 米发射铁塔 1 座，扩大了收视覆盖面积，电视收视质量得到提高。1982 年 2 月 26 日经县政府批准，周覃区正式建立电视差转台。1983 年全县有电视机 400 多部。1984 年 6 月，营上坡差转站开始改为全天播放电视节目。同年，县政府拨 3 万元购买质量较高的 50 瓦差转机 1 台，民委拨 2 万元购买 1 部三洋录像机，为自办节目作准备。年底购买一部中频调制器，播送自办录像节目成功。

1985 年，州政府拨款 8.5 万元，县政府拨款 7.5 万元，在营上坡修建卫星地面接收站。接收卫星传送的中央电视台节目，三都群众可以在同一时间选择观看中央台或贵州台电视节目。1986 年，州广播电视局拨款 3000 元，县民委拨款 5000 元，建设九阡区电视差转台。到 1987 年，全县拥有电视机近 1000 部。1988 年在州扶贫队的支持下，修建普安镇地面卫星接收差转台。1989 年，贵州台电视节目上卫星，各差转站开始转播贵州台节目。1991 年，全县有电视差转台 6 个，其中都江镇、打鱼乡、周覃镇三个差转站是群众集资兴建。1993 年至 1998 年，国家、省、州广电部门扶持三都建设乡镇和村级地面卫星接收差转站 35 座。

1996 年是三都有线电视发展的快速时期，有线电视网传输节目在全县各个乡镇政府所在地开通。2007 年国家投资实施广播电视无线覆盖工程。2008 年 1 月动工新建营上坡广播电视无线发射台，同年 7 月完成机房、生活配套设施、45 米发射铁塔及设备的安装调试，电视发射总功率 650 瓦，广播发射总功率 300 瓦，总占地面积 350 平方米。8 月 1 日正式转播 4 套电视节目、3 套调频广播节目。

有线电视　1992 年 4 月，经县政府批准，通过有关单位赞助和县城群众集资的方式，筹措资金 49 万元，建成县城有线电视网，采用隔频方式传送 8 套电视节目，有线电视用户 2000 余户。同年建成都江镇有线电视网。1996 年，县城有线电视网络通过改造，增加了中央台 4 套加密电视和部分省台上星电视节目，节目套数增加为 17 套，实现了从隔频到邻频传输的转换。1996 年有线电视用户发展到 3500 户。之后建立了 8 个乡镇有线电视网，村级有线电视网 4 个，全县有线电视用户 4250 户。1999 年，广播电视局投入 30 万元引进可寻址收费管理系统，对县城网络进行了改造，大幅度提高了用户信号质量，规范了有线电视的收费管理秩序。2002 年，文体广电局向县农行贷款 40 万元，进行县城有线电视光纤改造，干线采用光缆地埋，升级为 HFC 双向网络，开通有线电视接入互联网业务。2004 年年底文体广电局向建行贷款 600 万元，启动实施全县乡镇有线电视光纤联网建设项目。同年，21 个乡镇广播电视站人员全部收归县文体广电局统一管理。2005 年至 2006 年完成三合、大河、合江、丰乐、普安、交梨、水龙、中和、三洞、周覃、九阡、扬拱、恒丰、廷牌、塘州 15 个乡镇有线电视联网，传输 44 套电视节目。县城及 15 个联网乡镇的干线网全部采用光缆传输，乡镇前端至部分用户较为集中的村寨也采用了光缆传输。县城光节点 26 个、乡镇光节点 41 个。2006

电视发射塔

年年底，全县有线电视联网用户9802户，其中县城区4576户、乡镇5226户。由于资金缺口，东面6个乡镇尚未联网。

2008年1月23日，三都启动有线电视网络整合暨数字化整体转换工作，组建贵州省广播电视信息网络股份有限公司三都县分公司，3月27日与省公司同时挂牌成立，分公司均属省公司下属的非法人分支机构。有线电视网络从局、台中分离出来，全县已联网的15个乡镇有线电视网络进行资产重组，划转到省广电网络公司，由三都广电网络分公司管理。2008年，三都遭受冰冻灾害，有线电视传输网络、地面卫星接收设施受损，经济损失100余万元。2009年7月至9月，县广电网络公司完成县城区及15个乡镇广电网络优化改造工程，新增6个光节点，架设光缆7千米、电缆7千米，外线器件增设防雨设施等。2010年1月上旬完成县城及15个乡镇11000户的数字化整转。2011年实现东面片区打鱼乡、拉揽乡、都江镇、坝街乡、羊福乡、巫不乡有线电视网络联网改造，完成县通乡联网光缆干线105千米（架空79千米、地埋26千米），自此，全县21个乡镇驻地实现光缆传输有线数字电视。同年新建丰乐、都江、周覃、中和四个乡镇综合服务站。

2012年实施村级网络延伸工程，网络覆盖范围延伸至各乡镇政府驻地周边村寨600余户。2013年，为适应“三网融合”竞争的需要，三都实施双向网改造工程，共完成铺设光缆18.54千米，安装综合箱体及光分路箱体140个，安ONU及EOC设备各119台，新增光节点88个。同年，完成县城高清整转2100多户，传输基本节目74套，高清互动及标清自选频道100余套。

广播电视“村村通”工程　三都广播电视“村村通”工程从1999年开始建设23座有线电视小片网，2000年建设119座差转站和电视小片网，2001年建设50座差转站和小片网，2002年建设42座有线电视小片网，2003年完成70座模拟机改建为数字机，2004年完成96座模拟机改为数字机，2005年完成117座模拟机改为数字机，2005年建设741座共用天线和有线电视小片网建设，2007年建设171座共用天线和有线电视小片网建设。1999年至2007年共建设1146座广播电视“村村通”，2003年至2005年完成283座的模拟机转换为数字机改建。工程覆盖全县270个村1146个自然寨。

1999年至2007年，广播电视“村村通”工程均采用地面接收差转站、有线电视小片网共用天线建设，由于村级缺少必要的维修经费和技术管理人员，2008年以前建设的设备坏损，多数已停播。随着广播电视技术的快速发展，广播电视的覆盖方式已不适应社会发展的需要，2009年，国家调整了广播电视“村村通”工程建设方式，采用方便安装和管理的“一户一锅”接收中星9号直播卫星广播电视节目。同年完成153个20户以上自然村寨3358套直播卫星接收设备建设，受益群众3358户。2010年完成1158个20户以下自然村寨22054套直播卫星接收设备建设，受益群众22054户。2012年完成“十二五”广播电视“村村通”第一批和第二批739套直播卫星接收设备建设。2013年完成“十二五”规划的20264套“户户通”直播卫星接收设备建设。

电视宣传　1992年三都县城有线电视网络建成，广播电视局购置全县首台松下M300型模拟摄像机和二台线性编辑机，由广播站人员兼职电视采编工作，在有线电视中的四频道开办电视自办节目。为工作方便，原来的广播站对外称广播电视台。当时开办的栏目有《三都新闻联播》《影视剧场》。由于受设备、人员等条件限制，电视新闻采访主要靠两三个人完成，《三都新闻联播》信息量很少，只能采取不定期播出，也没有主持人出镜，记者发稿也没有稿费，这种情况一直持续近八年时间。平均每年县内发稿量150条左右，外宣发稿量20~40条不等。1997年，记者扶明宏制作的电视新闻《情留苗乡》及三都首部电视专题片《金色端节》，首次在全州电视好新闻评比中分获三等奖和二等奖。2000年，三都发生百年难遇的洪涝灾害，电视台全体采编人员全力以赴对洪涝灾害进行全面报道，但由于当时仍然使用模拟摄像机，画质达不到上级台的要求，因此，外宣上力度不够。同年，县委、县政府研究决定拨款为电视台购置了一批数字摄像机，电视台摄像机实现模数转换。

2001年，广播电视台人员增加到12人，同年创办了全州县级台首个电视专题栏目《柳江见闻》。栏目摄制播出的专题片主要以反映三都的自然风光和民风民俗以及民族文化类题材为主，每年摄制的专题片约12部。与此同时，《新闻联播》栏目年播出新闻量在800条左右，其中黔南台采用120条左右、贵州台采用5条、中央台采用2条。2003年6月，三都拍摄制作首部电视形象宣传片《凤羽水乡》。2006年，广播电视台人员增加到18人，自办台年播出新闻1300条左右，其中黔南台采用230条左右、贵州台采用10条、中央台采用4条。2007年《三都新闻联播》栏目改版，由原来的每周一、三、五首播，二、四、六重播改为天天新闻。星期一至星期五20：00首播，22：00及次日8：00重播；星期六和星期天为一周要闻。7月12日，广播电视台增设《图文信息频道》，播放的节目主要为国内外电影，年播出量约300部。《图文信息频道》每天8：00开播，到次日00：30分左右停播。9月1日全州《新闻荟萃》频道开通，三都广播电视台《三都新闻联播》栏目在第一时间上传了第一期节目。同年10月，三都电视台摄制了本县第一首MTV歌曲《中华水乡》。

2013年，开办的栏目有《三都新闻联播》《平安三都》《魅力乡镇》《人口与计生》《整脏治乱》《水乡教苑》《信合之窗》《民政与民生》《医林轶事》《三都住建》《三都农业》等11个栏目。当年电视发稿量1800条，其中州台采用416条、省台采用31条、中央台采用6条，共摄制专题片31部，制作播出各类广告、公告700多条，影视剧场播出电视剧42部、电影300部。

二、电影和录像

电影　1979年以后，集镇简易电影院的兴建和农村电影放映队的逐步兴起使三都的电影事业得到了发展，至1982年，先后建立都江区、都江区羊福公社、大河区和平公社、水龙区、国营拉揽林场、周覃区恒丰公社、周覃区水东公社电影放映队，建立都江、大河、烂土、丰乐、普安、周覃等固定售票放映点。1980年5月将电影管理站（成立于1964年1月）改为电影发行放映公司。从1978年到1987年这段时间是三都电影事业发展的巅峰时期（国有和个体电影放映单位达30个）。1981年7月成立水语翻译配音组，同年11月完成第一部水语译制影片《喜盈门》的译制配音工作。1981—1985年共完成影片译制配音15部，故事片8部（《稻虫天敌》获全国少数民族语译制片三等奖）、科教片6部、纪录片1部。水语电影放映还覆盖到荔波、独山县的水族聚居区。1983年3月由省文化局、州文化局和县人民政府共同投资54万元修建三都影剧院，1984年主体工程完工，但由于后续配套资金不足，一些附属工程不能继续进行，致使影剧院一直未能交付使用。1984年5月三都首次放映彩色宽银幕立体电影。

1991年以后，因影片陈旧，新影片节目少，跟不上市场需求，受海外大量的录像节目和卫星广播电视影响，农村电影放映逐渐萎缩，1999年以后，基本停止放映活动。到2001年12月新影剧院和人民大会堂因县城规划建设需要而先后拆除，电影公司因无工作场地而停止营业活动。2004年8月，原电影公司全体工作人员划转到县文体广电局和县公共事业局工作。

2010年12月，成立黔南州农村数字电影院线有限公司三都工作站，由三都文体广播电视局具体管理，有国投数字流动电影放映设备8套。工作站招募组建8支农村公益电影放映队，按片区划分深入村寨进行公益放映。2011年完成农村公益电影放映2400场，放映覆盖全县21个乡镇的270个行政村。2012年黔南州农村数字电影院线有限公司为三都增加放映设备到11台，全县组建10个农村公益电影放映队和1个应急机动队，同年完成农村公益电影放映3200场。2013年组建了11个农村公益电影放映队，完成农村公益电影放映3240场。

录像　1984年，三都电影公司购买一套录像放映设备，首家进行录像营业放映，接着有文化馆和部分个体户也相继购买录像放映设备开展营业放映活动。在营业放映过程中有的个体户为了追求利润，偷放不健康的录像节目，造成了不良的社会影响。当年年底由县广播电视局、文化局、工商局、公安局组成联合检查组，对全县的录像放映点进行检查整顿，吊销了严重违规录像放映个体户的营业执照，没收其录像放映设备和节目录像带。后明确录像由广播电视局负责管理，并指派两名干部专门负责管理此项工作。1986 年 9 月，国家对录像管理作了“不允许私人放映营业录像，只能由广播和文化部门按有关规定放映，并以服务为主，票价低于电影票价”的规定，县广播电视局负责办证和管理。1987 年，广播电视局服务公司、烂土电影队、普安文化站、中和广播站等相继开展录像放映营业，此后，录像放映点遍及全县各集镇。2000 年以后，随着城镇有线电视兴起和农村卫星广播电视的普及，各地的录像营业放映逐渐减退。

三、广播

农村广播网　1970 年以后，农村广播恢复正常。到 1976 年，县财政拨款发展农村广播事业费用达 25 万元。全县 7 个区都建立了广播站，有正式职工 26 人、临时工 30 人。架通县城至都江、大河、周覃、九阡、水龙、普安 6 个区的广播专线，全长 155 千米，公社以下广播单线包括三用机联网线路 4077 千米。接通喇叭的大队有 201 个、生产队 1223 个，入户喇叭总数 22361 只，全县有三用机 438 部，初步形成了以县为中心，以公社播放站为基础的农村广播网。但由于盲目发展，资金不足，人员流动大，农村电源不保证，机器配件和技术力量跟不上，到 1979 年年底农村广播使用率下降，全县仅有 6 个区站和 6 个公社站通广播，覆盖面积仅为 11%左右。1986 年全县 6 个区 8 个乡坚持正常转播，有 156 个行政村 629 个村民组收听到广播，入户喇叭为 1552 个，占 12%。同年 12 月在县城安装 6 只 15 瓦低音喇叭，音响质量有所提高。1990 年，全县共有 15 个广播站，其中县站 1 个、区站 6 个、乡站 8 个。一些乡站的设备大多是 1964 年购买的产品，故障率高，线路老化，时播时停。因缺少维护资金，部分乡站开始停播。1991 年开始新建大河、丰乐、九阡三个广播站，乡镇各集资 5000 元，县政府拨款每乡 5000 元，广播站机房由各乡自行落实，各乡广播站维护经费按群众田亩数集资，以确保长期开通。同年 4 月 6 日县人民政府批转了关于利用电力杆分线架设广播线路的报告，5 月 1 日丰乐乡广播站开始建设，工程建设过程中发现，广播线路同电力杆分线方案不可行，主要是在 10 千伏电力杆 4.3 米处安装广播线危险性大，不利安装和维护，广播网延伸到各村组建设方案失败。1992 年后大部分乡广播站仍能正常转播广播节目。

农村广播

1998 年国家实施广播电视“村村通”工程，村民可用“村村通”设备卫星接收机收听到卫星广播节目。到 2007 年，国家扶贫三都村级“村村通”广播设备 280 套，覆盖全县 21 个乡镇各村寨。2003 年，县文体广电局搬至新建的人民大会堂办公，县广播站也搬至新楼，在楼顶安装 4 只 25 瓦高音喇叭，每天早中晚三个时段转播中央、贵州、黔南台广播节目。

调频广播　1981 年年初，县广播电视局向省和中央业务部门请求在周覃区建立调频台试点，12 月 26 日，中央广播局正式批准三都水族自治县和福泉市进行小功率调频传送台试验。同时省局批准周覃区增设 10 瓦电视差转台。州政府拨款 1.8 万元、县民委拨款 1 万元，购置 50 瓦调频发射机一台，接收机 2 台。1983 年 1 月通过试播，音质较好，九阡区及水东公社均可收到发射信号。但因调频机与电视差转机同机房干扰，县站信号不能送达周覃。经省广播电视厅 1984 年 3 月批准，将周覃调频台移到县城营上坡，并改频成功。1985 年调试大河、普安两区站均能收到县站的广播节目。1986年6月1日调频设备搬迁至县站机房与有线广播同时发射，向全县广播，从而解决了县城至普安、大河不用电杆电线传输信号问题，并使县城及城郊村寨能用调频收音机收听广播站的广播节目。2005年年初，州广播电视局投入资金，建成巫不乡地波广播试点站，发射功率50瓦、差转功率30瓦，接收音箱50只。覆盖巫不乡4个村及各个自然寨，实现组组通广播。2007年7月，巫不乡地波广播试点站受强雷电袭击，发射机及大部分接收设备（接收设备都安装在野外380伏电力杆下）被击坏，由于缺乏维修资金，一直未恢复。

2007年国家投资实施广播电视无线覆盖工程。2008年1月动工新建营上坡广播电视无线发射台，同年7月完成机房、生活配套设施、45米发射铁塔及设备的安装调试，电视发射总功率650瓦，广播发射总功率300瓦，总占地面积350平方米，8月1日正式转播4套电视节目、3套调频广播节目。2010年，新建县城调频广播，发射功率100瓦，安装了97支15瓦调频自动接收音箱和12支25瓦应急高音喇叭。7月1日正式转播。每天早晚播转中央、省、州广播新闻。覆盖范围东面至木材检查站、南面至交向、北面至金康制药厂、西面至三郎村。2011年建成丰乐镇、普安镇、周覃镇3个调频广播，发射功率均为100瓦，转播中央和贵州广播节目。2012年建成打鱼乡、水龙乡和姑鲁产蛋崖景区调频广播，其中水龙乡发射功率为100瓦、打鱼乡发射功率为300瓦、姑鲁产蛋崖景区发射功率为30瓦。

广播宣传　1978年9月27日，广播站开始试行稿酬制度，稿件分为甲乙丙丁四等，甲等2元、乙等1.5元、丙等1元、丁等0.7元，本站专业人员写稿不给报酬。实行稿酬制以后，激发了通讯员写稿的积极性，当年收到来稿184件，采用169件。1980年自办节目增设《知识漫谈》《科学知识》《学习》《本县新闻》《时事》等节目和《法制》《婚姻法》讲座。同时对稿酬进行了调整，分三等九级：最高4.5元、最低0.5元。全年收稿554篇，采用495篇。比1979年多了365篇。1981年宣传内容又开设了广播讲话，请县委书记、县长讲课。同年九月，举办了每逢赶场天一次的《水语广播》节目，通过民族语言宣传党的方针政策，传播农业科学知识，水族民间文艺等。1983年以后，通讯员扩大到120人，全年来稿1506篇。还试办了现场直播。1986年自办节目有《本县新闻》《科技知识》《农业科学知识》《健康顾问》《卫生常识》《法制园地》《学习节目》《水语节目》等。随着县城有线电视网络的建成，1992年广播电视局开始由广播站人员兼职电视采编工作，在有线电视中的四频道开办电视自办节目。由于人员不足，加上重电视轻广播的影响，广播新闻宣传逐渐减弱，最后发展到只转播中央、省、州新闻节目，没有自办节目。到2012年增设《广告业务》和《全州大联播》节目，全年共收到稿件2100篇，采用1525篇，骨干通讯员也增加到153人。每天播音三次。2013年3月，三都广播电视台利用县城调频广播站，重新组建广播采编班子，开通双语广播，每天早晚各一次。双语广播开设有《三都新闻》和《每周一歌》两个栏目，其中《三都新闻》播报采用普通话和水语两种语言，稿件主要用电视新闻稿改编翻译，《每周一歌》播放的歌曲主要以歌唱三都的歌曲和水语歌曲为主。

第五节　图　书

1981年以后，图书阅览条件得到改善，有两间阅览室，面积140平方米，图书管理员2人，新增阅览桌子8张、报架16个（可放报纸40余种）、书架12个、大书柜5个、玻璃柜台5个。借阅对象大部分是学生，其次是干部职工、离退休人员和待业人员。图书阅览室每星期开放6天，全天开放，年均借阅图书1000多人次。1986年，图书阅览从文化馆中分出，成立县图书馆。1987年11月政府投资14万元，在县城建设西路修建图书馆，馆舍占地面积500平方米，三楼一底，总建筑面积824.4平方米。馆舍竣工后，县政府拨款1万元购置一批图书。工作人员4人，办公设备十分简陋，仅有普通半开架9个、过刊架5个、现刊架3个、目录柜2个、双面阅览桌椅5套等。馆藏图书6562册。1989年10月，在上级文化主管部门的关心支持下，图书馆每日开放时间为8小时，节假日照常开放。馆内开设有图书采编室、借阅室、期刊室、少儿阅览室等。年均到馆阅览读者18000余人次，图书流通量12000册。进入20世纪90年代以后，随着互联网的出现，读者到图书馆阅览逐渐减少。2000年，因县图书馆舍资本置换拆除。图书馆搬到河滨路县宣传文化活动中心二楼办公，面积仅200平方米，维持图书业务开展。县图书馆仍然开设采编室、图书借阅室、期刊阅览室、少儿阅览室等服务窗口。服务内容：书刊订购、图书分类编目、阅览服务、外借服务、送书下乡开展流动图书服务工作。年均接待读者5000余人次，图书流通量15000册，开展送书下乡活动年均3~5次，送科普图书1200册，接待读者1000余人次。2003年县文明办利用县宣传文化活动中心配套资金6万元采购3861册图书，2003—2005年县图书馆多次获文化部、财政部、国家图书馆等单位扶贫赠图书，馆藏图书增加至18233册。

2009年5月，县图书馆再次搬迁至县青少年学生校外活动中心一楼办公，使用面积1200平方米。县图书馆在开设采编室、图书借阅室、期刊阅览室、少儿阅览室等服务窗口的基础上，于2010年4月26日开通全国文化信息资源共享工程贵州省三都县支中心基层服务，开设电子阅览室网上阅读服务工作，积极利用网络数字资源优势，为读者提供方便快捷的电子阅览服务。电子阅览室每周开放48小时以上，每周接待青少年读者200人次，年均接待网上阅读读者1万余人次。同年，全国文化信息共享工程延伸到乡村，扩大了服务面，为农村读者提供优质的文化信息资源。2011年10月13日，贵州省数字图书进农家设备、资源首发仪式在三都举行，50户农民获数字图书资源、设备。

2013年，县图书馆编制数6人，在职5人，其中馆长1人、图书借阅室1人、期刊1人、电子阅览室1人、民族地方文献室1人。设有图书阅览室2个30个座位，期刊阅览室1个24个座位，电子阅览室1个33个座位，民族地方文献室1个，图书总藏量63240册（含上级赠送电子图书38000册）。

第六节　档案管理与利用

机构沿革　1981年11月23日，县档案局正式建立，与档案馆合署办公，隶属县委、县人民政府管理。1985年11月，县委、县人民政府调整档案工作领导体制，实行党政档案工作统一管理，档案局列为县政府编制序列，为县人民政府直属单位，档案馆为事业单位，归口县档案局管理。1989年8月，县编制委员会下达县档案馆事业编制为8人。2000年4月，县编制委员会下达档案局设置内设机构文件，档案局下设人秘股、业务股、档案管理股、编研利用股等4个股，人员编制定编8人，配备正副局长各1名。2002年1月，压缩内设机构，只保留2个股室，将人秘股改称为办公室，保留业务股，编制6人。2012年2月，根据三党发〔2012〕14号《中共三都水族自治县委员会县人民政府关于三都水族自治县人民政府机构改革的实施意见》，将县档案局（档案馆）、史志办公室的职能整合划入县档案史志局，不再保留县档案局（档案馆）和史志办公室，组建档案史志局，为县人民政府直属事业单位。

县档案馆建立之初，馆址设在县城中华路38号原团县委办公楼二楼。1972年迁入县委大院内建档案馆办公，建筑面积96平方米，其中库房面积48平方米。1990年4月迁入建设西路（1988年9月20日开工建设）100号，占地面积1538平方米，办公房（三楼一底，砖混结构）建筑面积1240平方米，其中：库房面积664平方米。2013年8月，县府西路棚户区改造拆迁，档案馆库房临时安置在县行政中心一楼。

档案事业发展成就　2000年12月，县档案馆通过《贵州省地县综合档案馆目标管理》二级标准验收；2009年12月，通过贵州省档案局“县级档案事业发展综合评估”；2010年12月，通过黔南州“县级档案事业发展综合评估”；2013年2月，县档案馆通过国家二级档案馆综合测评；12月，通过贵州省档案局“县级档案馆档案资源数据库建设示范点”验收。至此，三都水族自治县档案管理基本实现了制度化、规范化、信息化，数字化。

2002年4月，县档案局被黔南州农业局、黔南州档案局评为全州第二轮土地延包经营档案工作“先进单位”。2008年被省档案局评为档案信息化建设先进单位；2007年10月，县档案局（馆）被县委、县人民政府评为“县庆50周年庆祝活动先进单位”；2008年被三都县委、县人民政府表彰“水书抢救先进集体”；2009年黔南州档案工作先进单位；2009年，被省档案局评为“贵州省档案事业发展综合评估先进单位”；2010年黔南州档案事业发展综合评估一等奖；2010年被县人民政府评为“争先创优先进单位”；2011年被省档案局和省人社厅授予集体二等功。

截至2013年12月，县档案馆馆藏档案共有114个全宗，共有文书档案27834卷、3167件，会计档案10656册/卷，声像档案69张（光盘），照片档案1590张，案件档案110卷，实物档案672件（其中印章档案684枚，其他实物档案8件），资料12798册，报纸期刊共82000多份（《贵州日报》《人民日报》《文汇报》《参考消息》等26种报刊），水书古籍4670册、布依族傩书28册、汉字古籍大清律例24册，现行文件的收集增加到1568件。基础设施情况：现馆内设备有档案数字化系统设备（服务器、档案专用扫描仪、数字化处理软件等）和档案管理软件（坦泰3.1网络版）1套，视频监控设备1套（16个探头装置）；档案史志局（馆）共有计算机18台，手提电脑2台，复印机2台，打印机4台，空调6台，除湿机5台，消防设备主要配备有干粉灭火器8个。

档案整理与接收　1981年对馆内8个单位3817卷档案，经过鉴定确定保留有2615卷，待销毁673卷，销毁529卷。鉴定后接收进馆有7个单位762卷。同时，对历年存放馆内的中央、省、州和没有保存价值的文件23449份，报经县领导批准进行了销毁。1985年，县机关有68个单位，完成所有积存文件的清理立卷工作，占局级单位总数95%。1986年，全县45个区、乡（镇）的档案被接收进馆，占区、乡（镇）总数的88.8%。同年，还组织机关清理积存会计档案，经过3个月的工作，共清理各种会计档案35821卷，有102个单位完成清理任务，占会计单位总数的71.8%。1999—2001年，开展农村第二轮土地延长承包期档案整理接收工作，通过集中开展全县各乡镇档案人员业务培训，各乡镇组织收集各种资料、表册，统一到县档案局进行集中整理。完成了全县21个乡镇的农村第二轮土地延长承包期档案整理工作，总计629卷，已全部接收进馆保存。2003年，开展农村税费改革档案的整理立卷和收集清理防治“非典”（非典型性肺炎）工作的文件资料。共整理农村税费改革文书档案3856件，归档装盒689盒，其中移交进档案馆1443件359盒，留县财政局保存1073卷，73盒；留乡（镇）保存1305件，257盒。整理接收照片档案212张，接收磁盘59张，光盘3张。同时，还完成县防治“非典”领导小组办公室所形成的各种文件资料的归档整理，共24卷；2011年，接收国有改制企业的文书档案81卷、财务档案（会计凭证、账簿等）9344卷、声像档案1盒51张。至2013年，共计接收进馆档案36438卷，12475件。

依法治档　自1987年9月5日颁发《中华人民共和国档案法》以及1996年7月5日修改颁发的《中华人民共和国档案法》以来，县档案局一直坚持采取举办宣传专栏，赠发《中华人民共和国档案法》原文和国家档案局发布的《档案法实施办法》，悬挂宣传《中华人民共和国档案法》的巨幅标语多幅，张贴小标语等方式宣传；开办培训会（班）7期，共培训专职和兼职档案人员1000多人次，发放宣传资料9000余份，组织200多人参加《中华人民共和国档案法》知识竞赛。

2003年，县直机关已有28个单位实现了档案目标管理。其中达到一级标准的有26个，二级标准的有2个；乡镇档案纳入目标管理，达到一级标准的有8个乡镇，二级标准的有13个乡镇，村级建档的有251个。

档案检索工具 馆内共编制完善案卷目录、全引目录共212本，专题目录10本，馆藏所有档案、资料目录基本实现计算机检索，全宗概览1本，图书、资料目录18本，档案馆指南1册。此外，还编制了档案存放索引和资料存放索引。

档案管理制度 截至2013年已制定并逐步完善档案保管制度、档案整理编目制度、档案保密制度、档案鉴定和销毁制度、开放档案利用制度、档案统计制度、档案借阅制度、档案阅览制度和档案复印制度。2013年，还制定了档案管理系统操作制度、档案数据管理制度、档案资源数据库建设人员岗位职责、档案数据查询利用制度，同年，修订完善档案保管接待人员职责、档案保管制度、档案借阅制度、档案利用指南、节假日预约档案政府信息暂行办法、开放档案利用制度、文明服务用语等制度和服务规范。制定档案工作奖励与惩罚原则、档案收集范围细则、档案接收名册。明确档案馆工作人员守则、馆长（副馆长）职责、档案接收工作人员职责、档案保管接待工作人员职责、财务工作人员职责、安全保卫工作人员职责，档案安全应急预案等。

水书抢救和保护工作 从1986年起，档案局就把水书保护和抢救工作列入民族文字档案管理，组织相关人员到水族地区走访民间水书先生，开展水书民间存量和水书相关内容的调查，掌握了第一手资料，并向上级档案部门专题报告。1987年争取到国家档案局6万元专项经费用于水书的征集抢救工作。1995年，世界档案大会在北京召开，县档案局（馆）与贵州省档案馆，贵州省电视台联合在三都拍摄水书专题片《没有句号的档案》参会，该专题片在大会期间进行宣传播放，水书得到了国内外专家、学者的关注。2002年3月，三都水族自治县档案局（馆）选送的水书由贵州省档案局作为《贵州水书文献》报国家档案局、中央档案馆，经中国档案文献遗产工程国家咨询委员会评审，第一批入选《中国档案文献遗产名录》。2003年8月，县委、县人民政府正式启动水书抢救工作，成立了以县委书记任组长、政协主席、人大、政府分管领导任副组长，县政协分管领导任常务副组长，各有关单位负责人为成员的县水书抢救领导小组。领导小组下设两个办公室，水书搜集、整理、归档办公室设在县档案局；水书破译、出版、展示办公室设在县民族宗教事务局。2008年9月调整了县水书抢救工作领导小组，由县政协主席韦成念担任组长，成员由相关单位人员组成。领导小组下设三个办公室和四个工作组。领导小组制定颁发了关于抢救征集水书的实施方案。为鼓励捐献水书，凡捐献水书5册以上，由县人民政府颁发水书捐献荣誉证书。对于孤本、年代久远、内容全面、保存完好的水书，进行有偿征集，价格视具体情况而定。

至2013年，水书抢救和保护工作的主要成果有：水书馆藏量达4670册；出版了《中国水书》影印本、《水书文化与中华断代文明——水书历史档案文献探究》等书籍。水书文献列入《国家珍贵古籍名录》，2008年以来，经国务院批准，县档案馆藏水书共23部32册入选《国家珍贵古籍名录》；还有布依族文献《傩书》1部28册也入选了《国家珍贵古籍名录》。2013年，县档案馆成为全省入选《国家珍贵古籍名录》文献最多的单位。建立了水书展室、水书数据库、水书特藏室。2005年10月，县档案馆开辟40平方米的水书特藏室，对水书等珍贵档案文献进行特殊保护。水书特藏室还收藏了民国历史档案72卷（裱糊部分）、民国政府委任状、各类资料42份，民族文化研究文献90册，历史文献90册，革命历史资料2册，民族工艺品10件，九阡石板寨、牛场台寨抗日缴获日本军钢盔1个，武器2件，日本军币3张，重要图片300余张等。完成4670册水书的鉴定和编目，水书得到了全面安全保护和管理。在馆藏水书中，具有代表意义的水书抄本主要有：清代手抄本《万年经镜》、彩绘水书《阴阴阳》卷、清光绪戊辰年间抄录的《六十龙备要》、清代手抄本《吉星》等。

爱国主义教育基地、水族文化成就展 2006年10月，县档案局（馆）利用馆藏资料和图片，精选反映三都革命历史、民族抗清斗争、民族抗日保卫战、中共“一大”水族代表邓恩铭烈士手迹家书以及水书对联、条幅、精品水书、水书木刻、水族马尾绣工艺品、水族风情等资料图片120余幅，实物50余件，在馆内开设“爱国主义教育基地、水书特藏资料展厅”。2008年12月，中共三

都水族自治县委授予县档案馆“三都水族自治县爱国主义教育基地”。

2007年6月，在三都水族自治县成立50周年庆祝活动中，县档案局（馆）承担50周年县庆建设成就图片展厅的规划、设计和展厅建设。展厅设在原发改局四楼330平方米的大厅，内容涉及三都历史变迁、政治、经济、文化、民族发展等各个方面，展出图片86张（1.8米×1.2米），9月28日展厅建成验收，正式向社会开放。

2008年5月26日至6月3日，县档案局（馆）选送精品水书古籍参加贵州省古籍保护阶段性成果展览；6月14日和9月19日，选送水书古籍《吉星》卷参加中国国家第三个文化遗产日和第二十九届奥运会大型公益展览；11月选送精品水书古籍参加贵州省国家级非物质文化遗产档案史料展览。

档案编研成果　共分历史研究类、民族研究类、政事概略类、名人名录类、档案研究类等五大类30个，其中历史研究类有《三都水族自治县行政区划沿革》《澳门大事记》《日军入侵三都大事记》《1945年三都的水患》《三都黎明前的黑暗》《辛亥革命在贵州》《解放普安区见闻》《三都县重大兵事》《三都水族自治县体育竞赛纪录》等9个；民族研究类有《水族暨“水书”简介》《水族大事年表》《潘新简反清斗争事略》《水族人民历史抗暴斗争纪略》《水族人民迎接解放的武装斗争》《水族七元历制初探》《拉下村水族文字墓碑文浅译》等10个；政事概略类有《中共三都水族自治县历次代表大会暨委员会概略》《西进支队入三都干部概略》等2个；名人名录类有《邓恩铭同志生平简介》《在淞沪抗战中为国捐躯的滕久寿将军》《三都水族自治县历届人大常委会主任、副主任名录》《三都水族自治县历任正副县长名录》《三都水族自治县革命烈士英名录》《三都水族自治县重要人物传略》等6个；档案研究类有《三都水族自治县档案馆概览》《三都水族自治县档案馆指南》《三都水族自治县档案利用效果选编》等3个。

档案利用　据档案馆查阅记录，从1980年到2013年，接待省内外及本县各级各单位和个人查阅利用档案有8252人次，提供利用各种档案27774卷。利用各种图书资料339人次，提供利用资料2826册。特别是在编史修志方面，利用档案共13670卷次，出版发行了《三都水族自治县概况》《三都水族自治县地名录》《三都水族自治县志》《中共三都水族自治县组织史》《团结奋进四十年》《三都水族自治县交通志》《中共三都水族自治县党史大事记》《中共三都水族自治县历史》第一卷（1949—1978年）、《水族教育史》等史志书籍，共约550万字。工作查考方面：为县内外群众、各乡镇党委政府、各级领导和机关部门解决政务、人事用工、土地纠纷、山林地界纠纷、历史遗留问题提供了原始档案依据，共利用档案5337卷次。学术研究方面：为各类专家、学者提供档案资料1523卷。2005—2010年先后接待清华大学、中央民族大学管理学院、中山大学、厦门大学、重庆邮电大学、贵州民族学院、黔南州民族师范学院、国家奥委会成员、中央电视台教育频道、中央电视台第十频道、省和州电视台、北京民族图书馆、百越文化考察团、四川民族出版社，以及省、州、县领导等3800多人次，并为他们调研水族和水书提供档案复印件2000多卷。经济建设方面：1978年至2013年，为各级领导提供档案1788卷，给制定规划、开发资源、发展经济、科学决策提供了依据。1990年，县民政局根据省民政厅的要求搜集整理上报新中国成立40年来的灾情资料，抽调5位同志到县档案馆坐班查阅档案资料一个多月，摘录了13160条灾害信息数据，整理汇编为16开本共111页的《三都水族自治县自然灾情调查分析资料》。

1980—2013 年三都县档案馆馆藏档案资料一览表

表 14-1

年 份	文书档案					录音录像档案（盘）	照片档案（张）	资料（册）	会计档案（册）
	全宗（个）	案卷（卷）	其 中		件数				
			新中国成立前	新中国成立后					
1980	30	10421	—	10421	—	—	—	3442	—
1981	41	9218	—	9218	—	—	—	3442	—
1982	42	9739	—	9739	—	—	—	3442	—
1983	44	7021	798	6223	—	—	—	8074	—
1984	45	7021	798	6223	—	—	—	8074	—
1985	47	7669	798	6871	—	—	—	9374	—
1986	77	13119	1762	11357	—	—	—	9374	—
1987	77	13993	1762	12231	—	—	—	9624	—
1988	77	14073	1762	12311	—	—	45	9624	—
1989	77	14073	1762	12311	—	—	45	9624	—
1990	78	19943	1762	18181	—	—	45	9624	—
1991	79	21977	1762	20215	—	—	45	9700	—
1992	79	21977	1762	20215	—	—	45	9700	—
1993	79	21977	1762	20215	—	—	45	9700	—
1994	79	22004	1762	20242	—	—	45	9700	—
1995	79	22004	1762	20242	—	—	45	9700	—
1996	79	22004	1762	20242	—	—	45	9700	—
1997	79	22004	1762	20242	—	—	45	9700	—
1998	79	22004	1762	20242	—	—	45	9700	—
1999	79	22004	1762	20242	—	—	45	9700	—
2000	80	21320	1762	19558	—	—	45	9700	—
2001	80	21320	1762	19558	—	—	45	11549	—
2002	80	21390	1762	19628	—	—	45	11549	—
2003	97	22388	1762	20626	1443	62	212	11549	182
2004	97	23413	1762	21651	1443	62	704	11873	182
2005	98	23413	1762	21651	1443	62	704	11873	182
2006	102	24250	1762	22488	1443	62	1372	12139	184
2007	102	24734	1762	22972	1443	62	1372	12599	182
2008	107	24849	1762	23087	1443	62	1372	12689	471
2009	108	25206	1762	23444	1443	62	1372	12689	471
2010	108	25868	1762	24106	1443	62	1372	12689	471
2011	108	26439	1762	24677	2878	62	1372	12710	10115

续表14-1

年　份	文书档案					录音录像档案（盘）	照片档案（张）	资料（册）	会计档案（册）
	全宗（个）	案卷（卷）	其　中		件数				
			新中国成立前	新中国成立后					
2012	114	27705	1764	25941	3167	62	1590	12789	10656
2013	114	27834	1764	26070	3167	69	1590	12798	10656

注：由于相关具体统计资料的缺失，本统计表数据未包含水书、傩书等文献古籍及报刊资料馆藏数据

1980—2013 年三都县档案利用情况统计表

表 14-2

年份	利用人次	利用卷次	其　中					其他
			编史修志	工作查考	学术研究	经济建设	山林土地纠纷	
1980	80	58	15	22	6	—	15	—
1981	93	61	20	18	—	—	23	—
1982	109	86	24	31	8	3	20	—
1983	268	605	312	141	—	127	25	—
1984	50	609	175	38	—	105	18	273
1985	171	1014	956	41	13	—	—	4
1986	1752	5100	3568	668	33	552	58	221
1987	507	3997	2738	270	171	4	—	814
1988	307	2173	1062	808	50	100	—	153
1989	127	715	601	36	5	4	29	40
1990	47	801	605	114	9	21	—	52
1991	44	371	98	114	8	151	—	—
1992	10	180	—	26	—	4	—	150
1993	88	543	405	28	—	31	50	29
1994	26	55	1	54	—	—	—	—
1995	43	395	92	45	20	42	—	196
1996	51	208	53	72	—	83	—	—
1997	62	155	—	37	—	—	118	—
1998	73	214	166	—	—	—	48	—
1999	130	290	—	45	—	41	204	—
2000	163	828	—	776	—	—	—	52
2001	163	776	—	673	—	—	103	—
2002	144	334	66	23	—	107	126	12
2003	98	165	42	123	—	—	—	—
2004	109	142	9	47	—	—	86	—
2005	257	1794	1206	62	526	—	—	—

续表14-2

年份	利用人次	利用卷次	其中					其他
			编史修志	工作查考	学术研究	经济建设	山林土地纠纷	
2006	336	1683	896	153	345	112	177	—
2007	348	726	96	76	38	54	289	173
2008	398	577	152	97	—	35	232	61
2009	625	811	53	250	—	—	508	—
2010	393	481	95	82	—	—	304	—
2011	390	712	—	212	169	212	119	—
2012	283	284	—	45	39	—	200	—
2013	507	831	164	110	83	—	474	—
合计	8252	27774	13670	5337	1523	1788	3226	2230

第七节　地方志

机构设置　1984年3月17日，完成《三都水族自治县概况》编写，县委研究决定，撤销三都水族自治县概况编写领导小组和中共三都县委党史资料征集领导小组，以三党办发〔1984〕2号文件通知，成立三都水族自治县史志编纂委员会，编委会下设办公室，属临时机构。1985年，根据省人民政府办公厅下发黔府办〔1985〕19号文件精神，县委、县政府于同年5月21日，以三党办发〔1985〕16号文件通知，正式成立县史志编纂委员会。主任委员由时任县委副书记刘新阳担任，副主任委员3人（副县级干部担任），委员13人。县史志编纂委员会下设办公室，属局级常设事业机构，编制6人。当年有办公人员7人，其中，办公室主任1人，副主任3人，业务人员3人。主要负责县概况编写遗留的一些善后工作和党史资料征集工作。之后，为集中力量把县志编修出来，当年将史志办与党史研究室合署办公，党研室编制4人，聘请2人，1985年，有史志专业人员11人，负责党史、地方志资料的采访、征集、编纂工作。《三都水族自治县志》1990年年底总纂成稿。经过半年的修改调整，11月报州、省验收，12月交贵州人民出版社印刷，1992年8月正式出版发行。县志未出版前，县财政每年拨给业务经费2万元，县志出版发行后，县财政从1993年开始停拨史志业务经费，修志人员也因各种原因纷纷调离修志岗位，致使县志办人员一走而空，只剩下6个编制指标。其业务由党史研究室兼顾，给县志资料的收集和整理造成了一定的影响。至2012年1月，县史志办有在职人员6人，地方志工作已逐步形成了党委领导、政府主持、地方志编纂委员会及办公室组织实施的修志格局，确立了“一纳入”，即把修志工作纳入经济社会发展计划和政府的任务之中，“五到位”，即领导、机构、经费、队伍、条件到位的工作原则。

2012年2月，根据三党发〔2012〕14号《中共三都水族自治县委员会县人民政府关于三都水族自治县人民政府机构改革的实施意见》，将县档案局（档案馆）、史志办公室的职能整合划入县档案史志局，不再保留县档案局（档案馆）和史志办公室，组建档案史志局（含县委党史研究室），为政府直属事业单位。2012年6月，根据《中共贵州省委、贵州省人民政府关于直属事业单位设置的通知》精神，结合三都工作实际需要，经2012年6月21日县机构编制委员会会议研究同意，并报经2012年6月26日县委常委会议审定，保留中共三都水族自治县委党史研究室，为县委直属正科级事业单位。从此，地方志工作和党史研究工作分开，史志办与党史研究室不再合署办公。

志书编纂成果　从1982年4月建立三都概况编写组开始。当时在广泛征集概况资料的同时就注意收集县志资料。至1984年概况完稿审稿时，已征集到一百多万字的资料，经整理筛选，编印了《三都水族自治县概况资料汇编》约85万字。这既为《概况》完稿成书奠定了基础，也给编写县志提供了大量的资料。1985年，第一轮编修《三都水族自治县志》采取以“部门提供资料，县志办分工编写，采编包干到人，一步总纂成志”的方法，历经三次政府换届，三次调整编委，五改篇章节目，六度春秋笔耕，在1990年年底总纂成稿。1991年4月黔南州史志编纂委员会主持召开审稿会。会后集中省、州及邻近县（市）领导、专家、学者的评审意见，经过半年的修改调整，11月报州、省验收，12月交贵州人民出版社印刷，全书110万字，印数2000册。1992年8月正式出版发行。1993年，荣获全国新编地方志首届优秀成果二等奖，成为三都水族自治县成立以来第一部正式出版发行的新县志。

根据国家关于“地方志每20年左右续修一次”和“一届志书完成之日，就是新一届志书开修之时”的要求，2002年、2003年省、州先后召开地方志续修工作会议，总结全省、全州首届新地方志工作经验，部署全省、全州第二届地方志续修工作。2003年年初，史志办及时向县委、县政府汇报省、州续修工作会议精神。县委、县政府十分重视编史修志工作，及时充实、调整了县史志编纂委员会组成人员，明确了史志编纂委员会主任和副主任。由时任县长韦绍凯担任史志编纂委员会主任，县委、人大、政府、政协的有关领导担任副主任。2004年，将地方志工作列入政府工作目标任务之中，并实行严格的目标管理。2004年3月28日，常务副县长王新义主持召开续修地方志工作会议，审议通过了三都县地方志续修的启动报告和续修方案。2004年5月11日，在召开的县委常委会上解决了给史志办配备复印机、微机等办公设备的问题。2005年3月25日召开了全县史志工作会议，县人民政府和各参编单位签订了责任状，标志着三都县地方志的续修工作全面启动。

2006年，开始创办第一期《三都年鉴》，至2010年年底，共编纂出版发行了5期。每期《三都年鉴》对全县政治、经济、文化、教育、医疗、科技等社会发展方面作了翔实记载，图文并茂，字数一般在70万字左右，精装大16开印刷，印数1～500册。2008年7月入选清华大学主办的中国知网中国年鉴全文数据库，实现了各年度年鉴全部数字化网络化传播，为海内外读者提供了大量的三都地情信息。

截至2013年年底，县志办先后编写出版了《三都水族自治县志》《三都水族自治县概况》《团结奋进四十年》《三都水族自治县交通志》《三都水族自治县卫生志》《三都水族自治县军事志》《三都年鉴》（2006）（2007）（2008）（2009）（2010）等书籍。

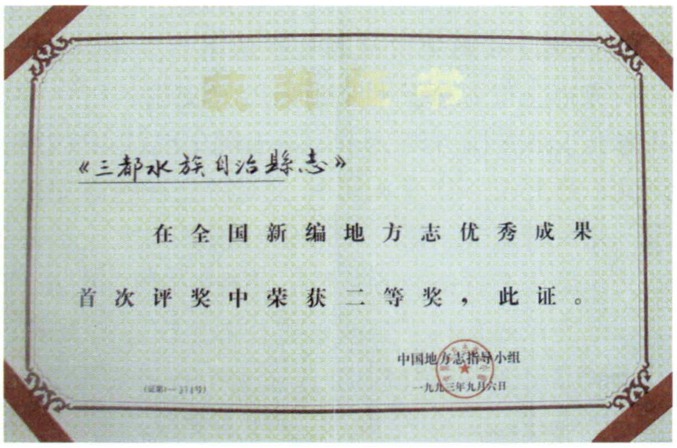

1999年县史志办被州史志编纂委员会授予“完成全州新编县（市）志成绩显著”奖；2006年被评为“先进基层党组织”；2007年、

2010年、2012年、2013年分别获“全州党史系统先进集体”荣誉称号；2009年被县委、县人民政府授予2009年度工作“创优奖”；2009年、2010年、2011年分别获全县综合目标考核鼓励奖；2010年被评为“五好基层党组织”。

史志利用　至2013年年底，史志办为自治县各级党委、政府和人民日报社、中央电视台、深圳大学、广西民族学院、贵州电视台等185家单位提供了地情资料和历史资料。在20世纪90年代初，根据县志记载的矿产资源情，引来了省内外的采矿者，在1995年时，全县有采矿工商户150余家。

21世纪为申报素有“百里林海”“天然植物基因库”和“野生动物乐园”之称的尧人山国家森林公园，为2004年举办的“中国·贵州三都水族端节”活动、“贵州·三都——中国水族卯坡情人节”，为2010年“黔南州第三届旅游产业发展大会暨中国水族文化旅游节”等提供了大量的基础性资料。通过活动的开展向全国展示了中国水族端节文化、卯节文化、民居文化的风采与水族风情的魅力，为开发民族旅游做出贡献。2009年为厦蓉高速公路、贵广快速铁路（三都境段）提供了详细的地情资料。另外还利用党史、地方文献等资料开展爱国爱乡教育，编写乡土教材，开办县情讲座等活动。为省、州及县有关单位和部门提供了近100万字的文字资料。

第八节　文物古迹保护

三都的文物保护工作起步于20世纪80年代初，1991年7月建立文物管理所。通过开展调查，至2013年，已征集到铜鼓6面，完成铜鼓及碑刻拓片183张，有文物藏品（含展品）657件，其中古钱币176枚、民国纸币23张、水书245册。公布了国家级重点文物保护单位1处、省级文物保护单位4处、省级民族文化保护村寨（省级名村）1处、县级文物保护单位5处，登记文物点111处，这些文物保护单位被分别收编于《中国文物地图集》《贵州省志·文物志》《贵州民族村镇》《黔南文物志稿》《黔南文物大观》《黔南民族古籍》等书目中。

2000年11月完成县境内省级四处、县级五处文物保护单位的保护范围及建设控制地带划定工作。2003年9月完成了《怎雷水族文化村（寨）保护办法》并经县十三届人大常委会第四次会议通过。2006年9月，三都省级民族文化保护村寨怎雷水族寨被省文物局推荐代表贵州省生态博物馆参加北京博物馆及相关产品与技术博览会的博物馆形象展览。2009年9月29日，怎雷村被省人民政府公布为第一批省级文化名村，11月，根据省文物局专家建议，完成县第七批国家级文物保护单位水族石板墓和怎雷古建筑群的申报工作。2007年4月至2011年12月开展第三次全国文物普查，三都于2010年8月完成文物普查实地调查及复查，共调查文物点124处，其中新发现文物点90处，复查文物点21处，消失文物点13处。2011年4月至8月，完成全县第五批省级文物保护单位覃明山宅、大寨墓群、恒丰民族小学旧址、都江城垣遗址4处文物点申报工作。5月至8月组织编印了《三都文物》（第三次文物普查成果）一书。2012年12月13日，怎雷村被住房和城乡建设部、国家文物局公布为第五批“中国历史文化名村”。2013年3月5日，引朗石板墓群、水达石板墓群、水懂石板墓被国务院公布为第七批全国重点文物保护单位黔南水族墓群之线性文物点。遵照《国务院关于开展第一次全国可移动文物普查的通知》，三都于2013年9月18日启动可移动文物普查工作，并按时完成了第一阶段全县机关、事业单位、国有企业和国有控股企业622个单位的调查任务，共采集调查资料622份，普查率达100%。

黔南水族墓群　黔南水族墓群系国务院2013年3月5日公布的第七批全国重点文物保护单位，包括三都引朗石板墓群12座、水达石板墓群55座、水懂石板墓1座和荔波县水甫水族古墓群，墓葬年代主要在明清时期。墓葬地面部分形态复杂，有房屋建筑型、房屋前建门楼式墓碑型、长方形石板叠砌型和圆形封土型等几种。这类墓葬一般一至三层不等，顶部形态多样，多在对向双鱼中部刻阴阳图案。墓壁雕刻使用浮雕、透雕等技法，画像题材丰富，具有深厚的汉文化色彩，在石板墓的顶端挡板和侧板上，雕刻有众多的画像，内容有神兽、祥瑞、动物、日常生活、出行、历史故事、杂技、民族乐舞、秘戏、阴阳八卦、征战、铜鼓鼓面和八仙等，不仅反映了水族原始宗教与道教、儒教相结合的史实，同时也反映了不同民族在同一地域和平共处、文化相互吸收交融的和谐画面，为研究水族社会、经济、文化发展史的珍贵实物资料，极具历史、科学和艺术价值。

第九节　文化市场管理

三都文化市场管理由县文化市场稽查队负责。县文化市场稽查队成立于 1992 年 1 月，为县文化局下属全民所有制事业单位，核编 2 人；2004 年 8 月增设编制为 5 人，使用事业编制，人员编制列入参照试行国家公务员制度范围管理。2010 年 12 月撤销原文化市场稽查队，组建设立县文化市场综合执法大队隶属县文体广播电视局（新闻出版局）下属事业单位，机构规格为副科级。人员编制及领导职数为 12 名，工勤编制 1 名；领导职数：设大队长 1 名、副队长 2 名。列入财政全额预算管理。负责全县文化、新闻出版市场、广播电视、“扫黄打非”的监管和行政执法。

为全面清理文化市场，加强全县文化市场管理。2003 年县文化市场稽查队对全县文化市场经营户进行普查，重新审核登记，按要求每年举办 1~2 期经营户法律、法规培训班。县文化行政部门根据省、州文化市场管理相关文件精神先后制定了《文化市场管理暂行规定》《文化市场管理稽查人员工作守则》《文化市场经营项目审批制度》及行政申报审批程序等，做到有法可依、依法行政。同时，要求各经营场所按规定配齐消防设施，要求经营者每年参加消防安全知识业务培训。县文化稽查队每年配合县消防大队对全县文化市场经营场所进行消防安全检查，对达不到消防安全要求的经营场所下达限期整改通知书，每年年底对文化市场经营场所进行年检。依照《广播电视卫星地面接收设施管理办法》《广播电视设施保护条例》对全县经批准的广播电视卫星地面接收设施专卖店进行检查。会同国安、公安等部门取缔县塘州乡羊猛村一户未经批准擅自收转的境外电视节目点。对个人使用的卫星设备进行管理转制和取缔，严禁擅自收转境外卫星电视节目。印发宣传资料进行宣传，并对在广电传输网上私自接挂收听、收视设备和有线广播电视安装光分配器、分支器及破坏光缆网等行为进行专项打击。根据《中华人民共和国知识产权保护法》印发宣传相关资料进行法治宣传，开展“反盗版”百日行动和“扫黄打非”专项行动，净化社会文化环境。加强知识产权保护和县“农家书屋”工作，2007—2013 年，全县建成“农家书屋”124 个，为广大群众提供良好的学习环境，以及为群众获取文化、科技知识提供有利的平台。

严格按照“一手抓管理、一手抓繁荣，两手都要抓、两手都要硬”的原则对全县文化市场进行管理，力求做到“管严、管活、净化、美化”。县文化稽查队定时和不定时对文化市场进行稽查、清理整顿，依法查处经营户的违纪违法经营行为，同时聘请“五老”人员作为文化市场义务监督员，建立“举报奖励制度”。1992—2013 年，共出动稽查人员 2100 余人次，检查音像零售（出租）单位 680 余家次、电子游戏机场所 376 家次；互联网上网服务营业场所 560 余次、歌舞娱乐场所 260 余次；印刷、复打印等新闻出版市场 330 余次。共查封游戏机电路板 57 块、电脑游戏机 45 台；收缴非法录像带 607 盒、非法录音带 700 盒，非法 VCD、DVD 光碟 15600 余张、淫秽音像制品 657 盒、封建迷信和非法出版物 3276 张（册、本），盗版教辅资料 2600 册；游戏机赌博电路板 26 块，涉嫌赌博（苹果）机 110 余台；查处利用电脑进行赌博窝点 7 家，收缴电脑显示器 69 台、赌博机 36 台；责令停业整顿录像厅 8 家、娱乐室 15 家、电子游戏机室 31 家；处罚营业性演出团体 9 个；取缔无证经营的音像制品经营户 120 家，书刊零售点 25 个，电子游戏机室 33 家，歌舞娱乐场所 22

家，复、打印店9家，“黑网吧”45家；查处违规接纳未成年人和超时经营以及不按规定如实核对、登记上网消费者有效身份信息的网吧20余家次，取缔非法网站3个。

至2013年年底，全县有互联网上网服务营业场所（网吧）10家（其中县城7家，乡镇3家），休闲茶座、歌舞厅8家，桌（台）球66家，电子游艺（戏）4家，个体书店（摊）13个，音像制品零售（出租）店32家，印刷厂2家，复印、打印店12家，广播电视卫星地面接收设施专卖店13家。

第二章　体　育

1978年以来，三都群众体育活动丰富多彩，日益活跃，几乎每年都要举行赛马、斗牛、棋类等各种体育活动。至2013年，三都拥有全省唯一的赛马训练基地，建有政府主管的正规体育运动中心1个（含功能齐全的馆场）、乡镇农体工程3个、村级农体工程33个、全民健身路径工程15条，是黔南州体育设施最完备的县。全县注册的体育协会28个，正常开展健身活动的有20个左右。所有乡镇均建立了老年体协，县城4个社区设有健身站点，建有健身设施。同时，还成功举办两届全国赛马邀请赛、全省法院系统第六届“天平杯”篮球赛等大型体育活动，其他州县两级的赛事每年都会在三都举办。

第一节　机构设置

1978年，体育运动委员会为县政府组成单位，配备有体育运动的组织、竞赛、训练等专业干部。1985年4月单独设置县体育运动委员会，人员编制为5人。1987年，县体委职工6人，下设有竞赛组和群体组。1991年县体委职工7人，下设竞赛组和群体组、财会室、保管室。1994年机构改革，县体委与县文化局、县广播电视局合并为县文体广播电视局（实际还是分开办公）。直到2002年机构改革，体委与文化局、广播局才正式合并，体委更名为体育运动管理中心，为文体广播电视局事业单位股室，职工3人。2003—2005年，体育运动管理中心人员增编到10人，2006—2008年体育运动管理中心人员7人，2010年编制9人，设有主任、办公室工作员、群体工作员、竞训工作员、教练员。2012年体育运动管理中心人员编制12人，实有人数10人。设有主任、办公室工作员、群体工作员、竞训工作员、教练员、老年工作人员。

在机关、厂矿没有专设的体育机构，群众体育活动由单位的工会、共青团等兼管。各乡镇成立文体服务站，有专人管理。从1991年以后，学校体育教师队伍增大，有的学校设立了体育组。

第二节　民族传统体育

赛马　赛马是水族人民端节主要活动之一，活动规模常达数万人之多，参赛马匹百匹以上。1987年和1997年县庆中均组织大型赛马活动。2004年，县民族体育中心基本落成，内建有赛马场，是贵州省内唯一的一个赛马场，当年中国·贵州三都水族端节赛马活动在此举行，有100名骑手参赛，除当地骑手外，还有来自都匀王司、基场等地骑手参赛。同年省政府批复三都水族自治县为赛马基地。2005年8月注册为中国西部赛马城。2005年春节和国庆，县政府分别安排近30000元，在县西部赛马城举行了两次赛马活动。2006年，贵州·三都水族端节活动中举办有大型赛马比赛，这次比赛有来自都匀市、凯里市、丹寨县、独山县、荔波县、三都水族自治县共93匹马和骑手参赛。2007年2月24—26日，在中国西部赛马城举行赛马比赛，有来自都匀市、丹寨县、三都水族自治县共70匹马和骑手参赛；2007年9月29日，在中国西部赛马城举行2000米竞速赛马比赛，共有来自麻江县、都匀市、三都水族自治县各乡镇共100匹骏马参赛。2009年10月1—4日，中国西部百马大赛在三都水族自治县赛马城举行，项目为2000米竞速比赛，比赛分预赛、复赛和决赛进行，有来自黔东南州凯里市、黄平县、丹寨县，黔南州都匀市、贵定县、独山县，三都水族自治县等近100匹骏马参赛。2010年12月23—26日在中国西部赛马城举办2010贵州（三都）赛马邀请赛。该项赛事由省民族事务委员会、省体育局、黔南州人民政府主办，中共三都水族自治县委、县人民政府承办，有来自北京国发马术俱乐部、北京京华兴马术俱乐部、浙江平湖九龙山赛马运动服务有限公司及贵州省内两个州一个地区代表队共22支队伍122名运动员参加比赛。本次参赛运动员来自北京、浙江、贵州等省市的水族、苗族、蒙古族、布依族、彝族、汉族等7个民族的优秀选手，共有马匹112匹，其中参加速度赛马98匹、走马14匹，规模大、队伍多、参赛面广，在贵州省赛马活动中史无前例。此次比赛，三都5名水族少年骑手因表现出色，被北京京华兴马业俱乐部选中，成为该俱乐部的备选骑师。两年多的专业训练后，潘吉甫和陆红瑶步入职业骑师的行列。潘吉甫成绩突出，更是其中的佼佼者，除代表贵州省参加全国第九届民运会获得两个第三名外，还到美国、爱尔兰、新西兰等国家训练和比赛，2012年还获得了业余“金牌骑师”的称号。2012年7月7—8日在西部赛马城由三都水族自治县马术协会自行组织筹办2012年贵州（三都）全省赛马邀请赛，有黔东南、黔南两州的凯里、黄平、麻江、丹寨、都匀、三都6个县市参赛，比赛项目设2000米和3000米，2000米速度赛马匹共48匹，3000米速度赛马匹共33匹。同年11月4日至6日在西部赛马城举行2012贵州（三都）全国赛马邀请赛，此次邀请赛有来自北京京华兴马业俱乐部、云南大理赛马俱乐部、浙江平湖九龙山赛马俱乐部、昆明安宁春城马术俱乐部、沈阳格瑞森马术俱乐部及贵州省内两个州一个地区共100匹马参加比赛，其中参加速度赛马83匹、走马17匹。此次比赛潘吉甫回乡参赛，激发了三都一大批乡村业余骑手的积极性，进一步推动赛马运动在本县的发展。他代表平湖九龙山赛马俱乐部获得了乙组1000米速度赛第二名，2000米速度赛第二、三名，3000米速度赛第二名。三都运动员分别在甲组1000米、2000米走马、3000米项目上夺得第三名的成绩。2013贵州（三都）全国赛马邀请赛10月19日开赛，来自北京、辽宁、浙江、云南等省内外的近百匹骏马聚集三都中国西部赛马城参与马王角逐。当天，中国少数民族体育协会授予三都水族自治县“中国赛马之乡”称号并颁牌匾。此次邀请赛有来自北京京华兴马业俱乐部、浙江平湖九龙山赛马俱乐部、云南大理赛马俱乐部、沈阳格瑞森马术俱乐部、贵州省内两个州一个地区共82匹赛马参加比赛。三都运动员在甲组1000米速度赛中取得第一和第三名，在2000米速度赛中取得第二、第三名，在3000米速度赛中取得第一、第三名的好成绩。

斗牛　县内苗族最为喜爱的传统体育活动之一，尤其在吃新节举行，以此庆丰收。1987年，县庆拨专款举行大型斗牛比赛，有几十头牛参赛。2004年中国·贵州三都水族端节在三洞乡举行了斗牛比赛，数十头牛参赛。2005年春节期间在县城举行斗牛比赛，由三合镇承办，有20头牛参加比赛。2006年，贵州三都水族端节大型斗牛比赛，有来自都匀市、丹寨县、独山县、三都水族自治县共20头猛牛参加争霸。2007年9月28—29日在体育场龙嘴角地段举行斗牛比赛，有来自县内各乡镇共61头牛参加比赛，观众达1万人次。

2009年5月1—3日在三都西部赛马城举行三都水族自治县2009年中国西部首届民族斗牛职业联赛，为期3天，赛牛来自贵州、云南、湖南、广西等4个省区22个县市，共79头牛参赛，其中重量级有14头、中量级有27头、轻量级有38头，进行三天激烈角逐。同年10月1—4日，中国西

斗牛

部百牛争霸赛在三都赛马城举行，有云南、广西及省内贵阳、铜仁、黔东南、黔南等地98头牛参赛，其中重量级有15头、中量级有31头、轻量级有52头，进行四天激烈角逐。2011年5月1日至3日，由县斗牛协会主办，文体广播电视局协办，在三都西部赛马城举行2011年贵州·三都猛牛职业争霸赛，为期3天，参赛的有黔南、黔东南两州的都匀、凯里、独山、丹寨、荔波、雷山、榕江、三都8个县市共67头牛，其中A组（不分大小）有10头、B组（胸围为2.26米）有11头、C组（胸围为2.15米）有22头、D组（胸围为2.20米）有24头。通过三天激烈角逐，来自凯里老豹的7号牛获得A组冠军，来自丹寨王贵林的668号牛获得B组冠军，来自丹寨顾业虎的28号牛获得C组、D组冠军。此次比赛三都县拿了C组的第二名，D组的第二、第三、第四名，在重量和中量级上没有取得名次。2012年5月1日至3日，在三都西部赛马城隆重举行2012年贵州·三都民族斗牛职业赛，为期3天，参赛的有来自黔东南、黔南两州的凯里、黄平、丹寨、榕江、独山、三都6个县市共53头牛，其中A组（不分大小）有8头、B组（胸围为2.26米）有9头、C组（胸围为2.15米）有17头、D组（胸围为2.20米）有19头。通过三天激烈角逐，来自丹寨县余应军的牛获得A组冠军，来自凯里陈卫华的牛获得B组冠军，来自黄平县廖新路的牛获得C组和D组冠军。此次比赛三都县拿了C组的第二名、第三名，在重量和中量级的A、B、D组上与名次无缘。2013年5月25日至27日，在三都西部赛马城举行2013年贵州（三都）猛牛职业争霸赛，为期3天，参赛的有来自黔东南的凯里、麻江、丹寨、榕江县，铜仁地区，黔南的都匀、独山、三都等地共69头牛，其中A组（大小、老嫩不分，任何牛均可参赛）有9头、B组（胸围为2.28米）有20头、C组（胸围为2.15米）有20头、D组（胸围为2.12米）有20头。通过三天激烈角逐，来自铜仁杨昌登的牛获得A组冠军，来自黔南三都杨昌林的牛获得B组冠军，来自凯里杨胜先的牛获得C组冠军，来自黔南三都吴政坤的牛获得D组冠军。

打手毽　苗族人民喜爱的传统体育活动之一，也是苗族男女青年传情的方式。手毽用家鸡尾羽或锦鸡尾羽扎成，两人用手掌面对面对阵抛打，也可围成圆圈多人对阵抛打，身子快速移动，姿态富有情趣。手毽流传于普安、交梨等苗族聚居地区。多于春节的正月初二至十五进行。

跳扁担　跳扁担流传于周覃、九阡等地，由多人组成，每两人手持两根扁担，按节奏分开同时触地，抬起互相碰击，跳的人或多人则在扁担分开瞬间，由外跳入两根扁担之间并即跳出，一直到过若干组扁担组成的障碍才算完成。此项目运动节奏强，活动量大，常于节日期间举行。后来多用竹竿代替扁担，是布依族最为喜爱的活动之一，还可作为文艺节目在舞台上表演。

龙舟赛

划龙船　划龙船是县城都柳江边的布依族、汉族喜爱的体育项目之一，一般在春节或端午期间举行。1999 年州庆，县拉揽林场组队，代表三都前往都匀参赛，取得了第三名。2004 年城镇规划，河沿两岸筑起了河堤，形成了近 1500 米的龙舟比赛航道，并于 11 月水族端节举行中国贵州三都水族端节划龙舟大赛，本次大赛有 33 支龙舟队 825 名运动员参加。2005 年，在春节和国庆举行了龙舟赛，春节 13 支，国庆节有 16 支代表队参赛。2006 年 2 月 3—4 日春节期间在县城都柳江同心桥河段举行 800 米往返龙舟赛，此次比赛共有 10 个队参赛。2007 年 9 月 28 日下午在县城都柳江同心桥河段举行 800 米往返龙舟赛，县内乡镇和县直机关企事业单位 24 个代表队参赛，比赛场面非常隆重，呼声、喊声、啦啦队的加油声在都柳江上回荡，热闹非凡。2007 年 10 月 1 日在平塘县举行的全省龙舟精英赛中，都江代表队（三都县代表甲队）取得了 500 米的第三名、拉揽乡代表队（三都县代表乙队）取得了 250 米的第三名的好成绩。2009 年 9 月 28 日，在县城举办迎国庆 2009 年多彩贵州三都端节中学生龙舟大赛，此次比赛有 14 支队伍参赛。2013 年 6 月 12 日，打鱼乡代表三都参加 2013 年多彩贵州·希望教育杯涟江龙舟争霸赛，荣获了冠军。

第三节　学校体育

1978 年，按照教育部、卫生部和国家体委联合发出的《关于加强体育卫生工作的通知》要求，县内各中学都按照《体育教学大纲》进行教学，并认真开展“两课”（指每周两节体育课）、“两操”（指早操或课间操与眼保健操）、“两活动”（指每周参加两课时以上的课外活动）。1987 年以来，大、中专院校的体育人才逐步进入三都体育行业工作，体育教师有所增加，全县乡镇中小学校有专职体育教师。

1979 年，幼儿园课程设置有语言、常识、计算、音乐、美术、体育 6 门。1980 年开始使用贵阳市教育局编制的《幼儿园各科试用教材》，这套教材包括语言、常识、计算、音乐、游戏、图画共 6 册。从课程设置看，幼儿园的体育课，都用游戏的形式进行，作业、游戏、散步的时间每天3~4 课时。

小学体育在“文化大革命”中，被“学军”所取代，内容是开展“红小兵”队列训练。粉碎江青反革命集团后，体育课才得以恢复。为了提高体育课的教学质量，州教育局教研室于 1987 年 6—9 月，在全州全面开展中小学优秀体育课评选活动，县城关小学的平立波同学获小学组优良奖。小学除了正常的体育课外，开展的课外体育活动课有：（1）早操和课间操。早操仅城镇学校安排，一般都在学生到校早读后进行。活动内容多数是集体做广播体操。农村小学一般不安排早操。课间操小学普遍安排，一般在上午第二节和第三节课之间进行，时间一般为 15~30 分钟。内容是全校学生集体做广播体操。（2）课外群众性体育活动。除农村小学外，全县都安排有这项活动。一般在下午第三节课后进行，每周 2~3 次，每次 30~40 分钟，列入课表。运动项目以田径、球类为主，学生选择参加。（3）运动代表队、少体校。1987 年以前，城镇大型小学一般都建立有运动代表队或少体校，吸收学生参加训练。训练项目有田径、球类、射击、游泳等，训练时间，每周 1~2 次，每次 1~2 小时。有的运动代表队和少体校在假期还进行短期集中训练。县城关小学和三都师范附小暂定为县级体育传统校。（4）运动竞赛。校内体育运动竞赛多为全校性的，一般以田径、球类为主。

学校体育课定期进行考核，包括平时检查、定期考核和学期成绩评定，按照一定的比例评定出学生学期总成绩。按照教育部规定，全学期缺课超过体育课总课时的百分之一以上的学生不予评定学期成绩，体育不及格的学生不准毕业。按照 1983 年 3 月 2 日贵州省教育厅转发教育部《关于试行学生毕业、升学、就业体育标准的通知》的规定，学生体育标准评定办法按百分比评定，包括四项内容：体育课成绩 50%，国家体育锻炼标准 20%，出勤和表现各 15%。在经费十分困难的情况下，大部分学校采取国家补助一点，自己动手修建的办法增添运动场地和设备。1985 年，大河中学自筹资金，全校师生齐动手在河滩上建成了一个有 300 米跑道的田径运动场，因陋就简，因地制宜地安装篮球架、单双杠，用水泥、石头修乒乓球台。截至 2013 年，三都民族中学、三都县第二中学、周覃中学、大河中学等都有较标准的运动场地，其他中学、小学有了规模不等的体育活动场地。

1980 年，三都民族中学、城关中学（后改为三都二中）以及周覃中学、大河中学、普安中学、都江中学、九阡中学等开始推行《国家体育锻炼标准》，按 9~12 岁、13~15 岁、16~17 岁和 18 岁以上四个档次，分项目规定标准，达到者由学校颁发证书、证章，学生发有体育达标册。1986 年全县有 2996 名学生参加达标测试，1805 名学生合格。

体育竞赛多在校内班级之间开展，每学期数次，全县小学生田径运动会举办不多（1981 年 10 月、1982 年 10 月各举办一次）。三都民族中学、三都县第二中学、三都师范学校每年都举行校运动会。1987 年 9 月全州优秀体育教师评选中，年轻体育教师张壮文获得中学组三等奖。周覃中学体育教师韦汉德因选拔培训优秀运动员做出突出成绩，1986 年黔南州授予“伯乐奖”。

1988 年，国家教委公布《中学生体育合格标准的试行办法》。根据贵州省教委的要求，三都民族中学 1988 年 9 月 1 日起实施，按照国家教委规定，从 1990 年起，已实施中学生体育合格标准的民中，没有获得体育合格证书的应届高中毕业生，不能报考高等学校。

1998 年 3 月三都民族中学参加黔南州传统项目田径比赛取得 2 个第一名、3 个第二名、2 个第三名的成绩。同年的 5 月参加贵州省中学生田径运动会，取得 3 个第一名、3 个第三名的成绩。1999 年三都民族中学在黔南州传统项目田径比赛中取得 1 个第一名、2 个第二名、4 个第三名的成绩。2000 年民族中学参加黔南州中学生传统项目田径运动会，取得 1 个第一名、2 个第二名、4 个第三名的成绩。

2002 年，三都民族中学经省人民政府批准加挂“体育传统项目学校”牌子。鹏城希望学校获省青基会批准加挂“贵州省青基会足球训练基地”牌子。2004 年至 2013 年，学校足球队曾代表贵州省希望学校到北京、南宁等地区参加全国性比赛和到德国参加比赛。

2010 年全县中小学生运动会，是全县中小学校首次综合体育竞技比赛，设置 13 个大项 66 个小项，共有 17 个代表队获团体奖、600 多人次获单项奖。

第四节　竞技体育

篮球运动　1953—1990 年是三都篮球运动强盛时期，曾在全州各县市篮球赛夺冠。1990 年以后，其他外县篮球技术水平快速上升，三都的篮球运动属缓存期，在全州仅排在第三四名的水平。1990—2000 年，每年皆在“五四”和国庆期间举办篮球比赛。十年间，篮球男队以林场、民师、民中实力较强，女队以民中、林场、粮食局较强。2000 年国庆节，举办电信小灵通杯篮球赛。这次比赛以商业运作开展体育活动，以达到宣传的作用。2003 年，三都举行春节篮球锦标赛，这次参赛男队有 29 支、女队 13 支，历时 8 天 117 场比赛。2005 年，由县教育局主办、文体广播电视局协办园丁杯篮球赛，于 8 月 15—19 日在民师和民中体育场举行，共有男女 31 支队伍（女队 8 支）参赛，运动员 320 人。2006 年 2 月 5—9 日在民族体育馆举办民族团结友谊杯篮球邀请赛，有丹寨、雷山、榕江、都匀、荔波、独山、惠水 7 个县市代表队参赛。2007 年 7 月 25—28 日三都组队参加独山县举办的独山县庆祝中国人民解放军建军 80 周年“鱼水杯”篮球邀请赛。同年 10 月 3—10 日在三都体育馆举行水族端节篮球赛。2008 年 2 月 11 日在体育馆举行了春节篮球比赛，共有 27 支篮球代表队参赛，其中男子组 24 个代表队、女子组 3 个代表队，共计运动员 324 人，进行了 96 场的激烈比赛，最后男子组获前九名的代表队分别是烟草局、中和镇、检察院、恒丰乡、水龙乡、梦久、冰雪、建设局、凝聚代表队；女子组第一名是阳基代表队。2009年2月2—8日（大年初八至初十四）在县体育馆举行篮球比赛，有23支篮球代表队，运动员274人。经过7天95场比赛，最后获男子前九名的代表队分别是大河镇、民中、检察院、九阡镇、公安局、三洞乡、塘党村、水利局、四通批发部。2009年8月21—30日参加州第一届瓮福杯运动会篮球比赛，三都获青少年女子组冠军。2010年7月30日参加省第二届青少年运动会比赛，篮球项目比赛历时5天，三都代表黔南女子篮球队参赛，获得第四名，荣获“道德风尚奖”。2012年1月30日至2月5日在县体育馆举行了2012年春节篮球比赛。此次分成乡镇组和县城企事业单位组，乡镇组有12个队、县城机关企事业单位组有11支队伍参加，共计运动员276人。经过7天73场的激烈比赛，最后获乡镇男子组前四名的代表队分别是塘州乡、廷牌镇、坝街乡、扬拱乡，获县城机关企事业单位男子组前四名的代表队分别是信用联社、国资公司、烟草局、迅捷物业。同年贵州省法院系统第六届“天平杯”篮球赛于2012年9月21日在三都举行。2013年2月13日至18日在县体育馆举行了“人和盛世杯”2013年春节篮球比赛，乡镇和县城企事业单位共17支队伍参加，运动员204人。经过6天68场的激烈比赛，最后获前四名的代表队分别是都江镇、普安镇、中和镇、审计局。2013年5月15日至18日在三都举办黔南州司法行政系统首届“公证杯”篮球赛。

田径运动　县内群众性的田径运动侧重于学校开展。1991年有6名运动员到州参加集训，有8名伤残运动员参加了州首届伤残人田径运动会。1997年，三都参加全省中学生田径锦标赛取得单项第三和第四名的好成绩。2001年，县体委、县教育局共同举办全县中小学生田径运动会，三都民族中学取得团体总分第一。2002年“五一”“五四”期间，三都举办3万米长跑比赛，有近400人参赛。2003年参加北京举行的百所希望学校小学生田径运动会，三都水族自治县取得第二名的好成绩。2006年4月23—27日，黔南州中学生体育传统项目学校田径运动会在三都举办，有17所学校196名运动员参加比赛，设有男女甲乙组4个组别、13个竞赛项目的比赛，三都取得团体乙组第一名的好成绩。2008年5月8—11日，鹏城希望学校代表贵州省参加在四川成都举行的“加油2008——中国西部希望工程快乐体育运动会”，有28支代表队参赛，三都水族自治县鹏城希望学校代表队夺得本次运动会比赛团体第一名。7月22—28日在哈尔滨商业大学举行的“加油！2008——希望工程快乐体育运动会”，获得团体第三名。

2009年8月21—30日，三都组成有运动员、教练、领队、工作员、记者等共228人的团队参加黔南州第一届“瓮福杯”运动会。此次运动会汇集了全州12个县市、州直各机关、州属中学等23个团队，历时9天，进行15个项目的角逐，三都代表团以总分303分获得团体第五名，青少年组团体以235分排名第四，成人组团体以68分排名第六，获金牌7枚、银牌8枚、铜牌6枚。其中田径项目夺得3枚金牌、3枚银牌、2枚铜牌。2011年9月21日至30日，三都组成245人的团队前往都匀参加黔南州第二届“匀酒杯”运动会，参加此次运动会所有17个项目的角逐，经过历时8天紧张激烈的比赛，三都代表团以团体总分532分荣获团体第四名，青少年团体以386分排第四名，成人组团体以146分排第三名，获金牌10枚、银牌12枚、铜牌9枚。比第一届运动会在奖牌上有所突破，金牌增加了3枚、银牌增加了4枚、铜牌增加了3枚。

游泳运动　县内沿都柳江两岸的群众，自幼都喜爱游泳。1958年到1987年随着省州县游泳比赛的不断开展，三都的游泳技术水平不断提高，在全州性的比赛中，团体总分大都在前三名之列。到1987年以后，省州的游泳比赛减少，三都的游泳运动也随之没有开展。直到两年一届的州运动会的举办，三都的游泳运动又重新开展。在参加2011年“匀酒杯”黔南州第二届运动会时，游泳项目获得100米蛙泳和200米蛙泳两个单项的第二名。参加2013年黔南州运动会游泳项目获得了100米蛙泳第二名、200米蛙泳第一名和200米自由泳第二名的好成绩。

足球运动　1987年至2000年，三都足球运动开展比较普遍，喜爱足球的青少年很多，每年都

开展足球比赛活动。同时，还参加州级的足球比赛，1994 年，三都足球代表队参加州足协杯足球赛。1995 年县体委和足协共同举办足球锦标赛，有 18 支足球代表队参赛，邻县的丹寨和独山代表队也前来参赛。1997 年国庆节举行足球锦标赛，有 14 支队参赛。1999 年，国际儿童节举办“六一”小足球赛，参赛队有 6 支；同年的 8 月份又举办暑假足球赛。2000 年，举办足球赛三次，即春节、“五一”、暑假期间各一次。2001 年春节有 5 支足球队参加了县举行的“新世纪”足球赛。2002 年，鹏城学校足球队参加中国足协、贵州省足协举办的西南山区 U-15 全国少年足球赛，三都代表队进入前四强。2003 年，因机构改革，县体委和广播电视局合并，同时老运动场的拆迁及新运动场的修建，足球赛活动暂时停止。其间，鹏程学校、三都民中、县二中相继举行了校足球运动会。2009 年 2 月 1—7 日在县体育场举行春节足球比赛，有 10 支足球队参加，共计运动员 180 人，历时 7 天 23 场的激烈比赛，最后获男子组前三名的代表队分别是竹林山庄代表队、纪委代表队、鹏城学校翔鹰代表队。2010 年 2 月 20—26 日在三都民族中学足球场举行春节足球比赛，有 10 支足球队参加，共计运动员 180 人，经过 7 天 23 场的激烈比赛，最后获男子前三名的代表队分别是润丰代表队、水利局代表队、四通批发商务酒店代表队。2011 年 2 月 9 日至 15 日在三都民族中学足球场举行春节足球比赛，共有 12 支足球队 216 名运动员参赛，独山县也有一支球队前来参加，经过 7 天 26 场的激烈比赛，最后获男子前三名的代表队分别是独山县海南羊庄代表队、四通代表队、安监代表队。另外电信代表队获鼓励奖，四通代表队运动员杨再贤以 13 个进球被评为最佳射手、独山县海南羊庄代表队运动员马凌被评为最佳运动员。2011 年，三都代表队参加黔南州第二届“匀酒杯”运动会青少年组七人制足球项目取得第三名。2012 年 1 月 26 日至 2 月 14 日在三都民族中学足球场举行了足球比赛。青少年组七人制比赛有 4 支队伍，成年组十一人制有 11 支队伍，共 246 名运动员参赛，经过 9 天 26 场的激烈比赛，最后获得青少年组七人制比赛第一名的是鹏城少年足球队，获得成年组十一人制比赛前三名的代表队分别是电信代表队、品轩装饰代表队、翔鹰代表队。2013 年，三都代表队参加黔南州第三届运动会获青少年组七人制足球第一名。

门球运动　三都的门球运动始于 1985 年，参加者都是老年人。1988—2005 年，三都老年人门球队都参加每年全州举行的门球比赛，多次取得第四名的成绩。2005—2010 年的春节举行了老年人门球赛，同时也参加 2005—2010 年全州老年人门球比赛。2005 年三都承办了黔南州老年人门球赛。2011 年 3 月 28 日至 31 日再次承办 2011 年黔南州老年人门球比赛。同时也参加 2012—2013 年全州老年人门球比赛。

网球运动　2004 年，体育馆旁修建了三片网球场地。2006 年网球协会成立，网球健身开始盛行，成为老中青都喜爱的健身活动之一。2007 年后，每年的春节都开展此项比赛活动。2011 年 10 月 23 日至 25 日，三都承办 2011 年黔南州老年网球比赛。

农村群众体育　县内农村群众体育以篮球运动开展较为广泛，1987—2010 年，条件较好的村寨都修建有篮球场，并组织篮球赛。继之各种全民健身竞技体育项目也有所开展。2006 年三都承办全省中老年人健身球操比赛，此后三都代表队由省选派参加当年 11 月在海南省海口市举行的全国中老年人健身球操比赛，取得了优秀奖。2008 年贵州省中老年人柔力球比赛于 6 月 24 日至 27 日在三都举行，三都队荣获套路团体（农村组）优秀表演奖。此后，还在三都举行 2009 年贵州省中老年人乒乓球比赛（2009 年 6 月 23 日至 26 日）、2012 年黔南州乡镇老年人中国象棋比赛（11 月 14 日至 16 日）、2013 年黔南州老年人气排球比赛（6 月 18 日至 20 日）等活动。

第五节　体育设施

1987 年，全县拥有两个 300 米跑道的田径场、18 个水泥篮球场、两个标准的门球场地。此后，随着财政对体育扶持力度的不断加大以及深圳与三都心连心对口帮扶活动的开展，三都的体育设施有了质的飞跃。1997 年鹏城希望学校落成，校内建起一块 300 米的田径场（含小型足球场）。1998 年，三都民族师范学校扩建，以贷款的方式在校园内修建三都第一块标准的 400 米田径场（含足球场）。2001 年，省、州在各地推动全民健身路径工程，三都得到省体育福利彩票“健身路径工程”43 件器材，在河滨东路修建长 300 米的健身路径工程，少量安装在鹏城医院和鹏城学校内。2003 年，三都民族中学搬迁到城西龙嘴角的河沙坝修建，在校园内修建三都第二块 400 米标准田径场（含足球场）。2004 年，第二次获赠省体育福利彩票“健身路径工程”器材，安装于周覃中学校园内。当年 9 月，进行了第五次全国体育场地普查，三都共有体育场地 224 个，其中 400 米运动场 2 个、300 米运动场 5 个、标准篮球场 5 个、半边篮球场 33 个、固定看台灯光篮球场 1 个、乒乓球场 33 个、羽毛球场 3 个、健身路径 4 条、门球场 1 个，占地面积 202865 平方米，场地面积 166328 平方米，全县人均占有体育场面积 0.54 平方米。2003—2005 年，获得国家“雪炭工程”200 万元，将县体委体育场以置换方式搬迁到县城西龙嘴角河沙坝，新建占地面积 106 亩的民族体育运动中心，内设可容纳 15000 人的田径场 1 个、赛马场 1 个、体育馆 1 个、网球场 3 个、门球场 2 个、篮球场 2 个。2006 年，国家将农民体育健身工程列入“十一五”规划，三都于 2007 年 4 月完成打鱼乡打鱼村村级体育器材安装并投入使用；同年，安装打鱼乡河坝村、中和镇中和村两个点的体育器材。2008 年完成 8 个点的农民体育健身工程的建设和水龙乡独寨小学的路径工程建设。2009—2010 年完成 14 个点的农民体育健身工程建设和 2010 年鹏城学校、周覃镇的两路径工程建设。2005—2013 年，在县城建成三个小型健身广场（凤凰广场、文体广门前广场、体育馆广场）和赛马城休闲广场。2011 年完成赛马城休闲广场三条路径健身工程、丰乐镇新江村路径健身工程、三都民族中学路径健身工程、城关小学路径健身工程 4 个点的农民体育健身工程建设。2012 年完成 3 个点的农民体育健身工程建设、一个镇级农体工程和一个新增乡镇级农体工程，完成两条路径健身工程建设（县二中和周覃中学）。2013 年，经过黔南州第六次全国场地普查，三都体育场地用地面积为 3747785 平方米，实有场地面积为 293832 平方米，场地人均面积 0.854 平方米。全县共有体育场地总数为 407 个，407 个场地按系统分，体育系统 45 个、教育系统 243 个、其他系统（含民间投资兴办和各机关、企事业单位、乡村）119 个；按区域分，城区 137 个、乡村 270 个。在 2013 年完成 5 个点的“农民体育健身工程”建设和 3 条健身路径工程（民族中等技术学校、都江中学、普安中学）。

第三章　旅　游

县境内旅游资源丰富，有尧人山国家森林公园、都柳江省级风景名胜区、5 处省级文物保护单位，还有古朴迷离的民俗民风和令人神往的自然景观，旅游资源别具特色。有粗犷奔放的斗角舞、铜鼓舞和庄严的祭祖仪式，有古朴典雅的干栏式建筑，有工艺精湛、闻名遐迩的水族马尾绣、剪纸、服饰和风味独特的传统饮食，还有一泻三叠的中和飞瀑、浑然天造的塘州仙人桥、通天测地的晴雨石、玄机难解的产蛋崖、闻歌起舞的风流草，还有都江古城垣、羊福摩崖墓群、引朗石板墓等名胜古迹；都江镇怎雷村、三洞乡板告村、九阡水各村等一批民族旅游村寨相继建成，并接待了中外游客。

第一节　旅游资源

一、自然景观

三都的自然和生态旅游资源主要有山峰、森林、珍稀动植物、河流、水库、瀑布、溶洞、气候、气象等。以喀斯特岩溶地貌为代表的有山、水、洞、瀑，岩、石、泉、溪、林、树、花、鸟等自然景观。地处喀斯特地貌，境内山多、水多、林多。境内千米以上的高山有326座，以都柳江和樟江为主的大小河流有42条，森林覆盖率63%，名树和稀有之树及野生动物多。

都柳江风景名胜区　都柳江风景名胜区位于三都东北部，321国道沿途经过，是集文化、观光、旅游、探险、科考、休闲、漂流为一体的综合型风景区。

尧人山国家森林公园　位于三都东南部，距县城12千米，地处北纬25°54′~25°59′、东经107°53′~107°58′，总面积5718.5公顷。

产蛋崖　姑鲁产蛋崖位于三合镇姑挂村姑鲁上寨东南面约0.5千米的山麓上，崖长约100米，崖高约5米。这道崖壁上有大小不同的石蛋，有的已脱落即被当地老百姓拿回家作摆设，有的脱落后静躺在山地间，有的还镶嵌在崖壁上，多的则是孕育在崖腹里等待出世。产蛋崖产下的石蛋直径一般在30~50厘米，呈青赤色，石蛋坚硬，比重大，不易风化，石蛋上有明显的与树木年轮相似的圆纹。据当地的老百姓说30年左右脱落一次。据不完全统计，已脱落下来被村民收藏在家中的有100多枚。截至2013年，壁上显露尚未落地的石蛋有60枚。1987年9月，产蛋崖被《奥秘》画报首次向外界展现，之后有《贵州日报》、香港风凰电视台等媒体作了相关报道。1988年，中央电视台专题播出产蛋崖的消息。

闻歌起舞的风流草　风流草是一种似树非树、似草非草的植物，其株高60至120厘米，多长出偶数羽毛形状的复叶，单叶宽1至2厘米、长3至6厘米，呈嫩绿色。这种植物有灵性，每当水族青年男女在其旁边唱着情歌时，其株上嫩叶便会慢慢地跳动起来，先是各片嫩叶缓慢向外舒展，随着歌声不断深情激越，相邻之间的叶片就慢慢缠绕，恰似一对热恋情人相拥相吻，歌声终了，相缠的叶片也缓缓舒展开来，渐渐恢复原状。水语称为“杠怀拥”，意译是风流草。

通天测地的晴雨石　晴雨石，坐落在九阡镇甲才村姑右寨（月亮山腹地），当地水族人称之为“定窦”，意译是影石。因其能预报天气晴雨，故名晴雨石。此石屹立在45度的斜坡上，高约5米，宽4米，厚3米，前正面中有3米见方的垂直平面，上边宽厚约30厘米的石檐与屏幕间天衣无缝，浑然一体，堪称鬼斧神工。地方百姓能以此石面颜色预知天气晴雨，如石面呈现白色可推断为晴天，呈现暗色则为风雨即临，久雨中石面由黑转白，即阴雨转晴。

甲才“晴雨石”

仙人桥　仙人桥位于三都县城以南40千米的塘州乡与三洞乡交界处，水语称“菊福尼线”，意为天生石桥。桥身呈南北走向，顺着山势，南高北低。状若大象垂鼻，长20米，宽6米，高10米，桥体似熔铸而成，浑厚雄伟。桥面怪石嶙峋，桥拱钟乳垂吊，桥下是深潭，桥南端至溶洞口有一长约30米的悬崖绝壁。由于岩溶侵蚀，绝壁上形成大小不同、深浅不一的石洞。洞中景致奇特，有的像依山修筑的亭台楼阁，有的像高燃神烛列满罗汉的佛殿，有的又像微型的假山公园。石桥附近，状若悬冰、吊蛇、海马、羊角的乳石，形如网衣、鱼鳞、帘幕的石幔，举目可见，比比皆是。还有绝罅长出的奇形小树，丰茂的草坡，构成一幅水绿、山青、桥美、洞奇的美妙画卷。

中和瀑布　中和瀑布在县城南27千米的中和镇河寨村东外的山谷中，距三都至周覃公路1.4千米。为一个三级台阶式瀑布，每级间距30米，总高度80余米。河水奔泻而下如白帘飞挂，冲击而腾飞的水珠似云雾弥漫，配上两岸青翠的树林，构成一幅瑰丽多姿的画面。《人民画报》记者曾摄下此景作为该画报封底。

中和瀑布

雪花洞　雪花洞在塘州与三洞交界的雪花河上，其上有座雄伟壮丽的仙人桥和瑰丽多姿的雪花瀑布。桥的南端到伏流的溶洞口的二三十米间，是堵直立坡顶的绝壁，上面被流水穿空成大小不同、深浅不一的石洞。叮咚的流水在洞中产生的共鸣和从绝壁反响的回声，交织成一曲悠扬动听的乐曲。从仙人桥下穿过的雪花河水，倾入50余米落差的岩溶洞中，伏流60多米之后，从东南面断岩的裂缝中喷出，又沿着20米高的陡峭岩面，冲到乱石嶙峋的谷底，飞溅出洁白似雪的水花。每当暮春盛夏，则溪水高涨，水声如雷，空谷轰鸣，震耳欲聋。瀑布冲击怪石激起三米多高的飞花碎玉，雾珠水气弥漫山谷上空，如遇阳光照射，常常出现五彩斑斓的长虹。

三江溶洞　三江溶洞位于周覃镇三江犀牛潭崖石壁上，相传为古寨所用，保存有登山石阶及寨门、寨墙。洞内有天然形成造型奇特的钟乳石景观，且洞中有洞，洞下有洞，洞内空间蜿蜒曲折，有开阔空敞的洞中大厅，也有只容一人穿行的窄道。

三江犀牛潭　三江犀牛潭位于周覃镇三江村境内，距县城58千米，是一口奇特的间歇潭，当地布依族百姓称为“旺保”。潭口面积100余平方米，一年四季，每天都有规律的三涨三落，涨水时间分别为9时、15时和20时，一般持续为20分钟左右。涨水时，清水由潭底急剧涌出，波浪翻腾，水泡成串，恰似暴开的水锅涨势，甚是奇特。

月亮山　月亮山位于九阡镇甲才村姑右组屋背山脊，当地称之为姑右山。顶峰海拔1322.4米，坡岭长约10千米，面积近10000公顷，是县境东南的天然屏障，又是都柳江和樟江的分水岭之一。这里有无数峰峦，各具形态，层层叠叠，有如万马奔腾，涌向天际，气势雄伟壮观。沿主峰各山谷，有大小溪沟18条，其中15条汇入樟江、3条流经牙得河汇入都柳江。森林覆盖率高，生态植被良好，山谷有成片杂树，种类繁多，山腰以上有茂密野草，一派草原风光，山上遍布嶙峋怪石，向一方倾倒，极像从天上掉下斜插于地上一般，极富神奇色彩，被誉为天石。产有林麝、红腹锦鸡、大鼯鼠、黑熊等珍稀动物。通天测地的晴雨石也位于该腹地。

月亮树　在县境内的尧人山自然保护区的深山老林里，生长着一种珍奇的会发光的阔叶乔木树种。这种树干粗、枝多、叶茂，每当夜晚来临时，它的叶片边缘发出小半圈荧光，好似上弦月的弧影，因此当地的水族人民叫它月亮树。据科学家考证，这种树是第四冰川之后世界上几乎绝迹的稀有树种。月亮树在尧人山古林带中也为数不多，属珍稀保护植物，也是研究植物进化的宝贵材料。

芒勇湖（明碧湖）　芒勇湖即是芒勇水库，位于三都南部，其大坝筑于恒丰乡和勇村，湖区处于恒丰乡、廷牌镇境内，和独山县本寨乡接壤，距三都县城60千米、独山县城37千米、荔波县城48千米。属珠江流域柳江水系打狗河上游樟江支流芒勇河。工程始建于1978年，至1979年因国民经济调整，芒勇水库被列为缓建项目，之后于1989年得以续建，1999年该项目工程全部完工并交付使用，工程历时21年，有效建设期11年。总投资3520万元，坝顶弧长169.5米，坝顶宽4米，坝顶高程852米，总库容量2049万立方米，湖区集雨面积85平方千米，湖长27千米。湖面狭长，四面青山延绵起伏，群山环抱。湖中数岛，岛上千绿竞秀。湖水清澈碧绿，波光粼粼。湖区绿水映青山，湖光山色，交相辉映，风光旖旎，景色万千，泛舟湖上，清风徐徐，碧波荡漾。

二、人文景观

都江古城垣　都江古城垣位于县城东南35千米的都江镇政府驻地，始建于清雍正九年（1731），初系土筑。次年，呈准改建石城。清雍正十二年（1734）竣工。该城垣周长约2000米，设4门城楼，周围设8个炮台，另设小东门和小南门供挑水入城。时城内诸般官廨齐备，居民约1800户。建有文昌阁、关帝庙、城隍庙、龙王庙、万寿宫、炎帝宫、孔子庙、观音庙、湖南会馆、江西会馆、接待馆等，“商旅出于途，汉苗杂于市”，一派繁荣景象。今存的都江古城垣即为贵州“新疆六厅”故城遗迹之一。至2013年，已279年，其间经历了1855—1861年都江罗光明、罗天明等领导的各族农民反清起义战火，1944年日寇的焚烧及美军飞机的轰炸等祸难，虽壮貌已毁，但雄姿尚存，仍保留有东南西北城门及部分城墙、衙署、老街、石板路、水井和与之相关的上江协武略骑尉王芝兰墓、城乡义冢之坟墓、布仰摩崖、江西义渡碑等文物古迹。

城乡义冢之坟墓　城乡义冢之坟墓位于都江古城垣南门外约500米处的驿道边，为一土包墓，坐东向西。清咸丰五年（1855），都江农民罗天明、罗光明等率众起义，攻陷都江厅城。此后十余年间，战火烽烟未断，农民军和城内官军及居民等死难者难以计数。同治十二年（1873），新任的都江厅通判文芳藩与士绅等将城中死难者白骨收葬于南门外，立碑一块，高195厘米、宽104厘米、厚12厘米，碑眉横刻“万古流芳”4字，碑正面刻“城乡义冢之坟墓”7个大字，右边刻都江通判文芳藩和上江协副将张梁写的小字碑文，左边刻上江街士李莲、刘廷选等写的小字碑记，均为楷书，字迹清晰完好。碑文记述了清咸丰五年（1855）都江农民罗天明、罗光明领导起义的史实内容。

万人坟

羊福崖墓　羊福崖墓位于羊福乡千家寨附近，分布在河岸峭壁间，为元、明时期的清江苗（炕骨苗）墓穴，约200余座。均为人工开凿的单室墓穴，正面看大多呈不规则的长方形。一般长2.5米、宽1.2米至1.8米、高约2米，距离河面30~40米。墓穴最为密集的是达洛寨西侧700米崖壁上，开凿5层墓穴，共40座，间距约0.5米左右，最上层距地面约17米高，排列相当整齐。棺木为长方形，横置穴中，棺椁的六面均用厚约0.1米的整块柏枋做成，以燕尾凹榫与两端挡板的凸榫斗合固定，不施一钉一铆。

布仰摩崖　布仰摩崖位于都江镇上江村都柳江北岸古道旁。距地高约3米，距江面高20余米。摩崖石质为水沉岩，崖面较光滑。楷书竖行阴刻，文为“向来王化外，今入版图中”10个大字。摩崖长1.2米、宽1米，大字为18厘米见方，小字为8厘米见方。清雍正八年（1730）独山知州牧孙绍武受命沿都柳江进兵三脚屯（今三都县城）途经打略、柳叠、来牛、上江等地推行改土归流政策时所书，是清王朝推行改土归流政策，建立都江厅的历史佐证。

小溪摩崖　小溪摩崖位于拉揽乡境内，距县城6千米的都柳江南岸石壁上，岩高约30米、宽约20米。摩崖共两方，其一长2.34米、宽0.7米、距地高约6米，横向阴刻“无罣碍”三字，上款“嘉庆庚辰上日”，末署“中湘张径田□”；其二长3.4米、宽1.08米、距地高4.6米，从右至左阴刻楷书“山高水清”四字，上款“乾隆丙辰桂月中浣”，末署“郡守襄平孙绍武题”。摩崖大字约50厘米见方，前者为清乾隆进士张径田刻于清嘉庆二十五年（1820），后者为清独山州知府孙绍武授命疏浚都柳江航道时于清乾隆元年（1736）所题。

小溪摩崖

石板寨抗日旧址 石板寨抗日旧址位于九阡镇石板村，距县城约69千米。民国时期，该寨筑起了高3.5米、厚1米多的石砌护寨墙，开东南西北四个寨门洞供出入。民国33年（1944）秋，日本侵略军数千人由广西宜北入荔波至九阡水族地区，企图攻陷三都后进攻独山。11月28日黄昏，一股日军抵达石板寨，受到了水族村民潘秀辉、潘神、潘老发、潘晓等50余人自发组织的抗击，村民以寨墙作屏障抗敌入寨，战斗一直坚持至夜幕降临，日军被迫退到距离寨外100多米的田埂上对峙。入夜，又组织了偷袭行动，再次打击日寇。第二天拂晓，日军使用火炮攻击，村民终因寡不敌众，退到后山，石板寨被攻陷。日寇进村后，烧毁房屋60栋、粮仓80余个。石板寨战斗，水族村民打死日寇8名，缴获防毒面具、钢帽、弹药等军需物资，有4名群众牺牲。存有防御墙和被日军炮击的禾仓木板等（上有弹片，已收藏在黔南州民族博物馆）遗迹，是水族人民不畏强暴抗击侵略的见证。

九阡水族起义遗址 九阡水族起义遗址位于九阡镇梅采寨东北2.5千米的岜丢山上，距县城约68千米。东西北三面为陡坡与悬崖，唯南面山梁与其他山岭相连，易守难攻。始建于清咸丰五年（1855）7月，面积约10000平方米。毛石砌筑，原貌早毁。今存残墙及四道卡门遗迹。残墙为梯形，高1.55米、底厚1.1米，上厚0.95米。同年8月，梅采寨水族农民潘新简在九阡地区领导当地民众举行了水族历史上最大的一次农民起义。义军以九阡地域为根据地，垒石为营，与都江、都匀、榕江等地各路义军及太平天国军余城义部互相声援、配合，转战于荔波、独山、都匀、南丹等地，攻克荔波县城五次，围攻十余次，潘新简被太平天国封为“辅德王”。义军所到之处，得到各族民众的拥护并纷纷加入，起义烽火长达十余年之久。其间为加强和巩固九阡根据地，在各重要路口、关隘修筑了关卡、营盘等。所存的岜丢山遗址仅是其中之一。

引朗石板墓 引朗石板墓位于县城南面的水龙乡政府驻地水龙村引朗寨南侧，共12座。该墓坐南朝北，以整块石板、石柱砌成，长2米、宽0.90米、高1.90米左右，呈古代干栏式房屋形式。墓室分上中下三层。底层入土，安葬亡人；中上层露出地表，存放殉葬品。外壁雕刻着各式图案，有狮、麒麟、象、牛、羊、凤凰、仙鹤、花草、人物等，形象生动，想象丰富。

骁勇好战的“斗鱼” 尧人山无奇不有，最为惊心动魄的当数游弋于溪塘田凼里的斗鱼。此鱼体重不过50克，体长3至4厘米，性情凶悍，如两尾雄鱼遭遇即兵戎相见，相互猛烈撕咬，扭打成一团难解难分，一招一式有板有眼，精彩绝伦。

水书摩崖 2010年，境内都江镇大坝村银子坡发现一处水书摩崖石刻。都江大坝水书摩崖石刻的发现，是继三都塘州乡拉下水文墓碑、周覃镇的查水文墓碑、都江镇怎雷水文墓碑、榕江县计划乡的水文墓碑之后的水书文化古迹的又一重大发现。摩崖高于地面约7米，崖面长7.5米、宽2.8米，刻字分布面积约3平方米，崖上的水书石刻虽然布满了青苔和石斑，但字迹清晰易辨，总29个字，最小的字为3厘米×3厘米，最大的字为12厘米×11厘米，最明显的字是“卯”字，为10厘米×8厘米。崖上分为三幅竖排，顺崖斜铺的水书石刻，三幅间距均20厘米。上幅为（高）28厘米×（宽）16厘米，刻有“子、巳、卯、酉”等5个字符。中幅为80厘米×40厘米，刻有“辰、寅”

等16个字符。下幅为32厘米×26厘米，刻有“子、丑、申（甲）、辰、寅、癸、申”等8个字符；共29个字符。

水族古文字碑林　水族古文字碑林也称“天下第一水族古文字碑林”。2008年，由三都籍新疆建设兵团82岁的原副师级干部潘国慎提供资助，修建在境内三洞乡水根村的怡心园中。由9块碑，18面组成，石碑尺寸高为137~165厘米，宽为66~86厘米。主碑镌刻“勒睢碑”三个大字及序言，第2~9块为水族古文字1500余个。碑的背面，镌刻古今中外莫友芝、岑家梧、潘一志、王品魁、何耀华、曾晓渝，以及法国、美国、日本等著名专家学者对水书的论述（中、英、日、法、西班牙文组合）。

姑鲁寨　中国·原生态村落·世界之谜姑鲁寨产蛋崖国家AAA旅游景区，位于三合镇姑挂村境内，距三都县城10千米。2009年，姑鲁产蛋崖景区基础设施建设投资近300万元，完成景区公路、旅游步道、售票房、景点文化包装、公路沿线绿化、旅游接待农户房屋包装、游客接待服务中心、表演场、停车场等各项基建工作。2010年8月19日经贵州省旅游区质量等级评定委员会评定，该景区符合国家标准，同意三都姑鲁产蛋崖旅游景区为国家AAA级旅游景区。姑鲁寨共258户，1093人，是典型的水族村寨之一，自然生态好，林木郁郁葱葱，地质奇观产蛋崖与民俗风情相得益彰。

水各水族旅游村　水各村位于三都南部樟江源头的九阡镇，距镇政府所在地4千米，距三都县城60千米，距荔波飞机场27千米，是三都至荔波、独山的交通要塞。全村辖9个自然寨16个村民小组570户2252人，均为水族，耕地面积2189亩。水各大寨是该村最大的自然寨，全寨有174户648人。2009年，水各卯文化风情园基础设施投资近200万元，将情歌对唱场、石神台、树神台、如意瀑、如意潭、仙人桥、定情谷、鱼塘、水碾、水各大寨、龙凤井等景点进行改造。

这里群山环绕，绿树成荫，风光秀丽，风情独特，是一个典型的水族村寨。民俗民风今存尚好，村中藏有大量的水书和水歌刊集，卯节就是水各一带水族群众的传统重大节日。

巴茅水族旅游村　巴茅坐落在三合镇境内，距县城6千米。是一座始建于清朝的水族自然寨。寨中民风古朴，是水族文化的一个重要缩影。巴茅古寨有78户人家，房屋依山而建，木楼鳞次栉比，一气连横。寨中古墓林立，碑刻层梁随处可见的精雕花纹与象形水书一起，承载了水族悠久的文化历史。而水族独特的祭祖仪式，也为巴茅古寨三百余年的历史增添了一抹神秘。此外，祭祖仪式前的水寨水歌迎宾，铜鼓斗角舞，祭祖仪式后的赛马大会都成为巴茅古寨端节必备的节日项目。

巴茅水族村寨

怎雷村　怎雷村位于都江镇，距县城41千米，距镇政府所在地6千米，与都江古城垣隔排常河相望。该村坐落在半山腰上，有4个自然寨5个村民组共225户997人。主要聚居着水族和苗族。长期以来，怎雷村寨的水族、苗族同胞和睦相处，团结互爱。村域地貌山高坡陡，坡峰高耸入云，河沟深割峭壁，坡与坡之间形成“V”字形状，故有“隔山喊能听，走要一早晨”之喻。村寨保存了古老的干栏式建筑群，全木结构。2010年12月，建设部和文物局在公布第五批中国历史文化名镇名村名单中，怎雷村入选其中，并被列为省级文物保护单位。该村藏着厚重的水族、苗族文化，如水书、吊脚木屋、纺纱车、织布机、石雕、马尾绣、蜡染以及铜鼓舞、古瓢舞、古乐等，成为三都水族自治县农耕文化的一个驿站。这里峰峦延绵，古树参天，梯田层层，云雾环绕。村域内有美女摩崖和冷暖风洞，有宗族墓群，有龙凤石雕墓。上寨、中寨皆有天然泉井，水源长流，水质清亮。相邻景点有叫化洞、犀牛洞、崩坡寨、海马脚、仙人桥峡谷、天生桥、凉风坳、煞人湾、马鞍坡、小脑回音岩、风柳苗王洞、瓮庭山等。岁时习俗主要有粽粑节、端节、吃新节。全寨把秧种撒结束就吃粽粑，秋收结束后，水族过端节、苗族吃新节，届时跳铜鼓舞、芦笙舞、斗角舞、古瓢舞等以庆丰收和祭祖。

板告民族文化村　三洞乡板告民族文化村位于县中南部，素有水族马尾绣之乡的美誉。全村共有289户1424人，分居于7个自然寨，水族人口占全村人口的98%以上。村寨依山傍水，山清水秀。景点有仙人桥、雪花洞、雪花洞瀑布等。板告村是马尾绣、银饰品及牛角雕的盛产地。民族工艺品做工精细、独特，远近闻名，成品远销海内外。2008年，该寨农民韦家贵利用自家130平方米的房屋创办了农民家庭博物馆，投入100万元收藏了一万余件珍贵物品。其中，具有代表性的有马尾绣背带、马尾绣花鞋、马尾绣衣服、水书、铜鼓、银饰和铜饰工艺品、牛角雕等。

第二节　旅游业

三都旅游资源丰富，但旅游业起步较晚，尚未形成规模。改革开放后，随着人们生活水平的提高，到三都观光旅游的人逐渐增多，为搞好旅游管理，1991年成立县旅游事业管理局，与县人民政府外事办、接待处实行三块牌子一套人员合署办公的管理方式。2002年1月，明确为主管全县旅游工作的县政府直属事业单位，正科级建制。核定事业编制13名、机关工勤编制2名。2010年年底，有在职人员10名，列入参照公务员法管理范围，其中局长1名、副局长2名，内设4个股室（办公室、规划发展股、市场开发股、旅游质量监督管理股）。2012年2月，县文体广播电视局、旅游事业管理局整合为县文体广电旅游局。

一、旅游规划与开发

随着旅游业的发展，三都自20世纪90年代末开始做旅游规划（深圳市帮助完成第一本《三都水族自治县旅游规划》）。2000年，在制作三都“十五”计划的同时，编制了《三都水族自治县“十五”至2015年旅游发展规划》，这个规划给三都旅游作出初步定位：把三都建设成具有民族旅游特色的山水风光和民族风情相结合的旅游胜地。将三都旅游开发的总体构想和旅游形象定为“水族风情独一处，民族园林新三都”。2008年，先后委托北京大地风景旅游景观规划院、中国旅游设计院、北京天一和恒景观规划设计院等权威机构编制了《三都水族自治县旅游发展规划》《中国·水族原生态村落·世界之谜·三都水族自治县姑鲁产蛋崖旅游景区详细规划》《中国水族·水各卯文化生态旅游区控制性详细规划》《贵州省三都水族自治县中国水族文化风情谷（万户水寨）控制性详细规划》等旅游规划，并通过了专家评审。根据旅游产业定位，三都重点打造“神秘水族·魅力三都”旅游品牌并作为三都对外宣传的名片。在实施民族文化生态旅游带动上，三都努力打造自己特色的文化旅游产业和文化旅游工业，重点构建“一城三线”（县城、南线、东线、北线）互促互动的旅游体系。

县城以打造“中国水族文化旅游城市”为目标，以建设“一江两岸”风情带、中国水族文化博物馆、水族风情街、“中华水族文化城”、神奇的姑鲁产蛋崖、中国西部赛马城、凤凰公园、县城特色民族建筑为一体的水族文化旅游体验带。南线以水族的端节和卯节、布依族的小年、苗族的吃新节等节庆文化和马尾绣、水书等非物质文化遗产为载体的水族文化风情体验旅游带，有机衔接姑鲁产蛋崖、水各卯文化风情园等景区，打造南线成为水族文化风情体验精品旅游带。东线以尧人山国家森林公园、都柳江风景名胜区、都江古城垣和怎雷民族村寨为依托的生态观光与民族风情体验旅游带。北线以水晶葡萄、蔬菜产业为主体的观光农业产业带，着力打造文化体验、养生休闲、观光旅游产品。把民族特色文化元素渗透融入旅游要素中，逐步建立起特色旅游支撑体系，配套完善旅游基础设施、服务设施和景区功能建设，加速产业转型升级，努力将三都建成连接东部黎平、从江、榕江三县苗侗文化民族生态旅游区和南部荔波世界自然遗产地的旅游重要节点核心区及集散地。

至2013年，先后开发建设了板庙民族村寨、板告民族村寨、尧人山国家森林公园、水各水族卯文化风情园、巴茅水族旅游村、怎雷水族村寨、姑鲁产蛋崖等景区。这些民族村寨接待了众多国内外游客，其中板庙民族村寨接待了乔石等国家领导人。2010年10月黔南州第三届旅游产业发展大会在三都举办。

二、黔南州第三届旅游发展大会暨中国水族文化旅游节简介

2010年10月27日，黔南州第三届旅游发展大会暨中国水族文化旅游节在三都县城隆重开幕。这次活动，吸引了来自国内外的贵宾、媒体和游客25.435万人，实现旅游综合收入1.162亿元，外汇收入45.31万美元。借助旅发大会举办契机，三都成功打造“中国水族文化旅游城市”美好形象，擦亮“神秘水族·魅力三都”旅游文化品牌，进一步提升了三都旅游乃至黔南旅游的外在知名度、美誉度及影响力。

黔南州第三届旅游发展大会开幕式全景

省委副书记王富玉致信祝贺，省委常委、副省长黄康生向大会表示祝贺。省人大常委会副主任陈华祥、副省长谢庆生、省政协副主席武鸿麟，州四家班子领导黄家培、李月成、吴秀全、刘朝容等出席开幕式。出席开幕式的还有中国地质专家科学考察团、深圳市有关部门、河南省睢县及省直州直有关部门负责人，全州各县（市、区）代表团、三都县四家班子领导。中国加入世贸组织谈判首席代表、博鳌亚洲论坛原秘书长、G20论坛原秘书长龙永图，著名电视主持人倪萍、中国著名作家梁衡、著名影星刘晓庆等经济界文化界名人到会祝贺。谢庆生宣布开幕。开幕式由州委常委、常务副州长夏庆丰主持。中共三都水族自治县委书记唐官莹在开幕式上致欢迎辞。

三都水族自治县发展顾问龙永图先生对三都民族文化旅游寄予了厚望，他说，三都旅游在水族文化的支撑下，一定会在高层次上得到进一步发展，旅游业一定会成为惠及群众的一项富民产业。干部群众振奋的精神，一定能改变黔南贫穷落后的面貌，迎头赶上全国的发展速度。

开幕式结束后，进行了《水歌大地》大型原生态水上歌舞表演，为广大观众献上一台原汁原味的水族文化大戏，展示了多姿多彩的水族文化神韵。

新华社、《人民日报》、中央电视台、中央人民广播电台、《光明日报》《经济日报》、香港《大公报》《贵州日报》、贵州电视台等100多家媒体记者对大会盛况进行了采访报道。旅发大会期间，领导政要汇集，名家大腕荟萃，专家学者相约，百家媒体聚焦，共享神奇秀丽的自然山水风光和独具魅力的水族文化风情，共话三都经济社会未来发展前景，一时间，都柳江畔星光闪耀，热闹非凡，水乡大地缤纷多彩，声名远扬。“神秘水族·魅力三都”成为数万嘉宾、游客、媒体记者造访三都的深刻印象。

三、大型原生态水族歌舞史诗画卷《远古走来的贵族》剧情简介

大型原生态水族歌舞史诗画卷《远古走来的贵族》，由国家一级编导周群生担任总策划。共分为《远古追忆》《多彩凤之羽》《凤舞水乡》三个篇章。

《远古追忆》表现的是由水族老者携子唱着忧伤的水歌一路南迁。迁徙途中，河里鱼龙现身，天上金凤凰落地起舞，水族先人敲响了和百越民族共铸的铜鼓，天籁般的祭祀之歌飘荡四野，对话天地的“吼”声响彻天空！这支从殷商走来的贵族融入百越，开发岭南，保境抗秦，再迁且兰，拓土兴邦。

《多彩凤之羽》表现的是在像凤凰羽毛一样美丽的地方，水族人民凭借自己的聪明智慧创造了斑斓多彩的民族文化。男耕女织，享受着“山中方一日，世上已千年”的悠闲日子；一针一线马尾绣，蕴涵着妇女们的万缕深情；被喻为东方情人节的卯节里，歌如潮人如海；和甲骨文媲美的水书等传承人类文明的历史画卷被原生弦鼓舞、民间鼓瓢琴、囱报乐、水书舞、水族婚礼等展现得淋漓尽致。

《凤舞水乡》表现的是每当谷熟稻黄，鱼肥牛壮之际，水家人筛满陈酿佳肴九阡酒，男女老幼跳起了欢快的皱皮辣椒舞、刷把舞、芦笙芒蒿斗角舞。年年为风调雨顺唱赞歌，岁岁为人寿年丰摆宴席，九乡十八寨家家喜扶醉人归。

史诗除了用原生态的歌声、原生态的舞蹈、音乐、舞美等艺术形态展示水族历史外，还巧妙地将尧人山国家森林公园、都柳江省级风景名胜区，以及水各、姑鲁、怎雷等民族旅游村寨，石破天惊的产蛋崖、闻歌起舞的风流草、鬼斧神工的仙人桥、黑夜生辉的月亮树、预报天机的晴雨石等奇特景观融为一体。整个演出参演人数约 165 人，演出时长约 80 分钟。2010 年远赴上海作世博会的前期宣传演出。

四、三都水族自治县精品旅游线路

（一）县内旅游线路

A 线：早上乘车前往水各，游览水各卯文化风情园，中餐后乘车往姑鲁寨产蛋崖景区，观赏世界地质奇观“石头下蛋”，体验浓郁古朴的水族迎宾风俗：欣赏水族风情表演，参加水族祭祖仪式，晚餐姑鲁享用水族风味家宴，三都县城欣赏《远古走来的贵族》原生态水族歌舞史诗画卷。

B 线：早晨出发，游览都柳江风景名胜区，中午到怎雷民族文化村，观水族干栏式百年民居，吃水家饭；午餐后，参与水族风情表演，游都江古城垣，三都县城欣赏《远古走来的贵族》原生态水族歌舞史诗画卷。

C 线：早晨出发，游尧人山国家森林公园，尧人山休闲山庄水族特色中餐后返县城参观水族博物馆及姑鲁产蛋崖旅游景区，三都县城欣赏《远古走来的贵族》原生态水族歌舞史诗画卷。

D 线：早晨出发，巴茅寨观水族民居，参观水龙引朗石板墓，走进三洞板告中国水族马尾绣第一村欣赏精美绝伦的国家非物质文化遗产水族马尾绣及其他民族工艺品，三都县城欣赏《远古走来的贵族》原生态水族歌舞史诗画卷。

（二）区域旅游线路

A 线：国际旅游城市桂林—黎从榕苗、侗民俗风情旅游区—怎雷水族文化村—都柳江风景名胜区—尧人山国家森林公园—三都县城（民族博物馆）—《远古走来的贵族》原生态歌舞史诗画卷（三都县城）—巴茅水族旅游村—姑鲁产蛋崖旅游景区—中国水族马尾绣第一村三洞板告民族旅游村—水各卯文化风情园—世界自然遗产地荔波（大、小七孔景区）—独山深河桥抗战纪念园—平塘掌布“救星石”景区—高原桥城都匀—林城贵阳。

B 线：国际旅游城市桂林—黎从榕苗、侗民俗风情旅游区—怎雷水族文化村—都柳江风景名胜

区—尧人山国家森林公园—三都县城（民族博物馆）—姑鲁产蛋崖旅游景区—《远古走来的贵族》原生态水族歌舞史诗画卷（三都县城）—雷山西江“千户苗寨”—苗岭明珠凯里市—林城贵阳。

C线：林城贵阳—高原桥城都匀—三都县城（民族博物馆）—《远古走来的贵族》原生态水族歌舞史诗画卷（三都县城）—巴茅水族旅游村—姑鲁产蛋崖旅游景区—中国水族马尾绣第一村三洞板告民族旅游村—水各卯文化风情园—世界自然遗产地荔波（大、小七孔景区）—独山深河桥抗战纪念园—桂林。

三都县星级宾馆一览表

表14-3

主要宾馆（酒店）名称	星级	地　址
福丰假日酒店	四星	中国西部赛马城
黄金大酒店	二星	三合镇振兴路
都柳江宾馆	二星	三合镇环城东路
凤凰宾馆	二星	三合镇政府路
怡心宾馆	二星	三合镇政府路

三都县节庆活动一览表

表14-4

节日名称	主要活动内容	时间
端节（瓜节）	祭祖、对歌、赛马、芦笙舞、铜鼓舞、斗角舞	农历八月至十月亥日
卯节（东方情人节）	祭祖、对歌求偶、铜鼓舞	农历五月、六月之间吉卯日
苏宁喜节（娘娘节）	供祭娘娘、待客、孩童结对挨家乞讨象征长寿幸福食品	农历十二月丑日
霞节（水族石崇拜活动）	以血缘家庭为单位联合拜祭霞天，祈祷雨水	十二地支年轮过一次，农历五、六月的吉利酉日
荐节（为小孩过节时举行祭祀活动）	阳安片区一带水族村寨为小孩举行祭桥、祭树、祭石神、祭路、祭石凳等活动	每年腊月二十九至大年初一
腊月年（布依族过小年）	周覃、九阡布依族过此年，节日期间家家户户备酒肉、打粑粑、做米花、炒米放鞭炮，祭祖。邀请亲朋做客	每年农历腊月初一
尝新节（苗族吃小新米节）	节日以鸡鸭、鱼、猪、新米祭祖，邀客跳芦笙舞拉古瓢琴跳古瓢舞	每年农历七月择“卯”或“巳”日为吉举行
吃新节（苗族吃大新米节）	节日以鸡鸭、鱼、猪、牛皮祭祖，有吹芦笙、跳月、斗牛、歌手对唱古歌等活动	每年农历九、十月择兔、蛇、马、龙为吉日依寨分别过节
牯藏节（苗族吃牯藏）	家家户户杀猪、宰牛祭祖。节日举行男士踩塘芦笙舞、吹芦笙跳月、对唱古歌等活动，是苗族最盛大节日	十三年轮一次

第三节 尧人山国家森林公园

一、公园自然概貌

尧人山国家森林公园，于2001年11月由国家林业局批复建立。位于三都东南部，距县城12千米，地处北纬25°54′~25°59′、东经107°53′~107°58′，总面积5718.5公顷。尧人山北、东为都柳江环绕，西面为牛场杀叶沟所隔，南与群山相望，山清水秀，气势雄伟，主峰尧人峰海拔1365.1米。境内1000米以上的山峰63座，竞相耸立于山地中部。尧人山属黔中山地向广西丘陵过渡地带的中低山丘陵区。地貌为深切割的中山地貌类型，属中亚热带湿润季风气候类型，夏长冬短，春秋分明，夏无酷暑，冬无严寒；雨量充沛，分布不匀；总积温多，无霜期长；气候复杂多样，垂直差异明显。园内物种资源丰富，森林覆盖率达90%以上，原始森林、天然次生林、人工松杉林、竹林、果园等形成多姿多彩的林相景观，构成了整个森林公园的绿色大基调。

二、公园生态景观

森林植被景观　尧人山国家森林公园境内群山连绵，层峦叠嶂，森林沿尧人山四面山谷分布，以观音溪上游的朝寨、三角塘一带最多，是全县保存最好的原始森林，原始森林内古木参天，浓荫蔽日，藤萝交织，林下阴暗幽深，落叶如毯。境内植被类型多样，有常绿阔叶林、常绿落叶阔叶混交林、针阔混交林、针叶林、山顶矮林、灌丛草甸，间有竹林等多种植被景观。

森林季相景观　公园境内森林季相明显，山地气候舒适宜人，夏无酷暑，冬无严寒，春天吐绿，百花齐放，姹紫嫣红；夏天浓荫苍翠，重妆抹彩；秋天红叶似火，硕果累累；冬天玉上琼枝，漫天冰雪。且不同植被的叶形、叶色、花形、花色、果形、果色各有千秋，一年四季植被景色各异。公园内的枫香林，秋冬时节呈现一片“霜叶红于二月花”的美丽景观；因花萼钟状而得名的中国特有第三纪孑遗植物钟萼木，春天满树粉红色花朵，十分艳丽，入秋之后红果衬托在金黄色叶片间，耀眼夺目。

植物景观　公园境内树种繁多，是天然的植物基因库，园内有木本植物431种，分属79科207属。其中有第四纪冰川后幸存的鹅掌楸和被列为国家一、二级保护的福建柏、南方红豆杉、香榧、闽楠、紫楠、小叶红豆树、钟萼木、马尾树、篦子三尖杉等，此外还有木莲、石笔树、南黄檀、油杉、黄绵木等珍贵树种，且叶形酷似马褂的鹅掌楸、福建柏、南方红豆杉、闽楠等具有观赏价值和药用价值的植物种类繁多，有厚朴、黄皮、川贝、三七、党参、黄连等一百余种药材。此外还有风流草、鸡汤树等奇特树木。

地貌景观　尧人山主要为深切割的中山地貌类型，公园境内层峦叠嶂、峰林嵯峨；悬崖峭壁，气势磅礴，具有险、雄、奇、秀的特点。其景观有山峰景观、峡谷景观等。

山峰景观　尧人峰属公园内最高峰，海拔1365.1米，巍然屹立。站在峰顶可一览群峰雄姿，公园概貌尽收眼底，还可观日出、日落、云海、雾海等气象景观，有“不登尧人峰，枉进尧人山”之说。有海拔1000米以上的诸多山峰高耸入云，气势雄伟。

峡谷景观　尧人山地处深切割中山地貌，形成了特有的峡谷景观，峡谷两侧悬崖峭壁众多，石峰千仞，危崖万丈，沟壑幽深，惊险异常。峡谷内水流湍急，落差高达100米，形成诸多瀑布群。仰视悬崖凌空，峭壁如削，银练飞瀑，咆哮如雷；俯视一落千丈，触目惊心。加上峡谷两侧保存尚好的植被景观与出没无常的珍禽异兽，别有一番景致。公园境内主要峡谷有龙塘溪峡谷、观间溪峡谷、良寨溪峡谷。

天象景观　观日出云海是以尧人峰为最佳境地。秋冬时节，浓云迷雾笼罩岭谷，只有少数峰峦耸立于云雾之中，若隐若现，云雾迷离，有如仙境一般。“朝看旭日东升，霞光溢彩；暮观晚霞落辉，流云似潮”，甚是壮观。

动物景观　公园内林深树密，生态环境相对稳定，有着丰富的动物资源，是天然动物乐园。已发现有金钱豹、黑熊、猕猴、香獐、狐狸、野猪等野生兽类；两栖动物有乌龟、蛴蚧、石蛙、角怪、树蛙、小鲵等；鸟类有白鹇、斑鸠、猫头鹰、翠鸟、红腹锦鸡等。

瀑布　有龙塘瀑布、来楼瀑布群。龙塘瀑布位于拉揽龙塘溪，距县城约 15 千米。瀑布高 82.5 米，宽 40 米，瀑布如白练悬挂绝壁倾泻而下，把岩层冲击成一个周长 20 余米的天然大石桶，水击石桶，声如闷雷。瀑布年均流量每秒 0.23 立方米，夏天高达每秒 2 立方米，水流终年不断。瀑布两侧为常绿乔木覆盖，春暖花开至盛夏时节，林内花果飘香，鸟叫蝉鸣。来楼瀑布群在巫检沟谷约 5 千米的地段内，山势陡峻，谷深迂回，两岸原生乔木郁郁葱葱，古树参天，藤萝纠葛，两山夹峙之间，分布着景致绝佳的断崖、瀑布、迭水，呈现出雄、峻、幽、险、秀的特点。瀑布群呈梯级而下，一级为朝寨瀑布，高 40 余米、宽 20 米；二级为来楼双瀑，相距 20 米，左面瀑布高约 100 米、宽 25 米，右面瀑布高约 60 米、宽 15 米；三级为排笛瀑布，高 42 米、宽 30 余米。三级瀑布等距相隔约 1 千米。整个巫检沟峡谷，喀斯特乔木景观和水文景观典型突出，此处人迹罕至，充满旷古色彩，意境幽深。

溪流　公园内溪流众多且流量大小不一，迂回曲折，叮咚有声，有时飞流湍急，形成瀑布，有时平缓清澈，穿梭于丛林之中。山谷溪流两侧，古木、峭壁相伴，斜树横影，落叶有声；田间溪流两侧阡陌交通，柳叶桃花，一片安逸秀美的自然景致和田园风光，令人流连忘返。由于溪水清澈甘甜，常有鱼虾、虫蟹、小鲵等出没，颇具野趣情调。

三、景区分布

尧人山国家森林公园景区划为森林旅游区和管理生活区。森林旅游区又划分为龙塘溪景区、三角塘景区、观音溪景区、水上娱乐区、水族风情园、休闲度假区、观光花果园、生态保护区、远景区。

尧人山龙塘溪风光

龙塘溪景区　该区连接水上娱乐区、休闲度假区与水族风情园。景区主要景观资源是连接水族风情园与都柳江间狭长的龙塘溪峡谷。该峡谷落差 300 多米，主溪流跌宕起伏形成一系列的瀑布群落，由于地势起伏不同，瀑布各有千秋，有线状瀑布、带状瀑布、伞状瀑布等。有的如天女散花，水沫四溅；有的如万马奔腾，一泻千里；有的温顺飘逸，有的雷霆万钧。瀑布两侧，峭壁如削，雄奇险秀。溪沟两侧植被茂密，藤萝交织，层次分明，景色诱人。在溪沟任一地点均可发现不同视角的迷人景色，一步一景，步移景异。主要景观资源有：龙塘瀑布、一线天瀑布、来楼瀑布、石面瀑布、龙塘溪峡谷、森林景观、来楼民居、鸳鸯瀑布、黑龙渊跌瀑、三崖瀑布、古藤情绪、平溪瀑布、龙须瀑布、神龟相会、龙眼潭、黑龙潭、青龙潭、鬼门峡关等。

水族风情园　该区位于公园核心，是连接各景区的中心枢纽，水族朝寨村落坐落于其中。该区地理环境优雅，四面环山，地形起伏变化，多溪沟，水源充足，新建公路后交通便捷，是一块风水宝地。景观主要有：水寨风情、朝寨民居等。

三角塘景区　该区位于公园南端，地势较高，山峦起伏大。植被垂直分布明显，在白岭一带保存有较完好的原始常绿阔叶林，其内古木参天、浓荫蔽日，有优越的森林生态环境。景观资源主要有：尧人峰、尧人遗址、良寨风情、森林景观、尧人峰日出、云海景观、森林幽径、神秘三角塘、小鲵溪、藤萝古木、白岭溪等。

观音溪景区　该区由一条观音溪峡谷组成，峡谷内森林茂密，景色秀丽，多瀑布、跌水。景观资源有：山王庙、茅寨风光、观音溪、森林景观、蓬莱仙岛、小龙瀑布、玉女潭等。

观光花果园　该区结合植物景观绿化改造，以观赏花木、经济果木等树种为主，建成樱桃、杨梅等特色花果园。该园分樱桃园、杨梅园、百果园、观赏花木园、杜鹃园、竹园、纪念林。

尧人山国家森林公园总体布局图

第四节　都柳江风景名胜区

都柳江风景名胜区位于三都东北部，321国道沿途经过。是集文化、观光、旅游、探险、科考、休闲、漂流为一体的综合型风景区。总面积约127平方千米，最佳游程约40千米。都柳江属珠江流域西江水系，山岭对峙，水流湍急，河槽随山势曲折，深藏于高山之中。其间溪流瀑布、峡谷沙滩兼容，峰峦绵延、梯田层层、林海苍茫、云雾环绕、鸟语花香。不仅有丰富的历史文化，如小溪摩崖、布仰摩崖、城乡义冢之坟墓、都江古城垣、甲找水族石板墓、羊福崖墓等文物古迹，而且有背山临水的水族、苗族民俗文化，如水族铜鼓舞、斗角舞，苗族古瓢舞、芦笙舞等。

码头古榕　位于县城码头边，紧傍三都大桥北端的江畔，左右一株，桥身从这两株古榕之间穿过。这两株大榕树均在百年以上，原是枝叶相交，修建三都大桥时剪裁部分，仍然枝叶繁茂，四季葱茏，长势兴旺，一些枝叶直伸向桥面护栏，一些枝叶悬挂于江面。

都柳江闲情漂流　从县城上官塘经拉揽、打鱼、都江至坝街，全长为52千米，可分为四段，每一段十多千米。全程山峦绵延，山高崖陡，河谷深切，河面狭窄，两岸以原始森林和杉木林为主的山林郁郁葱葱，铺青叠翠，素有“百里林海”之称；沿江溪谷沟岔众多，激流浅滩、沙洲半岛、迭水瀑布，疏密相间，风光旖旎，流秀溢美；三难滩、小溪摩崖、布仰摩崖、来牛寨遗址、都江古城垣、水师营以及依山傍水的古朴村寨和森林度假村等众多名胜古迹均坐落分布在沿江两岸。整个漂流中宜长则长，宜短则短，可根据游人的情趣兴致而选择。

刮石滩　位于都柳江闲情漂流的起点，河面宽阔，水流平缓，清澈见底，蓝天白云下，鱼翔浅底，鹅鸭戏水，悠然自得。因此处河床铺满卵石，水清且浅，竹篙撑船，渔舟过往，卵石刮底，故称“刮石滩”。

三难滩　三难滩位于刮石滩下游都柳江上。据《独山州志记载》：都柳江有头难滩、二难滩和三难滩。三滩相连，从头难滩到三难滩相距约3千米，有巨石耸立江心，江岸危崖陡岩。《贵州通志》记载：三难滩“前有悬岩壁立万丈，岩上有青松及古树数株，四时青葱可爱”。三难滩因地势奇险，河面狭窄，水深流急，船只经过需倍加小心，古来这些地方翻船事件频发，因此得名。

门槛滩　门槛滩位于三难滩下游500米，此处波平浪静，水清澄碧，两岸植被苍绿茂盛，南岸打却沟清溪潺潺流入都柳江。因此处河床断面陡降一级，宛如门槛，故而得名。

望郎榕　位于都柳江南岸的沙滩上，距拉揽渡口150余米，榕树下有一清澈小溪流入都柳江。此榕树临江傍水，粗壮的基部根如龙爪，直伸江中，该榕树高30余米，胸径2.6米，冠幅36米×38米，树干分枝横伸四周，枝繁叶茂，长势兴旺，遮天蔽日，形如巨型绿伞屹立江岸，树龄约200余年。传说是一位水族妇女站在江边等待丈夫归航，而丈夫始终未归，日久天长变成了一棵榕树，即望郎榕。

天然浴池　望郎榕下游300米处，由西向东的都柳江因山势地貌转拐向北，形成了宽敞的湾潭，细软的沙滩在阳光下泛着金光，而群峰则是葱绿簇拥，层次极为丰富，加之潭深平静，水清澄碧，倒影如画，构成了一幅诗情画意的美景。

响水浪　从天然浴池漂流约1千米即到响水浪，浪长约100米。南岸群峰陡峻，植被浓密碧翠，远山近景色调明快，山水相依；激流涛声，回响山谷，层层浪花，闪闪银光，泛舟漂流，有惊无险，老少皆宜。

磨石浪　位于响水浪下游1.5千米，两岸危崖层叠，都柳江在悬崖下流淌，浪奔浪涌，澎湃东流，河岸怪石嶙峋，风光独特。其岩宜作磨刀石，磨出的刀光亮锋利，故而得名。

马鞍岛　打鱼河流入都柳江交汇处，有一马鞍形半岛，三面环水。马鞍岛两侧，悬崖岩壁间，挺拔着生命力极强、枝繁叶茂的奇树异木。

虎跳岩　位于打鱼河谷与青沟交汇处上游，距打鱼乡驻地 3 千米。此处河道狭窄，西岸崖陡岩峭，古木成荫，苍绿叠翠，更显山势挺拔俊秀；东岸较平缓，沿岸沙滩上，卵石与岩石错落分布。

九拐十八弯　从盖赖河南下至打鱼河交汇处近 8 千米的河谷，河道狭窄，弯弯曲曲，清溪潺潺，澄碧剔透，迭水、漩水、潭水构成十分丰富的动感水景。

平甲瀑布　位于打鱼乡平甲村镜内，紧靠都柳江南岸，与 321 国道隔河相望。

柳叠峡谷　都柳江畔，柳叠上寨处，柳叠河从北向南注入都柳江，逆河而上即为长约 7 千米的柳叠峡谷。谷底溪河清流，微波潋滟，朵朵浪花，晶莹剔透。

冷热洞　位于都江镇怎雷村至美女岩景点之间的山路旁，当地人叫它风洞，洞口约 1.2 平方米，是一个入口平坦、其内狭窄的喀斯特溶洞。洞内不断喷出的气流与外界空气相遇，凝结而成的白雾似银练常年缭绕洞口，人站在洞口，上下感受截然不同：盛夏时节，上身热风扑面，下身凉风飕飕，暑意顿消；隆冬到来，上面寒风刺骨，下面暖气涌动，春意浓浓。

美女岩　距冷热洞 600 米的一座山崖上，有一酷似水家姑娘面相的天然岩石，头帕、眼睛、鼻子、嘴唇、脸庞，无不惟妙惟肖，自然天成，令人叫绝。

人 物

三都历史悠久，人杰地灵。改革开放后，涌现出一批为党和人民做出突出贡献的社会精英。他们中，既有已故县级领导干部和具有一定社会影响的各界知名人士，又有健在的本籍在三都工作或在外地工作、外籍在三都工作并担任县级领导职务和做出突出贡献的各界知名人士、受省部级以上表彰者。

一、人物传略

（一）人物传

蒙开江（1926—1992）　男，水族，都匀市阳和乡人。中共党员，1950年参加工作，历任都匀县大河乡乡长，一区区委书记，王司区委书记，都匀县委副书记。1957年1月，三都水族自治县建立，当选为三都首任县长。从1957年至1983年的二十七年间，连选连任县长、县委副书记。1980—1983年兼任县第四届政协主席；1984—1987年任县第五届政协主席。1990年12月退休。1992年逝世。

陆庆美（1928—1993）　男，水族，交梨乡人。1950年任交梨乡高戎村农会主席；1952年加入共青团，9月加入中国共产党，11月任普安苗族自治区副区长；1954年12月任三都水族自治县副县长；1955年2月至7月在省委党校学习；1956年7月任黔南布依族苗族自治州副州长；1957年至1959年在中共中央党校西南分校（重庆）文化部学习；1963年7月至12月在省委党校学习；1967—1980年分别在州文卫办、民政局、统战部等部门工作。1981年任副州长，州政协五届、六届副主席、党组副书记。第一届、第二届、第三届全国人大代表及这三届全国人大民族委员会委员。第四届、第五届、第六届省政协常务委员。贵州省水家学会第一届会长。

潘朝丰（1932—1994）　男，水族，九阡镇水梅村人。中共党员，1949年参加人民武装游击队，1951年11月编入中国人民解放军荔波县警备营，1952年转业，任荔波县从善乡（现三都九阡镇）行政干事。1953年赴贵州省银行干部学校学习，毕业后历任中国人民银行荔波县支行副行长，三都水族自治县支行副行长。1962年任三都水族自治县劳动科副科长，县劳动工资局局长。1978年任九阡区委副书记。1980年任县民族事务委员会主任、县委统战部副部长、县政协常委等职。在主持民委工作期间，支持并领导抢救、编写和出版了《水族社会历史资料稿》（潘一志编著）、《石马宝》《岛黛瓦》《月亮山》《凤凰之歌》《三都水族自治县概况》《水族古文字研究》《水族民俗探幽》《水族旭早研究》《都柳江畔水族人》等一批水族史料及画册。1991年任县人民政府巡视员（副县级）。1993年退休。1994年逝世。

石文宣（1925—1998）　又名石壁生，男，水族，出生于都江区上江镇摆鸟村。民国32年

(1943)在榕江国立师范加入国民党，民国33年(1944)在贵阳教导团入伍，参加青年远征军奔赴印度、缅甸等地抗日，后编入孙立人将军的新一军，曾参加过密支那、八莫等著名战役。民国35年(1946)任新一军50师14团1营1连少尉排长。民国36年(1947)作为骨干军人从东北调往台湾服役，1959年从49师146团3营少校副营长任上退役。退役后，先是在澎湖开设百货店破产，后在台北市修理电筒、钢笔、打火机维持生活，再经朋友介绍到远渔船队当海员，受尽各种磨难。1970年出台应聘(打工)，在西属加那利群岛一家小餐馆当下厨，两年后与中国同胞在西班牙南部城市卡底斯若琴合资开办中国餐馆，经济状况逐渐好转。1975年与西班牙小姐CRISTLNA. CUTIERRES. REBQRQ成婚，岳父资助其又开设三个餐馆、一个五金电器商店，在西班牙属于中等资产水平。1998年7月4日在卡底斯若琴病逝。

晚年的石文宣作为旅西华人领袖之一，热衷于公益事业，乐于充当海峡两岸亲人之间的“义务邮差”。他不辞辛苦，不惜资金，积极帮助台湾同胞牵线搭桥，多年来他先后为北京、上海、河北、河南、湖北、贵州、四川、云南等12个省市120多户台属台胞找到亲人。每接到一封信，他都要装进自己换上的信封之后才转寄出去。

石文宣先生关心家乡的教育事业和公益事业，第一次回国时在香港购买了一批《辞源》《新华标准英汉辞典》、计算器、电子复写笔等赠给县教育局、三都民族中学、都江中学、上江民族小学；第二次回国向三都30多所中小学赠送了600册《新华字典》；第四次回国向水家学会捐赠了学会基金，还向县公安局全体干警赠送了半自动剃须刀。1984年，石文宣应中华人民共和国国务院的邀请，参加了中华人民共和国成立35周年国庆观礼活动。1997年江泽民总书记访问西班牙时，亲切接见了石文宣等旅西华人代表。

石文宣先生先后四次回国观光探亲，他见证了中国大陆改革开放的伟大成就，亲身体验到祖国大家庭的无限温暖，从而坚定了他拥护祖国统一的决心和信心。自1981年以来，石文宣以一个国民党党员的身份给台湾当局领导人写信近200封，力谏台湾当局以民族大义和国家利益为重，早日与中共和谈，实现国共两党第三次合作，实现祖国统一，振兴中华民族。1986年3月6日，石文宣在给蒋经国的信中说：“唯有以和平统一，我们国民党再与中共把祖国建设成为一个富强安康的新中国，台湾同胞得福，大陆十多亿同胞得福，这样我们才能上对得起我们民族的列祖列宗，下对得起我们的万代子孙。”1988年3月22日，石文宣在给李登辉的信中慷慨陈词：“现在大家要为国家民族的长远利益着想，国共两党再次合作，共同振兴中华，当前是大好时机，错过这次机会，将会是严重的历史性错误。”

石文宣先生侨居西班牙27年，广泛团结海外爱国侨胞，长期致力于海峡两岸统一战线联谊工作，为祖国统一大业奉献了一颗赤子之心，赢得了海内外各界人士的赞扬，是知名的水族爱国华侨。

邓庆敏(1963—2002)　男，三合镇人，1963年11月生于一个林业工人家庭，1982年高中毕业后参加林业工作，历任国有三都拉揽林场护林员，营林中级工。

1987年组织推荐他到中南林学院学习两年，毕业回单位后所承担的各种林业调查设计工作多次受到嘉奖，是三都林业战线上不可多得的技术能手。他曾经4次考核被评为优秀，但是每次都把名额让给了别人。2001年，林场深化改革，大量精简场部人员，由于他业务过硬，组织上拟提拔他为营林组负责人，但是他顾全大局，把机会让给了更年轻的同志，自己毅然选择了到第一线去做最艰苦的护林工作。他的高风亮节，赢得了同志们的敬佩和尊重。

2002年12月13日，邓庆敏在拉揽林场马鞍坡护林站霹雳坡护林点辖区巡山护林时，将正在盗窃国有林木的不法分子唐某抓获，并将其押送去护林总站接受处理。唐某的两个儿子闻讯后携带火药枪追来，在排仰坡歇气坎与邓庆敏相遇。邓庆敏对唐氏父子进行《中华人民共和国森林法》及林业法规宣传教育，但唐氏父子无视国家法律，妄图用金钱收买邓庆敏。邓庆敏拒绝了唐氏父子的要求，并对他们进行严厉批评和谴责，唐氏父子见无路可走，便恼羞成怒，用自制火药枪对邓庆敏的头部和胸部各开了一枪，邓庆敏当场壮烈牺牲，时年39岁。2003年12月28日，贵州省人民政府追认邓庆敏为革命烈士。

李文智（1957.3—2004.5） 男，汉族，大学文化，生于贵州省独山县。1973年8月参加革命工作，1976年6月加入中国共产党；1973年8月—1983年1月，先后任罗甸上隆农场知青、农场糖厂副厂长、党支部副书记；1983年1月—1987年7月，任都匀市羊毛衫厂党总支副书记、副厂长；1987年7月—1994年9月，先后任都匀市小围寨镇副镇长、党委副书记、书记；1994年9月—1994年11月，任罗甸县委副书记，1994年11月—1996年5月，任罗甸县委副书记兼县委政法委书记，1996年5月—1996年9月，任罗甸县委副书记、县委政法委书记、副县长；1996年9月—2004年5月，先后任中共三都水族自治县委第七届、第八届、第九届委员、常委、县委书记，县人武部党委第一书记。中共黔南州第七次、第八次党代会党代表，中共黔南州第八届委员会委员，黔南州第十届、十一届人民代表大会代表。中共贵州省第八次、第九次党代会党代表。李文智在28年的革命生涯中，长期在少数民族边远贫困地区工作，把毕生的精力献给少数民族贫困地区的经济社会发展和民族团结事业，为改变三都水族自治县贫穷落后面貌，加快三都群众脱贫致富步伐，推动县域经济社会全面协调发展，呕心沥血，殚精竭虑，日夜操劳，他坚持带病工作，不幸身患癌症，于2004年5月13日因医治无效逝世于黔南州人民医院，年仅48岁。

王品魁（1931—2004） 男，水族，大学文化，生于塘州乡安塘村。民国36年（1947）在省立三都造纸职业学校初中部毕业，1952年进入贵州民族学院政治班学习，1953年参加工作，任贵州民族学院办公室工作员。1956年9月进入中央民族学院语文系学习，1960年7月毕业。先后在贵州科技学校、三都水族自治县周覃、都江、大河、水龙农村中学当教师，任教导主任、校长，后任三都水族自治县民族文史研究组负责人、三都水族自治县政协副主席、贵州省文史馆馆员、贵州省水家学会名誉会长等职。1998年3月光荣退休。2004年5月4日病逝。

王品魁先生擅长诗词书法，是县内外著名的诗人和书法家。他教书育人，为人师表，桃李满天下，赢得了水乡人民的广泛尊敬。中年以后，王品魁先生致力于水族文化典籍的搜集、整理和研究工作，把水书的破译作为主攻方向，先后主持或参与编写了《水族简史》《水族社会历史资料稿》《水书探源》《三都水族自治县概况》，译注出版了《水族壬辰卷》《丧葬卷》《婚嫁卷》《起造卷》等20余种水书典籍。他勤于笔耕，治学严谨，向世界揭示了水书的内涵和奥秘，抢救了大量的水族文化典籍，学术研究硕果累累，成绩斐然，为研究水族古代社会提供了宝贵的历史资料。曾荣获省政府民间文学一等奖，州委、州政府科技兴州奖，并出席过中国少数民族原始科技国际学术会议。

王品魁先生是第一个系统破译水书的人，公认的水书研究首席专家，水族文化研究的巨子，也是第一位进入国家级学术圈的水族学者。

韦国鼎（1935.2—2004.12） 又名韦柯，男，水族，水龙乡人。韦国鼎出身佃农家庭，自幼学会上山砍柴、放牛。因当地堂兄韦国奇办私塾设馆授徒，受其熏陶，酷爱读书，胸怀大志。他年方十六，时值土地改革，赴任农协文书。1953年10月加入共青团，任水龙乡三村副村主任、村主任。1954年4月加入中国共产党，任水龙乡党支部书记、乡长。1955年，出任水龙区委组织干事。1956年在都匀地委干校学习，同年调任三都水族自治县检察院助理检察员，1957年，在贵州省政法干校进修半年；1959年，任三都水族自治县检察院助理检察员、检察员，同年9月奔赴西南民族学院深造，在校期间任班长、班党支部副书记、政治系党总支组织委员。1961年，任县检察院检察员、县公安局党组成员、秘书股长，同年5月到黔南州委党校学习。1979年10月—1981年8月，任三都水族自治县检察院党组副书记、副检察长、1980—1981年在中央民族学院法律班学习。1981年9月—1987年，任三都水族自治县检察院党组书记、检察长。1987—1993年任县委委员、常委、副书记；第九届、第十届县人民政府县长。1989年赴京参加中华人民共和国成立40周年庆祝活动。1989年参加国务院扶贫开发培训中心学习两个月。1992年参加物资部组织赴俄罗斯赤塔市边贸考察活动。在任职县长期间，担任《三都水族自治县志》编纂委员会主任，完成了三都水族自治县第一部志书。1993年2月，任中共黔南州委政法委员会常务副书记、州综治办主任。历任中共三都水族自治县委第五届、第六届委员、常委、副书记；三都水族自治县第八届、第九届、第十届人大代表，黔南州第九届人大代表。在四十多年的工作历程中，先后有十多次被省、州、县评为“先进工作者”；在1986年“严打”斗争中，荣立检察战线三等功一次，获最高人民检察院授予“三等功”勋章一枚、荣誉证书一本。1996年10月在中共黔南州委政法委退休。2004年12月25日17时14分病逝于都匀。

平忠信（1935—2004） 男，苗族，三合镇人，中共党员，电机制造工程高级工程师，熟悉汉、苗、俄三种语言。1958年从贵阳工业学校毕业后进入重庆大学电机系学习四年。1960年在哈尔滨电机厂实习期间，曾参加新安江水电站7.25万千伏双水内冷发电机组的校核计算工作（该成果曾经在1971年《人民日报》头版头条标题报道）。1962年毕业后在贵州工学院任教，先后讲授过电工基础、电机设计、电机学等课程。他编写了《电工基础讲义》《电机学讲义》《电工基础实验指导》《电机制造专业实习指导》等教材，翻译了俄语版《电机的机械计算》一书。

1972年调往三都工作，先后任三都硫铁矿厂、县农机厂技术员、厂长、党支部书记、县经济委员会副主任、县建筑学会理事、县技术职称评定小组成员等职。他主持生产了“工农0.75拖车”“MF-65对辊式磨粉机”“9F-32锤片式粉碎机”和“81-9自吸式喷淋机”等产品。他还研制成功了石英砂碳化砖，独立完成了三都碳化灰砂砖厂的总体设计、碳化灰砖工程施工设计、工艺流程设计等工程设计和《发展碳化砖生产的优越性》等论文。他亲自设计碳化砖生产线，并担任施工管理、设备安装调试和产品鉴定。经贵州省建材科学研究院检验认定，三都碳化砖厂的150号产品质量达到国内最高水平，生产周期比国内同类产品缩短一半。1994年荣获黔南州科技进步三等奖。退休后，平忠信仍然发挥余热，受聘为三都中纤板厂高级技术顾问。

平忠信毕生致力于科技事业，为地方经济的发展做出了突出的贡献，他的业绩已经被收入中国人事出版社出版的《中国专家大辞典》一书。

赵支龙（1938—2004） 男，布依族，合江镇麻拱村人，1968年入伍，1969年加入中国共产党，1996年授予上校军衔。1968—1978年，历任第十四军直属防化连战士、副班长、排长、代理技师、副指导员。1979年任贵州省军区独立师三团二营七连指导员，1980年任司令部作训股防化参谋。1981年任三都水族自治县人民武装部参谋、科长、副部长，1985年任三都水族自治县人武部部长。1998年退休。1995年被贵州省人民政府、贵州省军区评为“先进人武干部”。2004年逝世。

姚福祥（1929—2006） 男，水族，贵州省荔波县水尧乡人，大专文化。曾任三都水族自治县民族事务委员会副主任。1946年在贵阳高农学校就读。1952—1954年在贵州民族学院政治班就读。1954—1957年在中央民族学院语文系肄业。1958—1964年在中央民族学院语文系任水语教师、助教，1965—1971年在黔南自治州文艺研究室搜集整理布依族、水族民间文学。1972—1980年在三都民族师范学校任教。1981—1992年在县民委、文化馆、史志办、民研所、县集成办参加搜集整理水族民间文学、历史工作，并参与编写水语课本、推行水语试点教学、协助推行苗文、布依文试点教学等工作。主要作品有：水族《樵夫和龙女》《宝石》《兄弟种瓜》等35则民间故事；《造棉花》《造屋》《造五谷》《端节歌》等百余首民歌。与人合著书刊有：《岛黛瓦》《中国民间歌谣集成三都水族自治县卷》《水族民间故事》《水族民间谚语》《汉水词典》等。2006年逝世。

王元（1929.7—2010.9） 男，布依族，普安镇人。出身于农民家庭，1950年参加土改，任民兵队长、村主任；1952年10月加入中国共产党；1952年12月至1956年12月先后任普安区普安镇镇长、区供销社副主任、区委副书记、县委农工部副部长；1957年1月至1958年12月任三都水族自治县副县长、都江区委书记；1958年12月至1961年12月任三都水族自治县委副书记、周覃区委书记；1961年12月至1967年4月任三都水族自治县委副书记、副县长；1970年3月至1971年7月任三都水族自治县革委会副主任；1971年7月至1978年11月任三都水族自治县委副书记；1978年8月至1984年12月任荔波县委书记；1984年12月至1989年1月任三都水族自治县书记、县人武部党委书记；1989年1月至1992年9月任三都水族自治县委顾问。中共三都水族自治县第一届、第二届、第三届、第四届、第五届县委委员、常委；中共黔南州第四届委员会委员。1951年、1955年先后被评为民兵模范、工作模范。1992年9月退休。2010年9月在三都逝世。

蒙世花（1918—2011）　女，水族，廷牌镇阳安人，中共党员。三都水族自治县第一位女副县长，贵州省水家学会常务顾问。1950年参加剿匪斗争，1952年任农会主席参加土地改革，获得了剿匪模范、劳动模范、工作模范的称号。1954年3月，任九阡区水叶乡乡长；1955年4月任九阡区副区长兼区妇联主任，7月任中共荔波县委常委、县妇联主任；同年3月在贵州民族学院文化班学习；1957年1月任三都水族自治县副县长，之后连选连任22年副县长职务。1957年5月，参加贵州省民族参观团到北京受到中共中央主席毛泽东的亲切接见，在“五一”节国宴上代表少数民族唱着水族民歌用九阡酒向毛主席敬酒。1959年出席北京国庆十周年庆典，在国宴上代表少数民族用九阡酒向国务院总理周恩来敬酒，并再次受到毛泽东主席的接见。1964年加入中国共产党。1979年任黔南布依族苗族自治州民政局副局长。1981年当选为黔南州人大常委会副主任，连任至1991年退休。2011年在都匀逝世。

潘承宗（1937.9—2012.4）　男，水族，三合镇人，大学本科，中共党员，1964年8月参加工作。历任贵阳市女子中学（现贵阳二中）教师、班主任、年级组长；三都民族中学教师、班主任、语文教研组长、教导处主任、副校长、校长；三都民族师范学校党支部副书记、校长、高级讲师。1994年6月任县人民政府兼职督学。第八届、第九届、第十届县人大代表。1989年9月，中华人民共和国国家教育委员会、中华人民共和国人事部、中国教育工会全国委员会授予其“全国优秀教师”称号，并颁发“优秀教师”奖章一枚。2002年4月，中共三都水族自治县委员会评定其为“农村‘三个代表’重要思想学习教育活动先进工作者”。2006年3月，黔南州关心下一代工作委员会和黔南州精神文明建设指导委员会评定其为“全州关心下一代先进工作者”。2009年7月，中共黔南州委组织部、黔南州委离退休干部工作局评定其为“全州离退休干部先进个人”。2010年7月，中共三都水族自治县委员会授予其“优秀共产党员”荣誉称号；12月，贵州省关心下一代工作委员会、贵州省精神文明建设指导委员会评定其为“全省关心下一代工作先进工作者”。1998年4月退休，2012年4月在三都逝世。

莫善余（1948.5—2013.2）　男，布依族，合江镇尧吕村人，大专文化，中共党员。1968年7月毕业于都匀民族师范学校，12月参加工作。历任大河区巴佑小学与巴佑中学教师、大河区教育辅导站会计、大河区巴佑公社党委副书记、大河区委书记、县委农工部部长、农经委主任、县委常委、县委副书记、县政协主席等，2008年6月退休，2009年11月任县慈善总会会长。三都水族自治县第六届、九届、十届、十一届人大代表；中共三都水族自治县第六次、第七次县委委员、常委、副书记，第八次县委委员，中共黔南州委第八次党代表；政协三都水族自治县委员会第八届、第九届政协委员、常委、主席，政协黔南州委员会第八届、第九届政协委员。1971年参加黔南州体育运动会荣获州级优秀运动员奖；1973年获县人民政府授予县教卫系统“先进工作者”；1974年获县人民政府授予“县劳动模范”；1978年获县人民政府授予县教卫系统“先进工作者”；1980年获县人民政府授予县教卫系统“先进工作者”。2013年2月因病在三都逝世。

（二）人物传补遗

张均（1356—1415） 字平治，应天上元人（一说湖广襄阳人），为明朝开国功臣张德胜曾孙。张均出身将门，自幼熟读兵书，勇力过人，善使燕山罗氏梅花枪法。十六岁时，张均为避袭英国公之爵而离家出走，入赘于湖北均州蒋府为婿。后游历江湖以卖艺为生，并在苏州枫桥镇误伤钦差大臣、荆粤安抚使刘明远（御使刘明达之弟）及其家将刘猛，被解往南京候斩。幸得苏州太守魏观及诚意伯刘基保举，御旨发配襄阳，在颍国公傅友德部下戴罪听用。

明洪武十四年（1381），朝廷拜傅友德为征南大将军，率军30万讨伐云南元朝割据势力梁王巴哨尔，张均授行军招讨使（前部先锋）随大军南征。因其骁勇善战，所向披靡，为明朝统一疆土立下卓越战功，并于洪武二十三年（1390）被封为武略将军。

明永乐九年（1411），明王朝为平定西南少数民族叛乱，任命镇远侯顾成为征南大元帅，张均为副帅，率大军前往湘、黔、滇讨伐。第二次南征后，明王朝内外安定，国势强盛。永乐十一年（1413），明成祖封张均为金吾大将军，封其长子张和为镇国将军，次子张顺为昭勇将军，三子张忠为安远将军。

因屡被奸臣谗害，张均上书永乐皇帝，自请前往陈蒙烂土合江州（今三都水族自治县西北部，治所在烂土即今合江镇）一带保境安民，以回避朝中的权力斗争。永乐帝准奏，并赐铜印二枚，委任张均为陈蒙烂土长官司正长官。明永乐十三年（1415），张均因病卒于烂土任所。

张均镇守烂土时，宽猛并济，善抚黎民，并带去中原先进的农耕技术。张氏子孙世袭烂土长官司数百年，历明清两朝，使当地经济社会得以持续发展。经过数百年的经营开发，合江、大河、丰乐一带成为三都农业最发达的地区。

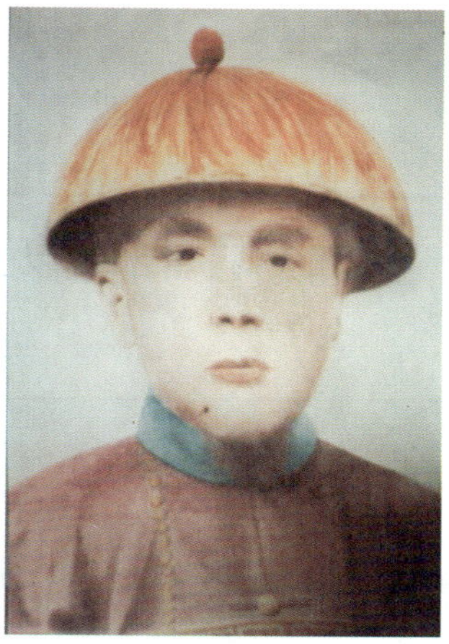
潘明洛像

潘明洛（1866—1945） 字云波，广东佛山人氏。由潘明洛上溯三代，都是以农、商为业。清光绪十一年（1885），潘明洛19岁，随其舅父欧阳大人（时任黔中道驻都匀府命官）走出广东佛山到贵州谋职，初在都匀府担任一般差职。清光绪二十一年（1895），潘明洛因傍其舅父作为荫生，被都匀知府委派赴独山知州任六品红笔司爷。清光绪二十四年（1898），被贵州巡抚上奏赏以从二品杂红顶戴派任镇远镇道台厘金局委员长。清光绪三十年（1904），将家眷由独山迁居三脚屯，在三都屯街区内（原为广人街，后先后改为中正路、中华路），修建两亩地面积的二进式四合院，为一楼一底瓦房。同年辞去镇远道台厘金局委员长职务，在三合建立“怡昌”商号，专事商务活动，出口各种土特产，进口多项洋货。“怡昌”商号对外贸易所运送出境的山货有：桐油、木材、药材、粮食、牛皮、猪鬃、茶叶、香菌、木耳、皮麻、五倍子、朱砂、雄黄、生铁、水银、锑矿等产品。而由两广逆水运来的洋货有洋布、洋纱、洋油（煤油）、洋钉、洋火（火柴）、西药、海盐以及锑锅、铝锅等。

潘明洛倾心都柳江航线通海营运业务的开发，直接与海外通商，进而带动三脚屯商贸市场的繁荣，为三都地方经济发展做出了积极的贡献。

民国34年（1945），三都发大洪水，潘明洛不幸溺水身亡。

二、人物名录

（一）中国共产党全国代表大会代表名录

大会名称	届别	姓名	性别	民族	时任职务
中国共产党全国代表大会	十二次（1982 年）	韦秀英	女	水族	县人民政府副县长
	十八次（2012 年）	韦族琼	女	水族	县人民政府副县长

（二）全国人民代表大会代表名录

大会名称	届别	姓名	性别	民族	时任职务
全国人民代表大会	第五届（1978 年）	陆琼英	女	水族	农业学大寨三郎村支书
	第六届	王秀养	女	水族	中和区民办教师
	第七届	韦绍凯	男	水族	九阡镇党委书记
	第八届	韦绍凯	男	水族	县人民政府副县长
	第九届	韦月彩	女	水族	九阡镇人民政府副镇长
	第十届	杨昌云	女	水族	交梨乡党委书记
	第十一届	张加春	男	水族	县人民政府县长
	第十二届	张加春	男	水族	县人民政府县长

（三）获省部级以上（含省部级）劳模、先进工作者名录

（以获奖时间先后排序）

姓名	性别	颁奖单位	授予奖项	获奖年份	获奖时单位
陆治邦	男	省政府	全省林业“三户两场”先进个人一等奖	1983	上江公社摆鸟大队
杨季荣	男	国家民委、人事部、中国科协	长期从事农牧渔业技术推广工作先进工作者	1983	县畜牧局
		农业部	少数民族地区长期从事科技工作荣誉奖	1990	
		省政府	长期从事农业科技推广工作先进工作者	1993	
韦国鼎	男	最高人民检察院	荣立检察战线三等功	1986	县检察院
莫建利	女	国家教委、人事部	全国优秀教师	1989	猴场小学
陆运庸	男	国家教委、人事部、全国教育工会	全国优秀教师	1989	县教育局
张崇智	男	省政府	科学进步四等奖	1990	县畜牧局
朱桂英	女	省政府	科学进步四等奖	1990	县畜牧局
韦荣显	男	省政府	科学进步四等奖	1990	县畜牧局

续表

姓名	性别	颁奖单位	授予奖项	获奖年份	获奖时单位
胡良钢	男	全国绿化委员会	全国“绿化奖章”	1991	县林业局
孟新德	男	省委、省政府	全省“严打”先进个人	1991	县检察院
黄绍展	男	农业部	全国渔业系统先进工作者	1991	县畜牧局
周德芬	女	全国妇联、国家教委	全国家庭教育工作先进个人	1992	县妇联
王维祥	男	农业部	全国基层畜牧三站先进个人	1992	县畜牧局
韦建明	男	国家民委、共青团中央	全国民族青年团结进步先进个人	1993	县检察院
黄绍展	男	农业部、人事部	全国农业科技推广先进工作者	1993	县畜牧局
		省政府	长期从事农业科技推广工作突出贡献奖	1995	
韦正兴	男	国家教委、人事部	全国优秀教师	1993	县民中
李海恒	男	省政府	贵州省科技兴农人才	1994	普安镇牧医站
李合忠	男	林业部、省林业厅	全国暨全省林业宣传先进个人	1994	县林业局
吴绍篪	男	省政府	省劳动模范	1995	西乡村（沃屯村）
韦凤霞	女	省委、省政府	贵州民族团结进步先进个人	1995	县药监局
韦昌禄	男	省政府	先进工作者	1995	县水利局
何国相	男	中国计划生育协会	全国计划生育协会先进工作者	1995	拉揽乡高寨村
		中国计划生育协会	全国计划生育协会先进工作者	2000	
		中共中央宣传部、中国计生协会	全国婚育新风进万家先进个人	2001	
		中共中央宣传部、司法部	全国普法先进个人	2006	
韦昌禄	男	省政府	先进工作者	1996	县水利局
潘文山	男	全国人口抽样调查办公室	全国1%人口抽样调查先进个人	1996	县发改局
李合忠	男	林业部	全国林业行业思想政治工作优秀工作者	1996	县林业局
潘定国	男	公安部	1996年全国优秀人民警察	1997	县公安局林业派出所
兰秋明	男	省政府	科技兴农奖	1997	县科技局
韦成念	男	省委	优秀乡镇党委书记	1998	大河镇
周孝强	男	省委	优秀驻村工作队员	1998	县卫生局
陆仁慧	女	全国妇联、国家民委	全国各族妇女进步模范个人	1998	县政法委
赵支龙	男	省政府、省军区	先进人武干部	1998	县武装部
韦族琼	女	国务院	民族团结进步模范	1999	中和镇
		团中央、国家民委、全国青联	第四届全国各族青年团结进步优秀奖	2004	团县委
韦汉萍	女	国家计划生育委员会、国家民族事务委员会	少数民族计划生育工作先进个人	2000	县计生局

续表

姓名	性别	颁奖单位	授予奖项	获奖年份	获奖时单位
蒙明洲	男	国家民委、共青团中央、全国青年联合会	第三届全国各族青年团结进步优秀奖	2001	县民师
蒙志清	男	人事部、民政部	全国民政系统工作者	2002	县民政局
周林杰	男	省政府	贵州省科技兴农奖	2002	县林业局
丁爱民	男	省委、省政府	全省勤政廉政先进个人	2004	县检察院
潘廷恩	男	国务院1%人口抽样调查领导小组	全国人口抽样调查先进个人	2005	县统计局
韦成处	男	国务院第一次全国经济普查领导小组	国务院第一次全国经济普查先进个人	2005	—
潘小慧	女	农业部	全国经济普查工作先进个人	2005	县统计局
岑文雪	女	国家人口和计划生育委员会	全国人口和计划生育科技工作先进个人	2005	丰乐镇计生站
王忠明	男	中国计划生育协会	全国计划生育协会先进工作者	2005	县药监局
陆龙辉	男	人事部、国家民族事务委员会	全国民委系统先进工作者	2006	县民宗局
吴昌桃	女	全国妇联	双学双比女能手	2006	县三合镇牛场村
陆永康	男	中共中央组织部	全国优秀共产党员	2006	羊福乡民族学校
		中国青少年基金会	全国师德标兵	2006	
		中华全国总工会	全国五一劳动奖章	2007	
潘中西	女	国家民委、全国青年联合会、共青团中央	全国少数民族团结进步先进个人	2007	县民宗局
蒙永丽	女	国家统计局	第二次全国农业普查工作先进个人	2008	—
覃从周	男	卫生部	全国丝虫病防治先进个人	2008	县疾控中心
钟吉刚	男	商务部	2008年品牌中国年度人物酒行业品牌人物	2008	九阡酒厂
		中华职业教育社总社	全国优秀社务工作者	2012	
韦　薇	女	国务院	全国民族团结进步模范个人	2009	县检察院
		省政府	贵州省先进工作者	2010	
索绍能	男	中国疾病预防控制中心	中国全球基金结核病项目先进个人	2009	县疾控中心
龚正栋	男	中共中央党史研究室	全国党史先进工作者	2009	县委党史研究室
左秀得	男	省政府	全省抗旱救灾森林防火工作突出贡献给予记一等功	2010	—
蒋仕华	—	卫生部项目监管中心	中国结核病控制项目先进个人	2010	县药监局
周朝霞	女	全国农业技术推广服务中心	全国测报技术与预报发布创新工作先进工作者	2010	县农业局
周如军	男	农业部	农业技术推广成果三等奖	2010	县畜牧局

续表

姓名	性别	颁奖单位	授予奖项	获奖年份	获奖时单位
黄国金	男	司法部、全国关心下一代工作委员会	全国普法先进个人	2010	县教育局
韦世方	男	省政府	贵州省先进工作者	2010	县民宗局
周从福	男	省委	全省优秀共产党员	2011	县农业局
潘举成	男	省政府	全省绿化工作杰出贡献奖，记一等功	2011	县国有拉揽林场
蒙翎凤	女	司法部、中央社治办、中国关工委	“关爱明天、普法先行”青少年普法教育活动先进个人	2011	县离退休干部工作局
左秀成	男	人力资源和社会保障部	全国林业系统劳动模范	2012	县国有拉揽林场
杨　洋	男	国家发改委	2010 年度全国收费统计工作先进个人	2012	县发改局
韦国芳	男	中国扶贫基金会	2012 年爱心包裹项目优秀工作者	2013	县教育局
杨斯芝	女	国家工商行政管理总局	全国工商行政管理系统优秀工商行政管理人员	2013	县工商局
陆仁慧	女	全国妇联	全国维护妇女儿童权益先进个人	2013	县政法委
王兴鸾	女	全国妇联	全国妇女小额担保财政贴息贷款工作先进个人	2013	县妇联

（四）离休干部名录

单位	姓名	性别	出生年月	参加工作时间	离休时间	享受待遇	备　注
县人大	逯瑞华	男	—	—	—	副地级	—
县政协	于庭富	男	1927. 5	1945. 5	1985. 12	副地级	参加抗日战争、渡江战役
宣传部	张　玉	男	1928. 5	1945. 2	1985. 6	—	参加抗日战争
公安局	刘明彩	男	1930. 1	1944. 1	1985. 10	—	参加抗日战争
物资局	范德兰	男	1930. 6	1945. 4	1985. 6	—	—
商业局	程光宏	男	—	1945. 9	—	副县级	—
石油公司	李乐云	男	—	—	—	—	—
	孙世远	男	1919	1945. 1	—	—	—
三合镇	陈汉文	男	1926	1945. 2	1983. 8	—	参加抗日战争
工商局	张永让	男	—	—	—	—	—
财政局	田景锡	男	1927. 8	1942. 2	1983. 12	副县级	参加抗日战争
	徐光月	男	—	—	—	—	—
糖酒公司	张喜良	男	1927. 12	1945. 2	1983. 12	—	参加抗日战争、淮海战役
农资公司	张传斌	男	1925	1943. 1	—	副县级	—

续表

单位	姓名	性别	出生年月	参加工作时间	离休时间	享受待遇	备注
	张如清	男	—	—	—	—	参加抗日战争、淮海战役、平津战役
县人大	金文成	男	1923	1942.2	1982.4	正县级	参加抗日战争、淮海战役、渡江战役
	吴允洪	男	—	—	—	—	—
县人大	赵凤翔	男	—	—	—	—	—
	张继登	男	—	—	—	副地级	参加解放战争
体委	吕德泽	男	1928.1	1945.1	1982.10	—	参加抗日战争
县政府办	付玉峰	男	1927.5	1944	1982.10	—	参加抗日战争
	王九围	男	—	—	—	—	—
民政局	田文玉	男	—	1938.5	—	副县级	—
电影院	苗陵山	男	—	1940.5	—	副县级	—
	常守山	男	—	—	—	—	—
	李树勋	男	—	—	—	—	—
工商局	陈洪志	男	—	1930.8	—	—	参加解放战争
	房三德	男	—	—	—	—	—
县纪委	王相钦	男	1930.9	1949.6	1990.12	—	参加解放战争
县人大	林高贤	男	—	—	—	—	—
发改局	陈道远	男	1930.8	1949.5	1990.5	正县级	参加解放战争
供销社	詹树昌	男	1931.1	1949.2	1991	—	参加解放战争
	许宋痒	男	—	—	—	—	参加解放战争
农资公司	李振泽	男	1930.10	1947.10	1991.12	—	参加解放战争
检察院	杨秀会	男	1930.11	1949.4	1991.4	—	参加解放战争、抗美援朝
蔬菜公司	韩忠林	男	—	1948.1	—	副县级	—
盐业公司	夏同福	男	—	—	—	—	参加解放战争
	刘振明	男	1928.4	1949.9	1989.1	—	参加解放战争
文化局	吴敬发	男	1928.12	1949.6	—	副县级	参加解放战争
科协	董　一	男	1932.2	1948.11	1992.5	—	参加解放战争
交通局	廖能铎	男	—	—	—	—	—
	郑衍华	男	—	—	—	—	—
	许　成	男	—	—	—	—	—
县政府	肖恒敏	男	—	1949.4	—	正县级	参加解放战争

续表

单位	姓名	性别	出生年月	参加工作时间	离休时间	享受待遇	备　注
三合镇	岳　田	男	1933. 10	1947. 12	1989. 4	—	参加解放战争
直属机关工委	杨启纯	男	1927. 8	1948. 10	1989	副县级	参加解放战争
	刘新锡	男	—	—	—	—	—
县供销	陈贵德	男	—	1947. 1	—	副县级	—
	苗俭友	男	—	—	—	—	参加解放战争
三合镇	李振奎	男	—	1949. 5	—	副县级	—
	于迪忠	男	—	—	—	—	—
乡企局	严生惠	男	—	1949. 6	—	副县级	—
公安局	邵方云	男	—	1948. 8	—	副县级	—
公安局	尤希平	男	1930. 9	1949. 5	1986. 3	—	参加解放战争
统战部	朱子斌	男	1928. 6	1948. 5	1985. 5	副县级	参加解放战争、淮海战役
水电局	张义建	男	—	1948. 12	—	副县级	参加解放战争
畜牧局	夏德成	男	—	1949. 5	—	—	参加解放战争
畜牧局	王锦荣	男	—	1948. 3	—	—	参加解放战争
	何登武	男	—	—	—	—	—
交通局	李亚东	男	—	1945. 1	—	副县级	参加解放战争
乡企局	詹兴帮	男	1932. 2	1949. 5	—	副县级	—
	曹春福	男	—	—	—	—	参加解放战争
	滕茂实	男	—	—	—	—	—
卫生局	杨　荣	男	1933. 1	1949. 8	1985. 7	副县级	参加解放战争
	杨贵义	男	1920	1949. 3	1985. 7	—	参加解放战争
交梨乡	吴龙才	男	1928. 5	1947. 9	1985. 4	—	参加解放战争、抗美援朝
公安局	陆庆功	男	1922. 12	1947. 5	1984. 1	—	参加解放战争
县政府办	岳赞育	男	1928. 12	1949. 5	1984. 1	—	参加解放战争
公路段	王仲生	男	—	1946. 8	—	副县级	—
都江镇	张希樵	男	—	—	—	—	—
食品公司	刘补宫	男	1928. 7	1949. 3	1984. 3	—	参加解放战争
药材公司	李书年	男	—	1946. 6	—	副县级	—
	余仲连	男	—	—	—	—	—
	吴敏发	男	1928	1949. 3	1984. 7	—	参加解放战争

续表

单位	姓名	性别	出生年月	参加工作时间	离休时间	享受待遇	备注
县糖酒公司	赵何德	男	1930	1947.2	1984.9	副县级	解放战争
林业局	郭金修	男	—	1948.1	—	—	参加解放战争、淮海战役
九阡镇粮所	冯满同	男	1929.6	1946.4	1984.10	—	参加解放战争、抗美援朝
普安粮所	孙建新	男	—	1994.4	—	副县级	—
药材公司	李景清	男	—	1946.6	—	副县级	参加解放战争、辽沈战役、平津战役、渡江战役
	杨秀芳	男	—	—	—	—	—
	缪存良	男	1928.6	1949.4	1984.11	—	参加解放战争
	郝树枝	男	—	—	—	—	—
	应光鸿	男	1923.10	1947.9	1983.2	—	参加解放战争、淮海战役
县土产公司	余宏明	男	—	1948.1	—	副县级	参加解放战争
县总工会	刘金庭	男	—	1948.4	—	副县级	—
	黄昌明	男	1932.12	1949.5	1983.4	—	参加解放战争、抗美援朝
	邵　敦	男	—	—	—	—	—
	朱国治	男	1928.5	1949.2	1983.5	—	参加解放战争
塘州乡政府	潘毓芳	男	—	1949.2	—	副县级	—
	鲍子刚	男	—	—	—	—	—
	薛　里	男	—	—	—	—	—
	党茂金	男	—	—	—	—	—
	时米停	男	—	—	—	—	—
林业局	白凤春	男	1926.1	1949.5	1983.6	—	参加解放战争
	高新立	男	—	—	—	—	参加解放战争
	孙启云	男	—	—	—	—	参加解放战争
	段连科	男	—	—	—	—	—
供销社	江高兴	男	1927.9	1949.5	1983.12	副县级	参加解放战争
交通局	黄树藩	男	—	1948.7	—	副县级	—
自来水站	聂存义	男	—	1942.7	—	—	—
拉揽林场	杨德寿	男	—	1948.12	—	副县级	参加解放战争
三合林业站	莫树林	男	—	1949.1	—	—	—

续表

单位	姓名	性别	出生年月	参加工作时间	离休时间	享受待遇	备 注
	许相贵	男	1931. 11	1949. 1	1982. 6	—	参加解放战争
三合镇	王金标	男	—	1949. 5	—	副县级	—
	魏宗义	男	—	—	—	—	—
	陈 新	男	—	—	—	—	—
	穆德山	男	1929. 1	1947. 8	—	—	—
	张景仁	男	—	—	—	—	—
	韦金培	男	—	—	—	—	—
	秦绪山	男	—	—	—	—	—
	时进书	男	—	—	—	—	—
	张同雨	男	—	—	—	—	—
民政局	李范的	男	1928. 2	1946. 9	1982. 12	—	参加解放战争
	潘宗珍	男	—	—	—	—	—
三合镇粮管所	王发言	男	—	1947. 9	—	干部	—
	刘鹏飞	男	1920. 2	1949. 1	1980. 10	—	—
县政府	吴治明	男	—	1949. 5	—	副县级	—
	孙全美	男	—	—	—	—	参加解放战争
	高仕元	男	—	—	—	—	—
	王成友	男	—	—	—	—	—
	吴 弟	男	—	—	—	—	—
周覃粮管所	洪汉杰	男	—	1982. 4	—	干部	—
	杨春荣	男	—	—	—	—	—
	张清元	男	—	—	—	—	—
水电局	田宗仁	男	—	1949. 1	—	干部	—
疾控中心	杜 桔	男	1936. 10	1949. 4	1991. 4	—	参加解放战争
民政局	张 明	男	1924	1945. 6	1982. 12	—	参加解放战争

（五）部分三都籍在外任地师级以上（含副职）干部名录

（以生年为序）

姓名	性别	民族	出生年月	出生地	就职地区与单位	就职职务
蒙世花	女	水族	1918	廷牌镇阳安村	州人大	副主任
陆庆美	男	水族	1928	交梨乡高戎村	州人民政府	副州长
石道本	男	水族	1943	扬拱乡水昂村	遵义地区	副专员

续表

姓名	性别	民族	出生年月	出生地	就职地区与单位	就职职务
陆道邦	男	水族	—	交梨乡高戎村	州政协	副主席
潘茂修	男	水族	1937	扬拱乡新阳村	州人大	副主任
韦杰铮	男	水族	1946	恒丰乡务条村	州政协	副主席
陈仁贵	男	苗族	1952	三合镇	省人大财经委	主任
石承先	男	布依族	1952	合江镇	省人民医院	教授、副院长
韦耀军	男	水族	1954	周覃镇水东村	州人大	副主任
韦绍凯	男	水族	1956	恒丰乡塘党村	州人民政府	副州长
韦　煜	男	水族	1960	三合镇	黔南民族师范学院	教授、副院长
韦祖宏	男	水族	1962	交梨乡高硐村	州人大	副主任
宛会东	男	汉族	1967	三合镇	省经济和信息化委员会	副主任
曾　忠	男	汉族	1963	三合镇	成都军区总医院	副院长
唐显良	男	水族	1963	丰乐镇	省社会科学院	党委常委、机关党委书记
蔡　忠	男	汉族	1968	三合镇	上海市青浦区	区委常委、宣传部长

（六）部分三都籍在外教授（研究员）名录

姓名	性别	民族	出生地	职务（职称）	就职单位
梁银林	男	布依族	普安镇	历史与旅游文化学院院长、教授	西南民族大学
韦国仁	男	水族	恒丰乡	皮肤科主任、主任医师、教授	贵阳医学院
潘巨文	男	水族	三洞乡	骨科主任、主任医师、教授	贵阳医学院
潘朝霖	男	水族	塘州乡	贵州水书文化研究院副院长、研究员、硕士生导师	贵州民族大学
杨先模	男	水族	塘州乡	艺术系副教授	贵州民族大学
白明政	男	布依族	普安镇	马克思主义学院院长、教授	贵州民族大学
石尚彬	男	水族	中和镇	科技处处长、教授	黔南民族师范学院
杨维平	男	汉族	三合镇	陕西师范大学化学系	教授、博士
韦仕杰	男	水族	大河镇	贵州人民出版社	编审
吴贵飙	男	水族	合江镇	馆长、研究馆员	中国民族图书馆馆长
吴正彪	男	苗族	普安镇	教授	三峡大学
韦祖雄	男	水族	交梨乡	教授、国家一级作曲家	黔南民族师范学院
欧光艳	女	—	三合镇	教授	黔南民族师范学院

（七）部分三都籍博士名录

姓名	性别	出生地	就读院校及专业	就职单位
曾　柱	男	三合镇	北京大学·生物物理和微观流变学专业	贵阳医学院
罗春寒	男	三合镇	中央民族大学·民族学专业	黔东南民族博物馆
韦学纯	男	大河镇	上海师范大学·中国少数民族语言文学专业	中国社会科学院民族学与人类学研究所南方民族语言研究室
韦忠仕	男	三洞乡	四川大学·文学、人类学专业	四川省民委
吴正彪	男	普安镇	四川大学·文学、人类学专业	三峡大学民族学院
韦仕川	男	三洞乡	浙江大学·管理学专业	海南大学政治与公共管理学院
刘玉能	男	打鱼乡	上海大学·社会学专业	浙江大学社会系
解春阳	男	普安镇	德国达姆施塔特工业大学汽车技术专业	德国大众汽车研究开发中心
吴咏梅	女	三合镇	德国达姆施塔特工业大学计算机专业	德国大众汽车公司
龙毓珊	男	合江镇	澳大利亚堪培拉大学	澳大利亚悉尼市
李贞培	男	交梨乡	西北工业大学·控制理论与控制工程专业（数字管道方向）	西南石油大学土建学院
白明政	男	普安镇	武汉理工大学·经济学专业	贵州民族学院马克思主义学院
白林文	男	合江镇	华中师范大学·少数民族史专业	贵州大学
韦政富	男	三洞乡	南京大学·行政管理专业	
韦元军	男	恒丰乡	加拿大蒙特科东麦吉尔大学电机系	加拿大北方电讯公司（蒙特利尔）

（八）高级专业技术人员（以姓氏笔画为序）

中学高级教师名录（156人）：丁远勤　王方东　王永平　王兴才　王有雪　王明英　王举勤　王晓玲　王泽兰　王泽宁　王炳维　孔繁亮　孔蘩明　韦玉辉　韦志勤　韦国宏　韦万举　韦光明　韦万明　韦秋梅　韦永儒　韦万辉　韦正兴　韦敏海　韦正国　韦仕文　韦巧祖　韦晓桃　韦桂梅　韦克慧　平立科　平立鹏　平忠霞　石绍军　石有成　邓玉德　邓明珍　白明祖　白明益　白胜超　艾灿芳　玉定洪　冯明益　朱泽华　许品梅　伍锡光　刘中平　刘平德　刘丽静　孙池章　李子国　李尚果　李厚祥　李炳霞　李　敏　李家琼　李国良　张嘉树　张多闻　张仁芝　张义幸　张仁飞　张良雄　张丽荣　周武辰　周林居　周国经　周兴智　周自元　周锡君　周树杰　阳继国　岑延庆　岑　芳　汪荫文　肖兰英　何勤荣　时圣丽　时圣美　贡三江　苏相齐　陈国勇　陆兴义　陆建春　陆光海　陈星武　吴丽芬　杨　明　杨承广　杨昌智　杨昌盛　杨屹峰　杨晓玉　杨文谦　杨冬明　罗艳芳　胡元皇　胡复顶　林黔榕　郑丙仪　赵久华　赵晓斌　赵荣江　姚　华　高金兰　莫　诩　莫　娟　莫建民　莫怀炯　莫胜语　莫忠文　袁廷美　郭　萍　郭　翼　郭金镇　唐　娴　唐燕宾　夏海燕　秦社刚　顾龚敬　盘太祝　梁卫林　梁启惠　黄艳萍　谢志祥　覃学盛　覃琼竹　覃超勇　覃德琼　覃继忠　覃祖宇　蒙光熙　蒙明洲　蒙新珊　谭　颖　谭臣义　谭臣俊　潘　乔　潘承宗　潘振颂　潘巨军　潘廷艳　潘国长　潘国基　潘建耸　潘永生　潘永农　潘永教　潘秀能　潘世喜

潘文德　潘忠明　潘锦瑶　潘国前　潘鸿跃　蹇世平

高级农艺师（7 人）：韦景斋　平立燕　包晓闽　周从福　周如军　赵满亮　唐贞兰

医疗卫生高级职称（14 人）：王开琼　韦艳萍　韦德云　李　秘　宋国胜　陈新春　张雪云　宋稳丹　杨昌霞　覃从周　覃合群　潘兴富　潘国玉　潘晓菊

附 录

一、重要文件存目表

序号	文件号	发文单位	文件标题	行文日期
1	三党发〔1978〕28号	县委	关于做好知青下乡动员安置和在乡知青管理教育工作的意见	1978. 9. 19
2	三党发〔1978〕40号	县委	关于贯彻执行中共贵州省委《关于加快畜牧业发展的若干规定》中几个具体问题的意见	1978. 12. 17
3	三党发〔1979〕34号	县委	关于切实搞好计划生育工作的意见	1979. 8. 18
4	三党发〔1979〕35号	县委	关于认真搞好收益分配工作的意见	1979. 9. 8
5	三党发〔1979〕96号	县委	关于提高主要副食品销价后发给职工副食品价格补贴的几项具体规定	1979. 11. 9
6	三党发〔1980〕18号	县委	关于善始善终落实农村基层干部政策的意见	1980. 4. 17
7	三党发〔1980〕29号	县委	关于加强党员教育的意见	1980. 6. 17
8	无文号	县委	关于贯彻执行省委《关于放宽农业政策的指示》的意见	1980. 7. 20
9	三党发〔1980〕36号	县委	关于贯彻执行中央〔1980〕31号文件的意见的请示报告	1980. 8. 13
10	三党发〔1980〕41号	县委 县政府	关于前段开展放宽农业政策工作情况和下一步工作的意见	1980. 9. 16
11	三党办〔1981〕1号	县委办	关于印发中央、省、州、县委进一步加强和完善农业生产责任制的一些具体规定的通知	1981. 3. 2
12	三党发〔1981〕8号	县委 县政府	关于坚决按照党的政策认真搞好林业"三定"的通知	1981. 3. 17
13	三党发〔1981〕14号	县委	关于稳定和完善生产责任制的情况报告	1981. 4. 30
14	三党发〔1982〕2号	县委 县政府	关于保护农村基本生产资料公有制的若干规定	1982. 1. 17

续表

序号	文件号	发文单位	文件标题	行文日期
15	三府发〔1982〕41号	县政府	贯彻执行《中共中央、国务院关于广开门路、搞活经济、解决城镇就业问题的若干决定》的意见	1982.5.20
16	三党发〔1983〕6号	县委 县政府	关于制订一九八三年农村承包合同有关问题的意见	1983.1.29
17	三府〔1983〕18号	县政府	关于三都县部分地名、复名、更名、命名的通知	1983.3.2
18	三党发〔1984〕5号	县委 县政府	关于做好政社分开建立乡政府工作的意见	1984.2.24
19	三党发〔1985〕06号	县委 县政府	关于一九八五年经济工作的意见	1985.3.26
20	三党发〔1987〕5号	县委 县政府	关于一九八七年农村工作目标责任制奖惩考核办法	1987.4.20
21	县发〔1990〕12号	县委	关于在治理整顿中进一步深化农村改革的决议	1990.7.8
22	县发〔1990〕13号	县委	关于在治理整顿中进一步深化企业改革的决议	1990.7.8
23	县发〔1990〕14号	县委	关于加强党的建设的决议	1990.7.8
24	无文号	县委 县政府	关于维护农村集体所有制完善农业生产责任制的意见（试行）	1990.7.31
25	县发〔1991〕9号	县委 县政府	关于开展建镇并乡撤区工作的安排意见	1991.7.29
26	三府〔1991〕119号	县政府	关于乡镇行政区域及其机构变更的决定	1991.12.31
27	县发〔1992〕4号	县委 县政府	关于进一步稳定和完善我县家庭联产承包责任制的决定	1992.5.13
28	县发〔1993〕8号	县委 县政府	关于加速畜牧业生产发展的意见	1993.9.22
29	县发〔1994〕4号	县委 县政府	关于加强农业和农村工作的意见	1994.5.9
30	县发〔1994〕6号	县委 县政府	关于县直机关包村扶贫的意见	1994.9.22
31	县发〔1995〕1号	县委	关于加强农村基层组织建设的实施意见	1995.1.5
32	县发〔1995〕6号	县委	关于加强干部调配与流动有关规定	1995.1.5
33	县发〔1995〕17号	县委	关于整顿农村软弱涣散和瘫痪状态村级组织的意见	1995.3.3
34	县发〔1995〕16号	县委 县政府	关于拍卖非耕地使用权和中幼林经营权的暂行规定	1995.3.13
35	县发〔1995〕19号	县委 县政府	关于多渠道筹措普及九年义务教育经费的决定	1995.5.22

续表

序号	文件号	发文单位	文件标题	行文日期
36	县发〔1995〕22号	县委	关于进一步加强全县乡镇科局领导班子建设的意见	1995. 5. 26
37	县发〔1995〕23号	县委	关于加强培养选拔优秀年轻干部的意见	1995. 6. 8
38	县发〔1995〕24号	县委 县政府	关于鼓励机关、事业单位及干部职工创办经济实体的若干规定	1995. 6. 23
39	县发〔1995〕29号	县委 县政府	关于鼓励招商引资优惠政策的规定	1995. 9. 30
40	县发〔1996〕6号	县委 县政府	关于建立农村合作基金会的意见	1996. 4. 8
41	县发〔1996〕11号	县委 县政府	关于促进乡镇企业大发展大提高的意见	1996. 6. 4
42	县发〔1997〕14号	县委 县政府	关于招商引资优惠政策的规定	1997. 12. 27
43	县发〔1997〕16号	县委 县政府	关于加快乡镇企业发展的若干规定	1997. 12. 27
44	县办发〔1998〕7号	县委办 政府办	关于三都县党政群机关工作人员过渡为国家公务员、党的机关工作者的实施意见	1998. 2. 20
45	县发〔1998〕12号	县委 县政府	关于进一步加强我县计划生育工作的意见	1998. 7. 22
46	县发〔1998〕23号	县委 县政府	关于稳定和完善全县农村土地承包关系的实施意见	1998. 11. 1
47	县发〔1998〕24号	县委 县政府	关于进一步稳定和完善我县农村土地承包关系若干问题处理的规定	1998. 11. 1
48	县发〔1999〕4号	县委	关于进一步加强农业和农村工作的决定	1999. 2. 25
49	县发〔1999〕5号	县委 县政府	关于继续加强我县扶贫攻坚工作的意见	1999. 3. 10
50	县发〔1999〕10号	县委 县政府	关于进一步加强禁毒工作的意见	1999. 4. 28
51	县发〔1999〕11号	县委 县政府	批转县委组织部、县人事劳动局《关于三都县党政机关、事业单位干部职工推行竞争上岗实施意见》的通知	1999. 4. 29
52	县发〔2000〕1号	县委 县政府	关于发展我县农业产业化经营的意见	2000. 1. 3
53	三党发〔2001〕1号	县委	关于制订三都县国民经济和社会发展第十个五年计划的建议	2001. 1. 3
54	三党发〔2001〕2号	县委	关于加快我县竹业产业发展的意见	2001. 1. 15
55	三党发〔2002〕13号	县委 县政府	关于实施“两基”攻坚的决定	2002. 4. 10

续表

序号	文件号	发文单位	文件标题	行文日期
56	三党发〔2003〕11 号	县委 县政府	关于开展缉枪治爆专项整治行动的实施意见	2003. 6. 16
57	三党发〔2003〕17 号	县委 县政府	关于切实加强我县劳务输出工作的实施意见	2003. 10. 15
58	三党发〔2004〕8 号	县委 县政府	关于开展保社会治安红旗县争创社会治安模范县工作的实施方案	2004. 2. 26
59	三党发〔2004〕9 号	县委	关于加快生态畜牧业发展的意见	2004. 3. 16
60	三党发〔2004〕11 号	县委	关于调整经济社会发展目标和经济建设发展格局的意见	2004. 3. 16
61	三党发〔2004〕17 号	县委	关于对农村独生子女父母、二女绝育夫妇实行奖励和养老扶助的决定	2004. 8. 9
62	三党发〔2004〕18 号	县委	关于加大力度实施西部大开发战略的意见	2004. 9. 21
63	三党发〔2005〕21 号	县委 县政府	关于对农村独生子女父母、二女绝育夫妇实行奖励扶助的实施意见	2005. 6. 16
64	三党发〔2005〕23 号	县委 县政府	关于认真落实科学发展观，加快县域经济发展的意见	2005. 9. 12
65	三党发〔2006〕1 号	县委	关于制订三都水族自治县国民经济和社会发展第十一个五年规划的建议	2006. 2. 16
66	三党发〔2006〕5 号	县委 县政府	关于建立和完善人口计生工作新机制的意见	2006. 3. 28
67	三党发〔2008〕54 号	县委、 县政府	关于大力推进知识产权制度促进全县经济发展的意见	2008. 12. 16
68	三党发〔2009〕6 号	县委	关于加快农村改革发展的实施意见	2009. 1. 17
69	三党发〔2009〕14 号	县委 县政府	关于实施城镇优先发展战略的意见	2009. 4. 15
70	三党发〔2009〕16 号	县委	关于全面推行乡镇党代会常任制的实施意见	2009. 8. 5
71	三党发〔2009〕17 号	县委 县政府	关于加快农业产业化发展的意见	2009. 8. 20
72	三党发〔2009〕19 号	县委 县政府	关于进一步加快非公有制经济发展的实施意见	2009. 8. 21
73	三党发〔2010〕1 号	县委 县政府	关于激发乡镇活力推进加快发展的意见（试行）	2010. 1. 6
74	三党发〔2010〕9 号	县委 县政府	关于切实做好行政村合并工作的意见	2010. 3. 5
75	三党发〔2010〕24 号	县委 县政府	关于开展作风建设年、环境建设年、项目建设年的实施意见	2010. 12. 19

续表

序号	文件号	发文单位	文件标题	行文日期
76	三党发〔2011〕1号	县委	关于制订三都水族自治县国民经济和社会发展第十二个五年规划的建议	2011.1.16
77	三党通〔2011〕4号	县委 县政府	关于印发《三都水族自治县招商引资政策的若干规定（试行）》的通知	2011.3.11
78	三党发〔2011〕16号	县委 县政府	关于进一步完善人口和计划生育利益导向机制的意见	2011.4.13
79	三党发〔2011〕34号	县委 县政府	关于加快水利改革发展的意见	2011.12.5
80	三党发〔2012〕5号	县委	关于贯彻党的十七届六中全会和省委十届十二次全会精神推动民族文化大发展大繁荣的意见	2012.1.10
81	三党发〔2012〕14号	县委	关于三都水族自治县人民政府机构改革的实施意见	2012.2.28
82	三党发〔2012〕20号	县委	关于加快三都县工业园区建设的实施意见	2012.4.26
83	三党发〔2012〕21号	县委	关于三都水族自治县招商引资优惠政策的若干规定（试行）	2012.4.26
84	三党发〔2012〕24号	县委	关于大力实施民族文化旅游劳动战略打造中国水族文化旅游发展创新区的意见	2012.5.24
85	三党发〔2012〕33号	县委	关于加强和改进新形势下机关党的建设的实施意见	2012.12.10
86	三党发〔2013〕2号	县委	关于进一步实施科教兴县战略大力加强人才队伍建设的实施意见	2013.1.30
87	三党发〔2013〕3号	县委	关于印发《关于改进工作作风、密切联系群众的十项规定》的通知	2013.2.7
88	三党发〔2013〕11号	县委 县政府	关于印发《关于推进“效能革命”优化发展环境的实施意见》的通知	2013.8.15
89	三党发〔2013〕19号	县委 县政府	关于建设三都水族自治县民族团结进步繁荣发展示范区的实施意见	2013.12.10

二、三都近现代文学概况

三都之有文学，应当自境内有人类活动开始。各民族不论是否有自己的文字，只要有自己的语言，就自然会有自己的文学。水族、苗族、布依族等少数民族在长期的生产生活中，使用本民族语言创作了大量的口头文学，以口耳相传的形式，保存了珍贵的民族文学遗产。然而，由于少数民族大多只有语言而没有文字，即便个别民族有自己的文字，但词汇较少，且通行范围不广，故少数民族文学只能在本民族内部流传，其他民族无法领略和欣赏，故此处只介绍和收录用汉语来表达的文学作品。为便于称说，以下所述及的文学即专指用汉语来表达的文学。

教育是文化发展的基础。由于三都深处苗疆腹地，交通落后，信息闭塞，教育事业开办较晚、发展缓慢，文学事业也因之发展得比较迟滞。据载，三都汉文化教育始于明成化二十三年（1487）开办的烂土司官学，所以三都文学也应该自此发端。

长篇历史小说《平南传》记述了明初武略将军张均随名将傅友德、沐英、顾成先后征讨滇黔，最后定居烂土的历史故事，是贵州建省以来的第一部历史小说，也理所当然是三都真正意义上的第一部文学作品。由于烂土司官学设置于独山州域，并且只是专门培养土司贵族子弟的学校，既非平民学校，更非普及教育，文化传播不广不快，大部分民众没有文化，谈不上文学创作。因此，有明一代，除了长篇历史小说《平南传》及其附录题词的一些诗歌，三都境内鲜有文学创作，没有其他的文学作品留存下来。古代三都虽然远离国家的经济文化中心，但由于《平南传》的出现，三都的文学还是拥有了一个不低的起点。

自清雍正改土归流之后，随着农耕文化的昌盛，西南地区经济水平大大提高，三都境内的义学和私塾逐渐兴起。特别是清末民初以来，现代教育不断发展，汉文化逐渐得以推广，文化人越来越多。经过一二百年的积累，三都的文学土壤逐渐形成，文学底蕴日渐丰厚，文学创作日渐活跃，最终于20世纪上半叶开花结果，蔚然壮观。

散文创作方面，清末都江廪生王立云的《都江纪要》，以及民国胡羽高主编的《三合县志略》，这两部历史散文都达到了相当高的水平。

县内诗歌创作，最早的记载见于《三合县志略》，其中有清咸丰、同治年间（1851年至1874年），廪生包涵山的《仙人洞》竹枝词。民国初期，张绍藩、潘致庵等三都西北部文人组织成立了集益诗社，留下了文学活动作品《集益诗社诗钞》。该诗社成员人数之多、创作时间之长、作品数量之多，虽不能说绝后，但可以说是空前的。民国中后期，三都南部的吴支煦、杨秀菁、韦绍乔、潘家相、潘一志等诗人，虽未结社，但经常相聚唱和，留下的诗作较多，艺术水准较之集益诗社诗作更高。

整体上看，从烂土司末期到民国三都县这一时期，三都的文学创作取得了相当惊人的成就。不仅散文体的《平南传》《都江纪要》和《三合县志略》已成为影响力很大的传世经典，张绍藩、吴支煦、韦绍乔等人的旧体诗水平亦足以傲视当时的贵州诗坛。

中华人民共和国建立后，由于经济发展，文化教育逐渐普及，文学创作更加活跃，新人新作不断涌现，作品题材更加广泛，作品体裁更加齐备，艺术风格更加丰富多彩，文学事业更加繁荣。

三都文学可能不如其他县份历史悠久，但毕竟也是“经国之大业，不朽之盛事”。文学是一方水土的文明之花，三都自古被视为化外之地，然而，经初步调研，三都的近现代文学不仅并非空白，而且还有相当的含金量。

《平南传》——贵州建省以来的第一部历史小说

1.《平南传》故事梗概

《平南传》记述明初武略将军张均及诸子张和、张顺、张忠，随名将傅友德、沐英、顾成先后征讨滇黔，最后定居烂土的历史故事。原抄本藏于首任烂土司长官张均后裔张复初家，民国25年（1936），贵州通志局向全省征集地方历史文献，张氏献出，经万大章校订，由贵阳文通书局铅印出版，《贵州通志》分纂李独清将其著录于《艺文志》。

全书二册，共四卷三十六回，附录《题辞》1卷。上册（1—20回）记述张均曾祖张德胜早年随朱元璋起义，累立战功，在与陈友谅部作战时中流矢身亡，朱元璋即位后，追念前功，诏封德胜为英国公。张德胜长子张玺，在攻取宜城时阵亡，由张玺子张轩袭爵。张轩因患足疾，自愿把爵位让与七叔张玉。张轩子张均（字平治）成年后，张玉拟将爵位传与张均。张均不愿袭爵，只身出逃，流落他乡，化名袭云，入赘蒋姓。因赴苏州谋事，在垂虬桥卖艺时与奸党刘明远发生冲突，枪挑这位钦差大臣，身陷囹圄。幸得知府魏观相救，押解京城审讯，在讲出身世实情后，宰相刘基出面保举，得免死罪，但被罚往颍国公傅友德部下戴罪立功，随军进征云南。平定云南后，诏封武略将军。班师回朝过程中，绕道四川重庆，至夔州，游三峡，于杨园遇失散多年的妻子蒋氏和儿子张和，夫妻父子团聚。下册（21—36 回）记述永乐初年贵州思南宣慰使田宗鼎，与湖南辰州知府黄禧和贵州思州知府田琛起兵反叛，明成祖命镇远侯顾成为帅，张均为副，征讨贵州，转战石阡、乌罗（松桃境）、大万山、铜仁、思州（岑巩）、思南、定番（惠水）、合江、都匀一带，屯兵香炉山（凯里境），平定黎峨里（平越，今福泉）。明成祖置贵州承宣布政使司，大封平黔功臣。刘明达（刘明远弟）贿成祖佞臣纪纲，谗陷张均，以“擅杀朝臣”罪复议，削职废为庶人。后得安国公顾成与兵部尚书金忠苦谏，复封张均为金吾上将军。其三子亦封将军，协镇普安、普定、重安诸地。张均不愿受金吾上将军之封，请赐黎峨里以西、都匀以南的陈蒙烂土合江州一带“领三子躬耕”，诏准，封其为首任烂土长官司长官，食邑陈蒙，占籍烂土。

2.《平南传》写作年代及主题思想

《平南传》从明太祖朱元璋即位大封功臣写起，直至明成祖朱棣永乐年间平定思州田氏叛乱，历时近五十年。该书所记内容，多系真实的历史故事。作者运用现实主义的创作手法，以传奇的形式，写成四卷三十六回近 15 万字的长篇小说，生动形象地描述了主人公张均“逃爵而遘祸，遘祸而立功，立功而仍袭爵”的一场可歌可泣的历史故事。遗憾的是，此书在明代仅有抄本，且因年久而散佚上册，又经清代和民国时的数次补缀、重印，已很难得观原稿面貌。

《平南传》作者不详，但写作意图十分清楚。全书通过记叙忠臣之功，而申述让德之义。传中对谦让的记述，首见于第一回里：张轩以足疾为由让爵于七叔张玉；英国公张玉拜表让爵于张均；张均立意不受爵位只身出逃。继见于第三十六回中：安国公顾成让功于张均，并乞封张均；张均辞封金吾上将军之职，请赐陈蒙烂土之地“领三子躬耕”。虽然文字不多，仅是首尾两个章回，却着实点出该书的主旨。

《平南传》申述的让德之义，构筑在对忠臣功劳的纪实之上。张均曾祖张德胜在征战中献身，祖父张玺亦因战事阵亡，张均及诸子征讨滇黔累立战功，叔祖张玉辅佐燕王，从叔张辅平定交趾，一门五代，祖孙叔侄均为忠臣名将，其功可谓高矣，其劳可谓大矣。然而他们不争功，不矜功，并在关键时刻让功让爵。这种谦恭逊让的思想行为，不仅在当时被人称道，就在今天看来，也是值得弘扬的。

3.《平南传》的艺术特色

《平南传》语言平实，文笔简洁。尽管受到长篇小说的影响，文中难免有一些陈词套话，但作者驾驭文字的水平极高，能根据不同的人物和不同的环境，运用不同的语言去恰当描写，显示出作者深厚的艺术功底。比如描写战争的章回，场面恢弘，情节生动，结构严谨，或记叙，或议论，或夹叙夹议，颇具大家风范。尤其是对贵州地理的谙熟，若非亲身经历和大手笔，是断难写得如此翔实的。

《平南传》创作时间，最迟不晚于明末。由于受当时社会环境的影响，书中有“古寺题诗仙人赠偈”“庆周岁太元拈爵印”“说机缘龙驹得主”“起沉疴忠臣复任”等神佛道仙的故事情节，这是现实主义与浪漫主义相结合的手法在古代小说里的普遍反映。

4.《平南传》在贵州文学史上的地位

《平南传》的传世，在贵州文学史上具有相当重要的地位。古典小说是贵州文学中一个最薄弱的环节，据统计，贵州古典小说“存目者 5 种，现存者仅 3 种”，它们是：咄咄道人《群舸野史》，无名氏《平南传》，黎安理《梦余笔淡》，范兴荣《啖影集》，无名氏《玩寇新书》。《群舸野史》仅存篇目，且系明以前所著，《玩寇新书》未写成，仅存《自序》一篇和回目。现存的3部古典小说中，《平南传》居首，它不仅是贵州建省以来的第一部历史小说，而且是贵州文学史上现存的第一部历史小说。

《平南传》开启了三都文学的先河，并填补了贵州小说史上的空白。民国《贵州通志》总纂任可澄称此书为“黔中较早专著，乡邦说部首选”；贵阳学者陈矩谓“此虽稗官，而于一方文学渊源，不可谓无关系”，是对该书地位与作用的准确评价。

2005年5月17日，政协贵州省原主席、贵州史学会会长龙志毅在《贵州日报》发表《初读贵州最早的历史小说〈平南传〉》一文，掀起了贵州史学界的《平南传》研究热。

张武略将军歌

将军曾祖英国公，气冲斗牛剑光雄。大明一统山河定，只在南征北战中。开国元勋贤能继，兼有将军称豪雄。振衣初起自襄阳，宜城即把真名讳。巨石拨开勇莫当，均州员外选东床。承先已遂生平愿，飘然一举任翱翔。垂虬桥上手超脱，一枪搠死刘明远。英雄拔虎嘴边须，岂曰匹夫志可夺。苏州太守真爱才，当堂一见笑颜开。保疏直往京师去，敕在功臣部下来。正逢六召蛮夷反，七盘山下刀剑展。初出茅庐用火攻，三千兵将谁能免。踏平版堵意如何？西至巴州复剪除。达里被擒梁王死，七星关内直通衢。朝廷下诏加官爵，昔时招讨今武略。夔州玩景访英豪，倜傥不羁真落落。田琛宣慰起思州，漫山遍野布荒陬。自昔鬼方原叵测，高宗伐之三年克。将军智用赤壁威，一十五洞干戈息。班师将奏凯歌还，西出真雍过独山。幸遇云游真古佛，兵行罗坝定诸蛮。及到合江登彼岸，美哉地也兴长叹。不忍去兮久徘徊，望断青山犹赏玩。井边杨柳乌鸦栖，挽却彤弓枝叶迷。怒冲拔树摇山岳，威震南疆慑边黎。奸臣欲把私仇记，成祖褒功不加罪。陈蒙烂土合江州，永作食采悠游地。

（选自《平南传》附录《题辞》，标题为编者所加，这首诗叙述了主人公张均的身世以及从军平南、定居烂土保境安民的传奇经历，内容高度概括，文字简洁生动，结构开合自如，堪称长篇叙事古风的佳作）

王立云与《都江纪要》

尽管唐贞观三年（629）就在都江设应州和都尚县，但此后很长的时间里都江地区都是化外之地（羁縻州、县）；直至清雍正九年（1731），都江才纳入中央集权统治之下。民国3年（1914）设都江县，民国30年（1941）贵州省政府将三合与都江两县合二为一，称三都县。在此之前，三合县因有胡羽高主修的《三合县志略》，其历史沿革脉络相对清晰。相形之下，都江县的历史沿革因鲜有史料记载而显得模糊得多。有关都江县历史情况的文献资料，保存下来的只有王立云所撰《都江纪要》一文，尤显珍贵。该文虽仅四千余言，但因其记录了从清雍正九年（1731）到同治十一年（1872）141年间都江地区的基本情况，是研究都江地方史乃至水族历史不可或缺的重要史料，具有相当重要的史料价值。

1. 王立云其人和《都江纪要》的由来

王立云（生卒不详），约生活在清道光元年（1821）到民国元年（1912），字青衢，清代贵州都江厅人（今三都县都江镇）。据《三合县志略》记载，他是清廪生，“教读数十年，工词章，惜不自存。其子幼且不嗜学，身后书笥丛残不知爱惜，故无片纸之存”。据其学生罗贯三称，清末为修通志征集地方资料，时任都江通判文芳藩延请王立云代拟而成，这也是他唯一存世的文章。《都江纪要》写成之后，王立云的学生“自相传抄”收藏。民国29年（1940）胡羽高将其作为地方重要文献收录于《三合县志略》三十四卷《士女略》《文学》子目中，使这一篇重要的文献得以流传后世。新中国成立后，水族著名学者潘一志先生编著《水族社会历史资料稿》时，也从《三合县志略》中全文转录了这一珍贵文献，1992年贵州人民出版社出版的《三都水族自治县志》也将该文全文附录于后。《都江纪要》的史料价值由此略见一斑。

2.《都江纪要》内容概述

《都江纪要》一文虽仅四千余言，然其所述史事不但时间跨度长，而且其内容所涉及范围十分广泛，几乎无所不纳，详尽地记述了从清雍正九年（1731）到同治十一年（1872）都江地区的政治、经济、文化、军事、历史、地理、民族等各个方面的情况，堪称一部都江地方史的百科全书，是研究水族地区社会发展史不可或缺的珍贵文献。

第一，《都江纪要》对都江的地理位置、政区范围作了详细的记载，为后人了解当时都江的自然地貌、版图所辖范围提供了最早的有文字可依的历史资料。

“都江据古州之上游，处粤西之北鄙也。峦冈攒叠，江水中流。水之源出于独山之上（由摆九到独山地到都江，二百六十五里），山涧溪径，流于古州之车江，汇注于瓯粤怀远之柳江。通船楫，由诸葛营而为上江。”“城东百余里有大坪、八宝、小脑诸山。八宝山一名牛皮箐。西有金凤山，后名观音山。北则莲花山，高数百丈，莲瓣分披为最奇，夫山之矗，水之激，实乃苗之渊薮也。”

上述都江的自然环境、地理地貌的记述，行文规范，条理清晰，颇具地理专著水准，不亚于任何方志名著。

第二，《都江纪要》对清政府从政治上和军事上加强对都江的控制的记载，从侧面反映了都江历史“因江（都柳江）而兴，因江而衰”的特点。

“设都江通判驻之，设上江副将一、游击一、守备千总各二、把总四。兵九百六十。厅标把总一、兵百驻城中。又于境设打略汛守备一、把总一。兵百五十。拉揽汛兵三十、陇寨汛兵三十、柳叠汛兵三十。”

“于是疏水陆，辟市廛，兵制严肃，刁斗不惊。商旅出于途，汉苗杂于市，太平景象，焕然一新焉。”

上述记载反映了都江航运形成的历史原因，对都江航运繁荣景象的描写极其精炼，尤其是“商旅出于途，汉苗杂于市”寥寥十字，一幅“盛世都江图”便呼之欲出且历历在目。

第三，《都江纪要》对清咸丰年间的都江各族人民大起义这段史实多有叙述，是研究水族地区阶级斗争史的重要史料。

从《都江纪要》所记载有关内容看，至罗光明、罗天明起义后，至少有两次攻下都江城。第一次是宣布起义之后，即于农历七月十六日在衙署书吏余正纪（又名余老科）的内应之下，攻下都江城，当时城中清军力量薄弱，惜义军“未审城中虚实，仍退守三脚”。第二次是同年的腊月初一，义军在王老周的带领下，再次攻下都江城。

第四，《都江纪要》不仅重视记载都江政治、军事等方面的情况，而且对都江的经济、文化乃至少数民族等方面的情况也予以详细记载。

“诸苗之种类不一，有瑶、有侗、有红苗、山苗、水苗、仲苗、短裙苗，而山苗、水苗倍多于瑶、侗诸类。”“多苗寨，少汉庄。苗民专务稼穑。”“民尚俭啬，苗勤耕织。汉民冠婚丧祭，异地无殊，而诸苗则尚各习俗，均有性情服食语言歌音之异。”

这些记载，真实地反映了当时都江多民族聚居的现实情况、生活状况以及当地民风淳朴，风俗互异的特点，为我们留下了宝贵的资料。

对“改土归流”之后都江社会经济发展的记载：

农耕的出现：“陀坡层递者名为梯子田，斜长结曲者为腰带田。”政府的措施：“招抚流亡各归农业，给牛种以开田亩。”工商业的出现：“由古州购盐砂舟运而上，以锅熬制成块贩发独、荔等处。”文化教育的兴起：“（同治年间）增设城乡义塾十三堂，清出绝户田谷为教师学俸……使苗民薙发，读书习礼除陋，并改汉装，而同归。”“其民性虽轻文重武，然其间亦有出类拔萃者。道光末，王启宗以考古学膺选进士之拔，朝考后，分发云南。”据此可见国家在都江传播封建文化是有一定成效的，可知王启宗是三都县唯一考中进士的人。

《都江纪要》以编年体方式，将清代中晚期一百多年间有关都江的地理、历史、政治、经济、文化、军事、民族等庞杂的内容囊括其中而不显杂乱无章，不仅说明作者对都江历史掌故的深谙熟悉，更反映了作者文字功底的深厚。诸如“疏水陆，辟市廛，兵制严肃，刁斗不惊。商旅出于途，汉苗杂于市，太平景象，焕然一新”，如此简洁生动、从容不迫的文字，堪称大手笔。《都江纪要》记载的内容总的来说还是比较真实客观的，而且也是相当全面的，堪称都江地方史的“百科全书”，具有较高的学术价值和史料价值，因而向来受到学术界重视。一百多年前，千里苗疆深处一个普通的教书先生能为文化传播作出此贡献，都江人王立云已经足以让人肃然起敬。

集益诗社与《集益诗钞》

1. 集益诗社

民国4年（1915），贵州省撤三脚州同置三合县。次年，三合县西北部丰乐、猴场、大河、普安等地区十余位文人组成“集益诗社”。社长潘致庵为前清附生，诗社成员有石玉良（琼英）、石有华（荣庭）、韦作模（鹤卿）、余际云（仲选）、刘天福（寿山）、陈永桢（锡周）、陈怀德（明卿）、罗正学（古臣）、罗熙奎（举丞）、张永桢（干臣）、张世钊（筱村）、张煊芃（兰溪）、张冕荣（焕堂）、吴润之、邱联诚（信鱼）、苏培馨（季香）、蒋邦卿（佐廷）、吴润之等计18人，其中罗正学系独山人，吴润之为都匀王司人。他们定期集会，饮酒吟诗，成员唱和之诗作均交由社长一一鉴评。

集益诗社的成员生活在三脚州末期和三合县初期，即清朝向民国过渡的时期。新旧时代交替，社会动荡，读书人大多选择归隐避世，寄情山水，故集益诗社成员的作品以山水田园诗为主，不少诗歌出自聚会活动的指定题材和体裁，有文字游戏的色彩。但如此活跃的乡村诗社诗歌活动，在近百年前的贵州乃至中国，都是不多见的。集益社的诗歌，既是旧文明的夕照，也是新文明的曙光。

诗社活动持续了近20年，每位成员将长期诗稿汇集，定名为《集益诗社诗钞》，各抄留一本。这些活动及诗钞，是三都近代历史文化重要的组成部分。2003年夏，幸存孤本《集益诗社诗钞》在丰乐镇鼠场村被发现，成为三都珍贵的历史文献。

这份《集益诗社诗钞》由丰乐中学退休教师吴祖卢走亲访友时获悉，并送至县政协王公品魁处。王公给主编《黔南历代诗词选》的李瑞利先生（贵州省诗联学会等会员、贵阳市乌当区诗联学会副会长兼秘书长）寄去了复印件一册。李先生点校时改竖排作横排，加句读后电子打印，易名为《集益诗钞》。

2.《集益诗钞》选读（六、七、八卷）

示云：律诗以一二三句中之一句为主脑，或二句以下从此，生出所得之字当于首句，结句出之首句为孤雁入群，结句为孤雁出群所用之字有叠见者，宜字同意不同，然总以不同为最！

——致庵

卷六 夹缝岩 （得“游”字）

其一 刘寿山

鬼斧神工劈力优，岩分夹缝几千秋！
两山排势惟飞鸟，一涧潆洄未达舟。
万丈藤萝猿上下，数声钟杵寺清幽。
逢僧试问源头外，倘遇桃林我乐游。

其二 陈明卿

不知天劈始何秋？岩石分开夹缝侔。
临嶂俯观不见底，寻溪远眺却遮眸。
舟原港隘从无入，雪到春深尚有留。
三月桃林红两岸，傍花著屐好遨游。

其三 张筱邨

天开石壁涌清流，山亦幽兮水亦幽。
瀑布横空封古寺，巅猿饮涧伴沙鸥。
尘飞不到烟常锁，浪激频摇石若浮。
仙子天台疑此处，会邀刘阮一遨游！

其四 张焕堂

夹缝岩穿孰兴侔？神州景物数从头。
何人劈就刚容线，我辈登临阔远眸。
两岸嵯峨岚气合，一溪荡漾水光浮。
白云深处仙源近，佳节还须载酒游。

其五 余仲选

壁立巉岩几度秋，是谁凿破缝相侔？
潺潺流出泉何洁，隐隐撑开洞亦幽。
万壑声添猿鸟兴，一钟响彻鬼神愁。
其间曾否通银汉，且向蟾宫去一游！

其六 佚名

夹缝岩前景物幽，到来尘虑觉全收。
忘机峻岭颠猿卧，得意清溪野鸟浮。
两岸奇花迷古道，千层峭壁让清流。
人间自有丹邱地，奚必蓬莱始可游！

其七 石群英

岩悬地势接岑楼，夹缝中穿景物幽。
忆觅桃源从此去，故开石壁待名流。

清溪口狭舟难入，空谷云深仙合留。
自恨生平常作客，未能时与故人游。

其八　蒋佐廷

天然美景著岩头，夹缝声称历有秋。
何代引刀分两下，谁人著屐踏双留？
生成石户当空辟，隐若桃源到处幽。
胜景如斯真可玩，不妨落帽一遨游！

其九　邱信鱼

嵯峨交并壮神游，夹缝岩通道路悠。
空硐奇穿连赤壁，层峦巧合俯清流。
高悬古寺烟霞里，低傍人家涧谷头。
景物畅怀求极日，登高一览气横秋。

其十　佚名

岩称夹缝几千秋？水秀山奇播五洲。
耸立两峰摩碧汉，奔腾万壑赴鸿沟。
纪游已遍他乡客，代远难将问宿猴。
胜地如斯曾几见，好邀同调一遨游！

十一　陈锡周

名山胜地雅人游，奇石连云一望收。
荦确凌空分两壁，登临绝顶小群州。
泉流瀑布钟声静，地隔红尘草色幽。
借问人家年寿者，曾闻仙住此岩头？

十二　佚名

山奇物雅好遨游，夹缝岩通豁上流。
两岸林深鸣野鸟，一溪浪碧饮猿猴。
竹篱隐露闻村犬，石径斜穿见寺楼。
美景高低方览遍，抵家明月已当头。

十三　佚名

岩前纵目看从头，夹缝迴环一涧流。
水自清兮山自秀，地何僻尔景何幽！
人家密室沿篱筑，高下僧房傍雾浮。
仿佛仙源名胜地，年年携酒乐遨游。

十四　佚名

天生夹缝几千秋？险窄岩阿不碍眸。
山臂直撑仙人掌，禅房疑压毒龙头。

云封峭壁藤萝杂，地隔红尘岁月悠。
野鸟奇花迷小径，高人留恋此山游。

十五　佚名

合壁崎岖水济流，生成夹缝不容舟。
一溪曲出虹光落，两岸交鸣鸟语柔。
绝烟谁开游客路，飞云常护远公楼。
早教刘阮曾知此，何必天台作远游！

十六　佚名

不惜相随爱远游，岩开夹缝阅难周。
人踪细觅从云脚，水势遥奔过岭头。
杂沓群声无远迩，葱茏万象浑沉浮。
天然超出尘寰外，欲学忘机此地留。

卷七　隘口上（得“留”字）

其一　韦鹤卿

名称隘口系何由？山势回环水傍流。
远眺惟观岩壁合，近临方睹潋光浮。
乱藤倒影随潭静，瀑布悬流逐浪悠。
两岸青峰岚气绕，许多烟景好勾留。

其二　陈明卿

莫言港隘没来由，入口方知景物幽。
岩耸千寻常滴水，潭深百尺好垂钩。
青山势欲人青眼，乱石声喧峡乱流。
创世神工何等巧，一般佳趣为谁留？

其三　刘寿山

两山壁立锁江头，影倒江中翠欲流。
聚散烟霞多岁月，荣枯草木自春秋。
高飞瀑布聒幽径，遥听渔歌起小洲。
无限风光兹隘口，停骖在此一勾留。

其四　陈锡周

两隘观来上隘优，苍山夹水景全收。
玉屏对峙烟时锁，瀑布高悬草自幽。
浪卷流头埋野马，石横溪畔挽扁舟。
此间清绿重相映，赢得佳名万古留。

其五　石荣庭

不除关隘孰能留，疑是禹功尽策谋。
路不车容惟走马，山非梯上只升猴。
细看鸟去如吞咽，遥望人来似出喉。
两壁摩崖相对峙，盈盈一水贯中流。

其六　佚名

一水茫茫去不休，偶经此处碍行舟。
荻封对岸帆难挂，水落长潭缆早收。
瀑布高悬惊过客，渔歌晚唱起眠鸥。
此间风景诚无限，惹得诗人尽日留。

其七　蒋佐廷

好景偏多隘口留，冈峦排势锁滩头。
两山烈烈疑仙削，一水滔滔著地由。
卷石旋螺窥岸立，清泉翠练接天流。
日之夕矣风尘静，喜听渔郎咏溯游。

其八　佚名

巷隘疑难入口游，登临隘口最清幽。
泉流滴滴风尘静，山势巍巍俗虑收。
雁阵惊寒云影黯，渔舟晚唱橹声悠。
归间我欲频来此，独挈长瓢任久留。

其九　张筱村

徘徊隘口两游周，险峻清幽数上头。
马踏泥红沿石磴，浪飞花白打汀州。
溪水添新看过雨，岩泉滴惯不惊鸥。
倘教付与丹青手，肯让嘉陵画本留。

其十　苏季香

隘口形名上古留，无边风景赛神州。
崇山峻岭魁秦蜀，碧水澄潭映斗牛。
泉滴丝丝飞小雨，声喧哑哑泛轻舟。
寻芳但得如斯境，寄语诗人载酒游。

十一　罗举丞

隘口流连独自游，初疑无路入荒陬。
渐由曲折通溪壑，便见沉浮有鹭鸥。
瀑布四时垂白练，流莺一带傍金牛。
天生如是咽喉地，不禁吁嗟突久留。

十二　佚名

崭然隘口是谁留？景物清奇拟锦州。
水派牂江舟一叶，山连剑阁路咽喉。
鸢飞鱼跃忘机地，柳绿松青得意秋。
过客一经新耳目，停车常在此间游。

十三　张干丞

险隘无俦偶一游，天生第一紧咽喉。
偏师足以当全壁，守土谁能夺上游？
夭矫石龙蹲日脚，奔腾天马跃江头。
如斯雄镇诚惊骇，来往观瞻每逗留。

十四　佚名

经过隘口辄停留，览遍青山傍水洲。
峻岭参天看不厌，小溪放棹应生愁。
雨添翠重新图画，月出光摇晚钓舟。
借问路旁游玩客，全球胜景有如不？

十五　邱信鱼

天然生就类关头，并立奇岩水自流。
万里长江光接日，数峰峻岭气横秋。
潭深有浪风前出，寺远无僧月下游。
好景天涯曾几见，令人欢赏一勾留。

十六　张兰溪

寻芳隘口小长洲，商过渔居甚侣俦。
两岸嶙峋云汉拔，一途连络省垣由。
弃车著屐征途急，燃竹临江薄雾浮。
地是崎岖仍坦荡，行人登览一勾留。

十七　张少凡

插天双嶂夹溪流，壁立中分鸟道幽。
玉屑琤琮飞瀑布，金瓯底奠扼吭喉。
蚕丛何日初开道，鸿爪谁人在上头？
欲觅桃源问秦汉，渔舟一度一勾留。

卷八　小溪渡（得“溪”字）

其一　吴润之

绿水汪洋一望迷，横江设渡济东西。
时撑时泊原无忌，或往或来总不齐。

风动橹摇惊马跃，潭深浪涌令人凄。
但将舟楫操持稳，那畏奔腾一涧溪！

其二　石群英

僻地关津诚险阻，渡头区削水高低。
乱山逼岸傲天日，怪石横江似海鲵。
无数客船时上下，一只小艇济东西。
乡村尽道行商好，多少行人畏此溪？

其三　佚名

晨起江边看紫霓，何人系舰傍长堤？
想因风急帆难挂，疑是波狂路已迷。
港险不容鲲鲤跃，舟横那听鹧鸪啼！
从来此地同巫峡，岂仅区区曰小溪。

其四　张千丞

短棹仙槎傍小溪，垂鞭待渡马声嘶。
问津蔀屋佳人识，系缆花潭估客栖。
云水苍茫鸥出没，烟林隐约树高低。
披襟正听沧浪曲，一苇之杭已抵西。

其五　张筱村

踏尽神山至小溪，橹声咿呀遍河西。
孤帆摇曳横江畔，一水奔腾逐柳堤。
入港不惊涛浪阔，登舟那顾荻芦低。
夕阳未坠先停棹，系杙休教夜色迷。

其六　韦鹤卿

难就徒杠是小溪，扁舟稳渡便人跻。
春潮鲜畏江流隔，晚钓多寒月向西。
百尺潭深无客虑，千层浪叠不人迷。
苇杭计定功何大，来往行商每赞题。

其七　佚名

一涧潆洄称小溪，仙槎今古渡群黎。
初闻渔笛沧浪起，仿觏河图龙马嘶。
深浅休言遥接揭，回环陡见水高低。
从兹曾否同云汉，抵定天山再考稽！

其八　陈锡周

一水弥漫出小溪，问津古渡岂仍迷。
舟行来往无常绝，浪涌回环不暂稽。

客有泛游疑赤壁，渔曾托足认长堤。
烟波淡宕洵佳景，有负临江妙句题。

其九 佚名

行尽征途渡小溪，滔滔一水晓烟迷。
橹声哑哑疑鸣镝，帆影翩翩落彩霓。
大道去来人左右，轻舟迎送路东西。
浮光潋滟涟漪映，好咏遨游近岸堤。

其十 罗举丞

春涨狂澜漾小溪，临江有渡指人迷。
森森山夹无车辙，寂寂途穷阻客跻。
直待横舟转冀北，频登彼岸弃岩西。
栉风沐雨难从愿，红日沉西倦马啼。

十一 陈明卿

人居就地不须齐，古渡横波两岸挤。
碧浪有龙终建庙，青山让桨直干霓。
二安滩上碑文老，一叶舟前水势低。
深港尚堪成胜趣，无忘夹小此清溪。

十二 刘寿山

客路依山到小溪，横江一渡望如迷。
苍茫雾破舟方见，欸乃声稀马正嘶。
浪接头安流星落，诗垂二难古人题。
渔梁喧静寻村歇，三两人家酒旆低。

十三 佚名

数重峦锁一清溪，叠石中横渡不迷。
晚雾深浓帆漫出，江枫萧瑟鸟寒栖。
山排两岸如门闼，浪涌千层似彩霓。
傍柳行人登此渡，一篙撑过小桥西。

胡羽高与《三合县志略》

1. 胡羽高生平事迹

胡羽高（1895—1957），原名胡翯、胡承羽，字羽高，通常以羽高称谓。清代湖南移民后裔，光绪二十一年（1895）出生于独山州三脚屯（今三都县三合镇），为南宋抗金名臣胡铨第23代嫡孙。其父胡德金曾任云南通判，后弃官经商，长年往返于都柳江航线，创下巨额家资，倡建三脚金麟书院、柳州育英堂，出资开凿石洞，清除都柳江航线上的东澜州红水滩及都江、三脚三大难滩险患。

民国2年（1913），胡羽高考入北京国立高等师范学校（今北师大）国文系，民国6年（1917）大学毕业即任贵州省视学委员兼黔南学监。次年起，先后出任天柱、贵阳、遵义、镇远、镇宁县长，贵州临时参议会议长、黔湘边区“剿匪”司令部（何键部）少将参议、贵州驻湘代表、湘黔两省政府顾问、云贵监察署秘书、贵州省参议员、国大代表等，生平阅历丰富，任内多有政绩，尤其重视发展地方文教事业。

民国26年（1937），胡羽高根据自己掌握的大量国民党高层往来电文、照片、报刊等资料，较为系统地整理、记录了1934—1935年间国民党围追堵截红军长征的情况，命名为《××西窜记》。由于披露了国民党军阀之间的重重矛盾，以及蒋介石利用围堵红军长征之机削弱和蚕食地方军阀势力之用心，对红军的战略战术和秋毫无犯也有所反映，该书出版后国民党政治部部长陈诚严令查办，但因胡羽高在贵州官声卓著，又在国民党高层中广有人脉，最终只被解除军职。该书现藏于中国国家图书馆。

民国29年（1940），胡羽高从镇远县县长任上离职回到家乡三合，因无军职不能随军抗日，便潜心编著《胡忠简公年谱》，以祖先胡铨抗金保国之精神自勉，并号召国人为抗战而努力。书成，蒋介石题写“民族正气”四字，李宗仁也题写“孤忠亮节”；当时的贵州政要吴鼎昌、平刚、王伯群等都为此书题词题诗。该书现藏于中国国家图书馆。

民国33年（1944）黔南事变，日寇进犯三都。身为省参议员的胡羽高召集陆权武、杨志霖、黄德琦、李之培、吴奂、张德贤等人，组织抗日游击队，将日军赶出三合。抗战胜利后，三都县政府为其请功，胡羽高获国民政府抗日胜利勋章。

民国35年（1946）胡羽高出任镇宁县县长，首建镇宁体育场，先施健民强身之举，并于当年在贵阳开办羽高书店，出版自己的著作。

民国37年（1948），胡羽高回三都竞选国大代表，深孚众望，最终高票当选。

胡羽高久历仕途，为官为绅皆名满黔省。他生活俭朴，为人正直，热心公益，关心桑梓建设。民国15年（1926）年底，贵州省开工建设贵南马路（黔桂公路），胡羽高担任总监工。为了让省府将三合县纳入规划，他捐资建造贵阳图云关下的引排涵洞桥（此桥后被省府命名为“羽高桥”），民国17年（1928）又出资修筑三合至羊勇关公路（17千米），将三合支线联通贵南马路。民国26年（1937），胡羽高在家乡三合修建一栋三楼九间的义舍，无偿供给难民使用。四十年代三都筹建县民教馆，胡羽高赠书一万余册。民国31年（1942），三都筹建初级造纸职业学校（三都中学前身），胡羽高除出资外，还捐献良田数亩。民国34年（1945），三都发生百年不遇的洪灾，胡羽高积极协助县政府救灾，还出资奖励救援人员（凡救出一溺水者奖励银圆一块），亲自撰写《三都乙酉水灾纪实》，并致函省政府核准减免当年税赋，减轻了当地人民的负担。

胡羽高个人藏书五万余册。他学识渊博，尤擅文史，文字功底深厚。从民国11年（1922）开始，胡羽高就开始撰写《牂牁丛考》，民国37年（1948）完稿，该丛书成为夜郎研究最重要的几本专著之一。他还先后主持续编《贵阳志》，参与续编《贵阳通志》，合作编纂《镇宁县志》，亲自编纂《三合县志略》，毕生著述成果丰硕，堪称方志大家。

解放前夕，胡羽高拒绝出逃，新中国成立后，因《××西窜记》而领刑无期。他依法服刑，1957年病逝于贵阳五眼桥砖瓦厂。时间已过去了五十多年，走向世界的中国，足以容得下一个已经为自己的错误付出代价的历史人物。

胡羽高拥有极其精彩的人生，无论是作为官员、学者或慈善家，他几乎都做到了常人所不能及，堪称旧式知识分子和官员的典范，为后人留下了丰富的物质财富和精神财富，他的贡献值得历史铭记。

2.《三合县志略》

三合，元属陈蒙、合江州，明以后属烂土长官司，清雍正十年（1732）设三脚州同，民国3年

（1914）独立设县，民国30年（1941）与都江县合并为三都县。作为三合籍人士，又是文史科班出身的胡羽高，认为“夫三合诚黔中岩邑之小者也，然以言形势，奠苗岭之末脉，据珠江之上游，西北扼滇蜀之咽喉，东南拊楚粤之项背；以言文化，西汉盛览，东汉尹珍肇南中之学，开风气之先；以言交通，陈蒙山左，沅水北注于洞庭；烂土司前，豚水东入于南海。在昔鄂文端欲求沟通而未迨，今藉公路衔接矣；以言物产，锑、汞可贸易于国际市场，木、铁可供给邻省制造。似此又安可不志乎？余于斯不能释，乃姑试之”，又深感“吾邑在汉唐虽有夜郎、应州之设置等羁縻，在宋元虽有定云、陈蒙府洞之名，仍同化外，良由天开草昧，人近蛮荒，载籍简要，语焉不详”。

胡羽高编纂《三合县志》的想法由来已久。早在民国8年（1919），担任贵州视学的胡羽高就和时任三合县县长刘瑶阶“卑辞厚币，礼聘邑中名宿张绍藩先生主笔政，包璧人先生绾局务，着手未几，卒以事废。嗣余以行人使命浪迹天涯，未遑过问”。二十年后，胡羽高宦游归来，“张、包两先生已归道山，询其遗稿，寥寥数行，不禁令人失望”。“旧事重提，无如国步维艰，民力告匮”，于是他“上窥大府之档册，旁征邻邑之志乘，出吾家之旧藏，竭个人之愚昧，寒来暑往，日以继夜，勉将吾邑所可记述者，琐屑集凑成编”。

民国28年（1939）胡羽高回乡赋闲，重新编纂《三合县志略》，各方面已是困难重重。不过，方志编纂对于此时的胡羽高而言，已是驾轻就熟。他几乎是凭着一己之力，在一年内完成了《三合县志略》的编纂，其速度和效率足以惊人。在县长许用权的大力支持下，《三合县志略》于民国29年（1940）出版问世。

全书计地理略五卷、前事略三卷、营建略四卷、掌故略二卷、官守略六卷、庶政略十卷、士女略十卷、民族略二卷、动植矿一卷、杂俎一卷。类目设置别出心裁，考核精审，体制严谨。尤其是民族略，评述汉、苗、水、仲等民族婚丧礼俗，征文引献，述说简明，并将汉文、东区方言、西南区方言、北区方言对照列出，分天文、地理、称谓、身体、动作、道路、房屋、布帛衣服、饮食、食物器具、数目、颜色、方向、农功、疾病、禽兽、鳞介、昆虫、花木等类，共六百多个词或词组；另有民族语言与汉语对照，后附水族文字200多字，甚为珍贵。书前有三合县地形图、三合县全县图各一幅。

这是一部以人文主义观点编纂的方志著作。胡羽高自幼饱受中国传统文化的熏陶，打下了坚实的文化基础，长大后入北京国立高等师范学校国文系，该校名师云集，学术氛围浓厚，且当时海禁已开，各种思潮激荡，身处其间，深受浸润，胡羽高的文化功底和学术眼光自是不同寻常，以人文主义观点治学和编纂史志，自然而然。全书四十四卷中，只有庶政略和士女略各十卷，篇幅最多、比重最大。作为政治经济方面，庶政略占十卷，自在情理之中；作为文化方面，士女略占十卷，则意义非同寻常。士女略分为先贤、科贡、忠义、文学、军功、孝友、德行、耆年、节烈、选举等十类，较之其他类别，尤为具体详细，充分体现了胡羽高对大文化的高度重视，充分展示了其长远的历史眼光。作为主纂者，胡羽高非常谦逊，在自序中说：“统名曰《三合县志略》者，盖余鲁莽从事，草率成书，挂一漏万，不过得其涯略耳。若曰志，则留以待后之贤者。”其高尚品德深受后人崇敬，其科学方法对我们纠正当今史志编纂之弊更是不无裨益。

作家作品简介

张绍藩

张绍藩（1871—1933），布依族，清末烂土巴艾人，土司张均后裔张鼎元之子。清宣统元年（1909）科职官，当选贵州省临时议会议员，后任胜秉（今施秉县）分县长。三合建县，以张绍藩致力最勤。他拥有较好的家庭和教育背景，参加过末代科举考试，工诗文，尤擅政论，文笔犀利畅达，曾任《黔风报》主笔，所撰社论一出，时人皆争一睹为快。张绍藩生前创作较勤，作品较多，因世事沧桑，大多散佚，殊为可惜。幸好胡羽高主编的《三合县志略》收录其诗作《悼万君仿陶》《观东乡击铜鼓吹芦笙苗女跳月》和《偕赵湘丞大令勘界东区至姑鲁阻雨失道宿祥寨纪事》，收录其散文《吴子厚墓志铭》《杨瑞生墓志铭》《王双山墓志铭》《吴荣卿墓志铭》和《谭凤章墓志铭》，多少弥补了一些缺憾。

张绍藩诗学杜甫，语言高古浑朴，风格沉郁顿挫。《悼万君仿陶》是一组五言律诗，挽民初独山名士、文人万仿陶。独山万氏是清末民初黔南名门望族，万仿陶、万仿韩、万仿苏三兄弟号称“万氏三杰”，蜚声黔南文教界，与同是名门望族后裔的张绍藩有深厚交情。痛失知交，悲不自胜。张绍藩以老辣的诗功，表达对挚友深深的怀念和痛惜，诗歌巧点逝者籍贯（独山）和身份（女校校长），语言质朴，对仗工整，用典贴切。

五古《观东乡击铜鼓吹芦笙苗女跳月》是一首民俗文化诗，既有对民族服饰和舞姿的生动描绘，又有对历史文物的敬畏，全诗文化底蕴丰厚，更为难能可贵的是作者长远的文化眼光，在那个年代，作者就已呼吁，要做好民俗文化的保护和传承——“陈诗谂邦人，数典勿忘祖”。

五古《偕赵湘丞大令勘界东区至姑鲁阻雨失道宿祥寨纪事》则是一首现实主义色彩很强的叙事诗。写作者随三合县知事赵永霖深入民间，目睹民生疾苦，顿生悲悯情怀，哀民生之多艰，并引为深深的自责——“一夫失所遭，贤者引为咎”，读之催人泪下。

张绍藩的政论文在当时非常有名，今已无法见到，从其所撰有限的几篇墓志铭，可见其散文具秦汉散文之功力。墓志铭毕竟是谀墓之词，最不好写，把握不好，容易沦为吹嘘，大而无当，令人肉麻。而张绍藩却能拿捏好分寸，以简朴的语言，捕捉关键的细节，往往寥寥几笔，人物神形毕肖，栩栩如生，让人且敬且羡。请看张绍藩在《吴子厚墓志铭》中，对志主的细节描写：

“丙午，吴人杰以仇教倡乱。其冬，广匪数十百人，闯然入东区，露刃搜掠，居民惊扰。君诇知走价，牵羊酒以送，谩为好语，匪狂喜。君阴简精壮，一日者，鼓角出，直趣匪巢。匪饮噉尽醉，则皆倒，索而缅之，累累然，嚣呺讙呶，向君而哭，君廉其可矜者。明日，邑侯宋鹤琴至，宥三人，断三十人首，地方肃然。嗟呼，君智略如此！使得时乘风云，岂可测量？而崎岖溪洞间出生入死，困踬蹇难，仅仅保聚，名不出闾井，悲夫！”

寥寥数语，就能把一个深具韬略、沉着冷静、宅心仁厚的地方团练首领写得如此形象生动，颇有司马迁《史记》的笔风。

悼万君仿陶

一

翰苑承家范，刚源挺异姿。
元方才自赡，小宋数何奇。
碧眼丹书旐，红颜锦绣丝。
隔年两殉学，恻恻可胜悲。

二

等死嗟何速，彭殇太不齐。
雁行折翰羽，鱼信澈雕题。
黑水鸡声恶，黄台鹤望迷。
摩挲好犀角，慰藉指丹梯。

观东乡击铜鼓吹芦笙苗女跳月

丞相征南中，南人不复反。武功以张威，文德以柔远。武功其维何，虎豹鹅鹳惊。文德其维何，铜鼓壶芦笙。女舞屡傞傞，闪烁风云变。银尖插假角，金环莹匹练。雉羽簪满头，围腰曳裙裾。轻兮儗飞燕，翩然如沉鱼。东波才嫛婴，长歌飙清商。胡余众繁响，古意徒茫茫。我来观民风，睹此欲起舞。陈诗谂邦人，数典勿忘祖。

偕赵湘丞大令勘界东区至姑鲁阻雨失道宿祥寨纪事

长官东南行，群骑瞻马首。迤逦复迤逦，子路从而后。洒雨降滂沱，云滃日昏黝。逴行泥淖中，倚门一嫠妇。有客复有客，入室何所有？爇火束湿薪，舂粟刓石臼。思子泪犹渍，蓬头而面垢。婉言诘所苦，鸟音靡听受。睹此长太息，教养职谁负？一夫失所遭，贤者引为咎。俚言当陈词，讼言告马走。

潘一志

潘一志（1899—1977），原名潘益智，字若愚，三洞梅山人，水族名儒潘树勋（字小桐）先生之子。自幼启蒙于父亲开办的梅山学馆，十九岁时（1918 年）考入都匀十县合立中学，民国 11 年（1922）毕业，做过小学教员、校长及中学教导主任，当过军队文书、副官，任过县府和专署秘书、科长等职，后因痛恨官场腐败黑暗，辞职隐居。新中国成立后，应新政权之邀，出任荔波县各族各界人民代表会议驻会副主席，兼任教育科、民政科科长，1957 年三都水族自治县成立，任第一副县长。1958 年调任政协黔南州委员会驻会副主席，1977 年 7 月逝世。

潘一志出身于书香门第、教育世家，自幼饱读诗书，学识渊博，加以一生宦游，阅历丰富，且寿龄较长，作品较多，是存世作品最多的近现代水族诗人、学者。其传世作品有《新旧自我人生观诗稿》《荔波县志稿》《荔波县志资料》《水族社会历史资料稿》等。潘一志性格偏于内向，气质沉稳内敛，逻辑思维较强，思路清晰，善于叙事，长于治史，诗才稍逊于同时代的韦绍乔、吴支煦、杨秀菁和潘家相。

因善于叙事，故其叙事述怀方面的古风较多、篇幅较长，其传世诗词作品共有 400 余首，其作品的历史价值较高。《荔波浩劫纪实并序》，全诗共 44 行 616 字，叙述了日寇侵犯荔波县境，烧杀掳掠，四乡土匪复趁乱打劫，人民备受蹂躏的历史事实，不啻诗史；最有艺术价值者，要数《台江桥惜别》，此诗曲折舒缓，余音袅袅，深切感人，实属佳作。

潘一志也有一些境界阔大、气象雄浑的律诗佳作。如《过花江河》《上关索岭》和《黄果树观瀑》这三首战地诗，写的是诗人由兴仁县返家时的亲身经历，面对山川的雄奇险峻和战争的极端残酷，诗人触目惊心，灵魂受到空前的震撼，各种复杂的情感相互交织，为潘一志诗歌的精品。

潘一志的抒情诗中，最为生动感人的当数绝句组诗《悼亡》和《哭女诗》。《悼亡》前四首是五律，后四首是七绝，抒写的是失去继配夫人潘媛贞的深切悲痛，历叙患难夫妻的坎坷际遇和伉俪深情，字字泣血，凄婉动人。《哭女诗》为十首七绝，表达失去长女懋禧的悲痛，艺术风格与《悼亡》相似。

最能集中体现潘一志爱国热情和高尚节操的诗作是《正安旅次杂感》《南明河畔有感》《白发感》和《由榕江赴独山船中有感》等律诗，这些作品或感国事日非，或哀民生多艰，或叹世风日下，或恨官场黑暗，充分表达了传统知识分子“穷则独善其身，达则兼济天下”的崇高理想和“出淤泥而不染，濯清涟而不妖”的高尚节操。

潘一志是严谨的学者，优秀的诗人，更是不畏强权、坚守公平正义的谔谔之士，他一生笔耕不辍，为后人留下了一笔宝贵的精神财富，其为人、为文、为学堪称典范，永远值得后人崇敬和怀念。

过花江河

时二十五军与四十三军前后争夺花江河阵地，死伤无算。

漫天烽火起干戈，踏破花江战垒多。
血染悬崖疑赤壁，腥腾浊浪拟黄河。
铁桥练断横波渡，鸟道云封叱驭过。
漫说巉岩天堑险，关津有道入牂牁。

上关索岭

时二十五军与四十三军相持八轮桥，两边高峰，对峙扫射，死尸夹道，目不忍睹。

快步连登上极颠，得从关岭上云端。
一声长啸惊天外，万叠层峰拜膝前。
放眼频观空宇宙，惊心犹未静烽烟。
英雄逐鹿谁先得，战垒纵横白骨悬。

台江桥惜别

共事五阅月，规劝感同寅。我因家事去，同寅饯我行。既醉复晋酒，盛意最殷勤。临行又远送，依依惜别情。握别期再会，短假仅四旬。假满期速返，叮咛复叮咛。天缘如可假，再晤岂无因。别矣诸同事，离合等漂萍。国难正严重，努力奋前程。此身已许国，台水可盟心。台水悠悠去，此心同古今。珍重最后语，涕泗已沾巾。河梁两分袂，回首渺青云。

哭女诗（并序）

长女懋禧，肄业榕江国立师范学校简师班四年级，将届毕业，忽染病月余，一九四三年十一月十日下午三时三十分殁于校，年二十三岁。时余正修《荔波县志》，计日蒇事，复以家务纠缠，经济窘迫，不克前往照料。而次女懋祉与禧同班，朝夕相依，乃于半月前赴贵阳参加省运动会，亦不得在侧。禧自病至殁，唯侄懋桃及其至好同乡同学高娴等照料汤药，营斋营葬。禧病革时，盼余及祉切，乃竟不得一面，赍志以殁，伤哉！念禧平生温和诚朴，虽中等之资，而勤学不倦。胡天不永年，复使魂羁异地，噩耗飞来，悲不自禁，吟数绝以当哭云！

一

苦病熬煎一月余，望爷梦断几封书。
公私经济交难我，噩耗飞来悔不初。

二

数年求学忍饥寒，体贴家贫只自安。
来信不提经济苦，更教为父倍辛酸。

三

一月离家祺弟生，来书念念苦思萦。
偏教骨肉难谋面，何事天公太薄情。

四

诚朴温和博祖欢，髫龄早作掌珠看。
廿三岁月昙花现，后果前因索解难。

五

负笈榕江姐妹花，省垣运动妹参加。

归来只见凄凉冢，死别生离一念差。

六

病时汤药死时丧，桃侄经营百事忙。
感谢老师时照顾，更烦同学与同乡。

七

作客榕时梦臼炊，离榕三载哭禧儿。
伤心最怕提榕字，怎教孤魂异地羁。

八

不忍孤魂异地羁，权宜浅葬计归程。
拟将遗骨还乡葬，汝母坟边附一茔。

九

遥计长途路险戱，原棺无法度嵚崎。
翻尸倒骨心何忍，宁使孤魂异地羁。

十

荒郊矗立一孤碑，石上刊成哭女诗。
一字一声一滴泪，是诗是泪有谁知。

潘家相

潘家相（1900—1951），字辅之，三洞寨罗人，少小聪慧，极具天赋，启蒙于三洞名儒潘树勋开办的梅山学馆，稍长，入荔波桂花书院，高小毕业后，于民国 7 年至民国 11 年（1918—1922）就读都匀十县合立中学。中学毕业后投笔从戎，任黔军少尉书记参事，随军远赴铜仁，因病脱队，困住店家，店老妪怜之，递鸦片以治，见效，是以续吸成瘾，体质羸弱，终生不能远行仕进，只能蛰居乡里，以教私塾为业。

潘家相身材高大，面孔白皙，鼻梁高直，目光犀利，声音洪亮，文思敏捷，性格傲岸，踌躇满志。抗日战争爆发后，义愤填膺，恨壮志未酬，报国无门。民国 34 年（1945）2 月，由时任荔波县县长汪汉举荐，出任三洞乡副乡长，抗战胜利后，即以体弱为由辞职，继续教私塾。潘家相品行高洁，文笔独到，古文、诗词、楹联、书法俱佳，犹擅长联，生前曾自编诗文集，后毁于“文化大革命”，非常可惜。从残存的两首小诗，足可见其才情与抱负。

从军行

投笔从戎定远侯，能文能武更能谋。
不兵不械凭奇计，拓土功名震九州。

辞职吟

救亡胜利即辞官，育李培桃意志顽。
继把杏坛图细绘，绣成艳景始心欢。

今天，人们已经无由窥见潘家相诗词楹联作品的全貌，然词为诗余，楹联又为诗词之余，只能从以下残存的几副楹联去进一步想象其诗才了。

其书斋（养晦斋）联云：

无言消块垒
寡欲养精神

其大门联云：

好容易成为中坚人物
要挣扎做个清白世家

他的挽母联：

母德数无清，想当年，作吾门妇，赤手空拳，佐严君兴家立业，又嫁女分男，盘我五中，这恩极九重，抚腹多亏为子道；

孝心期靡底，拟此日，复故园庐，萱芩正永，遂乌私稍俾养体，且点额问安，媲美前祠，胡霜飞六月，伤怀顿失倚闾人。

代孙子挽祖母联：

读家书，传噩耗，尧岭云横伤祖母；
奉父命，留职中，报刘日短痛孙儿。

（注：其时，潘家相的两个儿子均就读于三都职中，为不耽误儿子功课起见，去信命二子不得奔丧回家，并代撰联以挽）

潘家相以其作品和行动，证明了自己是一个学而不厌、诲人不倦的乡间塾师，一个愤世嫉俗、正气凛然的知识分子，一个忧国忧民、心系苍生的爱国志士，永远值得人们崇敬与怀念。

韦绍乔

韦绍乔（1900—1951），名廷楠，字绍乔，以字行，三洞良村人，民国贵州省议会议员、省长公署咨议韦金品先生次子。韦绍乔启蒙于三洞名儒潘树勋开办的梅山学馆，稍长，入荔波桂花书院，民国8年（1919）考入贵州省模范中学，民国12年（1923）毕业，回乡从事教育工作，创办三洞小学，并任首任校长，开三洞现代教育之先河。民国36年（1947）初，韦绍乔任民国独山行政督察区专员公署秘书，因性情刚直，痛恨官场腐败黑暗，民国37年（1948）底即辞职回乡，继续从事教育工作。

韦绍乔出身于书香门第，天资聪颖，勤奋好学，文学造诣极高。他才思敏捷，想象力丰富，往往不假思索，指物作诗，是当时远近闻名的诗人。在文学创作方面，韦绍乔是个多面手，古文、诗词和楹联，诸体兼擅，创作多产，风格全面。然而，令人遗憾的是，世事沧桑，其作品或毁于兵燹，或毁于“文化大革命”，今天保存下来的作品很少，而且都是短小篇什。

在古文创作方面，韦绍乔写得较多的就是墓志和祭文。如代胞弟韦廷基写的祭岳母吴太夫人文，用骚体赋的形式，铺陈排比，辞藻华丽，汪洋恣肆，瑰丽雄奇，堪称杰作；祭其母杨太夫人文，则以散文形式，纯用白描，以昆仲五人口吻，列叙家事，娓娓道来，婉转曲折，感人肺腑，有明代归有光《项脊轩志》之风。

在诗词楹联方面，韦绍乔更是行家里手，古风、律诗、绝句、词和楹联，诸体兼擅，无一不精，即使是应酬性的墓碑联，他也是写得别出心裁，不落俗套，文辞警策，诗意盎然。在创作风格上，韦绍乔双管齐下，既有浪漫主义的洒脱，又有现实主义的凝重。七绝组诗《题吴子和闺怨后》共八首，全诗首尾圆合，结构严谨，一气呵成，格调高昂，富有盛唐气象；《晚步南通桥》二绝则境界宏阔，豪迈奔放，富于哲理，启人深思。而五律《丁亥秋归途感作》和五古《到家即事》则纯用白描写实，深刻地反映了民国末年兵荒马乱、民不聊生的社会现实，沉郁顿挫，有杜甫《羌村三首》之风，感人至深，催人泪下。潘家相去世后，韦绍乔代撰的遗嘱长联，极为沉痛，既为悼人，亦兼自伤自悼，诗谶隐隐寓于其中，呼之欲出。

题吴子和闺怨后

一

多情才子赋情词，试比当年却扇诗。

一样功夫情万种，豆生南国总相思。

二

管教行乐满长安，筝怨朱弦调独弹。
只为才情方寸恼，封侯欲作等闲观。

三

双飞粉蝶舞墙东，惹得离人百感丛。
上罢治安闺怨作，柔情节节长春葱。

四

风笛频吹月满亭，英雄儿女惜惺惺。
遥怜独坐黄昏后，暗卜归期总不灵。

五

两地同登百尺楼，一因看柳一依刘。
萋萋芳草情深处，牛女天河几度秋。

六

游子昨宵梦到家，今宵少妇梦天涯。
梦中怜惜知何处，拈出珠珠豆蔻花。

七

江山如许遍荆榛，不为风怀亦怆神。
可是毛诗规讽意，半伤思妇半劳人。

八

有志男儿著祖鞭，家虽如梦莫心悬。
会看国步宽舒日，美满夫妻庆百年。

晚步南通桥

一

桥头怅望夕阳斜，流水落花共海涯。
百丈山头天更远，那能晚景似红霞。

二

一浪低来一浪高，浮沉都付水滔滔。
有人不入旋涡捲，独立苍茫欲挽潮。

丁亥秋归途感作
——中元前一度回家

风雨迷归路，情形总异常。
道途犹恍惚，阡陌半荒凉。
村落皆墟废，乾坤亦渺茫。
别前无有恙，相遇尽痍疮。

到家即事

两年羁刚水，今秋至茅屋。薜萝牵瓦砾，妻儿衣破服。发蓬久不梳，无鞋赤双足。草凳烂半边，无油燃油木。相见各悲欢，欲言双唇蹙。长女汲清泉，为爷煮饘粥。生柴带叶烧，火筒吹拂拂。二女依前膝，相问哥勤读。三女欲投怀，垢腻羞蹢躅。反而牵母裾，爷可来自独。一夜话酸辛，破壁风断续。天地为黯然，苦情毋再述。晓来欲沽酒，探囊空无物。呼女前村赊，女儿背爷哭。此时难为情，此情殊惨酷。平生空自豪，裁诗歌负负。亲属慰新疏，沧桑偏枨触。忧念何时已，别离又在目。大地磅礴兮，此身如一粟。

吴支煦

吴支煦（1903—1951），字子和，塘州阳乐板良人，晚清例贡生、候补教谕吴培泽（字润生）先生长子。天资聪慧，幼承家学，工辞章，精书法。民国 8 年（1919）考入贵州省模范中学，民国 12 年（1923）毕业，先后任天柱县政府秘书、罗甸县政府秘书、教育科科长等职；民国 17 年（1928）考入贵州大学，民国 18 年（1929）参加贵州省政府文官考试入选，供职于省政府总金库文书科，边供职边读书，民国 19 年（1930）滇黔军阀混战，周西成战死，贵大被迫解散，终未毕业，后辞职回乡，设塘州子和国学馆，聚徒讲学。

吴支煦学识渊博，才情妍妙，加以一生宦游，阅历丰富，创作颇丰，是存世作品较多的近代水族诗人。举凡古文、诗歌、楹联和书法，无一不工，特别是诗歌方面，从古风、律诗到绝句，诸体兼擅，难能可贵的是，吴支煦以古风这一容量极大的诗体，对水族地区的山川形胜、民情风俗和历史人文，作了生动形象的记录，如《塘州歌》《拉下歌》《雪花硐歌》《天星屯温泉》《乡曲感旧》《六君子行》《珂乡铜鼓》等，堪称水族地区的民情风俗画卷，《逍遥歌》豪迈奔放，慷慨激昂，最能体现其远大抱负。其七古《闺怨十首》共 102 行 1428 字，表达作者从军期间对家中妻子绵绵不尽的思念，感情细腻，深情绵绵，笔触流畅，毫无滞涩之感，其功力实属罕见。其七律代表作《哭仲弟》共七首，对世风日下的失望、对家道中落的哀叹、对失去同胞兄弟的痛惜，该组诗格律精严，一气贯注，沉郁顿挫，艺术成就不让古人。更为难能可贵的是，在 20 世纪的二三十年代，吴支煦的思想观念就已非常进步和开放，其七绝组诗《生女感咏》云：“巾帼须眉一样珍，哪因咏絮转怆神。律书注定平权字，承继原来已有人。”“伉俪夫妻不计年，端期碧玉种蓝田。庚辰丙子双双诞，都是明珠掌上妍。”

吴支煦保存下来的古文不多，从可见的作品来看，几乎都是精品。其写给嫡母的家祭文共有两篇，其中晚祭文是纯散文，晨祭文是骚体赋。晚祭文纯用白描，历叙家庭琐事，语言质朴，感情细腻，深婉动人。晨祭文则驰骋想象，精心雕琢，辞藻华丽，极尽抒情之能事，令人凄怆欲绝。《吊李友禄夫文》和《吊杨友政夫文》则出以四言韵语，典雅清丽，亦秀亦豪，洋洋洒洒，令人节哀振作。

吴支煦以其较多的文学作品和较高的艺术成就，在水族文学史上抒写了浓墨重彩的一笔。

塘州歌

——丁亥重设馆事作

塘州之山何昂庄，塘州之水何洋洋。三潭虽小亦潇湘，又若西湖幻景彰。村落东西闻犬吠，其中乡路恣徜徉。阡陌田畴岁不旱，一亩可价三斛粮。生长娇娥擅姿媚，行歌度曲回人肠。民风质朴尚耕读，虹桥西贯明夕阳。人家好酒争延客，秋深剪韭烹黄粱。梅偶梅花与梅郁，星罗棋布遥相望。男媜郊原重农作，牧童呼啸渔歌扬。月夜捣衣晨井汲，肩挑鼓腹隆秋仓。峰嶂萦回通石蜡，人烟荟蔚真开张。文化灌输壮以阔，其中学馆何堂皇。光远名钦凭热血，苦心劝学开文盲。四境菁英齐会集，寻章摘句披琳琅。君不见，三都文化二区冠，城中碌碌几人算？又不见，请将洗砚来吞墨，考较乌纱云路客。

雪花硐歌

——寄潘处士静仁

神工鬼斧凿洪荒，巨椎千仞何昂庄。目击君乡雪花硐，气势磅礴吞莽苍。长河远溯来潇湘，怪石壁立真天王。纡蟠拱伏如堵墙，瀑布飞泻悬崖傍。万条银线披琳琅，硐口郁郁盘中央。水维雄寨分界疆，附近村落遥相望。君家卓尔栖其乡，耿介不俗莹清光。竹树掩映如寻阳，庄前古柏何飘扬。阡陌田畴种稻粱，荒年不旱无惶惶。书史横陈卧榻旁，陶铸欧柳兼苏黄。好客酿酒吟哦长，天性和易侔刘郎。一醉岂解吞长江，贤闺婉淑如齐姜。高柔艳福夜未央，阶庭敞阔灯火煌。有子俊俏传书香，消度岁月浑相忘。廿年前事殊茫茫，约我清谈罗酒浆。挑灯对局旗鼓张，肝胆相照铁石肠。倦游南归却政场，一岁一过鸣琴堂。评论人物无低昂，随机达变称子房。我与君友情弥彰，雪花飞溅心冰凉。目穷沧海歌彭殇，仙人桥畔恣徜徉。乌纱云路何彷徨，百年一瞬鬓毛霜。翻云覆雨非故常，硐口默默无平章。狐狸塞道多虎狼，放开眼孔登平康。不清不浊消锋芒，与君俯仰庸何伤，作歌写愫增慨慷！

逍遥歌

我欲游柳州，床头梦毂空踟蹰。我欲观洞庭，清波浩浩君山陬。人生百年终泡幻，拔剑斫地图封侯。少年勖力究书史，谁知功名天路殊。风尘走遍黔南北，阅尽河山及蛮貊。天柱一度恣远行，幕府题糕壮烟墨。欲渡沧海横无缘，振翮思飞过蜀川。英雄翻作儿女态，抱犊南来年复年。庄周一度鼓盆曲，遂尼祖逖中流鞭。少壮英雄应未泯，聊假书馆留桃源。搔首青云期白首，何当久滞樊篱边。匀筑有路通黔筑，愿得拄杖重盘旋。亲老复兼妻小累，谁能摆脱情魔牵。同学辈流多上道，龙门奏技身腾骞。欣看矫矫二君子，愧我局蹐依林泉。穷达有命天生定，奈何造物随倒颠。乘风此志不稍懈，鲲鹏九万方卸肩。回首故乡友，半作瀛洲仙。浮生在世不称意，手提白发空写宣。

乡曲感旧

——漫然作

我爱杨贤斋，煮酒留客无嫌猜。我爱潘儒材，温言讷讷清樽开。乡曲旧游多落落，唯有二子常竭来。作民更是不羁才，行歌醉酒争寻梅。神魂飘荡了不顾，挑灯夜饮倾瓶罍。笑容可掬红颜伴，抱瓮长吟真快哉。劝君善保千金体，减少酒力度天台。君终不肯读酒诰，唯愿长醉梅花堆。文章一洗空糟粕，健笔亦可惊朋侪。闲邀二如共谐谑，消磨岁月春酒醅。我念旧游少知己，绍乔莪山更无几。大作淋漓江海潮，诗情共仰中唐李。莪山得志攀丹窟，绍乔傲骨空流俗。浮沉人世三十年，环境各殊多枨触。我更中年迍邅遭，蜩螗家世堪歌哭。奇山舅弟擅丰姿，名心未遂逍遥足。多情中表复联姻，花洲更与通婚牍。晚近人心最浇薄，杯弓蛇影频征逐。富贵悬知到几时，卖文且换三年谷。搔首吾生后辈招，问谁可是阿龙超。酒罢茶罢增奇兴，聊书数语纾胸牢。

哭仲弟

一

骨肉分离此尽头，他生缘会更无由。
文章反被苍天妬，道德还遭叔世尤。
自古夭年悲李贺，于今化蝶梦庄周。
可怜老父沉沉夜，痛殒兰枝泪暗流。

二

弹指韶光四一强，论年总不算夭亡。
吾家几代修持厚，有子承祧半折伤。
世乱人心殊诡谲，穷途天眼孰昭彰。
何徒冷落亲朋辈，伦与佥壬议短长。

三

一年几度感沧桑，太息衰门总断肠。
新媳初来胡解事，孀妻忽尔共偕亡。
两三弱侄还冲幼，七秩椿萱尚健强。
此后河阳担重责，问谁怜我共匡勷。

四

等身事业付沧江，雪路相期究忍忘。
死去慈茔碑未立，浮沉家运尺难量。
登山涉水求迷误，抱牍依人问道盲。
倘教英明吾弟在，何须云梦访潇湘。

五

自古彭殇太不齐，我今何必问希夷。
建桥筑路先人业，凿壁偷光后代稀。
艳说多男添幸福，翻教促算感凄其。
同胞骨肉今生别，也许来生再展眉。

六

病中骨相若摩挲，还道烟魔惹病魔。
扁鹊有情当解脱，相如无意尽消磨。
谁知赋鹏终成恨，偏泣牛衣应有歌。
千百萦怀今古事，不能复起奈如何。

七

人羡吾家好凤麟，难兄难弟最多情。
天教折散中天雁，谁与消除九地荆。
半榻琴书尘垢晦，一陵荒塚月华明。
从知净土逍遥去，了却尘寰苦难经。

杨秀菁

杨秀菁（？—1951），字莪山，中和庞寨人，出身于书香门第，启蒙于自家塾馆，稍长入东区两等小学，小学毕业后考入贵州省农业中学，中学毕业后从政，曾先后担任民国平塘县、三都县党部书记长等职。杨氏昆仲八人个个能诗，其中以秀菁为最，堪称水族地区一道亮丽的文化景观。由于种种原因，杨氏昆仲的诗词作品已大多散佚，非常可惜，只有杨秀菁的几首诗作散见于同时代诗人的作品集中。

杨秀菁富有文学天赋，少负才名，享誉整个水族地区。杨秀菁与韦绍乔最为友善，经常唱和，相互之间有使君与操之感。据塘州板良九旬老人吴支寿老先生回忆，韦绍乔曾说整个三合东区（即今天的中和、水龙和塘州一带），只服杨秀菁和吴支新（字作民，著名诗人，作品散佚，有待搜集），其余诗人，不过尔尔。狂傲的韦绍乔尚出此语，可见杨秀菁诗名之著。

《赠绍乔》写的是在抗日战争的匆忙岁月中，杨秀菁从平塘回家省亲，与韦绍乔在中和庞寨家中久别重逢，两位诗友把盏赋诗的融融情景，诗风慷慨苍凉，爱国之情跃然纸上。《题吴子和〈闺怨十首〉》是一组七律，艺术成就上要逊于韦绍乔的《题吴子和闺怨后》，虽不能算是他的代表作，但至少已能证明杨秀菁的确是个诗人。

赠绍乔

一
南明河水自东流，犹忆依依古渡头。
端为兴亡皆有责，各教奔走未曾休。
二
人情如旧披肝胆，世局翻新历夏秋。
何意干戈离乱际，桃花深处共来游。

题吴子和《闺怨十首》

一
游子他乡秋复秋，依依别绪试回头。
一肩书剑天涯远，两地情怀梦里悠。
夫到封侯心不悔，楼登看柳意偏愁。
佳人才子相怜藉，十次挥毫百写忧。
二
管城花放倍鲜明，案牍劳人诗又成。
马上英雄余壮气，个中儿女有幽情。
王孙芳草牢愁锁，夜月楼台感慨生。
闺怨隐然埋国怨，关山到处鼓鼙声。
三
是真才子自风流，京兆眉娇一笔收。
若个多情过蜜月，云谁带恨惹牵牛。
茫茫云路方腾翼，淡淡夫妻始到头。
草长合欢花并蒂，祝君前路正悠悠。

王举猷

王举猷（1919—2003），字子壮，塘州牛洞人，水族近代著名实业家王启祥（字肇祯）先生之子。民国33年（1944）毕业于贵阳大夏大学国文系，解放前任都匀县政府教育科科长兼都匀省立师范学校教师、贵州省教育厅督导员兼厅长侍从秘书、贵阳伯群中学董事会秘书、毕节专署机要科科长。解放后流寓成都，任四川大学中文系图书资料员，追随任中敏教授（近代词曲宗师吴梅先生弟子，与唐圭璋、卢冀野并称“吴门三杰”）整理校录敦煌词曲及唐诗等方面著述，长达二十余年，晚年受聘担任四川文史研究馆馆员。

由于种种原因，中年时王举猷不常作诗，晚年始潜心吟咏。受其委托，政协三都县文史资料委员会于1992年编印了《子壮吟集》。该选集作品共169篇，其中诗160首、词4阕、楹联5副，基本上能够反映出王举猷文学创作的概貌。后来王举猷深感时日无多，遂将其一生作品重新校订，手抄成册，附上个人照片，交给其表侄王品魁先生，希望能够帮助印行。事未竟，王品魁先生已先辞世。

举猷出身望族，才华横溢，但一生颠沛流离，背井离乡，心情抑郁，自伤身世和乡愁成为其后半生诗词创作的主旋律，老而愈甚。因喜欢王粲，王举猷诗作颇有建安风骨，慷慨苍凉；又因为博采众长，熔唐铸宋，故其诗作兼具唐音宋调，既丰腴典雅，又清新刚健，既蕴藉空灵，又深析透辟。在韦绍乔、吴支煦、杨秀菁、潘一志、潘家相等水族先贤的创作实践之外，王举猷另辟蹊径，别具特色，使水族文学史显得更加丰富多彩。

王举猷精研诗律，娴于诗艺，晚年诗作语言精练，笔法老到。最能体现其深厚功力的集句诗，例如《集句写怀》三首："新霜人共菊花寒（近・易顺鼎句），镜里流年两鬓残（宋・陆游句）。家在梦中何日到（唐・卢纶句），故园东望路漫漫（唐・岑参句）。""诗酒清狂二十年（宋・陆游句），寻思百计不如闲（唐・韩愈句）。乍开青眼如相识（清・袁枚句），结得梅花一笑缘（宋・戴复古句）。""横槊何人解赋诗（宋・苏轼句），吟怀长恨负芳时（宋・林逋句）。凭君莫话封侯事（唐・曹松句），濩落生涯独酒知（唐・李商隐句）。"这些集句诗既协律，又自然，可见其记性之强、腹笥之广、诗艺之精。

即便如此，他仍能把握好内容与形式的辩证关系，力争不为形式所缚。为能酣畅淋离地抒发感情，他有时大胆地突破格律。例如，七律《重别乡邻返川》中的颔颈两联"竹马儿童余几辈，闾阎父老叹浮沉。飘萍我惯风波阔，落叶谁能尽着根"。七律《挽石鼎》中的颈联"江海才华为世惜，枌榆耆宿重君名"。七律《哭胞兄举瀛》中的颔联"延龄乏术惊骑鹤，掷笔苍茫欲问天"。五律《望月思乡》中的颔联："几回伤往事，每恨赋归迟。"这些诗句都是应该对仗而未对，但由于全诗语言精美流畅、情感酣畅淋漓，并不妨碍读者对它的激赏。

由于传统文化功底深厚，面对先进的现代工业文明，王举猷并没有生吞活剥，更没有仓皇失态，而是经过消化，巧妙运用，浑然无迹。例如自己酒量小，不胜酒力，且航班已订，回程心切，匆匆赶路，王举猷用典雅的诗歌语言来表达："杯水坳堂清兴浅，回程遥望北溟鲲。"（《重别乡邻返川》）其他如《离黔飞蓉》："来去匆匆故里行，奚囊但剩别离情。天衢广漠惊回首，云底家山看不清。"《由蜀飞黔途中》："千里巴山眼底过，泠泠铁翼忽跰跹。御风岂为踪仙侣，得速还乡福已多。"等等，莫不如此。

在词的创作方面，因际遇相似，王举猷喜学姜夔，语言清刚淳雅，意境蕴藉空灵，风格介乎豪放与婉约之间，其词作数量不多，但艺术成就较高，堪称现代词林佳作。

由于身世坎坷和环境局限，王举猷诗内容上多沧桑感慨之歌，少摹景状物之词；风格上多沉郁苍凉之篇，少昂扬闳放之什。尽管如此，王举猷仍能凭其作品之丰富、内容之精纯、笔法之老到，堪称水族现代著名诗人。

过都匀

抗战末期，余供职都匀县府，并在省师兼课，时黔南已属前线，曾写一些抗战诗文。胜利后，旋离匀他就，从此南北奔波，迨一九八三年，始得重游旧地，然时异迁境，往事如梦矣。

一

剑水重经忆旧踪，绮年听鼓事匆匆。
衙廷露布陈琳檄，黉舍薪传宋玉风。
慷慨也曾思塞北，逡巡未必负江东。
樵寻蕉鹿翻疑梦，惆怅行人亦个中。

二

清秋喜醉菊花丛，重到龙山白发翁。
老笑诗烦红袖拂，少惭名未碧纱笼。
恫瘝在抱椽为笔，敌忾填胸剑若虹。
过眼前尘岂梦幻，邯郸道上日彤彤。

四十六年后重临旧宅

辞家四十六年奇，白首归来景物迷。

山径苔深侵砌石，村桥柳老护清溪。
流莺阁外讶新客，飞燕堂前认旧泥。
忧患饱经知世味，愿从衡泌乐忘饥。

重别乡邻返川

白头重见众乡邻，千里归迟感慨深。
竹马儿童余几辈，闾阎父老叹浮沉。
飘萍我惯风波阔，落叶谁能尽着根。
杯水坳堂清兴浅，回程遥望北溟鲲。

思乡杂感

归钓都江事久忘，乱离卜宅古华阳。
姓名寥落空余恨，岁月蹉跎暗自伤。
傲骨嶙峋同菊瘦，壮怀消损共匏荒。
情甘寂寞研文史，混迹书丛把拙藏。

壬申暮春郊游因感身世

花影离离已暮春，锦江柳色正清新。
郊原偶逐游人屐，天地苍茫客里身。
与世沉浮无愧对，随时唱和有知音。
闲吟宁涉名山业，覆瓿笼纱待品甄。

壬申重阳感赠

又醉重阳在异乡，经秋双鬓几添霜。
栖身白屋思三友，放眼苍葭水一方。
养拙课孙容市隐，齐家教子继书香。
匆匆七十年间事，碌碌无奇枉自忙。

挽石鼎

方庆衰年共晏清，俄惊旧雨忽凋零。
琴樽永隔幽明路，黔蜀长留风义情。
江海才华为世惜，枌榆耆宿重君名。
登高似听山阳笛，挂剑神怆到墓茔。

注：石鼎，中和中寨人，贵阳大夏大学国文系毕业，新中国成立前曾任贵州省炉山师范学校校长等职。

哭胞兄举瀛

讲席谆谆四十年，老耽诗酒寄林泉。
延龄乏术惊骑鹤，掷笔苍茫欲问天。
花萼飘零归故土，雁行折翼恸云边。
独山送弟深宵语，尤记叮咛事万千。

注：王举瀛，字仙洲，塘州牛洞人，王举猷胞兄，上海大夏大学国文系毕业，新中国成立前曾

任贵州省地方行政干部训练委员会秘书科科长，新中国成立后任平塘中学教师。

望月思乡

定居美国著名女诗人阙家蓂来函：“尊作清新典雅，回读再三，令人激赏！尤以《望月思乡》一律，感同身受。”云云，随寄《阙家蓂诗词集》相赠，附志于此，以资策励。

少壮轻离别，天涯两鬓丝。
几回伤往事，每恨赋归迟。
南去惊秋雁，北征感杜诗。
苍茫寒露立，望月寄相思。

寓蜀四十年

寓古蚕虫国，悠悠四十年。
海桑经世换，忧乐托诗篇。
枚叔游梁苑，庄周梦漆园。
不成天下务，且共白云闲。

病中杂吟

虺聩渐衰翁，锦城扶病步。举目四张望，信美非吾土。忆余生遐荒，家本世耕读。少小远从师，去亲千里路。学书并学剑，十载寒窗出。国难怵盱衡，请缨边府幕。会当敌乞降，旋召归学署。仰委亲书翰，厕身参密勿。少年方气盛，展翅拟鸿鹄。讵意天难测，中原又逐鹿。群雄起四方，风雨满江湖。世局始鸿蒙，缺瓯谁力补。继思游海甸，愿将浮鸥逐。去志终难遂，年年仍在蜀。砚田耕活家，驱笔苦佣务。冰蘖卅年过，春回苏病物。广厦千万间，谬荷一瓦覆。史馆充竽数，时平愧窃禄。愿更趁苑风，文史三冬足。勉力步群贤，常虞终碌碌。

石尚竹

石尚竹（1951—2005），中和中寨人。出身于水族书香门第，良好的家庭文化氛围使她从小就热爱文学，初中一年级时，她就曾写过一篇《故乡泉水清又甜》的散文，发表在《中国少年报》上。

石尚竹是第一个水族女诗人，她的创作活动主要集中在改革开放初期。石尚竹的诗歌，感情质朴细腻，格调清新。她刚开始崭露头角，就显出较丰富的内涵，引起人们的注意。

在20世纪80年代，石尚竹被认为是贵州最优秀的几个女诗人之一，她的代表作有：《竹叶声声》《淡蓝的野葫芦花开了》《青竹林的春天》及散文诗《掬一捧花溪的碧水》等。

她的诗歌，抒写的是水族人民的生活和感情。作者对自己的家乡充满炽热的感情，家乡的一山一水，一草一木，在她眼里都是那么亲切可爱；水族人民生活的歌声笑语，使得作者怦然心动，产生了创作的强烈欲望。因此，她的诗歌感情充盈，生活气息浓烈。例如《青竹林的春天》：

挖春笋的水家姑娘哟
披一匹彩霞给的纱巾
手挽竹篮唱进竹林里
春天回到了水家寨，好日子哟
如青青翠竹拔节在阳光里

这首诗描绘了一群挖春笋的水族姑娘欢快的心情，在我们面前展现了一幅优美动人的风情画——美丽的彩霞、青翠的竹林、活泼欢快的姑娘，婉转动听的山歌……党的农村经济政策给水族山寨带来了迷人的幸福生活。

再如《水家寨飞来报春鸟》：

水家寨飞来一只报春鸟
把春的希望
播进了千家万户的门窗
衔来了串串金色的钥匙
让孩子们去打开座座知识的宝藏
给颗颗细嫩纯真的心
插上金色的翅膀
让只只小鸟儿
飞向蓝天，飞向云彩，
飞得更远、更高……
啊！报春鸟——
衔走了山寨多少苦涩的记忆哟
衔走了水乡往日的寂寥与衰老
衔来了水乡灿烂的春天
衔来了明亮的阳光
让水家人的生活里哟
增了歌声，添了欢笑
有了更浓郁的芬芳

这首诗是一支民族团结的赞歌。它描绘了一只美丽的“报春鸟”——一位汉族年轻女教师飞到水族山寨，给水族人民“衔来了串串金色的钥匙”的动人画面。这位汉族姑娘，给水族儿童打开了“知识的宝藏”，让孩子们“插上金色的翅膀”，在知识的太空中翱翔。这只美丽的“报春鸟”给水族人民报告了“灿烂的春天”，让水族山寨“有了更浓郁的芬芳”。这首诗并没有描写汉族女教师如何教书育人，但是从水族人民那些热情奔放的赞扬声中，从那些发自心底的感激之情中，我们看到年轻女教师所付出的辛勤劳动。这种不着一字，尽得精神的表现手法，增添了诗歌的感染力。诗歌从汉族女教师和水族人民深厚的情谊中，生动地再现了民族团结共建“四化”这一深刻的主题。

石尚竹的诗，笔调自然流畅，感情深厚，字里行间充满对家乡、对大自然的热爱。她的诗力图从具体事件的铺叙中解脱出来，着力开拓心灵领地。她还善于选择那些富于生活情趣的场面，借以抒发感情。如她的获奖诗作《淡蓝的野葫芦花开了》：

是花儿染蓝了水
还是水染蓝了花瓣
淡蓝的花，淡蓝的水
淡蓝的花影和水融成一片
一群割猪菜的水家姑娘来了
提着竹箩，拿着弯镰
溅起的水花漾乱了花影
欢歌笑语惊飞了无数彩蝶

水族村寨举目可见的野葫芦花，在作者眼里却是那样美，这淡蓝淡蓝的野葫芦花引起了作者多少美丽的遐想，在“提着竹篮，拿着弯镰”的姑娘中，我们好像看到作者的身影。只有生活得无忧无虑，才有那样动听的欢歌笑语；只有对生活充满感情，才能把生活描画得那么美丽。这首诗笔法细腻，生活气息浓郁，诗意盎然，因而荣获 1981 年贵州省少数民族文学创作三等奖。

创作于1984年的《竹叶声声》，标志着石尚竹诗歌达到了新的高度。这首诗感情充盈，格调清新，像一幅彩墨山水画，又像欢畅悠扬的牧童短笛。诗人在对竹山竹海的深情吟唱中，给人们描绘了水寨新生活迷人的场景。这首诗质朴无华，晓畅自然，意境也很深远。与当前某些人人追求的朦胧迷离的情调相比，这种风格显然带有更加浓郁的泥土气息，也更加为群众所喜闻乐见。因此，这首诗在1985年第二届全国少数民族文学创作评选中，荣获了诗歌创作二等奖，给水族人民增添了荣誉。

张毅恒

张毅恒（1962—2004），男，布依族，大河山勤人，贵州教育学院中文系毕业，曾先后任三都二中语文教师、教导主任、副校长，县政协文史学习委员会主任等职。

张毅恒富有语言天赋和艺术想象力，无论与人聊天或者写作，都非常注重修辞，虽信手拈来，却生动活泼、风趣幽默、雅俗共赏，令人忍俊不禁。张毅恒中文系出身，长期浸淫文学，加以悟性极高，善于借鉴，故其小说和散文写得很漂亮，曾有较多作品发表在省地级刊物上，由于生前不注重收集，目前所能看到的只有收集在多人散文合集《秀水三都》（走遍夜郎故土散文书系，贵州省写作学会编辑、汕头大学出版社2003年12月出版）里的三篇散文《到金凤凰起飞的地方去》《梦回枫香溪》和《山勤，美丽的河谷风光》。

张毅恒作品语言句子不长，转接灵活，回旋自如，舒徐有度，没有新文学作家作品中那种句子冗长杂沓、主语重复啰唆、“的的”不休的恶性欧化痕迹，同时又善于吸收三都北部方言的优秀成分，富有鲜明的地域特色，显得朴实亲切，让人喜闻乐见。

其短篇小说《冤家·亲家》写两个地方能人，性格截然相反，经常唱对台戏，无法见容对方，极力干涉儿女恋爱婚姻自由，但在儿女的感化之下，终于消除成见，由冤家变成亲家，反映了市场经济条件下农村群众思想观念的深刻变化。该小说故事情节曲折、修辞运用巧妙、语言风趣幽默、人物形象生动，经营颇具匠心。

其散文《到金凤凰起飞的地方去》是对三都山水风光和民情风俗的介绍，文章应用性强，文学性则相对较弱；而《梦回枫香溪》和《山勤，美丽的河谷风光》则是非常优美的写景抒情散文。《梦回枫香溪》通过描写家乡的枫香溪风光和追忆自己的成长经历，表达了作者从天真到狂躁、到迷惘、最后臻于成熟和理智的心路历程，文章写景形象生动，境界孤寂幽冷，意蕴含蓄深沉。《山勤，美丽的河谷风光》则纯然写景，将都柳江上游的支流山勤河（又名打箭河）风光描写得生动逼真，充满诗情画意，令人无限神往。

张毅恒的散文语言极具张力，规范性几近于教科书。然而天妒英才，这位罕见的语言高人竟于2004年夏天过早地离世，了解其人其文的人无不扼腕叹息。

山勤，瑰丽的河谷风光

在三都水族自治县大河镇西北部五千米处，有一泓清溪汇入浩浩荡荡的都柳江，夹岸风光瑰丽，景致不俗，顺河而上，但见奇峰兀立，古木参天，河谷深深，山花枯藤，流泉飞瀑，境界清幽独绝，了无纤尘。在一段地势开阔、水流平缓、肥田沃土的地方，稀稀疏疏，远远近近，有几百户人家散落沿河两岸，茅舍竹林掩映其间，鸡犬相闻，炊烟互望，看去好一派田舍风光。

这就是山勤河，又名打箭河，因流经山勤村而得名。

山勤河自独山境内流来，源远流长，因峡谷幽深，穿行艰难，很难有人穷尽其源。只见她一路穿峡谷，凿顽石，纳百川，汇成滔滔激浪，处处险滩。其水清，游鱼可察；其水凉，令人足下生寒。夹岸崇山峻岭，原始丛林，终年常绿，是天然的水库，还有名贵土产，珍禽异兽。

山勤河，从山勤寨上去风光尤为独特，几乎是一峰一壑，一壑一瀑，一瀑一景，一景一奇。从山勤寨出发溯流而上约二里，先到青鱼滩。青鱼滩呈月牙形，长约三十米，宽约十米，一面水深，靠悬崖；一面是浅水滩，河水自石槽上冲击而下，泻入滩中，水深不见底，绿茵茵泛着泡沫和浪花。崖高十余丈，崖间老树盘旋，枯藤倒挂。崖顶几束小瀑或飞流直下，如丝如缕；或如吊珍珠，滴滴答答。站立滩边，飞瀑湿衣，即使炎夏酷暑，也凉风习习。青鱼滩浅水岸边一眼甘泉，每到春夏之交，泉水涨了，青鱼自滩中游上岸边浅水处繁殖产卵。站在青鱼滩头向上游望去，河床时宽时窄，崖间修竹隐隐，树木森森，将绿意一齐倒入河中。

轿子山矗立于激流转弯处，高耸挺拔，绿树婆娑，酷似一顶绿呢大轿。山顶终年云缠雾绕，只在清秋晴朗天气偶露峥嵘。山上盛产松、杉、柞、榉等珍贵木材，还有灵芝、香菇、木耳等特产，更有野枣、山梨、猕猴桃任猴儿们饱餐。轿子山一侧形成一湾，山深林密，瀑声如雷，溪水清甜甘凉，沁人心脾，是绝好的天然饮料。

轿子山临江，两岸悬崖，刀削斧劈，如两排金刚，怒目对峙，互不相让，仅留十余米狭缝任溪水奔腾。那水似被逼急的困兽，要挣脱大山峡谷的囚笼，翻腾着，挣扎着，狂泻在狭窄的河床上。笔立的悬崖高数十丈，竞相往高处蹿似的，遮天蔽日，只能见阳光一线，仰视崖顶，令人颈酸帽落。悬崖间山花点染，绿苔缀景，偶见青猴挂树，满耳百鸟啁啾，流泉飞瀑，或高或低，或大或细，飘飘滴滴，尽入河中。

最有气魄的当数汪乌一段三、四里长的景色，悬崖高百余丈，两岸崖顶距离之近，仿佛可跳越，人在对岸可话家常，面目清晰可辨。两岸苍松翠柏，虬枝盘旋，几乎相连，遮去了阳光，谷中更显幽暗。崖头俯视，河身如线，人影如豆，峡谷就这么无穷无尽地延伸着，越往上走，生态越古老，有如滑进时空的隧道回到远古洪荒。

山勤河，一条永远让人眷恋的河。

梦回枫香溪

很久不回枫香溪了，即使回去，也并非是为它，而是去看我那古稀之年却仍在躬耕自食的老妈老爸。每次一到家，我总是先跟父母叙谈，任凭他们絮絮叨叨，问这问那，所有的问候所有的话题都结束，母亲佝偻着腰去做饭，我却一个人来到枫香溪，听水声潺潺，看枫叶黄花，寻找那说不清道不明的稍纵即逝的感觉，最后在母亲的呼唤声中回家……

儿时的梦中几乎只有枫香溪，长大后情怀里江河波翻浪涌，渐渐地淡忘了枫香溪。而今，梦里江河渐流渐远，生命的原野上涛声依旧的却还是枫香溪。

枫香溪不远，就在山勤老家。它绕过爹妈的小屋，流过兄弟的田畴，清丽柔婉，消消停停，似小妹娇涩的浅唱，更像衣宽骨瘦的妈妈。

记忆中的枫香溪真美。桐子花、杜鹃花零零星星，瀑布间点缀些青藤草蔓；水那么大，从高高的悬崖落下，冲积成潭，一叠挨一叠，一潭连一潭，如一幅素绢从天上飘下，清清净净，洋洋洒洒。秋天的枫香溪最好。看，枫叶红了一树又一树，枫叶们或新或旧，或高或低，在悬崖边，在潭水边，红艳艳，写满浓浓的秋意，与远处农家的房屋、金黄的草垛相映成趣。溪水漂来些枫叶，叶子上站些飞虫，有五颜六色的蜻蜓；那鱼静静的，悬浮在水中，能细数它翕动的腮……

有一回父亲对我说，你喜欢枫香溪，长大了哪也别去，就种这岸边的田，喝溪中的水，一辈子在我身边，好吗？

那时的我，哪里品得出他话中的滋味。

可是父亲并没有按他说的那样塑造我，他伐木、卖柴、做小买卖挣钱送我进了学堂。我学会了写对联，过年时父亲总叫我写，他每次都笨拙地用他粗硬的满是硬茧的手为我磨墨展纸，看我一笔一画地写。初时他不高兴，说我写字太臭；后来，不说了。有一次，我听他说，多读一年书真是不一样啊！细想起来，这是迄今为止父亲对我唯一的赞誉了。父亲读过一点旧学，后来家贫不读了，他总爱用字的好坏来评价人的优劣，把字与学识、人品联系起来。他几次对我写的“安土敦仁”摇头又点头，浑浊的目光中闪烁着茫然的神采……

此后，我年年回家写对联，父亲还自作主张，从左邻右舍那里抱来一大堆红纸，让我为他们写。家里的对联写好了总是父亲去贴，爬上楼梯，刷上米汤，湿漉漉地贴红屋里屋外，然后他就一联联地看，还用手指比比画画，然后我们一家人一起吃年饭，洗手洗脚，换上干净衣裳，坐在火边等候新年。

那是一种多么温馨古典的情调啊。

可是后来我变了，变得古怪起来，时常无缘无故地烦恼，无缘无故地沉默悲伤，无缘无故地大笑……我很少回家，很少回枫香溪，我不愿把我的快乐与它联系在一起，想抹去人生的轨迹，斩断成长的历史。在我眼里，山不是山，水不是水，在躁动中度过一个个狂乱的岁月，在狂乱中长大，在浅薄中迷失，在虚妄中蹉跎。岁月如马齿徒增，我碰在自己设置的墙壁上，在自己编织的花环中失落……

走过一段踉踉跄跄的日子，我又回到了枫香溪。它依旧汩汩地流淌，清清地泛着绿意。喝一口石上清泉，冷却一下我烦躁的情绪，我看山依然是山，观水依然是水，完全没有了少年时代独上层楼的感慨。枫叶满山，秋色满树，瀑布间飞来些翠羽丹霞，但我能平淡地对自己说，春的后面不是秋，生命应如溪水般自然流淌，何必刻意追求？

水是有悟性的，枫香溪总能牵起我长长的思绪，总以平淡的风姿告诉我什么叫真实，以穿崖凿石的精神告诉我什么是力量。我的生命是那样的平平淡淡，没有丝毫精彩，我的心还在漂泊，我还有忧戚，我在反复地告诫自己千万不要沉沦，我对自己说，尽管你很平凡，但你仍可以对枫香溪担负起一点责任；尽管你很羸弱，但你还是可以敲响枫香溪那扇长满青苔和希望的门……

枫香溪，你用清波、枫叶和秋光凝练出的响亮主题永远写在我心里，我终于体会到父亲对“安土敦仁”的那份感情，其实那是境界，那是情怀，也是无奈。

昔读柳公《小石潭记》，感到境界孤寂幽冷，读欧阳公《醉翁亭记》，感叹意蕴深沉，如今想说说枫香溪，我的情愫又岂能说清？

三、获省部级以上（含省部级）先进集体名录

获奖时单位名称	颁奖单位	授予奖项	获奖时间
县政府	省人民政府	全省造林绿化先进单位一等奖	1982
恒丰乡塘党村	司法部	人民调解先进集体	1985
丰乐乡沃屯村	省委、省政府	省级文明村	1990
县政府	省政府	全省造林绿化先进单位二等奖	1991
县政府	省政府	全省造林绿化先进单位	1992
县政府	省政府	造林绿化成绩突出奖	1992
交梨乡永兴村	省委	全省先进党支部	1994
县政府	省政府	全省造林绿化先进单位	1995

续表

获奖时单位名称	颁奖单位	授予奖项	获奖时间
县政府	省委、省政府、省军区	拥军优属先进单位	1995
国营拉揽林场	省委、省政府	省级文明单位	1995
国营拉揽林场	省政府	农业社会主义建设先进单位	1995
国营拉揽林场	省委、省政府	“八五”期间扶贫开发先进单位	1995
县法院	省委、省政府	省级文明单位	1995. 8
水龙乡水龙村党支部	省委	农村基层组织建设“五个好”示范村先进党支部	1996. 1
县政府	省政府	提前完成十年造林规划指标、1995年度造林绿化先进单位	1996. 1
史志办	中国地方志指导小组	《三都水族自治县志》获全国新志书首次评奖二等奖	1996. 2
水龙乡政府、地祥小学	国家教委	全国贫困地区女童教育项目先进单位	1996. 11
县公安局林业派出所	林业部	先进单位	1996
县林业局	省政府	1996 年度造林绿化先进单位	1996
三都县	省政府	提前完成造林十年规划指标	1996
县民族文工队	文化部	全国乌兰牧骑先进团队	1997. 8
周覃镇场坝村支部、丰乐乡冗京村党支部	省委	农村基层组织建设“五个好”党支部	1998. 3
县林业局	省委	先进包乡帮村部门	1998. 3
县林业局	省政府	全省造林绿化先进单位	1998. 12
县林业局	省委	1995—1997 年度农村先进基层党组织	1998. 12
国有拉揽林场	省委、省政府	1995—1998 年度文明单位	1998. 12
县检察院	省政府	全省文明单位	2002. 9
县财政局	财政部	全国“财苑新风颂”先进基层党组织	2006
	省委、省政府	贵州省文明单位	2006
县检察院	省委、省政府	2003—2005 全省精神文明工作先进单位	2006
	全国维妇协会	全国维护妇女儿童权益贡献奖	2006
电信公司	省委、省政府	精神文明建设先进单位	2006
县人民武装部	省政府、省军区	征兵工作先进单位	2006
	省政府、省军区	参加和支援西部大开发先进单位	2006
县统计局	国务院 1%全国抽样调查领导小组办公室	全国抽样调查先进集体	2006
人民法院	省高级人民法院	2007 年度全省法院宣传工作受表扬单位	2007

续表

获奖时单位名称	颁奖单位	授予奖项	获奖时间
县供电局	省委、省政府	精神文明建设工作先进单位	2008
县人民武装部	省政府、省军区	征兵工作先进单位	2006
	省政府、省军区	参加和支援西部大开发先进单位	2006
县地税局	省委、省政府	精神文明建设工作先进单位	2008
	省委、省政府	精神文明建设工作文明窗口	2008
巫不乡	省委、省政府	“抗凝冻、保民生”工作集体一等功	2008
三合镇	省委、省政府	创建文明村镇工作先进村镇	2008
县农业局农技站省委、省政府	省政府	科学技术进步二等奖	2008
县财政局	省委、省政府	文明单位	2008
县中队党支部	武警贵州总队	党风廉政建设先进	2008
县人民武装部	省军区	2008 年保密工作先进单位	2008
廷牌镇	第二次全国农业普查领导小组办公室、国家统计局	第二次全国农业普查“先进集体”	2008
县文体广电局	国家体育总局	全国第三次全国群众体育现状调查工作先进单位	2008
鹏城希望学校足球队	中国青少年发展基金会	中国希望工程足球队	2008
检察院	省委、省政府	全省精神文明建设先进单位	2009
县政府	国家环保总局	国家级生态环境监察试点工作优秀单位	2010
县科协	葡萄科普示范基地 中国科协、财政部	科普惠农兴村计划	2010
县文体广电局	国家体育总局	全国全民健身活动先进单位	2012

索 引

本志书索引为目与子目索引，按汉语拼音字母顺序排列。外文字母和阿拉伯数字开头的条目集中排在最后。

A

安全管理/479
案件管理/344

B

坝街乡/79
保护妇女儿童权益/263
保险/616
暴雨/124
殡葬管理/441
冰雹、大风/129
冰雪/130
兵役制度/358
布依族语言/184
布依族原始信仰/194
部分三都籍博士名录/799
部分三都籍在外教授（研究员）名录/798
部分三都籍在外任地师级以上（含副职）干部名录/797

C

采矿冶金工业/560
残疾人教育/274
残疾人康复/273
残疾人联合会代表大会/273
残疾人情况调查/273
残疾人危房改造工作/276
城区道路/471
城区桥梁/472
城市道路/500
城乡住户调查一体化改革/649
虫灾/131
抽样调查/648
春晖行动/260
慈善总会/443
村寨建设/476
村镇建设/78，88
村庄整治规划/469

D

打鱼乡/77
大河镇/54
大型原生态水族歌舞史诗画卷《远古走来的贵族》剧情简介/777
党史研究/240
党外干部工作/228
党校教育/239
党政机构改革/242
道路/476
地理环境/51，54，59，62，65，69，72，75，77，79，81，84，86，89，92，95，98，103，106，109
地理位置/50，54，58，61，65，68，71，74，77，79，81，83，86，88，91，95，98，102，105，108
地名管理和边界勘定/440
地下水/675
第八届人民代表大会/278
第九届人民代表大会/279

第七届人民代表大会/278
第三产业普查/647
第十二届人民代表大会/280
第十届人民代表大会/279
第十三届人民代表大会/281
第十四届人民代表大会/281
第十五届人民代表大会/282
第十一届人民代表大会/280
电力工业/563
电视/746
电影和录像/749
都江镇/71
对台工作/241
对台工作与侨务工作/241
对外宣传工作/221

F

防处邪教问题工作/229
防汛/462
房地产管理/482
房地产投资开发/481
非煤矿山专项整治/683
丰乐镇/61
丰乐镇蔬菜协会/65
风俗习惯/153，163，167
扶贫帮困“送温暖”活动/256
抚恤/434
妇女代表大会/262
妇女干部/262
妇女活动/264

G

干部工作/215
干部监督管理/217
干旱/123
港口码头/512
高级专业技术人员/799
工程监督管理/478
工程项目执法监察/479
工会代表大会/253
工矿、林区、库区专用公路/500
工业普查/646
公路绿化/507
公路铁路建设/490
公路养护/506
公园生态景观/779
公园自然概貌/779
共青团员代表大会/258
关心下一代工作/233
光彩事业/267
广播/750
贵州山沟里的保尔·柯察金——陆永康/85

H

旱灾/463
航务管理/513
合江镇/58
河流水系/675
恒丰乡/105
化工工业/562
环卫绿化管理/483
婚恋与家庭/158，165，173
婚姻登记、收养登记管理/441
获省部级以上（含省部级）劳模、先进工作者名录/790

J

机构设置/144
机构沿革/740
基本单位普查/647
基本情况/516
基层自治组织建设/438
基层组织建设/213
基础设施/52，56，60，63，67，70，73，75，77，80，82，85，87，90，93，96，99，102，104，107，109
集市贸易/64，94，105
集市贸易和小城镇建设/67
集镇建设/57，81
集镇建设与集市贸易/108

技术服务/149
监督协调工作/229
监所检察/342
建材工业/565
建设银行/610
建置沿革/68，83，86
建置沿革和行政区划/50，54，61，65，74，79，81，88，95，98，103，105，108
建筑队伍/477
建筑工程监理/480
交梨乡/68
教育事业/53，57，67，70，76，83，88，90，94，105，110
教育卫生/85
教育卫生文化工作/311
教育文化卫生/73
节日习俗和民族技艺的抢救与保护/189
经济发展/52，55，60，62，66，72，84，87，89，93，107
经济科技/311
经济普查/648
经济状况/69，75，78，80，82，97，99，101，103，109
精神文明建设/56，105，223
景区分布/780
敬霞节/110
九阡镇/91
“九五”及“十五”计划期间主要基础设施工程建设/637
旧城改造/473

K

勘测设计/477
考察视察调研/312
科技成果/705
科技成果项目选介/701
科技推广/269
科普培训/269
科普宣传/268
矿产资源管理秩序治理整顿/680
矿产资源勘察、开发现状/680
矿产资源状况/674
矿业权年检/681
矿业权有偿取得及审批程序/680

L

拉揽乡/74
拉揽乡惊现稀世神木“黑宝剑”/76
劳动保护和维权/255
劳动竞赛/254
老龄工作/442
老年教育工作/233
老王山茶叶合作社/65
雷暴/131
离退休干部待遇落实/232
离退休干部党支部建设/233
离退休干部队伍/232
离休干部名录/793
历史沿革/71，77，91，100
历史沿革和行政区划/58
粮食机构设置和沿革/629
粮食生产流通和财务审计挂账/630
粮油流通体制改革/630
“两高”建设/500
烈士褒扬/436
路政管理/506
旅店餐饮/576
旅游规划与开发/775

M

麻风村管理/442
煤炭工业/562
面积、人口和民族/50，54，59，62，65，68，71，74，77，79，81，83，86，92，95，98，103，106，108
苗族语言/186
苗族原始信仰/194
民爆物资/574
民兵军事训练/361
民兵组织建设/360
民间工艺/182，186，187

民间乐器/181，185，187
民间文学/177，184，186
民间舞蹈/182，185，187
民间组织管理/440
民族文化进校园和民族文化培训/190

N

农村党员干部现代远程教育工作/214
农村公路客运招呼站建设/506
农村“五保”供养/428
农村信用合作社/612
农村药品“两网”建设/741
农村饮水/457
农村住户调查/648
农业发展银行/610
农业普查/646
农业银行/609

P

贫困监测调查/648
贫困乡镇农村住户调查/649
普安镇/65
普查/645
普通小学教育/710
普通中学教育/710

Q

其他服务业/576
黔南州第三届旅游发展大会暨中国水族文化旅游节简介/776
抢险救援和火灾扑救/331
侨务工作/242
桥梁建设/501
青年志愿者活动/261
青少年科普工作/269
区域旅游线路/777
全国人民代表大会代表名录/790

R

人才队伍建设/216
人口变化/138
人口分布/141
人口管理/145
人口和民族/89
人口普查/645
人民文化生活/70
人民银行/602
人文景观/772
人物传/784
人物传补遗/789

S

三洞乡/100
三都汽车站/505
三都水族自治县精品旅游线路/777
三合镇/50
丧葬/161，166，174
扫盲教育/712
森林工业/563
山塘/450
社会发展/102
社会化消防工作/331
社会联谊/312
社会事业/97
社会治安综合治理/230
生育管理/148
省道公路（三麻线 S206 三都经荔波至麻尾）/493
十公里葡萄长廊/71
石油供应/575
实物分配/480
食品工业/564
食盐/572
市容市貌管理/484
市政设施管理/485
书法美术/744
水库灌区渠道/451

水利资源状况/675
水龙乡/98
水能资源/675
水上运输/513
水书、历法与“布经”/180
水书抢救/188
水系情况/120
水资源情况/118
水族文字/177
水族语言/175
水族原始信仰/192

T

塘州乡/102
滕久寿将军/74
提案办理/310
提水工程/454
廷牌镇/95
土地利用存在的主要问题/677
土地利用特点/677
土地利用现状/676
土地资源状况/675
退伍安置/436

W

危险化学品和烟花爆竹安全监管/683
维护社会稳定工作/229
维权/275
文化教育/61，78，80，100，107
文化教育卫生/63
文化设施/53
文化艺术/87
文史资料工作/311
文体活动/257
文体活动与技能比赛/275
文学/743
巫不乡/81
巫不香猪/83
武警县中队/358
武警消防中队/358
舞蹈/745

X

希望工程/259
县城供水/455
县城近期建设规划/468
县城市公共客运交通管理所/488
县城详细规划/468
县城总体规划/467
县地方海事处/487
县公路管理段/489
县公路管理所/488
县公路运输管理所/488
县级党政机构改革/243
县监理站/489
县交通局/487
县内旅游线路/777
县汽车队/489
县汽车站/489
县委办公室工作/238
县乡道公路/494
县征费稽查所/489
乡村公路/497
乡镇供水/455
乡镇机构改革/247
乡镇建设/474
乡镇建设规划/469
乡镇客运站建设/505
项目立项与审批/636
消防安全专项治理/331
消防宣传/331
小（二）型以上水库/446
小水窖/450
新村建设/476
蓄水工程/446
宣传机构/218
宣传教育/144
宣传思想工作/218
学会（研究会）、协会/268

Y

烟草/573
扬拱乡/108
羊福乡/83
药品不良反应（ADR）报告和监测/741
药品经营监督管理/740
药品生产质量管理/740
医疗卫生/53，61，67，70，76，78，81，83，88，90，94，100，105，108，110
以工代赈工程建设/637
音乐/743
银行业监督/606
引导非公有制经济发展/266
引灌工程/451
引灌渠道/453
饮水/476
拥军优属/430
优待/432
邮政储蓄/613
邮政业务/518
有奖募捐/430
幼儿教育/709
预备役/359

Z

在乡老复员军人、带病回乡退伍军人补助/435
站点建设/505
招标投标/478
征兵/359
政策落实工作/226
政协三都水族自治县第八届委员会/306
政协三都水族自治县第九届委员会/306
政协三都水族自治县第六届委员会/306
政协三都水族自治县第七届委员会/306
政协三都水族自治县第十二届委员会/307
政协三都水族自治县第十届委员会/307
政协三都水族自治县第十一届委员会/307
政协三都水族自治县第四届委员会/305
政协三都水族自治县第五届委员会/305
职业培训与劳动就业/274
质量监督/478
智力支边/312
中等师范教育/711
中等职业教育/711
中国共产党全国代表大会代表名录/790
中国名村——怎雷村/73
中和镇/86
重点村寨简介/53，57，64，68，71，76，81，88，90，95，97，102
重点工程/61，76
周覃镇/88
主网项目投资及实施情况/515
主要公共设施建设/472
住房/476
住房分配货币化/480
住房公积金/614
住房制度改革管理机构/480
住房制度改革与住房保障制度/480
驻沪办事处/304
驻深办事处/303
驻穗办事处/304
资源/51，55，59，66，69，72，75，77，79，82，84，86，89，92，96，99，103，106
资源状况/62，109
自然环境/101
自然景观/770
组织机构/231

10 千伏配网项目投资及完成情况/516
321 国道公路/491
500 岁红豆杉/83

《三都水族自治县志（1978—2013）》提供资料人员

撰稿人名单：（按姓氏笔画为序）

丁永华	王正强	王会波	王兴兰	王兴保	王秀光
王泽云	王泽宽	王泽能	王厚虎	王振玉	王新萍
韦卫军	韦元训	韦元调	韦友寿	韦月筱	韦世方
韦仕坤	韦仕勇	韦成处	韦仲显	韦兴富	韦兴魁
韦林海	韦国祥	韦忠波	韦学丽	韦学楷	韦学泽
韦学章	韦绍武	韦绍然	韦星宇	韦恒钊	韦美秀
韦祖光	韦祝光	韦益昌	韦继堂	韦族替	韦景象
韦署勤	韦锦诗	文光培	邓庆平	艾礼平	石传雄
石奇伟	石国鹏	石昌盛	石洪书	龙正雄	平立豪
平洪银	平洪超	申　琼	兰秋明	刘文芳	刘方平
刘玉忠	刘光勤	刘志辉	刘益明	安国琼	祁忠贵
孙远军	杨　洪	杨匀波	杨昌品	杨昌亮	杨承刚
杨胜雪	杨胜超	杨素高	杨通明	李　玮	李　洁
李万君	李仁俊	李永金	李贵安	李凌霄	李景刚
肖　健	吴光平	吴向珊	吴国卫	吴国金	吴昌付
吴贵汇	吴晓义	汪娟娟	宋　刚	张　浩	张加欢
张桂萍	陆　贤	陆晓梅	陆碧祥	陈加梅	陈庆礼
林雪梅	罗继珊	周　洪	周泽光	周泽亮	周晓东
赵　杰	赵青燕	饶武臣	庭国建	莫　若	莫　娜
莫永言	莫光斌	莫建军	殷　群	皱明贤	高　峰
唐合明	勒秋文	龚正栋	黄政德	梁恩菊	蒋建书
覃干辉	覃志钦	覃尚徐	覃家友	谢朝正	蒙泽斌
蒙新奇	楼玉成	雷　增	谭诗勇	潘子堂	潘中华
潘中西	潘仲坤	潘兴文	潘兴殿	潘利询	潘明广
潘建周	潘建琼	潘春梅	潘政业	潘胜强	潘洪富
潘家庆	潘锦开	潘黔春			

图片摄影者或提供人名单：（按姓氏笔画为序）

王之刚	王何以	王韵水	韦仕标	韦其贤	韦绍武
韦锦诗	韦毓坤	韦毓祥	平立豪	包晓闽	杨光伟
杨　洪	杨建明	杨素高	李癸成	吴兴江	吴志龙
吴安荣	吴晓霞	岑忠回	张　铸	饶武军	莫晓曦
莫善军	黄永荣	黄　晓	龚正栋	梁卫民	程胜祥
谢泽华	潘正平	潘正波	潘永行	潘兴殿	潘政锋
潘德虎					

缩略语与全称对照表

缩略语	全 称
三都	三都水族自治县
黔南州	黔南布依族苗族自治州
省委	中共贵州省委员会
省政府	贵州省人民政府
州委	中共黔南布依族苗族自治州委员会
州政府	黔南布依族苗族自治州人民政府
县委	中共三都水族自治县委员会
县政府	三都水族自治县人民政府
三讲	讲学习、讲政治、讲正气
“三个代表”重要思想	始终代表中国先进社会生产力的发展要求，始终代表中国先进文化的前进方向，始终代表中国最广大人民的根本利益
党代会	中国共产党代表大会
人代会	人民代表大会
普九	普及九年义务教育
两基	基本扫除青壮年文盲，基本普及九年义务教育
两免一补	免除学费和杂费，对农村贫困寄宿学生进行补贴
新农合	新型农村医疗合作保险
两个文明	物质文明、精神文明
建并撤	建镇并乡撤区
“185”工程	“185”农业种植产业化工程，指每亩田地在一个生产年度内其生产的农产品销售收入达到1万元、8000元或5000元以上
两高	厦蓉高速公路（厦门至成都）、贵广高速铁路（贵阳至广州）
一户一锅	一户农户，一口广播电视接收天锅
三通	水通、电通、路通
一圈两翼	一圈：以“泛都匀”经济圈为核心；两翼：以“三波罗平”生态民族文化旅游经济区和“贵惠长龙”环贵阳经济带为南北两翼。
三农	农村、农业和农民
一府两院	一府是指人民政府，两院是指人民法院、人民检察院
三支一扶	三支一扶是指大学生在毕业后到农村基层从事支农、支教、支医和扶贫工作

续表

缩略语	全称
五位一体	是十八大报告的“新提法”之一，经济建设、政治建设、文化建设、社会建设、生态文明建设
三级干部会议	县级三级干部会议的三级是指县、区（镇）、公社三级行政单位
科发办	学习实践科学发展观活动办公室
作风办	作风建设办公室
“1234567”发展思路	所谓“1”，即一个总目标，通过一年强基础、两年搭框架、三年有规模、四年见成效、五年达小康，做透一个“水”灵魂语。所谓“2”，即两个总要求，坚持改革开放创新主旋律，严守发展和生态两条底线，实现百姓富、家乡美。所谓“3”，即立足三个定位，文化旅游生态经济立县、工业商贸现代农业富县、教育卫生科技创新强县。所谓“4”，即狠抓四个创建，创建平安三都、法治三都、效率三都、文明三都。所谓“5”，即突出五大重点，一是突出招商引资和项目建设这一条主线；二是突出“四化同步”这一主抓手；三是突出“四个全面”这一战略布局；四是突出“531”新村建设这一重点；五是突出“神秘水乡・秀秀三都”这一品牌。所谓“6”，即实施六个统筹，统筹城乡教育一体化、医疗卫生一体化、公共交通一体化、供水一体化、供电一体化、公共服务一体化。所谓“7”，即打造七大平台，着力建设高铁新城、经济开发区、现代服务业产业园区、周覃新区、都柳江风景名胜区、民族文化旅游产业园区、生态工业园区等七大发展平台
“五个舞”	“五个舞”：即集体舞、民族舞、现代舞、广场舞、交谊舞。所谓集体舞，就是在三都2400平方千米的舞台上，人人有责、人人参与、人人献策、人人出力、成果共享，做到讲团结、讲大局，不折腾、不内耗，凝聚全县人民的智慧和力量，一心一意推动经济社会加快发展；所谓民族舞，就是立足水族自治县的唯一性，独特的民族文化品牌优势，不拖后腿，沿着中国特色社会主义道路，朝着与全国同步实现全面建成小康社会的目标奋勇前行，彰显新时期三都人的优秀品质；所谓现代舞，就是反对因循守旧，推动创新三都建设，只要符合中央精神、符合三都实际，就要大胆尝试、大胆创新，勇于打破传统思维定势的束缚，敢于突破旧有条条框框的限制，敢走别人没有走过的新路；所谓广场舞，就是要立足整体和全局，用法治思维、底线思维规范发展，朝着共同富裕、全面小康的方向稳步前进；所谓交谊舞，就是要打开山门走出去、引进来，大力弘扬“开放包容敢争先，诚信务实追一流”的新时期三都精神，善用国际视野、世界思维来积极探索实践守底线、走新路、奔小康

编后记

在省、州地方志领导的精心指导下，在中共三都水族自治县委、县人民政府的高度重视下，在全县各级各部门及社会各界人士的支持配合下，经过全体县志编纂人员的共同努力，历经十余载，数易其稿，160余万字的《三都水族自治县志（1978—2013）》付梓成书，这是三都文化事业的大事喜事。本志书以三都所辖地域为记述范围，记载了1978年至2013年三都的政治、经济、文化和社会各项事业发展等情况。本志书采用篇章节体和条目体相结合的体例，设篇、章、节、目四层构架，按照图照、序、凡例、概述、专记、大事记、政区、资源·环境·人口、民族与信仰、政党·群团、政权·政协、政法·武装、人力资源和社会事务管理、基础设施与基本建设、农业、工业·商贸、财税·金融、经济综合管理、科教·卫生、文化·体育·旅游、人物和附录进行排列。共14篇58章309节，图照252幅。

2005年3月，县人民政府根据国务院《地方志工作条例》和《贵州省地方志工作规定》的有关规定，召开全县第二轮县志编修工作启动会议，出台《关于进一步加强第二轮修志工作的通知》和《三都水族自治县志编纂方案》等修志文件，确定续志上限为1978年，下限为2008年。县志编辑部随即拟订篇目方案，送州志办和省志办专家审阅。经省州志办专家审核同意后，分发各乡镇、各单位组织志稿写作。后因县史志办承担编写国家民族问题五种丛书之一《三都水族自治县概况》和部分单位不太重视修志工作，加上县里修志人才缺乏，县志主编抽调到县科发办和作风办工作3年等多种原因，到2011年12月，仅收到47个单位的资料长编，修志工作徘徊不前。为加快修志进度，县政府再次下发《关于加强县志续修工作的通知》，督促未交县志稿件的单位完成任务，同时将《三都水族自治县志》下限调整至2010年12月。正当紧锣密鼓抓紧编修工作的时候，又遇到2012年县里的机构改革，县志办与县档案局整合为“县档案史志局”，县志主编只任党研室主任，与县志脱离了关系。但为了完成县志编修任务，主编虽然不是档案史志局的人，但毕竟相知六七载，旧情难舍，仍然乐意继续承担起县志的各项编修工作。到2012年12月，仍有39个单位没完成县志编修任务。2013年，县志编辑部采取责任到人，并通过县电视台、县党政网站广泛征集资料，深入各部门、乡镇指导编写初稿，对收集难度较大的一些资料确定为专题，组织编辑人员直接介入编采，与未完成任务的单位共同写作，终于2013年12月收齐了全部县志稿件。2014年2月，为最大限度地展现三都改革开放成就，县志编辑部决定将《三都水族自治县志》下限调整至2013年12月，要求2014年5月底完成各篇章资料的补充工作。通过全体县志编辑人员的努力，2014年7月全面完成县志总纂工作，9月26日通过县级初审，11月27日通过州级复审。2015年4月21日，通过省级终审。

在县志编修过程中，县政府及时召开县直部门、各乡镇编修工作会议，县志编辑部做好有关资料的征集整理和志稿的编写工作，针对部分内容交叉和编修主体界定难的情况，牵头组织编写协调工作15次。先后邀请州史志办专家到县举办业务培训班1次，交流17次，分期分批选派编辑人员参加省志办举办的业务培训班5期，参加省档案史志局举办的县志主编培训1次。县志编辑部按篇目设置进行具体的任务分工，责任到人，奖罚分明，并通过召开编辑会、业务学习会、研讨会、评稿会、征求意见会等形式，开展业务交流，统一编纂意见。

编纂县志过程中，共收集了450多万字的资料稿，成书共168万字。各篇章责任编辑如下：龚正栋，总纂，设计篇目，撰写凡例、编后记，编撰政法·武装、人力资源和社会事务管理、基础设施与基本建设、工业·商贸、财税·金融、文化·体育·旅游、部分人物传等篇章。韦锦诗，编撰政区的建置沿革部分、资源·环境·人口、民族与信仰、政党·群团、政权·政协、财税·金融、经济综合管理、科教·卫生等篇章。王厚虎，设计篇目，撰写概述，与韦友寿合撰三都近现代文学概况，编撰政区乡镇概况等篇章。平立豪，编撰人口、民族与信仰、卫生、部分人物传等篇章。李永金，编撰大事记等篇章。潘德虎，编撰政党·群团、政权·政协部分篇章。潘毅娟，编撰旅游部分篇章。莫晓曦，封面设计，编辑彩页和内文插页等。吴向珊，编撰政党·群团等篇章。李仁俊，编撰文化·体育·旅游等篇章。赵建华（女，贵州师范大学副教授），编撰文化·体育·旅游、科教·卫生等篇章。

全志总稿合成后，龚正栋、韦锦诗对全书先后进行了7次统改和资料补充。省档案史志局伍启林处长和车秀琴对志稿进行了全面审阅和系统指导，州史志办韦武昌主任和各位专家对本志的编纂提出了许多指导性的意见，在县志稿复审会议上，黔东南州丹寨、榕江等县以及本州的都匀、福泉、长顺、平塘、罗甸、独山、荔波等县（市）的史志专家对志稿提出了许多中肯的意见，这些意见和建议对提高志书质量起到了重要作用。四川省天隆文化传播有限公司对志书的编辑、排版、印刷工作给予了大力支持和帮助。这次修志是改革开放以来三都最大的系统文化工程之一。值此志书出版之际，谨向省、州地方志办公室的领导和专家，谨向关心和支持本志编纂，为修志付出辛勤劳动的所有同志致以衷心的感谢！

县志编修是一项要求高、涉及面广、艰巨繁杂的文化工程，由于编纂人员的水平和能力有限，疏漏和错误在所难免，敬请读者及各界人士批评指正。

编者

2016年3月

出版说明

根据国务院办公厅颁发的《全国地方志事业发展规划纲要（2015—2020年）》规定，到2020年必须全面完成第二轮地方志书规划任务。为确保这一目标顺利实现，针对当前部分民族地区与贫困地区志书出版经费困难的情况，在中国地方志指导小组组长王伟光、常务副组长李培林的亲自倡议和领导下，自2015年8月起中国地方志指导小组办公室启动民族地区与贫困地区志书出版资助工程，对经国务院扶贫开发领导小组办公室认定的国家级贫困县（区、旗、县级市），中西部地区、少数民族边疆地区、经济欠发达地区存在出版经费困难的省市县三级综合志书进行出版资助。

民族地区与贫困地区志书出版资助工程既是地方志系统的政治工程，又是全国地方志事业协调发展的促进工程，对于推进第二轮地方志书规划任务按期完成，实现地方志事业区域发展平衡，促进民族地区与贫困地区基础文化建设，具有重要的政治意义和文化意义。2016年4月，该工程入选国家新闻出版广电总局实施的“十三五”国家重点图书、音像、电子出版物出版规划项目。

本书经民族地区与贫困地区志书出版资助工程领导小组批准，入选民族地区与贫困地区志书出版资助工程。

民族地区与贫困地区志书出版
资助工程领导小组办公室
2015年9月